HEYNE BÜCHER SACHBUCH

Teford Taylor, bereits vor dem Zweiten Weltkrieg ein renommierter Jurist, war Mitglied der amerikanischen Anklagevertretung im ersten Nürnberger Kriegsverbrecherprozeß und Hauptankläger in den Folgeprozessen der Jahre 1946 bis 1949. Danach war er als Rechtsanwalt und Professor in New York tätig, unter anderem an der Juristischen Fakultät der Columbia University.

Sitzung des Internationalen Militärgerichtshofes im Sommer 1946.
(National Archives)

Telford Taylor

DIE NÜRNBERGER PROZESSE

Hintergründe, Analysen und Erkenntnisse aus heutiger Sicht

Aus dem Amerikanischen von
Michael Schmidt

WILHELM HEYNE VERLAG
MÜNCHEN

HEYNE SACHBUCH
Nr. 19/390

Titel der amerikanischen Originalausgabe:
THE ANATOMY OF THE NUREMBERG TRIALS.
A PERSONAL MEMOIR
Erschienen bei Alfred A. Knopf, New York

Ungekürzte Taschenbuchausgabe
im Wilhelm Heyne Verlag GmbH & Co. KG, München

Printed in Germany 1995
Umschlagillustration: Bilderdienst Süddeutscher Verlag, München
Umschlaggestaltung: Atelier Adolf Bachmann, Reischach
Druck und Verarbeitung: Presse-Druck, Augsburg

ISBN 3-453-09130-2

Für Toby Golick

Inhalt

Vorwort

Im Frühjahr 1945 war ich Oberst (Colonel) der Reserve im Nachrichtendienst der US-Army. Meine Aufgabe bestand darin, bei der Dechiffrierung feindlicher Meldungen gewonnene Erkenntnisse weiterzugeben – ein Informationsdienst, der in neuerer Zeit unter den Decknamen »Ultra« oder »Magic« öffentlich bekannt geworden ist. Meine Operationsbasis befand sich in Südengland, aber ich war generell verantwortlich für die Sicherheit von Ultra und für die Weiterleitung der Informationen an die wichtigsten Hauptquartiere der amerikanischen Heeres- und Luftstreitkräfte in Westeuropa, was mit häufigen Reisen auf den Kontinent verbunden war.

Im April 1945 lag das Dritte Reich offenkundig in den letzten Zügen. Ein totaler militärischer Sieg der Alliierten in Europa stand unmittelbar bevor. Anfang April brach ich darum zu meiner vermutlich – und tatsächlich – letzten Rundreise zu den Kommandozentralen auf, die wir bedienten. Um den 20. April herum befand ich mich unterwegs zum Hauptquartier von General Patton in Erlangen und fuhr durch das nahegelegene Nürnberg, wo ich noch nie gewesen war. Von seiner berühmten Schönheit war allerdings kaum etwas zu sehen. Nürnberg war von der Royal Air Force im Januar und März schwer bombardiert und erst wenige Tage zuvor nach heftigen Kämpfen von General Wade Haislips 15. Armeekorps eingenommen worden. Die Innenstadt lag großenteils in Trümmern, hie und da flackerten noch Brände auf, und die Straßen waren von Schutt übersät, so daß es kaum ein Durchkommen gab.

Als ich eine Woche später nach England zurückkehrte, erwartete mich am Flugplatz mein Kollege, Oberstleutnant Ted Hilles (in Friedenszeiten ein renommierter Professor für englische Literatur an der Yale-Universität), und überbrachte mir eine Nachricht von meinen Vorgesetzten im Kriegsministerium in Washington. Man teilte mir mit, daß Robert H. Jackson, Richter am Obersten Bundesgericht der Vereinigten Staaten von Amerika, von Präsident Truman berufen worden sei, die USA als Chefankläger bei einem geplanten internationalen Tribunal gegen »Kriegsverbrecher« zu vertreten, das so bald wie möglich nach der siegreichen Beendigung aller Feindseligkeiten stattfinden sollte. Weiterhin erfuhr ich, daß Richter Jackson schon dabei sei, einen Stab juristischer Mitarbeiter zusammenzustellen, die ihm assistieren sollten, und daß er das Kriegsministerium gebeten habe, mich für diesen Zweck freizustellen.

Der Ton, in dem diese Nachricht gehalten war, deutete darauf hin, daß man es im Ministerium gern sähe, wenn ich der Aufforderung des Richters nachkäme – aber natürlich liege die Entscheidung ganz bei mir. Dieser Vorschlag gab mir genügend Stoff zum Nachdenken, und zwar in beruflicher wie in persönlicher Hinsicht.

Ich hatte 1932 mein Jurastudium in Harvard abgeschlossen und im Laufe der nächsten zehn Jahre eine Reihe von Positionen im juristischen Staatsdienst innegehabt. 1939 und 1940 war ich für kurze Zeit als Sonderbeauftragter des Justizministers tätig gewesen. In diesen Jahren war Jackson Justizminister gewesen, und zwar bis zu seiner Berufung an das Oberste Bundesgericht. Ich war ihm ein paarmal begegnet, hatte ihn in der Verhandlung bei mehreren Fällen erlebt und hatte selbst einen Fall vor dem Obersten Bundesgerichtshof verhandelt, nachdem Jackson Mitglied geworden war. Ich war mir der hohen Meinung, die man ganz allgemein von seinem Charakter und seinen Fähigkeiten hatte, durchaus bewußt und teilte sie selbst. Er war ein Mann, unter dem zu dienen ich stolz sein konnte, und ich hatte keinen Zweifel daran, daß diese Mission eine einzigartige Herausforderung darstellte.

Andererseits hatte ich während meiner juristischen Ausbildung oder in der Zeit meiner Berufstätigkeit weder mit Völkerrecht im allgemeinen noch mit Kriegsverbrechen im besonderen zu tun gehabt – das war ein unbekanntes Gebiet für mich. Darüber hinaus hatte ich seit meinem Eintritt in die Armee im Jahre 1942 keinen Gedanken mehr an die »Juristerei« verschwendet, und aufgrund meiner militärischen Pflichten waren Fälle und Verhandlungen für mich in weite Ferne gerückt. Ich hatte nie in einer Anwaltskanzlei gearbeitet, und darum wollte ich nach meiner Entlassung aus der Armee nach New York gehen, um einige dringend erforderliche Erfahrungen auf dem Gebiet des Zivilrechts zu machen und mich als freiberuflicher Anwalt niederzulassen. Mit siebenunddreißig Jahren war dies ein Schritt, der nicht auf die lange Bank geschoben werden sollte.

Was den militärischen Aspekt der Angelegenheit betraf, so war klar, daß die Deutschen in wenigen Tagen kapitulieren würden und daß meine eigene Mission in Europa so gut wie beendet war. Aber der Krieg gegen Japan war noch nicht zu Ende, und es war zu befürchten, daß eine massive Invasion der japanischen Inseln erforderlich sein könnte, um eine Kapitulation herbeizuführen. Viele der ranghöheren amerikanischen Offiziere, besonders der

Berufschargen, sahen eine Wiedereinberufung auf den pazifischen Kriegsschauplatz auf sich zukommen. Auch ich hatte damit gerechnet, bald ins Pentagon zurückbeordert und vielleicht in diesen »anderen Krieg« geschickt zu werden. Ich hatte keine Ahnung, wann mit der Niederlage Japans zu rechnen wäre oder ob es für mich überhaupt einen Platz in den nachrichtendienstlichen Organisationen im Pazifikraum gäbe. Aber irgend etwas hielt mich zurück, die Uniform auszuziehen, ehe der Krieg insgesamt vorbei war, und darum beschloß ich, um Erlaubnis zu bitten, nach Washington zurückkehren zu dürfen, ehe ich eine endgültige Entscheidung im Hinblick auf Jacksons Aufforderung traf.

Private Gefühle und Probleme drängten mich in die gleiche Richtung. Infolge einer intensiven Beziehung zu einer jungen Engländerin, die mit einem britischen Offizier aus meinem Bekanntenkreis verheiratet war, befand sich meine Ehe in heilloser Unordnung. So konnte eine Rückkehr nach Washington die augenblicklichen Spannungen zumindest mildern, und ich hätte Zeit, mir über einige Dinge klarzuwerden.

Das Pentagon entsprach meinem Wunsch bereitwillig, und darum sagte ich England Lebewohl und flog nach Washington. Um den 22. Mai traf ich zu Hause ein. Während der nächsten Tage suchte ich das Hauptquartier von Jacksons Stab auf und sprach außerdem mit meinen Vorgesetzten im Nachrichtendienst über die Situation auf dem pazifischen Kriegsschauplatz, insbesondere mit Oberst Alfred McCormack, der in Friedenszeiten ein Sozius von John J. McCloy, dem Stellvertretenden Kriegsminister, war. Ich wußte, daß McCormack bestens informiert war und über hervorragende Drähte verfügte, um die Aussichten des Krieges gegen Japan abschätzen zu können. Mir ist zwar nicht bekannt, ob er in das Geheimnis der Atombombe eingeweiht war, aber jedenfalls erklärte er mir kategorisch, daß die militärische Lage der Japaner hoffnungslos sei, daß sich die Berater des Tennos darüber im klaren seien und daß aus abgefangenen diplomatischen Mitteilungen der Japaner hervorgehe, wie sehr sie daran interessiert seien, Frieden zu schließen. Er hielt es für höchst unwahrscheinlich, daß eine Invasion Japans erforderlich sei oder daß der Krieg noch viel länger dauern würde.

Was mich betreffe, meinte McCormack, wenn ich eine Berufung in den pazifischen Raum wünschte, könnte das zweifellos arrangiert werden; aber eigentlich bestehe dafür keine Notwendigkeit. Ich könne also durchaus auch aus dem Nachrichtendienst ausscheiden und mit Jackson gehen oder aber (da ich nach zwei Jahren Militärdienst in Übersee sofort um meine Entlassung nachkommen könne) als privater Anwalt praktizieren – ganz wie es mir beliebte.

Ich war noch nicht einmal eine Woche zu Hause und empfand bereits eine gewisse Unruhe. Im Krieg war ich nicht allzu vielen Gefahren ausgesetzt gewesen, aber die rasche Abfolge immer neuer Orte, Menschen und Probleme war eine erregende und in vieler Hinsicht auch lohnende Erfahrung gewesen. Europa standen offensichtlich gewaltige Veränderungen bevor, und es wäre interessant, sie an Ort und Stelle mitzuerleben. Ich war mir bewußt, daß ich bald in die Heimat zurückkehren und mich in einem beständigeren und weniger rastlosen Leben einrichten sollte, aber ich war dazu einfach noch nicht bereit.

Und darum beschloß ich, Richter Jacksons Angebot anzunehmen, begab mich wieder in seine Stabsabteilung im Pentagon und ließ mich verpflichten. Das hatte zur unvorhersehbaren Folge, daß ich mich beinahe vier Jahre lang in Nürnberg aufhielt, dieser schwer gezeichneten Stadt, durch die ich fünf Wochen zuvor gefahren war.

Meine Entscheidung, Jacksons Stab beizutreten, war weder durch irgendein Fachwissen noch durch ein spezielles Interesse im Hinblick auf das Kriegsrecht oder das Völkerrecht beeinflußt worden – beides ging mir ja ab. Ich ließ mich dabei auch nicht von Erwartungen hinsichtlich meines beruflichen Fortkommens leiten, auch wenn ich mir darüber im klaren war, daß der geplante Prozeß eine wichtige und einzigartige Angelegenheit sein würde, die mir einige Publicity einbringen könnte. Doch in beruflicher Hinsicht wäre es sicher klüger gewesen, die Uniform auszuziehen und so bald wie möglich eine traditionelle juristische Laufbahn einzuschlagen.

Auf keinen Fall bewogen mich Rachegelüste oder antideutsche Gefühle. Gewiß, ich verabscheute den Nazismus – ein paar Wochen zuvor noch war ich in Deutschland gewesen, als die Konzentrationslager Dachau und Buchenwald eingenommen und die Insassen von amerikanischen Soldaten befreit worden waren. Aber wie so viele andere hatte ich keine Ahnung von den Massenvernichtungslagern in Polen, und das ganze Ausmaß des Holocaust dämmerte mir erst mehrere Monate später, in Nürnberg. Ich bin kein Jude und hatte, soweit ich wußte, keine Verwandten oder guten Freunde in Europa. Ehe die Nazis kamen, war ich allerdings sehr gern in Deutschland und Österreich herumgereist.

Folglich kann ich mit Fug und Recht sagen, daß meine Entscheidung praktisch nichts mit der Thematik von Jacksons Mission zu tun hatte und daß ich mich vermutlich ebensogern irgendeinem anderen attraktiven amerikanischen Unternehmen im Nachkriegseuropa zur Verfügung gestellt hätte. Meine Motive waren in meinen persönlichen Umständen begründet – sie waren, mit einem Wort, selbstsüchtig.

Demzufolge beteiligte ich mich an Jacksons Mission zunächst nicht gerade mit leidenschaftlichem Engagement. So waren meinem Wirken in der Tat gewisse Grenzen gesetzt, zumindest im ersten Jahr meiner Amtszeit in Nürnberg. Heute aber darf ich doch wenigstens hoffen, daß diese Zurückhaltung, wenn man das so nennen kann, der Ausgeglichenheit und Genauigkeit in der Darstellung und in den hier dargebotenen Urteilen zugute kommt.

Im Laufe des ersten Nürnberger Prozesses stellte sich heraus, daß bei der Beweisaufnahme zahlreiche wichtige Nazis, militärische Führungspersönlichkeiten und andere entlarvt worden waren, die am besten von Ziviltribunalen verurteilt werden konnten. Und so wurde im Herbst 1945 beschlossen, die nachfolgenden Prozesse gegen derartige Angeklagte ebenfalls in Nürnberg abzuhalten. Schließlich fanden in den Jahren 1946 bis 1949 zwölf derartige Prozesse statt, unter dem Vorsitz amerikanischer Richter, die internationales Kriegsrecht anwandten. Ich wurde zum Hauptstaatsanwalt für Kriegsverbrechen ernannt und verfolgte als Hauptankläger diese Fälle. Ich hoffe, später einmal auch diese anschließenden Prozesse darstellen zu können, bei denen es um viele Angeklagte, Probleme und Entscheidungen ging, die sich doch ziemlich von jenen im ersten Nürnberger Prozeß unterschieden.

Im Hinblick auf die Vorbereitung der hier vorliegenden Darstellung des ersten Nürnberger Prozesses bin ich zu tiefstem Dank verpflichtet: der Columbia Law School; Jonathan Segal, meinem Lektor im Verlag Alfred A. Knopf; Robert Wolfe von den National Archives; Nancy Demmon von der Columbia Law School für ihre ausgezeichnete Mitarbeit als Sekretärin sowie für ihren Rat und ihre Hilfe Peter Calvocoressi, Herbert Wechsler und meiner Frau Toby Golick.

Erstes Kapitel

Nürnberg und das Kriegsrecht

Dieses Buch enthält persönliche Erinnerungen an die Errichtung des Internationalen Militärgerichtshofs (IMG) und an die Kriegsverbrechensprozesse, die von 1945 bis 1946 in Nürnberg abgehalten wurden. Ich hätte über Nürnberg bereits vor fünfundzwanzig Jahren oder noch früher schreiben können, als mein Gedächtnis und das anderer Menschen noch frischer war. Immerhin hatte ich Zeit gehabt, andere Bücher zu schreiben, so daß ich mich kaum auf einen Mangel an Zeit oder Gelegenheit hinausreden kann. Meine Zurückhaltung entsprang teilweise dem Wunsch, gegenüber einem Thema, das mich vier Jahre lang in Atem gehalten hatte, Distanz zu gewinnen und meine Energien anderen Dingen zu widmen. Von noch größerem Einfluß war allerdings mein Glaube, daß mein Eindruck und meine Einschätzung des Gesamtkomplexes Nürnberg letztlich nur profitieren könnten vom Vergehen der Zeit, von der Gelegenheit zur Reflexion und von dem Licht, das spätere Ereignisse auf die Vergangenheit – einschließlich der Nürnberger Prozesse – werfen würden.

In einer Hinsicht hat diese Verzögerung meine Aufgabe allerdings erschwert. 1945 und noch fünfzehn bis zwanzig Jahre danach wußte das Leserpublikum der westlichen Welt eine ganze Menge über den Aufbau und die Geschichte des Dritten Reiches, und die Namen der führenden Persönlichkeiten – Hitler, Göring, Goebbels, Ribbentrop, Himmler und andere – waren nur allzu vertraut. Heutzutage ist das nicht mehr der Fall; man muß den historischen Kontext viel ausführlicher darstellen, damit ein derartiges Buch für die neuen Generationen überhaupt einen Sinn ergibt. Gegenstand der Nürnberger Prozesse waren im Grunde die Ereignisse der Nazizeit. Ja, ein kürzlich erschienenes kompetentes Buch über Nürnberg widmet den Geschehnissen jener Zeit genausoviel Raum wie dem Gang der Dinge im Nürnberger Gerichtssaal. Da es mir in erster Linie darum geht, die Geschichte der Nürnberger Prozesse zu erzählen, habe ich einen anderen Weg eingeschlagen: Die Geschichte des Hitlerreichs bildet den Hintergrund meiner Darstellung, während die Prozesse und ihre juristischen und politischen Voraussetzungen im Mittelpunkt stehen.

Dieses Buch ist ein Porträt von »Nürnberg«, wie ich die Dinge sah, hörte und mit allen Sinnen seinerzeit erlebte, also nicht wie es ein unbeteiligter Historiker aufgrund der Dokumente rekonstruieren würde. Und über die juristischen und moralischen Fragen hinaus, welche die in Nürnberg vertretenen Meinungen und Urteile aufwarfen, habe ich versucht, ein ganz bestimmtes Bild von den Teilnehmern der Nürnberger Prozesse zu vermitteln: nämlich das einer Gemeinde – einer geographischen und sozialen Enklave –, in der sich diese vielen unterschiedlichen Menschen zusammengedrängt fanden und in der sie einem semikolonialistischen Lebensstil anhingen, während sie mit den beruflichen wie privaten Problemen rangen, die ihnen aufgebürdet waren.

Im Titel meines Buches wird bereits deutlich, daß es sich mit weit mehr befaßt als nur mit den Ereignissen, die sich in aller Öffentlichkeit bei Gericht abspielten. Denn dies war ein komplexes Verfahren, das in wichtigen Fragen des Völkerrechts juristisches Neuland zu betreten suchte.

Gewiß standen zur Zeit der Prozesse die Angeklagten im Mittelpunkt des öffentlichen Interesses, und die Zeitungen waren voller Kommentare über ihre Persönlichkeiten, das jeweilige Ausmaß ihrer Schuld und die Fairneß der Urteile, die der Gerichtshof fällte. Aber die Angeklagten und ihre Schicksale waren nicht der Grund, warum »Nürnberg« im Völkerrecht wie in der Reflexion und Diskussion über die großen moralischen und juristischen Fragen von Krieg und Frieden neue Maßstäbe gesetzt hat.

Vor ungefähr fünfundzwanzig Jahren wurde des langen und breiten über die Bedeutung von Nürnberg im Hinblick auf den Vietnamkrieg gestritten. Außenminister Dean Rusk berief sich auf Nürnberg, um die amerikanische Militärintervention zu rechtfertigen, während Tausende von jungen Männern demgegenüber erklärten, daß sie gerade nach den Grundsätzen von Nürnberg gesetzlich verpflichtet seien, nicht an einem Krieg teilzunehmen, den sie als einen Angriffskrieg der USA ansahen.

Wenn man dagegen heute an Nürnberg denkt oder sich auf Nürnberg beruft, dann ist in erster Linie eine Quelle, ein Testfall des internationalen Kriegsrechts gemeint. Während es immer noch viele gibt, die Nürnberg den Status einer Rechtsquelle absprechen, hat doch die überwiegende Mehrheit der Menschen, Nationen und internationalen Institutionen diesen Stellenwert von Nürnberg akzeptiert oder mißt den Prozessen doch zumindest den Wert eines Präzedenzfalles bei, aus dem gewisse Leitlinien zu entnehmen sind. Es ist zwar nicht ein für allemal festgelegt worden, die Nürnberger Grundsätze durchzusetzen, und oft werden sie mißachtet; aber als eine moralische und juristische Erklärung im Range eines Präzedenzfalles, die zudem von den Vereinten Nationen anerkannt wurde, haben die Nürnberger Grundsätze ein internationales rechtliches Gewicht, das man nicht unterschätzen sollte.

Die Ideen, die zu den erweiterten Grundsätzen der Nürnberger Prozesse führten, wurden großenteils von einer Gruppe New Yorker Anwälte im Herbst und Winter 1944/45 entwickelt, allen voran von Henry L. Stimson, John J. McCloy, Murray Bernays, William C. Chanler, Samuel Rosenman, Robert H. Jackson und (auch wenn er uns normalerweise nicht in der Rolle des Anwalts bekannt ist) Präsident Franklin Delano Roosevelt.

Am Anfang stand die – meines Erachtens äußerst wichtige – Entscheidung Henry Stimsons, des damaligen Kriegsministers, die Kriegsgerichte zu übergehen, vor denen im allgemeinen militärische Vergehen verhandelt wurden, und statt dessen einen internationalen Gerichtshof einzurichten. Am 9. September 1944 schrieb Stimson an den Präsidenten: »Ich bin geneigt zu glauben, daß wir uns – zumindest was die führenden Nazifunktionäre betrifft – an einem internationalen Tribunal beteiligen sollten, das einberufen wird, um ihnen den Prozeß zu machen.« So kam es zur Einrichtung des präzedenzlosen Internationalen Militärgerichtshofs, der bedeutendsten und, wie ich glaube, erfolgreichsten neuen Institution zur Durchsetzung des Kriegsrechts.

Der Prozeß wie das Urteil des Gerichtshofs waren natürlich die öffentliche Krönung des Nürnberger Unternehmens. Der Prozeßgegenstand, die traurige Berühmtheit der Angeklagten und das Kaliber einiger Zeugen brachten viele sensationelle und schockierende Dinge ans Licht. Ich erinnere mich noch an das gelähmte Schweigen im Zuschauerraum, das der kalten, unbeteiligten Aussage des SS-Offiziers Otto Ohlendorf folgte, seine Soldaten hätten in Südrußland über 90 000 Juden verhaftet und getötet. Und ich weiß noch, wie der Angeklagte Walter Funk, der ehemalige Präsident der Reichsbank, in nackte Panik geriet, als der Ankläger Thomas Dodd im Kreuzverhör unvermittelt Dokumente als Beweismaterial vorlegte, aus denen eindeutig hervorging, daß Funk sehr wohl darüber Bescheid wußte, daß die Reichsbank Juwelen und andere Wertgegenstände, darunter auch Goldzähne, erhalten hatte, die den Leichen von Juden und anderen KZ-Insassen entnommen worden waren.

Aber welchem Recht verschaffte der Internationale Militärgerichtshof eigentlich Geltung? Reguläre Gerichte und Prozesse berufen sich auf die Gesetze souveräner Nationen. Doch der IMG war kein reguläres Gericht. Er war von den USA und von drei großen europäischen Nationen errichtet worden, und die Gesetze, an die er gebunden war, entsprachen nicht den Gesetzen einer dieser oder irgendwelcher anderer Nationen. Im Hinblick auf seine Strafprozeßordnung hielt sich der IMG in erster Linie an das internationale »Kriegsrecht«, dessen Verletzungen »Kriegsverbrechen« genannt werden.

Man frage nur Passanten auf der Straße, was ihnen zum Stichwort »Kriegsverbrechen« einfällt, und die Antwort wird mit großer Wahrscheinlichkeit »Nürnberg« lauten. Dieser Gerichtsort der berühmtesten Kriegsverbrechensprozesse verdient es zwar durchaus, daß man ihm ein bleibendes Andenken bewahrt, aber dahinter steht doch auch die völlig falsche Vorstellung, daß die Nürnberger Prozesse die ursprüngliche Quelle des »Kriegsrechts« gewesen seien. Damit man jedoch die Nürnberger Prozesse richtig begreifen kann, muß man erstens etwas über Wesen und Umfang des Kriegsrechts vor dem Zweiten Weltkrieg und in seinem Verlauf wissen sowie zweitens erkennen, um welche Ergänzungen zum bereits existierenden Kriegsrecht sich die Gründer des IMG bemühten.

Die eigentlichen Umstände, unter denen sich das Kriegsrecht, so wie wir es heute kennen, entwickelte, sind Teil der bedeutenden Umwälzungen, denen die westliche Welt im 18. und 19. Jahrhundert unterworfen war. Dazu gehören der Niedergang der Kirche und des Heiligen Römischen Reiches ebenso wie der Aufstieg der Nationalstaaten als der wahren Hüter weltlicher Macht, die Industrielle Revolution ebenso wie das Zeitalter der Aufklärung. Bei der Entwicklung dieses Rechts spielten humanitäre Erwägungen zwar auch eine Rolle, aber die eigentlichen Motive waren doch kommerzieller und militärischer Natur. Tatsächlich war das Kriegsrecht weitestgehend ein Produkt des – wie ihn Dwight Eisenhower bei seinem Abschied vom Amt des amerikanischen Präsidenten nannte – »militärisch-industriellen Komplexes«.

Veränderungen in der »Kriegskunst« wirkten sich unmittelbar auf die Sitten und Gebräuche aus, wobei die Mittel und Formen der Kriegführung begrenzt wurden, was später zu Regeln und schließlich zu Gesetzen führte. Seit der Feudalzeit bis weit ins 17. Jahrhundert hinein bestanden »Heere« weitgehend aus Söldnern, die nur zeitweise Sold erhielten und sich »auf Kosten des Landes« nähren mußten, weil es keinen regulären Versorgungsdienst gab. Das wirkte sich verheerend auf die Schlagkraft der Heere wie auf die wirtschaftliche Situation der Bauernhöfe und Städte aus, die in der Nähe des Kriegsschauplatzes lagen. Die Soldaten waren undiszipliniert und neigten zu Gewalttaten. Im Dreißigjährigen Krieg (1618-1648) wurden große Teile Europas verwüstet; man schätzt, daß über die Hälfte der deutschsprechenden Bevölkerung ausgelöscht wurde; Hungersnöte und die Pest waren weit verbreitet.

Aus diesen verheerenden Jahren hatten die Militärs eine Menge gelernt. Soldaten, die regelmäßig Nahrung und Sold erhielten und die darum nicht auf der Suche nach Verpflegung und Unterkunft marodierend durchs Land ziehen mußten, konnten in Zucht und Ordnung gehalten und so effizient ausgebildet werden, daß das taktische Niveau militärischer Operationen gewaltig angehoben wurde. Truppen wurden in eine reguläre Befehlskette eingegliedert und in Bataillonen, Regimentern und anderen Standardeinheiten organisiert. Verwaltungsstäbe waren für die Versorgung, den Sold und andere logistische Erfordernisse zuständig. Die Militärpolizei unterstützte die Aufrechterhaltung der Disziplin, und kriegsgerichtsähnliche Verfahren wurden eingeführt, um Übeltäter zu bestrafen.*

Damit wurde es ein Beruf, Soldat zu sein, und fortan unterschied man zwischen Soldaten und Zivilisten. So kam es auch zu den Bräuchen und Vorschriften, welche das Verhalten von Besatzungstruppen regelten und welche Achtung vor dem Leben wie vor den zum Leben notwendigen Besitztümern der Zivilbevölkerung forderten, solange diese nicht in den Kampf eingriff.

Diese Regelungen stellen noch heute einen wesentlichen Bestandteil des Kriegsrechts dar, aber natürlich galten sie zur Zeit ihrer Einführung nicht als »internationales Recht« oder »Völkerrecht«**, sondern bloß als vernünftige militärische Vorschriften. Ihre praktischen Konsequenzen waren überdies human und paßten somit gut zu den freiheitlichen und humanitären Ideen der Philosophen und Publizisten der Aufklärung im 18. Jahrhundert – zum Zeitalter von Denkern wie dem englischen Rechtsphilosophen Bentham oder den Franzosen Voltaire und Jean-Jacques Rousseau. Besonders Rousseau. Nach dessen Meinung war Krieg nur als Verteidigung gegen den Angriff eines Aggressors gerechtfertigt – ein Prinzip, das jenen Grundsätzen sehr nahekommt, wie sie heute in der Charta der Vereinten Nationen verankert sind. In seiner berühmten Schrift *Vom Gesellschaftsvertrag oder Grundsätze des Strafrechts* (1762) stellte Rousseau die These auf, daß der Krieg nur eine Beziehung zwischen Staaten darstelle, nicht aber zwischen einzelnen Menschen:

> Der Krieg ist also keine Beziehung zwischen einzelnen Menschen, sondern eine Beziehung zwischen Staaten, bei der die einzelnen nur zufällig Feinde sind, nicht als Menschen, nicht einmal als Bürger, sondern als Soldaten; nicht als Glieder des Vaterlandes, sondern als seine Verteidiger.

Der Geist dieser Zeit, in dem sich merkantile wie philosophische Werte verkörpern, spiegelt sich besonders deutlich in einem Brief wider, den Außenminister Talleyrand am 20. November 1806 an Napoleon schrieb:

> Drei Jahrhunderte Zivilisation haben Europa ein Recht der Nationen gegeben, für das ... die menschliche Natur gar nicht dankbar genug sein kann. Entsprechend der Maxime, daß der Krieg keine Beziehung zwischen einzelnen Menschen, sondern zwischen Staaten ist, bei der Privatpersonen nur zufällig Feinde sind, nicht als Menschen, ja nicht einmal als Angehörige oder Untertanen des Staates, sondern schlicht als seine Verteidiger, gestattet es

* Die Hinrichtung war die übliche Strafe für Soldaten, die die Zivilbevölkerung ausplünderten oder sonstwie belästigten. Es wird berichtet, daß General Thomas Gage, 1774/75 Kommandeur der britischen Truppen in Boston, zwei seiner Soldaten hängen ließ, weil sie in den Laden eines Siedlers eingebrochen waren.

** Jeremy Bentham (1748-1832) wird im allgemeinen der Begriff »international law« zugeschrieben, den er in seiner *Introduction to the Principles of Morals and Legislation* (1789) geprägt hat. Davor hatte man den Begriff »law of nations« verwendet, den Bentham als unzureichend ansah, weil er sich nur »auf die innerstaatliche Rechtsprechung zu beziehen« schien.

das Recht der Nationen nicht, daß die Rechte des Krieges (und der daraus sich ergebenden Unterwerfung des Gegners) auf friedfertige, unbewaffnete Bürger angewendet werden, auf private Besitztümer und Behausungen, auf die Waren des Handels, auf die Magazine, die sie enthalten, auf die Fahrzeuge, die sie transportieren, auf unbewaffnete Schiffe, die sie über Flüsse und Meere tragen – mit einem Wort: auf die Person und die Güter von privaten Einzelnen.
Das aus der Zivilisation geborene Recht des Krieges hat deren Fortschritt begünstigt. Diesem Recht hat Europa die Bewahrung und Mehrung seines Wohlstands zu verdanken – und zwar inmitten der häufigen Kriege, die Europa geteilt haben.

Es ist schon merkwürdig, daß ausgerechnet Fürst Talleyrand von Rousseau abschreibt, um Napoleon zu bilden. Aber Talleyrand war nur einer von vielen, die zum gleichen Zweck auf jene Quelle zurückgriffen: Als der König von Preußen 1871 seine Soldaten in Frankreich einmarschieren ließ, erklärte er, er kämpfe gegen französische Soldaten, aber nicht gegen das französische Volk. Und diese Unterscheidung zwischen Soldat und Zivilist, verbunden mit der Pflicht des Soldaten, die Rechte der nicht am Kampf beteiligten Zivilisten feindlicher Länder zu respektieren, ist bis zum heutigen Tage – trotz der Angriffe auf Hamburg und Dresden, auf Hiroshima, Tokio und Nagasaki – ein wesentlicher formaler wie inhaltlicher Bestandteil des Kriegsrechts geblieben.

Zur gleichen Zeit entwickelten sich auch die Bräuche und Regeln, die für die Gefangennahme und für den Schutz von Gefangenen galten. Statt der verschwenderischen Idiotie von Massentötungen gab es in zunehmendem Maße den Austausch von Gefangenen. Oft wurde für einen derartigen Austausch bereits vor dem Beginn der Feindseligkeiten Sorge getragen: Der Vertrag der USA mit Preußen aus dem Jahre 1785 sah im Falle eines Krieges vor, daß Gefangene von beiden Seiten menschlich behandelt werden sollten.

Dennoch blieben Zweifel bestehen, ob ein Sich-Ergeben in die Gefangenschaft eine Frage des Rechts oder der Gnade war und ob es nicht zumindest unter gewissen Umständen zulässig sei, »kein Pardon« zu gewähren. Napoleon Bonaparte beispielsweise hatte 1799, als sein Feldzug nach Ägypten und Palästina so unrühmlich endete, eine ganz »praktische« Ansicht vertreten. Im März 1799 eroberte er die Festung Jaffa, wo sich die mameluckische Garnison aufgrund des Versprechens ergeben hatte, daß ihr Leben verschont bliebe. Aber dieses Versprechen wurde nicht eingehalten, und als Napoleon davonsegelte, wurden 1200 Mamelucken (wie er berichtete) beziehungsweise 3500 (wie Augenzeugen bestätigten) an den Ufern des Mittelmeers niedergemetzelt.*

---

* Schon zu Napoleons Zeiten wurde sein Vorgehen verurteilt. Über diese Episode wurde noch viele Jahre lang kontrovers diskutiert; siehe dazu auch die Debatte im 5. Kapitel von Thomas Manns Roman *Buddenbrooks* (1901).

Ein paar alte Ausnahmeregeln gegenüber der Pflicht, Gefangene zu machen, haben sich lange gehalten; ja, eine existiert sogar noch heute: die Todesstrafe für Spione. Gerade weil dies mit der Tatsache begründet wird, daß Spione keine Uniformen tragen, ist dies eine merkwürdige Doktrin, da Spionage heute gemeinhin nicht mehr mit moralischer Schmach verbunden ist. Man denke nur an den Fall von Nathan Hale, der mit einem Denkmal auf dem alten Campus von Yale und mit einer Gedenktafel an der Wand des Yale Club in New York geehrt wird, nahe der Stätte seiner Hinrichtung. Der sportliche Aspekt der Spionage wird noch von der Regel verstärkt, derzufolge ein Spion, dem es gelingt, aus den feindlichen Reihen wieder zu seiner eigenen Armee zurückzukehren, nicht mehr für seine Spionagetätigkeit verantwortlich ist und der, wenn er später gefangengenommen wird, wie ein Kriegsgefangener behandelt werden muß – genauso wie ein Baserunner beim Baseball, der von einem unwahrscheinlichen Fang der Gegenpartei überrascht wird, sicher ist, wenn er den Ball zur Base zurückschlagen kann.

Heutzutage haben der Wert, den die Befragung von Gefangenen für nachrichtendienstliche Zwecke hat, sowie die Angst vor Vergeltungsmaßnahmen dafür gesorgt, daß unter den Großmächten (allerdings keineswegs überall) auf die Einhaltung der Pflicht geachtet wird, eine Kapitulation zu akzeptieren und Kriegsgefangenen eine menschliche Behandlung zu gewähren.

2

Die erwähnten Kernelemente des Kriegsrechts lagen um die Mitte des 19. Jahrhunderts vor, allerdings nicht in kodifizierter Form: Offiziell in jeder Hinsicht ungeschrieben, galten sie als »Gewohnheitsrecht«. Die USA machten sich dann während des Bürgerkriegs als erste daran, sie zu systematisieren und in einem offiziell übernommenen Kodex in Worte zu kleiden.

Der wichtigste Gestalter dieser ersten Kodifizierung des Kriegsrechts war Francis Lieber, ein Deutscher, der als junger Mann unter Feldmarschall von Blücher gegen Napoleon gekämpft hatte. Der gebildete politische Dissident wanderte in die Vereinigten Staaten aus und nahm 1832 die amerikanische Staatsbürgerschaft an. Dank seiner vielfältigen Gaben wurde er Professor am South Carolina College. Da er jedoch die Sklaverei verabscheute, zog er 1857 nach New York und wurde Professor am Columbia College und anschließend an der neugegründeten juristischen Fakultät, der Columbia Law School.

Der Bürgerkrieg »pochte hart an meine Tür«, wie es Lieber ausdrückte, denn sein ältester Sohn, der auf der Seite der konföderierten Staaten kämpfte, deren Sache Lieber ablehnte, wurde tödlich verwundet, während seine beiden jüngeren Söhne in der Armee der Union dienten. Als einer von ihnen in Tennessee in Fort Donelson einen Arm verlor, besuchte Lieber ihn dort und lernte bei dieser Gelegenheit General Henry W. Halleck kennen, der damals Kommandeur der Unionstruppen im Westen war. Im Juli 1862 wurde Halleck zum militärischen Berater von Präsident Lincoln berufen, im Range eines General-in-Chief.

Halleck, seinerseits Autor einer Abhandlung über internationales Recht, war beeindruckt von Liebers Kombination aus militärischen, juristischen und politischen Interessen und erteilte ihm im Dezember 1862 den Auftrag, »einen Kodex von Vorschriften für die Führung von Armeen auf dem Schlachtfeld, autorisiert von den Gesetzen und Gebräuchen des Krieges« zu erstellen. Anfang 1863 legte Lieber einen Entwurf vor, der im Mai 1863 als General Orders Nr. 100 verkündet wurde, unter dem Titel »Instructions for the Government of Armies of the United States in the Field«. Mehr als ein halbes Jahrhundert lang blieb dies das offiziell von der amerikanischen Armee erklärte Kriegsrecht für den Landkrieg.

Der Lieber-Kodex enthält 157 kurze »Artikel«, wobei sich einige eher wie moralische Maximen lesen denn wie gesetzliche Vorschriften. Der größere Teil allerdings spiegelt die hier kurz dargestellte Geschichte wider und handelt von Gefangenen, vom Recht der Nonkombattanten, Partisanen und Spione. An ein paar Stellen untersagt er bestimmte Mittel der Kriegführung, wie etwa die Verwendung von Giftstoffen. In der Verdammung von Grausamkeit sowie von unnötiger Gewalt und Zerstörung erweist sich der Kodex als humanitär, aber der Begriff der »militärischen Notwendigkeit« nimmt breiten Raum ein: Beispielsweise ermächtigt der Kodex einen Kommandeur, seinen Truppen die Anweisung zu erteilen, kein Pardon zu geben, und zwar »in großer Not, wenn es um seines eigenen Heiles willen *unmöglich* ist, daß er sich mit Gefangenen belastet«.

Inhaltlich gesehen stellte daher der Lieber-Kodex in reformerischer Hinsicht nicht gerade einen großen Fortschritt dar. Seine große Bedeutung lag in der Erkenntnis der Notwendigkeit, die gesamten Erfahrungen und Praktiken des vorangegangenen Jahrhunderts zu systematisieren und zu artikulieren. Damit legte er den Grundstein für die Unterweisung und Ausbildung der Offiziere und Mannschaften großer Kriegsarmeen, die hauptsächlich aus eingezogenen Zivilisten bestanden, welche mit militärischen Angelegenheiten nicht vertraut waren, und stellte Normen zur Einhaltung der Vorschriften und für ihre Durchsetzung durch Kriegsgerichte und andere disziplinarische Maßnahmen auf.

3

Die Bestimmungen der General Orders Nr. 100, des Lieber-Kodex, waren zwar von internationalen Gepflogenheiten abgeleitet, aber sie gaben nicht vor, internationales Recht zu sein – sie waren eine interne Anweisung der Armee der Vereinigten Staaten. Allerdings wurden sie gerade zu einer Zeit verkündet, als Ereignisse in Europa, insbesondere die Kriege auf der Krim (1853-1856) sowie zwischen Frankreich und Österreich (1859), Probleme aufgeworfen hatten, durch die sich die Großmächte veranlaßt sahen, ein internationales Abkommen zu treffen, mit dem man die verheerenden Folgen eines Krieges eindämmen konnte.

Ungeachtet des medizinischen Fortschritts hatten es die kriegführenden Mächte in Europa versäumt, Lazarette, Ärzte und medizinische Einrichtungen am Schauplatz der Feindseligkeiten in ausreichendem Maße bereitzustellen. Während des Krimkriegs wurde die Öffentlichkeit durch Florence Nightingales Verwaltungsreformen und ihre persönliche Hingabe bei der Versorgung der Verwundeten aufgerüttelt – mehr noch durch das im Jahre 1862 erschienene Buch des Schweizer Philanthropen Henri Dunant, einen schockierenden Bericht über die Vernachlässigung der Verwundeten in der Schlacht von Solferino (1859). 1864 unterzeichneten in Genf zwölf europäische Nationen eine »Konvention zur Verbesserung des Loses der verwundeten Soldaten der Armeen im Felde«, das erste einer Reihe von entsprechenden internationalen Abkommen des Roten Kreuzes.*

Zum internationalen Durchbruch bei der Ächtung von Kriegsverbrechen kam es allerdings erst im Jahre 1899, als in Den Haag ein »Abkommen betreffend die Gesetze und Gebräuche des Landkriegs« von den USA, von Mexiko, Japan, Persien, Siam und von neunzehn europäischen Nationen – darunter auch sämtlichen europäischen Großmächten – unterzeichnet wurde. Organisatorisch wie inhaltlich lehnte sich die Haager Landkriegsordnung eng an den Lieber-Kodex an und befaßte sich hauptsächlich mit Kriegsgefangenen sowie mit den Beziehungen zwischen Besatzungstruppen und der nicht am Kampf beteiligten Zivilbevölkerung. Im Unterschied zum Lieber-Kodex enthielt die Landkriegsordnung allerdings in Artikel 23 ein uneingeschränktes Verbot der »Erklärung, daß kein Pardon gegeben« werde, sowie das Verbot, feindliche Soldaten anzugreifen, die sich bereits ergeben haben.

Andere Konventionen, die 1899 in Den Haag unterzeichnet wurden, verboten die Verwendung von Dumdumgeschossen, die Verwendung von Geschossen, die »gesundheitsschädliche Gase« enthielten, und »das Abschießen von Geschossen und Sprengkörpern von Ballons aus oder durch andere neue Methoden ähnlicher Natur«. 1907 wurde eine zweite Haager Konvention über die Gesetze des Landkriegs, die sich im wesentlichen nicht von der Konvention von 1899 unterschied, von über vierzig Nationen unterzeichnet. In all diesen Abkommen wird das Kriegsrecht zum allgemeinen Verhaltensprinzip erklärt, während weder die Mittel zu seiner Durchsetzung noch die Strafen für seine Verletzung spezifiziert werden. Allerdings wurden viele dieser Bestimmungen bald inhaltlich in das Militärrecht der Großmächte und vieler anderer Nationen aufgenommen.

---

* 1882 schlossen sich auch die USA der Konvention von 1864 an. Deren Bestimmungen wurden im Rotkreuz-Abkommen von 1906 beträchtlich erweitert, das – gleichfalls in Genf – von 36 Nationen unterzeichnet wurde.

In den USA wurden die General Orders Nr. 100 im Jahre 1914 durch ein Feldhandbuch der Armee ersetzt, das den Titel »Das Recht des Landkriegs« (The Law of Land Warfare) trug und das in überarbeiteter Form noch immer in Kraft ist. Darin ist festgelegt, daß das Kriegsrecht ein Teil des Rechts der Vereinigten Staaten ist und daß es gegenüber Soldaten wie Zivilisten, einschließlich feindlicher Personen, von Militärtribunalen oder internationalen Gerichtshöfen durchgesetzt werden kann.

Dies war der Stand des Kriegsrechts im Jahre 1914, als der Erste Weltkrieg begann. Bis dahin enthielt das Kriegsrecht praktisch keine Bestimmungen, die sich mit dem Luftkrieg befaßten. Die Haager Konvention von 1899 war noch vor dem berühmten Flug der Brüder Wright bei Kitty Hawk im Jahre 1903 beschlossen worden, die Konvention von 1907 nur wenige Jahre danach. Die militärische Luftfahrt steckte 1914 noch in den Kinderschuhen, als die Großmächte in den Krieg eintraten.

Ganz anders verhielt es sich dagegen mit der Marine. Während der Seekriege vergangener Jahrhunderte hatte es viele Gebräuche und Vorschriften gegeben, die zuweilen in Abkommen Eingang fanden und sich mit derartigen Dingen wie falschen Flaggen und anderen Kriegslisten, Blockaden, Freibeutern und der Behandlung neutraler Schiffe befaßten.

Auf den Haager Konferenzen wurden eine Reihe von Vereinbarungen getroffen, um bereits existierenden wie einigen neuen Seekriegsbestimmungen international Geltung zu verschaffen. 1907 wurden nicht weniger als acht Seekriegskonventionen angenommen, die sich mit Themen wie dem Status feindlicher Schiffe beim Ausbruch von Feindseligkeiten, der Umwandlung von Handelsschiffen in Kriegsschiffe, der Verlegung von Minen und der Bombardierung von Küsten befaßten.

Die meisten dieser Bestimmungen waren so beschaffen, daß ihre Verletzung eher Repressalien oder Entschädigungsansprüche als eine strafrechtliche Verfolgung nach sich zog. Seekriegsverbände besetzen gewöhnlich weder feindliches Territorium, noch nehmen sie größere Mengen von Gefangenen. Diese sachlichen Unterschiede erklären zweifellos, warum es keinen allgemeinen Seekriegs-Kodex gab, der den Haager Konventionen über die Führung von Landkriegen vergleichbar gewesen wäre.

Weder die Haager Konventionen noch die ihnen vorausgegangenen Konzepte, auf denen sie beruhten, schränkten das souveräne Recht, Krieg zu führen, in irgendeiner Weise ein. Kriege hatten eine große Rolle beim Aufstieg und bei der Ausbreitung von Nationalstaaten gespielt, deren Führer im allgemeinen die in früheren Jahrhunderten übliche Unterscheidung zwischen »gerechtem und ungerechtem Krieg« als sentimentales Geschwätz abtaten. Gewiß konnten Regierungen noch immer Gründe für eine Kriegserklärung anführen, welche die Rechtschaffenheit ihrer Sache betonten, aber das hatte keinerlei rechtliche Bedeutung.

Lieber hatte trotz seiner Fortschrittlichkeit im Hinblick auf die Kriegführung keinen Zweifel am Wert des Krieges an sich, und dementsprechend wurde in den General Orders Nr. 100 erklärt, daß »man mittlerweile darin übereingekommen ist, daß der Krieg nicht etwas Selbstzweckhaftes ist, sondern das Mittel darstellt, um große Ziele des Staates zu erreichen. ...« Daher »gestattet es das Recht der Nationen jeder souveränen Regierung, gegen einen anderen souveränen Staat Krieg zu führen ...«, und die angegriffene Nation ist verpflichtet, sich an das Kriegsrecht zu halten, auch wenn sie den Feind »als mutwilligen und ungerechten Angreifer« ansieht.

Als nun im Jahre 1914 die »Schüsse des August« die Welt erschütterten, wies mithin nichts im allseits anerkannten Inhalt des internationalen Rechts darauf hin, daß sich irgendein Staat oder Individuum eines strafbaren Vergehens schuldig gemacht hatte, wenn er oder es einen Krieg erklärt und sich daran beteiligt hatte. Hingegen hatten die Haager Konventionen sowie andere Abkommen und Beschlüsse, die in dem halben Jahrhundert zuvor gefaßt worden waren, die gesamte Thematik der Beschränkungen der Kriegführung auf eine internationale Ebene gehoben und damit die Voraussetzungen dafür geschaffen, daß im Laufe des Ersten Weltkriegs wie auch danach ein außerordentlich breites öffentliches und politisches Interesse an »Kriegsverbrechen« bestand.

4

Vom Anbeginn des Krieges an verstanden es Kaiser Wilhelm II. und sein Generalstab, die deutschen Kriegsoperationen auf eine Weise durchzuführen, daß sich weltweit ein Sturm des Hasses und der Furcht erhob, der fast dem vergleichbar war, was Adolf Hitler ein Vierteljahrhundert später bewirkte. Ich habe ganz bewußt die Formulierung »verstanden es« gebraucht; während nämlich Hitlers Greueltaten eine fundamentale Nazi-Doktrin widerspiegelten, waren die Verbrechen und Vergehen des Deutschen Kaiserreichs offenbar nichts anderes als das Ergebnis von Unbeholfenheit, Überheblichkeit und schierer Brutalität.

Die Historiker debattieren zwar noch immer über die Verteilung der Schuld am Ausbruch des Ersten Weltkriegs, aber niemand behauptet, daß Belgien ihn vom Zaun gebrochen habe, indem es Deutschland angriff. Das deutsche Oberkommando hatte die Idee, daß seine Truppen das Aufmarschgelände von Belgien für einen schnellen Sieg über Frankreich benötigten, und sobald sich Deutschland und Frankreich im Kriegszustand befanden, stellte die deutsche Regierung Belgien die Forderung, den Durchmarsch deutscher Truppen zu gestatten. Als die Belgier das ablehnten, fiel die deutsche Armee in Belgien ein und verletzte damit das multinationale belgische Neutralitätsabkommen von 1839, das der deutsche Reichskanzler Theobald von Bethmann Hollweg öffentlich als »Fetzen Papier« verhöhnte. Ein paar Stunden später erklärte England, unter Berufung auf das Abkommen von 1839, Deutschland den Krieg.

Der rücksichtslose Angriff der Deutschen auf ein kleines, neutrales Land löste nicht nur die Feindschaft der Briten aus, sondern schockierte die ganze Welt. Seit Beginn der Invasion gab es Berichte über mutwillige Zerstörung und Brutalitäten durch die Deutschen: Die alte Stadt Löwen wurde geplündert, ihre weltberühmte Bibliothek ein Opfer der Flammen; unschuldige Zivilisten wurden als Geiseln genommen und oft erschossen; in manchen Orten sollen einmarschierende Soldaten Frauen vergewaltigt und Erwachsene wie Kinder umgebracht haben. Bald gab es ähnliche Berichte aus den von den Deutschen besetzten Gebieten in Frankreich, wo die Truppen einer von General Karl Stenger kommandierten Brigade französischen Soldaten kein Pardon gewährt hatten – auch den Verwundeten nicht.

Im Laufe des Jahres 1915 wurde der Sturm der öffentlichen Entrüstung noch weiter angefacht. Im Januar starteten die riesigen deutschen Luftschiffe, nach ihrem Konstrukteur Zeppeline genannt, Bombenangriffe auf England; deren militärischer Wert war zwar nur gering, aber Ende des Jahres waren über 200 Zivilisten getötet und viele Menschen terrorisiert worden. Zu Beginn des Jahres 1916 erklärte die deutsche Regierung dann die Gewässer um die britischen Inseln zur Kriegszone, in der die deutschen U-Boote feindliche Handelsschiffe ohne Warnung versenken würden. Im April wurde das riesige Cunard-Linienschiff *Lusitania* von einem U-Boot vor der irischen Küste versenkt, wobei rund 1 200 Menschen ums Leben kamen. Im selben Monat noch setzten die Deutschen auch erstmals Giftgas als Waffe in der Schlacht von Ypern ein. Etwa zur gleichen Zeit begann die »jungtürkische« Regierung des Osmanischen Reiches (das im November 1914 als Verbündeter Deutschlands in den Krieg eingetreten war), Armenier in die syrische Wüste zu deportieren, wo sie zu Tausenden massakriert wurden. Im Oktober entrüstete sich die britische Öffentlichkeit, weil die Deutschen Edith Cavell, die Leiterin einer Krankenschwesternschule in Brüssel, hingerichtet hatten. In der darauffolgenden Nacht wurden bei einem Zeppelinangriff auf London 127 Einwohner getötet.

Diese (bei weitem nicht vollständige) Aufzählung deutscher und türkischer Untaten vermag hinreichend zu erklären, warum man die Deutschen mittlerweile sowohl bei den Alliierten wie in neutralen Nationen als »Hunnen« und ihre Militärpolitik als »Schreckensherrschaft« bezeichnete. Aber in fast allen diesen Fällen wurde ernsthaft aufgrund des Beweismaterials oder juristischer Überlegungen die Frage gestellt, ob diese Handlungen mit Recht als »Kriegsverbrechen« bezeichnet werden könnten.

Das durch die deutsche Invasion von Belgien verletzte Neutralitätsabkommen sah keine strafrechtlichen Sanktionen vor, und sobald Belgien Widerstand leistete, hörte es auf, neutral zu sein. Was das Verhalten deutscher Truppen in Belgien betraf, so wurden die meisten Geschichten über wahlloses Morden, über Vergewaltigung und Kindermord später als Propagandalügen entlarvt. Die Zerstörung in Löwen verstieß gewiß eindeutig gegen mehrere Klauseln der Haager Konvention, aber die Gefangennahme und selbst die Tötung von Geiseln war darin nicht so berücksichtigt und wurde sogar noch 1948 von einem der Nürnberger Tribunale nach dem Kriegsrecht für zulässig gehalten. Edith Cavell hatte öffentlich zugegeben, daß sie im Herbst 1914 einer »Untergrundbahn« benannten Schlepperorganisation angehört und alliierten Soldaten, die hinter den deutschen Linien festsaßen, die Flucht vor der Gefangennahme und die Rückkehr zu ihren Landsleuten ermöglicht hatte. Ihre Hinrichtung war eine drakonische und – im Hinblick auf die öffentliche Meinung der Welt – törichte Maßnahme, aber sie war kein Kriegsverbrechen.

Die Zeppelinangriffe leiteten ein neues Zeitalter von Bombenangriffen aus der Luft auf Städte ein, verletzten aber kein Gesetz des Kriegsrechts: Die Haager Konventionen für den Landkrieg verboten die Bombardierung *ungeschützter* Städte, aber London war nicht ungeschützt, und die gesonderte Haager Konvention von 1907, die den Abwurf von Sprengkörpern von »Ballons aus oder durch andere neue Methoden ähnlicher Natur« verbot, war nicht in Kraft, da sie weder von Deutschland noch von Frankreich unterzeichnet worden war. Es war auch keine internationale Vereinbarung zur Regelung von U-Boot-Operationen verabschiedet worden, und abgesehen von Lazarettschiffen verletzten die Angriffe deutscher U-Boote auf feindliche Schiffe kein internationales Recht, außer in den paar Fällen, in denen Überlebende eines sinkenden Schiffs angegriffen wurden. Die Verwendung von Giftgas allerdings war weit weniger vertretbar, da die Haager Konvention für den Landkrieg den Gebrauch von »Gift oder vergifteten Waffen« ausdrücklich untersagte. Aber selbst in dieser Hinsicht blieben Fragen offen, denn die Haager Konvention bezog sich hinsichtlich »erstickender oder gesundheitsschädlicher Gase« ja nur auf deren Verbreitung durch »die Verwendung von Geschossen«. Die Armenier schließlich waren Bürger des Osmanischen Reiches, und zwischen Armeniern und Türken herrschte offiziell kein Kriegszustand; darum hatten die Haager Konventionen hier überhaupt keine Gültigkeit. Im Mai 1915 verurteilte eine gemeinsame Erklärung der Alliierten das Vorgehen der Türken als »Verbrechen gegen die Menschlichkeit und die zivilisierte Welt«, aber das war eine Formulierung, die den Horizont irgendeines Abkommens oder einer anerkannten Doktrin weit überstieg.

5

Solche skeptischen Argumente gingen indes völlig unter in einer Woge des Zorns gegen das Deutsche Kaiserreich, die die Alliierten und viele neutrale Völker überrollte. Zunächst konzentrierte sich die Wut der Öffentlichkeit auf den Kaiser: Noch ehe der Krieg einen Monat alt war, wurde öffentlich die Forderung erhoben, ihn nach St. Helena, auf die Teufelsinsel oder an sonst einen passenden Ort zu verbannen. Fast zur gleichen Zeit jedoch verlangten andere ein Verfahren und eine rechtliche Verurteilung und Bestrafung, wenn möglich vor einem internationalen Tribunal.

Am stärksten befürwortete man eine Strafaktion gegen den Kaiser und andere deutsche Kriegsverbrecher in England, das die volle Wucht der U-Boot- und Zeppelinoperationen zu ertragen hatte. 1916 versicherte Premierminister Herbert Asquith vor dem Unterhaus, seine Regierung sei »entschlossen, diese Verbrecher vor Gericht zu stellen, wer und welchen Ranges auch immer sie sein mögen«.

Im Februar 1917 errichtete die deutsche Regierung eine neue Zone um die britischen Inseln, innerhalb deren U-Boote feindliche *und neutrale* Schiffe gleichermaßen versenken würden, und zwar ohne Warnung oder Rücksicht auf die Sicherheit von Mannschaften oder Passagieren. Das widersprach so entschieden üblichem Seekriegsbrauch und gefährdete das Leben und den Besitz amerikanischer Staatsbürger so sehr, daß die USA zwei Monate später Deutschland den Krieg erklärten. Ein Jahr später hatte sich über eine Million amerikanischer Soldaten den alliierten Streitkräften in Frankreich angeschlossen.

Da die Sympathien der Amerikaner seit Kriegsbeginn auf seiten der Alliierten gelegen hatten, überrascht es nicht weiter, daß man in den USA fast genauso über die Möglichkeit von Kriegsverbrechensprozessen diskutierte wie in England. In beiden Ländern richtete sich der Zorn der breiten Öffentlichkeit gegen den Kaiser, aber in juristischen und akademischen Kreisen hing man sehr stark der Meinung an, daß entsprechende Gerichtsverfahren der Entwicklung des Völkerrechts zum Instrument des Friedens förderlich seien. Das paßte gut zu Wilsons Internationalismus und zu der nachdrücklich vorgetragenen Erklärung des Präsidenten, dieser Krieg sei ein Kreuzzug: ein Krieg, »um dem Krieg ein für allemal ein Ende zu bereiten«, und ein Krieg, um »die Welt zu einem sicheren Hort der Demokratie zu machen«.

Als der Sieg der Alliierten nach dem Waffenstillstand im November 1918 feststand, flüchtete der Kaiser nach Holland, einem Land mit einer langjährigen Tradition als Zufluchtsort für politische Flüchtlinge. Dieser Schritt machte die Dinge zwar noch komplizierter, versetzte aber der öffentlichen Forderung nach einer Bestrafung des Kaisers keineswegs einen Dämpfer. In Großbritannien versprachen Premierminister David Lloyd George und sein Kabinett im Rahmen ihrer erfolgreichen Parlamentswahlkampagne im Dezember 1918, sich für einen Prozeß gegen den Kaiser einzusetzen.

In Frankreich hatte der Hunger der Öffentlichkeit nach Kriegsverbrechensprozessen sogar noch zugenommen, teilweise weil die Deutschen auf ihrem endgültigen Rückzug in Nordfrankreich so etwas wie eine Politik der »verbrannten Erde« verfolgt hatten. Die praktisch denkenden Franzosen waren allerdings viel mehr an Reparationen und an einer künftigen nationalen Sicherheit interessiert als an internationaler Gerechtigkeit. Gewiß zählte der

Kaiser zu den Schuldigen, aber man hatte etwas dagegen, ihn nach St. Helena zu verbannen – das wäre ja eine Beleidigung für Napoleon und die französische Nation gewesen!

Unter den drei Großmächten gab es keinen einheitlichen Standpunkt hinsichtlich der Kriegsverbrechen, als sich ihre Delegierten am 18. Januar 1919 zur Eröffnungssitzung der Pariser Friedenskonferenz versammelten – ein Konklave, das von Lloyd George, Georges Clemenceau und Woodrow Wilson beherrscht wurde. Für den Erstgenannten waren die Errichtung eines internationalen Gerichtshofs zur Verurteilung des Kaisers und die Vorkehrungen für Verurteilung und Bestrafung anderer Kriegsverbrecher eine politische Notwendigkeit, aber auch ein Programm, das seine innigsten Wünsche wie die einer Mehrheit seiner Landsleute widerspiegelte. Für Clemenceau wie für Wilson war die Verurteilung von Kriegsverbrechen jedoch mit der Verwirklichung ihrer umfassenderen Ziele eng verbunden: Für Clemenceau waren das Reparationen und Sicherheit – für Wilson ein vernünftiger Frieden, eine lebensfähige demokratische Regierung für Deutschland und vor allem ein Völkerbund, der den Frieden künftig sichern sollte.

Das Thema Kriegsverbrechen war der erste Punkt auf der Tagesordnung der Konferenz, und man bildete eine »Kommission zur Ermittlung der Verantwortlichkeit der Urheber des Krieges und zur Durchführung der Strafen«, die den Sachverhalt untersuchen und darüber Bericht erstatten sollte. Vorsitzender und dominierender Protagonist war der amerikanische Außenminister Robert Lansing, der entschieden konservative Ansichten zur Frage der Kriegsverbrechen hatte: Eigentlich glaubte er nicht an irgendein supranationales Recht und widersetzte sich jeder internationalen Strafaktion gegen den Kaiser wie auch der Errichtung internationaler Gerichtshöfe für Kriegsverbrechensprozesse.

Der im März 1919 vorgelegte Bericht der Kommission warf Deutschland und seinen Verbündeten (den Mittelmächten) vor, das Kriegsrecht erheblich verletzt zu haben. Einigen Tätern könne vor nationalen Gerichtshöfen der Prozeß gemacht werden, aber diejenigen, die sich in hoher verantwortlicher Position befunden hätten und die für Verbrechen in großem Maßstab verantwortlich seien, würden vor ein 22 Mitglieder umfassendes internationales Tribunal gestellt. Die Kommission war auch zu der Erkenntnis gekommen, daß die Mittelmächte zwar vorsätzlich einen »Angriffskrieg« vom Zaun gebrochen und dabei Verträge verletzt hätten, daß aber dieses Verhalten nach geltendem Völkerrecht keinen Straftatbestand darstelle – es solle allerdings entschieden verurteilt und in Zukunft als strafbare Handlung erachtet werden. Was den Kaiser betraf, so empfahl die Kommission, ihm vor einem internationalen Gerichtshof den Prozeß zu machen, mit der Begründung, daß er für die Verletzung des Kriegsrechts seitens der Deutschen verantwortlich sei.

Der Bericht war nominell einmütig verabschiedet worden, aber die »Vorbehalte« der Amerikaner waren so grundsätzlicher Natur, daß sie einem Dissens gleichkamen. Präsident Wilson war in diesen Fragen zwar nicht so rigide wie Lansing, aber die »Siegerjustiz« bereitete ihm doch Sorgen, und darum hatte er Lansing erklärt, er wolle »einen Minderheitsbericht, der das Hohe Tribunal und einen Prozeß gegen den Kaiser ablehnt«. Lloyd George allerdings machte unmißverständlich klar, daß er kein Abkommen unterzeichnen könne, das nicht für die Bestrafung des Kaisers Sorge trage. Am Ende einigte man sich dann doch auf einen Kompromiß, der in den Artikeln 227 und 230 des im Juni 1919 unterzeichneten Versailler Vertrags Eingang fand.

Nach Artikel 227 sollte der Kaiser vor einen »besonderen Gerichtshof« gestellt werden, der sich aus fünf Richtern zusammensetzte: je einem aus den USA, Großbritannien, Frankreich, Italien und Japan. Er sollte nicht als Verantwortlicher für Kriegsverbrechen angeklagt werden, sondern wegen »schwerster Verletzung des internationalen Sittengesetzes und der Heiligkeit der Verträge«. Die drei folgenden Artikel forderten Gerichtsverfahren gegen Personen, die »wegen eines Verstoßes gegen die Gesetze und Gebräuche des Krieges angeklagt« seien, und zwar vor »Militärgerichten« der betroffenen Nationen; außerdem wurde die deutsche Regierung aufgefordert, die dieser Vergehen beschuldigten Individuen »auszuliefern«, nämlich an alle »alliierten und assoziierten Mächte«, die dies verlangten. Den Artikeln 228 bis 230 vergleichbare Bestimmungen wurden in die später geschlossenen Friedensverträge mit Österreich, Ungarn und Bulgarien aufgenommen.

Angesichts der unnachgiebig starren Haltung der Amerikaner zerschlugen sich so die Hoffnungen von Lloyd George und anderen europäischen Staatsmännern, den Frieden als Chance zur Bestätigung und Ausweitung des Völkerrechts zu nutzen. Wilson und Lansing hatten gewonnen. Es würde keine internationalen Gerichtshöfe gegen Kriegsverbrechen geben und auch keinen Prozeß, der über die strafrechtliche Schuld des Kaisers befände. Die Anklage gegen ihn war unklar formuliert und entbehrte jeder Absicherung durch eine völkerrechtliche Doktrin. Es bestanden darüber hinaus auch kaum Aussichten, nach dieser Entscheidung die Holländer dazu zu bewegen, ihn für einen Prozeß auszuliefern.

6

Präsident Wilson verließ Frankreich am Tag nach der Unterzeichnung des Versailler Vertrags und machte sich erfolglos ans Werk, den Senat für die Ratifizierung zu gewinnen. Im Anschluß an sein endgültiges Scheitern im März 1920 erkrankte er schwer, und Washingtons Beteiligung an vertraglichen Angelegenheiten nahm rapide ab. Daß sich Amerika praktisch zurückzog, schwächte sowohl den Völkerbund als auch den Vertrag, und den europäischen Alliierten wurde bald klar, daß es zwei völlig verschiedene Dinge sind, einen Vertrag zu unterzeichnen und ihm dann auch Geltung zu verschaffen.

Holland wurde ordnungsgemäß ersucht, den Kaiser für den Prozeß auszuliefern, aber im Lager der Alliierten war man hinsichtlich dieses Unternehmens geteilter Meinung, und die Holländer erhielten Hinweise darauf, daß die Forderung nur pro forma erhoben worden sei und daß kein Druck ausgeübt würde. Das Ersuchen der Alliierten wurde abschlägig beschieden, mit der juristischen Begründung, daß das dem Kaiser vorgeworfene Vergehen weder nach holländischem Recht bekannt sei noch in irgendwelchen Abkommen, an denen Holland beteiligt sei, erwähnt werde und daß es überdies eher politischer als strafrechtlicher Natur sei. Der Kaiser hat Holland nicht mehr verlassen und starb auf seinem Schloß bei Doorn im Jahre 1941.

Kein Teil des Versailler Vertrags hat in Deutschland so viel Entrüstung hervorgerufen wie der Artikel 228, der verlangte, daß der Staat seine eigenen Bürger ausliefern solle, damit ihnen vor Gerichtshöfen, die sich aus den Siegermächten zusammensetzten, der Prozeß wegen Kriegsverbrechen gemacht werden könne. Die politischen Führer der Alliierten erfuhren aus zuverlässigen Quellen, daß ein Nachgeben gegenüber derartigen Forderungen die Stabilität der Weimarer Republik erschüttern würde und sogar zu einer Machtübernahme durch die Kommunisten führen könne. Lloyd George und Clemenceau waren zutiefst beunruhigt; die Öffentlichkeit in ihrem jeweiligen Land beharrte entschieden auf der strikten Durchführung von Artikel 228, aber es war nicht von der Hand zu weisen, daß eine Revolution in Deutschland die Reparationen gefährden und andere ernste Folgen nach sich ziehen würde. Gleichwohl präsentierten die Alliierten am 3. Februar 1920 den Deutschen eine Liste von 854 Personen, darunter vielen berühmten militärischen und politischen Persönlichkeiten, mit dem Ersuchen, diese auszuliefern.

Sofort erhob sich ein Sturm der Entrüstung und des Trotzes in Deutschland, aber innerhalb von zwei Wochen war die unmittelbare Krise beigelegt. Da ihnen die Bedenken der Alliierten nicht entgangen waren, hatten die Deutschen vorgeschlagen, daß denjenigen, denen Kriegsverbrechen zur Last gelegt wurden, der Prozeß vor dem Reichsgericht in Leipzig gemacht werden solle. Lloyd George konnte die Franzosen dazu bewegen, diese Lösung zu akzeptieren, und am 17. Februar 1920 wurden die Deutschen in diesem Sinne unterrichtet.

Die Alliierten legten den Deutschen dann eine erste Liste mit den Namen von 45 Einzelpersonen zur strafrechtlichen Verfolgung vor, und im Jahr darauf begannen die Leipziger Prozesse. Die ersten vier Angeklagten waren von den Engländern benannt worden. Drei einfache deutsche Soldaten, denen vorgeworfen wurde, englische Gefangene mit Gewehrkolben geschlagen zu haben, wurden zu Freiheitsstrafen zwischen sechs und zehn Monaten verurteilt. Ein U-Boot-Kommandant, der ein britisches Lazarettschiff versenkt hatte, wurde freigesprochen – mit der Begründung, er habe nur die Befehle seiner Vorgesetzten befolgt.

Dann wurde vor dem Gericht ein belgischer Fall gegen einen deutschen Militärpolizisten verhandelt, dem vorgeworfen wurde, kleine Kinder gefoltert zu haben, die unter Sabotageverdacht verhaftet worden waren. Das Gericht sprach den Angeklagten frei; die Belgier erkannten daraufhin die Verfahren nicht an und lehnten eine weitere Teilnahme ab.

Das Leipziger Gericht verhandelte dann den Fall von General Stenger und dem ihm unterstellten Major Cruscius, die beschuldigt wurden, französischen Gefangenen kein Pardon gegeben und sie ermordet zu haben. Major Cruscius gab zu, er habe verwundete Franzosen erschossen, und bezichtigte General Stenger, die Tötungen befohlen zu haben. Stenger bestritt den Vorwurf und wurde freigesprochen, Cruscius zu zwei Jahren Haft verurteilt. Bei dem Prozeß ging es hoch her, und die französischen Delegierten wurden von der Menge verhöhnt und bespuckt. Anschließend wurden vier weitere von den Franzosen angeklagte Deutsche freigesprochen. Daraufhin zogen die Franzosen ihre Delegation zurück und nahmen an den Verhandlungen nicht mehr teil.

Auf der Liste der Briten stand auch Kapitänleutnant Patzig, ein U-Boot-Kommandant, der ein Lazarettschiff versenkt und dann zwei Rettungsboote mit Überlebenden vernichtet hatte.* Patzig erschien nicht vor Gericht, aber der deutsche Ankläger klagte aus eigener Initiative zwei Untergebene an, die Leutnants Dithmar und Boldt. Das Gericht entschied, sie hätten genau gewußt, daß Patzigs Befehl, die Rettungsboote anzugreifen, rechtswidrig gewesen sei, und verurteilte sie wegen Totschlags zu einer Freiheitsstrafe von vier Jahren. Nach ein paar Monaten brachen beide aus dem Gefängnis aus, offenbar mit dem Einverständnis ihrer Wärter.

So kläglich das Ergebnis von Leipzig auch vom Standpunkt der Anklage aus war, teilten die Briten dennoch nicht die Empörung der Franzosen und Belgier und waren auch nicht bereit, die von den Franzosen vorgeschlagenen Strafmaßnahmen zu übernehmen. Man einigte sich allerdings auf einen Kompromiß, und im August 1922 unterzeichneten auch die Briten eine Note an Deutschland, in der die Alliierten erklärten, sie würden die Entscheidungen des Leipziger Reichsgerichts nicht als gültig anerkennen und sich alle Rechte nach den Artikeln 228 bis 230 des Versailler Vertrags vorbehalten.

Es gab noch ein paar andere Kriegsverbrechensprozesse nach dem Ersten Weltkrieg, die eine Erwähnung verdienen. So verurteilte ein französisches Gericht zwei prominente saarländische Großindustrielle, Robert und Hermann Röchling, wegen der Plünderung französischen Eigentums; aber bei der Berufungsverhandlung wurde das Urteil ausgesetzt. Die Alliierten hatten kein Interesse an der Verfolgung von Kriegsverbrechern in Österreich oder Ungarn, und unter den siegreichen Balkanstaaten drängte nur Jugoslawien auf eine Bestrafung von Kriegsverbrechern – in diesem Falle waren es Bulgaren. Da die bulgarische Regierung an guten Beziehungen zu Jugoslawien

* Der Vorfall wurde bekannt, weil ein drittes Rettungsboot in der Dunkelheit entkam.

interessiert war, brachte sie eine Reihe ihrer eigenen Soldaten vor Gericht und verurteilte sie wegen Kriegsverbrechen gegen jugoslawische Zivilisten.

Wesentlich größer war dagegen das Interesse der Alliierten, besonders der Briten, an türkischen Verbrechen, und zwar sowohl im Hinblick auf die Massaker an Armeniern als auch hinsichtlich der Mißhandlung britischer Gefangener. Die Regierung des Sultans gab den Forderungen der Alliierten nach, und im April 1919 verurteilte ein türkischer Militärgerichtshof zwei Offiziere wegen der Ermordung von Armeniern – einen davon zum Tod am Galgen. Aber die Bewegung der türkischen Nationalisten bekam immer mehr Zulauf, und Greueltaten der Griechen gegen Türken in Smyrna rückten die ganze Problematik der Kriegsverbrechen in ein schiefes Licht. Noch war das Wort vom »Völkermord« nicht geprägt worden, aber die Massaker an den Armeniern waren im Grunde nichts anderes gewesen. Die Alliierten versäumten es, sie durch ein Gerichtsverfahren zu Straftaten zu erklären, und 1923 gewährte der Friedensvertrag von Lausanne den Übeltätern den Schutz einer Amnestie.

Im Hinblick auf die Bestimmungen des Versailler Vertrags über Kriegsverbrechen läßt sich bestenfalls sagen: »Es kreißten die Berge, und sie gebaren eine Maus.«

So verschwand also die strafrechtliche Verfolgung der Kriegsverbrechen von der Bühne, aber der gewaltige Blutzoll des Ersten Weltkriegs ließ doch die öffentliche Forderung nach Maßnahmen laut werden, mit deren Hilfe man die Wiederkehr derartigen Mordens und Zerstörens verhindern könnte. Das Militär wie die Diplomatie waren erneut an der Verabschiedung multinationaler Abkommen interessiert, und zwar nicht nur, um die Rüstung einzuschränken, sondern auch, um den Waffeneinsatz zu regeln. Das Flugzeug, das U-Boot und das Giftgas hatten sich tiefgreifend auf die Kriegführung ausgewirkt, und diesen relativ neuen Waffen, die in den Haager Konventionen weitgehend unberücksichtigt geblieben waren, wandte sich nun die Aufmerksamkeit zu.

Die ersten Bemühungen auf der Washingtoner Fünfmächtekonferenz zur Rüstungsbegrenzung im Jahre 1922 gingen allerdings noch ins Leere: Der Konferenz gelang es nicht, ein Abkommen zur Begrenzung des Luftkriegs zu formulieren. Aber man richtete immerhin eine Juristenkommission ein, die das Problem untersuchen und darüber Bericht erstatten sollte. Anfang 1923 legte diese Kommission den Entwurf eines Regelwerks vor, das auch ein Verbot der »Bombardierung zum Zwecke der Terrorisierung der Zivilbevölkerung« vorsah und Bombenabwürfe aus der Luft auf spezifizierte »militärische Objekte« beschränkte. Diese Vorschriften wurden niemals in rechtlich bindender Form übernommen.

Erfolg auf diesen Gebieten hatte man erstmals durch das Verbot der Verwendung von Giftgas im Genfer Protokoll von 1925, das bald von den meisten Nationen ratifiziert und allgemein als rechtlich bindend anerkannt wurde. Die USA allerdings ratifizierten das Protokoll erst 1975, und sowohl die USA wie Großbritannien haben ausdrücklich Vorbehalte gegen eine Einbeziehung von Tränengas und Herbiziden angemeldet.

Die Vereinbarung der Londoner Flottenkonferenz von 1930 zur Begrenzung der Marinerüstung, unterzeichnet von elf Nationen, sah vor, daß sich U-Boote im Hinblick auf Handelsschiffe an die Vorschriften des Völkerrechts zu halten hätten, denen auch die an der Oberfläche fahrenden Schiffe unterworfen sind; ausdrücklich wurde dabei festgelegt, daß ein Handelsschiff – es sei denn, es weigere sich zu stoppen oder greife selbst das U-Boot an – nur dann versenkt werden könne, wenn zuvor Passagiere, Mannschaften und Schiffspapiere an einen sicheren Ort gebracht worden seien, natürlich unter angemessener Berücksichtigung der Lage sowie der Verhältnisse auf See und der Wetterbedingungen. 1936 wurden diese Vorschriften im Anschluß an das Londoner Protokoll aus dem gleichen Jahr an alle anderen Nationen verteilt, und als der Zweite Weltkrieg begann, war es von 48 Ländern angenommen worden, darunter auch von Deutschland und allen anderen Großmächten.

Was den Luftkrieg betraf, wurden keine weiteren Abkommen entwickelt, und rückblickend läßt sich leicht erkennen, warum der Entwurf aus dem Jahre 1923 keine Befürworter fand. 1921 hatte der italienische Luftwaffengeneral Giulio Douhet ein vielgelesenes Buch unter dem Titel »Die Oberhoheit der Luft« herausgebracht, in dem er die Doktrin vertrat, daß in künftigen Jahren die Luftmacht von entscheidender Bedeutung sein werde – eine Anschauung, die auch die britische Luftwaffe teilte, die schon bald große Investitionen in schwere Bomber plante, als beste Abschreckung gegen deutsche Luftangriffe. Auch die USA entwickelten Bomber: die viermotorigen strategischen B-17- und B-24-Langstreckenbomber, die eine wichtige Rolle im Zweiten Weltkrieg spielen sollten. In den Jahren zwischen den beiden Weltkriegen nahm es die öffentliche Meinung fatalistisch hin, daß es in künftigen Kriegen zwischen den Großmächten ein wahres Bombeninferno in den Städten geben werde und daß man nichts dagegen tun könne. Dieser Glaube war so fest verankert, daß die Leute sogar vom »Kriegsschwindel« sprachen, als es während der ersten Monate des Zweiten Weltkriegs nicht zu derartigen Angriffen kam.

Von größerer allgemeiner Bedeutung als diese Diskussionen und Abkommen war der Pariser Vertrag von 1928, der den Krieg an sich zu ächten versuchte. Die späten zwanziger Jahre waren eine Zeit der internationalen Freundschaftsbemühungen, die im Jahre 1925 mit dem Sicherheitspakt von Locarno zwischen England, Frankreich, Deutschland, Belgien und Italien begonnen hatte, welcher die deutsch-französischen und die deutsch-belgischen Grenzen garantierte. Die Außenminister Frankreichs und Deutschlands, Aristide Briand und Gustav Stresemann, bemühten sich, alte Animositäten auszuräumen; die Franzosen beendeten die Besetzung des Ruhrgebiets; Deutschland nahm seine Reparationszahlungen wieder auf und wurde 1926 in den Völkerbund aufgenommen. In diesem Jahr erhielten die beiden Außenminister gemeinsam den Friedensnobelpreis.

Der zehnte Jahrestag des Eintritts der USA in den Ersten Weltkrieg fiel auf den 6. April 1927, und Briand schlug vor, diesen Anlaß feierlich zu begehen, und zwar mit einem gegenseitigen Versprechen der beiden Länder, künftig auf Kriege zu verzichten. Der amerikanische Außenminister Frank B. Kellogg schlug vor, daraus ein multilaterales Abkommen zu machen, und am 27. August 1928 kamen die Vertreter von fünfzehn Nationen in Paris zusammen und unterzeichneten das Internationale Abkommen für den Verzicht auf den Krieg als Werkzeug nationaler Politik, heute besser bekannt unter dem Namen Briand-Kellogg-Pakt, der im wesentlichen folgendes vorsah:

> Art. I. Die Hohen Vertragsparteien erklären feierlich im Namen ihrer jeweiligen Völker, daß sie den Rückgriff auf den Krieg zur Lösung internationaler Konflikte verurteilen und ihn als Werkzeug nationaler Politik in ihren Beziehungen zueinander ächten.
> Art. II. Die Hohen Vertragsparteien stimmen in der Ansicht überein, daß die Beilegung oder Lösung aller zwischen ihnen entstehenden Streitigkeiten oder Konflikte niemals anders als durch friedliche Mittel angestrebt werden soll.

Das Abkommen wurde anschließend von vierundvierzig Nationen angenommen, darunter auch von allen Großmächten außer der Sowjetunion. Es war gewiß ein eindrucksvolles Engagement gegen den Krieg – aber machte es aus der Beteiligung am Krieg ein Verbrechen? Natürlich beabsichtigte man damit nicht, den Rückgriff auf den Krieg als Mittel zur Selbstverteidigung zu verdammen – aber wie verhielt es sich bei einem Angriffskrieg? Damals gingen die Meinungen weit auseinander, und das war auch noch der Fall, als der Zweite Weltkrieg diese Frage auf die Spitze trieb.

Zusammenfassend kann man sagen, daß am Ende dieses Krieges im Jahre 1945 – abgesehen von den vertraglichen Bestimmungen hinsichtlich der Verwendung von Giftgas und U-Booten – die erklärten und allgemein akzeptierten Gesetze des Kriegsrechts sich nicht grundlegend von denen unterschieden, die in den Haager und Genfer Konventionen festgelegt worden waren.* Aber man versteht diese Behauptung nur dann richtig, wenn man hinzufügt, daß 1945 die öffentlichen und offiziellen Einstellungen gegenüber dem Kriegsrecht einen fundamentalen Wandel erlebt hatten. Warum das so war, wird im folgenden deutlich werden, wenn es um den unmittelbaren gedanklichen Hintergrund der Nürnberger Prozesse geht.

---

* Im Juli 1929 wurden in Genf zwei Konventionen – die eine befaßte sich mit der Versorgung der Verwundeten, die andere mit der Behandlung von Kriegsgefangenen – von den Vertretern praktisch aller Nationen außer der Sowjetunion unterzeichnet. Diese Konventionen behandelten sehr viel ausführlicher Dinge, die bereits in die Haager Konvention über den Landkrieg und in die Rotkreuzkonvention von 1906 aufgenommen worden waren. Die Abkommen von 1929 waren ihren Vorgängern technisch weitaus überlegen, erschlossen aber in grundsätzlicher Hinsicht oder im Hinblick auf eine allgemeine Perspektive kein Neuland.

Zweites Kapitel

Die dem Nürnberger Verfahren zugrundeliegenden Ideen

Ganz im Gegensatz zu dem, was nach dem Ersten Weltkrieg geschah, kam es nach dem Zweiten Weltkrieg zu einer wahren Flut von Kriegsverbrechensprozessen, und zwar sowohl in Europa wie im Fernen Osten. Dieser Unterschied kann teilweise durch den Wandel der Ansichten in den späten zwanziger Jahren erklärt werden, der in internationalen Abkommen wie dem Briand-Kellogg-Pakt seinen Niederschlag fand.

Entscheidender aber war die Tatsache, daß die von den Nazis begangenen Untaten viel grundlegender und weitreichender waren als die des Deutschen Kaiserreichs. Im Ersten Weltkrieg waren U-Boote, Zeppeline und Giftgas brutal und rücksichtslos eingesetzt worden, aber eben als Kriegswaffen, mit denen man einen militärischen Sieg erringen wollte. Die Ideologie des Dritten Reiches hingegen zielte nicht nur auf die Expansion Deutschlands durch Waffengewalt ab, sondern auch auf die gewaltsame Unterdrückung der politischen Opposition sowie auf die Herabsetzung von Juden und Slawen auf den Status von »Untermenschen«, die bestenfalls zur Versklavung taugten. Der Nazismus war die stolz verkündete Verachtung der freiheitlichen, humanitären und internationalistischen Ideale, zu denen die meisten Nationalstaaten zumindest ein Lippenbekenntnis ablegten.

In Deutschland wurden im Zeitraum zwischen Hitlers Aufstieg zur Macht im Jahre 1933 und dem Angriff auf Polen im Jahre 1939 Konzentrationslager errichtet, in die Kommunisten, Sozialdemokraten, Monarchisten und andere Gegner des Naziregimes eingesperrt wurden; es entstand eine totalitäre Diktatur, in der die NSDAP die Kontrolle über Gewerkschaften, Berufsverbände und andere öffentliche Organisationen an sich riß; es wurde jede Rechtsstaatlichkeit zerstört, indem die Gerichtsbarkeit nazifiziert und Hitler als Oberstem Richter die Macht erteilt wurde, die Gefangennahme oder Hinrichtung von Menschen ohne das geringste Gerichtsverfahren zu veranlassen; und schließlich wurden die Juden nach und nach geächtet, indem man sie aus allen privaten Positionen oder öffentlichen Ämtern vertrieb und ihnen nach den Nürnberger Gesetzen von 1935 die deutsche Staatsbürgerschaft samt allen Rechten aberkannte und eine Heirat oder sexuelle Intimitäten zwischen Juden und Deutschen zu strafbaren Handlungen erklärte.

Auch auf dem Gebiet der Außenpolitik war Hitler aktiv: Deutschland trat aus dem Völkerbund und aus der Genfer Abrüstungskonferenz von 1932 aus, erklärte die militärischen Bestimmungen des Versailler Vertrags für ungültig, leitete ein umfassendes Wiederaufrüstungsprogramm ein, pflegte die Beziehungen zu dem befreundeten Diktator Benito Mussolini und verband sich in einer Allianz mit Italien sowie anschließend mit Japan. Durch brutalen diplomatischen Druck, der dann noch durch die Drohung eines militärischen Eingreifens verstärkt wurde, kam es 1938 zum »Anschluß« Österreichs an das Deutsche Reich. Sechs Monate später war die Wehrmacht an der deutsch-tschechischen Grenze aufmarschiert und einmarschbereit; so wurde die hilflose Tschechoslowakei – sanktioniert durch das berüchtigte Münchner Abkommen – gezwungen, das Sudetenland an Deutschland abzutreten. Im März 1939, genau ein Jahr nach der Annektierung Österreichs, besetzten deutsche Truppen Prag, und Hitler erklärte die ins Reich einverleibten Landesteile Böhmen und Mähren zum »Protektorat«, während sich die Slowakei einen unsicheren Autonomiestatus als erklärter Satellit Deutschlands bewahrte.

Keines dieser Ereignisse vor dem 1. September 1939 löste einen Krieg aus. Doch aufgrund der systematischen, staatlich verordneten Mißhandlung der Juden – man denke nur an die entsetzlichen Ausschreitungen der Reichskristallnacht (9./10. November 1938) mit ihrer wahren Orgie von Plünderungen, Brandstiftungen und Übergriffen auf Juden, mit der Zerstörung von Synagogen, Häusern und Geschäften sowie mit zahlreichen Verhaftungen und Morden – wurde die schon anläßlich der früheren türkischen Massaker an den Armeniern aufgeworfene Frage erneut akut: Sind derartige Handlungen eines Staates gegen einen rassisch oder religiös definierten Teil seiner eigenen Bevölkerung Verbrechen nach dem Völkerrecht? Die Annexion der Tschechoslowakei durch die Deutschen war zwar kampflos vonstatten gegangen, aber schlicht das Ergebnis einer Kriegs*drohung*. War das nicht dem Geist, wenn nicht gar nach dem Buchstaben des Briand-Kellogg-Paktes nach ein aggressiver Akt? Diesen Fragen mußte man sich stellen, als der Sieg der Alliierten im Zweiten Weltkrieg immer wahrscheinlicher wurde und somit zu klären war, wie man sich gegenüber Kriegsverbrechen zu verhalten gedachte.

Derartige Schwierigkeiten gab es jedoch bei der Beurteilung des deutschen Einmarsches in Polen im September 1939 nicht, denn die rasche Zerschlagung des polnischen Staates und die weitgehende Besetzung seines Territoriums durch deutsche und sowjetische Truppen waren ein eindeutiger

Fall.* Wenn die Einleitung eines Angriffskriegs als Verbrechen gegen das Völkerrecht gelten sollte, dann war dieses Vorgehen der Deutschen geradezu ein Paradefall.

Damit konnten die Bestimmungen der Haager und Genfer Konventionen angewendet werden, und Verletzungen der deutschen Verpflichtungen gegenüber der polnischen Zivilbevölkerung waren daher schlicht Kriegsverbrechen. Es kam zu massenhaften Greueltaten und Übergriffen. Unter deutscher Verwaltung wurde den Polen nur das »nackte Überleben« gestattet. Damit sich keine einheimische polnische Führungsschicht bilden konnte, wurden die begüterten und kultivierten Gesellschaftsschichten – Intellektuelle, Grundbesitzer und der Klerus – ausgerottet. Wo immer man der Juden habhaft wurde, wies man sie in Ghettos ein, die in den größeren Städten errichtet wurden. Für Deutschland hatte das Generalgouvernement ausschließlich die nützliche Funktion eines militärischen Aufmarschgebiets und einer Quelle für billige Sklavenarbeit. Hitler erklärte: »Die Durchführung bedingt einen harten Volkstumskampf, der keine gesetzlichen Bindungen gestattet. Die Methoden werden mit unseren sonstigen Prinzipien unvereinbar sein.«

Viele der in Polen stationierten deutschen Soldaten mußten mit ungläubigem Entsetzen erleben, wie diese mörderische Politik in die Tat umgesetzt wurde. Im November 1939 schrieb der junge deutsche Stabsoffizier Major Helmuth Stieff an seine Frau: »Warschau selbst macht einen trostlosen Anblick. [...] Man bewegt sich dort nicht als Sieger, sondern als Schuldbewußter! [...] Die blühendste Phantasie einer Greuelpropaganda ist arm gegen die Dinge, die eine organisierte Mörder-, Räuber- und Plündererbande unter angeblich höchster Duldung dort verbricht. [...] *Ich schäme mich, ein Deutscher zu sein!«* Höherrangige Offiziere waren nicht nur über diese Greueltaten außer sich, sondern auch über deren vermeintliche Stupidität. Im Dezember 1939 schickte General Johannes Blaskowitz, Oberkommandierender aller deutschen Militärstreitkräfte im Generalgouvernement, einen scharfen, kritischen Bericht über die deutsche Zivil- und Polizeiverwaltung an das Oberkommando des Heeres in Berlin. Ein paar Monate später wurde Blaskowitz seines Postens enthoben, und damit war seine Offizierslaufbahn beendet.

Die Welt erfuhr von diesen Vorgängen im Januar 1940, als der Erzbischof von Polen, August Kardinal Hlond, Rom besuchte und berichtete, daß 214 katholische Priester von den Nazis in Polen hingerichtet und über 1000 eingesperrt worden seien. Aber kurz nachdem Hlonds Bericht über Radio Vati-

---

* Die Geheimprotokolle des Deutsch-Sowjetischen Nichtangriffspakts, der kurz vor dem Einmarsch in Polen unterzeichnet worden war, sahen folgende Aufteilung des Landes vor, die dann auch in dieser Form durchgeführt wurde: 1) Große Gebiete Westpolens – der polnische Korridor, Posen, Lodz und Kattowitz – wurden ans Reich angegliedert; 2) Teile von Ostpolen – Lemberg und Bialystok – wurden von der Sowjetunion annektiert; 3) die Gebiete dazwischen – Warschau, Krakau und Lublin – wurden zum »Generalgouvernement« erklärt und von einem deutschen Generalgouverneur (Hans Frank) praktisch wie eine Reichskolonie verwaltet.

kan verbreitet worden war, konnte der deutsche Botschafter am Heiligen Stuhl nach Berlin melden, daß die Rundfunksendungen eingestellt worden seien.

Im Laufe des Frühlings 1940 wandte sich die öffentliche Aufmerksamkeit bald anderen Dingen zu, als die Wehrmacht im Norden und Westen angriff und Dänemark, Norwegen, Luxemburg, Holland und Belgien besetzte. Dann wurde Frankreich gezwungen, einen Waffenstillstand zu akzeptieren, demzufolge das nördliche Frankreich (einschließlich Paris) unter deutsche Besatzung fiel. Im folgenden Jahr wurde die Liste um Jugoslawien und Griechenland erweitert, kurz bevor Hitler seinen letzten und massivsten Angriff startete – gegen die Sowjetunion. Im November 1942, als britische und amerikanische Truppen in Algerien und Marokko landeten, besetzten die Deutschen das restliche Frankreich.

2

Und so fiel der ganze europäische Kontinent, außer Schweden, der Schweiz und der iberischen Halbinsel, unter die Besatzung und Verwaltung durch Deutschland oder seine Satelliten – Italien, Ungarn, Rumänien und Bulgarien* –, die man gemeinsam als Achsenmächte bezeichnete. »Festung Europa« nannte man das, und von dieser Festung waren sämtliche normalen Nachrichtenquellen abgeschnitten.

Und doch sickerten Informationen heraus – durch Flüchtlinge, Geheimagenten, neutrale Reisende und andere Vermittler. In London fand sich, unabhängig von den britischen Geheimdiensten, eine höchst ungewöhnliche Gruppe von Menschen zusammen, an die ein Großteil dieser Informationen gerichtet war und die sie eifrig sammelte und archivierte – eine Gruppe, die es in dieser Art im Ersten Weltkrieg nicht gegeben hatte.

Die ersten Mitglieder waren polnische Flüchtlinge, Militär- und Zivilbeamte, die nach der Niederlage Frankreichs in London eine polnische Exilregierung errichteten, mit Władysław Sikorski als Premierminister. Gleichzeitig kam eine Reihe von Monarchen und Ministern hierher, die vor dem Einmarsch der Deutschen aus ihren jeweiligen Ländern geflüchtet waren: König Haakon von Norwegen, Großherzogin Charlotte von Luxemburg, Königin Wilhelmina der Niederlande, die emigrierten Minister von Belgien, der tschechische Ex-Präsident Eduard Beneš und General Charles de Gaulle, der Führer der Freien Französischen Streitkräfte (France libre). 1941 kamen noch König Peter von Jugoslawien und König Georg von Griechenland dazu. Ende 1941 waren neun Exilregierungen in London errichtet worden, die

* Finnlands Situation war einzigartig. Das Land hatte gemeinsam mit Deutschland die Sowjetunion angegriffen, befand sich aber weder mit Großbritannien noch mit den USA im Krieg. Es lagen zwar deutsche Kampftruppen in Finnland, aber die finnische Regierung blieb Herr im eigenen Haus.

allesamt Informationen darüber sammelten, wie sich die Dinge in ihren Heimatländern unter deutscher Herrschaft entwickelten.

Allgemein gesehen waren die Reaktionen in Westeuropa sehr schwach und in Osteuropa noch viel schlechter. Anfang 1940 meldete die US-Botschaft in Berlin die umfassende Deportation von deutschen Juden nach Polen. Im Anschluß an die Nazi-Eroberungen von 1940 und 1941 gab es Berichte über die zwangsweise Verpflichtung von Millionen Männern und Frauen aus allen besetzten Ländern zur Arbeit auf deutschen Bauernhöfen sowie in deutschen Bergwerken und Fabriken. Im Laufe des Einmarschs in die Sowjetunion erklärten deutsche Militärbefehle, daß »die Nahrungsversorgung von Einheimischen und Kriegsgefangenen überflüssige Humanitätsduselei« sei, und ordneten die Konfiszierung aller Wertgegenstände an, sogar von Kinderstiefeln. Millionen sowjetischer Gefangener verhungerten und starben. Und dann kamen 1942 die Berichte, die zunächst für unglaubwürdig gehalten, aber schon bald bestätigt wurden: über die Massenvernichtung der Juden aus allen besetzten Ländern, in Auschwitz, Treblinka und anderen Vernichtungslagern in Polen – der Holocaust oder »die Endlösung des Judenproblems«, wie es die Nazis nannten.

Diese Greueltaten waren nicht das Werk gesichtsloser oder anonymer Männer oder Vereinigungen. Nach einem Jahrzehnt Naziherrschaft kannte jeder im Westen die Namen von Hitlers Hauptmitarbeitern und der Organisationen, in denen sie wirkten. Besonders vertraut waren einem breiten Publikum, innerhalb wie außerhalb der deutschen Grenzen: Hermann Göring, der Oberbefehlshaber der Luftwaffe, Vorsitzende des Reichsverteidigungsrats und Hitlers designierter Nachfolger; Rudolf Heß, Hitlers Adlatus für Angelegenheiten der NSDAP und gleichfalls designierter Nachfolger, falls Göring nicht zur Verfügung stehen sollte; Heinrich Himmler, der »Reichsführer« der schwarz uniformierten SS (Schutzstaffel), dem die Polizei-, nachrichtendienstlichen und Sicherheitsorganisationen der NSDAP sowie die Konzentrations- und Vernichtungslager unterstellt waren; der kleine, hinkende Dr. Joseph Goebbels, Reichsminister für Volksaufklärung und Propaganda; Hans Frank, der Generalgouverneur von Polen; Hjalmar Horace Greeley Schacht, der Bankier, der Hitlers Aufstieg zum Reichskanzler unterstützt hatte und der die Finanzierung der Wiederaufrüstung bis zu seiner Ablösung durch Göring verantwortete; Joachim von Ribbentrop, der Außenminister; Julius Streicher, der Gauleiter in Franken und Herausgeber des wüsten antisemitischen Hetzblatts *Der Stürmer;* Fritz Sauckel, der Generalbevollmächtigte für den Zwangsarbeitseinsatz; und Albert Speer, Hitlers Lieblingsarchitekt und später Reichsminister für Rüstung und Kriegsproduktion.

Was sollte mit diesen Männern, die für die Öffentlichkeit mörderische Schurken waren, und mit ihren Terrororganisationen geschehen? Während der ersten beiden Kriegsjahre, als Großbritanniens Alliierte wie die Kegel überrollt wurden und England selbst ums Überleben kämpfte, hatte man kaum Zeit, sich Gedanken über Kriegsverbrechen zu machen. Dann gaben am 25. Oktober 1941 Präsident Roosevelt und Premierminister Churchill gleichzeitig Erklärungen ab, in denen sie die Hinrichtung von »Hunderten unschuldiger Geiseln« und andere Greueltaten der Deutschen in den besetzten Gebieten verurteilten. »Vergeltung« für diese Verbrechen wurde in Aussicht gestellt, aber die Erklärungen gingen auf keines der vielen Probleme ein, die damit verbunden waren.

Angesichts der Notwendigkeit einer konzertierten Aktion versammelten sich am 13. Januar 1942 Vertreter der neun Exilregierungen im St. James's Palace in London, bildeten die Inter-Alliierte Kommission zur Bestrafung von Kriegsverbrechen und gaben die sogenannte Erklärung von St. James's heraus. Diese Erklärung zeichnete sich hauptsächlich dadurch aus, daß sie explizit eine Vergeltung durch Racheakte in aller Öffentlichkeit ablehnte und kundtat, »der Gerechtigkeitssinn der zivilisierten Welt« verlange, daß die Signatarmächte es zu einem ihrer Hauptkriegsziele erklärten, jene, die sich dieser Verbrechen schuldig gemacht hätten oder die dafür verantwortlich seien, »sei es, daß sie sie befohlen, begangen oder gemeinschaftlich mit anderen ausgeführt haben«, in einem Gerichtsverfahren (»through the channel of organized justice«) abzuurteilen und zu bestrafen.

Natürlich war dies erst ein Anfang, aber immerhin war es die erste prinzipielle Äußerung über Kriegsverbrechen, die während des Krieges gemacht wurde, und sie war ausgesprochen vorausschauend. Die führenden Köpfe dieser von den Deutschen besetzten Länder, deren Völker unter den Greueltaten unmittelbar zu leiden hatten, wollten nicht einfach nur die Köpfe ihrer Unterdrücker rollen sehen – sie wollten Rehabilitierung und Vergeltung *per Gesetz und Recht,* das in einem Gerichtsverfahren gesprochen wurde.

Und so sollte es auch kommen. Im Juli 1942 hatten die Signatarmächte von St. James's Beweise für neue Greueltaten der Deutschen in Händen und ersuchten die Großen Drei – Churchill, Roosevelt und Stalin – um öffentliche Unterstützung. In ihrer Erwiderung nahmen Churchill und Roosevelt den Vorschlag ausdrücklich an, daß die der Kriegsverbrechen Beschuldigten vor ein Gericht gestellt werden sollten, während Stalin von einem »internationalen Sondergerichtshof« sprach.

Mittlerweile war die Bezeichnung »United Nations« eingeführt worden, um die Allianz Großbritanniens, der USA, der Sowjetunion, Chinas und zweiundzwanzig weiterer Nationen gegen die Mitgliedstaaten des Dreimächtepakts – Deutschland, Italien und Japan – zu kennzeichnen.* Am 7. Oktober

* Das Bündnis der Vereinten Nationen war offiziell mit der »26-Nationen-Erklärung« vom 1. Januar 1942 errichtet worden. Churchill machte Roosevelt darauf aufmerksam, daß die Worte »united nations« von Lord Byron in seinem epischen Gedicht *Childe Harold's Pilgerfahrt* verwendet worden waren (3. Canto, XXXV. Stanze). Byron bezeichnete mit diesem Ausdruck die Alliierten, deren Streitkräfte Napoleon bei Waterloo geschlagen hatten; offenbar hat der Dichter mit diesen Worten keine besondere Bedeutung verbunden – in einer früheren Stanze (XVIII) des 3. Cantos nennt er die Alliierten »banded nations«.

1942 schlugen Präsident Roosevelt und der britische Lordkanzler Sir John Simon in gleichzeitig veröffentlichten Statements die Errichtung einer Kommission der Vereinten Nationen zur Untersuchung von Kriegsverbrechen vor; diese solle jene Menschen, die verdächtigt wurden, Kriegsverbrechen begangen zu haben, ausfindig machen sowie Beweismaterial von und über Kriegsverbrechen sammeln und organisieren.*

Wie notwendig eine derartige Kommission war, wurde am 17. Dezember 1942 unabweisbar deutlich, als die deutsche Regierung in einer gemeinsamen Erklärung der USA und der europäischen Mitglieder der Vereinten Nationen öffentlich und offiziell beschuldigt wurde, eine »bestialische Politik der Auslöschung des jüdischen Volkes in Europa« gemäß »Hitlers oft wiederholter Intention« zu betreiben.** Die Sowjetunion schloß sich dieser Kommission nicht an.

Die United Nations War Crimes Commission (UNWCC) wurde in London als ein Gremium von vierzehn Mitgliedern gegründet und setzte sich aus den neun Exilregierungen, dem Vereinigten Königreich, den USA, China, Australien und Indien zusammen. Bei der ersten Konferenz am 11. Januar 1944 wurde das britische Ausschußmitglied Sir Cecil Hurst zum Vorsitzenden gewählt; er war jahrelang Rechtsberater des Außenministeriums gewesen, und seine Ernennung zum britischen Ausschußmitglied unterstrich, wie sehr London davon überzeugt war, daß die Kriegsverbrechen ebenso ein diplomatisches wie ein juristisches »Problem« waren. Das Ausschußmitglied der USA, Herbert C. Pell, war ein New Yorker Demokrat und Freund Roosevelts.

Die UNWCC war in politischer Hinsicht schwach. Die Mehrheit ihrer Mitglieder repräsentierte lediglich Schattenregierungen, die nach der Befreiung ihrer Länder wieder an die Macht kommen konnten – oder auch nicht. Und noch während die Kommission organisiert wurde, kam eine Erklärung von weit höherer Ebene, welche die voraussichtliche Reichweite des Wirkens der Kommission deutlich begrenzte.

Am 1. November 1943 wurde anläßlich der Moskauer Konferenz der Außenminister Großbritanniens, der USA und der Sowjetunion eine Erklärung über Kriegsverbrechen abgegeben, und zwar durch Churchill, Roosevelt und Stalin, die im Namen der Vereinten Nationen sprachen. Der letzte Absatz der Moskauer Erklärung schlug einen neuen Ton an:

> Diese Erklärung berührt nicht die Frage der Hauptverbrecher, deren Verbrechen nicht mit einem bestimmten geographischen Ort verbunden sind;

---

* Präsident Roosevelt gebrauchte eine Formulierung, über die sich heute sicher mancher mokieren würde – er sprach von »Greueltaten, die alle christlichen Glaubensgrundsätze verletzt haben«.

** Auch wenn diese Erklärung eine Meldung ersten Ranges war, machte sie erstaunlicher- und beschämenderweise wenig Eindruck auf die öffentliche Meinung. Ich selbst erfuhr vom Holocaust erst, als ich mit den entscheidenden Dokumenten und Zeugen in Nürnberg konfrontiert wurde. Siehe auch das ähnliche Bekenntnis von George Ball in seinem Buch *The Past Has Another Pattern* (1982), S. 63.

sie werden durch gemeinsames Urteil der Regierungen der Verbündeten bestraft werden.

Praktisch wurden damit die hauptverantwortlichen Naziführer der Gerichtsbarkeit der UNWCC entzogen. Das Schicksal dieser »Haupttäter« und die wichtigen Fragen, die mit ihrer Bestrafung verbunden waren, würden also nicht von der UNWCC entschieden werden, sondern aufgrund einer Verständigung unter den Alliierten – im Klartext: durch Großbritannien, die USA, die Sowjetunion und vielleicht noch durch Frankreich.

Tatsächlich agierte die UNWCC nur in ganz begrenztem Rahmen. Sie sollte Beweise für Kriegsverbrechen ausfindig machen und sammeln, aber sie hatte kein Personal für diese Untersuchung zur Verfügung, ja im Grunde überhaupt nicht genug Mitarbeiter für irgendeine wesentliche Tätigkeit. Den Exilregierungen standen nur bescheidene Mittel zur Verfügung; der Kommission blieb deshalb nichts weiter übrig, als die Fälle zu archivieren, die ihr von den beteiligten Staaten übermittelt wurden. Und auch das war nur ein klägliches Tröpfeln: Am 30. März 1944 berichtete Sir Cecil Hurst, der UNWCC lägen nicht mehr als ein halbes Dutzend Fälle vor, die man sinnvollerweise als »Greueltaten« bezeichnen könne. Sir Cecil gestand ein, die Kommission habe bislang »keinen Beweis« für die Massaker an Juden in Polen erhalten – und das fünfzehn Monate, nachdem sein Außenminister öffentlich enthüllt hatte, die britische Regierung habe Beweise für derartige Massaker in Händen.

Angesichts dieser frustrierenden Arbeitsbedingungen wandten sich die Mitglieder juristischen Problemen zu und erörterten des langen und breiten Fragen wie jene, ob die Eröffnung eines Angriffskriegs als Verbrechen nach dem Völkerrecht angesehen werden solle; ob eine Greueltat, die ein Staat gegenüber den eigenen Bürgern begehe und die häufig als »Verbrechen gegen die Menschlichkeit« bezeichnet werde, auch als internationales Verbrechen gelten solle; oder ob ein internationaler Gerichtshof zur Verurteilung von Kriegsverbrechern errichtet werden solle, insbesondere zur Aburteilung jener Täter, denen Verbrechen vorgeworfen wurden, die die Moskauer Erklärung als geographisch nicht lokalisierbar bezeichnete.

All diese Fragen waren bereits nach dem Ersten Weltkrieg aufgeworfen worden, und die Diskussionen in London im Jahre 1944 bewegten sich in etwa in den gleichen Bahnen wie fünfundzwanzig Jahre zuvor. Aber keine der ersten beiden Fragen konnte geklärt werden. Hinsichtlich der Strafbarkeit eines Angriffskriegs waren die Ausschußmitglieder scharf gespalten: Als das Problem im Dezember 1944 vor der gesamten Kommission verhandelt wurde, gab es zwei gleich große Lager, so daß es zu keinem Konsens kam und eine Resolution nie verabschiedet wurde.

Noch komplizierter verhielt es sich mit den »Verbrechen gegen die Menschlichkeit«. Herbert Pell, der aufgrund seiner Erfahrungen in der New

Yorker Politik zweifellos ein Gespür für ethnische Faktoren hatte, vertrat allen voran die Ansicht, daß »Verbrechen gegen ... irgendwelche Personen aufgrund ihrer Rasse oder Religion« und insbesondere Nazi-Greueltaten gegen deutsche Juden und Katholiken »als Kriegsverbrechen« bestraft werden sollten. Doch ein Beamter des amerikanischen Außenministeriums teilte seinen britischen Kollegen vertraulich mit, daß Pell »keine Ahnung vom Recht« habe und »schwierig« sei; außerdem sei er nicht ermächtigt, diese Position zu vertreten.

Pells Demarche trug ihm denn auch einen persönlichen Brief seines Präsidenten ein – eine der seltenen Gelegenheiten, bei denen Roosevelt in Detailfragen der Kriegsverbrechenspolitik eingriff. Der Präsident vertrat darin die Ansicht, die Gerichtsbarkeit der UNWCC erstrecke sich nur auf »Fälle während der Kriegszeit«, wohingegen Greueltaten vor dem Krieg, da sie »möglicherweise nicht zur Kategorie Kriegsverbrechen« gehörten, »von den Vereinten Nationen behandelt werden« müßten.

Pells Initiative hatte allerdings beträchtliche Unterstützung innerhalb der Kommission gefunden, und so wurde im Mai 1944 ein entsprechender Resolutionsentwurf, der sich auf seiner Linie bewegte, zur Erörterung vorgelegt. Abgesehen von der Problematik dieser Vorgehensweise gab es jedoch erhebliche Zweifel, ob die Mitgliedsstaaten Pells Ansichten akzeptieren würden; folglich richtete Sir Cecil eine schriftliche Anfrage an die britische Regierung. Im November 1944 erwiderte das britische Außenministerium, die Kommission solle sich an die traditionellen Definitionen von »Kriegsverbrechen« halten. Und damit ruhte die ganze Angelegenheit bis Kriegsende.

Die Arbeit in der UNWCC war derart frustrierend geworden, daß Pell am Ende des Jahres ausschied und durch den weniger impulsiven Oberst J. V. Hodgson abgelöst wurde. Sir Cecil Hurst trat aus gesundheitlichen Gründen zurück, und als sein Nachfolger übernahm das australische Ausschußmitglied Lord Wright of Durley, bei der Behandlung von Kriegsverbrechen auch weiterhin hoch geachtet, den Vorsitz. Allerdings spielte die UNWCC bei der Gestaltung des Nürnberger Projekts keine bedeutende Rolle mehr.

Der entscheidende Beitrag der Exilregierungen war somit ihre erste Tat: die Verkündung der Erklärung von St. James's, in der sie mit aller Entschiedenheit darauf bestanden, daß Gerichtsverfahren das einzig akzeptable Vorgehen bei der Verurteilung von Personen seien, denen Kriegsverbrechen zur Last gelegt wurden.

3

Am 12. November 1942 sandte Iwan Maiski, der sowjetische Botschafter in Großbritannien, eine Note an Außenminister Eden, in der er die Errichtung eines internationalen Gerichtshofs zur Verurteilung von »Hauptkriegsverbrechern« vorschlug. Zu dieser Zeit war tatsächlich nur eine einzige derartige Person in Gewahrsam: Rudolf Heß, der am 10. Mai 1941 einen dramatischen Alleinflug von Deutschland nach England unternommen hatte, in der törichten Hoffnung, die Briten zu Friedensverhandlungen mit Deutschland überreden zu können. Eden wies Maiskis Vorschlag scharf als verfrüht zurück. Gleichwohl hatte die Anregung, einen »internationalen Gerichtshof« zu errichten, eine Bedeutung, die weit über den Fall Heß hinausging. Mehrere Monate zuvor hatte nämlich das britische Außenministerium ein Memorandum verbreitet, in dem man sich gegen die Errichtung irgendeines Gerichtshofs zur Verurteilung von Erzbösewichten wie Himmler aussprach, mit der Begründung, ihre Schuld sei »so schwer«, daß sie »jedes Gerichtsverfahren übersteigt«. Lord Simon, der Lordkanzler, verwies zwar auf die in der Erklärung von St. James's geäußerten Ansichten und bezweifelte, daß eine Hinrichtung der wichtigen Nazis im Schnellverfahren »die öffentliche Meinung befriedigen oder ein erhebliches Maß an Gerechtigkeit erzielen« würde. Aber schon bald schloß er sich der nachdrücklich von Eden und Churchill vertretenen Meinung an, daß nationale Gerichtshöfe zur Verurteilung weniger bedeutender Personen, denen vorgeworfen werde, das Kriegsrecht verletzt zu haben, völlig ausreichten, daß man sich der Errichtung eines internationalen Kriegsverbrechenstribunals jedoch entschieden widersetzen solle. Gegen die wichtigen Naziführer müsse man aufgrund einer politischen Entscheidung der alliierten Mächte vorgehen.

Das war natürlich eine völlige Umkehrung der Kriegsverbrechenspolitik, die England nach dem Ersten Weltkrieg verfolgt hatte, als Premierminister Lloyd George nachdrücklich die Errichtung eines internationalen Gerichtshofs zur Verurteilung des Kaisers und anderer deutscher Führer gefordert hatte. Diese Bemühungen waren damals von der amerikanischen Opposition blockiert worden; und schließlich war das ganze Kriegsverbrechensprojekt infolge des Fiaskos der Leipziger Prozesse im Sande verlaufen. Zweifellos führte dieses klägliche Ergebnis nun dazu, daß sich britische Offizielle nach dem Motto »Gebranntes Kind scheut das Feuer« verhielten; so war eine Atmosphäre entstanden, in der Churchill, Eden und zahlreiche andere britische Verantwortliche zu dem Schluß kamen, internationale Gerichtsverfahren gegen die Naziführer würden aller Wahrscheinlichkeit nach mehr Schaden anrichten als Gutes bewirken.

Es lag allerdings auf der Hand, daß dies eine Angelegenheit von hohem Interesse für andere Länder war; und so begann Churchill 1943 eine Kampagne, um Amerikaner und Sowjets zu bewegen, sich dem britischen Standpunkt anzuschließen. Der erste Schritt auf diesem Wege war die Moskauer Erklärung vom 1. November 1943, die auf einem Entwurf basierte, den Churchill ein paar Wochen zuvor an Roosevelt und Stalin geschickt hatte. Im Schlußabsatz (einem klassischen Beispiel dafür, wie der Schwanz mit dem Hund wedelt) hieß es zwar nicht ausdrücklich, daß die Hauptübeltäter nicht in den Genuß eines Prozesses kämen, aber die Formulierung, daß sie »aufgrund einer gemeinsamen Entschließung der Regierungen der Alliierten bestraft werden« sollten, legte natürlich eine derartige Interpretation nahe.

Praktisch konnten diese und andere damit zusammenhängende Fragen fortan nur noch durch eine Verständigung zwischen den Großen Drei entschieden werden. Eine Gelegenheit dazu ergab sich noch im selben Monat, bei ihrer ersten Konferenz, die Ende November 1943 in Teheran stattfand. Diese Zusammenkunft ohne feste Tagesordnung diente in erster Linie militärischen Zwecken, und weder Churchill noch sonst jemand brachte bei irgendeiner der Plenarsitzungen das Thema Kriegsverbrechen aufs Tapet.

Allerdings kam es bei einem von Stalin ausgerichteten Dinner zu einer bizarren Konfrontation zwischen Churchill und Stalin. Irgendwie war dem Sowjetführer danach zumute, Churchill auf den Arm zu nehmen, indem er ihm vorwarf, eine geheime Zuneigung zu den Deutschen zu empfinden. Die Sache wurde auf die Spitze getrieben, als Stalin im Laufe einer langen Ansprache erklärte, 50 000 deutsche Generalstabsoffiziere sollten liquidiert werden. Churchill nahm diese Bemerkung ernst und erklärte zornig, daß weder er noch die britische Öffentlichkeit eine Massenhinrichtung von Offizieren dulden würden.

Der amerikanische Diplomat Charles Bohlen, der als Roosevelts Dolmetscher fungierte und der als einziger unter den anwesenden Amerikanern Russisch sprach, glaubte, daß Stalin diese Äußerung »halb im Scherz, mit einem süffisanten Lächeln und einer lässigen Handbewegung« getan und »als eine Stichelei gegen Churchill« gemeint habe, weniger als einen Hinweis auf seine tatsächlichen Absichten. Es war ein ziemlich feuchtfröhlicher Abend, und obwohl mehrere Autoren aus dieser Episode wichtige Schlußfolgerungen zu ziehen suchten, widersprechen die überlieferten Berichte der Anwesenden dem doch entschieden*, und ich denke, daß Bohlens Interpretation wohl am ehesten zutrifft.

Inzwischen standen das Außenministerium in London und der Lordkanzler vor dem Problem, das bei der von ihnen eingeschlagenen Politik eines Schnellverfahrens unvermeidlich auftauchte: Welche führenden deutschen Persönlichkeiten hatten sich bei den Greueltaten so hervorgetan, daß man ihnen die »Ehre« einer Hinrichtung ohne Prozeß erweisen sollte? Damit stand man vor der gleichen Schwierigkeit wie Shakespeares Antonius, Lepidus und Octavius, als sie nach der Ermordung von Julius Cäsar beschlossen: »Die müssen also sterben, deren Namen/Hier angezeichnet stehn.«

Im Mai und Juni 1944 legten zahlreiche britische Beamte derartige Listen an, und wer auch immer darauf »angezeichnet« war – immer gab es Argumente dafür, weitere Namen hinzuzufügen. Hitler, Göring, Goebbels, Himmler, Rib-

* Diese Konfrontation ist auch von Churchill, Admiral William Leahy, Averell Harriman und Elliott Roosevelt beschrieben worden.

bentrop und Generalfeldmarschall Wilhelm Keitel (Hitlers militärischer Vollstrecker) – das verstand sich von selbst. Aber es gab mehrere Stimmen, in diesen Kreis auch die Admiräle Karl Dönitz und Erich Raeder sowie ein paar Generäle aufzunehmen, und Clement Attlee (damals Stellvertretender Premierminister) nannte noch Franz von Papen, Schacht und mehrere Bankiers und Industrielle, die Hitlers politischen Aufstieg finanziert hatten.

Im Laufe dieses Sommers beschlossen Churchill und Roosevelt, Mitte September in Quebec zusammenzukommen, und bevor er zu dieser Konferenz aufbrach, informierte Churchill sein Kriegskabinett darüber, daß er »vorhabe, die Frage der Kriegsverbrecher, deren Verbrechen sich nicht geographisch begrenzen lassen, persönlich mit Präsident Roosevelt zu besprechen«. Der Premierminister fuhr mit einem Memorandum von Lord Simon nach Quebec, das einleitend der frommen Hoffnung Ausdruck gab, man werde noch vor Kriegsende diese Verbrecher loswerden, durch Selbstmord oder durch das Einschreiten des deutschen Volkes. Käme es indes nicht zu diesem »glücklichen« Ende, sollten die Verbrecher gemäß einer zuvor erstellten Liste nach dem Beweis ihrer Identität und auf der Grundlage einer politischen Entscheidung hingerichtet werden. Das nannte man später in Regierungskreisen den »napoleonischen Präzedenzfall«, da der kleine Korporal ohne Prozeß und aufgrund einer politischen Entscheidung nach St. Helena verbannt worden war.

In Quebec ging der Vorschlag glatt durch, und am 15. September 1944 stimmte der amerikanische Präsident einem Memorandum zu, in dem erklärt wurde: »Der Präsident und der Premierminister haben sich darauf geeinigt, Marschall Stalin Lord Simons Vorschlag für das Vorgehen gegenüber den Hauptkriegsverbrechern vorzulegen und mit ihm eine Namensliste abzustimmen.« Am selben Tag akzeptierten die beiden politischen Führer auch ein Memorandum, das den sogenannten Morgenthau-Plan enthielt, der die Wiederaufrüstung Deutschlands durch die Schließung der Industrien an Ruhr und Saar verhindern und aus Deutschland »ein reines Agrarland« machen wollte. Roosevelt und Churchill distanzierten sich zwar schon bald vom Morgenthau-Plan, aber der Simon-Plan für Kriegsverbrecher hatte noch etwas länger Bestand.

Im darauffolgenden Monat flog Churchill nach Moskau, um mit Stalin zu konferieren. Es war ein schwieriges Treffen, weil sie sich nicht über die Zukunft Polens einigen konnten, und bei dieser Gelegenheit begegnete Churchill zum erstenmal entschiedenem Widerstand gegen seine Vorschläge hinsichtlich der Kriegsverbrechen. Am 22. Oktober 1944 unterrichtete er Roosevelt:

> Hauptkriegsverbrecher. U. J.* nahm einen unerwartet überkorrekten Standpunkt ein. Es dürfe keine Hinrichtungen ohne Prozeß geben, weil die Welt

* Initialen für »Uncle Joe« – mit diesem Namen bezeichneten Roosevelt und Churchill in ihrer Korrespondenz Stalin.

sonst sagen würde, wir hätten Angst, sie zu verurteilen. Ich verwies auf die völkerrechtlichen Schwierigkeiten, aber er erwiderte, wenn es keine Prozesse gäbe, dürfe es auch keine Todesurteile geben, sondern nur lebenslängliche Haftstrafen. Angesichts dieser Einstellung aus dieser Ecke möchte ich nicht länger auf dem Memo bestehen, das ich Ihnen gab und das Sie vom Außenministerium prüfen lassen wollten. Betrachten Sie es freundlicherweise als zurückgezogen.

Roosevelt, der inzwischen seine Zustimmung zu den Memoranden von Quebec bedauerte, erwiderte unverbindlich, Churchills Aktennotiz über Stalins Einstellung sei »höchst interessant« und diese und andere Dinge sollten »beim bevorstehenden Dreiparteientreffen« behandelt werden.

Auf Jalta trug Churchill die Angelegenheit gegen Ende der Konferenz am 9. Februar 1945 vor. Unter Bezugnahme auf den letzten Absatz der Moskauer Erklärung sprach er von »einem Ei, das ich selbst gelegt habe« und befürwortete wie bisher die Erschießung »der führenden Nazis«, sobald ihre Identität feststehe. Stalin erkundigte sich daraufhin nach Rudolf Heß – offensichtlich ein Nadelstich gegen Churchill, der ziemlich lahm erwiderte, daß »Heß schon sein verdientes Schicksal erleiden« werde, und hinzufügte, daß »diesen Männern der Prozeß gemacht werden sollte«, womit er vermutlich sagen wollte, daß Heß und andere mutmaßliche Kriegsverbrecher einen Prozeß bekommen sollten, im Gegensatz zu den »Haupttätern«, die mit der Hinrichtung im Schnellverfahren zu rechnen hätten.*

Churchill schlug zunächst vor, die Konferenzteilnehmer sollten an Ort und Stelle eine Liste der Haupttäter anlegen. Aber später zog er diesen Vorschlag wieder zurück und erklärte, es gehe ihm nur um einen Meinungsaustausch und nichts solle an die Öffentlichkeit gegeben werden. Stalin zeigte sich nicht an einem ernsthaften Gedankenaustausch interessiert, und der amerikanische Präsident (der ein sehr müder Mann gewesen sein muß) gab zu verstehen, daß er noch nicht soweit sei, diese Sache zu prüfen, und damit ging die Diskussion ergebnislos zu Ende. Das veröffentlichte Communiqué von Jalta stellte nur fest, daß »die Frage der Hauptkriegsverbrecher Gegenstand der Untersuchung durch die drei Außenminister sein und in angemessener Zeit nach Abschluß der Konferenz vorgetragen werden« solle.

Der britische Plan der Hinrichtung im Schnellverfahren hatte ein zähes Leben. Anfang April 1945 schickte Roosevelt seinen engen Berater Richter Samuel Rosenman nach London, wo er über Fragen hinsichtlich der Kriegs-

---

* Stalin wußte vermutlich nicht, daß Heß nach Churchills privater Meinung nicht bestraft werden sollte. In *Die große Allianz* (1950) schrieb Churchill: »So groß die moralische Schuld eines Deutschen sein mag, der Hitler nahegestanden hat, Heß hat sie meiner Ansicht nach mit dieser aus seinem guten Willen heraus geborenen Wahnsinnstat mit all ihrer Aufopferung und Unsinnigkeit wettgemacht. Er kam zu uns aus eigenen freien Stücken und war, wenn auch ohne Beglaubigung, so etwas wie ein Gesandter. Er war ein medizinischer und kein krimineller Fall, und so sollte man ihn auch betrachten.«

verbrechen verhandeln sollte. Unterwegs traf sich Rosenman mit Charles de Gaulle, dem Kopf der provisorischen Regierung von Frankreich, der erklärte, er ziehe einen Prozeß einer Hinrichtung im Schnellverfahren vor. Aber Lord Simon brachte gegenüber Rosenman nur die alten Argumente für eine Hinrichtung im Schnellverfahren vor. Am 12. April beschloß das Kriegskabinett nach langer Diskussion, daß »für die Hauptnaziführer ein vollständiges Gerichtsverfahren nicht in Frage kommt«.

Am selben Tag starb Präsident Roosevelt. Rosenman kehrte sofort nach Washington zurück, und weitere Verhandlungen wurden bis zur Konferenz der Vereinten Nationen über Internationale Organisationen in San Francisco verschoben, wo die Konferenz der Außenminister, die im Communiqué von Jalta gefordert worden war, endlich stattfand. Inzwischen aber hatten die Ereignisse begonnen, die Briten zu überholen.

Schon bald nach seinem Amtsantritt machte Präsident Harry Truman klar, daß er gegen eine Hinrichtung im Schnellverfahren sei und die Errichtung eines Gerichtshofs zur Verurteilung der Naziführer befürworte. Ende April war Deutschland so gut wie total in der Hand der alliierten Streitkräfte, und das Dritte Reich begann sich aufzulösen. Am 28. April 1945 wurde Benito Mussolini erschossen und sein Leichnam in Mailand öffentlich aufgehängt. Am 30. April beging Hitler Selbstmord, und der ihm stets treu ergebene Goebbels folgte mit seiner Familie diesem Beispiel am darauffolgenden Tag. Damit hatten sich die Hoffnungen, denen Lord Simon in Quebec Ausdruck verliehen hatte, zu einem wichtigen Teil erfüllt, denn von allen Naziführern hätten Hitler und Goebbels höchstwahrscheinlich einem ordentlichen Verfahren die größten Schwierigkeiten bereitet.

Am 3. Mai kapitulierte das britische Kriegskabinett in der Frage der Schnellverfahren und teilte Eden, der ungeduldig in San Francisco darauf wartete, seine Anweisungen mit:

> Die Position im Hinblick auf die Hauptkriegsverbrecher hat sich entscheidend geändert, seit diese Angelegenheit zuletzt geprüft worden war. Viele von ihnen sind bereits tot, und das gleiche Schicksal mag durchaus noch andere ereilen, ehe die Kämpfe vorbei sind.
> Das Kriegskabinett behält sich noch immer Einwände gegen ordentliche Gerichtsverfahren für die notorischsten Kriegsverbrecher vor, deren Verbrechen sich geographisch nicht begrenzen lassen. Aber wenn unsere beiden Hauptverbündeten weiterhin überzeugt sind, daß dies notwendig sei, sind wir bereit, ihre Ansichten im Prinzip zu akzeptieren.

Für diese Kehrtwendung Londons gab es allerdings bessere Gründe als den Tod von Hitler und Goebbels sowie die unmittelbar bevostehende Möglichkeit, überstimmt zu werden. Im Prinzip konnte man nämlich keinen klaren Trennungsstrich ziehen zwischen denen, die Gelegenheit erhalten sollten, sich vor einem Gericht zu verteidigen, und jenen, bei denen dies nicht der Fall sein sollte. Eine Hinrichtung im Schnellverfahren schien ein einfacher

Ausweg bei schwierigen Problemen zu sein, aber dieser Ausweg paßte nicht in die Zeit. Zu viele Menschen glaubten, die Führer des Dritten Reiches hätten ihnen *Unrecht* getan, und wollten deshalb ein entsprechendes *Gerichtsurteil.* Schließlich kam noch ein weiterer Grund hinzu: Auch wenn man es vielleicht 1945 nicht so deutlich spürte, wie es ein paar Jahre später der Fall gewesen wäre: Das Schauspiel, daß ausgerechnet Josef Stalin, der durch seine eigenen »politischen Entscheidungen« ungezählte Tausende seiner eigenen Landsleute in den Tod geschickt hatte, zu einem Triumvirat gehören und eine Liste von todeswürdigen Deutschen »anzeichnen« sollte – dieses Schauspiel hätte die Entscheidungen der drei für alle Zeiten zum Gespött der Menschheit gemacht.

4

Angeblich lernt die Menschheit aus ihren Erfahrungen – aber der einzelne »lernt« oft ganz andere Dinge aus den gleichen Erfahrungen. 1944 vollzogen die USA, genau wie England, eine Wendung um 180 Grad gegenüber ihrer Kriegsverbrechenspolitik von 1919, allerdings in genau entgegengesetzter Richtung wie Großbritannien. 1945 übernahmen die USA die Führung bei der Planung und Errichtung eines internationalen Gerichtshofs und bei der Ausweitung des internationalen Strafrechts über die traditionellen Grenzen des Kriegsrechts hinaus.

Auch wenn der Präsident mehrmals Kriegsverbrechen öffentlich anprangerte, interessierte man sich in Washington für die Einführung einer Kriegsverbrechenspolitik im Grund erst im Spätsommer 1944, als die Wehrmacht verzweifelt den Rückzug Richtung Heimat durch Frankreich und Belgien antrat. Als der Sieg der Alliierten offenbar unmittelbar bevorstand, war es dringend erforderlich, sofort Pläne für die Besetzung Deutschlands zu machen. Zur gleichen Zeit wurde die Bedeutung der Kriegsverbrechensfrage als Teil derartiger Pläne noch unterstrichen, als sowjetische Truppen bei ihrem Vormarsch in Polen das Vernichtungslager der Nazis bei Maidanek in der Nähe von Lublin einnahmen.

Mindestens sieben verschiedene Bundesbehörden hatten sich in Washington unmittelbar oder potentiell um Kriegsverbrechensfragen zu kümmern: das Außenministerium, das Kriegs-, Marine-, Finanz- und Justizministerium, das Office of Strategic Services (OSS) und natürlich das Weiße Haus selbst. Zunächst nahmen sich das Kriegs- und das Finanzministerium der Sache am energischsten an, und innerhalb weniger Wochen führten die frühen Debatten zu einer harten Konfrontation zwischen ihren beiden Chefs, dem Kriegsminister Henry L. Stimson und dem Finanzminister Henry Morgenthau, Jr.

Das Finanzministerium war die Hochburg der Fürsprecher eines »harten Friedens«, deren Ansichten sich im Morgenthau-Plan niedergeschlagen hatten, der in erster Linie durch den Vorschlag, die deutsche Schwerindustrie abzuschaffen, bekannt geworden ist. Aber er enthielt auch einen Abschnitt über Kriegsverbrechen, der dem britischen Vorschlag sehr nahe kam*, insofern er die Hinrichtung im Schnellverfahren bei denen vorsah, die auf einer Liste von »Erzverbrechern« standen, und zwar durch militärische »Exekutionskommandos«, sobald ihre Identität erwiesen sei. Minister Stimson wiederum war gegen die drakonischen ökonomischen Maßnahmen des Morgenthau-Plans und glaubte, daß die USA »sich an einem internationalen Gerichtshof beteiligen sollten«, um »die Hauptnazifunktionäre« zu verurteilen, die wegen ihrer »Verbrechen gegen die Gesetze des Kriegsrechts« angeklagt werden sollten. Diese einander widerstreitenden Standpunkte wurden Präsident Roosevelt auf zwei Konferenzen Anfang September 1944 vorgetragen.

Ohne zu einer Entscheidung zu gelangen, begab sich der Präsident nach Quebec zur zweiten Konferenz mit Churchill. Am 13. September beorderte Roosevelt – sehr zum Ärger von Stimson und von Außenminister Cordell Hull – Morgenthau nach Quebec, wo Roosevelt und Churchill am 15. September ihre Initialen unter den Morgenthau-Plan setzten und sich darin einig waren, daß Lord Simons Vorschlag für eine Hinrichtung im Schnellverfahren Stalin vorgelegt werden sollte.

Morgenthau kehrte aus Quebec scheinbar als Sieger zurück. Aber sein Triumph war nur von kurzer Dauer; die Tatsache, daß Stimson mit dieser Entscheidung nicht einverstanden war, kam der Presse zu Ohren, und die öffentlichen Reaktionen auf die härtesten Strafmaßnahmen des Morgenthau-Plans waren außerordentlich kontrovers. Stimson schickte ein kritisches Memorandum an den Präsidenten, und bei einer Besprechung der beiden am 3. Oktober 1944 äußerte der Präsident großes Bedauern darüber, daß er das Morgenthau-Dokument in Quebec paraphiert habe, und erklärte, Morgenthau habe »Mist gebaut«.

Diese Episode hat den Einfluß des amerikanischen Finanzministeriums auf die Planung der Besetzung Deutschlands entscheidend geschwächt, und obwohl das Thema Kriegsverbrechen bei der Besprechung zwischen Roosevelt und Stimson anscheinend nicht zur Sprache gekommen war, waren Morgenthau oder sein Stab an der Formulierung der Kriegsverbrechenspolitik danach jedenfalls nicht mehr in nennenswertem Maße beteiligt. Der Präsident, der sich die Erfahrung von Quebec zu Herzen genommen hatte, erklärte gegenüber dem Außenministerium, er sehe es nicht gern, wenn man »detaillierte Pläne für ein Land macht, das wir noch gar nicht besetzt haben«, und nahm auf die Washingtoner Bürokratie mehrere Monate lang keinen Einfluß bei der Formulierung der Kriegsverbrechenspolitik.

---

* Morgenthau war gerade von einer Europareise zurückgekehrt, auf der er mit Churchill und Eden zusammengekommen war, die ihn durchaus davon unterrichtet haben könnten, daß sie die Hinrichtung im Schnellverfahren bevorzugten.

In dieser Situation erwies sich das Kriegsministerium als dominierende Institution. Das Marineministerium, das an der Besetzung Deutschlands nur einen geringen oder gar keinen Anteil hatte, zeigte sich an der Planung zur Verfolgung der Kriegsverbrechen nicht interessiert. Bis 1945 spielten auch das Justizministerium und das OSS keine bedeutende Rolle. Der Rechtsberater des Außenministeriums, Richter Green Hackworth, nahm am Planungsverfahren teil, aber Außenminister Hull war krank und beim Weißen Haus in Ungnade gefallen. Er trat Anfang Dezember 1944 zurück, doch sein Nachfolger Edward R. Stettinius war so unerfahren und vorsichtig, daß sein Ministerium bei den wichtigsten Entscheidungen nie das große Wort führte.

Angesichts von Stimsons Vormachtstellung war es auch mit der amerikanischen Unterstützung des britischen Plans einer Hinrichtung im Schnellverfahren vorbei. Als der Kriegsminister darauf bestand, daß den Naziführern der Prozeß gemacht werde, hatte er auch den Generalstabschef George C. Marshall sowie den Obersten Militäranwalt (Judge Advocate General) Myron C. Cramer ganz auf seiner Seite. Doch als sich der Staub der Stimson-Morgenthau-Fehde gelegt hatte, war noch nichts über Art und Umfang des Prozesses oder der Prozesse entschieden worden.

Innerhalb des Kriegsministeriums war für die Planung der Verfolgung von Kriegsverbrechen auftrags- und traditionsgemäß in erster Linie das Büro des Judge Advocate General (JAG) zuständig. Anfangs war dies auch der Fall; im August reichte beispielsweise der JAG eine vorgeschlagene Direktive an die Armeekommandeure im Feld weiter, die Festnahme feindlicher Personen betreffend, welche der »Verletzung des Kriegsrechts und der Kriegsbräuche« verdächtig waren – eine ausgesprochen konventionelle Vorgehensweise. Die Quelle all dieser Vorschläge, welche sich schließlich zu den »Nürnberger Ideen« weiterentwickelten, befand sich jedoch an anderer Stelle im Kriegsministerium und gab sich erstmals in einem Memorandum vom 15. September 1944 zu erkennen. Dieses Memorandum stammte von Oberst Murray Bernays, einem Angehörigen der Personalabteilung (G-1) des Armeegeneralstabs.

Bernays, in Friedenszeiten ein erfolgreicher New Yorker Anwalt, war mit der Behandlung amerikanischer Kriegsgefangener in Deutschland betraut worden und wußte um die massiven Greueltaten gegenüber russischen und anderen Gefangenen, die von Angehörigen von Naziorganisationen wie der SS begangen worden waren. Er kannte auch die Forderungen, die damals von seiten der American Jewish Conference und vom War Refugee Board hinsichtlich der Bestrafung von Naziverbrechen an deutschen Juden in den Vorkriegsjahren erhoben wurden. Diese Verbrechen lagen jedoch für das Außenministerium außerhalb des Zuständigkeitsbereichs des Kriegsrechts. Es gebe »viele Tausende von Kriegsverbrechern, die für Verbrechen verurteilt werden sollten, die in ganz Europa begangen worden sind«, schrieb Bernays und verwies auf die zahlreichen Schwierigkeiten, auf die man bei der Beweisaufnahme zur Überführung so vieler Einzelpersonen stoßen würde. Sein Memorandum vom 15. September schlug Methoden vor, wie man die folgenden beiden Probleme lösen könnte: 1) eine gesetzliche Grundlage für die Bestrafung der von Deutschen vor dem Krieg verübten Verbrechen zu finden und 2) ein Verfahren zu entwickeln, wie man mit den Hunderttausenden von Angehörigen der SS und anderer Naziorganisationen umgehen konnte, die in Greueltaten der Deutschen verwickelt waren.

Im ersten Fall griff Bernays auf die angloamerikanische Rechtsprechung zum Straftatbestand einer kriminellen Verschwörung zurück, indem er vorschlug, die Naziorganisationen und ihre führenden Mitglieder sollten vor einem internationalen Gerichtshof nicht nur wegen der grausamen Verletzung des Kriegsrechts angeklagt werden, sondern auch, weil sie (mutmaßlich seit Beginn der Nazizeit im Jahre 1933 oder noch früher) sich verschworen hatten, derartige Verletzungen zu begehen. Im angloamerikanischen Recht besteht eine Verschwörung oder strafbare Verabredung in einer Vereinbarung zwischen zwei oder mehr Personen, sich gesetzwidrig zu verhalten. Bernays' Argumentation: Wenn Mitglieder der Naziorganisationen untereinander vor dem Krieg vereinbart hätten, Verletzungen des Kriegsrechts zu begehen, wenn es zum Krieg käme, dann wäre auch ihr vorbereitendes Verhalten vor dem Krieg strafbar – als Teil der Verschwörung, solche Greueltaten im Krieg zu begehen.*

Zur Lösung des zweiten Problems – der sechs- oder gar siebenstelligen Zahl der voraussichtlich Anzuklagenden, einem wahren Teufelsheer – schlug Bernays vor, die Naziorganisationen selbst unter Anklage zu stellen. Danach könnten dann – vorausgesetzt, eine derartige Organisation wäre überführt, mit dem strafbaren Vorsatz der Verabredung gehandelt zu haben – alle ihre Mitglieder gleichermaßen für schuldig erklärt werden, und zwar allein aufgrund des Nachweises der Mitgliedschaft. Die Strenge der Bestrafung einzelner Mitglieder würde sich nach dem erwiesenen Ausmaß richten, in dem sie in die Straftaten der Organisation verwickelt waren oder davon wußten.

Gegen beide Vorschläge gab es gewichtige Einwände. Der angloamerikanische Begriff der kriminellen Verschwörung war in europäischen Rechtssystemen nicht enthalten und wohl kaum ein Element des international

* Ein Beispiel: Angenommen, eine Gruppe von Nazis hat verabredet, Deutschland gegen Polen und Frankreich in den Krieg zu führen, und des weiteren die Absicht, nach der Eroberung und Besetzung dieser Länder alle französischen und polnischen Juden nach Ostpolen zu transportieren und in Todeslagern massenweise zu vernichten. Nehmen wir weiter an, daß die Mitglieder dieser Gruppe nicht nur deutsche Juden genauso behandeln wollen, sondern auch glauben, daß sie ihren Plan gegenüber den französischen und polnischen Juden nur dann durchführen können, wenn sich in der deutschen Öffentlichkeit zuvor ein gewalttätiger Antisemitismus breitgemacht hat und daß dies nur durch die Erniedrigung und das Schikanieren deutscher Juden vor dem Krieg erreicht werden kann. Unter diesen Umstanden wären die innerdeutschen antisemitischen Greueltaten eine notwendige Vorbereitung der späteren Verletzungen des Kriegsrechts in Frankreich und Polen und daher strafbar als Teil der Verschwörung, das Kriegsrecht zu verletzen.

anerkannten Kriegsrechts. Und der Vorschlag, die führenden Mitglieder von Naziorganisationen einzeln vor Gericht zu stellen, während die Basismitglieder überführter Naziorganisationen allein aufgrund ihrer erwiesenen Mitgliedschaft für schuldig erklärt werden sollten, schien den britischen Plan auf den Kopf zu stellen, die Hauptkriegsverbrecher aufgrund einer politischen Entscheidung zu bestrafen und die kleineren Fische vor nationalen Kriegsverbrechenstribunalen zu verurteilen.

Gleichwohl waren die Probleme, deren sich Bernays angenommen hatte, ganz real, und niemand fand eine bessere Lösung. Sein Plan erhielt Unterstützung und stieß zugleich auch auf Widerstand, als er in anderen Abteilungen des Kriegsministeriums unter die Lupe genommen wurde. Minister Stimson hatte die Verantwortung für die Entwicklung einer Vorgehensweise gegen Kriegsverbrecher an den Stellvertretenden Kriegsminister John J. McCloy delegiert, und sowohl McCloy als auch sein Stellvertreter, Oberst Ammi Cutter, reagierten hinreichend positiv, daß Bernays am 24. Oktober Gelegenheit bekam, seinen Plan auf einer allgemeinen Konferenz über Kriegsverbrechen in Stimsons Büro vorzustellen.

Der Minister war überaus beeindruckt und besonders begeistert vom Konzept einer strafbaren Verschwörung. Bernays' Plan wurde zwar nicht offiziell verabschiedet, aber Stimson reichte ihn prompt als »einer vollständigen Prüfung wert« an das Außen- und an das Marineministerium weiter. Am 21. November stellte er das Verschwörungskonzept auch in einer Besprechung mit dem Präsidenten dar, wobei, wie Stimson in seinem Tagebuch schrieb, Roosevelt »seine ganz offene Zustimmung gab, als ich sagte, das Prinzip der kriminellen Verschwörung zwischen ... Vertretern aller Klassen von Tätern, von der Spitze bis zur Basis, sei die beste Möglichkeit; denn so bekämen wir gleichzeitig Prozeßakten und eine Verfahrensprozedur an die Hand, mit denen wir gewiß jeden Beobachter der Übeltaten des Nazisystems überzeugen könnten.«

Eine Woche nach dieser Besprechung begann eine neue Quelle von Ideen zur Verfolgung von Kriegsverbrechen zu sprudeln: Oberst William C. Chanler, der Stellvertretende Direktor der Militärregierung, in Friedenszeiten ein Anwaltssozius, Freund und Nachbar von Stimson. Vor seiner Berufung ins Kriegsministerium war Chanler Oberster Militäranwalt der Alliierten Militärregierung in Italien gewesen, und in seine Dienstzeit fielen auch jene sieben Wochen, in denen Mussolini von der Regierung Badoglio in Italien interniert worden war.* In dieser Situation war Chanler, damals in Palermo stationiert, auf die Idee gekommen, einen Kriegsverbrechensprozeß gegen

* Mussolini wurde am 26. Juli 1943 seines Amtes enthoben, und Marschall Pietro Badoglio, der ehemalige italienische Generalstabschef, mit der Regierungsbildung beauftragt. Der gestürzte Diktator wurde nacheinander auf zwei kleinen italienischen Inseln und dann in einem Kurort in den Abruzzen interniert, wo er am 12. September 1943 von dem deutschen SS-Offizier Otto Skorzeny befreit und nach Deutschland geflogen wurde.

Mussolini zu eröffnen, und so entwarf er zusammen mit Oberst Robert O. Gorman eine Anklageschrift, in der Mussolini auch beschuldigt wurde, rechtswidrig Krieg gegen friedliebende Nationen geführt zu haben.

Nach Mussolinis vorübergehender Flucht von Italien nach Deutschland schien das ganze Projekt rein akademisch geworden zu sein, aber als Chanler wieder im Pentagon war und feststellte, daß der Bernays-Plan keine Anklage enthielt, die auf die Rechtswidrigkeit der deutschen Kriegführung abhob, griff er Ende November 1944 auf die Ideen zurück, die er in Italien entwickelt hatte, und verarbeitete sie zu einem Memorandum, das er Stimson direkt vorlegte.

Nach Stimsons Meinung eilte Chanlers These »dem Fortschritt des internationalen Denkens ein wenig voraus«, und tatsächlich wurde die juristische Theorie, auf der Chanlers Schlußfolgerung beruhte*, niemals weitgehend akzeptiert. Aber der Minister war von Chanlers Wunsch überaus angetan, eine Anklage mit der Rechtswidrigkeit eines Angriffskriegs zu begründen; und im Laufe der Zeit war Stimson zunehmend überzeugt davon, daß es moralisch wie politisch ungeheuer wichtig sei, gerichtlich feststellen zu lassen, daß die Einleitung eines Angriffskriegs nach dem Völkerrecht strafbar war.

Gleichwohl hat Stimson eine derartige Empfehlung offenbar nie dem Präsidenten vorgelegt, und als das Jahr 1944 zu Ende ging, steckten die Anwälte in mehreren Ministerien noch immer tief in Auseinandersetzungen über all diese Fragen. Am 3. Januar 1945 allerdings erteilte Präsident Roosevelt zum ersten und letzten Mal den ihm unterstellten Kabinettsmitgliedern direkte, wenn auch inoffizielle und unveröffentlichte Anweisungen im Hinblick auf die Thematik der Kriegsverbrechen. In einem an Außenminister Stettinius gerichteten Memorandum schrieb er:

> Bitte schicken Sie mir einen kurzen Bericht über den Stand der Ermittlungen vor der Kriegsverbrechens-Kommission, insbesondere über die Einstellung des US-Vertreters gegenüber den Vergehen, die Hitler und den Hauptkriegsverbrechern der Nazis zur Last gelegt werden. Die Anklage sollte auch eine Verurteilung wegen der Einleitung eines Angriffskriegs enthalten, als Verletzung des Kellogg-Pakts. Vielleicht könnte man diese und andere Anklagepunkt mit dem Vorwurf der kriminellen Verschwörung verbinden.

---

* Chanlers Theorie griff auf den Briand-Kellogg-Pakt zurück, und mit seinen Argumenten wollte er die Tatsache umgehen, daß der Pakt keinen expliziten Vorbehalt enthielt, demzufolge es strafbar war, einen Angriffskrieg zu führen. Da jedoch die Unterzeichnerstaaten den »Rückgriff auf den Krieg ... verurteilen« und »ihn als Werkzeug nationaler Politik ... ächten« wollten, argumentierte Chanler: Wenn irgendeiner der Unterzeichnerstaaten den Pakt durch den aggressiven Einmarsch in ein anderes Land verletzen sollte, würde der Aggressor die Rechte eines rechtmäßig kriegführenden Landes verlieren. Seine kriegerischen Handlungen in dem überfallenen Land würden daher nach dem Recht des überfallenen Landes als Morde und tätliche Angriffe angesehen werden. Damit könnten Polen, Belgien und die anderen von Deutschland überfallenen Länder die Auslieferung der deutschen Führer verlangen, und die Anklage gegen sie würde nicht auf Verletzung des Pakts lauten, sondern auf Mord und andere Verbrechen nach den eigenen Gesetzen des jeweiligen Landes.

Der Anlaß für den ersten Satz liegt auf der Hand, denn der »US-Vertreter« war Roosevelts Freund Herbert Pell, der mit dem Außenministerium ständig auf Kriegsfuß stand und der damals gerade eine Audienz beim Präsidenten verlangte. Der Hinweis auf den »Vorwurf der kriminellen Verschwörung« im dritten Satz steht im Einklang mit Roosevelts Zustimmung zu Stimsons Empfehlungen bei ihrer Besprechung am 21. November 1944.

Aber wie läßt sich der Auftrag im zweiten Satz erklären? Darauf gibt es keine sichere Antwort – ein Autor hat immerhin plausibel gefolgert, er sei dem Präsidenten von seinem Sonderberater, Redenschreiber und geschätzten Rechtsberater Richter Samuel Rosenman vorgeschlagen worden, den der Präsident kurz zuvor beauftragt hatte, die einander widerstreitenden Ansichten über die Kriegsverbrechenspolitik auf seiten der einzelnen Ministerien auszugleichen.

Aber es gibt noch eine näherliegende Erklärung. Oberst Chanler hatte seine Ansichten in einem halbseitigen Memorandum zusammengefaßt, das er (vermutlich irgendwann im Dezember 1944) direkt an den Präsidenten geschickt hatte, über Oberstleutnant John Boettiger, Chanlers Armeekameraden und Roosevelts Schwiegersohn. Der Hinweis des Präsidenten auf den »Kellogg-Pakt«, also den Eckpfeiler von Chanlers Gedankengebäude, deutet entschieden darauf hin, daß es Chanlers halbseitiges Memorandum war, das die Formulierung des Präsidenten über die Strafbarkeit eines Angriffskriegs provozierte.*

In Kürze wollte sich der Präsident zur Konferenz von Jalta begeben; so war Rosenman unter Druck – er mußte ihm ein Positionspapier liefern, und darum handelte er geschickt einen Kompromiß aus. Nur die Stimson-Gruppe hatte eine durchdachte Position, und das Ergebnis dieser Verhandlungen war ein Dokument, in dem die Beiträge von Bernays enthalten waren.

Es wurde dem Präsidenten am 22. Januar in Form eines Memorandums übergeben, das vom Außen- und vom Kriegsminister sowie vom Justizminister Francis Biddle abgezeichnet war. Danach sollte ein internationaler Militärgerichtshof errichtet werden, um sowohl »die höchstrangigen deutschen Führer« wie auch die Nazigruppen und -organisationen zu verurteilen, die in ihrem Namen gehandelt hatten. Diese Angeklagten wurden beschuldigt, Verbrechen sowohl begangen als auch sich dazu verabredet zu haben, und diese Verbrechen umfaßten Vorkriegsgreueltaten gegen die eigenen deut-

* Dieser Absatz und verschiedene andere Verweise auf Chanlers Rolle beruhen auf Briefen, die er mir am 28. Dezember 1954 und am 25. Februar 1955 geschrieben hat. Im zweiten Brief erklärt er, daß er das Memorandum an den Präsidenten von diesem eigenhändig abgezeichnet zurückerhalten habe; es gibt keinen Grund, dies anzuzweifeln, aber als Chanler mir schrieb, konnte er das Dokument selbst nicht finden.
Im Privatleben war Mr. Boettiger damals Herausgeber der in Seattle erscheinenden Zeitschrift *Post-Intelligencer.* Er und seine Frau Anna (geb. Roosevelt) waren häufig beim Präsidenten zu Besuch und mit ihm auf Reisen. Beide hatten eine literarische Ader und halfen dem Präsidenten ab und zu bei seinen Reden.

schen Staatsbürger, die Einleitung »eines rechtswidrigen Angriffskriegs« und Verstöße gegen das Kriegsrecht. Nach dem internationalen Prozeß – und vorausgesetzt, der Militärgerichtshof hatte dabei eine oder mehrere Naziorganisationen für schuld befunden – sollten dann die einzelnen Mitglieder jeder dieser Organisationen »vor Besatzungsgerichte gestellt« werden. Dort sollte »der einzige erforderliche Schuldbeweis jedes einzelnen Angeklagten seine Mitgliedschaft« sein, während sich »die Bestrafung nach den Fakten seines besonderen Falles richten« sollte.

Die Öffentlichkeit drängte immer stärker auf eine Entscheidung. Als man im Dezember 1944 während der Ardennen-Offensive von einem Gemetzel an rund siebzig amerikanischen Gefangenen bei Malmedy in Belgien durch Soldaten eines SS-Panzerregiments erfuhr, ging eine Welle der Entrüstung durch das ganze Land, und damit waren auch die letzten Zweifler überzeugt, daß die Berichte über SS-Greueltaten keine Propagandalügen waren. Vier Monate später, als britische und amerikanische Truppen Westdeutschland überrollten, erfuhr man die entsetzliche Wahrheit über die Konzentrationslager in Bergen-Belsen, Dachau und Buchenwald. Angesichts der fehlenden maßgeblichen Informationen über die Pläne der Regierung im Hinblick auf die Verfolgung der Kriegsverbrechen wurde der Kongreß zunehmend unruhiger.

Im Communiqué von Jalta war ausdrücklich ein Bericht der Außenminister der Großen Drei verlangt worden – Eden, Wjatscheslaw Molotow und Stettinius –, die sich zu dieser Zeit gerade auf der Konferenz von San Francisco zur Prüfung und Annahme der Charta der Vereinten Nationen versammelten. Kriegsverbrechen standen zwar nicht auf der Tagesordnung, aber man beschloß, die Gelegenheit wahrzunehmen und in San Francisco ein Treffen zu arrangieren, bei dem der Plan des Kriegsministeriums – zumindest als Diskussionsbasis – angenommen werden sollte. Vorbereitend verbrachten die wichtigsten Rechtsexperten der Stimson-Gruppe viele Stunden damit, das grundlegende Memorandum durchzugehen und zu überarbeiten, und schließlich schlugen sie eine Verabschiedung durch die Regierung vor, um dem Text für die Prüfung und Zustimmung durch die ausländischen Partner mehr Gewicht zu geben.

Noch während all dies im Gange war, ernannte Präsident Truman durch ein am 2. Mai 1945 veröffentlichtes Dekret Robert H. Jackson, einen Richter am Obersten Bundesgericht, zum Vertreter der USA und zum Chefankläger – mit dem Aufgabenbereich, »Anklagen wegen Grausamkeiten und Kriegsverbrechen vorzubereiten und zu verfolgen, und zwar gegen diejenigen Führer der europäischen Achsenmächte ..., denen nach übereinstimmender Ansicht der USA und der Vereinten Nationen vor einem internationalen Militärgerichtshof der Prozeß gemacht werden soll.«

Anscheinend ging die Initiative zur Schaffung eines derartigen Amtes und zur Wahl Jacksons für dessen Leitung in erster Linie von der Stimson-Gruppe aus. Normalerweise hätte der Präsident den Justizminister konsultiert, aber

Truman und Biddle kamen damals nicht gut miteinander aus. Am 22. April schickte McCloy ein Memorandum an Rosenman, in dem er erklärte, es sei »dringend erforderlich, sofort einen Vertreter der Anklage zu ernennen«, damit man »auf seiten der USA die Hauptkriegsverbrechensfälle aufarbeiten« könne. Es folgte eine Liste von acht Namen in alphabetischer Reihenfolge, darunter die Richter am Obersten Bundesgericht Owen Roberts (der bereits siebzig war und sich anschickte, in den Ruhestand zu treten) und Robert H. Jackson sowie Sidney Alderman (Justitiar bei der Southern Railway), John Harlan und Theodore Kiendl (die beiden letzteren waren Partner in großen New Yorker Kanzleien und prozeßerfahrene Anwälte). Vielleicht war es eine Verbeugung vor dem Dienstalter, daß McCloy Roberts als »vermutlich unsere erste Wahl« bezeichnete, aber tatsächlich standen McCloy, Chanler, Robert Patterson (Staatssekretär im Kriegsministerium und ein ehemaliger Bundesrichter) und Rosenman fest hinter Jackson, den sie während der Amtszeit Roosevelts als Generalstaatsanwalt, Justizminister und Obersten Bundesrichter erlebt hatten.

Kurz vor der Bekanntgabe seiner Ernennung sah sich Jackson die Dokumente an, die man für San Francisco vorbereitet hatte, und schlug einige Änderungen vor. Insbesondere war er der Meinung, das Memorandum sei »zu leidenschaftlich« und vermittele den Eindruck, es solle »ein Gericht geschaffen werden, das von vornherein auf eine Verurteilung aus ist«. Aber er akzeptierte bereitwillig Aufbau und Inhalt des Plans des Kriegsministeriums und überließ es der Gruppe um Rosenman und McCloy, ihn in San Francisco »zu verkaufen«.

Am 3. Mai 1945, als die Außenminister der Großen Drei zusammenkamen, hatte Stettinius den Vorsitz, aber Rosenman präsentierte den amerikanischen Plan. Dann verlangte Stettinius, daß über die Teilnahme der Franzosen entschieden werde; es gab keine Einwände, aber da der französische Außenminister Georges Bidault nicht sofort zur Verfügung stand, einigte man sich darauf, daß Stettinius ihn unterrichten und zur Teilnahme auffordern solle. Eden verkündete dann, daß seine Regierung die Entscheidung akzeptiere, die »Hauptverbrecher« vor ein Militärgericht zu stellen, und sich an dem Prozeß beteiligen werde. Molotow erklärte sich außerstande, zu derart wichtigen Dingen so kurzfristig Stellung zu nehmen.

Die amerikanischen Vorschläge wurden dann an die Rechtsberater zur weiteren Prüfung zurückverwiesen, und im Laufe der nächsten beiden Wochen trafen sich Rosenman und seine Partner mit ihren britischen, französischen und sowjetischen Kollegen und diskutierten mit ihnen über eine Fülle von Fragen und vorgeschlagenen Änderungen. Aber die anderen Regierungen ermächtigten zu keiner Zeit ihre Delegationen, die amerikanischen Vorschläge anzunehmen, so daß wieder einmal die wichtigen politischen Entscheidungen vertagt wurden.

5

Damit endete die erste Phase des Nürnberg-Projekts, in der die Grundkonzepte der Prozesse entwickelt wurden. Die Ideen, wie man geschlagene politische Führer vor einem internationalen Gerichtshof unter Anklage stellen und internationales Strafrecht sowohl auf innerstaatliche Greueltaten gegen religiöse und rassische Gruppen als auch auf die Einleitung eines Angriffskriegs ausweiten könnte, waren bereits – leider erfolglos – 1919 in Versailles angeschnitten worden. Neu für das internationale Strafrecht, wenn auch nicht für das nationale angloamerikanische Recht waren die Begriffe der kriminellen Verschwörung und der Schuld von Organisationen.

Auf Nachkriegsprozessen bestanden zunächst einmal die Völker der von den Deutschen besetzten Nationen, aber die Bündelung all dieser Absichten in einem einzigen Prozeß war das Werk einer Handvoll amerikanischer Anwälte, die alle bis auf Cutter (er stammte aus Boston) aus New York kamen. Einige von ihnen (Stimson, McCloy) waren das, was wir heute »gemäßigte« Republikaner nennen würden; mehrere (Rosenman, Chanler, Herbert Wechsler) waren Demokraten. Sie alle gehörten zur Elite, waren an persönlichen Wohlstand gewöhnt und besaßen ein hohes ethisches Verantwortungsgefühl. Was bewog diese Männer, sich über den JAG, der normalerweise für die Verfolgung von Kriegsverbrechen zuständig war, hinwegzusetzen und ihre Regierung in diese Bahnen zu lenken, die zumeist umstritten und teilweise völlig neu waren?

Bernays, der Urheber von zwei der originellsten Vorschläge, hat sich offenbar von den gleichen Wünschen leiten lassen wie die Opfer der deutschen Besatzung. Er wollte angemessene Vergeltung nach Gesetz und Recht an den vielen Deutschen üben, die sich als Komplizen an den Greueltaten beteiligt hatten. Indem er sich auf die Verantwortlichkeit von Organisationen berief, erweiterte er zwar nicht den Begriff der Kriegsverbrechen, aber mit diesem juristischen Trick beseitigte er die Beweislast gegenüber der Komplizenschaft der einzelnen Mitglieder der Organisationen, vor allem der SS, die für viele, wenn nicht gar die meisten Verbrechen verantwortlich war, indem er die Mitgliedschaft als solche zum ausreichenden Schuldbeweis erklärte.

Es gab durchaus ein paar Präzedenzfälle im nationalen angloamerikanischen Recht, bei denen individuelle Schuld mit der Mitgliedschaft in Organisationen verknüpft war, unter anderem den damals erst vor kurzem erlassenen Smith Act (1940), in dem der Kongreß es zum Kapitalverbrechen erklärt hatte, Mitglied irgendeiner Organisation zu sein, die den Sturz der Regierung der USA durch Anwendung von Zwang und Gewalt befürwortete. Aber der Smith Act war gegen das Veto des Präsidenten erlassen worden, und Bürgerrechtlern war er ein Greuel. Die Männer in der Stimson-Gruppe hatten in unterschiedlichem Maße durchaus einen Sinn für die traditionellen Rechte der Angeklagten und die Gefahren, die mit dem Prinzip der »Strafbarkeit durch Verbindung zu einer schuldigen Person« zusammenhingen. Warum also akzeptierten sie ein Verfahren, das so klar diese Schutzmaßnahmen gefährdete?

Zweifellos ist es für viele Leser heutzutage schwierig, den abgrundtiefen Haß gegenüber der SS zu begreifen, den ihre Taten in der ganzen westlichen Welt ausgelöst hatten, insbesondere in den letzten beiden Kriegsjahren, als es unwiderlegbare Beweise für die Massenvernichtung der Juden, für die furchtbaren Geschehnisse in den Konzentrationslagern und für die Tötung von Kriegsgefangenen wie in Malmedy gab. Ich erinnere mich noch an eine Party in Washington, an der ich Anfang 1945 während eines kurzen Heimaturlaubs teilnahm, bei der die Gäste (meist freiheitlich gesonnene Anhänger des New Deal) fast einmütig der Ansicht waren, alle Angehörigen der SS sollten hingerichtet werden, und mir vorwarfen, zu »nachgiebig gegenüber Deutschland« zu sein, weil ich anderer Meinung war.* Da derartige Einstellungen weit verbreitet waren, überrascht es kaum, daß Morgenthau und sein Stab im Finanzministerium die lebenslange Verbannung aller SS-Angehörigen und ihrer Familie empfahlen. Da Bernays' Plan, die Organisationen zu bestrafen, ein Anhörungsverfahren vorsah, bei dem das Strafmaß für eine Mitgliedschaft sich nach dem Ausmaß der Komplizenschaft jedes einzelnen richten sollte, war dieser Plan offenbar weniger willkürlich oder drakonisch.

Die anderen Mitglieder der Stimson-Gruppe teilten zweifellos den allgemein vorherrschenden Wunsch nach Vergeltung. Oberst Chanlers Memorandum über den Begriff des Angriffskriegs regte allerdings ein anderes und größeres Anliegen an, das für Stimson den Nürnberger Prozeß beherrschte: »Mit dem Urteil von Nürnberg«, schrieb er 1947, »gelangen wir endlich zum wahren Kern des internationalen Konflikts, und damit setzen wir nicht nur ein Strafmaß für Kriegsverbrechen, sondern für den Akt des Kriegs an sich, außer wenn er der Selbstverteidigung dient.« Kurz: Das »zentrale moralische Problem« war »der Krieg selbst, und nicht seine Methoden«.

Es war reiner Zufall, daß die Charta der Vereinten Nationen und der erste internationale Konsens über Kriegsverbrechen gleichzeitig in San Francisco zustande kamen. Aber diese Fügung hat einen tieferen Sinn. Richter Jacksons Sohn William E. Jackson hat später einmal geschrieben: »Es ist vielleicht nicht allgemein bekannt, daß die Prinzipien von Nürnberg ... Hand in Hand mit der Organisation der Vereinten Nationen die beiden Grundpfeiler einer internationalen Gesellschaft bilden, die nach Recht und Gesetz geordnet ist.«

---

* Meiner Ansicht nach war ein derart gigantisches Gemetzel einfach undenkbar, und sogar SS-Männer waren nicht alle gleich. Im Sommer 1944 hatte ich in Bastia auf Korsika gedient, das gerade von der deutschen Besatzung befreit worden war. Ich war bei einer korsischen Familie einquartiert, und deren Mitglieder erklärten wie alle anderen Korsen, denen ich begegnete, daß die Besatzungstruppen – die SS-Brigade Reichsführer SS – sich sehr korrekt verhalten hätte. – Der einzige Gast, der meine Ansicht teilte, war der inzwischen verstorbene Mark De Wolfe Howe, damals Oberst bei der amerikanischen Militärregierung, der ebenfalls kurz zuvor in Europa gedient hatte.

Nach Ansicht Stimsons und seiner Kollegen bestand ihre primäre Aufgabe hauptsächlich darin, mit dem ganzen Gewicht des Rechts und der Strafmaßnahmen die friedlichen und humanitären Prinzipien zu unterstützen, welche die Vereinten Nationen durch Beratung und kollektives Handeln fördern sollten.

Drittes Kapitel

Richter Jackson übernimmt sein Amt

Nach der Rückkehr der Rosenman-McCloy-Delegation aus San Francisco ging die volle Führungsverantwortung für das Nürnberger Unternehmen an Jackson über. Künftig waren das Kriegsministerium (das bald in »Verteidigungsministerium« umbenannt werden sollte) wie das Außenministerium nur noch gelegentlich in den Entscheidungsprozeß hinsichtlich der Verfolgung von Kriegsverbrechen einbezogen, wenngleich sie auch weiterhin ihre Unterstützung gewährten.

Robert H. Jackson war keiner jener intellektuellen Renommierjuristen, wie sie für die Stimson-Gruppe typisch waren. Im Westen des Staates New York auf dem Land aufgewachsen, hatte er kein College besucht, und seine »höhere« Bildung beschränkte sich auf ein Studienjahr an der Albany Law School. Vermutlich war er der letzte im ganzen Land berühmte Anwalt, der seine Zulassung nach einer praktischen Ausbildung in einer Anwaltskanzlei und nicht aufgrund eines akademischen Grades einer juristischen Fakultät erhalten hatte. Trotz seiner mangelhaften akademischen Bildung war Jackson in der Kleinstadt Jamestown mit seiner provinziellen Anwaltspraxis überaus erfolgreich und verfügte – was in unserem Zusammenhang sogar noch wichtiger war – über eine exzellente Formulierungsgabe.

Durch seine Erfolge vor Gericht und seine Nähe zur Demokratischen Partei hatte Jackson die Aufmerksamkeit der politischen Prominenz des Staates New York – Franklin Roosevelt, Herbert Lehman, Henry Morgenthau – auf sich gezogen und wurde 1934 zum Chefjustitiar der Finanzbehörde berufen. Dann machte er rasch Karriere: 1936 Stellvertretender Justizminister der USA, 1938 Justizminister des Staates New York, 1940 Justizminister der USA, 1941 Richter am Obersten Bundesgericht.

Jacksons forensische Fähigkeiten wurden besonders während seiner Dienstzeit als Justizminister des Staates New York bewundert, aber erst als Justizminister der USA geriet er zum erstenmal in Situationen, in denen er es mit den wichtigen Fragen zu tun bekam, die ihn später in Verbindung mit Nürnberg beschäftigen sollten. Seine Amtszeit als Justizminister der USA umfaßt den größten Teil der unruhigen Jahre zwischen dem Ausbruch des Krieges in Europa im September 1939 und dem japanischen Angriff auf Pearl Harbor im Dezember 1941, durch den Amerika jählings in den Krieg hineingezogen wurde. Das Land war insgesamt entschieden auf seiten der Alliierten gegen Nazi-Deutschland, aber es gab auch einen starken Hang zur Nichteinmischung und Neutralität, selbst auf die Gefahr einer Niederlage für die Alliierten hin.

1940 gewann Roosevelt die Wiederwahl zu einer – präzedenzlosen – dritten Amtsperiode, nicht zuletzt weil er den Wählern versprochen hatte, daß »ihre Jungs nicht in ausländische Kriege geschickt« würden. Aber als Frankreich fiel und England unter schweren Angriffen durch die deutsche Luftwaffe litt und mit einer möglichen Invasion rechnen mußte, kam es aufgrund der Ansichten Roosevelts und vieler seiner Landsleute zu Unterstützungsmaßnahmen für England, die gravierende Probleme im Hinblick auf die völkerrechtliche Neutralität aufwarfen. Im März 1941 verabschiedete der Kongreß das Leih- und Pachtgesetz, das Justizminister Jackson als explizite Übernahme einer Politik interpretierte, derzufolge »die Verteidigung gewisser Länder, die sich derzeit im Krieg befinden, unter anderem Großbritannien, von vitalem Interesse für unsere eigene Verteidigung ist, und daß die Gewährung von Hilfe an solche Länder wichtig für die Sicherheit der USA ist.«*

Derartige Maßnahmen weckten Jacksons Interesse am internationalen Kriegsrecht, einem Thema, das er im März 1941 in einer Rede vor der Interamerikanischen Anwältevereinigung in Havanna öffentlich ansprach. Während er auf die alte Doktrin von gerechten und ungerechten Kriegen einging, lehnte Jackson die Ansicht kategorisch ab, daß alle Kriege rechtmäßig und alle neutralen Staaten unweigerlich zur Unparteilichkeit zwischen einem kriegführenden Land und dem anderen verpflichtet seien. Er erklärte, »Angriffskriege sind Bürgerkriege gegen die internationale Völkergemeinschaft«, und indem er sich auf den Briand-Kellogg-Pakt berief, beschuldigte er die Achsenmächte, schändlich dagegen verstoßen zu haben. Ihre Schuld, sagte er, rechtfertige es völlig, daß neutrale Länder den Opfern dieser Aggression Hilfe gewährten.

Als Bundesrichter sprach Jackson über derartige Dinge erst wieder am 13. April 1945, am Tag nach Roosevelts Tod, als er vor der American Society for International Law über das Thema »Das Prinzip der Rechtsstaatlichkeit zwischen den Nationen« referierte. Dabei legte Jackson seine Ansicht über Kriegsverbrechen erstmals öffentlich dar:

---

* Diese Erklärung gab Jackson in seiner Eigenschaft als Justizminister ab, als er den Präsidenten davon in Kenntnis setzte, daß dieser gesetzlich befugt sei, britischen Piloten eine Ausbildung in den USA durch Angehörige des US-Army Air Corps zu gewähren.

> Ich habe nicht die Absicht, mich auf irgendeinen Streit darüber einzulassen, was mit Kriegsverbrechern geschehen soll, ganz gleich, ob es sich dabei um hochstehende Persönlichkeiten oder einfache Menschen handelt. Wenn es als gute Politik für den künftigen Weltfrieden angesehen wird und wenn man der Meinung ist, das Statuieren eines Exempels werde mehr Gewicht haben als die Neigung unter den eigenen Landsleuten der Verbrecher, einen Mythos des Märtyrertums zu schaffen, dann lasse man sie hinrichten. In diesem Falle aber soll die Entscheidung, sie hinzurichten, als eine militärische oder politische Entscheidung getroffen werden …
> Etwas anderes ist es natürlich, wenn man ehrliche Prozesse durchführen möchte. Im Unterschied zu manchen anderen Leuten habe ich keine Probleme mit der Rechtsprechung gegenüber Kriegsverbrechern oder damit, ein bestehendes und anerkanntes Recht zu finden, nach dem das Schuldmaß ermittelt werden kann. Aber alle Erfahrung lehrt, daß es gewisse Dinge gibt, die man unter dem Deckmantel eines Gerichtsverfahrens nicht tun kann. Gerichte sprechen Recht über Fälle, aber Fälle richten auch Gerichte. Man soll keinen Menschen vor einer Institution, die sich Gericht nennt, unter Anklage stellen … und das Ganze ein rechtsstaatliches Gerichtsverfahren nennen, sofern man nicht gewillt ist, ihn freizusprechen, wenn seine Schuld nicht erwiesen ist …

Somit sprach Samuel Rosenman am 26. April 1945, als er Richter Jacksons Büro betrat, um ihm Präsident Trumans Wunsch vorzutragen, Jackson zum Hauptanklagevertreter seines Landes für Kriegsverbrechen zu berufen, mit einem Mann, der sich bereits wiederholt öffentlich über das Thema geäußert hatte und der sicher als entschiedener Anwalt einer Anklage, die auf der Rechtswidrigkeit eines Angriffskrieges beruhte, auftreten würde. Darüber hinaus war die oben zitierte Passage ein unüberhörbarer Ruf nach fairen Prozessen. Es sollte keine Standgerichte geben, keinen Schauprozeß nach Moskauer Art, keine Vorverurteilungen – es sollte überhaupt keine Prozesse geben, wenn sich Anklagevertreter wie Richter nicht darin einig wären, daß Angeklagte freigesprochen werden sollten, sofern das Recht und die Tatsachen ihre Verurteilung nicht gewährleisteten.

Jackson war kaum zwei Tage in seinem neuen Amt, als diese Überzeugung bereits auf die Probe gestellt wurde. Da man den Sieg praktisch in der Tasche hatte, stellte sich die Frage nach Kriegsreparationen durch Deutschland, und so bildete man einen Inter-Alliierten Reparationsausschuß. In Washington erarbeitete ein interministerieller, für Deutschland zuständiger Ad-hoc-Ausschuß Instruktionen für den amerikanischen Vertreter im Reparationsausschuß, Edwin W. Pauley, einen kalifornischen Manager im Ölgeschäft, der dem Demokratischen Parteivorstand angehörte und den Roosevelt – später auch Truman – schon oft als Sonderbeauftragten des Präsidenten für außenwirtschaftliche Angelegenheiten eingesetzt hatte. Ein Abschnitt dieser Instruktionen befaßte sich mit Zwangsarbeit als einem Element der Reparationen und bestimmte, daß ein derartiger Arbeitsdienst verlangt werden könne von »Kriegsverbrechern und Individuen, die durch ein angemessenes Verfahren überführt wurden, Mitglieder der Gestapo, der SS oder des Sicherheitsdienstes, Führer der SA oder führende Mitarbeiter, Helfer und Angehörige der Nazipartei oder -regierung zu sein«. Diese und andere Teile der Instruktionen waren von Beamten im Finanzministerium erstellt worden.

Als dieses Dokument im Kriegsministerium überprüft wurde, machte Oberst Chanler Bernays darauf aufmerksam, daß hier praktisch Mitglieder genau jener Organisationen zur Zwangsarbeit verpflichtet werden sollten, deren Schuld nach dem amerikanischen Plan zur Verfolgung von Kriegsverbrechen durch einen internationalen Militärgerichtshof erst noch ermittelt werden sollte. Am Abend des 3. Mai gab Bernays diese Information telefonisch an Jackson weiter, der sofort zu dem Schluß kam, daß eine derartige Bestimmung die Schuld dieser Organisationen und ihrer Mitglieder präjudizieren und Prozesse über diese Streitfrage »zu einer Farce machen« würde.

Bewaffnet mit einem Memorandum, in dem er nachdrücklich darauf bestand, daß nur »überführte Kriegsverbrecher« zur Zwangsarbeit verpflichtet werden könnten, begab sich Jackson am 12. Mai in eine Besprechung mit Pauley, an der auch Averell Harriman (damals Botschafter in der Sowjetunion), Rosenman und Isador Lubin (Leiter des Amtes für Arbeitsmarktstatistik und einer der Mitgestalter der umstrittenen Instruktionen) teilnahmen. Als Lubin damit herausrückte, daß Rußland fünf Millionen Arbeitskräfte haben wollte, um die vom Krieg verwüsteten Gebiete wieder instand setzen zu lassen, war Jackson »schockiert von der Vorstellung, Massen von Menschen nach Rußland zu transportieren«, und Harriman sagte voraus, daß sie grauenhaften Lebensbedingungen ausgesetzt wären. Nachdem Jackson kategorisch festgestellt hatte, daß er »keine Pseudoprozesse durchführen könne, wenn man sich auf diese Bestimmung einigen würde«, beschlossen die Konferenzteilnehmer, daß sie modifiziert werden müsse.

Am Morgen des 15. Mai trug Jackson die Angelegenheit Truman vor, der den Standpunkt des Richters teilte. Darum war Jackson in einer starken Position, als es am 18. Mai zu einer Machtprobe auf einer Konferenz in Morgenthaus Büro kam, mit über zwanzig Teilnehmern, die die beteiligten Behörden vertraten. Es fielen einige hitzige Worte, aber zu dieser Zeit fand Morgenthau praktisch nur noch bei seinen eigenen Leuten Unterstützung, und am Ende sah sogar er sich gezwungen, für eine Änderung im Sinne Jacksons zu stimmen. Kurz darauf trat Morgenthau zurück.

Jacksons Sieg hatte allerdings seinen Preis. Ein paar Tage später veröffentlichte der vielgelesene Washingtoner Kolumnist Drew Pearson Auszüge aus Jacksons Memorandum an Pauley (das als »top secret« eingestuft worden war) und warf ihm vor, er sei zu »weich gegen Deutschland«. Damit war klar, daß Jackson es bei seinem Job nicht leicht haben würde.

2

Jacksons erste Aufgabe bestand darin, einen Mitarbeiterstab zusammenzustellen, und aus der Stimson-Gruppe stand ihm nur Oberst Bernays zur Verfügung. Aus finanziellen Gründen wollte Jackson in erster Linie Personal hinzuziehen, das ihm von anderen Bundesbehörden zur Verfügung gestellt wurde, aber seine erste Wahl fiel auf einen Mann außerhalb der Regierung – und was noch mehr überraschte: Diesen Mann kannte er nicht einmal persönlich. Am 3. Mai rief Jackson Sidney Alderman an, dessen Beweisführungen vor dem Obersten Bundesgericht er überaus bewundert hatte. Er bot Alderman an, sein »Erster Assistent« zu werden, und diese Berufung wurde prompt akzeptiert. Etwa zur gleichen Zeit sicherte sich Jackson im Justizministerium die Dienste des Stellvertretenden Justizministers Francis M. Shea, zu dem er schon seit der Frühzeit des New Deal eine enge persönliche und berufliche Beziehung hatte. Diese beiden Männer sollten im Laufe der kommenden fünf oder sechs Monate Jacksons engste Mitarbeiter werden.

Von weiterreichender Bedeutung war allerdings die Beziehung, die Jackson bald zu Generalmajor William J. Donovan anknüpfte sowie zu der Organisation, die dieser leitete: dem Office of Strategic Services. Als Bataillons- und Regimentskommandeur der Nationalgarde im Ersten Weltkrieg (aus dem er mit dem Spitznamen »Wild Bill« zurückkehrte) war Donovan mit der Ehrenmedaille des Kongresses und vielen anderen Orden ausgezeichnet worden. Danach hatte er mehrere Bundesämter inne, ehe er sich eine überaus erfolgreiche Anwaltskanzlei aufbaute. 1941 ernannte ihn Roosevelt zum Koordinator der Nachrichtendienste und ein Jahr später zum – den Vereinigten Stabschefs direkt unterstellten – Direktor des OSS.

Donovan hatte sich schon mindestens seit 1943 für Kriegsverbrechen interessiert, und 1944 verpflichtete er seine Behörde zur Zusammenarbeit mit der Abteilung für Kriegsverbrechen des Obersten Militäranwalts (Judge Advocate General). Im März 1945 hatte Donovan nach einer Unterredung mit Harry Hopkins, dem engen Vertrauten des Präsidenten, ein Memorandum an den Präsidenten geschickt und vorgeschlagen, »das deutsche Volk selbst« solle sich »verpflichten, gewisse Kriegsverbrecher vor Gericht zu stellen und nach den vor 1933 geltenden deutschen Gesetzen zu bestrafen«.

Auch wenn William Donovans Einstellung zu diesem Thema eine gewisse Sprunghaftigkeit aufweist, ist trotzdem klar, daß sein Interesse ernsthafter Natur war, denn Anfang April 1945 wies er den OSS-Generalanwalt Leutnant James Donovan an, »uns einen erstklassigen Mitarbeiterstab für Kriegsverbrechen zu besorgen«, denn die seien »etwas, worauf wir uns sofort vorbereiten müssen«. Und sobald Jacksons Berufung verkündet war, verknüpfte William Donovan sein Glückwunschschreiben mit dem Hinweis, daß seine

Behörde »eine gewisse Vorarbeit auf dem Gebiet der Kriegsverbrechensverfolgung« geleistet habe und »mit Ihnen in jeder für Sie nur wünschenswerten Weise kooperieren« werde.

Da Jackson Mitarbeiter und allgemeine logistische Unterstützung dringend benötigte, nahm er das Angebot sofort an und bat um jede Hilfe, die man ihm gewähren konnte. Bald schon galt General Donovan als Jacksons »Erster Stellvertreter« (die hierarchische Beziehung zwischen dem General einerseits und Alderman und Shea andererseits wurde nie klargestellt). Auch James Donovan machte einen ausgezeichneten Eindruck auf Jackson und wurde in den inneren Kreis seiner Berater aufgenommen.

Am 7. Juni 1945 wurde die dienstliche Beziehung zwischen Jackson und General Donovan durch einen Brief Jacksons an letzteren offiziell bestätigt. Es war eine Beziehung, von der das Nürnberg-Projekt in bezug auf die personelle und logistische Ausstattung überaus profitierte; die persönliche Verbindung zwischen Jackson und Donovan war jedoch nie besonders stark, und sie brach ab, kurz bevor die Prozesse begannen.

Zu den wichtigen Leuten, die in Jacksons Stab berufen wurden, gehörten noch Oberst John Harlan Amen, ein bekannter New Yorker Anwalt, der seit 1942 zum Stab des Generalinspekteurs der US Army gehörte; Gordon Dean, der als ehemaliger Pressesprecher des Justizministeriums für die Beziehungen zur Presse zuständig sein sollte; und Jacksons Sohn William, der 1944 sein Jurastudium abgeschlossen hatte und als Fähnrich zur See im Marineministerium tätig war. Bernays wurde zum Leitenden Stabsoffizier ernannt.

Jackson hatte seine Aufgabe offensichtlich in der Meinung übernommen, das Kriegsministerium und vielleicht auch noch andere Regierungsstellen hätten Beweismaterial über die Verbrechen, die den Naziführern zur Last gelegt werden sollten. Aber am 7. Mai und erneut zehn Tage später wurde ihm die Wahrheit schmerzlich klar, denn Washington war in dieser Hinsicht kaum besser dran als die entsprechende Kommission der Vereinten Nationen (UNWCC). Zunächst machte James Donovan dem Richter diese Lage klar, und am 17. Mai berichtete Amen, daß der JAG keine verhandlungsreifen Fälle und praktisch nichts gegen die Hauptangeklagten in der Hand habe. Am 21. Mai gestand General John Weir von der militärischen Anklagebehörde, daß er sogar im Hinblick auf das Massaker von Malmedy keine Möglichkeit sehe, die Schuldigen zu identifizieren – sie hatten nämlich alle in Panzern gesessen. Seiner Meinung nach mußte Malmedy somit »als Kriegsverbrechensfall« aufgegeben werden. Der JAG hatte nur ein einziges wichtiges Beweisstück: Hitlers Kommandobefehl vom 18. Oktober 1942, der die Hinrichtung aller feindlichen Kommandotrupps anordnete, selbst wenn sie in voller Uniform gefangengenommen würden. Das war natürlich ein flagranter Verstoß gegen die Haager Konventionen.

Am 22. Mai, als Jackson mit Recht davon ausging, daß er weder mit der Suche nach Beweisen noch mit seinen diplomatischen Bemühungen in Washington weiterkommen würde, flog er mit Amen nach Paris, um zu sehen, was er auf der anderen Seite des Atlantiks würde ausrichten können.

3

Dort befand sich Jackson also, als ich am 24. Mai – noch immer unentschlossen, was meine eigene unmittelbare Zukunft betraf – zum erstenmal die Büros seines Stabs im Pentagon aufsuchte. Ich lernte Sidney Alderman kennen, einen freundlichen Südstaatler, mit dem ich später ein Haus in Nürnberg bewohnen sollte, und dann ging ich mit Frank Shea zum Essen, einem alten Freund, unter dem ich sowohl 1934 im Landwirtschaftlichen Ausgleichsamt als auch 1939 im Justizministerium gearbeitet hatte.

Tags darauf war ich entschlossen, mich dem Jackson-Team anzuschließen, und meldete mich bei Oberst Bernays, dem Leitenden Stabsoffizier, zum Dienst. Auch wenn meine Beziehungen zu ihm stets herzlich waren, hatte ich doch nie Gelegenheit, ihn richtig kennenzulernen, da er bald darauf nach London ging. Als ich selbst dann nach England zurückgekehrt war, quittierte er kurz darauf den Dienst, unzufrieden und kränkelnd, und nahm seine New Yorker Anwaltspraxis wieder auf. Bernays war ein schlanker, blasser Mann mit weißem Haar und tiefliegenden Augen und wirkte auf mich nie ganz gesund. Aber sein Ausscheiden war großenteils auf seine Enttäuschung über seinen Abstieg in der Hierarchie der Anklagevertreter zurückzuführen. Seine ersten Beiträge zu dem Nürnberger Unternehmen waren einzigartig und bedeutend gewesen, doch er war eher ein hochbegabter Analytiker als ein Praktiker, und nachdem das Projekt in seinen allgemeinen Umrissen feststand, wurde er von stärkeren und flexibleren Männern aus der Führungsschicht verdrängt.

Ich bekam einen Schreibtisch zugewiesen und freute mich, daß mein Büronachbar Oberstleutnant Benjamin Kaplan war, ein Altersgenosse, der mir als überaus fähiger New Yorker Anwalt ein Begriff war; später wurde er Professor an der Harvard Law School und dann Richter am Obersten Gericht des Staates Massachusetts. Während des Krieges hatte er im Heeresbeschaffungsamt unter John J. McCloy, Robert Patterson und General Lucius Clay, meinem künftigen Chef, gearbeitet. Kaplan und ich waren uns schnell darin einig, daß wir Stabsmitarbeiter in der Sache einfach nicht weiterkamen. Jackson sowie General Donovan und Oberst Amen waren in Europa; Alderman und Shea waren auf diesem Gebiet fast genau solche Neulinge wie wir; und Bernays schien keine Ahnung zu haben, was er mit den neuen Leuten anfangen sollte.

Schon bald wurde uns klar, daß dieses Unbehagen eine tiefere Ursache hatte. Unsere Aufgabe bestand darin, die strafrechtliche Verfolgung der Naziführer aufgrund der ihnen zur Last gelegten Verbrechen vorzubereiten, wie sie in dem bei der Konferenz von San Francisco präsentierten Entwurf des Exekutivabkommens beschrieben waren. Die erste Frage, die ein Anklagevertreter in einer derartigen Situation stellt, lautet: »Wo ist das Beweismaterial?« Tatsache war – trotz allem, was über die Naziführer »jeder wußte« –, daß es praktisch keine gerichtsverwertbaren Beweise gab. Solange man sie nicht fand, war alle für Entwürfe von Abkommen und für Organisationspläne aufgewendete Mühe verschwendet.

Die einzigen erfahrenen Fachleute auf dem Gebiet der Verfolgung früherer Kriegsverbrechen waren Bernays und James Donovan. Bis Mitte Mai hatten sie ein Planungsmemorandum und ein Memorandum über die Prozeßvorbereitung verfaßt, und diese Dokumente waren von Jackson kurz vor seiner Abreise nach Europa abgesegnet worden. Das Planungsmemorandum beschrieb auf eine etwas umständliche Art und Weise die vorgeschlagenen Anklagepunkte (der »gemeinsame Plan« der Angeklagten habe auf die »vollständige Beherrschung von Europa und schließlich der ganzen Welt« abgezielt) und zählte rund fünfundzwanzig Beweiselemente auf, die erforderlich seien, um die Anklagepunkte zu beweisen. Das Prozeßvorbereitungsmemorandum wies dem JAG die Aufgabe zu, das notwendige Beweismaterial über die deutsche Einleitung eines Angriffskriegs und über die Verletzung des Kriegsrechts zu beschaffen, während sich das OSS mit anderen Greueltaten und dem »gemeinsamen Plan« der Nazi-Verschwörer befassen sollte.

Die damit verbundenen Verpflichtungen waren enorm und von grundsätzlicher Natur, und ich bezweifelte sehr, daß diese beiden Behörden sie erfüllen könnten. Tatsächlich (auch wenn ich das damals noch nicht wußte) hatte Jackson längst den Glauben daran verloren, daß die Militäranklagebehörde eine wichtige Quelle für dieses Beweismaterial darstellen würde, und aufgrund meiner Besuche in den Büros des JAG Ende Mai kam ich zu dem gleichen Schluß.

Was das OSS betraf, so hatte James Donovan zuvor Bernays versichert, seine Behörde habe im Hinblick auf die ihr übertragenen Aufgaben »eine Menge geleistet« und »viel Material zusammengetragen«. Aber sein Tätigkeitsbericht vom 30. Mai bestärkte mich nicht gerade in dem Glauben, daß das OSS mehr echte Beweise zutage bringen würde als der JAG. Gewiß gehörten zum OSS-Stab eine Reihe von fähigen und erfahrenen Experten auf dem Gebiet des Dritten Reiches*, aber das meiste, was sie zu bieten hatten – so wertvoll es auch als Hintergrundinformation war –, besaß weder dokumentarische Beweiskraft noch den Status gerichtsverwertbarer Zeugenaussagen.

Ich kam bald zu der Erkenntnis, daß Washington nicht der richtige Ort für Jacksons Hauptquartier war und daß er es nach Europa verlegen sollte.

---

* Darunter Franz Neumann, Autor des Buches *Behemoth – The Structure and Practice of National Socialism* (1944), Raphael Lemkin, der das Wort »Genozid« geprägt und das Buch *Axis Rule in Occupied Europe* (1944) geschrieben hatte, sowie Carl Schorske und William L. Langer.

Während meines Kriegsdienstes hatte ich weder Dokumente beschlagnahmt noch Gefangene verhört, aber schließlich hatte ich in der Welt der militärischen Nachrichtendienste gearbeitet und wußte, wer sich wo mit diesen Dingen befaßte. Ich wußte auch, daß bei der Besetzung Westdeutschlands eine Reihe von militärischen wie zivilen Einsatzgruppen der Alliierten unmittelbar nach den Fronttruppen vorgedrungen waren, um alle hochrangigen Deutschen und andere gut unterrichtete Personen zu verhaften und zu verhören, amtliche Akten und andere Dokumentenbestände von militärischer oder anderweitiger Bedeutung ausfindig zu machen und einzusammeln sowie generell alles und jedes aufzuspüren und zu sichern, was für staatliche Zwecke von irgendeinem Nutzen sein könnte. Diese Teams –, da war ich mir sicher –, würden die primäre Quelle für das Beweismaterial sein, das wir benötigten.

Während ich so darüber nachdachte, kam ich zu dem Schluß, daß ich meine Zeit am besten dazu verwenden sollte, mein Wissen und meine Gedanken über das Sammeln von Beweismaterial in einem Memorandum festzuhalten, das auch einige allgemeine Anmerkungen über die Situation und Probleme enthalten würde, mit denen es der Jackson-Stab zu tun hätte. Ich gab dem Memorandum die Überschrift »Eine Stellungnahme zur Vorbereitung der strafrechtlichen Verfolgung von strafbaren Handlungen der Achsenmächte« und überreichte es Alderman am 2. Juni. Dieses Memorandum belegt, wie sich mir zunächst (und weitgehend auch im weiteren Verlauf) Wesen und Zweck der strafrechtlichen Verfolgung darstellten, und es machte – verdientermaßen oder auch nicht – einen erheblichen Eindruck auf Jackson und verschaffte mir damit einen Platz unter seinen Hauptmitarbeitern.

Aus meiner Sicht waren die beiden wichtigsten Zielvorgaben für die Prozesse:

> Dem Krieg gegen Deutschland einen Sinn zu geben. Die Opfer, die wir zu beklagen hatten, sowie die Zerstörung und Opfer, die wir verschuldet haben, aufzuwerten. Den Sinn und die Rechtmäßigkeit des Krieges für die Völker der Alliierten Nationen und – was durchaus zu hoffen ist – für zumindest einige Völker der Achsennationen zu erweisen.
> Harmonische Beziehungen zu den anderen Mitgliedern der Vereinten Nationen bei der Präsentation und der erfolgreichen strafrechtlichen Verfolgung des Falles zu gewinnen und aufrechtzuerhalten. Unabsehbarer Schaden kann entstehen ..., wenn sich der Prozeß infolge einer Uneinigkeit zwischen den Vereinten Nationen »festfährt« oder wenn die verschiedenen Nationen getrennt und mit Vorbehalten gegenüber den anderen verfahren.

Im Hinblick auf die Anklagepunkte, die im Entwurf des Exekutivabkommens aufgeführt waren, war mir natürlich auch das ganze Hin und Her über die Frage zu Ohren gekommen, ob die Eröffnung eines Angriffskriegs mit Recht als ein Verbrechen gegen das Völkerrecht behandelt werden könne. Dazu schrieb ich in meinem Text:

> Diese Phase des Falles beruht auf der Annahme, daß es ein strafbares Vergehen ist oder zu einem solchen erklärt wird, einen Angriffskrieg zu planen und zu eröffnen (und zu verlieren?), besonders wenn dadurch gegen bestimmte Abkommen verstoßen wird. Auch wenn die Formulierung »unrechtmäßige Einleitung« eine »Rechtsvorstellung« ist ..., wollen wir doch nicht eine juristische, sondern eine politische Entscheidung herbeiführen. Sie hängt davon ab, daß die verschiedenen teilnehmenden Nationen dazu bewogen werden können, den politischen Schritt zu tun, sich auf diesen Grundsatz festzulegen.

Das Ex-post-facto-Problem*, schrieb ich, sei nur dann nicht länger hinderlich, »wenn wir im Auge behalten, daß es eine *politische* Entscheidung ist, ein Prinzip des Völkerrechts zu verkünden und anzuwenden«. Des weiteren erklärte ich:

> Nur unverbesserliche Paragraphenreiter können so tun, als würde sie die Schlußfolgerung schockieren, daß derjenige, der einen Angriffskrieg eröffnet, auf die Gefahr hin handelt, für seine Tat bestraft zu werden – selbst wenn noch nie ein Gerichtshof entschieden hat, daß die Einleitung eines Angriffskrieges ein Verbrechen ist. Und mit der Ex-post-facto-Frage kommt man ohnehin viel leichter klar aufgrund der Tatsache der Vertragsverletzung ... Jemand, der gegen ein Abkommen verstößt, muß auf die Gefahr hin handeln, daß er aufgrund der von der betroffenen Partei angewandten Selbsthilfe bestraft wird.

Was konnten die Naziführer gegen die Anklage, einen Angriffskrieg eröffnet zu haben, vorbringen? Die Engländer waren großenteils deshalb dagegen gewesen, diese Männer vor Gericht zu stellen, weil sie befürchteten, die Naziführer würden das Gericht als Forum mißbrauchen, um den Engländern und Franzosen vorzuwerfen, sie hätten Deutschland nach dem Ersten Weltkrieg schweren Schaden zugefügt – durch die Bestimmungen des Versailler Vertrags, die französische Besetzung des Ruhrgebiets im Jahre 1923, die unterlassene Abrüstung der Siegermächte sowie durch andere politische und wirtschaftliche Sünden.

Ich war zwar kein Historiker, aber mir fiel ein, daß »revisionistische« Historiker wie Sidney B. Fay und Harry Elmer Barnes** erfolgreich den Tatbestand kritisiert hatten, daß der Versailler Vertrag Deutschland und seinen Verbündeten die alleinige Kriegsschuld zur Last legte.*** Ich meinte, man solle

---

* Gemeint ist die Vorschrift, daß ein Strafgesetz nur auf künftige Fälle angewendet werden kann und nicht auf ein Verhalten, das sich vor dem Inkrafttreten des Gesetzes ereignet hat. Sie beruht auf der Maxime *Nulla poena sine lege* – Keine Strafe ohne Gesetz.

** Fay, *The Origins of the World War* (1928); Barnes, *The Genesis of the World War* (1927).

*** Nach Artikel 231 des Vertrags akzeptierte Deutschland die Verantwortung »Deutschlands und seiner Verbündeten« für sämtliche Schäden, die »die alliierten und assoziierten Regierungen und ihre Staatsangehörigen infolge des Krieges, der ihnen durch den Angriff Deutschlands und seiner Verbündeten aufgezwungen wurde, erlitten haben.«

derartige Fragen als irrelevant abtun, nach dem vertrauten Rechtsprinzip, daß ein mittelloser Mann, der Lebensmittel stiehlt, ein Dieb ist, selbst wenn er es in der Absicht tut, seine verhungernden Kinder zu ernähren. Der Absatz, den ich über dieses Problem schrieb, war für Jacksons eigene Überlegungen, wie er mir sagte, überaus hilfreich:

> Es ist wichtig, daß der Prozeß sich *nicht* zu einer Untersuchung der *Ursachen* des Krieges entwickelt. Es läßt sich nicht nachweisen, daß der Hitlerismus die einzige Kriegsursache war, und darum sollte man sich um diesen Nachweis gar nicht erst bemühen. Außerdem, meine ich, sollte man sich nicht die Mühe machen oder Zeit darauf verwenden, die Verantwortung für die Verursachung des Krieges auf die vielen Nationen und betroffenen Individuen gleichmäßig zu verteilen. Die Frage der Verursachung ist wichtig und wird noch viele Jahre lang erörtert werden, aber sie hat in diesem Prozeß nichts zu suchen, der sich vielmehr rigoros an den Grundsatz halten muß, daß die Planung und Einleitung eines Angriffskrieges unrechtmäßig ist, welche Faktoren auch immer die Angeklagten dazu veranlaßt haben mochten, ihn zu planen und zu eröffnen. Über diese Ursachen mögen die Angeklagten vor der Geschichte Rechenschaft ablegen, aber nicht vor dem Gerichtshof.

Nach diesen allgemeinen Bemerkungen widmete sich das Memorandum hauptsächlich der Ermittlung von Beweismaterial – ich beschrieb unter anderem auch die Art und Weise, wie beschlagnahmte Dokumente von unseren Besatzungstruppen behandelt wurden, und schlug vor, wie uns insbesondere die Briten von großer Hilfe sein könnten. Abschließend schrieb ich:

> Sollten sich meine Ansichten über (a) die Aufteilung der Arbeit unter allen beteiligten Nationen und (b) die Lokalisierung des unbedingt wichtigen Beweismaterials in Europa als korrekt erweisen, dann wäre es wohl das beste, wenn der Großteil des engen Mitarbeiterstabs nach Europa verlegt würde ... und zwar so bald wie möglich, wobei nur ein paar Mitarbeiter zurückbleiben, die zu gegebener Zeit die noch im OSS, im WCO [War Crimes Office] und sonstwo zu erledigende Arbeit koordinieren.

4

Inzwischen hatte Jackson eine turbulente Woche in Europa verbracht; er hatte Paris besucht, die amerikanischen Militärhauptquartiere in Frankfurt am Main und Wiesbaden und schließlich London. Zufällig saßen die Franzosen Georges Bidault und Georges Bonnet im selben Flugzeug nach Paris wie er, so daß er ihnen seine Pläne darlegen konnte. In Paris kam er mit General Eisenhower zusammen, der seiner Meinung war, daß es ein Tribunal geben müsse, der aber hoffte, es werde nicht zu lange dauern. Der für den europäischen Kriegsschauplatz zuständige Militärstaatsanwalt, General Edward C. Betts, hielt Jackson seinen ersten von mehreren noch folgenden Vorträgen über das üble Verhalten der Russen, welches der Richter »ein wenig beängstigend« fand; er machte sich deshalb auch Sorgen wegen »der Übergabe irgendwelcher Gefangener an die Russen«.

Oberst Amen blieb in Paris zurück, um mit den Befragungen und mit der Suche nach Dokumenten zu beginnen, während sich Jackson als nächstes in Eisenhowers Hauptquartier in Frankfurt begab, wo er sich mit dem Stabschef General Walter Bedell Smith besprach, der Jacksons Unternehmen »ein wenig skeptisch« gegenüberstand. Smith, der nicht einmal ein Jahr später zum Botschafter in der Sowjetunion ernannt wurde, berichtete Jackson, daß die Russen dabei seien, das Problem der Kriegsverbrechen durch Hinrichtungen im Schnellverfahren zu lösen. Auf dem vorgeschobenen Stützpunkt des JAG in Wiesbaden konnte Oberstleutnant Charles Mickelwaite eine große Zahl von Fällen vorweisen, in denen Deutsche amerikanische Flieger, die über Deutschland abgeschossen worden waren, getötet oder verletzt hatten – aber es waren keine Fälle dabei, die mit den Naziführern zu tun hatten. Nach seiner Rückkehr hielt Jackson in Paris eine Pressekonferenz ab. Vor allem aber bekam er wertvolles Beweismaterial (darunter auch das Tagebuch von Galeazzo Ciano, Mussolinis Schwiegersohn und Außenminister) von Allen Dulles, der für das OSS hervorragende Arbeit in der Schweiz geleistet hatte.

In London tat sich Jackson mit General Donovan und William D. Whitney zusammen, einem prominenten New Yorker Anwalt, der auch vor englischen Gerichten zugelassen war und ausgezeichnete Verbindungen in England hatte. Am 29. Mai 1945 hatten die drei Amerikaner eine Besprechung mit dem britischen Kronanwalt Sir David Maxwell-Fyfe (dessen Ernennung zu Jacksons »Pendant« an diesem Tag bekanntgegeben wurde) und mit anderen hohen Beamten, die den Lordkanzler, das Außenministerium und das Finanzministerium vertraten. Dieses Gremium, das anschließend die Bezeichnung »British War Crimes Executive« (BWCE) erhielt, wurde für die britische Regierung die Kontroll- und Koordinationsinstanz für die Kriegsverbrechenspolitik.

Bei dieser Besprechung ging es drunter und drüber – es zeigte sich, daß auf keiner Seite Klarheit über die Probleme und Erwartungen eines solchen Prozesses herrschte: Man ging offenbar davon aus, daß es Geständnisse geben würde, und war sich darin einig, daß »die Eröffnungsprozesse sich auf jeden Fall mit denjenigen befassen sollten, die schwach genug waren, sich schuldig zu bekennen«. Die Konferenzteilnehmer erwogen sogar, die überführten Nazis der »Prügelstrafe« zu unterziehen. Auf Jacksons Protest hin, dies »würde niemals von den USA geduldet werden«, wurde dieser Gedanke wieder fallengelassen. Um so wichtiger war es, daß die Briten den Plan akzeptierten, Feststellungsurteile gegen die Naziorganisationen herbeizuführen. Außerdem einigte man sich darauf, die Franzosen und Russen zu einem Viermächtetreffen in London einzuladen, bei dem ein Protokoll nach den Richtlinien der Vorschläge von San Francisco ausgehandelt werden sollte.

Am darauffolgenden Tag suchten Jackson und General Donovan den sowjetischen Botschafter in Großbritannien, Fjodor Gusew, auf. Vielleicht unter dem Einfluß von General Betts' abschreckenden Hinweisen erklärte Jackson Gusew ziemlich unverblümt, die USA würden den Prozeß durchführen, ganz gleich, ob die Sowjetunion zur Kooperation bereit sei oder nicht.

Am 31. Mai kehrte Jackson nach Washington zurück. Tags darauf war er beim Präsidenten, und man war sich darin einig, daß ein schriftlicher Bericht zur sofortigen Veröffentlichung erstellt werden solle. Dieser Bericht, der am 7. Juni 1945 herausgegeben wurde, fand eine breite und im allgemeinen positive Resonanz.

Nachdem Jackson seine Tätigkeit im ersten Monat seit seiner Berufung dargestellt hatte, wies er auf die »unentrinnbare Verantwortung« hin, die damit verbunden sei, daß sein Land viele Naziführer in Gewahrsam genommen habe:

> ... Was sollen wir mit ihnen machen? Wir könnten sie natürlich ohne Verhandlung auf freien Fuß setzen. Aber es hat unzählige Tausende von Amerikanern das Leben gekostet, diese Männer zu besiegen und festzunehmen. Sie ohne einen Prozeß freizulassen, würde die Toten verhöhnen und die Lebenden zu Zynikern machen. Andererseits könnten wir sie ohne Verhandlung hinrichten oder sonstwie bestrafen. Aber derart pauschale Hinrichtungen oder Bestrafungen zu vollziehen, ohne zuvor in einem fairen Prozeß zu einem klaren Schuldspruch gekommen zu sein, würde gegen wiederholt abgegebene Zusicherungen verstoßen, das Gewissen Amerikas belasten und unsere Kinder nicht gerade mit Stolz erfüllen. So bleibt uns nichts anderes übrig, als die Unschuld oder Schuld der Angeklagten festzustellen, und zwar nach einer Verhandlung, die so leidenschaftslos sein sollte, wie es die Zeiten und Schrecken zulassen, mit denen wir uns befassen, sowie aufgrund einer Dokumentation, die unsere Gründe und Motive klar darlegt.

Sinn und Zweck dieser Strafverfolgung sei es, »eine gut dokumentierte historische Darstellung dessen [zu erarbeiten], was nach unserer Überzeugung ein großangelegter, konzertierter Plan war, die Aggressionen und Barbareien anzuzetteln und zu verüben, die die Welt schockiert haben«:

> Wenn wir diese [Nazi-]Bewegung nicht klar und präzise dokumentieren, dann können wir künftigen Generationen keinen Vorwurf daraus machen, wenn sie die im Krieg geäußerten allgemeinen Beschuldigungen in Friedenszeiten für unglaublich halten. Wir müssen unglaubliche Ereignisse durch glaubwürdige Beweise festhalten.

Die Gruppe der Angeklagten würde sich zusammensetzen aus »einer großen Anzahl von Einzelpersonen und Funktionären, die eine verantwortliche Position in der Regierung, beim Militär – einschließlich des Generalstabs – sowie im Finanzwesen, in der Industrie und im Wirtschaftsleben Deutschlands innehatten und die nach allen Maßstäben der zivilisierten Welt nachweislich gemeine Kriminelle gewesen sind.« Ihnen würde folgendes zur Last gelegt werden:

> (a) Greueltaten und strafbare Handlungen gegenüber Personen oder persönlichem wie staatlichem Eigentum, die Verstöße gegen das Völkerrecht darstellen, einschließlich der Gesetze, Regeln und Gebräuche des Land- und Seekriegs ...
> (b) Greueltaten und strafbare Handlungen, einschließlich der Grausamkeiten und Verfolgungen aus rassischen und religiösen Gründen, die seit 1933 begangen wurden. Dies geschieht allein in Anerkennung der Prinzipien des Strafrechts, wie sie generell in zivilisierten Staaten beachtet werden. Diese Prinzipien gelten überall als Bestandteil des Völkerrechts, mindestens seit 1907. ...*
> (c) Die Besetzung anderer Länder und die Einleitung von Angriffskriegen als Verstoß gegen das Völkerrecht oder bestehende Abkommen.

Für Jackson war der letzte Anklagepunkt der wichtigste, da »das Verbrechen, welches alle geringeren Verbrechen einschließt, das der Einleitung eines unrechtmäßigen Krieges ist«. Während er auf seine 1941 in Havanna gehaltene Rede zurückgriff, berief sich Jackson nicht nur auf den Briand-Kellogg-Pakt, sondern zwingender noch auf die Geschichte des englischen Common Law, das sich nicht aufgrund von Parlamentsgesetzen entwickelt hatte, sondern aufgrund von »Entscheidungen, die von Zeit zu Zeit durch die Anpassung feststehender Prinzipien an neue Situationen getroffen wurden«. Nunmehr sei der richtige Zeitpunkt für ein derartiges Handeln gekommen:

> Jede im Namen der USA geltend gemachte Rechtsposition wird von erheblicher Bedeutung sein für die künftige Entwicklung des Völkerrechts. In friedlichen Zeiten wird man in der Tat nur langsam zu einem wirksamen Prinzip der Rechtsstaatlichkeit in der internationalen Völkergemeinschaft gelangen. Auf der Gemeinschaft der Nationen lastet die Trägheit schwerer als auf irgendeiner anderen Gemeinschaft. Doch heute befinden wir uns in einem jener seltenen Augenblicke, in denen das Denken, die Institutionen und die Gewohnheiten der Welt von den Auswirkungen des Weltkriegs auf das Leben unzähliger Millionen Menschen nachhaltig erschüttert worden sind. Solche Gelegenheiten ergeben sich nur selten, und sie vergehen rasch. Wir haben eine schwere Verantwortung zu tragen: Wir müssen danach trachten, daß unser Vorgehen in dieser unsicheren Zeit dazu beiträgt, auf der ganzen Welt das Interesse an einer strafferen Durchsetzung international geltender Rechte und Verhaltensregelungen zu wecken, um jenen den Krieg zu vergällen, in deren Händen sich die Macht und das Schicksal ganzer Völker befinden.

---

* Im Jahre 1907 fand die zweite Haager Konferenz statt, die sich natürlich nur mit dem Kriegsrecht befaßte und nicht die »inneren« Greueltaten behandelte (wie die von Deutschen gegen deutsche Juden), um die es bei dieser Bestimmung offenkundig ging.

Nach der Presseresonanz zu urteilen, machte Jacksons Bericht tiefen Eindruck auf die Öffentlichkeit. Der bedeutende Publizist Walter Lippmann nannte ihn »ein Staatsdokument von herausragender historischer Bedeutung«. Der *Post-Dispatch* in St. Louis sprach – unter der Schlagzeile »Richter Jacksons großartiger Bericht« – von einer »eloquenten und vielseitigen Erklärung des Auftrags, der vor uns liegt«. Zwar fehlte es durchaus nicht an Kritik, aber die negativen Stimmen waren in der Minderheit.

Viertes Kapitel

Die Bildung des Gerichtshofs: die Londoner Charta

Ich war an Jacksons Bericht nicht beteiligt, da ich Anfang Juni Urlaub genommen hatte, um meine Eltern und Schwiegereltern zu besuchen. Nach meiner Rückkehr erfuhr ich, daß es gar nicht nötig gewesen wäre, Jackson die Verlegung nach London zu empfehlen, denn sobald er wieder in Washington war, hatte er seinen leitenden Mitarbeitern sogleich klargemacht, daß sie sich darauf einrichten sollten, in etwa zwei Wochen abzureisen. Als ich Mitte Juni zum erstenmal mit Jackson zusammentraf, seit er seine neue Position innehatte, erklärte er mir, daß er zusammen mit etwa fünfzehn anderen innerhalb einer Woche nach Europa gehen werde und daß er mich als Leiter seines Washingtoner Büros zurücklassen wolle, bis die wichtigen Beweisquellen vor Ort erschöpft seien; danach solle auch ich zu ihm nach Europa kommen. Das entsprach durchaus meinen persönlichen Wünschen, denn ich war bereits zwei Jahre weggewesen und wollte gern länger in Washington bleiben, ehe ich erneut nach Europa ging.

Am 18. Juni flog Jackson mit sechzehn Mitarbeitern nach London. Außer dem Richter und seinen drei persönlichen Assistenten (seinem Sohn, Fähnrich zur See William Jackson, Major Lawrence Coleman und Mrs. Elsie Douglas) waren dies Alderman, Shea und dessen Sekretärin Elizabeth Leonard, Bernays, James Donovan (für dessen Beförderung um gleich zwei Ränge zum Fregattenkapitän Jackson gesorgt hatte), Gordon Dean, Hauptmann Ralph Morgan und fünf andere Sekretariatsassistenten und -assistentinnen. Ein paar Tage später folgten ihnen General Donovan und Robert Storey, ein texanischer Anwalt, der im Krieg als Oberst im Air Corps sowohl auf juristischem Gebiet wie im Nachrichtendienst tätig gewesen war. Jackson hatte Storey, mit dem er bereits bekannt war, Mitte Juni persönlich eingestellt.

In London waren Jackson, General Donovan, Alderman, Shea und James

Donovan im illustren Hotel Claridge's untergebracht. Die anderen hatten eine komfortable, aber weniger vornehme Unterkunft. Bernays war dieser Unterschied nicht entgangen, der später unter den Mitarbeitern für eine gewisse Unruhe sorgte.

Nach der Abreise der Jackson-Gruppe war im Washingtoner Büro nicht mehr viel los, und meine Dienstpflichten waren nicht gerade beschwerlich. Außerdem hatte ich fähige Kollegen, unter anderem Ben Kaplan und mehrere neue Mitarbeiter. Zu diesen gehörten auch zwei hervorragende Anwälte, die bei der Küstenwache gedient hatten: Korvettenkapitän Harold Leventhal, später Mitglied des US-Circuit Court im District of Columbia (Washington), und Fregattenkapitän Sidney Kaplan, ein alter Freund, mit dem ich in der zwischenstaatlichen Handelskommission des Senats und später im Justizministerium zusammengearbeitet hatte.

Im wesentlichen bestand meine Aufgabe darin, dafür zu sorgen, daß die möglichen Beweisquellen in Washington in aller Form durchgeforstet wurden. Das Beweismaterial des JAG war bereits weitgehend abgehakt worden, aber um den Vorwurf der Einleitung eines Angriffskriegs zu erhärten, waren die JAG-Beamten dabei, die verschiedenen internationalen Abkommen und andere Vereinbarungen zu kompilieren und zu analysieren, die von den Nazis gebrochen worden waren. Ben Kaplan untersuchte weiterhin die Behauptungen des OSS, die James Donovan erhoben hatte. Sie wurden allerdings nie bestätigt, und Anfang Juli berichtete Kaplan, daß »die OSS-Studien nicht viel mehr als allgemein bereits zugängliches Material enthalten werden und hauptsächlich als Grundlage für die weitere Arbeit mit reichhaltigeren Quellen in Europa von Nutzen sein können«.

Beim Außenministerium, wo Sidney Kaplan unsere Nachforschungen durchführte, hatten wir mehr Glück. Eine ganze Reihe von deutschen Geheimaufzeichnungen von Konferenzen und Vermittlungsgesprächen waren von Einsatzgruppen in Europa entdeckt und an das Außenministerium geschickt worden; und so wurde uns zum erstenmal klar, daß der teutonische Hang, über alles sorgfältig Buch zu führen, unsere Aufgabe, die strafrechtlichen Anklagepunkte zu beweisen, erheblich erleichtern würde.

Die Früchte unseres Stöberns in allen möglichen Dokumenten in Washington (die laut Jackson von »großem Wert« waren) trafen in London etwa zur gleichen Zeit ein wie ein viel reichhaltigerer Fang vom europäischen Festland. In Paris war Oberst Amen zusammen mit Robert Storey und Oberst Robert Gill tätig, einem Anwalt aus Baltimore, der in den Dienst der Militärpolizei berufen worden war. Storey war dafür zuständig, die dokumentarischen Beweise zu sammeln und zu organisieren, Amen für die Vernehmungen, und Gill wurde zum Ersten Offizier von Jacksons Stab in Europa ernannt.

War die Beweislage im Juni noch äußerst kläglich gewesen, so sah es Ende Juli bereits sehr erfreulich aus, und zwar sowohl im Hinblick auf das, was wir bereits in der Hand hatten, als auch auf das, was in nächster Zukunft noch zu erwarten war. In Washington waren wir so rasch vorangekommen, daß ich am 3. Juli Jackson in Kenntnis setzen konnte, die Suche nach Beweisen könne hier »im Laufe des Juli abgeschlossen werden, abgesehen von einigem Kleinkram, der sich bis in den August hinziehen kann«. Und so kam es auch: Im Laufe des Juli wurden alle Washingtoner Mitarbeiter bis auf ein paar wenige nach London verlegt, und Anfang August schickte ich mich an, ihnen zu folgen.

2

So wichtig die Ermittlung des Beweismaterials auch war, ging es für Jackson doch zu Recht in erster Linie darum, eine Vereinbarung mit den drei anderen Mächten hinsichtlich der Errichtung des internationalen Militärgerichtshofs zu treffen, vor dem den Naziführern der Prozeß gemacht werden konnte. Die Amerikaner bezogen Büroräume im Haus 49 Mount Street (in der Nähe der Park Lane), während ihre britischen Kollegen vom BWCE im Church House in der Great Smith Street residierten, wo die internationalen Konferenzen meistens abgehalten wurden. Die Franzosen und Russen sollten frühestens in der letzten Juniwoche eintreffen.

Zu diesem Zeitpunkt wurde das BWCE von dem neu berufenen Kronanwalt Sir David Maxwell-Fyfe geleitet. Ferner gehörten ihm G. D. Roberts, ein prominenter Strafverteidiger und königlicher Rechtsberater, der leitende Rechtsberater des Finanzministeriums, Sir Thomas Barnes, sowie etwa ein Dutzend anderer Beamter als Vertreter des Lordkanzlers, des Außenministeriums und anderer Regierungsbehörden an. Man beschloß, gemeinsame Arbeitsausschüsse einzurichten – insgesamt vier –, wobei der Zweite Ausschuß, der ein Protokoll erarbeiten sollte, sofort der wichtigste war. In diesen Ausschuß berief Jackson Alderman und Shea, Fyfe Sir Thomas Barnes sowie Patrick Dean als Vertreter des Außenministeriums.

Von weitaus größerer Bedeutung war ein Vorschlag der Sowjets (vorgebracht von N. V. Nowikow, dem Washingtoner Gesandten), alle Bestimmungen des Alliierten Abkommens, die sich auf den geplanten Prozeß gegen die Naziorganisationen bezogen, aufzuheben, mit der Begründung, diese Organisationen seien bereits durch die Besatzungsmächte aufgelöst worden. Allerdings war man der Meinung, daß diese Forderung auf einem Mißverständnis beruhe und daß die sowjetischen Delegierten dazu bewogen werden könnten, sie fallenzulassen.

Während der Zeit der Verhandlungen über das Protokoll stand die Führung der britischen Delegation größtenteils auf unsicheren Füßen. Nach dem Ende des Krieges in Europa hatte man in Großbritannien auf eine Parlamentswahl gedrängt; im Mai trat Churchill als Chef der Koalitionsregierung zurück, und am 15. Juni ordnete der König die Auflösung des Parlaments an. In der Zeit vom 15. Juni bis zum 26. Juli gab es eine Übergangsregierung mit Churchill an der Spitze, und von dieser Interimsregierung wurde Fyfe zum Kronanwalt berufen. Das bedeutete, daß seine Amtszeit enden würde, sollte die Labour-Partei die Wahl gewinnen, was tatsächlich geschah.

Als das Datum der Viernationenkonferenz näherrückte, hatte Jackson einigen Grund anzunehmen, daß man sich leicht würde einigen können. Tatsächlich aber stimmten die britischen und die amerikanischen Konzepte für den geplanten Prozeß weit weniger überein, als angesichts der Harmonie bei diesen Gesprächen zu vermuten war. Der Wunsch der Amerikaner, neue Prinzipien und Verfahren im internationalen Recht einzuführen, wurde von den Briten zwar akzeptiert, aber sie konnten sich nicht dafür erwärmen und meinten, die Naziführer ließen sich doch leichter und schneller nach konventionelleren Methoden verurteilen. Sir Thomas Barnes beharrte noch immer darauf, daß der Prozeß nicht länger als zwei Wochen dauern sollte. Als Fyfe das Ausmaß des amerikanischen Plans klarzuwerden begann, erklärte er seufzend: »Daß ihr Amerikaner es aber auch immer eine Nummer zu groß haben müßt!« Doch er und die meisten seiner Kollegen machten sich schnell die amerikanischen Vorstellungen zu eigen, und während der ganzen Vorbereitungszeit und im Laufe des Prozesses gab es eine gute und harmonische Zusammenarbeit zwischen den beiden Delegationen.

Was Briten und Amerikaner allerdings einfach übersehen hatten, war die Tatsache, daß es bei einem Strafprozeß, an dem außer ihnen noch russische, französische und deutsche Anwälte beteiligt waren, mit ziemlicher Sicherheit zu vielen grundlegenden Verfahrensproblemen kommen würde, die mit den Kriegsverbrechen absolut nichts zu tun hatten. Englische und amerikanische Strafrechtsverfahren waren zwar nicht identisch, hatten aber gemeinsame Wurzeln im englischen Common Law; und die Unterschiede, die sich daraus entwickelt hatten, stellten keine ernsten Probleme dar. Es gab zwar auch Unterschiede zwischen den Rechtssystemen der Franzosen, Russen und Deutschen, doch sie alle hatten Begriffe und Verfahren miteinander gemeinsam, die sich erheblich von denen der angloamerikanischen Rechtstradition unterschieden. Nichts läßt indes darauf schließen, daß eine der beiden angloamerikanischen Gruppen sich vorausschauend mit dem Problem befaßt hätte, wie man die widersprüchlichen Rechtssysteme miteinander verbinden könne – wenn das überhaupt möglich war.

3

Am 26. Juni 1945 versammelten sich die vier Delegationen bei der Internationalen Konferenz über Militärprozesse im Londoner Church House. Es war die erste von insgesamt fünfzehn Sitzungen. Der französische Vertreter war Richter Robert Falco vom Cour de Cassation. Die beiden sowjetischen Vertreter waren Generalmajor I. T. Nikitschenko, ein Militärstaatsanwalt und

Vizepräsident des sowjetischen Obersten Gerichtshofs, sowie Professor A. N. Trainin, ein bedeutender Rechtsgelehrter und Autor eines bekannten Werkes über Kriegsverbrechen. Ihr Dolmetscher war Oleg A. Trojanowski, der Sohn eines ehemaligen sowjetischen Botschafters in den USA, ein hochintelligenter junger Mann, der kurz zuvor in Dartmouth promoviert hatte und ein fehlerfreies amerikanisches Englisch sprach.

Schon bald standen die Zeichen auf Sturm. Nikitschenko und Trainin hatten – ganz auf der Linie des sowjetischen Rechtsbegriffs: im Dienst der politischen Führung – eine sehr begrenzte Vorstellung von Sinn und Zweck des Prozesses. Aus russischer Sicht waren die Naziorganisationen bereits als kriminelle Vereinigungen von den Großen Drei in Jalta verurteilt worden, und es war »undenkbar«, daß der internationale Militärgerichtshof – ein Organ von geringerer Autorität – zu einer anderen Schlußfolgerung kommen könnte. Nikitschenko brachte seine Haltung bei der zweiten Sitzung unmißverständlich zum Ausdruck: »Wir haben es hier mit den Hauptkriegsverbrechern zu tun, die bereits überführt worden sind und deren Verurteilung schon in den Erklärungen von Moskau und auf der Krim von den Staatsoberhäuptern verkündet worden ist ...« Die Aufgabe des Militärgerichtshofs, erklärte er später, bestehe nur noch darin, »über das Ausmaß der Schuld jedes einzelnen zu entscheiden und das entsprechende Strafmaß festzulegen – die Urteile zu fällen«.

Solche Reden waren für Jackson ein Greuel, hatte er doch von Anfang an klargemacht: »Wenn wir schon einen Prozeß haben wollen, dann muß es auch ein echter Prozeß sein.« Er wies Nikitschenkos Statement scharf zurück und meinte zum ersten, aber keineswegs zum letzten Mal, die Unterschiede zwischen der amerikanischen und der sowjetischen Position könnten so grundlegend sein, daß vielleicht »der Gedanke, separate Prozesse für jede Nation zur Verurteilung ihrer jeweiligen Gefangenen abzuhalten, die einfachste und befriedigendste Möglichkeit darstellen könnte, beide Seiten miteinander in Einklang zu bringen«.

So wohlbegründet Jacksons Erwiderung auf Nikitschenkos Erklärung auch war – sein Vorschlag, separate nationale Prozesse abzuhalten, stieß auf keine Gegenliebe bei den anderen Delegationen und wurde später von Nikitschenko wirkungsvoll gekontert. Der sowjetische Vertreter verwies darauf, daß ein derartiges Vorgehen »in direktem Gegensatz zur Moskauer Erklärung stünde, die ja festgelegt habe, daß der Prozeß gegen die Kriegsverbrecher eine gemeinsame Aufgabe der Vereinten Nationen sein solle«. Allerdings entspannte sich die Lage vorübergehend, als die sowjetische Delegation nach langen Diskussionen entschied, dem amerikanischen Plan zuzustimmen, den Naziorganisationen den Prozeß zu machen. Es gab auch einiges Hin und Her über den Gerichtsort, und Jackson berichtete, amerikanische Militärfachleute hätten vorgeschlagen, »Nürnberg wäre aus Sicherheitsgründen ein geeigneter Ort«.

Am 11. Juli verteilte das Komitee einen »Entwurf für eine Vereinbarung und Charta«, dessen Annahme Alderman Jackson empfahl – vorausgesetzt, man könne noch über ein paar Dinge verhandeln, über die bislang keine Einigung erzielt worden war. Die Mitglieder hatten einem sowjetischen Vorschlag zugestimmt, daß das Gericht die Bezeichnung »Internationaler Militärgerichtshof« erhalten und seine Aufgaben und Machtbefugnisse in einer »Charta« festgehalten werden sollten. Die wichtigsten noch offenen Fragen waren die Definitionen der zur Verhandlung anstehenden Verbrechen und der Gerichtsort des Prozesses oder der Prozesse.

Unter der Oberfläche freilich herrschte viel mehr Unruhe, als es die Tätigkeitsberichte des Unterausschusses widerspiegeln. Jacksons nachdrücklich hervorgehobene Nichtübereinstimmung mit den Russen sowie seine Hinweise, man solle den Plan eines einzigen Gerichts zugunsten nationaler Tribunale aufgeben, waren den Briten durchaus nicht entgangen. In seinem Bericht vom 1. Juli ans Außenministerium schrieb Patrick Dean:

> Der Rechtsberater des Finanzministeriums [Barnes] und ich ... sind ziemlich beunruhigt, weil die Amerikaner offenbar versuchen, die Unterschiede zwischen ihren und unseren Ansichten einerseits und denen der Russen andererseits als größer hinzustellen, als sie in Wirklichkeit sind. Richter Jackson denkt wohl – ermutigt durch General Donovan –, daß wir nunmehr versuchen und uns darauf einigen sollten, vier Gerichtshöfe zu bilden, jeweils unter dem Vorsitz einer der vier betroffenen Parteien, um diese Prozesse abzuwickeln, und daß wir auf diese Weise vermeiden sollten, in einen Prozeß hineingezogen zu werden, der seiner ganzen Anlage nach zu sehr von den Sowjets bestimmt ist. Vielleicht werden wir schließlich diesen Kurs einschlagen müssen, aber Sir Thomas Barnes und ich sind überzeugt, daß im Laufe der Diskussionen noch nichts dafür gesprochen hat, daß dies unvermeidlich wäre; wir meinen, daß die sowjetischen Vertreter eigentlich sehr vernünftig sind ...
>
> Unter diesen Umständen wäre es sehr nützlich, wenn Sir Alexander Cadogan [Ständiger Unterstaatssekretär im Außenministerium] bereit wäre, mit Richter Jackson zu sprechen und ihm gegenüber zu betonen, wie wichtig es für uns ist, mit den Russen Einigung über die Art und Weise zu erzielen, wie diese Prozesse durchgeführt werden sollten, und daß zu diesem Zweck in der ersten Instanz nur ein einziger Gerichtshof gebildet werden sollte. Die Amerikaner haben niemanden aus ihrem Außenministerium dabei, und General Donovan, der die Russen offensichtlich nicht leiden kann, ist von der Vorstellung besessen, die Gerichtsverfahren ohne sowjetische Beteiligung abzuwickeln.

Am 7. Juli jedoch informierte Dean seine Vorgesetzten darüber, daß es nicht mehr erforderlich sei, Druck auf Jackson auszuüben; somit wurde Cadogan nicht eingeschaltet.

Was Dean indessen auch immer denken mochte – Jackson jedenfalls änderte seine Meinung über die Russen nicht. Am 7. Juli flog er nach Wiesbaden, wo er mit Amen, der sehr hilfreiche beschlagnahmte Dokumente bei sich hatte, und mit Allen Dulles, der ihm eine Aufstellung künftiger deutscher Zeugen übergab, zusammentraf. Am darauffolgenden Tag hatten Jackson und General Donovan in Frankfurt eine Besprechung mit General Clay und dessen politischem Berater Robert Murphy, die beide Jackson wohl kaum suggerierten, daß man mit den Russen gut auskommen könne. Clay bestätigte ihnen, daß Nürnberg der beste Ort in der amerikanischen Besatzungszone für einen großen Prozeß sei, und die Jackson-Gruppe begab sich sogleich dorthin, um ihn in Augenschein zu nehmen.

Symbolisch gesehen war die Stadt bestens geeignet für einen Prozeß gegen die Naziführer, denn hier hatte die Nazipartei ihre jährlichen Massenauftritte inszeniert, und hier waren 1935 auch die antisemitischen »Nürnberger Gesetze« erlassen worden. Nürnberg lag zwar noch immer in Trümmern, aber die Außenbezirke und Vororte waren vergleichsweise unbeschädigt, und das Neue Justizgebäude war zwar teilweise zerstört, ließ sich aber durchaus wiederaufbauen und war für diesen Zweck sehr geeignet. Es gab genügend Büroräume, einen Gerichtssaal, der für einen Prozeß gegen zwanzig oder mehr Angeklagte umgebaut und erweitert werden konnte, ein großes Gefängnis nebenan, das mit dem Gerichtsgebäude durch einen unterirdischen Gang verbunden war, und gute äußere Sicherheitsbedingungen. Alle waren sich darin einig, daß dieses das passende Gebäude sei, auch wenn noch eine ganze Menge schnellstens getan werden mußte, damit es für einen Prozeß im Herbst fertiggestellt werden konnte.

Nach einem kurzen Besuch in Salzburg in der amerikanischen Zone Österreichs trafen Jackson und General Donovan am 10. Juli in Paris ein. Hier wurden die einzelnen Funktionen zwischen Amen, Storey und Gill aufgeteilt, und am nächsten Tag kehrte die Jackson-Gruppe nach London zurück, in Begleitung von Storey, der im Laufe des letzten Kriegsjahres seine eigenen Probleme mit den Russen gehabt hatte.

Tags darauf nahmen sich Jackson und seine Berater Aldermans Bericht an das Komitee vor, und an diesem Abend mußte Alderman sein Essen unterbrechen, um sich mit Fähnrich Jackson und Major Coleman zusammenzusetzen, die seinen Bericht sehr kritisch beurteilten und damit Alderman zu der Aussage provozierten, derartige Kommentare sollten gefälligst von Jackson selbst kommen.

Am folgenden Tag – Freitag, dem 13. Juli (Alderman spricht in seinem Tagebuch vom »Unglücksfreitag«) – nahmen die vier Delegationen ihre Sitzungen wieder auf. Shea begegnete Jackson auf dem Weg zum Frühstück und mußte sich sagen lassen, der Bericht habe »eine Reihe unserer wichtigen Pläne« sabotiert, in erster Linie weil er versäumt habe, den Mitgliedern der Naziorganisationen vorab mitzuteilen, daß ihre jeweilige Organisation wegen strafbarer Vergehen angeklagt würde, so daß die Mitglieder Gelegenheit gehabt hätten, zu diesem Sachverhalt vernommen zu werden. Vor dem Konferenzraum im Church House trafen Jackson, Shea und Alderman mit Fyfe und Barnes zusammen, und die beiden Briten sagten, sie seien von dem Bericht sehr angetan, worauf Jackson erwiderte, es sei in der Tat »ein guter Entwurf für die Russen«. Den Briten verschlug diese Bemerkung, wie Shea formulierte, »buchstäblich den Atem«.

Aber als die Konferenz begann, ignorierte Jackson zunächst den neuen Entwurf und unterzog statt dessen die anderen Vertreter einem Kreuzverhör im Hinblick auf den Umfang ihrer Befugnisse. Waren sie bevollmächtigt, ein Abkommen zu unterzeichnen, oder würden sie das ihrer Regierung überlassen müssen? Waren sie wie er ermächtigt, das Verfahren vorzubereiten und die Anklage zu vertreten? Wie sich herausstellte, besaß Fyfe die Vollmacht, zu unterzeichnen und die Anklage zu vertreten (die er natürlich bald verlieren sollte, als die Labour-Partei die Wahl gewann), aber Falco und Nikitschenko waren nur berechtigt, zu unterzeichnen, und die französischen und sowjetischen Anklagevertreter waren noch nicht bestimmt worden.

Jackson sah dadurch die Aussichten auf eine rasche Aufnahme des Prozesses gefährdet. Lebhaft (und mit gutem Grund) legte er den anderen dar, es sei dringend erforderlich, die Militärbehörden in Deutschland vom Ort des Prozesses in Kenntnis zu setzen, damit die notwendigen Wiederaufbaumaßnahmen eingeleitet werden könnten. Er berief sich darauf, daß ihn der Präsident in sein Amt berufen habe »in der Annahme, daß ich am ersten Oktober wieder zurück sein könnte, wenn die Sitzungsperiode unseres Gerichts beginnt«, und wies warnend darauf hin, daß die in seinem vom Präsidenten akzeptierten Tätigkeitsbericht dargelegte »offizielle Politik der Vereinigten Staaten« vorsehe, »daß wir – ganz gleich, ob wir zu einem Abkommen gelangen oder nicht – an unserem Vorhaben festhalten und den Leuten in unserem Gewahrsam den Prozeß machen würden«. Jackson hatte in seinem Bericht an den Präsidenten vom 7. Juni 1945 erklärt: »Grundlage der amerikanischen Verfahrensvorbereitungen ist die Annahme, daß auf unserem Land eine unausweichliche Verantwortung ruht, wenn möglich in Zusammenarbeit mit anderen, aber notfalls auch allein eine Untersuchung hinsichtlich der Strafbarkeit all jener durchzuführen, gegen die wahrscheinlich eine begründete Anklage wegen Greueltaten und anderer Verbrechen zu erheben ist.«

Fyfe lenkte die Diskussion bald auf den neuen Entwurf, und bei unbedeutenden Punkten kam man ein wenig weiter. Aber Jackson blieb sehr widerborstig, und die Atmosphäre war gespannt. Shea, ein ausgezeichneter Unterhändler, notierte in seinem Tagebuch:

> Ich bezweifle, daß die bloße Beschreibung einen echten Eindruck von der Atmosphäre vermittelt. Ich saß die ganze Zeit wie auf glühenden Kohlen, und Bill Whitney war nicht anders zumute. Dem Richter ging es offenbar um eine Machtdemonstration, und ich hatte während der Vormittagssitzung wirklich Angst, daß die Chancen auf ein Abkommen durchaus beeinträch-

tigt werden könnten ... Bill und ich beschworen den Richter, nicht die Ruhe zu verlieren.

Höchstwahrscheinlich ging es Jackson wirklich um »eine Machtdemonstration«, und tatsächlich konnte er eine ganze Menge Macht demonstrieren. Von den zweiundzwanzig Angeklagten, denen in Nürnberg schließlich der erste Prozeß gemacht wurde, waren zehn (einschließlich Göring) Gefangene der USA, fünf (einschließlich Heß und Ribbentrop) befanden sich in den Händen der Briten, drei in gemeinsamem angloamerikanischem Gewahrsam; die Russen hatten zwei (darunter Hans Fritzsche, einen Goebbels-Berater, der eigentlich kein »Hauptkriegsverbrecher« war) und die Franzosen einen (Konstantin von Neurath, den ehemaligen Außenminister). Die Amerikaner hatten einen großen Stab in Europa, der den Großteil des Beweismaterials beschaffte. Auf seiner jüngsten Reise hatte Jackson erleichtert feststellen können, daß er sich um das Beweismaterial wie um die Findung eines geeigneten Gerichtsorts kaum noch Sorgen machen mußte, und außerdem war er mit mehreren amerikanischen Landsleuten zusammengekommen, die ihm unmißverständlich klargemacht hatten, daß es ihnen keinen Spaß mache, mit den Russen zu tun zu haben. Bei einem Scheitern der Gespräche wären die USA in einer weitaus besseren Lage als irgendeines der anderen Länder gewesen, einen Hauptkriegsverbrecherprozeß allein durchzuführen.

Im vertraulichen Gespräch allerdings teilte Jackson Alderman und Shea mit, daß ihm die Zuverlässigkeit der Sowjets mehr Sorgen bereite als die Sprache des Berichts, und zu ihrer Verzweiflung erklärte er ihnen, daß ihm ein Abbruch der Konferenz nicht viel ausmachen würde. Aber die anderen Delegationen waren entschlossen, die Dinge am Laufen zu halten. Nikitschenko blieb hart, ohne aber die Beherrschung zu verlieren, und Fyfe (der den Vorsitz hatte) war ein Meister im Vorschlagen und Unterstützen von Kompromißlösungen für die verschiedenen Probleme, die nur zu einem geringen Teil wirklich schwierig waren.

Zum Glück folgte diesem Unglücksfreitag die übliche Wochenendpause, und als die Konferenzen in der darauffolgenden Woche wiederaufgenommen wurden, wurde ein echter Fortschritt erzielt. Das vielleicht vertrackteste Problem war technischer Natur, nämlich die Festlegung der jeweiligen Funktionen und Zuständigkeiten des Tribunals und der Anklagevertretung – ein Problem, das auf die Unterschiede zwischen den europäischen und den angloamerikanischen Strafrechtsverfahren zurückzuführen war. Im europäischen System (Anwälte nennen es das »inquisitorische« System) wird der Großteil des schriftlichen und mündlichen Beweismaterials einem Untersuchungsrichter präsentiert, der alles in einem Dossier zusammenstellt. Sorgt dieses Verfahren für eine ausreichende Grundlage für eine Anklageerhebung, werden Kopien des Dossiers und der darauf basierenden Anklageschrift dem Angeklagten wie dem Gericht, vor dem der Fall verhandelt werden soll, übergeben, und dann nimmt der Prozeß seinen Lauf, wobei das Gericht wie die betroffenen Parteien im voraus über das Beweismaterial für und gegen den Angeklagten voll informiert sind. Wenn das Gericht – auf eigenen Antrag hin oder auf Verlangen einer der Parteien – beschließt, weitere Zeugenaussagen zuzulassen, werden die Zeugen gewöhnlich von den Richtern befragt, statt von den Anwälten, so daß es hier nur selten zu Kreuzverhören durch den gegnerischen Anwalt kommt, die eine so große Rolle in angloamerikanischen Prozessen spielen. Dem Angeklagten ist es nicht gestattet, eine Aussage unter Eid zu machen, sondern er darf nur eine uneidliche Feststellung vor Gericht abgeben.

Im »adversarialistischen«, auf einer direkten Auseinandersetzung der beiden Gegenparteien beruhenden angloamerikanischen System hingegen geht der Angeklagte aufgrund einer vergleichsweise summarischen Anklage in den Prozeß. Für die Anklage müssen keine Beweise vorab erbracht werden, und der Prozeßrichter kennt im voraus nur die allgemeinen Grundzüge des Falles. Das Beweismaterial wird dann in öffentlicher Verhandlung von den Anwälten vorgetragen, welche die Zeugen befragen, ins Kreuzverhör nehmen und das Element der Überraschung anwenden dürfen. Auch sie selbst müssen natürlich damit rechnen.* Der Angeklagte darf in eigener Sache unter Eid aussagen oder aber beschließen, den Zeugenstand nicht zu betreten, ohne daß daraus negative Schlußfolgerungen gezogen werden dürfen.

Natürlich bot die beschränkte Rolle der Anwälte in europäischen Strafrechtsprozessen nur wenig Anreiz für britische oder amerikanische Rechtsanwälte. Die Franzosen und Russen gaben sich große Mühe, dem psychologischen Bedürfnis ihrer Verbündeten nach dem adversarialistischen Verfahren gerecht zu werden, auch wenn sie davon kaum etwas verstanden – bei der allerletzten Konferenz konnte Nikitschenko nicht umhin zu fragen: »Was bedeutet eigentlich das englische Wort ›cross-examine‹?« Falco fand die Vorstellung »ein wenig schockierend«, daß der Angeklagte vor dem Prozeß nicht über »die gesamte Anklage gegen ihn« unterrichtet würde, und bemängelte: »Offenbar besteht nach diesem Entwurf die Möglichkeit, daß der Angeklagte während des Prozesses mit der Öffnung einer wahren Pandorabüchse voller unseliger Überraschungen rechnen muß, weil die Anklagevertretung die Freiheit hat, während des Prozesses etwas Neues vorzubringen.« Jackson war am Rand der Verzweiflung:

> Von Anfang an wurde deutlich, daß unser größtes Problem darin besteht, zwei ganz verschiedene Verfahrenssysteme miteinander in Einklang zu bringen ... Ich hätte keine Ahnung, wie ich bei einem Prozeß vorgehen sollte, bei dem sämtliches Beweismaterial bereits in der Anklageschrift ent-

* Die derzeitige amerikanische Strafrechtspraxis ist dahingehend ein wenig modifiziert worden, daß der Angeklagte vorab Zugang zu einigen Arten von Beweismaterial erhält; das Grundmuster jedoch ist weiterhin adversarialistisch.

halten ist. Dann bliebe doch nichts mehr für einen Prozeß übrig, und ich selbst wüßte nicht, was ich in einer öffentlichen Verhandlung anfangen sollte.

Diese Unterschiede wurden durch Kompromisse wettgemacht, die zwar primitiv waren, sich aber als durchführbar erwiesen. So forderte beispielsweise die Charta – im Gegensatz zur angloamerikanischen Praxis –, daß die Anklageschrift »alle Einzelheiten« enthalten solle, »die den Tatbestand der Beschuldigungen bilden«, – und daß mit der Anklageschrift »alle dazugehörigen Urkunden« übergeben werden sollten, während – im Gegensatz zur europäischen Praxis – nicht gefordert wurde, daß die Anklagevertretung ihr *gesamtes* Beweismaterial mit der Anklageschrift vorlegen solle. Im Gegensatz zur europäischen Praxis konnten die Angeklagten als Zeugen in eigener Sache aussagen, aber im Gegensatz zur angloamerikanischen Praxis konnten sie auch eine uneidliche Erklärung am Ende des Prozesses abgeben. Daß die Anklagevertretung in Nürnberg zusätzlich zu dem mit der Anklageschrift übergebenen Beweismaterial während des Prozesses weiteres Material präsentieren durfte, war auch aus einem ganz praktischen Gesichtspunkt wichtig: Die gigantische Aufgabe, Nazidokumente aufzuspüren und durchzugehen sowie potentielle Zeugen zu vernehmen, war nämlich noch kaum in Angriff genommen worden.

Während diese und andere Probleme von unterschiedlicher Bedeutung gelöst wurden, lud Jackson Vertreter der anderen Delegationen ein, mit ihm am darauffolgenden Samstag, dem 21. Juli, nach Nürnberg zu fahren, damit sie sich mit eigenen Augen davon überzeugen konnten, wie gut dieser Ort für den Prozeß geeignet sei. Alle drei nahmen die Einladung an, und Nikitschenko fügte hinzu, daß seine Delegation nichts dagegen einzuwenden habe, »den ersten Prozeß« in Nürnberg durchzuführen – das »ständige Hauptquartier« des Tribunals sollte sich indes in Berlin befinden.

So schien also alles in bester Ordnung zu sein für die bevorstehende Samstagsreise, aber am Freitag während eines Mittagessens, das die Russen im Savoy-Hotel gaben, teilte Nikitschenko – dem das sichtlich peinlich war – Jackson mit, daß die sowjetische Delegation nicht daran teilnehmen könne. Jackson erbot sich, die Reise auf ein anderes Datum zu verschieben, das den Russen passen würde, aber Nikitschenko erklärte, das würde nichts daran ändern. Sie könnten nicht mitfahren. Somit lag es auf der Hand, daß dieser unglückliche Zufall auf Anweisungen von oben zurückzuführen war.

Jackson war darüber verständlicherweise verärgert, und aus einer spontanen Regung heraus wollte er schon eine Pressekonferenz einberufen und mitteilen, was passiert sei. Gordon Dean allerdings, ein sehr nüchterner Mann, wies darauf hin, wenn es die Absicht des Richters sei, zu einem Abkommen zu gelangen, dann »würde die Veröffentlichung dieser Geschichte ganz sicher das Erreichen dieses Zieles verzögern«. Zum Glück wurde sein Rat angenommen.

Die Reise nach Nürnberg mit den britischen und französischen Vertretern war ein großartiger Erfolg, und Jackson kehrte nach London mit der festen Absicht zurück, die Verhandlungen rasch abzuschließen. Im Hinblick auf den Gerichtsort des Tribunals war eine Einigung erzielt worden – das »ständige Hauptquartier« würde in Berlin angesiedelt sein, der erste Prozeß würde in Nürnberg und alle folgenden Prozesse würden an den Orten stattfinden, für die sich das Tribunal jeweils entschiede. Aber Jackson zweifelte mehr als je zuvor an der Zuverlässigkeit der Russen, und das erklärt wohl, warum er bei Wiederaufnahme der Verhandlungen immer ungeduldiger wurde, selbst als man sich nur noch auf wenigen, begrenzten Gebieten nicht einigen konnte. Am Mittwoch, dem 25. Juli, waren die Parteien auf dem besten Weg zu einer Einigung in allen Punkten – außer bei der Definition der Verbrechen, die den Angeklagten in Artikel 6 der Charta zur Last gelegt werden sollten; diese Uneinigkeit betraf allerdings eine wichtige prinzipielle Frage, die zunächst unlösbar schien.

Es ging darum, ob die Charta dem amerikanischen Entwurf folgen solle oder nicht, nämlich in einer für das Tribunal sprachlich bindenden Form zu bestimmen, daß die Einleitung eines Angriffskrieges ein Verbrechen nach dem Völkerrecht sei. Dagegen meldeten die Russen und die Franzosen entschiedenen Widerspruch an, und dann wurde von den Russen eine Revision des amerikanischen Entwurfs vorgelegt, die folgendes vorsah:

> Das Tribunal soll die Macht haben, jede Person unter Anklage zu stellen, die ... irgendeine oder alle der folgenden Handlungen geleitet oder daran teilgenommen hat ..., nämlich:
> (a) Aggression gegen oder Vorherrschaft über andere Nationen, verübt von den europäischen Achsenmächten unter Verletzung der Prinzipien des Völkerrechts und internationaler Abkommen ...

Die folgenden Absätze (b) und (c), die sich mit Greueltaten gegen die Zivilbevölkerung, mit Mord und schlechter Behandlung von Gefangenen und anderen Verstößen gegen das Kriegsrecht befaßten, enthielten die Formulierung »verübt von den europäischen Achsenmächten« nicht. Daher implizierte diese Formulierung zwangsläufig, daß ein Angriffskrieg nur dann ein Verbrechen war, wenn er von den Angeklagten der europäischen Achsenmächte verübt worden war, während das Kriegsrecht ein allgemein geltendes Recht für alle war, ohne Ansehen der Nationalität. Auch die Franzosen legten einen Entwurf von Artikel 6 vor, der in all diesen Belangen dem sowjetischen Vorschlag glich.

Die französische Position basierte allerdings ohne Wenn und Aber auf einem Rechtsprinzip: »Wir halten die Einleitung eines Angriffskriegs nicht für ein strafbares Vergehen«, erklärte Professor André Gros (Falcos Stellvertreter) und bezog sich dabei auf die von Außenminister Lansing bei der Pariser Friedenskonferenz im Jahre 1919 geäußerten Ansichten sowie auf die dort erfolgte Festlegung, in der für die Zuerkennung strafrechtlicher Verantwortung gegenüber Einzelpersonen, die Angriffskriege eröffneten, keinerlei rechtliche Grundlage bestehe. Würde anders entschieden werden, dann wäre das »schockierend« und würde zu einer »Ex-post-facto-Gesetzgebung« führen. Die Naziführer seien nicht deshalb Kriegsverbrecher, weil sie einen Angriffskrieg eröffnet hätten, sondern weil sie dabei Greueltaten begangen und auf andere Weise gegen das Kriegsrecht verstoßen hätten.

Nikitschenkos Einlassung war weniger einleuchtend. Er bestritt zwar nicht ausdrücklich, daß die Einleitung eines Angriffskriegs ein Verbrechen sei, aber er war der Ansicht, daß »wir nicht versuchen sollten, diese Definition für die Zukunft festzuhalten«, da es reichlich Beweismaterial für die Schuld der Nazis an vielen Greueltaten gebe. Ohne daß dies offen eingestanden wurde, hing die sowjetische Position vermutlich auch mit den Umständen zusammen, unter denen sich der sowjetische Staat an der Aufteilung Polens beteiligt und Finnland angegriffen hatte.

Privat wie öffentlich – nämlich in seinem Bericht an den Präsidenten vom 6. Juni – hatte Jackson es zum obersten Ziel des Prozesses erklärt, die Strafbarkeit eines Angriffskrieges nach dem allgemeinen Völkerrecht nachzuweisen. Seine Position war so einleuchtend wie die von Gros, allerdings diametral entgegengesetzt:

> Ich muß schon sagen, daß sich die Ansichten in den Vereinigten Staaten und die Einstellung einer besseren Weltöffentlichkeit erheblich gewandelt haben, seit Mr. James Brown Scott [ein herausragender Völkerrechtsgelehrter, der Lansing zur Friedenskonferenz von Versailles begleitet hatte] und Außenminister Lansing ihre Ansichten hinsichtlich der strafrechtlichen Verantwortung für den Ersten Weltkrieg verkündet haben ... Wenn gewisse Verstöße gegen Abkommen Verbrechen sind, dann sind sie Verbrechen – ganz gleich, ob die Vereinigten Staaten sie verüben oder ob Deutschland sie verübt; und wir sind nicht bereit, eine Vorschrift im Hinblick auf strafrechtliches Verhalten gegenüber anderen festzulegen, wenn wir nicht bereit wären, sie auch gegen uns anwenden zu lassen. Daher meinen wir, die Klausel »verübt von den europäischen Achsenmächten« relativiert die Erklärung so weit, daß sie das Ansehen und die Gerechtigkeit eines Rechtsprinzips verliert.

Es gab ein großes Hin und Her bei den fünf Sitzungen der Konferenz vom 19. bis zum 25. Juli, wobei Jackson deutlich zum Ausdruck brachte, daß er von der »Durchführung eines internationalen Prozesses angesichts so konträrer Standpunkte« sowie von unannehmbaren Verzögerungen abraten würde. Am 24. Juli kam er den französischen und russischen Anschauungen teilweise entgegen, indem er vorschlug, die Formulierung »verübt von den europäischen Achsenmächten« aus den näheren Erläuterungen zum Angriffskrieg in Unterabsatz (a) zu entfernen und in den einleitenden Absatz einzufügen, womit die Unterabsätze (a), (b) und (c) auf die gleiche Basis gestellt würden. Auch wenn diese Anregung schließlich angenommen wurde, waren die Russen nicht sofort damit zufrieden, und am 25. Juli legten sie einen weiteren Entwurf von Artikel 6 vor, der in Unterabsatz (a) noch immer die umstrittene Formulierung enthielt.

Die Delegierten befanden sich offenbar in einer Sackgasse. Professor Gros beklagte, daß »die Amerikaner den Prozeß mit der Begründung gewinnen wollen, daß der Nazikrieg unrechtmäßig war, während das französische Volk und die anderen Völker der besetzten Länder einfach zeigen wollen, daß die Nazis Banditen waren.« Nikitschenko bemerkte, »daß wir um ein oder zwei Stufen in den letzten paar Tagen zurückgefallen sind, daß wir irgendwann zuvor einem Abkommen offenbar näher waren als heute«, und schlug vor, die Verhandlungen für ein paar Tage auszusetzen, damit alle die Möglichkeit hätten, die verschiedenen Vorschläge noch einmal zu überdenken.

Doch Jackson reichte es. »Es gibt Dinge, die für mich schlimmer sind als das mögliche Scheitern eines Abkommens«, erklärte er, »und dazu gehört auch eine Vereinbarung, die die Position, welche die Vereinigten Staaten die ganze Zeit vertreten haben, lächerlich machen würde.« Und er fuhr fort:

> Ich denke, es gibt hier vier Möglichkeiten: Die erste besteht darin, daß wir die internationalen Viermächteprozesse durchführen, die wir hier erörtert haben; zweitens, daß wir die Sache mit den Kriegsverbrechen an die Potsdamer Konferenz* zurückverweisen, damit man eine politische Entscheidung darüber trifft, was mit diesen Gefangenen geschehen soll; eine dritte Möglichkeit gibt es für die Vereinigten Staaten, deren Interessen und Ansichten in dieser Angelegenheit nicht in Einklang zu stehen scheinen mit denen der europäischen Alliierten, und zwar ihre Gefangenen an jene Alliierten zu übergeben, damit diese ihnen dann den Prozeß machen oder über sie verfügen – aufgrund derjenigen Methode, auf die die drei sich einigen; und die vierte Möglichkeit bestände für jeden von uns darin, daß wir in separaten Prozessen jene Verbrecher vor Gericht stellen, die wir jeweils in unserem Gewahrsam haben.

Fyfe hatte mit seinen Bemühungen um einen beschwichtigenden Kompromiß bei den Delegierten keinen Erfolg – an diesem Tag sollten die Ergebnisse der britischen Parlamentswahlen bekanntgegeben werden, und so verabschiedete er sich, um »mein Schicksal bei den Wahlen zu erfahren«. Sir Thomas Barnes verpflichtete sich, einen neuen Entwurf von Artikel 6 zu produzieren, und dann wurde die Konferenz bis zum 27. Juli vertagt. Allerdings standen große Veränderungen bevor, und so fand die nächste und – wie sich herausstellte – letzte Sitzung erst am 2. August statt.

---

* Die Konferenz von Berlin, besser bekannt unter dem Namen Potsdamer Konferenz, an der die Großen Drei: Truman, Stalin und zunächst Churchill, anschließend Clement Attlee teilnahmen, war damals bereits im Gange.

4

Die Potsdamer Konferenz war zwar erst seit Mitte Juli im Gange, aber die Vorbereitungen dazu hatten bereits im Mai eingesetzt. Gegen Ende dieses Monats hatte das britische Außenministerium eine beantragte Tagesordnung nach Washington geschickt, in der keine Rede war von Kriegsverbrechen. Am 29. Juni jedoch, also etwa um die Zeit, als Patrick Dean seine Vorgesetzten auf Jacksons feindselige Einstellung gegenüber den Russen warnend hinwies, unterrichtete der britische Botschafter in Washington, Lord Halifax, das amerikanische Außenministerium darüber, daß seine Regierung den Punkt »Kriegsverbrecher« auf die Liste der zur Diskussion stehenden Themen setzen wolle, da man davon ausgehe, daß es zum Zeitpunkt der Potsdamer Gespräche »noch ungelöste Dinge in Verbindung mit Kriegsverbrechen« gebe.

Als Jackson am 4. Juli vom Vorschlag der Briten erfuhr, schickte er an seinen Außenminister James F. Byrnes ein Telegramm:

> Bin ziemlich entsetzt über Gedanken, daß Große Drei über Thema von so technischer und komplexer Natur diskutieren wollen, wo Details so wichtig. Mr. Dean vom britischen Foreign Office erklärt, britischer Vorschlag ziele auf keine detaillierte Diskussion ab, sondern wolle eher russischen Verdacht zerstreuen, daß strafrechtliche Verfolgung ausgesetzt werde.
> Für mögliche Diskussion der Großen Drei scheint mir wichtig, Angelegenheit in einigen Details Präsident und Ihnen darzulegen, da wichtige Divergenzen in kleinen Formulierungen versteckt.

Darauf erwiderte Byrnes, er stimme mit Jackson überein, und wenn eine derartige Diskussion »unvermeidlich« sei, werde er »versuchen, Sie rechtzeitig wegen einer Konsultation mit dem Präsidenten und mir in Kenntnis zu setzen«.

Da er mit dem Fortgang der Verhandlungen immer weniger zufrieden war, tat Jackson am 24. Juli einen bizarren Schachzug: Er »bestrafte« die Russen »durch Abwesenheit«, wie er es später nannte, indem er alle seine Chefberater an ferne Orte schickte. Sein Sohn Bill und Shea flogen am 26. Juli nach Washington zurück, Alderman und Bernays am darauffolgenden Tag nach Paris. General Donovan hatte London bereits früher verlassen, um im Fernen Osten über OSS-Angelegenheiten zu verhandeln, und Whitney war nicht mehr mit der Verfolgung von Kriegsverbrechen befaßt.

Jackson selbst war zu dem Schluß gekommen, daß es nun an der Zeit sei, Potsdam einen Besuch abzustatten, und nachdem die Sitzung der Londoner Konferenz vom 25. Juli auseinandergegangen war, telegrafierte er an McCloy (der an der Potsdamer Konferenz teilnahm), daß er mit ein paar Assistenten am darauffolgenden Abend in Berlin rechtzeitig zum Essen eintreffen werde, und berichtete: »Unsere Konferenz heute ernsthaft uneinig über Definition Kriegsverbrechen. Alle europäischen Mächte würden Strafbarkeit von Angriffskrieg abschwächen und meine Ansicht in meinem Bericht an Präsident nicht teilen ... Grundlegende Frage, brauche Instruktionen. Die meisten Verfahrensfragen geklärt, Vereinbarung hängt allein davon ab.«

Am Abend des 26. Juli traf sich Jackson mit Außenminister Byrnes, der McCloy, Oberst Cutter, General Betts und Charles Fahy, den vor kurzem berufenen Direktor der Rechtsabteilung unter General Clay, dabei hatte. Nachdem Jackson über den Stand der Verhandlungen in London Bericht erstattet hatte, entschied der Minister, die amerikanische Politik solle darin bestehen, daß Jackson nicht »irgendwelche Opfer bringen oder vom Prinzip abweichen« oder irgendeiner Vereinbarung zustimmen solle, »die seiner Meinung nach in irgendeiner Weise fundamentale Axiome der Justiz beeinträchtige«. Allerdings solle er »in angemessener Weise versuchen, zu einer Vereinbarung zu gelangen, die die vollständige Teilnahme der Russen auf einer verläßlichen Basis beinhaltet«. Falls es Jackson nicht möglich sei, »ziemlich kurzfristig« zu einer Vereinbarung zu gelangen, die ihn »zufriedenstelle«, dann war der Minister damit einverstanden, daß er eine Vereinbarung eingehe – »wenn möglich auch mit den Russen« –, die »in allgemeiner Form die strafbaren Vergehen, über die verhandelt werden« solle, definiere und die eine Prozeßführung durch jede Nation »oder irgendeine Gruppe mit einer oder mehreren der vier Nationen« vorsehe. Dieser Prozeß solle dann den Naziführern, die jede Nation in ihrem Gewahrsam habe, gemäß deren eigener Strafprozeßordnung gemacht werden.

Aber im Hinblick auf eine Bewertung der eigentlichen Probleme zwischen Jackson und den Russen wollte Byrnes sich nicht festlegen. Wie eine Definition von internationalen Verbrechen aussehen solle, sei »eine Sache, die der Präsident Richter Jackson anheimgestellt hat und die von ihm entschieden werden soll«.

Als Jackson am nächsten Tag nach London zurückkehrte, war ihm somit erklärt worden, im Sinne der nationalen Politik sei das Ziel die Teilnahme der Sowjets an einem Viernationenprozeß, und er, nicht der Minister, sei für die Entscheidung zuständig, ob dieses Ziel unter annehmbaren Bedingungen zu erreichen sei oder nicht. Zwar hatte Byrnes Jackson beigepflichtet, daß er das Ersatzverfahren vorschlagen könne, wenn es unmöglich sei, jenes Ziel zu erreichen. Aber diese Alternative war, zumindest so, wie Byrnes sie formuliert hatte, ohnehin illusorisch; denn als Mindestziel sollte ja eine Vereinbarung über »die zur Verhandlung anstehenden strafbaren Vergehen« in Erwägung gezogen werden, und die Definition der Strafbarkeit einer Aggression war genau der springende Punkt – zu diesem Zeitpunkt sogar der einzige strittige Punkt –, bei dem sich die Franzosen und Russen bis jetzt geweigert hatten, Jacksons Vorschläge zu akzeptieren.

In London war die für den 27. Juli anberaumte Sitzung abgesagt worden, und zwar sowohl aufgrund von Jacksons Abwesenheit als auch wegen der britischen Wahlergebnisse. Die konservative Regierung war abgesetzt worden, und Fyfes Nachfolger als Kronanwalt war Sir Hartley Shawcross geworden.

Am 28. Juli kam Jackson, ohne die Unterstützung seiner leitenden Mitarbeiter, zweimal mit Barnes zusammen, um mit ihm über zwei Neufassungen von Artikel 6 zu sprechen, aber offensichtlich hatte er keinen Kontakt zu den Franzosen oder Russen. Am 30. Juli schickte Jackson drei Memoranden an Barnes: einen Entwurf von Artikel 6, in dem die Formulierung mit der Beschränkung auf die Achsenmächte in den einleitenden Absatz gerückt worden war; ein Memorandum, das den sowjetischen Entwurf kritisierte; sowie ein Memorandum, das ein halbes Dutzend weniger wichtiger Abänderungsvorschläge für das Protokoll enthielt und das für das Protokoll ersatzweise eine Vereinbarung über separate nationale Prozesse auf der Basis gemeinsamer Viermächtevereinbarungen über substantielle Rechtspositionen vorsah.* Eine Konferenz der vier Delegationen wurde für den 1. August anberaumt.

Während Barnes sich bemühte, eine Annäherung der Standpunkte zwischen Jackson und den Russen zu erreichen, ergriff das britische Außenministerium andere Maßnahmen, um ein Scheitern der Londoner Gespräche zu verhindern. Am 27. Juli bat R. D. J. Scott-Fox von der Deutschlandabteilung des Foreign Office R. S. Clyde, den Beamten des Finanzministeriums, der als Sekretär der Konferenzen im Church House fungiert hatte, »um eine kurze Darstellung der Punkte, mit denen die Viernationenkonferenz ihre Schwierigkeiten hat«. Clyde beantwortete diese Anfrage am nächsten Tag mit einem langen Memorandum, in dem er die verschiedenen Gebiete aufführte, auf denen man sich nicht einigen konnte, wobei er allerdings darauf hinwies, das einzige ernsthafte Problem sei nur noch Artikel 6. Die eigentlichen Schwierigkeiten seien, laut Clyde, nicht im Text zu finden, sondern persönlicher Natur. Alderman sei »ein solider und vernünftiger Jurist«, und Shea habe unter britischen Juristen seit mehreren Jahren einen guten Ruf:

> Aber was ihren Chef, Richter Jackson, betrifft, so wäre es nicht fair gegenüber den anderen Delegationen, wenn man verschwiege, daß diese Schwierigkeiten eigentlich in erster Linie auf seinem ausgesprochenen Mißtrauen gegenüber der sowjetischen Delegation beruhen. Zu Beginn unserer Gespräche erklärte er (der englischen Delegation), er habe nichts dagegen, wenn die Russen ausscheiden würden. Er lehne ihre Ansichten ab, nicht weil er anderer Meinung sei, sondern weil er ihnen nicht traue ... Den Russen ist das durchaus nicht entgangen, und sie beginnen sich meiner Meinung nach zu fragen ..., ob er nur deshalb das internationale Recht zu kodifizieren sucht, um den Sowjets eins auszuwischen ... Daher sollten Sie unsere

* Nach den gedruckten Aufzeichnungen von Jackson stammt dieses dritte Memorandum angeblich von Sidney Alderman, aber der war zu dieser Zeit ja in Paris; das Dokument ist in der Ich-Form gehalten und war offenkundig von Jackson verfaßt worden. Die veröffentlichten Aufzeichnungen enthalten zwar keinen Hinweis darauf, daß es den anderen Delegationen übergeben wurde, aber aus Anspielungen in der Konferenz vom 2. August geht hervor, daß dies der Fall gewesen ist.

Leute in Potsdam wissen lassen ..., daß wir es hier mit einer unglücklichen persönlichen Einstellung zu tun haben und daß es große und ständige Mühe erfordert, sie mit der Idee der Partnerschaft in Einklang zu bringen.

Über diesen Sachverhalt wurde die britische Delegation in Potsdam unterrichtet, die nun unter der Leitung von Clement Attlee und Ernest Bevin stand, den Nachfolgern von Churchill und Eden. Am 30. Juli kamen die Außenminister (Molotow, Byrnes und Bevin) zusammen und diskutierten über zwei kurze Entwürfe zu Statements über Kriegsverbrechen, die von Molotow und Bevin vorgelegt worden waren und die in das Communiqué der Abschlußkonferenz aufgenommen werden sollten. Der russische Entwurf erklärte, es sei unbedingt erforderlich, »in naher Zukunft« ein internationales Tribunal zu errichten; er wies die Unterzeichner an, »alle denkbaren Maßnahmen« zu ergreifen, um der Kriegsverbrecher habhaft zu werden, die ins Ausland geflüchtet seien, und benannte dreizehn Naziführer für einen Prozeß »in erster Instanz«. Der britische Entwurf spiegelt des langen und breiten den Wunsch der Briten wider, daß die Großen Drei sich entschieden zu einem internationalen Prozeß verpflichten sollten. Von einem später hinzugefügten Schlußsatz abgesehen, war dieser Entwurf identisch mit dem schließlich veröffentlichten Communiqué.

Die drei Regierungen haben von dem Meinungsaustausch Kenntnis genommen, der in den letzten Wochen in London zwischen britischen, amerikanischen, sowjetischen und französischen Vertretern mit dem Ziel stattgefunden hat, eine Vereinbarung über die Methoden des Verfahrens gegen die Hauptkriegsverbrecher zu erzielen, deren Verbrechen nach der Moskauer Erklärung vom Oktober 1943 nicht an einen bestimmten geographischen Ort gebunden sind. Die drei Regierungen bekräftigen ihre Absicht, diese Verbrecher einer schnellen und gerechten Aburteilung zuzuführen. Sie hoffen, daß die Verhandlungen in London zu einer schnellen Vereinbarung führen, die diesem Zwecke dient, und sie betrachten es als eine Angelegenheit von größter Wichtigkeit, daß der Prozeß gegen diese Hauptverbrecher zum frühestmöglichen Zeitpunkt beginnt.

Bei dieser Konferenz gab Byrnes bekannt, daß er über die augenblickliche Lage mit Jackson gesprochen habe und daß noch immer Uneinigkeit herrsche über die Definition von Kriegsverbrechen, die, wie er hoffe, bald behoben werde. Was das Communiqué angehe, so wollte Byrnes hinsichtlich der Formulierungen noch telefonische Rücksprache mit Jackson halten, bevor er sich entscheide. Molotow hatte nichts gegen diese Verzögerung, fügte aber hinzu, daß es in London nur noch über zwei Punkte Unstimmigkeiten gebe, wobei es zum einen darum gehe, ob das Tribunal seinen Sitz in Berlin oder Nürnberg haben solle – seine Regierung sei mit beiden Orten einverstanden. Byrnes und Bevin waren beide gegen den sowjetischen Vorschlag, Angeklagte zu benennen.

Am nächsten Tag, dem 31. Juli, warf Präsident Truman »die Frage der Kriegsverbrechen« bei der Konferenz der Großen Drei auf, an der auch die Außenminister teilnahmen. Molotow war bereit, den britischen Entwurf des Communiqués anzunehmen, sofern eine Klausel hinzugefügt werde, in der Göring als Angeklagter benannt werde. Stalin befürwortete diese Änderung, aber Attlee und Byrnes waren dagegen, und Byrnes erklärte

> daß er an diesem Morgen mit Richter Jackson gesprochen habe ..., der die Vereinigten Staaten in der Kriegsverbrechenskommission* in London vertrete. Richter Jackson habe dabei der Hoffnung Ausdruck verliehen, daß die Kommissionssitzung heute nachmittag oder morgen zu einem Abkommen über ein internationales Tribunal gelangen werde. Es wäre daher gut, wenn der Marschall [Stalin] seine Vertreter anweisen würde, ein Abkommen herbeizuführen.

Stalin erwiderte, »daß dies eine andere Frage sei«, womit er zu verstehen gab, daß er nicht von der Kontroverse über die Benennung der Angeklagten abgelenkt werden wollte. Der Präsident unterbrach diese Diskussion und sagte, da Byrnes erwarte, von Jackson am nächsten Tag zu hören, solle die Frage der Kriegsverbrechen bis dahin vertagt werden, und Stalin war einverstanden.

Jackson versuchte tatsächlich, am nächsten Morgen (1. August) mit Byrnes zu telefonieren, aber da er ihn nicht erreichte, sprach er mit Richter Rosenman, der Byrnes ein Memorandum über diese Unterredung zukommen ließ:**

> Bob Jackson versuchte, Sie zu erreichen, und als ihm das nicht gelang, verlangte er mich und besprach mit mir die augenblickliche Lage hinsichtlich der Kriegsverbrechen.
> Die für diesen Morgen angesetzte Konferenz habe nicht stattgefunden, und zwar wegen der Parlamentseröffnung, bei der auch die Anwesenheit des Lordkanzlers erforderlich gewesen sei. Die Konferenz sei auf morgen verschoben worden. Ich erklärte Bob, daß alles, was noch zu tun sei, bei der heutigen Sitzung getan werden müsse.***
> Seiner Ansicht nach sollten wir: 1. es strikt ablehnen, irgendeinen der Kriegsverbrecher namentlich zu benennen.
> 2. uns nicht dazu verpflichten, an einem internationalen Tribunal teilzunehmen, bei dem ein Prozeß durchgeführt werden soll.
> Was den zweiten Punkt angeht, so ist Bob entschieden der Meinung, daß es besser wäre, kein gemeinsames Tribunal zu haben, weil es so schwierig sei, mit den Russen in einem Tribunal zusammenzuarbeiten. Allerdings meint

---

* Außenminister Byrnes kannte offenbar nicht den Unterschied zwischen der Kriegsverbrechenskommission und der Internationalen Konferenz über Militärprozesse.

** Da sich das Memorandum unter den Truman-Papieren befand, hat Byrnes es vermutlich an den Präsidenten weitergeleitet.

*** Die zwölfte und letzte Vollversammlung der Großen Drei in Potsdam sollte an diesem Nachmittag stattfinden.

er, wenn die Russen in London die verschiedenen Vorschläge akzeptieren, die wir gemacht haben, dann werde er ein gemeinsames Tribunal befürworten – er könne ja nicht einfach deshalb aussteigen, weil es so schwierig sei, mit den Russen auszukommen.
Wenn sie jedoch unseren Vorschlägen hinsichtlich der Definition eines Kriegsverbrechens und gewisser anderer Dinge nicht zustimmten, dann sei er dafür, daß jede Nation den Verbrechern nach ihrer jeweiligen Rechtsprechung den Prozeß machen sollte. Er habe sogar daran gedacht, daß sich die Briten, Franzosen und Amerikaner auf einen gemeinsamen Prozeß einigen könnten, von dem sie die Russen ausschließen würden. Ich habe ihm gegenüber meine persönliche Meinung zum Ausdruck gebracht, daß dies doch ein schwerer Schlag gegen die Russen wäre und nur zu Gegenvorwürfen führen würde, während es doch gar nicht so schlecht wäre, wenn man entschiede, daß jede Nation ihre gefangenen Kriegsverbrecher selbst verurteilen solle.
Auf jeden Fall wird sich vor morgen nichts tun, und ich sagte, ich würde ihn von irgendwoher aus England anrufen, um zu erfahren, was geschehen sei.

Doch weil der neue Lordkanzler, Sir William Jowitt, nicht sicher war, ob das Communiqué allein ausreichen würde, ein Abkommen in London herbeizuführen, hatte er inzwischen am 31. Juli eine Depesche an Attlee in Potsdam geschickt:

Habe heute mit Maxwell-Fyfe gesprochen. Die noch anstehenden Probleme könnten mit gutem Willen leicht gelöst werden. Beharren auf diesen Problemen durch Amerikaner läßt mich befürchten, daß sie als Ausrede benützt werden, um von der Idee eines gemeinsamen Prozesses zu Prozessen durch einzelne Nationen umzuschwenken. Ich habe die Repräsentanten eingeladen, sich mit mir umgehend zu treffen. Aber wenn Sie Ihrerseits irgend etwas tun könnten, um den guten Willen zu fördern, wäre das sehr hilfreich für mich.

Es war schon mehr als nur eine kleine Ironie des Schicksals, daß die Briten, die nur zwei Monate zuvor gegen den amerikanischen Vorschlag eines internationalen Kriegsverbrechenstribunals gewesen waren, nun keine Mühe scheuten, das Projekt vor einer Vereitelung durch Amerikas gewählten Repräsentanten zu bewahren. Man darf freilich nicht übersehen, daß in Potsdam diese Bemühungen von der neuen Labour-Regierung ausgingen. Möglicherweise hätten sich Churchill und Eden nicht derart ins Zeug gelegt. Aber schließlich hatte die von Churchill geführte Koalitionsregierung ja beschlossen, dem Druck von Stimson nachzugeben, das Konzept eines internationalen Prozesses anzunehmen und die vier Mächte einzuladen, Vertreter nach London zur Organisation des Tribunals zu entsenden; und in den Protokollen findet sich kein Hinweis darauf, daß die Konservativen die Londoner Konferenz scheitern lassen wollten.

Somit stieß Jacksons verzweifelter Versuch, via Rosenman die Potsdamer

Konferenzteilnehmer an einer Bestätigung des Ziels eines internationalen Tribunals zu hindern, auf taube Ohren. Noch am selben Tag antwortete Attlee Jowitt:

> Ich habe heute mit dem Präsidenten gesprochen ..., und ich bin sicher, daß er ganz auf unserer Seite ist. Er war sich mit mir darin einig, wie überaus wichtig es sei, daß die Prozesse auf der Basis eines Viermächteabkommens durchgeführt werden und bald beginnen sollten. Ich bin sicher, daß er in diesem Sinne zu seinem Volk sprechen wird.* Ich hoffe, daß wir damit rasch zu einem Ergebnis kommen werden.

Als die Großen Drei am 1. August zum letztenmal in Potsdam zusammenkamen, fiel kein Wort mehr über die Londoner Verhandlungen, und die Diskussion über Kriegsverbrechen beschränkte sich auf die Frage, ob das Communiqué irgendwelche voraussichtlichen Angeklagten namentlich aufführen sollte. Stalin legte sich mächtig ins Zeug, wobei er das öffentliche Interesse an dieser Angelegenheit betonte, und ritt noch immer auf Heß herum: Die Öffentlichkeit »fragt sich doch, warum Heß so gut genährt und versorgt ist«. Aber er erhielt keine Unterstützung durch die anderen Konferenzteilnehmer. Attlee und Bevin waren absolut dagegen, in diesem Stadium irgendwelche Angeklagte zu benennen, und Truman bemerkte, daß »er keinen von ihnen möge und glaube, wenn man die einen [als Angeklagte] bestätige, könnten die anderen meinen, sie könnten entkommen«. Als Stalin sich mit einer derart starken Mauer des Widerstands konfrontiert sah, gab er nach, sofern der britische Entwurf des Communiqués um die abschließende Erklärung erweitert werde, daß »die erste Liste von Angeklagten vor dem 1. September veröffentlicht« werde. Darauf einigte man sich, und das Communiqué wurde pünktlich am 2. August 1945 herausgegeben.

Während die Potsdamer Konferenz abgeschlossen wurde, lud Jowitt Jackson zu einer Besprechung im Büro des Lordkanzlers im Oberhaus ein. Jowitt erklärte, er sei zu weiteren Verhandlungen ermächtigt und bereits über die unstrittigen wie die strittigen Punkte informiert. Der neue Kronanwalt, Sir Hartley Shawcross, werde der britische Hauptankläger sein, und er habe bereits Fyfe gebeten, ihm als Stellvertreter zur Verfügung zu stehen. Das Protokoll dieser Unterredung ist sehr verkürzt: Nachdem Jackson »den amerikanischen Standpunkt hinsichtlich der offenen Fragen« dargelegt hatte, drückte Jowitt seine »allgemeine Übereinstimmung mit Richter Jackson bei allen Punkten bis auf einen aus, nämlich hinsichtlich des Rechts, die Verhandlungen über das Abkommen zu beenden, wenn irgendeine der Unterzeichnermächte es versäume, unverzüglich ihre Anklagevertreter zu benen-

* Ich habe nirgendwo einen Hinweis darauf gefunden, daß Trumans Versicherungen gegenüber Attlee auch Jackson übermittelt wurden, aber unter diesen Umständen wurde er vermutlich von Byrnes oder Rosenman entsprechend unterrichtet. Wenn dies der Fall war, dann bekam Jackson infolgedessen zweifellos »mehr Geduld«, wie ein Beamter des Foreign Office bemerkte.

nen, weil dies seiner Meinung nach ein Mißtrauen gegen eine der Unterzeichnermächte unterstellen« könne. Der Lordkanzler berief dann eine Besprechung der Delegationen für den darauffolgenden Tag ein.

Und als sich die Delegierten zu ihrer letzten Konferenz im Church House versammelten, geschah dies unter dem Vorsitz des Lordkanzlers, der das ranghöchste Kabinettsmitglied und eine Persönlichkeit war, die viel größere Autorität besaß als der Kronanwalt. Darüber hinaus gelang es Jowitt, für eine Atmosphäre zu sorgen, die nahelegte, daß man unverzüglich zu einer Einigung gelangen werde.

Kurz nacheinander wurden über ein Dutzend unbedeutender Veränderungen angenommen – die meisten waren von Jackson, ein paar von Nikitschenko vorgeschlagen worden. Nur über Artikel 24, der den Ablauf des Prozesses regelte (Plädoyers, Eröffnungs- und Schlußaussagen, Präsentation des Beweismaterials), gerieten sich die Konferenzteilnehmer in die Haare, weil es so schwierig war, Begriffe dafür zu finden, die sowohl den europäischen als auch den angloamerikanischen Anwälten klar waren. Obwohl gar nichts Grundsätzliches zur Debatte stand, verfiel Jackson wieder in die alte Ungeduld, wie sie zuletzt in seinem Anruf bei Rosenman vom Vortag zum Ausdruck gekommen war, und schlug erneut nationale Prozesse vor.

Aber da machten die anderen nicht mit. Nikitschenko erklärte, er sei ermächtigt, ein Abkommen für ein internationales Tribunal zu unterzeichnen, und habe »keine Befugnis, ein Abkommen zu unterzeichnen, das besagt, daß wir kein internationales Tribunal brauchen«. Falco machte sich beinahe lustig: »Ich finde, Richter Jackson ist doch immer so optimistisch. Aber jetzt, da es auf das Ende zugeht, kommt er mir eher pessimistisch vor.« Und der Lordkanzler bereitete der Sache ein Ende, indem er nachdrücklich feststellte, daß »wir vor der Welt schlecht dastünden, wenn wir nun, nachdem wir zuvor erklärt haben, wir sollten einen gemeinsamen Prozeß haben, erklären würden, daß es zu einem solchen Prozeß nicht kommen wird«.

Nachdem alle anderen Punkte besprochen waren, brachte Jowitt Artikel 6 aufs Tapet. Auf seine eigene Verantwortung hin und vorbehaltlich der Zustimmung seiner Regierung* akzeptierte Nikitschenko Jacksons letzten Entwurf, mit ein paar Veränderungen, auf die sich die ganze Runde bereitwillig einigte. Nikitschenko versprach eine endgültige Antwort innerhalb von ein oder zwei Tagen, und dann waren sämtliche Hindernisse ausgeräumt.

Der Text des Abkommens und der Charta in englischer, französischer, russischer und deutscher Sprache wurde gerade Korrektur gelesen und auf Genauigkeit bei den Übersetzungen hin überprüft, als der Bomber *Enola Gay*

---

* Das legt die Vermutung nahe, daß Nikitschenko nicht zuvor angewiesen worden war, Jacksons Entwurf von Artikel 6 zu akzeptieren. Ob ihm wirklich ein generelles Mandat erteilt worden war, unverzüglich zu einem Abkommen zu gelangen, wie Byrnes es in Potsdam gefordert hatte, ist mir nicht bekannt.

die Atombombe auf Hiroshima abwarf. Am 8. August wurden die Dokumente im Church House von Jackson, Falco, Jowitt, Nikitschenko und Trainin unterzeichnet.

5

Die Teilnehmer der Londoner Konferenz können das große Verdienst für sich beanspruchen, ein Dokument entworfen und sich darauf geeinigt zu haben, das gut aufgebaut und in sich schlüssig ist und das eine recht vernünftige Basis für den zu erwartenden Prozeß oder die Prozesse darstellte.* Die Amerikaner (einschließlich mehrerer, die nicht in London waren, insbesondere Rosenman, McCloy, Cutter, Chanler und Herbert Wechsler) haben einen erheblichen Beitrag zu dem Projekt geleistet, indem sie die Grundkonzepte entwickelt und die Entwürfe geliefert haben, auf denen die Gespräche basierten.

Aber inwieweit entsprach die Charta den Zielen von Stimson und den anderen, die das Projekt im Herbst 1944 gestartet hatten? War es dieser Charta gelungen, über die Konzepte von Francis Lieber und über die Haager Abkommen hinauszukommen und sowohl Bernays' Ideen über die Schuld der Naziorganisationen sowie das Konzept der strafbaren Verabredung umzusetzen als auch die Strafbarkeit eines Angriffskriegs herauszustellen?

Bernays hatte sich mit der Idee der Schuld von Organisationen in der Absicht befaßt, ein Urteil über ihre Strafbarkeit in einem einzigen Prozeß zu bekommen, nach dem die Überführung von Mitgliedern, die sich einer Organisation freiwillig angeschlossen hatten, ganz automatisch folgen würde und Strafen gegen Hunderttausende von Mitgliedern in summarischen Verfahren verhängt werden könnten. In den Abschnitten 9 und 10 der Charta waren derartige Verfahren vorgesehen, aber dabei hatte man versäumt zu spezifizieren, welche Einsprüche oder mildernden Umstände die Mitglieder womöglich vorbringen könnten oder welches Strafmaß man anwenden sollte. Selbst SS-Männer waren nicht alle gleich in ihrem Denken und Tun. Wenn man die Schuld einzelner mit aller Sorgfalt bemessen wollte, würden diese Einzelverfahren, selbst vor unzähligen Gerichten, bis zum Jüngsten Gericht dauern. Zur Bestrafung einer derartigen Menge von Straftätern würden weder die Gefängnisse noch die Verbannungsorte ausreichen, und gegen die Vielzahl von Todesurteilen würde sich Napoleons Blutbad an ein paar Tausend Mamelucken am Strand von Jaffa geradezu harmlos ausnehmen. Die praktischen und moralischen Schwierigkeiten waren einfach überwältigend, und am Ende war der Plan einer Schuld der Organisationen von geringem Wert.

---

* Da das Abkommen und die Charta die Rahmenbedingungen für die meisten der folgenden Ereignisse lieferten, die in diesem Buch dargestellt sind, habe ich den Text in Anhang A aufgenommen.

Mit der Anwendung des Anklagevorwurfs der kriminellen Verschwörung wollte Bernays die Greueltaten erfassen, die die Nazis vor dem Krieg gegen Deutsche (vornehmlich Juden) begangen hatten und die ja nicht unabhängig als Kriegsverbrechen behandelt werden konnten, die hingegen als erste Schritte zu einer Verabredung, Kriegsverbrechen zu begehen, nachdem der Krieg begonnen hatte, durchaus strafrechtlich relevant sein konnten. Zu diesem Zweck enthielten die amerikanischen Entwürfe zur Definition der zu verhandelnden Verbrechen – jedenfalls bis zum 28. Juli – den Vorwurf eines gemeinsamen Plans oder einer Verschwörung, *alle* Verbrechen zu begehen, die in Artikel 6 der Charta aufgeführt worden waren. An diesem Tag allerdings verteilte Sir Thomas Barnes eine Neufassung von Artikel 6, die den Ansichten der Sowjets Rechnung tragen sollte und die im Anklagepunkt der Einleitung eines Angriffskriegs nicht nur die Klausel über die »europäischen Achsenmächte« enthielt, sondern die auch den Vorwurf der Verschwörung *nur noch* auf das Verbrechen der Einleitung eines Angriffskriegs angewendet wissen wollte. Jacksons Gegenentwurf vom 30. Juli eliminierte zwar die Klausel über die »europäischen Achsenmächte« aus dem Anklagepunkt »Angriffskrieg«, übernahm indes Barnes' neue Plazierung des Vorwurfs der Verschwörung.

Das hatte aber nun zur Folge, daß der endgültig verabschiedete Text von Artikel 6 keinerlei expliziten Vorwurf einer strafbaren Verabredung zur Begehung von Kriegsverbrechen oder anderen Greueltaten mehr enthielt. Für Bernays' ursprünglichen Vorschlag war das ein verheerender Schlag; denn während man sonst plausibel hätte argumentieren können, daß die antijüdischen Aktionen vor dem Krieg notwendiger Bestandteil einer Verschwörung waren, noch schlimmere Greueltaten im Krieg zu verüben, war es nunmehr schwierig, das Argument vorzubringen, das Schikanieren von Juden vor dem Krieg sei eine notwendige Vorbereitung für einen Angriffskrieg gewesen.

Niemand ging auf der Londoner Sitzung vom 2. August auf diese Eigenheit des neuen Entwurfs ein. Bernays und Alderman waren im Zuge der »Bestrafung durch Abwesenheit«* nach Paris gegangen, und Jackson übersah entweder die Auswirkung dieser Änderung oder kümmerte sich nicht darum; für ihn war der Vorwurf der Verschwörung stets nur in erster Linie deshalb wichtig gewesen, weil er zum Nachweis der Schuld einzelner an der Einleitung eines Angriffskriegs herangezogen werden konnte, während seine Funktion als Vorwand zur Kriminalisierung von Vorkriegsgreueltaten für ihn

* In den Protokollen der Konferenz findet sich kein Hinweis darauf, daß die Abwesenheit von Jacksons Chefberatern irgendeinen besonderen Eindruck auf die Russen gemacht hätte. Jackson selbst befand sich in Potsdam, wenn auch nur für einen Tag, und nach seiner Rückkehr war er mit dem Austausch von Entwürfen mit den anderen Delegationen befaßt. Es ist nicht von der Hand zu weisen, daß Jackson seine Berater nur deshalb fortgeschickt hatte, weil er sie nicht bei sich haben wollte, um sich von ihnen unangenehme Ratschläge anzuhören.

nicht so sehr im Vordergrund gestanden haben mochte. Wie auch immer – jedenfalls wurden diese Vorkriegsgreueltaten nicht als Verbrechen behandelt, die unter die Bestimmungen der Charta fielen.

Hinsichtlich des Anklagepunktes »Angriffskrieg« war das Ergebnis aus amerikanischer Sicht weitaus befriedigender. Die Aufnahme der Klausel über die »europäischen Achsenmächte« in die Definition des Verbrechens hätte sich – insbesondere, da sie nicht in die Definitionen der anderen Verbrechen aufgenommen war – verhängnisvoll auf die primäre Absicht von Stimson, Jackson und den anderen Beamten ausgewirkt: die Herausstellung des Angriffskriegs als Verbrechen nach einem universell anwendbaren Völkerrecht. Jackson mußte mit aller Entschiedenheit die Achsen-Klausel in der Definition ablehnen; und um seine Ziele zu erreichen, verfiel er auf den klugen Schachzug vorzuschlagen, die Klausel in den Einleitungsabsatz von Artikel 6 aufzunehmen. Das stellte die Definition des Angriffskriegs auf die gleiche allgemeingültige Ebene mit den anderen definierten Verbrechen, und in ihrer neuen Position wiederholte die Klausel über die europäischen Achsenmächte nur noch die Bestimmung in Artikel 1, derzufolge das Tribunal für die Hauptkriegsverbrecher der europäischen Achsenmächte zuständig sei.* Zugleich machte es die Wiederholung dieser Formulierung in der Einleitung zu Artikel 6 leichter für die Russen und Franzosen, in einem Punkt nachzugeben, der für Jackson unverrückbar war.

Fraglich bleibt allerdings, ob Jackson zur Zeit seiner Reise nach Potsdam versuchte, ein vierseitiges Abkommen zustande zu bringen, oder ob er die Russen loswerden wollte. Seine eigene Einstellung gegenüber dem Ergebnis wurde – teilweise aufgrund der bedrohlichen Warnungen vor den Russen seitens Clays, Betts', Storeys und zweifellos noch anderer – zunehmend zwiespältiger. Am 12. Juli, dem Tag vor dem spannungsvollen »Unglücksfreitag«, schickte mir Jackson einen Brief nach Washington, in dem er seiner Zuversicht Ausdruck verlieh, »daß wir uns in wesentlichen Dingen durchsetzen werden.« Sechs Tage später, am 18. Juli, als alles glatter zu laufen schien, schrieb er an McCloy, die »Situation mit den Russen« sei »äußerst entmutigend« und »ein Abkommen für einen gemeinsamen Prozeß vielleicht unmöglich«. Am darauffolgenden Tag, dem 19. Juli, schrieb er erneut an mich: »Nun wohl eher wahrscheinlich, daß wir Abkommen für internationalen Prozeß bekommen werden, das unsere Ansichten im wesentlichen enthält ...«

Wahrscheinlich diente sein Vorschlag von separaten nationalen Prozessen auf einer anerkannten gemeinsamen materiellen Rechtsbasis zunächst als eine Art Sicherheitsnetz, falls die Konferenz scheiterte, und vielleicht hoffte Jackson, daß seine wiederholten Hinweise darauf die anderen Delegierten

---

* Auf lange Sicht allerdings erwies sich diese Zuständigkeitsklausel, auf die ich noch im Schlußkapitel meines Buches zu sprechen kommen werde, als entscheidender Fehler in der juristischen Struktur des Nürnberger Prozesses.

einschüchtern könnten, so daß sie seinen Forderungen nachgaben. Aber die britische Darstellung seines Umgangs mit den Russen sowie sein Anruf bei Rosenman am 1. August scheinen darauf hinzudeuten, daß er zu dieser Zeit wirklich die Konferenz scheitern lassen wollte, damit er ohne die Russen und vielleicht mit den Briten und den Franzosen den Prozeß führen konnte.

Das ist allerdings kaum zu glauben, denn Jacksons Alternativplan war doch offenkundig ein reines Phantasiegebilde. Um einen Viernationenprozeß zustande zu bringen, hätten Franzosen und Russen ihre Zweifel an der Legitimität des Anklagevorwurfs eines Angriffskriegs ja vielleicht noch unterdrücken können; aber wenn jede Nation ihren Gefangenen in eigener Regie den Prozeß machen sollte, dann hätte es für sie doch gar keinen Grund gegeben, nicht einfach zu tun, was sie ohnehin tun wollten. Jackson konnte sein bevorzugtes Ziel – die maßstabsetzende Erklärung der Strafbarkeit eines Angriffskriegs – doch nur durch eine internationale Aktion der Großmächte erreichen. Hätte Jackson die Konferenz scheitern lassen, dann wäre es höchst unwahrscheinlich gewesen, daß sich irgendeiner der noch am Tisch Sitzenden danach noch mit ihm zusammengetan hätte. Die Briten waren entsetzt über den Kurs, den Jackson zu verfolgen schien, und fingen ihn in dieser kritischen Lage ab, indem sie für die Annahme ihres Communiquéentwurfs in Potsdam sorgten – das Communiqué wurde genau am Tag der letzten Zusammenkunft in London veröffentlicht. Der Auftrag der Großen Drei lautete, ein »rasches Abkommen« zu erzielen, und damit meinten sie mit Sicherheit nicht einen Abbruch in London am selben Tag. Als sich Jackson zur Sitzung vom 2. August begab, war er gar nicht mehr in der Lage, die anderen Parteien unter Druck zu setzen.

Zumindest im nachhinein muß Jackson erkannt haben, daß das Abkommen ihm die einzige Basis gegeben hatte, auf der er tun konnte, was er sich vorgenommen hatte: Er hatte eine Erklärung, daß die Einleitung eines Angriffskriegs ein Verbrechen sei; er hatte die Vereinbarung, ein internationales Tribunal zu errichten; und der Prozeß sollte in Nürnberg stattfinden, in der amerikanischen Besatzungszone, wo Jackson – bildlich gesprochen – ein Heimspiel hatte.

Folglich waren Jacksons Verhandlungen in London generell erfolgreich gewesen. In der Folgezeit sollte nun der Streß der Diplomatie nachlassen, so daß sich Jackson auf den Prozeß und seine rechtlichen Folgen konzentrieren konnte, was seinen Interessen und Fähigkeiten auch weit mehr entsprach.

Fünftes Kapitel

Die Benennung der Angeklagten und die Anklagepunkte: Krupp und der deutsche Generalstab als Problemfälle

Am Mittwoch, dem 8. August 1945, flog ich mit Shea, Bill Jackson und den meisten Mitarbeitern, die in Washington geblieben waren, nach London. Es gab Verspätungen bei den Flügen, und so landeten wir erst am Abend des 9. August im schottischen Prestwick, wo wir erfuhren, daß eine zweite Atombombe über Nagasaki explodiert war. Als wir in London eintrafen, wurden Shea und Bill Jackson zum Claridge's eskortiert, während mir das Quartieramt der US Army ein Zimmer im Mount Royal Hotel in der Nähe des Marble Arch zugewiesen hatte – nicht gerade schick, aber angemessen und angenehm nahe bei Jacksons Büro in der Mount Street. Am nächsten Abend nahm ich an einem Dinner im Claridge's teil, das Jackson zu Ehren Lord Jowitts und der britischen Delegation gab. Ich saß neben Lord Simon, einem vereinsamt wirkenden Ex-Lordkanzler, der sich als ein *sehr* mühsamer Gesprächspartner erwies.

An diesem Wochenende wurde ich von Jackson in der Mount Street herzlich empfangen, und kurz darauf ernannte er mich zum amerikanischen Vertreter in einem der vier internationalen Komitees, die den Entwurf der Anklageschrift verfassen sollten, jenes Dokuments, das die Angeklagten namentlich benennen sowie die gegen sie erhobenen Beschuldigungen spezifizieren sollte.

Zum erstenmal befand ich mich im Hauptgeschehen des Nürnberger Projekts, und schon bald war mir klar, daß es hier sehr turbulent zuging. Ausbrüche von unzufriedenen Mitarbeitern hatte es bei Besprechungen bereits in der ersten Juniwoche gegeben, bei denen auf Jacksons Bekenntnis, er sei »kein Verwaltungsbeamter«, General Donovans Warnung folgte, daß jeder, der mit seiner Aufgabe nicht zufrieden sei, gleich den nächsten Heimflug nehmen könne – eine Einstellung, die nicht gerade dazu beitrug, die Kritiker zu besänftigen.

Zwei Wochen später schrieb Bernays einen privaten Brief an Ammi Cutter, in dem er Jackson und Shea die Schuld an der Desorganisation des Mitarbeiterstabs gab. Jacksons anschließende Handlungen am »Unglücksfreitag« lösten erneut Unzufriedenheit aus. Und in der warmen Sommernacht des 19. Juli, als viele Fenster im Claridge's, die auf einen Hof hinausgingen, geöffnet waren, wurden Jackson und Shea von James Donovans lauter Stimme geweckt, der gerade ein Ferngespräch mit General Donovan führte. Sie bekamen mit, wie der OSS-Generalanwalt erklärte, daß Jackson zu sehr unter dem Einfluß seines Sohnes Bill stehe, daß der Richter Shea »die wirtschaftliche Seite der Anklage« übertragen habe und daß es darum keinen Sinn habe, einen gewissen Dickinson zu diesem Job zu drängen, und daß Jackson versprochen habe, »er werde [General] Donovan nicht belästigen, und hoffe, Donovan würde auch ihn nicht belästigen«. Jackson und Shea waren ziemlich aufgebracht über diese grobe Indiskretion.*

Selbst am 5. August, als im amerikanischen Lager wegen des erfolgreichen Abschlusses der Londoner Charta eigentlich eitel Freude hätte herrschen sollen, geriet man sich wegen irgendwelcher organisatorischer Angelegenheiten so heftig in die Haare, daß Alderman, der derartige Auseinandersetzungen haßte, sich auf die Position des schweigenden Neutralen zurückzog. Als ich Bernays in der Mount Street begegnete, war sein Gesicht so finster wie eine Gewitterwolke, und Mitte August gab er sein Amt ab und kehrte nach Amerika zurück.

Natürlich mußte man mit einem gewissen Maß an Ärger und Unzufriedenheit bei einer Gruppe von außergewöhnlich fähigen Anwälten rechnen, die plötzlich für ein einmaliges Projekt von ungewissen Dimensionen im Gefolge des Krieges zusammengebracht worden waren. Eifersüchteleien und Enttäuschungen waren unvermeidlich, und selbst ein noch so erfahrener Verwaltungsmann hätte es keinem recht machen können. Aber Jackson hatte weder die Gabe noch die Neigung, sich mit diesen Problemen herumzuschlagen, und nachdem die Charta unterzeichnet war, wurden die Beziehungen zwischen den Mitarbeitern immer schlechter.

2

Als nächstes sollten die Hauptankläger (so Artikel 14) darüber entscheiden, welche Angeklagten namentlich benannt wurden, die Anklageschrift vorbereiten und die Arbeit zwischen den vier Delegationen aufteilen. Von den vier

* Ob das nun eine Folge dieser Episode war oder nicht – jedenfalls begegnete ich nach meiner Ankunft in London James Donovan nur selten bei Mitarbeiterkonferenzen, und soweit ich feststellen konnte, beschränkte sich seine Zuständigkeit beim Prozeß auf die Präsentation von visuellen Beweisstücken wie Schaubildern und Filmen. In seinem späteren Leben war Donovan als New Yorker Anwalt Vorsitzender des Board of Higher Education sowie erfolgloser Kandidat der Demokraten bei der Wahl zum US-Senat; er führte überdies den spektakulären Austausch gefangener amerikanischer und sowjetischer Spione durch, worüber er in seinem Buch *Strangers on a Bridge* (1964) berichtet hat.

Chefs waren nur Jackson und Shawcross ernannt worden und standen zur Verfügung. Trainin hatte den Delegationen erklärt, daß Nikitschenko in dieses Amt berufen würde; diese Ankündigung erwies sich als falsch, aber Nikitschenko übte jedenfalls diese Funktion bis zum 1. September aus, als er nach Moskau zurückkehrte. Bis September wurde kein französischer Hauptankläger ernannt, doch Professor Gros war ermächtigt, in dieser Eigenschaft aufzutreten.

Die vier Chefs unterbreiteten bemerkenswert parallele organisatorische Vorschläge, und innerhalb von ein paar Tagen war man sich darin einig, daß vier Arbeitsausschüsse eingerichtet werden sollten. Ausschuß Nummer 1 sollte sich mit dem Anklagevorwurf des Angriffskriegs befassen, und dafür sollten die Briten in erster Linie zuständig sein. Mit Kriegsverbrechen und Verbrechen gegen die Menschlichkeit in Osteuropa hatte Ausschuß Nummer 2 zu tun, der von den Russen geleitet wurde, während sich mit derartigen Verbrechen in Westeuropa unter Vorsitz der Franzosen der Ausschuß Nummer 3 auseinandersetzen sollte. Die amerikanische Delegation schließlich sollte sich um den gemeinsamen Plan der Nazi-»Verschwörer« kümmern, und das war die Aufgabe von Ausschuß Nummer 4. Von der amerikanischen Delegation wurde Frank Shea zum Vertreter in Ausschuß 1 bestimmt. Ich wurde für Ausschuß 2, Sidney Alderman für Ausschuß 3 benannt. Jackson selbst sollte den Vorsitz im vierten Ausschuß übernehmen, der seiner Ansicht nach die schwierigste und wichtigste Aufgabe hatte.

Zunächst hatten die Franzosen und Russen die Anklagepunkte »Angriffskrieg« und »Verschwörung« abgelehnt und ihnen dann nur widerstrebend zugestimmt. Darüber hinaus waren sie personell äußerst unterbesetzt. Trainin war ausgeschieden, und Nikitschenko hatte nur ein paar unerfahrene Mitarbeiter. Mehrere Wochen lang kam Gros zu den Besprechungen allein. Für diese beiden Delegationen wäre es schwierig gewesen, sich sinnvollerweise an allen vier Ausschüssen zu beteiligen, aber sie interessierten sich sowieso in erster Linie nur für die Komitees 2 und 3, die sich mit Kriegsverbrechen und Verbrechen gegen die Menschlichkeit befaßten. Da sich die Aufgaben der beiden Komitees nur in geographischer Hinsicht unterschieden, und da es offensichtlich darauf ankam, eine gemeinsame Definition für die »östlichen« und die »westlichen« Verbrechen zu finden, wurde mein Vorschlag, die beiden Ausschüsse sollten doch gemeinsame Sitzungen abhalten, bereitwillig akzeptiert. Solche gemeinsamen Besprechungen fanden denn auch mit ziemlicher Regelmäßigkeit von Mitte August bis zur Fertigstellung der Arbeit an der Anklageschrift Anfang Oktober statt.

Der Anklagepunkt »Verschwörung« hatte – in der Form, die Jackson am meisten am Herzen lag – alle Aussichten, den größeren Teil der gesamten Anklageschrift für sich zu beanspruchen. Er sollte die Vorkriegsgeschichte des Nationalsozialismus, Hitlers Machtergreifung und Machtmißbrauch sowie seine Pläne für die diplomatischen und die sich daran anschließenden militärischen Maßnahmen zur Eroberung und Besetzung von Österreich, der Tschechoslowakei, Polen, Norwegen, den Niederlanden, Frankreich, Jugoslawien, Griechenland und der Sowjetunion umfassen, außerden die (gemeinsam mit Japan entwickelten) Pläne für einen Angriff auf die USA. Dieser ganze Komplex sollte der erste Punkt der Anklageschrift sein und die grundlegende Darstellung des gesamten Falles enthalten.

Damit blieb allerdings nur sehr wenig »Fleisch« für Ausschuß 1 übrig, der die Aufgabe hatte, den zweiten Punkt der Anklageschrift abzufassen: den Vorwurf der tatsächlich durchgeführten Angriffe auf die Opferländer und deren Besetzung. Das ging im wesentlichen nicht über die Spezifizierung der Daten und Grundtatsachen der Angriffe auf diese Nationen sowie über die tabellarische Darstellung der Verträge hinaus, bei denen Deutschland Vertragspartei war und die durch diese Handlungen gebrochen worden waren. Wie sich schließlich herausstellte, machte Punkt zwei der Anklageschrift nur knapp eine Seite aus, zusätzlich untermauert durch einen Anhang, in dem die dergestalt verletzten Verträge aufgelistet waren. Wegen dieser Schreibarbeiten war nicht viel Beratung erforderlich, und offenbar trat Ausschuß 1 nie zusammen. Im August trafen Frank Shea und Sidney Kaplan mehrfach mit Fyfe, Barnes und Clyde zusammen, und Anfang September war ihre Aufgabe praktisch erledigt.

Am 12. Juli hatte Jackson Shea gebeten, sich mit den »wirtschaftlichen Aspekten der Anklage« zu befassen, und bei einer Mitarbeiterbesprechung diese Berufung bekanntgegeben.* Am 23. Juli erstellte Shea für Jackson ein Memorandum, in dem er seine Konzeption der »wirtschaftlichen Seite der Anklage« darlegte und als Angeklagte Hjalmar Schacht, Fritz Sauckel, Albert Speer und Walter Funk vorschlug (die alle später als Angeklagte vor dem Internationalen Militärgerichtshof benannt wurden), sowie Alfried Krupp und ein halbes Dutzend anderer deutscher Industrieführer und Finanziers.

Kurz darauf flog Shea nach Washington zurück, aber als er am 9. August wieder in London war, kümmerte er sich von da an hauptsächlich um die wirtschaftliche Seite der Anklage. Für Jackson und Shea war dies eine wichtige Komponente des allgemeinen Anklagevorwurfs der Verschwörung zur Planung und Einleitung von Angriffskriegen. Die Schuld der Industriellen und Finanziers bestand nach Sheas Ansicht darin, daß sie Hitler die materiellen Mittel zur Verfügung gestellt hatten, Deutschland wiederaufzurüsten, und zwar *im vollen Bewußtsein,* daß Hitler vorhatte, diese Rüstungsgüter zur Ausführung seines Programms der Vergrößerung des Deutschen Reiches durch militärische Eroberung zu verwenden.

Das war eine schlüssige Theorie, aber natürlich hing der Nachweis dieser

* Sheas Berufung für diese Aufgabe führte zu Reibereien zwischen Jackson und General Donovan, der bereits einem seiner Mitarbeiter erklärt hatte, er hätte die »volle Verantwortung« für die »wirtschaftliche Seite der Anklage«.

strafbaren Handlung total davon ab, ob man Beweise dafür fand, daß die »Wirtschafts-Angeklagten« über Hitlers Pläne hinreichend Bescheid gewußt und sich hinreichend an seinen verbrecherischen Absichten beteiligt hatten, so daß sie zu Recht als Mitverschworene der Naziführer verurteilt werden konnten. Der Beweis, daß sie die Kriegsmittel zur Verfügung gestellt hatten, war leicht zu erbringen; aber ihnen auch Wissen und Absicht nachzuweisen, konnte sich als schwierig herausstellen. Die Industriellen und Finanziers hatten sich nicht an den diplomatischen und militärischen Plänen für den Angriffskrieg beteiligt, und wenngleich die Wiederaufrüstung eine Verletzung des Versailler Vertrags bedeutete, war sie andererseits doch nicht als solche schon unrechtmäßig.

Schacht, Sauckel, Speer und Funk waren allesamt Reichsminister gewesen, und nach offiziellen Protokollen konnten sie durchaus in Hitlers Pläne verwickelt gewesen sein. Aber wenn Krupp und andere Privatunternehmer angeklagt werden sollten, dann waren die Aussichten, ihnen eine Mitschuld auch nachzuweisen, bestenfalls unsicher. Sheas Vorschläge, wonach man Ausschau halten sollte, waren gewiß scharfsinnig. Aber, wie er in seinem Memorandum vom 23. Juli offen zugab, »alles, was wir bislang haben, sind ein paar Monographien und verstreute Beweisstücke«.

Niemand verstand es so gut wie Shea, sich fähige Mitarbeiter zu verschaffen, und am 17. August flog er in Begleitung von vier Mitarbeitern nach Paris, um mit der Suche nach dem erforderlichen Beweismaterial zu beginnen. Dort bestätigte sich Sheas Verdacht, daß Storey hinsichtlich der wirtschaftlichen Seite der Anklage »nicht weitergekommen war« und daß er deshalb auf seinen eigenen Ermittlerstab angewiesen war. Unter Leitung von Benjamin Deinard, einem fähigen und erfahrenen Anwalt aus Minneapolis, zog Sheas Team nach Frankfurt am Main weiter, von wo aus sie leichten Zugang zu den Zentralen und Archiven der Ruhrmagnaten und des riesigen I. G. Farben-Chemiekonzerns hatten.

Damit pfuschte Shea allerdings Storey und Amen ins Handwerk, ohne daß er sich bewußt gewesen wäre, welche Feinde er sich mit der Verfolgung der wirtschaftlichen Seite der Anklage bereits in der Pariser Gruppe gemacht hatte. Alderman hatte das bei seinem Besuch in Paris Ende Juli mitbekommen. Amen war sehr deutlich geworden: Die zu erledigende Aufgabe, erklärte er, bestehe darin, die Hauptkriegsverbrecher zu überführen und dann heimzukehren, aber nicht in der »Reformierung der europäischen Wirtschaft«. Sheas Projekt würde »die Dinge überfrachten« und aus einem Kriegsverbrechensprozeß einen »Antitrust-Fall« machen. Storey meinte, die Wirtschafts-Anklage werde »wie ein Luftballon platzen« und »uns alle dumm dastehen lassen«, und er stellte fest, Jackson habe ihm versichert, er brauche dafür keine Verantwortung zu übernehmen.

Alderman berichtete, er »neige sehr dazu«, die Ansicht von Storey und Amen zu teilen. Als er wieder in London war, setzte er Jackson von der Einstellung der Pariser Gruppe in Kenntnis, aber weder Jackson noch Alderman haben Shea ausreichend gewarnt, und Alderman pflegte zwar nach wie vor freundschaftlichen Umgang mit Shea, stellte aber weiterhin den Wert der Wirtschafts-Anklage in Frage. Dennoch gelang es Sheas Team, das durch die Hinzuziehung von Oberstleutnant Murray Gurfein, einem erfahrenen Ankläger und Vernehmungsbeamten, verstärkt worden war, schließlich doch noch, genügend Beweismaterial zu sammeln, um sein Projekt zu untermauern.

Am 16. August berief Jackson eine Sitzung von Ausschuß 4 ein, an der auch Barnes und Nikitschenko teilnahmen. Aber zur Verwunderung und zum Ärger seiner Mitarbeiter unternahm Jackson nichts mehr, um den Anklagepunkt der Verschwörung für die Anklageschrift in einen Entwurf zu fassen. Tatsächlich berief er nie wieder auch nur ein einziges Treffen von Arbeitsgruppe 4 ein, deren Vorsitzender er schließlich war und die mit der Aufgabe betraut war, jenen Teil der Anklageschrift vorzubereiten, den Jackson selbst für den allerwichtigsten hielt.

Von Mitte August bis Mitte September nahm ich an mindestens einem Dutzend Konferenzen der führenden amerikanischen Mitglieder der Anklagevertretung teil, und bei der Hälfte davon war auch Jackson dabei. Zu den Teilnehmern dieser Besprechungen gehörten gewöhnlich auch Alderman, Shea, die Kaplans und Oberst Leonard Wheeler, ein fähiger Bostoner Anwalt, den Jackson als Nachfolger von Bernays zum Koordinator der Beweisermittlung berufen hatte. Diese Treffen waren weitgehend der Aufgabe gewidmet, die Mitarbeiter auf eine effiziente Weise für den Entwurf der Anklageschrift zu organisieren. Aber obwohl Jackson auch weiterhin die Bedeutung des Anklagepunktes »Verschwörung« betonte, legte er keine Richtlinien fest, berief er keine Ausschußsitzungen ein und verfaßte auch keine eigenen Entwürfe. Nach der Besprechung vom 14. August notierte Shea in seinem Tagebuch: »Jeder ist zutiefst entmutigt über diese Desorganisation.«

Und es wurde auch nicht besser. Am 6. September berieten sich Jacksons Mitarbeiter in seiner Abwesenheit noch immer, und zwar sowohl untereinander wie mit Sir Thomas Barnes, wie man den Ausschuß 4 dazu bewegen könne, in der Frage der Verschwörung weiterzukommen. Die Briten waren in der Tat verdutzt und verärgert zugleich. In einem Schreiben vom 10. September 1945 trug Sir Hartley Shawcross seine Sorgen und Bedenken Außenminister Ernest Bevin vor:

> Ich muß Ihnen wohl sagen, daß ich mir Sorgen mache, weil die Vorbereitungen für den Prozeß gegen die Hauptkriegsverbrecher nur so langsam vorankommen …
> Mit dem Fortgang unserer eigenen Vorbereitungen können wir recht zufrieden sein … Hauptsächlich dank unserer Bemühungen sind die beiden mit den Greueltaten befaßten Komitees ebenfalls einigermaßen gut vorangekommen …

Aber der Abschluß der Klage insgesamt hängt ... davon ab, wie weit die Amerikaner ... gekommen sind, und zwar sowohl hinsichtlich der Beschaffung des Materials, das ihnen in jenen Bereichen der Klage zur Verfügung steht, um die sie sich nicht speziell zu kümmern brauchen, als auch bei der Vorbereitung jenes Teils der Klage, für den sie zuständig sind. Die Amerikaner sind in erster Linie damit beschäftigt festzustellen, daß die Gefangenen sich strafbar miteinander verabredet haben, einen Angriffskrieg zu eröffnen – ein sehr wichtiger Teil der Klage ... Unsere Schwierigkeiten sind nicht geringer geworden angesichts der Tatsache, daß Richter Jackson, der offenbar als einziger wirklich zuständig ist, in den vergangenen zehn Tagen in den Staaten gewesen ist und nun dabei ist, sich und seinen Stab in Nürnberg zu etablieren, wo wir nur noch wenig Gelegenheit haben werden, die weitere Durchführung der Vorbereitungen zu beeinflussen ...
Ich wende mich heute an Sie mit der Frage, ob Sie eine Möglichkeit sehen, die Angelegenheit auf einer höheren Ebene zu regeln. Wenn der Außenministerrat eine Weisung an uns ergehen lassen könnte, daß der Prozeß Anfang November beginnen muß und so kurz wie möglich sein sollte, dann wäre das sehr hilfreich ...

Soweit ich weiß, ging das Außenministerium nie auf Shawcross' Vorschlag ein. Aber seine Beschwerde war nur zu verständlich: Jackson war einen Großteil der Zeit, die seit der Unterzeichnung der Charta vergangen war, unerreichbar gewesen. Mitte August hatte er mehrere Tage lang in Nürnberg und Paris mit seinen Mitarbeitern und dem französischen Justizminister konferiert. Eine Woche später flog er nach Italien, wo er die Insel Capri besuchte und eine Audienz beim Papst in Rom hatte. Am 31. August war er wieder via Paris nach Washington geflogen. Er kehrte erst am 12. September nach London zurück und brach gleich am nächsten Tag erneut nach Nürnberg auf. Dort blieb er bis zum 6. Oktober, als er sich zur ersten Zusammenkunft des Internationalen Militärgerichtshofes nach Berlin begab.

Daß Jackson es versäumte, der Arbeit des Ausschusses 4 irgendeine Richtung oder einen Anstoß zu geben, war entmutigend für seine Mitarbeiter und unbegreiflich für die Briten. Und letzten Endes war im Hinblick auf den Anklagepunkt der kriminellen Verschwörung nichts Wesentliches geschehen, bis sich Jackson Mitte September in Nürnberg niederließ.

3

Während unsere Kollegen, die mit den Anklagepunkten »Verschwörung« und »Angriffskrieg« befaßt waren, mit diesen Schwierigkeiten kämpfen mußten, hatten Alderman und ich eine vergleichsweise leichte Zeit bei den gemeinsamen Beratungen der Ausschüsse 2 und 3, die zwischen Mitte August und dem 1. Oktober achtmal zusammentraten. Für mich war das eine gute Gelegenheit, mich mit unseren Kollegen von der Anklagevertretung der anderen drei Länder bekannt zu machen.

Da es formal gesehen zwei Ausschüsse waren, die sich mit Angelegenheiten von höchster Wichtigkeit für die Franzosen und Russen beschäftigten, hatte sowohl Nikitschenko als auch Gros einen Anspruch auf den Vorsitz. Allerdings beharrte Nikitschenko nie auf seinen Rechten, und den ganzen August hindurch hatte Professor Gros den Vorsitz bei den gemeinsamen Beratungen. Er war ein präziser, gelehrter und kooperativer Mann, aber keine herausragende Persönlichkeit. Als französischer Vertreter beim UNWCC war er über alles, was mit Kriegsverbrechen zusammenhing, wohlunterrichtet, aber da er nicht ins französische Team in Nürnberg berufen wurde, bekam ich ihn nicht oft zu sehen.

General Nikitschenko, der zwar nicht in der Lage oder bereit war, Englisch zu sprechen, wirkte dennoch auf mich beeindruckend und gelassen zugleich. Er verfügte über bemerkenswerte dialektische Fähigkeiten, und seine Erwiderungen waren oft scharf, aber nie unhöflich. Nie hob er seine Stimme an oder gab seine Verärgerung zu erkennen – der Inbegriff der Geduld. In geschäftlichen Dingen war er sehr sachlich, aber bei den seltenen gesellschaftlichen Anlässen, bei denen die Russen Gastgeber oder Gäste waren, war er geistreich und einnehmend, was selbst in der Übersetzung nicht verblaßte. Sein junger Dolmetscher Oleg Trojanowski war angenehm und liebenswürdig, aber trotz seines amerikanischen Bildungshintergrunds nie mit Ausländern allein; niemals ging er über jene kalkulierte Herzlichkeit hinaus, die die Russen bei offiziellen geselligen Veranstaltungen für angemessen hielten.

In den ersten Wochen war die beherrschende Gestalt bei den Ausschußsitzungen der britische Vertreter Geoffrey Dorling Roberts, den alle nur »Khaki« Roberts nannten. Er war der älteste (Jahrgang 1886) und mit Abstand größte in der Londoner Gruppe – ein riesiger Mann mit buschigen Augenbrauen, der in der Rugbymannschaft von Oxford (wo er Jura studiert hatte) und 1907/08 in der englischen Rugby-Nationalmannschaft mitgespielt hatte. Nach seiner Teilnahme am Ersten Weltkrieg wurde Khaki eine bekannte Persönlichkeit am Londoner Strafgericht, und vermutlich wurde er deshalb als zweiter Mann nach Fyfe ins BWCE berufen. Das war indes keine glückliche Wahl: Denn Khaki war zwar energisch, simplifizierte aber Probleme und konnte sich schriftlich nicht sehr gut ausdrücken. Er war gesellig und umgänglich, und ich verstand mich immer gut mit ihm, aber wenn er im Dienst war, hatte er etwas Herrisches an sich, das ihm vor dem Tribunal schadete.

Da die von den Ausschüssen 2 und 3 behandelten Anklagepunkte sich mit bestimmten einzelnen Handlungen der Deutschen befaßten, die Kriegsverbrechen oder Verbrechen gegen die Menschlichkeit darstellten, waren die Aufgaben dieser Komitees nicht schwierig. Die meisten, wenn nicht gar alle Geschehnisse waren Verstöße gegen die Haager und Genfer Konventionen und fielen unter eine oder mehrere Kategorien von Kriegsverbrechen (z. B. Mord an Kriegsgefangenen, Tötung von Geiseln) oder Verbrechen gegen die

Menschlichkeit (z. B. Verfolgungen aus rassischen oder religiösen Gründen), wie sie in Artikel 6 (b) und (c) der Charta spezifiziert waren. Man mußte also nur diese Handlungen nach Ort und Datum näher bestimmen, jede Greueltat kurz beschreiben (z. B. war im Juni 1944 in Oradour-sur-Glane die gesamte Dorfbevölkerung erschossen oder bei lebendigem Leib in der Kirche verbrannt worden) und die Auflistung der einzelnen Vorfälle gemäß den Kategorien in Artikel 6 organisieren, wobei man sie geographisch zwischen West- und Osteuropa aufteilte.

Unsere Hauptschwierigkeit bestand darin, daß wir nicht genügend Beweismaterial zu den Kriegsverbrechen zur Verfügung hatten, für dessen Beschaffung wir auf die von den Deutschen besetzten Nationen, insbesondere Frankreich und die Sowjetunion, angewiesen waren. Aber Nikitschenko hatte nichts und sagte, er könne nicht viel beitragen, bevor er nicht die Möglichkeit gehabt habe, nach Moskau zu fahren und dort die entsprechenden Dokumente zusammenzutragen. Gros war nicht viel besser dran – die provisorische Regierung Frankreichs war noch immer mit ihrer Konstituierung beschäftigt und lieferte erst mehrere Monate später einiges Beweismaterial zum Nürnberger Prozeß. Angesichts von Jacksons primärem Interesse an den Anklagepunkten »Verschwörung« und »Angriffskrieg« fiel das meiste, was Amen und Storey nach London geschickt hatten, unter diese Kategorien.

Die Briten hingegen fanden bald Dokumente, die für den Anklagepunkt »Kriegsverbrechen« höchst aufschlußreich waren, und seit unserer Besprechung vom 20. August hatte Roberts fünfzig oder mehr Augenzeugenberichte, abgefangene deutsche Wehrmachtsbefehle und andere Dokumente präsentiert, auf denen man gewichtige Anklagen aufbauen konnte. Da Alderman und ich nichts Vergleichbares zu bieten hatten, beschränkte sich unsere Rolle bei diesen Besprechungen darauf, uns an der Einschätzung der Beweiskraft bestimmter Dokumente zu beteiligen sowie Hinweisen der anderen Delegierten nachzugehen und durch Beweise zu erhärten, die man in den Händen der Amerikaner vermutete.

4

Während die mit dem Entwurf der Anklageschrift befaßten Ausschüsse unauffällig ihrer Arbeit nachgingen, reifte auf einer höheren Ebene ein nicht minder wichtiges Problem seiner Lösung entgegen: Welche Einzelpersonen sollten in der Anklageschrift als Angeklagte namentlich aufgeführt werden? In dieser Hinsicht hatten die Großen Drei in Potsdam den Hauptanklägern den Auftrag erteilt, daß »die erste Liste von Angeklagten vor dem 1. September veröffentlicht« werden solle.

Die Briten hatten bereits im Frühjahr 1944 Listen führender Nazis erstellt, als Churchill und Eden ihren Plan einer Hinrichtung von Naziführern im Schnellverfahren vorantrieben und zur Untermauerung ihres Vorschlags

Hinweise benötigten, welche Einzelpersonen für dieses Schicksal ausgewählt werden könnten. Als man sich auf diplomatischer Ebene schließlich für einen Prozeß entschied, wollten die Briten allerdings die Zahl der Angeklagten einschränken, um die Verfahren abzukürzen und zu vereinfachen. Bei der ersten Besprechung der britischen und amerikanischen Delegierten am 21. Juni präsentierte Fyfe eine Liste von zehn Angeklagten.

Diese waren: Hermann Göring, Rudolf Heß (der möglicherweise geisteskrank war, wie die Briten erklärten), Joachim von Ribbentrop (Hitlers Außenminister), Robert Ley (Leiter der Deutschen Arbeitsfront), Generalfeldmarschall Wilhelm Keitel (Chef von Hitlers Militärstab), Julius Streicher (Naziparteiführer in Franken und Herausgeber des antisemitischen Hetzblattes *Der Stürmer*), Ernst Kaltenbrunner (nach Heinrich Himmlers Selbstmord der oberste lebende Funktionär der SS und der Gestapo), Alfred Rosenberg (der offizielle Nazi-Ideologe und Reichsminister für die von den Deutschen besetzten Ostgebiete), Hans Frank (ziviler Generalgouverneur im besetzten Polen) und Wilhelm Frick (Reichsinnenminister und anschließend Reichsprotektor von Böhmen und Mähren). Vorbehaltlich seiner Zweifel an einer Aufnahme von Heß akzeptierte Jackson die Liste, sagte aber, daß er noch andere Namen hinzufügen wolle.

Fyfe erklärte, diese zehn Männer seien ausgewählt worden, weil ihre Namen der allgemeinen Öffentlichkeit bestens bekannt seien. Offensichtlich hatte man sich weder große Mühe gegeben, die Beweise beizubringen, die gegen jeden einzelnen vorgebracht werden konnten, noch hatte die britische Auswahl dem Bedürfnis nach einer angemessenen Vertretung solcher Organisationen voll Rechnung getragen, welche die Anklage durch das Tribunal zu verbrecherischen Organisationen erklärt wissen wollte, wie es von Artikel 9 der Charta gefordert wurde.

Am darauffolgenden Abend konferierten Alderman, Bernays und James Donovan ausgiebig und bemühten sich, die Liste zu erweitern, ohne daß sie unübersichtlich wurde, und eine repräsentativere Vertretung der verschiedenen »Organisationen« oder »Gruppen« zu bekommen: der Naziparteiführung, der SS, der Gestapo und des »Generalstabs und Oberkommandos« der Wehrmacht. Sie entschieden sich vorläufig für eine Liste von sechzehn Angeklagten, die sie am 23. Juni bei einer Konferenz mit einer von Roberts geleiteten britischen Gruppe vorlegten. Hitler (dessen Tod noch nicht endgültig feststand) wurde auf diese Liste gesetzt, zusammen mit fünf anderen: Hjalmar H.G. Schacht (der vor dem Krieg als Reichsbankpräsident und Reichswirtschaftsminister für die Finanzierung der Ausweitung der Rüstungsproduktion zuständig gewesen war), Arthur Seyß-Inquart (ein österreichischer Nazi, später Reichskommissar für die besetzten Niederlande), Großadmiral Karl Dönitz (Oberbefehlshaber der deutschen Kriegsmarine von 1943 bis 1945, von Hitler testamentarisch zum Reichspräsidenten und Oberbefehlshaber bestimmt), Walter Funk (Schachts Nachfolger als Reichsbankpräsident und Reichswirtschaftsminister) sowie Albert Speer (Hitlers Lieblingsarchitekt, seit 1943 Reichsminister für Rüstung und Kriegsproduktion).

Die britischen Delegierten waren generell mit dieser Liste einverstanden, schlugen aber vor, sie um Baldur von Schirach zu erweitern, den Nazi-Jugendführer, und zwar wegen seiner »böswilligen Indoktrinierung« der Jugend. Dagegen hatten sie Zweifel an der Aufnahme von Dönitz; das britische Marineministerium hatte nach dem Studium seines Tagesbuchs »nichts darin gefunden, was ihn belasten könnte«, und nach ihrer »allgemeinen Ansicht ... hielt sich die deutsche Kriegsmarine, im Vergleich zum Landkrieg und zum Luftkrieg, viel eher an die Regeln der Ritterlichkeit«. Alle einigten sich auf die Hinzufügung von Schirach, während der Fall Dönitz in der Schwebe blieb.

Kurz danach trafen die sowjetischen und französischen Delegationen in London ein, und die Aufmerksamkeit wandte sich den Verhandlungen über die Charta zu. Bis zur Unterzeichnung der Charta wurden keine weiteren Schritte mehr zur Auswahl der Angeklagten unternommen, aber bei inoffiziellen Diskussionen wurde den Briten klar, daß Jackson sowie die französischen und sowjetischen Delegierten vorhatten, die Liste der Angeklagten unter anderem um mehrere »Wirtschafts-Angeklagte« zu erweitern. Das Außenministerium war beunruhigt und drängte darauf, daß Shawcross ermahnt werden sollte, sich gegen diesen Trend mit der Begründung zu verwahren, daß der Prozeß dadurch unnötig kompliziert würde und daß es zu peinlichen Freisprüchen kommen könnte.

Deshalb verkündete bei einer Konferenz der vier Delegationen am 8. August, unmittelbar nach Unterzeichnung der Charta, als Nikitschenko die Auswahl der Angeklagten zur Diskussion stellte, Sir Thomas Barnes, daß seine Landsleute »bereits eine Liste von weniger als zwanzig Angeklagten vorgeschlagen« hätten. Damit war allerdings sofort der entscheidende Punkt angesprochen, denn Jackson erwiderte: »Unsere Vorstellung ist es schon immer gewesen, mit den meisten dieser Leute in einem einzigen Verfahren kurzen Prozeß zu machen, in diesem Verfahren Vertreter der SS, der Gestapo usw. vor Gericht zu stellen, vielleicht weniger als fünfzig Angeklagte, vielleicht mehr als zwanzig, sie zu verurteilen und die Strafbarkeit der Organisationen und Gruppen in einem Urteil festzuhalten.« Gros schaltete sich ein und stellte im Namen seiner Regierung fest, daß »beim ersten Prozeß viel mehr als zehn verurteilt werden sollten«.

Bei der nächsten Besprechung der Delegierten am 13. August brachte Nikitschenko die Angelegenheit erneut zur Sprache und erklärte, Schacht, Krupp und Dönitz seien »am gemeinsamen Plan oder der Verschwörung beteiligt« gewesen und wir sollten deshalb »alle drei auf die vorläufige Liste setzen«. Dann brachte Lord Jowitt (der noch immer für Shawcross einsprang) zum Ausdruck, seines Wissens sei »ein Mann namens Bormann ein ganz übler Mensch« gewesen, und bat Nikitschenko herauszufinden, ob die Russen ihn in Gewahrsam hätten.

Bormann war in der Tat ein »übler Mensch«, der von Heß' verrücktem Flug nach England überaus profitiert hatte, indem er dessen Position als Hitlers Stellvertreter in allen Angelegenheiten der Nazipartei erbte. Später wurde er außerdem noch »Sekretär des Führers« und machte bald Himmler und Goebbels die Zuständigkeit für die Heimatfront streitig. Aber niemand wußte, ob er tot war oder noch lebte: Er war zum Zeitpunkt, als der Führer starb, in Hitlers Bunker gewesen, aber dann verschwunden, als er dem sowjetischen Ansturm zu entkommen versuchte.

Das britische Außenministerium teilte durchaus nicht die tolerante Einstellung des Lordkanzlers gegenüber einer Erweiterung der Anklagebank. Am 15. August verbreitete E.J. Passant, der Bibliothekschef des Außenministeriums, ein Memorandum, in dem er stichhaltig mehrere der zusätzlichen Nennungen kritisierte. Die Klage gegen Dönitz, meinte Passant, sei »sehr viel schwächer« als die gegen Keitel, und um seinen Einspruch zu untermauern, schrieb er:

> (a) Gegen den Punkt der »Beteiligung an dem verbrecherischen Plan« eines Angriffskriegs kann Dönitz vorbringen, daß er zwischen 1933 und 1939 ein Offizier von relativ niedrigem Rang war (1935 U-Boot-Kommandant, 1939 Konteradmiral) ...
> Auch wenn er noch so sehr mit dem Nazi-Krieg und mit der Absicht, Europa durch einen Angriffskrieg zu beherrschen, einverstanden gewesen sein mag, so wird man doch unmöglich den Nachweis erbringen können, daß Dönitz über diese Pläne vorher Bescheid wußte, geschweige denn, daß er zu ihrer Formulierung beigetragen hat ... Soweit bekannt ist, spielte er vor dem Krieg überhaupt keine Rolle in der Politik.
> (b) Spezielle Kriegsverbrechen: Nach einer Anfrage beim Marineministerium gehe ich davon aus, daß die Lage wie folgt ist:
> 1. Eine Klage von einiger Beweiskraft kann gegen Dönitz aufgrund seines Tagebuchs und anderer Dokumente vorgebracht werden, daß er für die zunehmende Rücksichtslosigkeit der Methoden des U-Boot-Kriegs verantwortlich war ...
> 2. Man sollte sich daran erinnern, daß die meisten Maßnahmen, die von den Deutschen ergriffen wurden, auch von uns selbst und von den Amerikanern ergriffen worden sind, so daß die Verteidigung in der Lage wäre, eine Menge Schmutz auf den Ankläger zurückzuwerfen.
> 3. Es sollte vielleicht nicht unerwähnt bleiben, daß diejenigen, mit denen ich im Marineministerium gesprochen habe, offenbar der Ansicht sind, daß die gewiß harte deutsche Kriegsmarine sich – von ein oder zwei Ausnahmen unter den U-Boot-Kommandanten abgesehen – im großen und ganzen ziemlich anständig verhalten hat.

Scharfe Kritik übte Passant auch an den Vorschlägen, Krupp und Schacht unter Anklage zu stellen. Im Hinblick auf Schacht schrieb er:

> Auf den ersten Blick scheint eine Anklage gegen Schacht unter dem ... Aspekt der Beteiligung an dem verbrecherischen Unternehmen aussichtsreich zu sein.

(a) Es ist wohlbekannt, daß Schachts Wirtschaftspolitik ... den Nazis beim Aufbau ihres Wirtschaftssystems und bei dem Versuch, die Staaten von Südosteuropa unter den wirtschaftlichen Einfluß von Deutschland zu bringen, überaus hilfreich war. Aber es liegt auf der Hand, daß eine Politik der wirtschaftlichen Durchdringung und Kontrolle nicht notwendigerweise eine militärische Eroberung impliziert, ja von ihr sogar zunichte gemacht werden kann. Schacht würde sich vermutlich nach folgender Strategie verteidigen können:
1. Ich bin angetreten, ein stabiles internationales Wirtschaftssystem zu schaffen ...
2. Dieses Ziel hat in mir nicht den geringsten Wunsch nach militärischen Abenteuern geweckt. Ich habe im Gegenteil bei vielen Gelegenheiten (das kann er vermutlich sogar beweisen) gegen die Nazi-Pläne protestiert ...
3. Als man sich über meine Ansichten hinwegsetzte, trat ich vom Posten des Reichswirtschaftsministers zurück (am 27. November 1937), und als Hitlers aggressive Pläne klarer zutage traten, auch als Reichsbankpräsident (20. Januar 1939). Man beachte, daß dieser zweite Rücktritt erfolgte, bevor Hitler in Prag einmarschierte und das Reichsprotektorat errichtete ...
5. Seit 1939 war ich in keiner einzigen verantwortlichen Position mehr und seit 1937, als ich als Reichswirtschaftsminister zurücktrat, nicht mehr für die Politik des Staates zuständig ... Ich habe auf eigenes Risiko mein Bestes getan, Juden zu helfen (dafür kann er fast mit Sicherheit Beispiele anführen). Meine eigene Einstellung wie die meiner Familie läßt sich aufgrund der Tatsache beurteilen, daß man mich in einem Konzentrationslager vorgefunden hat ...
(b) Man kann gegen Schacht keine Anklage wegen Kriegsverbrechen im engeren Sinne erheben.
Wie auch immer die Ansichten unserer amerikanischen und russischen Alliierten sein mögen, hielte ich es doch für absolut nicht ratsam, Schacht mit den anderen auf der Liste unter Anklage zu stellen. Ich glaube, daß er in vielerlei Hinsicht ein unangenehmer und unzuverlässiger Mensch ist. Aber nach reiflicher Überlegung muß ich sagen, daß er kein Kriegsverbrecher im Sinne der Anklage ist. Seine Verteidigung wäre so stark, daß die Autorität des Tribunals erheblich beeinträchtigt wäre, wenn es nicht auf einen Freispruch plädierte.

Derartige Ansichten paßten den Vertretern der anderen Delegationen gar nicht. Als die vier Delegationsleiter am 23. August zusammenkamen, um die endgültige Liste der Angeklagten zu erstellen, wurden auch Dönitz, Krupp und Schacht mit aufgenommen. Außerdem wurden fünf neue Namen hinzugefügt: Fritz Sauckel (die Hauptfigur im Zwangsarbeitsprogramm für Ausländer), Alfred Jodl (Chef des Wehrmachtsführungsstabes im Oberkommando der Wehrmacht), Franz von Papen (Reichskanzler im Jahre 1932, Vizekanzler in Hitlers Kabinett von 1933 bis 1934 und anschließend Botschafter in Wien und Ankara), Konstantin von Neurath (Ribbentrops Vorgänger als Außenminister, anschließend Reichsprotektor von Böhmen und Mähren) und, auf Verlangen der Russen, Großadmiral Erich Raeder (Oberbefehlshaber der deutschen Kriegsmarine bis zu seiner Verabschiedung im Jahre 1943).

In einem Memorandum, in dem er seine leitenden Mitarbeiter von diesen Entscheidungen unterrichtete, erklärte Jackson, daß Hitlers Name weggelassen wurde, aber »wenn man ihn vor dem Datum des Prozesses am Leben findet, würde er natürlich mit aufgenommen werden«, und daß »Raeder und Bormann aufgenommen wurden, obwohl man nicht weiß, ob sie noch leben und in Gefangenschaft sind«. Die Liste (sie enthielt nunmehr dreiundzwanzig Namen) sollte am 28. August veröffentlicht werden.

Kurz darauf fuhr Jackson nach Italien, weil er wohl glaubte, daß diese Angelegenheiten endgültig erledigt seien, und ernannte Alderman zu seinem Stellvertreter. Schon bald allerdings tauchten Probleme auf. Zwei Delegationen hielten es für zu unsicher, daß Raeder zur Verfügung stehen werde, und strichen ihn von ihren Listen; drei Delegationen führten den Angeklagten »Krupp« unter dem Vornamen Gustav auf, während in der Jackson-Liste sein Sohn Alfried stand. Dann, am Mittag des 28. August, rief Trojanowski Alderman an und verlangte die sofortige Einberufung einer Konferenz der Delegierten, auf der man sich mit neuen Wünschen aus Moskau auseinandersetzen solle. Alderman telegrafierte nach Washington, man müsse die Presseverlautbarung bis zum 29. August zurückhalten.

Bei dieser Besprechung konnte Nikitschenko die Zweifel über Raeder zerstreuen: Die Russen hatten ihn in Gewahrsam, und damit wurde seine Aufnahme in die Liste bestätigt. Die sowjetische Regierung bedauerte es aber sehr, daß sie so wenig Gefangene hatte, die hinreichend berüchtigt waren, um einen Platz auf der Anklagebank zu verdienen, und Nikitschenko präsentierte eine Liste mit sechs Namen, die – wie er hoffe – dafür in Frage kämen. Vier waren zuwenig bekannt und bedeutend, um ernsthaft in Erwägung gezogen zu werden, aber man diskutierte doch des langen und breiten über Generalfeldmarschall Ferdinand Schörner (den letzten von Hitler testamentarisch ernannten Oberbefehlshaber des Heeres) und Hans Fritzsche (Leiter der Rundfunkabteilung, aber keineswegs der höchste leitende Mitarbeiter von Goebbels im Reichspropagandaministerium). Schörner wurde schließlich von den anderen Delegationen mit der Begründung abgelehnt, es bestehe kein Anlaß, seinen Fall gegenüber dem zahlreicher anderer hochrangiger deutscher Heerführer herauszuheben, aber Fritzsche wurde akzeptiert, und Shawcross gelang es, Nikitschenko zu beruhigen, indem er versprach, man werde »die Frage weiterer Militärs« zu einem späteren Zeitpunkt noch einmal erörtern.

Somit verkündeten die Hauptankläger, gemäß dem Mandat von Potsdam, am 29. August 1945 die »erste Liste von Kriegsverbrechern, die vor den Internationalen Militärgerichtshof gestellt werden sollen«. Es waren vierundzwanzig Namen aufgeführt: Göring, Heß, Ribbentrop, Ley, Rosenberg,

Frank, Kaltenbrunner, Frick, Streicher, Keitel, Funk, Schacht, Gustav Krupp, Raeder, Dönitz, Schirach, Sauckel, Speer, Bormann, Papen, Jodl, Neurath, Seyß-Inquart und Fritzsche.

5

Alles in allem hatte man die Aufgabe der Auswahl der Angeklagten hastig und nachlässig erledigt, und zwar hauptsächlich deshalb, weil man sich nicht auf Richtlinien für die Auswahl hatte einigen können. Der einzige wichtige Beitrag der Russen und Franzosen bestand darin, die amerikanischen Vorschläge, Militär- und Wirtschaftsführer unter die Angeklagten aufzunehmen, zu unterstützen – gegen den Wunsch der Briten, die für einen raschen und einfachen Prozeß gegen das Dutzend der »Schlimmsten« plädierten. Fritzsche wurde bloß deshalb aufgenommen, weil man das Ego der Sowjets streicheln wollte. Jackson bestand auf der Aufnahme von Dönitz offenbar nur, weil Hitler ihn zu seinem Nachfolger als Staatschef ernannt hatte – aber im Sinne der Anklageschrift war dieser Umstand für seine Schuld völlig irrelevant. Sobald Keitel auf der Anklagebank saß, machte es wenig Sinn, auch noch Jodl aufzunehmen: Denn Keitel unterstützte Hitler in der Verwaltung des Oberkommandos der Wehrmacht, während Jodl ihm nur als technischer Berater zur Seite stand. Kaltenbrunner schließlich leitete nur einen Teil der SS und reichte daher als alleiniger Vertreter dieser Organisation nicht aus.

Jackson beteiligte seine Mitarbeiter weitgehend an der Abfassung der Anklageschrift, überging sie aber aus irgendeinem Grund bei der Auswahl der Angeklagten. Er und Alderman waren hervorragende Anwälte, aber keiner von beiden kannte sich in Struktur und Hierarchie des Dritten Reiches wirklich aus. Das galt auch für mich, doch immerhin hatte ich mich im Krieg nachrichtendienstlich mit dem Militär und der Diplomatie der Deutschen befaßt und wußte, wo man nach zuverlässigen Informationen Ausschau halten mußte. Trotzdem wurde weder ich noch, soweit ich weiß, irgendeiner meiner Freunde und Altersgenossen in Jacksons Stab während dieser Konferenzen im August zu Rate gezogen. Als ich Ende August gerüchtweise vernahm, was im Gange war, versicherte ich mich der Hilfe von Franz Neumann und verteilte ein Memorandum über die Auswahl von Angeklagten, in dem ich einige Kriterien vorschlug. Aber das einzige Feedback bekam ich auf einer Mitarbeiterbesprechung am 31. August, bei der Jackson sich auf mein Memorandum bezog und dann erklärte, seiner Meinung nach sei »die gegenwärtige Liste nur auf Außenwirkung bedacht. Die Leute in Potsdam haben sich selbst in Schwulitäten gebracht, als sie sich dazu verpflichteten, die Liste vor dem 1. September zu veröffentlichen, ohne uns vorher zu Rate zu ziehen.« Es wäre ihm deshalb »durchaus nicht peinlich, noch andere Angeklagte zusätzlich aufzunehmen, welche die verbrecherischen Organisationen adäquater repräsentieren«. Diese Möglichkeit indes wurde nie realisiert:

Die vierundzwanzig Namen umfassende Liste vom 29. August war und blieb die vollständige Liste der Angeklagten, die vor den Internationalen Militärgerichtshof gestellt wurden.

Größtenteils richteten die Defizite der Liste keinen bleibenden Schaden an. Allerdings gab es eine sehr wichtige Ausnahme: die Verwechslung von Gustav und Alfried Krupp, die ernste und nachhaltige Folgen hatte und die ganz und gar auf die Schlampigkeit des Auswahlverfahrens zurückzuführen war.

Wenn man die ganze Bedeutung dieses Vorgangs begreifen will, sollte man sich daran erinnern, daß Hitler und der Nazismus zwar die vorrangigen Ziele des Nürnberger Prozesses waren, daß es aber auch andere Phänomene der deutschen Entwicklung gab, vor denen man überall Angst hatte und die von aller Welt verurteilt wurden. Sie reichten bis zum Ersten Weltkrieg und noch weiter zurück. In der breiten Öffentlichkeit konzentrierten sich diese Ängste besonders auf zwei Gruppen: die deutschen »Militaristen« und die deutschen Waffenhersteller. Und innerhalb dieser zweiten Gruppe stand ein Name für alle anderen: der der großen Firma Friedr. Krupp in Essen, die 1811 gegründet worden war. Seither war sie stets ein Familienunternehmen der Krupps gewesen, das vom ältesten Mitglied der Familie beherrscht und geleitet wurde.

Zur Zeit des Ersten Weltkriegs hatte sich der Krupp-Konzern zu einem Industrieimperium entwickelt, das Kohlebergwerke, Stahlwalzwerke, Waffenfabriken, in denen Kanonen und später Panzer hergestellt wurden, sowie eine große Schiffswerft umfaßte, die sowohl gepanzerte Überwasserkriegsschiffe als auch U-Boote herstellte. Als Hitler an die Macht kam, konzentrierte sich die Firma Krupp mit geballter Kraft auf die Rüstung der neuen Wehrmacht.

Im Jahre 1902 war die männliche Linie der Krupps abgebrochen, da Friedrich Alfred Krupp zwei Töchter, aber keinen Sohn hinterließ. Die Inhaberschaft des Krupp-Konzerns ging an die ältere Tochter, Bertha Krupp, über, nach der die »Dicke Berta« benannt wurde, eine Kanone mit großer Reichweite. Solche Geschütze hatten Paris im Jahre 1918 unter Beschuß genommen.* 1906 wurde Bertha, vermutlich auf Initiative von Kaiser Wilhelm II., mit dem obskuren deutschen Legationsrat Gustav von Bohlen und Halbach vermählt, und bei der Hochzeit taufte der Kaiser den Bräutigam in Gustav Krupp von Bohlen und Halbach um. Bertha gebar ihm vier Kinder, von denen das älteste – Alfried – 1907 zur Welt kam.

---

* Ursprünglich wurde der Name für die schweren Belagerungskanonen verwendet, die die Deutschen 1914 gegen die belgischen Festungswerke von Lüttich und Namur einsetzten. Diese waren tatsächlich von der Firma Skoda hergestellt worden, aber die Presse hielt sie für Krupp-Erzeugnisse. 1918 griff die Presse den Namen wieder auf und wandte ihn auf die 42-cm-Mörser mit einer Reichweite von über 100 Kilometern an.

Als der Zweite Weltkrieg heranrückte, war Alfried über dreißig, und Gustav ging auf die Siebzig zu. Man sah ihm sein Alter an, und Alfried übernahm mehr Verantwortung in der Leitung von Krupp. 1941 erlitt Gustav einen Schlaganfall, und von da an ging es mit ihm immer weiter bergab. Im November 1943 verzichtete Bertha Krupp offiziell auf ihre Inhaberschaft am Krupp-Besitz zugunsten von Alfried, der als Führer des Konzerns durch einen Erlaß Hitlers, die Lex Krupp, bestätigt wurde.

Vor diesem Hintergrund ist es kein Wunder, daß Jackson an den Familiennamen Krupp dachte, als er sich in seinem Tätigkeitsbericht an Präsident Truman vom Juni verpflichtete, Einzelpersonen »in den Bereichen Finanzen, Industrie und Wirtschaft von Deutschland [zu verurteilen], die ... nachweisbar gemeine Verbrecher sind.« Aber welcher Vorname sollte es nun sein: Gustav oder Alfried?

Die Briten waren offenbar von Anfang an davon ausgegangen, daß es sich um Gustav Krupp handeln müsse, wenn ein Krupp ausgewählt werden sollte. In seinem Memorandum vom 15. August, und zwar im Abschnitt, der sich mit »Krupp von Bohlen und Halbach« befaßt, erwähnt Passant Alfried überhaupt nicht. Passant schrieb:

> Gustav Krupp ist heute 75. *Soweit ich weiß*, gibt es keinen Beweis dafür, daß er jemals irgendeinen Anteil an den außenpolitischen Entscheidungen des Naziregimes oder irgendeiner anderen deutschen Regierung gehabt hat. Außerdem kann man ihm keine direkte Verantwortung für Kriegsverbrechen im engeren Sinne vorwerfen. Solange der Beweis nicht erbracht werden kann, daß er politisch eine Rolle gespielt hat, muß sich die ganze Klage gegen Krupp auf die finanzielle Unterstützung beschränken, die er und seine Kollegen in der Industrie der Nazipartei erwiesen haben ...

Nach Passants Meinung war das völlig unzureichend: Warum sollten Zuwendungen an die Nazipartei verbrecherischer gewesen sein als die Spenden von Vickers an die Konservativen oder von Du Pont an die Republikaner oder Demokraten?

Auf amerikanischer Seite ging man dagegen von einer anderen Voraussetzung aus. In seinem Memorandum vom 23. Juli, in dem er die »Wirtschafts-Klage« darstellte, nahm Frank Shea in seine vorläufige Liste von Angeklagten auch »Alfried Krupp, Vorstandsvorsitzender der großen Waffenfabrik Friedrich Krupp AG und seit 1943 ihr Alleineigentümer« auf.

Rückblickend kommt es einem unfaßbar vor, daß die Briten und Amerikaner bis zur Konferenz der Chefankläger am 23. August, und noch auf dieser Sitzung selbst, nichts davon ahnten, daß die andere Seite jeweils einen anderen Krupp meinte. Im britischen Protokoll der Konferenz wird »Gustav Krupp von Bohlen und Halbach« als einer der Angeklagten geführt. Vielleicht weil Jackson an dieser Besprechung nur mit seinem Sohn teilnahm, gibt es kein amerikanisches Protokoll, aber Jackson ließ seinen leitenden Mitarbeitern ein Memorandum zukommen, in dem er die Ergebnisse zusammenfaßte; und in seiner Liste der Angeklagten steht der Name »Alfried Krupp«. Von Alfried war auch in einem Telegramm die Rede, in dem Jackson die Angeklagten aufführte und das er am 26. August an das amerikanische Außenministerium schickte.

Dann fuhr Jackson nach Italien, und offenkundig war er sich nicht darüber im klaren, daß in den britischen, französischen und russischen Listen der Name Gustav Krupp stand. Shea fiel die Diskrepanz auf, und mit Schreiben vom 25. August unterrichtete er Nikitschenko und Gros darüber, daß Jackson davon ausgehe, daß Alfried benannt worden sei. Alderman hingegen ordnete in einem Austausch von Fernschreiben mit Gordon Dean in Washington am 27. August an, die zu veröffentlichende Liste solle Gustav, nicht Alfried Krupp enthalten.

Es herrschte also ein völliges Durcheinander, und bei ihrer Konferenz am 28. August machten es die Hauptankläger nur noch schlimmer. Alderman berichtete, es habe »gestern einige Verwirrung über den Namen Krupp gegeben. Wir hatten Alfried, den Sohn, auf unserer Liste, die anderen drei Delegationen offenbar Gustav, den Vater. Wir sollten uns auf einen von ihnen einigen.« Sir Hartley Shawcross, dem die Warnung in Passants Memorandum entweder nicht bekannt oder gleichgültig war, erwiderte daraufhin: »Wir haben eine viel stärkere Klage gegen Gustav Krupp.«

Alderman hatte keine Ahnung, was er auf diese Ansicht erwidern sollte: Jackson war in Rom, und Shea flog gerade von Frankfurt nach London zurück. Und darum einigte man sich ohne weitere Diskussion darauf, daß Gustav benannt werden solle, was denn auch geschah, als die Liste am 29. August veröffentlicht wurde.

Die Anklagevertreter haben offenbar zu keiner Zeit Gustav und Alfried Krupp hinsichtlich der ihnen zur Last gelegten Verbrechen miteinander verglichen. Sofern die Betonung hauptsächlich auf der Beteiligung an der Verschwörung zur Einleitung eines Angriffskriegs lag, dann fiel die Wahl eindeutig auf Gustav, denn er war der aktive und verantwortliche Firmenchef während der gesamten Vorkriegszeit sowie in der Frühphase des Krieges gewesen. Lautete die Hauptklage hingegen auf Kriegsverbrechen, dann hätte Alfried der Angeklagte sein sollen, denn die hauptsächlichen Bereicherungsvergehen wie die Ausbeutung von Arbeitskräften in Konzentrationslagern und sonstigen Sklavenarbeitern hatten erst stattgefunden, nachdem Alfried seinen Vater als tatsächliches Familienoberhaupt und – seit 1943 – als Alleininhaber des Krupp-Unternehmens abgelöst hatte. Wäre allerdings beabsichtigt gewesen, beide Anklagepunkte durchzudrücken, dann hätten beide Männer angeklagt werden müssen. Diese Faktoren waren eigentlich überhaupt nicht kompliziert, aber sie wurden nie artikuliert, geschweige denn in Betracht gezogen.

Doch der Mangel an Sorgfalt war sogar noch viel krasser als nur die Tatsache, daß man diese Vergleiche einfach unterlassen hatte. Es gibt durchaus Männer, die mit Fünfundsiebzig noch fit sind, aber viele sind es eben nicht. In den vielen Monaten, in denen die Nürnberger Prozesse geplant wurden, hielt sich Gustav Krupp in der Familienvilla im österreichischen Bluhnbach auf – bettlägerig, in einem fortgeschrittenen Stadium von Altersschwäche, unfähig zu sprechen, inkontinent und völlig außerstande, einen Prozeß durchzustehen.

Der Fall Krupp war also eine ziemlich üble Angelegenheit, an der die Amerikaner keineswegs unschuldig waren. Auf Privatpersonen kann das Kriegsrecht genauso wie auf Soldaten und Staatsbeamte angewendet werden, und für Jackson waren die Klagen gegen deutsche Industrielle ein ganz wichtiger Teil der Anklage. Schließlich hatte er ja auch als erster den Namen Krupp vorgeschlagen, und darum hätte er klare Anweisungen in der Frage Alfried oder Gustav hinterlassen sollen, bevor er sich unerreichbar nach Italien begab. Alderman wiederum hätte nicht so bereitwillig annehmen dürfen, daß die Briten recht hatten, und er hätte sich selbst besser auf die Besprechung vom 28. August vorbereiten oder zumindest einen Aufschub verlangen müssen, um Jackson oder Shea zu Rate zu ziehen.

In erster Linie freilich waren die Briten, insbesondere Shawcross, für diese verhängnisvolle Situation verantwortlich. Essen und die Krupp-Zentrale befanden sich in der britischen Besatzungszone Deutschlands. Die Briten hatten die Krupps und ihren Besitz in ihrer Gewalt. Oberst Harry Phillimore und Major Airey Neave, zwei Anwälte im Dienste des BWCE, waren in Essen stationiert, um die Akten in der Villa Hügel, dem Sitz der Familie Krupp, zu untersuchen. Es ist erstaunlich – und muß als unverzeihlicher Fehler gelten –, daß niemand im oder in Verbindung mit dem BWCE sich die Mühe gemacht hatte, Auskünfte über Gustavs Gesundheitszustand einzuholen, was durch eine simple Befragung irgendeines Familienmitglieds der Krupps oder ihrer Bediensteten ohne weiteres möglich gewesen wäre.

Kurz nachdem die Liste der Angeklagten verkündet worden war, wurde Phillimore und Neave der Fehler bewußt. Bis zum 1. September hatte Neave schon »fast eine Tonne von Krupp-Dokumenten gefunden«, aber »kaum Beweise gegen Gustav Krupp selbst«, und er war verblüfft darüber, daß »wir es noch immer auf Gustav abgesehen hatten, obwohl doch Alfried seit 1943 Alleininhaber der Firma war«. Im Laufe dieses Monats schrieb Phillimore an das britische Außenministerium:

> Ich muß gestehen, daß ich einigermaßen erstaunt darüber bin, daß Gustav Krupp ausgewählt wurde, da er nach meinen Informationen doch schon praktisch tot ist. Jedenfalls hat die Familie bereits in der Villa (Hügel) die Trauerkleidung zusammengesucht, und ich glaube, daß auch die Testamentseröffnung schon stattgefunden hat. Ich würde meinen, daß man Alfried, der genauso tief verstrickt war, viel eher hätte vor Gericht stellen können.

Zu jener Zeit wäre es noch immer ohne weiteres möglich gewesen, die Liste der Angeklagten zu revidieren und Gustav Krupp (wenn sich seine Rechtsunfähigkeit herausstellen sollte) durch Alfried oder andere verstrickte Industrielle zu ersetzen. Aber nichts deutet darauf hin, daß Phillimores Warnung in London beachtet wurde.

Die nachhaltigen Auswirkungen dieses Fiaskos werden zu gegebener Zeit dargestellt. Hier genügt die Feststellung, daß Alfried Krupp sehr viel Glück gehabt hat; denn wäre er namentlich benannt worden, dann wäre er fast mit Sicherheit verurteilt und vom Internationalen Militärgerichtshof sehr hart bestraft worden. In diesem Fall hätte eine spätere Begnadigung das Einverständnis aller vier Besatzungsmächte erfordert, und es ist höchst unwahrscheinlich, daß die Russen und die Franzosen sich für ihn verwendet hätten.

6

Ende August kehrte Jackson aus Rom zurück. Er war hoch erfreut über das Interesse des Papstes an den Kriegsverbrechen und hatte ein Memorandum von Mitarbeitern des Vatikans über die Verfolgung katholischer Priester durch die Nazis mitgebracht. Bei einer Mitarbeiterbesprechung am 31. August vormittags unterrichtete uns Jackson darüber, daß er London noch am Nachmittag verlassen und sich fast zwei Wochen in den USA aufhalten werde – hauptsächlich um die Berufung der amerikanischen Mitglieder des Tribunals seitens des Präsidenten voranzutreiben. Er hatte gehofft, daß Richter Owen Roberts, der gerade aus dem Obersten Bundesgericht ausgeschieden war, eine derartige Berufung annehmen würde, aber das war nunmehr wohl nicht wahrscheinlich. Ich wagte die Frage zu stellen, ob es klug sei, daß sich die Anklagevertretung an der Wahl der Richter beteilige. Jackson gab zu, daß dies ein Problem sei, meinte aber, daß er »nicht sehe, wie er es vermeiden könne, dabei die Hand im Spiel zu haben«.

Dann begab sich Jackson zu einer Konferenz der Hauptankläger, die auf seinen Wunsch hin einberufen worden war und bei der er den Gebrauch eines von IBM neu entwickelten Tonsystems zur Simultanübersetzung mehrsprachiger Veranstaltungen vorschlagen wollte. Wenn es für die Sitzungen des Tribunals verwendet werden könnte, würde es die Prozesse erheblich verkürzen, und daher war jeder dafür, wenn es auch wirklich funktionierte. Dann nahm Jackson die Gelegenheit wahr, seinen Kollegen eindringlich vor Augen zu führen, wie wichtig es sei, ihre jeweilige Regierung dazu zu bewegen, herausragende Juristen für das Tribunal zu berufen, und schließlich verriet er, daß er vorhabe, über diese Angelegenheit mit Präsident Truman zu sprechen.

Wenn Jackson gehofft hatte, die Auswahl beeinflussen zu können, so wurde er enttäuscht; denn als er mit Truman am 5. September zusammenkam, eröffnete ihm der Präsident, er wünsche Francis Biddle zu berufen, den früheren

Justizminister, der auf Trumans Wunsch etwa sechs Wochen nach Roosevelts Tod zurückgetreten war. Der Präsident gab offen zu, er wolle Biddle für diese abrupte Demission entschädigen, und Jackson blieb nichts anderes übrig als zuzustimmen. Dann gestand Truman, daß Außenminister Byrnes, der aus South Carolina stammte, einen Richter aus diesem Staat zum alternierenden Mitglied des Tribunals berufen wolle. Demgegenüber schlug Jackson John J. Parker vor, der aus North Carolina kam und Vorsitzender des Bundesberufungsgerichts für den Vierten Bezirk und ein herausragender Jurist war.* Truman akzeptierte diesen Vorschlag.

Ungeachtet seiner freundschaftlichen persönlichen Beziehungen zu Biddle war Jackson über die Wahl enttäuscht. Biddle hatte ein paar Monate als Richter an einem Bundesgericht gearbeitet, aber nie ein Hehl aus seiner Abneigung gegenüber dem Richteramt gemacht; und als Jackson Justizminister wurde, hatte Biddle gern dem Gerichtssaal den Rücken gekehrt, um Jacksons Position als Stellvertretender Justizminister zu übernehmen. Als Jackson ans Oberste Bundesgericht berufen wurde, wurde Biddle sein Nachfolger im Amt des Justizministers. Darum behandelte ihn Jackson in beruflicher Hinsicht als Jüngeren, obgleich Biddle tatsächlich sechs Jahre älter war. Biddle war im Grunde ein fähiger Anwalt und ein reizender Mann, galt aber allgemein nicht gerade als bedeutender Jurist. Er war jedenfalls nicht die prestigeträchtige juristische Persönlichkeit, die Jackson zu gewinnen gehofft hatte.

Biddle verdankte seine Wahl vermutlich Byrnes, mit dem er während des Krieges eng zusammengearbeitet hatte und der Biddle anrief, um ihm die Berufung anzubieten. Biddle, den seine Untätigkeit ganz nervös gemacht hatte, nahm ohne zu zögern an, unter der Bedingung, daß seine Frau ihn begleiten dürfe. Zu jener Zeit war es Amerikanern, die im besetzten Deutschland und Österreich ihren Dienst versahen, untersagt, ihre Familien mitzunehmen, aber Truman gab Biddle eine Vollmacht, die sich allerdings nicht gleich als wirksam erwies, was am Ende zu Reibereien zwischen Biddle und Jackson führte. Dagegen nahm Parker nur zögernd an – es beunruhigte ihn, »sein Zuhause und sein angenehmes, klar definiertes Leben« aufgeben zu müssen, und er meinte, »als alternierendes Mitglied wäre er nichts weiter als eine Null ohne Stimmrecht«. Biddle versicherte ihm, »abgesehen vom Stimmrecht sei sein Status identisch mit meinem«, und auf dieser Basis willigte Parker ein, nach Nürnberg mitzugehen.

* Parker war Republikaner und von Präsident Hoover 1930 für eine Berufung ans Oberste Bundesgericht nominiert worden. Seine Bestätigung durch den Senat scheiterte an einer einzigen Stimme, was weitgehend auf die Opposition der Gewerkschaften wegen einer antigewerkschaftlichen Entscheidung Parkers zurückzuführen war. Tatsächlich hatte sich der Vierte Bezirk aber nur an eine Vorschrift gehalten, die kurz zuvor vom Obersten Bundesgericht erlassen worden war.

7

Inzwischen konzentrierte sich die Tätigkeit der amerikanischen Anklagevertretung ganz auf Nürnberg. Oberst Gill als Leitender Offizier und das für das Nürnberger Projekt abkommandierte Armeepersonal waren eifrig damit beschäftigt, die Kriegsschäden am Neuen Justizgebäude und am Grand Hotel zu beheben, den Gerichtssaal umzubauen und zu vergrößern sowie Unterkünfte zu beschaffen, um Hunderte von Anwälten und anderen Mitarbeitern unterzubringen, die bald in die schöne, aber so traurig zugerichtete alte Stadt einfallen würden. Jackson hatte uns gegenüber erklärt, daß er nach seiner Rückkehr aus Washington in London nur eine Stippvisite einlegen und dann mit dem Großteil des Stabs nach Nürnberg weiterreisen werde. Am 1. September begann Bill Jackson, die Akten seines Vaters dorthin zu schaffen. Anfang September gingen Storey, Amen und die meisten Angehörigen der Pariser Gruppe nach Nürnberg.

Da Shawcross der einzige ordnungsgemäß berufene Hauptankläger in der Stadt war und Frankreich und die Sowjetunion nur durch Ersatzleute vertreten waren, wurde die Arbeit in London zunehmend halbherziger betrieben. Auch ich langweilte mich und war durch die Sitzungen des Unterausschusses über Kriegsverbrechen nur ungenügend beschäftigt. Und weil ich die unter meinen Kollegen verbreitete Unlust verstand, ließ ich ein Memorandum herumgehen, das die Überschrift trug: »Wir machen uns alle Sorgen.« Darin war die Rede von der Unzufriedenheit mit der veröffentlichten Liste der Angeklagten, von der Tatsache, daß es praktisch unmöglich wäre, sich mit allen Hauptverdächtigen in einem einzigen Prozeß zu befassen, sowie von der Schwierigkeit, eine Anklageschrift zu entwerfen, wenn man nur einen kleinen Teil des Beweismaterials in der Hand hat: »Man sollte doch die Augen nicht vor der Tatsache verschließen, daß die Beweisgrundlage dieses Falles wahrscheinlich erst am Ende des Prozesses oder der Prozesse selbst breiter (und zuweilen auch enger) wird.«

Zur Lösung dieser Probleme schlug ich vor, man solle die Absicht aufgeben, nur einen einzigen Prozeß abzuhalten, und statt dessen eine Reihe von Prozessen ins Auge fassen, wobei man mit Angeklagten, gegen die bereits zwingende Beweise vorlägen, beginnen und später dann mit anderen Angeklagten weitermachen solle, für deren Fälle mehr Zeit erforderlich sei, um das Beweismaterial zusammenzutragen und die Anklagen zu formulieren. Mein Memorandum wurde innerhalb des amerikanischen Mitarbeiterstabs eingehend diskutiert und fand auch einige Zustimmung. Im Hinblick auf den gesamten Komplex der Nürnberger Prozesse von 1945 bis 1950 spielte sich schließlich ja auch etwas ab, das meinen Vorschlägen weitgehend entsprach. Aber was den Prozeß vor dem Tribunal betraf, das man damals gerade im Sinne hatte, so kamen diese Ideen zu spät. Darüber hinaus besteht kein Zweifel daran, daß eine Reihe kleinerer Prozesse bei weitem nicht so viel

Eindruck auf die Öffentlichkeit gemacht hätten wie ein einziger großer Prozeß gegen die Angeklagten mit den bekanntesten Namen wie Göring, Heß und Ribbentrop. Und so, wie die Dinge damals lagen, tat Jackson durchaus recht daran, meine Vorschläge abzulehnen.

Ein sinnvolleres Projekt entwickelte sich, als mir zunehmend klarer wurde, daß die Vertretung der Anklage personell nur unzureichend ausgestattet war, um sich mit den angeklagten Militärs zu befassen: Göring, Keitel, Jodl, Dönitz und Raeder. Selbst die Anwälte in Uniform hatten nur wenig oder gar nichts mit der militärischen Organisation der Deutschen, ihrer Schlachtordnung oder verwandten Themen zu tun gehabt. Ich meinte, daß eine kleine Gruppe von Experten das Anklageteam erheblich verstärken würde und daß sich einige Offiziere vom britischen Nachrichtendienst, mit denen ich zusammengearbeitet hatte, dafür hervorragend eignen würden.

Als Kopf einer derartigen Gruppe schwebte mir mein Freund Peter Calvocoressi vor, der sowohl Anwalt als auch ein außergewöhnlich fähiger Luftabwehroffizier war. Interessanterweise befanden sich unter den amerikanischen Abwehroffizieren viele, wenn nicht sogar eine Mehrheit, die im Zivilleben Anwälte waren, während es beim britischen Nachrichtendienst nur ganz wenige Anwälte gab. Calvocoressi war da eine Ausnahme, aber nach dem Krieg gab er seine juristische Laufbahn auf und machte sich einen Namen als Lektor, Historiker und Publizist.

Ende August legte ich Jackson meinen Vorschlag vor, und bei der Konferenz der Hauptankläger am 31. August wurde er angenommen, vorbehaltlich des Einverständnisses der britischen Abwehrdienste. Am 11. September erschien ich vor dem Vermittlungsausschuß des Joint Intelligence Committee und erzielte eine Vereinbarung darüber, daß »eine kleine Ermittlungsabteilung den Hauptanklägern von Kriegsverbrechern, die im Auftrag Großbritanniens, Amerikas, Frankreichs und der UdSSR tätig sind, zur Verfügung gestellt werden und fachmännische Auskunft über Organisation und Methoden der deutschen Streitkräfte und der Polizei erteilen soll«. Innerhalb von ein paar Wochen war die Gruppe zusammengestellt und verwaltungsmäßig dem amerikanischen Anklageteam unterstellt. Calvocoressi sollte dann später eine wichtige Rolle bei der Anklage gegen den »Generalstab und das Oberkommando der deutschen Streitkräfte« als einer verbrecherischen Organisation spielen.

Am 11. September erfuhr Alderman, daß Jackson am nächsten Tag nach London kommen, aber bereits am 13. nach Nürnberg weiterreisen und dann dort bleiben wolle. Alderman, Shea und alle anderen, die an der Anklageschrift arbeiteten (und das waren fast alle Anwälte), sollten mit ihm gehen. Das warf unerwartete Probleme auf. Weder der französische noch der sowjetische Hauptankläger waren bislang bestellt worden, aber wir wußten, daß sie nach London kommen würden. Die Briten wollten die Arbeit an der Anklageschrift in London abschließen. Auch ich war noch nicht mit den Arrangements für die Calvocoressi-Gruppe fertig.

Am 12. September berief Alderman eine Mitarbeiterbesprechung ein, die dazu führte, daß er, Shea und ich gemeinsam ein ziemlich unverblümtes Memorandum an Jackson unterzeichneten, demzufolge es unbedingt erforderlich sei, sowohl eine Mitarbeiterbesprechung als auch eine Konferenz der Hauptankläger abzuhalten, um diese Angelegenheiten vor seiner Abreise nach Nürnberg zu regeln. Wie sich herausstellte, bestanden auch die Briten auf einer Besprechung der Ankläger, zumal sich der neuernannte französische Hauptankläger François de Menthon zu diesem Zweck in London aufhielt.

Jackson traf am späten Abend des 12. September in London ein, und so gab es keine Gelegenheit zu einem Meinungsaustausch mit den Mitarbeitern vor der Konferenz der Hauptankläger am darauffolgenden Vormittag. De Menthon gab sein Debüt, begleitet von Gros und einem halben Dutzend weiterer Helfer: Er sah ein wenig wild drein, gab aber nichts Neues von sich. Herr Iwanow, Rechtsberater an der sowjetischen Botschaft, war der einzige russische Vertreter. Jackson hatte seinen Sohn und Alderman dabei. Shawcross, Fyfe und Barnes waren vollzählig erschienen; Shawcross hatte den Vorsitz inne, und nachdem er de Menthon begrüßt hatte, sprach er sich entschieden dafür aus, daß die vier Delegationen in London zusammenbleiben sollten, um die Anklageschrift abzuschließen.

Jackson verkündete die Berufung von Biddle und Parker für das Tribunal, und dann verließ Shawcross die Sitzung – zu früh, um noch mitzubekommen, wie Jackson seine dringende Bitte, in London zu bleiben, kategorisch zurückwies: »Meiner Ansicht nach sollten wir unsere Zeit nicht in London verschwenden. Der Fall wird schließlich in Nürnberg verhandelt ... Ich werde umgehend nach Nürnberg fahren.« Er schloß mit der Erklärung, es wäre »ein großer Fehler, in Berlin eine Konferenz abzuhalten« – ungeachtet der Tatsache, daß Artikel 22 der Charta ausdrücklich forderte: »Die ersten Sitzungen der Mitglieder des Gerichtshofes und der Generalstaatsanwälte finden in Berlin ... statt.«

Doch Jackson gelang es nicht, die anderen Ankläger umzustimmen, die einhellig darauf bestanden, daß die Charta das Treffen in Berlin verlange, und meinten, daß die Delegationen vorerst in London bleiben sollten. Iwanow war nicht befugt, für sein Land zu sprechen, erklärte aber, er erwarte, daß Nikitschenko »morgen oder übermorgen« nach London zurückkehren werde. Angesichts von Jacksons Unnachgiebigkeit einigten sich Fyfe und de Menthon allerdings darauf, in der darauffolgenden Woche Nürnberg zu besuchen oder Verbindungsteams hinzuschicken. Jackson seinerseits gestand zu, er würde »versuchen, entsprechendes Personal hierzulassen, das alle noch verbleibenden Arbeiten erledigen kann« – eine ziemlich geringschätzige Reaktion auf den erklärten Beschluß der anderen Hauptankläger, ihre Arbeit an der Anklageschrift in London fortzusetzen. Die nächste Besprechung wurde für den darauffolgenden Montag, den 17. September, anberaumt.

Jackson kehrte dann in die Mount Street zurück und verkündete, er gedenke, in Bälde abzureisen, und eine etwaige Mitarbeiterbesprechung müsse daher sofort abgehalten werden. Shea war beim Essen, und die Kaplans konnten nicht gefunden werden, so daß Alderman, James Donovan und ich die einzigen verfügbaren leitenden Mitarbeiter waren. Jackson wies Alderman an, in London zu bleiben, um an der nächsten Besprechung der Hauptankläger teilzunehmen, entschied aber, daß die übrigen Mitarbeiter, die mit der Anklageschrift befaßt seien, »so bald wie möglich« nach Nürnberg kommen sollten. Mir erteilte er keine speziellen Instruktionen, aber da ich nur an den Anklagepunkten »Kriegsverbrechen« und »Verbrechen gegen die Menschlichkeit« gearbeitet hatte und ohnehin klar war, daß die Ausschüsse 2 und 3 auch weiterhin in London zusammenkommen würden, lag es auf der Hand, daß ich in London bleiben würde, solange es erforderlich wäre. Dann reiste Jackson ab, und drei Tage später folgten ihm Shea* und etwa fünfzehn weitere Mitarbeiter nach Nürnberg.

Damals war die Tatsache, daß Jackson sich nach der Unterzeichnung der Charta fünf Wochen lang nicht um die Anklageschrift kümmerte und angesichts der Entscheidung der anderen Chefankläger, in London zu bleiben, darauf bestand, nach Nürnberg zu gehen, für die anderen Delegationen wie für seine eigenen Mitarbeiter unerklärlich. Jacksons Verhalten stieß alle vor den Kopf. Im nachhinein allerdings sind seine Absichten klar zu erkennen und großenteils vernünftig. Der Vorwurf der Verschwörung erforderte eine Darstellung von Ursprung und Verlauf der Verschwörung und einen Nachweis ihrer Strafbarkeit, wofür Beweise erbracht werden mußten. Derartige Beweise sammelten sich im Juli an, und dieser Zustrom hielt während des Sommers und im Herbst an. Jacksons Einschätzung, daß die Beweisgrundlage für den endgültigen Entwurf der Anklageschrift nicht vor Mitte September gegeben sei, war begründet, und dieses Beweismaterial befand sich zum größeren Teil in Nürnberg.

Aber mit Sicherheit hatte er noch andere Beweggründe. Jackson hatte nicht gern mit den Russen und den Franzosen zu tun, und selbst bei den Briten war ihm nicht ganz wohl zumute. Es war für ihn schon eine große Belastung gewesen, eine brauchbare Vereinbarung für die Charta zu erreichen, und so mußte ihn der Gedanke an ein vergleichbares Gerangel wegen der Anklageschrift mit Abscheu erfüllt haben. Jackson war sicher, daß er und seine Mitarbeiter in Nürnberg bessere Arbeit leisten konnten, wo es in den nächsten paar Wochen höchstens ein paar Besuche von den Briten und vielleicht noch von den Franzosen geben würde. Fyfe sah, was da vorging, und bemerkte bei der Besprechung vom 13. September: »Ich meine, daß die Anklageschrift in ihrer endgültigen Form in Nürnberg erstellt werden muß.«

---

* Shea war kaum in Nürnberg eingetroffen, als er erfuhr, daß sein Vater gestorben sei. Er flog in die USA und kehrte erst Anfang Oktober nach Nürnberg zurück.

Und im Hinblick auf den größeren Teil der Anklageschrift traf dies denn auch ein.

Letzten Endes gehörte die frühe Übersiedelung nach Nürnberg zu Jacksons Strategie, den Amerikanern die Kontrolle über die Anklage zu sichern. Am 17. September, als er sich noch in seiner neuen Domäne häuslich einrichtete, schickte Jackson ein Memorandum an Storey, das mit den folgenden Sätzen schloß:

> Ich glaube nicht, daß eine Aufteilung der Arbeit zu empfehlen ist, angesichts der Situation, in der wir uns mit unseren Kollegen von der Anklagevertretung befinden. Offen gesagt, ich denke, wir müssen Ausschuß 4 als Basis benutzen, um den Großteil des Falles unter amerikanischer Kontrolle zu halten. Darum meine ich, ... daß Ausschuß 4 in erster Linie dafür zuständig sein muß, die Klage in all ihren Aspekten hinsichtlich der Fragen der Verschwörung für einen gemeinsamen Plan und der Verantwortung von Einzelpersonen wie von Organisationen zu entwickeln.

Es war eigentlich paradox, daß er ausgerechnet »Ausschuß 4« zum Sitz der Macht erklärte. Jackson war Vorsitzender dieses Komitees, aber seit dem 16. August hatte er keine einzige Sitzung einberufen. Der Ausschuß hatte ein einziges Mal in seiner Abwesenheit getagt und sollte nie wieder zusammenkommen. »Ausschuß 4« stand also für »Jackson«.

Er war an diesem Tag (dem 17. September) so richtig in seinem Element, hatte er doch auch noch in einem Telegramm an Präsident Truman seine Entrüstung darüber zum Ausdruck gebracht, daß die sowjetische Regierung ihren Ankläger abkommandiert, aber noch keinen Ersatzmann benannt habe und daß die Russen bislang weder Beweismaterial beschafft noch einen Mitarbeiterstab auf die Beine gestellt hätten. Jackson ging sogar so weit, dem Präsidenten nahezulegen, wenn sich das Ganze zu lange hinzöge, solle er einen amerikanischen Militärausschuß einberufen, der die Anklagen anstelle des Internationalen Militärgerichtshofs erledigen könne. Zum Glück für das Nürnberg-Projekt traf der neue sowjetische Ankläger am selben Tag in London ein, so daß Jackson sich anderen Ärgernissen zuwenden konnte, während Alderman die Dinge durch einen Anruf im Außenministerium wieder zurechtrücken mußte.

8

Als immer mehr Mitarbeiter London verließen, ging es in den Büros in der Mount Street geruhsamer zu, und die Atmosphäre wurde entspannter. Sidney Alderman (den Jackson als Büroleiter zurückgelassen hatte) und ich nützten den nachlassenden Druck, um unsere Bekanntschaft zu vertiefen. Ich war bereits zu dem Schluß gekommen, daß sein Gespür für das Verhalten und die Stimmung anderer ihn zu einem ausgezeichneten Diplomaten machte. Er neigte vielleicht nicht gerade dazu, Anweisungen in Frage zu stellen, und ging Unannehmlichkeiten lieber aus dem Weg, aber wenn es darauf ankam, konnte er auf eine höfliche Art und Weise ziemlich deutlich werden. In Gesellschaft war er höchst liebenswürdig und konnte, wie viele Südstaatler, eine lustige Geschichte nach der anderen zum besten geben. Er liebte die Musik und spielte ganz passabel Geige; ich teilte seinen musikalischen Geschmack, und als ich ihm dabei behilflich war, sich einen langgehegten Wunsch zu erfüllen, nämlich eine Barockgeige von einem guten italienischen Hersteller zu erwerben, wurden wir unzertrennliche Freunde. Ich verfüge über ein gutes Gehör, und das kostete Sidney ein paar hundert Pfund, als ich ihm versicherte, daß die teurere der beiden Violinen (eine Mariani), deren Kauf er erwog (bei der berühmten Londoner Firma Hill & Sons), eindeutig die bessere sei. Damals war ich ein ganz passabler Klavierspieler, und wir erlebten eine Reihe von herrlichen Abenden miteinander, als wir Mozart- und Beethoven-Sonaten spielten, im alten (inzwischen verschwundenen) Sassoon-Haus gegenüber dem Dorchester-Hotel in der Park Lane, das damals als Offiziersmesse für die höheren amerikanischen Chargen in London diente.

Angeregt durch Jacksons neuerwachtes Interesse an der Anklageschrift, verteilte Alderman an die anderen Delegationen eine umfangreiche Zusammenstellung von Arbeitsmaterialien, die unser Stab produziert hatte und die vielleicht eine sachliche Basis für den Entwurf der Verschwörungsklage abgeben konnten. Die Briten verwendeten es prompt – sie erarbeiteten einen Rohentwurf der Anklagepunkte Eins (Verschwörung) und Zwei (Angriffskrieg) und kombinierten ihn mit Roberts' Entwurf der Anklagepunkte Drei (Kriegsverbrechen) und Vier (Verbrechen gegen die Menschlichkeit), der auf den Dokumenten beruhte, die für die Ausschüsse 2 und 3 erstellt worden waren. Diese allgemeine Struktur erhielt die Anklageschrift schließlich auch, aber Fyfes Entwurf war nach amerikanischen Maßstäben so lapidar und trocken, daß es nach unserer Überzeugung noch einiger Ausweitungen und Veränderungen bedurfte.

Obwohl Iwanow am 13. September versichert hatte, daß Nikitschenko bald zurückkehren werde, erfuhr Alderman tags darauf von den Franzosen, nicht Nikitschenko würde als sowjetischer Hauptankläger fungieren, sondern Roman A. Rudenko, der Generalstaatsanwalt der ukrainischen Sowjetrepublik. Wir lernten ihn bei der Konferenz der Hauptankläger am 17. September kennen – einen gedrungenen, blassen Mann in der braunen Uniform des sowjetischen Außenministeriums, deren Epauletten ihn als Generalleutnant auswiesen, einen Rang höher als Generalmajor Nikitschenko. Rudenko erschien in Begleitung seines Stellvertreters, Oberst Juri Pokrowski, Iwanows und einer jungen Dolmetscherin, die sich selbst als Fräulein Dmitrijewa vorstellte.

Die Sitzung, die wegen der Erörterung des angloamerikanischen Entwurfs der Anklagepunkte Eins und Zwei einberufen worden war, nahm keinen guten Verlauf. De Menthon und Rudenko hatten keine Ahnung von den langwierigen Verhandlungen, die zur Charta geführt hatten, und de Menthon wiederholte viele der gleichen Argumente gegen den Anklagepunkt »Angriffskrieg«, die Falco und Gros bereits früher vorgebracht hatten. Fyfe mußte die Sitzung verlassen, und Roberts war als Vorsitzender streitsüchtig und herrisch. Fräulein Dmitrijewa war zwar eine reizende Person, aber der Aufgabe, juristische Begriffe zu übersetzen, in keinster Weise gewachsen – eine Diskussion mit Rudenko war, wie Alderman es formulierte, wie eine Unterhaltung durch eine doppelte Matratze. Jede Übersetzung von Rudenkos Bemerkungen wurde mit den Worten eingeleitet: »General Rudenko sagt, er serr froh mit Ihnen zu sein in dieße errenwerte Arbeit.«

Rudenko legte jedoch einen großen Stapel Beweismaterial von der sowjetischen Außerordentlichen Staatlichen Kommission für Kriegsverbrechen vor, zusammen mit ein paar beschlagnahmten deutschen Dokumenten. Abgesehen von diesen war leider alles in russischer Sprache verfaßt, und außerdem gab es nur ein Exemplar.

Am 18. September waren Fyfe, Barnes und Sir Frank Soskice (der zweite Kronanwalt) zugegen, Roberts blieb ruhig, und so lief alles viel besser. Ein neues Gesicht am Konferenztisch war Major Elwyn Jones, ein junger Anwalt und Parlamentsabgeordneter der Labour-Partei, der gerade als untergeordnetes Mitglied ins britische Anklageteam aufgenommen worden war. Fyfe hatte einige Änderungen im Entwurf zu den Anklagepunkten Eins und Zwei vorgenommen, die de Menthon und Rudenko offenbar besänftigten. Fyfe und de Menthon gaben bekannt, daß sie vorhatten, gegen Ende der Woche nach Nürnberg zu fahren, um die Anklageschrift mit Jackson zu besprechen. Rudenko erklärte, er werde noch mindestens zwei Wochen in London bleiben. Alderman, der vergeblich versucht hatte, den Schauplatz für künftige Besprechungen nach Nürnberg zu verlegen, bemerkte, er werde am nächsten Morgen dorthin übersiedeln und ich würde dann als Jacksons Vertreter in London bleiben.

Am nächsten Tag flogen Alderman und siebzehn weitere Mitarbeiter nach Nürnberg, und zum zweitenmal war ich für die Nachhut verantwortlich, die diesmal auf gut dreißig Mitglieder, einschließlich von etwa einem Dutzend Anwälten, zusammengeschrumpft war. An der Anklageschrift arbeiteten nun mit mir John Hazard, in späteren Jahren mein Fakultätskollege an der Columbia Law School, der fließend Russisch sprach, und Major Loftus Becker, ein New Yorker Anwalt, der während des Krieges zu meiner Abwehrgruppe gehört hatte. Als Bernays ging, hatte ich seine fähige und sehr attraktive Sekretärin, Miß Betty Stark, übernommen. Auch Peter Calvocoressi stand zur Verfügung, obwohl er noch nicht offiziell dazugehörte, und befaßte sich mit Problemen, die auftauchen würden, wenn man entschied, den deutschen Generalstab unter Anklage zu stellen.

Als die Ausschüsse 2 und 3 am 22. September zusammenkamen, hatte Soskice den Vorsitz inne, und alles verlief glatt. Ich nahm mit Hazard daran teil, der das von Rudenko beschaffte sowjetische Material übersetzte, und wir verteilten eine Neufassung von Roberts' Entwurf zu den Anklagepunkten »Kriegsverbrechen« und »Verbrechen gegen die Menschlichkeit«, der auf Ideen basierte, über die Alderman und ich vor seiner Abreise diskutiert hatten.

Fräulein Dmitrijewa dolmetschte allmählich etwas besser, aber ihr unterliefen oft die komischsten Fehler, was jedesmal zu Heiterkeit Anlaß gab, die sie mit großartigem Humor hinnahm. Allerdings war sie auch ein Ausbund an Korrektheit, und als jemand am Tisch den Ausdruck »das Kind mit dem Bad ausschütten« gebrauchte, errötete sie bis zu den Haarwurzeln und erklärte streng: »Ich werrde das nicht übersetzen – es iist nicht *nett.*« Hazard erklärte diese Redewendung auf russisch zu Oberst Pokrowskis Zufriedenheit, aber die Dame schien noch immer ganz beunruhigt von der Vorstellung zu sein, wie ein nacktes Baby aus einer Badewanne purzelte. Alles in allem war diese Sitzung so angenehm wie nützlich, da der uns zugewiesene Anteil an der Anklageschrift allmählich Gestalt annahm.

Aber bei der Zusammenarbeit über den Entwurf des Anklagepunktes »Verschwörung« stießen wir bald auf Schwierigkeiten. Fyfe und de Menthon gingen nach Nürnberg, und Fyfe hatte den angloamerikanischen Entwurf dabei und traf sich mit Jackson und Alderman am 21. September. Fyfe glaubte, daß Jackson das »allgemeine Schema« des Londoner Entwurfs für »nicht unakzeptabel« halten und sich nur einige Kürzungen vorbehalten werde.

Aber gerade als Fyfe am Abend des 22. September nach London zurückkehren wollte, überreichte ihm Jackson eine überarbeitete Fassung der Verschwörungsklage, die Jackson eigenhändig erarbeitet hatte, ohne auf den Londoner Entwurf Bezug zu nehmen. Er hätte sich kaum einen ärgerlicheren Zeitpunkt aussuchen können, denn Fyfe hatte gerade erst zwei Tage mit Jackson verbracht und war mit ihm den Londoner Entwurf durchgegangen, wobei er den Eindruck gehabt hatte, daß er als Diskussionsgrundlage akzeptiert worden war – und nun war diese Zeit fast verschwendet, sollte dieser Entwurf durch Jacksons eigenen ersetzt werden. Und den hatte Jackson auch noch so spät vorgelegt, daß eine sinnvolle Diskussion vor Fyfes Abreise nicht mehr möglich war. Fyfe war ein sehr geduldiger Verhandlungspartner, aber das war einfach zuviel, und als er wieder in London war, machte er seinem angestauten Ärger Luft, und das bekam auch ich teilweise zu spüren.

Als erste hatten die Briten ihre Verbesserungen an der Anklageschrift abgeschlossen, und diesmal entschieden sie sich dafür, die Verhandlungen in Nürnberg Patrick Dean vom Außenministerium anzuvertrauen, dem Robert Scott-Fox und Oberst Phillimore assistierten. Sie waren froh darüber, daß der amerikanische Entwurf »eine große Verbesserung gegenüber allen früheren US-Texten« darstellte. Die Verhandlungen verliefen gut, und am

28. September wurde volle Übereinstimmung über die Anklagepunkte »Verschwörung« und »Angriffskrieg« erzielt.

Bereits einen Tag zuvor hatten die Hauptankläger erneut konferiert, und Soskice versuchte Einigung zu erzielen für eine erneute Konferenz in der darauffolgenden Woche, an der auch Jackson teilnehmen und auf der der Text der Anklageschrift verabschiedet werden sollte. Am 5. oder 6. Oktober sollte dann das vom Mandat vorgeschriebene Treffen in Berlin stattfinden, auf dem die Anklageschrift unterzeichnet und bei der Eröffnungssitzung des Tribunals eingereicht werden würde. Aber am 27. September hatte Jackson bereits vor der Konferenz mit mir telefoniert und mir aufgetragen, die anderen auf seine Bedenken hinzuweisen, man könne zwar davon ausgehen, daß sich Briten und Amerikaner auf die Anklageschrift einigen würden, aber sicher sei das noch nicht; außerdem könnten die amerikanischen Richter möglicherweise nicht vor dem 10. Oktober nach Berlin kommen. Zu diesem Zeitpunkt erschien Sir Hartley in der Sitzung und bat mich, »Richter Jackson zu überreden, sich an den britischen Zeitplan zu halten«. Ich sagte, ich würde mein Bestes tun, verschwieg aber wohlweislich, was mir zu dieser Zeit längst klar war, nämlich daß Jackson ein Mann war, der in erster Linie auf seine eigenen Berater hörte und der sich weder durch Schmeichelei noch durch Kritik von außen so leicht beeindrucken ließ.

Bei den letzten beiden Sitzungen der Ausschüsse 2 und 3 am 29. September und am 1. Oktober tauchte ein neues französisches Gesicht auf: Charles Dubost, der Stellvertreter von de Menthon. Dieser ernsthafte und humorlose, kahlköpfige Brillenträger war bei Jackson bald unten durch – aus irgendeinem, mir nicht bekannten Grund hielt Jackson den Franzosen für einen Kommunisten. Auf diesen beiden Sitzungen nahmen die Anklagepunkte »Kriegsverbrechen« und »Verbrechen gegen die Menschlichkeit« fast ihre endgültige Form an. Ungeachtet der Einwände von Roberts verwendeten wir das Wort *genocide* (Völkermord), das gerade von Raphael Lemkin (der damals dem amerikanischen Anklägerstab angehörte) neu geprägt worden war, zur Bezeichnung »der Vernichtung rassischer und nationaler Gruppen … besonders der Juden, Polen, Zigeuner und anderer«.

Seit Jackson London verlassen hatte, war er von den anderen Delegationen, besonders von den Briten, immer wieder bestürmt worden, doch zu einer Besprechung zurückzukehren, bei der die Anklageschrift endgültig verabschiedet werden könnte. Doch der Richter hatte dies genauso hartnäckig abgelehnt, und nach der Einigung mit den Briten am 29. September in Nürnberg verkündete er, daß er diese Reise nicht machen und statt dessen Alderman schicken werde, der bevollmächtigt sei, eine endgültige Vereinbarung zu treffen.

Am 1. Oktober flog Alderman mit Bill Jackson, den Kaplans und ein paar anderen nach London. Kurz nach ihrer Ankunft erfuhr ich von den Franzosen, de Menthon weigere sich, nach London zu kommen, wenn Jackson nicht auch anwesend sei. Alderman suchte Dubost auf, erklärte, daß er von Jackson bevollmächtigt sei, eine Vereinbarung zu treffen, und dann wies er Dubost darauf hin, daß Jackson an vielen Londoner Konferenzen teilgenommen habe, bei denen kein bevollmächtigter Vertreter Frankreichs erschienen sei. Damit holte er Dubost vom hohen Roß, und dieser versprach ihm, de Menthon werde am nächsten Tag eintreffen. Alderman hatte nach London nicht nur den Text der Anklagepunkte Eins und Zwei mitgebracht, über den in Nürnberg Einigung erzielt worden war (und der mit den in London verabschiedeten Anklagegruppen Drei und Vier kombiniert und damit den Hauptteil der Anklageschrift bilden sollte), sondern auch Entwürfe zu drei Anhängen.

Anhang A war eine »Feststellung der Verantwortlichkeit von Einzelpersonen für Verbrechen« und bestand aus je einem Absatz über jeden der vierundzwanzig Angeklagten, in dem jeweils die wichtigsten Regierungsämter und die speziellen persönlichen Zuständigkeitsbereiche benannt und die Punkte der Anklageschrift spezifiziert wurden, die dem betreffenden Angeklagten zur Last gelegt wurden.* Anhang C, ursprünglich von Barnes und Shea in London entworfen, bezog sich ausschließlich auf den Anklagepunkt »Angriffskrieg« und enthielt eine genaue Auflistung der internationalen Verträge und Vereinbarungen, die durch Deutschland mit der Planung und Einleitung des Angriffskriegs verletzt worden waren.

Anhang B trug die Überschrift »Feststellung der Kriminalität von Gruppen und Organisationen« und umfaßte verschiedene Abschnitte, in denen jeweils eine dieser Gruppen oder Organisationen dargestellt wurde, gegen die der Vorwurf der verbrecherischen Absprachen erhoben werden sollte. Es war noch nicht endgültig entschieden worden, welche Organisationen auf diese Weise unter Anklage gestellt werden sollten, aber man war von Anfang an davon ausgegangen – wie es auch aus Bernays' frühestem Memorandum hervorgeht –, daß Himmlers gigantischer Unterdrückungsapparat, die sogenannte SS, ebenso wie die mit ihr eng zusammenarbeitende Gestapo dazugehören würden.

Während des Sommers 1945 waren auf Konferenzen und in inoffiziellen Diskussionen eine Reihe von Vorschlägen für Ergänzungen gemacht worden. Die NSDAP als Ganzes wurde als treibende Kraft der Verschwörung angesehen, aber sie war eine riesige Organisation mit vielen Mitgliedern, die aus Opportunismus beigetreten waren und die bei ihren Taten nur eine unbedeutende oder gar keine Rolle gespielt hatten. Folglich wurde der Vorschlag gemacht, zwischen den Führern und denen zu unterscheiden, die nicht von

* In Punkt Eins der Anklageschrift wurde Hitler als Organisator und Haupt der Verschwörung benannt, und im Laufe der Darstellung wurden mehrere der Angeklagten namentlich aufgeführt. In den Anklagepunkten Zwei, Drei und Vier hingegen wurden keine einzelnen Angeklagten erwähnt.

Belang waren. Außerdem wurde vorgeschlagen, jene Parteigliederung hinzuzunehmen, die Sturmabteilung (SA) hieß und die allgemein »Sturmtrupps« oder »Braunhemden« genannt wurde, eine quasimilitärische Truppe von Wachen und Straßenkämpfern, die bei der Machtergreifung durch die Nazis eine führende Rolle gespielt hatte.

Gegen Ende September, als der Zeitpunkt der Entscheidung nahte, wurde die Aufnahme weiterer Gruppen empfohlen: Es ging um die Reichsregierung, also die offizielle Führungsschicht der Regierung, welche die Kabinettsminister und andere Gremien umfaßte; um die von Robert Ley geleitete Arbeitsfront, welche die zuvor existierenden Gewerkschaften unterdrückt und abgelöst hatte; um den Einsatzstab Rosenberg, einen von Alfred Rosenberg eingesetzten Sonderstab zur Plünderung wertvoller Kunstschätze; und um den Generalstab der deutschen Streitkräfte.

Das BWCE fragte Passant, was er von diesen Vorschlägen halte, und er riet davon ab, diese Gruppe anzuklagen. Die Briten folgten seinem Rat, außer im Falle des Reichskabinetts, dessen Einbeziehung nur logisch schien, weil eine Mehrheit der Angeklagten zu seinen Mitgliedern gehört hatte. Der von Alderman nach London gebrachte Entwurf von Anhang B umfaßte fünf Organisationen: das Reichskabinett, das Führungskorps der NSDAP, die SS, die Gestapo und die SA.

Am Nachmittag des 2. Oktober berieten die vier Delegationen in Abwesenheit von de Menthon auf einer Vorbesprechung über den Entwurf der gesamten Anklageschrift. Alles verlief gut, und Alderman schrieb später: »Wir machten große Fortschritte hinsichtlich einer endgültigen Einigung über die letzte Fassung aller vier Anklagepunkte.«

An diesem Abend telefonierte Jackson jedoch mit seinem Sohn und erteilte ihm weitere Anweisungen für Alderman. Die wichtigste: Alderman »darf keiner Anklageschrift zustimmen, in der nicht der deutsche Generalstab oder eine andere entsprechende Kategorie des Oberkommandos als eine angeklagte und mutmaßlich verbrecherische Organisation aufgeführt ist.« Da dieser Zusatz tatsächlich am nächsten Vormittag gemacht wurde, und zwar gegen entschiedene Einwände der Briten, und da dieses Vorgehen höchst umstritten war und ist, verdient es eine eingehendere Betrachtung.

9

Wie die Waffenhersteller, für die Krupp als Symbol stand, waren auch die »Militaristen« eine Kategorie, die weithin als verwerfliches Element des Deutschtums galt, das lange vor dem Nazismus aufgekommen war und ihn wohl auch überleben würde. Und für die Idee des »Militarismus« stand sogar schon vor dem Ersten Weltkrieg der deutsche Generalstab. Ins Völkerrecht fand dieser Begriff zum erstenmal Eingang im Artikel 160 des Versailler Vertrags, der (neben anderen Restriktionen gegenüber künftigen deutschen militärischen Streitkräften) verfügte:

> Der deutsche Große Generalstab und alle anderen ähnlichen Formationen werden aufgelöst und dürfen unter keiner Gestalt neu gebildet werden.

Diese Terminologie hat zu erheblicher Verwirrung geführt. Man kann sie viel leichter verstehen, wenn man sich darüber im klaren ist, daß die Begriffe »Kommando« und »Stab« die beiden Grundelemente der militärischen Kontrolle und Disziplin bezeichnen. »Kommandeure« sind diejenigen, die Soldaten aus eigener Machtbefugnis und im eigenen Namen Befehle erteilen können, und zwar in den großen (Divisionen, Korps) oder kleinen Einheiten (Zug, Kompanie), die sie kommandieren. Abgesehen von sehr kleinen Einheiten kann ein Kommandeur jedoch nur dann effektiv arbeiten, wenn er Helfer hat, die ihn über den Zustand seiner Soldaten, die Stellungen und Absichten des Feindes und andere Umstände informieren, und das alles zusammen bildet die Grundlage für seine Entscheidungen und Befehle. Diese hilfreichen Offiziere sind ein »Stab«, und wenn die Einheit groß und der Stab entsprechend umfangreich ist, dann ist der Stab einem »Stabschef« unterstellt. Dieser Offizier kann einen hohen Rang haben, und seine Funktion kann sehr wichtig sein, aber Befehle (außer gegenüber seinen eigenen Stabsuntergebenen) kann er nur aufgrund der Machtbefugnis und im Namen des Kommandeurs der Einheit erteilen. In den großen Einheiten und im Oberkommando des Heeres nennt man den Stab einen »Generalstab«.

Diese Beziehung zwischen Kommando und Stab gibt es vermutlich in irgendeiner Form schon seit Urzeiten, aber in der Neuzeit waren die Terminologie und der technische Standard am ausgeprägtesten in Preußen und später im Deutschen Kaiserreich entwickelt. Friedrich der Große war der Oberbefehlshaber seiner militärischen Streitkräfte, und zwar de facto wie dem Namen nach, aber die nachfolgenden preußischen Könige und Kaiser versuchten nur selten, dieses Kommando auch persönlich auszuüben. Als souveräne Herrscher blieben sie formal zwar weiterhin Oberbefehlshaber, aber das effektive Kommando mußte von jemand anders ausgeübt werden. Zumindest seit dem Deutsch-Französischen Krieg von 1870/71 war dies der Chef des Generalstabs des Heeres. Die bedeutendsten Generalstabschefs waren Helmuth von Moltke (1857-1888), Alfred Graf von Schlieffen (1891-1905) und in den letzten beiden Jahren des Ersten Weltkriegs Paul von Beneckendorff und von Hindenburg, der gemeinsam mit dem 1. Generalquartiermeister Erich Ludendorff die Oberste Heeresleitung innehatte.

Diese Gruppe von Stabsoffizieren im Oberkommando des Heeres, die den eigentlich dem Kaiser zustehenden Oberbefehl faktisch ausübte, wurde »Großer Generalstab« genannt und zusammen mit dem Monarchen von den siegreichen Alliierten verurteilt. Aber in dem Bemühen, diese als Straftäter verurteilte Gruppe »aufzulösen« und ihre Neubildung zu verbieten, versäumte man es, zwischen der Stabsfunktion als solcher und der Art und Weise zu unterscheiden, wie sie von den Deutschen ausgeübt worden war.

Artikel 160 des Versailler Vertrags hatte die deutsche Armee nicht völlig abgeschafft: Ihre künftige Größe und Bewaffnung wurden drastisch eingeschränkt, aber der Armee wurden 100000 Mann zugestanden, die in nicht mehr als zehn Divisionen organisiert sein durften. Nun gab es aber auf der ganzen Welt keine Möglichkeit, daß eine derartige Armee überhaupt Armee sein konnte, ohne daß jemand das Kommando über sie hatte; und niemand konnte das Kommando effektiv ausüben, ohne einen Stab an seiner Seite zu haben. Den Deutschen zu sagen, sie dürften keine »ähnlichen Organisationen« haben, war nichts anderes, als einem Jungen zu sagen, er könne ruhig schwimmen gehen, dürfe aber nicht naß werden.

Was dann geschah, ist leicht zu erraten – eine Rose riecht eben auch unter einem anderen Namen genauso köstlich. Die deutsche Armee nach Versailles hatte zwar einen kleinen »Großen Generalstab«, aber dieser nannte sich schlicht »Truppenamt«, und dessen Chef war seiner Funktion nach der Chef des Armeegeneralstabs.

Doch gegenüber den Zeiten des Kaiserreichs hatte es eine entscheidende Änderung gegeben: Der Präsident der Weimarer Republik war wie der Kaiser nur nominell Oberkommandierender der Streitkräfte, aber er hatte keinen Militärstab. Das tatsächliche Kommando der Armee wurde einem General übertragen (einem ranghöheren als der Chef des Truppenamts), der den Titel »Chef der Heeresleitung« trug, und ihm, nicht dem Präsidenten, war das Truppenamt unterstellt.

Als Hitler sich 1935 über die militärischen Restriktionen des Versailler Vertrags hinwegsetzte, wurde der Kommandeur der Armee wieder zum »Oberbefehlshaber« und die Tarnbezeichnung »Truppenamt« aufgegeben; aus dem Chef des Truppenamts wurde wieder ein »Chef des Generalstabs«. Aber damit war keine Wiederherstellung einer Machtposition wie zu Zeiten von Moltke, Schlieffen und Hindenburg verbunden, denn der Chef des Generalstabs war rangniedriger als der Oberbefehlshaber und diesem unterstellt.*

1938 löste Hitler persönlich Generalfeldmarschall Werner von Blomberg als Oberbefehlshaber der Wehrmacht ab. Hitlers Stab, der nicht die Bezeichnung Generalstab trug, wurde Keitel unterstellt. Der Führer übernahm rasch das nominelle wie das effektive Kommando, und als Generalfeldmarschall Walter von Brauchitsch Ende 1941 als Oberbefehlshaber des Heeres verabschiedet wurde, ernannte sich Hitler selbst zu dessen Nachfolger. Damit hatte er nun zwei Stäbe, da ihm nun auch der Chef des Generalstabs des

---

* Die Luftwaffe, die 1935 als eigener Zweig der Streitkräfte aufgebaut und Göring als Oberbefehlshaber unterstellt worden war, hatte eine ähnliche Stabsstruktur wie das Heer. Gleichzeitig wurde Raeder zum Oberbefehlshaber der Kriegsmarine ernannt, aber sein Generalstab erhielt die Bezeichnung »Seekriegsleitung«.

Heeres direkt unterstellt war. Organisatorisch gesehen war die Übernahme des vollen und direkten Kommandos durch Hitler ein Rückfall in die Zeiten Friedrichs des Großen.

Welches Argument auch immer im Jahre 1918 der Vorstellung zugrunde gelegen haben mochte, daß der *Generalstab* »Ursprung« *(fons et origo)* des teutonischen Schreckens war – 1945 war er jedenfalls nichts weiter als ein Papiertiger. Während einzelne Stabsoffiziere sich in unterschiedlichem Ausmaß schuldig gemacht hatten, lag die Hauptverantwortung für die Kriegsverbrechen der Wehrmacht bei den *Kommandeuren* auf allen Ebenen: von Adolf Hitler bis hinunter zu den Kompanieführern.

Das war vielen Offizieren auf seiten der Alliierten durchaus bekannt, aber Symbole besitzen nun mal eine Eigendynamik, und während des ganzen Krieges erkoren Journalisten und Politiker unermüdlich den Generalstab zum Sündenbock. Die Verwirrung wurde noch größer, weil das Etikett an sich ungenau war, wie bei dem törichten Gerangel zwischen Stalin und Churchill auf der Teheraner Konferenz hinreichend deutlich wurde, als der Sowjetführer die Hinrichtung von »50 000 deutschen Generalstabsoffizieren« vorschlug. Es gab Generalstäbe bei den höheren Kommandoeinheiten (Armeegruppe, Armee und Korps) wie beim Oberkommando, und einige Generalstabsoffiziere (die eine Generalstabsausbildung genossen hatten und die roten Hosenstreifen des »Generalstabskorps« trugen) waren auch Divisions- und anderen niedrigeren Führungsstäben zugeteilt. Darüber hinaus dienten die fähigeren deutschen Offiziere, die zumeist eine Generalstabsausbildung gehabt hatten, gewöhnlich eine Zeitlang in Stabs- und dann wieder in Kommandopositionen. Gegen Kriegsende waren mehrere tausend Offiziere für den Dienst im Generalstab qualifiziert, aber gewiß keine 50 000, und Stalin dachte vermutlich (wenn er überhaupt dachte) eher an das gesamte deutsche Berufsoffizierskorps als an das Generalstabskorps.

1945 waren Haß und Angst gegenüber dem deutschen »Militarismus« – in welcher Form auch immer er sich symbolisierte – mit Sicherheit die vorherrschenden Gefühle der Weltöffentlichkeit. In militärischen Kreisen hingegen waren die Meinungen geteilt. Unter Berufssoldaten herrscht eine gewisse Affinität, die über nationale Grenzen und sogar Frontlinien hinausreicht, und so gab es in England wie in den USA viele Offiziere, die das deutsche Berufssoldatentum bewunderten und der Ansicht waren, daß ihre deutschen Gegenspieler nichts weiter als »ihre Pflicht getan« und »Befehlen gehorcht« hätten, und daß sie eher Respekt verdienten als verurteilt gehörten. Eine strafrechtliche Klage gegen den Generalstab oder gegen irgendeinen vergleichbaren Teil der deutschen Streitkräfte mußte daher zwangsläufig höchst umstritten sein.

Keineswegs von Zweifeln erfüllt über die Notwendigkeit einer harten Bestrafung des deutschen Generalstabs war allerdings General Dwight D. Eisenhower, Oberbefehlshaber der alliierten Streitkräfte in Europa. Am 8. Juli

1944 hat er sich bei einem Mittagessen in England mit Lord Halifax (dem damaligen britischen Botschafter in Washington) folgendermaßen ausgelassen (wie sein Marineadjutant, Kapitän Harry C. Butcher, später berichtete):

> Ike wiederholte seine Ansicht*, für den deutschen Generalstab seien dieser Krieg und der vorhergehende nichts weiter als Feldzüge im Sinne ihrer unerschütterlichen Entschlossenheit gewesen, zuerst Europa und schließlich die Welt zu beherrschen. Er würde den gesamten Generalstab vernichten. Oder seinetwegen könnte er auch in ein Konzentrationslager auf irgendeinem dafür geeigneten St. Helena gesteckt werden ... Halifax fragte Ike, wie viele Offiziere im deutschen Generalstab seien. Ike schätzte die Zahl auf etwa 3500. Er fügte hinzu, er würde ferner Führungsleute der Nazipartei, von den Bürgermeistern aufwärts, sowie sämtliche Mitarbeiter der Gestapo hinrichten lassen.
>
> Man war sich darin einig, daß es unweigerlich zu dieser Vernichtung käme, wenn die Russen freie Hand hätten. Ike fügte hinzu, die Gerechtigkeit würde ihren Lauf nehmen, wenn man den kleinen Nationen, die von Hitler überfallen worden waren, vorübergend Einflußzonen in Deutschland überließe. Den größten Teil würde er Rußland geben, andere Gebiete den Tschechen, Jugoslawen, Polen, Dänen, Norwegern, Griechen und den Franzosen.

Den gesamten Generalstab zu vernichten oder in die Verbannung zu schicken war, gelinde gesagt, eine drastische Alternative. Später hat Eisenhower seine persönlichen Ansichten, die er »dem Präsidenten und dem Außenminister vortrug, als sie im Juli 1945 nach Potsdam kamen«, schriftlich festgehalten. Sie enthielten die folgenden Empfehlungen: 1. »Führende Nazis«, Angehörige der SS und Gestapo sowie Soldaten, die gegen die Gesetze der Landkriegführung verstoßen hatten, sollten »von Alliierten Tribunalen bestraft« werden; 2. die Zugehörigkeit zur Gestapo und zur SS »sollte als unmittelbarer (*prima facie*) Schuldbeweis gelten«; 3. der deutsche Generalstab sollte »völlig eliminiert« werden, alle seine Aufzeichnungen vernichtet, seine Angehörigen »zerstreut und entmachtet werden, damit sie nicht mehr als eine Körperschaft agieren können«, und in »geeigneten Fällen« sollten sie darüber hinaus »im einzelnen bestraft« werden.

Es kann kaum ein Zweifel daran bestehen, daß Eisenhower aufgrund seiner Persönlichkeit und seines militärischen Ansehens erheblich dazu beigetragen hat, daß der Generalstab als Symbol des deutschen Militarismus aufgewertet und die Ansicht verbreitet wurde, seine Angehörigen sollten einer raschen und strengen Bestrafung zugeführt werden. Bei der Besprechung in Morgenthaus Büro am 18. Mai 1945 sagte Henry Fowler vom Finanzministerium zu Jackson: »Eigentlich haben wir noch andere Organisationen in Be-

---

* Seit wann Eisenhower dieser Ansicht war, ist nicht bekannt. Zumindest seit dem 27. Januar 1944 hatte er gewußt, daß die Europäische Beratende Kommission empfohlen hatte, in die Kapitulationsbedingungen auch die »Abschaffung des deutschen Generalstabs« aufzunehmen.

tracht gezogen, die Sie unter Anklage stellen können.« McCloy ergänzte: »Sie könnten ohne weiteres den Generalstab anklagen ... Ich denke, das wäre eine sehr gute Anklage.«

Offenbar war der Gedanke hier zum erstenmal artikuliert worden, aber es dauerte keine zehn Tage, da war er schon auf Europa übergesprungen und hatte die höchste internationale Ebene erreicht. Am 28. Mai 1945 saß Harry Hopkins auf seiner letzten Mission als Sonderbevollmächtigter des Präsidenten (seiner einzigen für Truman) im Kreml, flankiert von Botschafter Harriman und Chip Bohlen, Stalin und Molotow anläßlich einer Vorbesprechung der Potsdamer Konferenz gegenüber. Das Protokoll hielt fest:

> *Mr. Hopkins* ... sagte, er denke an solche Punkte wie ... einen Prozeß gegen Kriegsverbrecher und besonders an die Frage des deutschen Generalstabs. Er sagte, wir hätten bereits angeordnet, daß alle Angehörigen der Gestapo, der SS, des SD und des Generalstabs verhaftet werden sollten. Er sagte, hinsichtlich des Generalstabs müßten wir feststellen, ob wir das gleiche meinen, wenn wir diesen Begriff verwenden. Meinen wir beispielsweise zwanzig- oder dreißigtausend Offiziere, die direkt mit dem Stab in Verbindung stehen, oder meinen wir eine kleinere Einheit?
> *Marschall Stalin* sagte, daß es beim deutschen Generalstab zwei Aspekte gebe, einen formalen und einen realen. Er sagte, formal gesehen bestehe er aus den offiziellen Mitgliedern des Generalstabs, und das seien etwa siebentausend ... Realiter allerdings müsse der Generalstab als Konglomerat aller Stäbe angesehen werden, da jeder Divisions- und Armeestab in der deutschen Wehrmacht eng mit dem Generalstab verbunden gewesen sei und nach dessen direkten Befehlen gehandelt habe. So gesehen habe der wirkliche Generalstab aus Zehntausenden von Offizieren bestanden ... Er meinte, wir sollten all diese Offiziere verhaften und aus dem Weg räumen, um zu vermeiden, daß sie einen neuen Krieg planen ...
> *Mr. Hopkins* sagte, sie seien alle Kriegsgefangene, und die Frage sei, welcher Unterschied zwischen dem Generalstab und den gewöhnlichen Kriegsgefangenen gemacht werden solle. Er sagte, wir zögen die Möglichkeit in Betracht, sie nicht mehr nach Deutschland zurückkehren zu lassen.
> *Marschall Stalin* sagte ... es wäre vernünftig, diese Offiziere mindestens für die Dauer der Besatzungszeit einzusperren. Möglicherweise für zehn oder zwanzig Jahre. Er sagte, natürlich würden einige Angehörige des Generalstabs auch als Kriegsverbrecher verurteilt werden.
> *Mr. Hopkins* erwiderte, daß wir die Möglichkeit in Betracht zögen, den Generalstab als eine Organisation unter Anklage zu stellen, wie wir es im Falle der Gestapo und der SS vorgeschlagen hätten.
> *Marschall Stalin* erwiderte, er halte das für eine sehr gute Idee, falls es rechtlich möglich sei.

Angesichts von Stalins Sorge um die Rechtmäßigkeit einer Anklage gegen den Generalstab muß man an sein Treffen mit Churchill im Oktober 1944 denken, als er einen Prozeß gegen die Naziführer einer Hinrichtung im

Schnellverfahren vorzog. In diesem Stadium allerdings befaßte sich weder Hopkins noch Stalin primär mit einem Gerichtsverfahren gegen den Generalstab, sondern vielmehr damit, wie man ihn praktisch ein für allemal abschaffen könnte.

Über dieses Problem hatte sich auch Eisenhower im privaten Kreis mit Halifax, Morgenthau und anderen unterhalten, und nun war die Zeit zum Handeln gekommen. Am 5. Juni 1945 telegrafierte Eisenhower an das Kriegsministerium, sein Führungsstab verfahre nach dem Grundsatz, daß »Angehörige des deutschen Generalstabskorps und entsprechende Marine- und Luftwaffenoffiziere ... verhaftet und in getrennten Gefangenenlagern untergebracht werden sollten, bis ... eine Entscheidung [von den Alliierten] getroffen sei, was mit ihnen geschehen solle«. Als Oberst Chanler diese Meldung sah, erkannte er, daß Eisenhowers Handlungsweise sich auf die Erklärung bezog, die Jackson in seinem Tätigkeitsbericht an den Präsidenten vom 7. Juni abgegeben hatte, er wolle Angehörige des »militärischen Establishments, einschließlich des Generalstabs« strafrechtlich unter Anklage stellen. Chanlers Vorgesetzter, Generalmajor John R. Hilldring, meinte gegenüber McCloy, vielleicht werde »Jackson diese Leute ohne weitere Mitwirkung des Kriegsministeriums loswerden«. Aber McCloy erwiderte, endgültige Schlüsse könne man erst dann ziehen, wenn »Jacksons Pläne ein wenig ausgereifter sind«. Zu diesem Zeitpunkt kehrte Eisenhower aus Europa zurück, und auf einer Pressekonferenz des Pentagon am 18. Juni tat er seine Ansichten über den Generalstab wie über die SS öffentlich kund:

> Der Generalstab muß völlig vernichtet werden. Diese von Deutschland ausgehenden Kriege sind, vom Standpunkt des Generalstabs aus, nichts weiter als Feldzüge – nichts weiter als Zwischenfälle gewesen ... Nun, eine andere Sache ist es, *wie* man den deutschen Generalstab vernichten kann, denn viele von ihnen reden sich darauf hinaus, daß sie nur ihre Pflicht als ehrenwerte Soldaten getan haben. Aber meiner Meinung nach sollte es ihnen absolut unmöglich gemacht werden, jemals wieder tätig zu werden ...
> Ich meine, man muß sie nicht nur zu fassen bekommen und all ihre Archive vernichten, sondern man muß wirklich jeden Mann zu fassen bekommen, der ein ausgebildeter Generalstabsoffizier ist, und ich sehe dafür keine andere Möglichkeit, als daß man ihn in irgendeiner Weise absondert, wo er schlicht nicht mehr seiner Tätigkeit nachgehen kann ...

Und auf die Frage, ob er »den einfachen SS-Soldaten für einen Kriegsverbrecher« halte, erwiderte er:

> Dazu sage ich folgendes: Der SS-Soldat, bis dahin, als die Lage verzweifelt wurde, oder irgendwann im September 1944 – ich sage, daß jeder, der bis dahin SS-Soldat war, als Kriegsverbrecher gelten muß. Zumindest läge die ganze Last, das Gegenteil zu beweisen, bei ihm. Danach ... haben sie jeden gesunden Mann hineingesteckt, dessen sie habhaft werden konnten. Er konnte nicht anders ... Außer bei der 12. SS-Division. Ich glaube, daß die

amerikanische Army sich geschlossen mit der 12. SS-Division befassen wird, mit jedem Mann, den sie zu fassen bekommt. Das sind die Männer, die unsere Leute kaltblütig umgebracht haben ... Wir hassen jeden, der jemals eine Uniform der 12. SS-Division getragen hat.*

Auch wenn es höchst unwahrscheinlich ist, daß Eisenhower jemals von Bernays gehört hatte, lagen diese öffentlichen Äußerungen mit Sicherheit auf der gleichen Linie wie die Gedanken des Anwalts über die Schuld von Organisationen, die Jackson sich bereits zu eigen gemacht hatte. Und obwohl Ike offenbar nicht an irgendeinen Prozeß als Grundlage für die »Absonderung« der Generalstabsoffiziere dachte, hat er sie sicher für eine identifizierbare »Gruppe« gehalten, der eine besondere Behandlung vorbehalten sein sollte.

Am selben Tag (dem 18. Juni) waren Jackson und seine Mitarbeiter nach London aufgebrochen, und da sie noch Eisenhowers Worte im Ohr hatten, ist es kein Wunder, daß Bernays den deutschen Generalstab unter Anklage stellen wollte. Aber weiter erfolgte in dieser Hinsicht nichts von seiten der Jackson-Gruppe, und zwar bis weit in den September hinein.

Anders verhielt es sich bei den amerikanischen Militärbehörden. Ende Juni wurde Eisenhowers alliiertes Oberkommando (SHAEF) aufgelöst. Nach dem Potsdamer Abkommen wurde die Verwaltung des besetzten Deutschland dem Alliierten Kontrollrat übertragen, einer Viermächteorganisation (bestehend aus Großbritannien, Frankreich, der Sowjetunion und den USA), in der die Amerikaner das Office of Military Government, U. S. (OMGUS) bildeten, das in Berlin dem Stellvertretenden Militärgouverneur, Generalleutnant Lucius D. Clay, unterstellt war. Innerhalb des OMGUS wurde die »Entmilitarisierung« Deutschlands Generalmajor Ray W. Barker anvertraut, der stellvertretender Stabschef im SHAEF gewesen war und der mit Kriegsverbrechen in den letzten Kriegswochen einige Erfahrungen gemacht hatte. Auf einer Ausschußsitzung des OMGUS am 6. Juli 1945 erklärte General Barker, man arbeite an einer Stabsstudie über das »Vorgehen gegenüber dem Offizierskorps«, und Clay wies Barker an, bei der nächsten Sitzung über Pläne zum »Vorgehen gegenüber dem Generalstab« zu berichten.

Gemäß Eisenhowers Befehl vom 5. Juni waren die Generalstabsoffiziere bereits verhaftet worden. Am 2. August wurde diese Verfahrensweise international durch die Potsdamer Erklärung bestätigt, die »den Generalstab« unter diejenigen militärischen und Naziorganisationen aufnahm, welche »voll-

* Die 12. SS-Panzerdivision Hitlerjugend wurde 1943 in Belgien zusammengestellt, teilweise aus Rekruten der Wehrertüchtigungslager der HJ. Sie nahm 1944 an den Schlachten in der Normandie sowie im Dezember 1944 an der Ardennen-Offensive teil. Zweifellos beruhte Eisenhowers feindselige Haltung gegenüber dieser Division auf Berichten (die durch einen Untersuchungsgerichtshof in seinem Hauptquartier bestätigt wurden), wonach Einheiten dieser Division zwischen dem 7. und dem 21. Juni 1944 64 alliierte Gefangene in Uniform erschossen hatten, die zum Teil verwundet waren und von denen keiner Widerstand geleistet oder zu flüchten versucht hatte.

ständig und endgültig abgeschafft werden sollten, so daß das Wiederaufleben oder die Reorganisation des deutschen Militarismus und Nazismus ein für allemal verhindert wird«.

Aber wie eine derart dauerhafte Unterdrückung erreicht werden sollte, war – wie Ike so treffend bemerkt hatte – »wieder eine andere Sache«. Am 9. August übergab Barker Clay ein Memorandum, das die Überschrift trug: »Vorgehen gegen potentiell gefährliche Offiziere der deutschen Streitkräfte«. Barker teilte die Offiziere in zwei Kategorien ein: Gruppe I, die »äußerst gefährlichen«, und Gruppe II, die »weniger gefährlichen«. Gruppe I umfaßte: 1) Offiziere im »Flaggen-Rang«, also Heeres- und Luftwaffengeneräle sowie Admiräle der Kriegsmarine, 2) Angehörige des Generalstabskorps sowie Offiziere von gleichwertigem Status in der Luftwaffe und in der Kriegsmarine und 3) einzelne Offiziere, die sich durch ihren persönlichen Hintergrund oder andere Eigenschaften als »potentielle Errichter eines wiederauflebenden militärischen Systems« ausgewiesen hatten.

Drei Verfahrensweisen, schrieb Barker, seien vorgeschlagen worden, wie man mit diesen Offizieren »fertig zu werden« gedenke: 1) Verbannung oder Exil »wie im Falle von St. Helena«, 2) »Verlegung, einzeln oder in kleinen Gruppen, an Orte auf der ganzen Welt unter der Kontrolle der alliierten Regierungen« und 3) »Arrest in Deutschland unter strengen Auflagen, die vom Kontrollrat vorgeschrieben werden«. Die ersten beiden Maßnahmen lehnte Barker vernünftigerweise ab, und zwar mit der Begründung, entscheidende Nachteile seien politische Schwierigkeiten und die geringe Wahrscheinlichkeit, daß derartige Voraussetzungen langfristig aufrechterhalten werden könnten.

Indem er sich auf die dritte Möglichkeit beschränkte, schlug Barker folgende Auflagen vor: 1) das Verbot aller Auslandsreisen oder der Auswanderung, der Führung eines öffentlichen Amtes und des Zugangs zum öffentlichen Dienst außer als »Arbeiter«; 2) die Zustimmung der Besatzungsbehörden bei jeder Änderung des Wohnsitzes; und 3) die sorgfältige Überwachung aller Aktivitäten und Telefongespräche und die Möglichkeit, jederzeit Hausdurchsuchungen durchzuführen.

Barkers Vorschläge wurden Clay mit der Zustimmung fast aller anderen Abteilungen des OMGUS vorgelegt. Nur der Direktor der Abwehr, Brigadegeneral T. J. Betts, erklärte (durchaus einleuchtend), daß dieser Vorschlag derart umfassende Überwachungsmaßnahmen gegenüber so vielen Einzelpersonen erfordern würde, daß seine Ausführung praktisch völlig unmöglich sei. Demgegenüber schlug er (absurderweise) vor, die Offiziere der Gruppe I sollten alle der »Verbannung nach dem St.-Helena-Typus« unterworfen werden, und zwar mit »allen Angehörigen ihres engeren Familienkreises«. Der Direktor der Rechtsabteilung, Charles Fahy, wies darauf hin, daß der Generalstab als verbrecherische Organisation angeklagt werden könne, und schlug vor, Richter Jackson über die Barker-Vorschläge in Kenntnis zu setzen.

Am 3. September erklärte Clay, Barker solle Fahys Vorschlag befolgen. Jackson befand sich zu dieser Zeit gerade in den USA, aber am nächsten Tag kam Barker in London mit Shea zusammen und erläuterte seinen Plan, die »gefährlichen« Offiziere in Deutschland unter strenger Überwachung zu halten. Auf Fragen von Barker erwiderte Shea, daß der Generalstab vermutlich nicht unter Anklage gestellt werde, daß aber darüber noch keine endgültige Entscheidung gefallen sei. Nachdem er Ben Kaplan und mich zu Rate gezogen hatte, versicherte Shea Barker, wir hätten nichts dagegen, wenn er seinen Plan dem Kontrollrat präsentieren wolle, da die deutschen Offiziere ja dann verhaftet oder streng überwacht würden, sollten wir den einen oder anderen als Zeugen oder Angeklagten benötigen. Als Barker wieder in Berlin war, gelang es ihm, die Zustimmung von Clay für seinen allgemeinen Plan zu erlangen.

Barkers Besuch erinnerte uns daran, daß die Hauptankläger ja entscheiden könnten, die deutsche militärische Führung als eine verbrecherische Organisation unter Anklage zu stellen, und ein paar Tage später unterhielt ich mich mit Calvocoressi darüber, wie man eine derartige Gruppe definieren könne, falls es dazu kommen sollte. Ich wußte weder damals, noch ist mir heute bekannt, wie Jackson in der frühen Phase darüber dachte, und den ersten Hinweis auf seine Ansichten habe ich in seinem Brief vom 22. September an Fyfe gefunden, den er im Laufe ihrer gemeinsamen Arbeit an der Anklageschrift in Nürnberg geschrieben hat. In einer Passage, die sich ganz allgemein mit den Organisationen befaßte, erklärte Jackson:

> Ich nehme an, die Einbeziehung der SS, der SA und der Gestapo steht außer Frage. Ich denke doch, daß wir überlegen sollten, ob wir nicht die Führung der Nazipartei bis hinunter zu der Ebene, auf der keine politischen Entscheidungen mehr getroffen wurden, ausklammern sollten, und ich meine, wir müssen wohl den Generalstab mit einbeziehen. Alle sind sich darin einig, daß er eine Bedrohung für den Frieden in Europa darstellt, daß er genauso schuld ist an der Einleitung und Durchführung des Angriffskriegs wie irgendeine andere Organisation, und es wäre doch ein wenig merkwürdig, wollte man andere wegen des Angriffskriegs verurteilen, wenn sie [der Generalstab] unschuldig sind.

Zweifellos veranlaßte diese Passage das BWCE, Passant zu konsultieren, der bemerkte, daß es schwer wäre zu entscheiden, *wer* die Angeklagten sein sollten, da der Generalstab nichts anderes getan habe als die meisten Stäbe (nämlich zu planen) und da einige darunter Widerstand gegen Hitler geleistet hätten. Er schloß:

> Während es daher eindeutig unumgänglich ist, den Generalstab wie das Offizierskorps als Institutionen in einem künftigen Deutschland zu vernichten und das Wiederaufleben und die Bewahrung ihrer Traditionen zu verhindern, meine ich, daß es in sich nicht schlüssig wäre und von breiten Kreisen

in vielen Ländern für ungerecht gehalten würde, wenn man eine oder beide als verbrecherische Organisationen auf der gleichen Basis wie die Gestapo und die SS unter Anklage stellen würde. Aus diesen Gründen kann ihre Einbeziehung nicht empfohlen werden.

Diese Argumente waren für das BWCE überzeugend, und die am 28. September in Nürnberg erzielte Vereinbarung über die Anklageschrift enthielt nicht den Generalstab, der nur in Klammern in jenem Entwurf aufgeführt war, den Alderman nach London mitbrachte. Aber nachdem Alderman Nürnberg verlassen hatte, muß Jackson beschlossen haben, es in dieser Angelegenheit auf eine Machtprobe ankommen zu lassen. Jedenfalls wäre das eine Erklärung für seinen Anruf am späten Abend des 2. Oktober, als er Alderman anwies, der Anklageschrift nicht zuzustimmen, wenn darin der Generalstab – oder eine gleichwertige Kategorie – nicht als verbrecherische Organisation unter Anklage gestellt werde.

10

Als Peter Calvocoressi und ich die Köpfe zusammensteckten und über das Problem diskutierten, wie man eine militärische »Gruppe« für die Anklage definieren könne, hatten wir praktisch keinerlei Richtlinien. Soweit ich mich erinnern konnte, hatte Jackson während der Monate vor dem Prozeß den Generalstab mir gegenüber nie erwähnt, geschweige denn mich nach meiner Meinung gefragt, wie wir ihn unter Anklage stellen könnten. Also hatten wir keine Ahnung, was der Richter eigentlich vorhatte. Wollte er eine Definition haben, die Tausende von Offizieren einbeziehen würde, unter einem gemeinsamen Nenner wie der Generalstabsausbildung oder dem Berufssoldatentum? Wollte er jeden Offizier oberhalb eines bestimmten Rangs? Oder eine Gruppe, die gemäß ihrer Entscheidungsbefugnis definiert war?

Da wir nicht wußten, was Jackson wollte, waren wir auf unser eigenes Urteilsvermögen angewiesen. Wir glaubten wohl, eine Anklage gegen Tausende mit der einzigen Begründung, daß sie deutsche Offiziere waren, würde zu Recht für ungerecht und absurd gehalten werden. Auch der jeweilige Rang oder die Zugehörigkeit zum Generalstab an sich schien uns kein angemessenes Kriterium zu sein. Wir wußten genau, daß die Bezeichnung »Generalstab« nicht mehr plausibel auf Verantwortlichkeit auf hoher Ebene hindeutete und daß die Streitkräfte von Kommandeuren angeführt wurden und nicht von Stabsoffizieren.

Wir suchten also nach einer glaubwürdigen Auswahl jener Offiziere, die die Hauptverantwortung – unter Hitler – für die Pläne und Aktionen der Wehrmacht trugen. Peter hatte den Einfall, nur jene Kommandeure einzubeziehen, die den militärischen Titel eines »Oberbefehlshabers« trugen, der kein Rang ist, sondern eine Bezeichnung darstellt.* So hießen nur die Kommandeure einer der drei Zweige der Wehrmacht (Heer, Kriegsmarine, Luftwaffe) oder der größten Feld- und Territorialformationen. Beim Heer würde es sich dabei überwiegend um »Heeresgruppen-« und »Heerleiter« handeln, bei der Luftwaffe um »Luftflottenkommandeure« und bei der Kriegsmarine um »Seegruppenkommandeure«

Damit waren zumindest klare und plausible Linien in der Kommandokette gezogen, aber selbst das schien uns nicht ausreichend zu sein. Auch wenn der Chef des Generalstabs des Heeres seine Vormachtstellung aus dem Ersten Weltkrieg eingebüßt hatte, spielte er noch immer eine wichtige Rolle im Entscheidungsprozeß, und wenn man an das Gerede über den Generalstab in höchsten politischen und juristischen Kreisen dachte, wäre es nur schwer zu erklären gewesen, warum wir ihn nicht in die unter Anklage zu stellende Gruppe einbezogen hatten. Darüber hinaus war Keitel, der zwar weder Oberbefehlshaber noch Stabschef gewesen war, Hitlers militärischer »Chef« und der ranghöchste Heeresoffizier, und weder er noch seine militärischen Hauptberater, wie beispielsweise Jodl, konnten realistischerweise ausgeklammert werden. Also opferten wir die Systematik zugunsten des gesunden Menschenverstands und setzten zusätzlich auf die Liste: die Stabschefs des Heeres, der Kriegsmarine und der Luftwaffe plus Keitel und zwei andere aus Hitlers Wehrmachtsstab.

In ihrer endgültigen Fassung bezeichnete Calvocoressis Definition des »Generalstabs und Oberkommandos der deutschen Streitkräfte« sämtliche Offiziere, die eine oder mehrere der aufgeführten Positionen zu irgendeiner Zeit zwischen dem Februar 1938 und dem Mai 1945 innegehabt hatten. Das Anfangsdatum war gewählt worden, weil Hitlers Reorganisation der militärischen Struktur ebenso in diesem Monat stattgefunden hatte wie der erste Einsatz der Wehrmacht zur territorialen Ausweitung: durch die Besetzung und den »Anschluß« Österreichs. Die durch unsere Formulierung erfaßten Einzelpersonen waren etwa 130 Offiziere.

Am Morgen des 3. Oktober, vor der Konferenz der Hauptankläger, hatte Alderman Shawcross von dem Antrag unterrichtet, auf dem Jackson bestand, und Shawcross hatte ihn darauf hingewiesen, daß er sich dem entschieden widersetzen würde. Auf der Konferenz saß Calvocoressi bei unserer Delegation. Alderman schlug vor, den Generalstab und das Oberkommando unter die angeklagten Organisationen aufzunehmen, und Shawcross stand zu seinem Wort. Alderman forderte Calvocoressi dann auf, die dabei zu verwendende Terminologie zu erläutern. Die Situation war ein wenig ungewöhnlich, denn Calvocoressi, der seine Uniform als Wing Commander in der Royal Air Force trug, war kein Mitglied unserer Delegation und lieferte die technische Basis für einen Vorschlag, den die Briten entschieden ablehnten. Aber

* Kommandeure kleinerer Formationen wurden »Kommandierender General« (bei Korps), »Divisionskommandeur« (bei Divisionen) und »Kommandeur« (bei Regimentern und Bataillonen) genannt.

Peter stellte klar, daß er Aldermans Antrag weder unterstütze noch ablehne, sondern einfach seine technische Hilfe anbiete, die jede der vier Delegationen von ihm und seiner Gruppe verlangen könnte. Seine Erläuterungen waren einleuchtend, und er konnte sie ungestört vortragen.

Bei der Abstimmung votierten die Franzosen und Russen für Aldermans Antrag, der sich damit bei drei Stimmen gegen eine Gegenstimme durchsetzen konnte. Das britische Außenministerium trug diese Meinungsverschiedenheit im Kabinett vor, das klugerweise zu dem Schluß kam, wenn eine Mehrheit der Chefankläger den Generalstab unbedingt mit einbeziehen wolle, »dann ist nichts damit gewonnen, den britischen Vertretern zu sagen, sie sollten dagegen stimmen«. Und damit wurde Calvocoressis Formulierung von Jacksons Forderung ein Teil von Anhang B der Anklageschrift.

Alderman bemühte sich auch, die Liste der einzeln Angeklagten zu erweitern, wofür er aber eine Abfuhr erlitt. Jackson hatte ihn nämlich über das Telefonat mit seinem Sohn auch angewiesen, die Anklageschrift nicht zu unterzeichnen, wenn darin nicht mehrere führende Industrielle namentlich genannt worden waren. Da der Richter keine bestimmten Namen vorschlug und niemand in London war, der sich mit der Wirtschafts-Klage befaßte, war Alderman nicht in der Lage, einen derartigen Antrag zu verteidigen. Als er ihn pflichtschuldigst vortrug, zerriß ihn Shawcross in der Luft, und aus Angst, daß derartige Zusätze den Prozeß verzögern könnten, stimmten die Franzosen und Russen mit Shawcross, und damit war der Antrag abgeschmettert.

Bei der Nachmittagssitzung berichtete Alderman, Jackson sei »besorgt über die Tatsache, daß zwei sehr wichtige Gruppen, nämlich der Generalstab und die Polizei [Gestapo], unter den Angeklagten zahlenmäßig so schwach vertreten seien«. Folglich schlage Jackson vor, drei weitere Angehörige des Generalstabs und vier von der Polizei hinzuzufügen. Tatsächlich befanden sich bereits fünf Angehörige der definierten militärischen Gruppe unter den vierundzwanzig Angeklagten, was ausreichend war; stichhaltiger war das Argument, weitere Angehörige aus dem Bereich der Polizei auf die Anklagebank zu setzen, denn Kaltenbrunner war der einzige, der bislang benannt worden war. Aber Soskice, der den Vorsitz innehatte, erklärte, daß derartige Ergänzungen in letzter Minute »die ganze Sache in den Augen vieler lächerlich machen würden«, und erneut hielten die Franzosen und Russen zu den Briten, und zwar mit der Begründung, daß vierundzwanzig Angeklagte genug seien und daß es sowieso mehr als einen Prozeß geben werde.

Der Rest der Sitzung am 3. Oktober und die abschließende Londoner Konferenz vom 4. Oktober wurden unbedeutenden Verbesserungen und Ergänzungen zum Text der Anklageschrift gewidmet. Man erzielte eine endgültige Vereinbarung, ließ den Text vervielfältigen, und am nächsten Tag flogen Alderman und ich mit einem Teil der Londoner Mitarbeiter nach Berlin, wo die Anklageschrift unterzeichnet und bei dem zum erstenmal versammelten Internationalen Militärgerichtshof eingereicht werden sollte.

Sechstes Kapitel

Von Berlin nach Nürnberg

Die Anklageschrift, die die Hauptankläger nach Berlin mitbrachten, hatte – wie wir gesehen haben – eine Vielzahl von Urhebern. Die Anklagepunkte »Verschwörung« und »Angriffskrieg« beruhten auf der Arbeit einer überaus kompetenten Gruppe amerikanischer und britischer Anwälte; Rudenko hatte sie nach ein paar unbedeutenden Veränderungen akzeptiert, de Menthon nie auf der Fassung, die er am 27. September vorgelegt hatte, bestanden. Abgesehen von frühen Beiträgen der Briten stammten die Abschnitte zu den Anklagepunkten »Kriegsverbrechen« und »Verbrechen gegen die Menschlichkeit« inhaltlich gesehen von den Russen und Franzosen, und die ausführliche Liste einzelner Greueltaten spiegelte die juristische Methodik der Europäer wider, auch wenn Roberts, Alderman und ich diesen Anklagepunkten eine angemessene Struktur gegeben hatten. Als die Anklageschrift ihre endgültige Form annahm, unterließen es Franzosen und Russen glücklicherweise stillschweigend, darauf zu bestehen, daß jene Dokumente, auf denen die Anklagen beruhten, hinzugefügt wurden – offensichtlich hatten sie eingesehen, daß die Aufgabe, diese Dokumente in die anderen Sprachen zu übersetzen, Wochen in Anspruch genommen hätte.

Ganz ohne Fehler war die Anklageschrift indes nicht. Die Ankläger hatten es versäumt, die Änderung in Artikel 6 der Charta in Betracht zu ziehen, die Barnes herbeigeführt hatte, indem er die Verschwörungsklausel von einer Stelle, an der sie auf alle drei Hauptanklagepunkte angewendet werden konnte, an eine andere versetzte, wo sie sich nur noch auf Verbrechen gegen den Frieden bezog. Infolge eines Versehens der Anklage wurden den Angeklagten laut Punkt Drei und Vier der Anklageschrift Verschwörungen zur Last gelegt, die außerhalb des Zuständigkeitsbereiches angesiedelt waren, den die Charta dem Tribunal zugewiesen hatte.

Allerdings waren derartige konzeptionelle Irrtümer gering und unbedeutend, verglichen mit den folgenschweren Fehlern bei der Auswahl der Einzelpersonen und Organisationen, die namentlich als Angeklagte benannt wurden. Rudolf Heß hatte sich seit 1941 in britischem Gewahrsam befunden, und seine Bewacher wußten ganz genau, machten überdies auch kein Geheimnis daraus, daß es äußerst fraglich war, ob er einen Prozeß von seiner geistigen Verfassung her durchstehen würde. Doch offenbar war es für die Hauptankläger ganz selbstverständlich gewesen, ihn wegen seiner engen Beziehung zu Hitler und wegen seines hohen NSDAP-Amtes zu benennen, ohne sorgfältig abzuwägen, ob diese Enscheidung auch klug sei.

Jackson hatte seine Forderung, den Generalstab und das Oberkommando anzuklagen, in letzter Minute erhoben, ohne daß er meines Wissens irgendein Mitglied seines Stabs zu Rate gezogen hatte, außer vielleicht seinen Sohn – Calvocoressi und ich hatten die Definition der »Gruppe« im Rahmen der Charta auf Biegen und Brechen durchgezogen, nur um Jacksons Direktive Genüge zu leisten, deren Sinn und Zweck uns gegenüber nicht dargelegt worden war. Die Anklage gegen die Sturmabteilung (SA) beruhte offenbar weitgehend auf Erinnerungen an die wichtige Rolle, die sie bei der Machtergreifung der Nazis in den Jahren vor 1935 gespielt hatte, und zeigte, daß man vom anschließenden Niedergang der SA und von ihrer Ablösung durch die SS als Hauptorganisation der innenpolitischen Machtentfaltung der Nazis kaum eine Ahnung hatte.

All diese Fehlleistungen waren bedauerlich, und in ein paar Fällen, wie zum Beispiel bei Krupp, ist es sogar im nachhinein kaum zu verstehen, wie es dazu hatte kommen können. Ganz allgemein gesprochen, waren diese Schnitzer eine Folge des Umstandes, daß die Anwälte sich mit zu vielen unvertrauten Problemfeldern in zu kurzer Zeit konfrontiert sahen und daß auf angloamerikanischer Seite Jackson und Shawcross es versäumt hatten, ihre Mitarbeiter so zu organisieren, daß das Wissen von Leuten wie Passant und Franz Neumann angemessen berücksichtigt worden wäre, als die Hauptankläger die endgültigen Entscheidungen trafen.

Gefahren ganz anderer Art lauerten in der in Punkt Drei der Anklageschrift geäußerten Beschuldigung, daß im »September 1941 ... 11 000 kriegsgefangene polnische Offiziere im Katyn-Walde in der Nähe von Smolensk getötet« wurden. Es bestand kein Zweifel daran, daß die Leichen vieler Hunderter polnischer Soldaten an besagtem Ort begraben waren, und im Frühling 1943 wurde seitens der deutschen Truppen, die damals das Gebiet besetzt hielten, behauptet, sie hätten die Leichname exhumiert. Die deutsche Regierung legte den sowjetischen Behörden öffentlich diese Morde zur Last, und Moskau reagierte darauf, indem man die Deutschen als Schuldige bezeichnete. Die anderen Ankläger legten Rudenko dringend nahe, auf diese Anschuldigung zu verzichten, die – ganz gleich, wie es sich in Wahrheit verhielte – der deutschen Verteidigung das Recht einräumen würde, sie zurückzuweisen und damit eine der mit der Durchführung des Prozesses betrauten

Mächte in eine abscheuliche Greueltat zu verwickeln. Aber der sowjetische Ankläger gab nicht nach, und mir war klar, daß seine Vorgesetzten zu dem Schluß gekommen waren, daß ein Verzicht auf diese Anschuldigung öffentlich für ein Schuldbekenntnis der Sowjets gehalten würde. Die anderen Ankläger machten Rudenko darauf aufmerksam, daß er die volle Verantwortung für den Beleg dieses Anklagepunktes übernehmen müsse.

Es war viel leichter gewesen, Einigung im Hinblick auf die Anklageschrift zu erzielen, als es bei der Charta der Fall gewesen war, denn diese hatte ja das Unternehmen in seinen groben Umrissen und seine Grundprinzipien bereits dargelegt. Aber es gab viele Punkte in Verbindung mit der Anklageschrift, die sich als äußerst problematisch hätten erweisen können, und im Rückblick erscheint es als überaus bemerkenswert, daß vier große Nationen mit unterschiedlichen Rechtstraditionen und politischen Einstellungen in der Lage waren, sich auf ein Dokument zu einigen, das trotz seiner Mängel eine brauchbare Basis für die gemeinsame Anklage bot.

Die offizielle Unterzeichnung in Berlin war für den Vormittag des 6. Oktober in den Amtsräumen des Alliierten Kontrollrates angesetzt, aber als Alderman und ich uns dort einfanden, waren nur die Briten und Franzosen zugegen. Als Rudenko erschien, erklärte er, die gedruckten Ausfertigungen der Anklageschrift enthielten eine Reihe von Fehlern, die er zu diesem Zeitpunkt nicht im einzelnen benennen könne und die korrigiert werden müßten, ehe die Anklageschrift beim Tribunal eingereicht werden könne.

Jackson und seine Leute trafen am späten Nachmittag ein. Der Richter ging mit keinem Wort darauf ein, daß es Alderman in London nicht gelungen war, mehrere deutsche Industrielle in die Liste der Angeklagten aufnehmen zu lassen. Aber er war beunruhigt darüber, daß in Anklagepunkt Drei der Sowjetunion die ehemaligen baltischen Staaten (Estland, Lettland, Litauen) zugerechnet wurden, deren Einverleibung durch die Sowjets im Jahre 1939 weder von Großbritannien noch von den USA offiziell anerkannt worden war. Jackson bestand nicht darauf, daß die Anklageschrift sprachlich korrigiert werden sollte, sondern überreichte Rudenko, de Menthon und Shawcross gleichlautende Schreiben, in denen festgehalten war, daß keine Passage in der Anklageschrift als Anerkennung der fraglichen Annexionen seitens der USA interpretiert werden dürfe.

Auf dieser Grundlage und unter der Voraussetzung, daß man sich noch die Korrektur unbedeutender Fehler im endgültigen Text der Anklageschrift vorbehalte und daß dieser noch mit den immer noch unvollständigen französischen und russischen Übersetzungen abgeglichen werde, wurde der englische Text von den vier Hauptanklägern unterzeichnet.

Als nächstes sollte die Anklageschrift beim Tribunal eingereicht werden, dessen erste Sitzung planmäßig in der darauffolgenden Woche stattfinden sollte. Aber mehrere wichtige Teilnehmer an den Berliner Formalitäten verließen die Stadt bereits vor diesem Ereignis. Auf Jacksons Anordnung hin kehrte Alderman am folgenden Tag nach Nürnberg zurück, um dort die Stellung zu halten. Lordkanzler Jowitt wollte sich von den Prozeßvorbereitungen in Nürnberg persönlich überzeugen. Darüber hinaus hatte es ihm Aldermans Sekretärin Charlotte Godchaux angetan, so daß die drei in Jowitts Flugzeug nach Nürnberg flogen, wobei Alderman, dessen Witze zuweilen ein bißchen zu eindeutig waren, seinen Gastgeber (in Anspielung auf eine komische Oper von Gilbert und Sullivan) den »empfänglichen Kanzler« nannte.

Auch de Menthon und Shawcross reisten ab und ließen Dubost und Fyfe als ihre Stellvertreter in Berlin. Beachtenswerter war dagegen Rudenkos unangekündigte Rückkehr nach London, wobei er niemanden als Stellvertreter zurückließ. Darauf waren letztlich die Verzögerungen und das ganze Durcheinander im Laufe der folgenden zehn Tage weitgehend zurückzuführen.

2

»Die erste Sitzung des Tribunals in Berlin ist ein Kapitel für sich, zum Lachen oder zum Weinen, je nachdem, wie Sie es sehen«, schrieb Richter Jackson in einem Brief vom 12. Oktober 1945 an Präsident Truman. »Wir hatten diese Sitzung des Tribunals für den 9. Oktober angesetzt und den European Air Transport Service gebeten, ein Flugzeug zur Verfügung zu stellen, das Biddle, Richter Parker und ihre Leute am Sonntag [dem 7.] direkt von Southampton nach Berlin bringen sollte ... Unsere Richter kamen dort nicht nur nicht an, sondern wir kamen auch lange Zeit nicht dahinter, wo sie abgeblieben waren ... Die Sache war allerdings für uns nicht ganz so peinlich, weil die Russen ... gleichfalls mit Verspätung eintrafen. Und als die russischen Richter schließlich da waren, war der russische Ankläger nicht aufzufinden ...« Und tatsächlich dauerte der ganze Spaß – sofern es denn ein Spaß war – noch eine ganze Woche, nachdem Jackson diesen harschen Bericht abgefaßt hatte.

Die amerikanischen Richter waren in New York mit einer außergewöhnlich starken Begleitmannschaft an Bord der *Queen Mary* gegangen. Biddle hatte zu seiner Unterstützung Professor Quincy Wright von der Chicagoer Universität engagiert, einen führenden Fachmann für Völkerrecht; außerdem Professor Herbert Wechsler von der Columbia Law School, der während des Krieges als Stellvertretender Justizminister fungiert hatte, sowie James H. Rowe, einen Absolventen der Harvard Law School, der Privatsekretär von Präsident Roosevelt und anschließend zweiter Mann im Justizministerium unter Biddle gewesen war und der gerade seinen Militärdienst als Marineabwehroffizier im Pazifik quittiert hatte. Richter Parker hatte Major Robert Stewart bei sich, einen fähigen jungen Anwalt aus North Carolina. Kurz nach seiner Ankunft in Deutschland wurde das Team außerdem noch durch Adrian S. »Butch« Fisher verstärkt, einen weiteren Harvard-Absolventen, der juristischer Berater der Obersten Bundesrichter Brandeis und Frankfurter gewesen war und der mehrere wichtige juristische Positionen in der Regierung innegehabt hatte, ehe er bei der Air Force als Navigator gedient hatte. Abgesehen von Wright war es ein junges Team: Wechsler, Rowe und Fisher waren meine Altersgenossen und hatten mit mir in den Tagen des New Deal zusammengearbeitet, wobei die ersten beiden langjährige Freunde von mir waren.

Auf See hielt die Gruppe häufig Besprechungen über voraussichtliche Prozeßprobleme ab, besonders über die Bestimmungen der Charta hinsichtlich der Schuld von Organisationen, die Biddle großes Kopfzerbrechen bereiteten. Die *Queen Mary* lief am 7. Oktober mittags in den Hafen von Southampton ein, und ein Militärflugzeug erwartete die Gruppe bereits. Aber es sollte auch Generalmajor Royal B. Lord* nach Paris bringen, der es vorzog, auf der *Queen Mary* zu Mittag zu speisen, während Biddle und seine Gesellschaft Däumchen drehten. Das Flugzeug erreichte Paris etwa um 17 Uhr, wo man erfuhr, daß der Flughafen Tempelhof (in der amerikanischen Besatzungszone von Berlin) um 18 Uhr schloß und daß danach keine Landung mehr möglich sei. Die Army brachte die ganze Gesellschaft im Hotel Rafael unter, und die jüngeren Teilnehmer verbrachten den Abend in der Stadt und waren über diesen Zwischenaufenthalt nicht traurig. Aber am darauffolgenden Morgen herrschte Nebel, und die Gruppe erreichte Berlin erst am Nachmittag. Tatsächlich hatte man bislang weder von den französischen noch von den russischen Richtern etwas gehört, so daß der Abstecher nach Paris keine ernsthafte Verspätung darstellte. Aber Jackson beschwerte sich energisch bei den Militärbehörden und in seinem Brief an den Präsidenten – ich weiß allerdings nicht, welche Folgen das für General Lord hatte.

Die britischen Richter – Sir Geoffrey Lawrence und Sir Norman Birkett – waren bereits am 7. Oktober eingetroffen und nahmen die Gelegenheit wahr, am gleichen Abend mit Shawcross und Fyfe allein zu konferieren. Biddle und Parker begegneten ihnen erst beim Tee am nächsten Tag, kurz nachdem sie aus Paris eingetroffen waren.

Die Auswahl der britischen Richter durch Lord Jowitt war alles andere als reibungslos verlaufen. Ende August hatte der Lordkanzler Birkett, der herausragende Erfolge als Anwalt und seit 1941 als Richter am Obersten Zivilgericht vorweisen konnte, aufgefordert, als »der britische Richter beim Prozeß gegen die deutschen Hauptkriegsverbrecher« zu fungieren. Birkett hatte dieses Angebot telefonisch akzeptiert, aber als er ein paar Tage später mit Jowitt zusammentraf, erfuhr er, das Auswärtige Amt wolle jemanden – vor-

* Ein hervorragender Offizier der Pioniere und Erfinder wichtiger Ausrüstungsgegenstände, wie sie vom Pionierkorps verwendet wurden. Zu dieser Zeit hatte General Lord gerade seinen Dienst als Stellvertretender Stabschef Eisenhowers beendet – in dieser Eigenschaft war er für den Truppenaufmarsch zuständig gewesen – und war zu einer Stabsstelle in der Nähe von Versailles verlegt worden.

zugsweise einen Revisionsrichter des Oberhauses – haben, der in der Justizhierarchie höher angesiedelt war. Birkett war mit der Berufung zum Ersatzrichter einverstanden, aber sein Tagebuch enthüllt, welchen »geheimen Ärger« er über diese Zurückweisung empfand – nur »wegen des absurden Snobismus« im Foreign Office«. Seine Gefühle wurden auch nicht gerade besänftigt, als die Wahl schließlich auf Lord Justice Lawrence vom Revisionsgericht fiel, der sich zwar im Ersten Weltkrieg militärisch ausgezeichnet hatte und eine langjährige Gerichtspraxis vorweisen konnte, dessen juristische Fähigkeiten aber wenig Beifall gefunden hatten. Wie sich allerdings herausstellte, waren Lawrence und Birkett genau die richtige Besetzung für den bevorstehenden Prozeß.

Die Franzosen erschienen am darauffolgenden Tag – »zwei komische kleine Männer«, wie Biddle in einem Brief an seine Frau schrieb. Richter Robert Falco betrat erneut die Szene, als Stellvertretendes Mitglied für Henri Donnedieu de Vabres, einen Universitätsprofessor und Fachmann für Völkerrecht – eine seltsame Rangfolge, wenn man bedenkt, daß Falco auf eine langjährige Erfahrung am Cour de Cassation zurückblicken konnte.

Es war bereits bekannt, daß General Nikitschenko der sowjetische Richter sein würde. Seine Ankunft hatte sich infolge Nebels bis zum späten Nachmittag verzögert, und dann erschien er in Begleitung seines Stellvertreters, Oberstleutnant A. F. Wolchkow, über den die anderen nichts wußten, sowie von Professor Trainin.

Um fünf Uhr versammelten sich die Richter und ihre Stäbe (die Franzosen hatten keinen) im allgemeinen Konferenzraum im Gebäude des Alliierten Kontrollrates zu ihrer ersten Besprechung. Lawrence schlug gleich vor, daß das Tribunal am nächsten Morgen öffentlich zusammentreten solle, um die Anklageschrift entgegenzunehmen, aber Nikitschenko war entschieden dagegen, weil der sowjetische Ankläger »nicht in Berlin« sei, und fügte hinzu, die Ankläger sollten erst vor Gericht erscheinen, wenn alle vier anwesend seien. Damit wurde nichts aus Lawrence' Plan, aber um die Neugier der Presse zu befriedigen, ließ sich das Tribunal fotografieren und gab eine Verlautbarung heraus, daß man zusammengekommen und bereit sei, die Anklageschrift entgegenzunehmen, »wenn die Ankläger bereit sind, sie zu präsentieren«, und daß man weiterhin inoffiziell zusammenkommen werde, um sich mit verfahrens- und verwaltungstechnischen Angelegenheiten zu befassen.

Dann trat das Tribunal erneut zusammen, und Biddle nahm sofort Anstoß daran, daß Lawrence fortfuhr, sich die Rolle des Vorsitzenden anzumaßen, und »uns eine kurze und völlig unzureichende Tagesordnung vor die Nase setzte, die nicht einmal die Ernennung eines vorläufigen Vorsitzenden enthielt«. Wieder einmal erhob Nikitschenko (den Birkett für »sehr schwierig« hielt, Biddle aber mochte) Einspruch, weil er die Tagesordnung nicht vor der Besprechung gesehen oder sie noch nicht in einer Übersetzung vorliegen habe. Biddle schloß sich ihm an und suchte eine generelle Übereinstimmung darüber zu erzielen, daß jeder Teilnehmer Tagesordnungen vorschlagen könne, die spätestens am Abend vor der nächsten Besprechung vorgelegt werden müßten. Die Briten, schrieb Biddle an seine Frau, seien »ausgesprochen unbeholfen«.

Es gab einige Diskussionen über ein paar unbedeutende Punkte auf Lawrence' Tagesordnung: wie sich die Richter kleiden sollten, wie die Sitzordnung beim Prozeß sein und ob man eine Simultanübersetzungsanlage verwenden solle. Man konnte sich nicht einigen, und das einzige, was man vor der Vertagung erreichte, war die Berufung von drei Stabsangehörigen zu Sekretären für das Tribunal.

Jacksons Geduld ging langsam, aber sicher zu Ende, und am frühen Abend erklärte er Fyfe, wenn Rudenko oder sein Stellvertreter an diesem Abend nicht einträfe, werde er am nächsten Tag nach Nürnberg fahren. Später lud er die amerikanischen Richter und ihren Stab sowie die Mitglieder seines eigenen Stabes, die sich noch in Berlin befanden, zu einer Besprechung mit ihm in der Residenz von Charles Fahy ein, in der sich Jackson aufhielt. Die Unterredung beschränkte sich weitgehend auf einen Dialog zwischen Jackson und Biddle und befaßte sich teilweise mit Mitteln und Wegen, wie man den Prozeß vorantreiben könnte. Ich erklärte Wechsler unter vier Augen, daß ich es nicht für angemessen hielte, dieses Thema zwischen Richtern und Anklägern inoffiziell zu diskutieren, und er teilte meine Ansicht.

Tatsächlich hatten die britischen Richter und Ankläger bereits zwei private Diskussionen über den bevorstehenden Prozeß abgehalten, wobei ich allerdings nicht weiß, welche besonderen Themen dabei erörtert worden waren. Auch ist mir kein weiterer derartiger Gedankenaustausch zwischen Richtern und Anklägern bekannt, der mir heute nicht mehr ganz so verwerflich erscheint wie damals. Diese Diskussion erbrachte ohnehin nichts Wichtiges, und angesichts der ungewöhnlichen Umstände nach dem Krieg überrascht es kaum, daß das nationale Zusammengehörigkeitsgefühl gewisse Beschränkungen gelockert hatte, die man normalerweise zu Hause in der angloamerikanischen Rechtspraxis streng beachtete. In europäischen Ländern ist die Grenze zwischen Gericht und Anklage ohnehin nicht so scharf gezogen, wie sich ja auch bei der Übernahme der Richterrolle durch Nikitschenko und Falco zeigte.

Als das Tribunal am darauffolgenden Vormittag (dem 10. Oktober) zusammentrat, fehlte Rudenko noch immer, und Nikitschenko konnte nicht sagen, wann er erscheinen werde. Die anderen Ankläger (Jackson, Fyfe und Dubost) hatten wissen lassen, sie wünschten eine öffentliche Zusammenkunft mit dem Tribunal, um Instruktionen darüber zu erhalten, wie und wann sie die Anklageschrift einreichen sollten. Nikitschenko erhob erneut Einspruch gegen eine derartige Zusammenkunft in Rudenkos Abwesenheit, aber auf Biddles Vorschlag hin wurden die Ankläger einzig und allein deshalb einberufen, damit sie das Tribunal darüber in Kenntnis setzen konnten, inwieweit die Anklageschrift bereits unterzeichnet sei. Als sie hereinkamen, bemerkte Jackson korrekterweise, daß die englische Fassung bereits unterzeichnet sei und daß sie noch mit den französischen und russischen Texten abgestimmt werden müsse, die noch nicht komplett vorlägen.

Damit wäre die ganze Diskussion beendet gewesen, wenn Lawrence nicht gefragt hätte, ob die Ankläger noch etwas hinzuzufügen wünschten. So erhielt Jackson die Möglichkeit, auf eine augenblickliche öffentliche Sitzung zu drängen, damit sich die Presse ein genaues Bild von der Lage machen könne. Genauso freimütig wies Nikitschenko darauf hin, daß ihm eine derartige Erklärung unangenehm sei und daß er gegen jede öffentliche Zusammenkunft sei, bis Rudenko zur Verfügung stehe.

Nach der Mittagspause teilte Nikitschenko mit, er habe mit Rudenko in London telefoniert, der beteuert habe, er hätte keine Ahnung gehabt, daß die Ankläger zusammenkommen wollten*, und erklärt habe, er sehe »keine Möglichkeit, London heute zu verlassen«. Das Tribunal blieb auch den ganzen Nachmittag über zusammen, um unbedeutendere Angelegenheiten zu besprechen. Die Teilnehmer hatten sich noch nicht an die jeweilige Ausdrucksweise der anderen gewöhnt – sie hatten keine Simultanübersetzung und machten deswegen viel Aufhebens. Eine Anfrage der Presse beantwortete man nur mit der lapidaren Auskunft, man diskutiere weiter über verfahrens- und verwaltungstechnische Angelegenheiten.

Lawrence brachte erneut die Kleiderordnung zur Sprache, und Biddle forderte ungeduldig, man solle eine Entscheidung über dieses »unbedeutende Problem« treffen – er würde »jedem Arrangement« zustimmen. Nikitschenko bemerkte boshaft, »der Talar erinnert mich an mittelalterliche Zeiten«, und handelte sich damit einen Blitz gallischen Feuers von de Vabres ein – dieser bestand auf einer »schwarze Robe ..., die unserer Intelligenz und Würde gemäß ist ... Ich bestehe auf einem schwarzen Talar.« Nikitschenkos Kompromißvorschlag (dunkler Geschäftsanzug) fand keine Befürworter, und der Streit endete mit einer Entschließung, »daß jeder Teilnehmer sich so kleidet, wie er es wünscht«, sowie einer Notiz im Protokoll, daß die britischen, französischen und amerikanischen Teilnehmer Roben bevorzugten und hofften, die russischen Teilnehmer würden sich dem anschließen.

Aber letzten Endes trugen Nikitschenko und Wolchkow während sämtlicher Verfahren stets ihre sowjetischen Armeeuniformen. Die Entschließung ließ den Teilnehmern freie Hand, aber eine frühere Generalprobe hatte sie davon überzeugt, daß die Richterbank wie bei einem Kostümball aussähe, wenn jedes Team in seinem heimischen Aufzug erschiene. Also legten die

* Das ist kaum zu glauben, da sich die Ankläger ja in erster Linie in Berlin aufhielten, um die Anklageschrift dem Tribunal zu überreichen, und das konnte nicht ohne Rudenkos (oder eines Stellvertreters) Zustimmung erfolgen. Die anderen Chefankläger ernannten alle Stellvertreter, die diese Aufgabe erledigen sollten. Außerdem hatte Scott-Fox vom Foreign Office am Abend zuvor die dringende Weisung erhalten, Rudenko am darauffolgenden Morgen nach Berlin zu bringen.

Briten ihre Perücken und die Franzosen ihre Barette ab, und bis auf die Russen trugen alle schwarze Roben, wobei die Franzosen noch zusätzlich ihre weißen Jabots anhatten und Falco sich seine Ordensbänder ansteckte.

Während diese so unbedeutenden wie notwendigen Entscheidungen getroffen wurden, flog Jackson nach Nürnberg; Frank Shea blieb als sein Stellvertreter zurück, ausgestattet mit einem Schreiben, das ihm die Vollmacht erteilte, »den Chefanwalt der Vereinigten Staaten zu vertreten ...« Auch Gordon Dean blieb in Berlin, um für Presseangelegenheiten zur Verfügung zu stehen.

Am Donnerstag, den 11. Oktober, war »Warten-auf-Rudenko«-Tag. Als Fyfe und Shea aus London erfuhren, er werde gegen Mittag eintreffen, fuhren sie zum Flughafen, um ihn in Empfang zu nehmen und zu einer sofort einzuberufenen Konferenz der Ankläger zu bewegen. Aber Rudenko erschien nicht, und das Begrüßungskomitee kehrte mit leeren Händen zurück. Dann wurde berichtet, der sowjetische Ankläger werde gegen 14.30 Uhr landen. Also begaben sich Shea und Fyfe eilends wieder zum Flughafen. Tatsächlich traf der Heißersehnte aber etwa eine Stunde später als erwartet ein, und am frühen Abend kamen die vier Ankläger endlich zusammen (wobei Rudenko der einzige Chefankläger unter den Anwesenden war).

In Anbetracht der ganzen Aufregung, die seine Abwesenheit verursacht hatte, war es ausgesprochen dreist von Rudenko, die Konferenz mit einer Erklärung zu eröffnen, daß »die Präsentation der Anklageschrift vor dem Tribunal so schnell wie möglich erfolgen sollte«, zumal er anschließend kundtat, die Überprüfung des englischen Textes und die Abgleichung der russischen Übersetzung werde zwei Tage dauern. Fyfe schlug vor, die Anklageschrift am Samstag, den 13. Oktober, vorzulegen und zu veröffentlichen, aber Rudenko bestand auf Montag, dem 15. Oktober, »als absolut letztem Termin«. Darauf einigte man sich schließlich, und die Ankläger und ihre Stäbe verbrachten die nächsten beiden Tage mit geringfügigen Verbesserungen und mit der Abgleichung der russischen und englischen Texte. Damit blieb auch noch Zeit für die Fertigstellung des französischen Textes.

Während die Ankläger damit beschäftigt waren, erörterte das Tribunal weiterhin verwaltungstechnische Probleme und Verfahrensregeln für die Durchführung des Prozesses. Es gab aber auch ein paar wichtige Entwicklungen. Am Donnerstag, den 11. Oktober, während man noch über die Zustellung der Anklageschrift an die Angeklagten diskutierte, eröffnete Lawrence, daß Gustav Krupp schwer krank sei und daß es vielleicht nicht möglich sei, ihn nach Nürnberg zu schaffen. Im späteren Verlauf des Tages entschied das Tribunal, gegen Nikitschenkos Einspruch, daß es während des Prozesses in Nürnberg keine Rotation des Vorsitzes beim Tribunal geben solle. Den Freitag verwendete man großenteils für eine Diskussion über die vorgeschlagenen Verfahrensregeln, aber am Ende des Tages wurden die Ankläger einberufen, und man einigte sich darauf, daß das Tribunal am Montag, den

15. Oktober, eine öffentliche Sitzung abhalten werde, bei der die Anklageschrift dem Tribunal präsentiert und der Presse um 17 Uhr zur Veröffentlichung übergeben werden solle.

Das Hauptereignis am Samstag, den 13. Oktober, war die Wahl von Lordrichter Lawrence zum Vorsitzenden des Nürnberger Prozesses durch das Tribunal. Man hatte nur die Wahl zwischen Lawrence und Biddle gehabt; vielleicht aus der Einsicht heraus, daß keiner von ihnen mit dem Amt in sprachlicher oder logistischer Hinsicht zurechtkommen würde, hatten sich nämlich weder Nikitschenko noch de Vabres um den Vorsitz beworben. Biddle wollte gewählt werden, aber nachdem sich Jackson mit Robert Murphy (Clays diplomatischem Berater) und General Donovan abgestimmt hatte, legte er Biddle dringend nahe, Lawrence zu unterstützen, und zwar aus zwei Gründen: Das ganze Unternehmen sei bereits zu stark von den Amerikanern dominiert, und wenn Lawrence den Vorsitz bekäme, würde sich die britische Regierung verpflichtet fühlen, für den Erfolg dieses Vorhabens zu sorgen.

Biddle akzeptierte diese Argumente, war aber über diese Entscheidung ganz und gar nicht glücklich, wie aus den Briefen an seine Frau hervorgeht: »Meine eigene Delegation meint, ich solle nicht den Vorsitz übernehmen, da Jackson eine derart führende Rolle in der Anklage übernommen hat, und ich habe dem widerwillig zugestimmt ... Es besteht nicht der geringste Zweifel daran, daß ich zum ständigen Vorsitzenden gemacht worden wäre, wenn ich gewollt hätte, aber Jackson war entschieden der Meinung, da die Amerikaner die ganze Last der Anklage auf sich genommen hätten und einen Großteil der Last des Prozesses übernehmen würden, sollten die Briten den Vorsitz bekommen, da es auf der Hand liege, daß weder die Franzosen noch die Russen präsidieren sollten. Natürlich hätte es mir Spaß gemacht, den Vorsitz innezuhaben, aber ich trauere dem nicht nach, da dies die klügere Entscheidung ist. Lawrence ist in jeder Hinsicht von mir abhängig, und ich werde die Fäden ziehen.«

Als die Angelegenheit bei der Sitzung des Tribunals zur Sprache kam, nominierte Nikitschenko Biddle, und de Vabres schlug Lawrence vor. Biddle zog seine Kandidatur zugunsten von Lawrence zurück, der ordnungsgemäß ohne eine formelle Wahl bestätigt wurde. De Vabres schlug anschließend Nikitschenko als Vorsitzenden für die öffentlichen Sitzungen des Tribunals in Berlin vor, und Nikitschenko votierte erneut für Biddle. Das Bäumchenwechsle-dich-Spiel endete damit, daß Biddle zugunsten von Nikitschenko auf den Vorsitz in Berlin verzichtete. Damit konnten alle leben, und Biddle gelang es – gegen Nikitschenkos halbherzigen Einspruch –, die Wahl von Harold B. Willey, einem ehemaligen Stellvertretenden Protokollführer am Obersten Bundesgericht der USA, zum Generalsekretär des Tribunals durchzusetzen.

Aber am nächsten Tag – am Sonntag, den 14. Oktober – wurde der ordnungsgemäße Gang der Dinge böse durcheinandergebracht. Am späten

Nachmittag, während das Tribunal über Details der öffentlichen Sitzung am nächsten Morgen diskutierte, eröffnete Nikitschenko (der den Vorsitz innehatte) unvermittelt, er habe eine beunruhigende Mitteilung erhalten, derzufolge die Anklageschrift möglicherweise für die Präsentation nicht fertig würde und die öffentliche Sitzung eventuell verschoben werden müsse.

Inzwischen hatte es nämlich heftige Meinungsverschiedenheiten unter den Anklägern gegeben. Rudenko hatte ihre Nachmittagssitzung damit eröffnet, daß er erklärte, er habe beim Vergleich des russischen Textes mit dem englischen viele Fehler in den Osteuropa betreffenden Teilen der Anklagepunkte Drei und Vier des englischen Textes entdeckt. Das von ihm zitierte Beispiel war das bereits umstrittene Massaker im Wald von Katyn: Er wollte die Anklage in diesem Punkte geändert wissen, indem die Deutschen beschuldigt werden sollten, nicht 925, sondern 11 000 kriegsgefangene polnische Offiziere umgebracht zu haben. Damit die zahlreichen Fehler korrigiert werden könnten, wären Informationen sowohl aus London wie aus Moskau erforderlich. Rudenko schlug vor, die Ankläger sollten das Tribunal ersuchen, die öffentliche Sitzung für »zwei oder drei Tage« zu verschieben.

Sofort kam es zu scharfen Meinungsverschiedenheiten. Dubost (dessen Verhalten zumindest bei dieser Gelegenheit Jacksons Ansicht nicht bestätigte, er habe »Angst davor, den Russen die Stirn zu bieten«) erklärte, es sei »völlig unmöglich«, das Tribunal um eine Verschiebung zu ersuchen. Shea hielt es für wahrscheinlich, daß »unser Ansehen bei Gericht herabgesetzt« werde und wir uns »lächerlich machen und so auch in Teilen der Presse dastehen« könnten. Fyfe schloß sich völlig seinen französischen und amerikanischen Vorrednern an.

Es kam zu einer langen Debatte, in deren Verlauf Rudenkos Kollegen im Anklägergremium verschiedene Verfahren vorschlugen, um Rudenkos Wünschen zu entsprechen, ohne daß eine Verschiebung der öffentlichen Sitzung erforderlich wäre. Aber Rudenko gab nicht nach – eine Verschiebung sei absolut notwendig, und es wäre ein »großer Fehler«, wenn die Angelegenheit gegen ihn durch ein Votum von drei zu eins entschieden würde. Shea erwiderte, »so ernst ein Drei-zu-eins-Votum sein könnte, wäre es doch nicht so ernst wie ein Antrag auf eine Vertagung«.

Auf Dubosts Vorschlag hin konferierten die Ankläger vertraulich mit ihren jeweiligen Richtern, und Shea nützte die Unterbrechung, um mit Jackson in Nürnberg zu telefonieren. Er berichtete ihm, die Russen seien »völlig unvernünftig«, und die Briten und Franzosen würden vermutlich mit den Amerikanern für die Abhaltung der Montagssitzung stimmen, über Rudenkos Einspruch hinweg. Jackson wies Shea an, »die Angelegenheit zu forcieren und die Anklageschrift zu veröffentlichen, wenn die [beiden] anderen Mächte mitmachen«.

All das nahm so viel Zeit in Anspruch, daß der Abend bereits weit fortgeschritten war, als die vier Ankläger vor dem Tribunal erschienen. Fyfe erklärte mit höflichen Worten, warum sich die Ankläger in einer schwierigen Situation befanden, machte dabei aber unmißverständlich klar, daß Rudenkos Unzufriedenheit mit seinem russischen Text die Ursache sei. Biddle, immer wieder unterstützt von Lawrence, Birkett und Falco, nahm Rudenko in ein langes und scharfes Kreuzverhör: Warum könne der russische Text eigentlich nicht unter dem Vorbehalt späterer Korrekturen abgeliefert werden?

Der sowjetische Ankläger versuchte sich nicht gerade geschickt aus der Affäre zu ziehen, und es wurde klar, daß er seine Instruktionen hatte. Angesichts des zeremoniellen Charakters der ersten öffentlichen Sitzung des Tribunals wie der Publicity, die sie wahrscheinlich haben würde, ist es leicht zu verstehen, warum die sowjetische Regierung zögerte, sie ohne einen russischen Text stattfinden zu lassen, der mit den englischen und französischen Fassungen zusammen vorgelegt werden konnte.

Schließlich und endlich wurden die Ankläger entlassen, aber aufgefordert, sich im Gebäude zur Verfügung zu halten. Lawrence stellte sogleich den Antrag, die öffentliche Sitzung solle wie geplant abgehalten werden, und dem sowjetischen Ankläger solle gestattet werden, »entweder die Übersetzung oder die Zahlen« zu korrigieren. Biddle unterstützte diesen Antrag, und de Vabres äußerte sein Einverständnis. Daraufhin plädierte Nikitschenko energisch für eine Verschiebung – ein öffentlicher Auftritt ohne einen verfügbaren russischen Text »würde den Interessen unseres Landes schaden ... Wenn bekannt würde, daß der sowjetische Vertreter die Anklageschrift nicht unterschrieben habe oder nicht unterschreiben wolle und daß die Anklageschrift dem Tribunal trotzdem übergeben würde, dann würde ein noch ernsterer Schaden entstehen.«

Biddle schlug sodann eine kurze Unterbrechung vor, damit die britischen, amerikanischen und französischen Vertreter Gelegenheit hätten, miteinander zu konferieren. Nikitschenko und Wolchkow verließen den Raum, und Biddle erklärte den anderen, Nikitschenko könne »das Ganze platzen lassen, wenn wir ihm nicht nachgeben«. Biddle schlug darum eine Verschiebung um drei Tage vor, die in einer Erklärung verkündet werden solle, welche es »absolut klar (mache), daß die anderen Nationen bereit seien und daß diese Forderung von Rußland erhoben worden sei«.

Damit waren die anderen einverstanden, die Russen wurden wieder hereingeholt, und Nikitschenko fühlte sich gegenüber seinen Kollegen »zutiefst zu Dank verpflichtet«. In der von Birkett formulierten Erklärung wurde festgestellt, daß die britischen, amerikanischen und französischen Ankläger »bereit wären, die Anklageschrift in ihrer jeweiligen Sprache vorzulegen und einzureichen«, aber daß sich der sowjetische Ankläger aufgrund »einiger Schwierigkeiten bei der Arbeit an der Übersetzung« des russischen Textes genötigt gesehen habe, eine Verschiebung zu verlangen. Die öffentliche Sitzung des Tribunals wurde auf Donnerstag, den 18. Oktober, um 10.30 Uhr verschoben. Als man die Ankläger wieder hereingerufen und ihnen die Erklärung vorgelesen hatte, ging es inzwischen auf Mitternacht zu.

Es dauerte noch bis zum Abend des 17. Oktober, ehe man mit Rudenkos letzten Änderungen einverstanden war. Im Laufe der Diskussion ging Rudenko über sein primäres Anliegen hinaus, indem er sich darüber beklagte, daß es in Punkt Drei der Anklageschrift keine Beispiele für Kriegsverbrechen auf hoher See gebe, und vorschlug, daß die Briten eine zusätzliche Anklage einbringen sollten, die sich auf die deutschen Bombenangriffe auf England bezog. Derartige Veränderungen wurden nicht vorgenommen; im Hinblick auf die Bombenangriffe erklärte Elwyn Jones, daß »man daran gedacht hatte, eine Anklage wegen der V-Waffen* einzubringen, aber daß man dies wieder fallengelassen« habe, da es zu einer Auseinandersetzung geführt hätte, die den Zuständigkeitsbereich des Prozesses überschritten hätte. Man brauche nur einen Blick aus den Fenstern auf das von Bomben zerstörte Berlin zu werfen, um einen Begriff davon zu bekommen, zu welcher »Auseinandersetzung« es dann kommen würde.

Am frühen Abend unterzeichneten die Ankläger die russischen und französischen Fassungen der Anklageschrift, und am nächsten Vormittag verlief alles glatt bei der ersten öffentlichen Sitzung des Tribunals. Die Richter wurden vereidigt, und der Vorsitzende Nikitschenko bestätigte den Empfang der Anklageschrift in den verschiedenen Sprachen und gab mehrere verfahrenstechnische Erklärungen über den bevorstehenden Prozeß ab. Die Sitzung dauerte nicht einmal eine Stunde, und danach wollten die Richter nach Nürnberg fliegen, um einen Blick (den ersten für alle außer Falco) auf den Schauplatz zu werfen, auf dem sie dann fast ein Jahr lang agieren sollten.

3

Ich selbst war an diesen Berliner Ereignissen nur in den ersten paar Tagen beteiligt. Nachdem die Hauptankläger den englischen Text der Anklageschrift am 6. Oktober unterzeichnet hatten, gab es für mich nur noch wenig zu tun. Sidney Kaplan kümmerte sich um die für unsere Delegation relevanten Probleme mit den Korrekturen und der sprachlichen Abgleichung und bedurfte meiner Hilfe nicht. Infolge von Rudenkos Abwesenheit hatten sich alle wichtigen Entscheidungsprozesse verzögert. Mir war bald klar, daß es wohl sinnvoller wäre, nach Nürnberg zu reisen, um mich dort in die Prozeßmaterie einzuarbeiten.

Es war typisch für unseren lockeren organisatorischen Zustand, daß Jackson mir nicht sagte, ob ich bleiben oder gehen solle. Also hielt ich mich

---

* Gemeint sind die unbemannten und mit Sprengköpfen versehenen Flugkörper (V1) und Raketen (V2), die im Laufe des Sommers 1944 auf London und anschließend auf Brüssel, Lüttich und Antwerpen abgefeuert wurden.

noch ein paar Tage in Berlin auf, um zu besichtigen, was von Berlin noch übriggeblieben war. In den letzten Kriegswochen hatte ich eine Menge anderer zerstörter deutscher Städte gesehen, aber Berlin und seine Gebäude waren viel größer, und damit sah alles entsprechend verheerender aus, besonders in der Gegend Unter den Linden (dem einzigen Stadtteil, der mir von einem früheren Besuch in Berlin im Jahre 1929 noch in Erinnerung war), mit den Ruinen des Reichstags und der Reichskanzlei und den schaurigen Trümmern des Brandenburger Tors.

Sidney Kaplan und ich wanderten durch die Räume und Korridore der Reichskanzlei, wo der Boden dicht übersät war mit allem möglichen Schutt und Abfall, darunter auch Tausenden von Regierungsdokumenten. Sidney, der in juristischen Fragen ein Perfektionist war, aber nur wenig Deutsch verstand, machte sich fast verrückt mit der Überlegung, ob man nicht alles einsammeln und nach Beweisen für Kriegsverbrechen sichten sollte. Bei einem ähnlichen Rundgang hatte Richter Jackson in Begleitung einer Gesellschaft, zu der auch Miß Katherine Fite gehörte (eine Anwältin im Außenministerium, die dem Richter als Assistentin zugeteilt war), in all dem Schutt ein Stück Metall blitzen sehen. Es erwies sich als ein Orden, der an einem Band befestigt war. Mit einer großartig eleganten Geste legte Jackson die Auszeichnung Miß Fite um den Hals. Alles wollte natürlich wissen, wie die Übersetzung der deutschen Inschrift auf dem Orden lautete: »Mutterschaftsorden Zweiter Klasse.*

Trotz all der Zerstörung erwachte das kulturelle Leben Berlins wieder erstaunlich schnell. Ein Angehöriger meiner Abwehrgruppe in England, Major John Bitter, ein begabter Flötist und Dirigent, war bei der Militärregierung als Verwaltungsbeamter für die Musikszene zuständig. Ich erlebte zwei herrliche Konzerte, von denen das eine im sowjetischen, das andere im amerikanischen Sektor von Berlin stattfand.

Mehrere alte Freunde aus der Zeit des New Deal hatten wichtige juristische Posten in der Militärregierung inne, und es gab eine Reihe von Wiedersehensfeiern, bei denen es hoch herging. Über diesen Müßiggang hätte ich mir Gewissensbisse machen können, wenn ich mich in einem stabilen, fröhlichen Gemütszustand befunden hätte, aber tatsächlich machte ich mir nicht sehr viel daraus. Meine persönlichen Verhältnisse in England hatten ein abruptes und schmerzliches Ende gefunden, und wie viele liebeskranke Helden in viktorianischen Romanen, die auf den Kontinent flüchten, um Wein, Weib und Gesang zu genießen, begrüßte auch ich solche Zerstreuungen.

Als ich Berlin am 10. Oktober verließ, flog ich zuerst nach Frankfurt, wo-

---

* Nach der Nazi-Ideologie beschränkte sich die Rolle der Frau auf *Kinder, Kirche, Küche.* Während des Krieges ermutigte die Regierung die Frauen öffentlich dazu, so viele Kinder wie möglich zu bekommen, und zwar eheliche wie außereheliche, und für eine hohe Fruchtbarkeitsleistung wurden Auszeichnungen verliehen.

bei mir Jacksons Rundschreiben an den Stab zugute kam, in dem stand, daß es noch immer einen akuten Mangel an deutschsprachigem Personal gebe. Ich hatte telefonisch festgestellt, daß ein weiblicher Abwehroffizier der WAAF (Women's Auxiliary Air Force) – ich hatte die Dame im Krieg kennengelernt – sich in Frankfurt befand und vielleicht bereit war, eine Stellung in Nürnberg anzunehmen. Ich traf mich am späten Nachmittag mit Barbara Pinion in Frankfurt. Sie war einverstanden, in Nürnberg die Gruppe um Calvocoressi zu verstärken, und ich ermächtigte sie, ähnliche Arrangements für eine andere WAAF-Kollegin zu treffen, die gleichfalls fließend Deutsch sprach.

Am nächsten Morgen besorgte ich mir einen Wagen für die Fahrt nach Nürnberg. Von Würzburg an ging es auf derselben Straße weiter, die ich bereits vor sechs Monaten genommen hatte. Am frühen Abend des 11. Oktober traf ich an meinem Reiseziel ein und erhielt ein Zimmer in der Hauptunterkunft, dem Grand Hotel, das von der US-Army für die Unterbringung und Verköstigung hochrangiger Offiziere und VIPs beschlagnahmt worden war.

Neben dem Speisesaal befand sich ein Ballsaal mit einer Tanzkapelle. Nach dem Abendessen ging ich dorthin, und als ich mich ein wenig umsah, erblickte ich meine Sekretärin Betty Stark (die vor mir von Berlin nach Nürnberg gegangen war), wie sie mit einem jungen Offizier tanzte. Auch im zerstörten Nürnberg gab es schließlich einige Unterhaltungsmöglichkeiten, zumindest für die, die sich daran erfreuen konnten.

Siebtes Kapitel

Nürnberg: Schwierigkeiten und Probleme vor Prozeßbeginn

Mein erster Tag in Nürnberg – Freitag, der 12. Oktober – begann recht ruhig. Ich ging zum Justizpalast und bekam dort ein angenehmes Büro im zweiten Stock zugewiesen, ein paar Türen von Richter Jackson entfernt. Mein einer Nachbar war Oberst Gill, und auf der anderen Seite befand sich ein gut ausgestatteter Raum für mehrere Sekretärinnen, unter anderem auch für Betty Stark. Ich schaute kurz bei den Kaplans vorbei und aß mit Alderman zu Mittag, der den Vormittag damit verbracht hatte, seine Habe aus dem Hotel zu einem Haus am westlichen Stadtrand zu schaffen, das ihm, Shea und mir als Quartier zugewiesen worden war.

Das Neue Justizgebäude befand sich an der Fürther Straße, der Hauptdurchgangsstraße, die in nordwestlicher Richtung zu der unmittelbar benachbarten Stadt Fürth und weiter bis nach Würzburg und Frankfurt verlief. Es war ein großer, massiger Gebäudekomplex, der ein Gefängnis, ein Bürogebäude und ein Gerichtsgebäude umfaßte, das Sitz des Landgerichts für die Nürnberger Region gewesen war. Der Hauptgerichtssaal wurde noch immer renoviert und erweitert, um ein Auditorium von mehreren hundert Menschen aufnehmen zu können. Dieses Gebäude, in dem ich in den nächsten drei Jahren arbeiten sollte, war alles andere als attraktiv.

Das wichtigste Ereignis der vergangenen Tage war die Ankunft von Rudolf Heß im Gefängnis gewesen. Der ehemalige Stellvertreter Hitlers befand sich offenbar in einem Zustand der Amnesie wie der Apathie. Oberst Amen begann ihn sofort zu verhören, wobei er die unterschiedlichsten Mittel anwendete, um seinem Gedächtnis auf die Sprünge zu helfen. Alderman hatte einer dieser Sitzungen beigewohnt, bei der Göring, Papen und andere ehemalige Kameraden von Heß hereingebracht wurden, um mit ihm zu sprechen. Alderman nahm kein Anzeichen dafür wahr, daß Heß irgendeinen seiner Besucher erkannte, und erklärte, er habe »wie ein Gespenst« ausgesehen.

Jackson hatte seinen Sohn Bill und Alderman gebeten, für kurze Zeit nach Washington zu fliegen – Bill sollte den Brief des Richters über die Vorgänge in Berlin dem Präsidenten überbringen und Alderman ein paar deutsche Kriegsgefangene verhören, die damals in Virginia inhaftiert waren. Die beiden sollten an diesem Nachmittag aufbrechen, und darum begleitete ich Sidney zum Nürnberger Flughafen und kehrte anschließend ins Grand Hotel zurück.

Shea hielt sich noch immer in Berlin auf, aber ich wollte schon jetzt in »unser« Haus hinausziehen, das zwar ein wenig abgelegen, aber sicher ruhiger und gemütlicher war als das Hotel, wo der Verkehr und die Tanzkapelle für einen hohen Geräuschpegel sorgten. Also bestellte ich mir an diesem Abend einen Wagen, packte meine Tasche und ließ mich hinausfahren. Aber als wir das Haus erreichten, war es alles andere als ruhig dort: Es war hell erleuchtet, und schon aus einiger Entfernung konnte man Musik und laute Stimmen vernehmen. Zwei Jeeps waren vor dem Eingang geparkt.

Ich setzte meine strengste Offiziersmiene auf und hämmerte an die Tür. Der Lärm ließ ein wenig nach, und dann kam eine junge Frau an die Tür, schrak bei meinem Anblick zurück und erklärte in einer Mischung aus Englisch und Deutsch, daß der Fahrer von einem der Männer, die hier wohnten (es war tatsächlich Sheas Fahrer), sie zu einem lustigen Abend eingeladen habe und »sehr beschwipst« sei. Ich wollte die Angelegenheit nicht hochspielen, und darum erklärte ich ihr, sie hätten genau drei Minuten Zeit, um zu verschwinden. Ich ging zu meinem Wagen zurück, und nach kurzer Zeit strömten etwa ein halbes Dutzend Soldaten und Mädchen heraus, die einen oder zwei stützten mußten, weil sie nicht mehr gerade gehen konnten, und fuhren weg.

Ich entließ meinen Fahrer, nachdem ich ihn angewiesen hatte, mich am nächsten Morgen abzuholen, und betrat das Haus. Es befand sich in einem ganz passablen Zustand und schien ausreichend Platz zu bieten, auch wenn es nicht gerade vornehm war. Aldermans Gepäck befand sich in einem der Schlafzimmer im ersten Stock, und ich deponierte meine Sachen in einem anderen. Es war eine warme Nacht, ich war müde, und da ich keine Lust mehr hatte auszupacken, zog ich mich aus und ging zu Bett, wobei ich das Licht im Erdgeschoß brennen ließ.

Ich hatte mich kaum hingelegt, als ich hörte, wie ein Wagen vorfuhr, dann erklangen rasche Schritte, und die Haustür wurde heftig aufgestoßen. Ich sprang auf, ging zu meiner Schlafzimmertür und sah, wie ein zerzauster Gefreiter die Treppe heraufstürmte, die Hand am Pistolenhalfter. Ich nehme an, meine unbekleidete Gestalt muß ihn genauso erschreckt haben wie er mich, denn er blieb unsicher stehen und fragte, wer ich sei. So ruhig wie möglich erwiderte ich: »Ich bin Oberst Taylor, und dies ist mein Quartier. Wer sind Sie?« Er machte ein langes Gesicht, als ihm klarwurde, daß er Schwierigkeiten bekommen könnte, und murmelte: »Mr. Sheas Fahrer – ich hab nicht gewußt, daß Sie hier sein würden.« Dann wurde er fürsorglich: »Sir, haben Sie eine Waffe?« Als ich gestand, daß ich keine hätte, kam er die Treppe ganz herauf, schnallte sein Halfter ab und überreichte es mir mitsamt seiner Pistole. »Man kann ja nie wissen, was hier draußen so alles passieren könnte.« Ich dachte, daß er mir das gerade nachdrücklich bewiesen hatte, sagte aber nur, er könne seine Waffe am Morgen abholen und daß Mr. Shea vermutlich erst in einigen Tagen wieder hier wäre. Mein unerwarteter Gast verschwand sofort. Ich öffnete mein Gepäck, zog mir einen Pyjama über und ging wieder zu Bett.

2

Im Justizgebäude wartete der Stab der Anklagevertretung darauf, daß die Sitzungen in Berlin zu Ende gingen und die Mitglieder des Tribunals nach Nürnberg kamen. Inzwischen plante Jackson eine Umorganisation seines Stabs. Ich erfuhr von diesen Plänen bei einer Mitarbeiterbesprechung in seinem Büro am 15. Oktober. Jackson erklärte:

> Die Vorbereitung des Prozesses ist durch die Vorlage der Anklageschrift in eine neue Phase eingetreten. Das Beweismaterial muß auf die Behauptungen der Anklageschrift abgestimmt werden. Wir müssen auf alles überzählige Personal verzichten ... Die Aufteilung der Klage unter die vier Mächte, wonach die USA eine führende Rolle bei Anklagepunkt Eins und bei Teilen von Punkt Vier spielen, bedeutet praktisch, daß wir die Verantwortung für den gesamten Prozeß haben und den Ton und das Tempo bestimmen.

Jackson führte aus, daß »wir einen Prüfungsstab einrichten sollten ..., um darüber entscheiden zu können, welche Proportionen jeder Teil des Prozesses bekommen soll«. Dann eröffnete er uns, daß er die Obersten Storey und Wheeler sowie Major Frank Wallis (einen von Wheeler engagierten Bostoner Anwalt) gebeten habe, Organigramme zu erstellen, die als Grundlage für eine Umorganisation des Stabs entsprechend der Idee eines Prüfungsausschusses dienen sollten. Die Organigramme würden dann an uns verteilt, damit wir Gelegenheit zur Stellungnahme hätten.

Das gesamte Tribunal war in Nürnberg für den Nachmittag des 18. Oktober erwartet worden, im Anschluß an die erste öffentliche Sitzung der Richter in Berlin am Morgen desselben Tages. Aber das Flugzeug mit den britischen Richtern an Bord bekam Probleme mit dem Wetter und flog statt dessen nach London, wo die Richter fast bis Ende Oktober blieben. Die französischen und russischen Richter flogen nach Nürnberg – zusammen mit den Amerikanern in einem Flugzeug, das Eisenhower Biddle zur Verfügung gestellt hatte.

Nach einer inoffiziellen Zusammenkunft am darauffolgenden Morgen und mit Lawrence' telefonisch eingeholtem Einverständnis verkündete das

Tribunal, der Prozeß werde am Dienstag, den 20. November, eröffnet, und beraumte für den 29. Oktober eine Sitzung des Tribunals an. Danach gingen die Mitglieder auseinander – die Franzosen nach Paris, die Russen nach Berlin und Biddle (am 23. Oktober) nach Rom.

Allerdings begannen die notwendigen Prozeßvorbereitungen sofort mit der Zustellung der Anklageschrift (in deutscher Übersetzung) an die Angeklagten, von denen sich zwanzig bereits im Nürnberger Gefängnis befanden. Die Zustellung erfolgte am 19. Oktober durch Major Neave, der eigens ins Sekretariat des Tribunals berufen worden war, um die Verbindung zu den Angeklagten und ihren Anwälten zu halten.* Während er den Angeklagten Exemplare der Anklageschrift überreichte, erklärte Neave ihnen, sie hätten das Recht, sich von einem Anwalt verteidigen zu lassen, und zeigte ihnen eine Liste von deutschen Anwälten, die zur Verfügung stünden, falls sie keinen eigenen hätten. Raeder und Fritzsche, den beiden Angeklagten in russischer Hand, war die Anklageschrift tags zuvor von einem sowjetischen Offizier in Berlin zugestellt worden. Martin Bormann, dessen Aufenthaltsort unbekannt war, erhielt von der Anklage gegen ihn durch die Veröffentlichung in der Presse Kenntnis.

Dem letzten Angeklagten, Gustav Krupp, wurde die Anklageschrift am 23. Oktober auf seinem Jagdsitz in Österreich durch Jim Rowe zugestellt. Dieser fügte seiner Zustellungsbescheinigung Erklärungen eines österreichischen Arztes und zweier amerikanischer Stabsärzte bei, in denen Krupp Prozeßunfähigkeit und eine ungünstige Prognose attestiert wurden. Man warnte davor, daß eine Verlegung eine »ernsthafte Gefährdung seiner Gesundheit« bedeuten würde. So führte kein Weg mehr daran vorbei, Krupps Prozeßunfähigkeit auch offiziell und öffentlich zur Kenntnis zu nehmen.

Der Anblick der Anklageschrift war ein schwerer Schock für eine Reihe von Angeklagten, besonders für jene, die bereits nervös waren, wie Ribbentrop, Kaltenbrunner und Sauckel. Für Robert Ley aber, den ehemaligen Führer der Deutschen Arbeitsfront, war dieser Schlag tödlich. Dr. G. M. Gilbert, der offizielle Gefängnispsychologe, suchte Ley am 23. Oktober auf und sah, wie er in einer »kruzifixähnlichen« Haltung an der Zellenwand lehnte und »in großer Erregung gestikulierte und stotterte«. Zwei Tage später erhängte sich Ley mit einem Handtuch an der Toilettenspülung in seiner Zelle.

Für Neave war die Besorgung von Anwälten für die Angeklagten eine lang-

---

* Neaves Amtszeit beim BWCE war beendet, als die Briten erkannt hatten, daß Gustav Krupp absolut prozeßunfähig war. Colonel Phillimore empfahl Neave Lord Lawrence als fähigen Anwalt, der Deutsch sprach. Neave war ein mehrfach ausgezeichneter Offizier, der 1940 in Dünkirchen gefangengenommen wurde, 1942 aus dem Gefängnis in Colditz ausbrach und bis Kriegsende mit der französischen Resistance zusammenarbeitete. In späteren Jahren wurde er ein prominenter Parlamentsabgeordneter der Konservativen und für einen Kabinettsposten vorgeschlagen, als er einem Attentat zum Opfer fiel, vermutlich von Agenten der IRA. Neave hat die Reaktion der Angeklagten bei der Übergabe ihrer Exemplare der Anklageschrift ausführlich in seinem Buch *On Trial in Nuremberg* (1978) dargestellt, das er kurz vor seinem Tod geschrieben hat.

wierige und beschwerliche Aufgabe. Dönitz war der einzige, der sofort wußte, wen er haben wollte: Otto Kranzbühler, einen Flottenrichter im Rang eines Kapitäns. Kranzbühler nahm das Mandat an und erwies sich als einer der fähigsten Verteidiger – ein Erfolg, dem er eine lukrative Nachkriegskarriere als Anwalt verdankte.

Hans Frank, der selbst Anwalt und ehemaliger Leiter der Rechtsabteilung der Reichsführung und des Reichsrechtsamts der NSDAP war, mußte mit der deutschen Anwaltschaft bestens vertraut sein, und darum wurde er von mehreren Angeklagten in dieser Angelegenheit konsultiert. Aber Frank seinerseits war sich zunächst nicht sicher, ob er das Tribunal ersuchen sollte oder nicht, seinen eigenen Anwalt zu berufen. Er beantragte schließlich (genauso wie Frick, Schirach und Sauckel) die Berufung eines Münchner Anwalts namens Scanzoni, der offenbar dieses Ansinnen zurückwies, da er nie in Nürnberg erschien. Ein anderer Münchner Anwalt hingegen, den Frank erwähnt hatte, Dr. Fritz Sauter, war bereit, nicht nur Schirach, sondern auch Ribbentrop und Funk zu vertreten. Frank wurde schließlich durch einen dritten und viel jüngeren Münchner Rechtsanwalt vertreten, einen Dr. Alfred Seidl, der anschließend auch die Verteidigung von Heß übernahm. Sauter und Seidl waren NS-Parteimitglieder gewesen.

Die Gruppe der Angeklagten reagierte ganz unterschiedlich auf die Frage der Verteidigung, und einige waren außerstande oder nicht bereit, sie ernst zu nehmen. Göring erklärte, er habe »nie etwas mit Anwälten zu tun gehabt« und Neave müsse »einen für mich finden«. Anwälte »würden in diesem Prozeß nichts nützen«, und was er wirklich benötige, sei »ein guter Dolmetscher«, der ihm offenbar bei der Vorbereitung seiner eigenen Verteidigung assistieren sollte. Am Ende akzeptierte er aber die Dienste von Dr. Otto Stahmer, einem Richter aus Kiel.

Rudolf Heß fragte, ob er sein eigener Anwalt sein dürfe, und als er erfuhr, daß dies erlaubt sei, sagte er: »Dann will ich das auch sein«, womit er Neaves gegenteiligen Rat ignorierte. Julius Streicher erklärte, die Anwaltsnamen auf Neaves Liste »sehen wie die von Juden aus«, und verlangte »einen Anwalt, der antisemitisch ist«. Später verlangte und bekam er Dr. Hanns Marx, einen Nürnberger Anwalt und ehemaligen Parteigenossen.

Die »Oberschicht-Angeklagten« – die Heer- und Marineführer sowie Schacht, Papen und Neurath – nahmen die Frage der Verteidigung sehr ernst und wollten Anwälte haben, die sich in ihren Kreisen bewegt hatten. Schachts Hauptanwalt, Dr. Rudolf Dix, war ein bekannter Prozeßanwalt Anfang der Sechzig, ein feiner und vernünftiger Mann, der als Sprecher der Gruppe der Verteidiger auftrat.

Während sich Neave mit diesen Problemen herumschlug, waren Biddle und Parker sich darüber im klaren, daß noch zahlreiche weitere auf sie zukamen. Seit ihrer Ankunft in Nürnberg hatte es bereits eine Flut von Anfragen seitens der Angeklagten gegeben – es ging um Anwälte, Zeugen, den

Kontakt zur Familie und zu Freunden und ähnliche Dinge. Biddle war unzufrieden mit dem Generalsekretär Harold Willey, der sich zwar in Washington zurechtgefunden hatte, der aber mit dem besetzten und zerbombten Deutschland nicht klarkam. Er hatte praktisch keine Telefonanlage, kein Transportsystem, keinen Ermittlungsapparat zur Verfügung und hatte sich nach Biddles Ansicht »hoffnungslos verzettelt«. Folglich dachten die Richter daran, »General Clay zu bewegen, einen höchstrangigen Offizier zu benennen, der Willeys Platz einnehmen« könne.

Aus Angst, daß das Tribunal »in einer echten Klemme« stecken könnte, lud Biddle Jackson und Charles Fahy (der sich wegen einer anderen Angelegenheit in Nürnberg aufhielt) ein, sich mit ihm am 21. Oktober beim Mittagessen zu beraten. Jackson hatte seine eigenen organisatorischen Schwierigkeiten und war schlechter Laune. Drei Wochen zuvor hatte er Biddle und Parker vergeblich gedrängt, von New York nach Berlin zu fliegen, statt den Atlantik per Schiff zu überqueren, und auf Biddles Problemkatalog reagierte er zunächst damit, daß er sich enttäuscht darüber zeigte, »daß die Mitglieder des Gerichts nicht früher gekommen waren, so daß sie sich ein Bild hätten machen können von der Situation« in Deutschland. Und was die von Biddle geschilderten Probleme angehe, so habe die Vertretung der Anklage die Erfahrung gemacht, daß es nur eine Möglichkeit gebe, »Sachen und Leute zu bekommen«, indem man nämlich auf die Einrichtung der US-Army zurückgreife. Diese Bemerkungen zielten nachdrücklich darauf ab, daß das Tribunal es der Anklagevertretung überlassen solle, diese Angelegenheiten zu regeln:

> Er fürchtete, daß das Tribunal Funktionen übernehmen könnte, denen es nicht gewachsen sei ... Die Ankläger hätten sich auf diese Dinge eingestellt und entsprechend schriftliche Anweisungen vorliegen. Sie hätten vor, den Angeklagten Verteidiger zu besorgen, falls dies erforderlich sei. Er sei der Ansicht, daß die Übersetzung ein wichtiges Problem darstelle und daß der Generalsekretär damit nicht zurechtkomme ... Er wolle nachdrücklich betonen, daß das Gericht unbedingt vermeiden solle, die Zuständigkeit in Verwaltungsdingen zu übernehmen.

Biddle warf ein, »er habe nie daran gedacht, daß das Tribunal sich viel mit der Verwaltungsarbeit abgeben sollte«, aber er meine doch, daß das Tribunal – und nicht die Anklagevertretung – für die Vorladung von Zeugen zuständig sei. Jackson erwiderte: »Dies ist kein gewöhnlicher Prozeß. Einige der gewohnten guten Sitten sind ohnehin zweitrangig geworden, seit General Nikitschenko, der zuvor sowjetischer Ankläger war, zum Mitglied des Tribunals ernannt wurde.« Weiterhin sagte er voraus, das Problem mit den Zeugen der Anklage würde nicht akut werden:

> Er glaube nicht, daß die Verteidigung viele Entlastungszeugen haben wolle. Sie habe die Tatsache nicht in Frage gestellt, daß Verbrechen begangen wor-

den seien. Ihre Strategie werde vielmehr darin bestehen zu behaupten, daß eine bestimmte Einzelperson sich nicht daran beteiligt habe. Sie würden versuchen, alles Hitler zur Last zu legen.

Diese Voraussage bestätigte sich allerdings während des Prozesses nicht. Darüber hinaus wurden die guten Sitten nun wirklich »zweitrangig«, als Jackson den Richtern einseitig seine Ansicht über die Verteidigung kundtat. In Anbetracht von Jacksons feindseliger Einstellung gegenüber den Russen war es schon ungewöhnlich, daß er es für angebracht hielt, ihre Handlungsweise zum Maßstab des Erlaubten zu machen. Und wenn Nikitschenkos Berufung angeblich gegen die »guten Sitten« verstieß, konnte man dann nicht das gleiche von Jacksons Bemühungen sagen, Trumans Auswahl bei der Besetzung der Nürnberger Richter zu beeinflussen?

Gewiß war etwas daran an Jacksons mahnenden Hinweisen gegenüber dem Tribunal. Sein Stab war bereits seit sechs Wochen in Nürnberg und verfügte über das Personal und die Erfahrung, Dinge zu tun, die die Richter eigentlich ohne erhebliche Aufstockung ihrer Mitarbeiter nicht hätten übernehmen können. Tatsächlich sollte es für die nahezu vier Jahre dauernden Nürnberger Prozesse durchwegs kennzeichnend sein, daß die Vertretung der Anklage für den Großteil der Prozeßverwaltung zuständig war.

Offensichtlich mußten diesen Zuständigkeiten aber auch Grenzen gesetzt werden. Es ist schon recht erstaunlich, daß Jackson ernsthaft erwog, die Anklagevertretung solle »den Angeklagten Anwälte zur Verfügung stellen« oder Entlastungszeugen Vorladungen zustellen. Eine derartige Situation hätte zumindest den Anschein eines fairen Prozesses zerstört, wenn nicht gar einen solchen Prozeß materiell unmöglich gemacht – und die Wahrung der Gerechtigkeit war unbedingte Voraussetzung dafür, daß die hohen Ziele verwirklicht werden konnten, für die Jackson selbst angetreten war.

Zum Glück kam es nicht so weit. Major Neave war weiterhin direkt verantwortlich dafür, daß die Angeklagten Anwälte bekamen. Und inzwischen wurde ihm auch Unterstützung von seiten des Kontrollrats zugesagt, da Charles Fahy auf die Möglichkeiten seines Amtes und seiner Kontakte zur Army zurückgriff und bei Transport- und Fernsprecheinrichtungen wie bei anderen Verwaltungsangelegenheiten einsprang.

Ein paar Wochen nach Biddles Gespräch mit General Eisenhower wurde Brigadegeneral William L. Mitchell abgestellt und zum Generalsekretär des Tribunals ernannt; Willey vertrat nun nur noch die amerikanischen Belange im Generalsekretariat. Die verwaltungstechnischen Sorgen der Richter wurden auf diese Weise weitgehend zerstreut, und damit konnten diese sich auf die zahlreichen juristischen Fragen konzentrieren, die der Prozeß bald aufwarf.

3

Somit wurde das Tribunal mit seinen organisatorischen Problemen ohne große Reibungsverluste fertig. Weniger Glück hatten die Mitarbeiter der amerikanischen Anklagevertretung. Etwa sechs Wochen lang, von Mitte Oktober an, gab es ständig Mißverständnisse, Spannungen und Eifersüchteleien im Stab, so daß viele Mitarbeiter die Lust verloren und mehrere abrupt abreisten.

Ausgelöst wurde diese Verbitterung durch das Umorganisierungsprojekt, das den leitenden Mitarbeitern bei der Besprechung am 15. Oktober präsentiert wurde. Aber dem ging eine Situation voraus, die unvermeidlich war und deren Auflösung selbst unter den besten Umständen zu Unstimmigkeiten und Enttäuschungen geführt hätte.

Diese Situation entstand durch das Zusammentreffen der Londoner und Pariser Teile von Jacksons Stab in Nürnberg, und zwar zu einem Zeitpunkt, als die Arbeit an der Charta und der Anklageschrift in London beendet war, das Sammeln von Beweismaterial und die Verhöre in Paris sich dem Ende zuneigten und die letzten Tätigkeiten des Stabs – die Vorbereitung und Abwicklung des Prozesses selbst – unmittelbar bevorstanden. Bei der Besprechung am 15. Oktober hatte Jackson diese Aspekte der »neuen Phase« betont, indem er die Direktive ausgab: »Jede allgemeine Suche nach neuem Beweismaterial muß eingestellt werden, und wir müssen davon ausgehen, daß wir mit dem arbeiten können, was wir bereits haben.«

Es wäre in jedem Fall zuviel verlangt gewesen, die Vergabe neuer Zuständigkeiten und Möglichkeiten der Prozeßbeteiligung so zu gestalten, daß die einen zufrieden gewesen wären, ohne daß andere dafür benachteiligt worden wären. Leider war das jedoch genau die Art von Führungsproblem, mit dem Jackson nur ungern persönlich zu tun bekam und das er darum soweit wie möglich zu delegieren suchte. In diesem Falle stützte er sich hauptsächlich auf Oberst Storey, der die Dokumentarabteilung kompetent geleitet hatte und der nun an der anstehenden Umorganisierung persönlich sehr stark interessiert war, weil die Suche nach dokumentarischem Beweismaterial inzwischen eingestellt worden war und sich die Arbeit seiner Abteilung praktisch auf Aufsichts- und Wachfunktionen reduzierte. Andererseits gab es kaum ein wichtiges Mitglied des Anklagestabs, das kein persönliches Interesse zu vertreten gehabt hätte, und genau deshalb hätte Jackson das Ruder nicht aus der Hand geben dürfen.

Als die Besprechung am 15. Oktober stattfand, kannte ich Storey nur von einem Essen her, zu dem er mich einen oder zwei Abende zuvor ins Grand Hotel eingeladen hatte. Er war ganz nett, schien aber von den gefundenen Dokumenten (was in seinem texanischen Slang wie »docamints« klang) so sehr besessen zu sein, daß er eine ganz verzerrte Vorstellung vom Prozeß hatte. Aus seiner Sicht hatte die Anklage nicht viel mehr zu tun, als dem Tribunal in »Dokumentenbüchern« zusammengestellte Gruppen von Dokumenten vorzulegen, begleitet von erklärenden Schriftsätzen, die auf den Dokumenten basierten und die er »sich von selbst verstehende« Informationen nannte. Vielleicht erwiderte ich darauf zu unverblümt, daß man mit Dokumenten doch auf eine derart mechanische Weise nicht effektiv umgehen könne; wenn die Anklage in ihrer Tätigkeit so begrenzt wäre und ohne Zeugen auskommen müßte, dann würden die Angeklagten sehr viel mehr öffentliche Aufmerksamkeit erregen als wir.

Trotz dieser Vorbehalte gegenüber Storey war ich mit dem Vorschlag einverstanden, eine Gruppe von erfahrenen Anwälten damit zu betrauen, die amerikanische Vorlage in Form zu bringen und das dokumentarische und sonstige Beweismaterial zu überprüfen, das dem Tribunal vorgelegt werden sollte. Und da Jackson um Stellungnahmen gebeten hatte, legte ich am nächsten Tag ein Memorandum vor, in dem ich die Pläne von Storey und Wheeler als »im allgemeinen vernünftig« bezeichnete – nur in zwei Bereichen sei ich nicht ihrer Meinung.

Bei einem dieser Bereiche griff ich auf meine Abendunterhaltung mit Storey zurück, der in seinem Memorandum empfohlen hatte, man solle »bei der Vorbereitung der Prozeßunterlagen und bei der Vorlage des Beweismaterials eine einheitliche Methode anwenden«. Mein Kommentar: »Ich glaube nicht, daß eine einzige Methode allen Aspekten eines so vielschichtigen Falles gerecht werden kann, und meine, daß unter all diesen Umständen Flexibilität ein besserer gemeinsamer Nenner ist als Einheitlichkeit.« Darüber hinaus gebe es ungeklärte Fragen, mit denen man sich unverzüglich befassen sollte. Würden mündliche Zeugenaussagen herangezogen werden? Wenn ja – sollten wir dann vielversprechende Zeugen ausfindig machen? Sollten wir Informationen mittels Tabellen, Bildern, Glossaren präsentieren? Einige Teile des Falles könnten von diesen Hilfsmitteln profitieren, andere nicht, und aus diesen Gründen könnten unsere Präsentationsmethoden nicht »einheitlich« sein.

Bei dem anderen Bereich, Oberst Amens Verhörabteilung, war ich teilweise anderer Meinung. Es war völlig klar, daß die Abteilung weiterbestehen sollte, und zwar sowohl für Informationszwecke als auch zur Identifikation möglicher Zeugen. Aber ihre Methoden ließen doch sehr zu wünschen übrig. Amen hatte mehrere fähige Anwälte, aber zu viele waren nur von begrenztem Nutzen, weil sie die deutsche Sprache nicht beherrschten und von der deutschen Geschichte wie von der Zusammensetzung der deutschen Regierung nur unzureichende Kenntnisse hatten. Normalerweise hatten sie sich auf ihre Verhöre mit englischen Fragenkatalogen vorbereitet, die dem Zeugen von einem Dolmetscher ins Deutsche übersetzt wurden, ehe dieser die Antworten dann wieder für den Verhörenden ins Englische übersetzte. Die Fragen spiegelten oft Unkenntnis wider, und die Verhörenden waren häufig außerstande, bei den Antworten nachzufassen.

In den ersten paar Tagen in Nürnberg wohnte ich Verhören von Heß, Kaltenbrunner, Schacht, Göring und Generalfeldmarschall von Blomberg bei, dem Oberbefehlshaber der Wehrmacht von 1935 bis 1938, als Hitler ihn fallenließ. Einzig und allein das Verhör von Schacht durch Gurfein wurde fachmännisch durchgeführt, und das lag großenteils an Schachts ausgezeichnetem Englisch sowie an Gurfeins Deutschkenntnissen.

Andererseits war Thomas Dodd, damals einer von Amens leitenden Mitarbeitern, alles andere als ein glänzender Untersuchungsrichter, während er sich später vor dem Tribunal als sehr kompetent erwies. Amen übertrug Dodd das Verhör des Angeklagten von Papen, eines aalglatten und gerissenen Kerls, der zu jenen drei Angeklagten gehörte, die später vom Tribunal freigesprochen wurden. In seinen Memoiren lobt Papen Dodd als Mensch, merkt aber an, er habe »eine nur sehr oberflächliche Kenntnis der Zusammenhänge und der gesamten inneren Entwicklung Deutschlands« gehabt.

Tatsächlich beruhten Dodds Fragen auf falschen Prämissen, wie ich bemerkte, als Ben Kaplan und ich Dodds Vernehmungszimmer aufsuchten, um seine Befragung von Generalfeldmarschall Walter von Brauchitsch, dem ehemaligen Oberbefehlshaber des deutschen Heeres, mitzuverfolgen. Wir erreichten das Zimmer noch vor Dodd und trafen einen jungen Mann und seinen Bewacher an, die an der Wand standen. Kurz darauf traten Dodd und sein Dolmetscher ein, und zu meiner Überraschung wurde der junge Mann aufgefordert, sich auf den Zeugenstuhl zu setzen. Noch erstaunter war ich, als Dodd ihn fixierte und fragte: »Sie sind Generalfeldmarschall von Brauchitsch, nicht wahr?« Die Antwort: »Ach so! Das ist mein Vater!« Der junge Mann war Bernd von Brauchitsch, Görings ehemaliger Adjutant. Es erschien mir unglaublich, daß ein Vernehmungsbeamter, selbst wenn er nur eine vage Ahnung von der zu verhörenden Person hatte, den Sohn mit seinem fünfundsechzigjährigen Vater hatte verwechseln können.

Ich war weder sprachbegabt noch Vernehmungsbeamter, aber aufgrund meiner allgemeinen Vertrautheit mit nachrichtendienstlichen Tätigkeiten wußte ich, daß diejenigen Vernehmungsbeamten bei der Befragung von feindlichen Gefangenen die besten Ergebnisse erzielten, die die Sprache des Gefangenen fließend sprachen und die sich auf den Sachverhalt, um den sich die Fragen drehten, gut vorbereitet hatten. Dadurch kann so etwas wie eine Gesprächsatmosphäre und eine persönliche Beziehung zwischen dem Vernehmungsbeamten und dem zu Vernehmenden entstehen, die eher zu Enthüllungen führt als das langsamere und gestelzte Frage-und-Antwort-Spiel mit Hilfe eines Dolmetschers.

Diese Überlegungen spielten eine besonders wichtige Rolle bei der Vernehmung der angeklagten Militärs und der Gruppe aus dem Generalstab und dem Oberkommando. Folglich empfahl ich in meinem Memorandum an Jackson, das Personal der Anklagevertretung um mehrere deutsch sprechende Abwehroffiziere zu erweitern, die Erfahrungen mit der Vernehmung von deutschen Gefangenen hätten.

Shea kehrte am 18. Oktober nach Nürnberg zurück, und am nächsten Tag gingen wir zusammen zu einer Mitarbeiterbesprechung, die Jackson einberufen hatte. Es gab eine allgemeine Diskussion über die Reorganisation des Stabs, in deren Verlauf Jackson mit der Einstellung von ein paar erfahrenen militärischen Vernehmungsbeamten einverstanden war und andeutete, daß ich für die Präsentation der Klage gegen den Generalstab und das Oberkommando zuständig sein würde.

Ohne vorherige Rücksprache mit Shea oder mir (Alderman befand sich damals in Washington) oder sonst einem unserer Kollegen im Stab unterzeichnete und verteilte Jackson am 22. Oktober das »Generalmemorandum Nr. 5« über die »Prozeßorganisation«. Storey wurde zum Vorsitzenden des Untersuchungsausschusses ernannt; zu dessen weiteren Mitgliedern wurden Dodd, Ben Kaplan und Ralph Albrecht berufen, ein hochangesehener New Yorker Anwalt mit einer international agierenden Kanzlei, der über den OSS in den Stab gelangt war. Alderman, Shea, James Donovan und ich wurden zu »Beratern des Untersuchungsausschusses (Consultants to the Board of Review) ernannt.

Das Memorandum räumte dem Ausschuß eine ganze Reihe von Befugnissen ein (natürlich unter Jacksons Aufsicht): die »Planung der Koordination des gesamten Anklageverfahrens«, die »Formgebung« und »Überprüfung« aller Prozeßunterlagen und die »Steuerung der Tätigkeiten der Abteilungsleiter, im Hinblick auf die Beschaffung weiterer Unterlagen oder bezüglich anderer für den Abschluß der Klage erforderlicher Schritte«. Ohne vorherige Zustimmung seitens des Ausschusses durften keine Dokumente mehr gesucht, keine »Exkursionen« mehr unternommen oder Zeugen zur Vernehmung nach Nürnberg gebracht werden.

Ungefähr fünfzig Anwälte, die zusammen etwa zwei Drittel des juristischen Stabs ausmachten, wurden auf sieben Prozeßvorbereitungs-Abteilungen verteilt, deren Leiter direkt dem Ausschuß unterstellt waren. Drei Abteilungen, die von Wheeler, Deinard und Sidney Kaplan geleitet wurden, sollten das Belastungsmaterial zur Stützung der Verschwörungsklage vorbereiten, die aufgrund einer Vereinbarung der Hauptankläger vom amerikanischen Team vorgetragen werden sollte. Die anderen vier Abteilungen sollten das Beweismaterial in bezug auf Kriegsverbrechen und Verbrechen gegen die Menschlichkeit, in bezug auf die Strafbarkeit der einzelnen Angeklagten und der verbrecherischen Organisationen zusammenstellen und Antworten auf voraussichtliche Argumente der Verteidigung vorbereiten.

Gewisse Einzelheiten dieser Reorganisation fanden Shea und ich verwirrend und beunruhigend. Warum wurde in diesem Memorandum General Donovan nicht erwähnt? Shea erfuhr bald, daß der General ursprünglich unter den Beratern des Untersuchungsausschusses aufgeführt war, aber sich selbst von dieser Liste gestrichen hatte. Das deutete mit Sicherheit auf eine gewisse Unzufriedenheit auf seiten des Generals hin; und unschwer war zu erkennen, warum. Das Memorandum wies den Beratern nämlich keinerlei Funktionen zu. Es sah nur vor, daß Alderman, Shea und ich weiterhin als Verbindungsoffiziere gegenüber den französischen, britischen und sowjetischen Delegationen agieren sollten und daß James Donovan nach wie vor die für das visuelle Beweismaterial zuständige Abteilung leiten würde.

Aber diese Verbindungsfunktionen entsprachen nur einem geringen Teil der Aufgaben, für die Alderman, Shea und ich zuvor verantwortlich gewesen waren. Ebenso sah das Memorandum keine Mitarbeiter für uns vor, und alle Anwälte (außer der Calvocoressi-Gruppe), die bis dahin uns unterstellt gewesen waren, wurden nun den Prozeßvorbereitungs-Abteilungen zugewiesen, die wiederum dem Untersuchungsausschuß untergeordnet waren. Darüber hinaus waren die Berater aufgrund der umfassenden Kompetenzen des Ausschusses diesem in einer ganzen Reihe wichtiger Angelegenheiten direkt unterstellt.

Allerdings ging das Memorandum nicht auf die Frage ein, welche Mitarbeiter für die Präsentation der Klage vor dem Tribunal vorgesehen waren. Jackson hatte von Anfang an Alderman und Shea als seine Hauptassistenten bei Gericht angesehen. Von Sheas Standpunkt aus bestand das schlimmste Manko der Reorganisation nun darin, daß Sidney Kaplan, Ben Deinard und andere, die Shea eingestellt hatte und auf die er sich bestens verlassen konnte, nunmehr dem Ausschuß und nicht ihm unterstanden.

Shea begab sich sofort zu Jackson und wies auf die Absurdität hin, daß jene, die später vor Gericht auftreten sollten, keine Autorität mehr über diejenigen haben sollten, die ihre Unterlagen und andere Materialien vorbereiteten. Jackson erwiderte, er wolle, daß Shea die Wirtschaftsklage und einen Teil der Angriffskriegsklage präsentiere, und »er sehe keine Schwierigkeit darin, daß [Shea] Kaplan und Deinard bei der Vorbereitung dieser beiden Aspekte der Angelegenheit Weisungen erteile ... und daß er nicht schriftlich festhalten müsse, daß sie ... [ihm] unterstellt seien.« Shea antwortete, eine derartige Situation »werde wahrscheinlich zu juristischen Streitereien führen«, und man solle es Kaplan und Deinard »nicht zumuten, durch die Hintertür hereinzukommen«. Darauf gab Jackson keine direkte Antwort, sondern er meinte nur, »ein Teil der Klage habe General Donovan und Sidney Alderman übertragen werden müssen, und er glaube auch, daß Storey, Taylor und John Amen eine Rolle im Prozeß spielen sollten«.

Ich fürchte, meine eigene Einstellung damals war ein wenig zynisch, aber Shea war sehr beunruhigt, wie sein Tagebuch verrät:

> 23. Oktober. Die Jungs sind zutiefst verunsichert wegen der Anweisung zur Reorganisation. Sid Kaplan will gehen, ebenso Ben Deinard, und Ben Kaplan denkt ziemlich genauso darüber. Telford ist das wirklich scheißegal. Er wird seine Arbeit so gut und soweit tun, wie sie ihm aufgetragen ist, aber er

ist entschlossen, dabei ein wenig Spaß zu haben, und er wird sich darüber nicht aus der Ruhe bringen lassen. Ich habe viel Zeit damit verbracht, die Jungs wieder zur Vernunft zu bringen, aber ich weiß nicht, wieweit mir das gelungen ist.
24. Oktober. Man kann sich kaum etwas Ärgerlicheres vorstellen als diese Anweisung. Sidney [Kaplan] kam zum Abendessen heraus, und ich versuchte ihn unbedingt zum Bleiben zu bewegen.

Statt uns nur mit Jammern und Wehklagen zu begnügen, machten Shea und ich Gegenvorschläge in einem »Generalmemorandum Nr. 6«, das den Unfug von »Nr. 5« teilweise beheben konnte, falls Jackson bereit war, es zu unterzeichnen. Das Ergebnis war entmutigend, wie aus Sheas Tagebucheintrag für den 27. Oktober hervorgeht:

Im Laufe meiner Unterhaltung mit Jackson ... erklärte er mir, daß er das Memorandum durchgesehen habe, das Taylor verfaßt hatte, und daß er der Ansicht sei, er könne es nicht unterzeichnen. Wenn er zu diesem Zeitpunkt für einige von uns Berufungen im Hinblick auf den Prozeß ausspräche, würde das dazu führen, daß alle Anweisungen umgestoßen würden. Er sagte, abgesehen davon verstünden sich die restlichen Vorschläge des [von Taylor verfaßten] Memorandums von selbst. Ich erklärte ihm, daß ich sie zwar einigermaßen verstünde, aber daß sie gewiß nicht allgemein verstanden würden. Daß das Generalmemorandum Nr. 5 von einigen zumindest als ein Mißtrauensbeweis gegenüber seinen Beraterkollegen interpretiert werde. Er sagte, es sei doch wohl nicht möglich, daß jemand sich das zusammenreime, und ich erklärte ihm, das sei eine Tatsache, wie auch immer er persönlich darüber denke.

Dieser Gedankenaustausch spiegelt eine gewisse Spannung zwischen Jackson und Shea wider, und leider tauchten andere Umstände auf, die dieses Verhältnis weiter belasteten. Sie erinnerten an Jacksons frühere Schwierigkeiten mit den Russen und ergaben sich aus einer Konferenz der Hauptankläger am 25. Oktober – der ersten, die in Nürnberg stattfand. Im Laufe dieser Besprechung machte Jackson darauf aufmerksam, daß die Anklagevertretung verpflichtet sei, die Beweisdokumente in der Sprache des jeweiligen Landes sowie in Deutsch vorzulegen. Er habe ein Schreiben von der sowjetischen Delegation erhalten, demzufolge sie nicht genügend Personal habe, um alle russischen Dokumente ins Deutsche zu übersetzen, und darum bitte sie die amerikanische Delegation, »diese Arbeit zu übernehmen«. Jackson berichtete, in seiner Delegation gebe es nicht genügend Leute dafür, die des Deutschen und des Russischen gleichermaßen mächtig seien. »Das ist eine sehr ernste Situation«, sagte Jackson und erklärte warnend, wenn die russischen Dokumente nicht von Übersetzungen ins Deutsche begleitet würden, könne »die sowjetische Klage nicht zum Prozeß zugelassen werden«.

Daraufhin entspann sich eine Diskussion, bei der sich herausstellte, daß auch die Franzosen nicht in der Lage waren, ihre Dokumente ins Deutsche übersetzen zu lassen. Jackson wiederholte seine Warnungen. Shea, Storey und ich waren bei dieser Besprechung dabei, und nachdem sie zu Ende war, bat Jackson uns zu bleiben und – so Shea in seinem Tagebuch – »steigerte sich in seinen Zorn gegen die Russen und Franzosen hinein. Er sagte, daß sie keine weiteren Dokumente mehr von uns bekommen sollten, bis sie ihre eigenen Übersetzungen haben.«

Shea hatte am darauffolgenden Morgen gerade sein Büro betreten, als er einen Anruf von dem äußerst wütenden Dubost erhielt, der ihm berichtete, Mitglieder seiner Delegation seien an diesem Morgen zum Dokumentenraum gegangen und wegen einer Eintrittserlaubnis an Storey verwiesen worden. Storey habe ihnen klargemacht, sie dürften den Raum erst wieder benutzen, wenn die französischen Dokumente ins Deutsche übersetzt worden seien – als Strafe dafür, daß sie ihre Übersetzungsverpflichtungen nicht erfüllt hätten. Dubost gab zu, daß sich seine Leute in Schwierigkeiten befänden, erklärte aber, es sei »unglaublich, daß sie wie kleine Kinder etwas auf die Finger bekommen sollten«.

Was sich unmittelbar nach dieser Episode abspielte, hat Shea in seinem Tagebuch beschrieben:

> Ich ging zu Jackson und berichtete ihm von der Unterhaltung. Ich sagte ihm ziemlich unverblümt, daß ich der Ansicht sei, so könne er doch in dieser Angelegenheit nicht vorgehen. Ich sagte, ich hätte das, was er gestern gesagt habe, nicht wörtlich genommen und gewiß nicht geglaubt, daß genau dies geschehen werde. Er [Jackson] bemerkte, er wollte durchaus beim Wort genommen werden und möglichst rasch eine Krise herbeiführen, und es gebe nur eine Möglichkeit, mit den Russen und Franzosen umzugehen – eine Krise herbeizuführen und damit dafür zu sorgen, daß Rudenko seiner Regierung telegrafiere, er befinde sich in einer unmöglichen Position, und dann könnten wir über diplomatische Kanäle Druck ausüben. Ich sagte, ich hätte Verständnis für seine Verzweiflung ..., aber Vertreter von Großmächten könnten doch nicht wie ungezogene Kinder behandelt werden ... Am Ende haben ihn diese Unterhaltungen doch ein wenig nachdenklich gemacht, allerdings war das im Hinblick auf unsere persönlichen Beziehungen offenbar nicht gerade heilsam.

Jackson ermächtigte Shea sodann, über die Übersetzungsprobleme mit den anderen Delegationen zu diskutieren:

> Ich ging hinunter zu Fyfe und erfuhr, daß die Briten bereits die russischen Dokumente, bis auf vier, ins Deutsche und ins Englische übersetzt hatten. Das gleiche hatten sie auch mit den französischen Dokumenten getan. Während wir den anderen beiden Regierungen eins auf die Finger gegeben hatten, hatten die Briten Nägel mit Köpfen gemacht ... Das gab ich an Bob [Jackson] weiter, wobei ich mich mit einiger Mühe zurückhalten konnte, ihn darauf hinzuweisen, daß er unsere diplomatische Position nicht gerade verbessert habe. Das beruhigte ihn doch ungemein.

Und so konnten Rudenko und Dubost auf der Konferenz der Hauptankläger am Nachmittag dieses Tages (27. Oktober) verkünden, dank der Briten würden ihre deutschen Übersetzungen rechtzeitig abgegeben werden. Niemand erwähnte den morgendlichen Zwischenfall, und man verständigte sich ohne Diskussion darauf, daß »alle Dokumente jedem Anklagevertreter zur Verfügung stehen sollten«.

Shea meinte, daß Jackson »die Liebenswürdigkeit in Person war und die ganze Angelegenheit großartig im Griff hatte«, aber ich war nicht sicher, ob es in seinem Innern nicht ganz anders aussah. Gordon Dean, ein scharfsinniger Beobachter mit einem ausgesprochenen politischen Fingerspitzengefühl, erklärte zwei Tage später gegenüber Shea, er sei »nicht glücklich über die Einstellung des Richters gegenüber den Russen und Franzosen«.

Sheas Gefühl, sein Rat an Jackson während des Hickhacks wegen der Übersetzung sei für ihre Beziehung nicht gerade »heilsam« gewesen, war durchaus nicht übertrieben – im Gegenteil: Er ahnte gar nicht, wie unsicher seine eigene Position geworden war. Sein Tagebucheintrag vom 29. Oktober zeigt zwar nicht, daß er sich einer drohenden Krise bewußt war, aber es war der letzte Eintrag. Am 31. Oktober erhielt er einen persönlichen Brief von Jackson, der ihn »vom weiteren Dienst in diesem Stab« entband. Am darauffolgenden Tag schickte Shea an Jackson einen Brief, in dem er seine Kündigung aus »persönlichen Gründen« erklärte, die Jackson am selben Tag mit einem weiteren Schreiben annahm, wobei er sein »volles Verständnis« und sein »Widerstreben« zum Ausdruck brachte. Am 2. November hielt Alderman, der drei Tage zuvor aus Washington zurückgekehrt war, in seinem Tagebuch fest, daß Shea den Stab verlassen und nach Amerika zurückgehen werde, wobei er hinzufügte, daß Shea »mir gegenüber überhaupt keine Erklärung dafür abgab«. Das tat er auch mir gegenüber nicht. Zwei Tage später brachte Alderman Shea und seine Sekretärin zum Flugzeug.

Frank Shea war in Nürnberg Jacksons ältester Freund und der zweite Mann in seinem Stab gewesen. Erst zwei Wochen zuvor hatte Jackson Shea zu seinem Vertreter in Berlin ernannt. Es war mir zwar keineswegs entgangen, daß es zwischen den beiden Männern in Verfahrensfragen Differenzen gab, aber ich war doch erstaunt und – da ich Frank für einen guten Freund hielt – betrübt darüber, daß die Dinge einen Punkt erreicht hatten, an dem der Richter darauf bestand, daß sich ihre Wege trennten.

Im nachhinein ist dieser unglückliche Ausgang verständlich. Während der Londoner Verhandlungen über die Charta im Juli hatte Shea Kritik geübt an Jacksons Umgang mit den Russen und an seiner offenkundigen Bereitschaft, ihren Rückzug aus dem Projekt in Kauf zu nehmen. Shea war zwar nicht der einzige Kritiker, aber er war ein leidenschaftlich engagierter Berater, der vielleicht zu sehr auf seine persönliche Beziehung zu Jackson baute und nicht wahrnahm, wie tief verwurzelt Jacksons Mißtrauen gegenüber den Russen war. Zur gleichen Zeit verlangte Shea wiederholt die Vollmacht, Storey und

Amen Anweisungen zu erteilen – Männern also, die aus ihrer Abneigung gegen Shea und die »Wirtschaftsklage« gegenüber Alderman (und zweifellos auch gegenüber Jackson) kein Hehl machten. Wo auch immer die Grenzen Storeys und Amens lagen – sie (und insbesondere Storey) hatten das entscheidende Material, das den Prozeß in Gang hielt, zutage gefördert: das umfangreiche dokumentarische Beweismaterial für die Schuld der Naziführer. Und ob derartiges Material auch wirklich existierte, war ja zuvor Jacksons größte Sorge gewesen.

Sobald Shea aus Berlin nach Nürnberg kam, ging alles wieder von vorn los. Als Jackson das Reorganisations-Memorandum abzeichnete, das Storey Generalvollmacht für die Prozeßvorbereitungen erteilte, begehrte Shea offen dagegen auf und konfrontierte Jackson mit einem Vorschlag, der den Beratern wieder die Vormachtstellung zurückgeben sollte – ein Schachzug, bei dem ich ihn unterstützte, ohne allerdings auf direkten Konfrontationskurs zu Jackson zu gehen, den ich persönlich noch immer nur flüchtig kannte. Zweifellos hatte Storey von alldem Wind bekommen, und seine Haltung gegenüber Shea kann sich wohl kaum zum Positiven verändert haben, als Shea ihm am 27. Oktober eine Aktennotiz (mit einer Kopie an Jackson) schickte, in der er Storey abmahnte, weil er einen von Sheas Assistenten gebeten habe, vor dem Untersuchungsausschuß zu erscheinen und »die Wirtschaftsklage zusammenfassend darzustellen«, ohne Shea davon in Kenntnis zu setzen. Gewiß hatte Storey gedankenlos oder arrogant gehandelt, aber niemand hat es gern, wenn er von einem Gegenspieler ausgetrickst wird. Es gab auch persönliche Auseinandersetzungen zwischen Amen und Shea.

Während sich all dies abspielte, kam es aufgrund von Jacksons Zorn auf die Russen und Franzosen wegen ihrer Übersetzungsprobleme zu jenem Zwischenfall mit Dubost, und nun geschah das gleiche wie im Juli in London – wieder machte Shea Jackson die alten Vorhaltungen. Die Tatsache, daß Frank absolut recht hatte und daß Fyfe aus dem ganzen Durcheinander als Retter und strahlender Sieger hervorging, hat Jackson vermutlich noch mehr gewurmt.

In seinem ersten Brief an Shea ging er mit keinem Wort auf die Reorganisation des Stabs oder auf Probleme mit den Russen und Franzosen ein, und seine Entscheidung, ihn gehen zu lassen, erklärte er einzig und allein mit »Schwierigkeiten zwischen Ihnen und anderen Angehörigen dieser Organisation«. Es ist durchaus möglich, daß Storey und vielleicht auch Amen oder andere Mitglieder der Pariser Gruppe mit derartigem Nachdruck darauf hingewiesen haben, wie sehr ihre Beziehungen zu Shea ihren Prozeßvorbereitungen im Wege stünden, daß Jackson gar nichts anderes übrigblieb, wie er Shea schrieb, als sein Ausscheiden angesichts des bevorstehenden Prozesses als »zwangsläufig« zu bezeichnen.

Jim Rowe, dessen Freundschaft zu Frank und mir bis in die Anfänge des New Deal zurückreichte, zog mich nach Franks Abreise auf, weil die Pariser

Gruppe »alte Washingtoner Hasen« sowie einige Mitglieder der Londoner Gruppe politisch ausmanövriert hätten. Es gab sicher mehrere Gründe dafür, daß Storey sich durchsetzte, aber vielleicht hatte den Ausschlag gegeben, daß Storey, anders als die leitenden Mitglieder der Londoner Gruppe, zum entscheidenden Zeitpunkt in Nürnberg präsent war. Als Jackson sich Mitte September in Nürnberg niederließ, waren Storey und Gill da, auf die er sich stützen konnte. Kaum war Shea in Nürnberg angekommen, da rief ihn der Tod seines Vaters nach Amerika zurück, und als er Anfang Oktober erneut in Nürnberg war, begleitete er gleich Jackson nach Berlin und blieb dort, als Jackson wieder abreiste. Als Shea am 18. Oktober nach Nürnberg zurückkehrte, war der Storey-Plan bereits in Kraft getreten. Einen Großteil der Zeit waren Alderman und Sidney Kaplan in London oder Berlin; Alderman flog am 12. Oktober von Nürnberg nach Washington, und ich kam erst am 11. Oktober in Nürnberg an.

Abgesehen von dieser fehlenden Nähe hatte die Londoner Gruppe, sobald die Charta und die Anklageschrift unter Dach und Fach waren, in Nürnberg nichts weiter als ihre juristischen Fähigkeiten vorzuweisen, während Storey und Amen das Beweismaterial hatten und die Pariser Gruppe mit Oberst Gill den über die Einrichtungen und das Personal des gesamten Unternehmens herrschenden Verwaltungschef stellte. Daher überrascht es kaum, daß die Pariser Gruppe, die sich über den Konkurrenzcharakter der Situation viel mehr im klaren war als wir anderen, den Sieg davontrug. Später jedoch sollte auch dieser Sieg seinen Preis haben.

4

Während diese Krise im amerikanischen Stab ablief, versammelten sich die Richter wieder, und am 29. Oktober hielt das Tribunal seine erste richtige Sitzung in Nürnberg ab. Der Prozeßbeginn wurde auf den 20. November festgelegt. Bis dahin kamen die Richter sechsundzwanzigmal in nichtöffentlicher Sitzung zusammen, wobei gelegentlich Vertreter der Anklage zugegen waren, und sie hielten fünf öffentliche Sitzungen ab, auf denen Prozeßfragen vorab untersucht und entschieden wurden.

Die nichtöffentlichen Besprechungen wurden im Protokoll als »organisatorische Sitzungen« oder »Ausschußsitzungen« bezeichnet und befaßten sich weitgehend mit verwaltungstechnischen Routineangelegenheiten: der Berufung und Entschädigung der Verteidiger; der Beschaffung von Dokumenten und Zeugen, die von der Verteidigung angefordert waren; der Überprüfung der Arrangements, die für die fotografische Dokumentation und die tontechnische Aufzeichnung des Prozesses sowie für die Unterbringung der Presse getroffen waren; und schließlich testete man die Simultanübersetzungsanlage von IBM, die damals noch neu war und als Versuchsprojekt galt.

Von diesen Dingen sind hier nur ein paar eine Erwähnung wert. Am

12. November konnte Neave berichten, daß alle einzelnen Angeklagten (einschließlich des abwesenden Gustav Krupp und des vermißten Martin Bormann) einen Anwalt hatten, selbst wenn die Vertretung der beiden gebrechlichsten Angeklagten – Heß und Streicher – auch weiterhin nicht gesichert war. Biddle hatte von General Eisenhower die Zustimmung zur Entschädigung der Verteidiger erhalten, von denen die meisten eher die Aussicht auf Kost und Logis reizte als das Papiergeld, mit dem sie bezahlt werden sollten. Am 17. November vereinbarte das Tribunal, daß auch jede der angeklagten Organisationen einen Verteidiger haben solle, und Neave wurde angewiesen, sie zu besorgen. Die Richter waren nach wie vor besorgt über die Berufung von Anwälten, die NS-Parteimitglieder gewesen waren, hielten sich aber weiterhin daran, daß die Angeklagten auch Nazi-Anwälte nehmen konnten, obwohl das Tribunal Angeklagten gegenüber, die die Wahl der Verteidigung dem Tribunal überließen, solche Anwälte nicht empfahl. Am selben Tag (dem 17. November) berichtete Neave, daß sich unter den Verteidigern acht ehemalige Nazis befänden, unter anderem der sehr fähige Dr. Theodor Klefisch als Vertreter von Gustav Krupp und Dr. Hans Laternser, der den Generalstab und das Oberkommando der Wehrmacht verteidigte.

Hatte Jackson bei der Konferenz in Biddles Residenz am 21. Oktober die Richter noch ermahnt, sich nicht mit Verwaltungsaufgaben zu belasten, und erklärt, die Anklagevertretung sei bereit, die Verteidigung für die Angeklagten zu beauftragen, so machte er bei einer Besprechung mit dem Tribunal am 6. November eine Kehrtwendung, als es darum ging, wie man am besten den Anforderungen von Entlastungsmaterial und -zeugen seitens der Verteidigung nachkommen könnte. Sofern diese sich nicht bereits unter der Kontrolle der Anklage befänden, sagte Jackson, »sollte das Sache des Tribunals und nicht der Anklagevertretung sein«. Das war eindeutig richtig, und darauf einigte man sich um so bereitwilliger, als die unmittelbar bevorstehende Ankunft von General Mitchell als neuem Generalsekretär den Richtern das beruhigende Gefühl vermittelte, daß ihr Stab alle notwendigen Geschäfte mit der amerikanischen Army werde abwickeln können.

Andere Generäle dagegen brachten Jackson auf die Palme. Als Eisenhower Ende Oktober seine Rückkehr nach Washington vorbereitete und sein Nachfolger, General Joseph T. McNarney, sein Amt noch nicht angetreten hatte, übernahm George Patton vorübergehend das Kommando über die amerikanischen Streitkräfte in Europa. Offensichtlich auf Pattons Anweisungen hin wurde Nürnberg und seine Umgebung zum militärischen Sperrgebiet erklärt, der sogenannten Nürnberg-Fürther Enklave, damit man mit den sicherheitstechnischen und logistischen Problemen zurechtkam, die der Prozeß aufwarf. Brigadegeneral Leroy H. Watson wurde zum Oberbefehlshaber der Enklave ernannt, dem jeder, der mit dem Prozeß zu tun hatte, verwaltungsmäßig unterstellt war, ganz gleich, ob es sich um Militärs oder Zivilisten handelte.

General Watson, der keine Ahnung hatte, daß Jackson nur dem Präsidenten unterstellt war und daß die Militärverwaltung keine Macht über die Teilnehmer am Nürnberger Prozeß hatte, machte sogleich die Machtbefugnis geltend, mit der ihn seine Vorgesetzten ausgestattet hatten. Da nicht genügend Fahrzeuge zur Verfügung standen, zog er sofort alle Autos ein, bis auf die der Generäle, Richter und Hauptankläger. Übereifrige Offiziere in Watsons Stab drangen in Oberst Gills Büro ein und nahmen die Vorhänge ab, um Watsons Büro angemessen auszustaffieren.

Voller Empörung setzte Jackson am 2. November einen fünf Seiten langen Beschwerdebrief an den Präsidenten auf. Zum Glück für alle Beteiligten rief General Bedell Smith, der noch amtierender Stabschef war, Jackson zufällig wegen einer anderen Sache an, und als ihm der Richter seine mißliche Lage schilderte, überredete Smith ihn, sich nicht an den Präsidenten zu wenden, und versprach, General Lucian K. Truscott, den Kommandeur der Dritten Armee (der Besatzungstruppen in Bayern), zu schicken, der alles wieder ins rechte Lot bringen werde. Am nächsten Tag erschienen Truscott und Watson in Jacksons Büro, wo sie »zur Schnecke gemacht« wurden, wie der Richter es später nannte.

Die Anordnung, derzufolge das Prozeßpersonal Watson unterstellt sein sollte, wurde widerrufen, und Watson erwies sich als großzügiger und vernünftiger Offizier. General Mitchell hingegen ging Jackson weiterhin auf die Nerven. Am meisten profitierte Gill von diesem Scharmützel: Er bekam nicht nur seine Vorhänge zurück, sondern wurde auch zum Brigadegeneral befördert, wofür Jackson gesorgt hatte, um Gill im Umgang mit Mitchell und anderen auf ihren Rang pochenden Army-Angehörigen den Rücken zu stärken.

Einstweilen waren Jacksons Beziehungen zu den Russen und Franzosen ungestört. Uneins war er sich mit den Briten über die Verteilung der Zuständigkeit bei der Präsentation der Anklagepunkte Eins (Verschwörung – Sache der Amerikaner) und Zwei (Verbrechen gegen den Frieden – Sache der Briten). Als die Anklageschrift verfaßt wurde, befanden sich alle Tatsachenbehauptungen im Hinblick auf die zahlreichen Übergriffe von Deutschland in Anklagepunkt Eins, während Anklagepunkt Zwei nur die Details von Vertragsverletzungen enthielt – eine ausgesprochen langweilige Materie, die keinen der sensationellen Belege für Hitlers vorsätzliche Aggressionen enthielt.

Natürlich waren die Briten dagegen, daß sich ihre Rolle bei der Vorlage der Anklage auf so triviale Dinge beschränkte. Aber der Konflikt wurde auf faire Weise beigelegt, und zwar auf der Basis eines Kompromisses, den Sidney Kaplan vorschlug. Er sah folgendes vor: 1) Die Amerikaner sollten sich mit der Verschwörung hinsichtlich der Annexion der Tschechoslowakei durch die Deutschen im Jahre 1938 und der Einleitung des Angriffs auf Polen Anfang September 1939 befassen. 2) Die Briten sollten die Vorlage über

Polen zu Ende führen und auf die anschließende Eroberung von Dänemark, Norwegen, Belgien, den Niederlanden, Luxemburg, Jugoslawien und Griechenland eingehen. Und 3) würden sich die Amerikaner dann den aggressiven Charakter des Angriffs gegen die Sowjetunion und die Kriegserklärung der Deutschen gegen die USA vornehmen. Über all das wurde auf der Konferenz der Hauptankläger am 7. November Einigung erzielt.

5

Inzwischen spielte Storey innerhalb der amerikanischen Anklagevertretung seine ganze Macht aus. Am 26. Oktober erteilte er als Vorsitzender des Untersuchungsausschusses eine Direktive, nach der genau festgelegte Stabsabteilungen sich bestimmte Abschnitte der Anklageschrift vornehmen sollten, um Prozeßunterlagen vorzubereiten, »die keines weiteren Beweises bedurften«. In einer zweiten Direktive gab Storey Jacksons Ansicht wieder, angesichts der Sprachschwierigkeiten sollten die Prozeßunterlagen »sich von selbst verstehen« und »sowenig Geschwätz und so viele Dokumente wie möglich« enthalten. Am 1. November legte eine weitere Direktive die »Einheitliche Methode zur Vorbereitung der Prozeßunterlagen« fest – meine am 15. Oktober geäußerte Kritik an diesem Vorgehen war also auf taube Ohren gestoßen. In einer Anweisung von Jackson vom 5. November wurde Storey zum Leitenden Prozeßanwalt ernannt sowie ein Prozeßanwaltsausschuß berufen, dem General Donovan, Storey, Alderman, Amen, Albrecht, Dodd, Gurfein, Wallis, Ben Kaplan und ich angehörten. Zehn Tage später, als die meisten Prozeßunterlagen abgeliefert worden waren, wurde der Untersuchungsausschuß aufgelöst; seine Weisungsfunktionen wurden einem Planungskomitee des Prozeßausschusses übertragen, das aus General Donovan, Alderman, Dodd, Jackson kraft Amtes und Storey als Vorsitzendem bestand.

Glücklicherweise bedeutete Storeys Vormachtstellung keineswegs, daß Jackson kein Vertrauen mehr zu Alderman hatte. Am 2. November hatten die beiden Männer eine »zufriedenstellende Konferenz«, wie Alderman es nannte. Er sollte auch weiterhin Jackson bei Besprechungen der Hauptankläger vertreten, an denen der Richter nicht teilnahm, sowie die Verbindung zur französischen und (da Shea nicht mehr da war) zur britischen Delegation halten. Beim Prozeß werde Alderman sich die vier vielversprechendsten Zeugen vornehmen, die er in Virginia vernommen hatte, und auf juristische Argumente eingehen, die die Verteidigung vorbringen könnte, wie zum Beispiel rückwirkende oder höhere Befehle. Am 17. November setzte Storey Alderman davon in Kenntnis, Jackson wünsche, daß er das Beweismaterial der amerikanischen Anklagevertretung hinsichtlich der Verschwörung der Angeklagten zur Einleitung und Durchführung von Angriffskriegen vortrage – den wichtigsten Einzelpunkt der Anklage seitens der Amerikaner.

Obwohl ich mich zusammen mit Shea vergeblich bemüht hatte, Storeys

Macht zu beschränken, änderte sich an meinem eigenen Status nach Sheas Ausscheiden nicht viel. Ich hielt auch weiterhin die Verbindung zur sowjetischen Delegation aufrecht, ich wurde in den Prozeßausschuß berufen, und Jackson forderte mich generell auf, an den Besprechungen der Hauptankläger und der leitenden Mitarbeiter teilzunehmen. Es war bereits festgelegt worden, daß ich beim Prozeß die Klage gegen den Generalstab und das Oberkommando der Wehrmacht vortragen sollte. Das war eine begrenzte, aber wichtige Rolle, und dabei war ich Jackson direkt unterstellt – Storey hatte keine Aufsichtsbefugnis, und Jackson überließ es mir, wie ich vorgehen wollte. Personalmäßig war ich gut ausgestattet, mit Calvocoressi und seiner Gruppe sowie Major Loftus Becker (der das Londoner Büro nach meiner Abreise geleitet hatte und der gerade in Nürnberg eingetroffen war) und zwei Dolmetschern, die uns die amerikanische Army zur Verfügung gestellt hatte.

In der ersten Novemberhälfte fanden mehrere Besprechungen des Prozeßausschusses und später auch mit dem Planungskomitee statt, bei denen erbittert über Prozeßfragen wie die Verwendung von Zeugen, den Wert von »Unterlagen, die keines weiteren Beweises bedurften«, und den zeitlichen Ablauf der verschiedenen Abschnitte der von der amerikanischen Anklagevertretung vorgetragenen Klage diskutiert wurde. General Donovan, Alderman und ich waren einhellig der Meinung, daß die Vorstellung absurd sei, Unterlagen zu haben, in denen die Dokumente die Klage »beweisen« würden – ohne jede stützende Beweisführung –, und daß wir uns nicht scheuen sollten, Zeugen zu verwenden. Am 5. November kam es zu einer ausgesprochen scharfen Auseinandersetzung, in deren Verlauf Donovan die ganze Grundlage von Storeys Planung als »idiotisch« abtat. Alderman notierte in seinem Tagebuch: »Es war eine ganz außergewöhnliche Besprechung, eine ganz ungewöhnliche Diskussion, und die ganze Situation hat mich äußerst peinlich berührt.« Eine Woche danach kam es erneut zu einem unangenehmen Krach, und in diesen Wochen wurden die Beziehungen zwischen Jackson und Donovan so gespannt, daß es kurz danach zum Bruch kam.

Die beiden Männer – alte Bekannte, aber keine engen Freunde – hatten in den ersten Monaten bei der Verfolgung von Kriegsverbrechen ohne nennenswerte Reibereien zusammengearbeitet. Jackson hatte vom Personal, von den Einrichtungen und den Kontakten, die der OSS zur Verfügung stellte, überaus profitiert, und es besteht eigentlich kein Grund, die guten Absichten von Donovans Unterstützung in Frage zu stellen oder zu glauben, daß er selbstsüchtiger war als wir anderen – wir hofften natürlich alle, daß ein überragendes Auftreten bei einem einzigartigen und beachtenswerten Rechtsfall uns ebenso privat befriedigen wie öffentliche Anerkennung verschaffen würde. Aber Donovan hatte die Szene während der Verhandlungen über die Londoner Charta verlassen, um sich mit OSS-Angelegenheiten in Fernost zu befassen, und kehrte erst wieder zu der Sitzung in Berlin zurück, auf der die Anklageschrift eingereicht wurde, an deren Gestaltung er keinen Anteil hatte.

Zur ersten ernsthaften Meinungsverschiedenheit kam es, als Donovan in der Anklageschrift auf die Klagen gegen den Generalstab und das OKW stieß. Daraufhin schrieb Donovan an Jackson:

> Als Sie mir in Berlin zum erstenmal die Anklageschrift gezeigt haben, sagte ich, es würde unserem Land nicht gut anstehen, einen derartigen Trick gegen den Generalstab anzuwenden. Ich denke darüber noch immer so. Der junge britische Offizier [Calvocoressi], der diesen Punkt ausgearbeitet hat, erzählte mir, daß er darauf nicht sehr stolz sei. Ich bestand auf einer Überarbeitung, so daß unmittelbar beteiligte Stabsangehörige als Einzelpersonen unter Anklage gestellt würden und nicht aufgrund ihrer Position und Funktion ...
>
> Ich habe nie die Meinung jener Angehörigen unserer Berufsarmee geteilt, die glauben, daß der Generalstab nicht strafrechtlich verfolgt werden sollte.* Das habe ich Stabschef General Bedell Smith klargemacht, als Sie und ich in Frankfurt waren. Vielleicht wäre es besser gewesen, wir hätten die Schuldigen erschießen lassen. Da wir uns dafür entschieden haben, ein Verfahren gegen sie anzustrengen, meine ich, daß wir das auch richtig machen sollten. Ich halte es einfach für abstoßend, daß es irgendeinen Vorwand geben kann, wie wir ihn im Prozeß heute erleben, wonach die Angeklagten behaupten können, daß die Anklage nicht fair sei.

Damals hatte ich keine Ahnung gehabt, daß man sich hinsichtlich der Klage gegen den Generalstab als Organisation nicht einig war. Das Thema war bei den wenigen Mitarbeiterbesprechungen, an denen Donovan und ich teilgenommen hatten, nicht zur Sprache gekommen. Bei einem Privatgespräch mit General Donovan (in seinem Büro und auf seinen Wunsch hin) erwähnte er die Anklageschrift mit keinem Wort. Statt dessen schlug er mir vor, wir sollten zwischen den deutschen Feldkommandeuren (die »nur ihre Pflicht taten«) und den Stabsoffizieren in Hitlers Oberkommando der Wehrmacht (OKW) unterscheiden. Als ich Donovan verließ, kam mir der Verdacht, daß er zu einigen dieser Feldkommandeure Kontakt aufgenommen hatte, weil er sie dazu zu bringen hoffte, gegen die beiden angeklagten Militärs, Generalfeldmarschall Keitel und General Jodl, auszusagen, die beide Donovans zweiter Kategorie angehörten.

Viel wichtiger als das Problem mit dem Generalstab war die Verwendung von Zeugen. Dabei ging es nicht nur darum, wie viele wir aufrufen könnten (wenn es überhaupt welche gab), sondern auch um die Methoden, die korrekterweise angewendet werden könnten, um Zeugen zu »erschließen«, bei denen man sich darauf verlassen konnte, daß sie für die Anklagevertretung

---

* Das ist nicht eindeutig formuliert, muß aber im Kontext heißen, daß »einzelne Mitglieder des Generalstabs nicht strafrechtlich verfolgt werden sollten«.

hilfreiche Aussagen machen würden. Jackson war sogar noch mehr als Storey gegen jedes Abweichen von der dokumentarischen Beweisführung – wie er später erklärte, hatte er beschlossen, »keine Zeugen aufzurufen, auf die wir vernünftigerweise verzichten konnten«.*

Angesichts von Donovans Verachtung für eine rein auf Dokumente gestützte Beweisführung lag es auf der Hand, daß er kein Interesse daran haben würde, sich an der Vorlage dieser Dokumente zu beteiligen. Aber welche Rolle wollte er dann im Prozeß spielen? Am 7. November schickte Jackson Storey mit genau dieser Frage zu ihm. Angesichts der Tatsache, daß Storey in erster Linie an Donovans Unzufriedenheit schuld war, daß Donovan im Rang höher stand als Storey, daß er fast zehn Jahre älter war als Jackson und daß Jackson eigentlich Donovan für dessen materielle Unterstützung sehr zu Dank verpflichtet war, muß die Art und Weise, wie Jackson diese Frage an Donovan herantrug, entweder als bewußte Provokation oder als ausgesprochen taktlos gelten. Aus seinem verständlichen Ärger heraus** schickte Donovan sofort eine Aktennotiz an Jackson:

> Um jedem Mißverständnis vorzubeugen, möchte ich Ihnen von meinem Gespräch mit Bob Storey berichten, das ich heute mit ihm gehabt habe.
> Er sagte, er sei gekommen, mich zu fragen, welche Rolle ich im Prozeß übernehmen wolle.
> Ich erwiderte, daß Sie und nicht er mir diese Frage stellen sollten. Allerdings konnte ich daraus heute nur schließen, daß Sie auf diese Art und Weise unser ursprüngliches Abkommen aufkündigen und zu verstehen geben wollten, daß es für mich Ihrer Meinung nach keinen Platz gäbe ... Ich bedaure es, daß Sie mir dies nicht auf andere Weise klargemacht haben ...
> Folglich werde ich die verschiedenen Dinge, mit denen ich es hier zu tun habe, voraussichtlich bis Anfang Dezember abschließen ... Bis dahin werde ich noch hier sein.

Jackson beantwortete diese Notiz am nächsten Tag mit einem Schreiben, das zwar in der Wortwahl, nicht aber inhaltlich versöhnlich war. Storeys Besuch, erklärte Jackson, »sollte Ihnen keineswegs den Eindruck vermitteln, daß Sie keine Rolle übernehmen sollten, vielmehr wollte ich Ihre Meinung und Ihre

---

* Angesichts dieser Einstellung ist es ein Rätsel, warum Jackson Alderman im Oktober nach Washington geschickt hatte, wo er mögliche Zeugen vernehmen sollte, also genau zu der Zeit, da die Prozeßvorbereitungen auf Hochtouren liefen. Außerdem wäre eine derartige Aufgabe normalerweise Amen übertragen worden. Ich kann mich des Verdachts nicht erwehren, daß Jackson Alderman aus dem Weg haben wollte, als Storey praktisch die Kontrolle über die Prozeßplanung erhielt. Jackson zeigte sich zwar erfreut über die Ergebnisse von Aldermans Reise, aber keiner der Männer, die Alderman vernommen hatte, wurde jemals als Zeuge aufgerufen.

** Als Donovan Anfang Oktober wieder zu Jackson stieß, war er zweifellos empfindlich und nicht gerade glücklich. Am 20. September hatte Präsident Truman eine Durchführungsverordnung herausgegeben, derzufolge der OSS abgeschafft und seine Mitarbeiter und Funktionen zwischen dem Außen- und dem Kriegsministerium aufgeteilt werden sollten. Donovan blieb zwar als Generalmajor bis Januar 1946 im aktiven Dienst, besaß aber nicht mehr das logistische oder organisatorische Potential, das ihn bislang für Jackson so nützlich gemacht hatte.

Präferenzen erfahren, ehe ich irgendwelche Verfügungen treffe«. Aber dann legte der Brief verschiedene Faktoren dar, die ein Problem darstellten. Donovan halte offenbar »nicht viel von der Zuverlässigkeit erbeuteter Dokumente« und sei vermutlich »an den dokumentarischen Aspekten der Klage nicht interessiert«; Jackson »gehe davon aus, daß Sie lieber mit lebenden Zeugen arbeiten oder Angeklagte und Entlastungszeugen ins Kreuzverhör nehmen wollen«, aber es sei noch immer nicht entschieden, welche Zeugen die Anklagevertretung verwenden wolle, und die Verteidigung werde vermutlich »erst nach Neujahr« am Zuge sein; Jackson gehe davon aus, daß Donovan wohl »nach Neujahr« wieder in seine eigene Anwaltskanzlei zurückkehren müsse. Und abschließend erklärte er:

> Wenn Sie der Meinung sind, daß Sie an dem Prozeß, wie er nun Gestalt anzunehmen beginnt, kein Interesse haben, dann werde ich dafür Verständnis haben und Ihre Entscheidung akzeptieren. Aber ich möchte nicht, daß Sie zu diesem Schluß aufgrund irgendeines Mißverständnisses hinsichtlich meiner Motive oder der von Colonel Storey gelangen.

Donovan stellte sich in seiner Notiz so dar, als sei er entlassen worden, erklärte aber, daß er noch einen Monat auf seinem Posten bleiben und nicht näher erläuterte Angelegenheiten »abschließen« werde, so daß noch Zeit für eine Einigung blieb. Jackson gab in seiner Erwiderung im Hinblick auf die zwischen ihnen strittigen Verfahrensfragen nicht nach, bestritt aber jede Absicht, Donovan zu entlassen, und überließ es ihm ziemlich geschickt, zu sagen, was als nächstes geschehen solle. Und damit ruhte die Angelegenheit für die nächsten drei Wochen, doch es hatte sich herumgesprochen, daß es zwischen den beiden führenden Persönlichkeiten der amerikanischen Anklagevertretung nicht mehr zum besten stand. Am 12. November konstatierte Biddle bissig in seinem Tagebuch: »Donovan unruhig, weil es nichts zu tun gibt, und Jackson sagt, er tut nichts.«

6

Der Selbstmord von Robert Ley hatte alle Beteiligten an den Vorgängen in Nürnberg zwangsläufig daran erinnert, daß physische oder mentale Beeinträchtigungen bei den Angeklagten den einen oder anderen daran hindern könnten, das Verfahren bis zum rechtskräftigen Urteil durchzustehen. Im Hinblick auf den Prozeß selbst hatte man es in den letzten Wochen vor Prozeßbeginn hauptsächlich mit der schwachen Verfassung von Julius Streicher, Rudolf Heß und Gustav Krupp zu tun.

Als erstes wurde die Sache mit Streicher geregelt. Am 15. November verlangte Streichers Anwalt (Dr. Hanns Marx) während der zweiten öffentlichen Vorverhandlung des Tribunals in Nürnberg eine psychiatrische Untersuchung seines Klienten – bei »der besonderen Natur dieses Falles und der

Schwierigkeiten, die dem Verteidiger bei der Behandlung dieses Falles entgegentreten«. Der Anwalt erklärte, er wolle keinen formellen Antrag stellen, da Streicher selbst »nicht wünscht, daß eine solche psychiatrische Untersuchung vorgenommen wird«. Der Vorsitzende Lawrence bestimmte, daß ein schriftlicher Antrag eingereicht werden müsse.

Dann erhob sich Oberst Pokrowski (Rudenko war zu diesem Zeitpunkt nicht anwesend) und unterrichtete das Tribunal darüber, daß Streicher bei seiner letzten Vernehmung seitens der sowjetischen Delegation erklärt habe, in seinen Bemerkungen über Juden habe »er vom Standpunkt des Zionismus her gesprochen«. Diese Erklärung, sagte Pokrowski, »hat bei uns sogleich einige Zweifel über die volle Zurechnungsfähigkeit des Angeklagten hervorgerufen«. Folglich unterstütze er Dr. Marx' Forderung. Schriftliche Anträge wurden ordnungsgemäß gestellt, und dann beauftragte das Tribunal drei Ärzte aus der zur Untersuchung von Heß versammelten Ärztekommission, Streicher auf seinen Geisteszustand hin zu untersuchen.

Streicher hatte Marx tatsächlich große Schwierigkeiten bereitet. Er hatte bei der Entgegennahme der Anklageschrift verkündet: »Dieser Prozeß ist der Triumph des Weltjudentums.« Als die psychiatrische Untersuchungskommission bei ihm eintraf, hielt er den Ärzten einen Vortrag, in dem er ihnen erklärte, er habe »die Judenfrage« seit fünfundzwanzig Jahren studiert und wisse »mehr darüber als irgend jemand sonst«. Sein Verhalten wurde so sehr von seinem wahnhaften Antisemitismus beherrscht, daß Marx bei der Vorbereitung einer Verteidigung mit ihm einfach nichts anfangen konnte und zu dem Schluß kam, sein Mandant habe einen »kranken Geist«. Außerdem war Streicher weder ansehnlich noch intelligent – bei den Intelligenztests, die der Gefängnispsychologe Dr. Gilbert vornahm, schnitt er schlechter ab als alle anderen Angeklagten.

Aber nach Ansicht der Ärzte, die ihn untersuchten, bedeuteten diese Mängel noch lange nicht, daß er geisteskrank war. Am 18. November legte die Kommission einstimmig einen Befund vor, demzufolge Streicher »geistig gesund« sei und »fähig, vor dem Gerichtshof zu erscheinen und seine Verteidigung zu führen«. Am darauffolgenden Tag gab das Tribunal sein Einverständnis mit diesem Befund zu Protokoll.

Rudolf Heß war natürlich ein Problem gewesen, seit er Anfang Oktober nach Nürnberg gekommen war, aber im Laufe der nächsten Wochen stellte weniger sein Geisteszustand ein Problem dar als sein – echter oder vorgetäuschter – Gedächtnisverlust. Amen unternahm zahlreiche vergebliche Versuche, den vermeintlichen Schleier über seinem Gedächtnis zu lüften, und kam schließlich auf die Idee, Heß den Nazifilm *Triumph des Willens* zu zeigen, einen Propagandastreifen über die Entstehung des Dritten Reiches, in dem Heß eine prominente Rolle spielte.

Die Vorführung fand am 8. November in einem großen Raum vor etwa fünfundzwanzig Zuschauern statt, zu denen auch ich gehörte. Als der Film zu Ende war, stellte Amen (durch einen Dolmetscher) die Frage: »Erinnern Sie sich?« Darauf erwiderte Heß, er habe Hitler und Göring erkannt, aber dann fügte er hinzu: »Ich muß dabeigewesen sein, denn ich habe ja gesehen, daß ich da war. Aber ich kann mich nicht daran erinnern.«

Das Experiment war keine schlechte Idee, aber laienhaft durchgeführt worden. Die Anwesenheit von so vielen Kiebitzen war nicht gerade dazu angetan, Heß zu beruhigen. Der Film hätte ihm in einer eher beiläufigen und privaten Situation vorgeführt werden sollen, mit ein oder zwei gut vorbereiteten, Deutsch sprechenden Fragestellern, vorzugsweise solchen, zu denen Heß keine feindselige Einstellung hatte und die sich mit ihm während der Vorführung unterhalten konnten. Natürlich wäre es möglich gewesen, daß diese Methode auch nicht besser funktioniert hätte, aber die Chancen, Heß – wenn er tatsächlich etwas vorspielte – eine Falle zu stellen, wären viel größer gewesen, und andernfalls hätten seine Antworten auf sachliche Fragen und Kommentare zu einem besseren Verständnis seines Leidens führen können.

Zu dieser Zeit waren auch Zweifel aufgekommen, ob Heß angesichts seines geistigen Zustands dem Prozeß gewachsen sein werde. Bei einer gemeinsamen Besprechung des Tribunals und der Hauptankläger am 6. November bemerkte Biddle im Laufe einer Diskussion über den Zustand von Gustav Krupp, »das gleiche Problem werde in Verbindung mit Heß auftreten«. Jackson erwiderte, »das ist ein anderes Problem«, denn: »Die Frage ist doch, ob Heß nur vorgibt, sein Gedächtnis verloren zu haben, oder nicht ... Es wäre eine sehr ernste Sache, Heß aus dem Prozeß auszuschließen, und da er seinen Geist vollkommen in der Gewalt hat, gibt es keinen Grund, warum ... wir einem Antrag auf eine Untersuchung seitens seines Anwalts vorgreifen sollten.«

Aber Biddle meinte, ein derartiger Antrag würde über kurz oder lang eingereicht werden. Er hatte recht, denn am nächsten Tag reichte der Anwalt von Heß (Dr. Günther von Rohrscheidt) einen Antrag ein, das Tribunal solle durch einen medizinischen Sachverständigen feststellen lassen, ob Heß »zurechnungs- und verhandlungsfähig« sei, mit der Begründung, Heß sei »nicht in der Lage, seinem Verteidiger irgendwelche Informationen hinsichtlich der ihm in der Anklage zur Last gelegten Verbrechen zu geben«. Heß habe erklärt, »seit einer langen, von ihm nicht mehr feststellbaren Zeit das Erinnerungsvermögen vollkommen verloren zu haben«.

Am 8. November einigten sich die Mitglieder des Tribunals darauf, eine Kommission zu berufen, die aus Ärzten aus jedem der vier Länder bestand (der leitende britische Arzt war Churchills Leibarzt, der berühmte Lord Moran) und die Heß »auf seine Zurechnungs- und Verhandlungsfähigkeit« untersuchen sollte. Am 19. November (also einen Tag vor dem geplanten Prozeßbeginn) war der Schlußbericht der Kommission noch nicht eingegangen, und das Tribunal beschloß, im Hinblick auf Heß nichts weiter zu unternehmen, ehe der Bericht nicht vorliege. Infolgedessen saß Heß mit den Mitangeklagten auf der Anklagebank, als der Prozeß begann, und weitere zehn Tage sollten vergehen, bis das Problem gelöst war.

Die außergewöhnliche Kontroverse um Gustav und Alfried Krupp begann, sobald Jim Rowe am 23. Oktober aus Österreich zurückgekehrt war, nachdem er die Anklageschrift Gustav Krupp zugestellt hatte, der das Ganze nicht mehr verstand. Jackson bat Shea sogleich um ein Memorandum über »die Möglichkeit, weitere Personen unter die Wirtschaftsverbrecher aufzunehmen«, und am 25. Oktober reichte Shea die Namen von Alfried Krupp und Hermann Schmitz ein, dem Vorstandsvorsitzenden des gewaltigen I. G. Farben-Konzerns. Da sich Shea darüber im klaren war, daß eine Verzögerung des Prozesses nicht erwünscht war, hatte er sich für Alfried Krupp entschieden, weil die Klage gegen ihn schneller vorbereitet werden könnte. Er stellte auch »die Frage, ob die Öffentlichkeit nicht den Eindruck haben könnte, daß wir nun hinter dem Sohn her sind, weil dem Vater nicht der Prozeß gemacht werden kann«. Jackson richtete sogleich ein Memorandum an die anderen Hauptankläger und schlug eine Konferenz vor, um in die Anklageschrift entweder Alfried Krupp oder Schmitz sowie zwei weitere hochrangige SS-Beamte aufzunehmen. Solche Ergänzungen, meinte er optimistisch, würden wahrscheinlich »die Eröffnung des Prozesses nicht erheblich verzögern«.

In Abwesenheit von de Menthon suchte Dubost die britische Delegation auf, um sich mit Oberst Phillimore über die Angelegenheit zu unterhalten. Dubost hatte bereits erfahren, daß Jackson überlegte, Gustav durch Alfried Krupp zu ersetzen, aber Dubost hatte da ganz andere Ideen. »Die Öffentlichkeit in Frankreich«, erklärte er, »wäre erst zufrieden, wenn Bertha Krupp angeklagt würde – sie hatte seit 1913 99 Prozent der Firmenanteile besessen, sie hatte die wahre Macht hinter dem Thron innegehabt ..., und ihr Name war mit der Kanone verbunden gewesen, die Paris im Ersten Weltkrieg unter Beschuß genommen hatte.«

Allerdings hatte man sich bei früheren Beratungen zwischen Dubost und de Menthon sowie den Russen darauf verständigt, daß »es fatal wäre, irgendeine Verzögerung des Prozeßbeginns zu riskieren«. Daher »dachte er an einen Kompromiß, der auf einen zweiten Prozeß hinauslief, bei dem auch die Namen einbezogen würden, die Mr. Alderman (am 3. Oktober in London) vorgeschlagen hatte, sowie Bertha Krupp«.

Phillimore, der sich über mehrere Wochen mit den Krupp-Dokumenten in Essen befaßt hatte, bezweifelte, daß es viel Beweismaterial gegen Bertha gab, und mit Sicherheit wäre es absurd, der Dame Kriegsverbrechen vorzuwerfen, weil die »Dicke Berta« im Ersten Weltkrieg Paris erfolglos unter Beschuß genommen hatte, während im Zweiten Weltkrieg die Royal Air Force Tod und Zerstörung über Berlin, Dresden, Hamburg und zahlreiche andere deutsche Städte gebracht hatte. Eines wußte Phillimore jedenfalls: Die Briten waren gegen »jeden Vorschlag, der entweder den Beginn des Prozesses verzögern oder seine Dauer verlängern würde«.

Die Hauptankläger kamen am 26. Oktober und erneut am nächsten Tag zusammen, um die Vorschläge von Jackson und Dubost zu erörtern. Dubosts Wunsch, Bertha Krupp vor Gericht zu stellen, fand keine Unterstützung, aber Rudenko stimmte seinem Plan für einen zweiten Prozeß zu. Fyfe und Jackson wiederum hatten gegen dieses Vorhaben eher Vorbehalte. Jacksons Antrag, Alfried Krupp in die anhängige Anklageschrift aufzunehmen, wurde mit drei zu eins Stimmen abgelehnt, weil dadurch mit Sicherheit der Prozeß hinausgezögert würde.

So standen die Dinge, als das Tribunal am 30. Oktober der Berufung einer Ärztekommission zustimmte, die den Zustand von Gustav Krupp untersuchen sollte. Am 4. November legte Krupps Anwalt, Dr. Theodor Klefisch, dem Tribunal eine Petition vor, in der er um eine Zurückstellung der Klage gegen seinen Klienten ersuchte, da dieser außerstande sei, sich selbst zu verteidigen. Die Petition stützte sich auf Atteste von zwei deutschen Ärzten.

Die Ärztekommission des Tribunals berichtete am 7. November, daß Gustav Krupp verhandlungsunfähig sei, daß er nicht nach Nürnberg verlegt werden könne, weil sonst sein Leben in Gefahr sei, und daß »sich sein Gesundheitszustand nicht verbessert«. Auf einer Besprechung der Hauptankläger im Laufe dieses Tages legte Fyfe eine Abschrift des Kommissionsberichts vor und bemerkte dazu, angesichts dieser Aussagen »sehe er nicht, wie wir uns gegen den Rückstellungsantrag seines Anwalts [Klefisch] sträuben könnten«. Alderman berichtete Jackson: »Die Konferenz kam einstimmig zu der Ansicht, daß ... die Anklagevertreter sich dem Antrag seines Anwalts nicht widersetzen sollten, ihn von der Klage zu befreien.« Aber als Jackson am 8. November morgens in Aldermans Büro erschien, war er höchst aufgebracht darüber, daß nun überhaupt kein Krupp mehr vor Gericht gestellt werden sollte. Er wollte entweder die anderen Ankläger dazu bewegen, Gustav durch Alfried Krupp zu ersetzen, oder das Tribunal drängen, Gustav nach Artikel 12 der Charta *in absentia* den Prozeß zu machen. Alderman erwiderte, auf Gustav treffe der Begriff *in absentia* im Sinne des Artikels 12 nicht zu, und Alfried könne nicht einfach in Gustavs Schuhe gesteckt werden, weil das ungerecht erscheinen und den Prozeß verzögern würde. An diesem Abend erörterten Alderman und ich die Lage, und wir waren uns darin einig, daß Jacksons Vorgehen unvernünftig sei und keine Aussicht auf Erfolg habe.

Am 8. November verkündete das Tribunal, daß es am 14. November eine öffentliche Verhandlung über Klefischs Antrag abhalten werde, das Verfahren gegen seinen Klienten zu verschieben. Folglich war den Hauptanklägern klar, daß sie bei ihrer Konferenz am 9. November eine Machtprobe hinsichtlich der Kontroverse erwartete. Die Russen nahmen gar nicht daran teil, und die anderen drei konnten sich noch immer nicht einigen. Jackson rechtfertigte die Wiederaufnahme dieser Frage, indem er mit der öffentlichen Meinung Amerikas drohte:

> Er [Jackson] sagte, die öffentliche Meinung in den USA werde nicht zulassen, daß er die Verantwortung für die Lage übernehme, die sich aus der Krankheit von Gustav Krupp ergebe. Er werde der amerikanischen Öffentlichkeit erklären müssen, daß die amerikanische Delegation durch ein Votum von drei zu eins bei der Frage der Aufnahme [d. h. Anklage] von Industriellen überstimmt worden sei. Die Firma Krupp habe seit vier Generationen Waffen hergestellt, und ihre Waffen hätten aus Europa ein Schlachtfeld gemacht ... Krupp verkörpere die finsteren Mächte, zu deren Bestrafung er, Richter Jackson, nach Europa geschickt worden sei. Ihm sei klar, daß dies die anderen Delegationen in Verlegenheit bringen werde und daß eine derartige Einstellung auch von der öffentlichen Meinung in Moskau leidenschaftlich diskutiert werden würde; und in dieses Dilemma wolle er seine Kollegen nicht bringen. Er könne nur zwei Auswege erkennen: 1. Gustav *in absentia* den Prozeß zu machen; 2. darauf zu bestehen, ihn durch Alfried zu ersetzen. Er sei sich darüber im klaren, daß dies Zeit kosten und eine Verzögerung zur Folge haben würde, aber zwanzig Tage ... seien schließlich keine sehr lange Zeit.

Alderman unterdrückte seine persönliche Meinung und unterstützte Jackson loyal, aber ohne Erfolg. Dubost wiederholte nur seinen Lösungsvorschlag, nämlich einen zweiten Prozeß abzuhalten, woran aber weder Fyfe noch Jackson ein Interesse hatten. Fyfe war nach wie vor entschieden dagegen, Alfried Krupp ersatzweise anzuklagen, und zwar wegen der daraus folgenden Verschiebung, und erklärte, die britische Öffentlichkeit sei bereits über die bisherigen Verschiebungen des Prozesses aufgebracht. Aber er sei dafür, daß sich die Ankläger als eine geschlossene Front darstellten, und daher sei er bereit, den Antrag zu unterstützen, Gustav *in absentia* anzuklagen. Es konnte keine Einigung erzielt werden.

Am 12. November setzten sich die Ankläger erneut zusammen. Nachdem Jackson sich wiederholt dafür stark gemacht hatte, Alfried Krupp vor Gericht zu stellen, verkündete Fyfe, daß man sich »auf höchster [britischer] Regierungsebene« beraten habe und »größten Wert darauf lege«, den Prozeß planmäßig zu beginnen. Seine Vorgesetzten hätten ihn ermächtigt, einen Antrag zu unterstützen, Gustav Krupp *in absentia* anzuklagen, aber nur, wenn dadurch »Einigkeit auf seiten der Anklage« erzielt werden würde. Fyfe »versuchte etwa eine Stunde lang, Richter Jackson dazu zu bewegen, sich einer gemeinsamen Front« auf dieser Basis anzuschließen, aber ohne Erfolg, und auch von den Russen oder Franzosen wurde ihm keine Hilfe zuteil.

Jackson wartete die Unterstützung von seiten der anderen Delegationen nicht mehr ab. Im Laufe des Tages legte er dem Tribunal im Namen der USA eine Stellungnahme zu Klefischs Petition vor. Es war ein langes Dokument, das ebenso auf die Aufnahme durch die Öffentlichkeit wie auf eine juristische Erörterung abgestimmt war. Tatsächlich war der Text großenteils ein Porträt der Krupps: »Seit über 130 Jahren bildet diese Familie den Brennpunkt, ist Symbol und Nutznießer der unheilvollen Kräfte, die den Frieden

Europas bedrohten«; auch sei sie Dreh- und Angelpunkt auf seiten der Industrie bei Hitlers Aufstieg zur Macht und bei Deutschlands Wiederaufrüstung gewesen. All dies stützte sich auf Auszüge aus Krupp-Dokumenten, die unter die Prozeßunterlagen aufgenommen waren, welche die amerikanische Anklagevertretung erarbeitet hatte. Der Tenor von Jacksons Erwiderung ging dahin, daß Klefischs Antrag abgelehnt und Gustav Krupp *in absentia* unter Anklage gestellt werden sollte – wenn nicht »ein anderer Vertreter der Kruppschen Rüstungs- und Munitionsinteressen an seine Stelle tritt«. Der folgende Text machte klar, daß Alfried Krupp »an seine Stelle« treten sollte.

Die von Shawcross unterzeichnete britische Erwiderung, die am selben Tag vorgelegt wurde, war »entschieden gegen jede Verschiebung« des Prozesses und empfahl, Gustav Krupp solle *in absentia* angeklagt werden. Shawcross räumte ein, daß es »in regulären Verfahren nicht wünschenswert ist, daß gegen einen Angeklagten verhandelt wird, der die gegen ihn erhobene Anklage nicht verstehen« kann, und behauptete, daß infolge des in der Anklageschrift erhobenen umfassenden Vorwurfs der Verschwörung »besondere Gründe« aufgeführt worden seien, denen zufolge das Verfahren *in absentia* »unerläßlich« sei. Ganz gleich, ob er als Angeklagter vor Gericht gestellt werde oder nicht, sei Krupp doch als Mitverschwörer angeklagt, und nach dem Gesetz über die Strafbarkeit einer Verschwörung sei der Beweis von Krupps Beteiligung zulässig auch gegenüber den anderen Angeklagten. Unter diesen Umständen erwog Shawcross, »ob es für ihn selbst [Krupp] nicht vorzuziehen ist, durch einen Verteidiger vertreten zu sein, der sich nach besten Kräften an dem Beweisverfahren beteiligen könnte«. Shawcross erwähnte mit keinem Wort, daß Jackson dafür plädiert hatte, Alfried Krupp ersatzweise vor Gericht zu stellen, sondern erklärte ausschließlich, daß er gegen jede Verzögerung sei.

Die sowjetische Delegation gab keine Stellungnahme ab. Dubosts Erwiderung konnte man entweder als charmant oder als lächerlich naiv bezeichnen:

> Frankreich erhebt formell Widerspruch, das Verfahren gegen die Firma Krupp fallenzulassen, da die anderen Ankläger keine Möglichkeit sehen, zu diesem Zeitpunkt ein zweites Verfahren gegen die großen deutschen Industriellen vorzubereiten.
> Frankreich erhebt deswegen Einspruch gegen eine einfache Abtrennung.
> Die verbleibenden Möglichkeiten sind, entweder das Verfahren gegen Krupp senior in seiner Abwesenheit zu führen oder ihn durch Krupp junior zu ersetzen.
> Das Verfahren gegen einen alten Mann, der bald verscheiden und nicht vor Gericht erscheinen kann, ist an sich schwierig.
> Frankreich würde es vorziehen, seinen Sohn, gegen den schwere Anschuldigungen vorliegen, an seine Stelle zu setzen.
> Aus einfachen Zweckmäßigkeitsgründen bittet Frankreich, keinen weiteren Aufschub eintreten zu lassen, als den, der sich wahrscheinlich durch die Anträge der Verteidigung ergeben wird.

Wenn der Gerichtshof diese Anträge der Verteidigung ablehnt, dann sollte das Verfahren gegen Krupp senior in seiner Abwesenheit stattfinden. Dies ist jedoch unserer Meinung nach nur das kleinere von zwei Übeln.

Am 14. November wurden Jackson und Dubost von General Rudenko, der sich gerade in Moskau befand, frühmorgens angerufen und darüber in Kenntnis gesetzt, daß sich die Sowjetunion Jacksons Antrag anschließe, Alfried Krupp in die Anklageschrift einzubeziehen. Daraufhin überreichte Dubost dem Tribunal ein zweites und gleichermaßen freimütiges Memorandum, in dem er sich kategorisch dagegen aussprach, Gustav Krupp *in absentia* den Prozeß zu machen, und den Austausch gegen Alfried Krupp forderte, auch wenn sich dadurch der Prozeß verzögern sollte. Der Franzose schrieb seinen Meinungswandel dem Umstand zu, daß »die Sowjet-Delegation der Auffassung von Mr. Jackson zugestimmt hat«.

Im Laufe des Vormittags hielt das Tribunal seine erste öffentliche Sitzung in Nürnberg ab, in dem erweiterten und umgebauten Gerichtssaal, der bald den Schauplatz für den Prozeß selbst abgeben sollte. Die Richter nahmen in der zuvor vereinbarten Sitzordnung Platz (von rechts nach links): Falco, de Vabres, Parker, Biddle, Lawrence (Vorsitzender), Birkett, Nikitschenko (der noch fehlte) und Wolchkow. Somit saß jedes ordentliche Mitglied neben seinem Ersatzmann, aber Biddle und Lawrence in der Mitte waren die einzigen stimmberechtigten Mitglieder, die direkt nebeneinander saßen – ein von Biddle sorgfältig ausgeklügeltes Arrangement, so daß er seinen Rat Lawrence zuflüstern konnte.

Ohne weitere Vorrede forderte Lawrence Klefisch auf, seinen Antrag auf Prozeßabtrennung vorzutragen. Der deutsche Anwalt tat dies löblicherweise kurz und präzise. Der medizinische Bericht lege klar dar, daß Gustav Krupp völlig verhandlungsunfähig sei; Artikel 12 der Charta solle sich in erster Linie auf flüchtige Angeklagte beziehen, die sich vorsätzlich vom Prozeß fernhielten, statt auf Angeklagte, die körperlich außerstande seien, sich selbst zu verteidigen oder irgendwelche der Verfahrensrechte wahrzunehmen, die die Charta den Angeklagten einräume; Gustav Krupp könne bei seinem Zustand weder nach deutschem Recht noch nach irgendeinem europäischen Rechtssystem *in absentia* der Prozeß gemacht werden; die große Ungerechtigkeit, Gustav Krupp *in absentia* zu verurteilen, sollte gerade von einem »Gerichtshof ..., der eine bisher nicht dagewesene weltgeschichtliche Bedeutung hat«, wie dem Nürnberger Militärgerichtshof, vermieden werden.

Jackson bemühte sich gar nicht erst, diese einleuchtenden Argumente zu bestreiten. Er räumte ein, ein Prozeß *in absentia* gegen Gustav Krupp »wäre nicht in Übereinstimmung mit den verfassungsmäßigen Rechten eines Bürgers der Vereinigten Staaten in einem in unserem eigenen Lande stattfindenden Strafverfahren«. Seine Begründung: »Die großen Kruppschen Werke selbst sind Quelle des größten Teiles des Beweismaterials, das gegen ihn vorliegt, und werden die Quelle einer etwaigen Rechtfertigung bilden.«

Auch wenn dies zutraf, wurde dabei doch eines übersehen: Wenn Gustav Krupp nämlich ein Angeklagter bliebe, dann ginge es vor Gericht um *sein* Leben, seine Freiheit und seinen *Namen*, und vom Standpunkt des Unternehmens der Krupps her würden sie durch einen Firmenchef verteidigt, der innerhalb der Firma keine Funktion mehr besaß und daher nicht mehr zuständig war.

Jackson argumentierte aus einer schwachen Position heraus, und er machte die Sache nur noch schlimmer durch Argumente, die seiner nicht wert waren. Er suchte die Tatsache zu relativieren, daß Gustav Krupp außerstande sei, vor Gericht zu erscheinen und zu seiner eigenen Verteidigung als Zeuge auszusagen, indem er unterstellte, daß Krupp es nicht wagen würde, in den Zeugenstand zu treten, selbst wenn er dazu in der Lage wäre. Als Lawrence Jackson fragte, ob Alfried Krupp – falls er unter Anklage gestellt würde – nicht ein Recht darauf hätte, sich dreißig Tage lang auf seine Verteidigung vorzubereiten, ehe er vor Gericht gestellt würde (wie es die Bestimmungen des Tribunals vorschrieben, wodurch der Prozeß bis Mitte Dezember verschoben würde), da erwiderte Jackson, Alfried Krupps Vorbereitungszeit könne verkürzt werden: »Die Arbeit, die bereits im Falle Krupp von Bohlen geleistet wurde, wird zweifellos auch Alfried zugänglich sein.« Dieses Argument unterstellte, daß das Belastungsmaterial gegen Vater und Sohn im wesentlichen identisch sei – eine Unterstellung, zu der das Tribunal nicht berechtigt war und die auch nicht zutraf, wie Jackson selbst wußte, nach dem, was Shea ihm Wochen zuvor erklärt hatte. Aber Jackson ging noch weiter: Er behauptete sogar, daß Alfried Krupp »bereit sein dürfte, seines Vaters Platz ohne Verzögerung einzunehmen«, eine absurde und ungebührliche Spekulation, die nur der Schlußfolgerung Vorschub leistete, daß der Sohn für die Sünden des Vaters büßen solle.

Shawcross, der als nächster sprach, bekundete: »Es besteht keinerlei grundsätzliche Meinungsverschiedenheit zwischen mir und meinen Kollegen, die die drei anderen Anklagemächte vertreten – nicht die geringste.« Doch dann belegte er, daß es derartige Differenzen sehr wohl gab, indem er mit scharfen Worten Jacksons Bemühungen kritisierte, Alfried Krupp ins Spiel zu bringen. »Es handelt sich hier um ein Gerichtsverfahren«, dozierte Shawcross, »nicht um ein Spiel, bei dem man einen erkrankten Spieler durch einen anderen ersetzen kann.« Er wiederholte seine schriftliche Argumentation zugunsten einer Verhandlung *in absentia* gegen Gustav Krupp, ging aber nur halbherzig auf Lawrence' scharfe Fragen ein.

Pokrowski, der Rudenko vertrat, zog es vor, nichts zu sagen. Dubost gab sich mündlich so freimütig wie auf dem Papier. Auf eine Frage von Wolchkow wiederholte er nur Klefischs Einlassung, daß Gustav Krupp nicht vor Gericht gestellt werden könne. Was Alfried Krupp betreffe, so habe Frankreich ihn und andere Industrielle in einem zweiten Prozeß vor Gericht stellen wollen, aber da die anderen Mächte damit nicht einverstanden gewesen seien, sagte Dubost, solle er nun unter Anklage gestellt werden, ungeachtet einer Verzögerung des Prozesses. De Vabres übte Kritik an Dubost, weil er das Wort »ersetzen« verwendet habe (das auch Jackson in seiner schriftlichen Eingabe benützt hatte), aber Dubost war nicht der Mann, der sich um Worte herumdrückte, die die Wahrheit wiedergaben, selbst wenn sie politisch unklug waren. In seiner Erwiderung machte Klefisch dem Gericht klar, wenn Alfried Krupp vor Gericht gestellt werde, so werde er den vollen Zeitraum von dreißig Tagen beanspruchen, der in den Bestimmungen vorgesehen sei, und dann bezog er sich auf Shawcross' Bild: »Ich finde darin seitens des Herrn Vertreters der Vereinigten Staaten ein gewisses Spiel, das meines Erachtens seitens des Gerichtshofs nicht gebilligt werden kann.«

Bei dieser ersten öffentlichen Sitzung in Nürnberg hatte sich die Anklagevertretung wahrlich nicht gerade hervorgetan. Alderman gestand später sein »unbehagliches Gefühl« ein, daß nur Klefisch und Dubost »vertretbare Positionen« eingenommen hätten. Biddle meinte, daß Jacksons Einlassung »billiges Gerede« gewesen sei. Lawrence und Birkett bezeichneten den Vorschlag, Gustav durch Alfried Krupp zu ersetzen, als »schockierend«.

Als das Tribunal am Nachmittag dieses Tages in nichtöffentlicher Sitzung zusammenkam, wollten alle Klefischs Antrag auf Abtrennung stattgeben, und nur Wolchkow (Nikitschenko war noch immer nicht da) fand an der ersatzweisen Anklage gegen Alfried Krupp Gefallen. Da man sich über die Abtrennung des Verfahrens gegen Gustav Krupp einig war, bereitete Lawrence eine kurze Entschließung vor, in der erklärt wurde, daß dieser Prozeß andernfalls nicht »im Interesse der Gerechtigkeit« sei, und in der Klefischs Antrag stattgegeben wurde, welchen das Tribunal annahm und am 15. November verkündete.*

Das Tribunal hatte eine endgültige Entscheidung über Alfried Krupp in der Hoffnung vertagt, daß Nikitschenko noch eintreffen würde; aber am Vormittag des 16. November einigten sich die Mitglieder in aller Form darauf, eine Entscheidung am Nachmittag zu treffen. Von diesem Vorhaben erfuhr Jackson, der befürchtete, das Tribunal könnte sich auf den formaljuristischen Standpunkt stellen, daß kein förmlicher Beschluß der Hauptankläger ergangen sei, Alfried Krupp als Angeklagten zu benennen (wie es Artikel 14 der Charta vorschrieb). Dieser Mangel wurde auf einer Mittagssitzung der Hauptankläger behoben, die einen formalen Antrag zur Änderung der Anklageschrift annahmen und sofort dem Tribunal unterbreiteten, demzufolge Alfrieds Name sowie »ihn betreffende geeignete Ausführungen« aufgenommen werden sollten. Die Ankläger beantragten ferner, »die Einlassungsfrist

---

* Formaljuristisch »vertagte« das Tribunal das Verfahren Gustav Krupp, damit er später noch vor Gericht gestellt werden konnte, falls sich sein Zustand besserte. Aber niemand erwartete eine derartige Entwicklung. Gustav Krupp, dessen Zustand sich nicht mehr änderte, blieb in Österreich, wo er am 16. Juni 1950 starb.

für Alfried Krupp von dreißig Tagen auf den 2. Dezember 1945 abzukürzen.« Dieses grammatikalisch fehlerhafte und oberflächliche Dokument wurde von Jackson, Pokrowski und de Menthon abgezeichnet.

Als das Tribunal an diesem Nachmittag zusammenkam, fehlte Nikitschenko noch immer. Wolchkow unternahm mehrere vergebliche Versuche, eine Entscheidung zu vertagen, doch die Mitglieder votierten mit drei zu einer – Wolchkows – Stimme gegen den Antrag der Hauptankläger, die Anklageschrift zu ändern. Am Vormittag des darauffolgenden Tages legten Biddle und de Vabres Entwürfe für eine schriftliche Stellungnahme vor, um diese Entscheidung zu unterstützen. Nikitschenko stand nun zur Verfügung und sprach sich des langen und breiten, aber erfolglos dafür aus, die Frage noch einmal aufzugreifen. Dann konnten sich die amerikanischen und französischen Richter einfach nicht auf eine Stellungnahme einigen, so daß die Mitglieder des Tribunals am Ende beschlossen, den Antrag der Anklagevertretung ohne jede Stellungnahme abzulehnen.

Also trat das Tribunal am Nachmittag erneut in einer öffentlichen Sitzung zusammen und verkündete:

> NACH BERATUNG über den Antrag, die Anklage durch Hinzufügung des Namens Alfried Krupp zu ergänzen,
> WIRD VERFÜGT:
> Der Antrag wird hiermit zurückgewiesen.

Mit dieser Ablehnung wurde die Krupp-Streitfrage abgeschlossen, jedenfalls für das Tribunal, während die Anklagevertreter weiterhin verschiedene Probleme damit hatten. Jackson beispielsweise war beunruhigt über den Hinweis – in der Verfügung des Tribunals hinsichtlich Gustav Krupps – auf ein »späteres Verfahren«, und so gab er dem Tribunal in einem Memorandum zu Protokoll: »Die Vereinigten Staaten haben sich niemals bereit erklärt, sich an irgendeinem weiteren Prozeß der vier Mächte beteiligen zu wollen.«

Am Vormittag des 19. November, also am Tag vor dem geplanten Prozeßbeginn, wurde die Streitfrage hinsichtlich Alfried Krupps erneut aufgeworfen – diesmal in engem Zusammenhang mit einer neuen Krise, die sich bereits zwei Tage zuvor abgezeichnet hatte, als Nikitschenko nach Nürnberg zurückgekehrt war. Während er sich dafür ausgesprochen hatte, gegen Alfried Krupp Anklage zu erheben, hatte Nikitschenko darauf hingewiesen, daß Rudenko sich in Moskau befinde und an Malaria erkrankt sei und daher »für ein paar Tage« nicht nach Nürnberg zurückkehren könne – wobei er zugleich andeutete, daß der Aufschub, der Alfried Krupps Anwälten gewährt werden müßte, keine Rolle spielen würde, da Rudenkos Krankheit ohnehin eine Verschiebung des Prozesses erfordere.

Nach dieser Vorwarnung suchte Pokrowski am Vormittag des 19. November jeden der Hauptankläger auf und setzte ihn davon in Kenntnis, daß Rudenkos anhaltende Erkrankung eine Verschiebung des Prozesses »für einige

Zeit« erfordere. Gleichzeitig gab Nikitschenko dies bei der Vormittagssitzung des Tribunals bekannt, wobei er die Verschiebung mit »etwa zwölf Tagen« spezifizierte. Nach einer streng vertraulichen Diskussion lud das Tribunal die Hauptankläger zu einer gemeinsamen Sitzung am frühen Nachmittag vor.

Inzwischen verlangten Pokrowski und Dubost jeder für sich eine sofortige Konferenz der Hauptankläger – ersterer wegen einer Diskussion des Rudenko-Problems, letzterer wegen einer Wiederaufnahme der Angelegenheit Alfried Krupp. Daraufhin kam es zu einer der angespanntesten und erbittertsten Zusammenkünfte.

Dubost eröffnete sie mit einer heftigen Beschwerde: Die französische Delegation sei nicht über die Besprechung des Tribunals unterrichtet worden, bei der der abschlägige Bescheid hinsichtlich Alfried Krupps verkündet worden sei, und das Tribunal habe eine französische Forderung ignoriert, im Sinne des Antrags der drei Anklagevertreter zu entscheiden. Er wies darauf hin, daß die Hauptankläger nach der Charta ermächtigt seien, die Angeklagten zu benennen, und daß das Tribunal nicht befugt sei, ihre Entscheidungen abzulehnen.

Nun kam es zu einem raschen Meinungsaustausch zwischen Dubost, Shawcross und Jackson, bei dem diese beiden Dubost darauf hinwiesen, daß es dem Tribunal vorbehalten sei zu entscheiden, wie und wann ein benannter Angeklagter vor Gericht gestellt würde, und daß keine Anklageschrift gegen Alfried Krupp unterzeichnet oder eingereicht worden sei.

Daraufhin legte Dubost ein Dokument vor, das er als »einen Entwurf einer Anklageschrift gegen Alfried Krupp« bezeichnete. Er forderte Jackson und Pokrowski auf, dieses Dokument gleichfalls zu unterzeichnen und es beim Tribunal einzureichen und danach einen Antrag zu stellen, »das Verfahren aufgrund dieser Anklageschrift mit dem Verfahren gegen die anderen Angeklagten zusammenzulegen«. Dubost geriet immer mehr in Rage und erging sich des langen und breiten darüber, wie schlecht es Frankreich doch unter der deutschen Besatzung und aufgrund der Sünden der Krupps ergangen sei.

Diese flammende Rede verfehlte ihre Wirkung auf Shawcross nicht, der nun erklärte: »Ich möchte hiermit öffentlich verkünden, daß ich bereit bin, andere für einen zweiten Prozeß unter Anklage zu stellen, wenn es hier denn irgend hilfreich ist bekanntzumachen, daß Alfried Krupp und andere Industrielle einem Prozeß nicht entgehen werden.« Dubost gab sich damit nicht zufrieden; vielleicht komme es ja nicht zu einem zweiten Prozeß, und das sei »der Grund, warum die Franzosen zumindest einen Industriellen bei diesem Prozeß zu fassen bekommen wollen«.

Nun ergriff Pokrowski das Wort und unterstützte Dubost, kam aber gleich auf die Lage von Rudenko zu sprechen und wies darauf hin, daß die Einbeziehung von Alfried Krupp keine längere Verzögerung bewirken würde, als sie Rudenkos Krankheit erforderlich mache. Und dann erklärte er, daß

> ... niemand außer Rudenko ermächtigt worden sei, die Sowjets zu vertreten, daß es zur Zeit keinen Ersatz geben könne und daß die Sowjets der morgigen Sitzung nicht beiwohnen würden, falls der Prozeß in Abwesenheit von General Rudenko eröffnet werden sollte. Er schlage eine zehntägige Verschiebung mit Rücksicht auf Rudenko vor, so daß es möglich sei, Alfried Krupp unter Anklage zu stellen und die zweite Anklageschrift in die erste aufzunehmen. Da er über die Entscheidung der Hauptankläger und des Tribunals nach Moskau berichten müsse, würde er gern wissen, was er denn berichten solle.

Damit verknüpfte Pokrowski ausdrücklich beides miteinander, vielleicht weil er hoffte, Jackson, den Haupturheber des Antrags einer Anklage gegen Alfried Krupp, dazu bewegen zu können, sich Dubosts Plan anzuschließen. Aber Jackson biß nicht an. Für ihn schien »das Kapitel Krupp abgeschlossen«. Jede Verzögerung bei der Eröffnung des Prozesses werde »unsere Glaubwürdigkeit vor der Welt beeinträchtigen«. Außerdem: »Die Sowjets sollten während des gesamten Prozesses und von Anfang an vertreten sein.« Dubost unterbrach Jackson und erklärte: »Die französische Delegation wird an der Sitzung morgen nicht teilnehmen, wenn der Prozeß ohne General Rudenko beginnt.«

Jackson fuhr fort:

> Es gibt Franzosen und Russen unter den Richtern. Wenn diese uns anweisen, [den Prozeß] durchzuführen, werden wir das tun. Wir werden nicht einschreiten, wenn Sie Ihre Position dem Gericht vortragen, aber ich muß mit Nachdruck darauf hinweisen, daß eine Verzögerung unsere Glaubwürdigkeit in Zweifel ziehen und unsere Mitarbeiter demoralisieren wird ... Sollten es die Russen und Franzosen versäumen, an der Eröffnungssitzung morgen teilzunehmen, wird es zu einer ungünstigen Reaktion in den Vereinigten Staaten kommen, deren Implikationen weitaus wichtiger sind als der Fortgang dieses Prozesses. Ich bitte Sie, dies zu bedenken, bevor Sie handeln.

Auf diese beeindruckende Erklärung hin verlangte Dubost kategorisch zu erfahren, ob Jackson »eine Anklageschrift gegen Alfried Krupp nun unterzeichnen« würde. Jackson erwiderte, er könne sich nicht »um dieses Problem kümmern, wenn wir morgen diesen Prozeß eröffnen wollen. Ich muß mich auf meine Eröffnungsrede vorbereiten.« Shawcross, dem noch immer an einem Kompromiß gelegen war, erklärte, er würde »eine ordnungsgemäße Anklageschrift gegen Alfried Krupp für einen zweiten Prozeß unterzeichnen«, er weise aber Dubosts Dokument zurück, weil es »als Anklageschrift absolut unangemessen« sei.

Die vier Männer waren in einer Sackgasse, als Jackson verkündete, er habe erfahren, daß das Tribunal eine nichtöffentliche Sitzung um zwei Uhr angesetzt habe. Pokrowski, ein empfindlicher Mann, war untröstlich über die Positon, die er beziehen mußte, ja er war noch unglücklicher darüber, daß er nichts »nach Moskau zu berichten« hatte, denn die Ankläger waren zu keiner Entscheidung gelangt, weder hinsichtlich Dubosts Vorschlag, die Anklage gegen Alfried Krupp weiter zu verfolgen, noch hinsichtlich Pokrowskis Wunsch, den Prozeß zu verschieben. Da Pokrowski nicht ermächtigt war, an Rudenkos Statt zu handeln, konnte er nicht einmal dem Tribunal einen Antrag auf Vertagung vorlegen. Eine gewisse Kompromißbereitschaft deutete sich an, als Dubost bemerkte: »Wir können den ersten Prozeß nicht ohne eine Zusicherung beginnen, daß ihm ein zweiter Prozeß gegen die Industriellen folgen wird.« Vielleicht würde sich ja Shawcross' Angebot, eine derartige Verpflichtung einzugehen, als hilfreicher Ausweg erweisen.

Das Tribunal hatte beschlossen, daß an der Nachmittagssitzung nur die Mitglieder und ihre Stellvertreter, die Dolmetscher und die vier Hauptankläger teilnehmen sollten. Doch Jackson kam in Begleitung seines Sohnes sowie von Gordon Dean und seiner Assistentin, Mrs. Douglas. Alle wurden indes von der Teilnahme ausgeschlossen, ungeachtet von Jacksons entschiedenem Einspruch im Falle von Mrs. Douglas, die berechtigt sei, die Besprechung zu protokollieren.*

Nachdem Nikitschenko kurz im Sinne von Rudenkos Forderung nach einer Vertagung gesprochen hatte, stellte Dubost klar, daß er unabhängig davon nichts dagegen einzuwenden habe, daß der Prozeß planmäßig eröffnet werde – seinen Anweisungen zufolge müsse er sich allerdings einfach zurückziehen, falls die Russen nicht zur Teilnahme bereit wären.

Als Pokrowski erschien (er hatte inzwischen mit Moskau telefoniert), berichtete er, daß er nunmehr ermächtigt sei, einen formellen Antrag auf eine Vertagung des Prozesses zu stellen. Rudenko habe sich geweigert, irgend jemanden zu benennen, der ihn bei der Eröffnung des Prozesses vertreten sollte, bei einem so »überaus feierlichen Augenblick von höchster Bedeutung«. Pokrowski wußte allerdings nicht, »was seine Regierung beschließen werde, wenn eine Verschiebung abgelehnt würde«. Nachdem sich Jackson all dies angehört hatte, »wußte er kaum, was er sagen sollte«. Für ihn war eine Vertagung eine Katastrophe, aber er meinte andererseits auch, daß »irgendein Russe während des gesamten Prozesses anwesend sein sollte«. Das Tribunal unternahm nichts, solange die Ankläger zugegen waren, aber de Vabres, Falco und Lawrence deuteten in ihren Bemerkungen an, daß sie gegen eine Verschiebung seien.

Im Laufe des Nachmittags wurde die nichtöffentliche Sitzung unterbrochen. Pokrowski telefonierte mit Moskau wegen weiterer Instruktionen, und zweifellos gab es inoffizielle Diskussionen unter den Hauptanklägern. Gegen sechs Uhr unterrichteten sie das Tribunal, sie hätten »eine Erklärung abzugeben«, und damit wurde die nichtöffentliche Besprechung fortgesetzt. Po-

---

* Soweit ich weiß, existieren als einzige Aufzeichnungen von dieser Sitzung nur ein paar Seiten mit knappen Notizen von Biddle, Jacksons mündliche Berichte in seinem Archiv an der Columbia University sowie ein kurzer Hinweis im Bericht der britischen Delegation an das Foreign Office.

krowski berichtete, nach seinen neuen Instruktionen aus Moskau solle der Prozeß am nächsten Tag eröffnet werden; die Anklageschrift solle vor dem Gerichtshof (wie vorgesehen) verlesen werden, die Angeklagten aufgefordert werden, sich als schuldig oder nicht schuldig zu bekennen, und Jackson könne seine Eröffnungserklärung abgeben. Die Russen bestanden lediglich auf einer einzigen Bedingung: Es dürften bis zu Rudenkos Rückkehr, die innerhalb von fünf Tagen zu erwarten sei, keine weiteren anwaltlichen Erklärungen abgegeben werden. Die Sitzung endete mit diesem Hoffnungsstrahl und überschwenglichen Komplimenten für Pokrowski – Nikitschenko und Biddle feierten ihn als »einen herausragenden Soldaten, Anwalt und Diplomaten«.

Am nächsten Tag allerdings hatte Dubost das letzte Wort. Er legte dem Tribunal eine Art Manifest vor, in dem einleitend das Tribunal darauf aufmerksam gemacht wurde, dessen negative Entscheidung über den Antrag, Alfried Krupp in die Anklageschrift einzubeziehen, könne nicht gleichbedeutend sein mit einer Ablehnung der im Auftrag enthaltenen Erklärung, die auf Artikel 14 b) der Charta beruhe und wonach Alfried Krupp offiziell als Angeklagter benannt sei: Entscheidender noch war, daß das Dokument den Text einer Erklärung der Hauptankläger aus Großbritannien und der Französischen Republik enthielt, in deren praktischem Teil erklärt wurde:

> Die französische und britische Delegation sind jetzt mit der Prüfung der Fälle anderer führender deutscher Industrieller – ebenso wie gewisser anderer Hauptkriegsverbrecher – unter dem Gesichtspunkt ihrer Verbindung mit Alfried Krupp befaßt; eine entsprechende Anklage soll in einem nachfolgenden Prozeß vorgelegt werden.

Das war der erste offizielle Hinweis darauf, daß es noch weitere Kriegsverbrechensverfahren geben werde, die die Nürnberger Prozesse verlängern und ihren Rahmen erweitern sollten.

7

In seinen mündlichen Erinnerungen hat Jackson erklärt, er habe »nie verstanden«, wie es zu dieser Krise wegen Rudenkos Malaria gekommen sei. Birkett (und zweifellos auch andere) glaubten, er sei überhaupt nicht krank gewesen; und natürlich ist das durchaus möglich. Aber ich bin stets der Ansicht gewesen, wenn diese Behinderung ausschließlich diplomatische Gründe gehabt hätte, dann hätte der Kreml sie auf eine näherliegende Krankheit als Malaria zurückgeführt, die man gemeinhin nicht mit Moskau im November verbindet.* Wichtiger scheint mir die Frage, warum die Sowjets so hartnäckig

* Die Malaria wird zwar zunächst von der in südlichen Klimazonen heimischen Anophelesmücke übertragen, aber sie ist eine langwierige Krankheit, die Jahre nach der Erstinfektion auftreten und erneut ausbrechen kann. Somit war es nicht von vornherein unglaubwürdig, daß jemand in Moskau an Malaria litt.

darauf bestanden, daß der Prozeß verschoben werden müsse, bis Rudenko anwesend sein könne – selbst wenn man annimmt, daß er tatsächlich erkrankt war. Und warum änderten sie im letzten Augenblick ihre Meinung und waren mit der termingerechten Prozeßeröffnung einverstanden?

Ein aus jenen Tagen stammender Bericht an das britische Außenministerium seitens der britischen Delegation (vermutlich von Patrick Dean, der das Foreign Office in Nürnberg vertrat) stellt fest, daß am 19. November »schon bald nach Sitzungsbeginn klar wurde, daß ihr Wunsch [d. h. von seiten der sowjetischen und französischen Delegationen], eine Verschiebung herbeizuführen, und möglicherweise auch schon ihre vorherige Einstellung zur Einbeziehung von Alfried Krupp, in Wirklichkeit darauf zurückzuführen waren, daß beide Delegationen noch nicht mit den Vorbereitungen fertig waren, obwohl beide öffentlich vor der Presse das Gegenteil erklärten«. Ich glaube, daß diese Ansicht mit ziemlicher Sicherheit nicht korrekt ist. Es war allen Delegationen durchaus bekannt, daß die Vereinigten Staaten ihren Teil der Klage zuerst vortragen würden, die Briten als nächste, und daß daher eine Reihe von Wochen, wenn nicht gar Monaten vergehen würde, bis die Franzosen oder Russen an der Reihe wären. Tatsächlich eröffnete de Menthon den französischen Verfahrensabschnitt erst am 17. Januar, Rudenko den sowjetischen sogar erst am 8. Februar 1946. Unter diesen Umständen ist es höchst unwahrscheinlich, daß der Bedarf an Vorbereitungszeit irgendeine Rolle bei Rudenkos oder Dubosts Verhalten am 19. November gespielt hat.

Meiner Meinung nach war Rudenko entweder tatsächlich krank und wollte aus persönlichen oder politischen Gründen unbedingt bei der Eröffnung des Prozesses dabeisein, oder aber er versuchte gemeinsam mit Dubost, eine Verzögerung herbeizuführen, um die Klage gegen Alfried Krupp wiederaufzugreifen, und zwar mit der Begründung, daß seine Einbeziehung in den Prozeß keine weitere Verzögerung mehr bewirken würde. Was Dubost betraf, so hielt ihn Jackson für einen »mutmaßlichen« Kommunisten, der mit den Sowjets gemeinsame Sache machte. Aber ob er nun Kommunist war oder nicht – es besteht kein Grund, die Ernsthaftigkeit seines Wunsches, Alfried Krupp auf die Anklagebank zu bekommen, anzuzweifeln, zumal Jackson selbst dazu Anlaß gegeben hatte. Mit Sicherheit arbeitete er zu diesem Zweck gern mit Rudenko zusammen. Und wenn es eine derartige Zusammenarbeit am 19. November noch nicht gegeben hatte, so sah Dubost doch sicher in Rudenkos Krankheit eine ideale Gelegenheit, sein Anliegen zu erneuern.

Was Rudenkos Sinneswandel in letzter Minute betrifft, so stand Moskau mit Sicherheit nicht der Sinn danach, daß die Sowjets in aller Öffentlichkeit für eine Verzögerung des Prozesses verantwortlich gemacht werden konnten. Darum bemühte sich ja Pokrowski so sehr darum, das Tribunal oder die Hauptankläger als Gruppe zu einer Verschiebung zu bewegen. Aber Shawcross und Jackson weigerten sich, die Russen damit durchkommen zu lassen, und – wie die britische Delegation nach London berichtete – »nötigten sie damit, einen öffentlichen Antrag vor dem Gerichtshof zu stellen und die wahren Gründe bekanntzugeben, wenn sie eine Verschiebung erreichen wollten«. Es ist praktisch sicher, daß die britischen, amerikanischen und französischen Richter die gleiche Einstellung dazu hatten. Außerdem hatte Shawcross die Sache für die Franzosen wie für die Russen schmackhaft gemacht, indem er sich bereit erklärte, öffentlich einen zweiten Prozeß zu befürworten, bei dem Alfried Krupp und andere zur Rechenschaft gezogen werden sollten.

Schließlich ist es ganz und gar unwahrscheinlich, daß Russen oder Franzosen in irgendeiner Weise mehr als Briten und Amerikaner bereit gewesen wären, bei der Eröffnung des Prozesses ihre Ankläger nicht auftreten zu lassen. Es ist möglich, daß Nikitschenko und Wolchkow ferngeblieben wären, aber es ist ziemlich unwahrscheinlich, daß de Vabres oder Falco ihrem Beispiel gefolgt wären. Wie hätte das denn auch für die Franzosen ausgesehen, wenn ihre Richter im Saal und die Ankläger im Schmollwinkel gesessen hätten! Die Bande, die die vier Nationen bei einem einzigartigen Justizunternehmen zusammenhielten, waren fast zum Zerreißen gespannt, aber letztlich waren in Nürnberg im November, genauso wie in London im August, die zentripetalen Kräfte stärker als die zentrifugalen.

Jacksons verzweifelte Bemühungen, die Russen und Franzosen in Nürnberg wieder zur Vernunft zu bringen, zeigten, wie sehr er sich dessen bewußt war, was hier auf dem Spiel stand – ganz im Gegensatz zu der bockigen Feindseligkeit, die er in London an den Tag gelegt hatte. In seinen mündlichen Aussagen spekulierte er darüber, daß Briten und Amerikaner vermutlich den Prozeß auch ohne die russischen und französischen Ankläger geführt hätten, falls diese sich zurückgezogen hätten. Im nachhinein fiel es ihm indes leicht hinzuzufügen, daß ein derartiges Ergebnis »ein Großteil dessen zerstört hätte, was an Gutem bei einem Viermächteprozeß herauskommen konnte«.

Die Krise wegen der drohenden Verschiebung war also behoben; und die Art und Weise, wie das Tribunal die Krupp-Anträge behandelte, zeigte, wie sehr man entschlossen war, einen fairen Prozeß zu führen und alle Versuche der Anklage zurückzuweisen, diese Normen zu umgehen. Aber dieses zweite Kapitel des Krupp-Fiaskos war nicht nur eine Schlappe, sondern eine wahre Katastrophe, und diesmal war nicht Shawcross, sondern Jackson in erster Linie schuld daran. Der Schaden bestand nicht darin, daß Jackson mit seinen Bemühungen, Alfried Krupp unter Anklage zu stellen, gescheitert war, sondern darin, daß er sie überhaupt unternommen hatte. Es ist kaum zu glauben, daß ein Anwalt von Jacksons Format ernsthaft davon ausgehen konnte, daß sich das Tribunal seinen Vorschlägen anschließen würde, und man kann sich genausowenig der Schlußfolgerung entziehen, daß er in erster Linie daran interessiert war, gut dazustehen, um sich so vor der Kritik der Politiker zu schützen.

Die Umstände von Gustav Krupps Verhandlungs- und Zurechnungsunfähigkeit und Alfried Krupps relative Jugend hätten, wie Shea es von Anfang an vorausgesehen hatte, unweigerlich den Verdacht aufkommen lassen, daß Alfried in erster Linie nicht aufgrund seiner individuellen Schuld, sondern aufgrund seines Namens und seiner verwandtschaftlichen Beziehung Gefahr lief, verurteilt zu werden. Jacksons erschreckende Antworten auf Fragen des Tribunals führten dazu, daß aus diesem Verdacht eine vermeintliche Gewißheit wurde, und bestärkten die Öffentlichkeit in der gänzlich falschen Meinung, daß Alfried Krupp *nur* ein Sündenbock sei. Damit erhielt er bei vielen das Image eines märchenhaft reichen jungen Playboys, der als Industriemagnat nicht ernst zu nehmen sei.

Erneut hatte Alfried Glück, denn dieses Image, mit dem Jackson ihn gedankenlos ausstattete, kam ihm fünf Jahre später zugute, als das Urteil gegen ihn von John J. McCloy abgemildert wurde.

Achtes Kapitel

Der Prozeß beginnt

Als der Prozeß am Vormittag des 20. November 1945 eröffnet wurde, bekamen wir zum erstenmal die Angeklagten als Gruppe zu Gesicht. Der Umstand, daß sie alle Funktionäre des Naziregimes gewesen waren und infolgedessen nun auf ein und derselben Anklagebank saßen, sorgte nicht dafür, daß es irgendeine andere sichtbare Gemeinsamkeit zwischen ihnen gab. Als Gruppe konnten sie nur als unauffällig bezeichnet werden, und bevor sie nicht individuell auf den Prozeß selbst zu reagieren begannen, wäre es schwierig gewesen, allein vom optischen Eindruck her darauf zu schließen, was für Männer sie waren. Einer fehlte: Drei Tage zuvor hatte Ernst Kaltenbrunner eine leichte Gehirnblutung erlitten, und erst am 10. Dezember tauchte er auf der Anklagebank auf.

Lord Lawrence begann die Verhandlung, indem er bemerkte: »Das Gericht hat mit großer Befriedigung von den Maßnahmen erfahren, die die Hauptanklagevertreter getroffen haben, um den Verteidigern die zahlreichen Dokumente, auf die sich die Anklage beruft, zur Verfügung zu stellen und den Angeklagten jede Möglichkeit einer gerechten Verteidigung zu geben.« Es stellte sich allerdings bald heraus, daß diese Angelegenheit noch nicht zufriedenstellend geregelt worden war.

Gemäß Artikel 24 a der Charta ordnete Lawrence sodann an, daß die Anklageschrift verlesen wurde. Angesichts ihrer Länge hatten die Anwälte der Anklage wie der Verteidigung gemeinsam beantragt, daß sie in zusammengefaßter Form vorgetragen würde. Das Tribunal allerdings bestand auf einer vollständigen Lesung, teilweise um die Zeit bis zu Rudenkos Rückkehr zu verkürzen. Folglich wurde der restliche erste Tag für die Lesung verwendet, mit der Alderman, Fyfe sowie zwei junge französische und zwei junge russische Anklagevertreter betraut waren. Es war ein ziemlich langweiliger Beginn, aber der neue Schauplatz und die Zahl und Vielfalt der Persönlichkeiten gaben der Presse genügend Stoff zum Schreiben, während das gemächliche Tempo es den Teilnehmern und Zuhörern ermöglichte, sich an die Simultanübersetzungsanlage zu gewöhnen, die noch immer hin und wieder ausfiel.

Tags zuvor hatten alle Verteidiger dem Tribunal eine gemeinsame und von Görings Anwalt, Dr. Otto Stahmer, unterzeichnete Petition eingereicht, die die juristischen Grundlagen des Prozesses in Frage stellten. Sie enthielt nichts Originelles oder Überraschendes – hauptsächlich war es eine Darlegung der Ansicht vieler Völkerrechtsgelehrter, derzufolge weder der Briand-Kellogg-Pakt noch irgendeine andere internationale Maßnahme die Strafbarkeit der »Entfesselung des ungerechten Krieges« festgestellt habe. Außerdem beschwerte man sich darüber, daß der Gerichtshof ausschließlich aus Richtern der Siegermächte bestehe. Man verlangte, der »Gerichtshof möge von international anerkannten Völkerrechtsgelehrten Gutachten über die rechtlichen Grundlagen dieses auf dem Statut des Gerichtshofes beruhenden Prozesses einholen«.

Diese Petition wurde kurz und bündig zu Beginn der zweiten Sitzung des Tribunals mit der Begründung zurückgewiesen, daß sie nicht im Einklang stehe mit Artikel 3 der Charta, der bestimmte, daß weder das Tribunal noch seine Angehörigen durch die Anklage oder durch die Verteidigung abgelehnt werden könnten. Diese Bestimmung führte allerdings zu einer weiteren Erörterung dieser Fragen zu einem späteren Zeitpunkt.

Lawrence forderte sodann die Angeklagten auf, sich für »schuldig oder nicht schuldig« zu erklären, aber Dr. Rudolf Dix unterbrach den Ablauf, indem er dagegen protestierte, daß es ihm und seinen Kollegen nicht gestattet worden sei, sich am Morgen im Gerichtssaal mit ihren Mandanten zu beraten, bevor die Sitzung begann. Zunächst bestätigte Lawrence dieses Verbot, aber dann stand Dr. Alfred Thoma, Rosenbergs Anwalt, auf und erklärte, sein Mandant habe ihm am Vortag »eine Erklärung überreicht, die er auf die Frage schuldig oder nicht schuldig abgeben will« und die sie gern am darauffolgenden Morgen hätten diskutieren wollen. Da es ihm nicht gestattet worden sei, mit Rosenberg zu sprechen, sagte Thoma: »Ich bin deshalb nicht in der Lage, auch der Klient ist nicht in der Lage, auf die Erklärung schuldig oder nicht schuldig heute eine Erklärung abzugeben. Ich bitte deshalb, die Verhandlung zu unterbrechen, damit ich mit meinem Klienten sprechen kann.« Dieses Gesuch konnte nicht abgelehnt werden, und Lawrence verkündete eine kurze Sitzungspause, so daß alle Verteidiger sich mit ihren Mandanten beraten konnten, bevor ihre Klageerwiderungen entgegengenommen wurden.

Nach der Wiederaufnahme der Sitzung trat ein Wachbeamter mit einem tragbaren Mikrophon an die Anklagebank heran, und Lawrence forderte Göring zur Klageerwiderung auf. Während der Verlesung der Anklageschrift hatte Göring sich bemüht, die Aufmerksamkeit auf sich zu lenken und sich unter den Angeklagten hervorzutun, indem er gestikulierte, Grimassen schnitt und halblaute Kommentare über das Verfahren abgab. Die Gefängnisdiät und der Zwangsentzug von Drogen hatten ihn abmagern lassen und ihm seine alte Energie und Gerissenheit großenteils wiedergegeben. Nun erhob er sich, hielt ein Blatt Papier in der Hand und begann: »Bevor ich die Frage des Hohen Gerichtshofes beantworte, ob ich mich schuldig oder nicht schuldig bekenne ...« Weiter kam er nicht; Lawrence unterbrach ihn mit dem Hinweis, daß »die Angeklagten nicht das Recht haben, eine Erklärung abzugeben«, und erklärte Göring, daß er sich »schuldig oder nicht schuldig bekennen« müsse. Göring starrte Lawrence einen Augenblick lang an, überlegte offensichtlich, ob es klug wäre, ihm die Stirn zu bieten, und schnarrte dann: »Ich bekenne mich im Sinne der Anklage nicht schuldig.«* Dann setzte er sich wieder.

Heß, der als nächster aufgerufen wurde, schrie heiser ins Mikrophon: »Nein!« Lawrence stellte ruhig fest: »Dies wird als nicht schuldig protokolliert.« Als ein kurzes Gelächter im Saal aufkam, sprach er prompt eine Verwarnung aus: »Wer die Gerichtsverhandlung stört, hat den Gerichtssaal zu verlassen.« Mochte er als Rechtsgelehrter seine Fehler und Schwächen haben – auf unvorhergesehene Ereignisse jedenfalls reagierte Lawrence mit gelassener Entschiedenheit.

Ribbentrop wiederholte Görings Antwort, ebenso Rosenberg und Schirach. Schacht erklärte: »Ich bin in keiner Weise schuldig.« Die anderen bekannten sich einfach »nicht schuldig«, mit geringfügigen Abwandlungen, bis auf Sauckel und Jodl, die ihre Erwiderung ausschmückten, indem sie ihre Unschuld »vor Gott, vor der Geschichte und meinem Volke« erklärten.

Nachdem alle Angeklagten ihre Erklärungen abgegeben hatten, versuchte Göring erneut, das Wort zu ergreifen,** und wurde abermals von Lawrence zum Schweigen gebracht, der dann »den Hauptanklagevertreter der Vereinigten Staaten von Amerika« aufrief.

2

Die Nürnberger Prozesse begannen mit Jacksons Eröffnungsrede, und meiner Meinung nach konnte nichts, was danach in Nürnberg geäußert wurde, es mit dieser Rede an Kraft, Einsicht und Eloquenz aufnehmen. Tatsächlich ist mir aus der modernen juristischen Literatur nichts bekannt, was in glei-

---

* Diese Formulierung wurde von vielen deutschen Angeklagten in späteren Kriegsverbrecherprozessen verwendet und von Adolf Eichmann bei seinem Prozeß in Jerusalem im Jahre 1961 übernommen.

** Die Erklärung, die Göring hatte verlesen wollen, wurde der Presse übergeben. Darin übernahm Göring die »politische Verantwortung« für seine Taten, bestritt, daß sie verbrecherisch gewesen seien, und stellte die Zuständigkeit des Militärgerichtshofs in Frage. Außerdem übernahm er keine Verantwortung für »Taten anderer Personen, die mir nicht bekannt waren« und die er nicht gebilligt habe, aber nicht habe verhindern können.

cher Weise die verhaltene Leidenschaft und die moralische Intensität vieler Passagen vermittelt. Diese Rede wurde weithin gerühmt, häufig abgedruckt und wird oft zitiert. Ich werde daher auf eine ausführliche Zusammenfassung verzichten und nur auf die Teile eingehen, die ich für die wichtigsten und beeindruckendsten halte. Jackson begann:

> Der Vorzug, eine Gerichtsverhandlung über Verbrechen gegen den Frieden der Welt zu eröffnen, wie sie hier zum erstenmal in der Geschichte abgehalten wird, legt eine ernste Verantwortung auf. Die Untaten, die wir zu verurteilen und zu bestrafen suchen, waren so ausgeklügelt, so böse und von so verwüstender Wirkung, daß die menschliche Zivilisation es nicht dulden kann, sie unbeachtet zu lassen, sie würde sonst eine Wiederholung solchen Unheils nicht überleben. Daß vier große Nationen, erfüllt von ihrem Siege und schmerzlich gepeinigt von dem geschehenen Unrecht, nicht Rache üben, sondern ihre gefangenen Feinde freiwillig dem Richterspruch des Gesetzes übergeben, ist eines der bedeutsamsten Zugeständnisse, das die Macht jemals der Vernunft eingeräumt hat.

Wenig später stellte sich Jackson offen der Frage der »Siegerjustiz«:

> Bevor ich auf die Einzelheiten des Tatbestandes eingehe, müssen noch einige allgemeine Überlegungen freimütig erwogen werden, die das Ansehen des Prozesses in der Meinung der Welt beeinflussen könnten.
> Ankläger und Angeklagter sind in einer sichtlich ungleichen Lage zueinander. Das könnte unsere Arbeit herabsetzen, wenn wir nicht bereit wären, selbst in unbedeutenden Dingen gerecht und gemäßigt zu sein.
> Leider bedingt die Art der hier verhandelten Verbrechen, daß in Anklage und Urteil siegreiche Nationen über geschlagene Feinde zu Gericht sitzen. Die von diesen Männern verübten Angriffe, die eine ganze Welt umfaßten, haben nur wenige wirklich Neutrale hinterlassen ... Wir dürfen niemals vergessen, daß nach dem gleichen Maß, mit dem wir die Angeklagten heute messen, auch wir morgen von der Geschichte gemessen werden. Diesen Angeklagten einen vergifteten Becher reichen bedeutet, ihn an unsere eigenen Lippen zu bringen. Wir müssen an unsere Aufgabe mit so viel innerer Überlegenheit und geistiger Unbestechlichkeit herantreten, daß dieser Prozeß einmal der Nachwelt als die Erfüllung menschlichen Sehnens nach Gerechtigkeit erscheinen möge.

Es gebe keinen Grund, erklärte Jackson, diesem Gericht zu unterstellen, daß es den Angeklagten »ein Unrecht zufüge ... Wohl mögen die Angeklagten in einiger Bedrängnis sein, aber sie werden nicht mißbraucht.«

> Sind diese Männer die ersten, die als Kriegsführer einer besiegten Nation sich vor dem Gesetz zu verantworten haben, so sind sie auch die ersten, denen Gelegenheit gegeben wird, im Namen des Rechts ihr Leben zu verteidigen. Nüchtern betrachtet, ist das Statut dieses Gerichtshofs, der ihnen Gehör schenkt, gleichzeitig der Quell ihrer einzigen Hoffnung.

Weiterhin führte er aus:

> Wir möchten ebenfalls klarstellen, daß wir nicht beabsichtigen, das ganze deutsche Volk zu beschuldigen ... Wenn die breite Masse des deutschen Volkes das nationalsozialistische Parteiprogramm willig angenommen hätte, wäre in den früheren Zeiten der Partei die SA nicht nötig gewesen, und man hätte auch keine Konzentrationslager und keine Gestapo gebraucht ... Wahrlich, die Deutschen – nicht weniger als die Welt draußen – haben mit den Angeklagten eine Rechnung zu begleichen.

Jackson versprach den Mitgliedern des Tribunals, die Anklagevertretung werde ihnen »unwiderlegbare Beweise für unglaubliche Vorfälle unterbreiten«:

> In der Liste der Verbrechen wird nichts fehlen, was krankhafte Überhebung, Grausamkeit und Machtlust nur ersinnen konnten ... Ihre Widersacher, unter denen Juden, Katholiken und die freie Arbeiterschaft waren, bekämpften die Nazis mit einer Dreistigkeit, einer Grausamkeit und einem Vernichtungswillen, wie die Welt seit den vorchristlichen Zeiten dergleichen nicht mehr gesehen hat ... Schließlich aber wurden Bestialität und Treulosigkeit so schlimm, daß sie die schlummernde Kraft der gefährdeten Zivilisation wachrüttelten. Ihre vereinte Anstrengung hat die deutsche Kriegsmaschine in Stücke geschlagen. Der Kampf jedoch hat ein Europa hinterlassen, das zwar befreit ist, aber entkräftet am Boden liegt, und in dem eine zerrüttete Gesellschaft um ihr Leben ringt.
> Solches sind die Früchte der finsteren Mächte, die gemeinsam mit diesen Angeklagten hier auf der Anklagebank vor uns sitzen.

Jackson widmete den Großteil seiner Erklärung einem Überblick über das Beweismaterial, auf das sich der Vorwurf der Verschwörung stützte, wobei er einiges referierte, anderes aus besonders eindrucksvollen Dokumenten zitierte. Mit knappen Worten schilderte er die Machtübernahme durch die Nazis und Hitlers Ernennung zum Reichskanzler, der geschickt den Reichstagsbrand dazu benutzte, um von dem betagten und schwachen Reichspräsidenten von Hindenburg einen Erlaß zu erhalten, der die garantierten Freiheiten der Weimarer Verfassung aufhob. Ausführlicher befaßte er sich mit dem Mißbrauch dieses Ermächtigungsgesetzes durch die Nazis sowie mit den Ausschreitungen und Grausamkeiten, die Hitlers Machtergreifung begleiteten: den Massenverhaftungen der Gegner des Naziregimes, den Schlägereien und Tötungen und dem Aufkommen der Konzentrationslager, deren Namen – Bergen-Belsen, Buchenwald, Dachau* – seither der Welt so schreck-

* Heutige Leser von Jacksons Ansprache mögen sich fragen, warum Jackson nicht auf Auschwitz und die anderen Todeslager in Polen hinwies, in denen zum großen Teil der Holocaust stattfand. Auschwitz war bis Januar 1945 in deutscher Hand gewesen, und als das Lager dann von sowjetischen Truppen eingenommen wurde, war es praktisch verlassen, da die Belegschaft nach Westen geflohen war und die meisten der überlebenden Insassen mitgenommen hatte. Lager wie Dachau, Bergen-Belsen und Buchenwald dagegen wurden von amerikanischen oder britischen Truppen besetzt, während sie noch in Betrieb waren, und diese Schreckensbilder wurden von Hunderten alliierter Soldaten wahrgenommen und überall in der Presse wiedergegeben, als Eisenhower und andere prominente Persönlichkeiten die Lager aufsuchten. In den polnischen Vernichtungslagern geschah nichts Vergleichbares.

lich vertraut sind. Des langen und breiten erging er sich über die Entwicklung vom Antisemitismus zur praktischen Ächtung des Judaismus, was schließlich zu den Ghettos und der gezielten Vernichtung des europäischen Judentums führte.

Jackson machte sein Versprechen nur allzu wahr, Beweise für die »unglaublichen Vorfälle« vorzulegen, die in der Tat so unglaublich waren, daß es trotz der zwingenden Beweise, die während des Krieges über die Todeslager in Polen verbreitet worden waren, nur wenige Menschen gegeben hatte, die derartigen Berichten Glauben geschenkt hatten. Zu diesen Menschen hatte auch Jackson gehört, der später zugab, er sei einer jener Menschen gewesen, »die während dieses Krieges den meisten Berichten über Greueltaten mit Mißtrauen und Skepsis begegnet« waren. Auch ich hatte diese Einstellung geteilt, und nach der schockierten Reaktion von Jacksons Zuhörern zu urteilen, waren die meisten von ihnen zunächst gleichfalls Skeptiker gewesen.

Jackson zitierte aus den Berichten der SS-Einsatzgruppen, der paramilitärischen SS-Einheiten, die nach den deutschen Fronttruppen in die Sowjetunion eindrangen und den Auftrag hatten, alle Juden, Zigeuner und andere Gruppen zusammenzutreiben und zu töten, die als Feinde der deutschen Invasoren galten. Zum Beispiel:

> In Witebsk wurden 3000 Juden wegen Epidemiegefahr liquidiert. In Kiew wurden 33 711 Juden exekutiert, und zwar am 29. und 30. September [dies war das Massaker von Babi Jar] als Vergeltung für Brände, die angelegt wurden. In Schitomir »mußten 3145 Juden erschossen werden«, weil sie als Träger bolschewistischer Propaganda betrachtet worden sind.

Dann las Jackson eine Passage aus dem Bericht des SS-Generals Jürgen Stroop über die Zerstörung des Warschauer Ghettos vor:

> Der von den Juden und Banditen geleistete Widerstand konnte nur durch energischen unermüdlichen Tag- und Nachteinsatz der Stoßtrupps gebrochen werden. Am 23. April 1943 erging vom Reichsführer SS über den höheren SS- und Polizeiführer Ost in Krakau der Befehl, die Durchkämmung des Ghettos in Warschau mit größter Härte und unnachsichtiger Zähigkeit zu vollziehen. Ich entschloß mich deshalb, nunmehr die totale Vernichtung des jüdischen Wohnbezirks durch Abbrennen sämtlicher Wohnblocks ... vorzunehmen ... Fast immer kamen dann die Juden aus ihren Verstecken und Bunkern heraus. Es war nicht selten, daß die Juden in den brennenden Häusern sich so lange aufhielten, bis sie es wegen der Hitze vorzogen, aus den Stockwerken herauszuspringen. Mit gebrochenen Knochen versuchten sie dann noch über die Straße in Häuserblocks zu kriechen, die noch nicht oder nur teilweise in Flammen standen ... Zahlreiche Juden, die nicht gezählt werden konnten, wurden in Kanälen und Bunkern durch Sprengungen erledigt ... Dieses Unternehmen vernichtete ... nachgewiesenermaßen 56 065 Personen. Dieser Zahl hinzuzusetzen sind noch die Juden, die durch Spren-

gungen, Brände usw. ums Leben gekommen, aber zahlenmäßig nicht erfaßt werden konnten.

Ganz im Sinne seiner Überzeugung, daß der Vorwurf der Einleitung von Angriffskriegen der Hauptpunkt der gesamten Klage war, zitierte Jackson aus den Heeresberichten über den deutschen Angriff gegen Polen, mit dem der Zweite Weltkrieg begann. Am 23. Mai 1939 hatte Hitler gegenüber seinen obersten militärischen Führern erklärt:

> Es handelt sich für uns um Arrondierung des Lebensraumes im Osten und Sicherstellung der Ernährung ... Es entfällt also die Frage, Polen zu schonen und bleibt der Entschluß: bei erster Gelegenheit Polen anzugreifen.

Zehn Tage vor dem ersten Angriff hatte Hitler vor einem viel größeren Kreis von Kommandeuren und Stabschefs erklärt, er »werde propagandistischen Anlaß zur Auslösung des Krieges geben ... gleichgültig, ob glaubhaft. Der Sieger wird später nicht danach gefragt, ob er die Wahrheit gesagt hat oder nicht. Herz verschließen gegen Mitleid. Brutales Vorgehen ... Der Stärkere hat das Recht. Größte Härte.«

Anschließend las Jackson vergleichbare Dokumente vor, die sich auf die darauffolgenden Aggressionen Deutschlands bezogen. Sodann wandte er sich dem Thema Kriegsverbrechen zu, die im Sinne der totalen Verschwörung begangen worden waren. Er zitierte aus einem Brief, den Rosenberg im Februar 1942 an Keitel geschickt und in dem er festgestellt hatte, von 3,6 Millionen sowjetischen Kriegsgefangenen seien »heute nur noch einige Hunderttausend voll arbeitsfähig«. Die anderen seien »verhungert oder durch die Unbilden der Witterung umgekommen«. Die Lagerkommandanten hätten »es der Zivilbevölkerung untersagt, den Kriegsgefangenen Lebensmittel zur Verfügung zu stellen und sie lieber dem Hungertode ausgeliefert«.

Überstieg schon die Anweisung, buchstäblich Millionen von sowjetischen Gefangenen erfrieren und verhungern zu lassen, jede Vorstellungskraft, so drehte sich einem bei Jacksons Schilderung von »medizinischen« Experimenten an KZ-Insassen regelrecht der Magen um:

> Aus den Berichten des leitenden »Arztes« von Dachau geht hervor, daß die Opfer in kaltes Wasser getaucht wurden, bis ihre Körpertemperatur auf achtundzwanzig Grad Celsius sank, worauf sie alle augenblicklich starben. Das war im August 1942. Aber der »Arzt« verbesserte sein Verfahren. Im Februar 1943 konnte er berichten, daß dreißig Personen auf siebenundzwanzig bis neunundzwanzig Grad »abgekühlt« worden waren, wobei ihre Hände und Füße weiß froren, und daß ihre Körper dann durch ein heißes Bad bald wieder völlig »aufgewärmt« worden waren. Der Triumph der Nazi-Wissenschaft waren jedoch »Erwärmungsversuche durch animalische Wärme«. Um das Opfer, das beinahe erfroren war, wurden Körper lebender Frauen gelegt, bis es wieder zu sich kam und auf seine Umgebung mit Geschlechtsverkehr reagierte. Damit erreichte die Verkommenheit der Nazis ihren tiefsten Stand.

Der letzte Teil von Jacksons Ansprache war rechtlichen Fragen gewidmet: der Rechtfertigung, einen Angriffskrieg als ein Verbrechen zu behandeln, der persönlichen Haftung von Staatsbeamten, dem Entlastungsargument des höheren Befehls und der Absicht, die Hauptbehörden der Nazis und den Generalstab bzw. das Oberkommando als verbrecherische Organisationen unter Anklage zu stellen. Am Ende faßte Jackson seine Rede auf bewegende Weise zusammen:

> Die wahre Klägerin vor den Schranken dieses Gerichts ist die Zivilisation. Sie ist noch unvollkommen und ringt in allen unseren Ländern. Sie behauptet nicht, daß die Vereinigten Staaten oder irgendein anderes Land an den Zuständen schuldlos seien, die das deutsche Volk so leicht dem Schmeicheln und der Einschüchterung der Nazi-Verschwörer haben zum Opfer fallen lassen.
> Aber sie deutet auf die furchtbare Folge von Angriffen und Verbrechen, die ich geschildert habe. Sie deutet auf die Wunden, die geschlagen, die Kräfte, die erschöpft sind, auf alles, was schön war oder nützlich in der Welt und nun zerstört ist, und darauf, daß die Zerstörung noch größere Möglichkeiten haben mag in künftigen Tagen. Es ist wahrlich nicht nötig, in den Trümmern dieser alten und schönen Stadt, unter deren Schutt noch zahllose ihrer Bürger begraben liegen, nach besonderer Begründung für den Satz zu suchen, daß es im Sittlichen das schlimmste Verbrechen ist, einen Angriffskrieg zu beginnen oder zu führen ...
> Die Zivilisation fragt, ob das Recht so zaudernd und träge sei, daß es gegenüber so schweren Verbrechen, begangen von Verbrechern von so hohem Rang, völlig hilflos ist. Die Zivilisation erwartet nicht, daß Sie den Krieg unmöglich machen können. Wohl aber erwartet sie, daß Ihr Spruch die Kraft des Völkerrechts mit seinen Vorschriften und seinen Verboten und vor allem mit seiner Sühne dem Frieden zum Beistand geben werde, so daß Männer und Frauen guten Willens in allen Ländern leben können »keinem untertan und unter dem Schutz des Rechts«.

Die Sitzung wurde unterbrochen, und Jackson wurde mit einhelligem Beifall bedacht. Biddle bezeichnete seine Rede als »eloquent und bewegend«, und der *Philadelphia Inquirer* nannte sie »eine der bedeutendsten Eröffnungsreden, die je vor einem Gericht gehalten wurden«. Die Briten, die nur selten den Bemühungen der Amerikaner uneingeschränkten Beifall gezollt hatten, schlossen sich den Beifallsbekundungen an: Birkett nannte die Rede »sehr schön«, und der Bericht des BWCE nach London urteilte, sie sei »äußerst gut und allgemein mit Beifall bedacht« gewesen.

All dies und noch mehr war absolut gerechtfertigt; diese glänzende Rede war das Ergebnis harter Arbeit und rhetorischer Begabung auf seiten Jacksons gewesen. Er hatte sie größtenteils in seinem Haus in der Lindenstraße geschrieben, und zwar eigenhändig, einen Teil allerdings hatte er Mrs. Douglas diktiert. Das Beweismaterial war ihm von einem Team geliefert worden, das aus Storey, Bill Jackson, Gordon Dean und Leutnant Whitney Harris bestand.

Jackson betrachtete die Ansprache als »wichtigste Aufgabe meines Lebens«, und ihre Vorbereitung muß ihn sehr angestrengt und ein hohes Maß an Konzentration erfordert haben. Ich bin geneigt zu glauben, daß Jacksons Verhalten in den sechs Wochen vor dem Prozeß, das teilweise so unbedacht erschien und nur schwer mit dem hohen Maß an Fairneß zu vereinbaren war, das er in seiner Eröffnungsrede artikuliert hatte, darauf zurückzuführen war, daß er völlig in der Arbeit an seiner Rede aufging und gereizt war, wenn er dabei von anderen Problemen gestört wurde.

Aber wenn Jackson dafür wirklich hätte Abbitte leisten müssen, so hatte er das auf diese Weise in überreichem Maße getan. Er hatte diesen bedeutenden Prozeß mit einer Kraft, einem Gefühl und einer Würde auf einem Niveau eröffnet, das meiner Meinung nach von niemand anders hätte erreicht werden können.

3

In den Aufzeichnungen von Jacksons mündlichen Erinnerungen folgt auf den Abschnitt, der sich mit seiner Eröffnungsrede befaßt, sofort ein anderer, der den Titel »Nach der Flut ein Spaziergang« trägt. Diese Metapher soll wohl ausdrücken, daß nach dem großen Erfolg seiner Rede die anschließenden Präsentationen von Mitarbeitern seines Stabs nicht so gut aufgenommen worden waren. Über die nächsten paar Tage heißt es bei Jackson, seine Anwälte hätten den Gerichtshof mit einer Fülle von Dokumenten »überschwemmt«. Die Presse machte einen »unglaublichen Wirbel«, und das Tribunal befand sich »in heller Aufregung«. Rückblickend schreibt Jackson: »Ich nehme an, sie [d. h. die Aufregung] war durchaus berechtigt, auch wenn ich das damals nicht recht erkennen konnte.« Aber es gab eine Menge Leute, die das sehr wohl konnten.

Gewiß hatte es jeder schwer, der nach Jacksons Auftritt an der Reihe war, und niemand erwartete, daß ein derartiges rhetorisches Niveau durchzuhalten war. Tatsächlich kann man sich kaum vorstellen, wie die nächsten paar Sitzungen, auf denen die Tatsachenhintergründe der Klage dargelegt und die Anfänge der Nazi-Verschwörung beschrieben wurden, zu einem hochdramatischen Ereignis hätten gemacht werden können. Aber alles war noch viel schlimmer, als es eigentlich hätte sein müssen, denn nun war der Preis dafür fällig, daß man die Organisation der amerikanischen Präsentation Storey überlassen hatte.

Storey begann den zweiten Tag des Prozesses ganz gut, indem er dem Gerichtshof schilderte, wie die Dokumente der Anklage gesammelt, gesichtet und beglaubigt worden waren und wie die Schriftsätze und Dokumentenbücher angelegt waren, die dem Gerichtshof vorgelegt werden würden. Dann verkündete er, die erste Beweisvorlage werde sich mit der Darstellung »des gemeinsamen Planes oder der Verschwörung bis 1939 befassen«, und rief

Ralph Albrecht auf, der den Aufbau der deutschen Regierung und der Nazipartei darstellen sollte. Dafür benötigte er die ganze übrige Vormittagssitzung, und da als Beweismaterial keine anderen Dokumente als zwei beglaubigte Diagramme vorgelegt wurden, gab es auch keinen Einspruch.

Der Ärger begann am Nachmittag, als Major Frank Wallis Beweismaterial zu folgenden Komplexen präsentierte: »die Ziele der Nazi-Partei, ihre festgelegten Methoden, ihr Aufstieg zur Macht, die Festigung ihrer Kontrolle über Deutschland von 1933 bis 1939 zwecks Vorbereitung des Angriffskrieges«. Nachdem er das erste dieser Themen abgehandelt hatte, ohne auf irgendwelche Dokumentenbücher oder Schriftsätze Bezug zu nehmen, sagte Wallis:

> Ich lege nun die Dokumente vor, die die Ziele der Nazi-Partei und ihre doktrinären Methoden beweisen. Zur Unterstützung des Gerichtshofs und der Verteidigung habe ich auch Schriftsätze, die den Hauptinhalt dieser Dokumente wiedergeben, vorgelegt.

Dokumentenbücher und Schriftsätze wurden dann dem Gerichtsdiener übergeben. Wallis wandte sich seinem nächsten Thema zu, wurde aber durch Lawrence unterbrochen, der wissen wollte, ob er auch Exemplare für die Verteidigung habe. Wallis erwiderte, daß jeweils sechs Exemplare von jedem Dokumentenbuch und von jedem Schriftsatz im Dokumentenzimmer der Angeklagten hinterlegt worden seien. Lawrence verkündete sofort: »Das Gericht glaubt, daß die Verteidiger je eine Abschrift dieser Schriften haben sollten.« Wallis versprach, dies werde geschehen. Dr. Dix (Schachts Anwalt) stand auf und dankte dem Gerichtshof für die Anweisung, beklagte sich aber darüber, daß »keiner von uns ... bis jetzt eines dieser Dokumente gesehen« hat.

Wallis konnte schließlich fortfahren, aber als er wieder Dokumente und Schriftsätze vorlegte, bestand Lawrence darauf, daß er so schnell wie möglich einige Exemplare für die Verteidigung beschaffen solle. Storey griff ein, mußte aber zugeben, daß die im Dokumentenzimmer der Angeklagten hinterlegten Schriftsätze in Englisch und nicht in Deutsch waren. Dix sprach höflich, aber bestimmt erneut von der »großen Schwierigkeit« bei der Arbeit für ihn und seine Kollegen.

Es gab noch mehr Hin und Her dieser Art, als Wallis seinen Auftritt beendete. Tom Dodd schloß daran an mit einer kurzen Präsentation über die »Planung und Mobilmachung der Wirtschaft für einen Angriffskrieg«, aber als er fertig war, wollte Lawrence seine Dokumente erst annehmen, wenn die Verteidigung Gelegenheit gehabt habe, sie zu prüfen.

Der Prozeß hatte noch keine zwei Tage gedauert, als bereits zwei ernsthafte Fehler auf seiten der Anklagevertretung sichtbar geworden waren, für die in erster Linie Storey verantwortlich war. Der erste Fehler war auf sein besessenes Festhalten am Konzept der »sich von selbst verstehenden Schriftstücke« zurückzuführen, was ihn offensichtlich dazu verleitet hatte zu glauben, seine

Anwälte hätten nichts weiter zu tun, als die Schriftsätze und Dokumente ins Protokoll aufnehmen zu lassen. Ursprünglich sollten die Anwälte die Schriftsätze dem Gerichtshof vorlesen, aber um Zeit zu sparen, trugen Wallis und Dodd Zusammenfassungen der Schriftsätze vor, mit dem Ergebnis, daß die Dokumente jeden Selbstzweck verloren und nur noch eine Bibliothek waren, mit deren Hilfe man die Behauptungen in den Schriftsätzen belegen konnte. Das nahm den mündlichen Präsentationen jedes Gewicht und jede Farbe, denn im Grunde taten Wallis und Dodd nichts weiter, als ihren Zuhörern zu verstehen zu geben: »Das und das haben die Nazis getan, und glauben Sie mir – die Dokumente in diesen Büchern werden beweisen, daß ich Ihnen das klipp und klar gesagt habe.«

Diese Technik ermöglichte es Storey auch, eine ungeheure Menge von Dokumenten in ganz kurzer Zeit ins Protokoll zu bekommen. Bei einer anschließenden Besprechung der Hauptankläger brüstete sich Jackson damit, daß sein Team 331 Dokumente während »der ersten vier Stunden dieses Prozesses« untergebracht habe. Kein Wunder, daß die Presse einen »Wirbel« machte und sich das Tribunal »in heller Aufregung« befand. Das BWCE berichtete nach London:

> Nach Richter Jacksons Ansprache … war die Anklagevertretung ganz obenauf, aber ihre Wirkung wurde leider ein wenig beeinträchtigt an den folgenden beiden Tagen, an denen die amerikanische Anklagevertretung das Beweismaterial vorlegte. Über jeden Aspekt der Klage war ein Schriftsatz vorbereitet worden, der eine auf den Hauptdokumenten basierende Zusammenfassung enthielt und für jede Feststellung im Schriftsatz wenn nötig ein Zitat brachte oder einen entsprechenden Hinweis enthielt. Zu jeder dieser Unterlagen gab es einen Packen Dokumente, der all jene Dokumente enthielt, auf die der Schriftsatz verwies oder aus denen er zitierte. Jedes Mitglied des amerikanischen Teams, das einen Teil des Beweismaterials präsentierte, beschränkte sich allerdings darauf, eine Zusammenfassung des Schriftsatzes (d. h. also eine Zusammenfassung einer Zusammenfassung) vorzutragen und letztere dann mit dem Packen Dokumente einzureichen. Auf diese Weise wurden eine Reihe ausführlicher Schriftsätze und sehr große Packen Dokumente dem Gericht übergeben, und das mit einer Geschwindigkeit, der niemand folgen konnte, und damit war es für die Richter, geschweige denn für die Verteidigung, die anderen Anklage-Teams oder die Presse, praktisch unmöglich, zu verstehen oder gar zu verfolgen, was hier bewiesen werden sollte. Die Richter gaben ganz klar zu verstehen …, sie würden es nicht zulassen, daß die Klage weiterhin auf diese Weise vorgetragen würde.

Storeys anderer großer Fehler bestand darin, daß er die Vorlage des Beweismaterials so gestaltete, als ginge sie nur die amerikanischen Anklagevertreter und die englischsprechenden Mitglieder des Tribunals etwas an, während er die legitimen Bedürfnisse der anderen Anklage-Delegationen, der Verteidiger oder der russischen und französischen Richter kaum berücksichtigte. Die sechs Exemplare der Dokumentenbücher und Schriftsätze, die den Anwälten der Verteidigung zugestellt wurden, waren offenkundig völlig unzulänglich, besonders da alle Angeklagten und die fünf Organisationen der Verschwörung beschuldigt wurden, des Verbrechens also, das die amerikanischen Anwälte beweisen wollten. Einige Anwälte der Verteidigung verfügten zwar über gute Englischkenntnisse, andere hingegen nicht, und alle Anwälte hatten ohnehin Anspruch auf Dokumente sowohl in der Originalsprache als auch in Übersetzung, so daß Fehler oder Mehrdeutigkeiten in den Übersetzungen nachgeprüft werden konnten.

Dem Gerichtshof Schriftsätze und Dokumente in Englisch zu übergeben, die nur die Hälfte der Richter lesen konnten, war absoluter Blödsinn, genauso wie das Versäumnis, Exemplare für die anderen Delegationen parat zu haben. Selbst die Briten, die keine Übersetzung brauchten, berichteten nach London, daß »die britischen Anklagevertreter kein einziges Exemplar [der Dokumentenbücher] bekommen konnten, sondern nur zwei Exemplare der Schriftsätze«.

Gewiß war es eine immense Aufgabe, jeden, der einen Anspruch darauf hatte, ausreichend mit Dokumenten zu versorgen, und niemand konnte Storey und seinen Leuten den Vorwurf machen, daß sie es nicht zumindest versucht und sich bis in die frühen Morgenstunden damit abgerackert hätten. Aber diese Probleme, die zum Teil mit der rasanten Geschwindigkeit zusammenhingen, mit der die Dokumente über den Gerichtshof hereinbrachen, hätte man eigentlich vorhersehen müssen.

Außerdem erwies sich die Ausrede, daß eben nicht genügend Vervielfältigungseinrichtungen zur Verfügung stünden, bei der nächsten Sitzung als fadenscheinig, als Dr. Stahmer (Görings Anwalt) sich darüber beklagte, daß ein Dokument, das als Beweisstück nicht vorgelegt worden war, der Presse übergeben worden war. Lawrence sah sich veranlaßt, Storey zu fragen, wie viele Exemplare der Dokumente der Anklage denn der Presse übergeben worden seien, und als dieser in die Enge getriebene Gentleman erwiderte, »ungefähr 200 bis 250 vervielfältigte Abschriften« seien an die Presse gegangen, war das Gekicher im Saal nicht zu überhören. Da es Storey einfach nicht in den Kopf ging, wie lächerlich diese Verteilung war, versuchte es ihm Lawrence äußerst gereizt klarzumachen:

> Sie scheinen nicht ganz zu verstehen, was ich meine. Wenn es Ihnen möglich ist, 250 Abschriften in englischer Sprache der Presse zu übergeben, können Sie sicherlich der Verteidigung mehr als 5 Kopien zur Verfügung stellen – jedem Verteidiger eine. Gut, wir wollen das nicht weiter erörtern. In Zukunft wird das so gehandhabt werden.

Als Dodd seine Beweisvorlage im Laufe der Nachmittagssitzung am Freitag, den 23. November, beendet hatte, trat Sidney Alderman ans Rednerpult, um das Beweismaterial zum Anklagepunkt »Verschwörung zur Einleitung und

Durchführung von Angriffskriegen« vorzutragen. Er hatte den Cut und die gestreiften Hosen an, die damals bei Plädoyers vor dem Obersten Bundesgericht der Vereinigten Staaten obligatorisch waren, und sprach mit der Leichtigkeit und Brillanz des erfahrenen Berufungsanwalts. Er zitierte den berühmten Richter Oliver Wendell Holmes, unter dem Biddle und Jim Rowe noch als Referendare gearbeitet hatten, und auf der Richterbank wurde beifällig gelächelt. Die amerikanischen und britischen Richter hatten zuvor mit Alderman ein vertrauliches Gespräch gehabt und ihn ermahnt, die Klage zügig vorzutragen und alles zu vermeiden, was eine Sitzungspause erfordere.

Alderman hatte eine beachtliche Sammlung von deutschen militärischen und diplomatischen Dokumenten zusammengestellt, die von großem historischem Interesse war, aber auch von höchstem Wert für den Beweis von Hitlers aggressiven Absichten sowie für die Beteiligung anderer an seinen Plänen; dazu gehörte auch der wesentliche Inhalt von Hitlers Besprechungen mit den wichtigsten militärischen Führern und anderen hohen Funktionären. Ihm kamen die ausgezeichneten Prozeßunterlagen zugute, die von brillanten jungen Anwälten unter der Leitung von Sidney Kaplan erarbeitet worden waren. Allerdings hatte er nicht vor, diese Unterlagen dem Gerichtshof zu übergeben, sondern er benutzte sie vielmehr als Grundlage für seine laufenden Kommentare zu den Dokumenten, die er dem Tribunal vortragen wollte. Eine solche Präsentation konnte seiner Ansicht nach einen Schriftsatz überflüssig machen. Darum würde es auch keine Probleme mit der Anfertigung von Kopien der Schriftsätze für den Gerichtshof, die Anwälte der Verteidigung oder andere Personen geben; derartige Schriftsätze sollten dem Gerichtshof ja nicht in aller Form übergeben werden.

Aber Alderman hatte von den überarbeiteten Sekretariaten nur jeweils zwei Exemplare der englischen Übersetzung dieser Dokumente bekommen können, und nach dem, was seinen Vorrednern widerfahren war, wußte er, daß es Ärger geben würde. Er war darauf eingestellt, und als Dr. Dix sich weigerte, den einzigen Satz von Kopien anzunehmen, der den Anwälten der Verteidigung angeboten wurde, erklärte Alderman:

> Vielleicht darf ich im Zusammenhang damit den folgenden Vorschlag machen ... Ich erwarte, daß die zugehörigen Teile der Dokumente in das Übertragungssystem kommen, damit sie in die Verhandlungsniederschrift eingetragen werden können. Die deutschen Verteidiger werden ihre Niederschrift in deutsch erhalten. Die französischen und russischen Alliierten werden ihre Niederschrift in ihrer Sprache erhalten, und es scheint mir, daß dies der beste Weg ist, um die Sprachschwierigkeiten zu überwinden.

Im Prinzip wurde das Dokumentenproblem auf genau diese Weise vom Tribunal bei einer geschlossenen Sitzung am nächsten Tag gelöst. Storey hatte einfach nicht die Möglichkeiten, genügend Kopien zu produzieren, um die Bedürfnisse der Prozeßteilnehmer zu befriedigen, und niemand konnte die

Flut der Dokumente bewältigen, die Storeys Anwälte vom Stapel ließen. Wenn hingegen die Dokumente fürs Protokoll verlesen wurden, dann war damit sichergestellt, daß nach jeder Sitzung, wenn das Protokoll abgetippt und in die vier Sprachen der Verhandlung übersetzt wurde, alle Beteiligten sowohl den Text der Dokumente wie das, was Alderman im Zusammenhang damit gesagt hatte, in ihrer jeweiligen Sprache bekamen. So konnte auch das aberwitzige Tempo verlangsamt werden, mit dem die Dokumente zuvor dem Gericht vorgelegt worden waren, so daß die Bedeutung der Dokumente nachvollzogen werden konnte, wenn sie vorgelesen wurden. Aber würde sich damit das Gerichtsverfahren nicht zu sehr verlangsamen?

Ehe die Anklagevertretung nicht über mehr Übersetzungs- und Vervielfältigungsmöglichkeiten verfügte, konnte es keine bessere Lösung geben. Als die Verhandlung am 26. November wiederaufgenommen wurde, verkündete der Gerichtshof neue Bestimmungen für die Verwendung von Dokumenten seitens der Anklagevertretung. Die erste und wichtigste Vorschrift lautete: »In Zukunft sollen nur die von der Anklagevertretung vor Gericht verlesenen Urkundenteile im Verhandlungsbericht aufgenommen werden.« Der englische Text enthielt noch den Zusatz »in the first instance« (zunächst) – damit sollte klargestellt werden, daß die noch nicht vorgelesenen Teile eines Dokuments später ins Protokoll aufgenommen werden könnten, wenn sie vom selben oder einem anderen Anwalt vorgelesen wurden.

Der einzige Grund für eine derartige Bestimmung war natürlich der auch weiterhin bestehende Mangel an einer ausreichenden Zahl von Kopien der Dokumente und Schriftsätze in den vier Sprachen. Zunächst bereitete die neue Vorschrift Alderman keine großen Schwierigkeiten, da er ja ohnehin vorgehabt hatte, seine wichtigeren Dokumente in voller Länge vorzulesen. Aber dann verlangsamte diese Bestimmung doch das Verfahren erheblich, und Jackson suchte gleich nach Mitteln und Wegen, dies zu ändern. Gleichwohl blieb die Vorschrift bis Mitte Dezember in Kraft.

Aldermans Präsentation dauerte bis zum Nachmittag des 29. November, und zu diesem Zeitpunkt hatte er das ausführliche Beweismaterial bis einschließlich des »Anschlusses« von Österreich im März 1938 vorgetragen. In den nächsten beiden Tagen wurden andere Angelegenheiten behandelt, und danach kehrte Alderman wieder ans Rednerpult zurück.

4

Nach seiner bizarren Zurückweisung jeder Schuld hatte sich Rudolf Heß sowohl auf der Anklagebank als auch in seiner Zelle nicht weniger bizarr verhalten. Die meiste Zeit saß er apathisch und unaufmerksam auf der Anklagebank, wo er zuweilen Romane las und gelegentlich offenbar unter Magenkrämpfen litt, so daß er zeitweilig den Gerichtssaal verlassen mußte. Heß behauptete weiterhin, er könne sich praktisch an nichts aus seiner Nazi-Vergangenheit erinnern, und Dr. Gilbert, der oft mit Heß sprach, war überzeugt, daß dieser Gedächtnisverlust echt war.

Die vom Gerichtshof berufene medizinische Untersuchungskommission legte ihre Gutachten kurz vor Prozeßbeginn vor. In keinem wurde behauptet, daß Heß seine Amnesie nur vortäusche, aber die amerikanischen Gutachter sprachen von »einer bewußten Übertreibung« seines Gedächtnisverlusts und einer Neigung, sie dazu zu benutzen, um sich vor einer Untersuchung zu schützen. Auch meinte keiner der Sachverständigen, er solle nicht vor Gericht gestellt werden. Am 24. November legte der Gerichtshof fest, daß eine Anhörung »über die aus dem Bericht entstehenden Streitfragen« am Nachmittag des 30. November stattfinden sollte.

Am dritten Tag des Prozesses wurde ich zufällig Zeuge eines Vorfalls, den offenbar niemand sonst bemerkte und der mir einen Eindruck von Heß' Zustand vermittelte. Ich saß im Gerichtssaal am Tisch der amerikanischen Anklagevertretung, während Ralph Albrecht seinen Vortrag über die Zusammensetzung der deutschen Regierung hielt. Es war die erste Gelegenheit für mich, die Angeklagten und ihre Anwälte in aller Ruhe und aus nächster Nähe betrachten zu können. Ich schenkte Albrechts Ausführungen nicht sehr viel Aufmerksamkeit, hörte ihn aber sagen: »Als sein [Hitlers] Nachfolger wurde zuerst der Angeklagte Heß und später der Angeklagte Göring bestimmt.«

Ich wußte genau, daß dies ein Irrtum war. Die Namen stimmten, aber die Reihenfolge war falsch: Göring war die Nummer zwei und Heß die Nummer drei. Da ich keine sechs Meter von diesen beiden Herren entfernt saß, versuchte ich herauszufinden, ob einer von ihnen den Fehler bemerkt hatte und wie er darauf reagierte. Göring wedelte bereits mit den Armen, um die Aufmerksamkeit auf sich zu lenken, deutete auf sich und sagte immer wieder: »Ich war der Zweite!« Während Göring lauthals protestierte, wandte sich Heß ihm zu, sah ihn an und begann zu lachen. Ich hatte den Eindruck, daß auch Heß Albrechts Versprecher bemerkt hatte (Albrecht korrigierte die Reihenfolge von Hitlers Nachfolgern am Ende seiner Ausführungen) und sich über die für Göring so typische eitle Reaktion höchst amüsierte. Ich schloß aus diesem Vorfall, daß Heß sein Gedächtnis nicht so völlig verloren hatte, wie er angegeben hatte.

Am 29. November kamen die Hauptankläger zusammen, um sich unter anderem auch über den Fall Heß zu beraten. Man war einstimmig der Meinung, daß man den Standpunkt vertreten wolle, Heß solle vor Gericht gestellt werden.

Bei der Anhörung des Gerichtshofs am darauffolgenden Nachmittag war Heß als einziger Angeklagter zugegen. Sein Anwalt, Dr. von Rohrscheidt, gab zu Beginn bekannt, daß Heß sich selbst für prozeßfähig halte. Rohrscheidt hob allerdings jene Teile der medizinischen Sachverständigengutachten hervor, die das Vorhandensein einer Amnesie anerkannten und bestätigten, daß Heß' Fähigkeit, sich selbst zu verteidigen, dadurch beeinträchtigt werde.

Rudenko hielt sich an die Vorgeschichte der Heß-Affäre und bemerkte lediglich, die medizinische Kommission und die Anklagevertretung seien zu dem Schluß gekommen, daß Heß geistig gesund und in der Lage sei, den Prozeß durchzustehen. Fyfe sprach ausführlicher, trug aber wenig Neues zu dem Problem bei.

Jackson argumentierte aggressiver und machte viel Aufhebens von der Tatsache, daß Heß sich geweigert hatte, sich medizinischen Untersuchungen zu unterziehen oder Medikamente zu nehmen, die »ihm zur Heilung seiner hysterischen Verfassung vorgeschlagen« wurden. Zwangsweise konnte man ihm diese Medikamente nicht ohne weiteres verabreichen, selbst wenn sie kein Risiko darstellten, weil dann, sollte Heß anschließend, aus welchem Grund auch immer, sterben, sein Tod auf jeden Fall der durch die Ankläger veranlaßten medikamentösen Behandlung zur Last gelegt werden würde. Daher argumentierte Jackson,

> daß niemand, der vor Gericht steht, behaupten kann, sein Gedächtnisschwund mache ihn verhandlungsunfähig, wenn er gleichzeitig harmlose, medizinische Mittel ablehnt, die nach allgemeiner Ansicht Abhilfe schaffen könnten.

Nach einem kurzen Dialog zwischen Jackson und Rohrscheidt gab Lawrence auf Biddles Drängen hin Heß die Gelegenheit, für sich selbst zu sprechen:

> Herr Präsident, ich möchte das Folgende sagen: Zu Anfang der Verhandlung heute Nachmittag gab ich dem Verteidiger einen Zettel, auf dem ich meine Meinung dahingehend ausdrückte, daß die Verhandlung abgekürzt werden könnte, würde man mir zu sprechen gestatten. Was ich zu sagen wünsche, ist das Folgende: Um vorzubeugen, daß ich für verhandlungsunfähig erklärt werde, obwohl ich an den weiteren Verhandlungen teilzunehmen und mit meinen Kameraden gemeinsam das Urteil zu empfangen wünsche, gebe ich dem Gericht nachfolgende Erklärung ab, obwohl ich sie ursprünglich erst zu einem späteren Zeitpunkt des Prozesses abgeben wollte: Ab nunmehr steht mein Gedächtnis auch nach außen hin wieder zur Verfügung. Die Gründe für das Vortäuschen von Gedächtnisverlust sind taktischer Art. Tatsächlich ist lediglich meine Konzentrationsfähigkeit etwas herabgesetzt. Dadurch wird jedoch meine Fähigkeit, der Verhandlung zu folgen, mich zu verteidigen, Fragen an Zeugen zu stellen oder selbst Fragen zu beantworten, nicht beeinflußt.
> Ich betone, daß ich die volle Verantwortung trage für alles, was ich getan, unterschrieben oder mitunterschrieben habe. Meine grundsätzliche Einstellung, daß der Gerichtshof nicht zuständig ist, wird durch obige Erklärung nicht berührt. Ich habe bisher auch meinem Offizialverteidiger gegenüber den Gedächtnisverlust aufrechterhalten. Er hat ihn daher guten Glaubens vertreten.

Daraufhin herrschte zunächst Totenstille, dann kam Gelächter auf, und die Vertreter der Presse eilten hinaus. Lawrence verkündete, die Sitzung sei unterbrochen, und das Tribunal zog sich zurück. Am nächsten Morgen ging der Gerichtshof nicht weiter auf die Angelegenheit ein und erklärte, »daß der Angeklagte Heß gegenwärtig vernehmungsfähig ist«, daß der Antrag seines Anwalts abgelehnt und der Prozeß fortgesetzt werde.

Die Entscheidung des Gerichtshofs beantwortete damit die Frage, ob Heß vor Gericht gestellt werde oder nicht. Aber damit war noch nicht geklärt, ob er geistig gesund war oder nicht, ob er an Gedächtnisschwund litt oder ob er eigentlich nicht hätte vor Gericht gestellt werden sollen. Dr. Douglas Kelley, der Gefängnispsychiater, glaubte, Heß' Auftritt sei »eine typische dramatische, hysterische Geste, die mich und die hinzugezogenen Psychiater nur in unserer Ansicht bestärkt hat« – nämlich daß Heß trotz seiner Beteuerungen tatsächlich an Gedächtnisverlust gelitten hatte, der von seiner Hysterie ausgelöst worden war. Dr. Gilbert schrieb die Tatsache, daß Heß nachdrücklich darauf bestand, vor Gericht gestellt zu werden, einer hysterischen Angst davor zu, von den Mitangeklagten getrennt zu werden. Heß selbst wollte für sein Handeln gelobt werden, und vorübergehend war es besser um sein Gedächtnis und seine allgemeine geistige Verfassung bestellt.

Ob Heß nach britischem Recht geisteskrank war und ob sein Gedächtnisverlust vorgetäuscht oder echt war, ging über meinen Horizont hinaus. Bei der Albrecht-Episode war er offensichtlich nicht auf der Hut gewesen, aber als Anwalt meinte ich, daß es hier auf andere Fragen ankam, nämlich ob es gerecht erscheinen würde, ihn vor Gericht zu stellen, und ob sein Verhalten in der Anklagebank sich mit der Würde des Verfahrens vereinbaren ließe. Natürlich war ich nicht der Ansicht, daß mit Heß' eigener Erklärung diese Fragen beantwortet waren. Ja, wäre das Buch damals schon geschrieben gewesen, dann hätte ich an Joseph Hellers Roman *Catch-22* denken müssen, in dem es leitmotivisch heißt: »Wenn er sagt, er sei normal, dann muß er verrückt sein.« Im Laufe des Prozesses überzeugte mich sein Verhalten allmählich davon, daß beide Fragen hätten verneint werden müssen.

Aus politischen Gründen waren das freilich akademische Überlegungen. Die Richter und die dienstälteren Anklagevertreter wußten alle, daß die Russen darauf aus waren, Heß zu »kriegen«. Sobald die Ärzte ihn für geistig gesund erklärt hatten, war klar, daß seine Entfernung aus dem Prozeß Stalin veranlaßt hätte, seine Anschuldigungen erneut zu erheben, daß Großbritannien (und nun auch seine Verbündeten) Heß umhegten und abschirmten – diesen hohen Nazifunktionär, der nach England geflogen war, um eine Allianz gegen die Sowjetunion zusammenzuschmieden. Aufgrund der Feindseligkeit der Sowjets blieb Heß nach dem Urteil des Tribunals lebenslang gefangen – über vierzig Jahre bis zu seinem Tod. Alfried Krupp hatte einfach viel Glück gehabt, Rudolf Heß keins.

5

In den ersten beiden Wochen des Prozesses kam es auch zum endgültigen Bruch zwischen Jackson und General Donovan, der den Nürnberger Schauplatz verließ.

Der General hatte sich gewiß nicht wie ein Team-Mitglied verhalten. Ich habe ihn nie im Gerichtssaal gesehen und bezweifle, daß er jemals einer öffentlichen Sitzung des Tribunals beigewohnt hat. Er bat Calvocoressi in sein Büro, behandelte ihn aber mit unverhüllter Feindseligkeit, vermutlich weil Peter etwas mit der Anklage gegen den Generalstab zu tun hatte. Er befahl Bernard Meltzer, einen von Sheas Mitarbeitern, zu sich, fragte ihn, welches denn die »besten« Beweisstücke der Abteilung Wirtschaftsverbrechen seien, und wollte dann wissen, wie die Präsentation der amerikanischen Klage nach Meltzers Meinung unter den leitenden Anwälten aufgeteilt werden sollte – eine Frage, die Meltzer (damals ein einfacher Marineleutnant) nun wirklich nicht nach bestem Wissen und Gewissen hätte beantworten können.

Die Reibereien zwischen Donovan und Jackson Anfang November hatten Donovan keineswegs in seiner Überzeugung beeinträchtigt, daß die Anklagevertretung Zeugen aufrufen sollte, und seine Aktivitäten gingen zumeist auch weiterhin in diese Richtung. Er machte sich persönlich auf die Suche nach prominenten deutschen Zeugen, die gegen den einen oder anderen der Angeklagten aussagen würden. Dazu gehörten auch Angeklagte, die gegen andere Angeklagte aussagen würden, und nach diesem Schachzug war für Jackson das Maß voll.

Mein Verdacht, daß Donovan versuchte, einige der deutschen Generäle zu Zeugen gegen Keitel und Jodl zu machen, war nur zu begründet. Er hatte zu der »Brauchitsch-Gruppe«, wie er sie nannte, Kontakt aufgenommen und von Jackson die Erlaubnis erhalten, ihr zu gestatten, eine Erklärung im Namen der deutschen Wehrmacht abzugeben. Sie war auf den 19. November 1945 datiert und unterzeichnet von Generalfeldmarschall Walter von Brauchitsch (Oberbefehlshaber des deutschen Heeres von 1938 bis 1941), Generalfeldmarschall Erich von Manstein (vielleicht dem fähigsten deutschen Heerführer im Zweiten Weltkrieg), General Franz Halder (Chef des Generalstabs des Heeres von 1938 bis 1942) sowie von zwei rangniederen Generälen. Dieses Dokument erwies sich für Donovans Zweck als wertlos, wie er selbst erkannte, da es die Schuld an Deutschlands beklagenswertem Zustand Hitler zuwies und nicht der Wehrmacht, und weil es Keitel oder Jodl keine persönliche Verantwortung unterstellte.

Anfang November nahm Donovan an Vernehmungen von Schacht und Göring teil. Offenkundig als eines ihrer Ergebnisse erhielt Donovan von Schacht einen Brief, der auf den 14. November 1945 datiert war und in dem es unter anderem hieß:

Ich gehöre zu den wenigen Menschen, die die schrecklichen Ereignisse der letzten zwölf Jahre in Deutschland mit offenen Augen miterlebt haben. Aufgrund meiner öffentlichen Stellung glaube ich, daß ich mehr über den Hintergrund von Hitlers Politik weiß als viele andere.
Ich begrüße die Einrichtung des Internationalen Militärgerichtshofes, an dessen Kompetenz niemand zweifeln kann ... Ich wäre daher sehr dankbar, wenn ein so hochrangiger Offizier wie Sie ... bereit wäre, sich eine kurze Darstellung der zugrundeliegenden Ursachen und Bedingungen des schrecklichen Naziregimes anzusehen, wie ich sie wahrgenommen habe.*

Am selben Tag schickte Donovan ein Memorandum an Jackson, das folgendermaßen begann:

Ich habe mir die Schriftsätze und Beweisstücke in der Angelegenheit Schacht sorgfältig vorgenommen ... Schacht hat die Wiederaufrüstung ermöglicht. Durch seine Unterstützung in finanzieller Hinsicht wurde Hitlers Position gestärkt. Aufgrund seines Einflusses und dessen, was er über Hitlers Charakter hätte wissen müssen, haben wir vielleicht genug, ihm im Hinblick auf die Angriffskriegsklage den Prozeß zu machen. Es spricht sehr viel dafür.

Dann kam Donovan auf mehrere mildernde Umstände zu sprechen: Schachts Bruch mit Hitler, seine Beziehungen zum Widerstand und schließlich seine Einlieferung in ein Konzentrationslager, seine guten Kontakte zu den Mitarbeitern der amerikanischen Botschaft in Berlin, die er »im voraus über den Angriff auf Rußland informiert« habe. Donovan fügte hinzu:

Angesichts all dessen komme ich auf meinen Vorschlag zurück, daß man die Möglichkeit erwägen sollte, ihm Gelegenheit zu geben, sich durch Tatsachenaussagen freizukämpfen. Er könnte die Klage entschieden voranbringen, und ohne irgendwelche Versprechungen könnte man ihm die Chance einräumen, in eigener Sache seine Position zu erläutern. Wie ich Ihnen bereits gesagt habe, ist mir von gewisser Seite zugetragen worden, daß er mit mir sprechen wolle. Ich werde Sie auf dem laufenden halten.

Auch Göring hatte den Eindruck gehabt, daß man mit Donovan reden könne, und der General hatte mit Dr. Stahmer über die »Einstellung« seines Klienten hinsichtlich einer Zeugenaussage gesprochen. Von diesen Kungeleien bekamen die Anwälte der Verteidigung Wind. Dr. Viktor von der Lippe, der Dr. Walter Siemers bei der Verteidigung von Raeder assistierte, führte ein Tagebuch, in dem er unter dem 23. November notierte:

Im Rahmen der amerikanischen Anklagevertretung spielt General Donovan ... anscheinend eine besondere Rolle. Von Beruf Anwalt war er im Krieg

---

* Da das – möglicherweise in englischer Sprache geschriebene – Original dieses Briefes nicht aufzufinden war, wurde dieses Zitat direkt aus der amerikanischen Originalausgabe des Buches ins Deutsche übersetzt.

> Leiter des amerikanischen militärischen Nachrichtendienstes. Das Verhältnis zwischen Donovan und dem amerikanischen Hauptankläger Jackson soll ein sehr gespanntes sein. Aus offenbar gut informierter Quelle ist zu hören, daß Donovan erheblich andere Pläne für den Prozeß hatte, als Jackson und die Seinen. Er soll die Absicht gehabt haben, Göring, den »zweiten Mann des Dritten Reichs«, zu einem privilegierten Zeugen der Anklage zu machen und ihm so die Gelegenheit zu geben, alle Ereignisse unbeeinflußt vom Prozeßverlauf zu schildern, ohne allerdings damit seinen Kopf retten zu können. Göring soll bei der Unterredung mit Donovan den Plan sogleich akzeptiert haben. Der Plan sei an dem Widerspruch Jacksons gescheitert ... Auch bezüglich der Behandlung ... des Großteils der Militärs soll Donovan eigene Meinungen haben.

Während Donovan seine Fühler in Richtung Schacht und Göring ausstreckte, geriet er mit Amen in Streit, der einen Belastungszeugen aufrufen wollte: General Erwin von Lahousen, einen österreichischen Geheimdienstoffizier, der nach der Annexion Österreichs im Jahre 1938 in die deutsche Wehrmacht übernommen und der deutschen Abwehr zugeteilt wurde, die Admiral Wilhelm Canaris unterstellt war. Viele Offiziere dieses Geheimdienstes standen dem Hitler-Regime feindlich gegenüber und waren bis zu einem gewissen Grad mit dem deutschen Widerstand verbunden.

Mehrere Jahre vor dem Krieg hatte Donovan die Bekanntschaft eines deutschen Anwalts namens Paul Leverkühn gemacht, der wie Donovan Verbindung zur Welt der Geheimdienste hatte. Während des Krieges betraute Canaris Leverkühn mit Abwehraufgaben in der Türkei, wo Canaris offenbar einige Kontakte zu einem amerikanischen stellvertretenden Marineattaché in Istanbul namens George Earle unterhielt.* Als Leiter des OSS mußte Donovan von Leverkühns Abwehrtätigkeit gewußt haben, und nach dem Krieg holte er ihn nach Nürnberg als Berater. Vielleicht war der General auch schon früher über Lahousen unterrichtet gewesen – jedenfalls begann er sich für ihn in Nürnberg zu interessieren, wo Lahousen im »Gästehaus« der Anklagevertretung untergebracht war, obwohl er doch ein Kriegsgefangener war.

Auch Leverkühn logierte dort, und am 22. November lud er auf Donovans Anweisung hin Lahousen zum Abendessen in das Haus des Generals ein. Lahousen war jedoch zuvor schon ersucht worden, sich an diesem Abend zur »Arbeit« mit Richard Sonnenfeldt zur Verfügung zu halten, einem kompetenten Dolmetscher, den Amen bei den meisten wichtigen Vernehmungen einsetzte. Aber Donovans Rang und Leverkühns Versicherung, er werde das Problem mit Sonnenfeldt »schon in Ordnung bringen«, bewegten Lahousen, die Einladung anzunehmen.

Die ganze Affäre beruhte wohl eher auf einem Zufall als auf einer ver-

---

* Ehemaliger Gouverneur von Pennsylvania und Botschafter in Bulgarien (von Januar 1940 bis Dezember 1941).

schwörerischen Absicht, denn Donovan war beim Essen gar nicht zugegen, und als er später dazukam, sagte er zu Lahousen nichts weiter als »Hallo« und »Auf Wiedersehen«. Die anderen Anwesenden waren vier Damen (eine davon war Donovans Tochter), ein amerikanischer Marineleutnant und Ralph Albrecht, der Lahousen ein paar Fragen über Canaris stellte.

So harmlos der Vorfall auch gewesen sein mochte – Amen jedenfalls war wütend darüber, daß Sonnenfeldts Verabredung mit von Lahousen abgeblasen worden war, und er hatte den Verdacht, daß Donovan ihm seinen Starzeugen auszuspannen versuchte. Er nahm den unglücklichen Lahousen scharf ins Gebet, der sich gar nicht wohl in seiner Haut fühlte, und dann beschwerte er sich bei Jackson.

Das Ergebnis war ein Memorandum, das Jackson an Donovan und die anderen leitenden Anwälte in seinem Stab richtete und in dem er sich zunächst ausließ über »Angelegenheiten, die meiner Meinung nach Kritik und Verwirrung hinsichtlich hochrangiger Kriegsgefangener auslösen« könnten, und dann legte er neue Bestimmungen fest, die ganz offenkundig gegen Donovans Aktivitäten gerichtet waren. Keine anderen Personen außer dem Wachpersonal und sonstigen Mitarbeitern sollten zusammen mit Kriegsgefangenen in einem Quartier untergebracht sein; kein Mitarbeiter aus Jacksons Stab sollte mit einem Kriegsgefangenen gesellschaftlichen Umgang pflegen; Zeugen sollten »nur von Personen, die dazu schriftlich bevollmächtigt sind«, vernommen werden; »unter gar keinen Umständen« dürften gegenüber irgendeinem Angeklagten oder seinem Anwalt irgendwelche Versprechungen abgegeben oder Aussichten auf Milde angedeutet werden. Ferner:

> Keine Vereinbarung darf mit irgendeinem Anwalt der Verteidigung im Namen dieses Amtes getroffen werden, hinsichtlich der Verwendung irgendeines Angeklagten durch die Vereinigten Staaten als Zeugen, außer aufgrund einer schriftlichen Vollmacht. Ganz allgemein gilt, daß kein Angeklagter als Zeuge der Anklage in Anspruch genommen werden soll, der nicht im voraus eine schriftliche und unterschriebene Erklärung abgibt, mit der er andere Angeklagte belastet, gegen die anderes Beweismaterial in unserem Besitz unseres Erachtens schwach ist oder nicht ausreicht für den Nachweis ihrer Schuld.

Wenn sich Donovan über diese scharfe Zurechtweisung geärgert haben sollte, so ließ er es sich nicht anmerken, und weiterhin schlug er nachdrücklich Göring als Zeuge vor. Er beantwortete Jacksons Memorandum augenblicklich mit einem eigenen Memorandum, in dem er darauf hinwies, daß Kopien von Briefen, die Schacht und Göring ihm geschrieben hatten, Jackson bereits zugegangen seien.* Donovan schrieb, er habe sich geweigert,

* Die Sammlung von Jackson-Donovan-Dokumenten, die Jackson später an Truman geschickt hat, enthielt den Göring-Brief nicht, und ich habe ihn auch nirgendwo sonst gefunden.

Schacht zu sehen, »bis er klargemacht hat, was er vorhat«. Göring hingegen habe »angeboten, vor dem Tribunal auszusagen«, und in Gesprächen mit ihm habe er »bereits gewisse Angeklagte belastet«. Der General erklärte, er wolle Jackson nicht zu einer Entscheidung hinsichtlich des Göring-Projekts drängen, ehe er nicht »ein vollständiges Vernehmungsprotokoll samt den notwendigen Schutzerklärungen, die üblicherweise mit einem Geständnis verbunden sind«, in Händen habe. Um ein derartiges Dokument zu erhalten,

> schlage ich vor, daß Sie [Jackson] den Sicherheitsdienst ersuchen, daß der Angeklagte Göring von Sonntag, den 25. November, nachmittags an und erforderlichenfalls danach zur Verfügung steht. Ich wünsche ihn nicht ohne seinen Anwalt aufzusuchen, dem sehr viel daran liegt, daß ich ihn weiterhin treffe. Das ist verdammt harte Arbeit, und wenn er bereit sein sollte, dann dürfen wir diesen Augenblick nicht ungenutzt vorübergehen lassen.

Bis zu diesem Zeitpunkt hatte Jackson auf Donovans Vorschlag, Schacht oder Göring zu einer Zeugenaussage zu bewegen, nicht direkt reagiert. Aber der Vorfall mit Lahousen und Leverkühn sowie Donovans Memorandum über Göring brachten Jackson dazu, eine Entscheidung herbeizuführen, indem er Donovan von einer Teilnahme am Prozeß ausschloß. Seine Entlassung wurde praktisch in einem Brief vom 26. November 1945 ausgesprochen. Nachdem er auf die seit langem bestehenden Meinungsverschiedenheiten hinsichtlich der Anklage gegen den Generalstab sowie auf die Bevorzugung von dokumentarischem Beweismaterial gegenüber Zeugenaussagen eingegangen war, kam Jackson auf Angelegenheiten neueren Datums sowie die Schlußfolgerungen zu sprechen, die er daraus gezogen hatte:

> Kurzum, ich glaube nicht, daß wir es uns leisten können, mit irgendeinem dieser Angeklagten oder seinem Anwalt wegen einer Zeugenaussage zu verhandeln ... Wenn wir einen von ihnen verwenden, wird der Eindruck entstehen, daß es wegen seiner Aussage eine Art Handel gegeben habe, und das öffnet für diesen Angeklagten Tür und Tor, um Milde zu plädieren, und zwar mit der Begründung, daß er »geholfen« habe, und das wiederum könnte Behauptungen Nahrung geben, daß dafür gewisse Versprechungen gemacht worden seien. Ich bin daher der Ansicht, daß wir unsere Klage gegen diese Angeklagten beweisen sollten, ohne sie als Zeugen zu verwenden ...
>
> Teilweise vielleicht aus diesem Gefühl heraus, aber auch aus anderen Gründen mißbillige ich es, wie der deutsche Anwalt Leverkühn ins Spiel gebracht wurde. Sie sagten mir, sie würden sich mit ihm beraten, und dagegen hatte ich nichts einzuwenden. Am Samstag [dem 24.] erfuhr ich jedoch, daß er im selben Haus wohnt wie einige unserer Kriegsgefangenen-Zeugen, mit denen Amen nach meinen Anweisungen gearbeitet hat. Offensichtlich in Ihrem Namen hat Leverkühn einen von ihnen zu einem Gesellschaftsabend mitgenommen, und zwar zu einer Zeit, als Amen mit ihm verabredet war, um seine schriftliche Erklärung abzuschließen, und Leverkühn glaubte wohl, sich über Amens Anweisungen gegenüber Lahousen hinwegsetzen zu

können … Leverkühn muß aus diesem Quartier verschwinden und Nürnberg verlassen. Seine Anwesenheit hier bringt nur Ärger, und zwar so sicher, wie die Nacht dem Tag folgt …
Ehrlich gesagt, Bill, sind wir so unterschiedlicher Ansicht, daß ich es nicht für möglich halte, Ihnen die Vernehmung oder das Kreuzverhör von Zeugen zu übertragen.
Daher habe ich auf Ihren Wunsch, den Zugang zu Göring zu suchen, nicht reagiert. Ich wiederhole, es mag sich vielleicht herausstellen, daß Sie recht haben und ich mich irre. Ich nehme durchaus nicht für mich in Anspruch, bei einer so neuartigen und komplexen Angelegenheit allwissend zu sein. Ich habe nur eine Verantwortung übernommen.

Am 27. November schrieb Donovan seinen letzten Brief an Jackson, und darin ging er Punkt für Punkt auf Jacksons Vorhaltungen ein. Was Leverkühn betreffe, bemerkte er, habe er Jackson und Amen »alles, was ich über ihn weiß« gesagt; beide seien der Meinung gewesen, daß Leverkühn »nützlich wäre, und er ist es auch gewesen«, und Jackson könne sich seine Kritik »fairerweise sparen, bis Sie die Fakten kennen«. Abschließend schrieb er:

Es ist wahr, daß ich Ihnen häufig offen und ehrlich gesagt habe, daß 1. die Klage einer zentralen organisatorischen Kontrolle bedürfe. 2. daß eine intellektuelle Führung gefehlt habe. 3. daß die Klage nicht als eine Einheit behandelt werde. 4. daß es eine positive menschliche Seite mit deutschen wie ausländischen Zeugen geben müsse, weil es sich um einen Prozeß plus etwas anderes handle.
Meines Wissens hat es über diese Punkte nie eine unterschiedliche Meinung gegeben.
Wie ich Ihnen vor mehreren Wochen erklärt habe, werde ich in ein paar Tagen abreisen. Die Zeit geht über unsere Meinungen hinweg – egal ob sie richtig oder falsch waren.

Der General hielt Wort. Am darauffolgenden Tag stattete er seine Abschiedsbesuche ab, unter anderem auch bei Biddle, demgegenüber er das Vorgehen der Anklagevertretung als »verworren und glanzlos vor so viel papierenem Beweismaterial« bezeichnete und dem er von seinen Bemühungen berichtete, Jackson dazu zu bewegen, Göring in den Zeugenstand zu rufen, der »auspacken würde«. Am Ende des Monats war Donovan bereits abgereist.*

Die Presse berichtete über Donovans Abgang, und einige britische Zeitungen, die zunehmend kritischer über das Auftreten der amerikanischen Anklagevertretung berichteten, gaben Jackson die Schuld daran. Aber keiner der beiden Männer wollte sich ausgiebig öffentlich über die Affäre äußern. Jackson versprach sich nichts davon, daß Meinungsverschiedenhei-

---

* Zur selben Zeit ging auch Murray Gurfein, wobei ich nicht weiß, ob dies nach Abstimmung mit Donovan geschah oder weil ihm Jackson keine Rolle im Gerichtssaal übertragen hatte.

ten in seinem Stab öffentlich bekannt wurden, und auch Donovan hätte es nur geschadet, wenn er enthüllt hätte, daß er entlassen worden war.

Wegen Donovans politischer und militärischer Bedeutung sowie aufgrund der Hilfe, die er der Anklagevertretung in einem früheren Stadium gewährt hatte, näherte sich Jackson der Stunde der Entscheidung mit aller Vorsicht. Der Beifall, der ihm für seine Eröffnungsrede zuteil geworden war, hatte ihm neuen Auftrieb gegeben, aber nachdem er dem General die Tür gewiesen hatte, fürchtete er ein Nachspiel und hielt es für klug, Präsident Truman einen Brief zu schreiben und ihm Kopien der entsprechenden Dokumente beizulegen. Nachdem er erklärt hatte, daß der Prozeß »sehr gut läuft«, was zu diesem Zeitpunkt wohl viele bestritten hätten, schrieb Jackson:

> Eine Angelegenheit, über die Sie meines Erachtens unterrichtet werden sollten, ist die Abreise von General Donovan ... Im Frühstadium dieses Verfahrens war General Donovan persönlich überaus hilfreich. Dann unternahm er eine ausgedehnte Reise nach China, während der er keinerlei Verbindung mehr zu unserer Sache hatte. Seit er wieder zurückgekehrt war, gingen seine und meine Vorstellungen, wie diese Klage zu behandeln sei, weit auseinander. Und zwar so weit, daß ich ihm erklären mußte, ich würde ihn nicht im Gerichtssaal einsetzen, um irgendeinen Teil der Klage zu betreuen ...
> Ich bin sicher, daß ich hier schon eine ganze Menge Fehler gemacht habe, aber diese Entscheidung gehört nicht dazu.

Der Präsident schickte Jacksons Brief ans Außenministerium, ohne jeden schriftlichen Kommentar – bis auf den Hinweis, daß er »sich von selbst versteht«.

Meiner Meinung nach hatte Jackson mit seiner letzten Bemerkung ganz recht. Ich teilte zwar ganz allgemein Donovans Ansicht, daß die amerikanische Klage auch durch Zeugen vorgetragen werden sollte, aber seine Vorschläge hinsichtlich Görings und Schachts hielt ich für unüberlegt und gefährlich. Jeder der beiden hätte den andern gern in der Hölle schmoren sehen, und wenn sie von der Anklagevertretung vorgeladen worden wären, hätte jeder versucht, den andern auch noch um das letzte bißchen Glaubwürdigkeit zu bringen. Jeder Versuch, sie auf vorbereitete Frage-und-Antwort-Erklärungen festzunageln, wäre unter dem Druck des Kreuzverhörs zunichte gemacht worden, und wenn man sich auf vorherige Zusicherungen von Göring verlassen hätte, dann wäre das genauso vernünftig gewesen wie etwa ein Stillhalteabkommen mit einer Kobra.

Aber hier war mehr als nur der Haß zwischen Göring und Schacht im Spiel. Da Hitler, Himmler und Goebbels tot waren, war Göring der überlebende Führer und der symbolische Repräsentant des Nationalsozialismus. Ihn als den Mann hinzustellen, der die Wahrheit über das Dritte Reich erzählen und die Schuld seiner Führer offenlegen könnte, wie Donovan das offenbar erwartete, war geradezu grotesk. Gegenüber seinen Mitangeklagten und allen anderen hatte Göring klargemacht, sein Ziel sei es, die Leistungen der Nazizeit zu verteidigen und den Prozeß in Mißkredit zu bringen, soweit das in seinen Kräften stehe.

»Den Teufel mit Beelzebub austreiben« mag eine nützliche Taktik für einen Bezirksstaatsanwalt im Kampf gegen die Unterwelt sein. Aber Göring aufzufordern, in irgendeiner anderen Rolle zu sprechen als in der eines unter Anklage stehenden Mörders, dem die Gelegenheit gegeben wird, sich zu verteidigen – dies hatte nichts zu suchen in einem erklärtermaßen idealistischen Verfahren, das dem künftigen Weltfrieden und der Förderung der internationalen Menschenrechte dienen sollte.

6

Am Nachmittag des 29. November, als Alderman seine Präsentation der Dokumente über die Annexion Österreichs abgeschlossen hatte, kam es in formaler wie inhaltlicher Hinsicht zu einem abrupten Wechsel im Ablauf des Verfahrens. So wichtig Aldermans Dokumente und Kommentare für die Beweisführung und so interessant sie an sich auch waren, mußte selbst Storey einsehen, daß dies des Guten zuviel war.

Was dann kam, war nicht von der Logik diktiert, sondern von einem Gefühl der Notwendigkeit. James Donovan wollte einen äußerst unerfreulichen und drastischen Film über deutsche Konzentrationslager zeigen, und Amen war bereit, Lahousen in den Zeugenstand zu rufen. Weder der Film noch der Zeuge hatten mit der Einleitung eines Angriffskriegs viel zu tun, aber der gemeinsame Nenner der Verschwörung war groß genug für beides.

Donovan erklärte, der Film sei »zusammengesetzt aus Filmen, die von alliierten Militärphotographen aufgenommen wurden, als die Alliierten Armeen im Westen die Gebiete, in denen sich die Lager befanden, befreiten. Der Begleittext ist den Berichten der Militärphotographen, welche die Lager filmten, direkt entnommen.«

Dachau, Buchenwald und Bergen-Belsen wurden in dem Zustand gezeigt, in dem amerikanische und britische Truppen sie vorgefunden hatten. Selbst für jene, die wie ich schon eine frühere Besichtigung mitgemacht hatten, waren diese Bilder kaum zu ertragen. Die Angeklagten hatten sie wie viele andere Menschen noch nicht gesehen, und die Wirkung war überwältigend. Der furchtbare Zustand der Lebenden und die Berge nackter Leichen, die von Bulldozern in ein gewaltiges Massengrab geschoben wurden, boten einen herzzerreißenden Anblick. Dr. von der Lippe gab zu Protokoll, dieser Film würde den Zuschauern den Schlaf rauben und er habe gehört, wie einige Verteidiger gesagt hätten, es sei fast unerträglich, in einem Raum zu sitzen mit Männern wie Kaltenbrunner und Frank. Schacht kehrte der Leinwand demonstrativ den Rücken, um damit zu zeigen, daß er nichts mit derartigen Bestialitäten zu tun habe; Göring versuchte, die Vorführung schamlos unberührt durchzustehen; die Schwächeren wie Ribbentrop, Frank und Funk wirkten erschüttert.

Dr. Gilbert, der von Zeit zu Zeit Jackson über die Angeklagten informierte, machte an diesem Abend seine Runde durch die Zellen. Schacht und Dönitz waren überaus indigniert darüber, daß sie gezwungen worden waren, sich die öffentliche Zurschaustellung verabscheuungswürdiger Taten anzusehen, mit denen sie ihrer Ansicht nach nichts zu tun hatten. Raeder erklärte, »er hätte sogar kaum je etwas von Konzentrationslagern gehört«. Frank, Funk und Fritzsche weinten vor Scham und Angst; auch Sauckel und Ribbentrop waren tief erschüttert. Die anderen verfügten über mehr Selbstbeherrschung, waren aber sichtlich deprimiert. Göring, dem es doch zu Anfang der Sitzung gelungen war, Gelächter hervorzurufen, als Alderman Abschriften von Görings Telefongesprächen während der Annexion Österreichs vorlas, jammerte: »Und dann kam dieser grauenhafte Film und verdarb einfach alles.«

Die öffentliche Vorführung des Films verhärtete mit Sicherheit die gefühlsmäßige Einstellung gegenüber den Angeklagten ganz allgemein, trug aber wenig zur Ermittlung ihrer individuellen Schuld bei. Lahousens Zeugenaussage am nächsten Tag war da schon gezielter.

Der hochgewachsene, schrecklich dürre, kahlköpfige und hohlwangige Lahousen sah wie ein wandelndes Skelett aus, als er den Zeugenstand betrat. Aber dem Ton oder dem Inhalt seiner Aussage war nichts von dieser physischen Schwäche anzumerken. Amen führte die Zeugenbefragung kompetent durch, und Lahousen machte auf seine Zuhörer einen starken Eindruck. Seine Aussagen waren für viele Angeklagte beunruhigend, besonders für Keitel und Ribbentrop, um die es ihm hauptsächlich ging.

Als Chef der Abwehr war Admiral Canaris neben Keitel der ranghöchste Stabsoffizier des OKW, Hitlers persönlicher Kommandozentrale, gewesen. Canaris hatte Lahousen sehr gemocht und ihn zu einem seiner vier Abteilungsleiter ernannt – eine überraschende Beförderung für einen Offizier, der erst kurz zuvor vom österreichischen Heer überstellt worden war. Aber Canaris vertraute ihm offenbar völlig und nahm ihn zu einer Reihe von Konferenzen auf höchster Ebene mit, an denen Keitel und andere Generäle sowie Kabinettsminister und gelegentlich auch Hitler teilnahmen.

Canaris hatte ein Tagebuch geführt, das auch Beschreibungen dieser Konferenzen enthielt. Es war verschwunden, vielleicht von seinen Gefängniswärtern kurz vor Kriegsende vernichtet worden. Aber als Lahousen bei diesen Besprechungen zugegen gewesen war, hatte er sich Notizen für dieses Tagebuch gemacht und davon Kopien aufgehoben. Sie waren zwar beschädigt worden, doch eine ganze Reihe waren leserlich geblieben und bildeten nun die Grundlage für seine Aussagen in Nürnberg. Da diese Notizen sporadisch angefertigt wurden, fehlt ihnen der rote Faden. Es sind nur einzelne Episoden, und Lahousens darauf basierende Aussagen waren ungeordnet und bestanden aus Amens Auswahl aus den Tagebuchnotizen sowie Lahousens Erinnerungen.

Die erschütterndsten Aussagen dieses Zeugen bezogen sich auf eine Reihe von Besprechungen in oder nahe bei Keitels Eisenbahnwaggon in Polen am 12. September 1939, während des deutschen Einmarsches in Polen und zu einer Zeit, da die totale Niederlage Polens gewiß schien. Nach Lahousens Aussage warnte Canaris in Gegenwart von Keitel und Ribbentrop

> in sehr eindringlicher Form vor den Maßnahmen, die ihm, Canaris, bekannt geworden waren, nämlich den bevorstehenden Erschießungen und Ausrottungsmaßnahmen, die sich insbesondere gegen die polnische Intelligenz, den Adel, die Geistlichkeit, wie überhaupt alle Elemente, die als Träger des nationalen Widerstandes angesehen werden konnten, richten sollten. Canaris sagte damals ungefähr wörtlich: »Für diese Methoden wird einmal die Welt auch die Wehrmacht, unter deren Augen diese Dinge stattfinden, verantwortlich machen.« Der damalige Chef OKW [Keitel] erwiderte darauf – ich gebe das, was ich jetzt sage, ebenfalls nach meinen Aufzeichnungen wieder, die ich vor einigen Tagen angesehen habe –, daß diese Dinge bereits vom Führer entschieden seien, und der Führer … habe wissen lassen, daß, wenn die Wehrmacht diese Dinge nicht durchführen wolle, … sie es sich auch gefallen lassen müsse, wenn neben ihr SS, Sicherheitspolizei und dergleichen Organisationen … diese Maßnahmen ausführen würden … [Keitel] gebrauchte in diesem Zusammenhang einen Ausdruck, der jedenfalls von Hitler stammte, und der diese Maßnahmen als politische »Flurbereinigung« bezeichnete … Man hatte sich nach der Darstellung des damaligen Chefs OKW bereits über das Bombardement Warschaus und über die Erschießungen der von mir bezeichneten Volkskategorien oder Gruppen in Polen geeinigt.

In seiner Antwort auf eine Frage von Amen spezifizierte Lahousen diese »Kategorien«: »vor allem die polnische Intelligenz, Adel, Geistlichkeit und selbstverständlich die Juden«.

Keitel befahl Canaris dann, eine Direktive von Ribbentrop ausführen zu lassen, nämlich »in der galizischen Ukraine eine Aufstandsbewegung hervorzurufen, die die Ausrottung der Juden und Polen zum Ziele haben sollte«. Canaris, Lahousen und Ribbentrop verließen anschließend den Eisenbahnwaggon und hatten eine kurze Unterredung, in deren Verlauf Ribbentrop die Anweisung wiederholte, »es müsse der Aufstand oder eine Aufstandsbewegung derart inszeniert werden, daß alle Gehöfte der Polen in Flammen aufgingen und alle Juden totgeschlagen würden.«

Anschließend machte Lahousen eine Aussage über einen Befehl von Keitel an Canaris, den der Admiral nie ausgeführt hat, nämlich die Ermordung von General Maxime Weygand zu veranlassen, dem Generalstabschef der Allierten Truppen in den letzten Tagen der Schlacht von Frankreich und anschließend Generalgouverneur in Algerien. Einige Monate später erteilte Keitel Canaris einen ähnlichen Befehl zur Ermordung des Generals Henri Giraud, der während des Angriffs der Deutschen in Nordfrankreich in Gefangenschaft geraten war und sich nach einer dramatischen Flucht aus dem

Gefängnis in Königstein nach Südfrankreich durchgeschlagen hatte, das noch nicht unter deutscher Besatzung war. In beiden Fällen zielte die Ermordung darauf ab, einen potentiellen Führer der französischen Resistance zu beseitigen.

Wichtiger für die Anklagevertretung war Lahousens Schilderung einer Besprechung im Sommer 1941, im Anfangsstadium des deutschen Einmarsches in die Sowjetunion, als die deutschen Truppen Hunderttausende (und schließlich Millionen) von Gefangenen machten. Als Vertreter von Canaris nahm Lahousen an einer Konferenz teil, die von General Reinecke einberufen worden war, dem Chef der unter anderem für die Behandlung von Kriegsgefangenen zuständigen Abteilung des OKW. Die anderen Teilnehmer waren Heinrich Müller, Chef der Gestapo, und Oberst Breyer aus Reineckes Abteilung für Kriegsgefangene.

Zweck dieser Besprechung war die Ausgabe der Befehle für die Behandlung sowjetischer Gefangener. Reinecke erläuterte zunächst,

> daß der Krieg zwischen Deutschland und Rußland nicht ein Krieg zweier Staaten – also zweier Armeen war, sondern eine Auseinandersetzung zweier Weltanschauungen, nämlich der nationalsozialistischen und der bolschewistischen; daß der Rotgardist nicht als Soldat im Sinne des Begriffs, wie er für unsere westlichen Gegner zutraf, genommen werden sollte, sondern als ideologischer Feind, das heißt, als Todfeind des Nationalsozialismus, und entsprechend zu behandeln sei.

Reinecke fügte hinzu, diese Vorstellungen müßten dem deutschen Offizierskorps klargemacht werden, »das sich anscheinend noch in den Gedankengängen der Eiszeit bewege und nicht in denen der nationalsozialistischen Gegenwart«. Aufgrund dieser Anschauung bestimmten die neuen Befehle, daß alle sowjetischen »Kommissare« unmittelbar nach der Gefangennahme getötet werden sollten und daß – »nach einem Aussonderungsverfahren des SD« – alle jene Gefangenen getötet werden sollten, die »bolschewistisch Verseuchte, beziehungsweise aktiv Träger der bolschewistischen Weltanschauung« waren. Diese Unterscheidung zwischen den beiden Kategorien wurde gemacht, weil die »Kommissare«, die gleichzeitig Kampfsoldaten in sowjetischer Militäruniform und Mitglieder der Kommunistischen Partei waren und damit verantwortlich für die Gewährleistung der Loyalität und die Anfeuerung der Soldaten, rote Armbänder trugen, die sie als »Kommissare« auswiesen.

In seiner Aussage ging Lahousen auch auf die schrecklichen Bedingungen ein, unter denen sowjetische Gefangene auf Geheiß des OKW gehalten wurden – ohne Unterkünfte, Nahrung oder medizinische Versorgung –, was dazu führte, daß buchstäblich Millionen von ihnen starben. All diese Befehle und Praktiken waren natürlich eklatante und entschiedene Verstöße gegen die Haager und Genfer Konventionen, die Deutschland wie praktisch alle souveränen Nationen mit unterzeichnet hatte. Sie wären vielleicht verständlich gewesen zur Zeit der Kreuzzüge gegen die Heiden, aber während des amerikanischen Bürgerkriegs wären Francis Lieber und die damaligen Soldaten darüber entrüstet gewesen. Selbst Napoleon hatte seine Massaker an den Mamelucken im Jahre 1799 zu rechtfertigen versucht.

Bald bekamen wir erstmals Gelegenheit zu sehen, wie es unseren deutschen Gegenspielern beim Kreuzverhör ergehen würde, denn an diese Rolle waren sie als Anwälte ja kaum gewöhnt. Es war nicht überraschend, daß die ausgedehntesten Kreuzverhöre von Keitels und Ribbentrops Anwälten durchgeführt wurden. Dr. Otto Nelte, Keitels Verteidiger, beging den üblichen Anfängerfehler, als er lange, komplizierte Fragen stellte, die den Zeugen nicht auf einen einzelnen Punkt festnagelten oder neue Fragen aufwarfen, auf die die Antworten des Zeugen ungünstig ausfallen könnten. Beispielsweise erwies Nelte seinem Mandanten nicht gerade einen Gefallen, als er Lahousen dazu zu bringen suchte zu sagen, Keitel habe seinen Stab niemals Anweisungen gegeben, die eher politische als militärische Angelegenheiten betroffen hätten. Er erhielt nämlich zur Antwort, Keitel habe bei OKW-Stabsbesprechungen unmißverständlich zu verstehen gegeben, daß dort nur total ergebene Nazi-Offiziere willkommen seien.

Dr. Sauter, Ribbentrops Anwalt, stellte sogar noch längere Fragen und erreichte damit bei dem Zeugen überhaupt nichts. Außerdem machte er sich lächerlich, als er Lahousen fragte, ob dieser der Polizei gegenüber von den »mörderischen« Befehlen berichtet habe, die Canaris von Keitel erteilt worden seien. Dr. von der Lippe vermerkte: »Ribbentrop und besonders Göring sind über diese Art von Fragen im Stil des bürgerlichen Lebens sichtlich erbost und wollen selbst Fragen an den Zeugen stellen.« Und tatsächlich forderte Dr. Stahmer nach Abschluß der Kreuzverhöre den Gerichtshof auf anzuordnen, daß die Angeklagten den Zeugen persönlich Fragen stellen könnten. Obwohl die Charta, besonders in Abschnitt 16 (e), eine derartige Auslegung zuließ, wiesen die Richter nach einer kurzen Unterbrechung der Sitzung Stahmers Forderung zurück – zweifellos, weil keines ihrer eigenen Rechtssysteme ein solches Verfahren vorsah, aber auch aus der Sorge heraus, Göring werde eine derartige Gelegenheit, sich in Szene zu setzen, ausnützen.

Von den anderen Anwälten gelang es nur Papens Verteidiger Dr. Kubuschok, etwas für seinen Klienten zu bewirken. Auf Kubuschoks lobenswert kurze Fragen erwiderte Lahousen, seiner Meinung nach habe Papen die negative Einstellung von Canaris gegenüber Hitlers Kriegspolitik und dessen gewaltsame Methoden geteilt und versucht, »einen besänftigenden Einfluß auszuüben«.

So unmittelbar im Anschluß an den Film über die Konzentrationslager stellten Lahousens Zeugenaussagen über das mörderische Vorgehen der Nazis in Polen und im Hinblick auf die sowjetischen Kriegsgefangenen einen weiteren schweren Schock für die Angeklagten dar. Dr. Gilbert suchte Göring in der Mittagspause auf: »Göring kochte vor Wut. ›Dieser Verräter! Den vergaßen wir am 20. Juli.* Hitler hatte recht – die Abwehr war die Organisation eines Verräters!‹« Auch Jodl übte Kritik an Lahousens Beschuldigungen, aber er konnte sie genausowenig ableugnen. Keitel fing an, so etwas wie Reue zu zeigen: »Ich weiß nicht, was ich sagen soll. Jene Giraud-Affäre – nun ja, ich wußte, es würde kommen –, aber was kann ich dazu sagen? ... Mir ist egal, ob sie mich anklagen, den Krieg angefangen zu haben – ich tat nur meine Pflicht und gehorchte Befehlen. Aber diese Ermordungsgeschichten – ich weiß nicht, wie ich jemals in diese Geschichte verwickelt wurde ...« Vom Standpunkt der Anklagevertretung aus gesehen, war der Zeuge Lahousen ein Volltreffer.

Zwei Tage später wurde Aldermans Präsentation der Dokumente über die Angriffskriege erneut unterbrochen, damit Sir Hartley Shawcross die Klage für die britische Anklagevertretung eröffnen konnte. Sir Hartley war ein ausgesprochen gutaussehender Mann Anfang Vierzig. Er machte eine gute Figur am Rednerpult, verfügte über einen souveränen Vortragsstil, und sein Text war gut aufgebaut und knapp geschrieben.

Der Kronanwalt begann damit, daß er den Nutzen des Prozesses selbst hervorhob:

> Es wird Leute geben, die vielleicht sagen, man hätte mit diesen erbärmlichen Menschen summarisch, ohne Gerichtsverhandlung, durch »Exekutivaktion« verfahren sollen ... Aber das war nicht die Auffassung der Britischen Regierung. Auf diese Weise würde die Herrschaft des Rechts nicht erhöht und gestärkt werden, weder auf internationalem noch auf nationalem Gebiet ...; auf diese Weise würde die Welt sich nicht bewußt werden, daß das Führen von Angriffskriegen nicht nur ein gefährliches, sondern auch ein verbrecherisches Unternehmen darstellt.

Das war durchaus richtig, aber aus Shawcross' Mund waren es leere Phrasen für jene, die die wahren Hintergründe dieses Problems kannten – nämlich daß die britische Regierung, unter Clement Attlee (Shawcross' Labour-Parteichef) wie unter Churchill und Eden, sich bis zur Konferenz von San Francisco für die »Exekutivaktion« stark gemacht und erst dann nachgegeben hatte, als sie auf den vereinten Widerstand der amerikanischen, sowjetischen und französischen Regierungen stieß.

Anschließend erklärte Shawcross, es sei seine Aufgabe, »den Tatbestand zu Anklagepunkt 2 der Anklageschrift darzulegen«, und seine Ansprache werde zwei Teile umfassen: »die Natur und die Grundlagen des Verbrechens gegen den Frieden« zu demonstrieren, und zwar »in den Fällen von Angriffskriegen sowie von Kriegen, die Vertragsverletzungen darstellen«, sowie »nach-

* Göring meinte den erfolglosen Attentatsversuch einiger Offiziere gegen Hitler vom 20. Juli 1944 und die anschließenden Hinrichtungen vieler Beteiligter und Verdächtiger, darunter auch Canaris und mehrerer anderer Abwehroffiziere.

zuweisen, daß derartige Kriege von diesen Angeklagten geführt worden sind.«

Dieser Ankündigung entsprechend, war das erste Drittel von Shawcross' Rede eine sorgfältig vorbereitete Argumentation, derzufolge seit Errichtung des Völkerbunds im Jahre 1920 die »Staatsmänner der Welt ... planmäßig daran [gingen], Angriffskriege zu einem internationalen Verbrechen zu machen«; und sie verwirklichten diese Absicht »in zahlreichen Staatsverträgen, in Regierungserklärungen und in Erklärungen von Staatsmännern aus dem Zeitraum, der dem Zweiten Weltkrieg voranging.« Er erwähnte die zahlreichen zwischenstaatlichen Nichtangriffspakte, das Genfer Protokoll von 1925, den Locarno-Pakt von 1925 und natürlich den Briand-Kellogg-Pakt von 1928, und betonte, wie häufig sich die Deutschen an derartigen Abkommen und Erklärungen beteiligt hätten. Damit kam Shawcross zu seiner Schlußfolgerung: Vor »Schaffung des Statuts [Londoner Charta] hatte das Völkerrecht bereits den Angriffskrieg als verbrecherische Tat gekennzeichnet«. Folglich sei die Verdammung von Verbrechen gegen den Frieden in der Charta »nicht wesentlich rückwirkend«.

Im Grunde unterschied sich Sir Hartleys Präsentation nicht wesentlich von dem, was Sidney Alderman gemacht hatte: Er las auch nur erbeutete Dokumente, in denen die Absichten, Pläne und Handlungen von Hitlers Angriffskriegen dargestellt wurden, vor und kommentierte sie. Das Ganze lief allerdings viel schneller ab, da Shawcross keine Beweisstücke vorlegte und nur jene Teile der Dokumente vorlas, die besonders augenfällig waren.

Indem er sich also auf die Höhepunkte beschränkte, schilderte Shawcross die Besetzung von Polen, Dänemark und Norwegen, der Niederlande, Griechenlands, Jugoslawiens und der Sowjetunion. Er schloß mit einem eindringlichen Appell:

> Die Regierungen des Vereinigten Königreichs und des Britischen Commonwealth, der Vereinigten Staaten von Amerika, der Union der Sozialistischen Sowjet-Republiken und Frankreichs, unterstützt von jedem friedlichen Volk der Welt, und in dessen Namen, haben sich daher vereinigt, die Gründer und Träger der Auffassung der Nazis von internationalen Beziehungen vor diesen Gerichtshof zu stellen. Sie tun es, damit ihr Verhalten in all seiner nackten Schlechtigkeit aufgezeigt wird, und sie tun es in der Hoffnung, daß das Gewissen und das Rechtsgefühl der ganzen Welt die Folgen solchen Verhaltens und das Ende, zu dem es stets unvermeidlich führen muß, einsehen. Laßt uns den Zustand geistiger Gesundheit wieder herstellen, und damit auch die Heiligkeit unserer gegenseitigen Verpflichtungen!

Allerdings wies Sir Hartleys Sündenkatalog ein paar Schwachstellen auf. Eine war das Deutsch-Britische Flottenabkommen von 1935 (das er nicht erwähnte), in dem Großbritannien die Verletzung des Versailler Vertrags durch Deutschland hinnahm. Eine andere war das Münchner Abkommen vom 29. September 1938, demzufolge Großbritannien und Frankreich die Tschechoslowakei in der vergeblichen Hoffnung geopfert hatten, den Nazi-Diktator zu besänftigen. Ausgesprochen zweideutig erklärte Shawcross, das Münchner Abkommen beruhe auf »der Friedensliebe, der mangelnden Vorbereitung, der Geduld, der Feigheit, nennen Sie es, wie Sie wollen, der demokratischen Mächte.«

Da die Russen sowohl auf der Richterbank wie bei der Anklagevertretung saßen, war der Nichtangriffspakt zwischen Hitler und Stalin eine äußerst heikle Angelegenheit. Er war dem Angriff auf Polen unmittelbar vorausgegangen und schützte Hitler einstweilen vor einem Zweifrontenkrieg mit den Großmächten. In seiner Eröffnungsrede hatte Jackson den Hitler-Stalin-Pakt beiläufig erwähnt: Die Nazis hätten »zur Täuschung und um Aufschub zu gewinnen, ihren Frieden mit Rußland geschlossen«. Und in dem zuvor an die anderen Hauptankläger verteilten Entwurf seiner Rede hatte Shawcross noch gemeint, er müsse den Russen ein Hintertürchen öffnen, und hatte Stalins Vorgehen Hitlers falschen Zusicherungen auf künftigen Frieden und Freundschaft zugeschrieben. Doch Rudenko eilte völlig außer sich in Jacksons Büro und wollte unbedingt, daß Shawcross aufgefordert wurde, diese Passage herauszunehmen – für Rudenko war dies eine Beleidigung seiner Regierung, die, wie er mit allem Nachdruck versicherte, sich die ganze Zeit bewußt gewesen sei, daß Hitler nichts Gutes gegen die Sowjetunion im Schilde führte. Jackson, der sich darüber zwar amüsierte, der aber doch den Frieden wahren wollte, rief Shawcross an und erklärte ihm, daß die Russen »nichts dagegen hätten, Schurken genannt zu werden, solange sie nicht als Narren bezeichnet würden«. Daraufhin strich Shawcross die anstößige Passage und erwähnte den Pakt mit keinem Wort.

Sir Hartleys härteste Nuß war freilich der Vorwurf des Angriffskriegs, den Deutschland gegen Norwegen eingeleitet habe. Er gab zu, es sei weithin behauptet worden, daß Deutschland in dieses Land nur einmarschiert sei, da »England und Frankreich Pläne schmiedeten, um in Norwegen einzufallen und es zu besetzen, und daß die Regierung Norwegens bereit sei, in einem solchen Falle sich einverstanden zu erklären.« Shawcross fügte hinzu:

> Ich beabsichtige nicht die Frage zu behandeln, ob diese Behauptungen richtig oder falsch waren. Dies ist unerheblich für die Fragen, die diesem Gerichtshof vorliegen. Sogar wenn die Beschuldigungen wahr gewesen wären, und sie waren offenbar falsch, würden sie keine denkbare Rechtfertigung für eine [deutsche] Invasion ohne Warnung, ohne Kriegserklärung, ohne einen Versuch der Vermittlung oder Schlichtung bilden.

Shawcross suchte seine Position abzusichern, indem er sich auf deutsche Dokumente bezog, welche Daten und andere Umstände hinsichtlich Hitlers Entscheidung, in Norwegen einzumarschieren und es zu besetzen, enthielten. Diese Dokumente, erklärte er, bewiesen, daß der deutsche Einmarsch nicht in der Absicht erfolgt sei, einer britischen Aktion in Norwegen zuvorzukommen. Aber er sagte nichts über die Ziele und Handlungen, die den Briten damals gegenüber Norwegen vorgeschwebt hatten. Dieses Versäumnis stellte eine Lücke in Shawcross' Analyse dar, denn wenn Großbritannien tatsächlich dabei war, Truppen in Norwegen zu landen, um von hier aus einen Feldzug gegen Deutschland zu führen, konnte man kaum erklären, daß Deutschland kein Recht gehabt hätte, Gegenmaßnahmen zu ergreifen. Und als später entsprechende britische Pläne und Aktionen bekannt wurden, warf dies Fragen auf, die alles andere als einfach waren.

Aber all dies tat einem ansonsten ausgezeichneten Auftritt keinen Abbruch. Sir Hartleys Ansprache war überaus professionell und trug ihm und seinen Kollegen viel Anerkennung ein.

7

Sidney Alderman hatte seine Präsentation der Dokumente hinsichtlich der Verschwörung zum Angriffskrieg am 3. Dezember, dem Tag zwischen Lahousens Aussage und Sir Hartleys Eröffnungsrede, wiederaufgenommen und sie am Nachmittag des 4. Dezember fortgesetzt, nachdem Sir Hartley seine Ansprache beendet hatte – das Ganze dauerte bis in den darauffolgenden Vormittag hinein, an dem anschließend die Dokumente über die Aufteilung und anschließende Annexion der Tschechoslowakei vorgelegt wurden. Die Dokumentation über dieses Thema war außergewöhnlich vollständig und anschaulich, da Hitlers Chefadjutant, Oberstleutnant Rudolf Schmundt, eine umfangreiche Akte mit Memoranden, Befehlen und Konferenzprotokollen angelegt hatte, die sich mit der Mobilisierung der Wehrmacht und ihrem Aufmarsch an der Grenze zur Tschechoslowakei befaßten. Diese Vorbereitungen fanden ihren Höhepunkt in Hitlers Befehl, Ende September 1938 in dieses Land einzumarschieren – ein Angriff, der vom Münchner Abkommen vorweggenommen war und dem sechs Monat später die Annexion von Böhmen und Mähren sowie die Vorherrschaft über eine nominell unabhängige Slowakei folgten.

Entsprechend der Vereinbarung zwischen der britischen und der amerikanischen Delegation vom 7. November überließ Alderman an diesem Punkt das Rednerpult Fyfe. Sir David teilte dem Gerichtshof mit, seine Delegation werde keine Zeugen aufrufen. Er selbst werde die vertraglichen Verpflichtungen darstellen, die Deutschland eingegangen sei und die durch die Angriffe und Eroberungsfeldzüge der Wehrmacht gebrochen worden seien. Die Pläne, die zu den vom Dritten Reich eingeleiteten Angriffskriegen geführt hätten, würden anschließend von anderen Angehörigen der britischen Delegation mit Hilfe von dokumentarischem Beweismaterial vorgetragen werden.

Abgesehen davon, daß amerikanisches Englisch von britischem Englisch abgelöst wurde, ging das Gerichtsverfahren praktisch unverändert weiter.

Fyfes kompetente Darstellung und Analyse der Vertragsverstöße nahm nur einen halben Tag (am 5. Dezember) in Anspruch und war zwangsläufig alles andere als dramatisch.

Sir David wurde am Rednerpult durch einen der jüngeren britischen Anwälte abgelöst, nämlich durch Mervyn Griffith-Jones, einen ordensgeschmückten Offizier der Coldstream Guards – einen gutaussehenden jungen Engländer der Upper Class, der so sprach und sich bewegte, als wäre er in einem weißen Hemd mit steifem Kragen zur Welt gekommen. Seine Aufgabe bestand darin, die Dokumente über den Angriff gegen Polen vorzutragen. Die herausragendsten Dokumente waren bereits von Sir Hartley Shawcross verlesen worden, aber es gab noch weiteres Material von erheblichem Interesse, das gut aufbereitet worden war. Der Offizier der Guards war im allgemeinen sachlich-nüchtern, brachte aber in seinen Vortrag ein bißchen Farbe, als er Hitlers Brief an Neville Chamberlain vom Vorabend des Angriffs – in dem Hitler erklärte, daß »die deutsche Reichsregierung ... nie die Absicht gehabt [habe], lebenswichtige Interessen Polens anzugreifen« – mit den Worten kommentierte: »Diese Briefe hören sich wirklich mehr wie die Briefe eines gemeinen Schwindlers und nicht wie die der Regierung einer großen Nation an.«

Dann hatte mein Freund Major Elwyn Jones seinen ersten Auftritt am Rednerpult. Er dokumentierte den Einmarsch in, und die Besetzung von, Norwegen und Dänemark – ein Thema, das in den Anfangsphasen insbesondere Raeder und Rosenberg und anschließend auch Keitel und Jodl betraf. Jones bemerkte:

> Der Norwegen-Einfall ist in einer Beziehung kein typischer Nazi-Angriff, nämlich insofern nicht, als Hitler überredet werden mußte, sich auf ihn einzulassen. In erster Linie waren es Raeder und Rosenberg, die ihn überredeten; Raeder, weil er glaubte, daß Norwegen strategisch wichtig sei, und weil er Ruhm für seine Kriegsmarine erstrebte; Rosenberg wegen seiner politischen Beziehungen zu Norwegen, die er zu entwickeln suchte.
> Wie der Gerichtshof in Kürze erkennen wird, fand Rosenberg in dem Norweger Vidkun Quisling den Prototyp eines Agenten der Fünften Kolonne, die vollkommenste Verkörperung der Treulosigkeit.

Und tatsächlich wurde Quislings Name schon bald ein internationales Synonym für einen Verräter. Jones' Dokumentation zeichnete nach, wie Raeder und Rosenberg sich Quislings Verrat zunutze machten und Hitler bewegten, sich ihrer Ansicht anzuschließen, daß eine deutsche Besetzung von Norwegen notwendig sei, um im Norden Stützpunkte für Luft- und Seekriegsoperationen zu bekommen; um den Nachschub an schwedischem Eisenerz zu schützen, der im Winter über Narvik und die norwegischen Küstengewässer nach Deutschland gelangte; und um vor der Möglichkeit einer Besetzung der norwegischen Atlantikküste durch die Alliierten sicher zu sein. Dänemark wurde in die Operation mit einbezogen, damit die Telefonverbindungen zwischen Deutschland und Norwegen geschützt werden konnten.

Während Griffith-Jones steif und förmlich war, trat Elwyn Jones entspannt und lässig auf. Elwyns Präsentation war gut aufgebaut und seine Dokumentation unanfechtbar; aber ganz auf Shawcross' Linie, erwähnte auch er mit keinem Wort Großbritanniens damalige Rolle gegenüber Norwegen.

Der hünenhafte »Khaki« Roberts machte – trotz seiner jahrelangen Erfahrungen bei Gericht und trotz seines Ranges (er war der einzige Kronanwalt außer Shawcross und Fyfe und wurde in der britischen Delegation als »Leitender Anwalt« geführt) – keine so gute Figur wie seine jüngeren Kollegen. Seine Aufgabe war eigentlich zu einfach, als daß sie von Interesse gewesen wäre, denn die Niederlande – Belgien, Holland und Luxemburg – waren eindeutig nicht Hitlers wahre Ziele und wurden nur eingenommen, um als deutsches Aufmarschgebiet gegen Frankreich zu dienen sowie Luft- und Marinestützpunkte entlang der Nordseeküste zu liefern, von denen aus Großbritannien bedroht und das Reich gegen britische Luftangriffe verteidigt werden konnte.

Es gab reichlich Dokumente, in denen diese militärischen Absichten festgehalten waren und die Roberts nur vorlesen mußte. Aber »Khaki« konnte einfach nicht von seinen anmaßenden Old-Bailey-Manieren lassen. Außerdem wandte er sich mit jedem Absatz und zuweilen sogar mit jedem Satz an »Eure Lordschaft« oder »Eure Lordschaften«, was die Richterbank irritierte, und als er die Taten der Deutschen als »das Verhalten von gewöhnlichen Verbrechern« charakterisierte – was Griffith-Jones ungestraft hatte tun dürfen –, ermahnte ihn Lawrence: »Herr Roberts, es wäre besser, wenn Sie sich soweit wie möglich nur auf das Dokument beschränken würden.«

Als letzter befaßte sich Oberst Harry Phillimore mit dem Einmarsch in, und der Besetzung von, Jugoslawien und Griechenland im Frühjahr 1941. Auch das war eine leichte Aufgabe, denn die Dokumente enthüllten ganz klar die Gründe für diese Aktionen und die Vorbereitungen, die dafür getroffen worden waren. Mussolini, der auf die militärischen Triumphe des mit ihm verbündeten Diktators neidisch war, hatte Griechenland im Oktober 1940 angegriffen, aber dabei schon bald den kürzeren gezogen. Diese Entwicklung verstärkte die Möglichkeit, daß Großbritannien Streitkräfte nach Griechenland entsenden und damit eine Operationsbasis in Südosteuropa errichten könnte. Hitler wollte daher Mussolini zu Hilfe kommen, indem er ein großes deutsches Truppenkontingent in Rumänien mobilisierte, das Bulgarien durchqueren und von Norden her im Frühjahr 1941 in Griechenland einmarschieren konnte. Die Lage wurde Ende März komplexer, als eine politische Gruppe in Jugoslawien eine Regierung stellte, die Nazi-Deutschland nicht so wohlgesonnen war, und Hitler sofort beschloß, dieses Land genauso wie Griechenland zu besetzen. Ohne Vorwarnung wurde der Einmarsch in beide Länder am 6. April 1941 eingeleitet.

Damit beendeten die Briten ihren Anteil an der Vorlage der Klage von seiten der Anklagevertretung in weniger als vier Tagen. Sie leisteten solide Arbeit, und die Richter waren entsprechend beeindruckt. Richter Birkett hielt in seinem Prozeßtagebuch seine Eindrücke von seinen Landsleuten fest:

> Shawcross hielt gute Eröffnungsrede .. Ich meine, daß Shawcross sich sehr hervorgetan hat. David Maxwell Fyfe ... präsentierte einen langweiligen Abschnitt recht anschaulich ... G. D. Roberts glänzte nicht. Griffith-Jones und Elwyn Jones waren gut; Phillimore war m. E. gut ... Biddle sagte, Elwyn Jones sei stets sachbezogen und anschaulich und für den Gerichtshof eine große Hilfe gewesen. Er erklärte mir gegenüber, das sei die beste Präsentation gewesen, die wir bis jetzt gehört hätten.

Dann trat Alderman erneut ans Rednerpult, um die Dokumente zu präsentieren, die Hitlers Entscheidung, in die Sowjetunion einzumarschieren, sowie die Vorbereitungen für den im Juli 1941 eingeleiteten Angriff betrafen. Das war ein weitaus größeres und komplexeres Unternehmen als alle anderen Eroberungsfeldzüge der Nazis, denn es sah nicht nur eine militärische Niederlage der sowjetischen Streitkräfte vor, sondern auch (wie im bescheideneren Maßstab im Falle Polens) die Zerstörung des Staatswesens selbst sowie die ständige Besetzung und Ausbeutung riesiger Gebiete, die das gesamte sowjetische Territorium westlich des Urals und vielleicht darüber hinaus umfaßten. Darin waren nicht nur die angeklagten Militärs, sondern auch die meisten anderen Angeklagten mehr oder weniger verwickelt. Die Dokumentation war umfangreich, und viele einzelne Beweisstücke waren von erheblicher Länge. Noch immer galt die Bestimmung des Gerichtshofs, daß nur jene Teile als Beweisstück entgegengenommen würden, die vor Gericht vorgelesen worden waren, und damit hatte Alderman ein wahres Mammutprogramm zu bewältigen.

Nachdem Alderman dieses gewichtige Thema hinter sich gebracht hatte, wandte er sich der letzten Phase der detaillierten Präsentation des Teils der Klage zu, der den Angriffskrieg betraf: nämlich der Kollaboration zwischen Deutschland und Japan bei der Einleitung des Angriffs von seiten dieses Landes gegen die Vereinigten Staaten, der – vier Tage nach Pearl Harbour – zur Kriegserklärung von Deutschland gegen die USA führte.

Alderman verfolgte die Verbindung zwischen Deutschland und Japan vom Antikomintern-Pakt im Jahre 1936 bis zur offiziellen Allianz, die im Dreimächtepakt von 1940 zwischen Deutschland, Japan und Italien begründet worden war. Er verlas Dokumente, mit denen schlüssig nachgewiesen werden konnte, daß Hitler die Japaner drängte, in den Krieg gegen England einzutreten und später die Sowjetunion anzugreifen. Diese Dokumente machten auch klar, daß sich deutsche wie japanische offizielle Stellen bewußt waren, daß japanische Angriffe gegen britische Stützpunkte in Fernost durchaus zum Krieg zwischen Japan und den USA führen könnten. Unabweisbar war aber auch, daß Hitler einen Angriff Japans auf die Russen vorgezogen hätte, statt die USA in den Konflikt hineinzuziehen.

Somit entsprach Hitlers Kriegserklärung vom 11. Dezember eher den Verpflichtungen, die er gegenüber Japan eingegangen war, als seinem ursprünglichen Wunsch. Aber mit diesem feindseligen Akt unterstützte er Japans Aggression gegen England wie gegen die USA, und in diesem Sinn konnte Deutschlands Handeln als Einleitung eines Angriffskriegs charakterisiert werden, wie der Gerichtshof letztlich auch befand.

Und damit schloß Alderman am Ende der Sitzung am 10. Dezember die mit Abstand längste einzelne Präsentation vor dem Tribunal ab. Sie nahm über fünfzig Verhandlungsstunden in Anspruch und deckte den größeren Teil von Anklagepunkt Eins ab, vor allem das, was Jackson als dessen wichtigste Tatbestände ansah.

Bevor Alderman begann, hatte Storey ihn angewiesen, nicht mehr als vier Stunden dafür zu beanspruchen. Alderman, der seine Anweisungen nur von Jackson entgegennahm, erklärte Storey, daß eine derartige Begrenzung unmöglich und absurd sei. Storey, der zu seiner Bestürzung erleben mußte, wie Alderman tagelang weitermachte, stellte ihn auf dem Gang zur Rede: »Sidney, ich habe doch einen Plan gehabt, einen so guten Plan – aber die Klage ist nun beim Teufel!« Alderman erwiderte: »Ihr Plan ist genau dort, wo er hingehört. Aber die Klage ist in Ordnung und wird gerade auf Eis gelegt.«

Storey war wütend, doch Alderman hatte nur das getan, was Jackson haben wollte: Es gelang ihm, mit Hilfe von Dokumenten eine Verschwörung nachzuweisen, an der die meisten Angeklagten beteiligt gewesen waren – eine Verschwörung zur Planung und Einleitung von Angriffskriegen.

Natürlich brauchte es Zeit – eine Menge Zeit –, die Dokumente vorzulesen und zu erklären, damit der Gerichtshof die Kraft und Kontinuität des Beweismaterials erkennen konnte. Die Präsentation nahm viel mehr Zeit in Anspruch, als nötig gewesen wäre, wenn es genügend Kopien in der jeweiligen Sprache für die Deutsch sprechenden Angeklagten und ihre Anwälte sowie für die Russisch und Französisch sprechenden Richter und Anklagevertreter gegeben hätte. Aber dafür war Alderman nicht verantwortlich.

Die Presse hatte allen Grund, sich über mangelnde Dramatik zu beklagen, doch die Anklage wurde den Richtern und nicht der Presse vorgetragen. Was auch immer andere darüber denken mochten – der Gerichtshof war überaus zufrieden mit Aldermans Stil und Verfahrensweise. Biddle schrieb an seine Frau:

> Letzte Woche hat Dodd im Anschluß an Jackson und Albrecht eine Menge triviales Zeug vorgebracht. Alderman hat nun damit begonnen, seine Klage in allerbester Anwaltsmanier vorzutragen. Sie enthält eine Fülle von interessantem Material aus erbeuteten Geheimdokumenten.

Ein in neuerer Zeit erschienenes Buch über den Prozeß greift die amerikanische Präsentation der Anklage hinsichtlich der Angriffskriege scharf an, dergegenüber die Art und Weise, wie die Briten das Thema behandelt hätten, wesentlich besser wegkommt:

> Die britische Klage konnte weitgehend deshalb so rasch und klar vorgetragen werden, weil dahinter bewußt einfache Überlegungen standen ... Die britischen Anklagevertreter hatten sich kaum darauf eingelassen, über Absichten zu sprechen: Sie hatten sich auf Pläne konzentriert, die tatsächlich verwirklicht worden waren, und auf die Ereignisse, die sich daraus ergeben hatten.
> In dieser Hinsicht unterschied sich das britische Vorgehen erheblich von dem der Amerikaner ... Die Briten hielten sich an Dokumente und Ereignisse, die nicht bestritten werden konnten; die Amerikaner legten großen Wert auf Dokumente, die in Frage gestellt werden konnten ..., insbesondere das Hoßbach-Protokoll ... [und] die Schmundt-Notizen von Hitlers Konferenz am 23. Mai 1939 ...*

Das fragliche Buch hat viele Vorzüge, aber in diesem Fall ist es ungenau und beruht auf einem Mißverständnis. Die Autoren übersehen völlig die Tatsache, daß die Amerikaner Beweismaterial zur Stützung von Anklagepunkt Eins – Verschwörung – vortrugen und daß eine spezielle *Intention* oder *Absicht*, ein Verbrechen zu begehen, ein wesentliches Element einer strafbaren Verschwörung ist. Die Briten hingegen trugen Beweismaterial zur Stützung von Anklagepunkt Zwei – Einleitung und Durchführung von Angriffskriegen und zur Verletzung von Verträgen – vor, der keinen besonderen Nachweis einer Absicht erfordert und in jedem Fall aus den Handlungen selbst geschlossen werden kann. Den Unterschied kann man sofort bei einem Fall wie dem von Schacht erkennen, der während der frühen Jahre des Naziregimes für Hitler die finanzielle Grundlage der Wiederaufrüstung geschaffen hat. Aber auf diese Handlungen könnte sich eine Klage auf Verschwörung nur dann stützen, wenn Schacht mit der *Absicht* gehandelt hätte, Hitler die Einleitung von Angriffskriegen zu ermöglichen.

Shawcross hat es durchaus nicht vermieden, auf die von den Autoren zitierten Dokumente zurückzugreifen, sondern sich in seiner Eröffnungsrede auf beide berufen und daraus zitiert, und Griffith-Jones hat gleichermaßen auf die Schmundt-Notizen zurückgegriffen. Um den Wert des Hoßbach-Dokuments in Frage zu stellen, erklären die Autoren, darin habe Hitler »1943 als frühestmögliche Gelegenheit für einen Angriff vorgeschlagen«, während

* Ann und John Tusa, *The Nuremberg Trial* (1983), S. 181f. Das Hoßbach-Protokoll stammte von Hitlers persönlichem Adjutanten, Oberst Friedrich Hoßbach, und beschreibt eine Besprechung vom 5. November 1937 zwischen Hitler und den höchsten militärischen und diplomatischen Chargen, bei der Hitler über Pläne und Aussichten für deutsche Territorialgewinne sprach. Die Schmundt-Notizen stammten von Hoßbachs Nachfolger, Oberst Rudolf Schmundt, und schildern eine Konferenz von Hitler und seinen obersten militärischen Führungskräften, auf der sie über den geplanten Angriff auf Polen sprachen. Die Authentizität dieser Dokumente wurde zwar nicht in Frage gestellt, aber die Angeklagten zweifelten am Wortlaut und an der Bedeutung des Hoßbach-Dokuments.

Hitler tatsächlich gesagt hat, daß Deutschland »nicht später als 1943« losschlagen sollte, und des langen und breiten über viel frühere Chancen für einen Krieg spekuliert hat. Im Hinblick auf die Schmundt-Notizen behaupten die Autoren, dieses Dokument existiere »in mehr als einer Fassung, wobei es zwischen ihnen erhebliche Diskrepanzen gibt«. Das ist nicht der Fall – die Autoren sind hier offensichtlich einer Verwechslung mit mehreren Fassungen einer Hitlerrede aus einem vergleichbaren Anlaß, die drei Monate später gehalten wurde, aufgesessen.

Was den »erheblichen« Unterschied zwischen der britischen und der amerikanischen Präsentation betraf, so war er mit Sicherheit darin zu erblicken, daß die Briten weniger als vier Tage vor Gericht benötigten, während Alderman etwa zweimal soviel Zeit brauchte. Aber das hatte nichts mit einem unterschiedlichen »Vorgehen« zu tun – tatsächlich hatten mehrere amerikanische Anwälte den Briten bei der Vorbereitung ihrer Präsentationen geholfen. Die Unterschiede lagen in der Natur ihrer jeweiligen Aufgaben.

Fyfe präsentierte eine Zusammenstellung und Auslegung der verletzten Abkommen. Griffith-Jones, Elwyn Jones, Roberts und Phillimore befaßten sich alle mit der Planung und Ausführung der tatsächlichen Angriffe gegen einzelne Länder. Abgesehen von der Rekapitulierung der betreffenden Abkommen umspannte keine dieser Präsentationen mehr als ein paar Monate: von der ersten Entwicklung der Angriffsabsicht zu einem gewissen Zeitpunkt bis zum Angriff selbst. Sofern es darin um die »Absicht« ging, sprachen die entsprechenden Dokumente für sich. »Einfach« waren die Präsentationen nicht aufgrund eines Unterschieds in der Methodik, sondern weil die Aufgaben der Briten einfach waren.

Mit dieser Bemerkung soll keineswegs Kritik am Auftreten der britischen Anwälte geübt werden, denn was sie taten, erledigten sie effizient und prompt. Aber sie leisteten eben nur einen Teilbeitrag beim Nachweis der Schuld aller oder der meisten Männer auf der Anklagebank. Die britischen Präsentationen belasteten Ribbentrop, Keitel, Rosenberg, Raeder und Jodl schwer und befaßten sich nur oberflächlich mit Göring und Dönitz. Aber damit endete die Aufgabe der Briten.

Aldermans Beweisführung war wesentlich weiter gespannt und bezog sich auf Göring, Papen, Neurath und Seyß-Inquart während der Vorkriegsjahre sowie auf Göring, Keitel, Jodl, Rosenberg, Frick, Funk, Schirach, Fritzsche und die angeklagten Organisationen in Verbindung mit dem Einmarsch in die Sowjetunion. Die Dokumentation der Zeit vor 1939 lag natürlich zeitlich weiter vor dem Krieg selbst, und so stellte sich unvermeidlich die Frage nach der jeweiligen individuellen Schuld bei der Einleitung von Angriffskriegen – eine Frage, die in den Fällen von Schirach, Papen und Fritzsche von entscheidender Bedeutung war und dazu führte, daß alle drei am Ende freigesprochen wurden. Diese Faktoren erklären, warum Aldermans Präsentation vergleichsweise lang war.

Alderman war weder in physischer noch in emotionaler Hinsicht ein starker Mann. Er war sehr müde, und Jackson schickte ihn nach Hause, damit er sich gehörig erholen konnte. Am Flughafen Orly lief er General Donovan über den Weg, der seine Nürnberger Frustrationen dadurch sublimierte, daß er verächtlich über Alderman herzog, weil dieser sich total auf Dokumente verlassen habe. Sidney kehrte erst wieder Mitte Januar 1946 nach Nürnberg zurück.

8

Im Anschluß an Aldermans Dokumentation wurde am 11. Dezember ein langer Dokumentarfilm gezeigt, den James Donovan als Beweisstück mit dem Titel *Der Nazi-Plan* vorführte. Er erklärte, dieser Film beruhe auf »von den Nazis selbst hergestellten Filmen«, die durch die chronologische Montage eine kontinuierliche Handlung in vier Teilen darstellten: der Aufstieg der Nazi-Partei (1921-1933), die Machtergreifung (1933-1935), die Vorbereitung auf die Angriffskriege (1935-1939) und die Angriffskriege (1939-1944). Der Film war von professionellen Filmkünstlern wie dem Drehbuchautor Budd Schulberg montiert worden und enthielt unter anderem Auszüge aus Leni Riefenstahls *Triumph des Willens.*

Donovan präsentierte den Film unter der Voraussetzung, daß »er ein Resümee der Klage darstellt, wie sie bislang unter den Anklagepunkten 1 und 2 der Anklageschrift vorgetragen worden ist«. Das stimmte zwar in chronologischer Hinsicht, aber man konnte kaum sagen, daß er irgendwelche neuen Beweise für eine verbrecherische Schuld zutage brachte. Allerdings zeigte der Film die Angeklagten, oftmals in Gruppen, bei ihren öffentlichen Auftritten während der Zeit der Verschwörung und verlieh dem geistigen Bild, das sich die Richter von den mutmaßlichen Verschwörern gemacht hatten, vielleicht eine zusätzliche Dimension.

Viele von uns verblüffte die Reaktion dieser Verschwörer. Statt den Film als einen weiteren Nagel zu ihren Särgen anzusehen, sahen sie ihn sich mit großem Vergnügen an. Dr. von der Lippe schrieb: »Göring war sichtlich vergnügt, sich ›in guten alten Zeiten‹ wiederzusehen, Ribbentrop sprach von der ›faszinierenden Wirkung‹ der Person Hitlers, ein anderer Angeklagter meinte, er sei froh, daß das Gericht ihn nun auch einmal in voller Uniform, in Amt und Würden gesehen habe.« An diesem Abend bemerkte Dr. Gilbert bei seinen Gefangenenbesuchen, wie Göring sich großspurig seiner eigenen vergangenen Taten brüstete, während Heß vorhersagte, daß Deutschland wiederauferstehen werde, und Ribbentrop, »immer noch fast zu Tränen erschüttert«, gestand: »Wissen Sie, wenn Hitler jetzt zu mir in diese Zelle käme und sagen würde: ›Tu dies!‹ würde ich es sogar nach allem, was ich jetzt weiß, machen.« Als der Film zu Ende war, teilten Storey und Tom Dodd dem Gerichtshof mit, die restliche amerikanische Klage werde aus zwei Teilen bestehen: der Verschwörung zur Begehung von Kriegsverbrechen und von Verbrechen gegen die Menschlichkeit sowie der Schuld der Organisationen. Der erste Teil ging von der Voraussetzung aus, daß Artikel 6 der Londoner Charta eine derartige Verschwörung zum Verbrechen erklärte – eine Voraussetzung, die durch die von Sir Thomas Barnes herbeigeführte sprachliche Verbesserung von Artikel 6 abgeschwächt wurde.* Zu diesem Zeitpunkt allerdings hatte weder die Verteidigung noch der Gerichtshof irgendwelche Einwände gegen die Einführung von Beweisstücken zur Stützung dieser Beschuldigung erhoben.

Dodd begann mit einer zweitägigen dokumentarischen Darstellung über die Verwendung von Sklavenarbeitern durch die Nazis sowie über die Konzentrationslager. Die Euphorie, die einige der Angeklagten bei dem Film *Der Nazi-Plan* empfunden hatten, wich bald tiefer Niedergeschlagenheit, als das Ausmaß ihrer schrecklichen Untaten aus der Lawine von Dokumenten zutage trat. Einer nach dem andern hatten sich die Angeklagten – Rosenberg, Frank, Keitel, Seyß-Inquart und insbesondere Sauckel und Speer – durch das, was sie gesagt oder geschrieben hatten, selbst das Urteil gesprochen.

Die Dokumente enthielten keinen Hinweis darauf, daß sich die verschleppten Massen aus Rußland, Polen, Frankreich und den Niederlanden freiwillig den deutschen Arbeitskräften angeschlossen hätten. Schließlich hatte Sauckel im März 1944 erklärt: »Von den 5 Millionen ausländischen Arbeitern, die nach Deutschland gekommen sind, sind keine 200 000 freiwillig gekommen.« Sklavenarbeiter wie russische Kriegsgefangene wurden – in eklatanter Verletzung des Kriegsrechts – zur Arbeit in den Rüstungsbetrieben oder sogar im Kampf eingesetzt. Bei einer Besprechung im Februar 1943, an der Speer und Sauckel teilnahmen, verkündete Görings Generalluftwaffeninspekteur, Generalfeldmarschall Erhard Milch:

> Wir haben die Forderung gestellt, daß bei uns in der Flakartillerie ein gewisser Prozentsatz Russen ist. 50 000 sollen im ganzen heran; 30 000 sind schon als Kanoniere da. Das ist eine witzige Sache, daß Russen die Kanonen bedienen müssen.

Als Major William F. Walsh die Präsentation über die Judenverfolgung übernahm, entluden sich über den Angeklagten Beschuldigungen, die sogar noch niederschmetternder waren als die von Dodd erhobenen.** In gewisser Weise war die Harmlosigkeit, ja oft auch die Prahlerei, mit der die Nazis

---

* Siehe oben S. 100. Am Ende entschied der Gerichtshof, daß die Charta nur die Verschwörungen zur Begehung von Verbrechen gegen den Frieden erfaßt habe.

** Walsh begann seine Präsentation mit Dokumenten, die sich mit der Verfolgung von Juden durch die Nazis in den Vorkriegsjahren befaßten, und zwar auf der erklärten Grundlage, daß Vorkriegsverbrechen gegen deutsche Juden ein Teil der Vorbereitung auf die Durchführung von Angriffskriegen waren. Damals gab es dagegen keinen Einspruch, aber am Ende war der Gerichtshof der Ansicht, daß das Beweismaterial eine derartige Schlußfolgerung nicht stütze, und lehnte es ab, diese Vorkriegsverfolgungen als Verbrechen im Sinne der Charta zu behandeln.

ihre verbrecherische Ausbeuterei protokolliert hatten, sogar noch schockierender als die Taten selbst. So hatte etwa Hans Frank auf einer Versammlung deutscher Funktionäre in Krakau im Dezember 1941 erklärt:

> Mit den Juden – das will ich ganz offen sagen – muß so oder so Schluß gemacht werden ... Mitleid wollen wir grundsätzlich nur mit dem deutschen Volk haben, sonst mit niemandem auf der Welt. Die anderen haben auch kein Mitleid mit uns gehabt. Ich muß auch als alter Nationalsozialist sagen: Wenn die Judensippschaft den Krieg überleben würde, wir aber unser bestes Blut für die Erhaltung Europas geopfert hätten, dann würde dieser Krieg doch nur einen Teilerfolg darstellen ... Meine Herren, ich muß Sie bitten, sich gegen alle Mitleidserwägungen zu wappnen. Wir müssen die Juden vernichten, wo immer wir sie treffen und wo es irgend möglich ist, um das Gesamtgefüge des Reiches hier aufrecht zu erhalten.

Dann zitierte Walsh ausgiebig aus dem Stroop-Bericht über die endgültige Zerstörung des Warschauer Ghettos im April 1943 sowie aus Berichten der SS-Einsatzgruppen – aus Materialien also, die Jackson bereits in seiner Eröffnungserklärung verwendet hatte. In anderen Dokumenten wurden detailliert die Konstruktion der SS-Gasvernichtungswaggons und die Entfernung der Goldfüllungen aus den Zähnen der jüdischen Opfer beschrieben. Dr. Wilhelm Höttl, ein Assistent von Adolf Eichmann, bestätigte mit einer eidesstattlichen Versicherung, daß ungefähr vier Millionen Juden in den Konzentrations- und Vernichtungslagern und zwei Millionen von den Einsatzgruppen und anderen SS-Kommandos umgebracht worden waren.

Dr. von der Lippe war entsetzt.

> Für die Roheit, den Zynismus und die Verrücktheit (im ursprünglichen Sinne des Wortes) der Ideen Hitlers und Himmlers und ihrer Helfer und Werkzeuge fehlen die Worte! »Ungeheuerlich« ist zu schwach, »teuflisch« oder »satanisch« würde eher treffen. Empörend, daß Stroop seine »Aktion« auch noch als Kampfhandlung darstellt, obwohl sich die »Verluste« bei der SS auf 16 Mann und bei den Juden auf 65 000 »Vernichtete« beliefen! ... Als denkender und fühlender Mensch sträubt man sich dagegen, sich solche Dinge auch nur vorzustellen! Nun wird man davon überzeugt, daß auch diese Bestialitäten tatsächlich vorgekommen sind. Es ist zum Verzweifeln! Wie haben die Verantwortlichen den deutschen Namen beschmutzt!

Nach Major Walsh trat Hauptmann Samuel Harris ans Rednerpult, ein fähiger junger Anwalt und in späteren Jahren ein erfolgreicher New Yorker Rechtsanwalt. Seine Nerven gingen ihm durch, und er ließ sich vor dem Gerichtshof zu der Bemerkung hinreißen: »Meine Knie haben nicht mehr so gezittert, seit ich meine wunderbare Frau gefragt habe, ob sie mich heiraten wolle.« Birkett berichtete, daß »ein so schockierend schlechter Geschmack wirklich fast unglaublich ist«, und Biddle sagte nur: »Jesus!« Verständnisvollere Hände haben Harris' Lapsus aus der offiziellen Protokollmitschrift getilgt, und dieser erwies sich als durchaus kompetent, als er die Dokumente über die Nazi-Politik der Germanisierung und der Ausplünderung der von den Deutschen besetzten Länder vortrug. In Osteuropa hieß Germanisierung nichts anderes als die Ausrottung oder Vertreibung unerwünschter Polen und anderer Völker aus den vom Reich annektierten Gebieten sowie die Aussonderung oder nötigenfalls die Verhaftung von Volksdeutschen und »arischen« Individuen für eine Zwangsübersiedlung ins Reichsgebiet. Das Entsetzen nahm kein Ende – Harris las aus erbeuteten Kopien von zwei Himmler-Reden, die im Oktober 1943 bzw. etwas früher (undatiert) gehalten worden waren:

> Sehr oft sagt sich der Angehörige der Waffen-SS – und diese Gedanken kamen mir heute so –, ... [wie schwer] das Herausbringen dieses Volkes hier [ist]. Genau dasselbe hat bei 40° Kälte in Polen stattgefunden, wo wir Tausende und Zehntausende und Hunderttausende wegtransportieren mußten, wo wir die Härte haben mußten, – Sie sollen das hören und sollen das aber auch gleich wieder vergessen – Tausende von führenden Polen zu erschießen.

***

> Infolgedessen müssen wir, glaube ich, bei der Behandlung von Angehörigen eines fremden und vor allem irgendeines slawischen Volkstums nicht von deutschen Gesichtspunkten ausgehen und nicht deutsche anständige Gedanken, logische Folgerungen in die Leute hineindenken, die sie gar nicht haben, sondern wir müssen sie so nehmen, so wie sie wirklich sind. Es ist ganz klar, daß es in diesem Gemisch von Völkern immer wieder einige rassisch sehr gute Typen geben wird. Hier haben wir, glaube ich, die Aufgabe, deren Kinder zu uns zu nehmen, sie aus der Umgebung herauszunehmen und wenn wir sie rauben oder stehlen müßten ... Für uns bedeutet das Ende dieses Krieges den freien Weg nach dem Osten, die Schaffung des Germanischen Reiches und auf diese oder jene Art ... das Hereinholen von 30 Millionen Menschen unseres Blutes, so daß wir noch zu unseren Lebzeiten ein Volk von 120 Millionen Germanen werden. Das bedeutet, ... die deutschen Volkstumsgrenzen um 500 Kilometer nach Osten hinauszuschieben.

Als der Gerichtshof seine Vormittagssitzung am Montag, dem 17. Dezember, eröffnete, machte Lordrichter Lawrence mehrere verfahrenstechnische Ankündigungen, deren eine von der Anklagevertretung besonders begrüßt wurde. Bereits einige Tage zuvor hatte Jackson das Tribunal aufgefordert, die Bestimmung zu modifizieren, daß nur jene Teile von Dokumenten als Beweisstück angenommen würden, die vor dem Gericht verlesen waren. Der Gerichtshof verfügte nunmehr, daß Dokumente als Ganzes oder in Teilen als Beweisstück angenommen würden, »vorausgesetzt, daß sie in die Sprachen der Mitglieder des Gerichtshofs übersetzt worden sind, und daß eine ausreichende Zahl von Dokumenten in deutscher Sprache im Informationsraum der Verteidigung zur Verfügung gestellt wird«. Die Möglichkeiten zur Übersetzung und Vervielfältigung hatten sich so weit verbessert, daß diese Anforderungen oft erfüllt werden konnten, und das führte wiederum dazu, daß sich das Tempo des Prozesses erheblich beschleunigte.

Nachdem Harris fertig war, wandte sich die Präsentation der Anklagevertretung den angeklagten Organisationen zu. Eine davon war der Generalstab bzw. das Oberkommando, und ich hatte erwartet, daß ich in diesem Zusammenhang während der letzten Woche vor der Weihnachtspause vor dem Tribunal erscheinen würde. Aber der Generalstab war die letzte Organisation, die in der Anklageschrift aufgeführt war, und zu dieser Zeit war klar, daß meine Präsentation erst nach der Sitzungspause an der Reihe wäre.

Storey selbst trat nun ans Rednerpult, um die Klage gegen »Das Korps der Politischen Leiter der Nationalsozialistischen Deutschen Arbeiterpartei« (wie es in der Anklageschrift hieß) vorzutragen. Hitler war der »Führer« der Partei gewesen, während die Tagesgeschäfte von Heß – bis zu seinem Flug nach England – und dann von Martin Bormann besorgt wurden. Unter ihnen standen die leitenden Funktionäre der Parteiabteilungen (z. B. Jugend, Arbeit) mit dem Titel *Reichsleiter* sowie die nach geographischen und lokalen Kriterien eingestuften politischen Leiter, vom höchsten Funktionär eines großen Bezirks (Gau) bis zur niedrigsten Charge eines Häuserblocks (Blockwart). Auf Befragung durch den Gerichtshof erklärte Storey, daß es etwa 600 000 Angehörige des Führungskorps gegeben habe, die diesen Definitionen entsprochen hätten.

Storey verfügte über beträchtliches dokumentarisches Beweismaterial darüber, daß Mitglieder dieser Vereinigung sich ausgiebig an der Verfolgung von Juden und politischen Dissidenten vor dem Krieg wie an einer Reihe von Kriegsverbrechen beteiligt hatten, die in vom Reich annektierten Gebieten wie dem Elsaß und Westpolen begangen worden waren. Eine Reihe von Angeklagten hatte den Titel *Reichsleiter* gehabt, und Streicher, Sauckel und Schirach waren *Gauleiter* gewesen. Aber das Beweismaterial bestand weitgehend aus internen Aktennotizen und Schreiben, in denen die Zuständigkeit ausgewiesen wurde, und weniger aus Darstellungen tatsächlicher Ereignisse und Vorgänge. Und da die ungeheuerliche Bösartigkeit großenteils entweder Ley – der kurz zuvor Selbstmord begangen hatte – oder Bormann – der tot oder vermißt war – zur Last gelegt werden mußte, gab es oft keinen lebenden Leichnam auf der Anklagebank, der die Schuld auf sich laden konnte. Nach den Schrecken, die in den von Dodd, Walsh und Sam Harris verlesenen Dokumenten geschildert worden waren, erwies sich Storeys Material als vergleichsweise blaß.

Mehr als ein ganzer Tag des Prozesses war verstrichen, als Storey seine Ausführungen über das Korps der Politischen Leiter beendete, und die Zeit war einem dabei recht lang geworden. Im Laufe seiner Präsentation hatte sich bei mehreren Wortwechseln zwischen ihm und Lawrence herausgestellt, daß

Storey sein Material nicht im Griff hatte, und Lawrence war mit seiner Geduld bald am Ende.

Als nächstes befaßte sich Storey mit der Reichsregierung, die sich nach dem Wortlaut der Anklageschrift aus Mitgliedern des »ordentlichen Kabinetts« der Minister, des Ministerrates für die Reichsverteidigung und des Geheimen Kabinetts zusammensetzte. Storeys Aufgabe war so undankbar wie überflüssig. Bernays hatte bei seiner Idee von der »Schuld der Organisationen« die Möglichkeit einer Strafverfolgung zahlreicher Mitglieder vorgeschwebt, aber von der dergestalt definierten Gruppe waren nur noch rund vierzig Mitglieder am Leben, und dazu zählten (nach Storeys Rechnung) siebzehn Angeklagte – alle außer Streicher, Schirach, Sauckel und Fritzsche. Außerdem waren die Sünden der angeklagten Mitglieder der Reichsregierung, so verabscheuungswürdig sie auch waren, nicht durch die unter Anklage stehende Gruppe begangen worden. Wie sich später herausstellte, trat die Reichsregierung nach 1937 nie wieder zusammen und das Geheime Kabinett überhaupt nie.

Auch der beste Anwalt, den man sich vorstellen konnte, hätte nicht viel aus einer auf so schwachen Füßen stehenden Klage machen können, und Storey schon gleich gar nicht. Lawrence und Biddle waren derart verzweifelt, daß ihnen jedes Mitgefühl für den unglücklichen Texaner abging: »Oberst Storey«, sagte Lawrence, »ich wäre Ihnen dankbar, wenn Sie mir erklären würden, welche Schlüsse wir aus diesen Dokumenten ziehen sollen.« – »Herr Vorsitzender! Wir versuchten, die fortschreitende Beherrschung des Reichskabinetts durch die Angeklagten und die Mitglieder dieser Gruppe darzulegen«, lautete die hoffnungslos überflüssige Antwort. Es kam zu qualvollen Dialogen:

MR. BIDDLE: Oberst Storey, das letzte Dokument zeigte nur, daß gewisse Mitglieder des Kabinetts an der Kabinettssitzung teilgenommen haben. Zeigt es noch etwas anderes?
OBERST STOREY: Ich wollte gerade fortfahren und zeigen, daß auch ein SS-Gruppenführer und andere Leute zugegen waren.
MR. BIDDLE: Und was würde das zeigen?
OBERST STOREY: Mit anderen Worten, daß diese untergeordneten Leute zu einer Ministersitzung hinzugezogen wurden.
MR. BIDDLE: Was würde das zeigen?
OBERST STOREY: Nun, es zeigt gerade die Verflechtung der Partei und der untergeordneten Dienststellen …
VORSITZENDER: Es kann doch kein Zweifel bestehen, daß es ein Reichskabinett gab?
OBERST STOREY: Nein, Herr Vorsitzender.
VORSITZENDER: Und daß das Reichskabinett Verordnungen auf diesem Umlaufwege erließ? Darüber besteht kein Zweifel.
OBERST STOREY: Das ist richtig, Herr Vorsitzender.
VORSITZENDER: Was ergibt sich sonst noch aus diesem Dokument?

OBERST STOREY: Es zeigt, wer teilnahm und wie sie in die Partei gingen, um andere heranzuziehen ...
VORSITZENDER: Aber wir haben doch umfangreiches Beweismaterial vor uns, wer zu dem Reichskabinett gehörte, nicht wahr?
OBERST STOREY: Jawohl, ich werde die restlichen Hinweise auf andere Teilnehmer überspringen ...

Man mußte es Storey immerhin lassen, daß er dies und noch viel mehr schlucken konnte, ohne mit der Wimper zu zucken. Als er mit der Reichsregierung fertig war, stürzte er sich mutig auf die Klage gegen eine dritte angeklagte Organisation, die Sturmabteilung (SA) der NSDAP, eine Kampfabteilung, die im Volksmund auch »Braunhemden« hieß.

Es gab natürlich ungeheuer viel Beweise über die wichtige Rolle, die die SA als paramilitärischer Arm der NS-Partei bei ihrem Aufstieg zur Macht gespielt hatte. Gerade die Brutalitäten und andere Exzesse der SA hatten anfangs dem Nationalsozialismus einen schlechten Ruf in den westlichen Demokratien verschafft. Aber nach der Ermordung des SA-Chefs Ernst Röhm und vieler anderer SA-Führer nach dem sogenannten Röhm-Putsch im Sommer 1934 gingen die Mitgliederzahlen und der Einfluß der SA rapide zurück, und in der weiteren Entwicklung des Dritten Reiches oder im Krieg spielte sie keine bedeutende Rolle mehr.

Storeys Material war dementsprechend veraltet und langweilig. Der Gerichtshof war es offenbar leid, ihn zu quälen, und ließ seine Präsentation verhältnismäßig stillschweigend über sich ergehen. Es herrschte allgemeine Erleichterung, als Storey am Ende der Vormittagssitzung am 19. Dezember das Rednerpult verließ.

Den Angeklagten entging natürlich nicht, wie unzufrieden der Gerichtshof mit Storey war. Behauptungen, daß die Angeklagten »in freudiges Entzücken gerieten« und »jedesmal vor Lachen brüllten, wenn Storey getadelt wurde«, sind zwar entschieden übertrieben (Lawrence hätte ein derartiges Verhalten nicht geduldet), aber Göring »lachte des öfteren ostentativ, was taktisch sicher unrichtig« war, wie Dr. von der Lippe notierte: »›Wie ein Schuljunge, der sich freut, wenn der Direktor den Lehrer tadelt‹, meinte ein Verteidiger nach der Sitzung.«

Anschließend trug Major Warren Farr aus Boston die Klage gegen die SS vor. Präzise stellte er im Laufe des Nachmittags die Geschichte und Organisation der SS dar, eines wirklich komplexen und vielschichtigen Gebildes. Farr hatte es nicht leicht mit dem Gerichtshof: Dessen Mitgliedern machte noch immer der Ärger zu schaffen, den Storey hervorgerufen hatte, und vielleicht wollten sie den Eindruck vermeiden, als müßte er als Sündenbock herhalten. Außerdem war es der vorletzte Tag vor der Weihnachtspause, und jeder war müde und wollte möglichst bald wegfahren.

Aber im Unterschied zu den Wortwechseln zwischen der Richterbank und Storey trat Farr mit aller Entschiedenheit auf und brachte gute Gründe vor, als er mit Fragen überhäuft wurde, ob die Verlesung bestimmter Dokumente denn unbedingt erforderlich sei. Da wurde vorgebracht, daß die Mitglieder der Waffen-SS in Wirklichkeit Angehörige der Wehrmacht und nur nominell mit den anderen SS-Abteilungen verbunden gewesen seien; daß einige Teile der SS nichts zu tun gehabt hätten mit den Greueltaten und darum auch nicht als verbrecherisch bezeichnet werden könnten; daß viele Mitglieder Wehrpflichtige und keine Freiwilligen gewesen seien. Wie berechtigt diese Argumente seien, erklärte Farr, könne erst ermessen werden, wenn man die Organisation der SS insgesamt verstanden und klar dokumentiert habe.

Am darauffolgenden Morgen waren die Richter in einer besseren Stimmung, und Farrs Dokumente waren weniger technischer Natur und schockierten die Zuhörer mehr. Er legte die Führungsrolle der SS in den Konzentrationslagern dar, die grauenhaften medizinischen Experimente mit den Insassen und die Tätigkeit der SS-Einsatzgruppen in den Vernichtungslagern, und am Ende seiner Ausführungen befaßte er sich mit der Ermordung alliierter Gefangener durch die 12. SS-Panzerdivision Hitlerjugend.

Im Laufe der Nachmittagssitzung kehrte Storey ans Rednerpult zurück und begann mit der Vorlage des Beweismaterials hinsichtlich der Gestapo und des SD. Lawrence war nicht gerade erbaut darüber, Storey wiederzusehen, und gab eine bissige Bemerkung über die Verlesung von Dokumenten ab, die er zuvor dem Gerichtshof vorgetragen habe. Storey konnte gerade noch die Organisation der deutschen Polizei und des Sicherheitsdienstes beschreiben, bis der Gerichtshof um vier Uhr die Sitzung unterbrach und vertagte. Trotz Farrs lobenswerter Bemühungen konnte die amerikanische Anklagevertretung ihre Präsentationen von 1945 nicht mit einem Knalleffekt beenden.

Am Morgen des 6. Dezember hatte Lawrence gegen Jacksons Einspruch verkündet, daß der Gerichtshof nach der Sitzung vom Donnerstag, den 20. Dezember, erst wieder am Mittwoch, den 2. Januar, zusammenkommen werde. Jackson: »Mit Rücksicht auf meinen Stab möchte ich für die amerikanische Delegation Einwendung gegen die Verlegung der Sitzung zugunsten der Angeklagten erheben.«

Die Angeklagten waren allerdings nicht die einzigen, die von der Vertagung profitierten. Jackson selbst flog sogleich mit einem Militärflugzeug ab, begleitet von seinem Sohn, seiner Sekretärin, von Gordon Dean und dessen Sekretärin sowie von zwei Verwaltungsassistenten. Dieser »Urlaubstrip«, wie er es in seinen mündlichen Aufzeichnungen nannte, führte sie nach Rom, Athen, Kairo, Jerusalem, Bethlehem, Luxor, Tunis und Cannes. Parker flog nach Hause zu seiner Familie, und Biddle war Birketts Gast in England. Die anderen Richter und die meisten Mitglieder der britischen, französischen und sowjetischen Delegationen reisten ab, einige zumindest zu ihren Familien.

Ich flog nach England, um Weihnachten mit Freunden zu feiern. Ende Dezember kehrte ich nach Nürnberg zurück, um letzte Vorbereitungen für meine Generalstabs-Präsentation zu treffen.

Neuntes Kapitel

Die Enklave des Internationalen Militärgerichtshofs in Nürnberg

Meine Frau Mary wurde als Tochter eines Missionars in Schanghai geboren und verbrachte ihre ersten siebzehn Lebensjahre auf dem Campus der St.-John's-Universität in der Internationalen Niederlassung – also in jenem Teil Schanghais, der das exterritoriale Gebiet der Briten und Amerikaner umfaßte. Kurz nachdem sie im Frühjahr1946 zu mir nach Nürnberg gekommen war, bemerkte sie, das Leben in Nürnberg erinnere sie sehr an den kolonialen Lebensstil der ausländischen Bewohner Schanghais.

Mir fehlte eine derartige Vergleichsbasis, aber was Mary sagte, drückte genau das aus, was ich eine Zeitlang empfunden hatte, ohne es in Worte fassen zu können. Das Gefühl, sich weit weg von der eigenen Heimat zu befinden, von der einheimischen Bevölkerung getrennt zu sein (und ihr gegenüber allzu oft ostentativ den Überlegenen herauszukehren) und in einer geschlossenen Gesellschaft zu leben – all diese Indizien des Kolonialismus gehörten unabdingbar zum Leben in dieser Gemeinschaft, die sich in Nürnberg zur Verurteilung der Kriegsverbrechen niedergelassen hatte.

Derartige Gefühle waren besonders ausgeprägt bei den Amerikanern und sicher auch bei den Russen. Selbst mit den langsamen Flugzeugen der damaligen Zeit waren London und Paris in ein paar Stunden zu erreichen, und die Briten und Franzosen waren an das Reisen in Europa und an das Leben im Ausland gewöhnt. Moskau hingegen war zwar nicht so weit weg wie Amerika, aber viel weiter entfernt als London und Paris, und die Russen waren sogar noch weniger als die Amerikaner mit dem Leben in fremden Ländern vertraut.

Die Nürnberger Prozeß-Gemeinde war äußerst heterogen. Sie bestand hauptsächlich aus den vier nationalen Delegationen und setzte sich zum kleineren Teil aus den Richtern und ihren Stäben, zum größeren aus Anklagevertretung und Verwaltungspersonal zusammen. Organisatorisch unterstanden diese Delegationen den Richtern und Hauptanklägern. All diese Menschen lebten und arbeiteten allerdings in der Nürnberg-Fürther Enklave, über die Brigadegeneral Leroy Watson herrschte. Er stellte das Wachpersonal im Gefängnis wie im Gerichtssaal, den Wagenpark und die Fahrer sowie zahlreiche andere Einrichtungen und Dienstleistungen zur Verfügung – Quartiere und den PX-Laden ebenso wie den allgemeinen Sicherheitsdienst. In auffallend großer Zahl bei den Sitzungen des Gerichtshofs vertreten war die Presse, die ansonsten kaum in Erscheinung trat und so etwas wie das Fenster darstellte, durch das die Außenwelt unser Tun und Treiben verfolgen konnte. In gesellschaftlicher Hinsicht gehörten die Angeklagten und ihre Verteidiger zwar nicht zur Prozeß-Gemeinde, sie waren aber ihre eigentliche Daseinsberechtigung. Sie stellten den Inhalt ihres Arbeitsalltags dar und belebten ihn.

All diese Komponenten bildeten eine Insel, die unversehens aus einem Meer des Deutschtums und der Deutschen auftauchte. Nürnberg und seine Bewohner aber sorgten für die Atmosphäre, in der wir alle lebten, abgesehen vom Justizpalast und von ein paar gesellschaftlichen Enklaven wie dem Grand Hotel.

2

Als Gruppe waren die Russen Teil der Prozeß-Gemeinde, aber als einzelne hielten sie sich in ihr auf, ohne dazuzugehören. Die Delegationsmitglieder waren genau das, was man von ihnen erwartete: höflich und in beruflicher Hinsicht kooperativ, allerdings nur in dem Ausmaß, das höheren Orts vorgeschrieben wurde. In überschaubaren Gruppen durften sie von Zeit zu Zeit am Gesellschaftsleben teilnehmen. Aber es war unmöglich, zu einem Russen in einer anderen Eigenschaft denn als Mitglied seiner Delegation eine Beziehung einzugehen – soweit ich weiß, waren alle derartigen Bemühungen sofort zum Scheitern verurteilt.

Das bedeutete freilich nicht, daß ein einzelner Russe nicht sympathisch sein konnte: Viele, wenn nicht gar die meisten waren es auch. Seit meiner Ankunft in London bis zu meinem vorübergehenden Weggang aus Nürnberg im Februar 1946 war ich für die russische Delegation der designierte amerikanische Verbindungsoffizier und hatte ausgiebig Gelegenheit zu beruflichem Umgang mit Trojanowski, Rudenko, Pokrowski, Fräulein Dmitrijewa und mehreren anderen Russen, die alle nett waren. Aber im Laufe der Zeit taten sie mir in Nürnberg immer mehr leid. Die straffen Zügel aus Moskau, die ihren beruflichen Spielraum so einengten, waren ihnen peinlich, was man ihnen oft ansah, ohne daß sie es zugeben wollten. Das totale Verbot persönlicher Beziehungen zu irgendeiner nichtsowjetischen Person bedeutete, daß die Delegationsmitglieder Beziehungen nur untereinander eingehen konnten. Während der langen Monate des Prozesses muß das ausgesprochen langweilig und nervenaufreibend gewesen sein, und ich war überzeugt, daß sie einander am Ende geradezu zwangsläufig haßten.

Die einzigen Bitten, welche die Russen an mich herantrugen, galten unbedeutenden Auslassungen oder Änderungen in unseren Dokumenten oder Schriftsätzen, wenn eine Formulierung oder Tatsache an einen empfindlichen Nerv rührte. Meist suchte ich Rudenko in der Hoffnung auf, daß er in der Lage sei, Zeugen oder Dokumente beizubringen, die uns bei unserer Klage von Nutzen sein könnten. Stets versprach Rudenko freundlicherweise, er werde »in Moskau anrufen«.* Oft war die Antwort negativ, oder es gab eine Antwort, die er mir nicht mitteilte; gelegentlich war sie positiv.

Oleg Trojanowski befand sich nur selten in Nürnberg, und Fräulein Dmitrijewa stieg infolgedessen zur Chefsekretärin und -dolmetscherin der russischen Anklagevertretung auf. Ihr Englisch wurde besser, und sie blieb, was sie immer war: eine gewinnende und sehr auf Anstand bedachte Person. Als Rudenko mir einmal bei einer dieser seltenen Gelegenheiten Beweismaterial zeigen mußte, gehörten dazu auch einige Photographien. Als Rudenko einen Stapel in die Hand nahm, verkündete Fräulein Dmitrijewa feierlich: »Jetzt ich verlasse das Zimmer, Oberst Taylor.« Dann zeigte mir Rudenko mehrere Photos von nackten weiblichen Gefangenen, die über einen Hof liefen, während deutsche Wachen zusahen. Als Fräulein Dmitrijewa nach einer Weile wiederkam, sagte sie: »Diese nicht sehr nett, Oberst Taylor.« Es war leicht, dem zuzustimmen, aber trotz der widerwärtigen Photographien fiel es mir gar nicht so leicht, keine Miene zu verziehen.

Im Justizgebäude hatten wir praktisch keine Gelegenheit, uns mit anderen sowjetischen Anklagevertretern als Rudenko und Pokrowski oder mit den zwei oder drei Dutzend Dolmetschern und Mitarbeitern von Major Arkadi Poltorak, dem sowjetischen Chefsekretär am Gerichtshof, zu unterhalten. Eine wichtige Ausnahme allerdings war I. V. Rasumow, der im sowjetischen Telefonverzeichnis als »Chef der Übersetzungsabteilung« der Gerichtsmitarbeiter aufgeführt war. Aber er war viel mehr als das – er war, wie sich bald herausstellte, der Protokollchef der gesamten sowjetischen Delegation. Er war bei allen möglichen gesellschaftlichen Veranstaltungen anwesend, spielte leichte Musik auf dem Klavier, gab zweideutige Witze auf englisch zum besten und überwachte mit Argusaugen das Verhalten der Delegationsmitglieder, zumal wenn sie Gäste waren. Wenn seine Schäfchen sich allzu angeregt unterhielten, genügte eine Geste von Rasumow, daß sie abrupt gingen.

Ein Großteil der Prozeß-Gemeinde war am östlichen Stadtrand im Vorort Erlenstegen untergebracht. Die sowjetischen Anklagevertreter und praktisch

* Ich habe Rudenko nie sagen hören, er würde in Berlin anrufen. Das deutet vermutlich darauf hin, daß die sowjetische Delegation nicht dem sowjetischen Mitglied des Kontrollrats in Berlin unterstellt war. Ich habe nie erfahren, wen die Delegation in Moskau anrief – möglicherweise war es der Generalstaatsanwalt.

alle anderen Mitglieder der sowjetischen Delegation außer den Richtern und ihrem Stab wohnten in einer Siedlung in der Eichendorffstraße, und hier empfingen die russischen Anklagevertreter ihre ausländischen Gäste.

Das erste derartige Ereignis, an dem ich teilnahm, war eine Feier anläßlich der Oktoberrevolution Anfang November 1945. Gastgeber waren Pokrowski und ein weiterer sowjetischer Anklagevertreter, General G. A. Alexandrow. Nachdem wir uns miteinander bekannt gemacht hatten, standen wir endlos lange herum und hatten nichts zu tun oder zu trinken. Endlich erfuhren wir, daß wir auf Richter Jackson warteten, und dann stellte sich heraus, daß er die Einladung nie bekommen hatte. Alexandrow fuhr zu Jacksons Haus, aber der Richter wollte nicht kommen, und so nahmen wir schließlich ohne ihn Platz.

Die Versorgung mit Alkohol klappte in Nürnberg noch nicht so gut, und Standardgetränke wie Whiskey und Wodka waren immer noch knapp, während es überreichlich französische Weinbrände und Liköre gab. Auf unserem Tisch standen abwechselnd Flaschen mit Whiskey, Weinbrand und Cointreau – jeweils eine für drei Gäste. Mein Teil des Tisches hatte Cointreau vor sich.

Ich saß neben einem russischen General, dessen Name mir entfallen ist. Zu meinem Entsetzen füllte er unsere beiden Bechergläser bis zum Rand mit Cointreau, hob das seine und wollte mit mir ganz offensichtlich ex trinken. Cointreau ist farblos, und er hielt ihn wohl für Wodka. Mein Russisch beschränkte sich auf ein panikartig hervorgestoßenes »Njet!«. Er sah mich angewidert an, warf seinen Kopf zurück und kippte den Cointreau herunter – aber nur einen Teil, denn der süße, schwere Alkohol war in dieser Menge einfach zuviel für ihn; er verschluckte sich und verließ eilends den Tisch. Man lernt eben nie aus.

In Abwesenheit der vier Hauptankläger wurden die Toasts von Pokrowski, Fyfe (»Auf die Rote Armee!«), General Donovan (»Auf das russische Volk!«) und Dubost ausgebracht. Der Franzose schloß seine Rede mit einem sehr hübschen Wortspiel ab: »*La France est connue comme le pays de la révolution. Nous pouvons l'avouer sans rougir.*« (Frankreich ist als Ursprungsland der Revolution bekannt. Wir können das zugeben, ohne rot zu werden.)

Drei Wochen später kam es zu einer Affäre auf höherer Ebene, als Andrej I. Wischinski, der stellvertretende sowjetische Außenminister und Delegierte bei den Vereinten Nationen, und General K. P. Gorschenin, der Oberste Staatsanwalt der UdSSR, Nürnberg einen Besuch abstatteten. Sie trafen am 26. November 1945 ein, und an diesem Abend nahm ich an einem Essen teil, das Jackson ihnen zu Ehren im Grand Hotel gab und bei dem alle leitenden Mitarbeiter versammelt waren, außer den Briten, die bereits anderweitig verpflichtet waren.

Für die meisten von uns war Wischinski eine Schreckensgestalt wegen seiner Auftritte als ehemaliger sowjetischer Hauptankläger bei den berüchtigten sowjetischen »Säuberungsprozessen« von 1936 bis 1938, die zur Hinrichtung Tausender militärischer und politischer Funktionäre führten. Persönlich schien er gar nicht so schrecklich zu sein, aber sein wahres Ich kam zum Vorschein, als er sich erhob und seinen Toast aussprach: »Lassen Sie uns auf die Angeklagten trinken. Möge ihr Weg direkt vom Gericht ins Grab führen!« Bevor dieser makabre Trinkspruch übersetzt war, leerte Wischinski sein Glas, und fast alle Anwesenden taten es ihm nach; einige Amerikaner indes wurden unruhig, als sie erfuhren, worauf sie getrunken hatten. Besonders aufgeregt war der arme Richter Parker, den die Vorstellung heimsuchte, wie sich Zeitungskolumnisten wohl über Richter auslassen würden, die »auf das Todesurteil von Männern trinken, über die sie zu Gericht sitzen«. Biddle, der sich das Ganze nicht so zu Herzen nahm, bemühte sich vergeblich, die Ängste seines Kollegen zu zerstreuen.

Am nächsten Tag stellte Jackson Wischinski und Gorschenin bei einer Sitzung des Gerichtshofs vor, und an diesem Abend gaben die Briten für sie ein Essen, bei dem Fyfe, der ein halber Schotte war, die Russen mit dem Wohlklang des von einem Musiker der Scots Guards gespielten Dudelsacks bekannt machte. Am 30. November war Rudenko als Gastgeber eines Essens an der Reihe, bei dem nicht weniger als fünfundzwanzig Wodka-Toasts ausgebracht wurden. Fyfe hielt Wischinski für »liebenswürdig, fröhlich, geradeheraus und ein wenig derb«, aber auf mich wirkte er genausowenig anziehend wie Rasumow. Wischinski erklärte gegenüber Patrick Dean, daß der Prozeß zu langsam vorangehe (womit er völlig recht hatte), aber soweit ich feststellen konnte, änderte sich das Verhalten der sowjetischen Anklagevertretung durch den Besuch von Wischinski und Gorschenin in keinster Weise.

Auch die sowjetischen Richter wohnten in Erlenstegen, aber ich wurde nur einmal zu ihnen gebeten, und soweit ich weiß, luden sie ansonsten auch niemand anders von den nichtrussischen Anklagevertretern ein. Folglich begegnete ich Nikitschenko und Wolchkow nur zu ein paar besonderen Anlässen, als Richter und Anklagevertreter gemeinsam zusammenkamen. In Biddles Memoiren allerdings ist von häufigen Essen und Besuchen der Richter untereinander die Rede, und für ihn blieben die Russen weiterhin freundliche Leute. Dieser Ansicht war auch Parkers Assistent Bob Stewart, der eine gewisse Tanja, eine russische Dolmetscherin, ganz unwiderstehlich fand. Doch diese Neigung blieb nicht unbemerkt, vermutlich von Rasumow, und schon bald kehrte Tanja nach Moskau zurück.

Unter all diesen höflichen Russen gab es meiner Meinung nach nur einen, der wirklich Charme hatte. Das war Oberst Rudenkos Adjutant Juri Pokrowski, ein älterer Mann, der noch in der Armee des Zaren gekämpft hatte, ehe er sich den bolschewistischen Streitkräften anschloß. Er besaß die Eleganz eines Kavaliers der alten Schule und eine gewisse Warmherzigkeit, die überaus attraktiv waren. Ich gab mich gelegentlich der Hoffnung hin, daß aus Höflichkeit eines Tages Freundschaft werden könnte, aber dieser Tag ist nie gekommen.

3

Das Hauptwohngebiet der Franzosen und Briten befand sich in Zirndorf, einer kleinen Stadt ein paar Kilometer westlich der Nürnberger Stadtgrenze.

Die Franzosen blieben in der Prozeß-Gemeinde eher im Hintergrund, besonders während der ersten beiden Monate des Prozesses, vor ihrer eigenen Anklagevorlage. Im Juni hatte General de Gaulle die Führung der im Krieg gebildeten Provisorischen Regierung abgegeben, und Georges Bidault war zum Präsidenten gewählt worden. Nach den Jahren der deutschen Besatzung war die Wiederherstellung des französischen Staates ein mühsamer und umkämpfter Prozeß, und die Regierung verfügte nur über knappe Finanzmittel.

Der französische Hauptankläger, François de Menthon, war in der französischen Politik tätig und hielt sich kaum in Nürnberg auf. Anfang 1946, unmittelbar nach der Eröffnung der französischen Anklage, trat er von seinem Nürnberger Posten zurück und wurde sogleich Mitglied des französischen Kabinetts. Edgar Faure, der wie Dubost den Titel Stellvertretender Hauptankläger trug, war gleichfalls ein aufstrebender Politiker und wurde später zweimal Ministerpräsident. Wie de Menthon hielt sich auch Faure generell in Frankreich auf, außer wenn er vor Gericht auftrat.

Die französischen Richter – der Rechtsgelehrte de Vabres und Falco vom Cour de Cassation – waren meines Wissens nicht politisch tätig. Sie befanden sich natürlich an allen Verhandlungstagen in Nürnberg; ob sie am Wochenende nach Paris zurückkehrten, weiß ich nicht. Jedenfalls lebten sie in Nürnberg sehr zurückgezogen. Weder Biddle noch Fyfe oder Birkett erwähnen in ihren Memoiren irgendwelche Gesellschaftsabende bei den französischen Richtern, und mir ist nie zu Ohren gekommen, daß sie Vertreter der Anklage zu sich einluden.

Die einzigen führenden Mitglieder der französischen Delegation, mit denen wir engeren Umgang pflegten, waren Dubost – ein interessanter Mann, wenn auch kein großer Plauderer – und Madame Aline Chalufour, eine Verwaltungsbeamtin, die ausgezeichnet Englisch sprach und bei wichtigen Anlässen als Dolmetscherin fungierte. Einige der jüngeren Mitglieder allerdings nahmen rege am Gesellschaftsleben teil.

Zirndorf war ein angenehmer Vorort, und die Franzosen hatten lobenswerterweise die Initiative ergriffen und dort einen *club* gegründet, in dem es Musik, Tanz und passable Getränke gab. Er war zwar nicht so groß und prachtvoll wie das Grand Hotel, aber angenehm intim, und ich verbrachte hier eine Reihe von wunderbaren Abenden als Gast eines jungen Anklägers namens Henri Monneray, der mit mehreren amerikanischen Anwälten gut bekannt wurde, wovon später beide Seiten bei internationalen Rechtsangelegenheiten profitierten. Es war stets eine fröhliche Gesellschaft, zumal sich unter den französischen Dolmetscherinnen und Sekretärinnen mehrere sehr attraktive junge Frauen befanden.

4

Die Beziehungen zwischen den amerikanischen und britischen Anklagestäben waren zwar von Anfang an und blieben auch weiterhin freundschaftlich und kooperativ, aber die britische Gruppe und das riesige, unüberschaubare, schlecht geführte und scharf von den anderen getrennte amerikanische Kontingent unterschieden sich wie Tag und Nacht. Einschließlich Shawcross traten nur sieben britische Anwälte vor Gericht auf; sie wurden von einem Stab unterstützt, zu dem Patrick Dean und E. J. Passant vom Außenministerium gehörten sowie rund zehn militärische »Untersuchungsbeamte«, die bei der Beschaffung, Übersetzung und Organisation des dokumentarischen Beweismaterials assistierten. Oberstes Ziel der Briten war es, alles so einfach und klar wie möglich zu machen – ein Ziel, zu dem auch ihre Entscheidung wesentlich beitrug, keine Zeugen aufzurufen und den Beweis für die Verschwörung den Amerikanern zu überlassen.

Zusätzlich zu diesen rund zwanzig mit den Prozeßvorlagen befaßten Personen gehörten zu der Delegation noch Sekretärinnen, Dolmetscher und Dolmetscherinnen, eine Abordnung der Scots Guards und natürlich die Richter und ihre Helfer. Das gesamte britische Kontingent umfaßte etwa 170 Personen, und damit war es größer als die französischen und sowjetischen Delegationen, aber nur etwa ein Zehntel so stark wie die Amerikaner, einschließlich der Militärs und sonstiger Mitarbeiter.

Fyfe beriet sich mit Shawcross über wichtige Probleme, und Deans Berichte an das Foreign Office gestatteten es diesem illustren Ministerium, seinen Einfluß aufrechtzuerhalten, den es zumeist zur Verhinderung der Veröffentlichung von Dokumenten ausübte, die für die Regierung Seiner Majestät hätten peinlich sein können. In Nürnberg führte Fyfe ein strenges Regiment: An jedem Arbeitstag kam der britische Stab der Anklagevertretung zu einer morgendlichen Besprechung zusammen, auf der Berichte vorgetragen, Arbeiten verteilt und Probleme geklärt wurden. Fyfe war mit verwaltungstechnischen ebenso wie mit juristischen Aufgaben betraut, wie aus einem Brief an seine Frau vom 1. November 1945 hervorgeht:

> Meine Rolle besteht darin, daß ich zum Teil einen anscheinend nicht enden wollenden internationalen Kongreß durchführe, zum Teil eine kleine Abteilung leite und schließlich auch noch eine Prozeßklage auf die Beine stelle. Jeder hat irgend etwas auszusetzen: Lordrichter Lawrence hat keine Bettdecke und ein mit Stroh gefülltes Kissen. Richter Birkett hat kein eigenes Haus; wenn die Militäranwälte der Delegation getrennt von den Zivilanwälten untergebracht werden, zerfällt die Delegation in einzelne Lager; wenn sie gemischt bleiben, geht Colonel Turrell Mr. Elwyn Jones auf die empfindlichen sozialistischen Nerven. Miss Kentishs Badezimmer hat keine Vorhänge, und keine von den weiblichen Stabsangehörigen kann ein Bad nehmen, weil sie Angst vor Zuschauern haben; es gibt keine Trockner für das Photokopiergerät; Khaki-Roberts hat vergessen, ein Handtuch mitzubrin-

> gen, und mir meines gemopst, gerade als ich ein Bad nehmen wollte; die Russen wollen 28 neue Dokumente im allerletzten Augenblick zusätzlich vorlegen; Jackson glaubt, daß es Ärger wegen Katyn geben wird; Scott-Fox meint, er hätte lieber mit dem Foreign Office wegen irgendwelcher fünf Jahre alten Geheimnisse telefonieren sollen, die möglicherweise in etwa sechs Wochen zur Sprache kommen könnten; die weiblichen Stabsangehörigen müssen für ihre Mahlzeiten jedesmal anderthalb Schilling zahlen und haben keine Marken, weil sie gedacht haben, sie würden dafür nichts bezahlen müssen; Khaki und Robey behaupten, daß nichts rechtzeitig erledigt wird.*

Die abschätzige Anspielung auf Elwyn Jones (ein Parlamentsmitglied der Labour-Partei) macht deutlich, daß es unter der glatten Oberfläche der Beziehungen zwischen den britischen Anwälten zu politischen Reibereien kam. Fyfe und die meisten anderen Delegationsmitglieder waren Konservative, und Fyfes kühle Distanz gegenüber Elwyn spiegelt sich auch indirekt in einer Passage seiner Memoiren wider, in der er die anderen drei jüngeren Anwälte (Griffith-Jones, Phillimore und Barrington) lobt – sie gehörten zu »den uneigennützigsten und fleißigsten Menschen, die ich je gekannt habe«. Das Verhältnis zwischen Fyfe und Elwyn Jones wurde so gespannt, daß Shawcross meinte, sich einschalten zu müssen, damit Jones auch wirklich ein gerechter Anteil an der Gerichtsarbeit übertragen wurde.

Fyfe war eine fähige Führungskraft und ein guter Anwalt, aber sein Erfolg beruhte auf Kompetenz und Elan, nicht auf Brillanz oder Charme. Er verfügte über einen eher schwerfälligen Humor, und als Redner konnte er sehr langweilig sein. Ich hatte große Achtung vor ihm, aber für meinen Geschmack war er ein bißchen zu steif. Das galt auch für Griffith-Jones, der all diese Eigenschaften in einem selbst für einen Offizier der Guards allzu reichlichen Maße besaß. Später vertrat er einmal die Krone in einer Pornographie-Klage gegen D. H. Lawrence' Roman *Lady Chatterley's Lover* und wurde unfreiwillig berühmt, weil er den Geschworen die rhetorische Frage stellte: »Ist das die Art von Buch, die Sie in den Händen Ihrer *Bediensteten* sehen möchten?«

Die beiden geselligsten britischen Anklagevertreter waren Roberts und Jones – der Umgang mit ersterem war normalerweise, der mit letzterem stets angenehm. »Khaki« war in seiner Freizeit ein großer Trinker und Tänzer vor dem Herrn, und zuweilen kannte er keine Grenzen. Elwyn passierte das nie; er war locker und lebhaft und stets gutgelaunt und vernünftig.

Als Vorsitzender des Gerichtshofs kümmerte sich Lordrichter Lawrence um die zahlreiche britische Prominenz, die Nürnberg heimsuchte, um die-

---

* Birkett bekam bald ein Haus in Erlenstegen zugewiesen; Oberstleutnant Turrell leitete die »Untersuchungsbeamten« der britischen Armee; Miss Kentish war Fyfes Sekretärin; E. G. Robey, Sohn eines berühmten englischen Schauspielers, war ein Anwalt, den der Generalstaatsanwalt dem BWCE zur Verfügung gestellt hatte.

sen einzigartigen und denkwürdigen Prozeß mitzuerleben: Jowitt und Maugham (der Bruder von Somerset Maugham), der gegenwärtige und der einstige Lordkanzler; der ehemalige Kriegsminister Leslie Hore-Belisha und andere Ex-Minister; Lord Wright vom UNWCC und seine Lady, eine erfolgreiche Springreiterin; der berühmte Literat Harold Nicolson und der Historiker John Wheeler-Bennett. Leitende Anklagevertreter wurden oft zu Essen und Empfängen für diese erlesenen Gäste eingeladen, und so wurden wir mit dem rundlichen, exzentrischen Lawrence und dem langen, überaus intellektuellen Birkett gut bekannt. Schon bald trafen ihre Frauen ein, sehr zum Ärger von Jackson, der der Meinung war, die »Ausländer« sollten genauso unbeweibt bleiben, wie es Eisenhower den amerikanischen Besatzungstruppen vorgeschrieben hatte.

Vielleicht hatte sich im Laufe der Jahrhunderte in den Genen der britischen Oberschicht eine Affinität für das Kolonialleben ausgebildet. Jedenfalls wurden sie offenbar mit dem langen Exil in dem vom Krieg heimgesuchten Nürnberg leichter fertig als wir.

5

Das Hauptdefizit der amerikanischen Delegation bestand darin, daß ihr ein geistig-seelisches Zentrum fehlte. Jackson war eher ein Solist als ein Dirigent, und den Stabsoffizieren, an die er die Verwaltungsführung delegierte – Storey, Gill und später Dodd –, fehlte es an Führungsqualitäten. Außerdem war es aufgrund der Größe der Delegation unvermeidlich, daß die Quartiere der Amerikaner geographisch verstreut und in großer Zahl über den ganzen Nürnberger Raum (außer Zirndorf) verteilt waren. Es gab viele Einzelpersönlichkeiten, die in ihrer Arbeit aufgingen, aber insgesamt war die Delegation eine Anhäufung von lose miteinander verbundenen, halbautonomen Gruppen und weniger ein Ganzes mit einem Zentrum.

Unter den Hauptanklägern freilich war Jackson bei weitem der mächtigste, da er sein eigener Herr war. Niemand stand zwischen ihm und dem Präsidenten; und Truman, der gegenüber dem Nürnberger Unternehmen im allgemeinen eine positive Einstellung hatte, verspürte keine Neigung, Jackson auf die Finger zu schauen. Truman war neu im Amt, kein Anwalt und mit allen möglichen anderen Angelegenheiten voll beschäftigt. Von Zeit zu Zeit schickte Jackson ausführliche Berichte an Truman, aber soweit ich das feststellen konnte, kam es Jackson nie in den Sinn, ihn wegen irgendwelcher Probleme um Rat zu fragen.

Mit Rücksicht auf die diplomatische Seite seiner Aufgabe hatte Jackson Miss Fite vom Außenministerium als Beraterin nach London mitgebracht, doch sie blieb nur ein paar Monate bei ihm. Als Jackson nach Potsdam ging, gab er sich weniger als Berater von Außenminister Byrnes, sondern versuchte umgekehrt, diesen dafür zu gewinnen, den Russen zu zeigen, wo es langging;

der Minister betonte denn auch, daß endgültige Entscheidungen hinsichtlich des Nürnberger Projekts nicht bei ihm, sondern bei Jackson lägen.

Hinzu kam, daß viele Politiker und höhere Beamte, denen dieses Projekt Ideen und Impulse verdankte, kurz nach Kriegsende aus der Regierung ausschieden. Stimson und McCloy traten im Herbst 1945 ab; Biddle und Morgenthau wurden um ihren Rücktritt gebeten, kurz nachdem Truman sein Amt übernommen hatte. Rosenman schied Anfang 1946 aus, und außer in Potsdam scheint er an der Verfolgung von Kriegsverbrechen nicht mehr beteiligt gewesen zu sein, sobald Jackson einigermaßen etabliert war. Robert Patterson, Stimsons Nachfolger als Kriegsminister, hatte während seiner vorherigen Amtszeit als Staatssekretär nichts mit der Planung dieser Dinge zu tun gehabt. Howard C. Petersen, McCloys Nachfolger als Unterstaatssekretär im Kriegsministerium, war ein fähiger junger Anwalt und bemühte sich später, auf Jacksons Vorgehen bei der Anklage gegen die Naziorganisationen Einfluß zu nehmen. Aber ihm fehlte McCloys politisches Geschick, und Jackson sah nicht ein, warum er ihn im Hinblick auf Nürnberger Probleme konsultieren sollte.

Folglich traf Jackson generell, wenn nicht sogar stets seine eigenen Entscheidungen, ohne sie mit irgendjemandem in Washington oder sonstwo abzustimmen. Die Ergebnisse waren nicht immer großartig, aber die anderen Hauptankläger kamen bald dahinter, daß er eine Autoritätsperson war und niemals »Moskau anrufen« mußte. Auf der anderen Seite gab es auch niemals unerbetene Ratschläge aus Washington. Weder während des ganzen Hin und Hers um Krupp noch bei irgendeiner anderen strittigen Angelegenheit habe ich jemals etwas von einem offiziellen oder inoffiziellen Druck aus Washington gehört. Als ich Jacksons Nachfolger wurde, erlebte ich praktisch das gleiche.

Jackson und seine engsten Mitarbeiter waren in sieben Villen in der Lindenstraße in Dambach untergebracht, einem kleinen Dorf am westlichen Stadtrand von Nürnberg, südlich von Fürth. Jackson selbst sowie sein Sohn und Mrs. Douglas wohnten in Nummer 33, einer großen und gut ausgestatteten Residenz, die zwar dunkel und schwer und im schrecklichsten deutschen Gründerzeitstil erbaut war, aber über einen herrlichen Garten und einen guten Tennisplatz verfügte. Storey, Gill, Amen, Gordon Dean, Dodd, Whitney Harris und andere aus Jacksons Gruppe wohnten in den anderen Gebäuden an der Lindenstraße, Alderman, Calvocoressi und ich ein paar Blocks weiter in der Schwedenstraße.

Jackson lud seine leitenden Mitarbeiter oft zu sich ein; Sidney Alderman war häufig zum Essen und Musizieren da, und zu meiner großen Freude stand uns der Tennisplatz im allgemeinen an den Wochenenden zur Verfügung. Aber es wurden nur wenig große Gesellschaften gegeben, obwohl ich mich noch gut an eine erinnere, auf der Senator Claude Pepper aus Florida bei seinem Besuch in Nürnberg auf Jackson als »Amerikas internationalen Bezirksstaatsanwalt« anstieß. Für Jackson allerdings war das Haus ein Ort der Ruhe und Muße, wo er an seinen Gerichtsvorlagen arbeiten konnte.

Lebhafter ging es in der Hebelstraße 2 in Erlenstegen zu, wo Biddle und Parker mit ihren Assistenten Rowe, Wechsler, Fisher und Stewart wohnten. Es gab kaum ein ausgelasseneres Häuflein junger Männer, und da ich sie von früher kannte, wurde ich häufig abends zu einer feuchtfröhlichen Unterhaltung eingeladen. Sie vermieden es sorgfältig, über die Interna des Tribunals zu reden, zogen aber freimütig über andere Ereignisse und Personen her.

Für die meisten Mitglieder der amerikanischen Delegation indes, die in Zimmern hausten, in denen man keine größeren Veranstaltungen abhalten konnte, war der Mittelpunkt des gesellschaftlichen Lebens das Grand Hotel. Im Stadtzentrum gegenüber dem Hauptbahnhof gelegen, stand dieses Hotel allen zivilen Beschäftigten der Besatzungsmächte sowie allen Angehörigen des Militärs im Offiziersrang offen. Ein Flügel des großen Gebäudes war im Krieg beschädigt worden und wurde während der ersten Monate des Prozesses wiederaufgebaut, aber die Hallen, Speisesäle und der große Festsaal waren unversehrt und sorgfältig im altdeutschen Stil eingerichtet.

Die Küche war preiswert und ziemlich gut, der Keller bald ausreichend bestückt, und im Marmorsaal gab es eine Tanzkapelle und hin und wieder eine Nachtclubshow. Die deutsche Belegschaft war diensteifrig bis zur Unterwürfigkeit und mit ein paar Zigaretten als Trinkgeld vollauf zufrieden. Die Russen kamen nie ins Grand Hotel, die Franzosen und Briten nur selten. Es war im wesentlichen ein amerikanischer Versammlungsort, genauso wie der in der Nähe eingerichtete Männerclub.

Damit den Deutschen die eigenen knappen Nahrungsmittelvorräte nicht ausgingen, durften die amerikanischen Besatzer die wenigen deutschen Restaurants nicht aufsuchen, sondern sollten sich in den Messen und Kasinos der Army sowie im PX-Laden versorgen, sobald dieser eingerichtet war. Aus ähnlichen Gründen durfte kein amerikanischer Besatzer, ganz gleich, ob er dem Militär oder den zivilen Dienststellen angehörte, seine Frau, Kinder oder andere Angehörige dabeihaben. Folglich gehörten der Prozeß-Gemeinde nur wenige verheiratete Paare an.* Die meisten leitenden männlichen Mitarbeiter, einschließlich der Anwälte, waren verheiratet, während die Frauen zumeist ledig und jung und häufig sehr attraktiv waren. Damit herrschte in dieser Gesellschaft eine entspannte, tolerante und erotische Atmosphäre, die viele von uns als angenehm empfanden.

---

* Auch die Russen hatten keine Frauen oder andere Angehörige dabei, aber die britischen und französischen Richter setzten sich insoweit über die Vorschriften hinweg, als sie sich gelegentlich von ihren Frauen und größeren Kindern in Nürnberg besuchen ließen. In der amerikanischen Delegation sorgten die beiden Anwälte Daniel Margolies und Harriet Zetterberg für eine pikante Situation, weil sie ein Zimmer im Grand Hotel gemeinsam bewohnten – die Behörden hatten nichts dagegen, wußten aber nicht, daß die beiden tatsächlich verheiratet waren.

Alles in allem ging es den Angehörigen der Prozeß-Gemeinde ziemlich gut, den Amerikanern, die besser bezahlt waren als die anderen, sogar sehr gut. Wir arbeiteten im allgemeinen sehr lange, aber es gab auch Unterbrechungen; und wenn es sich ergab, daß meine Anwesenheit im Gerichtssaal nicht unbedingt erforderlich war, unternahm ich häufig an den Wochenenden Ausflüge zu den bayrischen Städten und Sehenswürdigkeiten. Als Oberst standen mir ein Auto und ein ausgezeichneter Fahrer namens Drazba zu, aber auch die niedrigeren Dienstgrade konnten normalerweise einen Jeep oder das sperrige »command car« aus dem Fahrzeugpark bekommen.

Franken ist ein herrliches Land für Ausflüge, die ich sehr gern unternehme, und ich nützte dazu jede Gelegenheit. Die Anwesenheit von – männlichen wie weiblichen – Freunden aus dem Washington der Vorkriegszeit und aus England, die ich dort während des Krieges kennengelernt hatte, sorgte dafür, daß ich in angenehmer Gesellschaft war bei meinen Fahrten in Richtung Süden: zur Fuggerstadt Augsburg und an die Donau nach Donauwörth, Ingolstadt und Regensburg (Ratisbona heißt diese Stadt bei Lateinern und bei Robert Browning in seinem Gedicht »Incident of the French Camp«) mit seinem herrlichen Dom; Richtung Westen nach Würzburg, das so traurig zerstört, aber noch immer eindrucksvoll war; und Richtung Norden nach Erlangen mit seiner Universität, nach Bamberg, Coburg, Bayreuth und in die Fränkische Schweiz mit ihrer wunderbaren Landschaft, ihren malerischen Dörfern und Burgen wie Pottenstein.

Zweitägige oder längere Urlaube konnte man in den bayrischen und österreichischen Alpen verbringen. Die Army hatte Hotels und Erholungsstätten in Kurorten wie Garmisch-Partenkirchen, Berchtesgaden und Salzburg requiriert, und überall dort hielt ich mich im Winter 1945/46 auf. Barbara Pinion von der WAAF, die ich in Frankfurt für Calvocoressis Gruppe engagiert hatte, war gut bekannt mit Oberst Paul Sapieha, der einer polnischen Adelsfamilie entstammte (Kardinal Sapieha aus Krakau war sein Onkel) und durch den wir östlich von Salzburg am Fuschlsee in Schloß Fuschl unterkamen, einem alten Kloster, das Ribbentrop zum persönlichen Gebrauch als Landsitz konfisziert hatte. Hier wie am nächsten Tag in einem Gasthof am nahegelegenen Mondsee lernten wir viele polnische Offiziere kennen, die vor kurzem aus dem Polnischen Korps entlassen worden waren, das General Władysław Anders unterstanden und sich als Teil der 8. englischen Armee durch Italien nach Norden bis nach Österreich durchgeschlagen hatte.

Die meisten Offiziere, auch General Anders, waren Gefangene der Russen gewesen, bis sie freigelassen wurden, um das Korps zu bilden, und einige hatten Verwandte oder Freunde bei Katyn verloren. All das trug nicht gerade dazu bei, die traditionelle Feindschaft der Polen gegenüber Rußland zu mindern, und nun befand sich ihre Heimat auch noch unter Moskaus Daumen, und die Warschauer Regierung wurde zunehmend von Kommunisten beherrscht. Diese Offiziere, die zumeist aus der Ober- oder Mittelschicht stammten, konnten nicht mehr sicher, geschweige denn glücklich nach Hause zurückkehren. Sie waren gebildete, gutaussehende Männer und eine sehr angenehme Gesellschaft, aber nun waren sie verwirrt und verloren im Wirrwarr der Nachkriegszeit. Ich fürchte, nur wenige von ihnen waren in der Lage, sich einer Welt anzupassen, aus der ihr kulturelles Erbe hinweggefegt worden war.

Während die anderen drei Nürnberger Delegationen in sich homogen waren, bestand die Gruppe der amerikanischen Mitarbeiter aus vielen Menschen, die weder ihrer Geburt noch ihrer Nationalität nach Amerikaner waren. Zunächst hatte man gezögert, ortsansässige Deutsche zu beschäftigen, aber der ungeheuere Bedarf an Übersetzern, Büropersonal und Helfern aller Art führte dazu, daß immer mehr Deutsche in derartige Positionen kamen. Andere Deutsche, die vor dem Nazi-Regime geflohen waren und teilweise britische oder amerikanische Staatsbürger geworden waren, teilweise auch nicht, wurden für sprachliche und für Forschungszwecke eingesetzt, und einer von ihnen trat sogar als Anwalt vor dem Tribunal auf: Dr. Robert Kempner.

Das internationale Spektrum der Prozeß-Gemeinde wurde noch verstärkt durch kleine Delegationen aus den ehemals von den Nazi-Truppen besetzten Ländern: Polen, Jugoslawien, Tschechoslowakei, Dänemark, Norwegen, den Niederlanden und Griechenland. Die ersten drei arbeiteten eng mit der sowjetischen, die anderen mit der britischen Delegation zusammen. Ihre Repräsentanten, insbesondere die Polen und Tschechen, verlangten von den vier Hauptdelegationen, vor dem Gerichtshof erscheinen und das Beweismaterial vorlegen zu dürfen, das sich auf ihre Länder bezog. Aber diese Forderungen wurden abgelehnt, teilweise auch weil man keine zusätzlichen Sprachen mehr im Gerichtssaal einführen wollte, da die Simultanübersetzungsanlage nicht mehr als vier Sprachen bewältigte. Folglich fungierten die kleineren Delegationen nur als Beobachter oder zuweilen als Quellen für zusätzliches Beweismaterial.

6

Im Jahre 1761 gründete Kaspar Faber eine kleine Bleistiftfabrik in Stein, einem Vorort im Südwesten von Nürnberg. Seine Nachfahren erlebten einen großartigen Aufschwung, und ein gutes Jahrhundert später wurden ein großes »Kastell« und anhängende Gebäude auf dem Grund und Boden der Fabers von dem damaligen Eigentümer, Baron Faber-Castell, errichtet. Auf Wandgemälden im Inneren prangten Ritter hoch zu Roß – mit Bleistiften als Lanzen; in künstlerischer Hinsicht war der ganze Komplex ein Alptraum.

Hier waren die Presseleute, die über die Nürnberger Prozesse berichteten, unter der Schirmherrschaft der US-Army untergebracht. Die Innenräume der Gebäude waren so mächtig und protzig, aber auch durch die militärische

Nutzung im Krieg mit Flecken, Gerüchen und Scharten so verunstaltet, daß Jackson es abgelehnt hatte, die Nürnberger Stäbe hier unterzubringen. Aber mehrere hundert Pressemitglieder strömten in der alten Stadt zusammen, und es gab keinen anderen Ort, der groß genug war, sie zu beherbergen.

Die Reporter und Kommentatoren kamen aus über zwanzig Nationen: rund achtzig aus den USA, fünfzig aus England, vierzig aus Frankreich, fünfunddreißig aus der Sowjetunion, zwanzig aus Polen und ein Dutzend aus der Tschechoslowakei. Unter den amerikanischen und britischen Journalisten befanden sich viele, die auf ihrem Gebiet berühmt waren oder es bald werden sollten: H. R. Baukhage, Walter Cronkite, Ray Daniell, Wes Gallagher, Marguerite Higgins, Louis Lochner, Roy Porter, William L. Shirer, Richard Stokes, aus England Robert Cooper (von der Londoner *Times*), Ossian Goulding (vom *Daily Telegraph*), David Low (vom *Evening Standard*) und Peter de Mendelsohn (vom *New Statesman*) sowie aus der Sowjetunion Ilja Ehrenburg.

Einige aus dem Faber-Völkchen wie Cronkite fanden sich mit den überfüllten und chaotischen Wohnverhältnissen ab, ohne sich groß darüber aufzuregen. Nicht so Bill Shirer, dessen Bericht an die New Yorker *Herald Tribune* vom 8. Dezember 1945 folgendermaßen begann:

> Lassen Sie Ihre Auslandskorrespondenten hochleben, weil sie – trotz der Schicksalsschläge, die sie durch die US-Army einstecken müssen – sich noch alle Mühe geben, die Wahrheit aus Deutschland zu berichten, und zwar unter den fürchterlichsten Umständen, die ich in all diesen zwanzig Jahren, in denen ich nun schon aus dem Ausland berichte, je erlebt habe.
> Während ich dies schreibe, ist etwa die Hälfte von denen, die über den Prozeß gegen die Nazi-Kriegsverbrecher berichten, krank von dem widerwärtigen Essen, das die Army nicht im Traum den deutschen Kriegsgefangenen vorsetzen würde. Zu acht oder zehnt in einem Raum zusammengepfercht, in einem baufälligen Gebäude, das als Presselager dient, sind sie gezwungen, in sanitären Verhältnissen zu leben, die alles andere als dies sind und die der Staat New York in Sing Sing niemals durchgehen lassen würde.

Im Justizgebäude war die Presse besser dran. Im Gerichtssaal waren 240 Plätze für sie reserviert, und in einem großen Presseraum konnte das Verfahren auch über Lautsprecher verfolgt werden. Gordon Dean – laut Shirer der »Silberstreif in den finstersten Wolken« – löcherte Storey so lange, bis die Presse mehr Kopien von Dokumenten bekam, und wirkte wahre Wunder, indem er die knallharten Zeitungsleute davon überzeugte, daß sie trotz aller Mängel und Mißverständnisse fair behandelt wurden. Im Justizpalast waren die Nachrichtenagenturen RCA, Mackey, Press Wireless und Tass untergebracht, und Fernschreiber wurden zur Nachrichtenübermittlung nach London und Paris installiert.

Trotz der schrecklichen Inneneinrichtung und der mangelhaften Unterbringung und Verköstigung waren Besuche im Faber-Kastell stets unterhaltsam. Der Kommandant, Major Ernest Dean, hatte einen kleinen Frauenchor aus deutschen Kellnerinnen zusammengestellt, die mit ihren hübschen Stimmen deutsche Volkslieder und – als komische Einlage – mit starkem deutschem Akzent amerikanische Unterhaltungssongs zum besten gaben – ein allgemeiner Favorit war »Mairzy Doats«. Walter Cronkite bereitete meiner Siegesserie im Tischtennis ein Ende. Man unterhielt sich gut, und Besucher, die nach anderen Neuigkeiten als denen lechzten, die im Army-Blatt *Stars and Stripes* standen, schnappten dankbar Informationen und Kommentare über die Außenwelt auf.

Ich bekam nur selten zu Gesicht, was die Bewohner des Faber-Kastells über die Prozesse schrieben. Ich nehme an, daß Jackson von Gordon Dean besser versorgt wurde, aber außer während des »Aufstands« der Presse gegen Storeys Methoden bei der Verteilung der Dokumente zu Beginn des Prozesses habe ich nie gehört, daß Jackson irgendwelche Pressereaktionen erwähnte; und ich glaube auch nicht, daß die Zeitungen besonderen Einfluß auf die Durchführung des Verfahrens hatten.

Bei den britischen und amerikanischen Pressevertretern hatte sich bald die Meinung herausgebildet, daß das britische Anklageteam dem unseren eindeutig überlegen sei. Als ich mir 1946 Presseausschnitte ansah, bemerkte ich, daß die britischen Reporter bei ihren Vergleichen allzu chauvinistisch waren. Aber ich hatte keine Ahnung, daß die amerikanischen Journalisten diese negative Ansicht über Jacksons Team teilten (wenn auch nicht so offen), bis ich es Jahre später von Cronkite und Shirer erfuhr.

Wie andere Prozeßbeobachter zogen auch die amerikanischen Journalisten über Storeys Behandlung der amerikanischen Anklage her und meinten, daß Alderman zuviel Zeit verschwendet habe – eine verständliche Beschwerde bei Reportern, die jeden Tag etwas Neues haben wollten und nicht begriffen, daß Alderman genau das tat, was für die Beweisführung der Anklage erforderlich war. Außerdem fühlten sie sich trotz Jacksons eloquenter Eröffnungsrede von seiner Unzugänglichkeit und offenkundigen Gleichgültigkeit vor den Kopf gestoßen, während Fyfe stets für eine Erklärung zur Verfügung stand und ihnen auch sonstwie behilflich war.

Gewiß hatte die britische Presse allen Grund, auf ihr Nürnberger Team stolz zu sein. Roberts war der einzige Außenseiter, ansonsten aber waren alle britischen Teilnehmer im Gerichtssaal anerkannt fähige Anwälte, die an ständige und unterschiedliche Auftritte vor Gericht gewöhnt waren. Dank ihrer Erfahrung und Talente vor Gericht brachten sie es zu ausgezeichneten Ergebnissen, denn sie leisteten genau das, was sie sich vorgenommen hatten, mit einem vertretbaren Aufwand an Zeit und Personal. Ebenso setzte sich Fyfe im Laufe der Zeit im Gerichtssaal tagtäglich als führender Vertreter der Anklage insgesamt durch.

Aber es ist eben leichter, einen Stab aus einem Dutzend hochqualifizierter Anwälte zusammenzustellen als einen zehnmal so großen Stab, und es läßt sich einfacher nachweisen, daß *Nazideutschland* Polen, Dänemark, Jugoslawien und andere Länder angegriffen hatte, als daß die *Angeklagten* sich verschworen hatten, einen Angriffskrieg einzuleiten. Während die öffentliche Kritik am amerikanischen Team großenteils berechtigt war, zogen die gehässigen Vergleiche der britischen Reporter kaum in Betracht, wie großartig es Jackson gelungen war, dem Verfahren ein hohes Niveau zu verleihen – man übersah auch, wie reichhaltig und zwingend zusammengestellt das Beweismaterial war, das Alderman und andere Amerikaner aufboten; wie sensationell die Enthüllungen von Zeugen wie Lahousen und Ohlendorf waren; und wie vernichtend die Photographien sich auswirkten, welche die Konzentrationslager zeigten, die Zerstörung des Warschauer Ghettos und die Untaten der Nazi-Justiz gegenüber den Widerständlern vom 20. Juli 1944. Mir kam es so vor, als ob die britischen Journalisten dazu neigten, die Überlegenheit ihrer Nürnberger Anwälte übertrieben herauszustellen, nachdem die Vereinigten Staaten während des Krieges aufgrund ihrer Größe und Ressourcen den ersten Platz unter den westlichen Alliierten eingenommen hatten.

Das Pressekorps behielt natürlich im Laufe des Prozesses nicht seine anfängliche Stärke bei. Sobald sich immer deutlicher herausstellte, daß die Verhandlungen noch mindestens mehrere Monate weitergehen würden, reisten viele Reporter ab, wobei manche neue Aufgaben übernahmen (Cronkite beispielsweise mußte nach Moskau gehen), andere aber nur über andere Gebiete oder Ereignisse berichteten, so daß sie jederzeit nach Nürnberg zurückkehren konnten, wenn es dort etwas besonders Berichtenswertes gab.

7

Abgesehen von den Beteiligten selbst hatte erst die US-Army die Nürnberger Prozeß-Gemeinde überhaupt möglich gemacht. Die Army hatte Nürnberg als Verhandlungsort für den Prozeß vorgeschlagen; sie hatte das Neue Justizgebäude wiederaufgebaut und so umgestaltet, daß es für den Prozeß geeignet war; sie hatte die Angeklagten und die Zeugen nach Nürnberg gebracht, bewachte und beschützte sie; sie hatte die notwendigen Vervielfältigungs-, Aufzeichnungs- und Telefongeräte und -einrichtungen für die Prozeßmitarbeiter und die Presse beschafft und einen Großteil des Verwaltungs- und Büropersonals gestellt; sie hatte die Quartiere ausgewählt, zugewiesen und renoviert; sie stellte den Fuhrpark und die Fahrer zur Verfügung; sie beschaffte und verteilte Nahrung und Getränke, Heizmaterial und sonstige Dienstleistungen für die Gemeinde; sie sorgte für umfassende Sicherheit in der gesamten Nürnberg-Fürther Enklave und kümmerte sich um zahlreiche andere Erfordernisse und Einrichtungen.

Kurz – die Army ermöglichte es einer großen und in sich sehr unterschiedlichen Gruppe von Ausländern, sich innerhalb von ein paar Wochen in der zerbombten und weitgehend in Schutt und Asche liegenden Stadt Nürnberg niederzulassen und einen einzigartigen und wichtigen Prozeß von weltweiter Bedeutung abzuhalten. Das war eine großartige, unter Druck zustande gekommene bauliche und organisatorische Meisterleistung.

Aber auch die Army war und ist nicht unfehlbar. Während der Vorbereitungs- und Anfangsphase des Prozesses geriet die Army in Deutschland nämlich in Schwierigkeiten, die sich mit dem Stichwort »Truppenverlegung« beschreiben lassen. Dieser Vorgang hatte sogar schon vor Kriegsende begonnen. Im Laufe des Frühjahrs 1945 war klargeworden, daß der totale Zusammenbruch des Dritten Reiches unmittelbar bevorstand, und im Mai begann die Verlegung von Truppen aus Deutschland zum pazifischen Kriegsschauplatz, um den Angriff auf Japan vorzubereiten, der möglicherweise für den endgültigen Sieg in Fernost unvermeidlich war. Ende 1945 hatten über zweieinhalb Millionen amerikanische Soldaten Europa wieder verlassen, und am 30. Juni 1946 waren 99 Prozent der Soldaten, die sich dort am Tag der Kapitulation aufgehalten hatten, abgezogen – einige, um woanders weiterzudienen, aber über zwei Millionen auch, um ins Zivilleben zurückzukehren.

Das wirkte sich auf Moral und Kompetenz der Besatzungsarmee verheerend aus, was man in Nürnberg nur allzu deutlich feststellen konnte. Die dortigen Truppen gehörten der Ersten Infanteriedivision an – der »Big Red One« (wie sie nach ihren roten Schulterstücken hieß), einer berühmten Division, die sich im Kampf besonders ausgezeichnet hatte. Als ich im Oktober nach Nürnberg kam, handelte es sich zumeist um Soldaten aus Kampftruppen, die kämpfend durch Deutschland gezogen waren. Abgesehen von einer beklagenswerten Neigung, mit ihren Fahrzeugen durch die Straßen zu rasen, ohne sich groß um die Sicherheit deutscher Fußgänger zu kümmern, mit denen sie wenig anfangen konnten, handelte es sich um reife, selbstsichere und fähige Leute. Aber schon bald wurden sie wieder verlegt und großenteils durch unreife, schlecht ausgebildete Burschen ersetzt, die nur wenig Stolz auf ihren Beruf zeigten oder sich kaum für die Aufgaben interessierten, die sie bewältigen sollten.

Nach der Kapitulation der Japaner schwoll der Strom der Truppenverlegungen bedrohlich an. Im Juli 1947 waren die in Europa stationierten amerikanischen Streitkräfte auf 135 000 Mann zusammengeschrumpft. Dieser rasante Rückgang stellte die Effektivität der Streitkräfte, besonders der kleinen Einheiten, in Frage. Von einem Pionierbataillon blieben nur noch sechs Offiziere und fünfundsechzig Mann übrig; eine Versorgungskompanie bestand nach der Truppenverlegung nur noch aus achtzehn Mann. Die Wartung des Fuhrparks geriet zu einem schlechten Scherz. Immer wieder wurden meine Besichtigungstrips am Wochenende unterbrochen, weil der Wagen einen Schaden hatte und wir lange auf die Reparatur warten mußten.

Mit der Truppenverlegung wurden auch die meisten Kriegshauptquartiere verlegt oder aufgelöst und die Zusammensetzung der Besatzungstruppen vereinfacht. Das Oberste Hauptquartier der westlichen Alliierten (SHAEF) wurde aufgelöst, und im Juli 1945 wurde aus seinen amerikanischen Bestandteilen das United States Forces European Theatre (USFET) in Frankfurt am Main. Die Erste Armee war bereits in den Pazifikraum verlegt worden, die Neunte Armee in die USA, und Ende Juli wurden die beiden amerikanischen Heeresgruppen (Devers' Sechste und Bradleys Zwölfte) aufgelöst.

General Eisenhower blieb Befehlshaber des USFET bis zum 11. November, als er nach Washington zurückkehrte und Nachfolger von General Marshall als Army-Stabschef wurde. Offenbar in einem Anfall von Geistesabwesenheit übergab er das USFET-Kommando an General Patton. Dieser zu Recht gefeierte Kriegsheld machte als Oberbefehlshaber der Besatzungstruppen einfach alles falsch. General Leroy Watson wurde der Oberbefehl über die Nürnberg-Fürther Enklave übertragen, ohne daß er angemessen über das Wesen und den hierarchischen Status von Jacksons Behörde in Kenntnis gesetzt wurde – von den Folgen war bereits die Rede. Als Patton öffentlich Nazis und Nazi-Gegner mit Republikanern und Demokraten verglich, wurde er ohne jedes Zeremoniell bereits nach zwei Wochen von seinem Kommando entbunden und zum Chef der Fünfzehnten Armee ernannt, einem Hauptquartier von geringer militärischer Bedeutung. Kurz darauf kam er bei einem Autounfall ums Leben.

Am 26. November übernahm General Joseph T. McNarney das Kommando des USFET. Unterstellt waren ihm die Dritte Armee im Ostteil der amerikanischen Besatzungszone (Bayern) sowie die Siebente Armee im Westen (Württemberg-Baden* und Hessen). Gegen Ende 1945 allerdings gelangten die Militärbehörden zu der Erkenntnis, daß man eine eigene Truppe für die Aufrechterhaltung der Sicherheit brauche – wörtlich: »ein aktives Patrouillensystem, das in der Lage ist, rasch und effektiv zu handeln, um Krawalle, Aufstände und andere Handlungen, die die Sicherheit der Besatzungstruppen insgesamt gefährden könnten, im Keim zu ersticken und zu unterdrücken.« Es sollte eine gut ausgebildete, zackig ausstaffierte Elitetruppe sein, die Zone Constabulary (Zonen-Polizei) hieß und die in der ganzen amerikanischen Besatzungszone für Recht und Ordnung verantwortlich war, außer in ein paar Sondergebieten wie der Nürnberg-Fürther Enklave.

Zum Kommandeur dieser Polizei wurde Generalmajor Ernest N. Harmon ernannt, im Krieg Kommandeur der Zweiten Panzerdivision und bekannt als »Westentaschen-Patton«. Man hat ihn als »gedrungenen« Mann mit »breitem Brustkasten und rauher Stimme« beschrieben, als einen »harten, fluchenden, bombastischen Kommißhengst, der mit seinen Kavalleriestiefeln und -breeches besonders eingebildet war.«

Es stellte sich heraus, daß Harmon seine Polizeitruppe genauso gut aus-

---

* Nicht identisch mit dem heutigen Baden-Württemberg, das erst 1951 nach einer Volksabstimmung aus den Ländern Württemberg-Baden, (Süd-)Baden und Württemberg-Hohenzollern gebildet wurde.

bildete wie einst seine Panzertruppe. Aber außerhalb des Dienstes war Harmon nur mit Vorsicht zu genießen, wie wir feststellen mußten, als er nach Nürnberg kam, um sich mit General Watson zu beratschlagen. Sein Besuch fiel mit einem Empfang zusammen, den Lordrichter Lawrence und seine Frau gaben. Lady Lawrence war wohlgeformt und ein wenig steif. Als die beiden Generäle das Gebäude betraten, stand sie neben dem Eingang und empfing die Gäste. Harmon fand ihren Allerwertesten so anziehend, daß er ihn herzhaft zwickte. Lady Lawrence wandte sich um und stand vor Watson, der sprachlos vor Verlegenheit war, und vor Harmon, der sie angrinste und ihr die Hand zu einem freundlichen Gruß entgegenstreckte. Mit bewundernswerter Gelassenheit ignorierte sie den *coup d'amour* und plauderte höflich mit den beiden, ehe sie sich wieder neuen Gästen zuwandte. Später an diesem Abend wurde General Harmon im Marmorsaal gesehen, wie er mit großem Eifer tanzte und gelegentlich seine Partnerinnen hoch über seinen Kopf hob. Nach seiner Pensionierung im Jahre 1947 beendete Harmon seine Karriere als Präsident der Norwich University.

Leroy Watson war geradezu das genaue Gegenteil von Harmon: ein ruhiger, unaufdringlicher und flexibler Mann. Einige von seinen Wachen im Justizpalast, die die Ausweise überprüften, verhielten sich ziemlich rüde gegenüber den britischen Presseleuten und bemerkten lauthals, daß die »Tommies« auf Kosten von Onkel Sam lebten. Aber das führte nicht zu einer Krise, und nach und nach hob Watson das Kaliber seiner Truppen an, baute den Fuhrpark aus und räumte unter seinem Kommando mit dem Chaos auf, das die Truppenverlegung bei der amerikanischen Besatzungsarmee hinterlassen hatte.

So war die Army zwar praktisch für alle logistischen und die meisten gesellschaftlichen Einrichtungen und Ressourcen der Prozeß-Gemeinde zuständig, doch direkt am Nürnberger Projekt beteiligt war sie nicht. Der Präsident als ihr Oberbefehlshaber hatte die Army angewiesen, Jackson und seinem Stab alle mögliche Unterstützung zukommen zu lassen, und das geschah auch. Aber von dem, was im Justizgebäude vorging, hatten die GIs im allgemeinen kaum eine Ahnung, und sie kümmerten sich noch weniger darum. Unter den höheren Chargen, besonders unter den Berufsoffizieren, gab es nur wenige, die das Nürnberger Unternehmen guthießen, aber etliche, die offen an seinem Sinn zweifelten. Im Laufe der Zeit, besonders nachdem Winston Churchill in seiner berühmten Rede in Fulton, Missouri, der Sowjetunion vorgeworfen hatte, sie habe einen »Eisernen Vorhang« zwischen Ost- und Westeuropa niedergehen lassen, wurden die Stimmen des Zweifels lauter.

8

Als sich der Gerichtshof zur Weihnachtspause vertagte, hatte er fünf Sitzungswochen hinter sich gebracht. In dieser Zeit waren die hauptsächlichen organisations- und verfahrenstechnischen Probleme ganz gut bewältigt worden: Dokumente, Filme und andere Beweisstücke und Schriftsätze waren rechtzeitig und in ausreichenden Mengen erstellt worden. Ausfälle in der Simultanübersetzungsanlage waren behoben worden, und die Anwälte der Anklage wie die der Verteidigung hatten sich in das Verfahren eingearbeitet. Im Neuen Justizpalast lief die Arbeit der Prozeß-Gemeinde reibungslos ab und hatte eine gewisse Routine entwickelt.

Die Richter saßen in öffentlicher Sitzung vormittags und nachmittags (von 10 bis 13 Uhr und von 14 bis 17 Uhr) von Montag bis Freitag und gelegentlich auch am Samstagvormittag zu Gericht. Die meisten Mitarbeiter der Stäbe nahmen ihre Mittagsmahlzeit in der Kantine des Justizpalastes ein. Das taten zunächst auch die Richter, aber bald bekamen sie ihren eigenen Speisesaal. Wer von uns über ein Fahrzeug verfügte, begab sich oft ins Grand Hotel, wo man ruhiger und besser als im Justizpalast essen konnte.

Während des gesamten Prozesses behielten die Richter ihre ursprüngliche Sitzordnung bei – von links nach rechts (von vorn gesehen): die Russen, die Briten, die Amerikaner und die Franzosen. Da die Richter von links auftraten, führten die Franzosen diese Prozession an, mit dem kleinen Falco an der Spitze, der ein forsches Tempo vorlegte.

In der allerersten öffentlichen Sitzung hatte es eine peinliche Situation gegeben, weil die Army, wie immer pingelig auf die Rangordnung achtend, für die Zweiten Richter vorsorglich kleinere Stühle aufgestellt hatte als für die stimmberechtigten Mitglieder. Parker war darüber sehr verärgert und beklagte sich nach der öffentlichen Sitzung unverzüglich bei seinen Kollegen über diese »bewußte Herabsetzung« der Zweiten Richter. Dann warf er eine entscheidende Frage auf: »Welche Rolle spielt eigentlich ein Zweiter Richter in rechtlicher Hinsicht?« Die Unstimmigkeit wurde beigelegt, als Lawrence erklärte, daß die Stühle für stimmberechtigte Mitglieder wie für Zweite Richter gleich sein sollten. Nach eingehender Diskussion einigte man sich darauf, daß die Zweiten Richter durchaus an den Beratungen des Tribunals teilnehmen und ihre Ansicht zu bestimmten Fragen zum Ausdruck bringen könnten, bevor es zur Abstimmung komme.

Hinter den Richtern saßen zwei oder drei Dolmetscher, die eine Verständigung zwischen den russischen und den französischen Richtern sowie zwischen diesen und den englischsprechenden Richtern ermöglichen sollten. Allerdings entschied der Gerichtshof schwierige Fragen nicht in Besprechungen auf der Bank, sondern lieber in Sitzungspausen im Richterzimmer. Alle offenen Äußerungen in irgendeiner der vier Sprachen wurden über die Simultananlage übersetzt, so daß die Dolmetscher hinter den Richtern nur für persönliche Gespräche zwischen ihnen verwendet wurden oder irgendwelche unverständlichen Passagen in der Simultanübersetzung zu verdeutlichen hatten.

Im Laufe des Prozesses entwickelten bestimmte Persönlichkeiten, die ständig oder häufig im Rampenlicht standen, sich zu »Gerichtssaal-Stars«. Auf der Richterbank oblagen Lawrence alle Ankündigungen und Bestimmungen. In seiner Erscheinung und in seinem Auftreten war er würdig und überhaupt nicht aufgeblasen, entschieden, aber nicht streng und auf eine bestimmte Art und Weise gemütlich, die an persönliche Warmherzigkeit, vollkommene Gerechtigkeit und an ein englisches Weihnachtsessen denken ließ. Niemand konnte besser die Angst vor einer Vergeltung zerstreuen, die von »Siegern, die über Besiegte zu Gericht sitzen«, geübt würde.

Lawrence war es in erheblichem Maße zu verdanken, daß der Prozeß ein Erfolg wurde, und er war die dominierende Persönlichkeit auf der Richterbank. Aber er war kein intellektueller oder feinsinniger Mann und hatte seine liebenswürdigen Schwächen, unter anderem eine für attraktive Frauen. An Wochenenden sah man ihn oft, wie er sich in seiner Limousine in und um Nürnberg herumfahren ließ – in Begleitung einer munteren Französin. Wenn Betty Stark im Zuschauerraum auftauchte warf er sogleich ein Auge auf sie; und Biddle amüsierte sich, als er einmal einen Blick auf einen Zettel werfen konnte, den Lawrence ihr über einen der britischen Boten zukommen ließ: »Wie geht es Ihnen, Teuerste? Langweilen Sie sich auch so wie wir?«

Die russischen und französischen Richter sagten ebenso wie Parker und Birkett während der öffentlichen Sitzungen so wenig, daß sie nur einen optischen, aber keinen akustischen Eindruck hinterließen. Wolchkow war hölzern, Nikitschenko gelassen und ziemlich kalt; Parkers massige Gestalt und sein rundes Gesicht ließen wenig von seiner freundlichen und grundvernünftigen Art ahnen. Falco wirkte unbedeutend, und de Vabres war hauptsächlich wegen seines gewaltigen Walroßschnauzbarts erwähnenswert. Weil sie die rechtlichen Fragen und die Beweisführung des Prozesses so gut im Griff hatten, waren Biddle und Birkett die juristisch führenden Persönlichkeiten auf der Richterbank, und Lawrence verdankte seinen Erfolg als Vorsitzender weitgehend ihren Mahnungen und Vorschlägen. Als stimmberechtigtes Mitglied und als möglicher Kandidat für den Vorsitz war Biddle selbstsicherer und sprach mehr von der Bank aus als Birkett, der ja nur Zweiter Richter war. Gleichwohl hatten die beiden viel miteinander gemein. Beide waren unzufrieden: Biddle, weil er nicht Vorsitzender war, und Birkett, weil er kein stimmberechtigtes Mitglied war. Gestaltpsychologen hätten sie wohl als ektomorph bezeichnet: Sie waren lang und schlank, unruhig und kritisch, intellektuell begabt, voller Stolz und Ressentiments, wenn ihre Verdienste nicht in dem Maße anerkannt wurden, wie sie es ihrer Meinung nach verdienten.

Birkett war der bei weitem bessere Rechtsanwalt und ein größerer Rechtsgelehrter. Er war weniger unbeschwert und charmant als Biddle und nahm den Prozeß sogar noch ernster. Am 20. Januar 1946 schrieb er an einen Freund:

> Was mich hier aufrechthält, ist das Bewußtsein, daß dieser Prozeß ein großartiger Meilenstein in der Geschichte des Völkerrechts werden kann. Das wird ein Präzedenzfall von höchstem Rang für alle nachfolgenden Generationen sein, und große wie kleine aggressive Nationen werden sich künftig auf Kriege in der Gewißheit einlassen, daß sie *im Falle eines Scheiterns* unerbittlich zur Rechenschaft gezogen werden.

Und am nächsten Tag notierte er in seinem Tagebuch:

> Das ist vermutlich und zweifellos auch tatsächlich der bedeutendste Prozeß der Geschichte. Künftige Historiker werden fasziniert darauf zurückblicken. Er wird eine glanzvolle Ausstrahlung, eine Intensität, ein stets präsentes Gefühl für das Tragische besitzen, und damit wird er den Geist, der sich damit befaßt, in Bann schlagen. Aber wer jeden Augenblick dabeigewesen ist, genießt einen Vorzug, der nur wenigen zuteil wird ...

Auch Biddle sah den Prozeß als bedeutendes Ereignis an, aber er war weniger tiefsinnig. Als Sproß einer alten und angesehenen Familie aus Philadelphia war er so etwas wie ein »feiner Herr«, liebte die Annehmlichkeiten des Lebens und konnte gelegentlich herablassend oder arrogant sein. Zumindest für die öffentlichen Sitzungen wäre er als Vorsitzender nicht geeignet gewesen, denn er war ungeduldig, oft bissig, konnte Dummköpfe nicht ausstehen und hätte niemals wie Lawrence eine Aura der Fairneß ausgestrahlt. Außerdem verachtete er insgeheim die meisten seiner Kollegen. In den Briefen an seine Frau strich er ständig sein Ego heraus – auf Kosten anderer:

> [13. Februar 1946] Das ist nicht gerade ein begabter Haufen auf der »Bank«. Lawrence hat keine eigenen Gedanken, allenfalls gibt er – weitgehend unter Birketts und meiner Führung – einen ausgezeichneten Amtsrichter ab. Die Franzosen tragen fast nichts bei, Falco kommt einigermaßen mit.
> [13. März 1946] Eigentlich leite ich diese Show, habe jeden Punkt gemacht, ganz allein, abgesehen von Parker, der oft eine Nervensäge ist, und Herb [Wechsler], der grandios ist. Den Mitgliedern des Tribunals fehlt es fast genauso an Intelligenz wie an Mumm ...
> [22. Mai 1946, über Lawrence] Aber der alte Bock ist so blöd, so ungeschickt, daß sich das Ganze zu einer endlosen Kette von belanglosen Ärgernissen entwickelt.

Sosehr die Richter auch Jacksons Eröffnungsrede bewundert hatten, er verstand sich mit ihnen nicht gut. Als sie ihm zum erstenmal in Berlin und Nürnberg begegneten, ging er mit ihnen wie ein alter Hase um, der einem Haufen von Anfängern zeigt, wo es langgeht. Nikitschenko und Falco waren mit ihm bereits in London aneinandergeraten. Biddle respektierte und mochte Jackson, war aber über seine Argumente hinsichtlich des Austauschs von Gustav durch Alfried Krupp bestürzt, und spätere Vorkommnisse trugen kaum dazu bei, sein Vertrauen in Jacksons Urteilsvermögen wiederherzustellen. Er konnte Mrs. Elsie Douglas nicht ausstehen und schrieb ihr einen schlechten Einfluß auf Jackson zu.

Unmittelbar vor der Richterbank saßen, mit dem Rücken zu den Richtern, eine Reihe von Mitarbeitern des Gerichtssekretariats, die Protokoll über die verschiedenen Vorgänge und die als Beweisstücke vorgelegten Dokumente führten sowie Botengänge für die Richter unternahmen. Vor den Sekretariatsmitarbeitern, gegenüber dem französischen Ende der Richterbank, befand sich das Rednerpult, von dem aus sich die Anwälte an das Gericht wandten und die Zeugen befragten. Daneben stand ein Tisch, an dem die Assistenten der Anwälte saßen und alle möglichen Dokumente bereithielten, die als Beweismaterial verwendet oder vorgelegt wurden.

Vor den Sekretariatsmitarbeitern und neben dem Rednerpult saßen die Protokollführer, normalerweise nicht mehr als acht zur selben Zeit. In diesem Teil des Gerichtssaals herrschte nahezu ein ständiges Kommen und Gehen. Sobald ein Protokollführer oder (üblicherweise) eine Protokollführerin seine oder ihre Schicht beendet hatte, kam die Ablösung über den Gang zwischen den Protokollführern und den Verteidigern, die dem Gericht gegenüber auf der anderen Seite des Ganges saßen. Auf dem gleichen Weg kamen und gingen auch Sekretariatsboten und -beamte.

Die Protokollführer waren der öffentlich sichtbare Teil des großen, hinter den Kulissen arbeitenden Stabs, der sich um das Abschreiben und Vervielfältigen der Dokumente und Schriftsätze, vor allem aber des täglichen Gerichtsprotokolls kümmerte. Sobald eine Protokollführerin oder ein Protokollführer mit den stenographischen Notizen aus dem Gerichtssaal kam, diktierte sie oder er sie in ein Aufzeichnungsgerät, wonach eine Stenotypistin das Band durch Kopfhörer abhörte und ein sauberes Manuskript zur Vervielfältigung für die Kollegen an den Kopiergeräten tippte. Auf diese Weise konnten noch vor dem nächsten Prozeßtag genügend Kopien des Protokolls in den vier Sprachen erstellt werden, um den Bedarf der Anwälte, Richter und der Presse zu decken.

Die Verteidiger saßen an den fünf schmalen, langgestreckten Tischen, an denen zweiundzwanzig Personen Platz hatten, so daß jeder der einundzwanzig Angeklagten auf der Anklagebank nur einen seiner Anwälte im Gerichtssaal hatte. Die meisten von ihnen trugen schlichte schwarze Roben, ein paar davon aber waren mit Seide eingefaßt, und manche Anwälte waren bunter gekleidet. Otto Kranzbühler, der Anwalt von Dönitz, trug in den ersten Wochen des Prozesses noch seine Marineuniform, mit den vier goldenen Streifen eines Marinekapitäns an den Ärmeln (dieser Rang stand ihm als Flottenrichter zu). Jeder Anwalt saß möglichst nah bei seinem oder seinen Mandanten (manche hatten zwei), aber während des Prozesses war eine Unterhaltung mit den Angeklagten nicht gestattet. Der große, würdevolle und redegewandte Dr. Rudolf Dix, Schachts Anwalt, trat oft als Sprecher der Verteidigung auf. Er, Kranzbühler und vielleicht ein weiteres halbes Dutzend waren überaus fähige Anwälte. Die anderen wirkten auf mich wie durchschnittlich qualifizierte Männer, aber ein paar waren fürchterlich inkompetent.

Auf der Anklagebank hinter ihren Anwälten zogen die Angeklagten die Blicke all jener magnetisch an, die zum erstenmal den Prozeß erlebten. Bei jenen, die häufig da waren, ließen die Dramatik und die Neugier bald nach. Im Laufe des Prozesses gaben auch die Angeklagten, genauso wie andere, die die meiste Zeit zur Anwesenheit verurteilt waren, Zeichen von Langeweile zu erkennen.

Selbst Göring, der sich auch weiterhin unter den Angeklagten in der Rolle des Zirkusdirektors aufspielte, verfiel zuweilen in Trägheit, aber normalerweise war er der Aufmerksamste und Lebhafteste in der Gruppe. Die beste Figur machten Keitel und Jodl, die mit straff zurückgenommenen Schultern dasaßen, in ihren Wehrmachtsuniformen, von denen man die Rangabzeichen entfernt hatte: Keitel steif und gelassen, Jodl beweglicher und oft ärgerlich dreinschauend. Kaltenbrunner und Streicher waren die Abstoßendsten und nach Dr. Gilberts Intelligenztests auch die Dümmsten – ersterer ein brutaler, ungeschlachter Kerl, das Gesicht voller Narben und Schmisse, der andere musterte ungeniert die Beine der Protokollführerinnen. Rebecca West bezeichnete ihn als »einen ordinären alten Mann von jener Sorte, die einen in Parks belästigt«. Funk war fast genauso unappetitlich, rollte verzweifelt mit den Augen und hockte auf der Anklagebank wie ein dahinschmelzender Klumpen ranziger Butter. Schacht machte wie Jodl kein Hehl aus seinem Ärger, hatte das Kinn hochgereckt und den Körper abgewandt, um sich über die anderen und von ihnen abzusetzen. Dönitz und Hans Frank trugen die meiste Zeit eine dunkle Brille. Heß war unaufmerksam, litt offenbar immer wieder unter Magenkrämpfen und machte auf mich den Eindruck, als sei er völlig außerstande, sich selbst zu verteidigen.

Hinter den Angeklagten befand sich die Tür, durch die sie die Anklagebank betraten und wieder verließen. Vor der Rückwand des Gerichtssaals stand unbeweglich eine Reihe von sieben amerikanischen Soldaten, deren weiße Übungshelme und Gürtel sich von ihren khakifarbenen Uniformen abhoben. In den ersten Monaten trugen sie die Abzeichen und Ordensbänder von kampferprobten Soldaten, aber nach der Truppenverlegung waren sie längst nicht mehr so zackig. Drei oder vier weitere Soldaten waren an jedem Ende der Anklagebank sowie am Haupteingang zum Gerichtssaal links von der Anklagebank postiert. Über allen Türen des Gerichtssaals prangte das große Wappen des deutschen Oberlandesgerichts, das normalerweise in dem Gebäude untergebracht war.

Im hinteren Teil des Gerichtssaals, der in drei Stufen anstieg, und neben dem rechten Ende der Anklagebank befand sich die Kabine für die Sprachexperten, die die Simultanübersetzungsanlage bedienten. Sie waren durchwegs intelligente und guterzogene Leute und ausgeprägte Individualisten, die mehr als irgend jemand sonst im Gerichtssaal gehört und gesehen wurden. Es waren immer zwölf von ihnen auf einmal anwesend, und ihr Chef in der vorderen linken Ecke ließ an der Richterbank und an den Rednerpulten ein gelbes Licht aufleuchten, wenn zu schnell gesprochen wurde, und ein rotes Licht, wenn die Anlage ausfiel, wie es zuweilen geschah, wenn die Verbindungsdrähte unter dem Teppich rissen oder ein Dolmetscher unerwartet abgelöst werden mußte.

Unter den Dolmetschern ragte Wolf Frank heraus, ein gutaussehender junger Bayer, der vor dem Krieg nach England geflohen war und Englisch so perfekt beherrschte, daß er es gewöhnt war, aus dem Englischen ins Deutsche zu wechseln und umgekehrt. Ein Russischdolmetscher namens Georgi Wassilitschikow stotterte zwar in der Unterhaltung, aber niemals bei der Arbeit. Ebensoviel Bewunderung wie Belustigung rief eine junge amerikanische Dame aus dem mittleren Westen hervor, die ihre Übersetzung mit schwungvollen Gesten und dramatischem Tonfall vortrug. Sie hatte ihr weizenblondes, seidiges Haar zu einem hohen Knoten aufgesteckt und keine Ahnung, daß sie von allen nur »der leidenschaftliche Heuhaufen« genannt wurde.

Neben den Dolmetschern und direkt gegenüber den Verteidigern stand der Schreibtisch des Marshals, Oberst Charles W. Mayes. Auf seiner Seite des Ganges befand sich der Zeugenstand. An der Wand dahinter gab es links eine Tür für die Dolmetscher und rechts eine andere für die Richter. Zwischen diesen beiden Türen befand sich eine große weiße Wandfläche, auf die Diagramme und Filme projiziert wurden.

Im vorderen Teil des Gerichtssaals, der vom Zentrum durch einen Gang getrennt war, standen vier lange Tische, an denen neun Personen Platz hatten. Vom Haupteingang ausgehend saßen daran die Mitglieder der französischen, sowjetischen, amerikanischen und britischen Anklagevertretung. Neben den Briten gab es noch einen fünften Tisch und einen Bereich für die persönlichen Assistenten der Richter.

Hinter diesen Tischen stand eine Reihe von Stühlen mit dem Rücken zu der Barriere, die den Gerichtsbereich vom Zuschauerraum trennte. Wenn eine rege Teilnahme herrschte, wurden diese Sitze von den überzähligen Anwälten der Anklagevertretung sowie von prominenten Beamten eingenommen. War die Nachfrage nach Sitzen gering, saßen auf diesen Stühlen gewöhnlich die Sekretärinnen der Anwälte und andere untergeordnete Mitarbeiter, die eine freie Minute dazu nutzten, im Gerichtssaal vorbeizuschauen.

Hinter der Barriere befanden sich die beiden Ränge des Zuschauerraums. Der untere und größere Bereich, in dem über zweihundert Personen Platz hatten, war in erster Linie, aber nicht ausschließlich die Domäne der Presse. Der obere Rang war erheblich kleiner, bot aber einen guten Überblick über den gesamten Gerichtssaal und wurde hauptsächlich von hochrangigen Beamten oder anderen würdigen Besuchern frequentiert.

Oben an den Wänden hinter den Angeklagten und den Dolmetschern, unmittelbar unter der Decke, befanden sich Öffnungen, durch die Kameras herausragten, die den Prozeß aufnahmen. Für Nahaufnahmen auf dem Boden konnten Kameras auf Stativen in der Ecke neben dem Eingang für die Richter postiert werden.

Das Gefängnis befand sich in einem eigenen Gebäude, das vom Justizpalast aus über einen überdachten Weg zu erreichen war. Darin befanden sich mehrere hundert Zellen, die auf drei Etagen verteilt waren. Nach ihrem Eintreffen im Justizpalast wurden die zweiundzwanzig (infolge von Robert Leys Selbstmord bald nur noch einundzwanzig) Angeklagten in Einzelzellen im Erdgeschoß gebracht; andere Zellen waren von potentiellen künftigen Angeklagten und von Personen belegt, die man für Vernehmungen und als mögliche Zeugen brauchte.

Die Zellen der Angeklagten waren spartanisch eingerichtet und enthielten nichts weiter als ein Bett, einen Tisch und einen Stuhl sowie eine Toilette. Die Insassen wurden von Wachen der US-Army sorgfältig überwacht und durch Öffnungen in den Zellentüren ständig beobachtet. Zum Teil unbeobachet und für sich waren sie nur in der Toilette, die so gelegen war, daß die Wache bloß die Füße des Benutzers sah.

Kommandant und Sicherheitschef des Gefängnisses war Oberst Burton C. Andrus, ein pedantischer, streng nach Vorschrift handelnder Berufsoffizier – ein stämmiger und wichtigtuerischer Mann, der gewöhnlich einen leuchtendgrünen Übungshelm und eine Reitgerte trug. Als ehemalige hochgestellte Persönlichkeiten verabscheuten die meisten Angeklagten den Oberst, der sie wie ein Kasernenhoffeldwebel anfuhr. Göring, Papen und Schacht beschimpften ihn, aber Andrus kümmerte sich nicht um vergangene Hochrangigkeit und behandelte alle Insassen gleich. Er konnte einem zwar wirklich auf die Nerven gehen, bemühte sich aber, gerecht zu sein.

Die meisten Probleme bereiteten den Angeklagten die Beschränkungen, die ihnen aus Sicherheitsgründen auferlegt waren. Sie konnten pro Woche nur einen einzigen Brief schreiben und empfangen und durften überhaupt keine Päckchen bekommen. Einmal am Tag konnten sie im Gefängnishof herumgehen, mußten aber gegenüber ihren Mithäftlingen Distanz wahren und durften sich nicht mit ihnen unterhalten. Gelegenheit, miteinander zu sprechen, hatten sie nur im Gerichtssaal, wenn sich alle erhoben, sowie während des Mittagessens, bei dem sie zu viert in verschiedenen Räumen saßen. Die Angeklagten waren nicht verpflichtet, auf Fragen der Ankläger zu antworten, aber da diese Sitzungen sowohl Informationsmöglichkeiten boten als auch die Einsamkeit erleichterten, machten praktisch alle Angeklagten davon Gebrauch. Da Konferenzen mit ihren Anwälten nur durch Trennwände möglich waren, wurden Papiere zwischen ihnen ausschließlich über die Wachen ausgetauscht.

Viele Angeklagte waren nach Nürnberg mit Koffern und Taschen voller Gegenstände gekommen, die sie nicht in ihre Zellen mitnehmen durften, aber in der Nähe der Zellen gab es einen Bereich, wo sie aufbewahrt wurden, und Wachoffiziere, die die Schlüsselgewalt hatten, konnten den Angeklagten alle möglichen Sachen bringen, die sie sinnvollerweise benötigten. Man erwartete von ihnen, daß sie vor Gericht ordentlich gekleidet erschienen, und jedem Angeklagten, der nicht über angemessene Kleidung verfügte, wurde sie gestellt.

Kohle und Nahrung waren knapp, und während des Winters 1945/46 mußten die Angeklagten oft frieren. Sie bekamen genausoviel zu essen wie die deutsche Bevölkerung. Die Angeklagten hatten abgenommen, insbesondere Göring, dessen Gesundheit und Erscheinung das sehr zugute kam. Mit Sicherheit waren die Angeklagten viel besser dran als Millionen Deutscher, die in den Kellern ausgebombter Gebäude zusammenhockten und sich Nahrung und Brennstoffe auf unangenehme und entwürdigende Weise beschaffen mußten.

Das Neue Justizgebäude war ein Komplex aus vier miteinander verbundenen Gebäuden, die sich etwa über drei Blocks entlang der Fürther Straße erstreckten. Gleich hinter dem Justizgebäude floß die Pegnitz durch Nürnberg. Der Gerichtssaal befand sich im ersten Stock des östlichen Flügels, der Haupteingang ein paar Meter westlich davon, streng bewacht von schwerbewaffneten amerikanischen Soldaten, die die Ausweispapiere sämtlicher Besucher oft ziemlich rüde überprüften. Die Büros der Anklagevertreter waren im nächsten Gebäude im Westflügel untergebracht; es war das längste Gebäude, und davor befand sich ein Parkplatz mit Namensschildern an den einzelnen Stellflächen. Richter Jacksons Name prangte völlig zu Recht vor allen übrigen, dann kamen Alderman, Shea (als er noch da war), Gill, Gordon Dean und mehrere reguläre Army-Oberste sowie Fähnrich Jackson, der Sohn des Richters, was ein paar abfällige Bemerkungen von seiten jener provozierte, die erheblich höheren Ranges, aber nicht so begünstigt waren.

Der amerikanischen Anklagevertretung war auch eine Art Filiale des Gerichtsgefängnisses unterstellt, ein großes Wohngebäude in Erlenstegen, das »Gästehaus« genannt wurde – hier hatte Leverkühn Lahousen dazu überredet, General Donovans Dinnereinladung anzunehmen und seine Verabredung mit Richard Sonnenfeldt nicht einzuhalten. Dieses Haus diente als sicherer und einigermaßen überwachter Hort für Personen, die nicht im Verdacht standen, Kriegsverbrecher zu sein, sondern wegen ihrer verwandtschaftlichen oder sonstigen Beziehungen zu wichtigen Nazis oder Nazi-Vorgängen wichtige Informationsquellen oder mögliche Zeugen sein konnten.

Dieses »Gästehaus« unterstand einer attraktiven ungarischen Gräfin deutscher Abstammung namens Ingeborg Kalnoky, die als Hausherrin fungierte und bis zu einem gewissen Grade auch als Vertraute und Bewacherin der Gäste. Ein ständiger Bewohner war Hitlers Leibphotograph Heinrich Hoffmann – seine Tochter Henriette war mit dem Angeklagten Baldur von Schirach verheiratet, er selbst von den Amerikanern beauftragt, seine Tausende von Photographien aus der Nazizeit zu ordnen und zu archivieren. Weitere »Gäste« neben Lahousen und Leverkühn (der schließlich durch Jackson aus Nürnberg verbannt wurde) waren Dr. Karl Haushofer (Vater der deutschen Geopolitik, Mentor von Rudolf Heß und Berater von Hitler), Rudolf Diels (für kurze Zeit Chef der Gestapo, der bald in Ungnade fiel, aber überlebte) sowie die drei Generäle, die Alderman in Virginia vernommen hatte; einer von ihnen war General Ernst Köstring, Militärattaché in Moskau, bis Hitler die Wehrmacht gegen die Sowjetunion marschieren ließ. Bei derart unterschiedlichen und gutunterrichteten Gästen ging es bei den Abendunterhaltungen in Gräfin Kalnokys Pension oft hoch her.

9

Die Prozeß-Gemeinde landete in Nürnberg wie Steine, die vom Himmel fielen. Die Bewohner hatten keine Ahnung und interessierten sich auch nicht dafür, ob es sich dabei um Diamanten oder wertlose Trümmer handelte. Ihretwegen hätten die Neuankömmlinge auch Marsmenschen sein können, denn sie taten seltsame und verwirrende Dinge, und für die Einheimischen gab es wichtigere Probleme, als dahinterzukommen.

Nürnberg lag in Trümmern. Es gab kein Geld und auch sonst nicht viel, was man damit hätte kaufen können. Der Winter stand vor der Tür. Wo fand man ein Dach über dem Kopf, ein Stückchen Holz oder einen Brocken Kohle zum Verfeuern, ein bißchen was zu essen, eine Zigarette? Wie konnte man Leib und Seele beisammenhalten? Das war im Augenblick alles, was wirklich zählte.

Der Führer war offenbar tot, ebenso Goebbels und Himmler. Dem »Dicken« und ein paar von den Nazi-Bonzen wurde im Neuen Justizgebäude der Prozeß gemacht, aber es war alles so konfus, und von den Behörden erfuhr man sowieso nicht die Wahrheit. Sollten sich doch die »Amis« mit dem Schlamassel beschäftigen.

So merkwürdig es heute anmuten mag: Im Unterschied zu jenen, die in Deutschland gelebt hatten, waren wir anderen gegenüber den Deutschen etwa genauso gleichgültig wie sie gegenüber uns. Ich will damit nicht sagen, daß Deutsche und Besatzer die Existenz des jeweils anderen oder ihre gegenseitige Abhängigkeit nicht wahrnahmen. Die Besatzer, insbesondere die Amerikaner, waren für die Besetzten eine unverzichtbare Hilfe bei der Verteilung lebensnotwendiger Güter wie Kohle und Nahrung oder von Jobs, die dem glücklichen Inhaber Zugang zu den Oasen des Wohllebens der Besatzer verschafften. Und die Besatzer ihrerseits wußten ganz genau, daß nur Deutsche Deutschland wieder in Gang bringen oder die Arbeitskräfte stellen konnten, die für viele von den Projekten erforderlich waren, die sie ausführen wollten.

Aber noch bestand eine tiefe Kluft, trotz der Erleichterung der gesellschaftlichen Beziehungen nach der Aufgabe der Nichtfraternisierungspolitik im Herbst 1945. In Nürnberg war diese Kluft vermutlich tiefer als anderswo. Verglichen mit Berlin, Frankfurt und München war es eine kleine Stadt, und praktisch alle Besatzer waren bei einem einzigen Projekt beschäftigt, das sie jeden Tag an den gleichen Orten zusammenbrachte. Die männlichen Mitglieder waren Junggesellen oder Strohwitwer; nur wenige Frauen waren verheiratet, und viele waren attraktiv. Unter diesen Umständen hatten die Besatzer hier einen geringeren Bedarf an »Fräuleins«, wenn ihnen nach gemischter Gesellschaft war, als der durchschnittliche Besatzungssoldat. Nach Alter und Geschlecht war die Nürnberger Prozeß-Gemeinde ziemlich gut ausgewogen.

Dann war da auch noch die besondere Art der Mission, in der wir hier waren: Greueltaten, die von *Deutschen* begangen waren, zu beweisen und aufzudecken sowie ihre strenge Bestrafung zu rechtfertigen. Selbst wenn man den Gedanken einer strafbaren Schuld des deutschen Volkes insgesamt ablehnte, konnte man doch nicht bestreiten, daß die an den ihnen zur Last gelegten Vergehen Schuldigen Deutsche waren. Und wenn derart unangenehme Dinge zur Sprache kamen, neigten zu viele Deutsche dazu, zu behaupten, sie hätten von diesen Greueltaten nicht die geringste Ahnung gehabt, oder die Schuld allein Hitler zuzuschieben. All diese Faktoren nährten eine hochnäsige Einstellung gegenüber den Deutschen, eine Mischung aus Befangenheit und Mißtrauen, und zwar selbst bei jenen, die diese Gefühle vor der Enthüllung des Nürnberger Beweismaterials nicht geteilt hatten.

Weitgehend aus den gleichen Gründen waren die Beziehungen zwischen den Vertretern der Anklage und der Verteidigung strikt geschäftlich. Natürlich waren die deutschen Anwälte von wesentlicher Bedeutung für das Verfahren: Wenn sie den Angeklagten nicht zur Seite gestanden hätten, dann hätte es auch keinen sinnvollen Prozeß geben können. Höfliche Umgangsformen und eine faire Chance, ihre Klienten zu verteidigen, standen ihnen nicht nur zu, sondern waren für sie genauso notwendig wie für uns. Allerdings konnten die Beziehungen zwischen den deutschen Anwälten und uns nicht so wie zwischen britischen Anwälten und Staatsanwälten an einem Bezirksgericht sein, die sich tagsüber vor Gericht bis aufs Messer bekämpften und sich am Abend zusammensetzen und freundschaftlich miteinander trinken und plaudern konnten. Zwischen uns lagen die entsetzlichen organisierten Greueltaten der Naziführer, und nur selten kamen wir mit den deutschen Anwälten außerhalb des Justizgebäudes zusammen.

Aber während man es noch erklären und vielleicht sogar rechtfertigen konnte, daß derartige Grenzen gezogen wurden, gab es noch einen weiteren Aspekt im Umgang mit den Deutschen, der nichts mit zwischenmenschlichen Beziehungen zu tun hatte, mit dem wir aber ebenfalls Schwierigkeiten hatten. Es war das Problem, die Deutschen während des Prozesses in den Zuschauerraum zu bringen. Angesichts des Schocks, des Elends und der Zerstörung, denen Deutschland ausgesetzt war, erwies sich das bestenfalls als ein sehr schwieriges Unterfangen, aber man hätte doch sehr viel mehr erreichen können, als bei den ganz bescheidenen Versuchen tatsächlich geschah.

Jackson erwähnte dieses Phänomen weder in seinem Bericht an Truman vom Juni 1945 noch in seiner Eröffnungsrede. Seine Bühne war die Welt, seine Ziele waren eine erfolgreiche Aburteilung der Angeklagten, die Offenlegung ihrer furchtbaren Verbrechen und die gesetzliche Verankerung der Prinzipien der Londoner Charta. Das deutsche Volk war ihm nur als verschwommene Kulisse für diese hehren Ziele erschienen; aber nachdem er von dem zerschlagenen Land ein wenig gesehen hatte, erkannte er, wie wichtig es war, den Deutschen zu zeigen, was der von ihnen getragene Nazismus wirklich gewesen war. So schrieb er einmal an Gordon Dean: »Diese Geschichte muß dem deutschen Volk durch seine eigenen Journalisten nahegebracht werden, die nicht diskriminiert werden dürfen, sondern in den vollen Genuß aller Möglichkeiten des Gerichtssaals kommen müssen.«

Der deutsche Journalismus allerdings erlebte gerade erst seine Wiedergeburt und hatte noch kaum das Licht der Welt erblickt. Als die alliierten Truppen Deutschland überrollten, wurde zunächst die von den Nazis gesteuerte Presse unterdrückt, und kurz nach der Kapitulation war sie völlig beseitigt worden. In der amerikanischen Zone traten an ihre Stelle vorübergehend Army-Publikationen wie *The Stars and Stripes.* Nachdem die ursprünglichen Pläne für eine Vorzensur verworfen worden waren, begann am 31. Juli 1945 in der amerikanischen Zone die Lizenzvergabe an deutsche Zeitungen, und bei Prozeßbeginn gab es bereits zwanzig von den Amerikanern lizenzierte Zeitungen*, darunter nur fünf Tageszeitungen.

Die USA, Großbritannien, Frankreich und die Sowjetunion unterhielten Mitarbeiter, die aus dem Justizgebäude für die lizenzierten deutschen Zeitungen in ihren jeweiligen Zonen berichteten. Kurz nach Prozeßbeginn erschienen jedoch deutsche Journalisten in Nürnberg, und am 29. November waren zwölf Korrespondenten von Zeitungen mit US-Lizenzen zugegen, die sich auf den sieben Sitzen abwechselten, die man ihnen im Gerichtssaal zugewiesen hatte. Die Russen gaben fünf von ihren Gerichtssaalsitzen an deutsche Korrespondenten aus ihrer Zone ab. Aus Aufzeichnungen des USFET-Informationsdienstes ging hervor, daß die deutschen Zeitungen in der amerikanischen Zone im Durchschnitt 19 Prozent ihrer Nachrichtenspalten dem Nürnberger Prozeß widmeten.

---

* Am 31. Juli erhielt die *Frankfurter Rundschau* eine Lizenz, danach neun Zeitungen in Bayern, fünf in Hessen, vier in Württemberg-Baden sowie je eine in Bremen (einer amerikanischen Hafenenklave) und Berlin. Nur die hessischen Zeitungen erschienen täglich; der Berliner *Tagesspiegel* kam jeden Tag außer montags heraus, die anderen erschienen an drei oder vier Tagen in der Woche.

Da sich die neuen deutschen Blätter als schnellste Möglichkeit erwiesen, die deutsche Öffentlichkeit durch ihre eigenen Reporter über die Prozesse zu unterrichten, überrascht es kaum, daß Jackson sich in dieser Richtung bemühte, seine »Geschichte« unters Volk zu bringen. Aber schon bald stellte sich heraus, daß dieses Vorgehen auch Nachteile hatte. Die Glaubwürdigkeit der Nazi-Presse hatte im Krieg schwer gelitten, als sich die Nazis immer weiter zurückziehen mußten und feindliche Bomber die Städte dem Erdboden gleichmachten. Während das Dritte Reich sich auflöste, fanden die offiziellen Verlautbarungen und die »Nachrichten« in der Presse kaum noch Glauben. Und da die Enthüllungen in Nürnberg so entsetzlich waren, daß sogar diejenigen von uns, die wir ihnen täglich in den von uns untersuchten Dokumenten begegneten, kaum glauben konnten, was wir da lasen – warum hätten wir dann erwarten sollen, daß die Deutschen bereitwillig diese Greuelgeschichten glaubten, die ihnen in Zeitungen aufgetischt wurden, welche von ihren einstigen Feinden lizenziert waren?

Wir sollten es bald erfahren. Anfang Januar 1946 leitete Dr. Robert Kempner an Jackson einen Brief weiter, den er gerade von Dr. Friedrich Bergold erhalten hatte, der die nicht eben beneidenswerte Aufgabe hatte, den abwesenden Martin Bormann zu verteidigen. Dr. Bergold, der gerade von einem Weihnachtsbesuch bei seiner Familie zurückgekehrt war, berichtete, er habe nach zahlreichen Unterhaltungen mit Freunden und Bekannten den Eindruck gehabt, daß niemand glaube, die schrecklichen Vorgänge, über die nun in den Zeitungen berichtet werde, hätten tatsächlich stattgefunden. Ja, man halte den ganzen Prozeß für einen »Schwindel«. Daher sprach sich Dr. Bergold entschieden dafür aus, daß auch deutsche Zuschauer dem Prozeß beiwohnen sollten – selbst die sogenannten »faschistischen Kreise«, damit »diese betrogenen Menschen durch den Anblick der Wahrheit geheilt werden können«.

Im Gerichtssaal wurden Zuschauerplätze eingerichtet, und tatsächlich erschienen ein paar Deutsche, aber mehr hatten weder Zeit, noch stand ihnen der Sinn nach diesem Erlebnis. Ja, selbst wenn der Gerichtssaal zur Hälfte jeden Tag mit Deutschen gefüllt gewesen wäre, so wäre das insgesamt natürlich noch immer nur ein Tropfen auf dem heißen Stein gewesen.

Doch Bergold hatte recht: Der unmittelbare Kontakt mit den Beweisen war viel wirkungsvoller als alle Zeitungsartikel. General Eisenhower hatte dies erkannt, als er die Anordnung erließ, daß die örtlichen Bürgermeister und andere führende Gemeindemitglieder gezwungen werden sollten, mit eigenen Augen die Schande von Buchenwald anzusehen. Aber um das Nürnberger Beweismaterial auf breiter Basis effektiv einzusetzen, wäre ein größerer Aufwand erforderlich gewesen – der Einsatz von Broschüren, Vortragsrednern, Fotografien, Filmen und vielem mehr.

Später einmal hat Jackson dieser »versäumten Gelegenheit« nachgetrauert: »Ich glaube, die Amerikaner haben es vermasselt, das Verfahren den

Deutschen zugänglich zu machen.« Aus irgendeinem Grund waren die amerikanischen Militärbehören gegen eine öffentliche Aufführung der Nürnberger Filme; auch die Bemühungen von Filmregisseuren wie Pare Lorentz unterstützten sie kaum, der die ungeordnete Filmsammlung für eine effektive, ausführliche Vorführung zusammenstellen wollte.

An diesen Projekten freilich herrschte in der Prozeß-Gemeinde kein großes Interesse. Ich kann mich nicht erinnern, daran gedacht zu haben, wie die Anwesenheit der Deutschen im Justizgebäude verstärkt werden könnte, ehe ich nicht selber für die Durchführung der späteren Nürnberger Prozesse verantwortlich war.

Zehntes Kapitel

Die SS, der Generalstab und das Oberkommando der Wehrmacht

Nach Jacksons Anweisungen machte ich mich kurz nach meinem Eintreffen in Nürnberg daran, die Präsentation der in der Anklageschrift aufgeführten Klage gegen die Organisation oder Gruppe vorzubereiten, die als »Generalstab und Oberkommando der deutschen Wehrmacht« bezeichnet wurde. Bis Anfang Januar 1946, als die Klage vom Militärgerichtshof angehört wurde, war dieses Projekt meine einzige Beschäftigung, abgesehen von einer allgemein beratenden Tätigkeit bei Jackson und abgesehen von der Aufgabe, Verbindung zur sowjetischen Delegation zu halten.

Von Anfang an war ich mir darüber im klaren gewesen, daß dies ein schwieriges und manchenorts nicht gerade beliebtes Unternehmen sein würde. Innerhalb von zehn Tagen ergab sich nun auch ein externes Problem: Nachdem General Barker Anfang September von Shea grünes Licht erhalten hatte, holte er sich gleich die Zustimmung von General Clay für den Plan ein, deutsche Generäle und Generalstabsoffiziere zu entlassen und ihnen zu gestatten, zu Hause zu wohnen, wenn auch unter strengen Auflagen und ständiger Überwachung. Aber als der Vorschlag vor den Kontrollrat gebracht wurde, waren die britischen, französischen und russischen Vertreter alle dagegen und erklärten, daß die fraglichen deutschen Offiziere »unter Arrest außerhalb Deutschlands« gestellt werden sollten – und das wäre einer Verbannung gleichgekommen.

Am 17. Oktober 1945 wurde Jacksons Büro von dieser Lage unterrichtet. Dann schlug man Jackson vor (wer, weiß ich nicht), daß die Anklage gegen den Generalstab und das Oberkommando »aus der Anklageschrift herausgenommen« werden sollte, weil offenbar die Aussicht bestand, daß man sich mit dieser oder einer ganz ähnlichen Gruppe aufgrund einer »politischen Entscheidung« des Kontrollrats befassen würde. Daraufhin ersuchte Jackson Ben Kaplan und mich, ein Memorandum zu erarbeiten, das diesen Vorschlag kommentierte. Es wurde ihm am 22. Oktober 1945 vorgelegt und enthielt unter anderem die folgenden Ausführungen:

> Wäre die gesamte Frage der Bestrafung der Deutschen, die für die Einleitung des Krieges und für das Begehen der Greueltaten verantwortlich waren, aufgrund einer politischen oder militärischen Entscheidung behandelt worden, dann wäre es natürlich möglich gewesen, sich mit dem deutschen Oberkommando auf die gleiche Art und Weise und als Teil desselben Verfahrens zu befassen ... Aber wir stehen nun vor der Situation, daß 24 Deutsche, darunter 4 Angehörige des deutschen Oberkommandos, sowie 7 wichtige deutsche Organisationen oder Gruppen* feierlich wegen strafbarer Vergehen unter Anklage gestellt worden sind und die Öffentlichkeit ihren Prozeß vor dem Internationalen Militärgerichtshof erwartet. Der Vorschlag, das Oberkommando aus der Anklageschrift herauszunehmen, muß daher angesichts dieser gegebenen Situation geprüft werden.
> In dieser Hinsicht glauben wir nicht, daß irgendeine der drei Alternativen für eine »politische Behandlung« ... realisierbar und befriedigend ist. Was die erste Alternative angeht, so würden sich langfristige Gefängnisaufenthalte für die wichtigsten deutschen Offiziere allein aufgrund ihres Status als Offiziere kaum rechtfertigen lassen ... Das gleiche trifft fast genauso zu für den Vorschlag, die Offiziere zu verbannen ... Die dritte Alternative, d. h. ein geruhsames Leben zu Hause unter Bewachung, ist eindeutig unangemessen, was sich von selbst versteht ...
> Ein Prozeß gegen das deutsche Oberkommando vor dem Internationalen Militärgerichtshof ist eine andere Methode, sich mit diesem Problem zu befassen. Angesichts der Schwierigkeit, das deutsche Oberkommando als eine Gruppe im Sinne des Protokolls zu definieren, mag es klug oder auch nicht klug gewesen sein, es in die Anklageschrift aufzunehmen, aber das ist nun einmal geschehen. Wenn wir verlieren, so verlieren wir wahrscheinlich wegen eines technischen Problems, das auf die Sprache des Protokolls zurückzuführen ist und weniger auf die Klage an sich ...
> Unter allen Umständen scheint uns der Vorschlag, den »Generalstab und das Oberkommando« aus der Anklageschrift herauszunehmen, von sehr zweifelhaftem Wert zu sein. Dagegen sprechen die folgenden zusätzlichen Argumente.
> a) Ein derartiges Vorgehen würde in der Öffentlichkeit den Eindruck erwecken, daß es nie eine überzeugende Anklage gegen das Oberkommando gegeben hätte ...
> b) Die Öffentlichkeit wird vielleicht nicht verstehen, warum gegen die militärische Gruppe politisch vorgegangen wird, nicht jedoch gegen die anderen Angeklagten und Gruppen, vor allem gegen die SS und die Gestapo ...
> c) Wenn man eine Gruppe aus der Anklageschrift herausnimmt, die doch

* Als dies geschrieben wurde, hatte Ley noch nicht Selbstmord begangen, und Gustav Krupps Verhandlungsunfähigkeit war noch nicht festgestellt worden – daher die »24« Angeklagten. Mit Göring waren es tatsächlich fünf Angehörige des Oberkommandos. Anhang B der Anklageschrift führte sechs, nicht sieben Gruppen oder Organisationen auf.

so feierlich dem Internationalen Militärgerichtshof vorgelegt worden ist, und auf politischem Weg mit dieser Gruppe fertig wird, dann könnte durchaus die übrige Anklage in ein merkwürdiges oder gar schiefes Licht geraten. Es könnte die Ansicht aufkommen, daß das ganze Verfahren schon immer ein fauler Zauber gewesen sei; daß es nur ein Mittel zu einem politischen Zweck und von vornherein entschieden gewesen sei ...

Wir müssen auch auf die Tatsache hinweisen, daß die Gruppe »Generalstab und Oberkommando« aufgrund des nachdrücklichen Insistierens des amerikanischen Hauptanklägers und gegen den starken Widerstand des britischen in die Anklageschrift aufgenommen worden ist. Der russische Hauptankläger hat die amerikanische Ansicht mit großem Nachdruck unterstützt. Wenn ein Vorschlag, das Oberkommando aus der Anklageschrift herauszunehmen, nun von den Amerikanern ausgeht, dann wird es vielleicht bei den anderen Hauptanklägern zu einer entschieden ungünstigen Reaktion kommen.

Am selben Tag ließ Peter Calvocoressi Jackson ein kurzes Memorandum zugehen, in dem er die Schwierigkeit erklärte, den »Generalstab und das Oberkommando« nach der Definition der Anklageschrift als eine »Gruppe oder Organisation« im Sinne der Londoner Charta darzustellen. Die in der Anklageschrift aufgeführten Offiziere, bemerkte er, »sind tatsächlich die Spitzenleute in der Kommandokette. Natürlich mußte irgendwo auch eine Grenze gezogen werden. Die Schwierigkeit besteht nun aber darin, zu zeigen, daß durch die tatsächlich vorgenommene Abgrenzung [d. h. zwischen den Oberbefehlshabern und den Offizieren mit geringerem Kommandostatus] etwas Schlüssiges herausgekommen ist.« Abgesehen vom Kommando über die Truppen habe die Befehlsgewalt über die feindlichen Zivilisten auf einem Kriegsschauplatz (die sogenannte *vollziehende Gewalt*) nur beim jeweiligen *Oberbefehlshaber* gelegen, aber dies sei möglicherweise schwer zu beweisen, und der Erfolg werde »von den gegenwärtig nicht vorhersagbaren Aussichten abhängen, Informationen durch ... Vernehmungen zu bekommen und diese Informationen dann in Beweismittel umzusetzen, indem man entsprechende Zeugen beim Prozeß vorführt«.

Trotz der ungewissen Erfolgsaussichten entschied Jackson, das Generalstabs-Projekt nicht fallenzulassen. Aber ein paar Wochen später wurde es in der Presse von ungenannten amerikanischen Offizieren heftig angegriffen. Wieviel General Donovan damit zu tun hatte, ist nicht klar, aber am 26. November, also zur Zeit seiner Abreise aus Nürnberg, brachte die *New York Times* einen Artikel von Frank E. Mason von der North American Newspaper Alliance, der mit folgenden Worten begann: »Seit Wochen verfolgen amerikanische Berufsoffiziere in Deutschland mißtrauisch die Entwicklung von Richter Robert H. Jacksons neuen Völkerrechtstheorien.« Das von Jackson vertretene »neue Prinzip«, hieß es in dem Artikel weiter, sehe vor, »daß alle Offiziere des Generalstabs und des Oberkommandos als verbrecherische Gruppe verurteilt werden sollen ... und zwar nur aufgrund ihrer Zugehörigkeit zum Generalstab. Unsere Berufsoffiziere in Europa melden sich immer entschiedener zu Wort, um ihrem Widerstand gegen irgendein derartiges Völkerrecht Ausdruck zu geben.« Im Anschluß daran erschienen vergleichbare Angriffe in anderen Zeitungen, wobei sich einige namentlich auf General Donovan beriefen.

Die ungenannten amerikanischen Offiziere waren sich vermutlich nicht darüber im klaren, daß ihre Beschwerden gleichermaßen auch für die anderen fünf unter Anklage gestellten Organisationen gelten würden, wenn die strafbare Schuld des einzelnen allein auf seiner Mitgliedschaft und nichts sonst beruhen sollte. Der Ansicht, daß der Nachweis der Mitgliedschaft ausreichend sei, waren einige Mitglieder der Anklagevertretung zwar durchaus, doch wurde sie nie als zwingend folgende rechtliche Konsequenz fixiert, wenn man sich erst einmal entschlossen habe, ganze Organisationen strafbarer Vergehen anzuklagen.

Zur fraglichen Zeit konnte man also durchaus gegen eine rechtliche Doktrin sein, die »Schuld durch Mitgliedschaft« begründet sah. Lediglich die Richtung, aus der dieser Angriff gestartet wurde, verlieh dem Ganzen eine ironische Qualität. Denn auf »Schuld durch Mitgliedschaft« im deutschen Generalstab lautete genau jene Doktrin, die General Eisenhower seit 1944 unermüdlich gepredigt hatte, sowie die Methode, die General Clay, General Barker und verschiedene Mitglieder der anderen Delegationen beim Alliierten Kontrollrat in Berlin gegen den deutschen Generalstab anwenden wollten – wobei die einen die Verbannung empfahlen, die anderen praktisch Hausarrest. Doch solche Pläne strapazierten das Prinzip »Schuld durch Mitgliedschaft« über jedes Maß hinaus, das jemals in Nürnberg akzeptiert worden war oder noch wurde; soweit ich weiß, lösten sie allerdings keine öffentliche Kritik aus.

Offen gesagt: Die Einstellungen hochrangiger amerikanischer Berufsoffiziere gegenüber ihren besiegten deutschen Standesgenossen waren bemerkenswert widersprüchlich. Zur Klarheit trug auch keineswegs die Tatsache bei, daß genau zur gleichen Zeit auf den Philippinen fünf US-Generäle auf Befehl von General Douglas MacArthur General Tomoyuki Yamashita den Prozeß machten, weil er versäumt hatte, seine Soldaten daran zu hindern, zahlreiche philippinische Zivilisten zu massakrieren. Es wurde keineswegs behauptet, Yamashita habe diese Greueltaten angeordnet, ja nicht einmal, er habe seinerzeit gewußt, daß sie begangen wurden, oder er habe sie stoppen können, hätte er von ihnen gewußt. Aufgrund dieses Tatbestands wäre die Anklage gegen einen deutschen General, geschweige denn eine Verurteilung und Hinrichtung wie im Falle Yamashitas, höchst unwahrscheinlich gewesen. Offenkundig zählten in militärischen Kreisen der alten Schule gelbe Generäle auf der Tugendskala nicht soviel wie weiße nordische.

Eine ganz andere Diagnose der Situation um den Generalstab und das Oberkommando stammt von General Donovans Biograph Anthony Cave

Brown. Nach einer Darstellung von Donovans feindseliger Einstellung gegenüber der Anklage gegen den Generalstab und das Oberkommando schreibt Brown:

> Diese Frage führte zu Donovans Rückzug aus Jacksons Stab, denn als Truman damit einverstanden war, daß der Generalstab und das Offizierskorps als Kriegsverbrecher gelten sollten, war Donovan dagegen, zuerst behutsam, dann mit allem Nachdruck. Als Jackson sich weigerte, dem Präsidenten davon abzuraten, die Forderung der Russen auf eine Anklage gegen den Generalstab zu unterstützen, entschloß sich Donovan, sich wieder voll und ganz der Leitung des OSS zu widmen.

Diese Passage ist großenteils schlicht falsch. Die Russen haben niemals eine »Forderung« auf eine Anklage gegen den Generalstab erhoben. Die Initiative ging einzig und allein von den USA aus, von Harry Hopkins' Gespräch mit Stalin im Mai 1945 bis zu Jacksons nachdrücklichem Beharren in letzter Minute, als er am 2. Oktober darauf bestand, daß der Generalstab in die Anklageschrift als eine verbrecherische Organisation aufgenommen werden sollte. Zusammen mit Frankreich hatte die Sowjetunion Jacksons Vorschlag unterstützt, aber zu keiner Zeit die Initiative in dieser Angelegenheit übernommen.

Außerdem stimmt Browns Chronologie nicht, wenn er behauptet, Donovan habe sich wieder »voll und ganz der Leitung des OSS« gewidmet. Diese Behörde wurde, wie Brown selbst an anderer Stelle korrekt feststellt, am 20. September 1945 durch einen Präsidentenerlaß von Truman aufgelöst. Die unüberbrückbare Kluft zwischen Donovan und Jackson hinsichtlich der Anklage gegen den Generalstab tat sich erst in der zweiten Oktoberwoche auf, als Donovan und Jackson in Berlin nach der langen Abwesenheit des Generals zusammenkamen. Wie bereits erwähnt, hat Donovan Nürnberg nicht vor Ende November verlassen.

Schließlich ist es höchst unwahrscheinlich, daß Donovan sich in dieser Frage an Truman gewandt oder ihn für einen Vermittler in dieser Situation gehalten hat. Mit Recht weist Brown darauf hin, daß es keine Verbindung zwischen Truman und Donovan gegeben habe; und Truman hatte, ohne zu zögern, den OSS aufgelöst. Aus seinem Brief an Truman, in dem Jackson den Präsidenten über Donovans Abreise unterrichtete, geht keineswegs hervor, daß Truman zuvor schon über das Generalstabs-Problem Bescheid gewußt hatte, ganz zu schweigen davon, daß er die Forderung der Russen »unterstützt« hätte.

Brown zitiert für die fragliche Passage keine Quelle, und meine wiederholten Anfragen hat er nie beantwortet, genausowenig wie Jacksons Sohn Bill die an ihn gerichteten Fragen beantwortet hat.

Ungeachtet dieser zahlreichen Hindernisse, die der Weiterbehandlung der Klage gegen den Generalstab im Wege standen, hat Jackson mir gegenüber nie durchblicken lassen, daß er diese Klage nicht für einen wichtigen Teil der Anklage hielte. Wir fuhren fort mit den Vorbereitungen, und Anfang Dezember lag das Beweismaterial großenteils vor.

Calvocoressis Vorhersage gegenüber Jackson, daß eine Stützung der in der Anklageschrift formulierten Definition der Gruppe Generalstab/Oberkommando von Informationen abhängen würde, die von deutschen Offizieren einzuholen und als Beweismittel vorzulegen seien, erwies sich als richtig. Rückblickend ist mir klar, daß mein eigener wesentlicher Beitrag zur Generalstabs-Klage darin bestanden hat, daß es mir gelang, in London Calvocoressi und seine Mitarbeiter für den Anklagestab zu gewinnen und anschließend in Nürnberg meinen eigenen Stab um zwei erfahrene Vernehmungsbeamte der US-Army, Major Paul Neuland und Hauptmann Walter H. Rapp, zu erweitern.

Für meine damaligen Ziele und Zwecke hätte ich nicht besser versorgt sein können. Mit Loftus Becker hatte ich einen soliden juristischen Assistenten und mit Betty Stark eine ausgezeichnete Sekretärin. Calvocoressi und seine Mitarbeiter sprachen alle fließend Deutsch, sie waren gut ausgebildet in nachrichtendienstlichen Methoden und wußten über die deutsche Militärorganisation Bescheid. Neuland und Rapp verfügten über ein gutes Allgemeinwissen über die deutsche Wehrmacht und erwiesen sich als exzellente Vernehmungsbeamte.

Im Laufe des November zeitigte die Arbeit dieser Gruppe Beweismaterial von einer Quantität wie einer Qualität, die meine Erwartungen bei weitem übertrafen. Ich weiß noch, wie verblüfft ich war, als Peter in meinem Büro mit einem riesigen Organigramm der Spitzenorganisationen der Wehrmacht erschien – es stimmte völlig mit der in der Anklageschrift definierten Gruppe des Generalstabs und des Oberkommandos überein und war von General Franz Halder, der von 1938 bis 1942 als Generalstabschef der deutschen Wehrmacht fungierte, als den tatsächlichen Gegebenheiten des Generalstabs und des Oberkommandos der deutschen Streitkräfte entsprechend eidesstattlich beglaubigt worden. Es folgten ähnliche eidesstattliche Versicherungen von Generalfeldmarschall Walter von Brauchitsch, dem Oberbefehlshaber der deutschen Wehrmacht in den ersten Kriegsjahren, sowie von Generaloberst Johannes Blaskowitz, der als Oberbefehlshaber während des ganzen Krieges verschiedene Heeresgruppen befehligt hatte. Andere Affidavits von Blaskowitz und Generalfeldmarschall Werner von Blomberg, dem Oberbefehlshaber der Wehrmacht bis zu seiner Entlassung durch Hitler im Jahre 1938, bestätigten, daß praktisch alle Generalstabsoffiziere Hitlers Vorkriegspolitik unterstützt und sich für eine militärische Aggression gegen Polen eingesetzt hatten, nötigenfalls auch für eine Annektierung des aufgrund des Versailler Vertrags zwischen Ost- und Westpreußen errichteten »Polnischen Korridors«. Eine weitere eidesstattliche Versicherung von Walter Schellenberg, einem SS-Sektionschef der Auslandsabwehr, bewies die Beteiligung der deutschen Wehrmachtsführer an den Massenmorden, welche die SS-Einsatzgruppen in den von den Deutschen besetzten Gebieten der Sowjetunion begangen hatten.

Aber würde das Tribunal diese eidesstattlichen Erklärungen als Beweismaterial annehmen? Da eidesstattliche Versicherungen keinem Kreuzverhör unterzogen werden können, werden sie nicht generell als Beweismittel bei Strafprozessen akzeptiert. Am Vormittag des 28. November allerdings hatte der Gerichtshof gegen die Einsprüche der Verteidigung ein Affidavit angenommen, das von Alderman vorgelegt und von George S. Messersmith unterzeichnet war, der während des »Anschlusses« amerikanischer Gesandter in Österreich gewesen war. Offensichtlich sah sich das Tribunal dazu durch den Umstand veranlaßt, daß Messersmith Botschafter in Mexiko war und aufgrund seiner dortigen Verpflichtungen wie seines Alters (er war über Siebzig) nicht geneigt war, nach Nürnberg zu reisen.

Am Nachmittag desselben Tages verweigerte das Tribunal indessen die Annahme einer eidesstattlichen Versicherung, die von Alderman vorgelegt und von Kurt Schuschnigg unterschrieben war, dem ehemaligen österreichischen Bundeskanzler, der eine führende Rolle in der Anschlußkrise gespielt hatte. Im Gegensatz zu Messersmith hielt sich Schuschnigg in relativer Nähe zum Gerichtsort auf und stand jederzeit als Zeuge vor Gericht zur Verfügung.

Das galt nun auch für die deutschen Offiziere und Funktionäre, welche die von meinem Stab erarbeiteten Affidavits unterzeichnet hatten. Wenn die Schuschnigg-Entscheidung bedeutete, daß ich all die Affidavit-Unterzeichner als Zeugen vor Gericht zitieren mußte, würde das meine Präsentation wesentlich verlängern. Außerdem würden wahrscheinlich die Anwälte der Verteidigung versuchen, von den Zeugen Erklärungen zu bekommen, die ihre direkte Zeugenaussage erheblich abschwächen würden. Da wir als Anklagevertreter die Affidavits vorlegen und die Zeugen aufrufen mußten, konnte es durchaus passieren, daß uns der Gerichtshof nicht erlauben würde, sie auch ins Kreuzverhör zu nehmen.

Anfang Dezember legte ich dieses Problem Jackson dar, und am 5. Dezember trug er die Angelegenheit bei einer Besprechung der Hauptankläger vor. Er berichtete über die eidesstattliche Erklärung von Halder und erklärte, daß Halder sicher ihren Inhalt bestätigen würde. Halder würde freilich auch darauf bestehen, den Generalstab von jeder strafrechtlichen Verantwortung zu entlasten, und aller Wahrscheinlichkeit nach würde die Anklagevertretung ihn nicht ins Kreuzverhör nehmen dürfen, da er ihr eigener Zeuge sei. Jackson schlug vor, und die anderen Ankläger waren damit einverstanden, daß der Gerichtshof ersucht werden solle, Affidavits als Beweismaterial zuzulassen, die nicht gegen einen einzelnen Angeklagten gerichtet waren, wobei die Verteidigung das Recht haben solle, die Unterzeichner dieser Affidavits zur Befragung vor Gericht zu zitieren.

Zwei Tage später ließ ich Jackson ein umfassendes Memorandum über die Vorlage des Beweismaterials in der Klage gegen den Generalstab und das Oberkommando zugehen. Ich erklärte ihm, daß mein Stab zwanzig Affidavits von rund einem Dutzend Zeugen habe, und zwar in allen Gerichtssprachen, und legte ihm dringend nahe, in seinen Bemühungen fortzufahren, den Gerichtshof dazu zu bewegen, seine im Falle Schuschnigg eingenommene Haltung zu modifizieren, nämlich die Entgegennahme von Affidavits zu gestatten, vorbehaltlich des Rechts der Verteidigung, »jeden Unterzeichner zum Kreuzverhör aufzurufen, und zwar innerhalb des Rahmens der schriftlichen Erklärung«.

In der darauffolgenden Woche entwickelten sich die Dinge weiter. Am 13. Dezember legte Dodd bei der Präsentation des Beweismaterials über die Konzentrationslager einen Bericht vor, der eine eidesstattliche Versicherung eines gewissen Andreas Pfaffenberger, eines ehemaligen Gefangenen im Konzentrationslager Buchenwald, enthielt. Dieser erklärte, er habe miterlebt, wie tätowierte Gefangene umgebracht worden seien, damit man ihre tätowierte Haut für die Herstellung von Lampenschirmen verwenden konnte, zum persönlichen Gebrauch von Ilse Koch, der Frau des Lagerkommandanten.

Am darauffolgenden Vormittag verlangte Dr. Kurt Kauffmann, der Verteidiger von Kaltenbrunner, das Gericht solle aus dem Protokoll das Pfaffenberger-Affidavit herausnehmen und eine allgemeine Vorschrift erlassen, derzufolge die Aussage von Zeugen, die in Deutschland lebten und für ihre Aussage vor Gericht zur Verfügung stünden, nicht durch eine eidesstattliche Versicherung geleistet werden könne. Zur Stützung dieser Argumente berief er sich auf die Ablehnung des zuvor von Alderman vorgelegten Schuschnigg-Affidavits durch das Gericht.

Jackson und Rudenko befanden sich ebenso wie Roberts und Faure im Gerichtssaal, und darum liegt die Vermutung nahe, daß sie vor Kauffmanns Demarche bereits vorgewarnt waren. In seiner Erwiderung berief sich Jackson in erster Linie auf Artikel 19 der Charta, der besagte: »Der Gerichtshof ist an Beweisregeln nicht gebunden«, und der dem Tribunal dringend nahelegte, es solle »ein schnelles und nicht formelles Verfahren anwenden«. Eine Annahme von eidesstattlichen Versicherungen sei von wesentlicher Bedeutung, sagte Jackson, »wenn wir mit dieser Klage vorankommen wollen«. Auf eine Frage von Lawrence gab Jackson zu, er wisse nicht, wo sich Pfaffenberger aufhalte; er wolle versuchen, es herauszufinden. Die Auseinandersetzungen gingen weiter, wobei Rudenko, Roberts und Faure Jacksons Standpunkt vertraten und mehrere Verteidiger Kauffmann beipflichteten.

Nach der Mittagspause verkündete Lawrence, daß Kauffmanns Antrag auf Streichung des Pfaffenberger-Affidavits abgelehnt werde, vorbehaltlich des

Rechts der Angeklagten, Pfaffenberger ins Kreuzverhör zu nehmen. Sofort erhob sich Kauffmann und beantragte, daß ein Affidavit, das Major Walsh am Ende der Vormittagssitzung vorgelegt hatte, aus dem Protokoll gestrichen werden solle. Diese eidesstattliche Versicherung war am 28. November in Nürnberg von Dr. Wilhelm Höttl, einem SS-Funktionär und ehemaligen Assistenten von Adolf Eichmann, unterzeichnet worden und berichtete von einer Erklärung Eichmanns gegenüber Höttl aus dem Jahre 1944, daß vier Millionen Juden in Konzentrationslagern und zwei weitere Millionen durch die Einsatzgruppen auf andere Weise umgebracht worden seien. Kauffmann wies darauf hin, daß Höttl sich im Unterschied zu Pfaffenberger in Nürnberg im Gewahrsam der Anklagevertretung befinde und sofort für eine Aussage vor Gericht herbeigeschafft werden könne.

Walsh erhob keinen Einspruch gegen Höttls Vorladung. Lawrence lehnte jedoch ohne weiteres den Antrag auf Streichung von Höttls Affidavit ab, mit dem gleichen Vorbehalt wie im Falle Pfaffenberger. Für keine dieser beiden Entscheidungen gab Lawrence irgendeine Begründung an – er trug nur das Ergebnis ohne jede weitere Erklärung vor. Die Höttl-Entscheidung stand ganz offensichtlich in direktem Gegensatz zu der früheren Ablehnung des Schuschnigg-Affidavits, aber da es der Gerichtshof versäumte, irgendeine generelle Vorschrift zu erlassen, waren wir nicht sicher, wie er sich bei künftigen Vorlagen von eidesstattlichen Erklärungen verhalten würde. Was die Affidavits anging, die ich vorlegen wollte, gab ich mich einer Art nervöser Zuversicht hin.

Natürlich war für die Vorbereitung der Generalstabs-Klage mehr als nur die Erstellung eidesstattlicher Versicherungen erforderlich. Wie bei der Anklagevertretung generell sollten auch hier Dokumente die Hauptrolle spielen. Ursprünglich hatten wir nicht vorgehabt, irgendwelche Zeugen aufzurufen, außer wir wären dazu verpflichtet, wenn das Tribunal unsere Affidavits ablehnte. Ende November jedoch kam Peter in mein Büro und teilte mir mit, daß unsere Vernehmungsbeamten auf einen deutschen Gefangenen von hohem militärischem Rang gestoßen seien, der einen sehr nützlichen Zeugen abgeben könne.

Erich von dem Bach-Zelewski war im Ersten Weltkrieg einfacher deutscher Soldat und in der Nachkriegs-Reichswehr bis zu seinem Ausscheiden im Jahre 1924 Unteroffizier gewesen. 1930 trat er der SS und anschließend der Waffen-SS bei; im November 1941 hatte er es bis zum Obergruppenführer gebracht (was in etwa einem Generalleutnant entsprach) und befehligte die SS-Truppen im Mittelabschnitt der deutschen Front in der Sowjetunion. Ende 1942 wurde er zum Chef der Antipartisanen-Kampfeinheit an der Ostfront ernannt.

Bach-Zelewski leitete militärische Operationen, die mit äußerster Rücksichtslosigkeit durchgeführt wurden, unter anderem die Unterdrückung des Warschauer Aufstands im Jahre 1944. Er war gewiß kein Engel und behauptete auch nicht, einer zu sein, aber er war gründlich vertraut mit der Kriegsführung der Wehrmacht an der Ostfront und ihrer Beteiligung an Kriegsverbrechen – und er war bereit, über diese Dinge als Zeuge auszusagen. Calvocoressi und unsere Vernehmungsbeamten glaubten, daß er zu seinem Wort stehen werde, und nachdem ich an mehreren Vernehmungen teilgenommen hatte, kam ich zu dem Schluß, daß er als Zeuge aussagen sollte. Nach den Vorschriften unseres Stabs mußte ich diese Entscheidung mit Amen und Dodd abstimmen, zu denen ich keine besonders enge Beziehung hatte. Aber ich glaube, sie wußten, daß Jackson hinter mir stehen würde, und so akzeptierten sie ziemlich verdrießlich meine Entscheidung.

Als wir in die Weihnachtspause gingen, hatte ich trotz einer gewissen Unruhe hinsichtlich der Affidavits das Gefühl, daß wir gut vorbereitet waren. Ja, der Erfolg mit von Brauchitschs und Halders eidesstattlichen Versicherungen war mir so sehr zu Kopf gestiegen, daß ich Jackson gegenüber versicherte, die Definition der Gruppe Generalstab/Oberkommando in der Anklageschrift sei »grundsolide« – ein Anfall von übertriebenem Optimismus, der sich lange vor Ende des Prozesses wieder legte. Aber die Beweislage hinsichtlich der Beteiligung der Wehrmachtsführer an den schrecklichen Kriegsverbrechen war so zwingend, daß ich ganz sicher war, wir würden auf jeden Fall eine starke und wirkungsvolle Präsentation liefern.

3

Als ich nach meinem kurzen Weihnachtsurlaub aus England zurückkehrte, war Nürnberg ein öder Ort. Jeder wollte lieber irgendwoanders sein, einige waren es bereits, und viele andere sollten es bald sein; der amerikanische Stab jedenfalls ging zahlenmäßig rasch zurück. Zu denen, die bereits vor Weihnachten abgereist waren, gehörten auch Harold Leventhal, Ben Kaplan und Sidney Kaplan – alles hervorragende Anwälte, die hinter den Kulissen Außergewöhnliches geleistet hatten und die durchaus länger geblieben wären, wenn Jackson sie entsprechend ihren Meriten an der Vorlage der Klage beteiligt hätte.

Peter Calvocoressi kam mit seiner Gruppe aus England zurück, und dann legten wir letzte Hand an die Präsentation unserer Klage. Aber noch war es nicht soweit, und als der Gerichtshof am Mittwoch, den 2. Januar 1946, wieder zusammenkam, trat Storey erneut ans Rednerpult und legte Dokumente über die Gestapo vor.

Storey eröffnete seine Präsentation mit der Verlesung eines Dokuments, das zu den schrecklichsten in den Annalen des Nationalsozialismus gehört. Es war eines von zwei Affidavits von Hermann Friedrich Gräbe, dem Geschäftsführer einer deutschen Baufirma, der von 1941 bis 1944 als Zivilist bei der deutschen Wehrmacht in der besetzten Ukraine tätig war. Bei mehreren Gelegenheiten erlebte er Massenmorde an einheimischen Juden, begangen von der SS mit Unterstützung durch ukrainische Milizionäre, unter anderem ein Massaker, das sich am 5. Oktober 1942 bei der Stadt Dubno ereignete. An diesem Morgen, wurde ihm gesagt, sollten alle rund 5000 Juden von Dubno in der Nähe seiner Baustelle erschossen und in großen Gruben begraben werden. Dann heißt es weiter in Gräbes Affidavit:

> Daraufhin fuhr ich ... zur Baustelle und sah in der Nähe der Baustelle große Erdhügel von etwa 30 Meter Länge und etwa 2 Meter Höhe. Vor den Erdhügeln standen einige Lastwagen, von denen Menschen durch bewaffnete ukrainische Miliz unter Aufsicht eines SS-Mannes getrieben wurden. Die Milizleute bildeten die Wache auf den Lastwagen und fuhren mit diesen von und zur Grube. Alle diese Menschen hatten die für Juden vorgeschriebenen gelben Flecken auf der Vorder- und Rückseite ihrer Kleidung, so daß sie als Juden erkenntlich waren ...
>
> Jetzt hörte ich kurz nacheinander Gewehrschüsse hinter einem der Erdhügel. Die von den Lastwagen abgestiegenen Menschen, Männer, Frauen und Kinder jeden Alters, mußten sich auf Aufforderung eines SS-Mannes, der in der Hand eine Reit- oder Hundepeitsche hielt, ausziehen und ihre Kleidung, nach Schuhen, Ober- und Unterkleidern getrennt, an bestimmte Stellen ablegen. Ich sah einen Schuhhaufen von schätzungsweise 800 bis 1000 Paar Schuhen, große Stapel mit Wäsche und Kleidern. Ohne Geschrei oder Weinen zogen sich diese Menschen aus, standen in Familiengruppen beisammen, küßten und verabschiedeten sich und warteten auf den Wink eines anderen SS-Mannes, der an der Grube stand und ebenfalls eine Peitsche in der Hand hielt. Ich habe während einer Viertelstunde, als ich bei den Gruben stand, keine Klagen oder Bitten um Schonung gehört. Ich beobachtete eine Familie von etwa 8 Personen, einen Mann und eine Frau, beide von ungefähr 50 Jahren, mit deren Kindern, so ungefähr 1-, 8- und 10-jährig sowie 2 erwachsenen Töchter, von 20-24 Jahren. Eine alte Frau mit schneeweißem Haar hielt das einjährige Kind auf dem Arm und sang ihm etwas vor und kitzelte es. Das Kind quietschte vor Vergnügen. Das Ehepaar schaute mit Tränen in den Augen zu. Der Vater hielt an der Hand einen Jungen von etwa 10 Jahren, sprach leise auf ihn ein. Der Junge kämpfte mit den Tränen. Der Vater zeigte mit dem Finger zum Himmel, streichelte ihn über den Kopf und schien ihm etwas zu erklären. Da rief schon der SS-Mann an der Grube seinem Kameraden etwas zu. Dieser teilte ungefähr 20 Personen ab und wies sie an, hinter den Erdhügel zu gehen. Die Familie, von der ich hier sprach, war dabei. Ich entsinne mich noch genau, wie ein Mädchen, schwarzhaarig und schlank, als sie nahe an mir vorbei ging, mit der Hand an sich herunter zeigte und sagte »23 Jahre!« Ich ging um den Erdhügel herum und stand vor einem riesigen Grab. Dicht aneinandergepreßt lagen die Menschen so aufeinander, daß nur die Köpfe zu sehen waren. Von fast allen Köpfen rann Blut über die Schultern. Ein Teil der Erschossenen bewegte sich noch. Einige hoben ihre Arme und drehten den Kopf, um zu zeigen, daß sie noch lebten. Die Grube war bereits dreiviertel voll. Nach meiner Schätzung lagen darin bereits ungefähr 1000 Menschen. Ich schaute mich nach dem Schützen um. Dieser, ein SS-Mann, saß am Rand der Schmalseite der Grube

auf dem Erdboden, ließ die Beine in die Grube herabhängen, hatte auf seinen Knien eine Maschinenpistole liegen und rauchte eine Zigarette. Die vollständig nackten Menschen gingen an einer Treppe, die in die Lehmwand der Grube gegraben war, hinab, rutschten über die Köpfe der Liegenden hinweg bis zu der Stelle, die der SS-Mann anwies. Sie legten sich vor die toten oder angeschossenen Menschen, einige streichelten die noch Lebenden und sprachen leise auf sie ein. Dann hörte ich eine Reihe Schüsse. Ich schaute in die Grube und sah, wie die Körper zuckten oder die Köpfe schon still auf den vor ihnen liegenden Körpern lagen. Von den Nacken rann Blut. Ich wunderte mich, daß ich nicht fortgewiesen wurde, aber ich sah, wie auch zwei oder drei Postbeamte in Uniform in der Nähe standen. Schon kam die nächste Gruppe heran, stieg in die Grube herab, reihte sich an die vorherigen Opfer an und wurde erschossen. Als ich um den Erdhügel zurückging, bemerkte ich wieder einen soeben angekommenen Transport von Menschen. Diesesmal waren Kranke und Gebrechliche dabei. Eine alte, sehr magere Frau, mit fürchterlich dünnen Beinen wurde von einigen anderen, schon nackten Menschen ausgezogen, während 2 Personen sie stützten. Die Frau war anscheinend gelähmt. Die nackten Menschen trugen die Frau um den Erdhügel herum ...*

Vergleichbare Vorfälle, für die hauptsächlich die Einsatzgruppen verantwortlich waren, hat es hinter den deutschen Kampflinien seit Beginn des Kriegs der Nazis gegen die Sowjets gegeben, aber nur wenige Augenzeugen dieses Massenmordens haben sich zu Wort gemeldet. Storey unterließ es, die wahren Dimensionen der Gräbe-Affidavits darzulegen. Er trug seine Gestapo- und anderen Dokumente bis zur Mittagspause vor und machte dabei eine »Kette grauenhafter Einzelheiten« deutlich, wie Dr. von der Lippe es nannte. Dann übergab Storey das Rednerpult an Korvettenkapitän Whitney Harris, der eine Reihe von Dokumenten präsentierte, die sich mit den verbrecherischen Aktivitäten von Kaltenbrunner befaßten, dem einzigen SS-Funktionär unter den Angeklagten.

Harris war am nächsten Vormittag schon früh fertig, und danach rief Amen einen Zeugen auf, der sich im Sinne der Beweisführung als echter Knüller entpuppte. Otto Ohlendorf war ein SS-Funktionär, der im ersten Jahr des deutsch-sowjetischen Krieges eine der vier Einsatzgruppen befehligt hatte. Er war 1925, im Alter von 18 Jahren, der NSDAP beigetreten, rasch in der SS-Hierarchie aufgestiegen, 1939 Sektionschef im Abwehr- und Sicherheitsdienst der SS geworden und galt als einer von Himmlers schlauen jungen Männern.

* Die Verteidigung erhob keinen Einspruch gegen die Annahme von Gräbes beiden Affidavits. Die von Storey vorgelesenen Abschnitte waren zwar schockierend genug, enthielten aber nicht die entsetzlichsten Passagen, die später von Sir Hartley Shawcross in seinem Schlußplädoyer vorgelesen und in das Urteil des Gerichtshofs aufgenommen wurden und die hier wiedergegeben sind. Gräbe konnte nach diesen qualvollen Erfahrungen das Leben im Nachkriegsdeutschland nicht ertragen und emigrierte in die USA. Er ließ sich in San Francisco nieder, wo er 1986 im Alter von 85 Jahren starb.

Während seiner Befragung durch Amen verbürgte sich der Zeuge für die Genauigkeit eines Diagramms, nach dem die Einsatzgruppen A, B und C jeweils der nördlichen, mittleren und südlichen deutschen Heeresgruppe an der russischen Front zugeordnet waren. Die unter dem Kommando von Ohlendorf stehende Einsatzgruppe D war der 11. Armee zugeteilt, die, unabhängig von den Heeresgruppen operierend, von Rumänien aus in die Ukraine eingedrungen war und entlang der Schwarzmeerküste nach Osten in Richtung Odessa und Krim vorrückte. Die Einsatzgruppen waren die Oberkommandos, denen mehrere Einsatzkommandos unterstellt waren, die wiederum die Truppen umfaßten, welche die Feldoperationen dann durchführten. Es kam unter anderem zu folgenden Dialogen zwischen Amen und Ohlendorf:

OBERST AMEN: Bitte erklären Sie dem Gerichtshof nach Ihrem besten Wissen und nach Ihrer Erinnerung den Gesamtinhalt dieses schriftlichen Abkommens.
OHLENDORF: In dem Abkommen war zuerst die Tatsache geregelt, daß Einsatzgruppen aufgestellt wurden sowie Einsatzkommandos, die im Operationsraum arbeiten sollten ... In dem Abkommen war festgelegt, daß die Heeresgruppen beziehungsweise Armeen gegenüber den Einsatzgruppen für Marsch und Verpflegung zuständig wären. Die sachlichen Weisungen kamen vom Chef der Sicherheitspolizei und des SD [d. h. Reinhard Heydrich] ... Über dem an sich vorhandenen sachlichen Weisungsrecht des Chefs der Sicherheitspolizei und des SD schwebte sozusagen die Generalformulierung, daß die Armee Weisungen geben konnte, wenn es die operative Lage notwendig machte ...
OBERST AMEN: Welches war die offizielle Aufgabe der Einsatzgruppen im Hinblick auf Juden und kommunistische Kommissare [Kommunisten, denen die politische Führung im Feld oblag]?
OHLENDORF: Über die Frage von Juden und Kommunisten war den Einsatzgruppen und den Einsatzkommandoführern vor dem Abmarsch mündliche Weisung erteilt.
OBERST AMEN: Welches waren ihre Weisungen im Hinblick auf die Juden und die kommunistischen Funktionäre?
OHLENDORF: Es war die Weisung erteilt, daß in dem Arbeitsraum der Einsatzgruppen im russischen Territorium die Juden zu liquidieren seien, ebenso wie die politischen Kommissare der Sowjets.
OBRST AMEN: Wenn Sie das Wort »liquidieren« verwenden, meinen Sie »töten«?
OHLENDORF: Damit meine ich »töten« ...
OBERST AMEN: Wissen Sie, ob diese Mission der Einsatzgruppe den Befehlshabern der Armeegruppen bekannt war?
OHLENDORF: Dieser Befehl und die Durchführung dieser Befehle war dem Oberbefehlshaber der Armee bekannt.

OBERST AMEN: Woher wissen Sie das?

OHLENDORF: Durch Besprechung bei der Armee und durch Weisungen, die von der Armee in Bezug auf diese Durchführung gegeben worden sind ...

OBERST AMEN: Wer war der Befehlshaber der 11. Armee?

OHLENDORF: Befehlshaber der 11. Armee war zuerst Ritter von Schober [*sic*, Schobert] und später von Manstein.

OBERST AMEN: Wollen Sie bitte dem Gerichtshof mitteilen, in welcher Art und Weise der Befehlshaber der 11. Armee die Einsatzgruppe D bei ihrer Liquidierungstätigkeit leitete und überwachte?

OHLENDORF: In Nikolajew kam ein Befehl der 11. Armee, daß die Liquidationen nur in einer Entfernung von 200 km* vom Quartier der Oberbefehlshaber entfernt, durchgeführt werden dürften.

OBRST AMEN: Können Sie sich noch an irgendeine andere Gelegenheit erinnern?

OHLENDORF: In Simferopol wurde vom Armeeoberkommando an die zuständigen Einsatzkommandos die Bitte herangetragen, die Liquidationen zu beschleunigen, und zwar mit der Begründung, daß in diesem Gebiet Hungersnot drohe und ein großer Wohnungsmangel sei.

OBERST AMEN: Wissen Sie, wieviele Personen durch die Einsatzgruppe D liquidiert wurden, und zwar unter Ihrer Führung?

OHLENDORF: In dem Jahre von Juni 1941 bis Juni 1942 sind von den Einsatzkommandos etwa 90 000 als liquidiert gemeldet worden.

OBERST AMEN: Schließt diese Zahl Männer, Frauen und Kinder ein?

OHLENDORF: Jawohl.

Während Ohlendorfs Aussagen waren die Richter zusehends aufmerksamer geworden. Einige äußerten ihre Verblüffung auch durch Gesten, die für sich sprachen. Ohlendorf war zierlich und sah jung und ziemlich gut aus – niemand hätte weniger wie ein brutaler SS-Schlägertyp à la Kaltenbrunner wirken können. Er sprach leise, mit großer Genauigkeit, Objektivität und offenkundiger Intelligenz. Wie konnte er getan haben, was er nun so ruhig beschrieb? Biddle dachte an Dr. Jekyll und Mr. Hyde; Dr. von der Lippe nannte ihn »eiskalt«.

Für Ohlendorf war seine Aussage kein Geständnis, sondern eine Erklärung. Das Kreuzverhör durch Ludwig Babel, den Verteidiger für die SS, ist entlarvend:

RA. BABEL: Hatten Sie nun keine Bedenken dagegen, daß diese Befehle ausgeführt wurden?

OHLENDORF: Selbstverständlich.

RA. BABEL: Und warum wurden diese Befehle trotzdem ausgeführt?

---

* So steht es im transkribierten Protokoll, aber eine so weite Entfernung ist eher unwahrscheinlich.

OHLENDORF: Weil es mir undenkbar erscheint, daß ein untergeordneter Führer Befehle, die die Staatsführung gibt, nicht durchführt …

RA. BABEL: Wurde den Leuten die Rechtmäßigkeit dieser Befehle vorgetäuscht?

OHLENDORF: Ich verstehe Ihre Frage nicht, denn der Befehl war von dem Vorgesetzten gegeben, so daß für die einzelnen Personen die Frage der Rechtmäßigkeit gar nicht kommen konnte; denn sie hatten ja denjenigen, die diesen Befehl gaben, den Eid des Gehorsams geleistet.

Damit wurde das Verteidigungsargument des »höheren Befehls« verabsolutiert: Befehl ist Befehl. Die zehn Verteidiger, die ihn ins Kreuzverhör nahmen, kamen bald dahinter, daß Ohlendorf äußerst logisch war. Aber während der Mittagspause der Angeklagten äußerte sich nur Göring kritisch über Ohlendorf – er nannte ihn ein »Schwein«: »Ach, da ist also noch einer, der seine Seele dem Feind verkauft!« Frank »drückte sogar seine Bewunderung für einen Mann aus, der um der Wahrheit willen sein eigenes Todesurteil unterschrieb«, Funk äußerte sich in ähnlicher Weise, und »einige der übrigen meinten, es gäbe absolut keine Frage über die Verläßlichkeit seiner Aussage«.

Als Ohlendorf den Zeugenstand verlassen hatte, rief Oberstleutnant Smith W. Brookhart (der Sohn eines bekannten Senators aus Iowa) Dieter Wisliceny auf, einen SS-Funktionär und Assistenten von Adolf Eichmann (dessen Aufenthaltsort unbekannt war). Wislicenys Aussage beschränkte sich großenteils auf die Feststellung von Zeit, Form und Quantität der Transporte von Juden aus der Slowakei, Ungarn, Griechenland, Kroatien und Bulgarien nach Auschwitz. Wisliceny berichtete auch über verschiedene Handlungen, Entscheidungen und Erklärungen von Eichmann, unter anderem erwähnte er seinen oft zitierten Ausspruch kurz vor Kriegsende: »Er würde lachend in die Grube springen, denn das Gefühl, daß er fünf Millionen Menschen auf dem Gewissen hätte, wäre für ihn außerordentlich befriedigend.«

Am darauffolgenden Vormittag, dem 4. Januar, trat Amen erneut ans Rednerpult und rief den SS-Abwehrchef Walter Schellenberg in den Zeugenstand. Seine unmittelbare Aussage war sehr kurz: Er bestätigte und erweiterte Ohlendorfs Aussage über das Abkommen zwischen der Wehrmacht und der SS im Hinblick auf die Bildung der Einsatzgruppen und ihre Operationen hinter den Kampflinien in der Sowjetunion. Das wichtigste neue Detail war der Hinweis, daß dieses Abkommen für die Wehrmacht von General Eduard Wagner, dem Generalquartiermeister des Heeres*, verhandelt und unterzeichnet worden war.

Amens letzter Zeuge war Alois Höllriegel, ein österreichischer Unteroffizier der SS, der im Konzentrationslager Mauthausen als Wache tätig gewesen

* General Wagner hatte diese Position von 1940 bis 1944 inne und war mit seinem Stab zeitweise die Zentrale des militärischen Widerstandes. Nach dem mißglückten Attentat auf Hitler vom 20. Juli 1944 nahm er sich das Leben.

war. Er sollte bestätigen, daß Kaltenbrunner und Schirach 1942 das Lager besucht hatten und daß zwei SS-Wachen Gefangene umgebracht hatten, indem sie sie von einem Felsen stießen. Bei Höllriegels ansonsten trister Aussage kam Gelächter auf, als Schirachs Anwalt, Dr. Sauter, fragte, wie viele Mitbesucher Schirach begleitet hätten. Darauf der Zeuge: »Ich wußte damals nicht, daß ich die Zahl 'mal brauchen könnte, ich habe sie nicht gezählt.«

4

Durch die Bestätigung der Zusammenarbeit zwischen der deutschen Wehrmacht und den Einsatzgruppen waren zwei von Amens Zeugen, Ohlendorf und Schellenberg, für die Klage gegen den Generalstab und das Oberkommando sehr von Nutzen gewesen. Außerdem waren in den ersten beiden Tagen der Januarsitzungen mehrere Affidavits ohne Einspruch als Beweismaterial angenommen worden. Das war eine gewisse Ermutigung für uns, als wir am Freitag nach der Vormittagspause mit unserer Präsentation begannen.

Aufgrund der öffentlichen Kritik an den in der Anklageschrift erhobenen Klagen gegen die deutschen militärischen Führer und angesichts der wachsenden Besorgnis des Gerichtshofs über die Behandlung der Klagen gegen die »verbrecherischen Organisationen«, insbesondere der gegenüber dem Generalstab erhobenen Beschuldigungen, bemühte ich mich, die ernsthaften Mißverständnisse über Sinn und Zweck der Klage zu zerstreuen:

> Es erübrigt sich zu sagen, daß es nicht die Meinung der Anklagevertretung sein kann, daß es ein Verbrechen darstellt, Soldat oder Seemann zu sein oder seinem Lande als Soldat oder Seemann in Kriegszeiten zu dienen. Der Soldatenberuf ist ein ehrenvoller Beruf und kann ehrenvoll ausgeübt werden; aber es ist unbestreitbar, daß ein Mann, der Verbrechen begeht, sich zur Verteidigung nicht darauf berufen kann, diese Verbrechen in Uniform begangen zu haben.
>
> Es liegt nicht in der Natur der Dinge, und es ist auch nicht die Ansicht der Anklagevertretung, daß jedes Mitglied dieser Gruppe ein Übeltäter war oder daß sie alle in gleicher Weise schuldig waren; aber wir werden dartun, daß diese Gruppe nicht nur mit Hitler zusammengearbeitet und die wesentlichen Nazi-Ziele unterstützt hat ... Die Generale, ebenso wie Hitler, wollten Deutschland auf Kosten der Nachbarstaaten vergrößern und waren bereit, dazu Gewalt oder Drohung mit Gewalt anzuwenden.

Dann griff ich den heikelsten Punkt auf: ob der Generalstab und das Oberkommando eine »Gruppe« im Sinne des Artikels 9 der Charta seien. Da dies der fachspezifischste Teil der Klage war, hatte ich an das Gericht und an die Anwälte der Verteidigung ein sechs Seiten umfassendes, vervielfältigtes Papier verteilt, das den Titel »Grundlegende Informationen über die Organisation der deutschen Wehrmacht« trug und folgendes enthielt: eine kurze Geschichte der Wehrmachtsstruktur unter Hitler und ihre Neuorganisation im Jahre 1938, ein Glossar über deutsche Militärbegriffe sowie eine Tabelle mit den deutschen Rangbezeichnungen und ihren Entsprechungen in der amerikanischen und britischen Militärnomenklatur.

Ich hatte das Organigramm der Gruppe, wie sie in der Anklageschrift definiert war, aufgehängt, erklärte es und verwies auf die Kästchen mit jedem der fünf darin aufgeführten Angeklagten. Dann wurden die Affidavits von Brauchitsch und Halder, die das Organigramm als zutreffend und authentisch beglaubigten, vorgelegt und als Beweismittel angenommen. Es gab keinen Einspruch, und damit lag der heikelste Teil unserer Präsentation hinter uns.

Wir schlossen den Vortrag über die Definition der Gruppe mit ein paar sachlich erläuternden Affidavits von Halder, Brauchitsch und seinem in der Luftwaffe dienenden Sohn, Oberst Bernd von Brauchitsch, ab sowie mit einem Dokument, in dem Offiziere aufgeführt waren, die an einer von Hitler im Juni 1941, kurz vor dem Angriff auf die Sowjetunion, einberufenen Konferenz teilgenommen hatten. Daraus ging hervor, daß damals praktisch alle Oberbefehlshaber der Wehrmacht anwesend waren.

Nach der Mittagspause, in der Göring und Jodl über von Brauchitsch und Halder herzogen, die »uns als Zeugen anschwärzen, um ihre verdammten Hälse zu retten«, begann ich mit dem Anklagepunkt »Angriffskrieg«. Um die Komplizenschaft der militärischen Führung bei diesen Verbrechen beweisen zu können, mußten wir zeigen, daß die Angehörigen der Gruppe *wußten*, daß Hitlers militärische Pläne aggressiv waren, und daß sie sich an der Ausführung dieser Pläne *bereitwillig beteiligten.*

Ihr Wissen ließ sich ohne weiteres nachweisen aufgrund ihrer Anwesenheit bei Hitlers Konferenzen, deren Protokolle bereits von Alderman und den britischen Anklagevertretern als Beweismaterial eingebracht worden waren. Um die bereitwillige Beteiligung der Gruppe aufzuzeigen, legten wir als erstes eine eidesstattliche Erklärung von Blomberg vor:

> Seit 1919 und insbesondere seit 1924 nahmen 3 wesentliche Territorialfragen die Aufmerksamkeit Deutschlands in Anspruch. Es waren dies die Fragen des polnischen Korridors, der Ruhr und des Memellandes.
> Sowohl ich selbst, als auch die gesamte Gruppe deutscher Stabsoffiziere glaubten, daß diese drei Fragen, unter welchen die Frage des polnischen Korridors besonders hervortrat, eines Tages gelöst werden müßten, nötigenfalls durch Waffengewalt. Ungefähr 90 Prozent des deutschen Volkes teilte diese Ansicht mit den Offizieren bezüglich der polnischen Frage. Ein Krieg, um die durch die Schaffung des polnischen Korridors entstandene Schmach auszumerzen und die Bedrohung des abgetrennten Ostpreußens, das von Polen und Litauen umfaßt war, zu vermindern, wurde als eine heilige Pflicht, wenn auch bittere Notwendigkeit, betrachtet. Dieses war einer der Hauptgründe der teils geheimen Wiederaufrüstung, welche ungefähr 10 Jahre vor Hitlers Machtergreifung begann und unter der Naziherrschaft besonders betont wurde.

Ähnliche Ansichten waren in einem Affidavit von Blaskowitz artikuliert. Blomberg tat in seiner eidesstattlichen Versicherung dann seine Ansichten über die Haltung der deutschen Offiziere gegenüber Hitler kund:

> Vor 1938 und 1939 waren die deutschen Generale nicht gegen Hitler eingestellt. Es war kein Grund vorhanden, Hitler zu opponieren, da er die Erfolge brachte, welche sie erwünschten ...
> Kurz vor meiner Absetzung als Oberbefehlshaber der Wehrmacht im Jahre 1938 ersuchte mich Hitler, einen Nachfolger vorzuschlagen. Ich schlug Göring vor, der der dienstälteste Offizier war, aber Hitler erhob Einwand wegen seines Mangels an Geduld und Fleiß ... Hitler übernahm unmittelbar meine Funktion als Befehlshaber. Keitel wurde von mir als Chef de bureau vorgeschlagen ...
> Wie ich hörte, hat Keitel es dann an einem Widerstand gegen jede Maßnahme Hitlers fehlen lassen. Er wurde zu einem fügsamen Werkzeug in der Hand Hitlers für jeden seiner Entschlüsse.

Göring war keineswegs erbaut über diese Einschätzung, und Keitel war überrascht und verletzt, besonders da sein ältester Sohn Blombergs jüngste Tochter geheiratet hatte.

Ich fuhr mit einer Lesung von Auszügen aus einem persönlichen Tagebuch fort, das Jodl geführt hatte, während er unter Blomberg und später als Stabschef unter Keitel gedient hatte.

Diese Einträge bewiesen zweifelsfrei, wie inbrünstig Jodl Hitlers aggressive Pläne und Handlungen unterstützt hatte. Andere Dokumente, von denen einige zuvor schon eingeführt, andere von Calvocoressis Team gefunden worden waren, vervollständigten die Beweisvorlage der Angriffskriegsklage gegen die Gruppe.

An diesem Punkt erachtete ich es für notwendig, erneut und gründlicher auf die Kritik an unserer Klage einzugehen, die in amerikanischen Militärkreisen verbreitet worden war. Im Hinblick auf Kriegsverbrechen, die als Verletzungen der Haager Konventionen und anderer offiziell anerkannter Kriegsgesetze unter Anklage gestellt wurden, hatte ich den Eindruck, daß der Yamashita-Prozeß und andere damals laufende Kriegsgerichtsverfahren schlüssig zeigten, wie sehr sich die US-Army als Institution bewußt war, daß diese Gesetze verschärft und überführte Täter bestraft werden sollten. Aber die in Punkt Eins und Zwei der Anklageschrift aufgeführten »Verbrechen gegen den Frieden« warfen bei der Anwendung auf Offiziere recht komplizierte Fragen auf.

Zum ersten war die gesetzliche Grundlage für eine Behandlung von Angriffskriegen als strafbare Verbrechen heftig umstritten. Gewiß, dieses Problem beschränkte sich nicht nur auf die Militärchargen. Aber selbst wenn das Konzept von Verbrechen gegen den Frieden allgemein anerkannt werde, seien viele über die Anwendung auf das Berufssoldatentum beunruhigt, glaubten sie doch, daß militärische Führer verpflichtet seien, die Befehle des

Staatsoberhaupts zu befolgen, und daß innerhalb der militärischen Kommandokette Befehle von Vorgesetzten stets befolgt werden müßten. Aufgrund derartiger Anschauungen könne man leicht den Schluß ziehen, daß – zumindest im Hinblick auf den Vorwurf von Verbrechen gegen den Frieden – Keitel, Jodl, Raeder und Dönitz »nur Befehle befolgten« und »nur ihre Pflicht taten«. Ich führte nur deshalb auch Göring nicht mit auf, weil kaum jemand glaubte, daß er »nur Befehle befolgte«, und es war offenkundig, daß auch er selbst dies nicht glaubte.

Ich hielt mich ausführlich bei diesem Thema auf und versuchte, diese Dinge zu klären. Unter anderem führte ich aus:

> Ich möchte nochmals die Natur der Anklage gegen diese Gruppe unter den Anklagepunkten 1 und 2 klarstellen. Sie werden nicht angeklagt, weil sie Soldaten sind. Sie werden nicht angeklagt, nur weil sie die gewöhnlichen Dinge getan haben, die man von einem Soldaten erwartet, zum Beispiel militärische Pläne vorbereiteten oder Truppen befehligten …
>
> Schlosser zu sein ist ein harmloser und achtbarer Beruf; aber es ist nichtsdestoweniger ein Verbrechen, wenn der Schlosser sein Talent dazu verwendet, die Schlösser seiner Nachbarn zu öffnen und ihre Häuser zu plündern. Das ist der Sinn der Anklage gegen die einzelnen Angeklagten und gegen die Gruppe Generalstab und Oberkommando unter den Anklagepunkten 1 und 2. Gegenstand der Anklage ist, daß sie sich in Ausübung ihrer Funktionen als Diplomaten, Politiker, Soldaten und Seeleute oder was immer sie waren, verschworen haben und ungesetzliche Kriege planten, vorbereiteten, entfesselten und führten und damit Verbrechen im Sinne des Artikels 6 (a) des Statuts [der Charta] begingen …
>
> Die angeklagten Militärs werden vielleicht behaupten, sie seien Techniker gewesen. Das würde bedeuten, daß Angehörige des Militärstandes eine Rasse für sich sind, verschieden von der gewöhnlichen Sorte Mensch, Menschen über und jenseits der moralischen und gesetzlichen Normen, denen andere unterworfen sind, und unfähig, von sich aus ein moralisches Urteil zu fällen …
>
> Solche Gesichtspunkte gelten zu lassen, wäre heute besonders verhängnisvoll, wo die militärischen Führer Kräfte in ihrer Gewalt haben, die unendlich stärker und zerstörender sind als je zuvor. Sollten die militärischen Führer von den Bestimmungen des Statuts, nach denen die Planung und Führung eines Angriffskrieges ein Verbrechen ist, befreit werden, dann würde dies ein lähmender, wenn nicht sogar tödlicher Schlag für die Wirksamkeit dieser Bestimmungen sein.
>
> Das ist sicher nicht die Ansicht der Vereinigten Staaten. Die Anklagevertretung, die die Vereinigten Staaten hier vertritt, ist der Ansicht, daß der Waffenberuf ein angesehener Beruf ist. Wir glauben, daß die Ausübung dieses Berufs von ihren Führern den höchsten Grad von Unbescholtenheit und moralischer Stärke erfordert und nicht weniger technisches Können. Wir sind der Ansicht, daß, wenn militärische Führer sich mit den Führern auf anderen Gebieten des nationalen Lebens beraten und mit diesen zusammen

> planen, sie in Übereinstimmung mit dem Völkerrecht und mit den Vorschriften des öffentlichen Gewissens handeln müssen. Andernfalls werden die militärischen Kräfte einer Nation nicht in Übereinstimmung mit den Gesetzen einer modernen Gesellschaft, sondern nach den Gesetzen der Wildnis verwendet.

Wenn solche Worte heutzutage übertrieben optimistisch klingen mögen, so spiegelten sie doch seinerzeit die Gefühle und Hoffnungen einer Nation wider, die sich in den ersten paar Friedensmonaten nach dem Krieg der Schaffung der Vereinten Nationen als einem Schutzschild gegen künftige Kriege widmeten.

Der Gerichtshof vertagte sich über das Wochenende, und am Montag, den 7. Januar, trat man wieder zusammen. Nun präsentierten wir unsere Klage gegen die Gruppe unter den Punkten Drei und Vier der Anklageschrift, die sich in erster Linie mit Kriegsverbrechen befaßten, wie sie im Völkerrecht definiert waren. Unsere jetzige Aufgabe war weniger strittig, da die Anklagen auf einer jahrhundertealten Tradition, Praxis und etabliertem nationalem wie internationalem Recht beruhten und da wir so zahlreiche wie unwiderlegbare Dokumente und andere Beweismittel vorlegen konnten.

Im ersten Teil der Vormittagssitzung präsentierte ich Dokumente, die sich mit dem sogenannten »Kommandobefehl« befaßten, welcher sich auf kleine feindliche Truppeneinheiten bezog, die zu Sabotagezwecken und mit nachrichtendienstlichen Aufgaben per Schiff oder aus der Luft in von Deutschen besetzten Gebieten abgesetzt worden waren. Hier der teilweise Wortlaut dieses Hitler-Befehls:

> Von jetzt ab sind alle bei sogenannten Kommandounternehmungen in Europa oder in Afrika von deutschen Truppen gestellten Gegner, auch wenn es sich äußerlich um Soldaten in Uniform oder Zerstörertrupps mit und ohne Waffen handelt, im Kampf oder auf der Flucht bis auf den letzten Mann niederzumachen ... Selbst wenn diese Subjekte bei ihrer Auffindung scheinbar Anstalten machen sollten, sich gefangen zu geben, ist ihnen grundsätzlich jeder Pardon zu verweigern ...
> Ich werde für die Nichtdurchführung dieses Befehls alle Kommandeure und Offiziere kriegsgerichtlich verantwortlich machen, die entweder ihre Pflicht der Belehrung der Truppe über diesen Befehl versäumt haben, oder die in der Durchführung entgegen diesem Befehl handeln.

In einem erläuternden Vorwort zu Hitlers Befehl wurde erklärt, daß feindliche Kommandos, die deutsche Gefangene machten, diese töten würden, womit suggeriert wurde, daß der Befehl im Grunde eine Vergeltungsmaßnahme darstelle. Kommandounternehmen sind eine besondere Form des überfallartigen Angriffs, eine Operation, die seit langem als eine legitime militärische Taktik anerkannt ist. Es ist nicht ungewöhnlich, daß Kommandos in Situationen geraten, in denen ein feindlicher Wachtposten sofort getötet wird, um zu verhindern, daß er verrät, wie nahe die angreifende Partei ist;

oder daß ein gefangener feindlicher Soldat getötet wird, weil die angreifende Partei keine Möglichkeiten hat, ihn in sicheren Gewahrsam zu nehmen.

Das Kriegsrecht kennt keine Ausnahme für derartige Umstände; einige Soldaten glauben, eine Ausnahme gelte auf der Grundlage militärischer Erfordernisse, aber Militäranwälte lehnen generell eine derartige Abweichung von Artikel 23 c) der Haager Konvention ab. Danach »ist namentlich untersagt ... die Tötung oder Verwundung eines die Waffen streckenden oder wehrlosen Feindes, der sich auf Gnade oder Ungnade ergibt«.

Aber es war gar nicht notwendig, diese kontroverse Frage zu klären, um die Gesetzlosigkeit von Hitlers Kommandobefehl zu beweisen. Was immer man gegen die Handlungsweise eines Kommandeurs vorbringen könnte, der im Rahmen eines derartigen Überfallangriffs die Tötung eines gefangenen Feindes aufgrund militärischer Erfordernisse befiehlt – diese Handlungsweise hat wenig zu tun mit einem Befehl zur Hinrichtung aller Kommandos, die einen vollkommen legitimen Überfall verüben, in Uniform und ohne sich irgendeines verbrecherischen Verhaltens schuldig zu machen, und die unbewaffnet, wehrlos und kapitulierend gefangengenommen werden. Ein derart pauschaler Befehl zur »Vernichtung« war zweifelsohne eine flagrante Verletzung des Kriegsrechts und ein kapitales Kriegsverbrechen.

Tatsächlich war der Kommandobefehl kaum durch Vergeltungsmaßnahmen motiviert. Zusätzliche Befehle, die gleichzeitig ausgegeben wurden, zeigten nämlich, daß man in Wahrheit die (nicht ausschließlich von Kommandotrupps durchgeführten) überfallartigen Angriffe bekämpfen wollte, welche die Briten 1942 entlang der europäischen Atlantikküste gestartet hatten, von denen viele überaus erfolgreich gewesen waren: Wichtige deutsche Kriegseinrichtungen waren dabei zerstört und neu entwickelte Ausrüstungen und technische Geräte entführt worden – sehr zur Bestürzung des deutschen Oberkommandos. »Wenn nun die deutsche Kriegführung nicht durch ein solches Verfahren schwersten Schaden leiden soll«, schrieb Hitler, »dann muß dem Gegner klargemacht werden, daß jeder Sabotagetrupp ausnahmslos bis zum letzten Mann niedergemacht wird.« Darum ordnete Hitler auch an, daß die Meldung über die Tötung gefangener Kommandos »im Wehrmachtbericht erscheinen soll«, während er gleichzeitig anwies, daß die Befehle selbst »unter keinen Umständen in Feindeshand fallen« dürften.

Diese Befehle, die von Hitler unterzeichnet waren, während das einführende Memorandum Jodls Unterschrift trug, wurden an die Oberbefehlshaber des Heeres*, der Marine und der Luftwaffe verteilt. Als nächstes

* Zu dieser Zeit war von Brauchitsch zurückgetreten, und Hitler selbst war Oberbefehlshaber des Heeres wie der Wehrmacht insgesamt geworden. Halder war ein paar Wochen vor der Ausgabe des Kommandobefehls entlassen und als Chef des Generalstabs des Heeres durch General Kurt Zeitzler ersetzt worden. Raeder und Göring waren noch Oberbefehlshaber der Marine und der Luftwaffe.

legten wir Dokumente vor, die den Empfang der Kommandobefehle durch den Kriegsmarinestab und ihre Verteilung zehn Tage später an untergeordnete Marinekommandeure bestätigten. Im Februar 1943, ein paar Tage nachdem Dönitz Raeder als Oberbefehlshaber abgelöst hatte, wurde an niedere Marinekommandos ein Memorandum verteilt, das die Pflicht zur Durchführung des Kommandobefehls wiederholte und mit allem Nachdruck forderte.

Die meisten Opfer des Befehls waren britische und kanadische Soldaten, die zuweilen von Norwegern begleitet worden waren; und die meisten Tötungen, über die uns damals Berichte vorlagen, hatten in Norwegen stattgefunden. Als erstes legten wir die deutschen Dokumente vor, in denen berichtet wurde, daß ein britisches Segelflugzeug (ein sogenannter »Schleppsegler«) in der Nacht vom 19. auf den 20. November in der Nähe von Egersund abgestürzt sei, das eine britische Kommandoeinheit von siebzehn Männern in britischer Uniform an Bord gehabt habe, von denen drei bei dem Absturz ums Leben kamen. Von den vierzehn Überlebenden waren sechs schwer verletzt. Gemäß dem Kommandobefehl wurden alle vierzehn am Abend des 20. November von Soldaten der 280. Infanteriedivision erschossen. Sie waren in den paar Stunden ihrer Gefangenschaft nicht verhört worden, was zu einer Rüge aus dem Hauptquartier von General Nikolaus von Falkenhorst führte: Der Kommandeur aller deutschen Streitkräfte in Norwegen erklärte nachdrücklich, daß gefangene Kommandos von deutschen Abwehroffizieren verhört werden sollten, bevor man sie hinrichtete.

Dann legten wir Protokolle über drei andere Erschießungen kleiner Kommandoeinheiten in Norwegen in den Jahren 1942 und 1943 vor. Damals wußte ich noch nicht, daß Falkenhorst von einem britischen Kriegsgericht am 2. August 1945 wegen der Verteilung und Durchführung des Kommandobefehls zum Tode verurteilt worden war. Später wurde dieses Urteil auf lebenslängliche Haft abgemildert.

Wir hatten auch Aufzeichnungen über die Durchführung des Kommandobefehls in Italien, darunter auch über die Hinrichtung von drei britischen Soldaten in Pescara im Novemberg 1943. Am 24. März 1944 wurde eine Gruppe von fünfzehn US-Soldaten in Uniform in der Nähe von La Spezia gefangengenommen, als sie gerade versuchten, den Eisenbahntunnel zwischen La Spezia und Genua zu zerstören. Sie wurden ins Hauptquartier der 135. Festungsbrigade gebracht, deren Kommandeur Oberst Almers über die Festnahme dem Hauptquartier des von General Anton Dostler geführten 75. Infanteriekorps Bericht erstattete. Am Morgen des 25. März befahl Dostler, die Gefangenen sollten unverzüglich erschossen werden. Almers bemühte sich, die Hinrichtung hinauszuzögern, aber im Laufe des Tages wiederholte Dostler seinen Befehl, und alle fünfzehn Amerikaner wurden am darauffolgenden Morgen erschossen. Es gab keinen Nachweis darüber, daß Dostler derartige Befehle von seinen Vorgesetzten erhalten hatte. Nach dem Krieg wurde er festgenommen, vor ein amerikanisches Militärgericht in Rom gestellt, für schuldig befunden und im Oktober 1945 erschossen. Soweit mir bekannt ist, war Dostler der einzige deutsche General, der allein aufgrund der Befehlsgewalt der Vereinigten Staaten hingerichtet worden ist.

Der Kommandobefehl betraf in der Praxis fast ausschließlich Westeuropa. Nach der Vormittagspause wandten wir uns dann den Vorgängen im Osten zu, aber mit Rücksicht auf die empfindlichen Sowjets erklärte ich, daß ich nicht die Absicht hätte, »eine vollständige oder selbst teilweise Darstellung der Kriegsverbrechen an der Ostfront zu geben«.

Unser erstes Dokument war im Hinblick auf die Menschenopfer, die es forderte, tausendmal ruchloser als der Kommandobefehl. Es war auf Anweisung Hitlers und versehen mit Keitels Unterschrift am 13. Mai 1941 herausgegeben worden und galt der Vorbereitung des bevorstehenden Einmarsches in die Sowjetunion – unter dem Titel »Erlaß über die Ausübung der Kriegsgerichtsbarkeit im Gebiete ›Barbarossa‹ und über besondere Maßnahmen der Truppe«. Dieser sogenannte Barbarossa-Befehl – nach dem Codewort für den deutschen Einmarsch in die Sowjetunion – enthielt zahlreiche Vorschriften, unter anderem auch die folgenden:

> I. Behandlung von Straftaten feindlicher Zivilpersonen.
> 1. Straftaten feindlicher Zivilpersonen sind der Zuständigkeit der Kriegsgerichte und der Standgerichte bis auf weiteres entzogen.
> 2. Freischärler sind durch die Truppe im Kampf oder auf der Flucht schonungslos zu erledigen.
> 3. Auch alle anderen Angriffe feindlicher Zivilpersonen gegen die Wehrmacht ... sind von der Truppe auf der Stelle mit den äußersten Mitteln bis zur Vernichtung des Angreifers niederzukämpfen.
> 4. Wo Maßnahmen dieser Art ... zunächst nicht möglich waren, werden tatverdächtige Elemente sogleich einem Offizier vorgeführt. Dieser entscheidet, ob sie zu erschießen sind.
> Gegen Ortschaften, aus denen die Wehrmacht hinterlistig oder heimtückisch angegriffen wurde, werden unverzüglich auf Anordnung eines Offiziers in der Dienststellung mindestens eines Bataillons- usw. Kommandeurs kollektive Gewaltmaßnahmen durchgeführt, wenn die Umstände eine rasche Feststellung einzelner Täter nicht gestatten ...
> II. Behandlung der Straftaten von Angehörigen der Wehrmacht und des Gefolges gegen Landeseinwohner.
> 1. Für Handlungen, die Angehörige der Wehrmacht und des Gefolges gegen feindliche Zivilpersonen begehen, besteht kein Verfolgungszwang, auch dann nicht, wenn die Tat zugleich ein militärisches Verbrechen oder Vergehen ist.
> 2. Bei der Beurteilung solcher Taten ist in jeder Verfahrenslage zu berücksichtigen, daß der Zusammenbruch im Jahre 1918, die spätere Leidenszeit des deutschen Volkes und der Kampf gegen den Nationalsozialismus mit den zahllosen Blutopfern der Bewegung entscheidend auf bolschewistischen Einfluß zurückzuführen war, und, daß kein Deutscher dies vergessen hat.

Der unverhüllte Zweck und Effekt dieser Direktive, die an die Kommandeure im Feld erging, bestand darin, allen sowjetischen Zivilisten in den von den deutschen Streitkräften besetzten Gebieten den Schutz des militärischen Rechts und der Gerichtsbarkeit zu entziehen und die deutschen Invasionstruppen von den Erfordernissen des Kriegsrechts auszunehmen und damit die »Jagd« auf das sowjetische Volk zu eröffnen. Diese verbrecherische und mörderische Militärpolitik wurde zwei Monate, bevor der von keiner sowjetischen Handlung provozierte Angriff gestartet wurde, eingeführt und in Form von bindenden Befehlen an die Truppe weitergegeben.

Hitler und das OKW waren nicht die einzigen Urheber verbrecherischer und grauenvoller Befehle an die Truppe. Ich legte dem Gerichtshof einen Befehl vor, der in der Sechsten Armee von ihrem Oberbefehlshaber Generalfeldmarschall Walter von Reichenau verteilt wurde und den Titel »Verhalten der Truppe im Ostraum« trug:

> Hinsichtlich des Verhaltens der Truppe gegenüber dem bolschewistischen System bestehen vielfach noch unklare Vorstellungen.
> Das wesentlichste Ziel des Feldzuges gegen das jüdisch-bolschewistische System ist die völlige Zerschlagung der Machtmittel und die Ausrottung des asiatischen Einflusses im europäischen Kulturkreis.
> Hierdurch entstehen auch für die Truppe Aufgaben, die über das hergebrachte einseitige Soldatentum hinausgehen. Der Soldat ist im Ostraum nicht nur ein Kämpfer nach den Regeln der Kriegskunst, sondern auch Träger einer unerbittlichen völkischen Idee und der Rächer für alle Bestialitäten, die deutschem und artverwandtem Volkstum zugefügt wurden.
> Deshalb muß der Soldat für die Notwendigkeit der harten, aber gerechten Sühne am jüdischen Untermenschentum volles Verständnis haben. Sie hat den weiteren Zweck, Erhebungen im Rücken der Wehrmacht, die erfahrungsgemäß stets von Juden angezettelt wurden, im Keime zu ersticken …
> Nur so werden wir unserer geschichtlichen Aufgabe gerecht, das deutsche Volk von der asiatisch-jüdischen Gefahr ein für allemal zu befreien.
> Der Oberbefehlshaber gez. von Reichenau.*

Aus anschließend vorgelegten Dokumenten ging hervor, daß Hitler die Reichenau-Direktive zu Gesicht bekommen hatte und damit einverstanden gewesen war und daß von Brauchitsch ihre Verteilung an andere Feldkommandos in Rußland bis hinunter auf Divisionsebene anordnete.

Nachdem ich einige Auszüge aus Einsatzgruppenberichten und aus Dokumenten über die Beteiligung der Wehrmacht an der Antipartisanenkriegführung sowie an der Zerstörung des Warschauer Ghettos verlesen hatte, wandte ich mich einigen eidesstattlichen Erklärungen von Wehrmachts- und SS-Offizieren zu, die sich mit der Kriegführung an der Ostfront befaßten. Hier drei Auszüge:

---

* Reichenau starb drei Monate später an einem Schlaganfall.

VON GENERAL HANS RÖTTIGER:
Als Chef des Genst. [Generalstabs] der 4. Armee vom Mai 1942 bis Juni 1943 ... hatte ich mehrfach Gelegenheit, mich mit der Bandenbekämpfung dienstlich zu befassen.
Für die Durchführung dieser Kampfhandlungen war für die Truppe von höchster Stelle, wie z. B. auch vom Oberkommando des Heeres, angeordnet, mit schärfsten Mitteln durchzugreifen. Diese Kampfhandlungen wurden mit Truppen der Heeresgruppe und der Armee, wie z. B. Sicherungsbataillonen durchgeführt.
Anfangs wurden gemäß den auf dem Dienstwege gegebenen Befehlen nur wenige Gefangene gemacht. Gemäß Befehl wurden Juden, politische Kommissare und Agenten dem SD [zur Liquidierung] übergeben.
VON SS-GENERAL ERNST RODE:
Ich, Ernst Rode, war früher der Chef des Kommandostabs RFSS [Reichsführer SS Himmler] ... Mein letzter Dienstgrad war Generalmajor der Polizei und der Waffen-SS ...
Soweit mir bekannt ist, waren die SD-Einsatzgruppen bei den einzelnen Heeresgruppen diesen voll unterstellt, d. h. taktisch sowohl als auch in jeder anderen Weise. Den Oberbefehlshabern waren deshalb die Aufgaben und Arbeitsmethoden dieser Einheiten völlig bekannt ... Daß also dem SD übergebene Gefangene, wie Juden, Agenten, Kommissare, genauso dem grausamen Tode geweiht waren wie Opfer sogenannter ›Säuberungsaktionen‹, ist ein Beweis dafür, daß die Exekutionen ihr Einverständnis gehabt hatten ... Über diese Methoden, die von der Masse der SS- und Polizeioffiziere genauso abgelehnt wurden wie wohl von der Masse der Heeresoffiziere, ist bei Besprechungen im OKW und OKH natürlich des öfteren die Rede in meinem Beisein gewesen.

VON GENERAL ADOLF HEUSINGER, CHEF DER OPERATIONSLEITUNG IM OKH VON 1940 BIS 1944:
Die Bearbeitung aller Fragen der Behandlung der Bevölkerung sowie der Bandenbekämpfung im Operationsgebiet, in Ausführung der Befehle des OKW, lag im OKH im Arbeitsbereich des Generalquartiermeisters [Wagner].
Es war schon immer meine persönliche Ansicht, daß die Behandlung der Zivilbevölkerung im Operationsgebiet und die Methoden der Bandenbekämpfung im Operationsgebiet der obersten politischen und militärischen Führung eine willkommene Gelegenheit bot, ihre Ziele durchzuführen, nämlich die systematische Reduzierung des Slawen- und Judentums. Ganz abgesehen davon habe ich immer diese grausamen Methoden als eine militärische Torheit angesehen, da sie dazu beitrugen, den Kampf der Truppe gegen den Feind unnötig zu erschweren.

Nach der Mittagspause rief ich Bach-Zelewski in den Zeugenstand; Lawrence hatte Mühe mit dem komplizierten Namen und ließ ihn sich mehrmals wiederholen. In seiner ordentlichen Kleidung sah Bach-Zelewski kaum bedrohlicher aus als Ohlendorf. Biddle sah in ihm »einen sanften und ziemlich seriösen Buchhalter«. Aber die Angeklagten nahmen einen alles andere als neutralen Standpunkt ein. Funk nannte ihn ein Schwein, und als Gilbert bemerkte, zumindest sollte Bach-Zelewskis Kreuzverhör »interessant werden«, fuhr ihn Göring an: »Sie werden nicht erleben, daß ich mir die Mühe mache, irgendwelche Fragen an so ein Schwein zu stellen.«

Ich hatte Bach-Zelewski nur vorgeladen, um die Aussage eines Augenzeugen einzubringen; es ging um die Beteiligung der Wehrmacht an den Greueltaten, wie sie im Barbarossa-Befehl und in späteren Direktiven zur Sicherstellung ihrer Durchführung geplant und als unvermeidlich hingestellt worden waren.

Da Bach-Zelewski im Grunde ein »sachverständiger Zeuge« war, machte ich mir die Mühe, seine Referenzen darzustellen: Offizier der Reichswehr, verwundet und Träger des Eisernen Kreuzes; SS-Offizier in Ostpreußen und Schlesien in der Vorkriegszeit; Obergruppenführer und General der Waffen-SS und Leiter aller SS- und Polizeitruppen im Mittelabschnitt der Ostfront, als solcher dem Befehlshaber im Nachschubgebiet, General Max von Schenckendorff, unterstellt; innerhalb der SS unmittelbar Himmler unterstellt; Ende 1942 von Himmler zum Chef der Partisanenbekämpfungs-Einheiten an der Ostfront ernannt; erhielt 1944 das Ritterkreuz. In seinen letzten beiden Funktionen hatte Bach-Zelewski die gesamte sowjetische Front und Jugoslawien unter sich, aber eher als Abwehroffizier und Berater als in einer Kommandostellung: Er verfolgte praktisch sämtliche Partisanenkampfhandlungen und empfahl den Heeresgruppen- und SS-Führern, wo Partisanenbekämpfungs-Einheiten am meisten benötigt wurden. Gelegentlich übernahm er persönlich das Kommando bei sehr groß angelegten Aktionen gegen die Partisanen. Hier die wichtigsten Auszüge aus meiner Befragung:

OBERST TAYLOR: Sind Sie allgemein mit der Tätigkeit der sogenannten Einsatzgruppen des SD vertraut?
VON DEM BACH-ZELEWSKI: Ja.
OBERST TAYLOR: Haben diese Einheiten eine irgendwie wichtige Rolle in antirussischen Großaktionen gespielt?
VON DEM BACH-ZELEWSKI: Nein.
OBERST TAYLOR: Welches waren die Hautaufgaben der Einsatzgruppen?
VON DEM BACH-ZELEWSKI: Die Hauptaufgabe ... war die Vernichtung der Juden, Zigeuner und der Politischen Kommissare.
OBERST TAYLOR: Welche Streitkräfte wurden dann aber für die großangelegten Aktionen gegen die Partisanen verwendet?
VON DEM BACH-ZELEWSKI: Zur Partisanenbekämpfung waren Formationen der Waffen-SS, der Ordnungspolizei [der regulären, »für Ordnung sorgenden« Polizei] und in erster Linie die Wehrmacht eingesetzt ...
OBERST TAYLOR: In welchem zahlenmäßigen Verhältnis standen die in diesen Partisanenbekämpfungs-Aktionen eingesetzten Wehrmachtstruppen zu denen der Polizei und der SS?

VON DEM BACH-ZELEWSKI: Da die Truppenzahl der Polizei und der SS nur sehr gering war, wurde die Partisanenbekämpfung in erster Linie von Formationen der Wehrmacht durchgeführt ...
OBERST TAYLOR: Wurde jemals ein Befehl erlassen, und zwar von höchster Stelle, daß deutsche Soldaten, die sich Vergehen gegen die Zivilbevölkerung hatten zuschulden kommen lassen, durch Militärgerichte nicht bestraft werden sollten?
VON DEM BACH-ZELEWSKI: Ja. Ein solcher Befehl ist herausgekommen.
OBERST TAYLOR: Erwies sich dieser Befehl als ein Hindernis bei der Unterdrückung dieser Ausschreitungen seitens der Truppen?
VON DEM BACH-ZELEWSKI: Ja. Nach meiner Ansicht verhinderte dieser Befehl jede ordnungsgemäße Kampfführung, denn man kann eine Truppe nur dann erziehen, wenn man die Disziplinargewalt und die Gerichtsbarkeit hat und gegen Exzesse einschreiten kann.

Die Anwälte der Verteidigung begannen dann mit dem Kreuzverhör – offensichtlich mit der Absicht, die Glaubwürdigkeit von dem Bach-Zelewskis zu erschüttern, wenn nicht sogar den Mann selbst in Stücke zu reißen. Seine Aussage hatte Göring, Funk und besonders Jodl in rasende Wut versetzt. Göring beschimpfte Bach-Zelewski als »Verräterschwein«, als »Hundesohn« (»Er war der verruchteste Mörder in dem ganzen verfluchten Verein!«), während Jodl seinen Anwalt aufforderte, den Zeugen zu fragen, »ob er weiß, daß ihn Hitler uns [d.h. den Wehrmachtsoffizieren] als Vorbild eines Partisanen-Bekämpfers vorgehalten hat! ... Fragen Sie nur das dreckige Schwein da!«

Dr. Exner, der noch immer Jodl wie den Generalstab und das Oberkommando vertrat, hütete sich natürlich, einem derart einfältigen Rat zu folgen; aber seine Bemühungen, den Zeugen in die Enge zu treiben, führten zu nichts. Dr. Stahmer stellte ihm tatsächlich Jodls Frage, erhielt aber nur eine Abfuhr.

Da Zeuge und Anwälte die gleiche Sprache sprachen und nicht auf die Hilfe der Übersetzer angewiesen waren, führte die gereizte Stimmung dazu, daß die Dialoge immer schneller wurden, so daß die Dolmetscher nicht mehr mitkamen und Lord Lawrence sich wiederholt einschalten mußte, um die Streithähne zu einer langsameren Sprechweise zu bewegen. Keiner der Anwälte kam im Kreuzverhör weiter, und Dr. Alfred Thoma (der Vertreter Rosenbergs) beschwor das Debakel geradezu herauf, indem er zu verstehen gab, daß Bach-Zelewski ein Nazi sei, dessen offenkundiger Sinneswandel nur vorgetäuscht sei:

DR. THOMA: Glauben Sie, daß die Rede Himmlers, in der er verlangte, daß dreißig Millionen Slawen ausgerottet würden, seine Anschauung war, oder ... hat diese Ansicht nach Ihrer Meinung der nationalsozialistischen Weltanschauung entsprochen?
VON DEM BACH-ZELEWSKI: Ich bin heute der Ansicht, daß es die logische Folgerung unserer Weltanschauung war ...

DR. THOMA: Heute?
VON DEM BACH-ZELEWSKI: Heute.
DR. THOMA: Was hatten Sie damals für eine Ansicht?
VON DEM BACH-ZELEWSKI: Es ist schwer für einen Deutschen, sich zu dieser Überzeugung durchzuringen. Ich habe lange dazu gebraucht.
DR. THOMA: Wie kommt es, Herr Zeuge, daß vor einigen Tagen hier ein Zeuge aufgetreten ist, und zwar der Zeuge Ohlendorf, der zugegeben hat, daß er im Wege der Einsatzgruppen 90 000 Mann getötet hat, und daß er in diesem Gerichtssaal sagte, das entsprach nicht der nationalsozialistischen Ideologie?
VON DEM BACH-ZELEWSKI: Da bin ich anderer Ansicht. Wenn man jahrelang predigt, jahrzehntelang predigt, daß die slawische Rasse eine Unterrasse ist, daß die Juden überhaupt keine Menschen sind, dann muß es zu einer solchen Explosion kommen.

Ganz gleich, ob Bach-Zelewskis letzte Antwort ernst gemeint war oder nicht – sie brachte den historischen Ablauf und die Folgen des Nationalsozialismus auf den Punkt. Später wurde sie in der Stellungnahme des Tribunals zitiert, und zwar mit direktem Bezug auf die Anklagen gegen Rosenberg, den mutmaßlichen Chefideologen des Nationalsozialismus.

Thoma setzte sich wieder, und die Befragung von dem Bach-Zelewskis war bald beendet. Das Kreuzverhör war so sinnlos gewesen, daß es töricht von mir gewesen wäre, noch eine Frage zu stellen, zumal Lawrence eher eine Feststellung traf als eine Frage stellte, als er sich an mich wandte: »Wollen Sie den Zeugen rückverhören?« Bach-Zelewski verließ den Zeugenstand und ging auf dem vorgeschriebenen Weg hinaus, der ihn nahe an der Ecke der Anklagebank vorbeiführte, wo Göring saß. Der starrte ihn wütend an und knurrte: »Schweinehund und Verräter.« Als er wieder in seiner Zelle war, bemerkte Bach-Zelewski gegenüber unserem Vernehmungsbeamten, Hauptmann Rapp: »Wenigstens habe ich mein Eisernes Kreuz an der Front bekommen!« Göring, ein hochdekorierter Jagdflieger im Ersten Weltkrieg, hatte sein Ritterkreuz im Zweiten Weltkrieg eher wegen seines hohen Ranges als für Heldentaten im Kampf erhalten.

Dann sprach ich noch ein paar Minuten und schloß mit den Worten:

> Nachdem die Gruppe Generalstab und Oberkommando diese Partnerschaft eingegangen war, plante und führte sie viele Angriffshandlungen aus, die Europa in ein Totenhaus verwandelten. Sie sind dafür verantwortlich, daß die Wehrmacht für schimpfliche Taten verwendet wurde, für Terror, Plünderung und Massengemetzel. Niemand soll sagen, daß sie sich hinter ihrer militärischen Uniform verstecken können, oder daß sie eine Zufluchtsstätte finden können, indem sie sich als Mitglieder eines Berufes bekennen, dem ihre Handlungen für immer zur Schande gereichen.

Unsere Präsentation bekam eine gute Presse und wurde von unseren Kollegen reichlich mit Komplimenten bedacht. Jackson freute sich besonders über

Bach-Zelewskis Aussage. Die Presse befaßte sich ausgiebig mit den Affidavits; die *New York Times* druckte mein Plädoyer komplett ab, und die *Washington Post* schrieb in ihrem Leitartikel: »Alle noch bestehenden Zweifel«, ob es klug sei, den deutschen Generalstab anzuklagen, »sollten durch das nun vorliegende Beweismaterial ein für allemal ausgeräumt sein.«

Elftes Kapitel

Die individuelle Verantwortung der Angeklagten, die Planung der Folgeprozesse und juristische Probleme im Hinblick auf die verbrecherischen Organisationen

Nach der Präsentation der Klage gegen den Generalstab stellte Oberst Leonard Wheeler das Beweismaterial der Anklagevertretung bezüglich der Unterdrückung der deutschen Kirchen und der Bürger in den von Deutschen besetzten Ländern durch die Nazis dar. Am darauffolgenden Tag, dem 8. Januar 1946, erklärte Fyfe dem Gerichtshof, die Anklage trete nun in eine neue Phase der Anhörungen ein: »Zweck dieser Darlegungen ist es, ... dasjenige Beweismaterial gegen jeden Angeklagten unter Punkt 1 und 2 [Verschwörung zur Entfesselung und tatsächliche Entfesselung eines Angriffskriegs] zusammenzufassen, das von der amerikanischen und britischen Delegation vorgelegt worden ist.« Diese Form der Zusammenfassung erfolgt bei gewöhnlichen Verfahren erst am Ende eines Prozesses, wenn alles Beweismaterial vorgelegt worden ist. So hatte denn auch Rudenko, unterstützt von den Franzosen, Einspruch erhoben, als ein derartiges Anhörungsverfahren in einer Besprechung der Hauptankläger Anfang Dezember 1945 zum erstenmal vorgeschlagen wurde: »Es ist doch verfrüht, die Verantwortung einzelner zu behandeln, ehe nicht die anderen Anklagepunkte [d.h. Punkt Drei und Vier] bewiesen worden sind. Bei sowjetischen Verfahren findet dies erst statt, nachdem die gesamte Klage vorgetragen worden ist.«

Gleiches galt auch für das angloamerikanische Prozeßverfahren. Gleichwohl hatten Jackson und Fyfe natürlich ihre Gründe, die sie ihren französischen und sowjetischen Kollegen nicht offenlegten, als sie auf derartigen Zusammenfassungen im Hinblick auf einzelne Angeklagte bestanden, die sich auf die Anklagepunkte Eins und Zwei beschränkten. Für Jackson bestand der Kern der ganzen Klage darin, daß Verbrechen gegen den Frieden zum anerkannten Bestandteil des Völkerrechts erklärt wurden. Die Briten setzten sich gleichfalls für dieses Ziel ein.

Die Regierungen Frankreichs und der Sowjetunion hingegen hatten diese Teile der Charta nur so widerstrebend akzeptiert, daß keine der beiden Delegationen in der Lage war, die Anklagepunkte Eins und Zwei auch nur einigermaßen plausibel, geschweige denn mit Nachdruck zu unterstützen. Folglich waren Jackson und Fyfe zu der Ansicht gekommen, daß sie am besten diese Anklagepunkte getrennt behandeln und ihre Präsentationen abschließen sollten, bevor die Franzosen und Russen ans Rednerpult traten. Die angloamerikanische Anklagevertretung konnte sich schließlich durchsetzen, da weder die Franzosen noch die Russen schon soweit waren, daß sie ihre eigenen Klagen präsentieren konnten.

Ralph Albrecht eröffnete die neue Sitzungsserie mit einer allgemeinen Einführung, wobei er erklärte, es bestehe kein Anlaß, Beweismaterial gegen Sauckel, Speer und Kaltenbrunner zu präsentieren, da deren Schuld nach den Anklagepunkten Eins und Zwei bereits hinreichend deutlich geworden sei. Damit verringerte sich die Zahl der Angeklagten, mit denen man es im weiteren Verlauf zu tun hatte, von einundzwanzig auf achtzehn, worüber die Richter erfreut gewesen sein mußten, die schon von Fyfe davor gewarnt worden waren, daß bei diesem Verfahren »einiges ineinander übergreift und Wiederholungen notwendig sind«.

Albrecht begann mit der Schuld von Göring, der »in mancher Hinsicht sogar gefährlicher als der Führer und andere führende Männer der Partei« gewesen sei. Er geriet indes schon bald in Schwierigkeiten, weil er sich törichterweise über Görings Verhalten im Gerichtssaal lustig machte: »Seine bereitwillige Zustimmung durch ein freundliches, von allen wahrnehmbares Nicken zur Richtigkeit von Feststellungen oder zum Inhalt einer von dem Ankläger vorgelegten Urkunde, sein vorwurfsvolles Kopfschütteln, wenn er mit dem Vorgebrachten nicht einverstanden war, sind allgemein bekannt.« Die Richter hatten bereits ausreichend Gelegenheit gehabt, all dies selbst wahrzunehmen. Biddle machte ein böses Gesicht, und Lawrence warf scharf dazwischen: »Ich glaube nicht, daß der Gerichtshof hieran interessiert ist, Herr Albrecht.«

Was dann folgte, gefiel dem Gerichtshof allerdings auch nicht besser, denn Görings Laufbahn und Verbrechen waren bereits bestens bekannt, und Albrechts Vortrag konnte nichts Neues dazu beitragen. Nach der Nachmittagspause rügte Lawrence Albrecht, »daß diese Vorgänge, mit denen wir bereits befaßt worden sind, zusammenfassender behandelt werden könnten« – wenn es ihm möglich wäre, »abzukürzen und mehr zusammenzufassen, würde es der Gerichtshof begrüßen, und wir könnten Zeit sparen«. Lawrence fügte hinzu, »daß sich dieselbe Feststellung auf jene Punkte bezieht, die noch folgen«.

Im Grunde lag das Problem im System dieser Präsentationen, weniger an Albrecht persönlich. Fyfe, der nach ihm mit einer Zusammenfassung über Ribbentrop aufwartete, brauchte sogar noch mehr Zeit, ohne mehr als eine Montage von generell vertrautem Material zu bieten.

Außerdem war am Ende von Fyfes Ausführungen klar, daß die amerikanischen und britischen Anwälte nicht daran dachten, sich an ihr früheres Versprechen gegenüber den Franzosen und Russen zu halten, nämlich sich nur mit den Anklagepunkten Eins und Zwei zu befassen. Sowohl Albrecht als auch Fyfe widmeten einen erheblichen Teil ihrer Statements einem Beweismaterial, das eigentlich die Anklagepunkte Drei und Vier betraf. Albrecht legte darüber hinaus mehrere Dokumente vor, auf die die Anklagevertretung erst vor kurzem gestoßen war, und wie wir bald sehen werden, wurden auch neue Zeugen aufgerufen.

Khaki-Roberts hatte entweder geahnt, daß das Gericht mehr Kürze wünschte, oder er hatte aus Albrechts Erfahrungen gelernt. Er befaßte sich jedenfalls gleichzeitig mit Keitel und Jodl, und zwar in der Hälfte der Zeit, die seine beiden Vorredner jeweils benötigt hatten, und präsentierte eine knappe und gut aufgebaute Zusammenfassung des Beweismaterials gegen die beiden angeklagten Wehrmachtsangehörigen.

Nach Roberts traten zwei jüngere Mitarbeiter des amerikanischen Stabs ans Rednerpult, um das Beweismaterial gegen Alfred Rosenberg und Hans Frank vorzutragen. Walter Brudno, ein Anwalt, der vom amerikanischen Stab aus seinem Dienst als Gefreiter der Army herausgeholt worden war, handelte die Klage gegen Rosenberg ab, Oberstleutnant William Baldwin die gegen Hans Frank. Beide Präsentationen waren gut aufgebaut, aber lang, und das Beweismaterial gegen beide Angeklagte war so vernichtend und umfangreich, daß es kaum einer Erklärung bedurfte. Das Gericht langweilte sich und war gereizt; Lawrence tadelte Brudno ein halbes Dutzend Mal, weil er zu sehr ins Detail gegangen sei. Baldwin versuchte seinen Diskurs abzukürzen, indem er nur kurze Auszüge aus den von ihm vorgelegten Dokumenten verlas, aber Seidl, der Frank vertrat, erklärte dem Gerichtshof, daß Baldwin Passagen ausgelassen habe, die für seinen Klienten von Nutzen wären. Am Ende wurde Baldwin von Lawrence wie von Biddle dafür getadelt, daß er es versäumt habe, »den wirklichen Sinn und Zweck des Dokuments« anzugeben.

Als nächstes erhob sich eine untadelige Erscheinung, der ehemalige Coldstream-Guards-Oberstleutnant Griffith-Jones, um die Klage gegen den unappetitlichsten Angeklagten vorzutragen: Julius Streicher. Die vorangegangenen Angeklagten waren alle unter einem Berg von Dokumenten begraben worden, aus denen zweifelsfrei ihre ungeheure Schuld hervorging. Aber Streicher hatte nichts mit militärischen Entscheidungen zu tun gehabt und war seit 1940 politisch eine unbedeutende Figur gewesen. Sein Nazismus hatte sich praktisch in seinem Antisemitismus erschöpft, der sich zumeist in seiner Zeitung *Der Stürmer* niedergeschlagen hatte. Keine Frage: Er war eine der wichtigen Kräfte gewesen, welche die Saat zu den Greueltaten gegen die Juden gelegt hatten – aber war das ein Verbrechen im Sinne des Völkerrechts?

Griffith-Jones' Präsentation war im wesentlichen eine Zusammenstellung der Reden und Publikationen des Angeklagten, ein Beweis dafür, wie intensiv und unermüdlich Streicher die Juden als Urquell des Bösen dargestellt und mit Nachdruck ihre unumgängliche Vernichtung gefordert hatte. Auf die rechtlichen Probleme kam der Engländer erst in seiner Schlußbemerkung, und auch dann nur sehr summarisch, zu sprechen:

> In den ersten Tagen predigte er nur Verfolgung. Als die Verfolgung stattfand, predigte er Ausrottung und Vernichtung, und ... wo Millionen von Juden ausgerottet und vernichtet wurden, da schrie er nach mehr und mehr. Das ist das Verbrechen, das er begangen hat. Die Anklagevertretung ist der Auffassung, daß der Angeklagte diese Verbrechen ermöglicht hat, zu denen es niemals ohne ihn und Leute seines Schlages gekommen wäre.

Alles gut und schön – aber war die Publikation einer deutschen Zeitung in Deutschland, wie skurril auch immer sie gewesen sein mochte, schon ein völkerrechtswidriges Verbrechen? Und was hatte das mit den Anklagepunkten Eins und Zwei zu tun, um die es doch angeblich gerade ging?

Als nächstes befaßten sich mit den beiden angeklagten Bankiers – Hjalmar Schacht und Walter Funk – zwei junge amerikanische Anwälte namens Brady Bryson und Bernard Meltzer, beide Marineleutnants. Die Klage gegen Schacht war kompliziert, denn nach 1937 hatte er sich zunehmend von Hitler und der Nazi-Regierung distanziert. Doch Jackson war sehr an der Verurteilung von Schacht gelegen, und darum wunderte ich mich, daß er die Präsentation nicht selbst in die Hand nahm, besonders da Shea, Gurfein und mehrere andere Mitglieder des »Wirtschafts-Stabs« Nürnberg bereits verlassen hatten.

Allerdings schadete das nichts, da Brysons Präsentation ausgewogen und gut aufgebaut war. Die entscheidende Frage war, ob Schacht in den ersten Jahren der Naziherrschaft sowohl Hitler bei seinem Aufstieg zur Macht als auch die Finanzierung der Wiederaufrüstung mit dem Wissen unterstützt hatte, daß der Führer beabsichtigte, notfalls mit kriegerischen Mitteln das Reich zu vergrößern. Bryson legte eine Reihe von Erklärungen vor, die Schacht zwischen 1934 und 1938 abgegeben hatte und die zeigten, daß er »persönlich eine Angriffspolitik begünstigte und ... auf jeden Fall über Hitlers aggressive Absichten unterrichtet war«. Aber die Klage gegen Schacht beruhte größtenteils auf Worten und daraus gezogenen Schlußfolgerungen, nicht auf Taten. Dr. von der Lippe fand sie »wenig überzeugend«, und mir erging es nicht anders.

Funk war ein etwas weniger schwieriger und ziemlich uninteressanter Fall. Er war sein Leben lang ein wichtiges Mitglied der Nazi-Regierung und Schachts Nachfolger als Reichswirtschaftsminister, später auch als Reichsbankpräsident gewesen. Aber er stand unter Görings Fuchtel, das verfügbare Beweismaterial über seine Beteiligung an Gewaltverbrechen war nicht gerade umfangreich, und die Richter wurden unruhig. Klugerweise faßte Meltzer sich kurz.

Am 14. Januar allerdings kam wieder Leben in die Verhandlung, als Oberst Harry Phillimore von der britischen Delegation die Klage gegen Großadmiral Karl Dönitz vortrug, der in den ersten drei Kriegsjahren Kommandeur der U-Boot-Flotte gewesen war und der 1943 als Nachfolger von Großadmiral Erich Raeder Oberbefehlshaber der deutschen Kriegsmarine geworden war. Die Schwäche der Anklage gegen Schacht bestand darin, daß er offenbar seine Macht vor den entscheidenden Greueltaten der Nazis abgegeben hatte; Dönitz dagegen hatte noch nicht einmal den Rang eines Konteradmirals bekleidet, als der Krieg begann, und übernahm seine hohe Befehlsgewalt erst im Jahre 1943.

Als U-Boot-Kommandeur hatte Dönitz ein sehr wichtiges Kampfkommando innegehabt, aber es war doch wohl höchst unwahrscheinlich, daß sich der Gerichtshof mit Feld- und Seeoffizieren befassen würde, die für die Entscheidungen, andere Länder anzugreifen, keineswegs verantwortlich und damit auch nicht schuldig im Sinne der Anklagepunkte Eins und Zwei waren. Was die im Laufe des Seekriegs begangenen Verbrechen betraf, so war die britische Admiralität generell zu dem Schluß gekommen, daß sich die deutsche Kriegsmarine während des Krieges korrekt verhalten habe. In London hatte es Widerstand dagegen gegeben, Dönitz unter Anklage zu stellen, aber die Hauptankläger hatten entschieden, ihn mit einzubeziehen, teils weil Hitler ihn testamentarisch zu seinem Nachfolger ernannt hatte, teils weil er nach Hitlers Tod etwa zwei Wochen lang als Staatschef fungiert hatte, bis zu seiner Verhaftung am 22. Mai 1945. Meiner Ansicht nach war das kein Grund, ihn wegen völkerrechtswidriger Verbrechen anzuklagen.

Damit war Phillimore in der Klemme. Der Angeklagte stand zwar wegen der Anklagepunkte Eins, Zwei und Drei vor Gericht, aber der Oberst warf ihm vor allem Kriegsverbrechen vor, die aufgrund seiner Befehle von U-Boot-Mannschaften begangen worden waren. Es gab durchaus genügend Beweise dafür, daß die U-Boote regelmäßig Schiffe ohne Vorwarnung versenkt und damit offensichtlich gegen das Londoner U-Boot-Abkommen von 1936 verstoßen hatten, aber es war allgemein bekannt, daß sich andere Seekriegsteilnehmer genauso verhalten hatten.

Folglich versuchte Phillimore nachzuweisen, daß aufgrund von Dönitz' Befehlen die U-Boote es nicht nur unterlassen hätten, den Mannschaften von torpedierten Schiffen beizustehen, die sich in Rettungsbooten befanden oder an Treibgut klammerten, sondern daß ihre Leute auch mit Maschinengewehren auf die Boote geschossen hätten. Um diesen Vorwurf zu erhärten, verlas Phillimore mehrere von Dönitz' Befehlen und rief dann zwei ehemalige U-Boot-Offiziere, Peter Josef Heisig und Karl-Heinz Möhle, als Zeugen auf. Beide sagten aus, daß Dönitz in Reden vor U-Boot-Offizieren während ihrer Ausbildung sowie durch den Wortlaut eines im September 1942 herausgegebenen Befehls zur Tötung feindlicher Crews aufgefordert habe, um zu verhindern, daß sie in Zukunft noch andere Schiffe bemannten.

Otto Kranzbühler, der Dönitz vertrat, nahm die beiden Offiziere ins Kreuzverhör, und zwar auf eine Weise, die allen bisherigen Kreuzverhören durch die Verteidigung weit überlegen war. Beide Zeugen waren zwar intelligent, verstanden sich auszudrücken und blieben fest bei ihren Aussagen, aber Kranzbühler holte aus Möhle (einem ordensgeschmückten Kapitänleutnant, dessen Boote zwanzig Schiffe versenkt hatten) gewisse Zugeständnisse heraus: Die stehenden Befehle des Oberbefehlshabers der U-Boote hätten keine Anweisung zur Tötung schiffbrüchiger Mannschaften enthalten, und er wisse nichts von irgendwelchen Vorfällen, bei denen das aufgrund der Instruktionen von seiten des deutschen U-Boot-Kommandos passiert sei.* Dr. von der Lippe bezeichnete dieses Kreuzverhör als »kurz, wirkungsvoll und klug«, und diesem Auftritt verdankte Kranzbühler es, daß er für den Rest der Zeit, in der er in Nürnberg tätig war, als einer der herausragendsten Verteidiger galt.

Elwyn Jones trug anschließend die viel leichtere Klage gegen Raeder vor. Aus sichergestellten deutschen Dokumenten ging unbestritten hervor, daß Raeder Hitler dazu bewogen hatte, den Befehl zum Angriff auf, und zur Besetzung von, Norwegen zu geben, und zwar in der Absicht, die atlantischen Küstengebiete auszuweiten, von denen aus die deutsche Kriegsmarine Hochseeoperationen starten konnte. Damit war Raeders Schuld nach Anklagepunkt Eins und Zwei ohne weiteres nachgewiesen. Aber wieder einmal übersah Jones die Möglichkeit einer sogenannten *tu-quoque*-Verteidigung (»Das habt ihr auch getan«), denn auch die Briten hatten ja Vorbereitungen zur Besetzung der norwegischen Nordatlantikküste getroffen. Abgesehen von Norwegen befaßte sich die britische Klage hauptsächlich mit Raeders Verantwortung für die Durchsetzung des Kommandobefehls, einem der wichtigen Punkte meiner eigenen Klage gegen den Generalstab.

Hauptmann Drexel Sprecher trat ans Rednerpult, um die Klage gegen Baldur von Schirach vorzutragen, der der Außenwelt als Chef der Hitlerjugend bestens bekannt war. Keine leichte Aufgabe für Sprecher, denn Schirach hatte kein wichtiges politisches Amt innegehabt und nichts von Bedeutung mit militärischen Angelegenheiten zu tun gehabt. So legte Sprecher Beweismaterial über das militärische Ethos der Hitlerjugend vor und zeigte, daß ihre Mitglieder die SS mit Rekruten versorgten, aber die Richter setzten ihm ständig hart zu. Er kam besser voran, als er sich Schirachs Zuständigkeiten als Gauleiter von Wien während des Krieges zuwandte. Hier beteiligte sich

* Kranzbühlers Frage war sorgfältig formuliert. Es hatte tatsächlich einen Fall gegeben, daß eine deutsche U-Boot-Crew im März 1944 rund dreißig Besatzungsmitglieder eines von diesem U-Boot versenkten Schiffes, die auf Flößen und Treibgut um ihr Leben kämpften, mit Maschinengewehren beschossen und mit Handgranaten beworfen hatte. Bei einem Prozeß vor einem britischen Militärgericht im Oktober 1945 waren fünf Mitglieder der U-Boot-Crew dieses Kriegsverbrechens für schuldig befunden worden. Der U-Boot-Kapitän Leutnant Heinz Eck sowie zwei andere wurden erschossen. Aber diese Angeklagten hatten nicht behauptet, die Tötungen hätten aufgrund irgendwelcher Befehle von seiten des U-Boot-Oberbefehlshabers stattgefunden.

Schirach an der Verordnung von Sklavenarbeit und an der Deportation von Juden aus dem Wiener Raum.

Die drei Angeklagten, mit denen man sich am 16. Januar befaßte – Martin Bormann, Arthur Seyß-Inquart und Wilhelm Frick – bereiteten der Anklagevertretung keine derartigen Probleme. Leutnant Thomas Lambert erklärte dem Gerichtshof, »daß gerade deshalb, weil der Angeklagte Bormann von der Anklagebank fern ist, wir uns besonders bemühen werden, die Beweisführung gegen ihn ... so einwandfrei wie möglich zu gestalten«. Bormann, Parteimitglied seit 1925, war Stellvertreter von Heß gewesen und nach dessen Flug nach England sein Nachfolger im Amt des Kanzleichefs der Partei geworden. 1943 wurde er zum Sekretär des Führers ernannt und war neben Hitler der mächtigste Mann im Reich. Er war ganz wesentlich an vielen der schlimmsten Greueltaten beteiligt, auch an den Verbrechen gegen Kriegsgefangene, am Zwangsarbeitsprogramm und an der systematischen Massentötung der Juden.

Leutnant Henry Atherton schloß daran eine kurze Präsentation der Klage gegen Seyß-Inquart an, einen Österreicher, der Hitler bei der Annektierung seines Landes geholfen hatte. Nach Kriegsbeginn war er bis zum Frühjahr 1940 Stellvertreter von Hans Frank in Polen, danach bis zum Kriegsende Reichskommissar der von den Deutschen besetzten Niederlande. Während er diese Funktionen innehatte, wurde eine auf Unterdrückung und Greueltaten abzielende Nazi-Besatzungspolitik praktiziert, unter anderem auch das Zwangsarbeitsprogramm und die Deportation holländischer Juden nach Osteuropa.

Die Klage gegen Frick war Dr. Robert Kempner anvertraut worden, einem deutschen Anwalt, der vor seiner Emigration in die USA Justitiar der Polizeiabteilung des preußischen Innenministeriums gewesen war. Damit war er hervorragend für den Umgang mit Frick qualifiziert, einem steifen, systematischen Mann, der zum Reichsinnenminister ernannt wurde, als Hitler an die Macht kam. Kempner beschrieb ihn treffend als »Kopf der Verwaltung, der den für den Nazismus geeigneten Staatsapparat ersann und die Staatsmaschine auf den Angriffskrieg hin einrichtete«. Als Verwaltungsbeamter verfügte Frick im Reich und später in den von den Deutschen besetzten Ländern über weitgehende Machtbefugnisse, und wie Bormann war auch Frick an praktisch allen Verbrechen der Nazi-Regierung beteiligt.

Am 17. Januar begannen die Franzosen mit der Vorlage ihrer Klage, aber sechs Tage später überließen sie das Rednerpult wieder den Amerikanern, die sich noch mit drei der verbleibenden vier Angeklagten befaßten. Hauptmann Sprecher war erneut an der Reihe, diesmal mit einer noch undankbareren Aufgabe als zuvor, denn er hatte es mit Hans Fritzsche zu tun, einer – verglichen mit den anderen Angeklagten – relativ unbedeutenden Figur.

Fritzsche war Abteilungsleiter im Propagandaministerium unter dem Reichspressechef Otto Dietrich, der seinerseits Goebbels direkt unterstellt war. Innerhalb des Ministeriums spielte Fritzsche keine unbedeutende Rolle, und seine eigene Rundfunknachrichtensendung »Hans Fritzsche spricht« hatte viele Hörer. Aber als Funktionär der dritten Ebene hatte er in politischen Fragen wenig zu sagen. Natürlich verherrlichten seine Programme die Aggressionen der Wehrmacht und brandmarkten die Juden. In gewisser Hinsicht war Fritzsches Fall analog zu dem Streichers, aber verglichen mit dem *Stürmer* waren Fritzsches Sendungen eher verhalten.

Als nächstes waren die beiden Adeligen auf der Anklagebank an der Reihe: Franz von Papen und Konstantin von Neurath. Mit ersterem befaßte sich Major J. Harcourt Barrington, und damit übertrugen auch die Briten – wie die Amerikaner – offenbar die schwierigsten Fälle ihren jüngsten Anwälten. Papen war selbstsüchtig und prinzipienlos und machte zweifellos mit Hitler gemeinsame Sache, um den Anschluß Österreichs herbeizuführen. Aber das war an sich noch kein Verbrechen, und Lawrence' Fragen und Kommentare vermittelten der Anklage wenig Hoffnung, mit der Klage durchzukommen.

Da Fyfe die Klage gegen Ribbentrop verhandelt hatte, war es völlig in Ordnung, daß er sich auch mit Ribbentrops Vorgänger im Amt des Außenministers befaßte. Neurath hatte diese Position von 1932 bis 1938 innegehabt. Er war bei der mittlerweile berüchtigten Hoßbach-Konferenz vom November 1937 zugegen gewesen, als Hitler darlegte, er beabsichtige, Gewalt anzuwenden, um die Vergrößerung Deutschlands herbeizuführen. Neurath war mit voller Kenntnis dieser Pläne im Amt verblieben, und während der Annektierung Österreichs durch die Deutschen gab er gegenüber der tschechoslowakischen Regierung wissentlich falsche Zusicherungen ab, daß Deutschland die Unabhängigkeit dieses Nachbarlandes respektieren werde. Aber der stärkere Teil der Klage gegen Neurath betraf seine Tätigkeit als Reichsprotektor von Böhmen und Mähren vom März 1939 (als die Wehrmacht diese Länder besetzte) bis zum September 1941. Indem er diesen Posten annahm, übernahm Neurath die Verantwortung für diese mit Sicherheit gewaltsame Besetzung und Annexion, ebenso wie für die Taten des repressiven, antisemitischen Regimes, das die Deutschen den Tschechen aufnötigten.

Da Dr. von Rohrscheidt, der Anwalt von Heß, sich den Fuß gebrochen hatte, wurde diese Klage verschoben, und Griffith-Jones präsentierte sie erst am 7. Februar, nachdem die französische Klage abgeschlossen war. Zu dieser Zeit wurde Heß von Dr. Alfred Seidl vertreten, der auch Hans Franks Verteidiger war. Abgesehen von Heß' zweifelhaftem Geisteszustand bestand das Hauptproblem der Anklagevertretung natürlich darin, daß er sich durch seinen Flug nach Schottland im Mai 1941 aus der Nazi-Szene entfernt hatte. Vielleicht wegen dieses Umstands berief sich Griffith-Jones auf ein sehr großzügiges Prinzip der strafrechtlichen Haftung, indem er erklärte: »Meines Erachtens genügt zur Rechtfertigung der Bestrafung dieses Mannes und seiner Kollegen der einfache Beweis ihrer Stellungen im Nazi-Staat ... sowie der allgemeine Beweis der vom deutschen Volk begangenen Verbrechen.«

Aber in diesem Fall war es gar nicht notwendig, zu einer derart freien Auslegung der strafrechtlichen Haftung Zuflucht zu nehmen. Wie Bormann nach ihm hatte Heß eine zentrale Stellung in der Nazi-Regierung inne, und die Dokumente, die er unterzeichnete, wie die Konferenzen, an denen er teilnahm, bewiesen ausreichend seine Kenntnis von, und seine Beteiligung an, Hitlers Plänen und Entscheidungen, die Tschechoslowakei zu erobern und Polen, die Niederlande und Frankreich zu vernichten.

Damit waren die angloamerikanischen Klagevorlagen zur individuellen Verantwortung der einzelnen Angeklagten abgeschlossen. Alles in allem hatten sie rund acht Prozeßtage beansprucht, und es ist nicht leicht zu erkennen, ob dieser Zeitaufwand gerechtfertigt war. Die Präsentationen der Anwälte beruhten auf Dokumenten, die die Richter und Verteidiger selber lesen konnten, und was mündlich vorgebracht wurde, trug insgesamt wenig Neues bei. Aber weder die Franzosen noch die Russen waren mit ihren Klagen schon fertig, und für den Gerichtshof wäre es doch sehr peinlich gewesen, vorübergehend schließen zu müssen.

Man kann zur Verteidigung dieser Verfahrensweise vorbringen, daß die Beweislage im Hinblick auf jeden einzelnen Angeklagten in diesem Stadium des Prozesses kompetent bewertet wurde. Für diejenigen, die darüber noch nicht Bescheid gewußt hatten, wurde jetzt offenkundig, daß es bei den Klagen gegen Schacht, Dönitz, Papen und Fritzsche Probleme gab und daß das Beweismaterial gegen Streicher, Schirach und Neurath zwar offensichtlich für eine Verurteilung ausreichte, aber vielleicht keine Todesurteile garantierte. Das waren durchaus nützliche Informationen, aber das Ganze wäre sehr viel sinnvoller gewesen, wenn es stattgefunden hätte, nachdem die Franzosen und Russen und vor allem die Angeklagten selbst angehört worden waren.

2

Die Moskauer Erklärung vom November 1943 hatte unterschieden zwischen »Hauptkriegsverbrechern«, die »aufgrund einer gemeinsamen Entscheidung« der Regierungen der Alliierten bestraft werden sollten, und jenen Missetätern von geringerem Format, mit denen sich nationale Gerichtshöfe befassen sollten. Der Internationale Militärgerichtshof war errichtet worden, um die Klagen gegen die Hauptkriegsverbrecher zu verhandeln. Vom Sommer 1945 bis zur Urteilsverkündung am 1. Oktober 1946 zog das Tribunal in Nürnberg das Interesse der Welt für die großen Fragen der Kriegsschuld auf sich. Der Nürnberger Militärgerichtshof hatte die Aufgabe, nur über die berüchtigtsten Übeltäter zu Gericht zu sitzen, die nach dem von der Londoner Charta erklärten Recht angeklagt waren, und somit Präzedenzfälle und Richtlinien für Prozesse und Abkommen in den kommenden Jahren zu schaffen.

In den Vereinigten Staaten allerdings hatte die ganz überragende Bedeutung der »Gründerväter« von Nürnberg die Entwicklung anderer Behörden aufgehalten, die für die Beschäftigung mit Kriegsverbrechen dringend benötigt wurden. Die vom Obersten Militäranwalt der Army (JAG) vorgeschlagene Direktive für Kriegsverbrechensprozesse in Europa (unter der offiziellen Bezeichnung J. C . S. 1023/3) war von den amerikanischen Vereinigten Stabschefs am 1. Oktober 1944 angenommen und zur Zustimmung dem Gremium aller Stabschefs vorgelegt worden. Aber dort blieb dieser Vorschlag über sechs Monate lang liegen, ohne daß etwas geschah, weil die wesentlich weiter reichenden Vorschläge von Stimson, Bernays, Chanler auf höchster Ebene im Weißen Haus sowie im Außen-, Kriegs- und Justizministerium geprüft wurden. Daher wurde J. C. S. 1023/3 im April 1945 aus diesem Prüfungsverfahren zurückgezogen. Und als der Krieg seinem siegreichen Ende entgegenging, fehlte den amerikanischen Streitkräften in Europa jede Direktive aus Washington, abgesehen von dem Befehl, Jacksons internationales Projekt zu unterstützen, das auf höchstens rund zwanzig Angeklagte beschränkt war.

Außerdem hatte das Kriegsministerium – sowohl aus Furcht vor deutschen Vergeltungsmaßnahmen wie aus Unsicherheit über eine künftige Politik – im Dezember 1944 die Kommandeure auf dem europäischen Kriegsschauplatz angewiesen, keine Kriegsverbrechensprozesse zu führen außer solchen, die für unmittelbare militärische Zwecke unbedingt erforderlich waren. Allerdings erachtete das europäische Hauptquartier in Paris (ETOUSA) die Vorbereitung von Prozessen in naher Zukunft für notwendig und errichtete im Februar 1945 eine Kriegsverbrechensgruppe unter dem für Europa zuständigen Militäranwalt General E. C. Betts. Die Gruppe wurde von Oberstleutnant Clio E. Straight geleitet, einem Reserveoffizier, der zwar fähig und willens war, aber noch keine Erfahrung im Umgang mit Kriegsverbrechen hatte und der bei den Berufsoffizieren des JAG nicht gut ankam.* Im Juni und Anfang Juli siedelte die Gruppe nach Wiesbaden über, und hier wurden Straights Stab sowie dessen Arbeitsmöglichkeiten besser.

Zur gleichen Zeit ermächtigten die Stabschefs (Combined Chiefs of Staff) die Besatzungstruppen, Menschen, die verdächtig waren, Kriegsverbrechen begangen zu haben, »zu verhaften und in Gewahrsam zu nehmen«. Unter den amerikanischen Feldkommandos waren die Dritte und die Siebte Armee die einzigen, die lange genug in Deutschland blieben, um diese Mission auszuführen. Die Dritte Armee brachte ihre Verdächtigen im ehemaligen Konzentrationslager Dachau unter, die Siebte Armee in einem »zivilen Internierungslager« bei Ludwigsburg.

---

* Straight hatte diesen schwierigen und wichtigen Posten über drei Jahre lang inne, ohne befördert zu werden. Erst Jahre später erhielt er seine Beförderung zum Brigadegeneral.

Erst am 19. Juni 1945 hoben die Combined Chiefs of Staff auf General Eisenhowers Ersuchen die bisherigen Beschränkungen für Kriegsverbrechensprozesse in der amerikanischen Besatzungszone auf. Tags zuvor hatte das britische Heeresministerium den Königlichen Haftbefehl (Royal Warrant) veröffentlicht, der auf Geheiß des Königs unterzeichnet worden war und die Vorschriften für Kriegsverbrechensprozesse von Militärgerichtshöfen in der britischen Zone festlegte. Die eifrigen Franzosen hatten die Verfolgung von Kriegsverbrechen bereits in der Ordinance vom 24. August 1944 autorisiert, als sich die französische Exilregierung noch in Algerien aufhielt.

Kurz nach der Verkündung dieser Direktiven gab es amerikanische und britische Kriegsgerichtsprozesse, darunter die bereits erwähnten Fälle um Dostler und Falkenhorst. Das größte und am meisten für Schlagzeilen sorgende Verfahren vor Nürnberg hatte in Lüneburg stattgefunden: der Prozeß gegen Josef Kramer und vierundvierzig andere Angehörige des Wachpersonals im Konzentrationslager Bergen-Belsen. Er dauerte vom 17. September bis zum 17. November 1945, das Gericht hörte einunddreißig Zeugen der Anklage und fünfundsiebzig Entlastungszeugen an, und über vierhundert Menschen wohnten der Eröffnungssitzung bei.

Aber der Prozeß bekam eine ganz schlechte Presse, weil die Anwälte der Verteidigung – nahezu ausschließlich britische Offiziere – für die Rechtmäßigkeit von Konzentrationslagern nach deutschem Recht plädierten, weil sie zu der Schlußfolgerung gelangten, daß ein Mord in Konzentrationslagern kein Verbrechen sei, und weil sie die Opfer von Bergen-Belsen als »Abschaum aus den Ghettos von Osteuropa« bezeichneten. Natürlich brandmarkte die sowjetische Presse das Gericht, weil es derartige Bemerkungen hatte durchgehen lassen, und als fünfzehn Angeklagte freigesprochen wurden, erhob sich ein Proteststurm, ungeachtet der Tatsache, daß diese fünfzehn *Kapos* (Vertrauensleute der Insassen) waren, keine SS-Wachen.

Da zu den Insassen von Bergen-Belsen viele polnische ebenso wie britische, französische, holländische, belgische, griechische und russische Staatsangehörige zählten, die somit allesamt aus Ländern stammten, die sich im Krieg mit Deutschland befanden, war es keine Frage, daß Deutsche, die für ihre Behandlung verantwortlich waren, Kriegsverbrechen begangen hatten. In gewisser Hinsicht griffen die Prozesse um Bergen-Belsen und andere Konzentrationslager auf den Andersonville-Prozeß nach dem amerikanischen Bürgerkrieg zurück.* Aber die Beweisermittlung war insofern ungewöhnlich, als viele Angeklagte Zivilisten waren, während die Angeklagten bei früheren

* Nach dem Bürgerkrieg (1861-1865) wurde Captain Henry Wirz, der Kommandant des berüchtigten Kriegsgefangenenlagers der Konföderierten bei Andersonville, Georgia, vor Gericht gestellt, verurteilt und wegen seiner Grausamkeiten, die zum Tod vieler Gefangenen der Unionstruppen führten, gehängt. Der Prozeß wurde von einer Militärkommission der Unions-Armee gemäß den General Orders Nr. 100 (dem Lieber-Kodex) durchgeführt.

Kriegsverbrechensprozessen normalerweise, wenn auch nicht immer, beim Militär gedient hatten.

Bei einem amerikanischen Prozeß, der im Oktober 1945 in Wiesbaden stattfand, waren alle sieben Angeklagten Zivilisten. Es waren der Verwaltungschef, der Chefarzt, drei Krankenschwestern und zwei Büroangestellte eines kleinen staatlichen Sanatoriums in Hadamar, einer Kleinstadt 50 Kilometer nördlich von Wiesbaden. Ihnen wurde vorgeworfen, durch Todesspritzen über vierhundert polnische und russische Männer, Frauen und Kinder umgebracht zu haben, die 1944 und 1945 ins Sanatorium geschafft worden waren, wo sie als unheilbar Kranke nach der geltenden Nazi-Doktrin getötet werden sollten. Die drei leitenden Mitarbeiter wurden gehängt, die anderen zu langjährigen Gefängnisstrafen verurteilt.* Da es sich bei den Opfern um Staatsangehörige der Alliierten handelte, waren diese Taten wie im Falle Bergen-Belsen unzweifelhaft Kriegsverbrechen.

Die Vorschriften des Royal Warrant beschränkten die Gerichtsbarkeit der britischen Militärgerichtshöfe ausdrücklich auf Kriegsverbrechen, die als »Verstöße gegen die Gesetze und Gebräuche des Kriegs« definiert wurden. Der offizielle Geltungsbereich der amerikanischen JAG-Prozesse war zunächst weniger klar vorgeschrieben, und der Hadamar-Prozeß war nicht typisch für die folgenden Verfahren. Die Prozesse waren bald zwei Hauptkategorien zuzuordnen: erstens Verbrechen nach dem Kriegsrecht gegen amerikanische Soldaten, einschließlich der Tötung auf dem Schlachtfeld oder der Mißhandlung von Soldaten (wie beim Massaker von Malmedy) oder von amerikanischen Luftwaffenangehörigen, die hinter der deutschen Front abgeschossen und von deutschen Soldaten oder (öfter) von Zivilisten attackiert worden waren; zweitens die Tötung oder Mißhandlung von alliierten Staatsangehörigen in deutschen Konzentrationslagern, die später von amerikanischen Truppen befreit worden waren, insbesondere Dachau, Buchenwald, Flossenbürg und Mauthausen.

3

Aber inzwischen waren die Besatzungsarmeen dabei, ihre Verpflichtungen zur Aufarbeitung der Kriegsverbrechen in allen vier Zonen erheblich auszuweiten. Drüben in Washington hatte inzwischen die Direktive J. C. S. 1023 zahlreiche Überarbeitungen erfahren, seit sie aufgrund der umfassenderen Projekte der Stimson-Gruppe im April 1945 aus dem Verkehr gezogen worden war. Schließlich wurde die Version J. C. S. 1023/10, die sich eng an Teile von Jacksons Bericht an den Präsidenten vom 6. Juni anlehnte, von

* Als Staatsanwalt beim Hadamar-Prozeß fungierte Oberst Leon Jaworski, der später ein prominenter Anwalt und Politiker in Texas war.

den Vereinigten Stabschefs am 15. Juli 1945 verabschiedet, und im September ging sie in Eisenhowers Hauptquartier ein. Dort wirkte sie geradezu elektrisierend.

Nach J. C. S. 1023/10 war das als »verbrecherisch« definierte Verhalten nahezu identisch mit den Definitionen der Londoner Charta, und zwar:

> a) Greueltaten und Vergehen gegenüber Personen oder Eigentum, die Verstöße gegen das Völkerrecht darstellen, einschließlich der Bestimmungen und Gebräuche der Land- und Seekriegführung.
> b) Die Einleitung von Invasionen in andere Länder und von Angriffskriegen als Verstoß gegen internationale Gesetze und Verträge.
> c) Andere Greueltaten und Vergehen, einschließlich der Greueltaten und Verfolgungen aus rassischen, religiösen oder politischen Gründen, die seit dem 30. Januar 1933 begangen worden sind.

Ein daran anschließender Paragraph legte fest, daß die »Strafbarkeit« nach Klausel b) auch »Mitglieder von Organisationen oder Gruppen in Zusammenhang mit der Begehung« derartiger Verbrechen einschließe. Außerdem wurde Eisenhower angewiesen, sich an diese Direktive nicht nur in der amerikanischen Zone zu halten, sondern auch – in seiner Eigenschaft als Mitglied des Kontrollrats – auf »die Übernahme der in dieser Direktive dargelegten Prinzipien und politischen Maßnahmen durch die anderen Besatzungsmächte hinzuwirken«, indem er für die Annahme der Direktive im Kontrollrat sorgte.

Die letzte dieser Aufgaben erforderte ein Handeln des europäischen Oberbefehlshabers selbst, mit Unterstützung durch General Clay und den OMGUS-Stab in Berlin. Das Problem, wie dieser Anweisung Genüge getan werden könnte, wurde General Betts in seiner Eigenschaft als Generalanwalt für Europa übertragen. Betts wiederum delegierte diese Anweisung an Oberst Charles Fairman, den Chef der Abteilung Völkerrecht in seinem Stab.

Betts hätte keine bessere Wahl treffen können. Fairman war Reserveoffizier und im Zivilleben ein bedeutender Rechtsgelehrter und -historiker. Am 16. Oktober stellte er auf Betts' Anfrage hin fest, Eisenhower könne wohl kaum daran gedacht haben, daß der bescheidene Stab des JAG die Verfügung J. C. S. 1023/10 »mit seinen ureigenen Mitteln« ausführen sollte, sondern daß das Problem vielmehr darin bestand, »eine angemessene Verteilung der Funktionen vorzuschlagen«. Fairman, der verständlicherweise entgeistert war über das »gewaltige Ausmaß« der betreffenden Verbrechen, die ja auch »alle [greuelhaften] Vergehen, die in Deutschland seit der Machtübernahme durch die Nazis begangen worden waren«, einschlossen – Fairman verwies außerdem auf die Anklagevorwürfe gegen Mitglieder von Organisationen, denen wegen ihrer Straftaten in Nürnberg der Prozeß gemacht werde, wobei es sich durchaus um weit über 100 000 Einzelpersonen handeln könne. Folglich sei es eine Angelegenheit von großer Dringlichkeit, die strafrechtliche Verfolgung von Fällen gemäß dem Auftrag der J. C. S. 1023/10 vorzubereiten – und zwar von anderen Fällen als denen, die derzeit vor dem Internationalen Militärgerichtshof sowie von der Kriegsverbrechensgruppe verhandelt würden. Alle Überlegungen im Hinblick auf die kontinuierliche Behandlung, das Fachwissen und die bereits bestehende Verantwortung gegenüber der Öffentlichkeit deuten darauf hin, daß die Behörde des US-Hauptanwalts [Jackson] die Organisation darstellt, auf die man sich in dieser Hinsicht verlassen sollte … Vielleicht könnte der gegenwärtige Hauptanwalt dazu gebracht werden, diese erweiterte Verantwortung zu übernehmen; oder ein Mitglied aus seinem Stab könnte zum Hauptankläger ernannt werden.

Fairman schloß sein Memorandum mit der Empfehlung ab, Charles Fahy, den Rechtsberater von Clay, einzubeziehen und sofort an Jackson heranzutreten. Fahy begab sich nach Nürnberg, nahm sich Shea vor (der gerade aus Berlin zurückgekehrt war) und drängte ihn, »die Nachfolge von Jackson anzutreten und die vielen Prozesse durchzuziehen, die es nach dem ersten wird geben müssen«. Shea »widerstrebte dies sehr«, aber er wollte sich noch nicht festlegen.

Am darauffolgenden Tag trafen Betts und Fairman in Nürnberg ein, und in den nächsten drei Tagen gab es zahlreiche Besprechungen zwischen Betts, Fairman, Fahy, Jackson und Shea über die Probleme, die die Vorlage J. C. S. 1023/10 aufwarf. Jackson ließ von Anfang an mit aller Klarheit durchblicken, er werde nach dem anhängigen Verfahren, wenn nicht schon früher, wieder ins Oberste Bundesgericht zurückkehren und danach für nichts anderes mehr zur Verfügung stehen. Shea war sich noch immer nicht schlüssig, aber zu der Erkenntnis gelangt, daß dies »ein echter Aufruf von seiten der Regierung« sei, und wenn man ihn »unbedingt« brauche und auf seine Bedingungen eingehe – eine Berufung durch den Präsidenten, die Übersiedelung seiner Frau Hilda nach Nürnberg und die garantierte Unterstützung durch die Army –, werde er »nicht nein sagen«.

Bei einer Konferenz am 22. Oktober allerdings war es mit Sheas Bereitschaft vorbei, als Jackson »andeutete, daß die Übernahme dieser Aufgabe aus meiner [Sheas] Sicht einige Nachteile im Hinblick auf die Teilnahme am ersten Prozeß mit sich bringen« könnte. Daraufhin gab Shea sofort zurück, er wolle sich doch »nicht in dieser Hinsicht handlungsunfähig machen, nur um sein [Jacksons] Nachfolger bei den Folgeprozessen zu werden.« Jackson indessen tat nichts, um die Lage zu entspannen. Im Gegenteil: Am Nachmittag deutete er gegenüber Betts und Fahy an, daß General Donovan eventuell bereit wäre, diese Aufgabe zu übernehmen. Betts suchte Donovan auch sogleich auf, und Donovan erklärte, er sei »bereit, wenn alles auf der ganzen Linie geklärt ist«. Fahy, der über diese Entwicklung alles andere als glücklich war, rief General Clay an und erklärte Shea danach, Clay würde ihn Donovan »entschieden vorziehen«.

Fahy sagte Shea auch zu, man werde sich bei Eisenhower und Clay bemühen, Sheas Bedingungen zu erfüllen; aber dazu kam es dann doch nicht, und in einem Brief vom 25. Oktober an Betts wiederholte Jackson, niemand könnte diese schwere neue Aufgabe übernehmen und zur selben Zeit »irgendeine wichtige Rolle im laufenden Hauptverfahren spielen«. Am selben Tag, an dem Jackson das Argument vorbrachte, wonach Sheas Interesse schlagartig nachließ, gab Jackson die Anweisung zur Neuorganisation seines Stabes heraus, die beide Männer gegeneinander aufbrachte und zehn Tage später zu Sheas Abreise führte. Etwa um diese Zeit kühlte sich auch die Beziehung zwischen Donovan und Jackson ab, und einen Monat später begab sich Donovan ebenfalls in die Staaten zurück.

Angesichts der Tatsache, daß diese Vorgänge zeitlich mit dem Bruch zwischen Jackson und Shea wie Donovan zusammenfielen, kann man sich kaum des Verdachts erwehren, daß der Richter die Möglichkeit in Betracht zog, einer der beiden (Shea und Donovan) könnte vor allem deshalb bereit sein, die Folgeprozesse zu organisieren, um ihm den ersten wegzunehmen. Es ist ganz klar, daß Fahy, der mit Shea in Washington eng und in bestem Einvernehmen zusammengearbeitet hatte, ihn aufgrund seiner Verdienste ins Spiel gebracht hatte. Jackson hingegen war sich inzwischen mit Donovan wegen der Anklage gegen den Generalstab in die Haare geraten, und im übrigen waren ihm die negativen Ansichten von Storey und Amen über Shea und seine »Wirtschaftsklage« nur zu vertraut. Dieser Verdacht wird noch durch die absolute Entschiedenheit erhärtet, mit der Jackson erklärte, daß jeder aus seinem Stab, der in diese neue Position berufen werde, auf jede Teilnahme am ersten Prozeß verzichten müsse.

4

Von all diesen Problemen, Vorschlägen und Zusammenkünften erfuhr ich selber erst einen Monat später, als der Nürnberger Prozeß begann. Fahy war einer von vielen, die anläßlich von Jacksons Eröffnungsrede nach Nürnberg gekommen waren, und während er hier war, suchte er mich in meinem Büro auf, um mit mir über die Möglichkeit zu sprechen, daß ich die Leitung bei den J. C. S. 1023/10-Missionen übernähme. Er war sich vollkommen darüber im klaren, welche Verpflichtungen ich im Hinblick auf die Anklage gegen den Generalstab und das Oberkommando hatte, und als ich erklärte, daß ich diese Aufgabe bis zum Ende durchziehen wolle, hatte er nichts dagegen. Auch Jackson nicht, als ich mit ihm über die Angelegenheit sprach, und ich habe tatsächlich erst viele Jahre später erfahren, daß Shea diese Aufgabe angeboten worden war und daß er sie abgelehnt hatte, weil Jackson darauf bestanden hatte, mit ihrer Übernahme sei Sheas Teilnahme am »Hauptverfahrfen beendet.

Wieder einmal bot sich mir völlig unerwartet eine berufliche Chance, die meine Rückkehr in die Heimat verzögern und mir erst später erlauben sollte, mich als niedergelassener Anwalt einzuarbeiten. Und einmal mehr konnte ich einer ungewöhnlichen Herausforderung nicht widerstehen. Allerdings willigte ich nur unter Vorbehalt in Fahys Vorschlag ein und machte auch aus meiner erheblichen Skepsis kein Hehl, ob für diese weiteren Kriegsverbrechensprozesse auch genügend amerikanische Anwälte und Richter gewonnen werden könnten. Aus diesem Grund bestand ich darauf, daß meine Zustimmung nicht öffentlich bekannt gemacht werden dürfe. Aber ich war bereit, diese Probleme anzugehen, sobald ich die Klage gegen den Generalstab vorgetragen hatte. Damit mußte die Arbeit an den Folgeprozessen im wesentlichen bis zur zweiten Januarwoche ruhen.

Inzwischen allerdings arbeiteten Betts und Fahy weiterhin an den juristischen und verwaltungstechnischen Grundlagen zur Erfüllung der Order J. C. S. 1023/10. Ihre Bemühungen gipfelten in einem Brief von General McNarneys Stabschef, General W. Bedell Smith, an Jackson vom 1. Dezember 1945. In diesem Brief ging es im wesentlichen um drei Dinge: Erstens sollte die Behörde des US-Hauptanwalts (Jacksons Organisation) »über den gegenwärtigen Prozeß hinaus weiterbestehen und die Kontrolle sowie die allgemeine Verantwortung übernehmen für alle weiteren Kriegsverbrechensverfahren gegen die Führer der Achsenmächte ... ebenso wie gegen Mitglieder von Gruppen und Organisationen, die als verbrecherisch definiert worden waren«. Zweitens sollte die Strafverfolgung dieser Angeklagten gemäß den Vorschriften der Londoner Charta durchgeführt und drittens der Erlaß des Präsidenten, durch den Jackson berufen worden war, dahingehend ergänzt werden, daß auch diese Projekte autorisiert wären. Diesem Schreiben lagen zwei weitere Papiere bei: ein »Planungsmemorandum«, mit dem meine künftige Berufung zum Hauptanwalt ins Auge gefaßt und festgelegt wurde, daß ich dem Stellvertretenden Militärgouverneur, General Clay, unterstellt wäre, sowie ein Entwurf für eine Ergänzung des Präsidentenerlasses.

Am 3. Dezember hatte ich in Frankfurt eine Besprechung mit den Generälen Smith und Betts, und am darauffolgenden Tag erklärte sich Jackson in einem Brief an Smith mit diesem Programm einverstanden. Zugleich schrieb er auch an den Präsidenten, erklärte ihm die Lage und empfahl die Ergänzung des Präsidentenerlasses. Am 16. Januar 1946 unterzeichnete Präsident Truman die notwendigen Ergänzungsschreiben.

In der Zwischenzeit erarbeitete Fahys Behörde in Berlin einen Gesetzentwurf für die Übernahme durch den Kontrollrat. Das Ergebnis war das Kontrollratsgesetz Nr. 10, das am 20. Dezember 1946 von den Ratsmitgliedern unterzeichnet wurde: General McNarney, Feldmarschall Bernard Montgomery, General Louis Koeltz für den abwesenden General Pierre Koenig und Marschall Georgi Schukow.

In der Präambel wurde erklärt, Gesetz Nr. 10 habe den Zweck, »die Bestimmungen der Moskauer Deklaration vom 30. Oktober 1943 und des Londoner Abkommens vom 8. August 1945 sowie des im Anschluß daran erlassenen Grundgesetzes [Londoner Charta] zur Ausführung zu bringen«. Ansonsten allerdings gab es nur wenig Übereinstimmungen zwischen den beiden Dokumenten. Gesetz Nr. 10 sah keine Tribunale oder Komitees von Anklagevertretern vor und enthielt daher auch nichts, was den Teilen I, III und V der Charta entsprach. Es gab eine Liste von erlaubten Strafen, die neben den üblichen Dingen auch die Konfiszierung von Eigentum vorsah. Der Großteil des Gesetzes befaßte sich mit dem Austausch von Verdächtigen zwischen den vier Besatzungsmächten und mit anderen Nationen. Das Gesetz enthielt keine Klausel bezüglich der Revision der Urteile und des Strafmaßes vor einer höheren Instanz, und der erklärten Absicht der Gleichförmigkeit in allen Zonen wurde durch die folgende Vorschrift ein schlechter Dienst erwiesen: »Die Zonenbefehlshaber bestimmen oder bezeichnen für ihre Zonen das Gericht, vor dem die eines Verbrechens unter dem gegenwärtigen Gesetz beschuldigten Personen abgeurteilt werden sollen, sowie die dabei anzuwendende Verfahrensordnung.«

Wie sich zeigte, wurde die in Gesetz Nr. 10 vorgesehene Gleichförmigkeit der Behandlung von Kriegsverbrechen kaum erreicht. Die Briten hielten sich an die Richtlinien des Royal Warrant und berücksichtigten Verbrechen gegen den Frieden gar nicht. Die Franzosen waren hauptsächlich an deutschen Verbrechen in Frankreich gegenüber Franzosen interessiert und hielten sich generell an französisches Recht statt ans Völkerrecht, selbst im Falle von Kriegsverbrechen. Und was die Russen betraf, so sickerten nur gelegentlich spärliche Nachrichten über die Behandlung von Kriegsverbrechen durch den Eisernen Vorhang.

In der amerikanischen Zone allerdings schuf das Kontrollratsgesetz Nr. 10, zusammen mit dem ergänzten Präsidentenerlaß, die rechtliche und verwaltungstechnische Grundlage für die Fälle von Kriegsverbrechen, die in Nürnberg im Anschluß an den Prozeß vor dem Internationalen Militärgerichtshof verhandelt werden sollten.

5

Mitte Januar schied Storey aus und kehrte nach Texas zurück. Jackson besetzte die Stelle des Geschäftsführenden Anwalts mit Tom Dodd, der geschickter und ein besserer Anwalt war als sein Vorgänger. Calvocoressi kehrte im Zuge der Demobilisierung der Royal Air Force nach England zurück, versprach aber wiederzukommen, wenn der Generalstab erneut vor Gericht zur Debatte stehe. Alderman kam etwa zur gleichen Zeit zurück, als Peter uns verließ, und gesellte sich wieder zu mir im Dambacher Haus.

Ich war nun in der Lage, mich die meiste Zeit der Vorbereitung auf die Prozesse zu widmen, die auf den laufenden folgen sollten und für die man von mir erwartete, daß ich in Jacksons Fußstapfen treten würde. Das unmittelbare und entscheidende Problem war die Gewinnung von Mitarbeitern. Dafür war ich persönlich verantwortlich, und darum bemühte ich mich vor allem und unmittelbar.

Aber es gab noch etwas anderes, das sowohl für den laufenden Prozeß als auch für die künftigen Verfahren von großer Bedeutung war und das deshalb Jacksons wie meine eigene Aufmerksamkeit erforderte: die Anklageschrift bezüglich der beklagten Organisationen. Das Beweismaterial gegen sie war bereits dem Gerichtshof vorgelegt worden, aber es gab noch immer grundsätzliche rechtliche wie praktische Fragen, die es zu lösen galt.

Jackson hatte ja die Methode in seinem ersten Bericht an Präsident Truman beschrieben: Sobald der Nachweis der Mitgliedschaft in einer der beschuldigten Organisationen erbracht war, würden dem »einzelnen Mitglied danach nur persönliche Argumente zu seiner Verteidigung oder mildernde Umstände zustehen, etwa daß der Betreffende unter Zwang beigetreten sei ...« Die Londoner Charta ermächtigte das Tribunal zu »erklären«, daß eine angeklagte Organisation »verbrecherisch« sei, und sie schrieb außerdem vor, daß danach Einzelpersonen »wegen ihrer Zugehörigkeit« vor Gericht gestellt werden könnten und daß der Angeklagte »den verbrecherischen Charakter der Gruppe oder Organisation« nicht in Frage stellen könnte.

Von Anfang an hatten die Mitglieder des Gerichtshofs grundsätzliche Probleme mit den Anklageschriften gegen die Organisationen sowie mit der damit verbundenen Vagheit der Bestimmungen der Charta gehabt. Unverzüglich mußten Pläne zur Auswahl jener Mitglieder von Organisationen erarbeitet werden, denen gestattet werden sollte, in eigener Sache auszusagen. In erster Linie war das eine verwaltungstechnische Angelegenheit, aber schwierige rechtliche Probleme würden aufgeworfen werden, wenn erwartungsgemäß einige oder alle Organisationen als »verbrecherisch« eingestuft würden.

Wenn beispielsweise einem Mitglied einer als verbrecherisch eingestuften Organisation vor einem für derartige Klagen zuständigen Gericht der Prozeß gemacht würde, wäre dann der Beweis, daß der Angeklagte von den verbrecherischen Methoden und Aktivitäten der Organisation nichts gewußt hatte, ein Argument zu seiner Verteidigung? Wenn aus dem Beweismaterial, das dem Gericht vorlag, hervorginge, daß die Leiter sich bewußt verbrecherischer Mittel bedient hätten, daß aber die meisten Mitglieder davon nicht in Kenntnis gesetzt worden wären, könnte die Organisation dann als insgesamt verbrecherisch eingestuft werden? Könnte der Gerichtshof von einer Erklärung des verbrecherischen Charakters der Organisation bestimmte Teile oder gar alle Mitglieder unterhalb eines spezifischen Rangs ausschließen?

Der Gerichtshof war von zunehmender Sorge erfüllt, als die Zeit nahte, da man sich mit derartigen Fragen befassen mußte, und Anfang Dezember entschlossen sich die Richter, diese Probleme mit den Anwälten zu erörtern.

Nach Abschluß der öffentlichen Sitzung am 11. Dezember kam das Gericht in nichtöffentlicher Sitzung mit den führenden Anklagevertretern und jenen Anwälten zusammen, die die angeklagten Organisationen vertraten. Lord Lawrence fragte die Anklagevertreter, ob sie vorhätten, die Organisationen als Ganzes anzuklagen, oder ob sie vorschlagen wollten, bestimmte Teile auszuklammern.

Jackson preschte vor und behauptete sogleich, daß die Klage gegen die Organisationen unter »amerikanische Zuständigkeit« falle, weil »dies stets ein Teil der amerikanischen Klage war, seit der Jalta-Konferenz, wo dies akzeptiert worden war«.* Auf Lawrence' Frage wies Jackson darauf hin, daß nur jene Mitglieder der NSDAP angeklagt würden, die zum Führungskorps gehört hätten, und daß auch der Generalstab in der Anklageschrift ganz speziell eingegrenzt sei. Er fügte hinzu, es gäbe »keinen Einspruch, wenn sich das Urteil dieses Gerichts ausdrücklich nur auf freiwillige Mitgliedschaft bezöge«. Anschließend wurde Jackson gefragt:

> BIDDLE: Wie lautet die Definition für eine verbrecherische Organisation? Ist das Wissen von Mitgliedern hinsichtlich der Ziele und Handlungen der Organisation relevant? ... Ich meine, wenn 75% nichts von irgendwelchen verbrecherischen Handlungen gewußt haben, war dann die Organisation verbrecherisch?
> JACKSON: Ja. Nach der Charta wäre es Sache dieser 75%, Mangel an Wissen als Argument zu ihrer Verteidigung vorzubringen ...
> BIDDLE: Wenn 75% der Mitglieder zwangsverpflichtet wären, ist dann die Organisation noch immer verbrecherisch?
> JACKSON: Ja. Es ist ein und dieselbe Organisation.
> PARKER: ... Kann das Mitglied seinen Mangel an Wissen in einem anschließenden Prozeß zu seiner Verteidigung anführen?
> JACKSON: Ja, damit kann sich der einzelne entlasten, aber das ändert nichts an der verbrecherischen Natur der Organisation ...

Biddle gefielen Jacksons Antworten ganz und gar nicht, und in seinen Aufzeichnungen vermerkte er: »Jackson vertritt die sture Ansicht, daß Wissen nichts mit dem verbrecherischen Charakter zu tun habe und daß es genüge, die kriminellen Handlungen einiger Mitglieder aufzuzeigen, um alle zu fassen zu bekommen – offensichtlich auch Putzfrauen. Gibt ein wenig nach auf Fragen von Birkett und mir.«

Das Gericht vertagte sich, ohne zu irgendwelchen Schlußfolgerungen zu gelangen, und danach wurden die Beweismittel der Anklage gegen die Organisationen entgegengenommen, ohne daß man weiter auf diese Fragen einging. Auf Verlangen des Gerichts verfaßte Richter Birkett eine Erklärung,

---

* Es gehörte tatsächlich von Anfang an zur amerikanischen Planung, die Nazi-Organisationen unter Anklage zu stellen; aber soweit ich weiß, entbehrt die Erklärung über die Jalta-Konferenz jeglicher Grundlage.

die in öffentlicher Sitzung verlesen wurde und eine Reihe von Fragen enthielt, zu denen sich die Anklagevertretung äußern sollte, wenn der Gerichtshof »die Anklagebehörde und die Verteidigung« zu einem späteren Zeitpunkt dazu auffordern würde. Später kamen die Hauptankläger zusammen und einigten sich darauf, daß Jackson die prinzipielle Erklärung für die Anklagevertretung vorbereiten und vortragen sollte.

6

Die rechtlichen Fragen, so kontrovers sie auch sein mochten, konnten in der Diskussion gelöst werden, wohingegen all jene, die den Auftrag hatten, ihre Entscheidungen in Kraft zu setzen, mit wahrhaft gewaltigen praktischen Problemen zu rechnen hatten. Diese Schwierigkeiten würden gar nicht einmal so sehr aus der Verurteilung des Reichskabinetts oder des Generalstabs resultieren, denn die Zahl der Mitglieder beider Organisationen zusammengenommen würde weit unter zweihundert liegen. Sollte aber irgendeine der anderen drei Organisationen verurteilt werden – und das war höchstwahrscheinlich bei der SS und bei der Parteiführung der Fall –, dann wären Hunderttausende von Mitgliedern von den Urteilen des Gerichtshofs betroffen.

Dieser Aspekt war während der von mir gerade geschilderten Diskussionen kaum zur Sprache gebracht worden. Aber genauso wie mir muß auch allen anderen Teilnehmern klargewesen sein, daß ein solches Gerichtsverfahren – selbst wenn sich Bernays' Idee eines Schnellverfahrens völlig hätte in die Tat umsetzen lassen – derartige Zahlen nicht ohne Hunderte von Gerichten und jahrelange Verhandlungen hätte bewältigen können. Außerdem hätten vielen Angeklagten Todesstrafen und andere schwere Strafen gedroht – mit entsprechenden Problemen bei der Beweisführung, so daß ein fairer Prozeß nur nach ausgiebigen Verhandlungen und mit Hilfe kompetenter Richter möglich gewesen wäre.

Natürlich konnte ich nicht in aller Gelassenheit die persönliche Verantwortung für ein derart vertracktes Mammutunternehmen auf mich laden. Ich war daher höchst erleichtert, als Mitte Januar ein *deus ex machina* auftauchte: ein Brief von Charles Fahy, der ein Dokument mit dem Titel »Berichtsentwurf für einen Ausschuß zur Entnazifizierungspolitik« enthielt.

Schon vor Kriegsende hatte das Wort »Entnazifizierung« in den offiziellen Sprachgebrauch Eingang gefunden – es bezeichnete die Politik der Besatzungsmächte, die Nazipartei zu vernichten und alle »aktiven« Befürworter des Nationalsozialismus aus öffentlichen und wichtigen privatwirtschaftlichen Positionen zu beseitigen. Nur »kleine« Parteimitglieder durften ihre Anstellung in der Privatwirtschaft behalten. Unter General Clay wurde die Entnazifizierung – neben der Entmilitarisierung, der Demokratisierung und der Entflechtung der Wirtschaft – eines der Hauptanliegen der OMGUS-Mission.

Die Durchführung der Entnazifizierung öffentlicher und privatwirtschaftlicher Angestellter stieß auf Hindernisse, und zwar oft deshalb, weil ehemalige Nazis als gute Mitarbeiter nicht ohne weiteres ersetzt werden konnten. In der amerikanischen Besatzungszone wurde zunächst die Army mit der Durchführung betraut, gegen den entschiedenen Widerstand von General George Patton und einiger anderer. In der zweiten Hälfte des Jahres 1945 gab es mehrere Erklärungen und Verordnungen hinsichtlich der Durchsetzung der Entnazifizierung, aber mit den Ergebnissen wurde man immer unzufriedener, was sich besonders in der amerikanischen Presse niederschlug.

Angesichts dieser Umstände errichtete Clay im November einen Revisionsausschuß für die Entnazifizierungspolitik, mit Fahy als Vorsitzendem, und erteilte ihm den Auftrag, ein »neues umfassendes Entnazifizierungsgesetz« zu verfassen. In Zusammenarbeit mit Clays beiden persönlichen Assistenten Robert Bowie und Donald S. McLean (zwei Anwälten) sowie mit Oberstleutnant Fritz Oppenheimer (einem fähigen deutschstämmigen Anwalt) legte der Ausschuß Mitte Januar 1946 einen Entwurf vor. Eben dieses Dokument erhielt ich Mitte Januar von Fahy, und seinen Inhalt stellte ich sogleich in einem Memorandum an Jackson dar. In diesem Entwurf gab es eine Reihe von Punkten, die sich direkt und ganz wesentlich mit Nürnberg befaßten:

> Der Bericht basiert auf der Annahme, daß die Behörde des Hauptanwalts nicht in der Lage sein wird, mehr als ein paar hundert oder äußerstenfalls ein paar tausend Haupt- und Nebenkriegsverbrecher unter Anklage zu stellen …
> Der Bericht empfiehlt daher, daß die überwiegende Mehrheit der sogenannten »Organisationsfälle« nach dem Entnazifizierungsprogramm und nicht getrennt behandelt werden sollte. Dieses Programm verlangt die Verhängung von Sanktionen nach bestimmten Kategorien, die natürlich strenger sind gegenüber aktiven oder wichtigen Nazis als gegenüber unbedeutenden Leuten, sowie entsprechende verwaltungsrechtliche Verfahren an deutschen Gerichten zur Anwendung dieser Kategorien in individuellen und bei Revisionsverfahren.

Von meinem Standpunkt aus waren diese Vorschläge überaus wünschenswert, vor allem weil sie »die Aufgabe der Behörde des Hauptanwalts nach Abschluß des laufenden Verfahrens überschaubar machen« würden.

»Demokratisierung« war ein weiteres von Clays Anliegen, und der General glaubte, die Deutschen sollten die Demokratie durch praktische Anwendung erlernen. Zu diesem Zweck hatte Clay bereits der Errichtung von Länderverwaltungen in den drei Ländern der amerikanischen Zone (Hessen, Württemberg-Baden und Bayern) zugestimmt. Nun beabsichtigte Clay, das neue Entnazifizierungsgesetz zu erlassen, aber nicht durch den Kontrollrat oder die OMGUS, sondern durch den gemeinsamen Länderrat der drei Länder in der amerikanischen Zone in seiner »Hauptstadt« Stuttgart. Die deutschen Beamten würden für die Durchführung des Gesetzes verantwortlich sein, indem sie die »Tribunale« (eine Mischung aus »Laienbeisitzern« und Anwälten) errichteten, um die einzelnen Fälle zu verhandeln. Es gab vier Kategorien, die ich in meinem Memorandum an Jackson erwähnte: »Haupttäter«, »Täter«, »Nebentäter« und »Mitläufer« sowie jeweils spezifizierte Sanktionen für jede Kategorie. Dazu gehörte nicht nur die Ausschließung von verschiedenen Tätigkeiten und Ebenen der Hierarchie (das ursprüngliche, oberste Ziel der Entnazifizierung), sondern auch die Einkerkerung in »Arbeitslagern«, die Konfiszierung von Eigentum und verschiedene andere Strafen.

Der Entwurf des Ausschusses war nachvollziehbar und sachkundig. Er enthielt für jeden etwas. Clay war in der Lage, sein Konzept der Demokratisierung voranzutreiben, indem er den Deutschen immer mehr Regierungsverantwortung übertrug. Die Deutschen erhielten die Kontrolle über den Entnazifizierungsprozeß – was manche vielleicht für ein Danaergeschenk gehalten haben, aber was sie immerhin in die Lage versetzte, das Verfahren nach ihrer eigenen Politik zu prägen. In Nürnberg konnten nun diejenigen, die die anschließenden Prozesse durchführen sollten, ihre Bemühungen konzentrieren auf (wie es im Entwurf hieß) »andere noch nicht angeklagte Hauptkriegsverbrecher, wichtige Industrielle, Bankiers etc. sowie ... hohe Funktionäre in der Nazipartei oder in Organisationen, die als verbrecherisch eingestuft werden können«.

Anschließend wurde der Entwurf etwa sechs Wochen lang zwischen Clays Gruppe und den Mitgliedern des Länderrats diskutiert, ohne daß es zu irgendwelchen für die Nürnberger Belange wichtigen Veränderungen kam. Am 5. März 1946 wurde das »Gesetz zur Befreiung vom Nationalsozialismus und Militarismus« vom Länderrat der amerikanischen Zone veröffentlicht.

Es wäre weit übertrieben zu behaupten, daß dieses Gesetz und seine Ausführung das Problem »lösten«, das Bernays achtzehn Monate zuvor zu dem Vorschlag veranlaßt hatte, strafrechtliche Anklage gegen die Naziorganisationen zu erheben. Die Vorhersage, daß Deutsche andere Deutsche wegen ihrer Nazi-Vergangenheit nicht hart genug bestrafen würden, erfüllte sich weitgehend, und vermutlich hat Bernays (wie viele andere) das ganze Verfahren für ein Reinwaschen gehalten. Wie auch immer – auf jeden Fall hat es mir »aus der Patsche« geholfen, und da es schier unmöglich war, so viele amerikanische Richter und Ankläger zusammenzubekommen*, hätte mir oder anderen in ähnlicher Position nichts Besseres passieren können.

---

* Etwa 3,5 Millionen Personen (etwa ein Viertel der Gesamtbevölkerung in der amerikanischen Zone) wurden als »potentielle Beklagte« für einen Prozeß vor Entnazifizierungstribunalen in der amerikanischen Zone aufgelistet. Viele wurden anschließend ohne Verfahren amnestiert. Das Programm erforderte 540 Tribunale und 22 000 Mitarbeiter und dauerte bis zum Frühjahr 1948.

7

Für Jackson allerdings gab es ein großes Problem: Er mußte den Nürnberger Militärgerichtshof davon überzeugen, daß es nicht zu Willkür und Ungerechtigkeit führen würde, wenn er ganze Organisationen als »verbrecherisch« einstufen würde. Mitte Januar schickte er mir einen Entwurf der Erklärung, die er vor dem Tribunal abgeben wollte, und bat um meinen Kommentar. Wie nicht anders zu erwarten, argumentierte er gewandt und überzeugend, aber die abschließenden Seiten dieses Entwurfs enthielten Passagen, aus denen zumindest implizit hervorging, daß einzelne Mitglieder von Organisationen, die als verbrecherisch eingestuft worden waren, allein aufgrund ihrer freiwilligen Mitgliedschaft verurteilt werden könnten. Ich war fest davon überzeugt, daß das Tribunal diese Interpretation der Londoner Charta nicht akzeptieren würde. Folglich empfahl ich in einem Memorandum, den Standpunkt zu vertreten, daß das *Wissen* um die verbrecherische Politik einer Organisation oder die Beteiligung an ihren verbrecherischen Handlungen ein unabdingbares Element individueller Schuld sei. Ich hatte indes nichts mehr damit zu tun, wie Jackson mit diesem Problem zurechtkam, und kehrte Anfang Februar nach Washington zurück.

Howard Petersen, ein junger Anwalt und Juniorpartner in John J. McCloys Kanzlei sowie ein persönlicher Assistent von Robert Patterson während und nach dem Krieg, war McCloys Nachfolger als Stellvertretender Kriegsminister geworden. Am 18. Februar schickte er Jackson ein ausführliches Schreiben, das Empfehlungen enthielt, die in direktem Gegensatz zu dem standen, worauf ich in meinem Memorandum gedrängt hatte.

Petersen war verständlicherweise besorgt über das erhebliche Schwinden der amerikanischen Personalressourcen zur Behandlung von Kriegsverbrechen und bestand darauf, Jackson solle dafür eintreten, daß nach dem Wortlaut der Charta allein eine freiwillige Mitgliedschaft – ganz gleich, ob ein Wissen oder eine Beteiligung vorläge – als verbrecherisch gelten solle. Petersen war der Ansicht, daß Prozesse, in denen bereits der Beweis für eine Mitgliedschaft zu einer Verurteilung ausreichte, schnell durchgeführt werden könnten, während Zwischenfragen nach Wissen und Beteiligung der Beschuldigten die Verhandlungen unweigerlich komplizieren und stark ausweiten würden.

Zu dieser Zeit funktionierte die Auslieferung von ausländischer Post in der amerikanischen Zone Deutschlands noch nicht so recht, und am 26. Februar hatte Jackson Petersens Brief noch immer nicht erhalten. Allerdings hatte er eine telegrafische Zusammenfassung des Briefes von Charles Horsky bekommen, einem am Gemeinwohl interessierten Washingtoner Anwalt, der für ihn als Assistent auf Teilzeitbasis tätig war. In einem Telegramm an Horsky reagierte Jackson auf Petersens Empfehlungen:

Mein Problem hat in erster Linie mit dem Gerichtshof zu tun und in zweiter mit meinen Kollegen. Nach unseren vertraulichen Informationen sind weder die britischen noch die amerikanischen Richter bereit, eine Erklärung über den verbrecherischen Charakter einer Organisation abzugeben, welche nicht eindeutig die Möglichkeit der Verteidigung einzelner Mitglieder offenhält oder sich auf Menschen erstreckt, die unschuldig in diese Organisation geraten sind. Dahinter steckt die tief verankerte Furcht, daß das Urteil des Gerichtshofs in der russischen und vielleicht auch in der französischen Besatzungszone als Grundlage für Massenverhaftungen und strenge Strafen mißbraucht werden könnte, sowie die Angst und die Abneigung, eine Grundlage für die Verurteilung von Massen von Menschen zu liefern. Meine Argumentation ist großenteils darauf ausgerichtet, diese beiden Ängste zu zerstreuen … Ich kann nicht sagen, daß diese Angst unbegründet ist.

Soweit die Lage der Dinge, als sich Jackson am 28. Februar erhob, um dem Gericht seine Erklärung vorzutragen. Er war sich durchaus darüber im klaren, daß die Richter voller Zweifel und Bedenken waren hinsichtlich der Klagen gegen die Organisationen und daß eine Spezifizierung der Klageerwiderungen für angeklagte Mitglieder ganz abgesehen von taktischen und rechtlichen Problemen auch moralische Fragen aufwarf, die mit der Gerechtigkeit und dem künftigen Ansehen der Charta und des Prozesses zu tun hatten.

Die Darstellung dieses Themas vor dem Gerichtshof war nicht gerade dazu angetan, die leidenschaftliche Beredsamkeit von Jacksons Eröffnungsrede wachzurufen. Allerdings erinnerte er seine Zuhörer sogleich an die gewaltige Menge von Beweismaterial, aus dem die grauenhaften Methoden und Taten der Organisationen zweifelsfrei hervorgingen: »Diese Organisationen lehrten und übten Gewalt und Terror. Sie sorgten dafür, daß der Plan der Verbrechen, die wir bewiesen haben, in ganz Deutschland und in den besetzten Gebieten systematisch, in aggressivem Geist und strikt durchgeführt wurde. Die Blüte dieses Systems wird durch den fanatischen SS-General Ohlendorf verkörpert …«

Jackson untermauerte in seinen weiteren Ausführungen das Konzept der Schuld von Organisationen, indem er auf Präzedenzfälle in Gesetzen verwies, die in den USA (Smith Act von 1940), in Großbritannien (die Gesetze über Landfriedensbruch von 1817, 1846 und 1936) und in Deutschland (Strafgesetzbuch von 1871) erlassen worden waren. Dieses Argument wurde freilich durch das große Alter von mehreren dieser Präzedenzfälle sowie durch die Tatsache abgeschwächt, daß Fälle aus jüngster Zeit nicht ungeteilte Bewunderung fanden. Außerdem war da noch der anschließend von den Anwälten der Verteidigung bemühte Umstand, daß die zitierten Gesetze die *Mitgliedschaft* und nicht so sehr die Organisation selbst für verbrecherisch erklärten, während die Charta auf einer Erklärung gegen das abstrakte Ganze bestand, worauf man sich dann auch gegenüber den Mitgliedern berufen konnte.

Als Jackson sich den Fragen zuwandte, die den Richtern am meisten Probleme bereiteten, stellte er fünf Kriterien auf, die er bei der Bestimmung des verbrecherischen Charakters von Organisationen als wesentlich erachtete:

> 1. Die ... Organisation oder Gruppe muß eine Verbindung von Personen darstellen, die sich in feststellbarer Beziehung zu einem gemeinsamen, allgemeinen Zweck zusammengeschlossen hat ...
> 2. Die Mitgliedschaft in einer solchen Organisation [muß] im allgemeinen freiwillig sein ...
> 3. Die Ziele der Organisation müssen in dem Sinne verbrecherisch gewesen sein, daß sie dazu bestimmt war, Handlungen zu begehen, die im Artikel 6 des Statuts als Verbrechen gekennzeichnet sind ...
> 4. Die verbrecherischen Ziele oder Methoden der Organisationen müssen solcher Art gewesen sein, daß ihren Mitgliedern im allgemeinen ihre Kenntnis mit Fug und Recht zur Last gelegt werden kann ...
> 5. Ein einzelner Angeklagter muß Mitglied der Organisation gewesen sein und wegen einer Handlung verurteilt werden, auf Grund derer die Organisation für verbrecherisch erklärt worden ist.

Die Kriterien 2 und 4 stellten Einschränkungen dar, die in der Charta nicht erwähnt waren und die von den meisten Richtern begrüßt wurden. Biddle notierte in seinem Tagebuch, daß »in der [Vormittags-]Pause alle ganz begeistert über Bobs Erklärung« gewesen seien. Aber er fügte hinzu: »Wir haben noch immer Schwierigkeiten.« In Kriterium 4 beispielsweise hatte Jackson nicht das *tatsächliche* Wissen als Element des Vergehens benannt. Jackson erklärte, daß im Prozeß gegen ein einzelnes Mitglied seine mangelnde Kenntnis des verbrecherischen Charakters der Organisation »als Milderungsgrund dienen mag«, aber auch dann »wäre die Frage nicht, was der Mann tatsächlich wußte, sondern was er als Mensch mit normalem Verstande hätte wissen müssen«. Auf dieser Grundlage hätte der Angeklagte, nachdem das Gericht Kriterium 4 als erwiesen angesehen hätte, in einem späteren Verfahren sehr spezielle Gründe angeben müssen, warum er als vernünftiger Mensch nicht über dieses Wissen verfügte.

Jackson beendete seine Ausführungen damit, daß er vorschlug, die Mitglieder, die zur Entlastung ihrer Organisation aussagen wollten, sollten nicht vom Tribunal selbst, sondern von einer »Ermittlungskommission« vernommen werden, wie sie in Artikel 17 (e) der Charta vorgesehen sei. Im Anschluß daran zeigte Fyfe, daß sämtliche fünf angeklagten Organisationen den fünf Kriterien entsprachen, die Jackson dargelegt hatte. Auguste Champetier de Ribes, der Nachfolger von de Menthon im Amt des französischen Hauptanklägers, beschränkte sich darauf, die Legitimität des Vorwurfs der Verübung verbrecherischer Handlungen durch Organisationen nach französischem Recht zu bestätigen.

General Rudenkos Anmerkungen waren kurz, aber pointiert und ließen erkennen, mit welchem Nachdruck seine Regierung darauf aus war, freie

Hand für die nationalen Tribunale zu haben. Der Internationale Militärgerichtshof, erklärte er, habe keine andere Befugnis, als die angeklagten Organisationen zu verurteilen oder freizusprechen. Wenn sie verurteilt würden, hätten die nationalen Gerichte das »Recht, jedoch nicht die Verpflichtung«, die Mitglieder »zur Verantwortung zu ziehen«. Wenn sie dieses Recht wahrnähmen, würde sich das Urteil des Internationalen Militärgerichtshofs nur dahingehend auswirken, daß die nationalen Gerichte verpflichtet wären, eine Organisation als verbrecherisch zu betrachten. Darüber hinaus seien alle anderen verfahrenstechnischen wie substantiellen Prozeßangelegenheiten nicht Sache des Internationalen Militärgerichtshofs, und sie würden von den nationalen Gerichten in Übereinstimmung mit den Bestimmungen und der Politik der jeweiligen Nation erledigt werden.

Das Gericht erteilte dann den Anwälten das Wort, welche die angeklagten Organisationen vertraten. Wie nicht anders zu erwarten, stellten sie in ihren Ausführungen, die den Rest des Tages und einen Teil der Sitzung am darauffolgenden Vormittag beanspruchten, auch die Legitimität des Vorwurfs der Verübung verbrecherischer Handlungen gegenüber Organisationen in Frage. Effektiver war ihre Kritik am Kontrollratsgesetz Nr. 10, das – wörtlich genommen – offenbar auch die Todesstrafe für die bloße Mitgliedschaft in einer verurteilten Organisation zulasse.

Vor allem aber beklagten sich die Verteidiger über die praktischen Probleme beim Ausfindigmachen und Befragen von Organisationsmitgliedern, die vor dem Gerichtshof aussagen wollten und kompetent seien, sich den Fragen der Beweisermittlung zu stellen. Dr. Martin Löffler, der die SA vertrat, äußerte ganz besondere Bedenken, weil – im Gegensatz zu den SS- und Parteiführern, die größtenteils in Internierungslagern zusammengefaßt waren – die SA-Mitglieder bis auf wenige Ausnahmen frei und somit nur mit Mühe zusammenzuholen seien. Dr. Robert Servatius, der Sauckel und die Parteiführung vertrat, wandte sich mit aller Entschiedenheit gegen die Anhörung der Mitglieder durch vom Gericht bestellte »Master«: »Meiner Ansicht nach ist es eines der Hauptrechte des Verteidigers, selbst seine Informationen einzuholen ... Mein Vorschlag geht dahin: Bei jedem Lager sollte ein deutscher Anwalt bestellt werden, der von dem Hauptverteidiger seine Informationen bekommt und in den Lagern die Inhaftierten unterrichtet und die Informationen sammelt.« Das wäre allerdings auch mit Sicherheit der direkteste Weg zu einer Einheitsfront aller Mitglieder gewesen.

Als die Verteidiger mit ihren Ausführungen geendet hatten, gab der Gerichtshof den Hauptanklägern die Gelegenheit zu einer Erwiderung, und mehrere Richter stellten ihnen Fragen. Was das Kontrollratsgesetz Nr. 10 angehe, erklärte Jackson, wolle er »gern offen zugeben ..., daß ich es anders abgefaßt hätte, als es lautet«, aber er sei doch für eine vernünftige Auslegung von gedankenlosen Vieldeutigkeiten. Lawrence fragte Jackson: »Würde eine Einzelperson, gegen die vor einem nationalen Gericht zu verhandeln ist, zu der Frage gehört werden, ob sie tatsächlich die verbrecherischen Ziele der Gruppe kannte?« Für Lawrence war das natürlich eine wichtige Frage. Aber Jackson, der vielleicht an Petersens Brief dachte, gab darauf keine eindeutig zustimmende Antwort:

> Ich glaube, der einzelne würde dazu gehört werden, doch ich glaube nicht, daß es, wie wir es in den Vereinigten Staaten nennen, eine vollständige Rechtfertigung sein würde. Es kann vielleicht eine teilweise Rechtfertigung oder ein Milderungsgrund sein. Ich glaube, daß das verhandelnde Gericht zur Ansicht kommen könnte, daß er ... den Umständen nach hätte wissen müssen, um was für eine Organisation es sich handelte. Wenn man seinem Bestreiten glaubt, würde es mehr als Milderungsgrund denn als vollständige Rechtfertigung gewertet werden.

Auf Biddles Fragen hin lehnte es Jackson weiterhin entschieden ab, die Beteuerungen einer Einzelperson, sie habe von nichts gewußt, zu akzeptieren, wenn sich der Gerichtshof mit verbrecherischen Handlungen befasse, von denen man zuvor festgestellt habe, daß sie allgemein bekannt gewesen seien. Fyfe unterstützte Jacksons Position und erklärte, »daß der Prüfstein der Anklagebehörde die ›anzunehmende Kenntnis‹ ist, das heißt: mußte ein vernünftiger Mensch in der Stellung eines Mitgliedes von diesen Verbrechen Kennnis gehabt haben?«

Sir David jedenfalls war fest entschlossen, den Schuldbegriff möglichst weit auszudehnen. Als Biddle ihn fragte, ob »ein Mitglied, das im Jahre 1921 der SA beitrat und im nächsten Jahre wieder austrat, sich einer Mitwirkung an der Durchführung von Angriffskriegen und Kriegsverbrechen schuldig gemacht« habe, erwiderte Fyfe: »In einem gewissen Sinne, ja ... Jeder, der freiwillig eine aktive Rolle als Mitglied der SA im Jahre 1921 spielte, hat dadurch, daß er die nationalsozialistische Partei unterstützte, sicherlich auch das veröffentlichte Programm der Partei unterstützt, das die Ziele hatte, die Sie mir eben genannt hatten.« Auf welche theoretische Grundlage auch immer sich eine derartige Erwiderung stützen mochte, war sie doch keineswegs dazu angetan, die Richter für den Standpunkt der Anklagevertretung zu gewinnen.

Die Anhörung des Tribunals über den Komplex der Organisationen endete im Laufe der Vormittagssitzung am 2. März, und zwar nach einer kurzen Schlußerklärung von General Rudenko, der sich in seinen Antworten auf die Fragen von Biddle überraschend aufgeschlossen für die Rechte einzelner angeklagter Mitglieder zeigte:

> GENERAL RUDENKO: ... ist es unsere Meinung, daß, wenn die nationalen Gerichte jede Frage der individuellen Verantwortlichkeit der einzelnen Mitglieder der Organisationen prüfen, sie selbstredend von den Prinzipien der individuellen Schuld auszugehen haben. Dabei schließen wir selbstverständlich die Möglichkeit nicht aus, daß ... das eine oder andere Mitglied durch Betrug oder auf Grund eines gewissen Zwanges in diese Organisation hineinkam und dabei über ihre verbrecherischen Ziele nicht im Bilde war ...

MR. BIDDLE: Aber das würde es nicht entlasten, nicht wahr? Ein Mitglied könnte sich nicht darauf berufen, daß es nichts gewußt hat, weil wir bereits festgestellt hätten, daß die Kenntnis darüber so offen und allgemein war, daß es ihm bekannt gewesen sein mußte.

GENERAL RUDENKO: Warum? Meine persönliche Ansicht ist, daß, wenn ein nationales Gericht den Fall eines Mitglieds einer Organisation untersucht, welches behauptet, daß es über die verbrecherischen Ziele seiner Organisation keine Kenntnis gehabt habe, das Gericht diese Behauptung des Angeklagten prüfen und gebührend beurteilen muß.

Diese Ansichten standen den angloamerikanischen Rechtsprinzipien weitaus näher als die von Jackson oder Fyfe.

Bemerkenswert und auch ein wenig überraschend ist die Tatsache, daß das Entnazifizierungsprogramm und seine Beziehung zu den Klagen gegen die Organisationen praktisch nicht erwähnt wurden. Gewiß, das von den Deutschen in der amerikanischen Zone in Kraft gesetzte Gesetz wurde erst ein paar Tage nach dieser Anhörung verkündet, aber seine Existenz und vermutlich auch seine Verabschiedung waren allgemein bekannt, und bereits im Januar hatte der Kontrollrat eine Direktive übernommen, die auf eine Entnazifizierung hinauslief.

Die fast gänzlich in den Hintergrund getretene praktische Bedeutung der Nürnberger Klagen gegen die Organisationen war mir und vielen anderen klar, als ich Nürnberg Anfang Februar verließ. Vielleicht nahm Jackson, dem von Anfang an so viel an den Klagen gegen die Organisationen gelegen hatte, davon Abstand, Faktoren einzuführen, welche die Richter zu der Schlußfolgerung verleiten könnten, daß diese organisatorischen Fragen die Zeit nicht wert seien, die darauf verwendet wurde.

Dr. von der Lippe zufolge bestand der allgemeine Eindruck der Verteidigung darin, daß der Gerichtshof der Anklagevertretung »sehr kritische Fragen« gestellt habe. Biddle, meinte er, sei in seinen Fragen an Jackson sehr scharf und »fast unfreundlich« gewesen. So wenig schlüssige Ergebnisse die Anhörung auch gezeigt hatte – mit Sicherheit waren die Fragen, vor die das Gericht sich gestellt sah, zur Sprache gekommen und in einem gewissen Maße auch klargestellt worden.

8

Ende Januar hatte ich über mein voraussichtliches Vorhaben lange genug nachgedacht und mit anderen gesprochen, um eine gewisse Vorstellung von seinem Ausmaß und von den Ungewißheiten und Hindernissen zu haben, mit denen gerechnet werden mußte. In Anbetracht der Krise vom vergangenen November wegen Gustav Krupp, in deren Verlauf Shawcross den Franzosen versichert hatte, daß Großbritannien mit ihnen gemeinsam einen internationalen Prozeß gegen Alfried Krupp und andere deutsche Industrielle vorbereiten werde, sprach ich über dieses Vorhaben mit Patrick Dean, der das britische Außenministerium in Nürnberg vertrat, sowie mit Elwyn Jones, der einen derartigen Prozeß sehr begrüßte. Ich hörte mich in den zahlenmäßig bereits erheblich geschrumpften amerikanischen Rechts- und Verwaltungsabteilungen um, ob sich deren Mitarbeiter für die anschließenden Prozesse gewinnen ließen.

Schließlich schickte ich Jackson am 30. Januar ein Memorandum, das die Überschrift »Künftige Prozesse« trug und meine allgemeinen Schlußfolgerungen enthielt:

> Ich schätze daher, daß sich die Dinge in folgender Weise entwickeln werden:
> a) Ein weiterer internationaler Prozeß, bei dem die Liste der Angeklagten stark mit Industriellen und Finanziers besetzt sein wird.
> b) Mehrere oder eine ganze Serie von Prozessen gegen andere Hauptverbrecher vor amerikanischen Gerichten in der amerikanischen Zone ...
> c) Eine Fortsetzung der Prozesse gegen örtliche Verbrecher, die vom amerikanischen Generalanwalt für Europa geführt werden.*
> d) Prozesse gegen andere Hauptkriegsverbrecher vor Gerichten der besetzten Länder oder einer der anderen alliierten Mächte.
> e) Behandlung der allgemeinen Reihe von Klagen gegen die Organisationen im Rahmen des Entnazifizierungsprogramms.

Außer beim ersten Punkt erwiesen sich diese Schlußfolgerungen als richtig.

Weitaus pessimistischer hingegen war meine Einschätzung des Personalproblems:

> Es wird ganz unmöglich sein, die folgenden Verfahren mit dem gegenwärtigen Stab der Anklagebehörde durchzuführen. Ja, es wird sogar unmöglich sein, aus dem derzeit in Nürnberg vorhandenen Personal auch nur den Kern eines Stabes für weitere Verfahren zu bilden. Dafür gibt es zwei Gründe:
> a) Die gegenwärtigen Mitarbeiter haben praktisch ohne Ausnahme absolut kein Interesse, an weiteren Verfahren teilzunehmen. Die Gründe dafür sind im Augenblick irrelevant; Tatsache ist jedenfalls, daß die zur Zeit in Nürnberg weilenden Anwälte fast ausnahmslos ihre Arbeit hier so schnell wie möglich beenden und nach Hause kommen wollen.
> b) Der juristische Stab ist bereits so weit zusammengeschrumpft, daß es nicht mehr genügend Personal gibt, das von der Arbeit am gegenwärtigen Prozeß abgezogen werden kann, um an den anschließenden Verfahren zu arbeiten. Mr. Dodd hat mich sogar davon in Kenntnis gesetzt, daß er sich Sorgen macht, ob uns noch genügend juristisches Personal bleiben wird, um in angemessener Weise die Arbeit am gegenwärtigen Prozeß zu erledigen.

Es würden höchstenfalls noch sechs bis acht Anwälte weitermachen, aber im Augenblick stand keiner von ihnen zur Verfügung. Wenn es überhaupt irgendwelche »anschließenden Verfahren« geben sollte, mußte der juristische

---

* Die Gruppe unter Oberst Straight, die General Betts unterstellt war.

Stab neu gebildet werden. Das einzige Reservoir für kompetente Leute war in den USA, und darum mußte ich mich einfach unverzüglich dorthin begeben. Aber es war schon mehrere Jahre her, seit ich Kontakt zu amerikanischen Juristenkreisen gehabt hatte, und ich hatte »keine Ahnung, wie erfolgreich meine Rekrutierungstätigkeit sein wird«. Folglich empfahl ich Jackson, »daß die Bildung irgendeiner Sektion oder Abteilung aus Ihrem Stab, die sich mit weiteren Verfahren befassen soll, erst dann mitgeteilt wird, wenn wir in der Lage sind, weiterzumachen«.

Am 5. Februar erhielt ich von Jackson Antwort, in einem Memorandum, in dem er nicht völlig meine Ansichten teilte; insbesondere hielt er offenbar noch immer fest an der strafrechtlichen Verfolgung der Mitglieder verbrecherischer Organisationen durch die Alliierten statt durch die von der OMGUS geplanten Entnazifizierungsverfahren:

> Als diese Angelegenheit zum erstenmal zur Sprache kam, schlug ich vor, daß die G-2 [d.h. der militärische Geheimdienst] unverzüglich damit beginnen solle, Kriegsgefangene einzustufen; soweit wie möglich den Eintritt in Organisationen, denen sie angehörten, zu ermitteln; ebenso ihren Rang, die Orte, an denen sie gedient hatten, sowie andere sachdienliche Informationen. Das würde zweifellos zu Einstufungen in anderen Kategorien als denen führen, die jedes Mitglied selbst zugegeben hatte. Nur ganz wenige von ihnen können irgend etwas zu ihrer persönlichen Entlastung gegen diese Art von Klassifikation vorbringen. Tatsächlich können die meisten derartigen Angeklagten aufgrund ihres Geständnisses ausgeklammert werden, sobald ihre Erklärungen vorliegen. Dann kann man sich mit ihnen ganz rasch befassen, vielleicht auch mit größeren Gruppen. Ich glaube nicht, daß wir die Anklage gegen Mitglieder fallenlassen können, nachdem wir das Gericht ersucht haben, die Erklärung über den verbrecherischen Charakter der Organisationen abzugeben.

Da ich meine Ansichten bereits kundgetan hatte, erwiderte ich darauf nichts mehr. Aber ich war ganz und gar nicht mit der Idee einverstanden, daß Einzelpersonen, denen schwere Verbrechen zur Last gelegt wurden, in einem derartigen Fließbandverfahren abgefertigt werden sollten, und wenn sich Jackson mit seinen Vorschlägen durchgesetzt hätte, dann hätte ich mit Sicherheit nicht die Verantwortung für ihre Realisierung übernommen. Zum Glück für mich verabschiedete der Kontrollrat das Entnazifizierungsprogramm von Clay und Fahy, so daß sich mir dieses Problem nie stellte.

Jackson vertrat auch einen anderen Standpunkt als ich im Hinblick auf einen weiteren Viermächteprozeß gegen Kriegsverbrecher. Er hatte von Anfang an klargemacht, daß er selbst nicht zur Verfügung stehen noch im Namen seines Landes dafür eintreten werde, an irgendwelchen zusätzlichen internationalen Prozessen teilzunehmen. In seinem Memorandum an mich nannte er seine Gründe:

> ... erstens bezweifle ich, daß die Öffentlichkeit eine Wiederholung des Prozesses gegen weniger allgemein bekannte und verwerfliche Gestalten unterstützen wird. Zweitens würden die Russen fast mit Sicherheit darauf bestehen, daß irgendein zweiter Prozeß in ihrem Machtbereich abgehalten und von einem russischen Richter geführt wird. Das würde eine schwierige Situation darstellen. Drittens läuft das Abkommen für internationale Prozesse am 8. August ab, und ich habe keinen Grund zu glauben, daß der zweite Prozeß bis dahin abgeschlossen werden könnte.

Abgesehen von dem dritten Grund* teilte ich Jacksons Besorgnis und hielt es für klüger, es nicht ein zweitesmal zu riskieren, sich auf die Folter spannen zu lassen. Aber meine Umfragen hatten mir bestätigt, daß die Franzosen und Russen mit einem internationalen Prozeß gegen Industrielle rechneten und daß die Briten verpflichtet waren, diesen Kurs zu unterstützen. Unter diesen Umständen hatte ich den Eindruck, daß es die bleibende Bedeutung der Kriegsverbrecherprozesse gefährden würde, wenn die USA die Rolle des in seinem Zelt schmollenden Achilles spielen würden, und daß wir zumindest danach Ausschau halten sollten, ob man sich nicht auf einen akzeptablen Plan für einen zweiten Prozeß verständigen könnte.

Jacksons negative Einstellung gegenüber meinen Empfehlungen bezüglich des zweiten Prozesses und der verbrecherischen Organisationen war zwar beunruhigend, machte mir aber bei weitem nicht so zu schaffen wie das Personalproblem. Wenn Jackson schon solche Mühe hatte, seinen Stab für den ersten Prozeß zusammenzuhalten, wie konnte dann erst ein neues Kontingent amerikanischer Anwälte dazu bewegt werden, ihre Jobs und ihre Familien zu verlassen und nach Europa zu gehen, um weniger berüchtigte Nazis unter Anklage zu stellen? Jackson selbst hatte mich ja vor dem mutmaßlichen Mangel an öffentlicher Unterstützung für einen zweiten internationalen Prozeß gewarnt. Aber was sprach denn dafür, daß es eine derartige Unterstützung für »rein amerikanische« Prozesse geben würde?

Als sich die Ausmaße des Personalproblems abzeichneten, wurde ich pessimistisch. Ich war durchaus von meinen eigenen Fähigkeiten überzeugt und sicher, daß ich eine Anklagebehörde leiten konnte, vorausgesetzt, ich hatte einen kompetenten Stab. Aber ich war unter amerikanischen Anwälten praktisch unbekannt, im Gegensatz zu Jackson, der für unseren Berufsstand ein wahres Leitbild war. In dieser Gemütsverfassung schickte ich am 6. Februar ein Memorandum an Jackson und Fahy:

---

* Was diesen dritten Punkt betraf, so irrte sich Jackson völlig. Artikel 7 des Londoner Abkommens sah vor, daß es »für die Dauer eines Jahres [also bis zum 8. August 1946] in Kraft bleiben« und danach »weiterhin wirksam bleiben« solle, »vorbehaltlich des Rechtes jedes Signatars, es ... zu kündigen«, und zwar mit einer entsprechenden Kündigungsfrist und so weiter. Der damals laufende Prozeß wurde erst am 1. Oktober 1946 abgeschlossen.

Ich glaube, Sie beide sollten ernsthaft daran denken, jemand anders zu finden, der über mehr Fähigkeit, Rang und Namen verfügt, um mit dieser Angelegenheit fertig zu werden und das Ganze zu übernehmen, wenn Richter Jackson an das Oberste Bundesgericht zurückkehrt. Es spielt keine Rolle, wer diese Arbeit macht, aber es ist überaus wichtig, daß sie von jemandem gemacht wird, der eine effektive Leistung bringen kann. Wenn Sie beide – ungeachtet des soeben Gesagten oder mangels eines geeigneteren Kandidaten – der Meinung sind, ich sollte diese Aufgabe übernehmen, werde ich das gern tun, sofern ich meine Privatangelegenheiten regeln kann.
Wenn es beschlossene Sache ist, daß ich die Aufgabe übernehmen sollte, meine ich, daß ich den Rang erhalten sollte, den diese Position erfordert. Das sollte nicht in meinem Interesse geschehen, sondern im Interesse einer erfolgreichen Durchführung dieser Aufgabe und damit die Vereinigten Staaten in internationalen Verhandlungen über Kriegsverbrechen wirkungsvoller vertreten sind. Ich glaube ferner, daß dies möglichst bald erfolgen sollte, und zwar um die Gewinnung von Personal zu ermöglichen und weil einige der wichtigsten Aufgaben, insbesondere auf internationaler Ebene, in nicht allzu ferner Zukunft erledigt werden sollten ... Die Briten sind bereits dabei, Fortschritte zu machen und sich auf einen neuen Prozeß vorzubereiten, und wir sollten nicht – aufgrund fehlenden Personals – außerstande sein, alles zu tun, was den Interessen der Vereinigten Staaten am besten dient.

Am nächsten Tag verließ ich Nürnberg und begab mich nach Washington – mit einem Brief von Jackson an Kriegsminister Robert Patterson in meinem Gepäck.

9

Ich kam Mitte Februar in Washington an und erfuhr zu meiner Freude, daß die Anwerbung von Anwälten für meinen Stab bereits im Gange war. Einer meiner gütigen Helfer war Tom Harris, ein alter Freund, mit dem ich in der Zeit des New Deal in der Federal Communications Commission gearbeitet hatte. Seit Kriegsende hatte Tom in Berlin dem OMGUS-Stab angehört, und im Januar hatte er mich in Nürnberg besucht, wo wir uns über seine mögliche Teilnahme an den späteren Prozessen unterhielten. Er entschied sich jedoch für eine Rückkehr in den zivilen Anwaltsberuf, war aber großzügigerweise bereit, mir die Arbeit des Anwerbens ein wenig abzunehmen, und als ich nach Hause kam, hatte er bereits mehrere vielversprechende Leute zusammenbekommen. Auch Charles Horsky hatte mitgeholfen.

Ich übergab Jacksons Brief an Minister Robert Patterson, der mich an einige seiner Juristenfreunde in New York weiterempfahl. Er ersuchte mich auch, politische Probleme mit dem Stellvertretenden Minister Petersen zu besprechen sowie die Verwaltungsangelegenheiten mit der dafür zuständigen Abteilung des Kriegsministeriums, die Generalmajor John K. Hilldring unterstand.

Wie sich herausstellte, hatte ich mit Howard Petersen sehr viel zu tun, mit General Hilldring dagegen nur sehr wenig: Letzterer hatte die Zuständigkeit seiner Abteilung für die Behandlung von Kriegsverbrechen nämlich an seinen Untergebenen, Oberst David Marcus, delegiert – den jeder unter seinem Spitznamen Mickey Marcus kannte und der sich zwei Jahre später die Unsterblichkeit in den Annalen von Israel erwarb, als er bei den Kämpfen in Jerusalem während des Unabhängigkeitskrieges von 1948 fiel.*

Ich hatte großes Glück. Mickey unterstützte die Kriegsverbrechensprozesse von ganzem Herzen, er war intelligent, voller Energie und ein geschickter »Vermittler«, der viele Kontakte und Freunde in juristischen und militärischen Kreisen wie in der New Yorker Politik hatte. Bei der Anwerbung und bei der Sicherstellung einer logistischen Basis für unser Unternehmen spielte Mickey die führende Rolle.

Kurz nach meiner Ankunft hatte ich ein Telegramm von Fahy bekommen, aus dem hervorging, daß er und Jackson mein Memorandum sorgfältig erörtert hatten – er sei »überzeugt, daß Sie der richtige Mann sind, um diese Arbeit durchzuführen«, und er fügte hinzu, daß er Patterson schreiben und sich für meine erwünschte Beförderung verwenden werde. Petersen versicherte mir, daß der Minister sich dafür einsetzen werde und daß ich gewiß damit rechnen könne, wenn die nächste Liste mit Beförderungen dem Senat unterbreitet werde. Diese Erklärungen waren durchaus beruhigend, aber natürlich war damit nicht die größte Ungewißheit aus der Welt, nämlich die Frage, ob sich ein Stab zusammenstellen ließ, der groß und kompetent genug war, um mindestens ein halbes Dutzend Klagen, ja womöglich noch erheblich mehr, zu bewältigen.

Gleichwohl erhielt ich am 2. März, nachdem ich kaum zwei Wochen in den USA gewesen war, ein Telegramm von Jackson, der mir erklärte, er, Fahy und General Betts seien sich darin einig, daß die Ankündigung meiner Berufung nicht länger hinausgeschoben werden könne. Sosehr ich darüber bekümmert war, mich drei Herren widersetzen zu müssen, die wesentlich ranghöher als ich waren und vor denen ich großen Respekt hatte, so konnte ich mir doch nichts Schlimmeres vorstellen, als eine Regierungspolitik zu verkünden, die man schon bald wieder würde aufgeben müssen, weil es an bereitwilligen Mitstreitern fehlte.

---

* Mickey Marcus, 1900 in Brooklyn geboren, absolvierte 1924 die Kadettenanstalt West Point, diente drei Jahre als Leutnant, verließ die Army und schloß 1928 ein Studium an der Brooklyn Law School ab. Nach einigen Dienstjahren im Justizministerium und im Stab des US-Bundesanwalts in New York trat er in die Strafvollzugsbehörde von New York ein, zu deren Direktor er 1936 von Bürgermeister Fiorello LaGuardia berufen wurde, dem Mickey körperlich wie von seiner Persönlichkeit verblüffend ähnelte. Nach Pearl Harbor trat er wieder in die Army ein und war zunächst als Militäranwalt und später als Rechtsberater bei mehreren bedeutenden internationalen Konferenzen, unter anderem in Potsdam, tätig. Nach seiner Dienstzeit in der Verwaltungsabteilung des Kriegsministeriums quittierte er den Dienst in der Army und nahm an den Kämpfen um die Unabhängigkeit Israels teil. Er fand seine letzte Ruhestätte auf dem Ehrenfriedhof von West Point.

Folglich reagierte ich nicht auf das Telegramm, mit dem Ergebnis, daß Jackson zwei Wochen später ein ärgerlich formuliertes Telegramm an Petersen schickte, in dem er mir vorwarf, Bedingungen mit meiner Zusage zu verknüpfen, die er für bedingungslos gehalten habe. Tatsächlich aber hatte ich mich in meinem Memorandum vom 30. Januar klar und deutlich gegen jede öffentliche Erwähnung des Projekts ausgesprochen, bis wir das Personalproblem wirklich im Griff hatten, und mein Memorandum vom 6. Februar hatte meine Zusage davon abhängig gemacht, daß es mir gelingen würde, meine Privatangelegenheiten zu regeln«, was, wie Jackson sehr wohl wußte, nichts anderes bedeutete, als daß meine Frau zu mir nach Deutschland kommen durfte.

Jackson war besonders beunruhigt darüber, daß ich auf Marys Begleitung bestand. Er erklärte nachdrücklich, er habe »stets den Standpunkt vertreten, daß [seine] Organisation nur vorübergehend besteht ..., so daß es nicht gerechtfertigt ist, wenn diejenigen, die hier für diese Prozesse in irgendeiner Funktion tätig sind, den Wunsch äußern, ihre Frauen mitzubringen«. Aber ich sollte schließlich eine ganze Serie von späteren Prozessen leiten, die mit Sicherheit mindestens ein Jahr und vermutlich länger dauern würden, und zwar nach Abschluß des Prozesses vor dem Internationalen Militärgerichtshof.

Viel wichtiger als meine persönliche Situation war die Tatsache, daß wir sehr schnell dahinterkamen, daß einige von den Anwälten, die wir anwerben wollten, nur zusagen würden, wenn auch ihre Frauen mitkommen dürften. Damit waren das Weiterbestehen von Jacksons Vorschrift und ihre Anwendung auf die späteren Prozesse direkte Hindernisse bei unseren Anwerbungsbemühungen, von deren Erfolg das ganze Unternehmen abhing.

Offensichtlich begriffen Jackson und Fahy diese Faktoren nicht, wohl aber glücklicherweise Petersen und Marcus – jedenfalls haben mich die Washingtoner Beamten zu keiner Zeit unter Druck gesetzt, mich zu verpflichten. Erst am 29. März hat Jackson meine Berufung zum Stellvertretenden Hauptanwalt und eine Anweisung zur Errichtung der »Abteilung für anschließende Verfahren« innerhalb des Office of Chief of Counsel (OCC, der Behörde des Hauptanwalts) in einer Presseerklärung öffentlich angekündigt.

Zu dieser Zeit war das »Frauenproblem« durch General McNarneys Entscheidung bereits gelöst worden, nach der es in Deutschland stationierten amerikanischen Militär- wie Zivilpersonen gestattet war, sich von ihren Ehefrauen begleiten zu lassen. Der erste »Transport« von »Angehörigen« der Army sollte am 16. April auslaufen, und Mary hatte eine Koje bekommen.

Im Laufe des März hatte die Anwerbung von Mitarbeitern für den Anklagestab gute Fortschritte gemacht. Mickey Marcus hatte die OMGUS angewiesen, sich auf den Transport von fünfundvierzig Anwälten und jeweils zwanzig bis dreißig Verwaltungsbeamten, Gerichtsreportern, Übersetzern, Stenographen und Stenotypistinnen einzustellen.

Major Walter Rapp, der bei der Klage gegen den Generalstab sehr hilfreich gewesen war, kehrte in die USA zurück, um aus der Army auszuscheiden. Prompt akzeptierte er meinen Vorschlag, den Vernehmungsstab für die anschließenden Prozesse in einer zivilen Funktion zu leiten.

Die Army bestellte zu meinem Leitenden Offizier Oberst Clarence Tomlinson, der während des Krieges als Regimentskommandeur in Fernost wie in Italien gedient hatte. Charles T. Malcolmson, der Pressechef im Justizministerium gewesen und bei den Presseleuten hoch angesehen war, erklärte sich bereit, unser Public-Relations-Chef zu werden. Eine Anfrage bei meinem Freund Alfred McCormack in der Firma Cravath führte dazu, daß man mir ihren jungen Sozius Jack Robbins als juristischen Assistenten leihweise überließ.

Die Einrichtungen der amerikanischen Besatzungsmacht waren noch nicht auf die Bedürfnisse kleiner Kinder eingestellt, so daß Mary und ich unsere beiden Töchter in die Obhut der Großeltern und zeitweise auch einer Institution geben mußten, die sich auf die vorübergehende Versorgung von Kindern spezialisiert hatte. Damals glaubten wir, daß unser Aufenthalt in Deutschland nicht viel länger als ein Jahr dauern würde, aber mit dieser Schätzung lagen wir ziemlich daneben, und 1947 waren wir in der Lage, die Mädchen nach Nürnberg zu holen.

Am 17. April fuhr ich Mary nach Fort Hamilton, wo sie für die Überfahrt nach Bremerhaven an Bord des Army-Transportschiffes *T. H. Barry* ging. Praktisch alle Passagiere waren Frauen von Berufsoffizieren, und die beiden ranghöchsten Damen waren Mrs. Mark Clark und Mrs. Lucius Clay. Sie wurden natürlich von den anderen Frauen sehr hofiert, und Mary amüsierte sich über die Klatschgeschichten, in denen man das Prestige des Viersternegenerals Clark, der das kleine Österreich befehligte, mit dem des Dreisternegenerals Clay verglich, der offenbar für das große Kommando in Deutschland auserkoren war.

Ich blieb noch eine Woche in Washington, ehe ich in Begleitung von Tomlinson und Malcolmson über Paris nach Nürnberg flog. Mein letzter Tag im Pentagon war besonders angenehm für mich. Am Vormittag war ich ersucht worden, ins Büro von General Hoyt Vandenberg (damals Chef des militärischen Geheimdienstes) zu kommen, wo ich Howard Petersen, Oberst Carter Clarke (meinen Kommandeur während des Kriegs) und eine Reihe anderer Offiziere antraf. Ich wurde für meine Dienste im Krieg mit der Distinguished Service Medal ausgezeichnet. Und am Nachmittag dieses Tages tauchte Walter Rapp in meinem Büro mit einem Paar Silbersternen auf und setzte mich davon in Kenntnis, daß der Senat meine Ernennung zum Brigadegeneral bestätigt hatte.

Am 26. April traf ich in Nürnberg ein und erfuhr, daß die *T. H. Barry* gerade in Bremerhaven eingelaufen sei und daß Mary am nächsten Tag nach Nürnberg kommen werde. Wir stiegen vorübergehend im Grand Hotel ab, bekamen aber nach kurzer Zeit ein angenehmes kleines Haus in Erlenstegen.

Und damit begann die zweite und viel längere Phase meines Nürnberger Unternehmens.

Zwölftes Kapitel

Die französischen und sowjetischen Teile der Anklage

Am 17. Januar 1946 hatte François de Menthon, Hauptankläger für die Republik Frankreich, die französische Klage vor einem neugierigen Publikum eröffnet. Der französische Chef hatte viel Zeit in Paris verbracht und war den Prozeßteilnehmern daher kaum bekannt. Die Franzosen waren generell unterbesetzt und ziemlich zurückhaltend, und das Publikum wußte nicht, was von ihnen zu erwarten war – einige hielten es sogar für wahrscheinlich, daß de Menthon gar nichts Neues zu sagen hatte.

Doch der französische Chefankläger war der Sache durchaus gewachsen. Weder Großbritannien noch Amerika hatte unmittelbar unter dem Nazi-Joch gelitten; Shawcross und Jackson hatten im Namen der Welt gesprochen. De Menthon, der sich der Resistance angeschlossen und der Brutalität und Terror der deutschen Besatzung erlebt hatte, sprach nun für jene »Völker, die gestern noch physisch und seelisch geknechtet und gequält waren«. Er beschwor den Ruf der europäischen Exilregierungen nach »Gerechtigkeit«, wie er zuerst in der Erklärung von St. James im Januar 1942 artikuliert worden war. Er forderte den Gerichtshof auf, »den ungeheuerlichsten Versuch der Tyrannei und Barbarei aller Zeiten zu richten und zu verurteilen«.

De Menthons Eröffnungsworte waren gefühlsbetont, aber nicht rührselig; von der Lippe lobte die »romanische Beredsamkeit« und die »kontinentaleuropäische Denkart« und merkte an: »Alle loben die Schönheit der französischen Sprache.« Es folgte ein leidenschaftlicher Hymnus auf »Frankreich, das in dreißig Jahren zweimal mit Kriegen überzogen wurde, die der deutsche Imperialismus entfesselt hatte« – ein Land, das, »von der Überlegenheit an Zahl, an Material und Vorbereitungen vorübergehend überwältigt ..., doch niemals den Kampf um die Freiheit aufgegeben« habe und das »diesem Kampf nicht einen Tag ferngeblieben« sei. De Menthon war ein Erz-Gaullist, und glühender Patriotismus sprach aus all seinen Formulierungen, als er Frankreich besang, von dem er ein Teil sei. Allerdings fürchte ich, daß es ihm damit nicht gelang, aus dem Gedächtnis seiner Zuhörer das andere Frankreich zu vertreiben – das Frankreich von Vichy, Pétain und Laval.

Dann sprach de Menthon kurz von den Anschuldigungen, die in der Londoner Charta aufgeführt waren, und erklärte: »Deshalb glaubt Frankreich, den Antrag stellen zu müssen, dieser Gerichtshof möge den Angriffskrieg als solchen« (trotz Frankreichs früherem Widerstand gegen diese Anschuldigung während der Abfassung der Charta) »und die Vergehen gegen die Moral und das Recht aller zivilisierten Völker, die Deutschland bei Führung des Krieges begangen hat, rechtlich als Verbrechen bezeichnen ...« Die beiden Begriffe »Verbrechen gegen den Frieden« und »Kriegsverbrechen« bezeichnete er als »juristisch genauer« als »Verbrechen gegen die Menschlichkeit« – eine Kategorie, welche die französischen Anwälte nie als geltendes Völkerrecht akzeptiert hatten und die für den französischen Hauptankläger nun »nichts anderes« bedeutete als »Verbrechen, die vom Strafgesetz aller zivilisierten Staaten als solche angesehen und bestraft werden«.

Aber diese juristischen Spitzfindigkeiten spielten bald keine Rolle mehr, als de Menthon sich dem Kern seiner Ausführungen näherte. Jackson und Shawcross, bemerkte er, hätten die besonderen Verbrechen beschrieben, die von den Nazis begangen worden seien. Aber wie und warum habe es dazu kommen können? De Menthons Antwort auf diese Frage enthielt die erstaunlichsten und denkwürdigsten Passagen seiner ganzen Erklärung:

> Heute möchte ich Ihnen zeigen, daß dieses gesamte organisierte und massive Verbrechertum einem, wie ich es nennen will, Verbrechen wider den Geist entsprungen ist, ich möchte sagen, einer Lehre, die alle geistigen, vernunftmäßigen und moralischen Werte verneint, auf denen die Völker seit Jahrtausenden den Fortschritt der Zivilisation aufzubauen versuchten. Dieses Verbrechertum machte es sich zur Aufgabe, die Menschheit in die Barbarei zurückzuwerfen, nicht in das natürliche und ursprüngliche Barbarentum der primitiven Völker, sondern in das dämonische Barbarentum, das sich seiner selbst wohl bewußt ist und für seine Zwecke alle materiellen Mittel verwendet, die die zeitgenössische Wissenschaft in den Dienst der Menschheit stellt. Diese Sünde wider den Geist ist der ursprüngliche Fehler des Nationalsozialismus, aus dem alle Verbrechen entspringen.
>
> Diese ungeheuerliche Lehre ist die der Rassentheorie. Die deutsche Rasse, im Prinzip aus Ariern zusammengesetzt, sei eine natürliche und ursprüngliche Gegebenheit ... Die Rasse ist der Ursprung des deutschen Volkes; aus ihr heraus lebt das Volk und entwickelt sich als organischer Körper. Jeder Deutsche muß sich als ein gesundes und kräftiges Glied dieses Körpers betrachten, das im Schoße der Gesamtheit eine bestimmte technische Funktion zu erfüllen hat. Seine Betätigung und seine Brauchbarkeit sind Maß und Rechtfertigung für seine Freiheit. Es handelt sich darum, diesen nationalen Körper »in Form zu bringen« und für den ständigen Kampf vorzubereiten ...

Der Ausdruck »Blut«, der so oft in den Schriften der Nazi-Ideologen erscheint, bezeichnet diesen Strom des wahren Lebens, diesen roten Saft, der durch das Zirkulationssystem aller Rassen und jeder wirklichen Kultur, genau wie durch den menschlichen Körper, fließt ...
Der Nationalsozialismus hat das Bestreben, die Person des Bürgers im Staate aufgehen zu lassen und jeden eigenen Wert der menschlichen Person zu verneinen.
Wie man sieht, sind wir damit auf die ältesten Begriffe barbarischer Völkerstämme zurückgekommen. Alle Werte, die die Zivilisation im Laufe von Jahrhunderten angesammelt hat, sind verworfen worden, alle Begriffe von überlieferter Moral, Gerechtigkeit und Recht verschwanden vor dem Primat der Rasse, ihrer Instinkte, Forderungen und Interessen. Die menschliche Person, ihre Freiheit, ihre Rechte und ihr Streben besitzen keine eigene Daseinsberechtigung mehr.

De Menthon stellte die rhetorische Frage, wie es zu dieser »Sünde wider den Geist« in einem Deutschland habe kommen können, »das im Laufe der Jahrhunderte vom klassischen Altertum und vom Christentum und von den Gedanken der Freiheit, der Gleichheit und der sozialen Gerechtigkeit befruchtet wurde [und das] an der gemeinsamen Erbschaft des abendländischen Humanismus teil hatte«. Seine Antwort fiel kaum originell aus: Er erwähnte Nietzsche, Fichte und Hegel als »Ahnen« Hitlers und verfolgte den Kurs des Führers in den Krieg. Es war anschaulicher Geschichtsunterricht, aber damit kam er der Beantwortung dieser Frage keinen Schritt näher als die vielen anderen, die dies schon vor ihm versucht hatten.

Im Laufe seiner Ausführungen zitierte de Menthon Artikel I des Briand-Kellogg-Paktes. Dann erkärte er: »Der Angriffskrieg hat demnach seit 1928 aufgehört, erlaubt zu sein.« Er begründete diese Behauptung damit, daß die Unterzeichnerstaaten des Paktes sich gegenseitig verpflichtet hätten, nicht auf das Mittel des Krieges zurückzugreifen; daß eine Verletzung des Paktes eine Verletzung des Völkerrechts sei und daß demzufolge die Aggressoren Verbrechen nach dem Völkerrecht begingen, wenn sie in andere Unterzeichnerstaaten einfielen und einen Krieg gegen sie entfesselten.* Außerdem habe die Londoner Charta auf dieser Grundlage kein neues Recht geschaffen, da die in der Charta aufgeführten »Verbrechen gegen den Frieden« bereits als solche durch Übereinkunft zwischen den Unterzeichnerstaaten des Pariser Abkommens erklärt worden seien. Das hatte kaum noch etwas zu tun mit Richter Falcos Ablehnung des Begriffs »Verbrechen gegen den Frieden« bei der Londoner Konferenz sieben Monate zuvor. Die französische Anklagevertretung hatte zumindest viel Boden gutgemacht.

Aber dann verwendete de Menthon seine neue Friedensthese doch nicht

* De Menthons juristische Analyse deckte sich weitgehend mit der Theorie, die Oberst William Chanler entwickelt und im Herbst 1944 Minister Stimson dargelegt hatte.

bei der Beweisführung. Er warf den Angeklagten hauptsächlich und in erster Linie Kriegsverbrechen vor und wandte sich nun den Beweisen für die Begehung derartiger Verbrechen in den besetzten westeuropäischen Ländern zu. Er teilte sie in vier Hauptkategorien ein: »die Zwangsarbeit, die wirtschaftliche Ausplünderung und die Verbrechen gegen Personen und gegen die menschlichen Lebensgrundlagen«.

Sauckel, der »in Verbindung« mit Göring und Speer handelte, trug laut Anklage die schwerste Last der Schuld für das Zwangsarbeitsprogramm, das in Westeuropa die Länder Frankreich, Norwegen und die Niederlande umfaßte. Unter »wirtschaftlicher Plünderung« verstand de Menthon »sowohl die Wegnahme von Gütern aller Art wie die Ausbeutung der nationalen Reichtümer an Ort und Stelle zugunsten des deutschen Krieges.«

Im Zusammenhang mit den »Verbrechen gegen physische Personen« behandelte de Menthon »die Exekutionen von Geiseln, die Verbrechen der Polizei, die Deportationen, die Verbrechen gegen Kriegsgefangene sowie die Terroraktionen gegen die Widerstandsbewegung und die Massaker an der Zivilbevölkerung«. Der Franzose erklärte, jede Tötung von Geiseln sei von den Haager Konventionen verurteilt worden – ein Rechtsstandpunkt von ziemlich zweifelhaftem Wert.* Doch über jeden Zweifel hinaus waren die Geiseltötungen aufgrund ihrer Größenordnung und der Art und Weise, wie sie von der deutschen Wehrmacht begangen wurden, so ungesetzlich wie fürchterlich.

Wenn man die vielen Passagen über Nazi-Kriegsverbrechen in de Menthons Erklärung mehr als vierzig Jahre später nochmals liest, dann stört es einen doch sehr, daß er sich mit keinem Wort auf die Juden und den Holocaust bezieht. Das liegt zum Teil an der Aufteilung der Beweisführung zwischen der französischen Delegation (für die Verbrechen im Westen) und der sowjetischen Delegation (für den Osten). Gewiß, der Holocaust erreichte seinen Höhepunkt in Polen und im Einflußbereich der Sowjetunion. Gleichwohl wird auch die *Deportation* der westeuropäischen Juden nicht erwähnt in de Menthons Bericht über »Deportationen« – er befaßt sich nur mit »der Deportation und der Internierung in den Konzentrationslagern in Deutschland«. Auschwitz wird zwar erwähnt, aber nur mit dem knappen Hinweis, daß viele der Insassen »sterilisiert« und »die schönsten Frauen abgesondert, künstlich befruchtet und sodann vergast« wurden.

Ähnlich verhielt es sich bei de Menthons letzter Kriegsverbrechenskate-

* De Menthon bezog sich auf Artikel 50 der Haager Konvention, der eine generelle Bestrafung der Bevölkerung eines besetzten Gebietes untersagte. Damit ist eindeutig nicht die *Selektion* einer Reihe von Einzelpersonen gemeint, die als Unterpfand gegen Angriffe oder andere Straftaten gegenüber den Besatzungstruppen genommen werden. In früheren Kriegen war die Tötung von Geiseln eine Vergeltungsmaßnahme für derartige Angriffe gewesen, und in einem der nachfolgenden Nürnberger Prozesse erklärte das Gericht, daß die Tötung von Geiseln nicht an sich schon ein Verbrechen darstelle, auch wenn es dafür verschiedene Einschränkungen gebe (*Vereinigte Staaten gegen List*, XI TWC 766, bes. 1248-1257). Erst 1949 wurde die Genfer Konvention ergänzt durch eine Bestimmung, die eine Geiselnahme für ungesetzlich erklärte.

gorie, den »Verbrechen gegen die Menschenwürde (Crime contre la condition humaine)«. Damit, erklärte er, sei eine rassistische Germanisierung der besetzten Territorien gemeint: »Die Rassenlehre teilt die Völker der besetzten Länder in zwei große Kategorien; die Germanisierung bedeutet für die eine Kategorie die nationalsozialistische Assimilierung, für die andere den Untergang oder die Versklavung.« De Menthon schilderte kurz die Germanisierung, die die Deutschen im Krieg nach der Annexion von Luxemburg, Eupen und Malmedy, Elsaß und Lothringen in diesen Ländern betrieben. Aber obgleich er sowohl zu Beginn seiner Rede wie hier, kurz vor ihrem Ende, die Bedeutung der »Rassenlehre« als Urgrund aller Nazigreuel betonte, äußerte er sich nur lapidar über die Juden: »Bekanntlich hat die rassische Diskriminierung gegen die als Juden registrierten Bürger der besetzten Länder besonders gehässige Maßnahmen getroffen, die den persönlichen Status und die Menschenwürde der Juden verletzten.«

Das ist tatsächlich der einzige explizite Hinweis auf die Juden in de Menthons gesamter Klageerhebung. Als ich ihn anhörte, fiel mir diese Tatsache nicht auf. Und ich habe weder irgendwelche Diskussionen darüber mitbekommen, noch habe ich irgendeinen Hinweis in den Schriften derer entdecken können, die sich mit den Nürnberger Prozessen befaßt haben.

Gegen Ende seiner Erklärung kam de Menthon auf die einzelnen Angeklagten zu sprechen, mit besonderem Nachdruck auf Göring, Frick, Keitel* und Seyß-Inquart, deren Verbrechen sich besonders schwer auf Westeuropa ausgewirkt hätten. Er ging kurz auf die Naziorganisationen ein, und zwar in einer Form, die dem abgereisten Bernays sehr gefallen hätte:

> Vielleicht aber wird es Ihnen scheinen, daß gewisse Einwendungen erhoben werden können gegen die Bestrafung von Hunderttausenden von Menschen, die der SS, dem SD, der Gestapo und SA angehört haben.
> Ich will mich bemühen, sollte dies der Fall sein, diesen Einwand zu entkräften, indem ich Ihnen die furchtbare Verantwortung dieser Männer vor Augen führe.
> Ohne das Dasein dieser Organisationen und ohne den Geist, von dem sie erfüllt waren, könnte man es nicht verstehen, daß so viele Greueltaten verübt werden konnten. Die systematischen Kriegsverbrechen hätten ohne diese Organisationen, ohne die Männer, aus denen sie sich zusammensetzten, nicht begangen werden können. Sie sind es, die auf Rechnung Deutschlands alle diese Verbrechen nicht nur begangen, sondern auch gewollt haben.

Das Resümee, das de Menthon am Ende seiner Rede zog, enthielt meines Erachtens die einfühlsamsten und bewegendsten Passagen seiner Ausführungen:

---

* Fälschlicherweise behauptete de Menthon, Keitel habe »die Besatzungsarmeen unter seinem Befehl« gehabt. Tatsächlich befehligte Keitel nur seinen eigenen kleinen Stab im OKW und war nichts weiter als ein Sprachrohr für die Befehle des Führers als Oberbefehlshaber der Wehrmacht.

»Wer kann sagen: Ich habe ein reines Gewissen und bin ohne Fehler. Mit zweierlei Gewicht und zweierlei Maß zu messen ist beides dem Herrn ein Greuel.« Diese Worte der Heiligen Schrift, Buch der Sprüche, XX 9-10, wurden schon hier oder dort zitiert; morgen werden sie als Propagandamittel gebraucht werden. Vor allem aber sind sie tief in unsere Seelen geschrieben. Als wir im Namen unserer Märtyrervölker als Ankläger gegen Nazi-Deutschland aufstanden, haben wir keinen Augenblick lang diese Worte als ungewöhnliche Mahnung zurückgewiesen ...
Wenn dieses Verbrechertum ein zufälliges gewesen wäre, wenn Deutschland in den Krieg getrieben worden wäre, wenn Verbrechen nur in der Hitze des Gefechts begangen worden wären, dann könnten wir uns die Worte der Heiligen Schrift vorlegen. Aber der Krieg war von langer Hand vorbereitet und geplant, und bis zum letzten Tage wäre es ein leichtes gewesen, ihn zu vermeiden, ohne auch nur im geringsten etwas von den berechtigten Interessen des deutschen Volkes zu opfern. Und die Greueltaten sind im Laufe des Krieges nicht unter dem Einfluß einer wilden Leidenschaft oder eines kriegerischen Zornes oder aus einem Gefühl der Rache begangen worden, sondern aus kalter Berechnung, in bewußter Anwendung von Methoden und einer schon früher vorhandenen Lehre.

Zum Schluß wandte er sich dann an das Gericht:

Ihr Richterspruch muß als entscheidender Schritt in die Geschichte des Völkerrechts eingehen, um die Gründung einer wirklichen internationalen Gesellschaft vorzubereiten, die das Mittel des Krieges ausschließt und in einer bleibenden Form die Macht in den Dienst der Gerechtigkeit der Nationen stellt; er wird einer der Grundpfeiler jener Friedensordnung sein, der die Völker nach dem furchtbaren Sturm zustreben.
Das Gerechtigkeitsbedürfnis der Märtyrervölker wird befriedigt werden, denn ihre Leiden für den Fortschritt der menschlichen Würde werden nicht umsonst gewesen sein.

De Menthons Ansprache enthüllte mehr innere Beteiligung als die Reden seiner Vorgänger. Jacksons Rede war zwar überzeugend und bewegend, aber doch auch sehr abgehoben gewesen. De Menthon stand mit seiner ganzen Person ein – für Frankreichs Martyrium hatte auch er sein Blut und seine Tränen vergossen.

Seine Rede kam gut an; Jackson, der nicht viel von ihm gehalten hatte, bezeichnete seinen Auftritt als »sehr gut«. Hans Frank salbaderte gegenüber Dr. Gilbert: »Ah, so was ist anregend! Das ist mehr europäische Mentalität! Es wird ein Vergnügen sein, mit diesem Mann zu diskutieren! Aber wissen Sie, es ist ein ironischer Witz – doch es war ein Franzose, de Gobineau, der die Rassenideologie erfand!«*

---

* Joseph Arthur, Comte de Gobineau (1816-1882) war ein französischer Schriftsteller und Diplomat, der in seinem *Essai sur l'inégalité des races humaines* (1853-55) die These vertrat, daß die menschlichen Rassen von Natur aus in ihren Fähigkeiten und nach ihrem kulturellen Wert verschieden seien und daß nur die weißen Rassen echte Kulturen geschaffen hätten.

2

De Menthon trat unverzüglich als Hauptankläger zurück und ging wieder nach Paris in die Politik. Sein Nachfolger Auguste Champetier de Ribes war eines der wenigen Mitglieder im französischen Kabinett gewesen, die sich 1938 Hitlers Forderungen widersetzt hatten – jenen Forderungen, die dann zur Münchner Krise und zur Zerschlagung der Tschechoslowakei geführt hatten; in der Zeit des Widerstands hatte er sich den mit der Resistance verbundenen Partisanengruppen angeschlossen. Leider stand es mit seiner Gesundheit nicht zum besten, und so nahm er nur selten am Verfahren teil. Monsieur Champetier de Ribes war sehr zurückhaltend. Er wurde nicht in öffentlicher Verhandlung offiziell eingeführt, und das Protokoll enthält keine Ankündigung darüber, daß er de Menthon ersetzte. Seine Berufung wurde zwar innerhalb von sechsunddreißig Stunden nach dem Ende von de Menthons Rede bekannt, aber Champetier de Ribes trat erst am 28. Februar ans Rednerpult und gab eine kurze Erklärung zur Unterstützung der Beschuldigungen seitens der Anklagebehörde gegenüber den Naziorganisationen ab.

Die Präsentation des Beweismaterials durch die Franzosen begann mit Edgar Faure, der wie Dubost den Titel eines Stellvertretenden Hauptanklägers trug.* Faure kündigte an, der erste und der zweite Teil der französischen Anklage würden sich auf die »Arbeitspflicht« und auf die »Ausplünderung der Wirtschaft« beziehen, und das Beweismaterial werde für die Länder Dänemark, Norwegen, Holland, Belgien und Luxemburg ebenso wie für Frankreich vorgelegt werden. Da viele Dinge gleichermaßen in allen diesen Ländern geschahen (außer in Dänemark, das vor 1943 weniger heimgesucht wurde), gab es bei dieser Präsentation unvermeidliche Wiederholungen, aber der Nationalstolz und die Politik verlangten dies nun einmal.

Faure sprach nur kurz und überließ dann die Vorlage des Beweismaterials über die »Arbeitspflicht« dem Hilfsankläger Jacques Herzog, über die »Plünderungen des privaten und öffentlichen Eigentums« dem Hilfsankläger Charles Gerthoffer. In beiden Fällen waren die rechtlichen Grundlagen für die erhobenen Beschuldigungen jene Abschnitte der Haager Konventionen, welche die Verpflichtungen der Besatzungstruppen gegenüber den Bewohnern des besetzten Territoriums regelten, und die Vorschriften des französisch-deutschen Waffenstillstandsabkommens von 1940. Die siegreichen deutschen Streitkräfte gaben zwar zunächst das beruhigende Versprechen ab, sich an diese Verpflichtungen zu halten, gingen aber bald zu Praktiken über, die sich zunehmend als hart, habgierig und gewalttätig erwiesen.

---

* Allerdings war Dubost offenbar der ranghöhere Stellvertreter, oder zumindest glaubte er dies zu sein, als er zum Gericht »in meiner Eigenschaft als Vertreter der französischen Anklagebehörde« sprach.

Gewiß mangelte es nicht an Beweisen, daß die Folgen dieser Politik verheerend waren. Allein die Zahlen waren niederschmetternd. Herzog wies nach, daß über 150000 Belgier, 430000 Holländer und 2,6 Millionen Franzosen gezwungen worden waren, »für die Kriegsanstrengungen des nationalsozialistischen Deutschlands zu arbeiten«. Über 875000 französische Arbeiter waren nach Deutschland deportiert und fast eine Million Kriegsgefangene zur Unterstützung militärischer Zwecke herangezogen worden – all dies eine flagrante Verletzung von Gesetzen, an die sich Deutschland viele Jahre lang gehalten hatte.

Gerthoffer stellte in seiner Beweisführung über die »Ausplünderung der Wirtschaft« dar, wie Fabriken, Maschinen und andere Produktionsgüter beschlagnahmt und nach Deutschland geschafft wurden; aber noch schädlicher wirkte sich die Beschlagnahme von Lebensmitteln aus. Nach Artikel 52 der Haager Konventionen war das Requirieren durch eine Besatzungstruppe auf die notwendigen Bedürfnisse der Besatzungsarmee beschränkt. Aber die Deutschen überschritten mit ihren Beschlagnahmungen, auf den schwarzen wie auf den öffentlichen Märkten, die zulässigen Limits so weit, daß die Gesundheit der Bewohner ernsthaft beeinträchtigt war. Die Beschlagnahme von Lebensmitteln sowie von Holz und anderen Brennstoffen umfaßte beträchtliche Teile der gesamten französischen Produktion – in einigen Fällen wurden 50 Prozent Holzbrennmaterial, 29 Prozent Kohle, 80 Prozent Benzin und andere Treibstoffe, 75 Prozent Hafer und 60 Prozent Eier aufgekauft oder beschlagnahmt. Die Folge war, daß im Laufe des Krieges die französischen Lebensmittelrationen auf 1800 bis 1300 oder weniger Kalorien pro Tag zurückgingen – ein Niveau, das sogar nach Ansicht der deutschen Regierung »eine Aushungerung bedeutet, die langsam zum Tode führt«. In seinen Schlußausführungen legte Gerthoffer dem Gericht dar:

> Unheilbare Krankheiten, wie Tuberkulose, entwickelten sich und werden noch für viele Jahre ihre Verwüstungen anrichten. Die Entwicklung von Kindern und Jugendlichen ist ernstlich bedroht. Die Aussichten für die Zukunft der Rasse sind äußerst beunruhigend. Die Ergebnisse der wirtschaftlichen Plünderung werden noch für eine unbestimmte Zeit empfunden werden … Erinnern Sie sich, meine Herren, der Worte des Angeklagten Göring, als er ausrief: »Wenn gehungert wird, dann nicht in Deutschland.«

Das waren Wunden, die der Sieg nicht heilen konnte.

Am 24. Januar trat Dubost ans Rednerpult, um den zweiten Hauptabschnitt der französischen Klage vorzutragen. Er definierte es als seine Aufgabe (die fünf ganze Sitzungstage des Gerichtshofs beanspruchen sollte), nachzuweisen, daß die Angeklagten »systematisch eine Politik der Ausrottung betrieben«, die keineswegs in erster Linie durch Kriegsziele motiviert war, sondern aufgrund »einer Politik der Beherrschung, der Expansion, die über den eigentlichen Krieg hinausgeht«. Dubosts Präsentation bezog sich großenteils auf die deutschen Konzentrationslager, während kürzere Abschnitte von Geiseln, Mordanschlägen und Kriegsgefangenen handelten. Diese Dinge waren leichter zu erfassen als Finanz- und Handelsprobleme, aber um so unfaßlicher waren das Ausmaß und der Charakter dieser Greueltaten.

De Menthons Beispiel folgend, behandelte Dubost alle Tötungen von Geiseln als Kriegsverbrechen. So schwach die rechtliche Grundlage dieser Anschauung auch war – Zahl und Umfang der Hinrichtungen von Geiseln überstiegen bei weitem alles, was man bislang für gesetzmäßig erachtet hatte. Allein in Frankreich wurden fast 30 000 Geiseln umgebracht. In den Niederlanden waren es insgesamt 3000, und auch in den anderen westeuropäischen Ländern verhielt es sich ähnlich. Aber viele Tausende mehr wurden eingesperrt oder in Konzentrationslager deportiert, und zwar einfach deshalb, weil die Deutschen sie aus dem Weg schaffen wollten. Viele von ihnen kamen bald zu Tode, unter anderem 40 000 Franzosen, die in französischen Gefängnissen unter deutscher Kontrolle starben. Dubost legte Beweise für viele Einzelfälle vor, bei denen es vor der Tötung zu unaussprechlichen Folterungen gekommen war.

Dubost wollte das Beweismaterial über die Konzentrationslager mit den Aussagen von sieben Zeugen präsentieren. Drei von ihnen waren im österreichischen Lager Mauthausen inhaftiert gewesen, dessen Atmosphäre bereits früher durch den Zeugen Alois Höllriegel, einen Lageraufseher, beschrieben worden war. Dubosts Zeugen – Maurice Lampe, Jean Frédéric Vieth und François Boix – waren langjährige Gefangene in Mauthausen gewesen; sie äußerten sich zutiefst erregt und detailliert. Ihre Berichte bestätigten Höllriegels Aussage, daß Insassen häufig dadurch umgebracht wurden, daß man sie über eine Felswand in einen Steinbruch warf, und daß Aufseher die Opfer als »Fallschirmspringer« bezeichneten. Nach Mauthausen wurden viele Kriegsgefangene gebracht, die die Deutschen aus den regulären Kriegsgefangenenlagern herausholten und nach Mauthausen zur Hinrichtung schickten, der oft Folterungen vorangingen. Darunter waren auch 47 englische, amerikanische und holländische Fliegeroffiziere, die mit dem Fallschirm abgesprungen waren, als ihre Flugzeuge abgeschossen wurden. Sie hatten sich zu ihren eigenen Linien zurückbegeben wollen und waren offenbar wegen ihrer Fluchtversuche im September 1944 nach Mauthausen geschickt worden. Lampe sagte aus:

> Es ist meine Pflicht, zu erwähnen, daß, als einer der amerikanischen Offiziere den Kommandanten ersuchte, die Urteilsvollstreckung an ihm als Soldaten vorzunehmen, er als Antwort erhielt: »Schläge mit der Peitsche, Schläge überall hin«, und die siebenundvierzig Offiziere wurden barfuß zum Steinbruch geführt.
> Ihre Ermordung ist für alle Insassen von Mauthausen eine wahrhaft höllische Vision geblieben.
> Hier ist die Schilderung des Vorganges: Am Fuße der Treppe wurden den

Unglückseligen Steine auf die Schultern geladen; Steine, die sie bis oben zu schleppen hatten. Der erste Gang geschah mit Steinen von 25 bis 30 Kilogramm. Unter Schlägen wurde der erste Gang beendet. Hinunter mußten sie im Laufschritt. Beim zweiten Gang waren die Steine schwerer und je mehr die Last die Unglückseligen drückte, desto mehr gab es Fußtritte und Peitschenhiebe, sogar mit Steinen wurden sie beworfen. Dieses Schauspiel dauerte mehrere Tage. Am Abend, als ich vom Kommando zurückkam, dem ich damals zugeteilt war, war der zum Lager führende Weg voller Blut. Ich wäre beinahe auf einen Unterkiefer getreten; 21 Leichen lagen am Weg, 21 waren am ersten Tag gestorben, die 26 übrigen starben am folgenden Morgen ...

Keiner der Verteidiger wollte Lampe ins Kreuzverhör nehmen.

Zwei weitere Zeugen von Dubost waren Dr. Victor Dupont, der über die Tötungen im Konzentrationslager Buchenwald aussagte, und Dr. Alfred Balachowsky, ein Laboratoriumschef am Pariser Pasteur-Institut und ehemaliger Insasse von Buchenwald, der die grauenvollen medizinischen Experimente beschrieb, die an den Insassen mit Zustimmung der höchsten deutschen Kapazitäten auf dem Gebiet der Medizin, unter anderem auch von Dr. Siegfried Handloser, dem Chef des ärztlichen Dienstes der Wehrmacht, vorgenommen wurden.

Dubosts dramatischste Zeugin war eine mehrfach ausgezeichnete Abgeordnete der Konstituierenden Versammlung von Frankreich, Mme. Marie Claude Vaillant-Couturier – ein seltsamer Name (»tapferes Schneiderlein«) für eine sehr mutige Frau. Als Mitglied der Resistance war sie von den Deutschen Anfang 1942 in Paris verhaftet worden und hatte fast ein Jahr in deutschem Gewahrsam verbracht. Im März 1943 wurde sie dann mit einem Konvoi von 230 Französinnen nach Auschwitz gebracht und hier sowie im Lager Ravensbrück bis Kriegsende festgehalten. In Auschwitz wurden die Französinnen unter derart entsetzlichen Bedingungen zur Arbeit gezwungen, daß nur neunundvierzig dieses eine Jahr überlebten. Mme. Vaillant-Couturier beschrieb das Selektionsverfahren für diejenigen, die in die Gaskammern geschickt wurden, sowie die mit den Insassen veranstalteten medizinischen Experimente; bei beiden Tätigkeiten tauchte der Name von Dr. Josef Mengele zum erstenmal im Prozeßprotokoll auf.

Im Sommer 1944 wurde Mme. Vaillant-Couturier nach Ravensbrück verlegt, in ein Lager, in dem sich in erster Linie Frauen befanden. Hier wurde sie in einen Block mit einer Reihe von Polinnen gesteckt, die »Hasen« genannt wurden, weil sie als Versuchskaninchen mißbraucht wurden. Man hatte ihnen schwere Wunden an den Beinen beigebracht, die man mit Gasbrandbazillen und anderen Erregern infiziert hatte, um die Heilwirkung von Sulfonamiden zu testen. Einige der »Hasen« starben, bei den anderen blieben häßliche Behinderungen zurück. Dr. Hanns Marx (Streichers Anwalt, der aber auch im Namen von Dr. Babel, dem Vertreter der SS, sprach) besaß die Stirn, die Zeugin ins Kreuzverhör zu nehmen, aber die Antworten von Mme. Vaillant-Couturier machten die Sache für die Angeklagten nur noch schlimmer, und so gab er bald auf.

Als Dubost mit seinen Zeugen fertig war, nahm er die Vorlage von Beweisdokumenten wieder auf, wobei es nun um Kriegsverbrechen gegen Kriegsgefangene und Zivilisten ging. Als letztes legte er offizielle französische Berichte vor, in denen die Tötung von Zivilisten durch SS-Einheiten im Juni 1944 geschildert wurden, darunter auch das berüchtigte Massaker von Oradour-sur-Glane, einem Dorf 22 Kilometer nordwestlich von Limoges. Die Tötungen wurden von einer Kompanie der 22. SS-Panzerdivision »Das Reich« durchgeführt, die zwei Jahre lang an der russischen Front gekämpft hatte, wo keine der beiden Seiten sich allzusehr um die Haager Konventionen geschert hatte. 1944 wurde »Das Reich« nach Südfrankreich verlegt, und nach der Landung der Alliierten in der Normandie erhielt sie den Befehl, sich nach Norden zu begeben und zu den Abwehrtruppen gegen die alliierten Streitkräfte zu stoßen. Die Invasion hatte weitverbreitete Angriffe des Maquis (der Partisanenverbände) auf deutsche Soldaten ausgelöst, und auf ihrem Weg nach Norden hatte die SS-Division einige Männer verloren, was mehrere Vergeltungsmaßnahmen provozierte, die oft an Zivilisten verübt wurden, die in keiner Verbindung zum Maquis standen.

Was in Oradour-sur-Glane geschah, unterschied sich von vielen vergleichbaren Vorfällen in dieser Zeit nur durch die unglaubliche Grausamkeit und Bösartigkeit, mit der der Überfall durchgeführt wurde. Angeführt von dem Bataillonskommandeur, Major Otto Dickmann, trieben die Eindringlinge alle Einwohner auf dem Dorfplatz zusammen. Dann wurden die Frauen und Kinder, über 400 an der Zahl, in die Dorfkirche gepfercht, während die gut 240 Männer in Gruppen aufgeteilt und jeweils in eine von sechs Scheunen gesteckt wurden. Die Deutschen erschossen dann alle Männer und zündeten die Scheunen an. Die Kirche wurde zugesperrt, Alt und Jung wurden mit Schüssen und Handgranaten attackiert, und schließlich wurde die Kirche in Brand gesteckt. Eine Gruppe von zwanzig Dorfbewohnern, die von einer Einkaufstour nach Limoges zurückkehrten, wurde gleichfalls erschossen. Die meisten Häuser des Dorfes wurden niedergebrannt. Es gab nur eine Handvoll Überlebende, die sich tot gestellt hatten oder in die Wälder geflüchtet waren. Wenn das überhaupt möglich ist, dann war Oradour-sur-Glane sogar noch schlimmer als Lidice.*

---

* Das Dokument, das Dubost dem Gericht verlas, stimmte in allen wichtigen Einzelheiten mit den Ergebnissen von anschließend vorgenommenen Ermittlungen überein. Major Dickmann fiel in der Normandie drei Wochen nach dem Massaker. Als man nach dem Krieg versuchte, die Täter ihrer gerechten Strafe zuzuführen, geschah etwas Unerhörtes: Viele der SS-Soldaten von Oradour waren Elsässer, und als ihnen wegen ihrer Kriegsverbrechen von 1951 bis 1953 der Prozeß gemacht wurde, erhob sich ein Proteststurm im Elsaß, das nach dem Krieg wieder unter französische Oberhoheit gekommen war. Die milden Urteile gegen die Angeklagten wiederum führten zu großer Aufregung im übrigen Frankreich.

Dubost hatte immer wieder Schwierigkeiten mit dem Gericht während der vielen Stunden, die er am Rednerpult verbrachte, und zwar in erster Linie, weil die Franzosen nicht in der Lage gewesen waren, die Dokumente in alle anderen Prozeßsprachen zu übersetzen, sowie aufgrund technischer Fehler bei der Zusammenstellung und Numerierung der Hunderte von Dokumenten, die sie vorlegten. In einer Darstellung des Prozesses heißt es, Dubost habe »ein noch nie dagewesenes Maß an Inkompetenz erreicht« – ein Vorwurf, den ich für völlig ungerechtfertigt halte. Als einer der führenden Anwälte war Dubost natürlich auch für die technischen Fehler verantwortlich, aber es gab nun einmal Büroarbeiten, die die leitenden Anwälte nicht persönlich ausführen konnten; und angesichts der geringen Größe und bescheidenen Ausstattung der französischen Delegation mußte es einfach zu Fehlern kommen. Dubost nahm Lawrence' kritische Zwischenfragen gelassen hin, und in seiner Schlußrede entschuldigte er sich elegant, es hätten sich eben »Irrtümer in den Einzelheiten bei unserer Arbeit einschleichen können«.

Dubost hatte seine Präsentation gut aufgebaut und mit markiger Stimme vorgetragen, aber er fand nicht überall Anklang. Er war ein rigider Mensch, und Jackson war nicht der einzige, der ihn für einen Kommunisten hielt und ihm folglich mißtraute. Lawrence beeilte sich, Dubost auf Probleme in seiner Beweisführung hinzuweisen, und mindestens bei zwei Gelegenheiten warf er ihm in dieser Hinsicht Fehler vor, die sich anschließend als nicht existent erwiesen.

Edgar Faure, der nach Dubost ans Rednerpult trat, war viel mehr nach dem Geschmack des Gerichts. Er war sympathisch, liebenswürdig, ein fähiger Anwalt, ein gewandter Redner – Qualitäten, die in seiner späteren politischen Karriere reichlich bestätigt wurden, als er es bis zum Premierminister brachte. Aber auch er hatte mit technischen Problemen zu kämpfen: Faure hatte noch keine Viertelstunde gesprochen, als Dr. Stahmer aufstand und sich darüber beklagte, daß die Angeklagten keine Kopien der Dokumente erhalten hätten, die Faure dem Gericht vorlege. Durch diese Schönheitsfehler freilich ließ sich Faure nie aus dem Gleichgewicht bringen. Selbst der schwer zufriedenzustellende Biddle vermerkte: »Der Anwalt Faure macht seine Sache wirklich erstklassig.«

Faures »Sache« war der dritte und letzte Hauptteil der französischen Klage, der die »Germanisierung der besetzten Gebiete« und die »Verfolgung aus politischen, rassischen und religiösen Gründen« umfaßte, in Übereinstimmung mit den Punkten 3 j) und 4 b) der Anklageschrift. Wie sich herausstellte, verwendete Faure die meiste Zeit – von insgesamt zweieinhalb Tagen – für die Germanisierung.

In Anbetracht der jüngsten Geschichte von Elsaß und Lothringen ist die Empfindlichkeit der Franzosen im Hinblick auf dieses Thema nur zu verständlich, besonders da die Nazis – trotz aller schriftlichen und mündlichen deutschen Zusagen, die den Waffenstillstand vom Juni 1940 begleiteten –

kaum zwei Monate später diese beiden Provinzen völlig unter Kontrolle hatten. Ohne formelle Annexion wurden sie Gauleitern unterstellt (Lothringen Josef Bürckel, das Elsaß Robert Wagner). Der Gebrauch der französischen Sprache wurde verboten, und über 70 000 Bewohner, die sich weigerten, ihre deutsche Herkunft zu akzeptieren, wurden in den unbesetzten Teil von Frankreich deportiert.

Gleichwohl war es nach allem, was man zuvor vernommen hatte, schwer, die Germanisierung zu einem fesselnden Thema zu machen. Vieles von dem, was die Nazi-Statthalter verbrochen hatten, war allgemein bekannt. Der Sieg bringt die Toten nicht zurück, aber er kann Grenzen und Staatsformen wiederherstellen und Gesetze aufheben. Biddles Klage in einem Brief an seine Frau ist daher nur zu verständlich und nachvollziehbar: »Die Franzosen sind an diesem Vormittag noch immer dran und legen so überaus wichtige Beweismittel vor wie Erlasse aus dem Elsaß, daß die Bevölkerung keine Baskenmützen oder Mützen, die wie Baskenmützen aussehen, tragen dürfe und sonst ins Konzentrationslager geschickt würde!* Ich versuchte ihren unermüdlichen Eifer zu bremsen, aber die Russen, die natürlich ihre Klage im Auge haben, die nächste Woche beginnen soll, protestieren heftig gegen jede Einmischung.«

Aber Faures Beweismaterial bezog sich auch auf weitaus ernsthaftere Angelegenheiten, und einige betrafen sogar Dänemark, das im Unterschied zu den anderen von den Deutschen besetzten Gebieten seinen König und einen Gutteil seiner Souveränität behalten hatte. Wirklich Ernst mit der Unterdrückung machten die Deutschen dort erst vom Sommer 1943 an, als die deutsche Polizei und die SS kamen und die dänische Polizei entwaffneten. Diese Repressalien lösten Widerstandsbestrebungen aus, auch Sabotageakte. Am 30. Dezember 1943 wurde bei einer Sitzung mit Hitler, an der Himmler, Keitel, Jodl, Kaltenbrunner und drei für die Besetzung von Dänemark zuständige deutsche Funktionäre teilnahmen, beschlossen, daß die Vergeltungsmaßnahmen in »Kompensationsmorden« bestehen sollten. Von Neujahr 1944 an wurden 267 meist sehr bekannte Dänen von deutschen Gestapoleuten ermordet. Jeder der Mörder erhielt von Himmler ein persönliches Glückwunschschreiben für diese Leistungen.

Was Belgien betraf, so konzentrierte sich Faure auf die berühmte Universitätsbibliothek von Löwen (Leuven/Louvain), das von der deutschen Armee im Ersten Weltkrieg praktisch zerstört worden war und erneut am 16./17. Mai 1940 durch deutsches Artilleriefeuer schwer beschädigt wurde. Den Be-

* Tatsächlich sah das Gesetz für das Übertreten dieses Verbots nicht »Konzentrationslager« vor, sondern eine Geld- und Gefängnisstrafe. Faure war sich bewußt, daß er sich auf eine Gratwanderung begab: »In diesen gesetzlichen Bestimmungen folgt das Lächerliche auf das Gemeine, und ich möchte mich fast entschuldigen, daß ich dies dem Gerichtshof vorlege, aber es ist wirklich nicht unsere Erfindung.«

weis für die Schuld der Deutschen lieferte der Historiker van der Essen, Geschichtsprofessor an der Universität und Mitglied der belgischen Kommission zur Feststellung von Kriegsverbrechen. Er sagte aus, daß zwei deutsche Batterien in Nachbardörfern aufgefahren wurden und systematisch nur auf die Bibliothek zielten, die elfmal getroffen wurde. Außerdem wurden von deutschen Flugzeugen Bomben auf das Gebäude geworfen, das dann völlig ausbrannte.

Van der Essen sagte auch noch zu anderen Vorfällen aus, aber im Kreuzverhör durch Dr. Exner (für Jodl) und Dr. Stahmer (für Göring) wurde er ausschließlich zur Bibliothek befragt. Als Exner wissen wollte, »was ein Motiv für das deutsche Militär gewesen sein könnte, gerade dies als Ziel zu nehmen«, erwiderte van der Essen:

> Nach all den mir zugegangenen Aussagen ist zu schließen ..., daß das Motiv ... für die Zerstörung der Bibliothek war, daß die deutsche Armee ein Denkmal beseitigen wollte, welches dem Friedensvertrag von Versailles gesetzt war. Auf der Bibliothek befand sich die Statue einer behelmten Jungfrau, die mit dem Fuß einen Drachen, den Feind zertritt. Aus gewissen Gesprächen deutscher Offiziere ließ sich ziemlich deutlich entnehmen, daß dieses Denkmal als Zeugnis der Niederlage des letzten Krieges und insbesondere des Versailler Vertrags vernichtet werden solle, und deshalb wollte man jenes Gebäude systematisch in Brand stecken.

Exner erwiderte darauf nur: »Ich glaube das nicht.« Auch ich habe da meine Zweifel. Die Deutschen wußten ja, daß sie Löwen einnehmen würden, und das »Denkmal« für Versailles hätte viel eleganter ein für allemal mit einem Stück Dynamit beseitigt werden können als durch Artilleriegeschosse und Luftbomben. Das gesamte Gebäude, dessen Zerstörung im Jahre 1914 dazu beigetragen hatte, daß die Deutschen als »Hunnen« bezeichnet wurden, ist vermutlich im Jahre 1940 viel eher deshalb in Brand gesteckt worden, weil die Nazis ihre Verachtung für die Meinung des Auslands demonstrieren und die belgische Bevölkerung in Angst und Schrecken versetzen wollten.

Als Faure fertig war, trat Gerthoffer wieder ans Rednerpult, um über »die Plünderung der Kunstschätze der besetzten Gebiete Westeuropas« zu berichten, wobei er sich auf Artikel 56 der Haager Konvention berief, die sowohl »historische Denkmäler« als auch »Kunstwerke« vor der Beschlagnahme oder Zerstörung schützt. Das Gericht hatte bereits eine ganze Menge zu diesem Thema gehört, und Lawrence erklärte, man »würde es gern sehen«, wenn alles weitere Diesbezügliche »sehr kurz ist, denn es muß ja kumulativ sein«. Gerthoffer brauchte etwa zwei Stunden, und nach ihm trugen zwei Hilfsankläger, Pierre Mounier und Constant Quatre, das französische Beweismaterial gegen jeden der Angeklagten vor, auf die sich die Beweisführung der französischen Anklagevertretung bezog: Rosenberg, Sauckel, Speer, Göring, Seyß-Inquart, Keitel und Jodl.

Soweit also der Aufbau und einige Höhepunkte der französischen Klage. Wenn die Franzosen den Prozeß eröffnet hätten, wäre ihre Beweisführung sensationell gewesen. Daß dies nicht der Fall war, lag weitgehend an der Tatsache, daß ihr Beweismaterial sich fast ausschließlich auf Angelegenheiten bezog, die bereits von den Amerikanern dargestellt worden waren; und selbst bei Vorgängen, die zum erstenmal geschildert wurden, ging es um das gleiche Thema und um die gleichen Anschuldigungen, die die Amerikaner bei der Vorlage des Vorwurfs der Verschwörung bereits vorgetragen hatten.

Darum befaßte sich die Weltpresse nur oberflächlich damit, und die Zuschauerränge im Gerichtssaal leerten sich. Dr. von der Lippe berichtete pflichtschuldigst über die Vorgänge vor Gericht, bezeichnete aber den französischen Anklagevortrag über die Plünderungen als »eintönig« – mehr Raum in seinen Tagebucheinträgen beanspruchte das, was der berühmte Pfarrer Martin Niemöller in einem abendlichen Vortrag in der Fürther Kirche gesagt hatte, sowie seine eigene Verteidigungsstrategie vor Gericht, da er bald an der Reihe war.

Auch die Aufmerksamkeit der Angeklagten ließ nach. Dr. Gilberts Tagebuchnotizen von seinen Diskussionen mit den Angeklagten während der französischen Klage enthalten keinen Hinweis auf die französischen Vorträge – bis zum allerletzten Tag (dem 7. Februar 1946), als wiederholt erklärt wurde, daß Göring für die konfiszierten Gemälde, die ihm überlassen wurden, nichts bezahlt hatte. Über das Gespräch in der Mittagspause hat Gilbert folgendes festgehalten:

> Fritzsche und Speer erklärten, daß Görings Kunst-Diebstähle in den Augen der Deutschen die eigentlich vernichtende Anklage seien. »Und sie erwähnten noch nicht mal das Allerschlimmste«, verkündete Fritzsche, »daß er sogar den gestohlenen Kram *verkaufte*! Doch dieser Franzose, der die Anklage vorbrachte, machte seine Sache wirklich gut – viel wirksamer als Beschimpfungen! Klugerweise überließ er es den Richtern, die Bezeichnungen dafür zu finden.«
>
> »Sie sehen«, fügte Speer hinzu, »wie kann da die Rede von einer einheitlichen Front der Angeklagten sein, wenn dieser Mann sich so schändlich benommen hat?«
>
> Nach Tisch kam Göring zu mir, als ich gerade einigen anderen aus der Zeitung vorlas, und guckte mir über die Schulter. Er begann Witze über seine Abneigung gegen Psychiater zu reißen. Die anderen gingen weg, um auch den Anschein zu vermeiden, mitzuwitzeln. Göring bekundete großes Interesse für die Tagesnachrichten.

Merkwürdige Leute, diese Nazis – da sitzen sie schweigend da, während die Kriege und Massaker beschrieben werden, für die Göring schwere Verantwortung trug, und dann schneiden sie ihn, weil er sein Nest mit der Kriegsbeute geschmückt hat.

Die Reaktion des Gerichts auf die französische Klage war gemischt. Die

Richter hatten bereits Anhörungen von über sechs Wochen Dauer hinter sich gehabt, als die Franzosen begannen. Es war längst offenkundig, daß es mehr als genug Beweismaterial gab, um die meisten Angeklagten zu verurteilen, und den amerikanischen und britischen Richtern lag viel daran, »weiterzukommen« und zu hören, was die Verteidigung zu sagen hätte. Lawrence war wie immer höflich, bemühte sich aber nach Kräften, die französischen Präsentationen abzukürzen. Biddle und Birkett, die vermutlich von allen auf der Richterbank den wachesten Verstand besaßen, waren besonders ungeduldig. Birkett erkannte durchaus die Stärke des französischen Beweismaterials, hielt es aber für unnötig, wie seine Tagebuchnotizen zeigen:

> 28. Januar. Aus der Beweisführung ergibt sich ein überaus schreckliches und überzeugendes Bild des absoluten Grauens und der Unmenschlichkeit in den Konzentrationslagern. Aber aus der Sicht dieses Prozesses ist das eine völlige Verschwendung wertvoller Zeit. Die Klage ist inzwischen immer wieder bewiesen worden.

Von einem rein forensischen Standpunkt aus gesehen hatte Birkett zweifellos recht – aber der Nürnberger Prozeß war mehr als nur ein forensisches Unternehmen. Die französischen und sowjetischen Teilnehmer erkannten das klarer als ihre britischen und amerikanischen Kollegen. Wie Biddle bemerkt hatte, unterstützten die französischen und russischen Richter einander in dem entschiedenen Bemühen, für ein Prozeßprotokoll zu sorgen, das ihrer Beweisführung über die Nazi-Verbrechen überall in der Festung Europa voll gerecht werden würde.

Die Franzosen auf der Richterbank hatten keinen Grund, sich ihrer Landsleute am Rednerpult zu schämen. Birkett klagte über die »eintönige« Stimme eines französischen Anwalts, und weil der französischen Sprache eine klar festgelegte Silbenbetonung fehlt, kann das durchaus dazu führen, daß das Verlesen eines Dokuments einschläfernd klingt. Aber die französische Beweisführung war – trotz aller verwaltungstechnischen Schwierigkeiten – gut organisiert und überzeugend, und ihr Vortrag war würdig und sachkundig zugleich.

3

Roman Rudenko war eine vertraute Gestalt im Nürnberger Gerichtssaal: Er hatte über rechtliche Gesichtspunkte diskutiert, Zeugen befragt und dagesessen und zugehört. Gleichwohl war das Publikum bei seiner Eröffnungsrede am 8. Februar 1946 sogar noch größer als bei der des nur selten zu sehenden de Menthon. Von der allgemeinen Neugier einmal abgesehen, gingen seinen Zuhörern mehrere Fragen durch den Kopf: Ob er sich und, wenn ja, wie er sich über den Deutsch-Sowjetischen Nichtangriffspakt von 1939 äußern würde? Über den Angriff der Sowjets gegen Finnland?

Dr. Gilbert hatte den Eindruck, daß Göring beim Anblick des Gerichtssaals, der zum erstenmal seit Wochen wieder voll besetzt war, »recht niedergeschlagen« aussah. »Ja, alle wollen das Schauspiel miterleben«, entgegnete er verächtlich. »Sie werden sehen – in 15 Jahren wird dieser Prozeß als eine Schande gelten!«

Physisch wie von seinem ganzen Stil her war der gedrungene und direkte sowjetische Hauptankläger das genaue Gegenteil des zierlichen und kultivierten de Menthon. Aber er strahlte Kraft aus, als seine unverblümten Feststellungen durch den Gerichtssaal tönten. Das vertraute kommunistische Vokabular war nun zu hören, als die »Hitler-Räuber« und »faschistischen Angreifer« wegen ihrer Angriffe auf die »freiheitsliebenden« Völker von Europa gebrandmarkt wurden.

Während er den zuvor von Alderman und Fyfe bis ins Detail dargestellten Kriegsverlauf noch einmal aufwärmte, schilderte Rudenko die Eroberung der Tschechoslowakei, von Polen, Jugoslawien und dann (wobei er aus irgendeinem Grund Griechenland ausließ) der Sowjetunion. Gewisse Ereignisse, die zeitgleich mit der Zerstörung des polnischen Staates geschahen, schienen aus Rudenkos Gedächtnis getilgt zu sein. »Am 1. September 1939 fielen die faschistischen Angreifer unter treuloser Verletzung der früher abgeschlossenen Verträge über Polen her«, deklamierte er und verlas ein Dokument, das Alderman bereits eingeführt hatte, um zu zeigen, wie »frühzeitig der räuberische Überfall Hitler-Deutschlands auf Polen vorbereitet« worden sei. Natürlich war die entscheidende »frühzeitige Vorbereitung« nichts anderes als der Deutsch-Sowjetische Nichtangriffspakt, der Hitler gegen einen sowjetischen Widerstand absicherte.

Gilbert notierte, daß Göring und Heß demonstrativ ihre Kopfhörer abgenommen hatten. Während der Mittagspause höhnte Göring: »Ich dachte nicht, daß sie so schamlos wären, Polen zu erwähnen.« Hätte Göring Alderman genauer zugehört gehabt, so hätte er vielleicht mitbekommen, daß der Amerikaner – vermutlich mit Rücksicht auf sowjetische Empfindlichkeiten – weder diesen Nichtangriffspakt noch die Besetzung von Ostpolen durch die Sowjets noch den Angriff gegen Finnland im Jahre 1940 erwähnt hatte.

Der Rest von Rudenkos Rede – die etwas kürzer war als die der anderen Hauptankläger – nahm großenteils den gleichen Verlauf wie die von de Menthon. Allerdings kam Rudenko gegen Ende seiner Ausführungen auf den Holocaust (wenn auch nicht unter diesem Begriff) zu sprechen: »Die faschistischen Verschwörer hatten die Ausrottung der Juden bis zum letzten Manne geplant und führten diese Vernichtung während der ganzen Zeit ihrer Verschwörertätigkeit seit 1933 durch.« Und dann wandte er sich in seinem Schlußwort ans Gericht:

> Hoher Gerichtshof! Ich bin hier als Vertreter der Union der Sozialistischen Sowjet-Republiken, welche die Hauptwucht des faschistischen Angriffs ertragen haben …

In heiligem Gedenken an die Millionen unschuldiger Opfer des faschistischen Terrors, im Namen der Festigung des Weltfriedens, im Namen der Sicherheit der Völker und der Zukunft, rechnen wir mit den Angeklagten voll und ganz ab. Dies ist die Abrechnung der ganzen Menschheit, die Abrechnung des Willens und des Gewissens der freiheitliebenden Nationen. Möge Recht geschehen.

4

Bei den anderen Nationen herrschte Verwirrung über die hierarchischen Beziehungen innerhalb der sowjetischen Delegation, und das lag zum Teil daran, daß Pokrowski zwar nur Oberst, aber Stellvertretender Hauptankläger war, und zum anderen, weil die zivilen Mitglieder des sowjetischen Anklagestabs braune Uniformen im Militärstil mit Rangabzeichen trugen, die denen von Armeeoffizieren entsprachen. N. D. Zorya beispielsweise hatte auf seiner braunen Uniform die Schulterklappen eines Generalmajors und wurde auch so angesprochen, obwohl sein wirklicher Titel Staatsrat der Justiz Dritter Klasse war; damit war er eindeutig rangniederer als L. R. Schenin und M. J. Raginski, die Staatsräte der Justiz Zweiter Klasse waren, aber nicht als »General« angesprochen wurden. Dann gab es noch L. N. Smirnow, der auf der veröffentlichten nichtalphabetischen Namensliste unmittelbar unter Zorya stand, der aber den Titel Oberjustizrat trug, was sicher bedeutender klingt als die Titel der anderen. Smirnow wurde von seinen Kollegen mit großem Respekt behandelt und hatte vielleicht die wichtigste Aufgabe bei der Beweisführung. Rudenko selbst wurde zwar als Generalleutnant vorgestellt, trug aber die braune Uniform und war ein ziviler Funktionär.

In diesem Labyrinth von Insignien und Titeln stand nur eines fest: Pokrowski war – trotz seines bescheidenen Ranges – Sprecher der sowjetischen Anklagevertretung, wenn Rudenko nicht zugegen war. Und Pokrowski war es auch, der mit der Präsentation des Beweismaterials fortfuhr, als Rudenko seine Eröffnungsrede beendet hatte. Sein Thema waren die Verbrechen gegen den Frieden, und sein Material, mit dem sich Alderman und Fyfe bereits großenteils befaßt hatten, beschränkte sich auf die deutschen Angriffskriege gegen die Tschechoslowakei, Polen und Jugoslawien. Im Laufe seines Vortrags wurde klar, daß Pokrowski in erster Linie zeigen wollte, daß diese Angriffe – besonders der gegen Jugoslawien – nur Vorbereitungen für einen Überfall auf die Sowjetunion gewesen seien, der vorsätzlich und keineswegs als Antwort auf sowjetische Drohungen erfolgte.

Am Vormittag des 11. Februar übertrug Oberst Pokrowski General Zorya die Aufgabe, das Beweismaterial für den Angriff auf die Sowjetunion vorzulegen. Nachdem er erklärt hatte, daß es »zweckmäßig« erscheine, »nicht nur Dokumente zu benützen ..., sondern auch die Aussagen der Personen heranzuziehen, die unmittelbar mit der Verwirklichung dieser Vorbereitungen beschäftigt waren«, verlas Zorya die Antworten, die General Walter Warlimont (ein ehemaliger Untergebener von Jodl, der im Nürnberger Gefängnis saß) auf die Fragen gegeben hatte, die ihm von einem russischen Vernehmungsbeamten im November 1945 gestellt worden waren. Nach den zuvor vom Tribunal erlassenen Vorschriften war es erforderlich, daß Warlimont sich dem Kreuzverhör vor Gericht stellte, falls die Verteidiger dies wünschten.

Ein paar Minuten später ließ Zorya durchblicken, daß er Auszüge aus dem Vernehmungsprotokoll des sehr viel besser bekannten Generalfeldmarschalls Friedrich Paulus verlesen wolle, der sich zwar nicht im Nürnberger Gefängnis befand, von dem man aber allgemein annahm, daß er als Kriegsgefangener in Rußland festgehalten wurde. Dr. Nelte (Keitels Anwalt) stellte sofort die Frage, ob es korrekt sei, diese von den Sowjets im Januar 1946 festgehaltene Erklärung von Paulus zu verlesen. Als Lord Lawrence Zorya fragte, ob er bereit sei, darauf zu erwidern, erklärte der General, er werde Auszüge aus Paulus' eidesstattlicher Erklärung verlesen, und diese könnten »spätestens bis heute Abend geprüft werden, worauf Friedrich Paulus vor den Gerichtshof vorgeladen werden wird«.

Abgesehen natürlich von den Russen waren alle im Gerichtssaal wie vom Donner gerührt, und Lawrence vertagte die Sitzung bis zum Nachmittag. Als der Gerichtshof wieder zusammentrat, trug Zorya nicht Auszüge aus dem Vernehmungsprotokoll von Paulus vor, sondern rief ihn als Zeugen der Anklage auf, damit er von General Rudenko ins Verhör genommen werden konnte. Daraufhin erschien Paulus und betrat den Zeugenstand.

Friedrich Paulus*, geboren 1890, war einer jener »hellen« deutschen Offiziere, die sich in den Bereichen Planung und Strategie hervortaten. Wie andere mit vergleichbarer Begabung wurde auch Paulus wiederholt als Stabschef älteren Offizieren zugeteilt, denen das Kommando übertragen worden war, weil sie besser im Feld waren (und Feldherren hießen) als im Planungsraum. Nach einer Reihe derartiger Berufungen wurde Paulus im Frühjahr 1940 zum Stellvertreter (Oberquartiermeister I) von General Franz Halder, dem Chef des Generalstabs des Heeres, ernannt. Als er in dieser Funktion seinen Dienst am 3. September 1940 antrat, erteilte Halder Paulus den Auftrag, den Operationsplan für den Angriff auf die Sowjetunion durch eine deutsche Armee von etwa 130 bis 140 Divisionen auszuarbeiten, mit dem Ziel, die in Westrußland befindlichen Teile der sowjetischen Streitkräfte zu vernichten und eine Linie zu erreichen, die von Archangelsk entlang der Wolga bis zum Kaspischen Meer verlief. Während er unter General Halder diente, arbeitete Paulus einen derartigen Plan aus und übernahm in der Folge noch zahlreiche weitere ähnliche Aufgaben. Deshalb hatte man ihn nach Nürn-

* Da man im allgemeinen annimmt, daß jeder deutsche General ein »von« im Namen hat, wird Paulus oft und unkorrekterweise als »von Paulus« bezeichnet.

berg gebracht, damit er über diese Tätigkeiten seine Aussage machte. Aber dies erklärt noch nicht, warum Paulus' Erscheinen im Zeugenstand eine derartige Sensation darstellte.

Ende 1941 hatte Paulus den Oberbefehl über die Sechste Armee erhalten, die zu dieser Zeit gerade in Südrußland kämpfte. Es kam zur berühmten Schlacht um Stalingrad, in deren Verlauf die Sechste Armee eingekesselt wurde. Hitler befahl Paulus, bis zum letzten Mann auszuhalten, und beförderte ihn zum Generalfeldmarschall. Aber zur tiefsten Empörung von Hitler, der erwartet hatte, daß Paulus Selbstmord begehen würde, ergab sich Paulus schließlich mit den Überresten seiner Truppe den sowjetischen Streitkräften.

In der Gefangenschaft bildete Paulus' Untergebener, General Walther von Seydlitz-Kurzbach, eine Gruppe, die sich »Nationalkomitee Freies Deutschland« nannte und die aus emigrierten deutschen Kommunisten sowie aus einer großen Zahl deutscher Kriegsgefangener in der Sowjetunion bestand. Paulus selbst schwor öffentlich dem Hitler-Regime ab. Die Seydlitz-Gruppe allerdings hatte für die Russen ihren Zweck erfüllt, sobald Deutschland geschlagen war, und die meisten ihrer militärischen Mitglieder, einschließlich Paulus und Seydlitz, blieben bis weit in die fünfziger Jahre hinein in Gefangenschaft.

Wenn man bedenkt, welche Karriere und welche Tätigkeiten hinter ihrem in Verruf geratenen ehemaligen Waffenkameraden lagen, ist es nur zu verständlich, wie neugierig, angespannt und feindselig die angeklagten Militärs der Ankunft von Paulus entgegensahen. »Ich hielt ihm beim Führer immer die Stange! Es ist eine Schande für ihn, daß er gegen uns aussagt!« brauste Keitel auf. Die Neugier war allgemein groß; Dr. von der Lippe schilderte, wie die Nachmittagssitzung begann:

> Die Pressevertreter vollzählig anwesend; angeblich sind sie von dem Erscheinen Paulus' vorher informiert worden. Die Verteidiger wurden wieder einmal mehr oder weniger überrumpelt. Die Kunde von dem Erscheinen Paulus' verbreitete sich wie ein Lauffeuer durch das Gerichtsgebäude. Jedermann eilt in den Verhandlungssaal, um bei diesem Schauspiel nicht zu fehlen.

Aber als Paulus seine Aussage in wohlüberlegter und überaus professioneller Form machte, gab er nichts sensationell Neues von sich. Aus Aldermans Dokumenten und Erklärungen war bereits unstrittig hervorgegangen, daß der deutsche Überfall auf die Sowjetunion vorsätzlich erfolgt war, mit der Absicht, ganz Westrußland unter deutsche Herrschaft zu bringen, und keineswegs als Verteidigungsreaktion auf sowjetische Initiativen. Aber Zorya hatte recht: Ein Zeuge kann mehr vermitteln als die bloße Verlesung von Dokumenten. Und es war faszinierend, von den Lippen eines der wenigen Männer, die die Drachensaat gesät hatten, aus der der größte und blutigste Krieg zwischen zwei Nationen in der Geschichte der Menschheit hervorging, zu hören, wie und wo diese Saat ausgestreut worden war und wie sie aufgegangen war.

Paulus' Aussage war kein reiner Tatsachenbericht, sondern sie enthielt auch einen giftigen Stachel:

> GENERAL RUDENKO: Wer von den Angeklagten war aktiver Teilnehmer an der Entwicklung des Angriffskrieges gegen die Sowjetunion?
> PAULUS: Von den Angeklagten ... der Chef des Oberkommandos der Wehrmacht, Keitel, der Chef des Wehrmachtführungsamtes Jodl und Göring in seiner Eigenschaft als Reichsmarschall, als Oberbefehlshaber der Luftwaffe und als Bevollmächtigter auf dem rüstungswirtschaftlichen Gebiet.
> GENERAL RUDENKO: ... Wenn ich Ihre Aussagen richtig verstehe, so hat die Hitler-Regierung und das OKW einen Angriffskrieg gegen Sowjetrußland schon lange vor dem 22. Juni [dem Datum des deutschen Angriffs] zum Zwecke geplant, dieses Territorium der Sowjetunion zu kolonisieren.
> PAULUS: Es unterliegt für mich keinem Zweifel, nach der ganzen Entwicklung, wie ich sie geschildert habe, in Verbindung auch mit den ganzen Weisungen, wie sie ... herausgegangen sind.

Rudenko hatte keine Fragen mehr, auch keiner der anderen Anklagevertreter. Dr. Hans Laternser, der den angeklagten Generalstab vertrat, erbat und erhielt die Erlaubnis für eine Verschiebung des Kreuzverhörs bis zum darauffolgenden Vormittag. Kurz darauf legte das Gericht eine Pause ein. Dr. Gilbert hat die Szene beschrieben, die sich dabei in der Anklagebank abspielte:

> In der Nachmittagspause explodierte die militärische Gruppe in wildem Tumult, sie diskutierten alle erregt mit zornigen Schmähungen mit ihren Verteidigern und auch untereinander. »Fragen Sie das dreckige Schwein, ob er wüßte, daß er ein Verräter ist! Fragen Sie ihn, ob er seine russische Staatsbürgerschaft erhalten hätte!« schrie Göring seinem Anwalt zu.
> Raeder sah, daß ich zuhörte, und rief Göring zu: »Vorsicht! Feind hört mit!«
> Göring schrie weiter auf seinen Anwalt ein, und die Anklagebank glich einem wahren Tollhaus.
> »Wir *müssen* diesen Verräter entlarven!« brüllte er. Keitel diskutierte immer noch mit seinem Verteidiger, und Raeder steckte ihm einen Zettel mit derselben Warnung zu.
> Am anderen Ende der Anklagebank brachte man Paulus mehr Sympathie entgegen. »Sehen Sie«, sagte Fritzsche, »das genau ist die Tragödie des deutschen Volkes. Er wurde zwischen Baum und Borke eingeklemmt.«

Am nächsten Vormittag begann Dr. Nelte mit dem Kreuzverhör von Paulus. Auf Neltes Fragen erklärte dieser, daß er bis Stalingrad den verbrecherischen Charakter des Angriffs nicht erkannt habe, weil er wie die »Masse des Offizierskorps ... in der Begründung des Schicksals des Volkes und des Landes auf einer Machtpolitik damals nichts Ungewöhnliches« gesehen und geglaubt habe, »meinem Vaterland gegenüber meine Pflicht tun zu müssen«. Auf die Frage: »Erkennen Sie auch anderen ... den guten Glauben zu, daß sie für ihr Vaterland das beste wollten?« erwiderte Paulus: »Natürlich.«

Exner und Laternser machten etwas Boden gut, indem sie Paulus mit Fragen über Stärke und Aufmarsch der sowjetischen Streitkräfte in der Zeit vor dem deutschen Überfall unter Druck setzten und die Möglichkeit nahelegten, daß die Russen selbst an einen Angriff dachten. Paulus machte bei der Behandlung dieser Fragen keinen allzu sicheren Eindruck und gestand zu oft ein, daß er nichts wisse oder daß er sich nicht mehr erinnere. In der Vormittagspause spielte Göring auf Heß an und höhnte: »Er erinnert sich nicht! Heß, wissen Sie, daß Sie einen Konkurrenten bekommen haben? ... Der Zeuge erinnert sich nicht. Hahaha! ... Er war doch der Experte für die Stärke der russischen Truppen.«

Die Befragung durch andere Verteidiger sowie durch Biddle und Nikitschenko bewirkte keine signifikanten Änderungen in Paulus' Aussage. Dr. von der Lippe war der Meinung, das Kreuzverhör sei »halbwegs gut« gewesen und die Anklagevertretung habe nichts dadurch gewonnen, daß sie Paulus als Zeuge vorgeladen habe. Immerhin hatte der Zeuge das Fleisch zu den dokumentarischen Knochen geliefert, und die dramatische Episode hatte nachhaltig den Beweis bekräftigt, daß ein brutal vorsätzlicher Angriff auf einen Staat, der bei all seinen Fehlern nichts getan hatte, ihn zu provozieren oder zu rechtfertigen, Millionen von Menschenleben gekostet hatte.*

Am nächsten Tag (dem 13. Februar) trat Oberst Pokrowski wieder ans Rednerpult, um das Beweismaterial über deutsche Kriegsverbrechen gegen Kriegsgefangene vorzutragen. Dabei ging es großenteils um die Behandlung sowjetischer Gefangener, und die Dokumente (Pokrowski rief keine Zeugen auf) berichteten von entsetzlichen Vorfällen. General Kurt von Oesterreich, der Kommandant der Kriegsgefangenen des Danziger Wehrkreises, bestätigte in seiner eidesstattlichen Versicherung, er habe den Befehl bekommen, daß »Kriegsgefangenenlager ... einfach unter freiem Himmel durch Absperrung mit Stacheldrahtzäunen errichtet werden müßten«, und daß es keine Barackenlager für die russischen Gefangenen gegeben habe. In diesen ungeschützten Internierungslagern verhungerten und erfroren Millionen sowjetischer Gefangener. In Generalfeldmarschall von Reichenaus Be-

---

* Die Russen hatten amerikanische Sicherheitsagenten verstört, als sie Paulus ohne ihr Wissen nach Nürnberg brachten. Nach der Mittagspause holte Zorya General Erich Buschenhagen in den Zeugenstand, einen weiteren sowjetischen Gefangenen und Mitglied des Nationalkomitees Freies Deutschland. Buschenhagen, ehemaliger Stabschef von General Falkenhorst (Oberbefehlshaber der deutschen Streitkräfte in Norwegen), beschrieb die Umstände, die zur Kollaboration Finnlands mit Nazi-Deutschland geführt hatten, als die Finnen die sowjetischen Streitkräfte entlang der finnisch-sowjetischen Grenze angriffen. Wie Paulus bezeichnete auch Buschenhagen den Angriff als »Angriffskrieg gegen die Sowjetunion«. In Buschenhagens Aussage wurde allerdings auch zum ersten (und soweit ich weiß einzigen) Mal während des Prozesses der Angriffskrieg Sowjetrußlands gegen Finnland von 1939/40 erwähnt.

fehl über das »Verhalten der Truppe im Ostraum« hieß es: »Das Verpflegen von ... Kriegsgefangenen ist eine ... mißverstandene Menschlichkeit.« Tausende von Gefangenen wurden in Sachsenhausen, Maidanek und anderen Konzentrationslagern umgebracht. Gefangene deutsche Soldaten sagten aus, daß die Generäle Walter Model und Walther Nehring, beides Kommandeure von Panzerdivisionen, den Befehl erteilt hätten, daß keine Gefangenen gemacht werden sollten – vermutlich um das Vordringen ihrer Truppen zu beschleunigen. Besonders abscheulich waren die von den Deutschen errichteten Großlazarette für Gefangene, in denen infolge von vorsätzlicher Überfüllung, Schmutz, Infektionskrankheiten und Hunger täglich Hunderte von »Patienten« starben.

Im Laufe seiner Präsentation kam Pokrowski auch auf einen Vorfall zu sprechen, bei dem die Opfer polnische Soldaten waren. Es handelte sich um das berüchtigte Massaker von Katyn, das Rudenko unbedingt als ein von den Deutschen begangenes Kriegsverbrechen in die Anklageschrift hatte aufnehmen wollen – ungeachtet der Warnungen von seiten der anderen Hauptankläger. Um die Behauptung zu stützen, daß die Deutschen und nicht die Russen für diese Greueltat an polnischen Offizieren verantwortlich gewesen seien, legte und las Pokrowski Auszüge aus einem Bericht einer sowjetischen Sonderkommission vor, die »mit der Feststellung und Untersuchung der den Erschießungen zugrundeliegenden Umstände beauftragt war«. Die Kommission kam unter anderem zu folgenden Erkenntnissen:

> Die gerichtsmedizinischen Sachverständigen gaben die Anzahl der Leichname [mit] ca. 11 000 an ...
> Im Walde von Katyn wurden von den deutschen Okkupationsbehörden im Herbst 1941 Massenerschießungen an polnischen Kriegsgefangenen ... begangen ...
> Die Schlußfolgerungen, die aus den Zeugenaussagen und aus dem gerichtsmedizinischen Gutachten ... gezogen wurden, werden durch die in den Gräbern von Katyn aufgefundenen Beweisstücke und Dokumente in vollem Umfang bestätigt.
> Indem die deutsch-faschistischen Eindringlinge die polnischen Kriegsgefangenen im Wald von Katyn erschossen, führten sie folgerichtig ihre Politik der physischen Ausrottung der slawischen Völker durch.

Am 14. Februar überließ Pokrowski das Rednerpult dem Oberjustizrat Smirnow, der die Beweismittel vorlegte, »die die von den Hitler-Verschwörern begangenen schwersten Verbrechen gegen die friedliche Bevölkerung der vorübergehend besetzten Gebiete der USSR [sic], Jugoslawiens, Polens und der Tschechoslowakei bestätigen.« Diese Aufgabe sollte das Gericht vier Tage lang beschäftigen.

Ein Großteil von Smirnows Beweismaterial basierte auf eidesstattlichen Aussagen von Augenzeugen deutscher Greueltaten, die der Außerordentlichen Staatlichen Kommission der Sowjetunion vorgelegt worden waren.* Wenn man an den Charakter und an die große Zahl der Dokumente dachte, die zuvor von den amerikanischen und französischen Anwälten vorgelegt worden waren, dann konnte es scheinbar gar nichts Schlimmeres mehr geben; aber tatsächlich verblaßten diese früheren Präsentationen im Vergleich zu dem, was Smirnow aufbot. Es stellte sich auch heraus, warum dies so war: Den Naziführern war es durch Befehle, Einschüchterungen und die Vorführung von Beispielen gelungen, ihre Gefolgsleute davon zu überzeugen, daß Slawen tatsächlich »Untermenschen« seien und daß sie – abgesehen von denen, die einer nützlichen Sklavenarbeit zugeführt werden könnten – auf derart bestialische Weise umgebracht werden sollten, daß im ganzen Land nur noch Angst und Schrecken regierten. Dazu war eine entsprechende Indoktrinierung und Ausbildung erforderlich, wie Smirnow erläuterte:

> Es ist selbstverständlich, daß es nicht genügte, chemische Rezepte für »Zyklon A« [ein Giftgas] auszuarbeiten, Gaskammern und Krematoriumsöfen zu konstruieren oder Spezialverfahren der Massenerschießung in allen Einzelheiten festzulegen, um Millionen unschuldiger und hilfloser Menschen zu vernichten, sondern man mußte zu diesem Zwecke viele Tausende von Befehlsvollstreckern ausbilden, die diese Politik nicht »ihrer Form, sondern ihrem Geiste nach«, wie sich Himmler einst ausdrückte, ausführten. Man mußte Menschen ohne Herz und Gewissen, mit perversen Neigungen, solche, die mit den Grundsätzen der Moral und des Rechts bewußt gebrochen hatten, erziehen.

Als Beleg für diese These legte Smirnow ein Dokument vor, das den Titel trug »12 Gebote für das Verhalten der Deutschen im Osten und die Behandlung der Russen«, unterzeichnet von Herbert Backe, dem ehemaligen Ernährungsminister, der seine Leser ermahnte: »Ihr müßt Euch bewußt sein, daß Ihr Repräsentanten Großdeutschlands und Bannerträger der nationalsozialistischen Revolution und des neuen Europa für Jahrhunderte seid. Ihr müßt daher auch die härtesten und rücksichtslosesten Maßnahmen, die aus Staatsnotwendigkeiten gefordert werden, mit Würde durchführen. Charaktermängel des Einzelnen werden grundsätzlich zu seiner Abberufung führen.«

Anschließend veranschaulichte Smirnow die Ergebnisse derartiger Anweisungen durch eine lange Abfolge von Augenzeugenbeschreibungen, die teils von Gefangenen, teils von deutschen Soldaten oder Zivilisten stammten. Beispielsweise sagte ein Gefangener aus, der Leichen verbrennen mußte:

* Nach Artikel 21 der Londoner Charta waren die Berichte dieser Kommission als Beweismittel zulässig. Laut Smirnow gab es 54 784 Vorgänge über Kriegsverbrechen, die gegenüber sowjetischen Zivilisten begangen worden waren. Wie Pokrowski rief auch Smirnow keine Zeugen zu diesem Thema auf.

> Um das Janovskylager herum war ein Stacheldraht angebracht ... Dahin brachte man Menschen, die dort vor Kälte und Hunger umkamen, da sie sich von dort nicht retten konnten ... Ein Mensch wurde am Hals, an den Händen oder Füßen aufgehängt, dann wurden die Hunde auf ihn gehetzt und rissen ihn in Stücke. Der Mensch wurde als Zielwand bei Schießübungen verwendet. Mit diesen Dingen beschäftigten sich am meisten die Gestapoleute Heine, Müller, Blum, der Chef des Lagers, Willhaus, und andere, an deren Namen ich mich nicht erinnere ... Die Menschen wurden an den Beinen angefaßt und auseinandergerissen; Kinder im Alter von einem Monat bis zu drei Jahren wurden in Fässern, die mit Wasser gefüllt waren, ertränkt ... Die Frauen wurden an den Haaren aufgehängt, dabei wurden sie ausgezogen, hin und her geschaukelt, und so hingen sie, bis sie starben.

Vier Tage lang erklangen im Gerichtssaal Berichte von unvorstellbaren und zahllosen Tötungen in allen von den Deutschen besetzten Gebieten in der Sowjetunion und in Polen, in Jugoslawien und in der Tschechoslowakei. Als sich Smirnow mit dem letztgenannten Land befaßte, berichtete er von der Vernichtung von Lidice (einem Dorf in der Nähe von Prag), einer Greueltat, die damals überall in Europa und Amerika bekannt war. Eine traurige Geschichte, aber im Hinblick auf das, was in dem von den Deutschen besetzten Rußland geschah, gar nicht so aufsehenerregend, wie Smirnow darlegte:

> Viele Sowjetdörfer haben dasselbe Schicksal wie Lidice erlitten. Viele friedliche Bewohner dieser Dörfer sind nach noch schwereren Leiden zugrunde gegangen, sie wurden bei lebendigem Leibe verbrannt oder Opfer noch anderer qualvollerer Hinrichtungen.

Smirnow nannte die Zahlen der Toten in mehreren Städten: 632 253 während der Belagerung von Leningrad; über 100 000 in Wilna; 70 000 in Kaunas; rund 200 000 im Janovskylager; 1,5 Millionen in Maidanek.

Waren diese Zahlen überzogen? Waren die Greueltaten erfunden oder übertrieben? Wenn man sich ausschließlich auf offizielle Berichte beruft, die auf unbestätigten Aussagen von nie gesehenen Zeugen beruhen, dann ist das sicher nicht gerade der zuverlässigste Weg zu sachlicher Genauigkeit. Außerdem sind einige der Gesamtzahlen, wie die für Maidanek und die von den Deutschen besetzten Städte, schlichtweg Schätzungen, im Gegensatz zu Leningrad, wo die Umstände exakte Zählungen ermöglichten. Wenn man die Zahl der Zeugenaussagen und die Rolle von emotionalen Faktoren bedenkt, dann müssen viele dieser Berichte nicht nur aufgrund von Fehlern bei der Beobachtung, sondern auch infolge bewußter Übertreibung ein verzerrtes Bild der Wirklichkeit geliefert haben. Und dennoch: Waren die Fehler wirklich so zahlreich und so tiefgehend, daß dadurch die Genauigkeit dieses Bildes generell in Frage gestellt wurde?

Abgesehen vielleicht von Göring ist keiner der Richter, Verteidiger oder sonstigen Beobachter offenbar zu der Schlußfolgerung gelangt, daß man der sowjetischen Beweisführung im Grunde nicht trauen könne. Richter Birkett, der auch weiterhin sowohl die französische wie auch die sowjetische Präsentation mit der Begründung mißbilligte, daß deren Darlegungen überflüssig seien, vertrat einen wohldurchdachten Standpunkt im Hinblick auf die Glaubwürdigkeit von Smirnows Beweisführung:

> *15. Februar.* Der Anklagevortrag, der sich mit Verbrechen gegen die Zivilbevölkerung verschiedener Länder befaßt, die von den deutschen Armeen erobert wurden, ist sehr detailliert gewesen und hat sich größtenteils auf offizielle Dokumente gestützt, die angeblich ermittlungsrichterliche Protokolle bei der Aufnahme von Beweismaterial darstellen. Bei mir ist der Eindruck entstanden, daß es dabei eine Menge Übertreibungen gegeben hat, aber ich habe keine Möglichkeit, dies zu überprüfen. Aber auch für einen nüchternen Verstand kann es keinen Zweifel daran geben, daß ungeheure Schreckenstaten und Grausamkeiten verübt wurden.
> Ich glaube auch, daß es eine Menge Beweismittel gibt, die zeigen, daß die Nazi-Hierarchie Grausamkeit und Terror mit aller Berechnung als ihre normalen Waffen eingesetzt hat. Aber dafür kann man unmöglich eine ganze Armee generell verurteilen, und zweifellos waren viele dieser schrecklichen Ausschreitungen das Werk einer brutalen und zügellosen Soldateska, um Gibbon zu zitieren.
> Diese Beweisführung verfolgt nur ein einziges wichtiges Ziel: die Mitglieder des Kabinetts und die militärischen Führer einer Politik der wohlberechneten Grausamkeit zu überführen.

Mit den beiden letzten Sätzen stimme ich nicht überein. Ich glaube nämlich nicht, daß deutsche Soldaten »brutaler und zügelloser« sind als die Soldaten anderer Länder; gewiß ist ihr traditioneller Gehorsam dazu angetan, daß sie wahrscheinlich mehr als andere gehorchen, *wenn man es ihnen befiehlt.* Aber als ihnen Befehle erteilt wurden, grauenvolle Kriegsverbrechen zu begehen, haben sie sich diesen Befehlen nur allzu bereitwillig gefügt (Befehl ist Befehl). Was Birkett als das »einzige wichtige Ziel« abtut, ist für mich in der Tat sehr wichtig. Außerdem ist die Tatsache, daß es der Nazi-Indoktrinierung gelang, aus gewöhnlichen Menschen Monster zu machen, für mich das entsetzlichste Merkmal der Hitler-Zeit.

Unter dem niederschmetternden Eindruck dieser Flut von Horrorgeschichten konnte Dr. von der Lippe »nur hoffen, daß wenigstens ein Teil der Anklagebehauptungen übertrieben ist«. Aber selbst Göring mußte gegenüber Dr. Gilbert zugeben, daß »es genügt, wenn nur 5 Prozent all dieser Greuelgeschichten wahr sind«.

Am 19. Februar wandte sich Smirnow den Massenhinrichtungen in den Todeslagern zu, auf die die sowjetischen Streitkräfte stießen, als sie in Polen einmarschierten: Auschwitz, Maidanek, Chelmno, Treblinka, Sobibor und Belsec. Die Glaubwürdigkeit der Beweisführung wurde durch sichergestellte deutsche Fotografien erhöht. Es waren die Fotografien, die Rudenko mir zuvor gezeigt hatte. Da sie deutscher Herkunft waren und die Bilder oft erkennbare Schauplätze oder Einzelpersonen zeigten – z. B. die SS-Obergruppenführer Arthur Gebauer und Karl Strock –, waren sie zweifellos authentisch. Die Szenen stimmten mit dem Inhalt der Beweisdokumente überein. Es gab außerdem sowjetische Filme von den eroberten Lagern und den Stätten anderer Nazigreueltaten.

Smirnow schloß diesen Teil der sowjetischen Anklage ab, indem er einen Dokumentarfilm mit dem Titel *Die Grausamkeiten der deutsch-faschistischen Eindringlinge* vorführte. Ich war damals gerade in den USA und sah den Film erst ein paar Jahre später. Dr. Gilbert, der zu dieser Zeit beinahe abgehärtet war gegenüber der Enthüllung von Greueltaten, bezeichnete ihn als »noch schrecklicher als der von den Amerikanern gezeigte Film ... Er zeigte Unmengen von Leichen russischer Kriegsgefangener, die entweder ermordet wurden oder die man in den Feldern, wo sie gefangengenommen wurden, hatte verhungern lassen; die Folterwerkzeuge, verstümmelte Leichen, Guillotinen und Auffangkörbe für Köpfe; ... die Verbrennungsöfen und Gaskammern; die Haufen von Kleidung, die Ballen von Frauenhaar in Auschwitz und Maidanek ...«

Als einziger tat Göring den Film ab – er sei »kein Beweis«, weil er »leicht« hätte gefälscht werden können. Frank versuchte – trotz seiner eigenen blutigen Untaten in Polen – die Schuld auf Hitler und Himmler abzuwälzen; Schacht sagte, »es sei eine Schande nicht nur für die Deutschen, sondern für die ganze Menschheit, daß solche Grausamkeiten begangen wurden«. Fritzsche brach in Tränen aus und konnte erst am Abend des nächsten Tages über seinen Eindruck mit Gilbert sprechen, der ihn »bleich und elend« vorfand. Für ihn war der russische Film »der Tropfen, der das Faß zum Überlaufen brachte«. Die anderen Angeklagten versuchten zwar immer wieder, die Schuld anderen zuzuweisen, aber sie waren nicht wie Göring geneigt, die Glaubwürdigkeit des Films in Frage zu stellen.

Am 20. Februar wurde Smirnow von seinen Kollegen Schenin und Raginski abgelöst, die die Naziplünderungen und die Zerstörung von Eigentum und Kunstwerken schilderten, darunter auch von Kulturdenkmälern und historischen Stätten wie den Palästen in und bei Leningrad; den alten Kirchen von Nowgorod, Pskow und Kasan; und den Häusern von Tolstoi, Tschechow, Puschkin und Rimski-Korsakow.

So bewegend diese Berichte auch waren – nach dem Film über die Greueltaten waren sie fast eine Erleichterung. Und schon bald hob sich die düstere Stimmung der Angeklagten noch weiter, denn Winston Churchill hatte am 5. März in Fulton, Missouri, seine berühmte Rede gehalten, in der er erklärte, die sowjetische Regierung habe einen »eisernen Vorhang« zwischen West- und Osteuropa herabgehen lassen. Am nächsten Tag notierte Dr. von der Lippe, die Rede sei »in aller Mund«, und er schrieb in seinem Tagebuch einen langen Auszug aus dem Bericht in *The Stars and Stripes* ab, der mit

Churchills Appell an die westlichen Nationen überschrieben war: »Vereinigt euch gegen ein weiteres Vordringen der Russen, sagt Churchill in Fulton«. Göring war obenauf. »Natürlich, das habe ich euch doch gesagt«, frohlockte er, als er am nächsten Tag zum Essen ging. Die Spaltung zwischen Ost und West gab der Schadenfreude der Angeklagten reichlich Nahrung und hätte ihnen vielleicht sogar zum Vorteil gereichen können.

Am 25. Februar präsentierte Smirnow das Beweismaterial für den dritten Punkt der Anklageschrift: »Verbrechen gegen die Menschlichkeit«. Er räumte zwar ein, man könne derartige Verbrechen kaum von jenen unterscheiden, mit denen man sich bereits befaßt habe: den Kriegsverbrechen gegenüber militärischen und zivilen Opfern. Aber die meisten Verbrechen, die nun an der Reihe waren, seien gegen bestimmte nationale oder religiöse Gruppen gerichtet gewesen. Allerdings waren das sehr große gemeinsame Nenner. Smirnow faßte im ersten Teil seiner Präsentation die »Vernichtung der slawischen Völker« zusammen, zu denen natürlich die Polen, Tschechen und Jugoslawen ebenso gehörten wie die russischen Slawen.

Bedeutsamer war die Tatsache, daß Smirnow trotz der Abneigung der sowjetischen Regierung, die Juden als primäre und eindeutige Opfer des Nazismus anzuerkennen, am Nachmittag des 26. Februar mit der Vorlage des Beweismaterials über die »Judenverfolgung« begann, die noch den größten Teil des 27. Februar in Anspruch nahm.

Smirnow, für den der »extreme Antisemitismus der Nazi-Verbrecher ... fast zoologische Formen annahm«, stützte sich weitgehend auf die von den Amerikanern sichergestellten Dokumente über die Einsatzgruppen sowie auf Berichte der sowjetischen und polnischen Regierungen über die Todeslager. Anschließend rief er vier jüdische Zeugen auf, die aus persönlicher Erfahrung die Aktivitäten der deutschen Einsatzeinheit in Wilna schilderten, wo die jüdische Bevölkerung von annähernd 80 000 auf 600 dezimiert wurde; die Verfahren im Lager Treblinka, wo mit Hilfe von dreizehn Gaskammern mehrere tausend Juden pro Tag schon kurz nach ihrer Ankunft umgebracht wurden; und die Behandlung jüdischer Kinder in der Sektion Birkenau des Lagers Auschwitz.

Severina Schmaglewskaja, eine Frau, die in Auschwitz gewesen war, machte eine ungeheuerliche Aussage: Neugeborene Babys jüdischer Mütter wurden sofort umgebracht, und bei ihrer Ankunft zur Vernichtung bestimmte Kinder wurden oft in die Verbrennungsöfen geworfen, ohne daß man sie vorher in den Gaskammern erstickte. Andere Kinder wurden mit unbekanntem Ziel weggebracht. »Im Namen aller Frauen, die im Konzentrationslager zu Müttern geworden sind«, sagte die Zeugin, »möchte ich heute die Deutschen fragen: ›Wo sind diese Kinder?‹ «

Dr. Gilbert sah, wie einige Angeklagte und ihre Anwälte den Kopf senkten oder auf die Lippen bissen. »Am Ende der Verhandlung fragte Dönitz' Marine-Anwalt, Dr. Kranzbühler ... seinen Klienten: ›Hat denn niemand irgend etwas von diesen Dingen gewußt?‹ Dönitz schüttelte den Kopf und zuckte traurig die Achseln. … ›Natürlich, jemand wußte davon‹, sagte Jodl ruhig.« Jodl hatte selbstverständlich recht. Wenn niemand von »diesen Dingen« gewußt hätte, dann wären sie auch nicht passiert.

Dreizehntes Kapitel

Die Verteidigung der Angeklagten: Göring und Heß

Die französischen und sowjetischen Anklagevertreter hatten nunmehr ihre Ausführungen beendet, und das Gericht hatte sich angehört, was die Anwälte der Anklage wie der Verteidigung zu Problemen zu sagen hatten, welche die Klage gegen die Naziorganisationen aufgeworfen hatte. Im Laufe der Vormittagssitzung am 4. März 1946 teilte Sir David Maxwell-Fyfe dann dem Gerichtshof mit: »Für die Anklagebehörde ist der Fall abgeschlossen.« Nun waren die Verteidiger an der Reihe; in aller Form wurde ihre Seite des Verfahrens eröffnet.

Tatsächlich hatten die Planungen und Vorbereitungen für die Verteidigung schon vor Prozeßbeginn begonnen. Seit Anfang November hatte das Generalsekretariat des Tribunals Dokumente und Zeugen, die die Verteidiger haben wollten, ausfindig gemacht und beschafft. Und als sich die britischen und amerikanischen Teile der Anklage Mitte Januar ihrem Abschluß näherten, interessierten sich die Hauptankläger in erhöhtem Maße für die Strategie der Verteidigung. Bei ihrer Besprechung am 16. Januar kam Jackson darauf zu sprechen:

> Richter Jackson sprach über das Verteidigungsverfahren. Es sei wichtig, dieses soweit wie möglich abzukürzen, und er überlege, ob sie [die Anklagevertreter] sich nicht auf Artikel 20* berufen und möglicherweise einen Antrag einreichen könnten, das Gericht solle verfügen, daß die Anwälte der Verteidigung eine Erklärung darüber abgeben sollten, was sie zu beweisen beabsichtigten, a) mit jedem Zeugen und b) generell ... Eine derartige Verfügung, wie er sie vorgeschlagen habe, würde es ihnen ermöglichen
> 1) viele der Tatsachen, die die Verteidigung zu beweisen wünsche, zuzugeben,

* Artikel 20 der Charta sah folgendes vor: »Der Gerichtshof kann vor der Beweisantretung Auskunft über die Natur des Beweismittels verlangen, um über seine Erheblichkeit entscheiden zu können.«

2) in anderen Fällen eine Verfügung zu erwirken, daß die Tatsachen irrelevant seien,
3) sich auf die Verteidigung einzustellen.

Wenn seine Kollegen damit einverstanden seien, werde er einen derartigen Antrag vorbereiten.
De Menthon und Pokrowski bezweifelten, daß es möglich sei, die Vorlagen der Verteidigung einzuschränken. Daraufhin wurde zunächst nichts unternommen, aber auf einer Besprechung der Anklagevertreter am 5. Februar wurde ein von Jackson vorbereiteter Entwurf angenommen, und man einigte sich darauf, daß der Antrag kurz nach Rudenkos Eröffnungsrede dem Gericht vorgelegt werden solle.

Aber die Angeklagten waren der Anklagebehörde zuvorgekommen. Am 4. Februar hatten sie dem Gerichtshof einen »Vorschlag für die Annahme von Entlastungsmaterial« vorgelegt, der von Kranzbühler vorbereitet worden war, aber unter Stahmers Namen zu den Akten genommen wurde, und der ganz vernünftige Bestimmungen enthielt. Jeder Angeklagte solle die Zeugen benennen, die er aufrufen wolle; zwei Wochen bevor der Fall eines Verteidigers zur Verhandlung aufgerufen würde, müsse dieser seine Dokumentenbücher beim Generalsekretariat hinterlegen; das Gericht solle die Beratung zwischen Verteidigern und Entlastungszeugen ermöglichen. Die Angeklagten verlangten auch eine Sitzungspause von drei Wochen zwischen dem Abschluß des Anklagevortrags und der Eröffnung der Verteidigung.

Im Hinblick auf die Vorschläge der Anklagebehörde, die eine Woche später zu den Akten genommen wurden, bemerkte Dr. von der Lippe, sie würden bewußt die »Verteidigung außerordentlich beschränken«. Die Verteidigung wäre genötigt, im voraus anzugeben, ob sie allgemeine Behauptungen wie die über den aggressiven Charakter des Krieges und die Mißhandlung und Tötung von Kriegsgefangenen und Zivilisten in von den Deutschen besetzten Territorien durch die Deutschen zulassen oder anfechten wolle. Schließlich gab es eine Klausur der Verteidiger unter der Leitung von Kranzbühler, der laut von der Lippe in der Lage war (*suaviter in modo, fortiter in re* – milde in der Art, standhaft in der Sache), die vielen einander widerstreitenden Ansichten in Einklang zu bringen.

Nach einer langen Diskussion zwischen den Vertretern der Anklage und der Verteidigung nahm das Gericht eine ablehnende Haltung gegenüber den Vorschlägen der Anklagevertreter ein und neigte dazu, den Antrag der Verteidigung zu akzeptieren. Das Gericht ordnete an, daß die Anhörung über die zu beantragenden Dokumente und Zeugen für die ersten vier Angeklagten (Göring, Heß, Ribbentrop und Keitel) am darauffolgenden Samstag, am 23. Februar, erfolgen solle.

Der Antrag der Verteidigung auf eine dreiwöchige Sitzungspause wurde am 18. Februar angehört. Fyfe sprach sich im Namen seiner Kollegen dagegen aus, und das Gericht lehnte ihn am darauffolgenden Vormittag ab. Die totale Ablehnung einer Vertagung war für die Verteidiger ein Schock; bei einer Klausur am selben Abend war ihre Stimmung »bei Null« angelangt. Dr. Nelte (Keitels Anwalt) schlug vor, eine »vereinigte Front« der angeklagten Militärs unter Führung seines Klienten zu bilden, aber die anderen Verteidiger dieser Angeklagten sprachen sich alle dagegen aus, und zwar mit dem durchaus plausiblen Argument, eine derartige Front könnte das Gericht durchaus davon überzeugen, daß der Generalstab tatsächlich eine »Organisation« gewesen sei.

Der Gerichtshof setzte am 20. Februar die Erörterung der Verfahrensanträge beider Seiten und der damit zusammenhängenden Angelegenheiten fort. Zunächst befaßte man sich mit dem Problem der Aussagen der Angeklagten selbst und legte in Übereinstimmung mit der angloamerikanischen Gerichtspraxis fest, daß die Angeklagten unter Eid aussagen, aber dazu nicht gezwungen werden könnten. Biddle berichtete darüber in seinen Aufzeichnungen:

> Fürchterliches Gerangel um die Frage, ob ein Angeklagter als Zeuge aufgerufen werden, d. h. unter Eid aussagen könne – die Russen sind über diese Vorstellung schockiert. Parker wäre vom Gegenteil schockiert und droht mit seinem Rücktritt, wenn Charta so ausgelegt würde. Ich rüge ihn, und er nimmt seine Bemerkungen zurück, und dann stimmen wir N[ikitschenko] nieder.

Am 21. Februar akzeptierte der Gerichtshof die Vorschläge der Verteidiger, wobei er verschiedene nebensächliche Details hinzufügte, und lehnte den Antrag der Anklagevertreter insgesamt ab. Diese Entscheidungen wurden am Samstag, den 23. Februar, in öffentlicher Sitzung bekanntgegeben. Die Verteidiger hatten Grund genug, sich selbst zu beglückwünschen. Aber das hielt nicht lange an, denn als Lawrence verkündete, das Gericht werde nun »auf den Antrag des Angeklagten Göring auf Vorlage von Dokumenten und Ladung von Zeugen eingehen«, legte er sogleich das entsprechende Verfahren fest, an das sich die Verteidiger zu halten hätten:

> Zuerst wird der Gerichtshof den Verteidiger des Angeklagten, dessen Fall behandelt wird, auffordern, über seinen ersten Zeugen zu sprechen; dann werden wir den Vertreter der Anklagebehörde auffordern, darauf zu erwidern; ... das heißt also, daß wir den Verteidiger und den Vertreter der Anklagebehörde abwechselnd zu jedem Zeugen hören wollen.

Derartige Einschränkungen waren natürlich mit Zeugenvorladungen der Anklagebehörde bisher nicht verbunden gewesen – niemand hatte jemals vorgeschlagen, daß die Angeklagten die Gelegenheit haben sollten, vor dem Auftreten eines Belastungszeugen Einspruch dagegen zu erheben, weil diese Aussage irrelevant sei oder aus anderen Gründen. Und als Lawrence Stahmer das Wort erteilte, damit dieser die von Göring vorgeschlagenen Zeugen benennen könne, trat Dr. Martin Horn (der Verteidiger von Ribbentrop) unverzüglich ans Rednerpult, um dagegen zu protestieren: »Bevor wir in diese Einzelheiten eintreten, bitte ich, mir mitzuteilen, warum das Gericht die Absicht hat, die Verteidigung grundlegend anders zu behandeln als die Staatsanwaltschaft.«

Der Protest half nichts. Lawrence rechtfertigte das vorgeschriebene Verfahren damit, daß die Zeugen und Dokumente für die Angeklagten vom Sekretariat beschafft werden müßten. Damit konnte zwar durchaus gerechtfertigt werden, daß die Angeklagten ihre Wünsche im voraus anzumelden hatten; hingegen hatte dieses Argument nichts mit dem Einspruch dagegen zu tun, daß der Gerichtshof die Anklagebehörde ermächtige, in das Verfahren einzugreifen, indem sie schon vor der Befragung Einspruch gegen Zeugen erheben könne. Höchstwahrscheinlich wollte der Gerichtshof die Zahl der Entlastungszeugen im Interesse einer raschen Abwicklung möglichst gering halten und zog die (zweifellos korrekte) Schlußfolgerung, daß die Anklagebehörde dank ihrer Vorabinformationen eher als das Gericht in der Lage wäre, auf potentiell irrelevante Anforderungen oder Doppelungen hinzuweisen.

2

Die Verteidigung begann mit ihren Beweisvorlagen am darauffolgenden Morgen. Die Anhörungen entsprachen der Reihenfolge, wie sie in der Anklageschrift vorgegeben war. Dr. Stahmers Eröffnung hatte nichts mit den Eröffnungsreden der Hauptankläger gemein, weil die Verteidiger nur jeweils ein Plädoyer im Namen ihrer einzelnen Mandanten halten durften, und zwar erst, nachdem sie ihr Beweismaterial vorgelegt hatten. Dr. Stahmer gab zunächst ein paar Kommentare über den Versailler Vertrag ab und rief dann seinen ersten Zeugen auf; den General der Luftwaffe Karl Bodenschatz, der im Ersten Weltkrieg dem unter dem Kommando von Göring stehenden Jagdgeschwader Richthofen angehört hatte und der im Zweiten Weltkrieg Verbindungsoffizier zwischen dem Oberbefehlshaber der Luftwaffe und dem Führerhauptquartier gewesen war. Daß ausgerechnet er als erster Zeuge aufgerufen wurde, sprach nicht sehr für Stahmers Verhandlungsgeschick, da Bodenschatz seine Position mehr seiner persönlichen Loyalität als seiner Intelligenz verdankte. Außerdem war er am 20. Juli 1944 bei Hitler gewesen, als die Bombe bei von Stauffenbergs Attentatsversuch explodierte, und noch immer hatte er sich nicht von seinen schweren Verletzungen erholt, die sein Gehör beeinträchtigt und seine Nerven zerrüttet hatten.

Bodenschatz sagte aus, Göring habe mitgewirkt, die Münchner Krise von 1938 auf friedliche Weise zu lösen, und sei gegen den Krieg mit England im Jahre 1939 sowie mit der Sowjetunion Im Jahre 1941 gewesen. Er schilderte, wie Göring ein paarmal alte Freunde dem Zugriff der Gestapo entzogen habe, und erklärte höchst unklugerweise, daß Göring die Ausschreitungen von Himmlers Schlägertrupps in der berüchtigten Kristallnacht scharf kritisiert habe.

Der General befand sich überhaupt nicht in der Verfassung, es mit einem harten Anklagevertreter im Kreuzverhör aufnehmen zu können, und während der Klageerwiderung gehörte das Kreuzverhör nun einmal zur Tagesordnung. Die Anklagevertreter hatten während ihrer Klagevorlage keine Gelegenheit zum Kreuzverhör gehabt; sie hatten nicht viele Zeugen aufgerufen, und Kranzbühler war der einzige deutsche Anwalt gewesen, der bei diesem unsanften Verfahren einigermaßen hatte mithalten können. Nun, da sich die Angeklagten schmerzlich dessen bewußt waren, daß die Flut der Dokumente sie schwer belastet hatte, setzten sie ihre Hoffnung hauptsächlich auf ihre Aussagen und die ihrer Zeugen. So, wie der Prozeß bisher verlaufen war, konnte viel von forensischen Fähigkeiten abhängen.

Allerdings beschränkten sich diese Fähigkeiten auf seiten der Anklagevertretung weitgehend auf die britischen und amerikanischen Teams – die Franzosen und die Russen waren genauso unerfahren wie ihre Gegner. Als die Hauptankläger auf ihrer Konferenz Anfang März die Aufgabe der Behandlung der Aussagen der einundzwanzig Angeklagten und ihrer Zeugen aufteilten, wurden den Russen und den Franzosen infolgedessen jeweils nur zwei Angeklagte zugewiesen: Keitel und Frank, beziehungsweise Sauckel und Seyß-Inquart. Die übrigen wurden so gleichmäßig verteilt, wie es die Primzahl Siebzehn gestattet: Die Amerikaner übernahmen Göring, Kaltenbrunner, Rosenberg, Frick, Funk, Schacht, Schirach, Speer und Fritzsche; die Briten Heß, Ribbentrop, Streicher, Dönitz, Raeder, Jodl, Papen und Neurath. Die Ankläger beschlossen auch, daß es für jeden der Hauptankläger einen »Ersatzmann« von einer anderen Delegation geben solle. Normalerweise sollten nicht mehr als zwei Ankläger einen Angeklagten oder einen anderen Zeugen ins Kreuzverhör nehmen, aber wenn es die Umstände erforderten, gab es keine absolute Sperre dagegen, daß auch andere Anwälte ins Kreuzverhör eintraten.

Entsprechend dieser Aufteilung erhob sich Richter Jackson, um Bodenschatz ins Kreuzverhör zu nehmen. Der General war schwer von Begriff und stellte sich fürchterlich an, besonders am Ende, als Jackson darauf hinwies, daß Göring sich zwar von einem wirtschaftlichen Standpunkt aus über die Zerstörung von Eigentum während der Kristallnacht geärgert haben möge, daß er aber an der Entscheidung mitgewirkt habe, die deutschen Juden zu einer Geldstrafe von einer Milliarde Reichsmark zu verurteilen, um den Staat für die Zerstörung zu entschädigen, die er selbst verursacht hatte.

Alles in allem war es ein kurzes und ganz normales Kreuzverhör, aber die Angeklagten waren davon mächtig beeindruckt. Steinbauer (Seyß-Inquarts Verteidiger): »Die amerikanischen Anwälte haben beträchtliche Erfahrung im Kreuzverhör, und offenbar ist Mr. Jackson einer der tüchtigsten.« Jodl:

»Ihr Mr. Jackson ist ein geschickter Ankläger.« Schacht: »Ihr Ankläger Jackson ist zweifellos brillant im Kreuzverhör.« Aber Dr. Gilbert, der diese Lobeshymnen notiert hatte, fügte hinzu, daß diese Angeklagten alles andere als Freunde von Göring waren und ihre Genugtuung darüber äußerten, daß er mit seinem ersten Zeugen eine Schlappe erlitten hatte.

Görings nächster Zeuge machte eine weniger bemitleidenswerte Figur. Vor dem Krieg hatte sich Erhard Milch in der deutschen Zivilluftfahrt einen Namen gemacht, und 1933 wurde er auf Betreiben Görings zum zweithöchsten Offizier der Luftwaffe ernannt. Er hatte den Rang eines Generalfeldmarschalls und den Status eines Generalinspekteurs der Luftwaffe und Staatssekretärs im Reichsluftfahrtministerium. Er war kein kampferfahrener Kommandeur, sondern verfügte über administrative und organisatorische Fähigkeiten. Im Krieg war Milch Mitglied der Zentralen Planung, einer interministeriellen Dienststelle, deren Aufgabe laut Milch die »Verteilung der Rohstoffe« war, »unter verschiedene Kontingentträger, wie Wehrmacht, Heer, Marine, Luftwaffe und der zivile Bedarf für die verschiedenen Zweige, wie Bergbau, Industrie, industrielle und private Bautätigkeit und so weiter«. Wie Göring beherrschte er die militärische wie die zivile Klaviatur des Krieges, und wenn ihm auch Görings öffentliches und politisches Format fehlte, war er doch weitaus besser imstande, sich über längere Zeit zu konzentrieren und hart zu arbeiten.

Was hatte er zur Entlastung seines ehemaligen Chefs vorzubringen? Nicht viel. Stahmer holte aus Milch nur heraus, er sei der Meinung, die Luftwaffe sei in erster Linie zur Verteidigung eingerichtet worden, Göring sei »gegen den Krieg« und gegen den Angriff auf Sowjetrußland gewesen, und er habe nichts von den mörderischen medizinischen Experimenten an Insassen des Konzentrationslagers Dachau gewußt. Stahmers Verhör dauerte keine fünfzehn Minuten; es war nur wenig wert und stellte ein gewaltiges Risiko dar, wie sich bald erweisen sollte.

Aufgrund seiner Vielseitigkeit als Naziführer stellten die anderen Verteidiger Milch eine Unmenge Fragen. Dr. Laternser (der Verteidiger des Generalstabs) erkundigte sich nach der Kriegsbereitschaft der Wehrmacht im Jahre 1939; Dr. Flächsner (Speers Anwalt) und Dr. Servatius (Sauckels Verteidiger) stellten ihm viele Fragen über die Zentrale Planung (die Stahmer nicht einmal erwähnt hatte), in der ihre Mandanten eng mit Milch zusammengearbeitet hatten; Dr. Jahrreiss (Jodls Anwalt) und Dr. Siemers (Raeders Anwalt) befragten ihn nach militärischen Details, und Dr. Kauffmann (Kaltenbrunners Verteidiger) erkundigte sich nach Milchs Besuch in Dachau im Jahre 1935. Viele Fragen dieser Anwälte hatten mit Göring nur wenig zu tun.

Das führte dazu, daß Jackson, als er Milch ins Kreuzverhör nahm, sich mit einem breiten Themenspektrum zu befassen hatte und rund vier Stunden auf den Beinen war. Milch war intelligent und sehr gut unterrichtet, aber das half ihm auch nicht viel, da er genauso tief in die gleichen Verbrechen verstrickt war, deretwegen Sauckel und Speer unter Anklage standen. Die Dokumente, die bereits im Laufe des amerikanischen Anklagevortrags als Beweismittel vorgelegt worden waren und die Jackson nun erneut gnadenlos zitierte, ließen ihm keinen Ausweg. Mal behauptete Milch, er könne sich nicht mehr erinnern, mal verlegte er sich auf Ausflüchte, und am Ende leugnete er rundweg ab, daß er jemals Kriegsgefangene erschossen habe, und das, obwohl ihm sein eigener Bericht vor der Zentralen Planung entgegengehalten wurde, vor der er erklärt hatte, er habe befohlen, daß man russische Offiziere erhängen solle, die zu fliehen versucht hatten: »Ich wollte sie im Betrieb gehängt haben, damit die anderen es sehen.« Milch verließ, absolut in Mißkredit gebracht, den Zeugenstand.

Die Beschäftigung mit zwei Zeugen hatte zwei volle Tage gedauert. Milch war im Anschluß an Stahmer von sechs weiteren Verteidigern befragt und, nachdem Jackson fertig war, kurz von Roberts und Rudenko ins Kreuzverhör genommen worden. Der Gerichtshof war entgeistert über dieses langsame Tempo, und am darauffolgenden Morgen (dem 12. März) kamen die Richter in nichtöffentlicher Sitzung mit den Hauptanklägern und einigen ausgewählten Verteidigern zusammen, um mit ihnen über eine vorgeschlagene Regelung zu sprechen, derzufolge nur ein Anklagevertreter einen Angeklagten oder Entlastungszeugen ins Kreuzverhör nehmen dürfe, und »wenn Zeugen für einen einzelnen Angeklagten aufgerufen werden, dürfen die anderen Verteidiger den Zeugen ausschließlich nach den Dingen befragen, die mit ihrem eigenen Fall unmittelbar zu tun haben«. Die Anklagevertreter waren entschieden dagegen, und das Gericht »beschloß, die Angelegenheit weiter zu erörtern«. Doch eine derartige Regelung wurde nie eingeführt, und so zogen sich die Befragungen und Kreuzverhöre weiterhin in die Länge.

Tatsächlich sagten die nächsten beiden Zeugen zwar sehr kurz aus, aber Jacksons Kreuzverhör war in beiden Fällen dreimal so lang. Oberst Bernd von Brauchitsch (der Sohn des Generalfeldmarschalls und Oberbefehlshabers des Heeres von 1938 bis 1941) war während des ganzen Krieges Görings Chefadjutant gewesen. Aus seiner direkten Aussage ging nur hervor, daß Göring seinen Stab angewiesen hatte, Hitlers Befehl von 1944 zu mißachten, daß feindliche Flieger, die in Deutschland mit dem Fallschirm niedergingen oder eine Bruchlandung machten, als »Terrorflieger« gelyncht werden sollten. Jackson bemühte sich gar nicht, diese Aussage zu widerlegen, sondern stellte dem Zeugen Fragen über den Angriff auf Rußland, über Görings Beziehungen zu Hitler und zur SS sowie über die Aktivitäten von Generalfeldmarschall von Brauchitsch nach seinem Ausscheiden. Die Antworten waren unergiebig.

Persönlich hatte der junge Oberst wie ein aufrechter Soldat gewirkt, wohingegen Paul Körner, wie von der Lippe es formulierte, »weniger sympathisch« war. Körner war seit den späten zwanziger Jahren ein Protegé Görings gewesen und hoch in der Naziregierung aufgestiegen. Als er ein paar Monate zuvor von Dr. Kempner vernommen worden war, hatte Körner erklärt, daß er »Göring als den letzten großen Mann der Renaissance« betrachte, daß dieser ihm, Körner, »die größte Aufgabe« seines Lebens anvertraut habe und »daß es treulos und illoyal wäre, gegen ihn auszusagen«. Als Jackson dies vor dem Gerichtshof verlas, fragte sich jeder, warum um Himmels willen Stahmer diesen Körner in den Zeugenstand geholt hatte. Außerdem war Körner wie Milch Mitglied der Zentralen Planung gewesen und daher genauso verantwortlich für das verbrecherische Zwangsarbeitsprogramm wie Sauckel, Milch und Speer. Im Kreuzverhör verfiel Körner schließlich auf das übliche Antwort-Schema: »Ich gebe nichts zu und erinnere mich an möglichst wenig.«

Görings letzter Zeuge, bevor er selbst in den Zeugenstand trat, war ein bedeutender militärischer Führer im Zweiten Weltkrieg. Generalfeldmarschall Albert Kesselring war Artillerieoffizier gewesen und ohne vorherige Erfahrungen als Flieger 1933 zur neuen deutschen Luftwaffe gegangen, die dringend fähige Offiziere benötigte. Kesselring lernte fliegen und studierte sein neues Arbeitsgebiet gewissenhaft. 1940 war er Kommandeur der Luftflotte, die auf deutscher Seite die volle Wucht des Kampfes in der Schlacht um England trug. Im Laufe des Krieges wurde ihm der Oberbefehl über alle Wehrmachtsstreitkräfte in Italien und Nordafrika übertragen, mit dem Titel Oberbefehlshaber Südwest. In den letzten Kriegswochen löste er Generalfeldmarschall Gerd von Rundstedt als Oberbefehlshaber an der Westfront ab.

Kesselrings Aussage nahm zwar ungefähr einen ganzen Tag in Anspruch, aber Stahmer brauchte für seine Fragen nicht mehr als fünfzehn Minuten. Abgesehen davon, daß diese Fragen wieder einmal die schon gehörte Behauptung hervorriefen, die Luftwaffe sei »eine reine Verteidigungswaffe« gewesen, galten sie ausschließlich den Bombenangriffen auf Warschau im September 1939, auf Rotterdam im Mai 1940 und auf Coventry im November 1940. All diese Städte waren von Flugzeugen unter Kesselrings Kommando angegriffen worden, und er erklärte mit aller Entschiedenheit, daß alle drei Angriffe gegen wichtige militärische Ziele gerichtet gewesen seien.

Mit seiner Entscheidung, sich auf diese Ereignisse zu konzentrieren, verfehlte Stahmer sein eigentliches Ziel völlig. Die Anklageschrift enthielt keinerlei Anschuldigungen hinsichtlich unrechtmäßiger Luftbombenangriffe, weder gegen Göring noch gegen die Angeklagten generell.* Die Anklagebehörde hatte sich nicht darum bemüht, eine Kriegsverbrechensklage zu konstruieren, die auf Luftangriffen begründet war.

Korrekterweise bemerkte Kesselring in seiner Aussage: »Die Haager Landkriegsordnung trug den Bedürfnissen des Luftkrieges in keiner Weise Rech-

---

* In Punkt Eins der Anklageschrift war im ersten Absatz festgehalten, daß die Verschwörung auch einen verbrecherischen Plan einschloß, sich an der willkürlichen Zerstörung von Großstädten, Städten und Dörfern sowie an einer Verwüstung zu beteiligen, die durch militärische Erfordernisse nicht gerechtfertigt sei. Allerdings bezogen sich weder die näheren Bestimmungen für diese allgemeine Anschuldigung in Punkt Drei g) noch der Abschnitt, der in Anhang A der Anklageschrift Görings Verbrechen aufführte, auf Luftbombardements.

nung.« Außerdem waren die wirklich schweren Luftangriffe auf Großstädte im Zweiten Weltkrieg – Hamburg, Berlin, Dresden, Tokio, Hiroshima und Nagasaki – von Großbritannien und den Vereinigten Staaten durchgeführt worden, und darum war es höchst unwahrscheinlich, daß die Anklagebehörde viel Aufhebens um die früheren deutschen Angriffe machen würde, die bei aller Zerstörung doch dagegen verblaßten. Darum ist es auch nicht überraschend, daß Görings Verantwortung für die deutschen Angriffe, die Stahmer unbedingt rechtfertigen wollte, im Urteil des Gerichtshofs nicht erwähnt wurde. Ja, man könnte durchaus sagen, wenn Görings Rolle im Dritten Reich sich auf den Oberbefehl über die Luftwaffe beschränkt hätte, dann hätte er in Nürnberg viel weniger zu befürchten gehabt.

Die Bombardierung von Rotterdam warf allerdings eine Frage auf, die mit Warschau oder Coventry direkt nichts zu tun hatte, auf der Fyfe aber hartnäckig bestand, als er Kesselring ins Kreuzverhör nahm. Am Morgen des 14. Mai 1940, dem fünften und letzten Tag des Widerstands der Holländer gegen den Einmarsch der Deutschen, hielten holländische Truppen noch eine Linie am Südrand von Rotterdam und am nördlichen Ufer des Lek. Auf dem gegenüberliegenden Ufer lagen deutsche Luftlandetruppen, die von General Kurt Student (einem Luftwaffenoffizier) befehligt wurden, sowie Heerestruppen des 39. Panzerkorps unter General Rudolf Schmidt.

Es gab noch immer eine Brücke über den Fluß, und im Laufe des Vormittags schickte General Schmidt dem holländischen Kommandeur eine Aufforderung zu kapitulieren, mit der Drohung eines Luftangriffs auf die Stellungen der holländischen Armee in Rotterdam. Während der anschließenden Verhandlungen sandte Student einen Funkspruch an den Kommandeur der Luftwaffen-Bombergruppe, die den Angriff ausführen sollte, mit der Weisung, wegen der Kapitulationsverhandlungen den Bombenangriff anzusetzen. Rote Leuchtkugeln wurden über den holländischen Stellungen abgeschossen, um alle Bomber abzuleiten, die sich dem Zielgebiet näherten. Trotz Students Funkspruch wurden zwei Bombereinheiten losgeschickt, wobei die eine die Leuchtkugeln übersah. Die Bomben verwüsteten ein großes Gebiet von Rotterdam und hinterließen über 800 Tote.

Im aktiven Kriegszustand wären die Stellungen der holländischen Armee sicher ein legitimes Ziel gewesen, selbst wenn ihre Lage in der Großstadt darauf hindeutete, daß es bei einem Luftangriff wahrscheinlich viele Tote unter der Zivilbevölkerung geben würde. Wenn aber der Angriff vom Luftwaffenkommando mit dem vollen Wissen befohlen worden war, daß Kapitulationsverhandlungen im Gange waren, dann würde ein derartiges Verhalten nach dem üblichen Völkerrecht, trotz fehlender Genauigkeit in diesem Punkt, als militärisch nicht erforderlich und unehrenhaft verurteilt werden.

Das also war die Anschuldigung, die Fyfe an Kesselring und durch diesen an Göring festzumachen suchte. Es gab genügend dokumentarisches Beweismaterial darüber, daß das Oberkommando bestrebt war, den Widerstand der Holländer unverzüglich zu beenden, so daß die deutschen Kampftruppen in Holland nach Süden verlegt werden konnten, um die in Belgien und Nordfrankreich kämpfenden Truppen zu verstärken. Fyfe wollte unbedingt die Anschuldigung durchbringen, daß der Bombenangriff kaum etwas mit dem holländischen Widerstand zu tun hatte, dem Student und Schmidt gegenüberstanden, und nur dem Zweck diente, die Holländer zu terrorisieren und die totale Kapitulation zu erzwingen. Und tatsächlich unterzeichnete General H. G. Winkelmann, der Oberkommandierende der holländischen Armee, am späten Nachmittag eine militärische Kapitulationserklärung.

Freilich gab es keine ausreichenden Beweise dafür, daß Kesselring oder Göring von den Kapitulationsverhandlungen Kenntnis gehabt hatte, und Kesselring wies es vehement von sich, daß irgendeine derartige Information ihn erreicht habe. Die Frage wurde später in der Literatur ausführlich erörtert, ohne daß man zu einer endgültigen Lösung kam, und der Gerichtshof ging nicht darauf ein.

Mit der Behauptung, die deutsche Luftwaffe sei (laut Milch wie Kesselring) »eine reine Verteidigungswaffe« gewesen, sollte den Punkten Eins und Zwei der Anklageschrift widersprochen werden – dahinter stand die Theorie, daß Göring und sein Stab gar keinen Angriffskrieg hätten planen können, wenn die Luftwaffe allein der Verteidigung hätte dienen sollen. Milch: »Das äußerte sich dadurch, daß in erster Linie Jäger aufgestellt wurden und Flak-Artillerie.« Und Kesselring betonte, es habe nur leichte deutsche Bomber mit geringer Reichweite gegeben: »Es fehlten die viermotorigen Kampfflugzeuge.«

Im Kreuzverhör gelang es Jackson, Kesselrings These erheblich in Frage zu stellen, indem er ihn nach dem Verhältnis zwischen Bombern und Jagdflugzeugen in der Luftwaffe zu Beginn des Krieges fragte. Aus Kesselrings Antwort ging hervor, daß es mindestens genauso viele Bomber wie Jäger gegeben hatte, wenn nicht sogar mehr, und das schwächte natürlich die Position der Deutschen sehr. Kesselring, der sich viel mehr als Milch über die Fallen im klaren war, die in der Charakterisierung der Luftwaffe als einer »reinen Verteidigungswaffe« lauerten, modifizierte prompt seine Behauptung, indem er erklärte, »daß, gleichgültig, ob Defensive oder Offensive, die Aufgabe der Luftwaffe offensiv geführt werden muß«, was Jackson sofort zu der rhetorischen Frage veranlaßte: »Die Luftwaffe dient als Verteidigungswaffe, wenn Sie sich in der Verteidigung befinden, und als Angriffswaffe, wenn Sie angreifen, nicht wahr?« Das kam der Wahrheit ziemlich nahe, und Kesselring erwiderte: »Man kann es so ausdrücken.« Als ihm klar war, daß nach diesem Zugeständnis von seiner ursprünglichen Behauptung einer »reinen Verteidigungswaffe« wenig übriggeblieben war, fügte er hinzu: »Das Wesentliche einer Offensiv-Luftwaffe sind die weitreichenden viermotorigen Bombenträger großer Lasten, über diese verfügte Deutschland überhaupt nicht.«

Jackson ging der Frage nicht weiter nach, aber eigentlich war Kesselrings

Rückzugsposition unhaltbar. Schwere Bomber können zwar größere Bombenlasten tragen und weiter transportieren als mittelgroße Bomber, aber ihr Fehlen beweist noch lange nicht, daß eine Luftwaffe »rein defensiv« oder daß der schwere Bomber an sich »offensiv« ist. Die Vorstellung ist einfach falsch, daß der offensive oder defensive Charakter einer Luftwaffe sich automatisch nach den jeweiligen Flugzeugtypen richtet. Bevor der Krieg begann, waren die britischen Bomber großenteils gebaut worden, um Deutschland davon *abzuschrecken*, England zu bombardieren, und die Wirkung der Luftwaffe abzuschwächen, falls die Abschreckung versagte. Das war die damals berühmte Trenchard-Weir-Theorie der britischen Luftmacht. Historiker haben einmal über die Rolle der Royal Air Force im Zweiten Weltkrieg geschrieben: »Positive Ziele wie den Feind zu zwingen, zurückzuweichen ..., sind in strategischer Hinsicht offensiv. Negative Ziele wie seinen angreifenden Streitkräften zu widerstehen oder ihre Angriffsmittel zu zerstören, sind in strategischer Hinsicht defensiv.«

Der Zweck der mittleren wie der schweren Bomber war zu Beginn defensiv. Außerdem kann ein Angriff gegen feindliche Fabriken und Flugplätze entweder defensiv sein, indem er feindliche Vergeltungsmaßnahmen erschwert, oder offensiv, indem er den feindlichen Widerstand gegen eine Invasion schwächt.

Aber noch überzeugender sind die Fakten der Geschichte der Luftwaffe. Als Deutschland zur Zeit der Machtergreifung der Nazis im Jahre 1933 noch immer an die Bestimmungen des Versailler Vertrages gebunden war, wonach es sein Heer auf 100 000 Mann zu begrenzen und auf Flugzeuge und U-Boote gänzlich zu verzichten hatte, waren die Nazis zweifellos darum bemüht, die Verteidigung der Nation aufzurüsten. Aber unbestreitbar steht auch fest, daß das Reich von Anfang an, und ganz offen nach 1935, nach militärischer Macht strebte, die für eine große Expansion deutscher Souveränität und Herrschaft sorgen würde, nötigenfalls durch einen Angriffskrieg.

Die Wehrmacht sollte einer offensiven Kriegführung dienen und die Luftwaffe diese Absicht unterstützen. Ihre Rolle, für die sie entsprechend ausgestattet war, bestand hauptsächlich in der Zusammenarbeit mit dem Heer, das auf dem Boden gewinnen und über Polen, Belgien, Frankreich, oder welches Land sonst noch auf der Liste der Opfer stand, herfallen sollte. Jagdflugzeuge sollten die Bodentruppen vor feindlichen Luftangriffen schützen; Sturzkampfbomber feindliche Verbände in der Nähe der Front terrorisieren und auflösen; leichte und mittelschwere Bomber feindliche Flugplätze, Munitionsdepots, Abstellbahnhöfe, Truppenkolonnen in Bewegung und alle möglichen Gelegenheitsziele zerstören: Das waren einige der Aufgaben der Luftwaffe, als sie sich den Panzern und mobilen Streitkräften anschloß, die den Blitzkrieg führten und Polen, Norwegen, Dänemark, die Niederlande, Belgien, Frankreich, Jugoslawien und Griechenland in weniger als zwei Jahren zu Nazi-Herrschaftsgebieten machten. Es war einfach grotesk zu behaupten, die Luftwaffe sei nicht offensiv geplant, angelegt und eingesetzt worden.*

Kesselrings Aussage war teilweise plausibler und besser entwickelt als die der anderen Zeugen, die vor Göring den Zeugenstand betraten. Aber selbst er suchte in der üblen Verlogenheit so vieler deutscher Zeugen Zuflucht: das Wissen um etwas zu bestreiten, das sie gewußt haben mußten. Hier ein typischer Dialog:

> JACKSON: Wollen Sie dem Gerichtshof glauben machen, daß Sie niemals wußten, daß von diesem Staate eine Aktion zur Verfolgung der Juden in Deutschland durchgeführt wurde? Ist Ihre Aussage dahingehend zu verstehen?
> KESSELRING: Von einer Judenverfolgung an sich habe ich keine Kenntnis gehabt.
> JACKSON: Ist es nicht Tatsache, daß jüdische Offiziere aus Ihrer Armee und Ihrem Kommando ausgeschlossen waren?
> KESSELRING: Jüdische Offiziere sind nicht vorhanden gewesen.

Dr. von der Lippe notierte, daß Stahmer »keinen leichten Stand« hatte. Mit Sicherheit hatten seine Zeugen kaum etwas gesagt, womit sie Göring hätten helfen können, und vielleicht konnten Zeugen auch kaum etwas tun, wenn man an Görings Status und an seine vielfältigen Aktivitäten dachte, die von so vielen Dokumenten enthüllt worden waren. Es mußte sich also zeigen, ob es ihm selbst besser gelang, in eigener Sache zu sprechen.

3

Kurz nach Beginn der Nachmittagssitzung am 13. März verließ Göring die Anklagebank und betrat den Zeugenstand. Er war nicht mehr »der Dicke«, und seine weiten Hosen täuschten darüber hinweg, wie sehr er in letzter Zeit abgenommen hatte. Die Gefängniskost war nicht nur seiner Figur bekommen, sondern hatte auch seinen Verstand und sein Gedächtnis geschärft.

Am Abend dieses Tages beklagte er sich dann darüber, »daß ich das Zittern meiner Hände nicht verhindern konnte«, und ganz sicher hatte er allen Grund, angespannt zu sein. Er war überzeugt, daß der Prozeß das letzte Kapitel seines Lebens darstellen würde und daß, was er sagen würde – und wie er es sagen würde –, sein Bild in der Geschichte entscheidend prägen würde. Göring hatte sich sorgfältig vorbereitet, und Dr. Stahmer hatte sich ausführlich mit anderen Anwälten beraten, unter anderem mit Siemers und von der Lippe.

Die Aussage lief nach folgendem Schema ab: Stahmer stellte ihm eine

* Weder die Luftwaffe noch die deutsche Kriegsmarine war gut angelegt oder ausgestattet für einen Krieg, in dem am Ende Großbritannien, die Vereinigten Staaten und die Sowjetunion die Gegner waren, worauf Kesselring mit Recht hinwies. Aber diese Umstände rechtfertigen es keinesfalls, die Luftwaffe als »reine Verteidigungswaffe« zu bezeichnen.

ganze Reihe kurzer, spezieller Fragen, woraufhin Göring so lange antwortete, wie es ihm die Frage zu erfordern schien. Nachdem beispielsweise Göring die Machtergreifung der Nationalsozialisten am 30. Januar 1933 geschildert hatte, fragte ihn Stahmer: »Welche Maßnahmen wurden nun getroffen, um nach Hitlers Ernennung die Macht zu festigen?« Görings Antwort beanspruchte rund zwanzig Minuten, und am Ende bekannte er stolz, er habe alles in seiner Macht Stehende getan, um die Hitler-Diktatur ein für allemal zu sichern:

> Und was ich abschließend sagen möchte: Erstens: Es ist richtig, ich persönlich kann ja nur für mich sprechen, ich habe alles getan, was irgendwie in meiner persönlichen Kraft gestanden hat, die nationalsozialistische Bewegung zu stärken, zu vergrößern und unablässig daran gearbeitet, sie unter allen Umständen an die Macht und zwar die alleinige Macht zu bringen.
> Zum zweiten habe ich alles getan, um dem Führer den ihm gebührenden Platz als Reichskanzler zu erkämpfen.
> Zum dritten habe ich, wenn ich mich prüfe, glaube ich, nichts unterlassen, um unsere Macht so zu befestigen, daß sie nicht den Zufälligkeiten des politischen Spieles oder gewalttätiger Unternehmungen weichen mußte, sondern daß sie im weiteren Aufbau wirklich nur jener Machtfaktor werden konnte, der das Reich führte und, wie wir hofften, einer großen Entwicklung zuführen sollte.

In dieser Weise ging es mit Görings Befragung durch Stahmer zweieinhalb Prozeßtage weiter. Es war ein bemerkenswerter Auftritt, und das war zum Teil auch der Grund, warum ihn der Gerichtshof nicht unterbrach oder sich darüber beklagte, daß dies zu lange gedauert habe. Göring war präzise und eindrucksvoll, und es war interessant und zuweilen faszinierend, wie er schilderte und erklärte, wie und warum all diese Dinge während des Aufstiegs des Nazismus und im Dritten Reich hatten geschehen können.

Göring wurde allgemein gelobt für seine Haltung, sein Geschick und seine Offenheit, selbst von denen, die ihn nicht mochten. »Das war der Göring von früher«, sagte Papen, »als er noch vernünftig war.« Dönitz »drückte seine Verwunderung darüber aus, daß Göring solch nüchterner Selbstbeherrschung fähig gewesen wäre«, und erklärte später: »Biddle paßt wirklich gut auf. Man kann sehen, daß er auch die Kehrseite der Medaille kennenlernen möchte.« Selbst Schacht und Speer fanden bei aller Kritik lobende Worte. Und nicht anders, wenn auch aus einer ganz anderen Perspektive, äußerte sich Richter Birkett:

> *18. März.* Göring erweist sich als ein sehr fähiger Mann, der die Intention jeder Frage fast sofort erkennt, nachdem sie formuliert worden ist. Er verfügt über beträchtliches Wissen und hat in dieser Hinsicht der Anklagebehörde einiges voraus, denn er bewegt sich stets auf vertrautem Boden.

Aber der Richter war zugleich auch beunruhigt über die möglichen Folgen, die es haben könnte, wenn man Göring derart ausführlich sprechen ließ:

Wenn man so auch im Falle aller anderen Angeklagten verfährt, ... dann wird das so viel Zeit beanspruchen, daß der Prozeß als Fehlschlag in die Geschichte eingehen wird. Es wird mehr dazu beigetragen haben, den Glauben der Deutschen an ihre Führer wiederherzustellen, und die Urteile gegen die Führer werden vom deutschen Volk für äußerst ungerecht gehalten werden.

Birketts Befürchtungen erwiesen sich als grundlos. Göring mochte seine Zuhörer damit beeindrucken, daß er »fließend, ruhig, überlegen und mit guter Disposition« (so von der Lippe) sprach – aber was brachte er zu seiner Verteidigung vor? Ein freimütiges Bekenntnis mag zwar tugendhaft sein, aber damit wird verbrecherische Schuld nicht getilgt, vor allem wenn es kaum ein Anzeichen von Reue gibt.

Im wesentlichen behauptete Göring, daß Deutschland berechtigt gewesen sei, sich wiederzubewaffnen und hinreichend militärische Macht anzusammeln, um sich der Gebiete, die es nach dem Versailler Vertrag verloren hatte, und anderer Länder zu bemächtigen, die das Reich für seine Entwicklung und Größe gebraucht habe. Um dieser Ziele willen habe der Zweck die Mittel geheiligt. Folglich gab Göring unter anderem auch zu, daß er Konzentrationslager errichtet habe, in die politische Gegner des Nazismus eingesperrt wurden; daß er bei den Säuberungen nach dem angeblichen Röhm-Putsch von 1934 an der standrechtlichen Erschießung von Personen, denen Hitler nicht traute, beteiligt gewesen sei; daß er die riesige Bußgeldsumme und die Aberkennung der bürgerlichen Rechte veranlaßt habe, mit der die Juden nach der Kristallnacht von 1938 bestraft worden seien; daß er sich an der Ausführung der Entscheidung beteiligt habe, Österreich, das Sudetenland, Danzig und der Polnische Korridor müßten mit dem Reich wiedervereinigt werden, notfalls mit Gewalt; daß er 1939 gedroht habe, Prag zu bombardieren, um die Kapitulation und die Annexion von Böhmen und Mähren zu erzwingen; daß er auch an der Ermächtigung zur Annexion großer Teile Polens zusätzlich zum Korridor sowie an der Beauftragung Himmlers, diese Territorien zu kontrollieren, beteiligt gewesen sei; und daß er die Invasion und Besetzung der anderen Länder, über die Deutschland aufgrund militärischer Erfordernisse hergefallen war, offiziell gerechtfertigt habe.

Diese Aktionen waren nicht alle Kriegsverbrechen. Aber Görings eigene Geschichte der Jahre von 1933 bis 1940 zeichnete ganz sicher das anschauliche Bild einer vollendeten staatlichen Verschwörung zur Vorbereitung und Durchführung von Angriffskriegen. Er habe Hitler später zwar »dringend und inständig« gebeten, »nicht in diesem Augenblick oder in absehbarer Zeit den Krieg gegen Rußland zu beginnen«, aber nun ließ er keinen Zweifel daran, daß ihn keineswegs »hier irgendwie völkerrechtliche oder andere Gründe bewogen hätten, sondern meine Einstellung kam ausschließlich aus politischen und militärischen Gründen«.

Wenn man Görings Aussage im Protokoll nachliest, so ist die Schlußfolgerung unausweichlich, daß er von sich aus mehr als genug Beweise für seine Verurteilung nach den Punkten Eins und Zwei der Anklageschrift beigesteuert hat. Daher ist es schwer verständlich, daß sein letzter Zeuge (der vier Tage später aussagte und damit Jacksons Kreuzverhör unterbrach) aufgerufen wurde, um Göring als Gegner dieser Kriege darzustellen. Bei diesem Zeugen handelte es sich um Birger Dahlerus, einen schwedischen Zivilingenieur und Geschäftsmann, der in England wie in Deutschland gute Verbindungen hatte, der die Sprache beider Länder perfekt beherrschte und der Göring seit 1934 kannte. In seiner Eigenschaft als preußischer Innenminister hatte Göring verwaltungstechnische Hindernisse ausgeräumt, die einer Heirat von Dahlerus mit einer deutschen Frau im Wege standen. Im darauffolgenden Jahr revanchierte Dahlerus sich dafür, indem er Görings Stiefsohn einen Job in Schweden verschaffte. Danach hatte Dahlerus Göring ein- oder zweimal im Jahr gesehen.

Anfang Juli 1939 festigte sich in Dahlerus während eines Besuchs in England die Überzeugung, England würde in den Krieg ziehen, wenn Deutschland Polen angreifen sollte, was zunehmend wahrscheinlich erschien. Er und eine Gruppe britischer Geschäftsfreunde, die gleichfalls bekümmert waren über die Aussicht auf einen größeren Krieg in Europa, waren der Meinung, ein Treffen zwischen ihrer Gruppe und Göring könne vielleicht zu Vorschlägen führen, wie sich die Krise auf friedliche Weise beilegen ließe. Abgesehen davon, daß Göring ein alter Bekannter von Dahlerus war, schlug man diesen Weg vor allem deshalb ein, weil Görings friedenserhaltende Maßnahmen zur Zeit der Münchner Krise von 1938 die Hoffnung genährt hatten, er könnte nun erneut eine ähnliche Rolle spielen.

Dahlerus fuhr nach Berlin und bekam am 6. Juli 1939 eine Audienz bei Göring. Dieser tat die britische Haltung in der Polen-Frage als »Bluff« ab, aber nachdem er mit Hitler gesprochen hatte, war er damit einverstanden, sich mit Dahlerus' Gruppe zu treffen. Ein derartiges Treffen (bei dem Göring nur von ein paar Untergebenen begleitet wurde) fand tatsächlich am 7. August im Haus von Dahlerus' Frau in Schleswig-Holstein statt. Die Diskussion verlief freundschaftlich, ohne daß eine der beiden Seiten nachgab, und die Teilnehmer verständigten sich nur darauf, »daß es von größtem Wert sein würde, wenn so bald wie möglich durch englische und deutsche Bevollmächtigte eine Zusammenkunft arrangiert werden könnte«. Erneut war Hitler mit diesem Vorschlag einverstanden, aber ein paar Tage später wurde der deutsch-sowjetische Nichtangriffspakt unterzeichnet, und die geplante Zusammenkunft geriet in Vergessenheit, da sich die Ereignisse überschlugen und eine Woche später bereits der Krieg begonnen hatte.

In diesen sieben Vorkriegswochen pendelte Dahlerus ständig zwischen London und Berlin hin und her. Rückblickend kommt einem das Ganze recht bizarr vor. Dahlerus war ein guter Geschäftsmann und voller gutgemeinter Absichten, aber er stand nur für sich selbst und war in der Öffentlichkeit völlig unbekannt. Und dennoch wurde er empfangen und konsultiert oder als Bote eingesetzt – unter anderem von Neville Chamberlain, Lord Halifax und Sir Alexander Cadogan (der der Meinung war, Dahlerus »könnte ziemlich dumm sein« – er verglich ihn mit »einer Wespe bei einem Picknick – man kann ihn einfach nicht abwimmeln«) sowie auf deutscher Seite neben Göring vom Führer selbst, der Dahlerus dreimal empfing.

Dahlerus' Aussage stand auch in einem Buch über diese Aktivitäten, das er im September 1945 auf schwedisch und anschließend auf englisch veröffentlicht hatte. Es gab auch eine deutsche Übersetzung, die von Fyfe bei seinem Kreuzverhör mit Dahlerus verwendet wurde. Dahlerus erzählte eine bemerkenswerte Geschichte – aber was bewirkte seine Aussage für Göring? Mit Sicherheit zeigte sie, daß Göring bereit war, viel Zeit darauf zu verwenden, mit den Briten über die Möglichkeit einer friedlichen Beilegung zu diskutieren, aber das allein sagt noch nichts über seine Motive aus. Bei der Zusammenkunft am 7. August erklärte Göring gegenüber seinen britischen Zuhörern, daß »er alles tun würde, was in seiner Macht stünde, um einen Krieg zu verhindern«, und Göring wie Hitler brachten gegenüber Dahlerus wiederholt ihren Wunsch zum Ausdruck, »mit der Englischen Regierung zu einem Übereinkommen« zu gelangen. Aber das reicht gewiß nicht aus, sich eine Meinung über Görings Absichten zu bilden.

Göring legte offenbar großen Wert darauf, daß Dahlerus als Zeuge aussagte, und Stahmer hatte zusammen mit Siemers (der mit Dahlerus persönlich befreundet war) vor seiner Aussage lange mit ihm diskutiert. Die beiden waren erfahrene Anwälte, und Göring war gewiß kein Dummkopf – um so bemerkenswerter ist es, daß offenbar keiner von ihnen sich die Mühe gemacht hatte, Dahlerus' Buch sorgfältig zu lesen, ehe man beschloß, ihn als Zeugen vorzuladen. Außerdem hatten sie es anscheinend versäumt, Dahlerus auf die Dokumente aufmerksam zu machen, die Alderman als Beweismittel vorgelegt hatte und in denen Hitlers Konferenzen mit, und seine Reden vor, seinen Untergebenen, unter anderem auch Göring, dargestellt wurden, die dann zum Ausbruch des Krieges führten.

Infolge dieser Versäumnisse hatte Fyfe mit seinem Kreuzverhör von Dahlerus einen großen Auftritt, denn Dahlerus' Buch stellte Göring nicht gerade in einem günstigen Licht dar, weder als Friedensstifter noch als Persönlichkeit. Zu Beginn dieses Buches heißt es, der Autor habe Göring zum erstenmal in einem heftigen Gespräch mit Wilhelm Furtwängler erlebt, dem berühmten Dirigenten der Berliner Philharmoniker, der vergebens um die Erlaubnis ersuchte, seinen jüdischen Konzertmeister behalten zu dürfen. Fyfe verlas eine Reihe von Auszügen aus dem Buch und bat den Zeugen nur zu bestätigen, daß er korrekt zitiert habe. Danach »schrie« Hitler: »Falls ein Krieg kommen sollte ..., dann werde ich U-Boote bauen, U-Boote bauen, U-Boote, U-Boote, U-Boote!« Der Führer, schrieb Dahlerus, »erschien mir in diesem Augenblick eher ein Phantom aus einer Erzählung als ein richtiger

Mensch«, und Göring habe ihn, Dahlerus, in einem giftgrünen Morgenmantel mit einer juwelenbesetzten Gürtelschnalle empfangen, während er ihn andererseits bei den Gesprächen mit Hitler nicht unterstützt habe und dem Führer gegenüber »eine derartige Unterwürfigkeit« erwies. Göring kochte vor Wut, als all diese unwürdigen Details zur Sprache kamen.

Mehr zur Sache trug Fyfe bei, als er aus den Dokumenten über Hitlers Vorbereitungen für den Angriff auf Polen zitierte: den Konferenzen mit den führenden Generälen und anderen Funktionären, auf denen Hitler erklärt hatte, Danzig sei nicht der Hauptzweck des Krieges, sondern die »Ausdehnung unseres Lebensraumes im Osten«, und erst der Pakt mit Stalin habe es möglich gemacht, »Polen zu isolieren«. Hatte Göring jemals Dahlerus von diesen Erklärungen berichtet? Der Zeuge jedenfalls erwiderte auf all diese Fragen, daß Göring ihm gegenüber »niemals etwas in dieser Richtung gesagt« habe.

Tatsächlich hatte Göring allen Grund, so zurückhaltend zu sein. Später wies er darauf hin, daß er keineswegs verpflichtet gewesen sei, hohe Staatsgeheimnisse einem freiwilligen Unterhändler gegenüber zu enthüllen. Wenn Göring die Diskussionen am Leben zu erhalten wünschte, wäre es doch töricht gewesen, Hitlers unnachgiebige Äußerungen auszuplaudern, denn das hätte Dahlerus durchaus von weiteren Bemühungen abhalten können.

Immerhin gelang es Fyfe, den Eindruck zu vermitteln, daß Göring ein ruchloses Doppelspiel getrieben habe. Dr. von der Lippe schrieb: »Die Vernehmung Dahlerus' verläuft so, daß niemand mehr sagen wird, dieser Zeuge sei ein Freund Görings und deshalb könne man seinen Worten nicht trauen. Im Gegenteil, viele halten ihn für einen Belastungszeugen, den man besser nicht gerufen hätte.«

Auf eine von Fyfes letzten Fragen erwiderte Dahlerus: »Hätte ich jedoch gewußt, was ich heute weiß, würde mir schon damals klar geworden sein, daß meine Bemühungen auf keinen Fall Erfolg haben könnten.« Als Göring wieder in den Zeugenstand zurückkehrte, bemühte er sich, die Aussage seines Zeugen in ein besseres Licht zu rücken. Aber er beging den schlimmen Fehler, daß er erklärte, er habe nichts anderes gewollt, als die Krise »im Sinne einer Münchener Lösung friedlich zu erledigen«. Vermutlich meinte er das sogar ernst, aber natürlich erinnerte sich jeder nur zu gut an das Schicksal der Tschechoslowakei nach München. Und weder Dahlerus noch Göring selbst haben jemals behauptet, daß er sich nicht wissentlich am Angriffskrieg gegen Polen beteiligte.

So gelang es Göring großenteils nicht, weder mit seiner Aussage noch mit der seines Zeugen, Boden wiedergutzumachen vor einem Gerichtshof, der sich dazu verpflichtet hatte, den Angriffskrieg im Sinne der Charta zu verdammen. Im Hinblick auf den Klagevorwurf der Kriegsverbrechen bemühte er sich hauptsächlich, die Aktionen der Luftwaffe zu rechtfertigen – eine relativ leichte Aufgabe angesichts des Fehlens internationaler Regelungen zur

Begrenzung des Luftkriegs, und nachdem die britischen und amerikanischen Bomber Deutschland mit Zerstörung und Tod heimgesucht hatten.

Allerdings war die Luftwaffe in eine Aktion verwickelt, die eindeutig das Kriegsrecht verletzt hatte und auf die Göring ganz besonders einging. Im März 1944 flüchteten fünfundsiebzig Offiziere der Royal Air Force aus dem Gefangenenlager Stalag Luft III bei Sagan in Schlesien (dem heutigen polnischen Źagań). Etwa ein Drittel von ihnen war fast unmittelbar wieder von den Lagerwachen eingefangen worden, die anderen aber, die länger in Freiheit blieben und von der deutschen Polizei festgenommen wurden, hatte man erschossen. Offenbar weil in jüngster Zeit vielen Kriegsgefangenen die Flucht gelungen war, hatte Hitler Himmler angewiesen, die Polizeigefangenen erschießen zu lassen.

Göring bestritt die Unrechtmäßigkeit dieser Tötungen nicht.* Er sagte allerdings aus, daß er sich zum Zeitpunkt der Flucht im Urlaub befunden habe, und als er erfahren habe, was passiert sei, habe er Hitler erklärt, daß dieser Befehl »völlig unmöglich« sei und die Briten zu Vergeltungsmaßnahmen gegenüber deutschen Kriegsgefangenen veranlassen könne. Zu dieser Zeit sei Görings Verhältnis zu Hitler »schon außerordentlich schlecht und gespannt« gewesen, und der Führer habe Görings Einwände »heftig« zurückgewiesen.

Im Hinblick auf Kriegsverbrechen, die gegenüber Zivilpersonen begangen worden waren, erwies sich Görings Aussage als kurz und vage. Er hatte die ersten Konzentrationslager errichten lassen, aber sie hatten angeblich nur dazu gedient, politische Feinde des Nazismus abzusondern, nicht zu bestrafen. Nachdem Himmler 1934 die Kontrolle über die Lager übernommen hatte, habe er, Göring, nichts mehr damit zu tun gehabt und kaum gewußt, was darin vorgegangen sei.

Göring gab zu, daß er in seiner Eigenschaft als Beauftragter des Vierjahresplans »die gesamte Wirtschaft lenkte und mit Weisungen zu versehen hatte«, und das betraf auch die Deportation von ausländischen Arbeitskräften ins Reich. Aber 1942 griff Hitler »schon sehr viel stärker immer unmittelbar in die Probleme« ein, und Sauckel erhielt nach seiner Ernennung zum Generalbevollmächtigten für den Arbeitseinsatz seine Befehle direkt vom Führer. Göring erklärte auch, daß man seiner Meinung nach »zwangsläufig durch den modernen Krieg in der Ausweitung seiner Technik« mit den Bestimmungen der Haager und Genfer Konventionen, die das Recht einer Besatzungsmacht beim Zugriff auf Eigentum und bei der Verschleppung von Arbeitskräften begrenzten, »in Konflikt geraten müßte«. Wie sich noch her-

* Das Recht von Kriegsgefangenen, die Flucht zu versuchen, wurde im Lieber-Kodex, Abschnitt XXVII, ausdrücklich anerkannt. Zur Zeit der Nürnberger Prozesse wurde diese Angelegenheit nach der Genfer Konvention von 1929 geregelt, die in Abschnitt L vorschrieb, daß wiedereingefangene Gefangene nur disziplinarisch bestraft werden dürften.

ausstellen sollte, hatten Göring und seine Anwälte die rechtliche Bedeutung und die Beweiskraft dieser Dinge entschieden unterschätzt.

Anschließend wurde Göring von nicht weniger als sechzehn Verteidigern befragt, von denen sich die meisten Antworten erhofften, die ihre Mandanten in ein gutes Licht rücken würden. In einer Reihe von Fällen war Göring in der Lage und bereit, Antworten zu geben, die insofern hilfreich waren, als sie die Bedeutung der Pflichten des betreffenden Angeklagten herabsetzten. Keitels Aufgabe sei »sicherlich sehr undankbar und schwer« gewesen – er sei »hierbei zwischen die beiden Mühlsteine stärkerer Persönlichkeiten« geraten; die Haltung des Generalstabs des Heeres »bezüglich des eigenen Treibens oder der eigenen Auffassung« sei eine »für einen Generalstab außerordentlich timide und zurückhaltende« gewesen; über Ribbentrop: »Einfluß im Sinne, daß Herr von Ribbentrop Hitler hätte in irgendeiner Richtung lenken können, hat er bestimmt nicht gehabt.« Auf die Frage, ob es so etwas wie eine »Verschwörung in den obersten Regierungskreisen« gegeben habe, erwiderte Göring launig:

> Es hat kein anderer auch nur annähernd mit dem Führer so eng zusammenarbeiten können und war so wesentlich über seine Gedanken orientiert und hatte so den gleichen Einfluß wie ich. Also hier könnten höchstens der Führer und ich uns verschworen haben. Die anderen kommen sämtlich nicht in Frage.

4

Gegen Ende der Vormittagssitzung am 18. März hatten die Verteidiger ihre Befragung abgeschlossen, und Jackson erhob sich, um Göring ins Kreuzverhör zu nehmen. Es begann so:

> JACKSON: Sie sind sich vielleicht darüber im klaren, daß Sie der einzige lebende Mensch sind, der uns die wahren Ziele der Nationalsozialistischen Partei und das Funktionieren seiner Führerschaft erklären kann.
> GÖRING: Darüber bin ich mir im klaren.

Warum hat Jackson diese Eröffnung gewählt? In seinen Gesprächsnotizen hat er beschrieben, wie er sich auf diese Konfrontation vorbereitet hatte:

> Wegen der Schwierigkeit der Klage, mit der die Amerikaner befaßt waren, hatte ich mich ziemlich sorgfältig auf das Kreuzverhör von Göring vorbereitet …
> Ursprünglich hatte ich vorgehabt, ihn dabei zunächst mit den Dokumenten zu konfrontieren, aus denen seine verbrecherischen Taten hervorgingen. Unter anderem hatte er etwa achtzehn Erlasse unterzeichnet, die das gesamte antisemitische Programm umfaßten. Wir hatten Beweise dafür, daß er Kunstschätze geplündert, daß er Gelder veruntreut hatte – Dinge, die er nicht gern zugeben würde.

Ich hatte gedacht, es könnte ein geschickter Schachzug sein, ihn mit diesen Dingen zu konfrontieren und ihm die Eitelkeit zu nehmen. Dann wollte ich mich den politischen Fragen zuwenden, die ich ihm zu stellen hatte, weil wir unseren Vorwurf der allgemeinen Verschwörung aufrechterhalten mußten: nämlich daß diese Männer, die in den obersten Nazi-Ämtern zusammenkamen, von Anfang an beabsichtigt hatten, die Weimarer Republik zu stürzen, die Freiheit des deutschen Volkes zu unterdrücken, die Kriegsvorbereitungen zu forcieren und Krieg ohne eine Kriegserklärung zu führen.
Im Laufe der direkten Befragung von Göring gelangte ich jedoch zu der Überzeugung, ich sollte besser den umgekehrten Weg einschlagen und damit beginnen, daß ich ihm schmeichelte und ihn dazu verleitete, von seiner Nazi-Haltung so viel wie möglich preiszugeben, statt ihn zu demütigen. Daher fing ich mit allgemeinen politischen Fragen an. Ich fragte ihn als erstes, ob er sich darüber im klaren sei, daß er der einzige lebende Mensch sei, der die Nazi-Ideologie erklären könne. Er sagte, das wisse er sehr wohl.

Jackson hat nicht erklärt, warum Görings direkte Aussagen ihn dazu bewegten, seinen ursprünglichen Plan zu ändern – vermutlich war Jackson nach Görings oft langatmigen Erwiderungen auf Stahmers Fragen überzeugt, daß ein sanftes Vorgehen und allgemeine Fragen vernichtende Eingeständnisse hervorlocken würden.* Und daher stellte ihm Jackson planmäßig eine lange Reihe von Fragen über die Politik und die Aktionen der Nazis – ein Thema, das den Rest des Tages beanspruchte. Mit diesen Fragen entlockte er Göring Erklärungen oder neue Formulierungen der Gründe für die Beseitigung der parlamentarischen Demokratie und die Einführung des Führerprinzips; für die Unterdrückung der politischen Opposition, den Zweck der Konzentrationslager, die Logik des Angriffs auf die Sowjetunion; für die Bedeutung des Reichstagsbrands, der Säuberungsaktionen gegen Röhm und die SA sowie des Versailler Vertrags; für den Anschluß Österreichs; für das Verhältnis zwischen Göring und Schacht und für den Vierjahresplan.

Göring beantwortete diese Fragen – wobei er auf viele bereits in der direkten Befragung eingegangen war – in manchen Fällen, indem er sie gleich und kurz bejahte, aber meist war er mit Jacksons offensichtlichen Annahmen teilweise oder überhaupt nicht einverstanden. Im allgemeinen war Jackson nicht in der Lage oder bereit, Görings Einwände zu widerlegen, und seine Behandlung der Fragen erweckte schon bald den Eindruck, daß der Angeklagte dem Ankläger in dialektischer Hinsicht überlegen war. Bei der Erörterung der Konzentrationslager in der frühen Phase (1933/34), als sie Göring unterstanden, stellte Jackson beispielsweise folgende Fragen: »War

* Jackson muß über seine Absichten mit seinem Biographen Eugene Gerhart gesprochen haben, der geschildert hat, was in Jackson vorging: »Sonntagabend, am 17. März, brütete Jackson über seiner Eröffnungsfrage an Göring ... Es gab verschiedene reizvolle Angriffszüge. Göring war arrogant und eingebildet – wie wäre es, wenn er ihn bei dieser Achillesferse packte? Das war es! Ihn aufs Glatteis führen – er sollte sich seinen eigenen Strick drehen. Aber wie? Wo anfangen?«

es bei diesem System auch notwendig, den Leuten das Recht auf ein öffentliches Gerichtsverfahren vor unabhängigen Gerichten zu nehmen? Und erließen Sie aus diesem Grunde eine Verordnung, derzufolge Ihre Geheime Staatspolizei einer gerichtlichen Überprüfung oder gerichtlichen Entscheidungen nicht unterworfen sein sollte?«

Diese Fragen konnten natürlich nicht einfach mit »ja« oder »nein« beantwortet werden, sondern erforderten Erläuterungen zu mehreren Themen. War allen Verhafteten die Möglichkeit eines öffentlichen Verfahrens genommen? Betraf dies alle Lagerinsassen? Wenn ja, war dies »notwendig«? Welche Verordnungen erließ Göring und aus welchen Gründen?

Göring sprach ein paar Sätze, um diesen Fragenkomplex zu beantworten, wurde aber von Jackson unterbrochen, der nun wahrscheinlich mehr Auskünfte erhalten hatte, als er wollte, und der Görings Wunsch, weitere Erklärungen abzugeben, nicht nachgab: »Das ist Sache Ihres Verteidigers.« Jackson wollte ihm gerade eine weitere Frage stellen, als er seinerseits von Lawrence unterbrochen wurde: »Der Gerichtshof ist der Ansicht, daß dem Zeugen gestattet werden soll, alle Erklärungen abzugeben, die er zur Beantwortung dieser Frage für notwendig hält.« Jackson forderte Göring auf, mit seiner Erklärung fortzufahren, was dieser auch tat. Die Befragung ging so weiter wie zuvor, aber tatsächlich kochte Jackson innerlich. Er hatte gesehen, wie Biddle vor der Unterbrechung mit Lawrence geflüstert hatte, und gab darum Biddle die Schuld, daß er, Jackson, daran gehindert worden war, sein Kreuzverhör erfolgreich durchzuführen. Jacksons Stimmung wurde auch nicht gerade besser, als er mitbekam, daß sein Auftritt allgemein auf Kritik stieß. In seinem Tagesbericht für das britische Außenministerium schrieb Patrick Dean:

> Richter Jackson begann mit dem Kreuzverhör von Göring heute mittag und benötigte dazu den ganzen Nachmittag. Es war sehr enttäuschend und wenig beeindruckend und ist hier auf harte Kritik gestoßen. Er setzte Göring nie unter Druck bei den zahlreichen Angelegenheiten, mit denen sich das Kreuzverhör befaßte, obwohl Göring doch häufig log und gutes Material für ein Kreuzverhör existiert. Folglich erging sich Göring des langen und breiten in Nazipropaganda und stellte alles in dem für ihn günstigsten Licht dar.

Auch die Bewunderung der Angeklagten, die er für sein Kreuzverhör von Görings Zeugen geerntet hatte, schwand rasch dahin. Von der Lippe: »Anfangs beantwortete Göring die weitreichenden und verallgemeinernden Fragen und Fangfragen Jacksons nur zum Teil gut ... Nachmittags beherrschte er die Situation. Jackson war nicht imstande, ihm zu folgen, geschweige denn ihn zu überspielen. Göring verblüffte alle Anwesenden, Angeklagte, Verteidiger, Journalisten und sichtlich auch viele Gerichtspersonen durch seine geistige Spannkraft und Redegabe, durch Festigkeit, Sarkasmus, Vitalität – und Eitelkeit.« Von der Lippe bemerkte, viele Prozeßbeobachter glaubten,

»daß Jackson einen glatten Mißerfolg zu verzeichnen habe. Allgemein wird erwartet, daß Jackson sich an Göring revanchieren wird.«

Aber Jackson sollte keine Gelegenheit zur Revanche erhalten; ja, es sollte sogar noch schlimmer kommen. Sein Kreuzverhör wurde durch die Aussage von Dahlerus unterbrochen, die etwa eine halbe Stunde vor dem Ende der Sitzung am 19. März abgeschlossen war. Jackson nahm die Erörterung politischer und militärischer Aktionen der Naziregierung vor dem Krieg wieder auf und fragte Göring, ob die Deutschen die Remilitarisierung des Rheinlands am 7. März 1936 lange vorher geplant hätten. Göring erwiderte: »Soweit ich mich erinnere, höchstens zwei bis drei Wochen.« Daraufhin legte Jackson das Protokoll der 10. Sitzung des Arbeitsausschusses des Reichsverteidigungsrates vom 26. Juni 1935 vor, auf der angeblich die »Vorbereitung der Befreiung des Rheins« gefordert worden war (in englischer Übersetzung: »preparation for the liberation of the Rhine«).

Göring wies sofort darauf hin, daß sich dies auf den Fluß Rhein und nicht auf das Rheinland bezogen habe und daß das deutsche Wort fälschlicherweise mit »Liberation« übersetzt worden sei, während tatsächlich von »Freimachung« (clearing) die Rede gewesen sei. Aus dem Dokument, erläuterte Göring, gehe nicht hervor, daß es einen Plan für die Militarisierung des Rheinlands gegeben habe, vielmehr enthalte es grundlegende Anweisungen für militärische Mobilmachungsmaßnahmen im Falle eines Krieges und schreibe vor, »der Rhein darf ... nicht mit zuviel Frachtkähnen, Schleppern und so weiter überlastet sein, sondern der Fluß muß frei sein für die militärischen Maßnahmen«.

Jackson unternahm einen schwachen Versuch, das Gesicht zu wahren, und stellte fest: »Aber sie waren von solcher Art, daß sie absolut dem Auslande gegenüber geheimgehalten werden mußten.« Darauf Göring: »Ich glaube mich nicht zu erinnern, die Veröffentlichung der Mobilmachungsvorbereitungen der Vereinigten Staaten jemals vorher gelesen zu haben.«

Der Gerechtigkeit halber muß man sagen, daß Göring in diesem Fall keineswegs über die Frage hinausgegangen war oder sie zu ausführlich beantwortet hatte. Außerdem hatte er Jacksons Frage zwar nicht direkt, aber unmißverständlich beantwortet: Göring hatte bestätigt, daß Mobilmachungspläne geheimgehalten wurden. Aber diese sarkastische Stichelei, noch dazu nach einer weiteren technischen Schlappe, die Göring ihm beigebracht hatte, ließ Jackson explodieren:

> Ich möchte den Gerichtshof ergebenst darauf aufmerksam machen, daß dieser Zeuge wenig guten Willen zeigt und es auch während seines ganzen Verhörs nicht getan hat.
> Es ist völlig überflüssig, unsere Zeit zu opfern, wenn wir keine richtigen Antworten auf unsere Fragen bekommen. Ich will keine Zeit damit verschwenden, aber ich habe den Eindruck, daß dieser Zeuge auf dem Zeugenstand und auch auf der Anklagebank ein arrogantes und hochmütiges Benehmen

[einem] Gerichtshof gegenüber an den Tag legt, [der] ihm einen Prozeß ermöglicht, den er niemals weder einem Lebenden noch einem Toten gestattet hätte.
Ich bitte ergebenst, den Zeugen anzuweisen, daß er sich für seine Erläuterungen Notizen macht, wenn er will, und ihn aufzufordern, auf meine Fragen zu antworten, und sich seine Erläuterungen, die durch seinen Verteidiger zur Sprache gebracht werden können, aufzusparen.

Lawrence erwiderte, er habe »schon einmal die allgemeine Regel dargelegt, die sowohl für diesen wie auch für jeden anderen Zeugen bindend ist«. Da er zweifellos hoffte, Jackson werde von einer guten Nachtruhe profitieren, fügte der Vorsitzende hinzu: »Es wäre vielleicht besser, wenn wir uns jetzt vertagen würden.« Und damit erhob sich das Gericht.

Keineswegs beruhigt, sondern schwer geladen trat Jackson am nächsten Vormittag ans Rednerpult. Er wiederholte seine letzte Frage vom Vortag sowie Görings Antwort und erklärte dann:

Als Vertreter der Vereinigten Staaten stehe ich vor der Wahl, diese Bemerkung entweder zu ignorieren und sie als einen Beweis dafür anzusehen, daß diese Leute unser System nicht verstehen, oder aber unter großem Zeitverlust die Unrichtigkeit der Bemerkung darzulegen oder sie zu widerlegen ... Artikel 18 des Statuts sieht vor, daß der Gerichtshof unerhebliche Fragen und Erklärungen irgendwelcher Art ablehnen kann ... Ich gestatte mir folgendes vorzubringen: Wenn der Gerichtshof dem Angeklagten weiterhin ermöglicht, selbst derartige Fragen zu stellen, wird die Kontrolle der Prozeßführung in die Hände des Angeklagten gelegt und den Vereinigten Staaten das im Statut verbürgte Recht des Kreuzverhörs im wesentlichen abgesprochen.

Lawrence unterbrach ihn und teilte seine Meinung, daß Görings Bemerkung über die amerikanischen Mobilisierungspläne »vollkommen unerheblich ist, und daß diese Antwort nicht hätte gegeben werden sollen«. Doch dann verwies er auf die zuvor getroffene Entscheidung, daß die Angeklagten Fragen zunächst direkt und wenn möglich mit Ja oder Nein beantworten sollten, aber danach »vielleicht noch notwendige Erklärungen abgeben« könnten, solange sie sich kurz faßten. Jackson gab zu, er müsse sich »natürlich den Vorschriften des Gerichtshofs fügen«, wiederholte aber ausführlich seine bereits vorgetragenen Argumente und beantragte offiziell, das Gericht möge seinen Beschluß revidieren und festlegen, daß »Erklärungen« von Angeklagten durch ihren Anwalt bei der nochmaligen Befragung nach dem Kreuzverhör vorgebracht werden sollten. Als er seine Befürchtungen im Hinblick auf Görings Bemerkung über die amerikanischen Mobilmachungspläne wiederholte, erwiderte Lawrence ziemlich unwirsch:

Ich glaube, Sie legen dem von dem Zeugen gesprochenen Satz zu viel Gewicht bei. Ob Amerika seine Mobilisierungspläne bekanntgibt oder nicht, ist bestimmt nicht von sehr großer Wichtigkeit. Jedes Land hält gewisse Dinge geheim, und es wäre sicherlich viel besser, eine derartige Bemerkung zu ignorieren.

Aber Jackson ließ nicht locker: »Es handelt sich lediglich darum, ob wir auf diese Dinge antworten oder sie außer acht lassen und sie damit der Kontrolle des Verfahrens entziehen. Und es scheint mir, daß diese Kontrolle des Verfahrens uns aus den Händen zu gleiten beginnt, wenn wir – ich darf wohl so sagen – dieser Situation nicht Herr werden. Ich bitte den Gerichtshof zu entschuldigen, wenn ich in so ernster Weise an ihn appelliere ...«

Die Mitglieder des Gerichtshofs werden sich wohl kaum darüber gefreut haben, daß man ihnen ins Gesicht sagte, *ihnen* würden die Dinge »aus den Händen« gleiten oder daß *wir* (vermutlich der Gerichtshof und die Anklagebehörde) »Kontrolle« über das Verfahren haben müßten. Beinahe grimmig erwiderte Lawrence: »Ich habe noch nie gehört, daß der Anklagevertreter jede unerhebliche Bemerkung, die im Kreuzverhör gemacht wird, beantworten muß.« Aber Jackson wollte nicht mehr auf ihn hören und beharrte:

Das mag für einen Zivilprozeß zutreffen, aber ich glaube, es ist dem Gerichtshof nicht unbekannt, daß außerhalb dieses Gerichtssaales die Wiederbelebung des Nazismus als große soziale Fragestellung zu finden ist, und daß als eines der Ziele des Angeklagten Göring im gegenwärtigen Prozeß – was er selbst meines Erachtens als erster zugeben würde – die Wiederbelebung und Verewigung des Nazismus durch Propaganda anzusehen ist.

Das brachte wiederum Dr. Stahmer auf die Palme. Entrüstet wies er den Vorwurf zurück, »als ob etwa Propaganda gemacht werden würde«, und dann verteidigte er Görings Antwort auf Jacksons Frage, wobei er geschickt behauptete, wenn Göring, »statt Amerika, ›in einem fremden Staate‹ gesagt hätte, dann wäre, glaube ich, die Sache völlig harmlos und unbedenklich gewesen«. Lawrence hatte von diesen Wortwechseln mehr als genug und wiederholte gegenüber Jackson energisch, daß ein Angeklagter »nach einer direkten Antwort auf eine Frage ... eine kurze Erläuterung geben« dürfe.

Geschlagen und verbittert nahm Jackson das Kreuzverhör wieder auf. Trotzig stellte er noch ein paar weitere Fragen im Hinblick auf den Reichsverteidigungsrat, doch schon bald verließ er dieses unglückliche Thema und wandte sich Görings Beteiligung an der Behandlung der Juden durch die Naziregierung zu. Hier bewegte er sich auf sicherem Boden, denn er konnte über ein Dutzend Erlasse vorweisen, die Göring persönlich unterzeichnet und verkündet hatte: die »Nürnberger Gesetze« von 1935; die Gesetze für die Registrierung jüdischen Eigentums (1938), aufgrund deren nach der Kristallnacht über die Juden eine Geldstrafe in Höhe von einer Milliarde Mark verhängt und den Juden untersagt worden war, Einzelhandelsgeschäfte zu besitzen, und aufgrund deren die Juden alle Wertsachen und Juwelen abzuliefern hatten; die Beschlagnahme jüdischen Eigentums in Polen (September 1940); und den Ausschluß der Juden bei der Entschädigung für Kriegsschäden (November 1940). Die Dokumente sprachen für sich, und Göring versuchte gar nicht erst, seine Verantwortung für brutale Verbrechen an den Juden zu relativieren. Diejenigen, die in Polen begangen worden waren, stellten natürlich Kriegsverbrechen dar.

Jackson beendete sein Kreuzverhör mit kurzen Attacken auf Göring: wegen der Plünderung von Kunstschätzen (womit sich die Franzosen bereits effektiv befaßt hatten), wegen des Einsatzes französischer und sowjetischer Kriegsgefangener für unrechtmäßige militärische Zwecke, wegen der Bombardierung Warschaus (worüber sich Göring ausführlich ausließ) und wegen des Zwangsarbeitsprogramms. Jackson hatte die Befragung an diesem Tag ohne ein weiteres Debakel hinter sich gebracht, aber alles andere als eindrucksvoll; Dean schrieb in seinem Bericht kühl, Jackson habe sich »besser gehalten als bisher, obwohl er von dem großartigen Material kaum Gebrauch gemacht hat«.

Im nachhinein liegt es auf der Hand, daß viele Teilnehmer an diesem Prozeß, einschließlich der Presse, die Bedeutung von Görings Kreuzverhör weit übertrieben haben. Was in den Dokumenten stand, die in den vorangegangenen Monaten als Beweismittel vorgelegt worden waren, war mehr als ausreichend für seine Verurteilung nach allen Anklagepunkten. Weder Göring noch seine Zeugen hatten die Echtheit oder die ungeheure Wirkung dieser Dokumente in Frage stellen können. Ohne die Spannungen und Erwartungen, die der Prozeß geweckt hatte, hätte die Anklagebehörde durchaus auf das Kreuzverhör verzichten können, das sich kaum auf die bereits erfolgte Beweisführung auswirken konnte.

Aber Görings einstige Position und die herrische Haltung, die er sich anmaßte, sorgten für eine Atmosphäre, die eine Konfrontation zwischen ihm und der Anklagevertretung geradezu heraufbeschwor. Viele wollten sogar das Ergebnis dieser Konfrontation mit dem Gelingen oder Scheitern des Prozesses selbst gleichsetzen. Richter Birkett – einmal Anwalt, immer Anwalt – ließ sich davon zu maßlosen Spekulationen hinreißen:

> *18. März.* In diesem sich schon so lange hinziehenden Prozeß gegen die Hauptkriegsverbrecher in Nürnberg verknüpften sich ungeheure Erwartungen mit dem Augenblick, da Göring … ins Kreuzverhör genommen wurde. Dies war eigentlich der kritischste Augenblick des Prozesses. Wenn der Führer der überlebenden Nazis entlarvt und erledigt werden und wenn die Absichten und Methoden der Nazi-Regierung in ihrer furchtbaren Grausamkeit enthüllt werden könnten, dann würde die gesamte freie Welt das Gefühl haben, daß dieser Prozeß seinen höchsten Sinn und Zweck erfüllt habe; wenn aber dieses Vorhaben aus irgendeinem Grund scheitern sollte, dann wären die Befürchtungen jener, die jeden Prozeß für einen Fehler hielten, in gewisser Weise gerechtfertigt …

Am 18. März um 12.15 Uhr erhob sich Richter Jackson, um mit dem lang erwarteten Kreuzverhör zu beginnen ..., aber noch bevor sich das Gericht vertagte, war klar, daß alle hochfliegenden Hoffnungen enttäuscht werden sollten ...
Das Kreuzverhör hatte noch keine zehn Minuten gedauert, als offen zutage trat, daß er [Göring] Richter Jackson völlig im Griff hatte ..., [der] trotz seiner großartigen Fähigkeiten, seines Charmes und seiner sprachgewaltigen Rhetorik offenbar nie die Grundelemente des Kreuzverhörs gelernt hat, so wie man es an englischen Gerichten versteht. Seine Dokumente waren ihm einfach über den Kopf gewachsen – nicht die Spur jener blitzschnellen Fragen auf irgendeine unvorsichtige oder abträgliche Antwort, keine rasche Parade, kein Ausfall, keine vorbereiteten Fallen, in die der Zeuge gelockt wurde, und vor allem kein klares übergeordnetes Konzept im Hinblick auf die großen Fragen, die man so einfach und überzeugend hätte stellen können ...
20. März. Von nun an hat der Gerichtshof den Prozeß tatsächlich nicht mehr unter Kontrolle, und in den noch vor uns liegenden langen Monaten wird das Ansehen des Prozesses ständig schwinden.

Bei all seiner Erfahrung und seinem Können verwechselte Richter Birkett den Nürnberger Gerichtssaal offenbar mit dem Geschworenengericht von Leeds, vor dem zwei Anwälte miteinander darüber die Klinge kreuzten, ob die Aussage eines Zeugen wahr oder falsch war. Die »Absichten und Methoden der Nazi-Regierung« waren längst »in ihrer furchtbaren Grausamkeit enthüllt«, so daß es weder in Görings noch sonst jemandes Macht stand, sie abzuschwächen. Birketts Kritik an Jacksons Kreuzverhör war nur zu begründet, aber es war einfach lächerlich, sich vorzustellen, daß die Nürnberger Prozesse mit Jacksons Auftritt stehen oder fallen würden.

Eine weitere irrige Annahme, der besonders die englischen und amerikanischen Anwälte erlagen, war es, daß die Angeklagten, insbesondere Göring, den Prozeß als Vehikel mißbrauchen könnten, »Nazipropaganda« zu verbreiten und – wie Birkett es formulierte – »den Glauben der Deutschen an ihre Führer wiederherzustellen«. In diesem Zusammenhang sollte man nicht vergessen, daß den Angeklagten vorgeworfen wurde, sie hätten sich verschworen, einen Angriffskrieg einzuleiten und durchzuführen, und daß die Anklagevertretung beweisen mußte, daß die Angeklagten *beabsichtigten*, dies zu tun. Aufgrund dieser Beschuldigung hatten die Angeklagten jedes Recht, zu bestreiten, daß sie dies beabsichtigten oder daß sie diesen Krieg einleiteten bzw. durchführten. Speziell in Görings Fall enthielt seine Aussage unvermeidlicherweise auch viele Erklärungen darüber, warum er tat, was er tat. Somit war die Trennungslinie zwischen diesen »Erklärungen« und dem, was manche für »Nazipropaganda« halten konnten, sehr dünn.

Hätte Göring vorgehabt, Nazipropaganda zu betreiben, dann hätte er dazu die beste Gelegenheit in seiner direkten Vernehmung durch Stahmer gehabt. Tatsächlich hat er, trotz seiner zahlreichen langatmigen Erwiderungen,

Das Neue Justizgebäude an der Fürther Straße in Nürnberg, in dem der Prozeß stattfand. Normalerweise residierte hier das Oberlandesgericht Nürnberg. *(Charles W. Alexander)*

Henry Stimson, Kriegsminister der amerikanischen Regierung im Zweiten Weltkrieg. Stimson widersetzte sich Winston Churchills Plan, die führenden Nazis ohne Prozeß erschießen zu lassen, und überzeugte im Sommer 1944 Präsident Roosevelt davon, daß der Prozeß nach dem Kriegsrecht vor einem internationalen Tribunal stattfinden sollte. *(Archiv der Yale-Universität)*

Murray Bernays, ein New Yorker Rechtsanwalt, war während des Krieges im Rang eines Obersten in der Personalabteilung des Generalstabes der amerikanischen Armee in Washington tätig. Unter dem Eindruck deutscher Greueltaten gegen Juden und russische Kriegsgefangene machte Bernays neuartige Vorschläge, wie man mit einer größeren Anzahl mutmaßlicher deutscher Kriegsverbrecher in einem Gerichtsverfahren zurechtkommen könne. *(National Archives)*

William C. Chanler – hier bei der Überreichung der Distinguished Service Medal durch Generalmajor John K. Hilldring – diente während des Zweiten Weltkriegs als Rechtsberater der amerikanischen Streitkräfte in Italien, ehe er im Herbst 1944 nach Washington zurückbeordert wurde, um im Kriegsministerium den Posten des Stellvertretenden Direktors der Militärverwaltung zu übernehmen. Chanler kam auf den Gedanken, daß zu den Anklagepunkten gegen die Nazis auch die Durchführung von Angriffskriegen gehören sollte. Im Dezember 1944 konnte er Präsident Roosevelt für diesen Plan gewinnen. *(Abdruckgenehmigung Mrs. William Chanler)*

Robert H. Jackson, Richter am Obersten Bundesgericht der Vereinigten Staaten (in Zivilkleidung), wurde am 3. Mai 1945 von Präsident Truman zum amerikanischen Hauptankläger im Prozeß gegen die überlebenden Naziführer ernannt. Rechts von ihm steht Oberst John Harlan Amen, der Leiter seiner Vernehmungsabteilung, links von ihm Oberst Robert G. Storey, der als Abteilungsleiter für die Beschaffung und Sichtung der Beweisdokumente zuständig war. Links von Storey ist Oberst B. C. Andrus zu sehen, dem das Nürnberger Gefängnis unterstand. *(AP/Wide World Photos)*

Sidney B. Alderman, der Chefjustitiar der Eisenbahngesellschaft Southern Railway, hatte Richter Jackson als Prozeßanwalt in mehreren Verfahren vor dem Obersten Bundesgericht nachhaltig beeindruckt. Alderman war dann in Nürnberg ein enger Mitarbeiter Jacksons und trug im dortigen Prozeß große Teile der amerikanischen Anklage vor. *(AP/Wide World Photos)*

LINKS: Francis M. Shea war während des Zweiten Weltkriegs Stellvertreter Robert H. Jacksons im amerikanischen Justizministerium, als dieser Justizminister war. Jackson hatte eine hohe Meinung von Sheas Leistungen und Fähigkeiten, und so wurde Shea im Mai 1945 zu einem der leitenden Mitarbeiter Jacksons in Nürnberg ernannt. *(Abdruckgenehmigung Mrs. Francis Shea)*
RECHTS: William J. Donovan, erfolgreicher Rechtsanwalt und im Ersten Weltkrieg mit der Ehrenmedaille des US-Kongresses ausgezeichnet, wurde im Zweiten Weltkrieg zum Leiter des Office of Strategic Services (OSS) ernannt. Er arbeitete bei der Erstellung der Grundlagen des Nürnberger Kriegsverbrechensprozesses eng mit Hauptankläger Jackson zusammen. Die beiden kamen persönlich jedoch nicht gut miteinander aus, und so verließ Donovan Nürnberg im November 1945, um in die Vereinigten Staaten und in seine Rechtsanwaltspraxis zurückzukehren. *(AP/Wide World Photos)*

Zu den Hunderten von Journalisten, die in den ersten Monaten über den Prozeß berichteten, gehörten auch einige Prominente. Walter Conkrite, als Nachrichtenmoderator später eine amerikanische Institution, teilte die Meinung vieler seiner Kollegen, daß die britische Anklagevertretung besser besetzt gewesen sei als die amerikanische. *(National Archives)*

LINKS: Sir Hartley Shawcross war als britischer Kronanwalt von Amts wegen auch britischer Hauptankläger in Nürnberg. Wegen seiner Londoner Verpflichtungen weilte Sir Hartley selten in Nürnberg. Doch bei wichtigen Anlässen war er zugegen, und er hielt vor dem Gerichtshof auch die Eröffnungs- und Schlußansprachen für die britische Anklagedelegation. RECHTS: Professor Hermann Jahrreiss, einer der Verteidiger des Angeklagten Jodl, wurde von den Verteidigern dazu bestimmt, deren Argumentation vorzutragen, die Durchführung von Angriffskriegen könne im juristischen Sinne nicht als Kriegsverbrechen gelten. In seinem eindrucksvollen Vortrag wies Jahrreiss mit besonderem Nachdruck darauf hin, daß selbst dann, wenn die Londoner Charta von 1945 Angriffskriege zu einem internationalen Verbrechen erhoben hätte, diese Bestimmung aus grundlegenden juristischen Erwägungen nicht rückwirkend auf das Verhalten der Angeklagten vor 1945 angewendet werden dürfe. *(R. D'Addario)*

Peter Calvocoressi, hier in seiner Uniform als britischer Luftwaffenoffizier, leitete eine Gruppe britischer militärischer Geheimdienstoffiziere, die der amerikanischen Anklagevertretung dabei behilflich waren, deutsche Militärdokumente zu sichten und zu bewerten sowie deutsche Zeugen und Verdächtige zu vernehmen.

Dr. Alfred Seidl, der Verteidiger der Angeklagten Heß und Frank, am Rednerpult. Wahrscheinlich versucht er gerade, Richter wie Ankläger, insbesondere die sowjetischen Vertreter, in Verlegenheit zu bringen, indem er Beweise dafür anbietet, daß die Russen an der Zerstörung Polens genauso beteiligt waren wie die Deutschen. *(National Archives)*

Ein Panoramablick auf die vom Krieg zerstörte Nürnberger Altstadt jenseits der Pegnitz. Die vier Männer sind allesamt Militärfotografen; der Soldat in der dunklen Uniform ist Russe, die anderen drei gehörten der US 3264th Photo Service Company an. Ganz links steht Ray D'Addario, der offizielle Fotograf der amerikanischen Anklagevertretung in Nürnberg. *(R. D'Addario)*

Ein Blick auf die Nürnberger Richter, die erhöht vor den Vorhängen und vor den vier Landesfahnen sitzen. Das Gericht bestand aus vier stimmberechtigten Richtern und vier Stellvertretern. *Von links nach rechts:* Oberstleutnant A. F. Wolchkow, stellvertretender Richter für die UdSSR; Generalmajor I.T. Nikitschenko, Richter für die UdSSR; Richter Norman Birkett, stellvertretender Richter für Großbritannien; Lordrichter Geoffrey Lawrence, Vorsitzender des Gerichts und Richter für Großbritannien; Ex-Justizminister Francis Biddle, Richter für die USA; Richter John J. Parker, stellvertretender Richter für die USA; Henri Donnedieu de Vabres, Richter für Frankreich; und Generalstaatsanwalt R. Falco, stellvertretender Richter für Frankreich. *(National Archives)*

Die amerikanischen Richter und ihre Mitarbeiter. *Von links nach rechts:* Hauptmann Robert Stewart, Mitarbeiter von Richter Parker; Professor Herbert Wechsler, Mitarbeiter von Richter Biddle; Richter Biddle; Richter Parker; James Rowe und Hauptmann Adrian Fisher, Mitarbeiter von Richter Biddle. *(Abdruckgenehmigung Prof. Wechsler)*

Unmittelbar rechts neben der Übersetzerkabine ist Oberst Leon Dostert zu erkennen, der das Simultanübersetzungssystem unter sich hatte. Der Übersetzer in der Bildmitte ist Tom Brown, ein Amerikaner, dessen besondere Stärke Übersetzungen vom Deutschen ins Englische waren. *(R. D'Addario)*

Eine typische Gefängniszelle im Nürnberger Justizpalast. Das Fenster in der Tür ermöglichte eine ständige Überwachung des Zelleninsassen, außer auf der Toilette. Diesen Umstand machte sich der Angeklagte Robert Ley, der ehemalige Leiter des deutschen Arbeitsdienstes, zunutze, um in der Toilettennische Selbstmord zu begehen. *(Charles W. Alexander)*

Die 21 Angeklagten auf der Anklagebank. *Untere Reihe, von links nach rechts:* Hermann Göring, Rudolf Heß, Joachim von Ribbentrop, Feldmarschall Wilhelm Keitel, Ernst Kaltenbrunner, Alfred Rosenberg, Hans Frank, Wilhelm Frick, Julius Streicher, Walter Funk und Hjalmar Schacht. *Obere Reihe, von links nach rechts:* Admiral Karl Dönitz, Admiral Erich Raeder, Baldur von Schirach, Fritz Sauckel, Generaloberst Alfred Jodl, Franz von Papen, Arthur Seyß-Inquart, Albert Speer, Konstantin von Neurath und Hans Fritzsche. Vor der Anklagebank sitzen mehrere Verteidiger, darunter – ganz links – Otto Kranzbühler (in Uniform), Dönitz' Rechtsbeistand, und – direkt vor Kranzbühler – Dr. Otto Stahmer, Görings Verteidiger. *(National Archives)*

Der lutheranische Geistliche Charles Gerecke, ein Amerikaner aus Missouri. In seine aus zwei Zellen hergerichtete kleine Kapelle kamen die Angeklagten gern, unter denen etwa ein Dutzend evangelisch und vier römisch-katholisch waren. Gerecke war bei den Mitgliedern seiner kleinen Gemeinde sehr beliebt. *(R. D'Addario)*

LINKS: Rebecca West schrieb über Ernst Kaltenbrunner, er sehe »wie ein besonders hinterhältiges Pferd« aus – eine Charakterisierung, der viele beipflichten würden. Von allen Angeklagten riefen er und Streicher die stärksten Antipathien hervor. *(R. D'Addario)* RECHTS: Otto Kranzbühler, der deutsche Marinerichter, der Admiral Dönitz verteidigte, galt allgemein als einer der zwei oder drei besten Anwälte unter den Nürnberger Verteidigern. Sein Geschick und seine Umsicht, die es ihm ermöglichten, eine Aussage von US-Admiral Chester W. Nimitz beizubringen, in der dieser bestätigte, daß in der US-Kriegsmarine für U-Boot-Angriffe auf Handelsschiffe dieselben Regeln galten wie in der deutschen Marine, waren für die Admiräle Dönitz und Raeder von unschätzbarem Wert. Wahrscheinlich wurde so ihr Leben gerettet. *R. D'Addario* UNTEN: Der Autor am Rednerpult beim Kreuzverhör des Feldmarschalls von Manstein. *(R. D'Addario)*

Erwin Lahousen, ein früherer Abwehroffizier im militärischen Geheimdienst des österreichischen Heeres, nach dem Anschluß in gleicher Funktion für die deutsche Wehrmacht tätig, war der erste Zeuge, der vor dem Gerichtshof auftrat. Als wichtiger Mitarbeiter des Admirals Wilhelm Canaris, dem der militärische Geheimdienst unterstand, war er von Keitel und Ribbentrop immer auf dem laufenden gehalten worden: über die von den Nazis verfolgte Politik und über die Aktionen im besiegten Polen, darunter zahlreiche Greueltaten und Verbrechen. Lahousens Aussage am 30. November 1945 erweckte im Zusammenhang mit der Filmvorführung am vorangegangenen Tag – gezeigt wurde ein amerikanischer Film über die Konzentrationslager der Nazis – bei den Angeklagten erstmals schwere Scham-, Schuld- und Angstgefühle. *(National Archives)*

Nur wenige der Angeklagten waren so jovial wie Arthur Seyß-Inquart. Für Papen, seinen Nachbarn auf der Anklagebank, war sein »Naturell ganz österreichisch: immer heiter und gelassen; manchmal erzählte er Wiener Anekdoten«. Gleichwohl war Seyß-Inquart ein glühender Nazi. Gegen Kriegsende widersetzte er sich jedoch wie Speer Hitlers »Verbrannte-Erde«-Befehlen. Trotzdem wurde er zum Tode durch den Strang verurteilt – ein Schicksal, das er sehr gelassen hinnahm. *(R. D'Addario)*

LINKS: Erich von dem Bach-Zelewski, als SS-General in Polen und an anderen Abschnitten der Ostfront im Einsatz, wurde von vielen, darunter auch Göring und Jodl, als einer von Himmlers blutigsten Schergen angesehen. Als er jedoch auf Antrag des Autors vor dem Gerichtshof als Zeuge der Anklage aussagte, meinte Richter Biddle im kleinen Kreis, Bach-Zelewski sehe aus wie »ein sanfter und ziemlich seriöser Buchhalter«. Bach-Zelewskis schonungslos deutliche Aussage über Greueltaten der deutschen Wehrmacht an der Ostfront verärgerte die militärischen Angeklagten so sehr, daß beispielsweise Göring, als Bach-Zelewski den Zeugenstand verließ, »Schweinehund!« hinter ihm herschrie. *(Charles W. Alexander)* RECHTS: Mitte Februar brachten die Sowjets Feldmarschall Friedrich Paulus aus Rußland nach Nürnberg, den deutschen Kommandeur in der Schlacht von Stalingrad, die mit seiner Kapitulation zu Ende ging. Dieser plötzliche Auftritt ihres früheren Waffenkameraden war für die Angeklagten Göring, Keitel und Jodl allerdings nicht von Vorteil, weil Paulus aussagte, Deutschland, und nicht die Sowjetunion sei 1941 der Angreifer gewesen. *(National Archives)*

Am 24. April 1946 sagte Hans Bernd Gisevius, während des Krieges Mitglied einer deutschen Widerstandsgruppe gegen Hitler, als Zeuge der Verteidigung für Wilhelm Frick aus. Zuvor schon hatte er auch zugunsten eines anderen Angeklagten, Hjalmar Schacht, ausgesagt. Gisevius konnte mit seinen Aussagen einiges zum Prozeß beitragen, und sein Angriff auf Göring war vernichtend. Die meisten Beobachter hatten den Eindruck, daß Gisevius wenig für Frick, aber viel für Schacht tun konnte und daß von Göring ein sehr unvorteilhaftes Bild entstand. *(National Archives)*

Der 30. August 1946 war der letzte Tag, an dem die Ankläger vor Gericht auftraten. Am Ende posierten jene fünf Ankläger, die vor dem Gerichtshof die Anklage gegen die verbrecherischen Naziorganisationen vertreten hatten, vor der Kamera. *Von links nach rechts:* Champetier de Ribes, Thomas Dodd, Sir David Maxwell-Fyfe, Roman Rudenko und der Autor. *(National Archives)*

Nicht oft waren in Polen Fotografen zugegen, um Aufnahmen wie diese machen zu können. Die deutsche Bildunterschrift (in gotischer Schrift) lautet: »Soeben aus einem Bunker hervorgeholt.« Hier liegen im Warschauer Getto oder in seiner Nähe Juden auf dem Boden, die gerade von deutschen Soldaten aufgespürt wurden. Links im Bild scheint sich ein Paar gegenseitig zu trösten. *(National Archives)*

Am 1. Oktober 1946 wurden drei Angeklagte freigesprochen. Nachdem die anderen Angeklagten zum Tode durch den Strang oder zu Gefängnisstrafen verurteilt worden waren, wurde eine Versammlung einberufen, um die drei Freigesprochenen zu begrüßen. *Von links nach rechts:* von Papen (mit Brusttaschentuch), Schacht und Fritzsche. Würdevoll konnte man diese Veranstaltung kaum nennen. Fritzsche genoß den Wein und die Zigaretten in vollen Zügen, Schacht verkaufte sein Autogramm gegen Schokolade, und Papen spielte den Gentleman. *(R. D'Addario)*

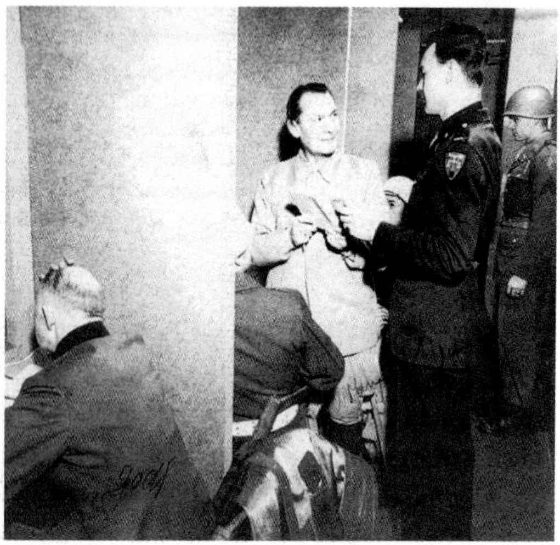

In einer der Sprechzellen, in denen sich die Angeklagten durch die Trennwand mit ihren Verteidigern beraten durften (wie es Jodl im Vordergrund tut), unterhält sich Göring angeregt mit einem großen amerikanischen Leutnant vom Wachpersonal, Jack (»Tex«) Wheelis. Auf der Rückseite des Originalfotos verewigte sich Göring mit den Worten »To the great hunter from Texas«. Göring schenkte Tex auch verschiedene Gegenstände aus solidem Gold, darunter einen Füllfederhalter und ein Zigarettenetui. Tex revanchierte sich, indem er Görings Frau und Tochter beistand. *(Abdruck mit Genehmigung des Texas History Center in Austin.)*

Wheelis zählte zu seinen Freunden auch Walter Schellenberg, einen jungen SS-General aus Himmlers unmittelbarer Umgebung. In einem der Nürnberger Folgeprozesse wurde Schellenberg wegen Kriegsverbrechen zu einer Haftstrafe von sechs Jahren verurteilt. Wheelis' Verhältnis zu Schellenberg und Göring sowie zu Görings Familie läßt den Verdacht nicht ganz unbegründet erscheinen, daß er Göring dabei half, die Blausäurekapsel zu verstecken, mit der dieser dann vor der Hinrichtung Selbstmord beging. *(Abdruck mit Genehmigung des Texas History Center in Austin)*

kaum etwas gesagt, was nicht zu den gegen ihn erhobenen Vorwürfen in Beziehung stand. Und er hat gerade nicht gesagt, daß das Führerprinzip oder irgendein anderes Element des Nazismus in Zukunft wiederhergestellt werden sollte. Angesichts des Zustands, in dem sich Deutschland damals befand, war Göring schlau genug zu erkennen, daß er mit einer derartigen Tirade vor seinen Landsleuten höchstens als Witzfigur dagestanden hätte.

Die eingebildete Angst vor Propaganda war daher kein Grund für Jacksons Appell an den Gerichtshof, Görings Erwiderungen auf kurze, direkte Antworten zu beschränken. Sogar Birkett gab zu, daß Görings Antworten nicht irrelevant waren. Gleichwohl bestand Birkett nachdrücklich darauf, Göring solle ernsthaft ermahnt werden, seine Antworten so kurz wie möglich zu halten, damit das Verfahren vorangetrieben und Jacksons Selbstvertrauen wiederhergestellt wurde. Als Biddle und Parker dagegen erfolgreich Einspruch erhoben, bezeichnete Birkett diese negative Entscheidung als »einen fatalen Fehler«. Fyfe hingegen hielt Birketts Urteil für »ernstlich falsch«: »Wenn Göring – für den es schließlich bei diesem Prozeß um sein Leben ging – einen Ankläger in die Tasche stecken konnte, dann war das Sache des Anwalts, die Angelegenheit auch ohne Mithilfe des Gerichts in Ordnung zu bringen. Die öffentliche Meinung hätte – weder damals noch später – die ständige Einmischung von Richtern zugunsten der Anklage geduldet.« Fyfe hatte recht: Was Jackson verlangte, hätte sich am verheerendsten für Jackson selbst ebenso wie für alle anderen ausgewirkt – außer für die Angeklagten.

Außerdem konnte sich Jackson eigentlich nicht über Görings Antworten beklagen. Jackson hatte schließlich sein Kreuzverhör mit der Feststellung begonnen, Göring sei »der einzige lebende Mensch ..., der uns die wahren Ziele der Nationalsozialistischen Partei und das Funktionieren seiner Führerschaft erklären kann.« Das war nichts anderes als die Blankoeinladung an Göring, bei der Beantwortung der folgenden sehr breitangelegten Fragen nach den Fakten und Absichten zu »Erklärungen« auszuholen. Göring tat genau das, worum Jackson ihn gebeten hatte, und Jacksons Selbstbeherrschung zerbrach daran, daß sein Zeuge klar und unverblümt antwortete. Jacksons Strategie ging völlig daneben, weil er nicht verstand, was in seinem Gegner vorging. Im Gespräch mit Dr. Gilbert* hat Albert Speer sich über diese Affäre »am scharfsinnigsten geäußert«, wie Jackson später selbst erklärte:

> Wissen Sie, wenn Jackson Göring ins Kreuzverhör nimmt, dann sieht man, daß sie einfach zwei entgegengesetzte Welten verkörpern – sie verstehen sich

---

* Bemerkenswerterweise geht Gilbert in seinem Tagebuch nur auf Jacksons Fragen zu Görings antisemitischen Erlassen ein und erwähnt mit keinem Wort die allgemeine Kritik an seinem Kreuzverhör oder seinen Appell an den Gerichtshof. Gilbert unterrichtete Jackson regelmäßig über die Persönlichkeit und die Erklärungen der Angeklagten, und ich habe den Verdacht, daß er Jackson dahingehend beeinflußt haben könnte, sich bei Göring einzuschmeicheln. Als dies so unglücklich mißriet, hat Gilbert es vielleicht für das Beste gehalten, die Affäre stillschweigend zu übergehen. Die »juristischen Details« von Gilberts Buch wurden von Jacksons Sohn vor der Veröffentlichung überprüft.

> nicht einmal. Jackson fragt ihn, ob er nicht an den Plänen für die Invasion von Holland und Belgien und Norwegen mitgearbeitet habe, und erwartet, daß Göring sich gegen die Beschuldigung, ein solches Verbrechen begangen zu haben, verteidigen werde; statt dessen sagt Göring: Ja, natürlich, das war dann und dann und so und so, als ob es die natürlichste Sache der Welt wäre, in ein neutrales Land einzumarschieren, nur weil es gerade in die strategischen Pläne paßt.

Jackson beharrte weiterhin darauf, daß dieses Kreuzverhör sinnvoll gewesen sei, weil Göring Handlungen zugegeben habe, die Verbrechen im Sinne der Charta und des Kriegsrechts waren, und er nahm Auszüge aus dem Kreuzverhör in ein Buch auf, das er 1947 veröffentlichte.* Aber die meisten dieser Geständnisse wurden bereits während Stahmers direkter Befragung gemacht, und im nachhinein ist kaum zu erkennen, daß Jackson mit seinem Kreuzverhör viel zuwege gebracht hätte.

Jackson hat für seine taktischen Schnitzer schwer büßen müssen, denn darunter litt sein öffentliches Ansehen, und auch er selbst war mit sich ganz und gar unzufrieden. Besonders unglücklich war er darüber, daß die Probleme, die er hatte, auch von zwei überaus renommierten Frauen bemerkt wurden, die nach Nürnberg kamen, um über den Prozeß zu berichten.

Rebecca West und Janet Flanner (deren Beiträge im *New Yorker* unter dem Pseudonym Genêt erschienen) haben 1946 trotz gelegentlicher Fehler in der Darstellung wunderbar einfühlsam über die Menschen im Justizgebäude geschrieben.** West berichtete, die Angeklagten »amüsierten sich, als Richter Jackson mit dem Kreuzverhör von Göring überhaupt nicht zurechtkam, weil er das transatlantische Vorurteil hegte, ein Schurke, der ein hohes Amt innegehabt hatte, müsse ein ernsthafter und nicht ein fröhlicher Schurke sein, und weil er über dessen Unverschämtheit die Fassung verlor.« Flanner ging sogar noch ausführlicher auf diese Episode ein:

> Als der Prozeß seine Vorbereitungsphase der massiven, statischen Dokumentierung verließ und in die Phase der Scharmützel und der offenen Schlacht eintrat, in der es auf den Verstand und die Persönlichkeit der Gegner ankam, stellte sich heraus, daß Jackson seiner Rolle als führender Mann der Alliierten doch nicht ganz gewachsen war. Bis dahin hatte sein Beitrag zu dieser ganz eigenen juristischen Szenerie hauptsächlich in einer hohen humanitären Einstellung bestanden, die seine großartige Eröffnungsrede im November ausgezeichnet hatte. Doch unter dieser humanitären Einstel-

---

* Jackson, *The Nuremberg Case* (New York 1947). Unter den ausgewählten Auszügen fehlt dort Jacksons Wortwechsel mit Lord Lawrence im Laufe des Kreuzverhörs.

** Rebecca West, *A Train of Powder* (New York 1955), S. 17, und *Janet Flanner's World: Uncollected Writings 1932-1975* (New York 1979), S. 118.

lung ist er von der glühenden persönlichen Überzeugung erfüllt, daß die Nazi-Gefangenen nichts weiter als gewöhnliche Verbrecher sind. Und darum war es nur konsequent, daß er mit ihnen vor Gericht wie ein polternder Büttel umging, womit er bei einem feigen kleinen Ganoven Erfolg gehabt hätte, was sich aber verheerend für ihn auswirkte beim Kreuzverhör mit Göring, diesem ungewöhnlichen Verbrecher, der es seinerseits gewohnt war zu poltern, freilich auf eine großartigere Weise. Sogar physisch machte Jackson eine schlechte Figur. Er knöpfte seinen Talar auf, schürzte ihn über den Hüften, schob die Hände in seine Gesäßtaschen und reckte sich und wippte wie ein Provinzanwalt. Es fehlte ihm anscheinend nicht nur der Hintergrund und die Klugheit in unserer Richter-Holmes-Tradition, sondern sein angelernter europäischer Vordergrund war voller Löcher, in die er hineinfiel, als er sich aufmachte, Göring Fallen zu stellen.

Jackson wurde durch die massive Kritik fast völlig aus der Bahn geworfen. Fyfe erzählte Birkett, daß Jackson sich »in einem schrecklichen Zustand« befinde, und Oberst Dostert, der von Jackson wegen des Übersetzungsfehlers hinsichtlich der »Befreiung« des Rheins gerügt worden war, berichtete Biddle das gleiche. Von diesem Schlag konnte sich Jackson nur langsam erholen.

Als Fyfe das Kreuzverhör übernahm, lag es auf der Hand, daß er in erster Linie psychologisch vorzugehen hatte: Er mußte die Initiative zurückgewinnen, das Gespräch an sich ziehen und Göring möglichst in Mißkredit bringen. Als erstes Thema wählte er die Tötung der ausgebrochenen Flieger vom Stalag Luft III, weil es Briten gewesen waren und weil er in Görings Erklärung der Episode auf Stahmers Frage hin Lücken bemerkt hatte.

Fyfe hatte ein paar gute Trümpfe, und er spielte sie gut aus. Er hatte die Dokumentierung der Flucht aus dem Stalag Luft III absolut im Griff, und schon bald wurde offenkundig, daß er besser vorbereitet war und mehr wußte als Göring. Dieser hatte einige Dokumente noch nie zuvor gesehen, und Fyfe setzte sie ein, um die Löcher in Görings früherer Aussage bloßzulegen. Göring merkte schnell, wie gefährlich es war, sich in »Erklärungen« über dieses Thema zu ergehen, und hatte Angst, daß Fyfe ihn bei einem Fehler ertappen würde. Der Zeuge wurde vorsichtig – Namen und Daten fielen ihm nicht mehr ein, und häufig gab er vor, nichts zu wissen oder sich nicht mehr erinnern zu können. Fyfe hatte die Zügel in der Hand, und an den Tischen der Anklagevertretung kehrte wieder Erleichterung ein.

Dann versuchte Fyfe, Göring mit den Tötungen in direkte Verbindung zu bringen. Er konnte nachweisen, daß viel mehr Informationen darüber in Görings Hauptquartier gelangt waren, als er in der direkten Befragung eingeräumt hatte, und daß die Tötungen noch etwa drei Wochen, nachdem Göring aus dem Urlaub zurückgekehrt war, weitergegangen waren. Aufgrund dieser Beweislage beschuldigte Fyfe Göring: »Sie haben nichts getan, um die Erschießung dieser Leute zu verhindern, sondern haben an dieser widerwärtigen Mordserie mitgearbeitet.« Dann ließ er Göring keine Möglichkeit zu einer Erwiderung, weil er zu einem anderen Thema überging.

Allerdings reichte Fyfes Beweismaterial nicht aus, um Göring eine Komplizenschaft bei diesen Morden nachzuweisen. Keinem der ausgebrochenen Gefangenen, die von den Lagerwachen gestellt worden waren, geschah etwas. Auch erhielt Göring keinen entsprechenden Befehl von Hitler. Der Führer erteilte seine Anweisungen vielmehr direkt an Himmler, unter dessen Oberbefehl die deutsche Polizei die Ausbrecher erschoß, die sie wieder eingefangen hatte. Göring beschwerte sich bei Hitler und verscherzte sich damit dessen Gunst noch mehr. Ein paar von den Ausbrechern gelang es noch, in Freiheit zu bleiben, und zwar lange nachdem Göring von Hitlers Befehl erfahren hatte, aber er besaß weder die Autorität noch die Macht, Himmler davon abzuhalten, mit den Erschießungen fortzufahren. Es ist denkbar, daß eine rasche Entscheidung, die Lagerwachen noch weiter ausschwärmen zu lassen, ein paar Leben mehr gerettet hätte, aber der Anklagevertretung gelang es nicht, die Grundlage für eine strafrechtliche Anklage gegen Göring in dieser unglaublichen Affäre zu schaffen.

Von der Lippe notierte: »Beide [Maxwell-Fyfe und Rudenko] sind für Göring erheblich unangenehmer als Jackson.« Die beiden »unangenehmen« Kreuzverhöre waren von völlig unterschiedlicher Art. Rudenko versuchte gar nicht erst nachzuweisen, daß Göring log oder Tatsachen verschwieg, wie es Fyfe bei den Stalag-Luft-III-Morden getan hatte. Der sowjetische Ankläger verfolgte ein viel simpleres Ziel: Er legte Göring Dokumente vor, die bereits als Beweismittel anerkannt waren, und forderte ihn auf, seine Komplizenschaft an den Verbrechen zuzugeben, die von den Dokumenten enthüllt wurden. Die beiden Männer verstanden einander gut und fochten nicht mit eleganten Degen, sondern schlugen mit schweren Keulen aufeinander ein. Typisch dafür war ihre Diskussion über Rudenkos Anschuldigung, daß der deutsche Angriff auf die Sowjetunion die Annexion eines Großteils der westlichen UdSSR durch die Deutschen zum Ziel hatte:

> GENERAL RUDENKO: Geben Sie zu, daß die Kriegsziele gegen die Sowjetunion waren: die Eroberung von Sowjetgebieten bis zum Ural, die Angliederung der baltischen Gebiete, der Krim und des Kaukasus an das Deutsche Reich, die Unterjochung der Ukraine, Weißrußlands und anderer sowjetrussischer Gebiete durch Deutschland, geben Sie das zu?
> GÖRING: Das gebe ich durchaus nicht zu.
> GENERAL RUDENKO: Das geben Sie nicht zu! Erinnern Sie sich nicht, daß bei einer Besprechung mit Hitler am 16. Juni [tatsächlich war es im Juli] 1941, bei der Sie ebenso wie auch Bormann, Keitel, Rosenberg und andere zugegen waren, Hitler die Angriffsziele gegen die Sowjetunion genau so, wie ich sie in meiner vorhergehenden Frage wiedergegeben habe, festlegte? Dies ist bewiesen worden durch das Dokument, das dem Gerichtshof vorgelegt worden ist. Dieses Dokument ist genügend bekannt, und scheinbar auch Sie erinnern sich daran. Erinnern Sie sich an diese Besprechung?

GÖRING: Ich erinnere mich genau an das Dokument und erinnere mich ungefähr an diese Besprechung und habe gleich zum ersten Male gesagt, daß mir dieses niedergeschriebene Dokument von Herrn Bormann bezüglich dieser Forderung maßlos übertrieben erscheint ...
GENERAL RUDENKO: Ich möchte nur eine Folgerung daraus ziehen: schon damals bei dieser Besprechung, oder besser gesagt, diese Besprechung bestätigt bereits den Grundplan zur Annektierung der Sowjetgebiete durch Deutschland. Ist das richtig?
GÖRING: Das ist richtig. Ich darf aber auch hier betonen, daß ich hier in diesem Protokoll diese uferlosen Ausweitungen zurückgeführt habe ...
GENERAL RUDENKO: Wollen Sie bitte noch einmal vorlesen, damit wir sehen, wo wir auseinandergehen?
GÖRING: Nach längerer Erörterung über Personen und über diese Dinge von Angliederung und so weiter:
»Demgegenüber betonte der Reichsmarschall die wichtigsten Gesichtspunkte, die zunächst ausschließlich für uns bestimmend sein können; Sicherung der Ernährung, soweit notwendig, der Wirtschaft; Sicherung der Straßen und so weiter« und der Verbindungswege –...
GENERAL RUDENKO: Es ist offensichtlich, daß hier eine Einwendung stattfand und sogar eine sehr erhebliche, aber jedenfalls kann man aus Ihren Entgegnungen überhaupt nicht folgern, daß Sie gegen die Annektion der Krim an das Reich protestiert haben. Ist es nicht so?
GÖRING: Wenn Sie die deutsche Sprache beherrschen würden, dann würde Ihnen aus dem Satz »Demgegenüber betonte ...«, der ganze Sinn klar hervorgehen, das heißt, ich habe nicht gesagt hier, ich protestiere gegen die Annektion der Krim, ich protestiere gegen die Annektion der Baltenländer. Dazu hatte ich gar keinen Grund. Wenn wir gesiegt haben würden, würde sich dann im Frieden das sowieso ergeben haben, wie weit wir Annektionen hätten gebrauchen können oder nicht. In diesem Augenblick hatten wir den Krieg noch nicht beendet und noch nicht gesiegt ...
GENERAL RUDENKO: Ich verstehe. Sie verlegten diese Frage auf eine spätere Kriegsetappe. Wie Sie selbst gesagt haben, wenn der Krieg gewonnen worden wäre, würden Sie zugegriffen und diese Gebiete annektiert haben. Sie haben nicht im Prinzip protestiert.
GÖRING: Nicht im Prinzip. Ich habe als alter Jäger nach dem Standpunkt gehandelt, das Fell des Bären erst dann zu verteilen, wenn man ihn geschossen hat.
GENERAL RUDENKO: Und dieses Fell wollten Sie nur teilen, wenn Sie diese Territorien ganz in Ihrem Besitz hatten?
GÖRING: Wie das Fell zu verwerten war, war ja erst nach Erlegung des Bären maßgeblich zu beurteilen.
GENERAL RUDENKO: Glücklicherweise ist das nicht geschehen.
GÖRING: Für Sie.

Patrick Dean unterrichtete das Foreign Office darüber, daß Rudenko gegenüber Göring »kaum Fortschritte gemacht« habe, und tatsächlich fiel das Kreuzverhör gegen Ende ab, als der Ankläger von Schuld sprach, die er nicht beweisen konnte, und der Zeuge ein Wissen über Dinge bestritt, von denen er eigentlich hätte wissen müssen. Aber alles in allem war Rudenko erfolgreicher, als Dean es ihm zugestand. Klugerweise ging Rudenko stärker auf das Zwangsarbeitsprogramm ein als seine Vorgänger. Göring hatte während der Befragung durch Stahmer zwar nur ziemlich flüchtig seine Verantwortung für diesen Bereich zugegeben, aber Rudenko holte aus ihm das ganz klare Eingeständnis heraus, daß er als Leiter des Vierjahresplans »unbeschränkte Vollmacht auf dem Gebiet der Wirtschaft« erhalten habe, »Richtlinien und Weisungen an alle höchsten Reichsstellen ... geben zu können. Diese wurden dann nach Kriegsbeginn ausgedehnt ... auf die wirtschaftliche Struktur der besetzten Gebiete.« Dieses Eingeständnis sollte für den Gerichtshof später die Grundlage für Görings Verurteilung nach den Punkten Drei und Vier (Kriegsverbrechen und Verbrechen gegen die Menschlichkeit) der Anklageschrift bilden.

Champetier de Ribes erklärte, die französische Anklagevertretung habe in diesem Zusammenhang keine weiteren Fragen zu stellen, und dann erhob sich Dr. Stahmer, um die nachträgliche Befragung durchzuführen. Das dauerte nur ein paar Minuten, in denen Göring aussagte, daß die damals berühmte Division »Hermann Göring« eine »Erddivision ... im taktischen Verband einer Armee und Heeresgruppe« gewesen sei und daß er mit ihr nur »auf rein personellem und Ausrüstungsgebiet« zu tun gehabt habe.

Als Dr. Stahmer Göring bat, erneut sein Verhältnis zu Hitler darzustellen, erhob Jackson dagegen Einspruch und erklärte, daß das Thema bereits behandelt und »erschöpft« sei. Lawrence gab diesem Einspruch statt und erklärte Stahmers weitere Fragen zu diesem Thema für unzulässig. Stahmer forderte Göring sodann auf, den Unterschied zwischen seiner »formellen« und seiner »tatsächlichen« Verantwortung für die Aktionen seiner Untergebenen zu erläutern. Das Gericht hatte davon bald genug, und Lawrence wies Göring zurecht, er solle »keine Reden halten«. Stahmer erklärte schließlich, er habe »keine Frage zu stellen«, und Göring kehrte an seinen Platz auf der Anklagebank zurück. Stahmer fuhr dann noch etwa eine Stunde lang fort, seine Dokumente und die eidesstattlichen Versicherungen von abwesenden Zeugen als Beweismittel vorzutragen, und damit bereitete er dem Fall Göring in Nürnberg ein enttäuschendes Ende.

5

Der Fall Göring hatte zwölf Gerichtstage in Anspruch genommen und vom 8. März bis einschließlich 22. März 1946 gedauert. Wären die Klagen gegen die anderen Angeklagten mit der gleichen Geschwindigkeit abgewickelt worden, dann hätte man allein für ihre Prozesse noch zehn Monate benötigt, und dazu hätte es noch die Anklagevorträge gegen die Organisationen sowie die Abschlußplädoyers gegeben. Der Gerichtshof bemühte sich, derartige Erwartungen gar nicht erst aufkommen zu lassen, indem er am Nachmittag des 22. März verkündete:

> Der Gerichtshof hat dem Angeklagten Göring, der als erster der Angeklagten im Beweisverfahren vernommen wurde, und der sich als zweithöchster Führer Nazi-Deutschlands verantwortlich erklärt hat, gestattet, seine Aussage ohne jedwede Unterbrechung zu machen; und er hat die gesamte Geschichte des Nazi-Regimes vom Beginn bis zur Niederlage Deutschlands besprochen.
> Der Gerichtshof hat nicht die Absicht, irgendeinem der anderen Angeklagten zu gestatten, denselben Gegenstand in seiner Aussage nochmals zu behandeln, es sei denn, daß es für seine eigene Verteidigung notwendig ist.

Wie sich herausstellen sollte, dauerten die Klagen gegen die zwanzig Angeklagten bis Ende Juni, und es wurden dafür achtundsiebzig Prozeßtage benötigt – etwa vier Tage für jeden Angeklagten, also rund ein Drittel der Zeit, die der Fall Göring in Anspruch genommen hatte. Die Erklärung des Gerichtshofs wirkte sich nach Ansicht der meisten Prozeßteilnehmer überaus heilsam auf die Verfahren aus.

Rudolf Heß stellte einen einzigartigen und interessanten Fall dar, der aber nicht viel Zeit beanspruchte – das ganze Verfahren dauerte nur eineinhalb Tage. Das lag teilweise an Heß' Flug nach England am 10. Mai 1941, womit der mögliche Zeitraum für die Begehung von Kriegsverbrechen stark verkürzt worden war, noch mehr aber an Heß' Entscheidung, nicht in den Zeugenstand zu treten, so daß er nicht befragt oder ins Kreuzverhör genommen werden konnte. Heß hatte eigentlich vorgehabt auszusagen, aber am 24. März teilte er, auf dringendes Anraten seines Anwalts, Dr. Seidl, und Görings, Gilbert mit, daß er beschlossen habe, dies nun nicht zu tun, »weil er nicht der Peinlichkeit ausgesetzt sein wollte, die von der Anklage gestellten Fragen nicht beantworten zu können«.

Seidl gab allerdings eine entsprechende Erklärung gegenüber dem Gerichtshof erst am 26. März ab, nachdem er seine beiden Zeugen aufgerufen und seine Dokumente als Beweismittel vorgelegt hatte. Er sagte: »Ich hatte zunächst noch die Absicht, den Angeklagten selbst als Zeugen zu vernehmen.« Das stimmte nicht, denn Seidls Entscheidung, Heß nicht in den Zeugenstand zu rufen, war bereits zwei Tage zuvor gefallen. Und Seidl fuhr fort: »Im Hinblick auf seine grundsätzliche Einstellung zu der Frage der Zuständigkeit dieses Gerichts hat er mich jedoch gebeten, davon absehen zu wollen. Ich verzichte daher auf die Vernehmung des Angeklagten als Zeugen und habe zunächst jetzt keine weiteren Beweismittel mehr vorzubringen.«

Schon zu Beginn seiner Beweisvorlage hatte Seidl erklärt: »Der Angeklagte Rudolf Heß bestreitet die Zuständigkeit des Gerichtshofes, soweit andere Sachbestände als echte Kriegsverbrechen den Gegenstand des Verfahrens bilden« (eine vergebliche Einlassung angesichts der Charta und der zuvor ergangenen Bestimmungen des Gerichtshofes) – aber das hatte überhaupt nichts mit Heß' Entscheidung zu tun, nicht auszusagen, wie seine Erklärung gegenüber Gilbert zeigt. Im Zusammenhang mit Seidls Erklärung wurde keine Frage nach Heß' Zurechnungsfähigkeit gestellt. Dr. Gilbert hatte den Zustand von Heß ständig überwacht, wobei sich herausgestellt hatte, daß er sich praktisch überhaupt nicht an seine eigene Vergangenheit oder an die Ereignisse des Prozesses erinnern konnte. Diese Umstände sowie seine Weigerung, in eigener Sache auszusagen, hätten es durchaus gerechtfertigt, seine Befähigung, sich selbst zu verteidigen, in Frage zu stellen, aber Seidl ging nicht auf diese Frage ein.

Der Fall Heß wurde darüber hinaus noch durch eine einführende Feststellung von Dr. Seidl gegenüber dem Gerichtshof beschränkt, aus der sich auch die Motive für die Benennung der Zeugen ergaben. Heß, erklärte Seidl, »übernimmt weiter die Verantwortung für alle Befehle und Verfügungen, die er in seiner Eigenschaft als Stellvertreter des Führers und als Reichsminister erlassen hat. Aus diesem Grunde wünscht er keine Verteidigung gegenüber Anklagen, die die inneren Angelegenheiten Deutschlands als souveränen Staat betreffen.« Das bezog sich natürlich auf einen großen Teil von Heß' Aktivitäten als Stellvertreter des Führers und als Parteisekretär. Er werde, erklärte Seidl, »daher nur Beweismittel in bezug auf Fragen vorlegen, an deren Klarstellung die anderen Staaten ein berechtigtes Interesse haben können«.

Ganz auf der Linie dieser Einschränkung lagen auch die beiden Zeugen: Ernst Bohle, ehemaliger Staatssekretär im Außenministerium und Leiter der Auslandsorganisation der NSDAP, und Karl Strölin, ehemaliger Oberbürgermeister von Stuttgart und in dieser Eigenschaft ehrenamtlicher Präsident des Deutschen Auslandsinstituts. Bohles unmittelbarer Vorgesetzter war Heß gewesen, und beide Zeugen sahen in Heß den Mann, der »vom Führer mit der obersten Leitung aller Angelegenheiten im Hinblick auf die Deutschen im Ausland beauftragt worden« war.

Statt diese Zeugen zu befragen, verlas Seidl für das Prozeßprotokoll ihre eidesstattlichen Versicherungen. Bohle erklärte, daß sich die Tätigkeiten der Mitglieder seiner Organisation nach den Gesetzen der Länder gerichtet hätten, in denen sie sich aufhielten; daß sich die Mitglieder niemals an subversiven oder feindseligen Handlungen gegen ihre Gastländer beteiligt oder sich als eine Fünfte Kolonne betätigt hätten; und daß weder Heß noch Hitler je Befehle für eine derartige feindselige Aktion gegeben hätten. Aus Strölins Affidavit ging in etwa das gleiche hervor. Darüber hinaus äußerte sich Strölin in der Befragung durch Neuraths Anwalt, Dr. von Lüdinghausen, in höchsten Tönen über den Charakter und die friedlichen Absichten von Neuraths.

Diese Aussagen halfen weder Heß noch Neurath viel. Denn Griffith-Jones für die britische und Oberst Amen für die amerikanische Delegation waren wohl versorgt mit Dokumenten und Protokollen von früheren Vernehmungen der beiden Zeugen, durch welche die Glaubwürdigkeit ihrer mündlichen Aussagen und ihrer eidesstattlichen Erklärungen erheblich in Frage gestellt wurde. Die Auslandsorganisation war nicht so unschuldig und Neurath nicht so gütig, wie die Zeugen es geschildert hatten.

Schacht und Papen äußerten sich abfällig und angewidert über Bohle, und die meisten Angeklagten waren sich darin einig, daß er als Zeuge ein Versager gewesen war. Dr. von der Lippe klagte: »Das ›Schlechtmachen‹ der Verteidigungszeugen wird von den Anklägern methodisch betrieben.«

Unter den wenigen Dokumenten, die Seidl vorgelegt hatte, befand sich auch das Protokoll einer Begegnung zwischen Heß und Lord Simon, die kurz nach der Ankunft von Heß in England stattgefunden hatte. Heß' primäre Absicht war es, den Kriegszustand zwischen Deutschland und England zu beenden, und zu diesem Zweck trug er ihm vier Punkte als Grundlage für einen Friedensschluß vor:

1. Um künftige Kriege zwischen der Achse und England zu verhindern, soll eine Abgrenzung der Interessensphären stattfinden. Die Interessensphäre der Achsenmächte soll Europa, die Englands sein Weltreich sein.
2. Rückgabe der deutschen Kolonien.
3. Entschädigung deutscher Staatsangehöriger, die vor oder während des Krieges im Britischen Weltreich Wohnsitz hatten und ... Schäden an Leben und Eigentum erlitten haben; Entschädigung auf gleicher Grundlage durch Deutschland an britische Staatsangehörige.
4. Waffenstillstand und Friedensschluß mit Italien zur gleichen Zeit.

Das ist zwar historisch interessant, macht aber kaum klar, welche Vorteile sich Seidl davon für Heß versprach. Albion mag zuweilen perfide gewesen sein, aber es war doch wohl nicht zu erwarten, daß Großbritannien einwilligen würde, Hitler die Früchte seiner Angriffskriege und damit die Oberhoheit über ganz Europa zu überlassen.

Mehr Erfolg hatte Seidl mit seinem letzten Dokumentenbuch, das eine umfangreiche Sammlung von Meinungsäußerungen über den Versailler Vertrag enthielt, etwa ob Deutschland ihn unter Zwang unterschrieben habe, ob seine wirtschaftlichen Folgen verheerend gewesen seien oder nicht, ob Deutschland nicht das Recht zur Wiederaufrüstung gehabt haben könne, da andere Länder nicht abgerüstet hätten. Diese Fragen öffneten den Weg für einen Rechtsstreit über die *Ursachen* des Zweiten Weltkriegs – und genau vor dieser Streitfrage hatte Jackson von Anfang an gewarnt.

Fyfe bestritt unverzüglich die Relevanz dieser Dokumente, und daraufhin entspann sich ein langer Disput vor dem Gericht, in dem Seidl von Dr. Rudolf Dix (Schachts Anwalt) und Dr. Martin Horn (Ribbentrops Anwalt) unterstützt wurde. Lawrence war offenbar gegen Seidls Beweisantrag, weil er der Meinung war, daß es auf die Schuld oder Unschuld der Angeklagten hinsichtlich der ihnen in der Charta vorgeworfenen Verbrechen keinerlei Einfluß habe, ob der Versailler Vertrag nun ungerecht war oder nicht. Fyfe stellte zwar nicht in Abrede, daß ein Angeklagter einige seiner eigenen Handlungen mit der Begründung zu rechtfertigen versuchen könnte, daß er den Versailler Vertrag ernsthaft für unrechtmäßig gehalten habe, aber der britische Hauptankläger bestand doch darauf, daß die in Seidls Dokument zitierten Meinungsäußerungen von Politikern, Wirtschaftsfachleuten und anderen irrelevant seien. Nach einer Beratung in der Mittagspause erklärte der Gerichtshof diese Dokumente für nicht zulässig und wies sie zurück.

Seidls letztes spezielles Dokument war ein erst vor kurzem unterzeichnetes Affidavit von Dr. Friedrich Gaus, dem ehemaligen Leiter der Rechtsabteilung im Auswärtigen Amt. Darin ging es um ein »Geheimabkommen« zwischen Hitler und Stalin, das zur gleichen Zeit wie der bekannte Deutsch-Sowjetische Nichtangriffspakt am 23. August 1939 geschlossen worden war.

Diese vorübergehende Annäherung zwischen Nazi-Deutschland und der Sowjetunion war der sowjetischen Delegation in Nürnberg äußerst unangenehm, und als Seidl sich anschickte, Auszüge aus dem Gaus-Affidavit zu verlesen, sprang General Rudenko sogleich auf und erklärte, er »beanstande entschieden seine Verlesung«. Seidl hatte gegen die Verfahrensregeln verstoßen, da er nur ein deutsches Exemplar des Gaus-Affidavits bei sich hatte, und Lawrence wies ihn streng darauf hin, daß eine Entscheidung über die Zulassung des Dokuments als Beweismittel erst erfolgen könne, wenn es gemäß den Vorschriften des Gerichtshofs übersetzt worden sei.

Das Gaus-Affidavit wurde schließlich übersetzt und von Seidl (gegen Rudenkos Einspruch) am 1. April im Laufe seiner Befragung von Ribbentrop ins Protokoll verlesen. Es enthielt eine Beschreibung des »Geheimabkommens«, das die Aufteilung von polnischem Territorium zwischen Deutschland und der Sowjetunion sowie die Anerkennung der sowjetischen »Interessenssphäre« einschließlich der baltischen Staaten durch die Deutschen vorsah.* Das Dokument war zweifellos relevant für den Fall Ribbentrop, stand aber offenkundig in keiner Beziehung zum Fall Heß.

Damit äußerte sich an der Klage gegen Heß aufgrund von Seidls Präsentation im wesentlichen nichts. Der Anwalt war eindeutig mehr daran interessiert, die Schattenseiten der alliierten und der sowjetischen Diplomatie zu enthüllen, als Heß zu helfen. Man muß allerdings auch zugeben, daß er keine Unterstützung von seinem Klienten erhielt und daß er ohnehin wenig hätte tun können, das Bild des Naziführers Heß freundlicher zu gestalten. Die vordringlichste Frage – ob das Wrack Heß nicht angemessenerweise eher in einer psychiatrischen Anstalt untergebracht werden sollte als im Nürnberger Gefängnis – wurde freilich nicht gestellt.

---

* Der Text dieses »Geheimabkommens« wurde zum ersten Mal 1948 vom US-Außenministerium veröffentlicht: *Nazi-Soviet Relations, 1939-1941*, S. 78-109.

Vierzehntes Kapitel

Die Verteidigung der Angeklagten: »Mörderbande«

Im Falle der nächsten sieben Angeklagten – Ribbentrop, Keitel, Kaltenbrunner, Rosenberg, Frank, Frick und Streicher – reichte das von der Anklage vorgelegte Beweismaterial von seiner Menge, Vielfalt und von seinem Inhalt her ohne weiteres für eine Verurteilung in allen Anklagepunkten aus. Abgesehen von Streicher stellte sich in keinem Fall ernsthaft die Frage, ob dieses Beweismaterial ausreichte, die Todesstrafe zu befürworten. In allen Fällen wurden die Urteile vom Kontrollrat überprüft und bestätigt. Die Angeklagten wurden daraufhin gehängt.

Ribbentrop: Joachim von Ribbentrop lieferte sich mit Kaltenbrunner und Streicher ein Kopf-an-Kopf-Rennen um den Titel des »bei seinen Mitangeklagten meistgehaßten Mannes«. Aber die anderen beiden waren Nazi-Schergen – Kaltenbrunner rief blankes Entsetzen hervor, Streicher Abscheu –, während man Ribbentrop nichts als Verachtung entgegenbrachte.

Ribbentrop war ursprünglich ein sprachbegabter und elegant gekleideter Champagnervertreter gewesen. 1932 trat er in die NSDAP ein und machte Hitler auf sich aufmerksam, als er eine kleine Rolle bei den Ereignissen spielte, die im Januar 1933 dazu führten, daß Hitler zum Reichskanzler ernannt wurde. Hitler war beeindruckt von Ribbentrops angeblich so weitreichenden persönlichen Kontakten in England und Frankreich und konsultierte ihn darum häufig in diplomatischen Angelegenheiten. 1936 wurde Ribbentrop zum Botschafter in London ernannt, und zwei Jahre später löste er Neurath als Außenminister ab, eine Position, die er bis zum Kriegsende innehatte.

Daß sich Ribbentrop so lange im Außenministerium halten konnte, verdankte er einzig und allein Hitler, der ihn nicht wegen seines Rates, sondern wegen seines servilen Gehorsams unterstützte und der eine übertrieben hohe Meinung von Ribbentrops Ansehen im Ausland hatte. Die Beamten im

Außenministerium konnten Ribbentrop nicht ausstehen – er war arrogant, herrisch und unbeholfen. Echte Adelige wie von Neurath und von Papen lachten über Ribbentrops »von«, das nicht auf Geburt, sondern auf Adoption beruhte.

Ihren Höhepunkt aber erreichte diese Verachtung in Nürnberg, wo sich schon bald herausstellte, daß Ribbentrop ständig unter panischen Ängsten litt. Gewiß, er hatte allen Grund, sich Sorgen zu machen, aber schließlich war er nicht der einzige Angeklagte, und er trug seine Ängste in einem Maße zur Schau, daß es für alle unerträglich war. Gilberts Tagebuch zitiert in der Zeit der Verhandlung gegen Ribbentrop (vom 26. März bis zum 3. April) über ein Dutzend hämischer Kommentare der anderen Angeklagten über ihn und seine Verteidigungsbemühungen:

> Papen und Schacht hoben ihre Hände in Verzweiflung: »Nun sehen Sie es! Das war das Auswärtige Amt.«
> Fritzsche sagte: »Und stellen Sie sich nur vor, die deutschen Soldaten zogen im Vertrauen darauf in den Krieg, daß sie einen tüchtigen Außenminister und eine verantwortungsbewußte Regierung hätten ...«
> Funk murmelte: »Beschämend! Beschämend – die ganze Sache!«
> Und Schacht sagte: »Hu! Solch ein Waschlappen als Außenminister! Und was er für Leute für sich arbeiten ließ! Solch ein nichtsnutziger, dummer Schwächling!«

Nach dem Recht der Charta wie nach dem Kriegsrecht war die Beweislast gegen Ribbentrop hoffnungslos erdrückend. Auch wenn er vielleicht die Entscheidungen, einen Angriffskrieg zu führen, nicht initiierte, so wies doch nichts darauf hin, daß er Hitler Widerstand geleistet hätte, als dieser ihn einleitete. Ribbentrop unterstützte auf diplomatischer Ebene bereitwillig sämtliche militärischen Aktionen, von der Besetzung Prags bis zum Einmarsch in die Sowjetunion; er unterzeichnete das Gesetz zur Errichtung des Protektorats über Böhmen und Mähren, rechtfertigte öffentlich die Angriffe auf Norwegen, die Niederlande und Jugoslawien und drängte Japan, die Sowjetunion anzugreifen.

Ribbentrops Kriegsverbrechensregister war sogar noch vernichtender. Er setzte Laval und Mussolini unter Druck, die Deportation französischer und italienischer Juden zu beschleunigen, und erklärte gegenüber dem ungarischen Reichsverweser, Admiral Miklós Horthy, daß »die Juden entweder vernichtet oder in Konzentrationslager gebracht werden« müßten.

Angesichts seines schlechten Rufes ist es nicht weiter überraschend, daß Ribbentrop von anderen kaum Hilfe erhielt. Sein Anwalt, Dr. Martin Horn, war schwierig und machte sich bei Gericht nicht gerade beliebt, zumal als er neun Dokumentenbücher vorlegte, die über 350 Dokumente enthielten. Sein Hauptentlastungszeuge, Baron Gustav Steengracht von Moyland, ein ehemaliger Staatssekretär im Auswärtigen Amt, war schwer von Begriff und versuchte schlicht, die Schuld von Ribbentrop auf Hitler abzuwälzen.

Noch viel schlimmer wirkte sich auf seine Verteidigung sein letzter Zeuge aus. Paul Otto Schmidt, der an vielen Konferenzen von Hitler mit Ausländern als Dolmetscher teilgenommen hatte, war intelligent und gut unterrichtet. Seine direkte Aussage war alles andere als hilfreich für Ribbentrop, und im Kreuzverhör mit Fyfe bestätigte Schmidt die Richtigkeit eines Affidavits, in dem er erklärt hatte: »Die allgemeinen Ziele der Nazi-Führung waren von Beginn an offenbar, nämlich, die Beherrschung des europäischen Kontinents zu erreichen, erstens durch die Einverleibung aller deutschsprachigen Gruppen in das Reich und zweitens durch Gebietsausdehnung unter dem Motto: ›Lebensraum‹.« Besser konnte man Rechtsverstöße im Sinne der Anschuldigungen in Punkt Eins und Zwei der Londoner Charta kaum beschreiben.

Ribbentrop verstrickte sich in seiner Aussage so sehr in Lügen und Fehler, daß es leicht war, ein vernichtendes Kreuzverhör zu führen. Eigentlich schien es kaum erforderlich zu sein, aber Fyfe konnte sich natürlich eine derartige Gelegenheit nicht entgehen lassen, und die Briten hatten genug Hühnchen zu rupfen mit einem ehemaligen Botschafter in London, dem man dort nur mit Verachtung begegnet war. Für dieses Kreuzverhör nahm sich Fyfe einen ganzen Tag lang Zeit, und Faure, Amen und Rudenko benötigten weitere vier Stunden.

Dr. Horn verzichtete auf eine Nachbefragung, und Ribbentrop kehrte wieder in die Anklagebank zurück, wo man allgemein der Meinung war, er sei »erledigt«. Gilbert bekam mit, wie Göring zu Raeder sagte: »Ribbentrop ist fix und fertig.«

Keitel: Wilhelm Keitel war der ranghöchste Offizier der deutschen Wehrmacht, aber er war kein Befehlshaber. Daß er so weit aufgestiegen war, verdankte er hauptsächlich seinem Verwaltungsgeschick und der Heirat seines ältesten Sohnes mit der Tochter von Generalfeldmarschall von Blomberg. Für Hitler war er praktisch ein hochrangiger Sekretär und ein nützliches Werkzeug; Hitler beförderte ihn in höchste Ämter, damit der führende Feldmarschall »sein Mann« war.

Somit war Keitels Rolle in der Militärhierarchie mit der Ribbentrops in der Diplomatie vergleichbar. Beide waren Hitlers Sprachrohre und keine eigenständigen Täter. Im Gegensatz zu Ribbentrop allerdings war Keitel ein aufrechter Soldat und trat in Nürnberg würdig auf. Bei seinen Offizierskameraden, die ihm den Spitznamen »Lakeitel« gegeben hatten, genoß er allerdings kein hohes Ansehen. Als Frankreich 1940 kapitulierte, erklärte Keitel Hitler offen zum »größten Feldherrn aller Zeiten«. Er gehörte zu jenen schwachen Menschen, bei denen sich Hitler darauf verlassen konnte, daß sie seine Befehle ohne Rücksicht auf Recht und Moral befolgten.

Keitels Anwalt, Dr. Otto Nelte, begann damit, daß er seinen Mandanten in den Zeugenstand rief. Nelte, der seinen Auftritt gut aufgebaut hatte, ging rasch die entscheidenden Fragen an:

DR. NELTE: Die Anklagebehörde hat nun im Zusammenhang mit dem Vortrag vieler Verstöße gegen Kriegsgesetze ... immer wieder auf Schreiben, Befehle und so weiter hingewiesen, die Ihren Namen tragen ... Was wollen Sie zu dieser allgemeinen Beschuldigung sagen?
KEITEL: Es ist richtig, daß es eine große Anzahl von Befehlen, von Anordnungen und Richtlinien gibt, die mit meinem Namen in Verbindung stehen und es ist auch zuzugeben, daß solche Befehle vielfach Abweichungen vom geltenden Völkerrecht enthalten. Zum anderen gibt es auch eine Gruppe von Anordnungen und Befehlen, die nicht auf militärischen Motiven beruhen, sondern auf weltanschaulichen Grundlagen und Gesichtspunkten. Ich denke da an die Gruppe von Anweisungen, die vor dem Feldzug gegen die Sowjetunion herausgegeben worden sind und die auch in der Folgezeit später noch herausgegeben wurden.
DR. NELTE: Was können Sie hinsichtlich dieser Befehle zu Ihrer Entlastung sagen?
KEITEL: Ich kann nur sagen, daß ich grundsätzlich für alle die Dinge, die aus diesen Befehlen gefolgt sind und die insofern mit meinem Namen und meiner Unterschrift in Verbindung stehen, diejenige Verantwortung trage, die sich aus meiner Dienststellung ergibt ...

Das war ein lobenswert offenes Eingeständnis persönlicher Verantwortung für Kriegsverbrechen, einschließlich der Greueltaten, die infolge der im Zusammenhang mit dem Einmarsch in die Sowjetunion herausgegebenen Befehle begangen worden waren.

Später wandte sich Nelte den Punkten Eins und Zwei der Anklageschrift zu:

DR. NELTE: Damit wir uns verstehen ..., muß klar sein, was unter »Angriffskrieg« zu verstehen ist. Wollen Sie diese Ihre Ansicht darüber sagen?
KEITEL: Als Soldat muß ich sagen, daß der Begriff »Angriffskrieg« für mich nichts in dem Sinne bedeutet ... Aber nach meinem persönlichen soldatischen Empfinden ist der Begriff »Angriffskrieg« ein ausgesprochener politischer und nicht ein militärisch-soldatischer ... Ich glaube, das kurz zusammenfassend sagen zu können, daß die militärischen Dienststellen nicht die maßgebenden Stellen hierfür sein sollen und nicht sein können, und daß die Entschlüsse hierzu nicht die Aufgabe des Soldaten, sondern allein der Politiker sind ...
DR. NELTE: Aber Sie sind nicht nur ein Soldat, sondern auch eine Persönlichkeit, die ein Eigenleben hat. Haben Sie sich denn nicht in dieser Eigenschaft Gedanken gemacht, wenn Tatsachen zu Ihrer beruflichen Kenntnis gekommen sind, die eine geplante Unternehmensaktion als unrecht erscheinen ließen?
KEITEL: Ich glaube nur, dazu wahrheitsgemäß sagen zu können, daß ich in meinem militärischen Aufstieg und meiner militärischen Laufbahn eigentlich nur in den traditionellen Auffassungen groß geworden bin und aufgewachsen bin, die sich mit dieser Frage nicht auseinandersetzten. Natürlich hat man eine eigene Ansicht, und hat man ein Eigenleben. Aber in Bezug

auf seine beruflichen Funktionen als Soldat und Offizier hat man sein Eigenleben eigentlich verschenkt, vergeben, in Bezug auf den Beruf und in Bezug auf die Funktion als Soldat. So habe ich nicht empfunden und vermag auch nicht nachträglich zu bestätigen, daß ich mir in dieser Richtung über diese Fragen, der rein politischen Ermessensfragen, Gedanken gemacht habe, und daß ich auf dem Standpunkt stand, der Soldat kann verlangen, daß er seiner Staatsführung vertrauen kann, und dementsprechend ist er berufen, seine Pflicht zu tun und zu gehorchen.

Was diese Antwort so schwierig machte, war die Tatsache, daß der »Staatsführung«, also Adolf Hitler, Fragen im Hinblick auf »gerechte Kriege« genauso gleichgültig waren, und Keitel wußte das auch. Seine Haltung unterschied sich darum gar nicht so sehr von der Görings, der sich nicht von »völkerrechtlichen Erwägungen« leiten ließ. Zweifellos gab es und gibt es noch immer Militärs, die die gleiche Ansicht vertreten, aber das war kein Grund, sie von der Anklage nach Punkt Eins und Zwei freizusprechen.

Anschließend ging Nelte mit Keitel chronologisch die militärischen Ereignisse durch, die zum Einmarsch in die Sowjetunion geführt hatten, und verlas ein von Keitel verfaßtes und unterschriebenes Affidavit, in dem es um die von ihm zuvor so bezeichneten »weltanschaulichen« Anweisungen sowie um das Zusammenwirken von Wehrmacht und SS bei ihrer Ausführung ging:

Mit den Richtlinien zu »Barbarossa« [dem Codewort für den Angriffsplan auf die Sowjetunion] für Verwaltung und Ausnützung der eroberten Ostgebiete ist die Wehrmacht, wenn auch gegen ihre Absichten, ohne Kenntnis der Voraussetzungen in die Folgeerscheinungen und Handlungen in steigendem Maße mit hineingezogen worden ...

Nicht der Oberbefehlshaber des Heeres hatte aber in Wirklichkeit die ihm übertragene vollziehende Gewalt und die Macht der Rechtsetzung und Rechtswahrung in den besetzten Gebieten, sondern Himmler oder Heydrich entschieden eigenmächtig über Leben und Tod der Bevölkerung und der Gefangenen, einschließlich der Kriegsgefangenen, in deren Lagern sie die Exekutive wahrnahmen.

Die traditionelle Erziehung und Pflichtauffassung des deutschen Offiziers zum bedingungslosen Gehorsam und die Verantwortlichkeit der Vorgesetzten hat zu einer (rückschauend bedauerlichen) Haltung geführt, die trotz Erkenntnis der Gesetzlosigkeit und inneren Ablehnens doch vor Auflehnung gegen diese Befehle und Methoden zurückschreckte.

Als eine Erklärung für das Verhalten der Deutschen in Osteuropa ist Keitels Aussage soweit ganz hilfreich, aber sie übersieht die Millionen deutscher Offiziere und Soldaten, die als Jugendliche, als Zwanzig- und sogar als Dreißigjährige in ihren Vorstellungen über Slawen und Juden irreparabel von der entstellenden Nazidoktrin geprägt waren. Keitels Rechtfertigung, wenn man das einmal so nennen darf, trug nicht dazu bei, seine erbärmliche Schwäche zu beschönigen, geschweige denn zu entschuldigen.

Außerdem ging aus dem Beweismaterial hervor, daß Keitel sogar versucht hatte, Hitler dazu zu bewegen, sich an Recht und Gesetz zu halten, daß er aber, sobald er damit gescheitert war, diese Befehle seinen Untergebenen überzeugend und ohne eine Andeutung seiner inneren Zweifel vorgetragen hatte. Als beispielsweise der »weltanschauliche« Befehl (wie Keitel ihn nannte) vom 8. September 1941 (der vorsah, daß »politisch unerwünschte« sowjetische Zivilisten und Kriegsgefangene Himmlers »Einsatzkommandos der Sicherheitspolizei« übergeben werden sollten, die dann über »ihr Schicksal« entscheiden würden) Admiral Wilhelm Canaris, dem Leiter der Abwehrabteilung des OKW, vorgelegt wurde, schickte der Admiral an Keitel einen Bericht, in dem er den Befehl scharf kritisierte – er sei unrechtmäßig und beruhe auf »Richtlinien, die den Wehrmachtsstellen unbekannt sind«. Keitel hatte darauf erwidert: »Die Bedenken entspringen den soldatischen Auffassungen vom ritterlichen Krieg. Hier handelt es sich um die Vernichtung einer Weltanschauung, deshalb billige ich die Maßnahmen und decke sie.« Damit hatte Keitel diesen unrechtmäßigen Befehl nicht einfach nur unterzeichnet, sondern er hatte seinen Rang und seine Autorität dazu eingesetzt, widerspenstige Untergebene zur Räson zu bringen.

Es gab genug Material für ein Kreuzverhör. Rudenko (der es beginnen sollte) sprach kurz und geradeheraus. Als Keitel darlegte, daß deutsche Truppen bereits Teile von Mähren besetzt hatten, als Präsident Emil Hácha sich noch auf dem Weg nach Berlin befand, um dort mit Hitler zu verhandeln, fuhr ihn Rudenko an: »Das ist doch eine Gemeinheit!« Woraufhin Keitel kühl erwiderte: »Ich glaube nicht, daß ich zu dem Tatbestand noch ein Werturteil abgeben muß.«

Fyfe war, wie immer, gründlich vorbereitet und ließ sich Zeit. Er brauchte zweimal so lange wie Rudenko und befaßte sich erneut mit den Ausbrüchen aus dem Stalag Luft III; bei Keitel kam er damit indes weiter als bei Göring. Als Chef des OKW hatte Keitel generell die Verantwortung für Angelegenheiten, die Kriegsgefangene betrafen. Wie Göring hatte auch er Hitlers Befehl widersprochen, die von der Polizei wiedereingefangenen Ausbrecher nicht wieder ins Lager zurückzuschaffen. Aber als Hitler auf diesem Vorgehen bestand, das schließlich zu den Morden führte, überging er kurzerhand die Einwände seiner Untergebenen in der Kriegsgefangenenabteilung des OKW und erteilte die Anweisung, die Lagerverwaltung solle die Insassen davon in Kenntnis setzen, daß ihre Mitgefangenen als warnendes Beispiel vor weiteren Fluchtversuchen erschossen worden seien. Auch hier stellte Keitel sich mit seiner ganzen Autorität hinter Hitlers Befehl, über dessen verbrecherische Absicht er sich absolut im klaren war.

Das Kreuzverhör endete damit, daß Keitel Fyfes Feststellung: »Nun, dann haben Sie Befehle ausgeführt, kriminelle Befehle, die eine Verletzung der Grundprinzipien Ihres Berufssoldaten-Kodex waren« zwar bejahte, aber einschränkend sagte, daß er »nicht der inneren Überzeugung war, hiermit kriminell zu werden, weil es das Staatsoberhaupt selbst war, das für uns alle Mächte der Gesetzgebung in sich vereinigte«.

Dieser offenkundige Widerspruch veranlaßte Nelte, in einer kurzen Nachbefragung Keitel eine Frage zu stellen, die für diesen »von größter Bedeutung« sei: »... wie war es möglich, und wie wollen Sie erklären, daß diese Befehle und Anordnungen von Ihnen vollzogen und weitergegeben wurden, und daß wirksamer Widerstand nicht geleistet wurde?« Keitel erwiderte:

> Um eine Erklärung finden zu können, muß ich sagen, daß man den Führer kennen muß ... Ich habe hier mehrfach bekundet, und habe das auch getan, ich habe meine Bedenken und meine Einwände geltend machen wollen und auch geltend gemacht. Der Führer legte dann diejenigen Gründe dar, die ... er für bestimmend hielt; und er tat das in der ihm eigenen, ich muß sagen, zwingenden Beweisführung, mit militärisch-politischer Notwendigkeit, mit der Sorge um das Wohlergehen seiner Soldaten und ... um die Zukunft des Volkes. Ich muß sagen, daß ich hierdurch, aber auch durch unsere sich ja ständig und erheblich steigernde Zwangslage militärischer Art, das ist die Notwendigkeit solcher Maßnahmen und ihrer Richtigkeit, mich meist überzeugt habe, mich habe überzeugen lassen. Ich habe dann die getroffenen Anordnungen weitergeleitet und herausgegeben, ohne mich noch beirren zu lassen durch die möglichen Auswirkungen, die sich daraus ergaben.
>
> Man mag das als Schwäche ansehen, und man mag es mir zur Schuld anrechnen. Es ist jedenfalls Tatsache, so, wie ich es eben geschildert habe ... Für mich als Soldat ist die Treue ein unantastbarer Begriff, man mag mir Irrtum und Irren, man mag mir falsches Handeln und man mag mir auch Schwäche gegenüber dem Führer Adolf Hitler zum Vorwurf machen, man soll mir aber nicht nachsagen, daß ich feige war, daß ich unwahrhaftig war, und daß ich treulos war.

Lord Lawrence fragte Keitel dann, ob er jemals seinen Protest gegenüber Hitler schriftlich dargelegt habe. Keitel erinnerte sich daran, dies einmal getan zu haben. Aber er hatte »kein Stück Papier« mehr und war außerstande anzugeben, um welche Angelegenheit es dabei konkret gegangen war. Damit war seine Aussage abgeschlossen, und er kehrte wieder in die Anklagebank zurück, wo Göring ihm vorwarf, auf so gefährliche Fragen »so verdammt direkt« geantwortet zu haben.

Anschließend rief Nelte Hans Heinrich Lammers in den Zeugenstand, den ehemaligen Chef der Reichskanzlei – einer Behörde, deren Verhältnis gegenüber Hitler als Reichskanzler in etwa dem Verhältnis des OKW gegenüber Hitler als Oberkommandierendem der Wehrmacht entsprach. Wie Keitel war auch Lammers ein Verwaltungsmann und nicht jemand, der die Politik mitbestimmte; aber als altgedienter Staatsbeamter kannte er jedes Rädchen der Regierungsmaschinerie, und als Reichsminister genoß er beachtliches Ansehen.

Nelte hatte Lammers aufgerufen, damit er Keitels Erklärung über seine begrenzte Autorität als Chef des OKW bestätige, aber als Lawrence diese unnötige Wiederholung bemerkte, kürzte er Lammers' Befragung durch Nelte ab, so daß sie nur ein paar Minuten beanspruchte. Aber da Lammers als Zeuge ausgesagt hatte, waren nach allgemein üblicher Praxis des Gerichtshofs die Anwälte der anderen Angeklagten berechtigt, ihn gleichfalls zu befragen. Davon machten neun Verteidiger Gebrauch, die Angeklagte vertraten, welche den Rang eines Reichsministers innegehabt hatten. Als Chef der Reichskanzlei hatte Lammers in ständigem Kontakt mit diesen Ministern gestanden; und deren Anwälten gelang es auch in den meisten Fällen, Lammers zu einer Aussage zu bewegen, die generell darauf hinauslief, daß die Minister Verwaltungsbeamte gewesen seien, die keinen Einfluß auf Hitler gehabt, ja nicht einmal mit ihm in Kontakt gestanden hätten hinsichtlich der Formulierung der Staatspolitik. Somit hätten sie einen geringen Anteil an den, oder eine Verantwortung für die, Aktionen gehabt, die ihnen in der Anklageschrift zur Last gelegt wurden. Das führte zu langen Kreuzverhören von Elwyn Jones und Oberst Pokrowski, die sich mit Dokumenten versehen hatten, welche diese Angeklagten und auch Lammers selbst in ein viel düstereres Licht rückten.

Für all diese Dinge wurden viele Stunden benötigt, ohne daß es einen direkten Bezug zu Keitel gab. Aber am 10. April befaßte sich der Gerichtshof erneut mit Keitels Verwicklung in den Fall Sagan und rief als eigenen Zeugen General Adolf Westhoff auf, Keitels Untergebenen (im Range eines Obersten) in der Kriegsgefangenen-Abteilung des OKW. Als Westhoff zunächst von Fyfe und dann von Nelte vernommen wurde, bestätigte seine Aussage im wesentlichen nur das, was Fyfe im Kreuzverhör von Keitel bereits ermittelt hatte.

Oberst Pokrowski hingegen, der sich einem führenden deutschen Offizier gegenübersah, der mit sowjetischen Kriegsgefangenen befaßt gewesen war, fuhr schweres Geschütz auf. Keitel und Westhoff hatten zugegeben, daß sowjetische Gefangene im ersten Kriegsjahr (1941/42) nicht in Übereinstimmung mit den Haager und Genfer Konventionen behandelt worden seien, aber sie hatten nicht die Folgen geschildert. Pokrowski legte nun als Beweisdokument einen Aktenvermerk über den Vortrag des Generalbevollmächtigten für den Arbeitseinsatz vom 19. Februar 1942 vor, bei dem auch ein gewisser Dr. Grotius vom Wirtschaftsrüstungsamt zugegen war und der sich mit der Knappheit von Arbeitskräften befaßte:

> Die gegenwärtigen Schwierigkeiten im Arbeitseinsatz wären nicht entstanden, wenn man sich rechtzeitig zu einem großzügigen Einsatz russischer Kriegsgefangener entschlossen hätte. Es standen 3,9 Millionen Russen zur Verfügung, davon sind nur noch 1,1 Millionen übrig. Allein von November 1941 bis Januar 1942 sind 500000 Russen gestorben. Die Zahl der gegenwärtig beschäftigten russischen Kriegsgefangenen (400000) dürfte sich kaum erhöhen lassen. Wenn die Typhuserkrankungen abnehmen, besteht

> vielleicht die Möglichkeit, noch weitere 100 000 bis 150 000 Russen in die Wirtschaft zu bringen.
> Demgegenüber gewinnt der Einsatz ziviler Russen immer größere Bedeutung ... Der Einsatz dieser Russen ist ausschließlich eine Transportfrage. Es ist unsinnig, diese Arbeitskräfte in offenen oder ungeheizten geschlossenen Güterwagen zu transportieren, um am Ankunftsort Leichen auszuladen.

Lawrence war offenkundig schockiert über diesen schrecklichen Rechenschaftsbericht, aber als sich das Gericht zur Mittagspause erhob, schrie Jodl mit vor Wut gerötetem Gesicht seinen Anwalt an, daß im Winter 1941/42 Tausende von deutschen Soldaten umgekommen seien. Zweifellos waren viele Russen bereits halb tot, als sie gefangengenommen wurden. Aber Tausende sind eben nicht Millionen, und ein erheblicher Teil der 2,8 Millionen Toten unter den russischen Gefangenen war im Sommer und Herbst 1941 gefangengenommen worden. Diese Toten waren eindeutig das Ergebnis von Hitlers »weltanschaulichen« Befehlen. Im übrigen kann man einen Soldaten, der an der Front aus Mangel an Nahrung oder schützender Unterkunft stirbt, nicht mit einem Kriegsgefangenen vergleichen, den man bewußt erfrieren oder verhungern läßt.

Keitels Fall hatte unzumutbar viel Zeit in Anspruch genommen, und die Beteiligten standen unter entsprechendem Streß. Am 4. April kam der Gerichtshof in nichtöffentlicher Sitzung mit den Hauptanklägern und Vertretern der Verteidiger zusammen, in der Absicht, den Umfang von Dokumenten der Verteidigung zu reduzieren, die noch übersetzt werden mußten. Die Konferenz verlief friedlich, aber am darauffolgenden Tag war man auf einer Besprechung der Hauptankläger allgemein unzufrieden damit, wie der Gerichtshof die Klageerwiderungen der Verteidigung behandelte, die nach allgemeiner Ansicht allzuviel Zeit beanspruchten.

Jackson übte besonders scharf Kritik daran; er tadelte die Richter dafür, daß sie die früheren Vorschläge der Anklagevertretung nicht übernommen hatten, und fügte hinzu: »Die Richter haben keine Ahnung von der Stimmung außerhalb des Gerichtssaals und von den politischen Hintergründen dieser Klage ... Wenn das Gericht es den Angeklagten durchgehen läßt, daß sie die Politik ihrer [d. h. der Richter] Länder angreifen, dann ist es ziemlich schwer für die Hauptankläger, dies mit einem Lachen abzutun und zu vergessen, denn schließlich repräsentieren wir hier die Autorität von Nationen.«

Jackson grollte dem Gerichtshof noch immer, weil er Göring nicht in die Schranken gewiesen hatte, und diese neuen Ärgernisse nagten nicht minder an seinem Gemüt. Als daher der Gerichtshof die Sitzung vom 9. April eröffnete, trat Jackson unerwartet ans Rednerpult und erklärte, »daß bei dem Druck von Dokumenten in solchem Ausmaß Mißbrauch getrieben worden ist, daß ich den Dokumentenraum für die Vervielfältigung von Dokumenten für die deutschen Verteidiger schließen muß«. Jackson hatte dabei den Angeklagten Rosenberg und seinen Verteidiger Dr. Thoma im Auge und beklagte sich darüber, daß ihr Dokumentenbuch Nummer 1 »Unsinn« und »reinen Antisemitismus« enthalte – danach seien die Juden unter anderem eine »bastardisierte Bevölkerung« und »anmaßend, wenn sie Erfolg haben, unterwürfig im Mißerfolg«.

Hier bestand durchaus Grund zur Klage, aber Jacksons Verhalten und die Absurdität, einen so drastischen Schritt eigenmächtig zu tun, veranlaßten Birkett, in sein Tagebuch zu notieren: »Das Thema war belanglos, aber die Art und Weise von Jacksons Auftritt war störend und spricht Bände. Er ist ein schwer angeschlagener Mann, weil er im Kreuzverhör mit Göring versagt hat.«

Lawrence beschwichtigte Jackson mit dem Hinweis, hier müsse irgendein verwaltungstechnischer Irrtum unterlaufen sein, und das bestätigte sich auch. Die antisemitischen Äußerungen waren zur Streichung vor der Drucklegung markiert worden, und die Dokumente hätten von der Anklagebehörde noch durchgesehen werden sollen, bevor der Druckauftrag erging. Aber der ganze Aufruhr nahm den halben Vormittag in Anspruch, und danach war Jackson sogar noch ärgerlicher. Biddle schrieb darüber:

> Bob Jackson suchte [Richter] Parker und mich nach dem Mittagessen [desselben Tags] auf und war fuchsteufelswild und unbeherrscht. Offenkundig ist ihm die Kritik an seinem Kreuzverhör von Göring tief unter die Haut gegangen. Er droht mit Rücktritt – das ist nichts Neues; redet davon, die Drucklegung jedes Dokuments zu verweigern, das er nicht akzeptiert (offenbar ungeachtet dessen, was wir anordnen!); sagt, daß Lawrence stets gegen die Amerikaner entscheide (das ist absurd); sagt, er habe gewaltige Probleme mit der Moral seiner Behörde, weil Katherine [Biddles Frau] herübergekommen sei (dazu sage ich nur, kann schon sein, aber das sei auf Veranlassung des Präsidenten geschehen) ... Bob beharrt noch immer darauf, daß die Angeklagten aktive Propaganda betrieben und der Gerichtshof in Verruf gerate, daß Thoma eine Anweisung verletzt habe (er kennt die Fakten nicht). Parker und ich versuchten ihn zu beruhigen, sagten, wir würden ihm dabei behilflich sein, unnötiges Drucken zu verhindern, und einigten uns darauf, daß Lawrence zu gelassen sei. Bob hat mich sicher auf dem Kieker. Er ist sehr verbittert. Er kommt mir sehr ungerecht und unglücklich vor. Er tut mir leid.

Das ist gewiß ein unschönes Bild von den Beziehungen zwischen den führenden Amerikanern in Nürnberg. Der Wechsel der Jahreszeiten von Anfang März bis Anfang April war eine Zeit des allgemeinen Unbehagens im Neuen Justizgebäude: Da gab es Jacksons Einbruch und verwaltungstechnische Schwierigkeiten; Jackson und Fyfe verbrachten ebenso wie manche Verteidiger zu viele Stunden am Rednerpult, und Birkett seufzte in seinem Tagebuch darüber, daß der Gerichtshof »nicht mit den höchsten Gerichten in England mithalten kann und daß viel Schwachheit und Unentschlossenheit zu verzeichnen war ...« Der Gerichtshof hatte achtundzwanzig Sitzungstage allein für die Verteidigung der ersten vier Angeklagten benötigt.

Kaltenbrunner: Die Klage gegen Ernst Kaltenbrunner wurde somit erst am 11. April verhandelt. Dieser hochgewachsene und hohlwangige Mann, das Gesicht voller Pockennarben und Schmisse, sah von allen Angeklagten am bedrohlichsten aus und hatte unter den anderen keine Freunde. Rebecca West schrieb, er wirke auf sie »wie ein tückisches Pferd«. Aber trotz seiner sinistren Visage war Dr. jur. Kaltenbrunner wie sein österreichischer Landsmann Seyß-Inquart ein gebildeter Anwalt.

Gilberts Intelligenztest hatte allerdings ergeben, daß Kaltenbrunner mit Ausnahme Streichers hinter allen anderen Angeklagten rangierte, auch wenn sein IQ leicht über dem Durchschnitt lag. 1932 der österreichischen Nazipartei und ein paar Monate später der SS beigetreten, war er ein entschiedener Befürworter des Anschlusses, nachdem er als Staatssekretär für das Sicherheitswesen in Österreich in das österreichische Kabinett berufen wurde. Im Januar 1943, sieben Monate nach der Ermordung von Reinhard Heydrich, wurde Kaltenbrunner dessen Nachfolger als Chef des Reichssicherheitshauptamtes (RSHA), wo er unmittelbar Heinrich Himmler, dem Reichsführer SS, unterstand.

Als Chef des RSHA war Kaltenbrunner, wie Heydrich vor ihm, sowohl für den SD (Sicherheitsdienst) als auch für die Gestapo (Geheime Staatspolizei) zuständig, die von Heinrich Müller geleitet wurde.* Es gehörte zu Kaltenbrunners Verteidigungsstrategie, die sein Anwalt, Dr. Kurt Kauffmann, schon früh bei seiner Befragung entwickelte, daß Kaltenbrunners Befehlsgewalt über Müller rein formal gewesen sei und daß Himmler weiterhin direkt mit Müller zu tun gehabt habe, der eigenständig Verhaftungs- und Hinrichtungsbefehle erteilen konnte. Der Angeklagte versuchte sich auch von Adolf Eichmann (die beiden kannten einander seit ihrer Jugend in Österreich) und von Oswald Pohl zu distanzieren, dem Chef des Wirtschaftsverwaltungshauptamtes der SS (WVHA), der verwaltungsmäßig für die Konzentrationslager zuständig war. Kaltenbrunner bemühte sich somit, seine Verantwortlichkeitssphäre auf die geheimdienstliche Tätigkeit des SD einzuengen.

Danach folgte Kauffmann dem Beispiel von Dr. Nelte und Keitel, indem er mit Kaltenbrunner alle Straftaten nacheinander durchging, die die Vertreter der Anklage seinem Klienten vorgeworfen hatten. Kaltenbrunner verwies immer wieder auf die von ihm beschriebenen Zuständigkeitsgrenzen und bestritt jede Schuld an diesen Vorfällen. Von einigen habe er noch nie gehört; mit anderen habe er nichts zu tun gehabt; wenn auf dem Beweisdokument seine maschinenschriftliche Unterschrift stand, hatte sie jemand anders ohne sein Wissen daruntergesetzt; war die Unterschrift handschriftlich, hatte sie jemand gefälscht.

Beispielsweise legte Kauffmann seinem Mandanten einen Bericht des Adjutanten des Lagerkommandanten von Mauthausen vor, demzufolge im

* Bei Kriegsende verschwand »Gestapo-Müller«; sein weiteres Schicksal ist unbekannt.

Januar 1945 zwölf oder fünfzehn amerikanische Fallschirmspringer einer Militärmission, die hinter den deutschen Linien auf dem Balkan gefangengenommen worden waren, nach Mauthausen gebracht worden waren. Der Adjudant bestätigte, daß der Lagerkommandant zu ihm gesagt habe: »Jetzt hat Kaltenbrunner die Exekution genehmigt. Das Schreiben [an den Kommandanten] war geheim und trug die Unterschrift: gez. Kaltenbrunner.« Der Angeklagte bestritt, daß er jemals von diesem Vorfall erfahren habe, und erklärte, daß er diesen Brief einfach nicht unterschrieben haben könne.

Otto Ohlendorf, den Kaltenbrunner als einen seiner Hauptmitarbeiter bezeichnete, hatte bereits ausgesagt, daß Kaltenbrunner als neuer Chef des RSHA sich mit den Einsatzgruppen hätte beschäftigen und infolgedessen auch die Bedeutung der ihm unterstellten Einsatzgruppen hätte gekannt haben müssen. Als Dr. Kauffmann Kaltenbrunner auf diese Aussage hinwies, erwiderte Kaltenbrunner, er habe »von der Existenz dieser von Ohlendorf beschriebenen Einsatzkommandos keine Ahnung gehabt« und von ihnen zum ersten Mal 1943 erfahren – damals seien die Einsatzgruppen einem anderen Kommando unterstellt worden, und er selbst habe mit ihnen nichts zu tun gehabt.

In ähnlicher Weise behauptete Kaltenbrunner, daß er nur ein einziges Mal ein Konzentrationslager (Mauthausen) aufgesucht habe, er leugnete, jemals eine Gaskammer gesehen zu haben, und bestritt praktisch alles andere, was Kauffmann ihm vorhielt. Seine Glaubwürdigkeit war längst auf einem Tiefpunkt angelangt, als er von Oberst Amen ins Kreuzverhör genommen wurde, der gleich die Aussagen von drei Personen vorlegte, von denen eine Kaltenbrunner schon in früheren Jahren in Österreich gekannt hatte. Alle drei sagten aus, daß Kaltenbrunner Mauthausen mindestens dreimal aufgesucht habe. Zwei bestätigten, daß er das Krematorium inspiziert habe, und einer sagte aus, daß er in die Gaskammer gegangen sei und Hinrichtungen beigewohnt habe. Kaltenbrunner bestritt all diese Behauptungen.

Später verwies Amen auf Kaltenbrunners frühere Aussage, er habe nichts mit dem Zwangsarbeitsprogramm der Nazis zu tun gehabt. Nun sagte Kaltenbrunner aus, er habe nie mit dem Bürgermeister von Wien, SS-Brigadeführer Blaschke, korrespondiert. Amen las ihm daraufhin einen Brief vor, den er handschriftlich mit »Dein Kaltenbrunner« unterschrieben habe, ein Antwortschreiben auf einen Brief des Bürgermeisters vom 7. Juni 1944, das in Kaltenbrunners Handschrift mit der Anrede »Lieber Blaschke!« begann. Der Brief unterrichtete Blaschke darüber, daß »4 Transporte mit etwa 12000 Juden ... bereits in den nächsten Tagen in Wien eintreffen« würden, wo Arbeiter zur Errichtung von militärischen Abwehranlagen im Südteil der Stadt benötigt wurden. Weiter hieß es in diesem Brief:

> Nach den bisherigen Erfahrungen werden bei diesen Transporten schätzungsweise etwa 30 % (im vorliegenden Fall etwa 3600) an arbeitsfähigen Juden anfallen, die unter Vorbehalt ihres jederzeitigen Abzuges zu den in Rede stehenden Arbeiten herangezogen werden können ...

> Die nichtarbeitsfähigen Frauen und Kinder dieser Juden, die sämtlich für eine Sonderaktion bereitgehalten und deshalb eines Tages wieder abgezogen werden, müssen auch tagsüber in dem bewachten Lager verbleiben.

Bei dieser »Sonderaktion« handelte es sich natürlich um die Vernichtung der Juden, und dieser Brief zeigte, daß der Schreiber eine zentrale Gestalt bei der Sklavenarbeit und der »Endlösung« gewesen war. Kaltenbrunner beharrte darauf, er sei nicht der Schreiber gewesen, konnte aber nicht die Unterschrift erklären, die absolut den Mustern seiner Handschrift entsprach. Amen fiel aus der Rolle des Fragestellers: »Ist es nicht so, Angeklagter, daß Sie einfach hier über Ihre Unterschrift unter diesem Brief lügen, genau so, wie Sie über fast alles andere, worüber Sie Zeugnis abgelegt haben, den Gerichtshof angelogen haben?« Kaltenbrunner verlor die Beherrschung und schrie: »Herr Ankläger, ich bin diese Beleidigungen, die Sie mir jetzt mit dem Wort ›Lüge‹ ins Gesicht schleudern, seit einem Jahr gewohnt.« Und in diesem Ton ging es weiter: »Meine Mutter, die im Jahre 1943 gestorben ist, ist eine Hure genannt worden, und Dutzende ähnliche Sachen sind geäußert worden.« Lawrence wies Kaltenbrunner zurecht, er müsse »versuchen, sich etwas zurückzuhalten«, aber es wäre besser gewesen, wenn er Amen aufgefordert hätte, Fragen zu stellen und den Zeugen nicht zu drangsalieren.

Die Resonanz auf Kaltenbrunners Auftritt war geteilt. Dr. von der Lippe schrieb über sein Verhalten im Kreuzverhör mit Amen:

> Ein Teil der Zuhörer ist von seiner geistigen Kapazität beeindruckt und auch das Gericht folgt mit Interesse, sogar mit einer Art von Anerkennung für Kaltenbrunners kaltblütige Dialektik. Viele Zuhörer sind der Meinung, daß Kaltenbrunner, der ja unter allen Umständen ein verlorener Mann ist, sich heute besser benahm als Keitel, welch letzterer in einer gleichfalls verlorenen Position nicht die Kraft aufgebracht hatte, sich in ähnlicher Weise zur Wehr zu setzen.

Und diese Eindrücke spiegelten sich auch in Richter Birketts Tagebuch wider:

> Kaltenbrunner verteidigt sich ganz energisch, er bestreitet, Dokumente unterschrieben zu haben, die ihn aufs schwerste belasten, und bemüht sich zu zeigen, daß er wirklich überhaupt keine Macht oder keinen Einfluß gehabt habe. Er ist ein gewandter Redner und spricht äußerst lebhaft und mit vielen Gesten. Bei einigen Angelegenheiten hat er zweifellos recht, und dann wird er besonders lebhaft. Einige von den Dingen, die ihm zugeschrieben werden, sind zweifellos übertrieben, aber wenn man an Kaltenbrunners Position denkt, kann man unmöglich zugleich glauben, daß er von so vielen Dingen nichts gewußt hat.

Und genau diese Überlegung war das Hauptthema in den Kommentaren, die die Angeklagten beim Mittagessen und in ihren Zellen gegenüber Dr. Gilbert abgaben. Die meisten verachteten Kaltenbrunner, und von den neun

Angeklagten, die Gilbert erwähnt – Göring, Dönitz, Fritzsche, Frank, Raeder, Seyß-Inquart, Speer, Schacht und Papen –, glaubten alle, daß Kaltenbrunner log.

Nachdem Kaltenbrunner wieder in die Anklagebank zurückgekehrt war, rief Kauffmann den Zeugen Rudolf Franz Ferdinand Höß auf, der vom Mai 1940 bis zum Dezember 1943 Kommandant in Auschwitz gewesen war. Für einen Anwalt, der Kaltenbrunner (oder auch einen der anderen Angeklagten) verteidigte, war dies eine ganz außergewöhnliche Entscheidung.

Ohne daß Kauffmann seinen Mandanten zunächst auch nur erwähnte, konnte er Höß bewegen, auf die Frage, ob während seiner Zeit als Kommandant von Auschwitz »Hunderttausende von Menschen dort in den Tod geschickt worden« seien, zu antworten: »Das ist so richtig.« Höß bestätigte, daß Informationen von Adolf Eichmann (dem »Mann, der mit der Organisation und der Sammlung der Menschen beauftragt worden war«) zufolge »in Auschwitz über zwei Millionen jüdische Menschen vernichtet worden« seien.

Anschließend sagte Höß aus, daß Kaltenbrunner Auschwitz nie besichtigt habe und daß er ihm nur einmal begegnet sei, nämlich 1944, nachdem Höß Auschwitz verlassen hatte. Die meisten, »ich kann hier fast sagen, fast alle« Exekutionsbefehle für Auschwitz seien von Hermann Müller unterzeichnet worden, »nur ganz wenige« von Himmler »und noch weniger von dem Angeklagten Kaltenbrunner«.

Höß war der NSDAP 1922 und der SS 1934 beigetreten. Vor Auschwitz hatte er sich in den Konzentrationslagern Dachau und Sachsenhausen nach oben gearbeitet. Von Dezember 1943 bis Kriegsende war Höß in Berlin als Abteilungsleiter unter Oswald Pohl in der Inspektion der Konzentrationslager tätig. Höß war mit der Gewalt vertraut: 1924 war er wegen der Beteiligung an einem sogenannten »Fememord« zu einer längeren Zuchthausstrafe verurteilt worden. Aber in Nürnberg, bemerkte von der Lippe, fiel er durch seine »schwache hohe Stimme« auf und sah »zumindest aus der Entfernung völlig harmlos aus«.

Im Kreuzverhör hatte Oberst Amen mit ihm keine Probleme. Kauffmanns Argument, die meisten Hinrichtungsbefehle seien mit »Müller« gezeichnet gewesen, brachte Amen sofort zu Fall, indem er sich von Höß bestätigen ließ, daß Müller seit Dezember 1942 »nur als Vertreter des Chefs des RSHA, Kaltenbrunner, unterzeichnet« habe.

Danach verlas Amen ein von Höß unterschriebenes Affidavit, aus dem die genauen Zahlen der Toten von Auschwitz hervorgingen. Höß erklärte, er »schätze«, daß von Anfang 1940 bis zum 1. Dezember 1943 »mindestens 2 500 000 Opfer dort durch Vergasung und Verbrennen hingerichtet und ausgerottet wurden; mindestens eine weitere halbe Million starb durch Hunger und Krankheit, was eine Gesamtzahl von ungefähr 3 000 000 Toten ausmacht«. Darunter »befanden sich ungefähr 20 000 russische Kriegsgefangene ...; diese wurden in Auschwitz in Wehrmachtstransporten, die von regulären Offizieren und Mannschaften der Wehrmacht befehligt wurden, eingeliefert.« Die Gesamtzahl der Toten war etwa genauso hoch wie die der sowjetischen Kriegsgefangenen, die erfroren oder verhungert waren.

Dr. Gilbert, der sich über Höß' »schizoide Apathie« und Sachlichkeit wunderte, befragte ihn mehrere Male, weil er seine Gefühllosigkeit verstehen wollte. Höß versuchte es ihm »geduldig zu erklären«:

> Verstehen Sie nicht, wir SS-Leute sollten nicht über diese Dinge nachdenken; es kam uns nie in den Sinn. Und außerdem war es gewissermaßen eine Selbstverständlichkeit geworden, daß die Juden an allem schuld hatten ... Es stand nicht nur in den Zeitungen wie dem *Stürmer*, sondern wir hörten es überall. Selbst bei unserer militärischen und ideologischen Ausbildung wurde als selbstverständlich vorausgesetzt, daß wir Deutschland vor den Juden zu schützen hätten ... Wir waren alle darauf gedrillt, Befehle auszuführen, ohne darüber nachzudenken. Der Gedanke, einen Befehl nicht auszuführen, kam einfach niemandem.

Es ist überhaupt nicht zu verstehen, daß Höß nicht – wie Ohlendorf oder Bach-Zelewski – von der Anklagevertretung, sondern von der Verteidigung in den Zeugenstand geholt wurde. Wenn man an das breite Spektrum von Kaltenbrunners Tätigkeit denkt, war wenig damit gewonnen, daß man zu beweisen versuchte, daß er nie in Auschwitz gewesen war und auch niemals einen Hinrichtungsbefehl dort persönlich unterzeichnet hatte.

Die Konsequenzen beschränkten sich nicht nur auf Kaltenbrunner. Das schreckliche Ausmaß des Naziterrors – der von einem Führer, dem die Angeklagten Treue gelobt hatten, sowie von Himmler, Heydrich, Pohl, Müller und anderen Naziführern ausging – stürzte die Angeklagten und ihre Verteidiger in Schmach und Schande. Kein Wunder, daß Dr. von der Lippe schrieb, Höß' Aussage sei »niederschmetternd« gewesen.

Rosenberg: Alfred Rosenberg war ein Baltendeutscher, der, in Reval geboren, in Riga und Moskau studiert hatte, ehe er 1918 nach Deutschland ausgewandert und ein Jahr später der NSDAP beigetreten war. Er hatte zunächst Beiträge für eine kleine Münchner Wochenschrift geschrieben, deren Thematik Hitler so gut gefiel, daß Rosenberg erst Redakteur, dann Chefredakteur (später sogar Herausgeber) der Nazi-Zeitung *Völkischer Beobachter* wurde. Mit seinen Büchern über Juden und Freimaurer profilierte sich Rosenberg als Nazitheoretiker, und sein Buch *Der Mythos des 20. Jahrhunderts* wurde Hitlers *Mein Kampf* als Nazibibel an die Seite gestellt, auch wenn es von vielen belächelt wurde. Rosenberg kam bei anderen Naziführern nie sehr gut an – wie bei Ribbentrop beruhte sein Aufstieg fast ausschließlich darauf, daß Hitler auch weiterhin große Stücke auf ihn hielt.

Rosenbergs politische Karriere begann, als er 1930 in den Reichstag gewählt wurde. Hitler ernannte ihn 1934 zum Leiter des Außenpolitischen Amtes der NSDAP und zum Beauftragten des Führers für die Überwachung der gesamten geistigen und weltanschaulichen Schulung und Erziehung der NSDAP. Keine dieser Positionen war von führungspolitischer Bedeutung; das war erst bei seiner letzten Berufung der Fall, als er im Juli 1941 zum Reichsminister der besetzten Ostgebiete ernannt wurde.

Rosenberg war keine bedrohliche Gestalt wie Kaltenbrunner und hatte nichts von einem Soldaten, Diplomaten oder Chef an sich. Dönitz war der Ansicht, »daß er keiner Fliege was zuleide tun« könne, und Rosenbergs Sprechweise war sicher sehr bemüht. Als Zeuge war er unerträglich weitschweifig; seinen Anwalt (Dr. Alfred Thoma) und Lawrence brachte er schier zur Verzweiflung, weil er jede Frage mit einer theoretischen und historischen Abhandlung beantwortete. Es war viel leichter, ihn für lästig als für böse zu halten, und erst als das entsprechende Beweismaterial auf dem Tisch lag, wurde einem klar, welche grauenhaften Folgen die Tätigkeit dieses wirren und geschwätzigen Mannes gehabt hatte.

Bereits 1933 hatte er Vidkun Quisling kennengelernt, einen norwegischen Politiker und Begründer einer den Nazis nahestehenden Partei, der Nasjonal Samling. Im Juni 1939 kam Quisling nach Deutschland, und während seines Besuches bei Rosenberg sprach er besorgt über die Gefahr einer britischen oder sowjetischen Besetzung Norwegens im Falle eines Krieges. Rosenberg sprach ausführlich über die Folgen dieser Begegnung, bei der Quisling die militärische Bedeutung einer Besetzung Norwegens durch Deutschland betont hatte. Rosenberg brachte Hitler dazu, Quisling zu empfangen und sich seinen Bericht anzuhören, und er sprach auch mit Admiral Raeder über ihn. Danach gab Rosenberg Quislings Berichte über die Entwicklung in Norwegen an Hitler weiter, die ihm von Viljam Hagelin, einem Bekannten Quislings, überbracht worden waren. Aufgrund dieser Berichte und Begegnungen wurde Raeder ein entschiedener Befürworter der deutschen Besetzung von Norwegen, die schließlich im April 1940 erfolgte. Die Darstellung des Angeklagten bestätigte zweifelsfrei, daß er daran beteiligt war, daß es zu dieser Besetzung kam.

Als nächstes sagte Rosenberg kurz über den Einsatzstab Rosenberg aus, eine Organisation, die, 1940 unter der Schirmherrschaft der Partei errichtet, Kunstgegenstände und anderen wertvollen Besitz beschlagnahmte, der von Juden und anderen mißliebigen Personen zurückgelassen oder ihnen weggenommen worden war. Die französische und die sowjetische Anklagebehörde hatten ausführliches Beweismaterial über diesen Einsatzstab vorgelegt. Rosenberg schilderte die unrechtmäßigen Beschlagnahmungen als Sicherung zurückgelassenen Eigentums und als Schutzmaßnahmen für Kunstwerke gegenüber Bombenangriffen. Er wollte allerdings »keineswegs bestreiten, daß ich die Hoffnung hatte, daß mindestens ein großer Teil dieser Kunstschätze einmal in Deutschland verbleiben würde«.

Großenteils befaßte sich Rosenberg in seiner Aussage mit seiner Rolle und seinen Aktivitäten als Minister für die besetzten Ostgebiete, d. h. für die von den Deutschen besetzten Teile der Sowjetunion.* Am 2. April 1941 – also beinahe ein Vierteljahr vor dem ersten Angriff auf die Sowjetunion – erklärte Hitler Rosenberg, er werde ihn »in irgendeiner Form als politischen Berater entscheidend einschalten«. Rosenberg und seine Mitarbeiter hatten daraufhin sofort »über eine eventuelle Behandlung der politischen Probleme, für eventuelle Maßnahmen in den zu besetzenden Gebieten im Osten einige Entwürfe gemacht«. Am 17. Juli 1941, als bereits große Gebiete der Sowjetunion besetzt waren, wurde Rosenberg zum Reichsminister ernannt, dem in erster Linie die Zivilverwaltung unterstand. Mit diesen Fakten war Rosenbergs Beteiligung am Angriffskrieg gegen die Sowjetunion hinreichend bewiesen.

Rosenberg sagte aus, er sei dem sowjetischen Volk, insbesondere den Ukrainern, gegenüber stets freundlich gesinnt gewesen und habe sich bei Hitler dafür eingesetzt. Wie ernst auch immer diese Bemühungen gemeint gewesen waren – seine Hoffnungen zerschlugen sich jedenfalls auf der politischen Konferenz vom 16. Juli 1941, an der Hitler, Göring, Keitel, Bormann, Lammers und Rosenberg teilnahmen und über die Göring zuvor bereits ausgesagt hatte. Hitler, der sich wie üblich über jeden Einwand hinwegsetzte, legte die wichtigen politischen und sonstigen Ziele fest: endgültige Annexion des gesamten Baltikums, der Region der Wolgadeutschen, der Krim und Transkaukasiens; eine allgemeine Politik zur Beherrschung, Verwaltung und Ausbeutung der eroberten Gebiete; die Befriedung, die mit den strengsten Methoden, auch der »Ausrottung von jedem, der uns im Weg steht«, erfolgen sollte.

Rosenbergs Ernennung zum Minister wurde von einem Führererlaß begleitet, der die gesamte Verwaltung der besetzten Gebiete regelte. Der Minister war verpflichtet, »seine Wünsche im Einklang mit den anderen obersten Reichsbehörden zu halten und, wenn Meinungsverschiedenheiten bestehen, eine Entscheidung des Führers herbeizuführen«.

Diese »anderen obersten Reichsbehörden« waren die militärischen Oberbefehlshaber, Himmler als Chef der deutschen Polizei, Göring als Leiter des Vierjahresplans und Sauckel als Generalbevollmächtigter für den Arbeitseinsatz. Natürlich wies Rosenberg in seiner Aussage nur deshalb so nachdrücklich auf diese vielen wichtigen Einschränkungen seiner eigenen Machtbefugnis hin, um von sich selbst die Verantwortung für die vielen verbrecherischen Aspekte der deutschen Besetzung abzuwälzen.

Den Rest seiner direkten Aussage verwendete Rosenberg dazu, sich selbst so darzustellen, als habe er häufig Ermittlungen über deutsche Greueltaten angestellt und darüber berichtet und als habe er vergeblich an Hitler appel-

---

* Die von den Deutschen besetzten und nicht vom Reich annektierten Gebiete Polens unterstanden Hans Frank als Generalgouverneur.

liert, um eine weniger inhumane Besatzungspolitik zu erreichen. Doch in seinem Kreuzverhör zeichnete Dodd bald ein anderes Bild von ihm. Er fragte Rosenberg: »Haben Sie durch Ihr Ministerium die Anordnungen über den Einsatz in Zwangsarbeit erlassen? Haben Sie die Leute gezwungen, Haus und Hof zu verlassen, um in Deutschland für den deutschen Staat zu arbeiten?« Und als Rosenberg mit seinem eigenen Befehl: »Alle Bewohner der besetzten Ostgebiete unterliegen nach Maßgabe ihrer Arbeitsfähigkeit der öffentlichen Arbeitspflicht« konfrontiert wurde, mußte er zugeben, daß Dodds Frage zu bejahen sei.

Später wurde Rosenberg noch eine Rede vorgehalten, die er am 20. Juni 1941 (kurz vor dem Einmarsch in Rußland) vor einer Gruppe seiner engsten Mitarbeiter gehalten hatte. Nach einigen nichtssagenden Bemerkungen über die »russische Seele« hatte Rosenberg erklärt – wie Dodd zusammenfassend referierte –, »die Aufgabe der Ernährung des deutschen Volkes stehe an der Spitze der Forderungen [an den Osten] ... Sie fahren dann fort, es sei kein Grund vorhanden, die Russen mit den Überschußprodukten der Ostgebiete zu ernähren. Sie sagen dann: ›Wir wissen, daß das eine harte Notwendigkeit ist, die außerhalb jeden Gefühls steht ... Zweifellos wird eine sehr umfangreiche Evakuierung notwendig sein, und dem Russentum werden sicher sehr schwere Jahre bevorstehen.‹«

Beschlagnahmt die Ernteerträge und schickt sie nach Deutschland, nehmt die Russen fest, die arbeitsfähig sind, und vertreibt den Rest nach Osten – genau so stellte sich Rosenberg das Schicksal der russischen Zivilbevölkerung vor.

Gegen Ende seines Kreuzverhörs wurde Rosenbergs Aufzeichnung einer Besprechung mit Hitler vom 14. Dezember 1941 vorgelegt, aus der hervorging, daß sie über den Text einer Rede sprachen, die Rosenberg im Berliner Sportpalast halten wollte (was er dann doch nicht tat). Im zweiten Absatz dieser Aufzeichnung hieß es:

> Ich [Rosenberg] stände auf dem Standpunkt, von der Ausrottung des Judentums nicht zu sprechen. Der Führer bejahte diese Haltung und sagte, sie hätten uns den Krieg aufgebürdet und sie hätten die Zerstörung gebracht, es sei kein Wunder, wenn die Folgen sie zuerst träfen.

Rosenberg gab zu, er habe gewußt, daß es damals in den besetzten Gebieten bereits zu Massenmorden an Juden durch Einsatzgruppen gekommen sei. Er brachte das schwache Argument vor, in der deutschen Sprache könne das Wort *Ausrottung* »in vielen Bedeutungen« verwendet werden, aber aus dem Kontext und den damaligen Vorfällen ging eindeutig hervor, daß mit *Ausrottung* genau das gemeint war, was in den deutschen Lexika stand: »abtöten, aus der Welt schaffen«.

Frank: Hans Frank war auch nicht sympathischer als die meisten seiner Mitangeklagten, aber er zählte zu den interessanteren. Von Beruf Rechtsanwalt, trat er 1927 der Partei bei und wurde zwei Jahre später, mit neunundzwanzig Jahren, zum Leiter des Rechtsamts der Reichsleitung der NSDAP ernannt. 1933 berief ihn Hitler als Minister ohne Geschäftsbereich in die Regierung, als Reichskommissar für Justiz, und in diesem Jahr gründete Frank auch die Akademie für Deutsches Recht, deren erster Präsident er war. Als Reserveoffizier diente er während des Einmarschs in Polen in der Wehrmacht. Am 26. Oktober 1939 ernannte Hitler ihn dann zum Generalgouverneur des »Generalgouvernements« Polen, also der Gebiete, die von Vorkriegspolen noch übriggeblieben waren. Diese Position hatte er bis zum Kriegsende inne.

Frank war intelligent (an siebter Stelle auf Gilberts IQ-Skala), gebildet, ein Freund der Künste und ein guter Klavierspieler. Kein Wunder also, daß der kunstsinnige Frank sein Hauptquartier nicht im kriegszerstörten Warschau aufschlug, sondern in der wunderschönen, nur leicht beschädigten Stadt Krakau im südlichen Polen.

Der italienische Journalist und Schriftsteller Curzio Malaparte (Autor des geistreichen, sarkastischen Romans *Kaputt*, in dem er seine Reiseerlebnisse während des Krieges verarbeitete), der sich im Winter 1941/42 in Polen aufhielt, hat viel Zeit damit verbracht, mit Frank und seinem Gefolge zu speisen und sich mit ihm zu unterhalten. Malaparte zeichnet ein anschauliches Bild von Frank – dem »deutschen König von Polen«, wie er sich gern nennen ließ:

> Frank saß vor mir, auf einem Sessel mit hoher starrer Lehne, als säße er auf dem Thron der Jagellonen und Sobieskis, und er schien aufrichtig überzeugt, die große Tradition der Könige und Adelsgeschlechter Polens zu verkörpern. Ein naiver Stolz leuchtete auf dem Gesicht mit den bleichen vollen Wangen, in welchem die Adlernase einen selbstzufriedenen unsicheren Willen zum Ausdruck brachte. Die schwarzen, glänzenden, zurückgekämmten Haare ließen die hohe elfenbeinweiße Stirne frei. Etwas Knabenhaftes und Greisenhaftes war in ihm, auf den fleischigen vorgewölbten Lippen gleich denen eines zornigen Kindes, in den etwas geschwollenen Augen mit ihren dicken schweren Lidern, die für diese Augen etwas zu groß wirkten, und in seiner Art, die Lider leicht zu schließen, was ihm zwei tiefe senkrechte Falten in die Schläfen zeichnete.

Die Schwäche, die Malaparte an Frank bemerkt hatte, als dieser sich auf dem Höhepunkt seiner Machtentfaltung befand, machte sich bei Kriegsende noch stärker bemerkbar, als Frank verhaftet und nach Nürnberg gebracht wurde. Ehe er dort eintraf, hatte er einen (vielleicht nicht ernst gemeinten) Selbstmordversuch gemacht. Er konvertierte (oder rekonvertierte*) zum katholischen Glauben und legte Reue- und Schuldbekenntnisse ab, aber seine Stimmung schwankte heftig zwischen düsterem Schweigen und schwülstigen Erklärungen über das, was ihm gerade in den Sinn kam.

---

* Angeblich war Frank früher Altkatholik, aber es läßt sich nicht eindeutig bestimmen, welcher Glaubensrichtung er wann angehört hat.

Am Tag bevor Frank den Zeugenstand betrat, hatte er zu Dr. Gilbert gesagt: »Ich werde der erste sein, der seine Schuld zugibt.« Und als ihn Gilbert fragte: »In welcher Weise fühlen Sie sich eigentlich schuldig?«, erwiderte Frank: »Weil ich ein glühender Nazi war und ihn [Hitler] nicht tötete! Einer von uns hätte ihn töten müssen.«

Zu Beginn seiner Aussage machte Frank seinen Entschluß auf eine Art und Weise wahr, die auf Schläue und Labilität zugleich hindeutete:

> DR. SEIDL [Franks Anwalt]: Herr Zeuge! Was haben Sie zu diesen Beschuldigungen zu erklären, die gegen Sie in der Anklageschrift erhoben werden?
> FRANK: ... Ich selbst möchte ... hier ganz aus der Tiefe meines Empfindens und aus dem Erleben der fünf Monate dieses Prozesses heraus sagen, daß ich, nachdem ich nunmehr den letzten Einblick gewonnen habe in all das, was an furchtbarem Grauen geschehen ist, das Gefühl einer tiefen Schuld in mir trage ...
> DR. SEIDL: Haben Sie jemals irgendwie an der Vernichtung von Juden sich beteiligt?
> FRANK: Ich sage ja; und zwar sage ich deshalb ja, weil ich unter dem Eindruck dieser fünf Monate der Verhandlung und vor allem unter dem Eindruck der Aussage des Zeugen Höß es mit meinem Gewissen nicht verantworten könnte, die Verantwortung dafür allein auf diese kleinen Menschen abzuwälzen. Ich habe niemals ein Judenvernichtungslager eingerichtet oder ihr Bestehen gefordert; aber wenn Adolf Hitler persönlich diese furchtbare Verantwortung auf sein Volk abgewälzt hat, dann trifft sie auch mich; denn wir haben den Kampf gegen das Judentum jahrelang geführt, und wir haben uns in Äußerungen ergangen – und mein Tagebuch ist mir selbst als Zeuge gegenübergetreten –, die furchtbar sind. Und ich habe daher nur die Pflicht, Ihre Frage in diesem Sinne und in diesem Zusammenhang mit Ja zu beantworten. Tausend Jahre werden vergehen und diese Schuld von Deutschland nicht wegnehmen.*

Mit dem Hinweis auf »mein Tagebuch« meinte Frank die 43 Bände seiner persönlichen Aufzeichnungen aus seiner Zeit als Generalgouverneur, die er, wie er bei seiner Aussage erklärte, »aus eigenem Entschluß freiwillig den mich verhaftenden amerikanischen Offizieren übergeben« hatte: »Ich trage die Verantwortung und habe, als am 30. April 1945 Adolf Hitler seinem Leben ein Ende machte, vor mir beschlossen, diese meine Verantwortung so klar wie möglich der Welt zu offenbaren.«

Frank verband sein »Geständnis« mit Behauptungen, er habe nichts von den schlimmsten Greueltaten gewußt, als er Generalgouverneur gewesen sei, sondern davon erst in Nürnberg erfahren, und er selbst habe derartige Greueltaten nicht begangen. Was seine eigene Schuld betraf, so bekam sie in sei-

---

* Dieser letzte Satz ist immer wieder in Büchern und anderen Veröffentlichungen über die Nazizeit zitiert worden.

ner Darstellung eher eine gesellschaftliche als eine persönliche Dimension. Kein Wunder, daß Jodl, Fritzsche, Speer und andere Angeklagte an der Echtheit von Franks Geständnis zweifelten. Dr. von der Lippe wurde da noch deutlicher. Auf ihn wirkte Frank »kalt, selbstgefällig, manchmal süßlich«, und das »Bekenntnis« ließ für ihn eher Zweifel an Franks Ernsthaftigkeit aufkommen: »Die Zuhörer fragten sich, warum Herr Frank an Stelle eines individuellen Schuldbekenntnisses dieses merkwürdige Gesamtschuldbekenntnis für das deutsche Volk abgab?«

Frank stellte seine Entscheidung, das Tagebuch nicht zu zerstören, so dar, als habe er dazu beitragen wollen, daß die Wahrheit über das Dritte Reich ans Licht kam. Aber dann war ihm diese Absicht doch nicht mehr gegenwärtig, als er mit Passagen konfrontiert wurde, die ihn belasteten. Tom Dodd, Geschäftsführender Anwalt, der inzwischen die meisten Kreuzverhöre für die amerikanische Anklagevertretung führte, verwies auf einige polnische Professoren von der Universität Krakau, die von den Deutschen verhaftet und ins Konzentrationslager Oranienburg bei Berlin abtransportiert worden waren. Frank hatte in seinem Tagebuch seine eigene Erklärung festgehalten, daß die Professoren nach Polen zurückgeschafft und dort entweder eingesperrt oder umgebracht werden sollten. Als ihm dies vorgehalten wurde, erwiderte Frank, er habe »das alles gesagt ..., nur um vor den Feinden zu bestehen; in Wirklichkeit habe ich die Professoren befreit«.

Er ließ sich auch ganz allgemein über das richtige Verständnis dieses Tagebuches aus:

> Das Tagebuch muß man eben als Gesamtheit nehmen. 43 Bände kann man nicht auslesen und einzelne Sätze aus dem Zusammenhang herausholen. Im übrigen aber möchte ich sagen, daß ich an den Wortlauten im einzelnen nicht mäkle und herumhandle. Es war eine wilde, stürmische Zeit mit furchtbaren Leidenschaften, und im Sturm und Drang eines flammenden Landes und eines Entscheidungskampfes auf Leben und Tod passieren derartige Worte.

So verteidigte Frank sich gegen viele Passagen in seinem Tagebuch, aus denen klar hervorgeht, daß er am Zwangsarbeitsprogramm, an der Ghettoisierung der Juden, an der Erniedrigung der Polen und anderen schrecklichen Handlungen der Nazis im Generalgouvernement beteiligt war. Vom Tagebuch abgesehen, war Franks Verteidigungsstrategie praktisch identisch mit der Rosenbergs: Er betonte mit Nachdruck die Grenzen seiner eigenen Machtbefugnis, seine Unterwerfung unter Hitlers Politik und die überragende Rolle Himmlers und der SS.

Diese Grenzen der Macht gab es wirklich, und Bemühungen, Himmler oder Sauckel Einhalt zu gebieten, waren im allgemeinen vergeblich. Aber diese Faktoren sprechen noch lange nicht Männer wie Frank frei, die Hitler bis zuletzt die Treue hielten, die Erlasse unterzeichneten und Befehle für die verbrecherischen Taten der Nazis während der Besetzung von Polen und andere Ländern gaben.

Hans Frank gestand seine Schuld auf seine eigene Weise ein, war aber damit weit davon entfernt, sich im Sinne der Anklageschrift für schuldig zu bekennen.

Frick: Der Prozeß kam nun schneller voran. Das Verfahren gegen Frank dauerte nur etwas länger als zwei Tage. Wilhelm Frick entschloß sich, dem Beispiel von Heß zu folgen und keine Aussage zu machen. Für die Vorlage von Dokumenten benötigte sein Anwalt, Dr. Otto Pannenbecker, kaum eine Stunde; wie man sich längst denken konnte, sollte daraus nichts anderes hervorgehen, als daß Frick – trotz seiner hochtrabenden Titel – nur ganz wenig Einfluß auf Aktionen gehabt hatte oder kaum in Handlungen verwickelt war, die einen Straftatbestand darstellten.

Wie Frank war auch Frick von Haus aus Jurist. Er trat die Beamtenlaufbahn an und war in den frühen zwanziger Jahren Polizeibeamter in Bayern. Als begeisterter Nazi nahm er mit Hitler am gescheiterten Münchner Putsch von 1923 teil und war zu Beginn der Nazizeit, zum Teil aufgrund seiner Verwaltungserfahrungen, ein geschätztes Mitglied von Hitlers Stab. Als Hitler 1933 Reichskanzler wurde, waren Frick, Göring und der Führer selbst die einzigen NSDAP-Mitglieder des neuen Kabinetts. Frick war von 1933 bis 1943 Innenminister, danach Reichsprotektor von Böhmen und Mähren sowie Reichsminister ohne Geschäftsbereich.

Frick war der perfekte Bürokrat – stur, ordentlich, verschwiegen, einfallslos – und der am wenigsten interessante von allen Angeklagten. Gilbert konnte aus ihm praktisch nichts herausbekommen, und sein veröffentlichtes Tagebuch verzeichnet keinen einzigen Besuch in Fricks Zelle bis zum 22. April, kurz bevor sein Fall zur Verhandlung aufgerufen wurde. Gilberts erster bedeutsamer Eintrag über Frick bezieht sich auf eine Diskussion in der Mittagspause des 3. Januar 1946, nach der Aussage Ohlendorfs über die Tötung von Hunderttausenden von Juden durch die Einsatzgruppen:

> Oben beim Mittagessen war Fritzsche so niedergeschlagen, daß er kaum essen konnte. Frick jedoch bemerkte, wie schön es wäre, wenn man bei diesem schönen Wetter skifahren gehen könnte. Fritzsche hörte auf zu essen, sah mich verzweifelt an und funkelte dann zu Frick hinüber.

Ja, Frick war wirklich ein sehr kalter Fisch.

Er hatte so viele Gesetze und Erlasse verfaßt und unterzeichnet und sich so viele Regierungsorganisationen und -umorganisationen ausgedacht, die sich mit den besetzten Ländern, mit Annexionen, antijüdischen Maßnahmen und Kriegsbehörden befaßten, daß er nicht mit einem Freispruch rechnen konnte. Aber er glaubte, sich vor dem Galgen retten zu können, wenn er sich nur genügend von Himmler distanzierte und die Verantwortung für

Gestapo-Aktionen von sich wies. Er sagte Gilbert, »er würde nicht selbst aussagen, sondern einen Zeugen benennen, einen ehemaligen Gestapo-Beamten, der auch für Schacht aussagen würde«.

Im Sommer 1933 bestand Hans Bernd Gisevius sein juristisches Staatsexamen und bekam eine Ausbildungsstelle bei der Politischen Polizei zugewiesen, die bald allgemein Gestapo (Geheime Staatspolizei) hieß. Er war gegen die Nazis, ausgesprochen gerechtigkeitsbesessen und gegenüber alldem, was sich um ihn herum abspielte, sogleich kritisch eingestellt. Schon bald wurde er eine wichtige Figur im deutschen Widerstand. Anfang 1946 veröffentlichte er ein Buch über diese Erlebnisse unter dem Titel *Bis zum bittern Ende*, das viele Leser fand und als sensationelle Enthüllung über den Nazismus galt.*

Gisevius hatte unbedeutende Ämter unter Göring und Frick innegehabt und war bestens vertraut mit den Machtkämpfen um die Gestapo in der Zeit von 1933 bis 1936. Das war es, was Frick von seinem Zeugen hören wollte. Aber Gisevius hatte auch noch eine Menge über andere Angeklagte zu sagen. Bevor die Vormittagssitzung am 24. April eröffnet wurde, hörte ein Wachmann (der es an Gilbert weitergab), wie Streicher Frick fragte, ob Gisevius wirklich erscheinen werde:

> Frick bejahte dies. Streicher wollte wissen, ob er wohl all diese schrecklichen Dinge über Göring sagen würde, von denen die Leute erzählten, er habe sie in seinem Buch geschrieben. Frick meinte, das würde er wohl tun. Auf Streichers Frage, ob dies für Göring schlimm sei, antwortete Frick kühl: »Das ist mir egal, mir kommt es nur darauf an, selbst am Leben zu bleiben.«

Später hörte die Wache wieder, wie Rosenberg Frick heftige Vorwürfe machte, weil dieser einen Zeugen benannt hatte, der vernichtende Aussagen über die Angeklagten machen würde. »Überlassen Sie meine Verteidigung bitte mir!« entgegnete Frick brüsk. »Ich habe meine Nase nicht in Ihre Angelegenheiten gesteckt; lassen Sie mich also die meinen allein regeln. Wenn ich ihn nicht genannt hätte, hätte ihn eben Schacht genannt.«

Gisevius sagte aus, daß die Polizeiverwaltung traditionellerweise beim Innenministerium lag; aber Frick fand bald heraus, daß Göring, als preußischer Ministerpräsident, und später Himmler, als Chef der SS, ihm ins Handwerk pfuschten. Nach seiner Entlassung aus der Geheimpolizei wurde Gisevius im Innenministerium angestellt. Frick protegierte Gisevius ein wenig, und Gisevius unterrichtete Frick über ungesetzliche Aktionen der Gestapo unter Görings Kommando. Aber diese Bemühungen, Göring und Himmler auszu-

---

* 1947 wurde es in England unter dem Titel *To the Bitter End* herausgebracht. Viele Leser haben die Genauigkeit seiner Aussagen in Zweifel gezogen, und vielleicht hat Gisevius sich selbst übertrieben selbstgefällig dargestellt. Aber die allgemeine Authentizität des Buches wird überzeugend bestätigt durch die Einleitung von Allen W. Dulles, der im Krieg Leiter des OSS-Büros in Zürich und anschließend Direktor der CIA gewesen war.

booten, schlugen fehl, und 1936 übertrug Hitler offiziell die volle Kontrolle über die Polizei und die innere Sicherheit auf Himmler. Gisevius' kurzer Vortrag über die Fakten entband Frick von der unmittelbaren Verantwortung für Greueltaten der Polizei, aber das allein besagte gar nichts, angesichts der zahlreichen Dokumente, die Frick im Hinblick auf andere Dinge belasteten.

Schon bald wurde klar, daß Fricks Probleme für Gisevius von untergeordneter Bedeutung waren und daß Gisevius in erster Linie Hermann Göring aufs Korn nahm. Der Zeuge warf Göring zunächst vor, er habe aus der Geheimpolizei eine »Räuberhöhle« gemacht, in der gesetzwidrige Verhaftungen, Morde und Schutzhaftbefehle für Mörder an der Tagesordnung waren. Dann erklärte Gisevius, daß der sogenannte »Röhm-Putsch« vom 30. Juni 1934 eine irreführende Bezeichnung gewesen sei – weder Röhm noch die von ihm geleitete SA hätten irgendeinen Umsturz geplant, sondern dieser »Putsch« sei in Wirklichkeit eine Verschwörung von Göring und Himmler gewesen, die Röhm aus dem Weg räumen und die SA als Machtfaktor in der deutschen Politik zerstören wollten. Göring, in Berlin für diese Verschwörung zuständig, war darum auch verantwortlich für die Ermordung »einer großen Anzahl unschuldiger Menschen«.

Es gab keine abträgliche Bezeichnung, die hier nicht auf Göring bezogen worden wäre. Gisevius' Aussage über Görings Handlungen in der frühen Nazizeit war ganz bewußt darauf angelegt, Görings Version über diese Phase zu widerlegen, wie dieser sie in seiner eigenen Aussage dargestellt hatte.

Aber diese Verhaftungen und Morde, so verbrecherisch sie nach deutschem Recht auch waren, stellten keine Kriegsverbrechen dar und konnten nicht ohne weiteres als Teil einer Verschwörung zur Entfesselung eines Angriffskriegs angesehen werden. Ihre Relevanz für Fricks Fall war zweifelhaft, und unter anderen Umständen hätte der Gerichtshof, der doch so sehr auf Kürze drängte, Gisevius das Wort abgeschnitten. Allerdings war diese Aussage aufregend und in historischer Hinsicht faszinierend, und vielleicht war das Gericht auch der Meinung, da Göring sich ausführlich ohne große Unterbrechungen hatte äußern dürfen, würde dies auch seinem Gegner zustehen.

Kurz bevor Pannenbecker seine Befragung beendete, vermochte Gisevius die Spannung sogar noch zu steigern, indem er einen plumpen Versuch von Göring enthüllte, ihn daran zu hindern, über die berüchtigte »Blomberg-Fritsch-Affäre« zu reden. Gisevius bat das Gericht, »von einem Zwischenfall Mitteilung machen zu dürfen, der sich heute morgen abgespielt hat« – er habe im Anwaltszimmer ein Gespräch zwischen Stahmer und Dix (Schachts Anwalt) mitangehört. Stahmer unterbrach ihn sofort, um Gisevius das Recht abzusprechen, über »ein persönliches Gespräch mit Herrn Dr. Dix« zu berichten, »das den Fall Blomberg betrifft. Dieses Gespräch war nicht für den Zeugen bestimmt.«

Jackson, der immer gern etwas an der Verteidigung auszusetzen hatte, intervenierte sofort: »Über diesen Zwischenfall ist mir berichtet worden, und ich bin der Ansicht, daß es für den Gerichtshof wichtig ist, von den Drohungen zu erfahren, die gegen diesen Zeugen im Gerichtsgebäude erhoben wurden, während er auf seine Vernehmung wartete. Die Drohungen richteten sich nicht nur gegen ihn, sondern auch gegen den Angeklagten Schacht ... Ich bitte den Gerichtshof, Dr. Gisevius, der der einzige Stellvertreter der demokratischen Kräfte in Deutschland ist, die Möglichkeit zu geben, als Zeuge seine Geschichte zu erzählen.«

Generalfeldmarschall Werner von Blomberg, Oberbefehlshaber der Wehrmacht (der einzige Wehrmachtsoffizier, der diesen Titel je innegehabt hat), hatte im Januar 1938 eine junge Frau geheiratet, die eine einschlägig vorbestrafte Prostituierte war. Diese Tatsache wurde zwar nicht publik gemacht, sorgte aber für Gerüchte in Militärkreisen und veranlaßte Hitler, Blomberg von seinem Posten zu entbinden und seine weitere militärische Karriere zu beenden.

Nach dem Krieg war Blomberg als potentieller Zeuge nach Nürnberg gebracht und dort inhaftiert worden, aber er war sehr gebrechlich und starb bald. Göring gab vor, er wolle den Ruf des Verstorbenen davor bewahren, durch eine öffentliche Enthüllung der Vergangenheit seiner Frau Schaden zu erleiden, und erklärte gegenüber Stahmer, wenn Schachts Zeuge Gisevius über diese Affäre aussagen würde, dann würde er, Göring, »gegen Schacht auspacken«, wie Stahmer zu Dix in Gegenwart von Gisevius an diesem Morgen sagte.

Stahmer erklärte, er habe mit Dix »aus kollegialen Gründen« gesprochen, womit er vermutlich meinte, er habe Dix einen Gefallen tun wollen, indem er ihn vor Görings Absichten warnte. Dix bestätigte das meiste von dem, was Stahmer erklärt hatte, fügte aber hinzu, daß Stahmer Görings Drohung zitiert habe, er werde »auspacken, und zwar gegen Schacht, denn er weiß eine ganze Menge über Schacht, was Schacht unangenehm sein würde«. Kein Wunder, daß Dix Stahmers Mitteilung eher als Drohung denn als Gefallen interpretierte.

Lawrence gab Gisevius dann grünes Licht, aber der Zeuge erklärte, er habe nichts mehr über Blombergs Heirat zu sagen; vielmehr wolle er später Görings Rolle in dieser Affäre enthüllen. Pannenbecker hatte nur noch ein paar Fragen in bezug auf Frick, und dann begann Dix mit seiner Befragung, die sich mit der Klage gegen Schacht befaßte und die viel mehr Zeit beanspruchte als die Befragung in Sachen Frick.

Am darauffolgenden Vormittag, dem 25. April, bat Dix seinen Zeugen, die sogenannte »Fritsch-Krise« darzustellen; gemeint war damit die Krise um General Werner von Fritsch, den Oberbefehlshaber des deutschen Heeres von 1934 bis zu seiner Suspendierung Anfang Februar 1938. Obwohl Gisevius es zuvor in Abrede gestellt hatte, betraf seine Darstellung der Krise Blomberg genauso wie Fritsch, wobei Göring und Himmler die eigentlichen Schurken in diesem Drama waren.

Bei der Blomberg-Fritsch-Affäre, die Gisevius ziemlich ausführlich behandelte, ging es im wesentlichen darum, daß Göring Hitler die Polizeiakte über die neue Frau von Blomberg zeigte, um Blombergs Karriere zu beenden. Himmler hatte auch eine Akte, in der es über einen Wehrmachtsoffizier namens Fritsch oder Frisch hieß, er habe homosexuelle Beziehungen zu einem Strichjungen namens Schmidt unterhalten. In Hitlers Gegenwart stellte Göring General Fritsch diesem Schmidt gegenüber, der den General als den in Himmlers Akte erwähnten Offizier identifizierte.

Fritsch bestritt dies zwar entschieden, aber Hitler suspendierte ihn von seinem Kommando und unterrichtete kurz darauf eine Gruppe von führenden Generälen über diese Vorkommnisse. Dann berief er General Walter von Brauchitsch als Nachfolger von Fritsch zum Oberbefehlshaber des Heeres. Hitler selbst ernannte sich als Blombergs Nachfolger zum Oberbefehlshaber der Wehrmacht. Göring wurde zum Generalfeldmarschall befördert und wurde damit ranghöchster Offizier des militärischen Establishments. Hitler ersetzte außerdem Außenminister Neurath durch Ribbentrop, berief Funk zum Reichswirtschaftsminister und veranlaßte weitere Veränderungen in der Regierung von geringerer Bedeutung.

Das Ergebnis war eine erhebliche Stärkung von Hitlers Herrschaft über die deutsche Regierung. Gisevius und seine Mitverschworenen hatten auf Blomberg, Fritsch, General Ludwig Beck und andere gleichgesinnte Offiziere und Beamte gezählt, die die ihrer Meinung nach verbrecherische, rücksichtslose Nazipolitik unter Kontrolle halten sollten. Nun spielte Blomberg keine Rolle mehr. Fritsch kam vor ein militärisches Ehrengericht und wurde von dem gegen ihn erhobenen Vorwurf vollständig freigesprochen*, aber Brauchitsch blieb Oberbefehlshaber, und Fritsch erhielt keine neue Berufung. Beck war nur noch für ein paar Monate Generalstabschef. Neurath und Schacht wurden ihrer verantwortlichen Posten in der Diplomatie und in der Wirtschaft enthoben und durch Jasager ersetzt. Hitler, flankiert von Göring, Himmler und Goebbels, hatte nunmehr praktisch die absolute Macht.

Dieser Sieg war mit gemeinen und tückischen Mitteln erzielt worden. Blomberg, der sich nichts weiter als eine in beruflicher Hinsicht unkluge Heirat hatte zuschulden kommen lassen, wurde geschaßt, und sein Name wurde aus der Rangliste gestrichen. Fritsch, aufgrund der falschen Anschuldigungen von Göring und Himmler ein gebrochener Mann, starb auf dem Schlachtfeld in Polen.** Görings Machenschaften waren natürlich keine

---

* Bei dem in Himmlers Akte erwähnten Individuum handelte es sich um einen Hauptmann a. D. von Frisch.

** Nachdem Fritsch von den gegen ihn erhobenen Vorwürfen freigesprochen worden war, wurde er »rehabilitiert«, indem man ihm den Titel des *Chefs* des 12. Artillerieregiments verlieh, das er vor Jahren bereits befehligt hatte. Diese Ernennung war rein ehrenhalber (der reguläre Regimentsbefehlshaber trug den Titel *Kommandeur*), aber Fritsch bestand darauf, das Regiment beim Angriff auf Polen im August 1939 zu begleiten. Vor Warschau wurde er von einer polnischen Kugel tödlich getroffen. Es ist zu bezweifeln, daß er Selbstmord beging, aber mit Sicherheit hat er sein Leben unnötigerweise riskiert.

Kriegsverbrechen, aber da er damit Offiziere und Funktionäre zu beseitigen versuchte, die sich als Hindernisse für die aggressiven militärischen Pläne erwiesen, können diese Aktionen durchaus plausibel als Teil einer Verschwörung zur Vorbereitung des Krieges nach Punkt Eins der Anklageschrift bezeichnet werden.

Nachdem die Verteidigung die Befragung von Gisevius abgeschlossen hatte, war Jacksons Vernehmung nur nominell ein Kreuzverhör. Die beiden Männer hatten sich kurz nach dem Krieg kennengelernt; Jackson kannte die Geschichte des Zeugen und hatte ihn bereits als »Vertreter eines demokratischen Deutschland« begrüßt. Aber vor Gericht machte Jackson nun einen etwas unbehaglichen Eindruck – schon bald sollte er ja Schacht ins Kreuzverhör nehmen, den er als wichtigsten Fang der amerikanischen Anklagebehörde ansah, während Gisevius Schacht gerade erheblich entlastet hatte.

Es war klar, daß Jackson nicht in der Lage war, an der Ernsthaftigkeit oder der Glaubwürdigkeit von Schachts Bewertung durch Gisevius zu rütteln. Aber ihm überhaupt keine Fragen zu stellen wäre einer Kapitulation gleichgekommen. Indem Jackson sorgfältig Fragen vermied, die zu einer Konfrontation führen könnten, gelang es ihm, den Zeugen zu der Aussagen zu bewegen, daß Schacht in den ersten fünf Jahren des Naziregimes eine positive Einstellung gegenüber Hitler wie Göring gehabt und sich vor Ende 1937 nicht gegen sie gewandt hatte.

Jackson hatte sodann leichteres Spiel, als er alles zunichte machte, was Gisevius zugunsten von Frick vorgebracht hatte. Bereitwillig gab Gisevius zu, daß Frick trotz der Schwierigkeiten, die er mit Göring und Himmler hatte, alles über ihre verbrecherische Führung der Gestapo gewußt hatte und damit rechtlich für die Folgen verantwortlich war. Das ging beispielsweise eindeutig aus Fricks Unterschrift unter dem Erlaß hervor, der die Tötungen während des »Röhm-Putschs« legitimierte.

Frick und Schacht spielten keine Rolle mehr, als Jackson, der offensichtlich wußte, welche Antworten er bekommen würde, andere Angeklagte ins Visier nahm. Hatte nach Heydrichs Tod Kaltenbrunners Ernennung sich in irgendeiner Weise positiv auf das Verhalten der Gestapo ausgewirkt? »Kaltenbrunner kam, und es wurde von Tag zu Tag schlimmer«, erwiderte Gisevius. »Immer mehr machten wir die Erfahrung, daß vielleicht die Impulsivitäten eines solchen Mörders wie Heydrich nicht so schlimm waren wie die kalte juristische Logik eines Rechtsanwalts, der die Regie eines solchen gemeingefährlichen Instruments wie die Gestapo übernahm.« Kaltenbrunner hatte eine noch »sadistischere Einstellung als Himmler«. War das Auswärtige Amt über die Verbrechen der Gestapo unterrichtet? Gisevius konnte nur über die Zeit sprechen, in der Neurath Außenminister gewesen war; in jenen Jahren wurden Berichte vom Innenministerium über die Gestapo-Verbrechen an den Chef des Protokolls geschickt, der »wiederholt dieses Material Neurath vorgelegt« hat.

Besonders verheerend wirkte sich Gisevius' Aussage für Keitel aus, der sich selbst als bloßer Sekretär Hitlers dargestellt hatte, als der er nur über geringe Macht verfügt habe. Als er von Jackson gefragt wurde, »ob Keitel eine wirklich führende und mächtige Stellung im Reich innehatte«, antwortete der Zeuge:

> Keitel hatte eine der einflußreichsten Stellungen im Dritten Reich inne ... Es mag sein, daß Keitel Hitler nicht sehr viel beeinflußt hat. Ich muß aber hier bezeugen, daß Keitel um so mehr das OKW und die Armee beeinflußte. Keitel entschied, welche Akten an Hitler weiterzugeben waren. Es war nicht möglich, daß der Admiral Canaris oder einer der anderen ... [Angehörigen des OKW-Stabs] einen dringenden Bericht von sich aus Hitler vorlegen konnte. Keitel nahm ihn an sich und was ihm nicht gefiel, gab er nicht weiter, oder er hat diesen Männern den dienstlichen Befehl gegeben, nicht in dem betreffenden Sinne zu berichten. Ebenso hat Keitel wiederholt diesen Männern angedroht, daß sie sich lediglich auf ihre Fachressorts zu beschränken hätten und daß sie bei jeder politischen Äußerung, die kritisch gegenüber der Partei und der Gestapo und gegen die Judenverfolgung, gegen die Morde in Rußland oder gegen den Kirchenkampf seien, daß er sie dann nicht schützen werde und, wie er später sagte, daß er sich nicht scheuen würde, diese Herren aus der Wehrmacht zu entlassen und der Gestapo zu übergeben.

Je mehr Gisevius aussagte, desto zwiespältiger beurteilten ihn seine Zuhörer. Von der Lippe schrieb, einige hielten ihn für »selbstüberzeugt, geltungsbedürftig, unsympathisch«, andere für »gescheit und schlagfertig«. Die gegen Göring eingestellten Angeklagten – Schacht, Papen, Neurath, Speer, Fritzsche – freuten sich, daß Licht auf Görings Schattenseiten fiel. Alle Angeklagten aber – selbst Schirach, Görings größter Bewunderer – waren laut Gilbert der Meinung, daß er als hinterhältiger und rücksichtsloser Verschwörer entlarvt worden war. Dagegen hatte Gisevius die Achtung der angeklagten Militärs verloren, weil er die Generäle dafür verurteilt hatte, daß sie sich nicht gegen Hitler erhoben und die guten alten deutschen Werte wiederhergestellt hätten. Jodl regte sich ganz besonders über die Enthüllungen zum Röhm-Putsch auf und schrie, »den Tränen nahe«: »Dann war ja ein Schweinestall schlimmer als der andere! Es war eine Gemeinheit gegen all die Anständigen, die in gutem Glauben bei dieser heillosen Schweinerei mitgemacht haben!!« Aus dem »Fall Frick« wurde somit eigentlich so etwas wie eine »Gisevius-Intervention«.

Streicher: In Julius Streichers Fall sah sich der Gerichtshof zum ersten und einzigen Mal vor die ernste Frage gestellt, ob einer der Angeklagten aus dieser »Mörderbande« tatsächlich im strafrechtlichen Sinne schuldig sei. Die rechtlichen Fragen waren bereits eingeengt und zugespitzt worden durch die Anklageschrift gegen Streicher, deren einzig wichtiger Teil die Anklage unter Punkt Vier (Verbrechen gegen die Menschlichkeit) war, insbesondere das

»Aufreizen« zur Verfolgung der Juden, wie sie in Punkt Eins* und Punkt Vier der Anklageschrift dargelegt wird. Streicher wurde nicht vorgeworfen, daß er selbst sich an gewaltsamen Ausschreitungen gegen die Juden beteiligt habe, so daß die einzige (und schwierige) juristische Frage darin bestand, ob »Aufreizen« als Grundlage für seine Verurteilung ausreiche oder nicht.

Streicher wurde in einem kleinen Dorf bei Augsburg geboren. Sein Vater war Volksschullehrer, und der Sohn trat in seine Fußstapfen. 1909 nahm er eine Stelle an der Städtischen Schule in Nürnberg an, wo er sich – außer in den Kriegsjahren – bis zu seinem Lebensende aufhielt. 1914 zog er als Gefreiter in den Ersten Weltkrieg, aus dem er als mit mehreren Orden ausgezeichneter Leutnant zurückkehrte. Als er wieder in Nürnberg war, ging er erneut in den Schuldienst, fühlte sich aber auch zur Politik hingezogen und wurde bald ein antikommunistischer Konservativer und fanatischer Antisemit.

Streicher war nicht sehr gebildet, und die Prozeßberichterstatter haben sich immer wieder über seinen untersten Platz auf Dr. Gilberts IQ-Skala der Angeklagten ausgelassen. Aber Gilbert hatte warnend darauf hingewiesen, daß man mit IQ-Tests nur einen Teil der Persönlichkeit erfassen könne; und Streichers Karriere nach seiner Rückkehr aus dem Krieg zeigt, daß er ein Mann von überzeugendem Auftreten und mit einer forensischen Begabung war. Trotz seines häßlichen Äußeren – mit seinem gedrungenen, stämmigen Körperbau, seinem kahlen Kopf und seinen derben Gesichtszügen sah er wie ein Schwein aus – konnte Streicher die Massen anziehen und eine beachtliche Gruppe von Gefolgsleuten gewinnen. 1921 wurde er von einer Hitler-Rede in Bann geschlagen, und kurz danach löste er seine eigene »Bewegung« auf und führte die Mitglieder den Nazis zu – ein Geschenk, über das sich Hitler in *Mein Kampf* dankbar ausließ. 1923 marschierte er mit Hitler zur Münchner Feldherrnhalle, und im selben Jahr gründete er das berüchtigte antisemitische Wochenblatt *Der Stürmer.* 1925 wurde er von Hitler zum Gauleiter von Franken ernannt, und diese Position hatte er bis 1940 inne.

Trotz all seiner kruden und zuweilen ungesetzlichen Aktionen und ungeachtet des geschmacklosen Inhalts des *Stürmer* tat Streicher in den zwanziger und den frühen dreißiger Jahren nichts, was Hitler hätte in Verlegenheit bringen oder seine eigene Position hätte gefährden können. So war zum Beispiel in den frühen dreißiger Jahren Otto Wagener, ein erfolgreicher Geschäftsmann und ehemaliger Armeestabsoffizier, den Hitler als Berater für die Wirtschafts- und Militärpolitik konsultierte, zusammen mit Hitler zu einer priva-

---

* Streicher war auch nach Punkt Eins der Anklageschrift beschuldigt worden, aber nur wegen einer einzigen Tat: Er habe die Machtergreifung der Naziverschwörer und die Konsolidierung ihrer Kontrolle über Deutschland gefördert. Es gab keine Anschuldigung gegen ihn, daß er an der Verschwörung zur Vorbereitung oder Entfesselung eines Angriffskriegs oder der gewaltsamen Vorherrschaft über andere Nationen beteiligt gewesen sei, und darum stand sein Freispruch nach Anklagepunkt Eins von vornherein fest.

ten Besprechung mit Streicher in Nürnberg gewesen. In seinen Memoiren schrieb Wagener über Streicher:

> Er schien mir nicht unsympathisch. Er war ein sturer Kerl, der nun einmal auf seinem Antisemitismus herumritt und es sich zur Lebensaufgabe gemacht hatte, den Juden, wie er es nannte, zu entlarven …
> Streicher ist ein Fanatiker. Und in seinem Fanatismus geht er manchmal zu weit …
> Streicher führte nicht, wie manche andern Gauleiter es nach der Machtergreifung taten, ein Herrenleben … Aber es fehlte ihm doch die ethische Grundlage, um dasjenige Maß halten zu können, das für ihn notwendig und von Hitler auch von ihm gefordert war.

Streicher geriet immer mehr aus dem Gleichgewicht, und von Ethik hielt er nicht viel. Er stand mehrfach im Neuen Justizgebäude vor Gericht – wegen Geldangelegenheiten. Doch keiner dieser Vorfälle führte dazu, daß er in Ungnade fiel; als er sich jedoch öffentlich über Hermann Görings angebliche sexuelle Potenz lustig machte, war das etwas ganz anderes. 1940 wurde Streicher vom Obersten Parteigericht finanzieller Unregelmäßigkeiten und anderer ungesetzlicher Handlungen für schuldig befunden. Hitler befahl Streicher, als Gauleiter zurückzutreten, hielt aber immer noch die Hand über seinen alten Gefolgsmann und stellte ihn unter Hausarrest auf seinem Landsitz in Franken, wobei ihm ausdrücklich verboten wurde, Nürnberg zu betreten. Aber Hitler hat Streicher *nicht* verboten, weiterhin den *Stürmer* zu veröffentlichen; ja, der Führer wollte sogar, daß das berüchtigte Hetzblatt weiterhin Auflage machte. Am 25. Januar 1942 notierte Goebbels in sein Tagebuch:

> Der Führer läßt mir mitteilen, daß er eine Verminderung der Auflage des »Stürmers« oder seine Beseitigung nicht wünsche. Diesen Entscheid finde ich sehr erfreulich. Der Führer steht zu seinen alten Partei- und Kampfgenossen … Im übrigen bin auch ich der Meinung, daß man in der Judenfrage unentwegt propagandistisch weiterarbeiten muß.

Also leitete Streicher, von Hitler entschieden darin unterstützt, seine Zeitung per Telefon und auf Konferenzen bei sich zu Hause, schrieb persönliche Beiträge und gab sie weiterhin bis in die letzten Kriegsmonate heraus.

Ich habe mich mit Streichers persönlicher Entwicklung so ausführlich befaßt, weil es angesichts der einzigartigen gegen ihn erhobenen Anschuldigung gerade auf die Details ankommt. Die anderen Angeklagten hatten alle wichtige nationale Regierungspositionen innegehabt und agierten in nationalem Maßstab. Schriftliche Beweise für die gegen sie erhobenen Anschuldigungen lagen in den Befehlen, Erlassen und Memoranden vor, die sie verfaßt, herausgegeben und zu den Akten gegeben hatten.

Abgesehen von seiner unbedeutenden Zugehörigkeit zum Reichstag hat Streicher keinen nationalen Regierungsstatus gehabt, und er hat auch keine derartige Spur von offiziellen Beweisdokumenten hinterlassen. In seinen Reden als Gauleiter in Franken hat er mit Sicherheit zum Haß auf die Juden aufgefordert, aber damit hat er keine weitreichende Resonanz in anderen Gebieten gefunden, und 1939 hörte er mit diesen Reden auf Hitlers Befehl hin auf. Die Beweise gegen ihn liegen vielmehr in den Ausgaben des *Stürmer* vor, und in erster Linie hat dieses Wochenblatt Streicher national – ja, sogar international – so berüchtigt gemacht. Als der Krieg kam und Streicher 1940 seinen eigenen politischen Niedergang erlebte, verschwand er aus dem Blick der Öffentlichkeit, und nur der allgemeine Rückgriff auf Streichers Tätigkeit als Gauleiter in den dreißiger Jahren erklärt, warum er überhaupt einen Platz auf der Anklagebank bei diesem großen internationalen Prozeß erhielt.

Mehr als irgendein anderer Angeklagter stand Streicher auf eigenen Füßen – *Der Stürmer* gehörte ihm allein. Goebbels, Otto Dietrich, Fritzsche und das ganze Propagandaministerium bedeuteten nichts für Streicher. Er war Hitler gegenüber loyal, aber selbst als er wußte, daß sein Idol der Ansicht war, er »sei zu weit gegangen«, gab er nicht klein bei.

Der Stürmer war keine Regierungsbehörde, sondern eine private Zeitung, die Julius Streicher gehörte und von ihm herausgegeben wurde. Die in der Anklageschrift niedergelegten Anschuldigungen wurden gegenüber einem privaten Zeitungsverleger und Journalisten vorgebracht, der für die Veröffentlichung von Erklärungen, an die er glaubte, bestraft werden sollte.

Angesichts der schmalen Grundlage der Anklageschrift war das Beweisermittlungsverfahren gegen Streicher mit Recht kurz. Er war nur noch ein obszönes Wrack seiner selbst, im Vergleich zu dem Mann, der er vor dem Krieg gewesen war – Rebecca West bezeichnete ihn ja einmal als »einen ordinären alten Mann von jener Sorte, die einen in Parks belästigt«. Er hatte seinem Anwalt, Dr. Hanns Marx, große Schwierigkeiten bereitet, und als Marx das Verfahren eröffnete, indem er seinen Mandanten in den Zeugenstand rief und bat, »dem Gerichtshof zunächst eine kurze Schilderung Ihres Werdeganges« zu geben, erklärte Streicher: »Mein Verteidiger hat meine Verteidigung nicht so geführt oder nicht so führen können, wie ich es haben wollte ...« Der unglückliche Marx fragte das Gericht, ob er unter diesen Umständen Streicher weiterhin vertreten solle. Lawrence ermutigte ihn väterlich, fortzufahren. Streicher trug seine kurze Autobiographie vor, die im allgemeinen der Wahrheit entsprach, bei der er aber gelegentlich auf Übernatürliches verwies: »Innere Stimmen« hätten ihm gesagt, was er tun solle, und Hitler sei von einem Heiligenschein »umstrahlt« gewesen, als Streicher den Führer zum erstenmal hatte reden hören. Aber einige seiner Antworten waren prägnant und gut formuliert, so zum Beispiel, als Marx ihn nach seinen »Beziehungen zu Adolf Hitler« fragte:

> Wer Gelegenheit hatte, Adolf Hitler kennenzulernen, der weiß, wie richtig das ist, was ich jetzt sagen werde: Wenn irgendeiner glaubte, er könnte sich einen Weg bahnen, um vielleicht einmal ein persönlicher Freund von Adolf

> Hitler zu werden, der hatte sich darüber völlig falsche Gedanken gemacht. Adolf Hitler war nun einmal etwas Absonderliches in jeder Beziehung, und ich glaube sagen zu können, eine Freundschaft zwischen ihm und anderen Männern gab es nicht, eine Freundschaft, von der man hätte sagen können, das ist nun wirklich eine Herzensfreundschaft.

Marx befragte Streicher dann im Hinblick auf die verschiedenen Anschuldigungen, die die Anklagebehörde gegen ihn erhoben hatte. Streicher bestritt, daß seine Handlungen zur Gewalt gegen Juden aufgereizt hätten oder daß es irgendeinen Beweis für ein derartiges Aufreizen gäbe; er erklärte, er habe von den Massentötungen von Juden erst 1945 erfahren, als er sich als Gefangener in Mondorf befand; er gab zu, 1938 die Zerstörung der Nürnberger Hauptsynagoge angeordnet zu haben, bestand aber darauf, dies sei weniger aus antisemitischen, sondern vielmehr aus »städtebaulichen Gründen« geschehen; er bestritt, in irgendeiner Weise an den Vorfällen der Kristallnacht beteiligt gewesen zu sein, und behauptete, gegen das gewesen zu sein, was da geschehen sei; er sei aber »gezwungen« worden, »auf Grund der Stimmung, die in Nürnberg herrschte«, am nächsten Tag eine Rede gegen die Juden zu halten. Er gab zu, er habe das Konzentrationslager Dachau viermal besucht, aber nur um aus den nichtkriminellen Insassen aus Franken, meist Sozialdemokraten oder Kommunisten, 10 oder 20 auszusuchen, die er jedes Jahr zu einem Weihnachtsessen ins Hotel »Deutscher Hof« nach Nürnberg bringen ließ! Schließlich erklärte er, daß *Der Stürmer* in den ersten zehn Jahren (1923-1933) nur in Franken verbreitet gewesen sei und in dieser Zeit eine Auflagensteigerung von 2000 auf 25 000 Exemplare erlebt habe; daß 1935 ein »Fachmann« aus dem *Stürmer* ein in ganz Deutschland erscheinendes Organ gemacht habe, dessen Auflage bis auf 600 000 und mehr Exemplare gestiegen sei, während sie im Krieg auf ungefähr 150 000 oder 200 000 Exemplare zurückgegangen sei.

Streichers direkte Befragung dauerte nicht viel mehr als einen Tag, und das Kreuzverhör durch Griffith-Jones war sogar noch kürzer. Der Ankläger wußte ganz genau, daß seine Aufgabe im Sinne der Anklageschrift darin bestand, den Angeklagten als einen Mann darzustellen, der zur Verfolgung der Juden aufgereizt habe; und die nächstliegende – und vielleicht einzige – Möglichkeit, dies zu erreichen, bestand darin, Streicher mit entsprechenden Beispielen von dem, was er öffentlich geschrieben oder gesagt hatte, zu bombardieren.

Griffith-Jones begann mit der Rede, die der Angeklagte am 1. April 1933 – dem Tag des offiziellen Boykotts aller jüdischen Geschäfte – gehalten hatte. Streicher bezeichnete darin die Juden als ein »Volk ..., das seit Jahrtausenden als Blutsauger und Erpresser über die Erde zieht« und verherrlichte die Nazis: »Unserer Bewegung blieb es vorbehalten, den ewigen Juden als Massenmörder aufzuzeigen.« Streicher bestritt kühl, daß er religiösen Haß gepredigt habe, weil die Juden für ihn eine Rasse und nicht eine Religionsgemeinschaft seien. Bei seinem Antisemitismus, erklärte er, sei es ihm nicht um »Verfolgung«, sondern um »Aufklärung« gegangen.

Griffith-Jones machte dann dem Zeugen ganz offen klar, er wolle mit seinen Fragen zeigen, daß Streicher ab 1939 darangegangen sei, »das deutsche Volk zum Mord an der jüdischen Rasse aufzuhetzen und die Tatsache von deren Ermordung hinzunehmen«. Dazu legte er eine Reihe von Auszügen aus dem *Stürmer* als Beweismittel vor, unter anderem die folgenden:

> Die Judenfrage ist noch nicht gelöst ... Sie ist erst dann gelöst, wenn das Weltjudentum vernichtet ist. [Januar 1939] Die Juden in Rußland müssen getötet werden. Sie müssen ausgerottet werden mit Stumpf und Stiel. [Mai 1939] Soll die Gefahr der Weiterzeugung jenes Gottesfluches im jüdischen Blut ein Ende finden, dann gibt es nur einen Weg, die Ausrottung dieses Volkes, dessen Vater der Teufel ist. [Leitartikel von Streicher, Anfang 1942]

Anschließend stellte Griffith-Jones Streichers Erklärung gegenüber Marx in Frage, er habe von der Vernichtung der Juden erst 1945 erfahren. Der Ankläger legte »eine Mappe mit Auszügen aus dem [in der Schweiz erschienenen] ›Israelitischen Wochenblatt‹ von Juli 1941 bis zum Kriegsende« vor. Streicher gab zu, daß er und die Redaktion des *Stürmer* dieses Blatt bekommen und gelesen hätten, und Griffith-Jones verlas für das Protokoll eine Reihe von diesen Auszügen, die über das Töten von »vielen Tausenden« von Juden in verschiedenen Städten der Ukraine berichteten. Diese Berichte wurden immer verzweifelter, und Ende 1942 war bereits von »Millionen« jüdischen Toten die Rede. Streicher erwiderte darauf, er könne sich nicht entsinnen, das je gelesen zu haben, aber »wenn ich es gelesen haben würde, hätte ich es nicht geglaubt«. Gegen Ende seines Kreuzverhörs zitierte Griffith-Jones aus mehreren *Stürmer*-Beiträgen, die Streicher 1944 selbst verfaßt hatte. Darin hieß es, »der furchtbarste Bazillus aller Zeiten, der Jude«, müsse »mit Stumpf und Stiel vernichtet werden«: »Dann wird das Judentum vernichtet bis auf den letzten Mann.«

Marx rief sodann vier Entlastungszeugen für Streicher auf, von denen nur einer – Ernst Hiemer, verantwortlicher Mitherausgeber des *Stürmer* – irgend etwas von Belang beitrug. Er bestätigte, daß Streicher die veröffentlichten Berichte über Massentötungen nicht habe glauben wollen, sagte aber aus, daß Streicher Mitte 1944 überzeugt war, daß sie der Wahrheit entsprachen.

Einige Ausgaben des *Stürmer* enthielten auch pornographische Zeichnungen von jüdischen Sexualverbrechen. Aber als Marx nähere Informationen über die pornographische Bibliothek Streichers aus dem Zeugen Hiemer herausholen wollte, brach Lawrence jede weitere Diskussion darüber elegant ab: »Bezüglich dieser bestimmten Art von Büchern liegt keine Beschuldigung vor.« Damit wurden die guten Sitten gewahrt, und kurz darauf wurde der Fall Streicher abgeschlossen. Aber weder durch die direkte Befragung noch durch das Kreuzverhör waren die schwierigen Probleme in bezug auf Streichers Schicksal gelöst worden.

Fünfzehntes Kapitel

Die Verteidigung der Angeklagten: Bankiers und Admiräle

Ich kehrte nach Nürnberg zurück, als der Fall Streicher gerade abgeschlossen wurde. Der Mai stand vor der Tür, und Nürnberg sah nicht mehr ganz so einsam und verlassen aus wie im Februar, als ich weggefahren war. Die Deutschen mußten nicht mehr frieren, es gab schon ein paar schöne Tage, und trotz der Langeweile, die die Menschen im Neuen Justizgebäude befallen hatte, waren sie anscheinend eher bereit, sich mit der Aussicht auf vier oder fünf weitere Prozeßmonate im Frühling und Sommer abzufinden.

Beim Gerichtshof, bei den anderen drei Anklagedelegationen, den Angeklagten und den Mitarbeitern hatte sich kaum etwas geändert, aber die amerikanische Delegation war merklich geschrumpft. Tom Dodd war Storeys Nachfolger als Geschäftsführender Anwalt geworden und bewältigte einen Großteil der Arbeit vor Gericht, aber Jackson war schon wieder aktiv und bereitete sich auf das Kreuzverhör von Schacht vor.

Sidney Alderman war noch immer in Nürnberg, doch Jackson hatte ihm keine neue Aufgabe übertragen, so daß Sidney sich die meiste Zeit amüsierte. Francis Biddle und Herbert Wechsler waren aus dem Haus in der Hebelstraße ausgezogen und hatten sich in der Villa Conradti eingerichtet, die zuvor als VIP-Haus gedient hatte und wo sie bald ihre Frauen empfangen konnten, die auf Präsident Trumans persönliche Anordnung nach Nürnberg reisen durften – sehr zu Jacksons Mißvergnügen. Infolge dieses Umzugs wurde die Villa Schickedanz, die viel größer war und ein Schwimmbad besaß, das neue VIP-Haus.

In gesellschaftlicher Hinsicht änderte sich auch für mich einiges: Meine attraktive Frau plus mein neuer Generalsstern und die Auszeichnung sorgten für bessere Unterkunft und einen eigenen Fahrer sowie für viel mehr Einladungen zu Partys und Empfängen. Wir lernten dabei neue Freunde kennen, und zwei von ihnen sollten eine wichtige Rolle in meiner künftigen Nürnberger Karriere spielen.

Brigadegeneral Leroy Watson, der Kommandant der Nürnberger Enklave, war als West-Point-Absolvent Klassenkamerad von Dwight Eisenhower gewesen und hatte während der Invasion in der Normandie eine Panzerdivision befehligt. Aufgrund eines Mißverständnisses – wie sich später herausstellte – hatte sein Korpskommandeur, General »Lightning Joe« Collins, Watson dieses Kommando entzogen und ihn in Eisenhowers Hauptquartier zurückgeschickt. So wurde der Generalmajor zum Oberstleutnant degradiert. Eisenhower übertrug Leroy das Kommando über ein Bataillon, und schon bald stieg er, im Range eines Brigadegenerals, zum Chef einer Infanteriedivision auf.* Nachdem ich Jacksons Nachfolger als Hauptankläger geworden war, arbeitete ich in vielen Verwaltungsangelegenheiten eng mit Leroy zusammen. Er lebte in Nürnberg mit einer gutaussehenden Tschechin namens Leba Barbanova zusammen, die er später heiratete.

Ein weiterer wichtiger Freund war Tom Hodges, Watsons Ein-Mann-Geheimdienst in der Enklave. Eigentlich war er nur Leutnant, erhielt aber die Anweisung, die Rangabzeichen eines Majors zu tragen, was ihm mehr Ansehen verschaffen und sein gesellschaftliches Umfeld erweitern sollte. Tom sprach ausgezeichnet deutsch und ein passables Französisch, und seine angenehme tenorale Baritonsingstimme war in Gesellschaften sehr gefragt. Wir wurden gute Freunde, und als ich die Anklagebehörde übernahm, wurde er Chef der Dolmetscher- und Übersetzungsabteilung.

Sobald ich wieder in Nürnberg war, konnte ich natürlich wieder im Gerichtssaal die Verhandlungen gegen die Angeklagten mit eigenen Augen und Ohren verfolgen. Aber von gelegentlichen Besuchen abgesehen, hatte ich nicht viel Zeit dafür, da ich mit den Vorbereitungen für die späteren Prozesse, für die ich die Verantwortung trug, zu sehr beschäftigt war.

Allerdings war ich über den Fortgang der Verhandlungen genügend unterrichtet und nahm durchaus wahr, daß wichtige Veränderungen unmittelbar bevorstanden. Streicher war der neunte Angeklagte, den man vernahm, und man konnte praktisch davon ausgehen, daß alle neun verurteilt werden und daß die meisten (abgesehen vielleicht von Heß oder Streicher) die Todesstrafe bekommen würden. Aber alles deutete darauf hin, daß es bei den übrigen zwölf Angeklagten für die Anklagebehörde nicht so glatt verlaufen würde. Schacht und Dönitz, die bald vernommen werden sollten, würden sehr schwierige Fälle sein, und bei anderen wäre ein Todesurteil wohl zu hart. Wie sich herausstellte, wurden nur vier von diesen zwölf (einschließlich des abwesenden Bormann) zum Tode verurteilt, und drei wurden freigesprochen.

Die beiden Bankiers Funk und Schacht saßen – in dieser Reihenfolge – am Ende der ersten Reihe der Anklagebank. Normalerweise hätte Funk als er-

---

* Eisenhower hat diese Geschichte selbst erzählt, in einem Beitrag für *Reader's Digest* (Juni 1965, S. 52), unter dem Titel »What Is Leadership«.

ster vernommen werden müssen, aber der Großteil des Beweismaterials, das Schacht betraf, beschränkte sich auf die Vorkriegsjahre, während Funk, Schachts Nachfolger als Reichswirtschaftsminister wie als Reichsbankpräsident, erst später ins Blickfeld rückte. Offensichtlich diente es somit der chronologischen Klarheit, wenn man sich zunächst mit Schachts Verteidigung befaßte, und so geschah es dann auch.

Schacht: Hjalmar Horace Greeley Schacht kam zu seinem polyglotten Namen, weil seine Eltern noch als dänische Staatsbürger geboren worden waren (vor der deutschen Annexion Schleswig-Holsteins in den sechziger Jahren des vorigen Jahrhunderts) und weil sein Vater in die USA ausgewandert war und dort einige Jahre gelebt hatte, ehe er nach Deutschland zurückkehrte, wo Hjalmar geboren wurde. Er ging in Hamburg zur Schule und besuchte mehrere Universitäten in Deutschland und Paris. Dann begann er bei der Dresdner Bank eine Banklaufbahn und trat 1923 als Reichswährungskommissar in den öffentlichen Dienst ein. Bald darauf wurde er zum Reichsbankpräsidenten ernannt, trat aber 1930 zurück, weil er mit der Finanzpolitik der Regierung Brüning nicht einverstanden war.

Dann hatte Schacht ausgedehnte Reisen unternommen und Vorträge über wirtschaftliche Fragen in England, den USA und anderswo gehalten. Im Dezember 1930 lernte er Göring kennen, und im Januar 1931 nahm er in Görings Haus an einem Essen teil, nach dem auch Hitler erschien. Schacht begann sich für Hitler und das NSDAP-Programm zu interessieren, ohne sich sogleich daran zu beteiligen.

Schacht stand ganz oben auf Dr. Gilberts IQ-Skala (wenn auch nur geringfügig über Seyß-Inquart, Göring und Dönitz), und Gilbert rühmte seinen glänzenden Verstand und seine kreative Originalität. Auf jeden Fall waren seine Bildung und seine sprachlichen Fähigkeiten überragend, und von allen Angeklagten war er zweifellos der kultivierteste und weltläufigste Mann.

Schacht konnte charmant sein gegenüber Menschen, die er achtete; aber Dummköpfe konnte er nicht ausstehen, und dann war er arrogant, sarkastisch und herrisch. Ständig war er der Meinung, daß er recht habe und im Recht sei, und folglich war er auch zutiefst davon überzeugt, daß er unschuldig und imstande war, diese Unschuld auch zu beweisen. Auf der Anklagebank saß er oft nach rechts gewandt und kehrte den Dolmetschern den Rücken zu, so daß er den gesamten Gerichtssaal überblicken konnte, den er mit äußerster Mißbilligung musterte. Mit den meisten seiner Kollegen auf der Anklagebank konnte er nichts anfangen, und sie fanden ihn verständlicherweise ganz unerträglich.

Schacht war ein entschiedener Nationalist und ging bereitwillig auf Hitlers Ansichten ein, daß die Fesseln des »Versailler Diktats« zerrissen werden und Deutschland wieder zu militärischer Macht gelangen sollte. Hitler gab nicht vor, auf wirtschaftlichem und finanzpolitischem Gebiet irgendwelche

Kenntnisse zu besitzen, und in dieser Hinsicht erwies sich Schacht als entgegenkommender Fachmann und Berater. Er beriet Hitler auch bei der Beschaffung von Geldern für die Wahlen von 1932 und 1933.

Auf Hitlers Vorschlag hin ernannte Reichspräsident von Hindenburg Schacht wieder zum Präsidenten der Reichsbank. Nach Hindenburgs Tod im August 1934 nahm Hitler Schacht auch für das Reichswirtschaftsministerium in die Pflicht, und im darauffolgenden Jahr wurde er nach dem Reichsverteidigungsgesetz Generalbevollmächtigter für die Wehrwirtschaft. Schacht arbeitete gut mit Blomberg und eine Zeitlang auch mit Göring zusammen, aber bereits Ende 1935 war er ein entschiedener Gegner von Göring, den Hitler zum Rohstoff- und Devisenkommissar ernannt hatte.

Genau wie 1930 wollte dieser halsstarrige Mann sich auch jetzt nicht einer höheren Autorität beugen, und als im Oktober 1936 der Vierjahresplan mit Göring als Generalbevollmächtigtem verabschiedet wurde, war es klar, daß Schachts Kurs gefallen war. Er beendete seine Tätigkeit als Generalbevollmächtigter im Februar 1937, und im August erklärte er gegenüber Göring unverblümt, daß seine Politik von Grund auf unvernünftig sei; daraufhin reichte er Hitler seinen Rücktritt als Reichswirtschaftsminister ein.

Auf das ernste Ersuchen des Führers hin wurde dieser Rücktritt erst im Februar 1938 öffentlich verkündet, und zwar zusammen mit Funks Ernennung zum Reichswirtschaftsminister. Ebenfalls auf Hitlers Wunsch hin blieb Schacht weiterhin Reichsbankpräsident, mit dem Ehrentitel eines Reichsministers ohne Geschäftsbereich. Aber als Schacht kaum ein Jahr später eine Kürzung der Rüstungsausgaben zur Begleichung der Staatsschulden forderte, entließ ihn Hitler unverzüglich als Reichsbankpräsident und übertrug Funk auch diese Position.

Schacht behielt seinen nichtssagenden Titel als Reichsminister ohne Geschäftsbereich bis 1943. Als der Krieg eine Wende zum Schlechten für Deutschland nahm und als es zu einer Entfremdung mit Himmler und Bormann kam, verlor Schacht auch diesen Titel und andere Ehrenämter. Dann wurde er im Juli 1944, kurz nach dem fehlgeschlagenen Attentat auf Hitler, ins Konzentrationslager Ravensbrück gebracht. Dort und in anderen Lagern wie Flossenbürg und Dachau blieb er bis zum Kriegsende, als er von amerikanischen Truppen befreit und dann wieder ins Gefängnis gesteckt wurde.

Wie aus diesem knappen Porträt von Schachts Karriere schon hervorgeht, deutet weder die Zeit, in der er mit den Staatsgeschäften der Nazis zu tun gehabt hatte, noch die Art seiner Tätigkeit darauf hin, daß er nach den Punkten Drei und Vier der Anklageschrift (Kriegsverbrechen und Verbrechen gegen die Menschlichkeit) schuldig sein könnte. Die Anklage gegen ihn lautete:

> Er förderte, wie in Anklagepunkt Eins angeführt, den Machtantritt der Nazi-Verschwörer und die Festigung ihrer Kontrolle über Deutschland; er förderte die in Anklagepunkt Eins angeführten Vorbereitungen für den Krieg;

> er nahm teil an den in Anklagepunkt Eins und Zwei angeführten militärischen und wirtschaftlichen Plänen und Vorbereitungen für Angriffskriege und solche Kriege, die eine Verletzung von internationalen Verträgen, Abkommen und Zusicherungen darstellten.

Es bestand kein Zweifel daran, daß Schacht die Nazis bei der Verletzung internationaler Abkommen wie des Versailler Vertrages unterstützt hatte. Aber die Verletzung von Verträgen stellt noch lange kein Kriegsverbrechen dar, und nach Artikel 6 a) der Charta bezieht sich die schuldhafte Verletzung von Verträgen nur auf »einen Krieg«. Zweifellos hatte Schacht bei der Wiederaufrüstung Deutschlands weitgehend mitgeholfen, aber das allein war kein Verbrechen im Sinne der Charta.

Die Anklagevertretung mußte beweisen, daß Schacht *wußte*, daß die Waffen, deren Produktion er unterstützte, zur Führung eines Angriffskriegs oder eines Kriegs, der internationale Abkommen verletzte, eingesetzt würden, oder daß er *beabsichtigte*, daß diese Waffen derart eingesetzt würden. Zweifellos wäre Schacht jedem ins Gesicht gesprungen, der es gewagt hätte, seinen Fall mit dem Streichers zusammenzufassen. Aber obgleich die Verbrechen, die man ihnen vorwarf, völlig unterschiedlicher Art waren, so gab es doch eine Analogie in der Beweisführung. In beiden Fällen mußte die Anklagevertretung beweisen, daß der Angeklagte *wußte* oder *beabsichtigte*, daß seine Handlungen Ergebnisse zeitigen würden, die nach der Charta als Verbrechen galten.

Und natürlich versuchten Schachts Verteidiger, Dr. Rudolf Dix und Professor Herbert Kraus, genau dies zu verhindern. Dix war der Doyen der Verteidigung – er und Kraus waren überaus fähige Anwälte. Aber Dix war so feierlich wie langatmig, und seine direkte Befragung von Schacht beanspruchte fast zwei ganze Tage.

Schacht drückte sich erwartungsgemäß klar und deutlich aus, er war energisch und meistens auch präzise. Er hielt mit seinen nationalistischen Ansichten und seinem Abscheu vor dem »Versailler Diktat« nicht hinterm Berg. Er war entschieden der Ansicht, daß Deutschland wiederaufrüsten sollte, und zwar in einem Maße, das zur Verteidigung gegenüber anderen Großmächten erforderlich war, sowie um seiner Stimme bei internationalen Verhandlungen entsprechendes Gewicht zu verleihen. Von der Annexion Österreichs war er überrascht worden, aber der »Anschluß« war für ihn »unvermeidlich« – er mißbilligte zwar gewisse Einzelheiten daran, sagte aber, er habe ihn als »geistig, kulturell begrüßenswert angesehen«.

Schachts Meinung über Versailles, die Wiederaufrüstung und den Anschluß waren natürlich keine Verbrechen im Sinne der Charta. Die Frage war vielmehr, ob diese Ansichten es nahelegten, daß er für Hitlers Expansionspolitik durch Waffengewalt empfänglich war. Aufgabe der Anklagevertretung war es, die Glaubwürdigkeit von Schachts nachdrücklich vorgebrachten Erklärungen in Zweifel zu ziehen, er sei entschieden gegen den Krieg gewesen, er habe keine vorherige Kenntnis von Hitlers Plänen gehabt, »Angriffskriege zu führen«, er habe sich gezielt aus seinen Regierungsämtern zurückgezogen, sobald er sich darüber im klaren war, daß Hitler auf eine aggressive militärische Aktion aus war, und er habe sich dann dem Widerstand gegen die Naziregierung angeschlossen.

Als Beleg für diese Behauptungen kam Schacht die Aussage zugute, die Gisevius in der Verhandlung gegen Frick gemacht hatte. Gisevius hatte Schacht Ende 1934 kennengelernt, als er auf Schachts Anfrage einen Fachmann besorgte, der die von der Gestapo in Schachts Haus heimlich installierten Mikrophone ausfindig machte und entfernte. Gisevius erklärte, er habe nie verstanden, warum ein so intelligenter Mann, der in wirtschaftlichen Dingen so beschlagen war wie Schacht, sich auf eine enge Beziehung zu Hitler einlassen könne, und er sei um so verwirrter gewesen, weil Schacht auf tausenderlei Weise im kleinen den Nazis widerstanden habe. Nur langsam habe sich zwischen ihnen ein gegenseitiges Vertrauen entwickelt, das sich aber im Laufe der Probleme, die Schacht 1936 und 1937 mit Göring gehabt hatte, verstärkt habe. Nach der Blomberg- Fritsch- Affäre habe Schacht zu Gisevius gesagt, »das ist der Krieg«, und schon bald schloß Schacht sich einer Widerstandsgruppe an, zu der Admiral Canaris, General Hans Oster, Gisevius und Carl Goerdeler (ehemaliger Leipziger Oberbürgermeister und Reichskommissar für Preisüberwachung) gehörten, wobei letzterer als Leiter der Gruppe galt.

Gisevius'Aussage stützte die wichtigsten Elemente von Schachts Verteidigung. Der Zeuge hatte Schacht oft sagen hören, »daß ein so großes Volk in der Mitte Europas wenigstens die Mittel für eine Defensive haben müßte«, aber Schacht selbst sei nicht über die Fortschritte der Wiederaufrüstung unterrichtet gewesen und habe sich ein derartiges Wissen von den militärischen Mitgliedern der Widerstandsgruppe vermitteln lassen müssen. 1936 und 1937 hatte Schacht versucht, die Rüstungsausgaben zu begrenzen und damit das Tempo der Wiederaufrüstung zu verlangsamen. War Schacht ein aktives Mitglied der Widerstandsgruppe gewesen? Ja, er hatte Goerdeler in die Gruppe gebracht, und 1938 konnte er den späteren Generalfeldmarschall Erwin von Witzleben dazu bewegen, sich an den Vorbereitungen für einen Militärputsch zu beteiligen, falls Hitler einen Angriff gegen die Tschechoslowakei befahl. Er hatte mit Gisevius und Goerdeler zwei Reisen in die Schweiz unternommen, um die Briten und Franzosen vor Hitlers aggressiven Plänen gegen Polen zu warnen und – bei der zweiten Reise – auf die Wahrscheinlichkeit eines Angriffs gegen die Sowjetunion hinzuweisen. Und er hatte noch viele andere Dinge in dieser Richtung getan.

Gisevius' Lob war nicht uneingeschränkt, aber im allgemeinen äußerte er sich sehr positiv. Am Ende seiner Befragung hatte Dix Gisevius gebeten, Schachts offenkundig widersprüchliche Handlungsweise zu erklären. Gisevius erwiderte:

> Ich ... möchte ... betonen, daß über das Problem Schacht nicht nur ich mir den Kopf zerbrochen habe, sondern meine Freunde desgleichen, und es war für uns immer eine Frage und ein Rätsel, das Schacht uns aufgab; vielleicht läßt es sich nur aus dem Widerspruchsvollen in dem Wesen dieses Mannes erklären, daß er diese Position in der Hitler-Regierung so lange aufrechthielt. Zweifellos ging er hinein in die Hitler-Regierung aus patriotischen Erwägungen, und ich möchte hier bezeugen, daß er im Augenblick, als die Enttäuschung bei ihm sichtbar wurde, aus denselben patriotischen Erwägungen nunmehr entschlossen zur Opposition überging. Was mich und meine Freunde trotz vieler Widersprüche und Rätsel, die Schacht uns aufgab, an ihn fesselte, war, daß er eine ungewöhnliche Zivilcourage hatte, daß er zweifellos von einem tiefen sittlichen Ethos durchdrungen war, und daß er nicht nur an Deutschland, sondern daß er auch an die Ideale der Menschheit dachte. So kam es, daß wir mit ihm gingen, daß wir ihn zu den Unseren zählten, und wenn Sie mich persönlich fragen, so kann ich sagen, daß ich meine Zweifel, die ich oft ihm gegenüber gehabt habe, während der dramatischen Ereignisse, während der Jahre 1938/39, endgültig begraben habe. Damals hat er wirklich gekämpft, und das werde ich ihm nie vergessen. Es ist mir eine Freude, dieses auch hier bezeugen zu können.

Solche Worte aus dem Munde eines Mannes, den Jackson als aufrechten Demokraten öffentlich gerühmt hatte, machten ihm sein ohnehin schon schwieriges Kreuzverhör von Schacht noch viel schwerer. Selbst Biddle, für den Gisevius »ein zu gewandter Zeuge [war] – flüssig redend, ausführlich, seiner selbst allzu sicher, viel zu schlagfertig« –, auch Biddle kam zu dem Schluß, daß er »im großen und ganzen ehrlich« war.

Die Briten hatten Schacht nicht auf ihre Vorschlagsliste für die Anklagebank gesetzt, und der angesehene Rechercheur ihres Stabes, E. J. Passant, hatte in einem Memorandum überzeugend darauf hingewiesen, daß Schacht zwar »ein unangenehmer und charakterlich unzuverlässiger Mensch« sein mochte, aber kein »Kriegsverbrecher im Sinne der Anklage«. Zweifellos sah sich Jackson, der so sehr auf Schachts Einbeziehung bestand, dazu aus dem gleichen Grund veranlaßt, aus dem er so nachdrücklich auf einen Prozeß gegen Krupp drängte – nämlich weil er glaubte, daß die »öffentliche Meinung in den Vereinigten Staaten« darauf bestehen würde, »auch Industrielle auf die Anklagebank zu schicken«. Da es ihm nicht gelungen war, dies mit einem Krupp zu tun, war Jackson um so eifriger darum bemüht, Schacht zu verurteilen, und hatte darum selbst das Kreuzverhör durchführen wollen.

Die amerikanische Anklagebehörde war mit dem Verfahren gegen Schacht nicht sehr glücklich umgegangen, und das lag zum Teil daran, daß Storey und Amen die »Wirtschaftsklage« nicht mochten, die sich neben Schacht auch auf Funk, Sauckel und Speer bezog. Jackson hatte die Wirtschaftsklage Shea anvertraut, aber die Animositäten von Storey und Amen hatten zu Sheas früher Abreise aus Nürnberg sowie zu einer Demoralisierung seines Stabs geführt. Auch Ben Deinard war bald gegangen. Vielleicht aus anderen Gründen hatte Oberst Murray Gurfein, ein sehr fähiger Rechtsanwalt, der Schacht intensiv vernommen hatte, Nürnberg verlassen, als General Donovan Ende November abreiste.

Bei der Vorbereitung auf das Kreuzverhör wurde Jackson vor allem von Hauptmann Sam Harris unterstützt, der im Dezember das Beweismaterial über die zwangsweise Germanisierung vorgelegt hatte. Er war ein heller Kopf, fleißig und stellte eine Fülle von Informationen für Jackson zusammen; was ihm jedoch fehlte, war das intime Wissen über Schacht, das Gurfein sich angeeignet hatte.

Ich glaube, Jackson war sich nie hinreichend darüber im klaren, wie begrenzt Schachts Wirkungskreis im Rahmen der Naziunternehmungen war. Bei einer Besprechung der Hauptankläger am 5. April 1946 erklärte Jackson seinen Kollegen, »wenn der Gerichtshof meine, es gebe keinen ›Fall Schacht‹, dann sehe er nicht, wie sie hoffen könnten, überhaupt ein Verfahren gegen irgendeinen Industriellen anzustrengen«. Shawcross gab ihm sofort recht, aber die beiden Männer hatten entweder keine Ahnung von dem Problem oder verhielten sich taktisch. Es war eine absurde Vorstellung, daß ein Mann, der Monate vor dem Krieg aufgehört hatte, irgendeine wichtige Rolle in Naziangelegenheiten zu spielen, und der das Kriegsende als Dissident in einem Konzentrationslager erlebt hatte, ausgerechnet der bestmögliche Kandidat für eine Verurteilung als Kriegsverbrecher sein sollte. Eine Woche später widersprach Elwyn Jones auf einer Besprechung des britischen Anklagestabs entschieden Jacksons Behauptung, indem er darauf hinwies, daß »Schacht nur für Kriegsvorbereitungen zur Rechenschaft gezogen werden kann, während einige der Industriellen für Sklavenarbeit und die Vorbereitung des Angriffskriegs verantwortlich gewesen sind«. Und er hätte noch hinzufügen können, daß die Industriellen am Ende auch nicht in Konzentrationslager gekommen seien.

Außerdem hatte Jackson es sich aufgrund seines Versagens gegenüber Göring mit dem Gerichtshof gründlich verdorben, oder zumindest mit seinen britischen und amerikanischen Mitgliedern. Anläßlich der direkten Vernehmung von Schacht notierte Birkett in sein Tagebuch:

> Jackson ist an diesem Vormittag zweimal ans Mikrophon getreten, um gegen einige Fragen zu protestieren. Er hat dies auf eine überaus bockige und aggressive Art und Weise getan und ist offensichtlich mit seinen Nerven am Ende. Das ist auf sein Versagen gegenüber Göring zurückzuführen, und anscheinend hat er Angst vor einem ähnlichen Versagen gegenüber Schacht und bemüht sich verzweifelt, dies zu vermeiden.

Tatsächlich erhob Jackson während Schachts Befragung durch Dix mehr als ein dutzendmal Einspruch, und beim dritten Mal – als Dix sich erkundigte, ob Schacht nun in der Anklageschrift Vorwürfe wegen der »Judenfrage« gemacht worden seien oder nicht – schaltete sich Jackson ärgerlich ein: »Ich kann ganz einfach nicht stillschweigen, wenn ich diese flagrant falsche Auslegung unserer Stellungnahme im Zusammenhang mit der Aussage dieses Zeugen höre. Es ist nicht wahr, daß wir keine Anklage erheben gegen Dr. Schacht bezüglich der Judenfrage.« Allerdings muß man auch sagen, daß die meisten von Jacksons Einsprüchen völlig legitim waren und daß ihnen vom Gerichtshof stattgegeben wurde.

Jackson begann sein Kreuzverhör damit, daß er Schacht aufforderte, seine private Feststellung aus dem Jahre 1938 zu bestätigen, er sei »in die Hände von Verbrechern gefallen«, und ihn dann ersuchte, er möge doch »alle Angeklagten namhaft machen, die Sie zu diesen Verbrechern zählen«. Schacht nannte von den Angeklagten auf der Anklagebank nur Göring und Ribbentrop, dazu noch Himmler, Bormann und Heydrich, die tot oder vermißt waren. Er sah sich außerstande, noch weitere Namen zu nennen. Wenn man allerdings bedenkt, welch hohe Position Schacht sechs Jahre lang in der Naziregierung innegehabt und welche Informationen er von Gisevius und anderen erhalten hatte, dann kann man schwerlich glauben, daß seine Antwort ehrlich war. Aber Jackson schwächte dieses Argument ab, indem er eine Reihe von Fotografien vorlegte, auf denen Schacht öffentlich in Gesellschaft von Bormann, Ley, Streicher, Frick, Goebbels, Papen, Göring, Hitler und anderen Nazibonzen zu sehen war. Natürlich sind hohe Regierungsbeamte häufig auf Gruppenaufnahmen zu sehen. Daß Schacht also auf Fotografien mit Nazigrößen zusammen war, bewies noch lange nicht, daß er mit irgendeinem von diesen etwas zu tun hatte, und Jacksons Bombe erwies sich als Blindgänger.

Danach allerdings machte Jackson seine Sache besser. Um seine Rolle bei Hitlers Ernennung zum Reichskanzler herunterzuspielen, hatte Schacht zuvor erklärt, er habe sich zwar privat gegenüber seinen Bekannten geäußert, Hitler müsse Kanzler werden, aber niemals eine derartige Ansicht gegenüber irgend jemandem in dem Kreis um Hindenburg zum Ausdruck gebracht, der die Entscheidung, ob Hitler ernannt werden sollte oder nicht, hätte beeinflussen können. Jackson verwies nun auf eine Erklärung von Papen, daß Schacht im Juli oder August 1932 ihn, Papen – der mit Sicherheit dem »Kreis um Hindenburg« angehörte – gedrängt habe, selbst als Reichskanzler zurückzutreten: »Geben Sie die Stellung Hitler, das ist der einzige Mann, der Deutschland retten kann.«

Schacht bestätigte, er habe zu Papen gesagt, »Hitler wird und muß Kanzler werden«, und argumentierte nun ausweichend und nicht überzeugend, um aus diesem Dilemma herauszukommen. Daraufhin legte Jackson Schachts Brief an Hitler vom 12. November 1932 vor, in dem es hieß, daß »unser Versuch, eine Reihe von Unterschriften aus der Wirtschaft [für Ihre Kanzlerschaft] zu bekommen, doch nicht ganz umsonst ist«. Es wurde deutlich, daß Schacht viel mehr getan hatte, um Hitlers Sache zu fördern, als er zuvor zugegeben hatte.

In der Anklageschrift war Schacht als Mitglied der NSDAP bezeichnet worden. Schacht hatte dies überzeugend bestritten, aber zugegeben, daß ihm, wie allen Kabinettsmitgliedern, das Goldene Parteiabzeichen verliehen worden sei. Jackson fragte ihn nun, ob er es »bei offiziellen Gelegenheiten« getragen habe. Schacht erwiderte: »Ja, es gab einem große Bequemlichkeit bei Eisenbahnfahrten, Automobilbestellungen und dergleichen.« Für diese sarkastische Bemerkung erntete er zwar ein paar Lacher, aber sie war unklug, und zwar aus Anstandsgründen und weil es ein Eingeständnis war, daß er die Naziauszeichnung zu seinem persönlichen Vorteil verwendet hatte. Darüber hinaus gab Schacht auf Jacksons Vorhaltung zu, daß er nach der Auszeichnung mit dem Goldenen Parteiabzeichen im Jahre 1937 und bis 1942 »zur Nazi-Partei jährlich tausend Reichsmark beigesteuert« habe.

Zuweilen war Schacht allzu selbstsicher in seinen Antworten. Um seine Bemühungen zu erklären, Hitler zu beeinflussen oder zu »führen«, bemerkte er: »Ich glaube, Sie können viel mehr Erfolge erzielen, wenn Sie jemand leiten wollten, wenn Sie ihm nicht die wahren Gründe sagen, als wenn Sie sie ihm sagen.« Natürlich trifft das manchmal zu, aber hier war es einfach eine unpassende Bemerkung, und Jackson kommentierte sie genüßlich: »Ich danke Ihnen für diese offene Darlegung Ihrer [Einstellung], Herr Dr. Schacht. Ich danke Ihnen verbindlichst.«

Während seiner direkten Vernehmung hatte Schacht aus einer Rede, die er am 18. August 1935 in Königsberg gehalten hatte, eine Passage vorgelesen, die sich kritisch mit vielen Dingen beschäftigte, die unter den Nazis passiert waren, unter anderem auch mit Leuten, »die jeden Deutschen, der in einem jüdischen Geschäft kauft, als Volksverräter plakatieren«. Jackson lenkte nun Schachts Aufmerksamkeit auf den nächsten Absatz, den der Zeuge bei seiner direkten Aussage nicht vorgelesen hatte. Dessen letzter Satz lautete: »Die Juden müssen sich damit abfinden, daß ihr Einfluß bei uns ein für allemal vorbei ist.«

Das war der Auftakt zu einer Reihe von Fragen, die Jackson Schacht hinsichtlich seiner Einstellung gegenüber den Juden während des Naziregimes stellte und die sich für Schachts persönliches Image abträglicher auswirkten als alles andere bei diesem Kreuzverhör. Schacht sagte aus, er sei mit der Absicht der Naziregierung einverstanden gewesen, die Zahl der Juden in Regierungsämtern oder kulturellen Behörden einzuschränken; er habe *Mein Kampf* gelesen und Hitlers Ansichten »in der Judenfrage« gekannt; er sei mit den Gesetzen einverstanden gewesen, die es allen jüdischen Rechtsanwälten verboten, vor Gericht aufzutreten, ebenso wie »mit dem Grundsatz, alle Juden aus Beamtenstellungen auszuschließen«; er habe als Reichswirtschaftsminister ein Gesetz unterzeichnet, »das verbot, Juden die Genehmigung zu erteilen, mit Devisen zu handeln«; er habe ein Gesetz unterzeichnet, das die Todesstrafe für Deutsche, einschließlich der Juden, vorsah, die deutsches Eigentum ins Ausland schafften, und er habe einem Gesetz zugestimmt, »auf Grund dessen alle jüdischen Beamten und Notare entlassen wurden«.

Daß Schacht so völlig in die Kampagne zur Ächtung der Juden eingewilligt hatte, war traurig genug, aber schlimmer noch war die Gleichgültigkeit, die aus seinen Antworten sprach. Angesichts dessen, was später alles kam, wäre es doch zumindest barmherziger gewesen, wenn Schacht über die letzte Konsequenz dieser Maßnahmen ein gewisses Bedauern zum Ausdruck gebracht hätte.

Gegen Ende seines Kreuzverhörs bemühte sich Jackson zu zeigen, daß Schacht von Hitlers Expansionszielen gewußt und sie mitgetragen habe. Zunächst behauptete Schacht, seine Schwierigkeiten mit Göring hätten schlicht auf einem Machtkampf beruht und nichts mit seinen Ansichten über den Aufwand und den Zweck der Wiederaufrüstung zu tun gehabt.

In diesem Punkt kam Jackson mit Schacht nicht weiter. Erheblich besser lief es, als er Auszüge aus Schachts öffentlichen Ansprachen verlas, in denen er Hitler gerühmt hatte und die Monate nach dem Zeitpunkt gehalten worden waren, als er, Schacht, zu der Schlußfolgerung gelangt sei, daß Hitler eine militärische Expansion anstrebe. Jackson wollte damit natürlich zum Ausdruck bringen, daß Hitler eine Bedrohung für den Frieden darstellte. In seinen Erwiderungen beharrte Schacht auf seiner Überzeugung, solange er nicht habe zurücktreten müssen oder können, habe er zumindest in einem bescheidenen Maße die Rolle eines Beamten in Hitlers Regierung weiterspielen müssen.

Schließlich ging Jackson noch – meines Erachtens sinnloserweise – auf die Höhe der Gehälter und Pensionen ein, die Schacht für seine offiziellen Posten bezog. Im Laufe dieser Diskussion bemerkte Schacht, daß die seine Pension betreffende Regelung noch immer gelte: »Ich hoffe, daß ich meine Pension noch bekommen werde, wovon soll ich sonst leben?« Worauf Jackson erwiderte: »Nun, vielleicht werden Ihre Unterhaltskosten nicht sehr hoch sein, Doktor.« Die Lacher im Publikum wies Lawrence gleich zurecht: »Einen Augenblick! Es ist völlig unnötig, daß einer der im Gerichtssaal Anwesenden seinem Vergnügen durch Gelächter Ausdruck verleiht.« Ich bin sicher, daß ich nicht als einziger Anwesender der Meinung war, es sei äußerst unangemessen, sich darüber lustig zu machen, daß irgend jemand der Verlust seines Lebens oder seiner Freiheit drohte.

Kurz danach beendete Jackson das Kreuzverhör. Dix rief einen zusätzlichen Zeugen auf: Wilhelm Vocke, einen Kollegen von Schacht im Reichsbankdirektorium.

Vocke, kein Nazi, sondern ein nüchterner Geschäftsmann und Bankier, der dem Direktorium von 1919 bis 1939 angehört hatte, war ein paar Tage nach Schacht entlassen worden. In einem viel engeren Umfeld bestätigte Vocke, nicht anders als Gisevius, Schachts Darstellung seiner Ziele und Handlungen im Hinblick auf den Frieden und die Wiederaufrüstung:

> Schacht sagte: »Eine Außenpolitik ohne jede Rüstung ist auf die Dauer unmöglich«, Schacht sagte auch, die Neutralität ... müßte ... eine bewaffnete Neutralität sein. Schacht hielt die Rüstung für notwendig, wenn nicht Deutschland dauernd wehrlos unter gerüsteten Nationen bleiben sollte. Endlich aber und vor allem hat Schacht in der Rüstung das einzige Mittel gesehen, die deutsche Wirtschaft in ihrer Gesamtheit wieder zu beleben und anzukurbeln. Es sollten Kasernen gebaut werden; die Bauwirtschaft, die der Schlüssel der gesamten Wirtschaft ist, sollte befruchtet werden und nur so hoffte er mit der Arbeitslosigkeit fertig zu werden.

Von Jackson ins Kreuzverhör genommen, gab Vocke zwar zu, daß seine Beziehungen zu Schacht nicht immer ungetrübt gewesen seien und daß er von verschiedenen Vorbehalten gegenüber Schacht erfahren habe, aber er rückte keineswegs von seinen Erklärungen ab, die er in der direkten Befragung abgegeben hatte.

Mit seinem Kreuzverhör von Schacht gewann Jackson kein Ruhmesblatt bei seinen Kollegen. Biddle sprach kurzerhand von »einem schwachen Kreuzverhör«. Birkett, der zu Recht stolz war auf seine eigenen Fähigkeiten auf diesem Gebiet, füllte viele Absätze in seinem Tagebuch mit einer Abhandlung über die Elemente des Kreuzverhörs, um Jacksons Schwäche und seine Unfähigkeit, mit Schacht fertig zu werden, zu erklären. Er schloß seine Ausführungen mit der Bemerkung ab, daß Schacht »sich ganz sicher zu behaupten wußte«.

Ungeachtet meiner begrenzten Erfahrungen auf diesem Gebiet glaube ich, daß Jacksons Auftritt mit Schacht (den ich großenteils selbst verfolgt habe) durchaus nicht so schlecht war, wie die Richter meinten. Aufgrund ihrer Intelligenz und ihres Wissens waren Göring und Schacht beide mächtige Gegner, doch war die forensische Situation in beiden Fällen völlig unterschiedlich. In Görings Fall war die Anklagevertretung bis an die Zähne bewaffnet mit belastenden Dokumenten und Vernehmungsprotokollen, die Göring nicht widerlegen konnte. Aber trotz all dieser Waffen war Jackson nicht in der Lage gewesen, gegen seinen Gegner Punkte zu machen, und er hatte die Selbstbeherrschung verloren.

In Schachts Fall hingegen war das Angebot an Dokumenten viel spärlicher und weitaus weniger vernichtend. So ging praktisch aus keinem hervor, daß Schacht in verbrecherische Handlungen an sich verstrickt gewesen war, und der Nachweis von verbrecherischen Absichten – d. h. einer Absicht, einen Angriffskrieg vorzubereiten – stützte sich völlig auf Indizien und Unterstellungen. Damit blieb nur sehr wenig Raum für die Art von Fragen, die Fyfe ein paarmal gestellt hatte, um Göring eins auszuwischen.

Ungeachtet dieser Schwierigkeiten kam Jackson mit Schacht durchaus voran. Die offenkundige Schwäche von Schachts Position bestand in dem Eindruck, den die Öffentlichkeit von seinem Status hatte, sowie in seinen Sympathieerklärungen, die er von 1938 bis 1942 für Hitler abgegeben hatte, als er laut eigener Aussage durchaus wußte, daß Hitler auf Krieg aus war. Außerdem blieb Schacht weiterhin offiziell ein Mitglied der Regierung, spendete Geld für die Partei und äußerte sich positiv über Hitlers Politik. Allerdings wurden seine Erklärungen, diese Handlungen seien taktischer Natur und für seine heimlichen Widerstandsbestrebungen notwendig gewesen, von Gisevius und anderen untermauert.

Bezeichnenderweise haben die meisten Angeklagten Biddles und Birketts positive Meinung nicht geteilt und an Schachts Aufrichtigkeit gezweifelt. Nicht nur Göring und seine Gefolgsleute, sondern auch Raeder, Dönitz, Jodl, Speer, Schirach, Fritzsche, Funk, Keitel, Frank und Papen erklärten, zwischen Rechtfertigung, Kritik und Verachtung schwankend, daß Schachts Leugnen, sich mit Hitlers Führung abgefunden zu haben, unglaubwürdig sei und daß er damals ganz anders aufgetreten sei, als er sich nun darstelle. In der Mittagspause am 3. Mai notierte Dr. Gilbert: »Einige der Angeklagten waren der Ansicht, Jackson mache seine Sache bei Schacht besonders gut.«

Natürlich hing der Ausgang des Verfahrens gegen Schacht nicht von den Urteilen über Jacksons Kreuzverhör ab. Dr. von der Lippe schrieb dazu: »Dem allgemeinen Eindruck nach hätte Schacht in Anbetracht seiner Geistesschärfe und seiner im Vergleich zu anderen Angeklagten günstigen Position, sowie mit Rücksicht auf die Qualitäten seines Verteidigers noch besser abschneiden können.« Genausogut hätte man aber hinzufügen können, daß Schacht bis dahin der einzige Angeklagte war, der ziemlich sicher mit einem Freispruch rechnen konnte.

Funk: Walter Emanuel Funk wurde 1890 als Sohn einer Königsberger Kaufmannsfamilie geboren. Er studierte Rechts- und Staatswissenschaften, Literatur und Musik an der Berliner Universität, ging in den Journalismus und wurde 1922 Chefredakteur eines führenden deutschen Wirtschaftsblatts, der *Berliner Börsenzeitung*. Dabei erwarb er sich einige Kenntnisse über die Wirtschaft und machte die Bekanntschaft von Geschäftsleuten und Finanziers.

1931 gab Funk seinen Posten als Chefredakteur auf, machte sich selbständig, indem er einen wirtschaftspolitischen Pressedienst herausgab, und trat der NSDAP bei. Zunächst stand er hauptsächlich mit Otto Wagener (damals noch Hitlers Wirtschaftsberater) und Gregor Strasser, dem Reichsorganisationsleiter der Partei, in Verbindung.* Zu jener Zeit war Funk eine Mischung aus cleverem Wirtschaftsberater und unterhaltsamem Bonvivant. Gegenüber Wagener bemerkte Strasser einmal über Funk: »Er spielt sehr gut Klavier, hat einen wunderbaren, feinen Anschlag, er hat eine sehr gute Stimme, ist ein

---

* Gregor Strasser wurde 1934 während der Röhm-Affäre umgebracht. Wageners und Hitlers Wege trennten sich im Juli 1933. Wagener nahm seine private Geschäftstätigkeit wieder auf und ging im Krieg zur Wehrmacht, wo er es bis zum Brigadegeneral und Kommandanten der Insel Rhodos brachte.

Champion im Skatspielen und macht gerne mit, wenn's einmal gilt, fidel zu sein.«

Als Funk im Alter von sechsundfünfzig Jahren die Anklagebank betrat, war von dem fröhlichen Lebemann nicht mehr viel übriggeblieben. Er war blaß, aufgeschwemmt, kränkelnd, den Tränen nahe, wenn Zeugenaussagen oder Fotografien ein Licht auf die Schrecken der Nazizeit warfen, und völlig verängstigt – ein erbärmliches Wrack von einem Mann, der jede Achtung verloren hatte und dies auch wußte. Beim Prozeß profitierte Funk hauptsächlich davon, daß man sich kaum vorstellen konnte, daß irgendjemand vor ihm Angst gehabt haben könnte.

Aber 1932 und 1933 ging es Funk gut. Er war ein gerngesehener Gast im Hause des Reichspräsidenten von Hindenburg und stand bei Hitler in zunehmendem Ansehen. Die Naziregierung brauchte einen Pressesprecher – Funk hatte für diese Rolle die entsprechende Erfahrung –, und Hitler berief ihn in sein erstes Regierungsamt als Reichspressechef, als der er der Reichskanzlei unterstellt war. Sechs Wochen später wurde jedoch das Propagandaministerium gegründet, das von Joseph Goebbels als Minister für Volksaufklärung und Propaganda geleitet wurde. Funks Gruppe wurde in das neue Ministerium integriert, er selbst zum Staatssekretär ernannt. In dieser Funktion, die bis 1937 bestand, hatte Funk nichts mit Propaganda zu tun, vielmehr war er weitgehend mit Verwaltungsangelegenheiten befaßt.

Im November 1937 erklärte Hitler Funk, die Differenzen zwischen Göring und Schacht erforderten es, daß Schacht als Wirtschaftsminister entlassen werden müsse. Funk solle an Schachts Stelle treten. Hitler verwies ihn an Göring, der ihm alles Weitere sagen werde. Göring unterrichtete Funk dann darüber, daß die »Apparatur« des Wirtschaftsministeriums mit der des Vierjahresplans zusammengelegt werden müsse und daß der Wirtschaftsminister seine Weisungen von Göring als dem Generalbevollmächtigten des Vierjahresplans erhalten werde. Funks Ernennung wurde Anfang Februar 1938 öffentlich bekanntgegeben. Ein knappes Jahr später war Schacht erneut beim Führer in Ungnade gefallen, diesmal in seiner Eigenschaft als Reichsbankpräsident, und Hitler ernannte Funk zu seinem Nachfolger. Funk hatte diese Positionen bis Kriegsende inne, und die in der Anklageschrift erhobenen Anschuldigungen beruhten weitgehend auf seiner Doppeltätigkeit.

Diese Anschuldigungen bezogen sich auf alle vier Punkte der Anklageschrift. Im einzelnen handelte es sich um die Förderung des Krieges und die Vorbereitungen dafür; die Teilnahme an der militärischen und wirtschaftlichen Planung und Vorbereitung von Angriffskriegen; die Anstiftung und Anweisung zu, sowie die Beteiligung an, Kriegsverbrechen und Verbrechen gegen die Menschlichkeit, »insbesondere die Verbrechen gegen Personen und das Eigentum in Zusammenhang mit der wirtschaftlichen Ausplünderung von besetzten Gebieten«.

Funks Anwalt war Dr. Fritz Sauter, ein großer, leicht erregbarer Mann, der seinen Fragen Erklärungen vorausschickte, welche die Zeugen geradezu mit der Nase auf die Antworten stoßen sollten, die er erwartete. Sauter erklärte dem Gericht, daß Funk »seit Jahren ein kranker Mann« sei, und daher werde er ihm nur diejenigen Fragen stellen, »die absolut notwendig sind«. Dr. von der Lippe notierte recht verdrießlich, Funk sei gleichwohl »imstande, lange ausführliche Antworten zu geben ... Er argumentiert oft recht gewandt und spricht ein gewähltes Deutsch.«

Funk verwies überzeugend darauf, daß seine Machtbefugnisse auch weiterhin begrenzt gewesen seien: Nach seiner kurzen Amtszeit als Pressechef sei er nichts weiter als einer von Goebbels' Befehlsempfängern gewesen; seine Erhebung in die formale Führung des Wirtschaftsministeriums und der Reichsbank hatte ihn unter Görings Fuchtel gebracht. Er sei zwar Minister geworden, aber es sei immer »ein übergeordnetes Ministerium sozusagen« dagewesen; und larmoyant fügte er hinzu: »Aber mir ist es in meinem Leben leider immer so gegangen, ich bin immer nur sozusagen bis zur Tür gekommen, eintreten habe ich nie dürfen.« Diese Metapher kam Funk zugute, als der Gerichtshof über seinen Fall beriet.

Aber Minister auf der zweiten oder dritten Befehlsebene sind noch lange keine Nullen, und sogar schon vor dem Kreuzverhör konnte Funk nicht verhindern, daß von Aktionen die Rede war, die ihn mit Vorbereitungen für Angriffskriege und mit der Unterdrückung der Juden in Verbindung brachten. So sagte Funk aus, daß er unmittelbar vor dem Angriff auf Polen an Maßnahmen beteiligt gewesen sei, »die notwendig waren, um im Falle eines Krieges die zivile Wirtschaft ohne Erschütterungen in die Kriegswirtschaft überzuführen«. Außerdem gab Funk zu, er habe im voraus von Hitlers Absicht gewußt, die Sowjetunion anzugreifen; er habe Rosenberg bei der Wirtschaftsplanung für den Krieg geholfen, und er habe – zusammen mit Göring und Rosenberg – an Hitlers Konferenz vom 16. Juli 1941 teilgenommen, auf der es um die Zivilpolitik der Nazis in den besetzten Ostgebieten gegangen war.

Dann wandte sich Sauter Funks Einstellung gegenüber den Juden zu, insbesondere seinen Aktivitäten während und nach der Kristallnacht. Funk hatte an der unmittelbar danach stattfindenden Besprechung teilgenommen, die von Göring einberufen worden war und bei der auch Goebbels und Heydrich zugegen waren. Man beschloß, den Juden eine hohe Geldstrafe aufzuerlegen und sie aus dem Wirtschaftsleben auszuschließen. Funk räumte ein, er habe »Durchführungsverordnungen zu dem Grunderlaß des Beauftragten für den Vierjahresplan erlassen«, und erklärte:

> Ich habe hier den Willen des Staates meiner inneren Stimme und meinem inneren Pflichtbewußtsein vorangestellt, da ich nun mal dem Staate verpflichtet war. Ich habe auch mich für verpflichtet gehalten, nach dem Willen des Führers, der obersten Staatsführung, zu handeln, zumal ja diese Maßnahmen gerade zum Schutze der Juden notwendig waren, um sie vor völliger Rechtlosigkeit und vor weiterer Willkür und Gewaltanwendung zu schützen.

Erst gegen Ende seiner Befragung kam Sauter auf die Zentrale Planung zu sprechen, der Funk seit Herbst 1943 angehört hatte. Funk erklärte, er habe sich kaum für die Beschaffung von Fremdarbeitern aus den besetzten Ländern interessiert und sich im wesentlichen darum gekümmert, daß »für die Verbrauchsgüterwirtschaft und für den Export die entsprechenden Rohstoffe zugeteilt wurden« – dabei assistierte ihm Otto Ohlendorf. Funk behauptete, er habe nichts gewußt von Ohlendorfs makabren Untaten an der russischen Front in den Jahren 1941/42.

Auf das Kreuzverhör hatte sich Dodd wie immer sorgfältig vorbereitet, aber er hatte nicht viel Munition. Funks wiederholte und im allgemeinen plausible Beteuerung, er habe zuwenig Machtbefugnis gehabt, um auf die Politik entscheidenden Einfluß nehmen zu können, war an sich natürlich noch keine Entlastung; das gleiche hatte auch Keitel behauptet. Allerdings führte die Wehrmacht den Krieg, und obgleich Keitel keine grundlegende Entscheidungsbefugnis hatte, mußte er doch den ständigen Befehlsfluß, der von Hitler kam, in Worte fassen, verteilen und durchsetzen. Mit vergleichbaren Dingen war Funk nicht belastet. Da er nie unmittelbar mit Hitlers Forderungen konfrontiert war, verlor er den Zugang zu ihm und sah ihn nur selten. Selbst die zweite Ebene, d.h. die unmittelbar unter Hitler befindliche Naziführungsschicht – Göring, Fritz Todt, Speer, Bormann – agierte im allgemeinen mehr mit ihren eigenen Stäben als durch Funks geschrumpftes Ministerium. Funk war einfach noch schlechter dran als Rosenberg und Frick.

Gleichwohl kam Dodd einigermaßen voran. Er präsentierte Dokumente, aus denen hervorging, daß Funk ungeachtet seiner angeblichen Bestürzung nach der Kristallnacht eine Rede gehalten hatte, in der er den Vorfall als eine spontane Aktion der Bevölkerung darstellte, während er wußte, daß Goebbels und andere die Sache angezettelt hatten. Nach der Eroberung Polens rühmte er sich in einer Rede, daß ihm bereits über ein Jahr vor Kriegsausbruch die Leitung für »die kriegswirtschaftliche Vorbereitung Deutschlands« übertragen worden sei. 1942 war das Wirtschaftsministerium an der Ausplünderung Frankreichs beteiligt, indem es auf dem schwarzen Markt Güter mit Hilfe des »Besatzungskostenfonds« aufkaufte, also mit Mitteln, die aus den Franzosen selbst herausgepreßt worden waren. Diese und andere Dokumente, die Funk und sein Ministerium belasteten, enthüllten, daß seine Tätigkeit keineswegs so trivial und harmlos gewesen war, wie er sie hingestellt hatte, und dieses Beweismaterial stellte seine Glaubwürdigkeit erheblich in Frage.

Schließlich zückte Dodd seine einzige scharfe neue Waffe:

DODD: Wann haben Sie angefangen, Geschäfte mit der SS zu machen, Herr Funk?
FUNK: Ein Geschäft mit der SS? – habe ich nie gemacht.
DODD: Ja, Geschäfte mit der SS! Sind Sie dessen sicher? ... Ich frage Sie noch einmal: Wann haben Sie angefangen, Geschäfte mit der SS zu machen?
FUNK: Ich habe niemals ein Geschäft mit der SS begonnen. Ich kann nur ...

sagen, ... daß Herr [Emil] Puhl [Vizepräsident der Reichsbank, den Sauter als Zeugen aufgerufen hatte] mir eines Tages mitteilte, es wäre eine Einlage ... eine Einlieferung von der SS gekommen. Ich habe das zunächst so aufgefaßt, daß es ein Depot war, ein Depot, das also verschlossen blieb und das uns weiter nicht interessierte; dann hat aber Herr Puhl mir später gesagt, diese Ablieferung der SS, die sollte von uns verwendet werden, von der Reichsbank, und ich habe angenommen, daß es sich dabei um Ablieferung von Goldmünzen und Devisen handelte, in der Hauptsache von Goldmünzen, die ja auch jeder andere deutsche Mensch abgeben mußte, die also Insassen der KZs abgenommen waren und nun in die Reichsbank eingeliefert wurden ...
DODD: Einen Augenblick. Waren Sie gewohnt, daß Goldzähne in der Reichsbank deponiert wurden?
FUNK: Nein.
DODD: Aber Sie bekamen sie von der SS, nicht wahr?
FUNK: Das weiß ich nicht.

Dann sagte Dodd dem Gerichtshof, er habe ein Affidavit von Puhl, das er vorlesen wolle. Sauter erhob Einspruch mit der Begründung, Puhl selbst solle vorgeladen werden, um auszusagen. Dodd erklärte, dieses Affidavit sei drei Tage zuvor, am 3. Mai, in Baden-Baden abgegeben worden. Der Gerichtshof war damit einverstanden, daß Sauter Puhl als Zeugen aufrufen könne, wenn das Affidavit verlesen würde; und dann vertagte er sich bis zum nächsten Tag.

Als das Gericht wieder zusammentrat, fuhr Dodd mit seinem Kreuzverhör fort, statt sofort das Affidavit zu verlesen – offensichtlich wollte er von Funk Antworten bekommen, denen Puhls eidesstattliche Versicherung widersprechen würde. Funk wiederholte im wesentlichen seine frühere Aussage und fügte hinzu, daß Puhl »weiterhin etwas ironisch« gesagt habe, »am besten ist, wir stellen nicht fest, was das ist«. Darüber hinaus beharrte Funk darauf, er habe nicht gewußt, was in den SS-Einlieferungen tatsächlich enthalten gewesen sei oder was die Reichsbank anschließend damit gemacht habe.

Dann zeigte Dodd einen kurzen Film, der nach seinen Worten die Stahlkammern der Reichsbank zeigte, in denen sich geöffnete Taschen befanden, aus denen diverse Gold- und Schmuckgegenstände quollen, darunter auch Goldzähne. Anschließend verlas Dodd Puhls Affidavit, das hier auszugsweise wiedergegeben ist:

2. Im Sommer des Jahres 1942 hatte der Reichsbankpräsident ... Walter Funk eine Unterredung mit mir ... Funk sagte mir, daß er eine Vereinbarung mit dem Reichsführer Himmler getroffen habe*, Gold und Schmuck für die SS

---

* In seinem letzten Buch *Der Sklavenstaat* (1981) schrieb Albert Speer über den »als nachgiebig und lässig bekannten Funk«: »Funk war immer weich, wenn es sich um SS-Angelegenheiten handelte. Es wurde gemunkelt, daß die SS ein ausführliches Dossier über Funks ausschweifendes Liebesleben angelegt habe ... Ein solches Dossier dürfte sich in den Aktenschränken Heydrichs oder Kaltenbrunners befunden haben.«

in Verwahrung zu nehmen. Funk gab die Anweisung, daß ich die notwendigen Vereinbarungen mit [Oswald] Pohl treffen solle, der der Leiter der Wirtschaftsabteilung der SS war und dem die Verwaltung der ökonomischen Seite der Konzentrationslager unterstand.

3. Ich fragte Funk nach der Herkunft des Goldes, des Schmuckes, des Geldes und der anderen Gegenstände, die von der SS eingeliefert werden sollten. Funk erwiderte, daß es sich um beschlagnahmten Besitz aus den besetzten Ostgebieten handle und daß ich keine weiteren Fragen stellen solle. Ich protestierte dagegen, daß die Reichsbank diese Werte übernehme. Funk sagte, wir sollten die notwendigen Vereinbarungen für die Übernahme der Ware treffen und die Sache absolut geheimhalten …

5. Unter den Gegenständen, die von der SS deponiert wurden, befanden sich Schmuck, Uhren, Brillenrahmen, Goldfüllungen und andere Gegenstände in großer Menge, die von der SS Juden, Konzentrationslageropfern und anderen Personen abgenommen worden waren. Dies gelangte dadurch zu unserer Kenntnis, daß die SS-Leute versuchten, dieses Material in Bargeld umzusetzen, und hierzu mit Funks Billigung und Wissen die Hilfe des Reichsbankpersonals in Anspruch nahmen.

Weiter hieß es in dem Affidavit, Funk habe Puhl gegenüber später erklärt, Himmler und der Finanzminister Lutz Schwerin von Krosigk hätten sich darauf verständigt, daß die aus dem Verkauf erzielten Beträge von der Reichsbank der Staatskasse gutgeschrieben und schließlich Oswald Pohls Wirtschaftsabteilung der SS »für die Finanzierung der Herstellung von Materialien in SS-geleiteten Fabriken durch Arbeitskräfte aus Konzentrationslagern« zur Verfügung stehen sollten.

Daraufhin bekam Funk vor Wut und Angst fast einen hysterischen Anfall. Er wies dieses Affidavit als »unwahr« zurück, warf Puhl vor, er wolle »die Schuld auf mich schieben«, erging sich des langen und breiten darüber und wich Dodds Fragen ständig aus, indem er behauptete, nichts zu wissen.

Als Dodd fertig war, führte Staatsjustizrat M.J. Raginski das Kreuzverhör für die Sowjetunion weiter. Er gab ein einziges nützliches Dokument zu Protokoll – eine Rede aus dem Jahre 1939, in der Funk erklärt hatte: »Als der vom Führer berufene Generalbevollmächtigte für die Wirtschaft habe ich dafür zu sorgen, daß der volle Einsatz der Lebens- und Kampfkraft der Nation im Kriege auch wirtschaftlich gesichert ist. Der Einsatz der Wirtschaft für die großen politischen Ziele des Führers erfordert … vor allem auch eine sorgfältige Abstimmung.«

Raginskis Auftritt veranschaulichte ansonsten, wie schwer es Anwälten aus totalitären Staaten fällt, mit dem Kreuzverhör umzugehen. In einer Gesellschaft, in der der Staat immer »recht« hat, ermutigen Verteidiger nur ungern ihre Mandaten, den Beweis zu erbringen, daß sich der Staat »irrt«. Diese Anwälte haben es auch nur selten mit kämpferischen Zeugen zu tun. Das erklärt dann Dialoge wie den folgenden:

RAGINSKI: Ich habe Sie gefragt: Waren die Ölquellen von Grozny und Baku das Ausbeutungsobjekt dieser Gesellschaft [deren Präsident Funk war]? Waren nicht die Ölquellen des Kaukasus das Grundkapital der Continental-Öl-Gesellschaft?
FUNK: Nein.
RAGINSKI: Nein? Danke, diese Antwort genügt mir.

Sauters Nachbefragung Funks war nur kurz, und er erwähnte mit keinem Wort das gehortete Gold der Reichsbank. Das tat auch sein einziger Zeuge, Franz Hayler, nicht, ein Geschäftsmann, der enge Beziehungen zum Wirtschaftsministerium unterhalten hatte und der auf von der Lippe »persönlich einen guten Eindruck« machte. Das Verfahren gegen Funk wurde dann bis zum 15. Mai ausgesetzt, dem Tag, da Puhl in den Zeugenstand geholt wurde.

Aus Puhls Antworten auf Sauters Fragen ergaben sich zwar eine Menge zusätzlicher Details, die aber nicht sehr viel Aufschluß über das Ausmaß von Funks Beteiligung gaben. Puhl vertrat die Ansicht, daß »diese Sachen«, die in dem Film über die Bank zu sehen gewesen waren, »ausdrücklich dorthin gestellt waren, für die Aufnahme«. Er erklärte, daß er und Funk gelegentlich die Stahlkammern aufgesucht hätten, in denen die SS-Wertgegenstände aufbewahrt wurden; aber er selbst habe sie nie zu Gesicht bekommen, und er habe keine Ahnung, ob Funk sie gesehen habe.

Wichtiger hingegen war, daß Puhl nun erklärte, die Feststellung in seinem Affidavit, derzufolge die Wertgegenstände, die »von den SS Juden, Konzentrationslageropfern und anderen Personen abgenommen worden waren«, beruhe auf Informationen, die er von den amerikanischen Vernehmungsbeamten in Frankfurt erhalten habe, während er dies 1942 nicht gewußt habe. Lawrence fuhr sofort dazwischen und wies Puhl darauf hin, daß er in seinem Affidavit im unmittelbar anschließenden Satz erklärt habe: »Dies ist uns durch SS-Personal ... mitgeteilt worden«, dem das Reichsbankpersonal geholfen habe. Sauter, der sich darüber im klaren war, wie abträglich dieses Zitat von Lawrence war, ließ Puhl wiederholen, daß er von diesen Dingen erst bei seiner Vernehmung in Baden-Baden erfahren habe.

Was sein Affidavit betraf, so war Puhl Dodds einziger Zeuge, aber Dodd nahm ihn hart ins Kreuzverhör, indem er ihm zu verstehen gab, daß er seine Antworten nicht glaube, und ihn fragte: »Haben Sie irgendwelche Bedenken über Ihren Anteil an dieser Sache?« Inzwischen hatte Dodd eine weitere eidesstattliche Versicherung in petto, die von einem gewissen Albert Thoms abgegeben worden war, einem Beamten der Reichsbank, der in den Gewölben zu tun gehabt hatte. Schließlich wurde Thoms auch als Zeuge aufgerufen. Er wußte, worum es sich bei den SS-Wertgegenständen gehandelt hatte, und enthüllte, die Goldzähne seien »von der Preußischen Staatsmünze eingeschmolzen« worden. Längst war klar, daß Puhl und Thoms mehr daran interessiert waren, ihre eigene Haut zu retten, als daran, die Wahrheit über Funks Beteiligung herauszufinden.

Damit ging die Beweisführung der Verteidigung im Verfahren gegen Walter Funk am 15. Mai 1946 zu Ende. Es lag auf der Hand, daß er verurteilt werden würde; aber es war alles andere als klar, wie der Gerichtshof über seine Schuld befinden würde. Es gab durchaus Beweise für seine Beteiligung an Angriffskriegen, aber sie waren dürftig, und mit Sicherheit hatte er nicht dem inneren Kreis der Führer angehört, die höchstwahrscheinlich als Verschwörer überführt werden konnten. Er war mitverantwortlich für die Gesetze, die nach der Kristallnacht erlassen wurden, aber es hörte sich echt an, als er den Antisemitismus der Nazis anprangerte. Außerdem war es in der Kristallnacht selbst nicht zu Kriegsverbrechen gekommen, und es gab keinen Beweis dafür, daß sie einen Schritt in Richtung Holocaust darstellen sollte.

Wie tief Funk in den Umgang der Reichsbank mit den von der SS konfiszierten Wertgegenständen verstrickt war, blieb unklar, aber Funk war schließlich der Präsident gewesen und direkt so tief verstrickt, daß er zum Verbrecher geworden war. Aufgrund der Hilfe, die die Reichsbank der SS gewährte, hätten sich die Beteiligten nach gemeinem Recht im Zusammenhang mit den von der SS gegenüber den Opfern begangenen Verbrechen der »Hehlerei« oder »Begünstigung« schuldig gemacht. Das war eine ernste Sache, aber vielleicht kein Kapitalverbrechen.

2

Nach den Verhandlungen gegen Schacht und Funk reisten etliche Mitglieder der amerikanischen Delegation ab. Sam Harris und Bernard Meltzer, die beide an diesen Fällen gearbeitet hatten, fuhren nach Hause, ebenso Walter Brudno, der nicht mehr in seiner Gefreitenuniform steckte. Sidney Alderman riß sich zusammen, packte seine geliebte Mariani-Geige ein und kehrte nach Washington zurück, um wieder für die Southern Railway als Rechtsberater tätig zu sein. Herbert Wechsler, Biddles überaus geschätzter juristischer Berater, wollte in New York seine Professur an der Columbia Law School wiederaufnehmen. Doch zum Glück für den Gerichtshof blieb Wechsler in brieflichem Kontakt mit Biddle.

Um den 9. Mai herum gab Katherine Biddle anläßlich des sechzigsten Geburtstags ihres Mannes eine große Dinnerparty in der Villa Schickedanz. Die Richter und ihre Mitarbeiter sowie alle Angehörigen der vier Delegationen waren dazu eingeladen. Es war ein herrlicher Abend, das Essen und die Getränke wurden im Freien um den riesigen Swimmingpool serviert, und Katherine (eine passionierte Dichterin) trug ein reizendes Gedicht über ewige Liebe vor.

Es war die einzige große Gesellschaft in Nürnberg, an die ich mich erinnern kann, die durchweg froh und munter war. Nikitschenko, der doch sonst eine so unbewegte Mine zur Schau trug, sprach dem Alkohol kräftig zu, flirtete mit Katherine und tat, als ob er sie in den Pool werfen wollte, was ihm sofort einen Verweis von Rasumow eintrug, dem wie immer nichts entging. Nach dem Essen wurde der Swimmingpool freigegeben. Als erste tummelten sich darin Jenny Pradeau und Janine Herisson, zwei der hübschesten und jüngsten Damen aus der französischen Delegation, die Badeanzüge trugen, welche man bald darauf als Bikinis bezeichnete. So gut wie keiner von uns hatte zuvor diese aufreizenden Kleidungsstücke gesehen, und schon bald versammelte sich um den Pool eine Schar männlicher Zuschauer.

Im Neuen Justizgebäude brach Mitte Mai die Zeit der Admiräle an. In der oberen Reihe der Anklagebank saß Dönitz ganz links, neben ihm Raeder. Wie die Bankiers waren auch die Admiräle in chronologischer Hinsicht falsch plaziert, denn 1943 war Dönitz Raeders Nachfolger als Oberbefehlshaber der Kriegsmarine geworden. Hätte man sich an das Beispiel der Bankiers gehalten, dann wäre Raeders Fall zuerst verhandelt worden; und tatsächlich forderte Dönitz' Anwalt, Otto Kranzbühler, den Gerichtshof auf, die Reihenfolge zu ändern. Aber die Richter lehnten dies ab, wobei aus dem Protokoll nichts über ihre Gründe hervorgeht. Beide Verfahren benötigten jeweils eine ganze Woche, und die Briten übernahmen die Kreuzverhöre.

Dönitz: Karl Dönitz, 1891 in Berlin geboren, war seit 1910 Berufssoldat gewesen und hatte im Ersten Weltkrieg von 1916 an bei der U-Bootwaffe gedient. Nach dem Versailler Vertrag durfte Deutschland keine U-Boote mehr besitzen, und darum war Dönitz Kommandant auf Zerstörern und auf dem Kreuzer *Emden*, bis Hitler im Frühjahr 1935 die Einschränkungen des Versailler Vertrags aufkündigte. Danach wurde Dönitz zum Chef der im Aufbau befindlichen U-Bootflottille ernannt.

Dieser Aufbau machte in den nächsten paar Jahren keine allzu großen Fortschritte. Dönitz sagte aus, daß die deutsche U-Bootwaffe zu Beginn des Zweiten Weltkriegs »aus etwa 30 bis 40 Frontbooten« bestanden habe. Zu dieser Zeit hatte Dönitz den Rang eines Fregattenkapitäns, wurde aber einen Monat später zum Konteradmiral und 1940 zum Vizeadmiral befördert.

Dönitz wie Raeder waren intelligent, würdig und gut gekleidet – die bestaussehenden Männer auf der Anklagebank. Das Bild der Marine rundete Kranzbühler ab, der »wie allgemein erwartet worden war, eine sehr gute Figur« (von der Lippe) sowohl in Uniform wie in Zivilkleidung machte.* Dönitz freute es, von einem »aufrechten« jungen deutschen Marineoffizier vertreten zu werden, und auch Raeder profitierte von Kranzbühlers Sachkenntnis auf dem Gebiet des Seerechts, und hinsichtlich dieses Themas vertrat er beide Admiräle.

---

* Die deutsche Kriegsmarine blieb noch mehrere Monate nach der deutschen Kapitulation zur Beseitigung von Minen und anderen gefährlichen Einrichtungen als Einheit erhalten. Somit trug Kranzbühler bis zur endgültigen Auflösung der Kriegsmarine zu Recht in Nürnberg seine Uniform.

Dönitz war nach den Punkten Eins, Zwei und Drei angeklagt, und zusätzlich zu den üblichen allgemeinen Anschuldigungen verwies die Anklageschrift »insbesondere« auf »Verbrechen gegen Personen und das Eigentum auf hoher See«. Was Punkt Drei betraf, so wußte Kranzbühler von den Vernehmungen seines Mandanten her, daß die Anklage beabsichtigte, Dönitz aufgrund seines bereitwilligen Eingeständnisses, daß deutsche U-Boote häufig britische und andere Handelsschiffe ohne Vorwarnung versenkt hätten, der Verletzung des Londoner U-Boot-Protokolls von 1936 zu beschuldigen. Dieses Abkommen, das Deutschland und die meisten anderen Seemächte ratifiziert hatten, sah vor, daß ein »Handelsschiff« weder von Überwasserschiffen noch von U-Booten versenkt werden durfte, ehe das angreifende Schiff dafür gesorgt hatte, daß »Passagiere, Mannschaften und Schiffspapiere an einen sicheren Ort« gebracht werden konnten. So, wie die Dinge nun einmal lagen, stellte die Praxis der Deutschen eine grobe Verletzung dar, die viele Tote auf See gefordert hatte, und diese Anschuldigung konnte beiden Admirälen durchaus den Kopf kosten.

Kranzbühler allerdings hatte offenbar guten Grund zu glauben – aufgrund von Informationen von Deutschlands japanischen Verbündeten oder, nach dem Krieg, von befreundeten britischen oder amerikanischen Marineoffizieren –, daß die US-Navy routinemäßig japanische Handelsschiffe ohne Vorwarnung versenkt hatte. Am 5. März 1946, fast zwei Monate bevor Dönitz den Zeugenstand betrat, hatte Kranzbühler in Übereinstimmung mit den Verfahrensregeln des Gerichtshofs um die Erlaubnis ersucht, einen Vernehmungsbeamten zu Admiral Chester W. Nimitz schicken zu dürfen, der im Krieg Oberbefehlshaber der amerikanischen Marinestreitkräfte im Pazifischen Ozean gewesen war.

Fyfe erhob sofort Einspruch: Nach Ansicht der Anklagebehörde sei »die Frage, ob die Vereinigten Staaten das Kriegsrecht und die Kriegsgebräuche verletzt haben, vollkommen unerheblich. Da dem Gerichtshof die Frage, ob das deutsche Oberkommando die Kriegsgesetze und Kriegsgebräuche verletzt hat, zur Entscheidung vorliegt, entsteht hier wieder das alte Problem der Beweisführung durch Gegenanschuldigung, des *tu-quoque*-Arguments, das die Anklagebehörde immer wieder als unerheblich betrachtet hat.« Soweit befand sich Fyfe durchaus auf sicherem Boden: Wenn ein Angeklagter ein bestimmtes Verbrechen begangen hat, dann stellt die Tatsache, daß andere dies auch getan haben, selbst wenn diese anderen die Ankläger sind, nach dem allgemeinen Strafrecht kein Verteidigungsargument dar.

Aber Kranzbühler hatte geschickt und überzeugend pariert:

> Die Anklagebehörde geht von einer ganz anderen Auffassung aus, als ich sie meinem Antrag zugrunde gelegt habe. Ich möchte keineswegs beweisen oder auch nur behaupten, daß die Amerikanische Admiralität bei ihrer U-Bootkriegführung gegen Japan das Völkerrecht gebrochen habe. Ich bin im Gegenteil der Auffassung, daß sie sich durchaus im Rahmen des gelten-

den Völkerrechts gehalten hat. Es handelt sich bei dem Seekrieg der Vereinigten Staaten gegen Japan um genau die gleiche Frage, wie bei dem Seekrieg Deutschlands gegen England, nämlich um die Tragweite und um die Auslegung des Londoner U-Bootabkommens von 1936. Auch die Vereinigten Staaten und Japan waren Unterzeichner dieses Abkommens.
Meine These ist, daß durch den Befehl an Handelsschiffe, Widerstand zu leisten, das Londoner U-Bootabkommen nicht mehr anwendbar ist auf derartige Handelsschiffe ...
Ich möchte durch die Vernehmung des Admirals Nimitz klarstellen, daß die Amerikanische Admiralität in der praktischen Auslegung des Londoner Abkommens genau so gehandelt hat wie die deutsche Seekriegsführung, und möchte dies als ein Beweismittel dafür ansehen, daß das Verhalten der deutschen Seekriegsführung rechtmäßig gewesen ist.

Damit bezog sich Kranzbühler gar nicht auf das *tu-quoque*-Prinzip, sondern argumentierte, das Ganze sei eine Frage der Auslegung des Londoner Abkommens von 1936. Auf Fragen von Lawrence und Biddle erläuterte Kranzbühler, bei dem zweideutigen Ausdruck des Abkommens handle es sich um den Begriff »Handelsschiff« – er behaupte darum, daß Schiffe, die bewaffnet seien und den Befehl hätten, U-Boote anzugreifen oder (später) im Verband mit Zerstörern oder anderen Kriegsschiffen zu fahren, keine »Handelsschiffe« im Sinne des Londoner Abkommens seien. Praktisch hieße das natürlich, wenn sich ein U-Boot unter derartigen Umständen an die Bedingungen dieses Abkommens zu halten versuchte, käme das einem Selbstmord gleich.

Biddle schrieb später, er halte Kranzbühlers Argument für »überzeugend und aus globaler Sicht für unwiderlegbar ... Wir würden ganz schön dumm dastehen, wenn wir [die Vernehmung] abgelehnt hätten, und später hätte sich dann herausgestellt, daß Nimitz ohne Vorwarnung torpediert hatte.« Aber seine Kollegen ließen sich nicht so leicht überzeugen. Biddle fuhr fort: »Daraufhin erklärte ich, es sei unser persönliches Recht – die Ehre Amerikas stehe auf dem Spiel. Wir hätten nichts zu verbergen.« Dieser Appell überzeugte Lawrence, und am 10. April erklärte er in nichtöffentlicher Sitzung:

Der Gerichtshof hat beschlossen, daß diese Befragung nach dem derzeitigen Stand der Dinge gestattet sein soll, sie soll aber begleitet sein von einer Erklärung folgenden Inhalts:
Der Internationale Militärgerichtshof hat den beiliegenden Fragenkatalog genehmigt, der vom Anwalt von Admiral Dönitz formuliert wurde und an Admiral Nimitz zu richten ist. Der Gerichtshof hat die Genehmigung des Fragebogens auf der Grundlage entschieden, daß es angemessen sei, das internationale Seekriegsrecht der U-Bootkriegsführung auszulegen, indem man ermittelt, welche Maßnahmen von den Mächten im Krieg ergriffen worden waren.

Diese Erklärung war zwar nicht so klar formuliert wie Kranzbühlers Darlegung, aber die Vernehmung erfüllte ihren Zweck für Kranzbühler und erwies sich als der wichtigste Einzelfaktor, als es darum ging, die Haut der beiden Admiräle zu retten.

Als die Verhandlung des Falles Dönitz begann, war noch keine Antwort von Nimitz eingetroffen. Dönitz betrat den Zeugenstand am Nachmittag des 8. Mai, und Kranzbühler war mit seinen Fragen am nächsten Nachmittag fast genau zur gleichen Zeit fertig. Die Befragung verlief präzise und überaus professionell.

Die Anklagepunkte Eins und Zwei waren bald abgehandelt. Dönitz hatte an keiner von Hitlers Besprechungen mit den Wehrmachtsführern vor Ausbruch des Krieges teilgenommen und sagte, er habe mit den Plänen nichts zu tun gehabt. Bei den Feldzügen gegen Polen und Norwegen erteilte ihm die Seekriegsleitung Befehle zur Aufstellung und zum Einsatz seiner paar U-Boote. Er hatte sich nicht um die Frage gekümmert, ob es sich dabei um Angriffskriege handele oder nicht: »Ob die Staatsführung politisch einen Angriffskrieg damit machte oder nicht oder ob es prophylaktische Maßnahmen waren, stand nicht bei meiner Entscheidung, das ging mich nichts an.«

Kranzbühler wandte sich dann dem Versenken von Handelsschiffen zu. Bei Kriegsbeginn, sagte Dönitz aus, lauteten seine Befehle, sich an das Londoner Abkommen zu halten; aber er wußte, daß die Seekriegsleitung davon ausging, die Taktik der Briten könnte eine Änderung dieses Vorgehens erforderlich machen. Innerhalb weniger Wochen war klar, daß britische Handelsschiffe bewaffnet waren und den Befehl hatten, mit der Royal Navy zusammenzuarbeiten, indem sie U-Boote angriffen und Funkmeldungen über deren Standort aussendeten. Am 4. Oktober 1939 erging der Befehl an die U-Boote, bewaffnete britische Handelsschiffe ohne Vorwarnung zu versenken. Der Seekrieg verschärfte sich rasch, als U-Boote und U-Boot-Jäger, zur See und in der Luft, technisch immer weiter verbessert wurden. Am 14. Mai 1942 erstattete Dönitz, in Gegenwart von Raeder, Hitler Bericht:

> Es ist daher notwendig, die Verbesserung der Waffen des U-Bootes mit allen Mitteln zu betreiben, damit das U-Boot der Abwehr gewachsen bleibt. Die wichtigste Entwicklung ist hierbei der Torpedo mit Abstandspistole, der ... das Sinken torpedierter Schiffe wesentlich beschleunigen ... und ... auch den großen Vorteil mit sich bringen [würde], daß sich infolge sehr schnellen Sinkens des torpedierten Schiffes die Besatzung nicht mehr wird retten können. Dieser größere Verlust an Schiffsbesatzungen wird zweifelsohne die Besetzung des großen amerikanischen Bauprogramms mit Mannschaften erschweren.

Damit wurden auch die Besatzungen wie die Schiffe zu Kampfzielen erklärt. Im militärischen Sinne war dies absolut logisch: Schiffe können nicht ohne Besatzungen fahren, und das Wissen um zunehmend hohe Verluste könnte sich durchaus abschreckend auf die Rekrutierung von Besatzungen auswirken. Auf Kranzbühlers Fragen erklärte Dönitz kaltblütig, es sei für ihn wichtig gewesen, »daß nicht wie bisher man mehrere Torpedos brauchte ..., sondern nur einen oder wenige, um dadurch einen schnelleren Verlust des Schiffes und der Besatzung zu erreichen.« Der gepflegte, präzise Admiral erwies sich somit als sehr harter und rücksichtsloser Mann.

Er wurde gefragt, wie weit er im Krieg gegen die Besatzungen gehen würde. Würde er die Erschießung schiffsbrüchiger Besatzungsangehöriger in ihren Rettungsbooten billigen? Dönitz unterschied zwischen dem Töten von Schiffsbesatzungen auf ihren Schiffen, die in der Lage waren, gegen die U-Boote zu kämpfen, und »Schiffbrüchigen«: »Schiffbrüchige sind die Besatzungsangehörigen, die nach der Versenkung ihres Schiffes, zum Kampf nicht mehr fähig, entweder in Rettungsbooten oder sonstigen Rettungsmitteln sich befinden oder sich im Wasser befinden ... Die Bekämpfung dieser Menschen ist eine Frage der soldatischen Kampfsittlichkeit und ist unter allen Umständen abzulehnen.«

Auf den ersten Blick war diese Erklärung gut und schön, aber bereits im Januar hatte Oberst Phillimore zwei ehemalige U-Bootkapitäne in den Zeugenstand gerufen, die vor dem Gerichtshof ausgesagt hatten, daß Dönitz am 17. September 1942 einen Befehl an alle U-Bootoffiziere ausgegeben habe, der sie zur Tötung von schiffsbrüchigen Besatzungsangehörigen aufforderte. Der fragliche Befehl war ergangen im Anschluß an Vorfälle nach der fünf Tage zuvor erfolgten Versenkung des britischen Schiffes *Laconia* vor der afrikanischen Südwestküste.

Nachdem die Deutschen Norwegen im Frühjahr 1940 besetzt hatten, fuhren die U-Boote (besonders die größeren mit erheblicher Reichweite, die es damals bereits gab) auch auf hoher See. Angesichts der Weite des Meeres und der Entfernungen von Land gingen U-Boote kein großes Risiko ein, wenn sie den Besatzungen der von ihnen versenkten Schiffe halfen.

Dies war die Lage, als *U-156*, eines von vier großen U-Booten, die unterwegs waren, um vor Kapstadt zu operieren, auf die *Laconia* traf und sie versenkte – einen 19700 Tonnen großen Transporter, der 800 britische Besatzungsangehörige sowie 1800 italienische Kriegsgefangene an Bord hatte. Italien war damals mit Deutschland verbündet, und vielleicht hat Dönitz aus diesem Grund – mit Hitlers Zustimmung – die deutschen U-Boote in diesem Gebiet angewiesen, *U-156* bei der Rettung der Überlebenden zu unterstützen.

Rettungsboote wurden ins Schlepptau genommen, in Richtung Elfenbeinküste. Viele Italiener waren ertrunken, als die *Laconia* sank, aber letztlich wurden bei dieser Operation praktisch alle Engländer sowie 450 Italiener gerettet.

Am 16. September 1942 tauchte jedoch ein viermotoriges Flugzeug mit amerikanischen Kennzeichen auf (ein auf der Insel Ascension stationierter Bomber vom Typ B-24 Liberator), das später – trotz einer Rotkreuzfahne und anderen Verständigungsversuchen – zurückkehrte und Bomben abwarf, die eines der Rettungsboote zum Kentern brachten und *U-156* beschädigten.

Die Rettungsbemühungen wurden bald abgebrochen, und Dönitz, gegen dessen U-Boote immer mehr Flugzeuge eingesetzt wurden, gab seinen vieldiskutierten Befehl vom 17. September 1942 heraus:

> Jeglicher Rettungsversuch von Angehörigen versenkter Schiffe, also auch Auffischen von Schwimmenden und Anbordgabe auf Rettungsboote, Aufrichten gekenterter Rettungsboote, Abgabe von Nahrungsmitteln und Wasser, haben zu unterbleiben. Rettung widerspricht den primitivsten Forderungen der Kriegsführung nach Vernichtung feindlicher Schiffe und Besatzungen.

Aus dem letzten Satz dieses Befehls hatte die Anklagevertretung herausgelesen, »daß die vorsätzliche Vernichtung von Überlebenden nach diesem Befehl gebilligt würde«. Von Kranzbühler darauf angesprochen, wies Dönitz eine derartige Auslegung scharf zurück und erklärte, Korvettenkapitän Karl-Heinz Möhle sei »der einzige, der an der Bedeutung dieses Befehls Zweifel gehabt hat«.

Am Ende seiner Befragung befaßte sich Kranzbühler mit Dönitz' Tätigkeit, nachdem er im Januar 1943 Raeders Nachfolger als Oberbefehlshaber der Kriegsmarine geworden war, ohne daß der Verteidiger dabei allzusehr in die Tiefe ging. Nach Dönitz' Erklärung, er habe »vom Führer nie einen Befehl erhalten, der irgend in einer Form gegen die Kampfsittlichkeit verstößt«, sah sich Kranzbühler veranlaßt zu fragen, ob sein Mandant je den Kommandobefehl erhalten habe. Dönitz erwiderte, er habe ihn als eine Vergeltungsmaßnahme gegen die Tötung von deutschen Gefangenen durch (vermutlich britische) Kommandounternehmen angesehen, und bestritt, jemals etwas mit der Durchführung dieses Befehls zu tun gehabt zu haben. Als er auf die Erschießung von britischen Kommandos in Norwegen im Jahre 1943 angesprochen wurde, erklärte Dönitz, er »nehme an«, dies sei das Werk der Ortspolizei und von Himmlers Sicherheitsdienst gewesen.

Aufgrund anderer Fragen von Kranzbühler ergab sich, daß Dönitz ein entschiedener Befürworter des Naziregimes gewesen war. Er habe es »selbstverständlich auch mit Bewunderung gesehen und die hohe Autorität Adolf Hitlers freudig anerkannt«. Als Oberbefehlshaber der Kriegsmarine »bejahte« er »die nationalen und sozialen Ideen des Nationalsozialismus«; sein Eid, mit dem er Hitler die Treue schwor, war für ihn »heilig«. Als Kranzbühler ihn auf Reden vor der Truppe ansprach, in denen er Hitler und den Nationalsozialismus verherrlicht hatte, erwiderte Dönitz, er habe es als seine Pflicht angesehen, mit solchen Ansprachen für die »Einheit des Volkes« zu wirken und dafür, »daß diese Einigkeit bleibt und daß wir uns als Garanten dieser Einigkeit fühlen«. Er fand harte Worte über den »Putsch des 20. Juli« und erklärte, wenn dieser Putsch »gelungen wäre, dann wäre eine Auflösung, wenn auch vielleicht nur eine allmähliche, im Innern die Folge gewesen«. Was für eine seltsam unpassende Bemerkung angesichts der Tatsache, daß die »Auflösung« des deutschen »Staatsgefüges« nun im ganzen Land unübersehbar war.

Dönitz bekam gute Noten von seinen Mitangeklagten. »Während der Pause«, berichtet Gilbert, »sprang Göring auf, rieb sich die Hände und erklärte den um ihn Sitzenden: ›Ah, jetzt fühle ich mich das erstemal seit drei Wochen richtig wohl! Jetzt hören wir ausnahmsweise endlich mal einen anständigen deutschen Soldaten.‹« Lobend äußerten sich auch Frick, Streicher und Frank, der zu Gilbert sagte: »Dönitz hinterläßt einen hervorragenden Eindruck.« Speer hingegen fühlte sich vor den Kopf gestoßen, weil sein Freund Dönitz alle verurteilt hatte, die sich gegen Hitler gewandt hatten.

Gilbert bemerkte gegenüber Dönitz, er »fände es bemerkenswert, daß die Militärs es noch immer ablehnen, irgend etwas gegen Hitler vorzubringen, selbst wenn sie wissen, daß er ein Mörder ist. ›Aber das Gericht gab mir ja gar keine Gelegenheit, irgend etwas über das Böse an Hitler zu sagen‹, verwahrte sich Dönitz.« Das war eine ausgesprochen schwache Antwort, da Kranzbühler seinem Mandanten diese Gelegenheit leicht hätte bieten können.

Die Fragen, die Dönitz von den Anwälten seiner Mitangeklagten gestellt wurden, waren interessanter als sonst. Dr. Laternser freilich, der Auskünfte über den Generalstab und das Oberkommando haben wollte, hatte kein Glück: Dönitz bestritt, daß eine »enge persönliche und dienstliche Verbindung« zwischen der Kriegsmarine und dem Heer oder der Luftwaffe bestanden habe und daß er die meisten Mitglieder des Generalstabs gekannt habe. Er gab an, nicht zu wissen, ob die Oberbefehlshaber von Heer und Luftwaffe »eine gemeinsame politische Linie« gehabt hätten, und bat Laternser, ihn »nur zur Kriegsmarine zu fragen«.

Anschließend stellte ihm Dr. Nelte, Keitels Anwalt, eine Reihe von Fragen, die Gisevius' abträgliche Aussage über Keitels Rolle als Chef des OKW in Mißkredit bringen sollten. Dönitz gab Nelte in jedem Punkt recht und sagte aus, daß Gisevius Keitels Bedeutung »weit übertrieben« habe und daß Keitel – im Gegensatz zu Gisevius' Behauptung – seine Untergebenen nie bedroht und daß er Offizieren wie allen anderen nie den Zugang zu Hitler verwehrt habe. Dazu Dönitz: »Die Möglichkeit eines Fernhaltens hatte der Feldmarschall Keitel nicht, hätte er auch nie getan.« Da Dönitz zuvor erklärt hatte, mit den anderen Oberbefehlshabern nichts zu tun gehabt zu haben, waren seine Antworten gegenüber Nelte doch eigentlich aus der Luft gegriffen. Aber zweifellos betrachtete er Gisevius als Verräter und ergriff die Gelegenheit, ihn in Mißkredit zu bringen.

Über diesen Angriff auf Gisevius allerdings regte sich Dr. Dix auf, der dem Gericht erklärte: »Die Verteidigung Schachts ist an der Glaubwürdigkeit des Zeugen Gisevius selbstverständlich interessiert.« Dix stellte die Richtigkeit von Dönitz' zustimmender Antwort auf Neltes Behauptung, der SD und die Polizei hätten »keine Exekutivgewalt über Angehörige der Wehrmacht gehabt«, entschieden in Frage, aber Dönitz zog sich auf den Standpunkt zurück, er könne »nicht mehr sagen als ich bereits gesagt habe«, und damit verlief diese Auseinandersetzung im Sande.

Fyfe nahm Dönitz sodann in ein Kreuzverhör, das meiner Meinung nach übertrieben lange dauerte. Beispielsweise verwendete Fyfe zu Beginn viel Zeit darauf, die Konferenzen mit Hitler, an denen Dönitz nach seiner Ernennung zum Oberbefehlshaber teilgenommen hatte, sowie die verschiedenen Personen, denen er dabei begegnet war, und die verschiedenen Angelegenheiten aufzuführen, über die man verhandelte. Dann trumpfte er auf: »Ich halte Ihnen vor, Angeklagter, daß Sie eine genau so große Rolle in der Regierung Deutschlands spielten wie irgend jemand, abgesehen von Adolf Hitler selbst.«

Dönitz erwiderte kühl: »Meiner Ansicht nach ist diese Darstellung nicht richtig«, und damit hatte er recht – es war wirklich eine maßlos übertriebene Behauptung. Und selbst wenn sie sachlich begründeter gewesen wäre, kam es darauf doch überhaupt nicht an. Auch wenn man davon ausgehen konnte, daß einige oder viele Teilnehmer an Hitlers Konferenzen üble Sünder waren, so war doch die Teilnahme allein noch lange kein Kriegsverbrechen. Gewiß, das hätte als (allerdings allein nicht ausreichender) Indizienbeweis für die Verschwörung zur Einleitung eines Angriffskriegs herhalten können, aber Deutschland hatte derartige Kriege bereits viele Monate zuvor begonnen, als Dönitz noch nicht Oberbefehlshaber geworden war.

Weiter kam Fyfe, als er Dönitz über die Beschäftigung von Arbeitskräften aus Konzentrationslagern befragte, die in Dänemark zum Bau und zur Reparatur von Schiffen für den Einsatz in der Ostsee herangezogen wurden. Aus einer Aktennotiz von Dönitz vom Dezember 1944 ging hervor, daß »12 000 KZ-Häftlinge« eingesetzt würden, und als Fyfe fragte, ob es sich dabei um deutsche oder ausländische Arbeiter gehandelt hatte, erwiderte Dönitz: »Darüber habe ich mir überhaupt keine Überlegungen gemacht« – obwohl doch allgemein bekannt war, daß die »Fremdarbeiter« in Deutschland zwangsverpflichtet waren, und zwar unter Verletzung der Vorschriften der Haager Konvention. In dieser Aktennotiz hatte Dönitz auch »Sühnemaßnahmen gegen ganze Belegschaften, bei denen Sabotage vorkam« vorgeschlagen.

Bei einer früheren Gelegenheit, als Dönitz die Operationsabteilung der Schiffswerft darüber unterrichtete, daß es einen Generalstreik in Kopenhagen gebe, hatte er hinzugefügt, Hitler habe ihm gegenüber geäußert, »daß Terror nur mit Gegenterror bekämpft werden könne«, und die Verhängung schwerer Strafen ohne Verfahren empfohlen. Diese auf Dokumenten beruhenden Enthüllungen stellten eine der seltenen Gelegenheiten dar, bei denen Dönitz schwach wirkte und nervös wurde.

Fyfe ging mit Dönitz langsam all die Fragen durch, die bereits in Vernehmungen und in Kranzbühlers Befragung behandelt worden waren, ohne daß er damit nennenswert weiterkam. Dann meinte er, sich mit Angelegenheiten befassen zu müssen, die Dönitz eher in ein ungünstiges Licht rückten, statt ihn als Verbrecher dastehen zu lassen. »Ist Ihnen jemals der Gedanke gekommen«, fragte Fyfe den Angeklagten, »daß die warnungslose Versenkung eines Handelsschiffes entweder den Tod oder furchtbares Leiden für die Mannschaft und die Seeleute bedeuten würde?« Den kalten Admiral rührte das keineswegs zu Tränen: »Selbstverständlich; aber wenn das Handelsschiff legal versenkt wird, das ist Krieg, und an anderen Stellen im Krieg entstehen auch Leiden.« Als Fyfe auf die Versenkung des Passagierschiffes *Athenia* zu sprechen kam, erkundigte er sich bei Dönitz, ob er den Befehl gegeben habe, das Logbuch des betreffenden U-Boots zu ändern, um zu verschleiern, daß die Deutschen dafür verantwortlich waren. Dönitz gab dies ohne weiteres zu, bemerkte aber, daß die oberste politische Führung absolute Geheimhaltung befohlen habe. Was konnten die U-Bootkommandanten anderes tun, als zu gehorchen?

Abschließend verlas Fyfe fürs Protokoll einen Auszug aus Dönitz' Rundfunkrede zum Heldengedenktag am 12. März 1944:

> Was wäre aus unserer Heimat heute, wenn der Führer uns nicht im Nationalsozialismus geeint hätte? Zerrissen in Parteien, durchsetzt von dem auflösenden Gift des Judentums und diesem zugänglich, da die Abwehr unserer jetzigen kompromißlosen Weltanschauung fehlte, wären wir längst der Belastung dieses Krieges erlegen und der erbarmungslosen Vernichtung unserer Gegner ausgeliefert worden.

Fyfe fragte Dönitz natürlich, was er mit »dem auflösenden Gift des Judentums« habe sagen wollen. Überraschenderweise hat man von seiner Antwort kaum Notiz genommen: »Dieser Ausspruch ... zeigt eben an, daß ich der Ansicht war, daß das Durchhalten oder die Durchhaltekraft des Volkes, so wie das Volk zusammengesetzt war, besser gewährleistet wäre, als wenn jüdische Volksteile im Volk gewesen wären.« Damit bestätigte Dönitz nachdrücklich, wie sehr er mit der Vertreibung der Juden aus Deutschland durch die Nazis einverstanden war.

So also endete die Aussage dieses intelligenten und eindrucksvollen, aber harten und verblendeten Mannes, dessen Charakter sich offenbar noch mehr verhärtet hatte, weil er im Krieg seine zwei Söhne, beides U-Bootoffiziere, verloren hatte.

Kranzbühler löste die Anspannung des Kreuzverhörs auf, indem er eine Reihe von Dokumenten vorlegte, die der Sache des Admirals dienten, und dann drei Zeugen aufrief. In der Reihenfolge ihres Auftretens waren dies: Admiral Gerhard Wagner, der von Kriegsbeginn an bis 1944 der Operationsabteilung der Seekriegsleitung angehörte und danach bis Kriegsende Admiral zur besonderen Verwendung bei Dönitz war; Admiral Eberhard Godt, der während des ganzen Krieges Chef der Operationsabteilung beim Führer der U-Boote war; und schließlich Kapitän Günther Heßler, Dönitz' Schwiegersohn, der in der U-Bootausbildung tätig war und unter anderem U-Bootkapitäne vor dem Auslaufen über die anzuwendenden Kampfvorschriften unterrichtete. Somit hatten alle drei Zeugen als Untergebene Dönitz sehr nahegestanden, ein Faktor, der eigentlich die Glaubwürdigkeit ihrer Aussagen zu seinen Gunsten beeinträchtigen mußte. Oberst Phillimore nahm alle drei ins Kreuzverhör, und zwar viel aggressiver, als Fyfe mit Dönitz umgesprungen war.

Kranzbühler hatte diese Zeugen hauptsächlich deshalb aufgerufen, um die bereits im Januar gemachten Aussagen von Oberleutnant Peter Heisig und Korvettenkapitän Karl-Heinz Möhle zu widerlegen. Beide hatten ausgesagt, Dönitz habe die Erschießung der Überlebenden von Schiffen gebilligt, die von U-Booten versenkt waren, und zwar (so Heisig) in einer Ansprache vor einer großen Gruppe von U-Bootoffizieren im Herbst 1942 sowie (so Möhle) in seinem Befehl vom 17. September 1942. Wagner, Godt und Heßler bestritten einmütig, daß es irgendeine Grundlage für diese Anschuldigung gebe, und wurden daraufhin von Phillimore, der seinerzeit Heisig und Möhle als Zeugen der Anklage aufgerufen hatte, scharf ins Kreuzverhör genommen.

Heisigs Aussage gewann dadurch an Bedeutung, daß darin auch der Fall von Kapitänleutnant Heinz Eck behandelt wurde, dem Kommandanten eines U-Boots, das die *Peleos* versenkt hatte, der anschließend die Erschießung von überlebenden Besatzungsmitgliedern auf Flößen und anderen Wrackteilen befohlen hatte.* Das war zugegebenermaßen der einzige bewiesene Fall, daß eine U-Bootbesatzung schiffbrüchige feindliche Besatzungsmitglieder getötet hatte. Eck und vier weitere Offiziere waren am 20. Oktober 1945 von einem britischen Militärgericht wegen Mordes verurteilt worden, Eck und zwei andere zum Tode durch Erschießen. Die Urteile waren am 12. November bestätigt und am 30. November 1945 vollstreckt worden.

Diese Daten sind insofern wichtig, als Heisig seine eidesstattliche Erklärung vor der Anklagebehörde am 27. November 1945 abgegeben hatte. Im Kreuzverhör mit Kranzbühler hatte Heisig seinerzeit geäußert: »Ich habe diese Erklärung abgegeben zur Entlastung von Kameraden [gemeint war insbesondere Leutnant August Hoffmann, der mit Eck zum Tode durch Erschießen verurteilt worden war], die in Hamburg vor einem Kriegsgericht standen und dort wegen Mordes an schiffbrüchigen Seeleuten zum Tode verurteilt waren.« Mit seiner Aussage über Dönitz' Ansprache wollte Heisig vermutlich der Eck-Gruppe eine Chance vermitteln, zu ihrer Verteidigung auf höheren Befehl zu verweisen.** Am 27. November war es natürlich zu spät für eine solche Hilfe für die Eck-Gruppe, wie Kranzbühler deutlich machte.

* Eck sagte aus, er habe die Flöße versenken wollen, damit feindliche Flugzeuge die Versenkung nicht entdecken würden. Da sich Besatzungsangehörige auf den Flößen befanden, wußte Eck, daß das auf die Flöße eröffnete Feuer auch die Männer töten würde.

** Eck selbst führte dies nicht zu seiner Verteidigung an. Die anderen Angeklagten beriefen sich auf höheren Befehl, der ihnen von Eck als Kapitän erteilt worden sei. Das Militärgericht ließ dieses Argument nicht gelten und griff auf den Fall *Liandovery Castle* zurück.

Hatte Heisig dies gewußt, als er seine eidesstattliche Erklärung abgab, die Eck nicht helfen konnte, die aber möglicherweise Gift für Dönitz war?

Admiral Wagner war der nächste, der sich in Daten verhedderte, als Kranzbühler herausbrachte, daß Wagner und Heisig Anfang Dezember 1945 im Nürnberger Gefängnis zusammengewesen waren. Wagner sagte aus, daß Heisig ihm gegenüber zugegeben habe, man habe ihm erklärt, wenn er bestätige, daß Dönitz in seiner Ansprache zur Tötung überlebender Schiffbrüchiger aufgerufen habe, dann würde er nicht nur Eck und Hoffmann, sondern auch die anderen Angeklagten retten – »Sie belasten allerdings dadurch den Großadmiral Dönitz, aber das Material gegen Großadmiral Dönitz ist so erdrückend, daß sein Leben ohnehin verwirkt ist.« Damit wollte Wagner natürlich Heisig in Mißkredit bringen.

Als Phillimore am nächsten Tag sein Kreuzverhör von Wagner fortsetzte, erklärte er, daß Eck am 30. November 1945 hingerichtet worden sei – »das heißt, er wurde hingerichtet, bevor Sie diese Unterredung [mit Heisig] hatten. Wußten Sie das?« Darauf Wagner: »Nein, das habe ich erst jetzt erfahren.« Wußte Heisig es, bevor er seine Aussage machte? »Augenscheinlich nicht«, erwiderte Wagner. Dann wies Phillimore darauf hin, daß Kranzbühler seinerzeit im Kreuzverhör zu Heisig gesagt habe, das Todesurteil gegen Eck sei bereits vollstreckt worden. Darauf Wagner: »Dann hat er [Heisig] mir gegenüber die Unwahrheit gesagt.« Vielleicht hatte Heisig ja gelogen, aber entweder log Wagner nun auch, oder er war von Kranzbühler sehr schlecht präpariert worden.

Heisig und Wagner waren nicht die einzigen Zeugen, die über Daten stolperten. Korvettenkapitän Möhle hatte ausgesagt, daß Dönitz' Befehl vom 17. September 1942 besagt habe, »daß bei Versenkungen von Handelsschiffen keine Überlebenden dableiben«. Er untermauerte seine Aussage, indem er eine Besprechung mit dem »Referenten im B. d. U.-Stab«, Korvettenkapitän Herbert Kuppisch, schilderte, bei dem er sich nach der Bedeutung des Befehls erkundigte. Aus Kuppischs Kommentaren sei hervorgegangen, der Befehl würde darauf hinauslaufen, daß schiffbrüchige Besatzungsangehörige getötet werden müßten. Heßler hingegen stellte fest, daß einer der Vorfälle vom November 1943, den Kuppisch laut Möhle zur Veranschaulichung herangezogen habe, sich erst ereignet habe, nachdem Kuppisch im August 1943 auf See vermißt worden sei.

Es geriet damit der Wahrheitsfindung zum Nachteil, daß sowohl die Anklage als auch die Verteidigung den Bogen überspannt hatten. Gewiß hatte Dönitz' Befehl vom 17. September die Empfänger zwar nicht aufgefordert, schiffbrüchige Feinde in ihren Rettungsbooten zu erschießen, aber keinen Zweifel daran gelassen, daß der Tod von Besatzungsangehörigen höchst wünschenswert wäre. Der Sache der Anklage wäre freilich mehr gedient gewesen, wenn sie andere Beispiele für die Ausführung des Befehls vorzuweisen gehabt hätte als die stupide und brutale Stümperei von Eck bei seinem ersten Kampfeinsatz.

Ein weiteres Thema, zu dem der Zeuge Wagner aussagen sollte, war der Kommandobefehl – für Dönitz nichts weiter als eine Vergeltungsmaßnahme, mit der er nichts zu tun gehabt haben wollte. Die Anklagevertretung hatte Dokumente über die Gefangennahme der uniformierten Besatzung eines norwegischen Torpedobootes auf einer norwegischen Insel im Sommer 1943 vorgelegt. Diesen Dokumenten zufolge waren die Besatzungsangehörigen von Untergebenen des befehlshabenden Admirals der norwegischen Westküste, Otto von Schrader, vernommen worden. Admiral Schrader hatte sie dem SD übergeben, der sie dann im Einklang mit dem Kommandobefehl erschießen ließ.

Dönitz bestritt, von diesem Vorfall gewußt zu haben, obwohl ihm Fyfe nicht glaubte und ihn scharf ins Kreuzverhör nahm. Wagner bestätigte mit aller Entschiedenheit, daß Dönitz darüber nicht unterrichtet worden sei, und fügte hinzu, daß er selbst davon zum erstenmal in Nürnberg erfahren habe. Dafür wurde er nun von Phillimore ausgiebig und mit aller Härte ins Kreuzverhör genommen. Phillimore argumentierte überzeugend, daß ein derartiger Vorfall an Dönitz' Hauptquartier gemeldet worden sein mußte, und dieses Argument brachte Wagner mit seinem wirren Leugnen offenkundig in Mißkredit. Aber wie sich später herausstellte, war Dönitz in diesem Zusammenhang nicht verantwortlich: Schrader war zwar ein Offizier der Kriegsmarine, aber als militärischer Befehlshaber über ein bestimmtes Gebiet nicht Dönitz, sondern General Nikolaus von Falkenhorst unterstellt, dem Oberbefehlshaber der Wehrmacht in Norwegen.* Godts und Heßlers Aussagen fügten der von Wagner wenig hinzu. Nachdem Heßler fertig war, schloß Kranzbühler sein Verfahren ab. Ein paar Tage später »lief das Admiralsschiff ein« – Admiral Nimitz' Antworten auf Kranzbühlers Fragebogen, die am 2. Juli vor Gericht verlesen wurden. Hier die wesentlichen Aussagen:

> FRAGE: Haben die Vereinigten Staaten in ihrem Seekrieg gegen Japan bestimmte Gewässer zum Operationsgebiet erklärt, Blockadegebiet, Gefahrengebiet, beschränktem Gebiet oder ähnlichem?
> ANTWORT: Ja. Im Interesse der Operationsleitung gegen Japan wurde das Gebiet des Pazifischen Ozeans zum Operationsgebiet erklärt.
> FRAGE: Bejahendenfalls, war es in solchen Gebieten üblich, daß Untersee-

* Admiral von Schrader erschoß sich im Juli 1945 – offenbar befürchtete er, die Briten würden ihm den Prozeß machen, weil er die Angehörigen der Sonderkommandos dem SD übergeben hatte. Gegen General von Falkenhorst wurde am 29. Juli 1946 vor einem britischen Militärgericht in Braunschweig Anklage erhoben in neun Fällen, weil er den Kommandobefehl verteilt hatte und verantwortlich dafür war, daß eine Reihe von britischen und norwegischen Kommandounternehmen dem SD ausgehändigt und von diesem erschossen worden waren. Zu diesen Anschuldigungen gehörte auch die, die Fyfe und Phillimore Dönitz anzulasten versuchten, aber sie wurde wieder fallengelassen, nachdem sich offenbar herausgestellt hatte, daß sich die Kommandounternehmen von Anfang an in den Händen des SD befunden hatten. Wegen der anderen Anschuldigungen wurde Falkenhorst zum Tode verurteilt, aber dieses Urteil wurde in lebenslänglich umgewandelt. Nach ein paar Jahren kam er wieder frei.

boote Handelsschiffe mit Ausnahme der eigenen und der alliierten ohne Warnung angriffen?
ANTWORT: Ja, mit Ausnahme von Lazarettschiffen und anderen Fahrzeugen, die unter »Sicherheitsgeleit« für humanitäre Zwecke fuhren.
FRAGE: Hatten Sie dahingehende Befehle?
ANTWORT: Der Chef der Marineleitung hat am 7. Dezember 1941 uneingeschränkten U-Bootskrieg gegen Japan angeordnet …
FRAGE: War es durch Befehl oder durch allgemeine Praxis den U.S.-Unterseebooten verboten, Rettungsmaßnahmen von Passagieren und Mannschaften von ohne Warnung versenkten Schiffen auszuführen, falls dadurch die Sicherheit des eigenen Bootes gefährdet wurde?
ANTWORT: Im allgemeinen haben die U.S.-Unterseeboote feindliche Überlebende nicht gerettet, wenn es für das Unterseeboot eine ungewöhnliche, zusätzliche Gefahr bedeutete oder das Unterseeboot dadurch an der weiteren Durchführung seiner Aufgabe gehindert wurde …
FRAGE: Bedeutet in der Antwort auf die obige Frage die Bezeichnung »Handelsschiff« jedes andere Schiff als Kriegsschiff?
ANTWORT: Nein. Unter »Handelsschiff« verstehe ich alle Arten von Schiffen, welche nicht Kampfschiffe waren …

Bemerkenswerterweise bezog sich der Fragebogen nicht auf das Londoner Abkommen von 1936 oder auf die Bedeutung des darin verwendeten Begriffes »Handelsschiff« – das waren immerhin Themen, auf denen Kranzbühler seine Position vor dem Gerichtshof aufgebaut hatte. Aber Kranzbühler hatte sich gehütet, Nimitz nach seiner Meinung zu fragen: Er wollte nur Auskünfte über die *Praktiken* der US-Navy bekommen, und die bekam er auch. Gewiß ist der Unterschied zwischen dem *tu-quoque*-Argument und der Bedeutung von »Handelsschiff« in der Londoner Charta sehr gering. Aber eines war jedenfalls sonnenklar: Wenn Dönitz und Raeder den Galgen verdienten, weil sie Schiffe ohne Vorwarnung versenkt hatten, dann verdiente auch Nimitz nichts anderes.

Raeder: Erich Raeder war, nach Neurath, der zweitälteste Angeklagte und hatte seit 1897 als Offizier bei der Marine gedient. Im Ersten Weltkrieg war er Stabschef beim berühmten Admiral Franz von Hipper, nach dessen Lob Raeder als ein Mann galt, der für ein hohes Amt geeignet sei. 1928 wurde er zum Chef der Marineleitung ernannt, und in dieser Eigenschaft, als Inhaber der höchsten Stellung der deutschen Marine, war er unmittelbar dem Verteidigungsminister unterstellt. Hitler ernannte ihn 1935 zum Oberbefehlshaber der Marine. Die Anklageschrift warf ihm vor, Verbrechen nach den Anklagepunkten Eins, Zwei und Drei begangen zu haben, »insbesondere Kriegsverbrechen im Seekrieg«.

Wie bei Dönitz ging es bei den schwersten Raeder zur Last gelegten Kriegsverbrechen um die deutschen U-Boote. Als Dönitz' direkter Vorgesetzter war Raeder genauso verantwortlich für das Versenken ohne Vorwarnung sowie für die Bemühungen, die Besatzungen von Handelsschiffen zu töten. Kranzbühler hatte sich mit diesen Dingen im Namen beider Admiräle befaßt, und Raeders Anwalt, Dr. Walter Siemers, ging bei der Befragung seines Mandanten nicht darauf ein.

Unter diesen Umständen hätte man eigentlich erwarten können, daß das Verfahren gegen Raeder weniger Zeit benötigen würde, aber das war nicht der Fall, und zwar aus zwei Gründen. Der erste hatte etwas mit der Beweisermittlung zu tun: Raeder war der einzige Angeklagte, der in der Weimarer Republik in den Jahren vor Hitler eine hohe militärische Position innegehabt hatte, als die deutsche Regierung verschiedentlich versucht hatte, die militärischen Restriktionen des Versailler Vertrags zu umgehen – und für die Anklagevertretung war das eine Vorphase für die mutmaßliche Verschwörung zur Einleitung eines Angriffskriegs. Außerdem war Raeder einer der beiden Angeklagten (neben Göring), die in den ersten zehn Jahren der Hitlerzeit (1933-1943) eine militärische Spitzenposition innegehabt hatten. Hinsichtlich dieser Zeit war Raeder daher einer der Hauptkandidaten für eine Verurteilung nach der in Punkt Eins der Anklageschrift erhobenen Anschuldigungen der Verschwörung. In der Befragung seines Mandanten befaßte sich Dr. Siemers praktisch ausschließlich mit dieser Anschuldigung.

Der andere Faktor, der das Verfahren so langwierig machte, war die Persönlichkeit der beiden Beteiligten. Raeder war schon etwas senil und holte zu weitschweifigen Redereien aus. Dr. Siemers war gewissenhaft und intelligent, hatte aber Probleme mit dem Prozedere eines angloamerikanischen Prozesses. Ständig streute er Erklärungen und Meinungen zwischen seine Fragen ein und konnte es einfach nicht lassen, Raeder in den Mund zu legen, was er sagen solle. Diese Eigenheiten trugen ihm häufig Ermahnungen von Lord Lawrence ein. Das Verfahren zog sich bereits seit einer Woche hin, als Birkett verzweifelt in sein Tagebuch notierte: »Der Prozeß hat nun ein Stadium erreicht, in dem niemand mehr Rücksicht auf die Zeit nimmt. Siemers (Raeders Anwalt) hört überhaupt nicht mehr auf und wiederholt sich ständig.«

Die direkte Befragung verlief langsam und eintönig. Siemers hielt sich zunächst stundenlang mit Ereignissen vor Hitlers Ernennung zum Reichskanzler auf. Das war formal durchaus statthaft, da die Anklagevertretung diese Angelegenheiten zur Sprache gebracht hatte; aber sie hatten nichts mit irgendeiner Nazi-Verschwörung zu tun, und Lawrence wurde immer unruhiger. Als Siemers endlich auf Hitlers Auftritt auf der militärischen Bühne zu sprechen kam, betonte Raeder nachdrücklich, daß der Führer auf ihn und die anderen anwesenden Offiziere einen sehr starken und guten Eindruck gemacht habe.

Im Hinblick auf den Vorwurf der Verschwörung versuchte Raeder gar nicht erst zu bestreiten, daß Hitler einen Angriffskrieg geführt hatte. Er verteidigte sich vielmehr mit dem Argument, daß er weder persönlich noch bei militärischen Besprechungen Hitlers kriegerische Absichten wahrgenommen habe. Und um diese Behauptungen zu belegen, berief er sich auf die mangelhafte Präzision der Protokolle von Hitlers militärischen Konferenzen sowie auf die Schlußfolgerungen, die die Anklagebehörde aus diesen Dokumenten gezogen hatte. Raeder beschrieb Hitlers Redestil:

> Hitler sprach ja außerordentlich viel, er holte sehr weit aus, er verfolgte vor allem mit jeder Rede einen besonderen Zweck, je nach dem Zuhörerkreis, den er hatte. Er war ebenso, wie er ein Meister der Dialektik war, auch ein Meister des Bluffs. Er brauchte starke Ausdrücke, ebenfalls je nach dem Zweck, den er verfolgte ..., er widersprach sich auch häufig in aufeinanderfolgenden Reden. Man wußte nie, welches seine letzten Ziele und Absichten waren.

Jeder, der mit den Reden des Führers vertraut war, würde durchaus bestätigen, daß diese Beschreibung großenteils zutraf. Aber Dr. Siemers mußte einräumen, das Protokoll der berüchtigten Konferenz vom 5. November 1937 mit den vier Militärchefs und Neurath (dem damaligen Außenminister) enthalte »bedenkliche Hinweise auf einen Angriffskrieg. Es ... wird gesagt, die Aufrüstung sei nunmehr beendet, das erste Ziel sei, die Tschechei und Österreich niederzuwerfen.« Raeder erwiderte darauf, Göring habe ihm gegenüber kurz vor der Konferenz erklärt, »der Führer wolle das Heer anspornen, etwas schneller in seiner Rüstung zu verfahren. Es ginge dem Führer zu langsam.« Aber warum wollte Hitler die Dinge vorantreiben, wenn nicht, um seine aggressiven Pläne in die Tat umzusetzen? Raeder sagte dann, daß »dieser übertriebene Charakter der Redeübertreibung vielleicht geradezu dazu dienen sollte, Herrn von Neurath aus dem Kabinett herauszudrücken«. Aber die Rede zeitigte nicht dieses Ergebnis*, und die Vorstellung, der Mann, der sich vier Jahre zuvor zahlreicher unerwünschter Funktionäre durch Mord entledigt hatte, hätte auf so schwachsinnige Weise Neurath entlassen wollen, war einfach lächerlich.

Auf die gleiche Art versuchte Raeder auch Hitlers Absicht zu verharmlosen, die dieser auf der etwas größeren militärischen Versammlung vom 23. Mai 1939 geäußert hatte, nämlich Polen »bei erster Gelegenheit« anzugreifen, denn man könne nicht mit einer Wiederholung der Tschechei-Affäre rechnen: »Es wird Krieg geben.« Gewiß, die Rede war auch voller Ungereimtheiten darüber, ob der Angriff nun gestartet werde oder nicht, falls England sein Versprechen halten werde, sich mit Polen gegen Deutschland zu verbünden; aber die Absicht, die Vernichtung Polens zu planen und dafür mobilzumachen, war unmißverständlich. Gleichwohl versteifte sich Raeder auf eine Bemerkung gegen Ende der Rede, als Hitler die Bildung eines »Studienstabs« im OKW ankündigte – »also war es die Gründung des Studien-

* Hitler ersetzte Neurath als Außenminister erst Anfang Februar 1939 durch Ribbentrop, anläßlich der personellen Umbesetzungen, die durch die Blomberg-Fritsch-Affäre augelöst worden war.

stabs, die dieser Rede zugrunde lag«, behauptete Raeder. Allerdings wollte er nicht erklären, wie eine derart simple Bekanntgabe einer so langen Rede »zugrunde liegen« konnte, die sich mit einer Vielzahl von Themen befaßte und die die Absicht enthüllte, Polen anzugreifen.

Wahrheitsgemäß beteuerte Raeder, daß Hitler ihm bis zuletzt versichert habe, es würde keinen Krieg gegen England geben. Das ist durchaus nicht überraschend, da Hitler selbst – besonders nach dem Abschluß des Nichtangriffspakts mit der Sowjetunion – gehofft hatte, England würde Polen nicht beistehen. Wahr ist auch, daß Raeder entschieden gegen den Angriff auf die Sowjetunion im Jahre 1941 gewesen war und daß er von der beabsichtigten Eroberung Jugoslawiens zuvor nichts gewußt hatte und daran auch nicht beteiligt gewesen war. Aber diese Fakten enthalten kaum mildernde Umstände und entlasten Raeder schon gar nicht von dem Vorwurf, daß er sich wissentlich an Hitlers Plänen für, und an der Führung von, Angriffskriegen beteiligt hatte.

Allerdings ließ sich nur im Falle Norwegens beweisen, daß er die Initiative zur Einleitung eines Angriffskriegs ergriffen hatte. In seiner Eröffnungsrede hatte Shawcross Raeders Rolle geschildert, wie er Hitler den militärischen Vorteil einer Eroberung der norwegischen Atlantikküste für Deutschland vor Augen führte. Der Kronanwalt war auch auf die Behauptung der Deutschen eingegangen, sie hätten Norwegen nur deshalb besetzt, um die Briten und Franzosen daran zu hindern, ihre eigenen Pläne einer Eroberung Norwegens zu verwirklichen. Shawcross hatte diesem Vorwurf energisch widersprochen und erklärt, selbst wenn er den Tatsachen entspräche, würde er den deutschen Angriff nicht rechtfertigen – das inzwischen sattsam bekannte *tu-quoque*-Argument.

Natürlich betonten Raeder in seiner Aussage und Siemers bei der Vorlage seiner Dokumente die Wahrscheinlichkeit einer britischen Invasion von Norwegen und spielten die Vorteile herunter, die Marine- und Luftstützpunkte in Norwegen für Deutschland hatten. Die Deutschen hatten gewiß allen Grund, sich darum zu kümmern, weil ihr Land große Mengen von schwedischem Eisenerz importierte, das großenteils per Schiff von Narvik zu deutschen Häfen transportiert wurde, und weil die Kontrolle der norwegischen Küste durch die Briten die britische Seeblockade erheblich verschärft hätte.

Allerdings wurden die Deutschen vor einem britischen Überraschungsangriff nur von norwegischen Quellen gewarnt, und zwar hauptsächlich von Nazis und Quasi-Nazis wie Quisling, die gegen die norwegische Regierung opponierten und einen Einfall der Deutschen begrüßten, der es den Quisling-Anhängern vielleicht ermöglichte, auf dem Rücken deutscher Soldaten zur Macht zu gelangen. Einen Beweis für eine Einmischung der Briten erhielt Raeder erst wenige Stunden, bevor die Schiffe seiner Armada – von Narvik im Norden bis Oslo und Kristiansand im Süden – dabei waren, in die Häfen einzudringen, ihre Fracht und ihre Passagiere zu entladen und damit die Besetzung des norwegischen Festlands einzuleiten.

Shawcross, der die deutschen Anschuldigungen als »offenkundig falsch« bezeichnete, hatte nicht die ganze Wahrheit gesagt. Am 28. März 1940 hatte die britische Regierung beschlossen, die norwegischen Küstengewässer bei und südlich von Narvik zu verminen, um damit den Erztransport nach Deutschland zu unterbinden. Um deutschen Gegenmaßnahmen zuvorzukommen, hatten die Briten ferner beschlossen, eine Infanteriebrigade nach Narvik und fünf Bataillone zu weiter südlich gelegenen Häfen zu entsenden, die im Falle irgendeiner deutschen Einmischung bereitstehen sollten. Es wurden keine Vorkehrungen für eine Beteiligung der Luftstreitkräfte getroffen, und gegen den Widerstand der Norweger wollte man auch keine Landung in Norwegen versuchen. Angesichts der Größe und Entschlossenheit der deutschen Eroberer war die Zahl der britischen Truppen lächerlich unangemessen.

Am frühen Morgen des 8. April legten britische Zerstörer Minen bei Narvik aus; gleichzeitig gab die britische Regierung eine öffentliche Erklärung ab und überreichte der norwegischen Regierung eine erklärende Note. Truppen wurden für den Transport in schottischen Häfen eingeschifft und sollten sich für die Überfahrt nach Norwegen bereithalten. Aber um diese Zeit hatten britische Flugzeuge bereits Schiffe der deutschen Flotte ausgemacht und berichtet, daß sie von Deutschland aus nach Norden fuhren; der Kreuzer *Hipper* war auf den britischen Zerstörer *Glowworm* gestoßen und hatte ihn versenkt, und das polnische U-Boot *Orzel* hatte ein deutsches Transportschiff versenkt, das Truppen und Nachschub nach Bergen brachte. Damit waren die deutschen Schiffe gewarnt, und sie begaben sich eiligst zu ihren Zielhäfen, um ihre Passagiere und Frachten an Land zu bringen. Die Briten waren freilich noch nicht dahintergekommen, daß Norwegen das Ziel der Deutschen war, und vermuteten einen größeren Seeangriff. Sie riefen die Minen legenden Zerstörer zurück und schifften die Truppen wieder aus, so daß ihre Seestreitkräfte wieder für eine Schlacht zur Verfügung standen.*

Die Anklage wie die Verteidigung wußten von diesen britischen Plänen und Aktionen zwischen dem 28. März und dem 8. April 1940, und dieses Wissen beruhte auf Dokumenten, die die Deutschen nach der Kapitulation Frankreichs in französischen Archiven beschlagnahmt hatten. Aber die britischen Protokolle über diese Vorfälle waren versiegelt geblieben.** Das Foreign Office und die Ankläger befürchteten unangenehme Enthüllungen, während Dr. Siemers den Verdacht hatte, die Dokumente könnten für die Verteidigung von Nutzen sein. Er beantragte beim Gericht die Vorlage der »Doku-

---

* Churchill hatte diese Maßnahmen angeordnet. Hätten die Briten ihre Pläne weiterverfolgt, dann hätten sie die Deutschen zweifellos aus Narvik (wo sie nur von Zerstörern geschützt wurden) mit der dorthin entsandten Brigade sowie mit ein paar Kreuzern und Zerstörern hinausgeworfen.

** Meines Wissens wurde der allgemeine Inhalt der britischen Protokolle erst mit der Veröffentlichung von Winston Churchills Buch *Der Sturm zieht auf* (1948; dt. 1949) enthüllt.

mente der Britischen Admiralität vom Mai 1939 bis April 1940«, und über diesen Antrag hatte man in der Sitzung vom 6. März 1946 diskutiert. Ohne sich festzulegen, versprach Fyfe, er werde »Erkundigungen … einziehen«.

Das Ergebnis dieser Erkundigungen war eine Antwort vom Foreign Office; sie enthielt die »Gründe, warum diese Protokolle nicht veröffentlicht werden können«, und wurde vom Gerichtshof Siemers zur Verfügung gestellt, ohne daß er die Erlaubnis bekam, sie für das Protokoll zu verlesen. Am 1. Mai protestierte Siemers entschieden, aber vergebens gegen die Nichterfüllung seiner Forderung.

Siemers hatte seine Karten nicht gut ausgespielt. Man kann praktisch mit Sicherheit davon ausgehen, daß Kranzbühler sich eine knappe Abfuhr eingehandelt hätte, wenn er in der Frage »Versenken ohne Warnung« das Pentagon gebeten hätte, ihm Zugang zu allen Akten über U-Bootoperationen gegen Japan zu verschaffen. Siemers hätte sich lieber an Kranzbühlers Taktik halten und einen sorgfältig abgefaßten Fragebogen an den Ersten Lord der Admiralität schicken sollen. Er wäre vielleicht nicht beantwortet worden, aber selbst dann wären Großbritannien und der Gerichtshof erheblich in Verlegenheit gebracht worden. So aber erregte Siemers' Protest praktisch keine Aufmerksamkeit, und ein Mitglied des Foreign Office notierte erleichtert: »Es sieht so aus, als ob die Norwegen-Frage vollkommen fallengelassen wird, ohne unnötige Aufmerksamkeit zu erregen.«

Fyfe begann sein Kreuzverhör geruhsam damit, daß er sich mit weiteren Ereignissen vor 1933 befaßte, was ich für ziemlich überflüssig hielt. Dann ging er zum Vorwurf der Verschwörung über und kam auf die Tschechoslowakei, Polen, Norwegen und die Sowjetunion zu sprechen. Obwohl in erster Linie die neugewonnene Stärke der Wehrmacht den Zusammenbruch der Tschechen herbeigeführt hatte, befand sich Fyfe auf schlüpfrigem Boden, da eigentlich seine eigene Regierung die Prager Regierung zum Nachgeben gezwungen hatte.

Im Falle Polens gab es keine derartigen Peinlichkeiten, und es war einfach absurd, daß Raeder die Konferenz vom Mai 1939 zu verharmlosen suchte. Aber Fyfe vermochte seine Chance nicht zu nutzen – hier und an anderer Stelle fragte er auf Raeders Ausflüchte hin nur ungläubig: »Wollen Sie, daß der Gerichtshof Ihnen das wirklich glaubt? Stimmt das?« Das war natürlich nur Theaterdonner. Fyfe bemühte sich gar nicht erst, Raeders Haltung durch eine scharfe sachliche Befragung zu erschüttern.

Im Hinblick auf Norwegen holte Fyfe aus Raeder das Eingeständnis heraus, »ich war ja dafür, zum möglichst baldigen Termin … die Landung in Norwegen durchzuführen«. Er behauptete weiterhin, er habe den Briten zuvorkommen wollen, aber er hatte keinen Beweis dafür, daß sie die Absicht hatten, Norwegen zu erobern. Fyfe schlüpfte aus der Rolle des Anwalts im Kreuzverhör in die des Regierungssprechers und erklärte, »daß ein englischer Invasionsbefehl überhaupt nicht existierte. Es gab einen Befehl, Minen zu legen.« Die zweite Behauptung war korrekt, die erste bestenfalls eine Halbwahrheit.

Auch wenn das Beweismaterial über Kriegsverbrechen dürftig war, konnte Fyfe doch einen gewissen Erfolg verbuchen. Raeder gab zu, er habe den Kommandobefehl widerspruchslos an untergeordnete Marinedienststellen weitergegeben, und dann ging er so weit zu sagen, er habe den Befehl für »begründet« gehalten. Im Kreuzverhör von Admiral Wagner hatte Oberst Phillimore Beweise für die Tötung britischer Kommandos, die in Uniform bei Bordeaux gefangengenommen worden waren, durch deutsche Marinetruppen vorgelegt. Die Hinrichtungen waren im Jahre 1942 erfolgt, als Raeder noch Oberbefehlshaber gewesen war; Siemers hatte sich gar nicht erst bemüht, das Beweismaterial in Frage zu stellen.

Dann legte Fyfe zusätzlich noch eine eidesstattliche Erklärung von Walter Dittmann vor, einem Marine-Verwaltungsinspektor, der seinerzeit im lettischen Libau stationiert war und nun die umfassende Tötung von Juden in den Jahren 1941 bis 1942 durch die Gestapo und die lettische Polizei schilderte. Einige dieser Juden hatten für die deutsche Marine in Libau gearbeitet, und über diese Tötungen wurde auch der Marine-Intendantur in Kiel berichtet, wo man sich weigerte, irgend etwas dagegen zu unternehmen. Raeder räumte ein, er sei im Krieg in Libau gewesen, bestritt aber, von derartigen Vorfällen irgend etwas gewußt zu haben.

Die beiden ersten von Raeder benannten Zeugen waren hochangesehene Männer, die ihm insgesamt mehr schadeten als nützten. Karl Severing war ein deutscher sozialdemokratischer Politiker, der von 1928 bis 1930 Reichsinnenminister und von 1930 bis 1933 preußischer Minister gewesen war. Seine Aussage bestätigte zumeist nur Raeders plausible Behauptung, daß Verletzungen des Versailler Vertrags durch die Marine vor 1935 eine unbedeutende Rolle gespielt hätten. Ernst von Weizsäcker war Diplomat und Staatssekretär im deutschen Außenministerium gewesen. Er wurde hauptsächlich über das Versenken der *Athenia* befragt, ohne daß er Nennenswertes über frühere Aussagen hinaus dazu beizutragen hatte.

Im Kreuzverhör fragte Elwyn Jones jeden dieser Zeugen, zu welchem Zeitpunkt sie beziehungsweise verantwortliche Beamte generell vorausgesehen hätten, daß das Hitler-Regime ihr Land in Angriffskriege führen würde. Nachdem man gerade noch gehört hatte, wie Admiral Raeder darauf beharrte, an eine derartige Möglichkeit habe er erst kurz vor dem Zweiten Weltkrieg gedacht, war Severings Antwort geradezu erfrischend: »Vom 30. Januar 1933 an; denn, daß die Wahl und die Ernennung Hitlers zum Reichskanzler gleichzeitig Krieg bedeuten würde, stand bei mir und bei meinen politischen Freunden fest.« Und Weizsäcker erklärte: »Daß der außenpolitische Kurs der Regierung Hitlers ein gefährlicher sei, habe ich zum erstenmal im Mai 1933 sehr deutlich empfunden; daß ein Angriffskrieg geplant sei, vielleicht im Sommer 1938, mindestens, daß der eingeschlagene Weg der Außenpolitik sehr leicht in einen Krieg hineinführen könne.«

Auch der dritte und letzte Zeuge, Raeders Stabschef, Admiral Erich

Schulte-Mönting, trug wenig Hilfreiches für seinen ehemaligen Vorgesetzten bei. Da er sich bewußt war, daß Raeders Version von Hitlers Rede über Polen vom 23. Mai 1939 schwach war, sagte Schulte-Mönting aus, daß Raeder ihm berichtet habe, Hitler habe ihn nach dieser Rede in einer persönlichen Besprechung »absolut beruhigt und ihm gesagt, er habe die Dinge politisch fest in der Hand« und daß wegen der »Bereinigung des Polnischen Korridors« nicht »mit einem Krieg mit England zu rechnen« sei. Das war zwar interessant, wenn es stimmte, aber warum hatte Siemers diese Aussage nicht Raeder selbst machen lassen, statt sie sich aus zweiter Hand von Schulte-Mönting zu holen?

Elwyn Jones ermittelte im Kreuzverhör, daß die Widersprüchlichkeiten in Hitlers Rede von geringer Bedeutung waren, verglichen mit den umfassenden und detaillierten Vorbereitungen, die die Wehrmacht für den Angriff getroffen hatte. Darin sollte die Marine eine bestimmte Rolle an der polnischen Ostseeküste spielen. Alle militärischen Führer müssen sich darüber im klaren gewesen sein, daß nur eine Kapitulation Polens Kämpfe verhindern würde, und Hitler hatte sie bereits darauf hingewiesen, daß mit einer derartigen Entwicklung nicht zu rechnen sei: »Es wird Krieg geben.«

Raeder bekam keine guten Noten von seinen Mitangeklagten – laut Gilbert versuchten selbst diejenigen, die wie Keitel und Ribbentrop dazu neigten, ihn zu unterstützen, ihn nur »durch einige bestätigende Bemerkungen aufzumuntern«. Und dann war es um jegliche Symphatie geschehen, die ihm sonst vielleicht entgegengebracht worden wäre, als Oberst Pokrowski in seinem Kreuzverhör eine schriftliche Erklärung ins Protokoll verlas, die Raeder als Gefangener in Moskau abgegeben hatte.* Besonders hart waren die Äußerungen über Göring (»eine geradezu unvorstellbare Eitelkeit und ein ungeheurer Ehrgeiz« sowie »Falschheit, Sturheit und Egoismus«), Dönitz (»seine etwas manierierte und nicht immer taktvolle Art«), Speer (»schmeichelte ... Dönitz' Eitelkeit – und umgekehrt«) und Keitel (»ein Mann von geradezu unvorstellbarer Schwäche«).

Dönitz gab sich alle Mühe, seinen Ärger zu unterdrücken, aber unter vier Augen äußerte er sich über Raeder gegenüber Dr. Gilbert: »ein neidischer Greis«. Jeder Anschein von Einigkeit unter den Angeklagten war wie weggewischt, sehr zur Schadenfreude von Schacht, der seine Meinung über die Verhandlung gegen Raeder mit folgenden Worten zum Ausdruck brachte: »Er hat den Angriffskrieg mißbilligt und wurde von Hitler getäuscht. Er hat aber den Angriffskrieg dennoch geplant und angefangen. Wenn das kein typischer Militarist ist!«

---

* Pokrowski las nur ein paar Auszüge vor. Das Gericht entschied, nicht mehr fürs Protokoll verlesen zu lassen, ließ aber das vollständige Dokument als Beweismittel zu und Kopien an alle Angeklagten verteilen.

Sechzehntes Kapitel

Die Verteidigung der Angeklagten: Die letzten neun

In der letzten Maiwoche 1946 waren nur noch acht Männer auf der Anklagebank übriggeblieben sowie der abwesende Bormann, dessen Verteidigung gleichwohl vorgetragen werden sollte. Abgesehen davon, daß alle neun dem Naziregime vor dem und im Kriege auf die eine oder andere Weise gedient hatten, gab es zwischen diesen Männern fast keine Gemeinsamkeiten. Drei Angeklagte – Sauckel, Speer und Bormann – waren Nazis, die während des größten Teils des Krieges überaus wichtige Regierungspositionen innegehabt hatten. Drei – Schirach, Seyß-Inquart und Fritzsche – hatten wichtige, aber weniger beachtete Posten bekleidet. Zwei – Papen und Neurath – waren keine Nazis, aber in hohen Ämtern gewesen, bevor Hitler an die Macht kam; sie waren weiterhin Diplomaten geblieben, die vom Führer geduldet wurden, auch wenn sie nicht auf seiner Linie lagen. General Alfred Jodl stand zwar im Rang unter den anderen vier Militärs auf der Anklagebank, doch war er Hitlers wichtigster Assistent bei der Planung von Operationen und militärischen Entscheidungen gewesen.

Die Verhandlung dieser neun Fälle nahm die restlichen Tage im Mai sowie den ganzen Monat Juni in Anspruch und umfaßte insgesamt zwanzig Prozeßtage. Das gute Wetter wurde oft von Frühlingsschauern unterbrochen, und der Anblick der dunklen, nassen Straßen im zerbombten Nürnberg legte sich auf die Gemüter.

Im Neuen Justizgebäude gab es außerdem zwei Todesfälle zu beklagen. Am 23. Mai starb der sowjetische Ankläger N. D. Zorya an einer Schußverletzung im Hauptquartier der russischen Delegation. General Rudenko teilte General Gill mit, dieser tödliche Unfall sei »auf General Zoryas unvorsichtigen Umgang mit der Waffe« zurückzuführen.

Einen noch viel schwereren Schlag erlitt die amerikanische Delegation, als Charles Malcolmson am 31. Mai, kaum einen Monat nach seiner Ankunft in

Nürnberg, einem Herzschlag erlag. Er war erst neununddreißig, hatte sich einen guten Namen als Pressesprecher des Justizministeriums gemacht und war bei Biddle und den anderen Mitarbeitern im Ministerium geschätzt und beliebt. Der Trauergottesdienst fand in der Heiliggeist-Kirche in Nürnberg statt; zu den Sargträgern gehörten auch die Journalisten Walter Cronkite und Richard L. Stokes. Biddle schrieb an seine Frau, er sei »sehr deprimiert« gewesen nach den Feierlichkeiten bei »regnerischem, trübem Wetter«.

Unter den Richtern regte sich Birkett am meisten über die langwierigen Vernehmungen und über die Aussicht auf, daß noch etliche Monate vor ihnen lagen. Er war so sehr an die knappen, sachlich nüchternen Verfahren vor seinen geliebten englischen Gerichten gewöhnt, daß er die unbeholfene Langsamkeit der deutschen Anwälte unerträglich fand. Seine Tagebuchnotizen und Briefe vom Mai und Juni sind voller abfälliger Äußerungen über diese Anwälte, die Dolmetscher und gelegentlich auch über seine geduldigeren Kollegen:

> *23. Mai:* Wenn ich daran denke, wie überaus unnütz Tonnen von Papier und zigtausend Worte sind und wie das Leben dabei vergeht, muß ich über diese entsetzliche Zeitverschwendung stöhnen.
> Ich habe immer wieder entschieden dagegen protestiert und Vorschläge gemacht, wie man Zeit sparen könnte, aber inzwischen bin ich völlig entmutigt und kann mich nur noch in ohnmächtiger Verzweiflung ärgern ...
> *20. Juni:* Als Flächsner [Speers Verteidiger] nach Kubuschok [Papens Verteidiger] ans Mirofon trat, wurde mir klar, daß wir uns in noch tiefere forensische Niederungen begeben mußten, so unglaublich das auch klingen mag ...
> *21. Juni:* Oscar Wilde behauptete zu Beginn von *De Profundis,* »Leiden ist ein einziger langer Augenblick«, und diese Feststellung bewahrheitet sich geradezu exemplarisch in diesem furchtbaren Kreuzverhör, das der Gerichtshof erleiden und ertragen muß.

Glücklicherweise waren die deutschen Anwälte herrlich ahnungslos hinsichtlich dessen, was Birkett so durch den Kopf ging, und zu ihrem Glück waren sich seine Kollegen auch mehr über die Schwierigkeiten und Anspannungen im klaren, die den Deutschen die Verteidigung eines Mandanten bereitete, der wegen eines Kapitalverbrechens vor einem Gericht stand, das sich an unvertraute Verfahrensweisen hielt. Lord Lawrence war sich bewußt, daß es hier fairerweise auf Geduld und Entschiedenheit ankam und weniger auf Vorträge über die Vorzüge der angloamerikanischen Strafprozeßordnung.

In dieser Zeit erschien Richter Jackson – abgesehen von seinem Kreuzverhör Speers – nur selten am Rednerpult, und die Leitung der Aktionen der Anklage vor Gericht oblag in erster Linie Maxwell-Fyfe. Im Mai und Juni allerdings stand Jacksons Name oft in amerikanischen Zeitungen, und zwar im Zusammenhang mit Angelegenheiten, die nichts mit dem Nürnberger Prozeß zu tun hatten. Diese Ereignisse kulminierten in einer öffentlichen Erklärung Jacksons, die weithin diskutiert wurde und die in bestimmten Kreisen Einfluß auf seinen persönlichen Ruf hatte.

Das Ganze hatte begonnen, als der Oberste Bundesrichter Charles Evans Hughes am 1. Juli 1941 in den Ruhestand trat, zu einer Zeit also, da Jackson Justizminister war. Präsident Roosevelt erwog ernsthaft, Jackson zum Obersten Bundesrichter zu ernennen, beschloß aber statt dessen, Harlan F. Stone diesen Posten zu übertragen und Jackson zum Richter am Obersten Bundesgericht zu berufen, in die Position also, die durch Stones Aufstieg freigeworden war. Jacksons späteren Äußerungen zufolge hatte Roosevelt vor, sollte Stone einmal in den Ruhestand gehen, Jackson zu dessen Nachfolger zu berufen.

Präsident Truman hatte natürlich mit diesen Überlegungen nichts zu tun, und als Chief Justice Stone am 22. April 1946 unerwartet einem Herzschlag erlag, deutete nichts darauf hin, daß Truman für die Berufung zum Obersten Bundesrichter Jackson oder irgend jemand sonst favorisieren würde. Die Insider allerdings hatten nicht vergessen, wie positiv Roosevelt einer möglichen Bestallung von Jackson zum Chief Justice gegenübergestanden hatte.

Während seiner Zeit am Obersten Bundesgericht war Jackson oft völlig anderer Meinung gewesen als seine Richterkollegen Hugo Black und William Douglas. Anfang Mai 1945, genau zu der Zeit also, da Jackson seine Ernennung zum Hauptankläger annahm, hatte er ein Gutachten geschrieben, das Black zutiefst geärgert hatte.

Die Details dieses nicht unwichtigen Falles* sind hier nicht weiter von Belang – um so mehr die Umstände: daß er vom Obersten Bundesgericht durch ein Votum von fünf zu vier entschieden wurde, daß Richter Black zur Mehrheit gehörte und Richter Jackson zur Minderheit, daß der Anwalt der siegreichen Partei vor Blacks Berufung an den Supreme Court dessen Partner gewesen war und daß Black trotz der Beteiligung seines ehemaligen Partners nicht wegen Befangenheit zurückgetreten war, sondern statt dessen ein Votum abgegeben hatte, das für den Erfolg seines früheren Partners ausschlaggebend gewesen war. Gegen Blacks heftigen Einspruch hatte Jackson ein Gutachten im eigenen Namen und für Richter Felix Frankfurter zu den Akten gegeben, das die Aufmerksamkeit auf diese Umstände lenkte und implizit die Korrektheit von Blacks Handlungsweise in Zweifel zog.

Während Truman noch überlegte, wen er zum Obersten Bundesrichter ernennen sollte, verbreiteten zwei bekannte Kolumnisten, Drew Pearson und Doris Fleeson, das Gerücht, daß die Richter Black und Douglas zurücktreten würden, falls Jackson Chief Justice werden sollte. Miss Fleesons am 16. Mai 1946 veröffentlichter Artikel enthielt auch eine Beschreibung von Jacksons Gutachten, das Justice Black so verstimmt hatte, sowie Details, die sie nur von

---

* *Jewell Ridge Coal Corp. gegen United Mine Workers*, 325 U.S. 161 (1945).

jemanden bekommen haben konnte, der über Insiderwissen über die nichtöffentlichen Sitzungen des Bundesgerichts verfügte. Der Tenor beider Artikel war überaus positiv für Black und negativ für Jackson.

In Nürnberg wurde Jackson durch Freunde in den USA über diese Dinge auf dem laufenden gehalten. Er konnte sich des Verdachts nicht erwehren, daß entweder Black oder Douglas den beiden Kolumnisten diese Informationen gegeben hatte, mit denen sie Jackson in ein ungünstiges Licht rücken wollten, und zwar zu einer Zeit, da Überlegungen im Gange waren, ihn in das Amt des Obersten Bundesrichters zu berufen. Ob Jackson irgend etwas unternommen hat, um seine Sache günstig zu beeinflussen, weiß ich nicht. Auf jeden Fall hielt er sich öffentlich bedeckt, bis Truman am 6. Juni die Ernennung von Fred M. Vinson zum Obersten Bundesrichter verkündete. Vinson, damals noch Finanzminister, war für kurze Zeit Bundesbezirksrichter gewesen, hatte aber vor allem als Spitzenverwaltungsbeamter während des Krieges auf sich aufmerksam gemacht.

Ohne irgend jemanden, allenfalls seinen Sohn Bill, zu Rate zu ziehen, bereitete Jackson sogleich eine Erklärung vor, die gegen die Fleeson-Kolumne Stellung bezog, sie zurechtrückte und Blacks Verhalten bei dem Fall anprangerte, der zu den Unstimmigkeiten zwischen ihnen geführt hatte. Am 8. Juni unterrichtete er den Präsidenten telegrafisch über sein Vorhaben. Truman legte ihm in seiner Erwiderung nahe, die Meinungsverschiedenheiten mit Black nicht in der Öffentlichkeit auszutragen, aber Jackson ging nicht darauf ein. Am 10. Juni verteilte er Kopien seiner Erklärung an die Presse, verließ Nürnberg unmittelbar danach und reiste nach Skandinavien.

Jacksons Erklärung war an die Justizausschüsse von Senat und Repräsentantenhaus gerichtet. Zu Beginn wies Jackson nachdrücklich darauf hin, daß es bei dieser Auseinandersetzung nicht um »eine rein persönliche Vendetta unter Anwälten« gehe, sondern vielmehr um eine Kontroverse, bei der »das Ansehen des Bundesgerichts als unparteiischer und unvoreingenommener Entscheidungsinstanz auf dem Spiel« stehe. Dann schilderte er diese juristische Kontroverse im Detail, wobei er auch auf die Vorgänge in der geschlossenen Sitzung des Bundesgerichts einging, in der er darauf bestanden hatte, ein Gutachten zu den Akten zu geben, das Zweifel an Blacks Teilnahme an dem umstrittenen Fall ebenso wie an einem anderen Fall anmeldete, in dem Blacks Ex-Partner die obsiegende Partei vertreten hatte. Abschließend erklärte Jackson:

> Mögen diese beiden Siege ... von Richter Blacks ehemaligem Partner auch auf einem noch so harmlosen Zufall beruht haben, so legte ich doch Wert darauf, daß diese Praxis nicht weitergeübt würde. Sollte sie sich jemals wiederholen, solange ich dem Gericht angehöre, dann werde ich dafür sorgen, daß mein ... damaliges Gutachten geradezu wie ein Empfehlungsschreiben wirkt im Vergleich zu dem, was ich dann von mir geben werde.

Während Jackson seine Vergnügungsreise durch Norwegen und Schweden genoß, entging er dem stürmischen Aufeinanderprallen der Pro- und Kontra-Meinungen, zu dem es augenblicklich in den USA wie in Nürnberg kam. Alle erklärten zwar, sie seien »sprachlos«, aber es gab so unterschiedliche Ansichten und Reaktionen, daß es einige Tage dauerte, bis man die Ergebnisse im einzelnen bewerten konnte.

In Nürnberg reagierte Biddle mit einer vernichtenden Kritik: Jacksons Erklärung sei »vulgär, töricht, unreif und gehässig« – Jackson sei »wie ein Kind, das herumtobt, weil es kein Bonbon bekommt«. Parker, dessen ehrgeiziges Bestreben, ans Oberste Bundesgericht zu kommen, enttäuscht worden war, als sich der Senat geweigert hatte, seine Nominierung zu bestätigen – Parker zeigte Verständnis: »Ich glaube, ... seine [Vinsons] Ernennung ist eine gute Entscheidung, aber Bob Jackson tut mir leid ... Black ist schuld daran, daß er verloren hat, und sein einziger Trost ist, daß Black nicht den Posten des Chief bekommen hat. Das hätte Jackson in eine unerträgliche Lage gebracht ... Meine ganze Sympathie gilt Jackson, aber wenn er mich gefragt hätte, dann hätte ich ihm geraten, diesen Angriff nicht zu starten. Jeder wird noch glauben, daß er es aus verletzter Eitelkeit getan hat.«

Unter den Amerikanern in Nürnberg gab es alle möglichen Meinungen, während sich die Briten wie immer als Gentlemen bedeckt hielten und die Europäer Mühe hatten zu verstehen, worum es bei dieser ganzen Aufregung überhaupt ging. Dr. von der Lippe verwies auf die Kommentare in *The Stars and Stripes*, denen zufolge »international prominente Juristen«, die mit Jackson seit Beginn der Kriegsverbrechensprozesse zusammengearbeitet hatten, befürchteten, daß seine öffentliche Beteiligung an Kontroversen in den Vereinigten Staaten »dem Ansehen des Internationalen Militärgerichtshofs« geschadet hätte.

Bei seiner Pressekonferenz in Washington am 14. Juni gab der Präsident mehr durch sein Verhalten als durch Worte seine Unzufriedenheit darüber zu erkennen, daß Jackson es versäumt habe, ihn anzurufen, bevor er seine Erklärung an die Presse herausgab. Im Kongreß gab es einige, die für einen der beiden Gladiatoren Partei ergriffen, aber die Mehrheit war der Ansicht, daß sowohl Jackson als auch Black Schaden erlitten hätten – ja, einige Abgeordnete meinten sogar, beide sollten zurücktreten. Der Leitartikel der *New York Times* erklärte gelassener:

> Man hat den Eindruck, als habe Richter Jackson eine geschmackliche Entgleisung begangen und Richter Black den schlimmeren Verstoß, richterliche Standards herabzusetzen ... Richter Jackson stellt Richter Blacks Ehre nicht in Frage. Er stellt vielmehr, und dies zu Recht, sein Urteilsvermögen in Frage. In einer ähnlichen Situation hat sich der verstorbene Oberste Bundesrichter Stone einmal ohne zu zögern für befangen erklärt. Kann irgendein unvoreingenommener Mensch daran zweifeln, daß Richter Black das gleiche hätte tun sollen?

Die Zeit heilt alle Wunden, zumindest teilweise, und als Jackson wieder ans Oberste Bundesgericht zurückkehrte, waren er und Black in der Lage, auf derselben Bank zu sitzen, ohne einander an den Kragen zu gehen. Aber die entscheidende Frage war doch, wie sich das Ganze in Nürnberg auswirkte. Ich sah kaum Anzeichen dafür, daß das Ansehen des Gerichtshofs herabgesetzt worden war, aber ganz gewiß war es um Jacksons Ansehen innerhalb des Gerichtshofs, das ja bereits durch das Versagen im Kreuzverhör mit Göring beeinträchtigt worden war, noch schlechter bestellt. Der sanftmütige Parker hatte kein Stimmrecht, aber dafür Biddle, und ein weiterer Tadel für Jackson mußte zwangsläufig das Gewicht seiner Persönlichkeit vor Gericht mindern. Zweifellos entglitt die Kontrolle im Neuen Justizgebäude Jacksons Händen und ging in die von Sir David Maxwell-Fyfe und Francis Biddle über.

Schirach: Baldur von Schirach war mit seinen neununddreißig Jahren der jüngste und – abgesehen vielleicht von Ribbentrop und Fritzsche – der schwächste Angeklagte. Er war so etwas wie ein ewig unreifer Jüngling.

Schirach wuchs in Weimar auf, wo sein Vater das dortige Hoftheater leitete, und seit 1924 fühlte er sich zum Nationalsozialismus hingezogen, nachdem er Reden von Rosenberg, Sauckel und Streicher gehört hatte. Er wurde auch Antisemit, sagte aber aus, das »ausschlaggebende« Werk, das ihn dazu gebracht habe, stamme nicht von einem Nationalsozialisten – es sei Henry Fords Buch *The International Jew* (Der internationale Jude) gewesen.

1925 hörte Schirach Hitler in Weimar reden, und im darauffolgenden Jahr ging er nach München, wo er aktives Mitglied der Hochschulgruppe des Nationalsozialistischen Studentenbundes und später dessen Leiter wurde. Hitler gefiel seine Arbeit, und 1931 ernannte er Schirach zum Reichsjugendführer, mit dem Parteititel eines dem Führer direkt unterstellten »Reichsleiters«. Als Hitler 1933 an die Macht kam, wurde Schirach Leiter der Hitlerjugend, die rasch alle anderen Jugendorganisationen in Deutschland schluckte. In dieser Eigenschaft wurde er Regierungsbeamter. 1940 gab Schirach das Amt des Hitlerjugendführers ab und wurde zum Gauleiter und Reichsstatthalter in Wien berufen, wo er bis Kriegsende blieb. Wie Streicher war auch Schirach nur nach den Punkten Eins und Vier der Anklageschrift angeklagt.

Als Schirachs Verhandlung am 23. Mai 1946 begann, hatte er bereits seit über fünf Monaten auf der Anklagebank gesessen, und die Dinge, die sich unter den Angeklagten wie im Gefängnis abgespielt hatten, wirkten sich nachhaltig auf die Aussage aus, die er schließlich machte. Seine Unterhaltungen mit Dr. Gilbert und den anderen Angeklagten spiegeln seine schwammigen und schwankenden Gedankengänge und Motive wider.

Ende Oktober 1945, also ein paar Wochen vor Prozeßbeginn, hielt Gilbert Schirach für einen gutaussehenden Mann, der sich gewandt auszudrücken wisse (er stand in der Mitte von Gilberts IQ-Liste), seine Taten zutiefst bereue und der sich mit dem Todesurteil abgefunden habe. Schirach erklärte, 1938 sei Hitler »unmenschlich und tyrannisch« geworden. Im Dezember, als der Prozeß bereits ein paar Wochen alt war, hielt sich Schirach an Speer und Fritzsche (die beiden führenden Hitler-Gegner) und sagte zu Fritzsche, »ich hatte 1943 den Eindruck, daß er verrückt geworden war«. Schirach hatte sehr oft die Gesellschaft Hitlers genossen, und zwar dank seiner Heirat mit Henriette Hoffmann, der hübschen Tochter von Heinrich Hoffmann, Hitlers offiziellem Fotografen, der auch sein Chauffeur und eine Art Hofnarr gewesen war.

Am 9. Februar 1946 konstatierte Dr. Gilbert allerdings eine auffällige Veränderung:

> Schirachs ... reumütige Haltung aus der Zeit vor Beginn des Prozesses ist vollkommen verschwunden, seit er in den ersten Wochen des Prozesses wieder unter Görings Einfluß kam. Die grundsätzliche Charakterschwäche dieses Mannes, der nur sich selber bewundert, offenbarte sich deutlich in der Art, wie seine Empörung über den Verrat Hitlers an der Hitler-Jugend unter Görings aggressivem Zynismus, Nationalismus und dessen romantischer Heldenpose immer schwächer wurde ... Seine ursprüngliche Absicht, eine Anklageschrift über »Hitlers Verrat« zu verfassen und mir nach seiner Hinrichtung zu überlassen, versickerte im Sande, obwohl Major Kelley und ich uns alle Mühe gaben, ihn zum Schreiben zu bringen. Er hat Görings Botenjungen gespielt, um die »Parteimeinung« widerspenstigen Angeklagten wie Speer klarzumachen ... Nach der gestrigen Auseinandersetzung, bei der Göring sowohl Fritzsche wie auch Schirach gereizt als »junge Schwächlinge« angriff, hielt ich die Zeit für gekommen, einen erneuten Versuch zu machen, Schirach zum Reden zu bringen.

Mit diesen Bemühungen, das Gefühl der Reue in Schirach aufrechtzuerhalten, hatten Gilbert und sein ärztlicher Kollege, Douglas M. Kelley, nicht viel Erfolg, und als Göring Mitte März als Zeuge aussagte, war Schirach begeistert über sein Auftreten. Gilbert:

> Schirach war sehr zufrieden mit seinem Helden. Er meinte, es wäre politisch eine Verrücktheit, ihn zu verurteilen, weil er so populär ist, sogar in Amerika, »und jetzt können Sie sehen, warum er so populär ist«. Ribbentrop habe seiner Ansicht nach viel mehr Schuld am Kriege.

Schirach war ganz sicher ein charakterschwacher Mensch, was kaum überraschend war bei jemandem, der seine Lektionen über Rassenfragen bei Leuten wie Henry Ford und Julius Streicher gelernt hatte. Als nächstes sorgte Gilbert dafür, daß Göring sein Mittagessen allein zu sich nahm und daß Schirach mit Speer, Fritzsche und Funk an einen Tisch gesetzt wurde. Innerhalb eines Monats bemerkte Gilbert, daß Schirach wieder ganz der reuige Sünder war, eine Haltung, die auch durch Hans Franks Bekenntnis beeinflußt worden war. Aber der eigentliche Wendepunkt kam Ende April, ausgelöst durch Gisevius' Aussagen über Görings mörderisches Verhalten während der Säuberungsaktionen gegen Röhm und die SA und sein bösartiges Intrigieren in der Blomberg-Fritsch-Affäre.

Schirach regte sich über die Entlarvung seines Helden so sehr auf, daß er eine Zeitlang nicht darüber reden wollte; und bis zum Ende bewahrte er sich einen Rest Bewunderung für Göring. Aber als es bis zu seinem eigenen Verfahren nur noch knapp drei Wochen waren, erklärte er gegenüber Gilbert, Göring »ist ein großer Mann; aber er hängt an mittelalterlichen Überlieferungen, die nicht mehr in die heutige Zeit passen ... Ich aber denke an die Zukunft der deutschen Jugend.« Er begann sich innerlich an dem Gedanken aufzurichten, »daß die Zukunft des Antisemitismus in seinen Händen liegt und daß die deutsche Jugend auf ein Wort ihres früheren Führers wartet«. Daraufhin erklärte ihm Gilbert, »der einzige Weg, das, was er getan hatte, zu einem kleinen Teil wiedergutzumachen, sei der, mit der Wahrheit herauszurücken, für die deutsche Jugend und zur deutschen Jugend zu sprechen und frei heraus zuzugeben, daß Hitler sie betrogen hat«. Diese Ideen schmeichelten seinem Ego und motivierten ihn – offenbar kam es Schirach nicht in den Sinn, daß nur wenige seiner potentiellen Zuhörer die Vorstellung ertragen hätten, Schirach könne nach dem Krieg noch Sprecher der deutschen Jugend sein.

Schirachs Anwalt war Dr. Sauter, der sich mit seinem früheren Auftritt im Namen von Funk beim Gerichtshof nicht gerade beliebt gemacht hatte.* Nachdem Schirach seine mutmaßliche Lebensgeschichte zum besten gegeben hatte, ergingen sich Sauter und er des langen und breiten in Darstellungen der Hitler-Jugend (HJ) sowie von Schirachs Tätigkeit und Politik in den Jahren, als er Leiter der HJ gewesen war.

Im Hinblick auf den in der Anklageschrift erhobenen Vorwurf, »er stärkte und festigte die psychologischen und pädagogischen Vorbereitungen für einen Krieg und die Militarisierung der Nazi-beherrschten Organisationen«, beabsichtigte Schirach, die HJ von der Wehrmacht und von militärischen Angelegenheiten im allgemeinen abzurücken. Er sagte aus, die Uniformen der HJ hätten keine »militaristische Bedeutung« gehabt, sondern seien »als Kleid der Kameradschaft ... Symbol einer klassenlosen Gemeinschaft« gewesen; er sei an keiner Verschwörung mit Wehrmachtsführern oder anderen beteiligt gewesen; es habe keine militärische Ausbildung in der HJ und keine militärischen Offiziere unter ihren Führern gegeben; die HJ habe, wie die Jugendorganisationen in anderen Ländern, Gewehre nur fürs Sportschießen verwendet; er selbst sei der einzige Parteifunktionär in der HJ-Führung gewesen und habe weder persönliche noch offizielle Kontakte zu Wehrmachtsführern unterhalten und von ihnen keine Informationen bekommen.

All das war zwar durchaus relevant für die unter Anklagepunkt Eins gegen

* Aufgrund von Sauters Ruf ist wohl kaum anzunehmen, daß er seinen Klienten ermutigt hätte, gegen das Naziregime auszusagen.

Schirach erhobenen Anschuldigungen, wurde aber von Sauter so schwerfällig vorgetragen, und Schirach war in seinen Erläuterungen zur Ausbildung junger Männer so salbungsvoll, daß Lawrence ungewöhnlich bissig wurde. Als Sauter die Mitglieder des Gerichtshofes ersuchte, sich Bilder des »Auslandshauses« der HJ bei Berlin anzusehen, erteilte ihm Lawrence eine sarkastische Abfuhr: »Wir sind gern bereit, Ihnen zu glauben, ohne das Haus anzusehen. Der besondere architektonische Stil wird uns nicht beeinflussen.« Beim Mittagessen legte Biddle Lawrence dringend nahe, »diesem Quatsch ein Ende zu bereiten«, aber de Vabres wollte Schirachs »psychologischen« Background kennenlernen, und Parker scheute sich, »die Redefreiheit einzuschränken«.

Die Verhandlung wurde lebendiger, als Sauter sich Anklagepunkt Vier zuwandte, den Verbrechen gegen die Menschlichkeit, im Zusammenhang mit Schirachs Amtszeit als Gauleiter in Wien. Schirach sagte aus, bei der Besprechung, in der Hitler ihm diesen Posten übertragen hatte, habe Hitler zum Schluß gesagt, »er verschicke aus Wien jüdische Bevölkerung, das habe er Himmler oder Heydrich ... bereits mitgeteilt ... Wien müsse eine deutsche Stadt werden.«

Hitler teilte Schirach außerdem mit, die Wiener Juden würden in Hans Franks Generalgouvernement verschickt werden. Schirach gab zu: »Der Plan Hitlers einer solchen Ansiedlung erschien mir vernünftig.« Tatsächlich wurde die Deportation von rund 60 000 Wiener Juden von Anton Brunner durchgeführt, einem SS-Offizier und Untergebenen Adolf Eichmanns. Es entsprach zweifellos der Wahrheit, als Schirach erklärte: »Ich habe keinerlei Möglichkeit gehabt, die Judenverschickung etwa abzustoppen«; aber er räumte auch ein, »daß ich ja der Meinung war, daß diese Verschickung wirklich auch im Interesse des Judentums lag« – er sei der Meinung gewesen, daß die Deportation seit den Ereignissen der Kristallnacht für die Juden die einzige Möglichkeit gewesen sei, sich dem unter dem Naziregime herrschenden Haß und der Gewalt gegen sie zu entziehen. Schirach gab allerdings zu, daß er in einer öffentlichen Rede, die er im September 1942 in Wien gehalten hatte, unter anderem gesagt habe:

> Jeder Jude, der in Europa wirkt, ist eine Gefahr für die europäische Kultur. Wenn man mir den Vorwurf machen wollte, daß ich aus dieser Stadt, die einst die europäische Metropole des Judentums gewesen ist, Zehntausende und aber Zehntausende von Juden ins östliche Ghetto abgeschoben habe, muß ich antworten: Ich sehe darin einen aktiven Beitrag zur europäischen Kultur.

Als Dr. Sauter Schirach fragte, wann er denn davon erfahren habe, »daß der Plan Hitlers auf eine Vernichtung oder Ausrottung gerichtet war«, erwiderte er, sein Freund Colin Ross* habe ihm berichtet, »daß Massenmorde an Ju-

* Dr. Colin Ross war ein weitgereister Schriftsteller und ein guter Freund von Schirachs, der ihn Hitler vorgestellt hatte. Bei Kriegsende beging Ross Selbstmord.

den im Osten in großem Umfang begangen würden«. Schirach selbst konnte in Erfahrung bringen, »daß im Warthegau* Exekutionen an Juden durch Gaswagen durchgeführt wurden«. Diese Enthüllungen führten zu Sauters nächster Frage: »Was bedeutet für Sie heute der Name Auschwitz?« Schirach benutzte diese Frage zum Sprungbrett für sein langerwartetes persönliches Bekenntnis und seinen »Freispruch« für die deutsche Jugend:

> Es [Auschwitz] ist das der größte und satanischste Massenmord der Weltgeschichte. Aber dieser Mord ist nicht von Höß [Rudolf Höß, dem Lagerkommandanten] begangen worden. Höß war nur der Henker. Den Mord befohlen hat Adolf Hitler, das steht in seinem Testament .... Die deutsche Jugend trägt daran keine Schuld. Sie dachte antisemitisch, aber sie wollte nicht die Ausrottung des Judentums ... Ich habe diese Generation im Glauben an Hitler und in der Treue zu ihm erzogen. Die Jugendbewegung, die ich aufbaute, trug seinen Namen. Ich meinte, einem Führer zu dienen, der unser Volk und die Jugend groß, frei und glücklich machen würde ... Ich habe an diesen Mann geglaubt, und das ist alles, was ich zu meiner Entlastung und zur Erklärung meiner Haltung sagen kann. Diese Schuld ist aber meine eigene und meine persönliche. Ich trug die Verantwortung für die Jugend. Ich trug den Befehl für sie, und so trage ich auch allein für diese Jugend die Schuld.

In der Mittagspause fand Schirachs Demarche im allgemeinen den Beifall seiner Mitangeklagten. Göring war krank und nicht im Gerichtssaal gewesen, Streicher war voller Verachtung und Frank eifersüchtig, aber Fritzsche, Speer, Funk, Papen, Neurath, Schacht und selbst Dönitz äußerten sich lobend. Diese breite Zustimmung stieg Schirach zu Kopf, und gegenüber Gilbert erklärte er, das, was er gesagt habe, mache »Schluß mit der Hitler-Legende«: »Damit ist die deutsche Jugend von ihren Gewissenskonflikten befreit.« Dann wurde er pathetisch: »Nun ja, ich habe meine Aussage gemacht und mein Leben abgeschlossen. Ich hoffe, die Welt wird erkennen, daß ich es nur gut gemeint habe.«

Beim Kreuzverhör verbrachte Tom Dodd fast einen ganzen Nachmittag damit, die Anschuldigung einigermaßen mit Leben zu erfüllen, daß Schirach sich an der Verschwörung zur Einleitung von Angriffskriegen beteiligt habe. Er konnte anhand von Liedern, Büchern und anderen Quellen zeigen, daß die HJ viel militanter, antijüdischer und antikirchlicher war, als Schirach sie dargestellt hatte. So enthielt beispielsweise das HJ-Jahrbuch von 1938 einen Artikel mit dem Titel »Die Wehrerziehung der deutschen Jugend«.

Aber im Hinblick auf Punkt Eins der Anklageschrift war all dies vergebliche Mühe. Es gab keine Beweise dafür, daß Schirach an Plänen oder Absich-

---

* Ein Verwaltungsgebiet, das westliche Teile von Vorkriegspolen umfaßte, die von Deutschland 1939 nach der Eroberung Polens und nach dem Zusammenbruch der polnischen Nation annektiert worden waren.

ten zur Einleitung oder Durchführung von Angriffskriegen beteiligt gewesen war. Er hatte an keiner der Konferenzen teilgenommen, auf denen derartige Pläne besprochen worden waren, und er hatte nur geringen Kontakt zu militärischen und diplomatischen Funktionären. Er erklärte, daß er im August 1939 »von einem Krieg, dem kommenden Krieg nichts wußte«, und die Anklage konnte ihm nicht das Gegenteil nachweisen. Selbst wenn sich die HJ an einer ausgiebigen militärischen Ausbildung unter militärischer Aufsicht beteiligt hätte, wäre das unter diesen Umständen noch lange keine Grundlage für eine Verurteilung Schirachs nach Anklagepunkt Eins gewesen.

Im Hinblick auf Anklagepunkt Vier befand sich Schirach nach seinen Eingeständnissen auf weitaus unsichererem Boden, insbesondere angesichts seiner öffentlichen Unterstützung für die Vertreibung der Juden aus Wien nach Polen. Dodd hatte Beweismaterial, das die Anklage noch weiter untermauerte. Im Jahre 1942 wurden Berichte über die Tätigkeit der Einsatzgruppen in der Sowjetunion, einschließlich der Massaker an vielen Tausenden von Juden, regelmäßig an Schirach in Wien geschickt, zu Händen von Dr. Fischer, einem Mitarbeiter in Schirachs Stab. Der Angeklagte bestritt, diese Berichte jemals gesehen zu haben, aber Dodd wies auf Details hin, die Schirachs Glaubwürdigkeit in Zweifel zogen.

Die Berichte waren zu einer Zeit eingetroffen, als Wiener Juden noch immer mit Schirachs Zustimmung nach Polen verschickt wurden. Die Behauptungen, daß Schirach an der Vertreibung der Juden aus Wien beteiligt war, konnten noch weiter untermauert werden, als Dodd auf ein Dokument zurückgriff, das zuvor von Oberst Pokrowski vorgelegt worden war. Es war ein Aktenvermerk über eine Sitzung vom Oktober 1940 in Hitlers Wohnung, an der Bormann, Hans Frank und Schirach teilnahmen, wobei letzterer erklärte, »er habe in Wien noch über 50 000 Juden, die Dr. Frank ihm abnehmen müsse«. Im weiteren Sitzungsverlauf habe Hitler damals seine Politik gegenüber den Polen so dargestellt:

> Das Lebensniveau in Polen müsse sogar niedrig sein bzw. gehalten werden ... Unbedingt zu beachten sei, daß es keine »polnischen Herren« geben dürfte; wo polnische Herren vorhanden seien, sollten sie, so hart es klingen möge, umgebracht werden ... Daher seien alle Vertreter der polnischen Intelligenz umzubringen. Dies klinge hart, aber es sei nun einmal das Lebensgesetz.

Selbst als Schirach von derart mörderischen Plänen aus Hitlers Mund erfahren hatte, wirkte sich das offenbar nicht abträglich auf seine Loyalität und seine Bewunderung für seinen Führer aus.

Vielleicht das beste Beispiel für Schirachs Mangel an Feingefühl war seine Antwort auf Dodds abschließende Fragen, die seiner angeblichen damaligen Unkenntnis über die Einsatzgruppenberichte galten, die an Schirachs Büro geschickt und von seinem Hauptmitarbeiter Dr. Dellbrügge zu den Akten gegeben worden waren. Schirach erklärte zu diesem Vorgang:

> Ich verstehe durchaus, warum bei meiner Arbeitsüberlastung der Regierungspräsident Akten, die in gar keinem Zusammenhang mit Wien und meiner Tätigkeit standen, sondern nur informatorisch waren und Vorgänge in Rußland, zu 90 Prozent Bandenkämpfe in Rußland betrafen, mir überhaupt nicht vorlegte.

Als Dodd ihm diese Fragen stellte, wußte Schirach bereits, daß es in diesen Berichten um das Massaker von deutschen SS-Truppen an Hunderttausenden von Juden in Gebieten ging, die von der Krim bis Estland reichten. Daß er diese Berichte als »nur informatorisch« bezeichnete, war, gelinde gesagt, sehr kaltschnäuzig.

Sauckel: Ernst Friedrich Christoph Sauckel, schlicht Fritz Sauckel genannt, war klein und scheinbar harmlos. Er wurde 1887 geboren, ging mit fünfzehn zur Handelsmarine, geriet zu Beginn des Ersten Weltkriegs in französische Gefangenschaft und war fünf Jahre lang Kriegsgefangener. Nach dem Krieg arbeitete er in einer Fabrik in seiner Heimatstadt Schweinfurt, wo er politisch aktiv wurde und 1925 der NSDAP beitrat. Er lernte Hitler kennen, und obwohl Sauckel keinen engen Kontakt zu ihm hatte, wurde er zum Gaugeschäftsführer in Thüringen ernannt, 1927 zum Gauleiter. 1933 wurde ihm das Amt des Reichsstatthalters von Thüringen übertragen.

Inzwischen war längst klargeworden, daß Sauckel viel größer war, als er aussah, und viel fähiger, als man hätte vermuten können, wenn man seinen Namen kurz vor dem Ende von Dr. Gilberts IQ-Liste entdeckte. Er hielt Hunderte von öffentlichen Reden und veröffentlichte Zeitungsartikel und eine Reihe von Büchern. Er war Partei- und Regierungschef von Thüringen. Der angesehene Berliner Journalist Louis Lochner hielt ihn für »einen der Härtesten aus der alten Nazi-Garde«. Aber noch war Sauckel nur ein Provinzpotentat, und wäre er nichts weiter als der Führer von Thüringen geblieben, hätte man ihn wahrscheinlich kaum auf der Nürnberger Anklagebank angetroffen.

Sauckel war nach allen vier Punkten der Anklageschrift angeklagt worden, aber er hatte praktisch keine Verbindungen zu diplomatischen oder militärischen Kreisen, und es gab buchstäblich keine Grundlage für eine Verurteilung nach den Anklagepunkten Eins und Zwei. Er hatte beachtliche Erfahrungen mit Problemen des Arbeitsmarkts, und Ende 1941 beschwor der Abzug von Arbeitskräften in die Wehrmacht eine Krise in der Industrie wie in der Landwirtschaft herauf. Und als Hitler Sauckel aufforderte, etwas gegen den Arbeitskräftemangel zu tun, notierte Joseph Goebbels in sein Tagebuch:

> Sauckel ist zum Reichsbeauftragten für Arbeitseinsatz ernannt worden ... Zweifellos wird hier eine starke nationalsozialistische Hand Wunder wirken

können. Es dürfte nicht schwer sein, aus dem deutschen Volk noch mindestens eine Million von neuen Arbeitskräften zu mobilisieren.

Folglich befaßte sich das Verfahren gegen Sauckel ausschließlich mit seiner Amtsführung als Generalbevollmächtigter für den Arbeitseinsatz, zu dem er am 21. März 1942 ernannt worden war. Sein Anwalt, Dr. Robert Servatius, verwendete klugerweise nur ein paar Minuten für die vor diesem Datum liegende Zeit, und die Anklagepunkte Eins und Zwei wurden überhaupt nicht angesprochen.

Servatius war ein viel besserer Anwalt als Sauter, und Lawrence fand an seinen Fragen kaum etwas auszusetzen.* Problematisch hingegen war der Angeklagte selbst, und zwar teils wegen seiner merkwürdigen Gewohnheit, »nach jedem Wort eine Pause« zu machen, wie Lawrence es formulierte**, teils wegen seines miserablen Stils, den Dr. von der Lippe in seinem Tagebuch bemängelte: »Sauckel drückt sich in so schlechtem Deutsch aus, daß die Zuhörer darunter geradezu leiden. Durch die Übersetzung ins Englische werden Grammatik und Satzbildung erheblich verbessert, so daß das Gericht die mangelhafte Sprache nicht voll zu hören bekommt.«

Sauckel war nicht in der Lage, Servatius' Frage: »Warum wurden Sie für dieses Amt gewählt?« zu beantworten, behauptete aber, Bormann habe in seinem »Bekanntmachungsanlaß« veröffentlicht, daß Speer (der nur ein paar Wochen früher zum Reichsminister für Bewaffnung und Munition ernannt worden war) ihn vorgeschlagen hätte. Aber Speer erklärte fast ein Vierteljahrhundert später in seinen Erinnerungen: »Bormann hatte auch erreicht, daß Sauckel durch Hitler ernannt und ihm unmittelbar unterstellt werden sollte.«

Damit stieg der ehemalige Seemann, Arbeiter und Lokalpolitiker in die höchsten Einflußsphären auf, wo er engstens zusammenarbeitete mit Göring beim Vierjahresplan, Speer, dem Munitionshersteller, Generalfeldmarschall Erhard Milch in der Zentralen Planung, Himmler und Heydrich bei der Geheimpolizei und den Einsatzgruppen sowie anderen Leuten, die damals ganz bekannt waren. In dieser Welt des Verrats, des Betrugs und der Verleumdung war das Leben ein gefährlicher Rausch – als ob man in einem Becken voller Haie schwimmen würde. Und es dauerte auch gar nicht lange, bis Sauckel Krach mit Speer hatte; und Goebbels, der ihn erst als Wundermacher verkauft hatte, höhnte bald, er sei »einer der Flauesten unter den Flauen«.

Weniger unmittelbar, dafür aber um so nachhaltiger drohten Sauckel Gefahren aus einem anderen Zusammenhang. Goebbels hatte sich vorgestellt, Sauckel würde die neuen Arbeiter im deutschen Volk finden; er müßte dabei »energisch zu Werke gehen«, doch das war ja kein Kriegsverbrechen. Das

---

* Dr. Servatius vertrat auch Adolf Eichmann bei seinem Prozeß in Jerusalem im Jahre 1962.

** Lawrence: »Angeklagter ..., ich glaube, daß Ihre Sätze kürzer wären, wenn Sie nicht nach jedem Wort eine Pause machen würden ... Es wäre leichter für die Dolmetscher.«

wäre (wenngleich mit Abstrichen) ebenfalls nicht der Fall gewesen, wenn Ausländer freiwillig ins Reich gekommen wären, um dort zu arbeiten. Aber die Deportation, die Zwangsumsiedlung von Ausländern aus den von Deutschen besetzten Gebieten, war nach den Bestimmungen der Haager Konventionen eindeutig ein Verbrechen. Wie die Rekrutierung von Fremdarbeitern im März 1944 in Frankreich vor sich ging, wird im Diskussionsprotokoll einer Konferenz der Zentralen Planung über »Arbeitsbeschaffung« sehr deutlich:

> *Kehrl**: Der Arbeitseinsatz ... in Frankreich hatte bis Anfang 1943 einen verhältnismäßig bescheidenen Umfang angenommen ... Während dieser ganzen Zeit ist von Ihnen durch freiwillige Werbung eine große Zahl von Franzosen nach dem Reich gekommen.
> (*Sauckel*: Auch durch Zwangswerbung)
> Die Zwangswerbung setzte ein, als die freiwillige Werbung nicht mehr genug ergab.
> *Sauckel:* Von den 5 Millionen ausländischen Arbeitern, die nach Deutschland gekommen sind, sind keine 200 000 freiwillig gekommen.
> *Kehrl:* Ich will mal dahingestellt sein lassen, inwieweit ein leichter Druck dabei war. Es war jedenfalls formal freiwillig. Nachdem nun diese freiwillige Werbung nicht mehr zu Ergebnissen führte, ging man zur jahrgangsweisen Einziehung über, und die hat beim ersten Jahrgang einen ziemlich weitgehenden Erfolg gehabt. Es wurde gut 80 % des Jahrgangs erfaßt und nach Deutschland gebracht ... Im Gleichklang mit der militärischen Entwicklung in Rußland und den daraus entstehenden Gefühlen für die Entwicklung des Krieges bei den Westvölkern ließ diese Einziehung der Jahrgänge erheblich nach ..., d. h. die Leute versuchten, sich dieser jahrgangsweisen Einziehung nach Deutschland zu entziehen, und zwar teilweise, indem sie sich gar nicht meldeten, teilweise dadurch, daß sie zum Transport nicht eintrafen oder unterwegs ausstiegen.

Als sich Sauckel nach der Verlesung dieses Gesprächsprotokolls über »Ungenauigkeiten« beschwerte, hatte er zweifellos recht: Die von ihm behauptete Relation von 200 000 Freiwilligen gegenüber insgesamt fünf Millionen ausländischen Arbeitern stellte »ein vollkommen unmögliches Verhältnis« dar. Aber diese Besprechung zeigt doch deutlich, daß sich die Gewinnung von Zwangsarbeitern in großem Maßstab abspielte und wie unwohl sich Leute wie Sauckel, die all dies organisierten, in ihrer Haut fühlten.

Mitte Dezember 1945 hatte Tom Dodd im Laufe des amerikanischen Anklagevortrags Sauckel (und auch Speer) mit unwiderlegbarem dokumentarischem Beweismaterial zugedeckt, aus dem hervorging, wie Sauckel die zwangsweise wie die »freiwillige« Werbung** von ausländischen Arbeitern or-

---

* Hans Kehrl war ein hoher Beamter im Wirtschaftsministerium wie bei der Zentralen Planung.

** Der Prozentsatz der freiwillig Angeworbenen läßt sich nicht einwandfrei ermitteln – eine gewisse Zahl konnte sich scheinbar freiwillig gemeldet haben, hatte sich aber wohl ohne Murren gefügt, aus Angst vor den Konsequenzen, die ein Aufbegehren gehabt hätte.

ganisiert hatte und welchen Brutalitäten und Entbehrungen diese Arbeiter ausgesetzt gewesen waren. Sauckel war ein Proletarier und behauptete mit einem gewissen Anschein von Ernsthaftigkeit, er habe sein Bestes für die Arbeiter getan; aber die Masse von ihnen kam aus Osteuropa, und wenn man an die Einstellung der Nazis gegenüber Slawen dachte, war eine allgemein gute Behandlung nicht zu erwarten gewesen. Dodds Beweismaterial hatte eine vernichtende Wirkung auf Sauckel, wie Dr. Gilbert berichtete:

Sauckel zitterte, als wäre ich gekommen, um ihn zu foltern. Er rang die Hände und begann sich sofort mit bebender Stimme zu verteidigen: »Ich möchte Ihnen sagen, daß ich absolut nichts über diese Dinge gewußt habe – und ich hatte ganz bestimmt überhaupt nichts mit ihnen zu tun! Ganz im Gegenteil sogar. Ich wollte die Bedingungen für die Fremdarbeiter so günstig wie möglich machen.

Servatius konnte nichts weiter für ihn tun, als sich an die Taktik von Kaltenbrunner zu halten und die Verantwortung anderen zuzuschieben. War Sauckel ermächtigt, die Rekrutierung in militärischen Operationsgebieten vornehmen zu lassen? Nein; im Osten wie in Frankreich und Belgien konnte er die Militärbehörden nur ersuchen, Arbeitskräfte zu rekrutieren. Wie stand es mit den besetzten Ostgebieten? Sauckels Rekrutierungsagenten waren mit Rosenbergs Stab gleichgestellt. Wem unterstand der Transport der Arbeiter nach Deutschland? Der Reichsbahn, d. h. dem Reichsverkehrsminister Dr. Julius Dorpmüller. Verantwortlich für die Arbeitsbedingungen waren die einzelnen Gauleiter, und Sauckel hatte entsprechende Machtbefugnisse nur bei sich in Thüringen.

Fest entschlossen, dieses schlampig konstruierte System zum Funktionieren zu bringen, berief Sauckel am 6. Januar 1943 rund 800 Funktionäre zu einer Konferenz in Weimar ein und erklärte ihnen:

> Wo die Freiwilligkeit versagt (nach den Erfahrungen versagt sie überall), tritt die Dienstverpflichtung an ihre Stelle …
> Wir werden die letzten Schlacken unserer Humanitätsduselei ablegen. Jede Kanone, die wir mehr beschaffen, bringt uns eine Minute dem Siege näher! Es ist bitter, Menschen von ihrer Heimat, von ihren Kindern loszureißen. Aber wir haben den Krieg nicht gewollt! Das deutsche Kind, das an der Front seinen Vater verliert, die deutsche Frau, die ihren gefallenen Mann beklagt, ist weit schlimmer getroffen. Schwören wir hier jeder falschen Gefühlsregung ab …
> Das ist das eiserne Gesetz des Jahres 1943 beim Arbeitseinsatz: Es darf in wenigen Wochen kein besetztes Gebiet mehr geben, in dem nicht die Dienstverpflichtung für Deutschland das Selbstverständlichste von der Welt ist.

Das erste Kreuzverhör wurde von Jacques Herzog, einem jüngeren französischen Ankläger, geführt. Es war zwar gut aufgebaut, dauerte aber praktisch einen ganzen Tag, ohne daß es seinen Zweck wirklich erfüllte. Wie seine Kollegen war auch Herzog hauptsächlich an Schäden oder Beleidigungen gegenüber La France interessiert und verwendete die meiste Zeit auf Zwangsaushebungen französischer Arbeiter – ein Verbrechen, das schon mehr als eindeutig bewiesen worden war.

Nach Herzog kam General Alexandrow, der fast genauso lange brauchte, und zwar teilweise, weil er auf sowjetische Art seine Fragen mit abwertenden Unterstellungen verband. Als er beispielsweise wissen wollte, ob ausländische Arbeiter hauptsächlich in Rüstungsbetrieben eingesetzt worden seien, lautete Alexandrows »Frage«: »Demnach sind die eingeführten Arbeitskräfte voll und ganz für die Führung des Aggressivkrieges durch Deutschland eingesetzt worden. Geben Sie das zu?« Damit brachte er natürlich Sauckel nur dazu, zu bestreiten, daß Deutschlands Kriege aggressiv gewesen seien, während er ansonsten bestätigt hätte, daß die ausländischen Arbeiter in der Rüstungsindustrie eingesetzt wurden. Lawrence war diese Verzögerungen leid und forderte Alexandrow auf, seine Fragen nicht mit der Behauptung zu verbinden, »es handle sich um ein Verbrechen«. Aber diese Gewohnheit war so eingefleischt, daß der General sogleich wieder in sie verfiel.

Auch Alexandrow brachte nichts von Bedeutung zutage. Nachdem Servatius eine kurze Nachbefragung abgeschlossen hatte, betrat ein neuer Protagonist die Arena des Kreuzverhörs: Richter Francis Biddle. Fast eine Stunde lang setzte er Sauckel hart zu, indem er darauf bestand, daß dieser auf direkte Fragen nur kurz antwortete. Dieser Stil war eine großartige Abwechslung für die Zuhörer, und ein Kommentator bezeichnete Biddles Auftritt als das »geschickteste Kreuzverhör« des ganzen Prozesses. Biddle schrieb seiner Frau: »Die Franzosen und die Russen waren ganz unzulänglich, und so beschloß ich, mich bei ihm [Sauckel] mächtig ins Zeug zu legen ... Ich habe ihn voll erwischt. Er war verängstigt, kurz und bündig und machte alles mit.« Aber ein anderer Kommentator hielt es für »zweifelhaft, ob man im Fall Sauckel überhaupt weitergekommen war«; und ich teile diese Zweifel.

Sauckels erste drei Zeugen, alles ehemalige Untergebene, trugen nichts zu seiner Entlastung bei. Interessanter war der vierte und letzte Zeuge, Dr. Wilhelm Jäger, der von der Firma Krupp in Essen bestellt worden war, um die ausländischen Arbeiter bei Krupp ärztlich zu betreuen. Jäger hatte bei der Anklagebehörde eine eidesstattliche Versicherung abgegeben, wurde aber von Servatius als Zeuge aufgerufen, so daß einige von Servatius' Fragen eher einem Kreuzverhör entsprachen. Als Jäger seine Arbeit bei Krupp im Oktober 1942 begonnen hatte, waren die Krupp-Lager für ausländische Arbeiter laut seinem Affidavit mit Stacheldraht umgeben und völlig unzureichend mit Nahrung, Bekleidung, Unterkünften und Medikamenten versorgt. Er sagte allerdings aus, daß aufgrund von Sauckels Anordnungen Anfang 1943 der Stacheldraht entfernt wurde und sich die Versorgung mit Lebensmitteln verbesserte. Leider waren Jägers Erinnerungen jedoch sehr ungenau, und da es genügend anderes Beweismaterial über die Situation ausländischer Arbeiter gab, war seine Aussage nicht von großer Bedeutung.

Zum Schluß fragte Servatius seinen Mandanten, »ob Sie selbst Ihre Tätigkeit heute für berechtigt ansehen oder nicht?« Darauf erwiderte Sauckel: »Von der Kriegslage und der deutschen Wirtschaftslage aus gesehen und so, wie ich meinen Arbeitseinsatz aufgefaßt und durchzuführen versucht habe, habe ich ihn als berechtigt und vor allen Dingen als unabwendbar notwendig angesehen, denn dieses von uns besetzte Gebiet und Deutschland zusammen war wirtschaftlich ein unzertrennbares Gebiet.« Es war eine ehrliche Antwort, die aber nicht gerade einem Freispruch dienlich war.

Jodl: Generaloberst Alfred Jodls Vater und mehrere seiner Vorfahren waren bayerische Armeeoffiziere gewesen, und sein jüngerer Bruder Felix war ein Feldkommandeur, der es bis Kriegsende zum General der Gebirgsjäger gebracht hatte. Die Wehrmacht war vor allem anderen *fons et origo* für Alfred Jodls Ansichten über die Welt und deren Probleme.

Jodl, kahlköpfig und von bescheidener Statur, war alles andere als eine flotte Erscheinung, aber als er Mitte Vierzig war, hatte seine Begabung für militärische Planung und Organisation seine vorgesetzten Offiziere überaus beeindruckt, und so wurde er 1935 für eine Stabstätigkeit auf höherer Ebene auserkoren und berufen. Ungeachtet seiner genialen Stabsfähigkeiten rangierte Jodl freilich nur im Mittelfeld auf Dr. Gilberts IQ-Liste.

Berufssoldaten sehen generell auf Politiker herab, und anfangs hatte auch Jodl von Hitler eine negative Meinung. Seine Einstellung änderte sich allerdings sehr rasch in den Jahren 1937 und 1938, als er unter Blomberg und Keitel Chef der Operationsabteilung des Wehrmachtskommandos war. Das von Jodl bis Mai 1940 geführte Tagebuch (das auszugsweise auch ins Nürnberger Prozeßprotokoll aufgenommen wurde) ist voll lobender Kommentare über den Führer und seine Triumphe, kritisiert aber ältere Generäle, die nicht bereit waren, ihn für ein Genie zu halten.

Persönlich begegnete Jodl Hitler erst im September 1939, zu Beginn des Krieges. Von da an berichtete er – von ein paar kurzen Unterbrechungen abgesehen – fast bis Kriegsende bei sämtlichen täglichen Stabskonferenzen über die militärische Lage und führte häufig – mitunter auch kontroverse – Gespräche mit Hitler. Das kann nicht gerade ein sehr glückliches Leben gewesen sein, denn Jodl charakterisierte das Führerhauptquartier als »eine Mischung zwischen einem Kloster und einem Konzentrationslager«.*

Das Verhältnis zwischen beiden blieb unpersönlich und wurde im Laufe der Zeit zunehmend frostiger. Von diesen Einschränkungen abgesehen, kann man allerdings wohl sagen, daß Jodl während des Krieges Hitler öfter gesehen und gesprochen hat als irgendein anderer Angeklagter in Nürnberg. Zweifellos liegt es nicht nur am Todesurteil gegen Jodl, sondern auch

---

* Dieser Vergleich legt die Vermutung nahe, daß Jodl über Konzentrationslager mehr wußte, als er später zugab.

am militärischen wie dienstlichen Charakter der Führer-Jodl-Beziehung, daß seine Verurteilung umstrittener ist als irgendeine andere. Gerade im Vergleich zu Keitels erbärmlicher Schwäche wirkt sein Bild als das eines außergewöhnlich fähigen Offiziers, der eine notwendige und schwierige militärische Aufgabe durchführte und der auch angesichts von Hitlers Kritik nicht nachgab, durchaus reizvoll, insbesondere für Militärs, für die er »nichts weiter als die Arbeit erledigte, die man ihm aufgetragen hatte«.

Die Anklage gegen Jodl nach allen vier Anklagepunkten beruhte auf sehr allgemein formulierten Anschuldigungen. So wurde behauptet, Jodl habe »seinen persönlichen Einfluß und seine enge Beziehung zum Führer« benutzt, um »die Machtergreifung der Nazi-Verschwörer« zu fördern; er habe »die Vorbereitung für den Krieg« gestärkt und gefestigt, »an den militärischen Plänen und Vorbereitungen der Nazi-Verschwörer für Angriffskriege und Kriege in Verletzung internationaler Verträge« teilgenommen; auch »genehmigte und leitete er Kriegsverbrechen ... und Verbrechen gegen die Humanität«. Es gab keine weiteren spezifischen Vorwürfe – in dieser Hinsicht war die Anklageschrift unverzeihlich vage. Aber lange bevor Jodls Fall verhandelt wurde, waren aus dem von der Anklagebehörde vorgelegten Beweismaterial klar und eindeutig die relevanten und schweren Anschuldigungen gegen ihn hervorgegangen.

Jodl hatte gute Anwälte. Sein Hauptverteidiger, Prof. Dr. Franz Exner, und dessen beisitzender Anwalt, Prof. Dr. Hermann Jahrreiss, waren beide ganz ausgezeichnet – der erste ein Fachmann für Strafrecht, der andere ein Völkerrechtler. Exner war ein Freund der Familie Jodl, und das Verhältnis zwischen Mandant und Anwalt war gut. Dr. von der Lippe schrieb: »Das Verteidigungsteam Jodl wirkt besonders feierlich, da beide Professoren violette Universitätstalare tragen und Frau Jahrreiss [die Assistentin beider Anwälte] diese Farbensymphonie durch ein violettes Samtkleid komplettiert.«

Das Jodl-Team entschloß sich, zuerst auf die Anklagen wegen Mordes einzugehen, und begann mit dem Kommissarbefehl. Hitlers Befehl, vor dem Beginn des Konflikts mit Rußland ausgegeben, sah vor, daß alle sowjetischen Militärkommissare (kämpfende Soldaten in Uniform, die auch politisch für die Loyalität und die Stimmung der Truppe verantwortlich waren) bei der Gefangennahme getötet werden sollten.

Jodl war nun gebeten worden, einen Entwurf jenes Befehls zu überarbeiten, der, wie Jodl sehr wohl wußte, eine kapitale Verletzung des Kriegsrechts darstellte. Daraufhin schlug er in einer Randbemerkung zu dem Entwurf vor, man solle die ganze Aktion »am besten als Vergeltung« aufziehen. Dann hätte man natürlich den Befehl bis nach dem Beginn des Konflikts verschieben müssen, um die Sowjets wegen Greueltaten beschuldigen zu können und eine plausible Grundlage für Vergeltungsmaßnahmen zu bekommen. An diesem Punkt ließ Exner – versehentlich oder absichtlich? – die Angelegenheit wieder fallen, und damit blieb eindeutig die Schlußfolgerung im Raum stehen, daß Jodl Vergeltungsmaßnahmen vorschlug, egal ob sie vernünftig begründet waren oder nicht, um eine unbestreitbar mörderische Verletzung der Haager Konventionen zu tarnen.

Exner wandte sich dann dem vieldiskutierten Kommandobefehl zu, mit dem ich mich zuvor bei meiner Klagevorlage gegen den Generalstab ziemlich ausführlich befaßt hatte. Jodl betonte, daß Hitler den Befehl selbst formuliert habe und daß er, Jodl, nur für die Verteilung zuständig gewesen sei. Was die Rechtsgültigkeit des Kommandobefehls betraf, so wollte sich Jodl wie seinerzeit auch jetzt nicht eindeutig festlegen. Auf eine entsprechende Frage von Exner erwiderte er: »Aber ... ich war mir ja gar nicht sicher, ob dieser Befehl, sei es in seiner Gesamtheit wie auch nur in Teilen, wirklich rechtswidrig war, ich weiß es auch heute noch nicht ...« Allerdings sollte von den Oberbefehlshabern geklärt werden, ob es sich um ein reines Erkundungsunternehmen oder um einen Sabotagetrupp handelte – bei letzterem »mußte geprüft werden, wie ist er ausgerüstet, hat er Zivil unter der Uniform, hat er die berühmte Achselpistole, aus der sich der Schuß löst, wenn man die Hand hochhebt, um sich zu ergeben, hat er sich sonstwie im Kampf gemein benommen«.

Der Gebrauch solcher Waffen, der ja dem Recht, sich zu ergeben, entgegensteht, verletzt natürlich das Kriegsrecht, ganz gleich, ob es sich um ein Kommandounternehmen handelt oder nicht. Derart heimtückische Taten können vor einem Kriegsgericht verhandelt werden oder gar Vergeltungsmaßnahmen für angebracht erscheinen lassen, falls es immer wieder dazu kommt. Aber damit war doch noch lange nicht die Tötung *aller* Kommandounternehmen legalisiert, unabhängig von ihrem konkreten Verhalten und ohne daß sie vor ein Kriegsgericht gestellt wurden.

Anschließend wandte Exner sich allgemeineren Fragen zu. Was wußte Jodl über die Vernichtung der Juden? »Ich kann nur im vollsten Bewußtsein meiner Verantwortung hier zum Ausdruck bringen, daß ich niemals, mit keiner Andeutung, mit keinem Wort, mit keinem Schriftstück, von einer Vernichtung von Juden gehört habe.« Die Konzentrationslager? »Ich kann kurz sagen, von Konzentrationslagern wußte ich von Dachau und Oranienburg. Oranienburg hatten im Jahre 1937 auch einmal Offiziere einer Abteilung besucht und mir sehr begeistert davon berichtet.« Jodls Einstellung zum Völkerrecht? »Ich habe das Völkerrecht als eine selbstverständliche Voraussetzung einer gesitteten Kriegführung gekannt, genau gekannt und geachtet.« All diese Angelegenheiten und noch weitere Dinge gingen ziemlich glatt über die Bühne, und dann wandte sich Exner den Anklagepunkten Eins und Zwei sowie dem Thema Angriffskriege zu.

In diesem Zusammenhang ging Jodl auch weiterhin bereitwillig auf die Fragen ein, soweit sie die Militarisierung des Rheinlandes und die Annexion Österreichs betrafen. Beide Aktionen waren militärische Vorgänge von großer strategischer Bedeutung; aber keine führte zum Krieg, und beide waren so beschaffen, daß Jodl sie plausibel als nichtaggressive Aktionen bezeichnen konnte, die mit großer Unterstützung von seiten der Bewohner dieser Länder durchgeführt wurden. Auch die Eroberung der Tschechoslowakei, in die Jodl tief verstrickt war, reichte nicht aus, um als Krieg zu gelten; aber mit Sicherheit hießen die meisten Bewohner die deutschen Eroberer nicht willkommen, und es gab mehr als genug planmäßige Aggressionsakte. Bei seiner Darstellung der Ereignisse, die zum Münchner Abkommen und zur Teilung des Landes, zur Abtrennung von Böhmen und Mähren führten, überspannte Jodl den Bogen allerdings und stellte den Lauf der Dinge so verzerrt dar, daß er seine Glaubwürdigkeit ein für allemal verspielte.

Jodl schilderte dem Gerichtshof, daß Deutschland nur geringe militärische Vorbereitungen für einen Krieg gegen die Tschechoslowakei getroffen habe – jedenfalls bis zum 14. September 1938, als die Tschechoslowakei teilweise mobil machte. Deutschland, sagte er, hätte nie die Absicht gehabt, Gewalt anzuwenden, falls England und Frankreich sich nicht militärisch eingemischt hätten und die Tschechoslowakei sich an die Vereinbarungen zwischen Deutschland und den »Westmächten« gehalten hätte. Es ist schon ganz erstaunlich, daß Jodl so lächerliche Behauptungen vorzubringen suchte, zumal doch sein eigenes Tagebuch ebenso wie andere wohlbekannte deutsche Dokumente über die Tschechoslowakei-Krise, die Alderman zu Beginn des Prozesses bereits als Beweisstücke vorgelegt hatte, etwas völlig anderes aussagten.

Das Ganze hatte am 19. Mai 1938 begonnen, als die Regierungen von England, Frankreich und der Tschechoslowakei von ihren Geheimdiensten über deutsche Truppenkonzentrationen nahe der tschechischen Grenzen unterrichtet wurden. Es war bereits zu Spannungen im Sudetenland gekommen, wo Kommunalwahlen am 22. Mai stattfinden sollten. Am 20. Mai hatte die tschechische Regierung einen Reservistenjahrgang und ein paar Spezialeinheiten zur Verstärkung der Polizei im Sudetenland einberufen. Die Deutschen bestritten heftig, daß es irgendwelche bedrohlichen deutschen Truppenbewegungen gegeben habe, und tatsächlich ließen sich feindselige Absichten nicht nachweisen. Allerdings hatten die Tschechen allen Grund, sich wegen des Sudetenlandes Sorgen zu machen, da die Sudetenführer politische Verhandlungen mit Prag abgebrochen hatten und deren Anführer, Konrad Henlein, sich sogar in Berlin bei Hitler befand: »Grundlegende Besprechung des Führers mit K. Henlein«, notierte Jodl in seinem Tagebuch.

Vor Gericht erklärte Jodl, die tschechische Einberufung sei »ein ungeheuerlicher Zwischenfall« gewesen: »Die Tschechoslowakei machte nämlich nicht nur mobil, sondern sie marschierte sogar an unseren Grenzen auf.« Der Gedanke an einen tschechischen Angriff auf Deutschland war geradezu haarsträubend, und da die tschechischen Soldaten einberufen worden waren, um den Frieden in den Städten des Sudetenlandes zu sichern, war ihre Präsenz in der Nähe der deutschen Grenzen notwendig und stellte ganz gewiß keine Bedrohung dar. Aber Hitler war wütend und änderte den ersten Satz des Entwurfs für den »Fall ›Grün‹« (dem Codewort für geplante militärische Operationen gegen die Tschechoslowakei) wie folgt ab: »Es ist mein unabänderlicher Entschluß, die Tschechoslowakei in absehbarer Zeit durch eine militärische Aktion zu zerschlagen.« Jodl war sich ganz offenkundig nicht bewußt, wie aberwitzig grausam es war, die Vernichtung einer Nation zu planen, nur weil sich ein Diktator auf den Schlips getreten fühlte.

Jodl stellte sodann nachdrücklich fest, »daß es in keinem Befehl für das Auslösen eines Krieges gegen die Tschechoslowakei einen Termin gibt«. Aber wenn die Tschechen von den deutschen Plänen gewußt hätten, wären sie auch nicht gerade erleichtert gewesen, da diese Pläne tatsächlich einen Angriff »ab 1. Oktober bei der ersten günstigen Gelegenheit« vorsahen. Das bedeutete natürlich nichts anderes, als daß alle notwendigen Vorbereitungen für einen Angriff bis zum 1. Oktober abgeschlossen sein sollten. Gleichwohl versuchte Jodl dem Gerichtshof weiszumachen: »In der Tat ist vor dem 14. September militärischerseits gar nichts geschehen.«

Das kann man nur als unverschämte Lüge bezeichnen. In Jodls Tagebuch heißt es nämlich unter dem Datum des 30. Mai 1938: »unterschreibt d. Führer die Weisung Grün, die seinen Entschluß, die Tschechei in Bälde zu zerschlagen endgültig festlegt u. damit die milit. Vorbereitungen auf der ganzen Linie auslöst. Die bisherigen Absichten des Heers müssen erheblich geändert werden im Sinne eines sofortigen starken Einbruchs in die Tschechei, schon am [ersten] Tag gemeinsam mit dem Einflug der Luftwaffe.«

Wie aus allen weiteren Dokumenten hervorging, schritten danach die Vorbereitungen für die militärische Zerschlagung der Tschechoslowakei zügig voran. Von Mai bis Juli drängte Hitler selbst die Wehrmacht und die Organisation Todt, Befestigungen aller Art entlang der deutsch-französischen Grenze beschleunigt zu erstellen, um die französische Armee davon abzuhalten, sich in Hitlers Pläne einzumischen. Man plante einen »Zangenangriff« quer durch Mähren, von Süddeutschland und vom nördlichen Österreich aus, um das Land zu zerschneiden. Hitler machte seine Autorität geltend, die Entscheidungen der Wehrmacht zu ändern, und aus Jodls Tagebuch geht hervor, wie ungeduldig Hitler über die älteren Generäle war: »Sie können nicht mehr glauben u. nicht mehr gehorchen, weil sie das Genie des Führers nicht anerkennen, in dem sie z. Teil sicher noch den Gefreiten des Weltkriegs sehen, aber nicht den größten Staatsmann seit Bismarck.«

Am Ende seiner Ausführungen stellte Jodl die Tschechen als die wahren Schurken hin, weil sie am 14. September teilweise und am 23. September total mobil gemacht hätten. Natürlich erwähnte er weder die Tatsache, daß Hitler am 12. September den Nürnberger Parteitag mit einer Rede abgeschlossen hatte, in der er Präsident Eduard Beneš übel beschimpft und die Tschechen als »unversöhnliche Feinde« Deutschlands bezeichnet hatte, noch daß die deutschen Sturmeinheiten sich am 24. September in ihre Aufmarschstellungen begaben. Zur Geheimhaltung der deutschen Vorbereitungen wurde keine Mobilmachung der Wehrmacht verkündet.

Es wurde immer deutlicher, daß Jodl wider alle Vernunft auf seinen Standpunkten beharren und es ablehnen würde, irgendein eigenes Fehlverhalten zuzugeben. Einige Probleme wischte er einfach beiseite, indem er sie als »politische« Angelegenheiten bezeichnete, mit denen er nichts zu tun gehabt hätte. Richter Birkett konnte er damit nichts vormachen, wie dessen Tagebucheintrag vom 4. Juni zeigt: »Mit seinen Erklärungen vermittelt Jodl den Eindruck, daß er viel mehr war als nur ein Soldat. Er legt ein beachtliches politisches Wissen, großen Einfallsreichtum und eine beachtliche Gerissenheit an den Tag.«

Jodls Verstand wies aber noch eine andere Seite auf, die ebenfalls 1938 zum Ausdruck kam, und zwar im Laufe einer hitzigen Debatte über militärische Führung – ob sie in erster Linie beim militärischen Oberbefehlshaber liegen solle (wie zur Zeit Hindenburgs und Ludendorffs im Ersten Weltkrieg) oder bei Hitler als Führer. Jodl setzte sich für letzteres ein und schrieb am 19. April in einem OKW-Memorandum:

> Der Krieg in seiner absoluten Form ist die gewaltsame Auseinandersetzung zweier oder mehrerer Staaten mit allen Mitteln. Trotz aller Versuche, den Krieg zu ächten, bleibt er ein Naturgesetz, das sich eindämmen, aber nicht beseitigen lässt (!) und der Erhaltung von Volk und Staat oder der Sicherung seiner geschichtlichen Zukunft dient.
> Dieser hohe sittliche Zweck gibt dem Kriege sein totales Gepräge und seine ethische Berechtigung.
> Er hebt ihn hinaus über einen rein politischen Akt oder über einen militärischen Zweikampf um eines wirtschaftlichen Vorteils willen.
> ... Nur die Einheit und Geschlossenheit von Staat, Wehrmacht und Volk verbürgen im Kriege den Erfolg.

Kurz: Jodl liebte den Krieg nicht nur – er glaubte sogar, Krieg sei für die Menschheit etwas Gutes. Man kann sich lebhaft vorstellen, wie er zu einem internationalen Verbot von Angriffskriegen stand. Damit vertrat er nichts anderes als jene Ansichten, die das deutsche Offizierskorps seit vielen Jahren beherrscht hatten; und Jodl hätte sich gegenüber dem Gerichtshof durchaus freimütig zu diesen Ansichten bekennen können, da sie ausreichend erklärten, warum er bei keinem von Hitlers zahlreichen unerwarteten militärischen Angriffen gegen andere Länder auch nur einen Augenblick zurückgeschreckt war. Aber Jodl tat dies nicht. Statt dessen versuchte er, sich den Anklagen nach Punkt Eins und Zwei zu entziehen, indem er behauptete, daß keiner dieser Angriffe »aggressiv« gewesen sei. Als Exner auf die deutsche Besetzung von Norwegen* zu sprechen kam, erklärte Jodl daher: »Aber ich habe meine ganze Kraft eingesetzt, um zum Gelingen einer Operation [gegen Nor-

---

* Im März 1939 befand sich Jodl als Artillerieoffizier in Wien, als die Deutschen in Böhmen und Mähren einmarschierten und Pläne für den Angriff auf Polen vorbereiteten. Ende August 1939, ein paar Tage vor dem Angriff, kehrte er ins OKW zurück.

wegen und Dänemark] beizutragen, die ich für unbedingt notwendig hielt, um einer ebensolchen englischen Absicht zuvorzukommen.«

Das war zwar plausibel, aber es war erst der Anfang einer ganzen Kette vergleichbarer Argumente. Als Exner ihn fragte: »Warum wurde denn nicht Frankreich angegriffen, ohne die Neutralität Hollands, Belgiens und Luxemburgs zu verletzen?«, verwies Jodl auf die »große Gefahr« für Deutschland, wenn »die gesamten englisch-französischen beweglichen Kräfte, durch Belgien und Holland vorstoßend, in den Rücken gefahren wären«. Dann fügte er hinzu: »Und das Entscheidende war, daß sowohl der Führer aber auch wir selbst, wir Soldaten, aus den vielen Meldungen, die wir bekamen, unbedingt des Eindruckes waren, daß die belgisch-holländische Neutralität doch letzten Endes nur mehr eine scheinbare und vorgetäuschte war.« Für diesen Vorwurf hatte Jodl keine anderen Beweise als britische Nachtflüge über holländisches und belgisches Gebiet hinweg, gegen die diese Länder praktisch machtlos waren und die mit Sicherheit keine Aufgabe der Neutralität darstellten. Jodl zog sich auf den gleichen Standpunkt zurück, den bereits Keitel vertreten hatte: »Und was den Ehrenkodex meines Handelns betrifft, muß ich sagen, das war der Gehorsam; denn er ist das ethische Fundament des Soldatentums überhaupt.«

Als Exner sich der Besetzung Griechenlands durch die Deutschen zuwandte, machte Jodl seinem langangestauten Ärger über Italien Luft, das, wie er sagte, in seinem Krieg gegen Griechenland »wie immer geschlagen« worden sei und das daraufhin »hilferufend« seinen Chef des Commando Supremo zu Jodl geschickt habe. Durch »diesen Wahnsinn Italiens« hätten »nun englische Divisionen am Balkan auftreten« können. Für diesen Fall hatte Hitler »vorgesehen, naturgemäß ganz Griechenland freizugeben; denn wir konnten unmöglich eine Basis der englischen Luftwaffe in unmittelbarer Nähe der rumänischen Ölgebiete dulden.« Also verwickelte Deutschland einmal mehr ein Land in den Krieg, um die Briten nicht hineinzulassen.

Jugoslawien wurde als Ergebnis einer dortigen innenpolitischen Wende Ende März 1941 zerschlagen, zu einer Zeit also, da die Vorbereitungen für den Angriff auf die Sowjetunion weit fortgeschritten waren und die Besetzung Griechenlands wegen britischer Landungen dort unmittelbar bevorstand. Jodls Rechtfertigung stützte sich auf Hitlers Schlußfolgerung, die politische Veränderung in Jugoslawien habe dieses Land zu einem Feind Deutschlands gemacht. Der Angriff wurde also damit begründet, daß Deutschland sich vor einer Einmischung Jugoslawiens in die Kriege gegen Griechenland und die Sowjetunion schützen wollte.

Was den großen Krieg im Osten betreffe, erklärte Jodl, so habe die Sowjetunion massive Streitkräfte an Deutschlands Ostgrenzen zusammengezogen, und der deutsche Angriff sei »zweifellos ein reiner Präventivkrieg« gewesen. Um diese These – die ich wie viele andere, die weiser sind als ich, für grotesk halte – zu untermauern, entwarf Jodl das Bild eines Führers, der voller Zweifel war, als er einem gewaltigen Aufmarsch sowjetischer Divisionen gegenüberstand, bis er schließlich die Folgerung daraus zog, daß ein sowjetischer Angriff drohe. »Wenn also« – so Jodl – »die politische Prämisse richtig war, nämlich, daß uns dieser Angriff drohte, dann war auch – militärisch betrachtet – der Präventivangriff berechtigt.«

Ein »reiner Präventivkrieg« kann doch nichts anderes bedeuten, als daß der Angreifer sicherer ist, indem er angreift, als wenn er dies nicht täte. Hier ist nicht der Ort für eine ausführliche militärische Debatte, aber ich möchte doch Jodls zusätzliches Argument zitieren: »Wir waren niemals stark genug, um uns im Osten verteidigen zu können ... Das mag grotesk klingen; aber, um diese Front von über 2000 Kilometer überhaupt zu besetzen, brauchte man mindestens 300 Divisionen, und die haben wir nie gehabt.«

Diese Front von 2000 Kilometern Länge verlief vom Schwarzen Meer bis zum Nordpolarmeer bei Murmansk, und eine deutsche Armee, die vorrückte, um Rußland zu besetzen, war gezwungen, sich etwa über diese Distanz zu verteilen. Aber bei dem angeblich befürchteten Angriff der Sowjetunion auf Deutschland hätte sich eine Front vom Schwarzen Meer bis zum südlichen Rand der Ostsee erstreckt, also über eine Entfernung von etwa 1000 Kilometern. Angesichts auch der gewaltigen Vorteile im Hinblick auf den Transport und die Konzentration wie anderer Faktoren, die einer kampfgestählten Wehrmacht im Kampf an ihren eigenen Grenzen zugute kamen, kann man sich nur schwer vorstellen, daß die Sowjets den Kopf in den Rachen des Löwen legen wollten. In den vierziger Jahren wie schon im Jahre 1812 hatten die Russen gesiegt, indem sie zunächst den Rückzug antraten. Für mich war Jodls These vom »Präventivkrieg« einfach unsinnig.

Im Prinzip versuchte Jodl, aus allen Angriffskriegen Hitlers »Präventivkriege« zu machen. Aber damit kam er nicht durch, wenn man vielleicht von Norwegen absieht. Jodl zeigte, daß Hitler seine Gründe für sein Handeln hatte; aber Staaten, die einen Krieg vom Zaun brechen, haben stets ihre Gründe, doch sie verhindern nicht, daß ein solcher Krieg eine Aggression darstellt. Im Hinblick auf Anklagepunkt Zwei ergab sich somit bei Jodl die gleiche Beweislage wie bei Göring, Ribbentrop, Keitel und anderen.

Für »Khaki«-Roberts' Kreuzverhör von Jodl hat es nicht viele lobende Worte gegeben, und aufgrund seiner Old-Bailey-Ausbildung konnte er wohl tatsächlich nicht anders, als mit Jodl wie mit einem Geldschrankknacker umzuspringen. Außerdem mochte Lawrence ihn anscheinend nicht, und als Lawrence ihn belehrte, er solle »keine Bemerkungen machen«, sondern sein Kreuzverhör auf Tatsachen beschränken, erwiderte der hünenhafte Anwalt, er »habe sehr große Erfahrung im Kreuzverhör, vor vielen Gerichten«, womit er sich bei den Richtern auch nicht gerade beliebter machte.

Aber meiner Ansicht nach kam Roberts durchaus ein wenig weiter. Jodl hatte die Besetzung Norwegens ausschließlich im Sinne der Verhinderung einer britischen Intervention dargestellt. Aber dann hielt ihm Roberts seine eigene Rede von 1943 vor, in der Jodl die Eroberung Norwegens positiv begründete mit der »Erkenntnis der eigenen maritimen Notwendigkeiten, die es erforderten, durch Luft- und Flottenstützpunkte an der norwegischen Küste einen freien Zugang zum Atlantik sicherzustellen.« Diese »Notwendigkeiten« waren tatsächlich die ursprünglichen Motive für das Norwegen-Abenteuer der Wehrmacht.

Roberts setzte Jodl wegen seiner Verstrickung in die im Oktober 1943 erfolgte Deportation von 232 dänischen Juden* in deutsche Konzentrationslager hart zu. Jodl behandelte dies unbeirrt als »politische Maßnahme« und hatte ein Fernschreiben aus Dänemark an das OKW mit der Randbemerkung versehen: »Ist für uns auch ganz gleichgültig.« Dieser für Jodls Persönlichkeit so charakteristische Mangel an Sensibilität kam mehr als einmal zum Ausdruck, so, als er den Einmarsch der Deutschen in Österreich zum »Jubel- und Triumphzug« stilisierte, ohne sich der weitaus weniger fröhlichen Gefühle von Juden und anderen antinazistischen Österreichern bewußt zu sein.

Roberts wußte das Gericht auch zu beeindrucken, als er aus der Rede von 1943 die Passage über die Zwangsarbeitsmaßnahmen verlas, in der Jodl erklärt hatte: »Ich glaube aber, daß heute der Zeitpunkt gekommen ist, sowohl in Dänemark, Holland, Frankreich und Belgien mit rücksichtsloser Energie und Härte die Tausende Nichtstuer zu Befestigungsarbeiten zu zwingen, die allen anderen Aufgaben vorangehen. Die notwendigen Befehle hierzu sind erlassen.« Jodl gab zu, die Passage »entworfen« zu haben, fügte jedoch hinzu: »Dies ist aber kein Beweis, daß ich es gesagt habe.« Diese vorsichtige Einschränkung war nur zu verständlich – denn das Zitierte stammte schließlich von einem erklärten Fachmann für Völkerrecht.

Die anderen Befragungen ebenso wie die vier Zeugen, die zu Jodls Entlastung aufgerufen wurden, änderten an der Lage von Jodls Fall nur wenig. Aber gegenüber Dr. Gilbert gab Jodl mehrere Kommentare ab, die er vor Gericht nie geäußert hätte. Er war zu der Ansicht gekommen, daß Hitlers angebliche Furcht vor einem russischen Angriff nur vorgetäuscht war, einfach um die Generäle dazu zu bringen, in einen Krieg einzuwilligen, den nur er allein wollte. Jodl war inzwischen auch der Meinung, daß keiner der Kriege, die Hitler vom Zaun gebrochen hatte, aus deutscher Sicht wirklich notwendig gewesen sei.

Obwohl Jodl sein Thema so meisterhaft beherrschte und so überzeugend zu argumentieren verstand, trug ihm das nicht das einhellige Lob seiner Mitangeklagten ein. Göring und Dönitz gaben ihm zwar hohe Noten, aber Jodl war schließlich bis zum bitteren Ende beim Führer geblieben; und nun, da sich herausgestellt hatte, wie Hitler wirklich gewesen war, kam Jodl Schacht und anderen wie ein Narr vor.

---

* Den meisten der rund 2000 dänischen Juden gelang mit Hilfe anderer Dänen die Flucht über das Kattegat nach Schweden.

Kurz bevor Roberts mit seinem Kreuzverhör fertig war, prägte Jodl seinen eigenen Grabspruch: »Aber es ist nicht die Aufgabe der Soldaten, den Richter zu spielen über ihren Oberbefehlshaber. Möge das die Geschichte tun oder ein Gott im Himmel.«

Seyß-Inquart: Als der Gerichtshof am 10. Juni 1946 wieder zusammentrat, wäre normalerweise die Verhandlung gegen Franz von Papen, der links neben Jodl saß, an der Reihe gewesen. Aber sowohl Papen wie Seyß-Inquart, Papens linker Nebenmann auf der Bank, waren in die Annexion Österreichs durch die Deutschen verwickelt gewesen, und auf Papens Wunsch hin wurde Seyß-Inquart zuerst als Zeuge vernommen.

Arthur Seyß-Inquart, der 1892 in Mähren geboren wurde und seit 1915 in Wien lebte, war ein erfolgreicher Rechtsanwalt, wurde wie sein österreichischer Landsmann Kaltenbrunner politisch aktiv und 1936 zum Staatsrat ernannt. Er wünschte sehnlichst den »Anschluß« Österreichs an Deutschland, obwohl dies nach dem Ersten Weltkrieg durch den Vertrag von St. Germain untersagt worden war. Seyß-Inquart bewunderte Hitler, war aber kein Mitglied der österreichischen Nazipartei. Durch seinen quasi neutralen politischen Status und seinen allgemein guten Ruf war er für die Rolle eines Vermittlers geradezu prädestiniert. Im Februar 1938, als Hitlers Druck auf Kanzler Kurt von Schuschnigg immer mehr zunahm, wurde Seyß-Inquart zum Innenminister ernannt. Um diese Zeit konferierte er mit Papen (dem damaligen deutschen Botschafter in Österreich), Hitlers persönlichem Abgesandten, Wilhelm Keppler, sowie am 17. Februar mit Hitler in Berlin. Somit fungierte Seyß-Inquart in der Tat als Vermittler bei den Ereignissen, die zum Rücktritt von Schuschnigg, zum Marsch der deutschen Wehrmacht von der deutschen Grenze bis Wien und zur Annexion Österreichs durch Deutschland führten. Diese Ereignisse im Februar und März 1938 machten nahezu die Hälfte von Seyß-Inquarts Befragung vor dem Gerichtshof aus.

Seyß-Inquart hinkte leicht, blinzelte durch dicke Brillengläser und war von allen Angeklagten am wenigsten durchschaubar. Gemeinsam mit Schacht, Göring und Dönitz rangierte er ganz oben auf Dr. Gilberts Intelligenzskala, aber es fehlte ihm die kraftvolle Persönlichkeit dieser Männer. Fritzsche, der während des Krieges »in ihm einen klugen und mutigen Kritiker der Mißstände des Dritten Reichs kennengelernt« hatte, berichtete nun, daß »er nichts mehr von irgendeiner Kritik an Vergangenem wissen« wollte und »nur wenige seiner Kameraden hinter die Maske blicken ließ, die er erst hier in Nürnberg aufsetzte«. Tatsächlich findet sich in Dr. Gilberts Buch nur ein Gespräch mit Seyß-Inquart, der ihm gegenüber »überaus vorsichtig mit Bemerkungen über irgendwelche der Angeklagten« war. Andererseits fanden ihn seine unmittelbaren Nachbarn auf der Anklagebank sympathisch: Für Papen war sein »Naturell ... ganz österreichisch: immer heiter und gelassen;

manchmal erzählte er Wiener Anekdoten«. Speer entdeckte bei ihm wie bei Fritzsche »einiges Verständnis« für das »Prinzip der Verantwortung«.

Seyß-Inquart war nach allen vier Punkten der Anklageschrift angeklagt. Insbesondere warf man ihm vor, daß »er die Besitzergreifung, Eingliederung und Kontrolle von Österreich durch die Nazi-Verschwörer ... förderte« und daß er »an den politischen Plänen und Vorbereitungen der Nazi-Verschwörer für Angriffskriege« teilnahm. Schließlich: Er »genehmigte und leitete Kriegsverbrechen ... und Verbrechen gegen die Humanität ..., einschließlich vieler verschiedenartiger Verbrechen gegen Personen und Eigentum, und nahm an diesen Verbrechen teil«.

Als Angeklagter war Seyß-Inquart das genaue Gegenteil von Jodl, der zwar ein paar Rechtsverstöße der Wehrmacht zugegeben, aber sich verbissen dagegen gesträubt hatte, irgendwelche Verbrechen zu gestehen, für die er verantwortlich war. Seyß-Inquart hingegen gab freiwillig zu, für verschiedene Verletzungen des Kriegsrechts während seiner Tätigkeit in den Niederlanden verantwortlich zu sein. Sein Anwalt, Dr. Gustav Steinbauer, bemühte sich offensichtlich auch gar nicht erst, seinen Mandanten zu ermuntern, sich herauszuwinden.

Obwohl er ja selbst Jurist war, wirkte Seyß-Inquarts Verteidigung nicht überzeugend. Insbesondere setzte er sich in seiner ausführlichen Darstellung seines Verhaltens vor dem Anschluß Österreichs mit politischen Anschuldigungen auseinander, die keine strafrechtliche Verurteilung gerechtfertigt hätten, von einem Todesurteil ganz zu schweigen. Natürlich war ein Abkommen verletzt worden, als Deutschland in Österreich einmarschierte; doch die Charta verurteilte lediglich Kriege »unter Verletzung internationaler Verträge«, und es hatte ja weder einen Krieg gegeben, noch ließ sich beweisen, daß Seyß-Inquart einen gewollt hatte. Wie Fritzsche es formulierte: Seyß-Inquart »lag der Fall seiner Heimat Österreich am Herzen«, während er sich um seine Tätigkeit im Krieg nicht weiter kümmerte.

Nach dem »Anschluß« hatte Seyß-Inquart bald mit sehr viel ernsteren politischen und moralischen Problemen zu tun. Österreich wurde eine Provinz des Reiches, und Hitler ernannte ihn zum Reichsstatthalter der sogenannten Ostmark. Aber wenige Wochen später bestellte Hitler den Nazi-Hardliner Josef Bürckel zum Reichskommissar für die Wiedervereinigung Österreichs mit dem Reich, womit dieser auch die allgemeine Kontrolle über die Nazipartei und die politischen Fragen erhielt. Es kam zu einer wahren Flut von Erlassen, damit Österreich eine voll nationalsozialistisch organisierte Provinz wurde, wozu natürlich auch rigorose antijüdische Vorschriften gehörten.

Seyß-Inquart hätte ohne weiteres die ganze Verantwortung dafür Bürckel zuschieben können, aber als er von Steinbauer gefragt wurde, ob er »sich an dieser traurigen Behandlung der jüdischen Bevölkerung beteiligt« hätte, erwiderte er: »Ich kann das gar nicht leugnen; denn ich habe bestimmt in meinem Wirkungsbereich als Chef der zivilen Verwaltung Verordnungen erlassen, die auf dieser Linie gelegen sind.« Diese Vorkriegsgreueltaten waren zwar vermutlich nach dem Wortlaut der Charta nicht strafbar* , aber sie gingen doch den Aktionen voraus, mit denen es Seyß-Inquart schon bald im Krieg zu tun bekommen sollte.

Kurz nach der Eroberung und Besetzung Polens wurde Seyß-Inquart im Range eines Reichsministers dorthin entsandt und anschließend zum Stellvertreter des Generalgouverneurs Hans Frank ernannt. Im November 1939 unternahm er eine Besichtigungsfahrt in Gebiete um Warschau, Lublin und Radom, über die er anschließend einen schriftlichen Bericht erstattete. Steinbauer verwies auf diesen Bericht, ging aber rasch über dessen Inhalt hinweg. Und das war durchaus verständlich. In Warschau wie in Lublin hatte Seyß-Inquart nämlich die dort versammelten deutschen Funktionäre darauf aufmerksam gemacht, »daß Oberste Richtschnur bei der Durchführung der deutschen Verwaltung im Generalgouvernement lediglich das Interesse des Deutschen Reiches sein müsse«, und zwar durch eine »harte und einwandfreie Verwaltung«. Er habe erklärt, schrieb er in seinem Bericht, »die Schätze und die Bewohner dieses Landes müßten für das Reich nutzbar gemacht werden«. Ferner dürfe sich dort »ein eigener politischer Gedanke nicht mehr entwickeln«. Weiter heißt es wörtlich: »Ins Auge fiel (sic) bei der Grenze die zahlreichen Juden und ähnliches Gesindel, das sich auf den etwa 200m Niemandsland zwischen dem deutschen und dem russischen Grenzposten befanden (sic) und die (sic) darauf warteten (sic) in der Dunkelheit auf russisches Gebiet übertreten zu können.«**

Seyß-Inquart erlebte zum erstenmal, was die Nazi- Eroberer in Osteuropa tatsächlich anrichteten, doch nichts in seinem Bericht deutet darauf hin, daß ihn dies ernüchterte. Steinbauer machte den Gerichtshof auf keine jener Passagen aufmerksam, und von den flagranten Verletzungen der Haager Konventionen war auch sonst nicht die Rede.

Unter der Nazi- Okkupation wurden die Niederlande schwer unterdrückt, aber Seyß-Inquart, der ja kein brutaler Mann war, muß sich gefreut haben, als Hitler ihn im Frühjahr 1940 zum Reichskommissar der besetzten Niederlande ernannte. Das sanftere menschliche Klima dort war weitgehend darauf zurückzuführen, daß die Naziideologie die Westeuropäer nicht wie die Slawen als *Untermenschen* betrachtete. Seyß-Inquart stellte seine Mission so dar:

---

* Da es sich hier um österreichische Juden handelte, waren diese »traurigen« Befehle in der Tat keine Kriegsverbrechen. Nach dem Wortlaut von Artikel 6 der Charta waren sie auch kein Verbrechen gegen die Menschlichkeit, denn sie waren nicht Teil einer Verschwörung zur Begehung von Verbrechen gegen den Frieden und wurden vor Kriegsausbruch begangen. Siehe dazu die Analyse von Verbrechen gegen die Menschlichkeit durch den Gerichtshof, PHK 1/S. 283-285.

** Die grammatischen Fehler finden sich im Original des Berichts.

> Ich hatte die zivile Verwaltung zu führen und in deren Rahmen die Interessen des Reiches wahrzunehmen. Ich habe auch einen politischen Auftrag bekommen, nämlich bei Aufrechterhaltung der Unabhängigkeit der Niederlande zu trachten, daß dieselben aus ihrer englandfreundlichen Einstellung eine deutschlandfreundliche Einstellung einnehmen mit einer besonders engen wirtschaftlichen Verbindung.

Es ist allerdings nicht weiter überraschend, daß »Unabhängigkeit« und »deutschlandfreundliche Einstellung« nicht recht zusammenpassen wollten und daß die Kluft zwischen der Bevölkerung und den Besatzern im Laufe des Krieges immer größer wurde.

Aber Seyß-Inquart gab sich gewiß viel Mühe. Er besetzte zwar seinen Stab mit einer Reihe von Nazifunktionären, beließ jedoch viele holländische Verwaltungsbeamte in ihren Positionen. Er setzte sich nachdrücklich für eine deutsch-holländische Zusammenarbeit ein, versuchte sie aber nicht zu erzwingen. Während sein Pendant in Norwegen, Joseph Terboven*, Quisling einen hohen Posten verschaffte, räumte Seyß-Inquart dem holländischen Naziführer Anton Mussert keine Vorzugsstellung ein.

Gut ein Jahr lang lief alles einigermaßen glatt, und Seyß-Inquarts Vorgesetzte waren von seiner Arbeit durchaus angetan. Im Februar 1942 suchte Hitler einen geeigneten Mann für Belgien vom Schlage eines Seyß-Inquart und sagte in diesem Zusammenhang: »In Seyß habe ich jemanden gefunden, der ebenso gefällig und freundlich wie im Prinzipiellen unbarmherzig ist.« Sieben Monate später notierte Goebbels dann in sein Tagebuch: »Voll des Lobes ist der Führer über Seyß-Inquart. Dieser führt die Niederlande außerordentlich geschickt und elastisch; er wechselt klug zwischen Milde und Härte ab und verrät damit beste österreichische Schule. Im Gegensatz dazu steht Terboven, der nur eine harte Hand kennt, und Best in Dänemark [Werner Best, Hitlers Repräsentant], der nur die weiche Hand kennt.«

Seyß-Inquart war zwar der Herrscher über die Niederlande, aber er war nicht allmächtig. Denn der militärische Oberbefehlshaber, General Friedrich Christiansen, hatte seinen eigenen Machtbereich. Von größerer praktischer Bedeutung war die Tatsache, daß sein ihm nominell untergeordneter Kommissar für Sicherheit, der Höhere SS- und Polizeiführer General Hans Rauter, von Himmler eingesetzt worden war und seine Befehle direkt aus dem Reichssicherheitshauptamt erhielt.

Andere Angeklagte hätten ganz sicher versucht, die Verantwortung für die Naziverbrechen auf Rauter abzuwälzen, zumal Rauter die Deportation

---

* Hitler setzte Reichskommissare für die Verwaltung der Niederlande und Norwegens ein, weil die Staatsoberhäupter beider Länder (Königin Wilhelmina und König Haakon) nach England geflohen waren. In Dänemark, Belgien und Frankreich hingegen waren keine deutschen Beamten unmittelbar zuständig für die Verwaltung, und die deutsche Politik lag in den Händen der Wehrmacht.

holländischer Juden nach Auschwitz und in andere Konzentrationslager durchgeführt hatte. Nicht so Seyß-Inquart. Als Steinbauer ihn fragte: »Was haben Sie als Reichskommissar in der Judenfrage veranlaßt?«, erwiderte er:

> Ich will ganz offen sagen, daß ich aus dem ersten Weltkrieg und aus der Nachkriegszeit heraus als ein Antisemit nach Holland gegangen bin ... Ich hatte den Eindruck – der wird mir überall bestätigt werden –, daß die Juden natürlich gegen das nationalsozialistische Deutschland sein müssen. Eine Schuldfrage war für mich nicht zu erörtern, sondern ich mußte als Chef eines besetzten Gebietes nur mit der Tatsache rechnen. Ich mußte mir sagen, daß ich aus den jüdischen Kreisen besonders mit Widerstand, Defaitismus und so weiter zu rechnen habe.

Nach mehreren Besuchen von Reinhard Heydrich erhielt Seyß-Inquart Befehle von Hitler für die Evakuierung aller holländischen Juden ins Reich und schließlich nach Polen. Auf eine entsprechende Frage von Steinbauer erklärte Seyß-Inquart: »Da die Evakuierung eine Tatsache war, habe ich es für richtig gehalten, mich um dieselbe soweit zu kümmern, als mir dies als Reichskommissar möglich war.« Die Juden wurden im Konzentrationslager Westerborg »gesammelt« und von dort in vorschriftswidrig überladenen Zügen nach Osten transportiert. Seyß-Inquart bat den Gerichtshof, »bei allem zu berücksichtigen, daß für mich der wichtigste und entscheidende Beweggrund immer war, daß sich das deutsche Volk in einem Kampf auf Leben und Tod befindet«. Für die meisten dieser unglücklichen »evakuierten« Juden war es ein Todeskampf.

Das andere Hauptverbrechen, das Seyß-Inquart zur Last gelegt wurde, war die Anforderung von holländischen Arbeitskräften durch das Reich. In der direkten Befragung hatte er ausgesagt, daß bis Mitte 1942 rund 250000 holländische Arbeiter freiwillig und danach eine etwas höhere Zahl von »Arbeitsverpflichteten« nach Deutschland gegangen seien. Diese Angaben hatten Debenest, einen französischen Ankläger, offenbar verwirrt, denn als er später Seyß-Inquart ins Kreuzverhör nahm, kam es zwischen den beiden zu folgendem Dialog, der erneut die Offenheit des Angeklagten widerspiegelt:

> M. DEBENEST: Angeklagter! Behaupten Sie noch immer, daß Sie niemanden gezwungen haben, in Deutschland zu arbeiten?
> SEYSS-INQUART: Im Gegenteil, ich glaube, ich habe etwa 250000 Niederländer verpflichtet, in Deutschland zu arbeiten. Ich habe das gestern ausgeführt.
> M. DEBENEST: Sehr gut. Ich gehe darauf nicht weiter ein.

Als Steinbauer seinen Mandanten fragte: »Wer hat in den Niederlanden Rohstoffe und Maschinen in Anspruch genommen?«, erwiderte Seyß-Inquart: »Die Durchführung lag teils bei meinen Dienststellen...« Allerdings fügte er erklärend hinzu, »daß die diesbezüglichen Bestimmungen der Haager Landkriegsordnung* überholt sind und in einem modernen Krieg nicht anzuwenden, weil das Arbeitspotential der Zivilbevölkerung mindestens so wichtig ist wie das Kriegspotential der Soldaten an der Front«.

Am meisten belastete sich Seyß-Inquart durch seine eigenen Aussagen. Aber gegen ihn sprach großenteils auch das Beweismaterial über seine Aktionen, mit denen er angeblich übertriebene Verbote, Strafen und Zerstörungen hatte verhindern wollen – etwa indem er die Zahl der Geiselerschießungen reduzierte, die General Christiansen oder Himmler geplant hatten; oder als er die Lebensmittelverteilung zugunsten holländischer Kinder geregelt haben wollte und sich, gegen Ende des Krieges, gegen Aktionen der verbrannten Erde oder gegen Überflutungen wandte, die Holland größtenteils verwüstet hätten.

In der letzten Angelegenheit mußte Seyß-Inquart sich per Schnellboot nach Kiel begeben, um bei Admiral Dönitz die Aufhebung von Hitlers Sprengungsbefehl zu erwirken. Obwohl man ihn drängte, im relativ sicheren Kiel zu bleiben, versuchte Seyß-Inquart auf dem Landweg nach Holland zurückzukehren, wobei er in Hamburg von den Engländern verhaftet wurde. Als Steinbauer ihn fragte, warum er eigentlich unbedingt wieder in die Niederlande habe zurückkehren wollen, erwiderte er: »Erstens wollte ich mich um meine Mitarbeiter kümmern, zweitens habe ich immer gedacht, daß ich für meine Verwaltung Rede und Antwort stehen werde, und schließlich meinte ich, wir sind in Zeiten des Triumphs in der ersten Reihe gestanden, wir haben nun Anspruch darauf, in den Zeiten des Unglücks auch in der vordersten Reihe zu stehen.« Derart pathetische Äußerungen erklären weitgehend Fritzsches Beobachtungen: »Jetzt wollte er nichts mehr von irgendeiner Kritik an Vergangenem wissen.«

Das Kreuzverhör brachte auch nicht viel mehr zutage, als was Seyß-Inquart bereits zugegeben hatte, und das galt auch für die Aussagen der sechs deutschen Zeugen, die zu seiner Entlastung aufgerufen wurden. Bemerkenswerter war da schon der Auftritt von Seyß-Inquarts letztem Zeugen, dem Holländer Max Heinz Hirschfeld, der während des Krieges Generalsekretär des Wirtschafts- und Landwirtschaftsministeriums gewesen war. Hirschfeld (der nach von der Lippes Meinung einen sehr guten Eindruck hinterließ) entschuldigte keineswegs die deutsche Besatzung der Niederlande und gab im Kreuzverhör von Dubost mehrere Antworten, die sich nachteilig für Seyß-Inquart auswirkten. Aber im großen und ganzen bestätigte er mit seiner Aussage die Darstellung des Angeklagten, der sich bemüht habe, die Okkupation erträglicher zu gestalten.

Als die Verhandlung gegen Seyß-Inquart endete, war klar, daß er durch das negative Beweismaterial schwer belastet worden war. Die Frage blieb allerdings: Würde der Gerichtshof den mildernden Umständen überhaupt ein Gewicht beimessen? Es sprach gewiß nicht für Seyß-Inquart, daß Hitler bis zu

* Artikel 52: »Naturalleistungen und Dienstleistungen können von Gemeinden oder Einwohnern nur für die Bedürfnisse des Besatzungsheers gefordert werden.«

seinem Tod eine gute Meinung von ihm gehabt und in seinem »Letzten Willen« nicht Ribbentrop, sondern Seyß-Inquart als Außenminister vorgesehen hatte – eine Entscheidung, die zweifellos für beide Betroffene unangenehm war, wenn auch aus unterschiedlichen Gründen.

Papen: Als ihn sein Anwalt um »eine Darstellung Ihres Lebenslaufes« bat, erwiderte Franz von Papen: »Ich bin geboren auf einer Scholle, die seit 900 Jahren im Besitze meiner Familie ist« – ein Satz, der die Quintessenz seiner gesellschaftlichen Werteskala enthält. Er ererbte seinen Adel und erheiratete sein Geld, das ihm die Tochter eines wohlhabenden Industriellen von der Saar zur Verfügung stellte. Als Generalstabsoffizier wurde er 1913 zum Militärattaché in Washington berufen. Durch seine dummdreisten Aktivitäten (in seiner Autobiographie heißt es dazu euphemistisch: »Ich war Soldat – nicht Diplomat. Daher hatte ich den persönlichen Folgen, die meine Tätigkeit vielleicht haben konnte, wenig Beachtung geschenkt.«) verärgerte er die amerikanische Regierung, und so wurde er im Dezember zur persona non grata erklärt.

Nach seiner Rückkehr nach Deutschland diente Papen an der Westfront und später in der Türkei. Im Anschluß an die deutsche Niederlage quittierte er den Dienst, erwarb einen landwirtschaftlichen Besitz in seiner Heimat Westfalen und begann, sich für die Politik zu interessieren. Er trat der Zentrumspartei bei, wurde Mehrheitsgesellschafter bei der Parteizeitung (*Germania*) und ließ sich ins preußische Parlament wählen. Das war ein absolut respektables Debüt in der Politik, aber ihm folgte kein steiler Aufstieg – Papen wurde nicht einmal Mitglied im Reichstag. Doch spielte er eine viel entscheidendere Rolle, als es sein Abgeordnetenstatus nahelegt. Er war charmant, geistreich, ein ausgezeichneter Reiter und hatte zahlreiche Freunde und Bekannte in politischen, militärischen und gesellschaftlichen Kreisen. Als Politiker hingegen wurde Papen nicht ernst genommen und hatte keine nennenswerte Anhängerschaft. So war, als ihn Reichspräsident von Hindenburg am 1. Juni 1932 zum Reichskanzler ernannte, die Öffentlichkeit irritiert, und es gab viel Hohn und Spott für diese Berufung.

Papen erklärte vor dem Gerichtshof, er wisse nicht, warum Hindenburg ihn in dieses Amt berufen habe. Aber seine Aussage wie auch seine Darstellung in seinen Memoiren deuten darauf hin, daß General Kurt von Schleicher, als Verteidigungsminister mehr Politiker als Soldat, der Ansicht war, Papen wäre ein gefügiges Werkzeug, und daß er ihn darum dem alten Präsidenten »verkaufte«.

Wie auch immer – am Datum des 1. Juni 1932 jedenfalls setzten die in der Anklageschrift gegen Papen erhobenen Anschuldigungen an.* Die Ankla-

* Neben Heß und Schacht war Papen der einzige Angeklagte, der nicht nach den Punkten Drei oder Vier angeklagt war. In der Anklageschrift wird Papen als Mitglied der NSDAP bezeichnet, was er überhaupt nicht war, sowie als Mitglied des Reichstags, was er zu der Zeit, als er Reichskanzler wurde, noch nicht war.

geschrift spricht insbesondere von Papens Positionen als Reichskanzler, als »Vizekanzler« unter Hitler und als Botschafter in Wien sowie später in der Türkei. Papen wurde vorgeworfen, er habe von diesen Ämtern »und seiner engen Verbindung mit dem Führer« Gebrauch gemacht, um »den Machtantritt der Nazi-Verschwörer« und »die Vorbereitungen für den Krieg« zu fördern, und er habe sich beteiligt »an der politischen Planung und Vorbereitung der Nazi-Verschwörer für Angriffskriege und solche Kriege, die eine Verletzung von internationalen Verträgen, Abkommen und Zusicherungen darstellen«.

Der Mangel an Genauigkeit in diesen Anschuldigungen ist unübersehbar, und der Grund dafür liegt auf der Hand. Das herangezogene Beweismaterial war, gelinde gesagt, nicht stichhaltig und stand teilweise offenkundig im Widerspruch zu den Anklagen. Papens Anwalt, Dr. Egon Kubuschok (assistiert von Papens Sohn Friedrich), benötigte fast zwei Tage für seine Klageerwiderung, während Lawrence das Verfahren voranzutreiben suchte und Birkett mit den Zähnen knirschte. Göring und andere hatten über Hitlers Aufstieg zur Macht in den frühen dreißiger Jahren geschrieben und ihn dem Gerichtshof dargestellt – das waren alles längst bekannte Geschichten. Göring, Keitel, Jodl und Seyß-Inquart hatten sich bereits über die Ereignisse ausgelassen, die zum Anschluß führten, und auch Papens Zeit als Botschafter in der Türkei erbrachte keine sachdienlichen Hinweise im Zusammenhang mit der Anklageschrift.

Gegen Papen sprach, daß er eine Rolle bei Hitlers Wahl zum Reichskanzler gespielt, ihn politisch unterstützt und öffentlich überschwenglich gerühmt hatte, ungeachtet der Tatsache, daß Papens Rede in Marburg gestört worden war, in der er eine Reform der Sozial- und Religionspolitik der Nazis gefordert hatte. Selbst nach der Säuberungsaktion gegen Röhm und seine SA, bei der Hitler und Göring Hunderte ohne jedes Verfahren umbringen ließen, darunter auch viele, die in keiner Verbindung zu Röhm standen, und nachdem Papen selbst mehrere Tage lang unter Arrest gestellt worden war, ja sogar nach den Morden an seinem guten Freund Edgar Jung sowie an seinem Pressesekretär Herbert von Bose – selbst dann noch hatte Papen weiterhin liebedienerische Briefe an Hitler geschrieben. Er war als Vizekanzler zurückgetreten, aber ein paar Wochen später Hitlers Aufforderung gefolgt und Botschafter in Wien geworden. Papen gab zu, daß er dort eine Politik im Hinblick auf den »Zusammenschluß der beiden Staaten« (Deutschland und Österreich) betrieben habe. Am 4. Februar 1938, während der Blomberg-Fritsch-Affäre, gehörte Papen zu jenen Diplomaten, die ihres Postens enthoben wurden, aber Hitler hatte Papen aufgefordert, noch so lange zu bleiben, bis die inzwischen bestens bekannte Besprechung in Berchtesgaden vom 12. Februar stattgefunden hatte, auf der Hitler Schuschnigg abgekanzelt und gnadenlos bedroht sowie auf weiteren Übergriffen auf die Unabhängigkeit Österreichs bestanden hatte. Papen verließ die Botschaft am

26. Februar 1938, also zwei Wochen vor dem Einmarsch der Wehrmacht in Österreich und vor dem Anschluß.

Ende April 1939 wurde Papen auf Wunsch Hitlers Botschafter in der Türkei, wo er bis August 1944 blieb, als die Türkei die diplomatischen Beziehungen zu Deutschland abbrach. Er kehrte nach Deutschland zurück und war fortan nicht mehr politisch tätig.

Bei seiner direkten Aussage hatte Papen natürlich den Mantel der Unschuld über alles Beweismaterial gegen ihn gebreitet. Aber Major Barringtons Präsentation der Klage gegen Papen im Januar war bereits so eingeschränkt und zurückhaltend gewesen, daß die Probleme der Anklagevertretung offenkundig waren. Als Fyfe nun das Kreuzverhör übernahm, fragte man sich natürlich, ob es ihm in irgendeiner Weise gelingen würde, die Anschuldigungen wiederaufleben zu lassen.

Fyfes Kreuzverhör ist in den höchsten Tönen gelobt worden: Die Londoner *Times* bezeichnete es als seine »herausragendste Leistung« und pries die »subtile Führung und die unterschwelligen Anspielungen«, und auch die Autoren zweier empfehlenswerter Bücher über die Nürnberger Prozesse (John Tusa und Robert Conot) gaben ihm gute Noten. Sir David hat gewiß eindrucksvoll die Fähigkeiten britischer Anwälte demonstriert, aber am Ende bewahrheitete sich wieder einmal die alte Erkenntnis, daß auch die geschicktesten Anwälte im Gerichtssaal keine Beweismittel aus der Luft holen können – sie müssen schon etwas Konkretes in der Hand haben.

Nach den Bedingungen der Charta und nach den näheren Bestimmungen der Anklageschrift mußte die Anklagevertretung beweisen, daß Papen deutsche Angriffskriege oder Kriege unter Verletzung internationaler Abkommen gefördert hatte. Dafür aber gab es keine Beweise. Fyfe blieb nichts anderes übrig, als Papen auf eine sehr anklägerische Weise vorzuwerfen, was dieser bereits zugegeben hatte: daß er Hitlers Politik vom 30. Januar 1933 bis zur Säuberungsaktion gegen Röhm und die SA am 30. Juni 1934 unterstützt und als Botschafter in Österreich Hitlers Absicht gefördert habe, den Anschluß herbeizuführen. Diese Tätigkeiten konnten durchaus als falsch und gefährlich angesehen werden, und sie rückten Papen in ein schlechtes Licht. Aber Fyfe stellte Papen keine einzige Frage im Hinblick auf die Förderung von Kriegen.

Sicher waren sich die britischen Ankläger darüber im klaren, daß es nach der Charta keine Klage gegen Papen gab, und Puristen mögen sich auf den Standpunkt stellen, man hätte die Klage von vornherein fallenlassen sollen. Ein derartiger Schritt freilich hätte mit Sicherheit weitverbreitete Entrüstung ausgelöst. Man hatte zweifellos gut daran getan, die Entscheidung über diese Klage dem Gerichtshof zu überlassen.

Zweimal beschimpfte Fyfe Papen als Feigling, indem er zunächst als Beweismaterial Briefe vorlegte, die Papen noch nach den Röhm-Massakern (und nach den Morden an seinen Freunden und Untergebenen) an Hitler geschrieben hatte. In dem ersten Brief, in dem Papen den Verlust seiner »persönlichen Ehre« beklagte, erklärte er am Ende: »Ich bleibe Ihnen und Ihrer Arbeit für unser Deutschland in Treue verbunden.« In einem späteren Brief rühmte er die »Niederschlagung der SA-Revolte« als »männlich und menschlich groß« und verneigte sich vor Hitler: »Ihr tapferes und entschlossenes persönliches Eingreifen haben (sic) in der ganzen Welt ausnahmslos nur Anerkennung gefunden.« Und in einem weiteren Brief heißt es:

> Nachdem Sie gestern abend der Nation und der Welt den großen Rechenschaftsbericht der inneren Entwicklung, die zum 30. Juni führte, gegeben haben, habe ich das Bedürfnis, Ihnen, wie einst am 30. Januar 1933, die Hand zu drücken und zu danken für alles, was Sie durch die Niederschlagung der beabsichtigten zweiten Revolution und durch die Verkündung unverrückbarer staatsmännischer Grundsätze dem deutschen Volke neu gegeben haben.

Diese Briefe verdienen sicher Verachtung, und Fyfe tat gut daran, Papen zu fragen: »Warum haben Sie dann solche Dinge an den Führer einer Verbrecherbande, die Ihre Mitarbeiter ermordet hatt[e], geschrieben?« Viele der anderen Angeklagten äußerten sich verächtlich und spöttisch über Papens Unbehagen.

Weniger akzeptabel war Fyfes zweite Attacke. Am Ende seines Kreuzverhörs ging Fyfe auch auf den Mord an Baron Wilhelm von Ketteler (einem weiteren Assistenten von Papens) ein und fragte: »Warum haben Sie nach dieser Reihe von Morden, die sich über eine Zeitspanne von vier Jahren erstreckten, nicht mit diesen Leuten gebrochen und sind, wie General Yorck* oder jemand anderer, den Sie von der Geschichte her kennen, eingestanden für Ihre eigenen Ansichten und diesen Mördern entgegengetreten? Warum haben Sie das nicht getan?«

Der britische Ankläger schleuderte Papen dies entgegen, obwohl er doch einer Nation angehörte, die sich von 1933 bis 1939 geweigert hatte, Hitler »entgegenzutreten«, während die Briten doch nur zu gut gewußt hatten, was beim sogenannten Röhm-Putsch wirklich passiert war. Außerdem war Papen praktisch ein Gefangener gewesen und hatte nach seiner Freilassung feststellen müssen, daß seine engen Mitarbeiter ermordet worden waren. Daß auch ein hoher Rang keinen Schutz bot, mußte jedem klar sein, als zur gleichen Zeit Papens Nachfolger als Reichskanzler, General von Schleicher, ebenfalls ermordet wurde. Papen hätte also Fyfe durchaus antworten können, daß A leicht reden habe, wenn er B vorhalte, er hätte lieber ein Held sein sollen.

---

* Johann David Ludwig Yorck von Wartenburg (1759-1830) war ein preußischer General, der ohne Ermächtigung durch den König, aber am Ende erfolgreich die preußische Armee gegen Napoleon führte. Ein Nachfahre dieser berühmten Familie, Peter Graf Y. v. W., wurde 1944 als Widerstandskämpfer hingerichtet (Anm. d. Übers.).

Da er keinen Beweis für ein Verbrechen in der Hand hatte, zog Fyfe es also vor, Papen als Schurken vorzuführen. Als sie Papen unter Anklage stellte, hatte sich die Anklagevertretung unvorsichtigerweise auf seinen zweifelhaften Ruf in der Öffentlichkeit verlassen, ohne einen Gedanken daran zu verschwenden, daß es juristisch eben doch unerläßlich war, ihm ein Verbrechen *nachzuweisen.*

Speer: Albert Speer war der letzte der »großen« Angeklagten – der wenigen also (Göring, Schacht, vielleicht noch Dönitz), die über bedeutende Fähigkeiten verfügten und bis in die Spitze der Nazihierarchie aufgestiegen waren. Schachts Führungsrolle hatte sich auf die ersten fünf Jahre des Dritten Reiches beschränkt; die Speers umfaßte etwas mehr als die letzten drei. Hinsichtlich des Zeitraums der Befehlsgewalt wie auch der Art der strafrechtlichen Anschuldigungen ähnelte Speers Fall am meisten dem Sauckels.

Im Unterschied zu Sauckel allerdings war Speer, bevor ihn der Führer in sein hohes Amt berief, schon etwa acht Jahre lang eng mit Hitler verbunden gewesen. Vor einigen Jahren haben Speers autobiographische Bücher eine so große Verbreitung gefunden, daß vielen Menschen die Geschichte vom jungen deutschen Architekten bekannt ist, dessen Träume von gigantischen Bauwerken den Führer so faszinierten, daß er Speer immer neue Aufgaben übertrug und ihm 1934 Aufträge gab und Titel verlieh, die ihn zum führenden offiziellen Architekten des Reiches machten. Speer war der Partei 1931 beigetreten (bevor er Hitler kennenlernte), und zu seinen frühesten Arbeiten gehörten die Bauten auf dem Nürnberger Parteitagsgelände und die neue Reichskanzlei in Berlin. Unternehmen von einer derartigen Größenordnung erforderten Managementfähigkeiten ebenso wie technisches und künstlerisches Können. 1937 wurde Speer – auf Vorschlag von Funk – zum Generalbauinspektor für die Neugestaltung der Reichshauptstadt ernannt. Heute würde man ihn einen »Macher« nennen, der einfach nicht genug kriegen kann.

Als der Krieg begann, gab Hitler seine Architekturpläne nicht auf, aber als sich Hitler nach dem Einmarsch in Rußland in sein ostpreußisches Hauptquartier bei Rastenburg (»Wolfsschanze«) begab, wandte sich Speer einer militärischen Bautätigkeit zu, unter Führung von Dr. Fritz Todt, dem Leiter der Organisation Todt und Reichsminister für Bewaffnung und Munition. Vor dem Krieg hatte sich Todt einen beneidenswerten Ruf erworben, insbesondere aufgrund der Konstruktion und des Baus der berühmten deutschen Autobahnen. Nach der Eroberung und Besetzung Frankreichs und der Niederlande war Todt unter anderem auch mit der Errichtung des sogenannten Westwalls betraut, eines Verteidigungswalls gegen eine feindliche Invasion.

Am 8. Februar 1942, nachdem Hitler, Todt und Speer in Rastenburg noch Stunden zuvor über Pläne diskutiert hatten, stürzte das Flugzeug, das Todt wieder nach Berlin bringen sollte, kurz nach dem Start ab. Hitler rief Speer sofort zu sich und ernannte ihn zu Todts Nachfolger.

Damals war Speer erst sechsunddreißig und hatte kaum Kontakt mit militärischen oder politischen Führern gehabt. Dem Gerichtshof gegenüber erklärte er: »Ich glaube, daß ich als Minister für alle damals eine Überraschung bedeutete.« Tatsächlich aber verfügte Speer über langjährige und erfolgreiche Erfahrungen bei der Errichtung von Bauwerken und hatte mit Todt schon seit vielen Monaten zusammengearbeitet. Der Führer mißtraute den Generälen, Speer stand ihm gerade zur Verfügung, und Hitler entschied sich für den Zivilisten, dem er vertraute und dessen Fähigkeiten er überaus schätzte.

Speer war sich durchaus bewußt, daß er dabei war, sich in den gleichen politischen Dschungel zu stürzen, den Sauckel sechs Wochen später betreten sollte. Als Speer noch bei Hitler war, erschien Göring und erklärte: »Am besten, ich werde die Aufgaben von Dr. Todt im Vierjahresplan übernehmen.« Göring hatte sich ständig mit Todt gestritten, und als Hitler Göring eine Abfuhr erteilte, indem er ihn von Speers Ernennung in Kenntnis setzte (»Hier, Reichsminister Speer hat ab sofort alle Ämter Dr. Todts übernommen.«), war Göring konsterniert und verstimmt, und Speer war sich darüber im klaren, daß er von dieser Seite keine Hilfe erwarten konnte.

Speer kam schnell dahinter, daß die Errichtung von Bauwerken nicht die Hauptaufgabe seines Ministeriums war – es hatte in erster Linie Waffen und Ausrüstungsgegenstände aller Art für die Wehrmacht zu beschaffen. Aber sein Aufgabengebiet wurde bald noch größer, wie er aussagte:

> 1942 hatte ich die Heeresrüstung und das Bauen übernommen mit zusammen 2 600 000 Arbeitern. Im Frühjahr 1943 übertrug mir Dönitz die Verantwortung für die Marinerüstung. Ich hatte damit 3 200 000 Arbeitskräfte. Im September 1943 wurde durch eine Vereinbarung mit Wirtschaftsminister Funk mir die Produktionsaufgabe des Wirtschaftsministeriums übertragen. Damit waren bei mir zwölf Millionen Arbeitskräfte beschäftigt. Und schließlich übernahm ich die Luftrüstung von Göring am 1. August 1944. Damit war bei mir die gesamte Produktion mit 14 Millionen Arbeitskräften vereinigt. Die Zahl der Beschäftigten bezieht sich auf das Großdeutsche Reich ohne die besetzten Gebiete.

Speer erwies sich als guter Politiker, und außer in Görings Fall ging die Übertragung neuer Zuständigkeiten reibungslos vonstatten.

Dies also war das Riesenreich, in dem die Speer zugeschriebenen Verbrechen begangen wurden. In der Anklageschrift war er nach allen vier Punkten angeklagt worden, aber da Speer in Kriegsangelegenheiten erst nach der Eröffnung des deutsch-sowjetischen Kriegs involviert war, kam der Vorwurf der Verschwörung in Punkt Eins nicht mehr in Frage, und die nach Punkt Zwei erhobene Beschuldigung, Verbrechen gegen den Frieden begangen zu haben, war bestenfalls zweifelhaft. Nach den Anklagepunkten Drei und Vier leitete er »im besonderen den Mißbrauch und die Ausnützung von Menschen für Zwangsarbeit während der Führung von Angriffskriegen«.*

Speer hatte sich auf seinen Prozeß hervorragend vorbereitet. Er verfügte nicht nur über eine gute Intelligenz (auch wenn er nur in der Mitte von Dr. Gilberts IQ-Skala rangierte) und eine frische Erinnerung an die zurückliegenden drei Jahre, sondern war auch fast ununterbrochen vernommen worden, und zwar nicht nur von der Anklagebehörde, sondern auch von einer ganzen Reihe von Militärs, Verwaltungsbeamten, Technikern und anderen Besuchern, die möglichst alles über die Beschaffenheit und das Funktionieren der deutschen Kriegsmaschinerie hatten wissen wollen. Der Strategic Bombings Survey der USA beispielsweise, dem Fachleute wie John Kenneth Galbraith, Paul Nitze und George Ball angehörten, konnte von Speers Ansichten und Enthüllungen gar nicht genug bekommen. Aufmerksame Angeklagte profitieren oft von den Fragen und Reaktionen derer, die sie befragen, und höchstwahrscheinlich war diese Erfahrung für Speer bei der Gestaltung seiner Prozeßstrategie hilfreich.

Diese Strategie ging über Speers Pläne für seine eigene Aussage hinaus. Genauso wie Göring sich als Führer der Angeklagten zu etablieren sowie eine einheitliche Front zur Rechtfertigung Hitlers und des Nationalsozialismus herbeizuführen suchte, übernahm Speer die führende Rolle, als es darum ging, das Scheitern des Nazismus, das Grundböse in Hitler und die Verantwortung der Angeklagten für das Debakel auf sich zu nehmen. Höchstwahrscheinlich hatte Speer keine Lust, den einsamen Soldaten zu spielen, und gehofft, wenn er andere Angeklagte auf seine Seite bringen könnte, würde dies seinem allgemeinen Ansehen bei Gericht und bei der Anklagevertretung zugute kommen.**

Aus diesem Grund versuchte Speer, dem übermächtigen Göring einige der Angeklagten abspenstig zu machen. Mitte Januar beklagte er sich bei Dr. Gilbert über Görings Einfluß: »Wissen Sie, es ist kein so guter Gedanke, die Angeklagten zusammen essen und spazierengehen zu lassen. Dadurch treibt Göring sie immer wieder in eine Linie.« Einen Monat später trug Speers Bemerkung Früchte: Die Angeklagten wurden beim Mittagessen auf mehrere Tische verteilt und Göring an einen Tisch für sich allein gesetzt und isoliert. Auf die offenkundigen Ergebnisse bin ich bereits anläßlich des Verfahrens gegen Schirach eingegangen.

In der Woche zuvor, am 3. Januar 1946, hatte Speer es mit einem kompli-

---

* Man beachte den enger gefaßten Wortlaut der letzten Klausel des vergleichbaren Vorwurfs, der gegen Sauckel erhoben wurde: Dessen »Verbrechen gegen die Grundsätze der Humanität« hätten darin bestanden. »Einwohner besetzter Gebiete zu zwingen, als Sklavenarbeiter in den besetzten Ländern und in Deutschland zu arbeiten«.

** Was die Anklagevertretung betrifft, so erinnere ich mich an viele positive Kommentare über Speer. Wie es hieß, habe Speer erklärt, er wolle verurteilt und zur Verbüßung seiner Strafe nach Alaska geschickt werden, weil er Handel und Industrie dort voranbringen wolle.

zierteren Trick probiert. Da sein eigener Anwalt, Dr. Hans Flächsner, nicht anwesend war, hatte Speer Dr. Kubuschok gebeten, während der Befragung Ohlendorfs durch die Verteidiger diesen in seinem Namen zu fragen: »Wissen Sie, daß der Angeklagte Speer Mitte Februar vergangenen Jahres ein Attentat gegen Hitler vorbereitet hat?«* Ohlendorf antwortete darauf ebenso mit »Nein« wie auf Kubuschoks nächste Frage: »Wissen Sie, daß Speer es unternommen hat, Himmler den Alliierten auszuliefern, damit er sich verantworten könne und eventuell Nichtschuldige klarlegen könnte?«

Da Speer später selbst aussagen sollte und dabei auf seinen Attentatsversuch hätte verweisen können (was er auch tat), ergibt sich daraus, daß Speer Kubuschok frühzeitig darüber reden ließ, um die Kluft zwischen sich und Göring zu betonen. Gewiß hatte er damit insofern Erfolg, als Göring ihn in der nächsten Verhandlungspause ärgerlich anfuhr und sich in Gegenwart der anderen Angeklagten ein heftiger Streit entzündete. Am Abend sprach Speer dann mit Gilbert darüber: »Göring stürzte sich auf mich, weil ich seine einheitliche Front zerstörte.« Es ist allerdings zweifelhaft, ob Speer auf diese Weise irgendwelche neuen Mitglieder für seine Front gewinnen konnte.

Speers Aussage benötigte mehr als einen ganzen Tag. Im ersten Teil beschrieb er, wie er sein Ministerium verwaltet hatte. Der normale Zuhörer hatte davon allerdings nicht sehr viel, da es sich um eine ausgesprochen fachliche Darstellung voller Zahlen handelte; der Laie vermochte kaum zu folgen, und für die in der Anklageschrift erhobenen Anschuldigungen waren diese Darlegungen weitgehend irrelevant. Birketts Aversion konzentrierte sich auf Dr. Flächsner, und Lawrence war ausgesprochen ungeduldig. So mancher hatte den Eindruck, als sei Speer mehr daran interessiert zu zeigen, wie fähig er seine Mammutaufgabe bewältigt hatte, und zu erklären, wie es ihm in einigen Tätigkeitsbereichen gelungen war, die Produktion erheblich zu steigern, während er gleichzeitig die Zahl der Arbeitskräfte verringerte.

Juristisch gesehen war der Fall unkompliziert. Während zu Sauckels Aufgabe die Beschaffung von ausländischen Arbeitern gehört hatte, mußte Speer sich um ihren Einsatz kümmern. Speer gab ohne weiteres zu, gewußt zu haben, daß viele der ihm zugeteilten Arbeitskräfte gegen ihren Willen nach Deutschland gekommen waren. Ja, in einem gewissen Sinne war Speers Eingeständnis geradezu arrogant ungeniert:

> Ich hatte auf die Art und Weise, wie die Arbeitskräfte beschafft wurden, keinen Einfluß. Wenn die Arbeitskräfte gegen ihren Willen nach Deutschland kamen, so verstehe ich darunter, sie werden durch gesetzliche Maßnahmen verpflichtet, Arbeit für Deutschland anzunehmen.
> Ob diese gesetzlichen Maßnahmen berechtigt waren oder nicht, habe ich damals nicht untersucht. Dies war ja auch nicht meine Angelegenheit.

* Im ausgedruckten Protokoll steht »dieses Jahres«, was natürlich falsch ist, da diese Befragung am 3. Januar 1946 stattfand.

In der Tat hatte Speer keine *Machtbefugnis,* soweit es die Arbeitsverpflichtungen betraf. Aber indem er Saukel ständig drängte, Millionen von Arbeitskräften zu beschaffen, wohl wissend, daß Sauckel einfach Zwang ausüben mußte, um Speers Forderungen zu genügen, übte er mit Sicherheit »Einfluß« aus. Zu keiner Zeit jedenfalls hat Speer behauptet, er sei für diese Aktionen nicht *verantwortlich* gewesen, die tatsächlich massive Verletzungen des Kriegsrechts darstellten.

Im weiteren Verlauf seiner Aussage ging Speer auf derartige Fragen unter verschiedenen Aspekten ein: die Auswirkungen der alliierten Bombardierungen in Deutschland und in den von Deutschen besetzten Ländern; seine sich ändernde Einstellung gegenüber Hitler; die Faktoren, die den militärischen Zusammenbruch Deutschlands im Frühjahr 1945 herbeiführten; und seine Bemühungen, die Ausführung von Hitlers Befehlen der verbrannten Erde sowie zur Zerstörung der deutschen Industrie und anderer nationaler Ressourcen zu vereiteln.

Diese Themen waren zwar irrelevant im Hinblick auf die Hauptanschuldigungen gegen Speer, aber das Gericht hielt sie für interessant und folgte ihnen mit großer Aufmerksamkeit. Als Speer auf Hitlers Wunsch zu sprechen kam, das deutsche Volk für sein Versagen im Krieg zu bestrafen, indem er die Ressourcen der Nation zerstören wollte, machte das einen tiefen Eindruck auf die Angeklagten, ganz gleich ob sie für oder gegen Speer waren. Schacht nannte dies eine »meisterhafte Verteidigung«, während Rosenberg Speer wegen seines Verrats an Hitler verfluchte.

Gegen Ende seiner Befragung erkundigte sich Flächsner bei seinem Mandanten nach dem geplanten Attentat auf Hitler. Speer gab zu, dies vorgehabt zu haben, weigerte sich aber verschämt, sich über Details auszulassen. Wie ein kleiner Junge, der gern eine Abenteuergeschichte hören möchte, erklärte Lawrence: »Der Gerichtshof würde gern Einzelheiten darüber hören ...«

Die Geschichte, die Speer dann zum besten gab, war eher ein Psychodrama als ein Melodrama. Er sei von Selbstvorwürfen hin und her gerissen gewesen – ob er den Mann nun umbringen sollte, der so viel für ihn getan hatte, oder ob er eine andere Wahl habe, als den Mann umzubringen, der versuche, Deutschland zu vernichten. Schweren Herzens habe er sich für die erste Alternative entschieden und Giftgas besorgt, um es durch die Ansaugöffnung der Frischluftanlage in den berühmten Berliner Bunker zu leiten, in dem Hitler am Ende Selbstmord beging und in dem er zuvor im März 1945 täglich Besprechungen mit seinem militärischen und persönlichen Stab abhielt. Aber als Speer das Bunkergelände inspizierte, mußte er feststellen, daß Hitler auf diese Ansaugöffnung wohlweislich einen vier Meter hohen Kamin hatte mauern lassen und daß das Gelände von der SS überwacht wurde. »Damit war die Durchführung dieses Planes nicht mehr möglich« und Speer die Qual der Wahl abgenommen.

Erheblich relevanter im Hinblick auf die strafrechtlichen Anschuldigungen war Speers Antwort auf Flächsners Frage: »Wollen Sie also als Fachminister Ihre Verantwortung auf Ihr Arbeitsgebiet beschränken?«

> Nein. Ich habe hierzu etwas Grundsätzliches zu sagen. Dieser Krieg hat eine unvorstellbare Katastrophe über das deutsche Volk gebracht und eine Weltkatastrophe ausgelöst. Es ist daher meine selbstverständliche Pflicht, für dieses Unglück nun auch vor dem deutschen Volk einzustehen ... Ich als ein wichtiges Mitglied der Führung des Reiches trage daher mit an der Gesamtverantwortung von 1942 ab.

Aber was hieß hier »Verantwortung«? Diese Frage sollte später in Speers Verhandlung nochmals eine Rolle spielen.

Jacksons Kreuzverhör war nicht aggressiv, vermutlich weil Speer sich bußfertig gab und weil er wahrscheinlich auf Freundlichkeiten konstruktiver reagieren würde als auf heftige Attacken. Wie auch immer – Jacksons Methode trug jedenfalls Früchte. Bei seiner Befragung gab Speer zu, »Zwangsarbeiter aus Konzentrationslagern« verwendet »und ihre Verwendung auch gefördert« zu haben; daß er es befürwortet habe, »Bummelanten« in Konzentrationslager zu schicken; daß er gewußt habe, »daß das Konzentrationslager bei uns einen schlechten Ruf hatte« und »daß man einen Aufenthalt darin für viel schlimmer hielt als in den Arbeitslagern«; und daß mit seiner Zustimmung 100 000 Juden gegen ihren Willen aus Ungarn nach Deutschland abtransportiert worden waren, um in unterirdischen Flugzeugfabriken zu arbeiten. Speer behauptete, all diese Maßnahmen seien legal begründet gewesen, und zwar »in der ganzen Kriegslage und in der ganzen Auffassung, die wir in dieser Frage hatten«. Speers Antwort trug natürlich den genau entgegengesetzten Vorschriften der Haager Konvention keinerlei Rechnung.

Während seines restlichen Kreuzverhörs befragte Jackson Speer zu einer Reihe von Fotografien und Dokumenten, die die schlechten Lebensbedingungen der Arbeiter in den Krupp-Werken in Essen zeigten oder beschrieben. Er warf Speer nicht vor, persönlich für diese Zustände verantwortlich gewesen zu sein, sondern versuchte ihn vielmehr zu dem Eingeständnis zu bewegen, daß es eine derart unakzeptable Behandlung der Arbeiter gegeben habe. Speer erwiderte, er habe sich »um diese Probleme bei meinen Besuchen gar nicht kümmern können«; dann wurde er ärgerlich und erklärte, einige dieser Bilder zeigten wohl Zustände »nach Fliegerangriffen«, andere Dokumente seien übertrieben oder erlogen.

Abschließend bat Jackson Speer noch zu erklären, was er unter dem Begriff »Gesamtverantwortung« verstehe, den er in der Befragung durch Flächsner verwendet habe. Nach einem nichtssagenden Monolog Speers stellte Jackson fest: »Wenn ich Sie recht verstehe, wollen Sie damit sagen, daß Sie als damaliges Regierungsmitglied und als einer der Führer eine Verantwortung für die großen Linien der Politik dieser Regierung auf sich nehmen, aber nicht für die einzelnen Geschehnisse, die bei der Durchführung der

Maßnahmen vorkamen. Ist das eine richtige Beschreibung Ihrer Einstellung?« Darauf Speer: »Ja. Ja.«

Jackson und Speer gaben sich damit zufrieden, nicht jedoch Dr. Flächsner (den ich für klüger hielt, als Richter Birkett meinte). In seiner kurzen Nachbefragung wandte er sich an seinen Klienten:

> Herr Speer, ich nehme noch einmal Bezug auf die Antwort, die Sie Herrn Oberrichter Jackson am Schluß des Kreuzverhörs gegeben haben. Wollen Sie zur Klarstellung sagen: Wollten Sie mit der Übernahme einer Gesamtverantwortung eine strafrechtliche, meßbare Schuld oder Mitverantwortlichkeit anerkennen, oder wollten Sie eine historische Verantwortung vor dem eigenen Volk und der Geschichte damit statuieren?

Speer erwiderte:

> Das ist eine sehr schwer zu beantwortende Frage. Eigentlich eine Frage, die wahrscheinlich das Gericht beantworten wird in seinem Urteil. Ich wollte damit zum Ausdruck bringen, daß es ... eine Gesamtverantwortung der Führenden geben muß ... nach der Katastrophe ..., denn wenn der Krieg gewonnen worden wäre, hätte wahrscheinlich die Führung auch Anspruch darauf genommen, daß sie gesamtverantwortlich gewesen wäre. Aber inwieweit das nun strafrechtlich ist oder moralisch ist, das kann ich nicht entscheiden, das wollte ich auch nicht entscheiden.

Speer verließ den Zeugenstand, und Flächsner rief keine Zeugen auf, sondern gab Vernehmungsprotokolle von Hans Kehrl und anderen ehemaligen Mitarbeitern von Speer zu Protokoll.

Obwohl er die »Verantwortung« für die Politik seiner Regierung, die zu einer »Weltkatastrophe« geführt hatte, zugab, hatte Speer sich für nicht schuldig erklärt, und dabei blieb es auch. Wie bei Sauckel und Seyß-Inquart allerdings ließ sich seine Unschuld nicht anders begründen als auf der Basis der Annahme, daß das anwendbare Kriegsrecht absolet sei. Aber die Charta ließ eine derartige Annahme und Entscheidung eigentlich nicht zu.

Speer hatte den Zeugenstand als derjenige Angeklagte betreten, der bei Richtern und Anklägern den besten Ruf genoß. Seine Erscheinung, sein Auftreten und sein Verhalten bei den Vernehmungen veranlaßten Biddle, ihn zum »menschlichsten und anständigsten Angeklagten« zu erklären, und Fyfe bezeichnete ihn gar als »die bei weitem anziehendste Persönlichkeit unter den Angeklagten«.

Im großen und ganzen war Speers Ruf noch intakt, als er den Zeugenstand verließ, und das lag weitgehend daran, daß er Hitler verurteilt und dessen Verbrannte-Erde-Vorhaben verhindert hatte. Doch nach dem Aussageprotokoll zu urteilen, hatte er genauso viele Verbrechen auf sich geladen wie Sauckel, und wer seine Verhandlung aufmerksam verfolgt hatte, dem war nicht entgangen, wie kaltschnäuzig er auf die Anwendung von Gewalt (»Dies war ja auch nicht meine Angelegenheit«) und auf die Behandlung von Arbeitskräften (»ich habe mich um diese Probleme ... gar nicht kümmern können«) reagiert hatte. In solchen Augenblicken erinnerte er mich an Dönitz, mit dem er im Krieg sehr gut ausgekommen war. So kann ich eine Episode durchaus nachvollziehen, von der Fyfe in seiner Autobiographie berichtet:

> Meine Frau gehörte zu den vielen Menschen, die von Speers Aussage wie von seinem Auftreten zutiefst beeindruckt waren, und sie bemerkte gegenüber Griffith-Jones, solche Männer würde Deutschland in Zukunft brauchen. Griffith-Jones zeigte ihr daraufhin ein Stück blutbeflecktes Telefonkabel, etwa drei Meter lang, das man bei Krupp gefunden hatte und womit die Arbeiter ausgepeitscht worden waren.

Als man Speer die Stahlruten zeigte, erwiderte er: »Das ist nichts anderes als wie ein Ersatz für einen Gummiknüppel. Wir hatten ja an sich keinen Gummi, und daher werden wahrscheinlich die Bewachungsmannschaften etwas Derartiges gehabt haben.«

Nachdem die Verhandlung gegen Speer abgeschlossen war, mußte ich an Seyß-Inquart denken. Speer hatte weitaus größeren Einfluß auf den Lauf der Dinge gehabt, aber in beiden Fällen waren die Angeklagten schwer belastet, als sie den Zeugenstand verließen – doch am Ende hatten sie sich auch entschieden bemüht gehabt, noch mehr Tod und Vernichtung zu verhindern. Würden bei den Urteilen mildernde Umstände eine Rolle spielen?

Neurath: Konstantin von Neurath, eine weißhaarige und eindrucksvolle Gestalt, war mit seinen dreiundsiebzig Jahren so schwer gezeichnet, daß sein Anwalt für ihn die Fragen und Antworten schriftlich ausgearbeitet hatte. Dr. Otto Freiherr von Lüdinghausen hätte freilich besser daran getan, weniger Fragen zu stellen und die Antworten abzukürzen. Dieses Versäumnis trug ihm einen Platz in Richter Birketts immer größer werdender Schurkengalerie ein, in der Lüdinghausen charakterisiert war als »groß gewachsen, aristokratisch, unnahbar, unsensibel gegenüber Beleidigungen, mit einer außerordentlich eintönigen Stimme und mit einem Bart wie ein Dichter«. Über seine anwaltlichen Fähigkeiten notierte der Richter: »Er verliert sich im Labyrinth der Ereignisse; er wirkt völlig verblüfft und verwirrt.«

Wie Papens erste Worte waren auch die Neuraths verräterisch und aufschlußreich:

> Ich bin am 2. Februar 1873 geboren. Ich stamme väterlicherseits aus einer alten Beamtenfamilie. Mein Großvater, Urgroßvater und Ur-Urgroßvater waren Minister: Justiz und Auswärtiges in Württemberg. Mütterlicherseits stamme ich aus einer schwäbischen Adelsfamilie, deren Vorfahren meist Offiziere im Kaiserlich-Österreichischen Heer waren. Ich bin bis zu meinem zwölften Lebensjahr auf dem Lande erzogen in strenger Einfachheit, unter besonderer Betonung der Pflicht zur Wahrheit, des Verantwortungsgefühls, des Patriotismus und der christlichen Lebensführung, verbunden mit christlicher Duldung Andersgläubiger.

Nach diesem rhetorischen Feuerwerk animierte Lüdinghausen seinen Mandanten zu einem langen Vortrag über seine Ämter und Amtshandlungen im Laufe der deutschen politischen Geschichte, wobei dieser zwischendurch Auszüge aus eidesstattlichen Erklärungen eines Landesbischofs, einer Baronin und eines ehemaligen Botschafters verlas, die alle das hohe geistige und sittliche Niveau des Angeklagten rühmten. Die Verhandlung ging so langsam voran, daß Lawrence sich immer wieder einschaltete, um irrelevanten Aussagen und Wiederholungen Einhalt zu gebieten. Schließlich beschwerte er sich: »Wir sind schon den ganzen Morgen mit dem Verhör beschäftigt und sind noch nicht [im] Jahre 1933 angelangt.« Er beendete die Sitzung mit einer Ermahnung an Lüdinghausen: »Der Gerichtshof hofft, daß, wenn Sie am Montag weitergehen, Sie diese politische Geschichte, die natürlich jedem bekannt ist, der sie miterlebt hat und besonders dem Gerichtshof, der sie hier wiederholt gehört hat, nicht so ausführlich behandeln werden.« Aber auch am Montag (24. Juni) verging trotz Lawrence' ständigem Drängen der größte Teil der Vormittagssitzung, ehe Lüdinghausen endlich beim Jahre 1938 angekommen war – »der Zeit ..., mit der wir uns befassen müssen«, wie Lawrence verzweifelt anmerkte.

Bis es soweit war, hatte Neurath erklärt, er sei kein Nazi gewesen – »Hitler kannte ich persönlich nicht«. Aber er hatte die entscheidenden Taten Hitlers gebilligt. So verteidigte Neurath den Austritt Deutschlands aus dem Völkerbund; er akzeptierte Hitlers Erklärung über die Morde beim »Röhm-Putsch« und bemerkte, »daß bei solchen Revolutionen vielfach auch Unschuldige darunter leiden müssen«; er verurteilte den Versailler Vertrag und begrüßte die Wiederaufrüstung, damit Deutschland wieder die »Gleichberechtigung« erreichte; er war mit der Remilitarisierung des Rheinlands einverstanden. Hitler hatte anscheinend wohl nur einen schrecklichen Fehler begangen, nämlich dem Mitangeklagten Ribbentrop das Gebiet der Außenpolitik zu überlassen.

Ein paar von Neuraths Antworten offenbarten dessen moralische oder geistige Mängel. Lüdinghausen erkundigte sich nicht nach der Einstellung seines Mandanten »gegenüber Juden«, sondern »zur Judenfrage«, und Neurath erwiderte: »Ich bin niemals Antisemit gewesen, woran mich schon meine christliche und humanitäre Überzeugung hinderte. Eine Zurückdrängung des übermäßigen Einflusses auf allen Gebieten des öffentlichen und kulturellen Lebens, wie er sich nach dem ersten Weltkrieg in Deutschland entwickelt hatte, betrachtete ich aber als erwünscht.«

Nach der Wiederbesetzung des Rheinlands befragt, erklärte Neurath, dies habe »zunächst überhaupt keine militärische, sondern lediglich eine politische Bedeutung« gehabt – demnach war er sich offenkundig nicht darüber im klaren, daß die Entmilitarisierung des Rheinlands dieses, einschließlich des Ruhrgebiets, einem feindseligen Einmarsch der Franzosen hatte öffnen sollen. Doch nicht einmal eine Stunde später erläuterte Neurath, daß die Befestigung der westlichen Grenzen des Rheinlands durch die Deutschen dazu dienen sollte, »die Versuchung für die hochaufgerüsteten Nachbarn zu vermindern, ... in das offenliegende deutsche Reichsgebiet einzumarschieren.«

In diesen ersten vier oder fünf Stunden fiel einiges Licht auf die Person des Angeklagten, aber praktisch nichts davon war für die in der Anklageschrift erhobenen Anschuldigungen relevant. Kein einziges Beweismittel tauchte dabei auf, aus dem hervorgegangen wäre, daß Neurath Pläne für einen Angriffskrieg unterstützt oder daß er Grund zu der Annahme gehabt hatte, daß Hitler derartige Absichten hegte. Während seiner ganzen Aussage behauptete Neurath, auf der von Hitler einberufenen Konferenz vom 5. November 1937, bei der auch Göring und Raeder zugegen gewesen waren, habe er »zum erstenmal« Hitlers aggressive Pläne mitbekommen: »... war doch für mich zu erkennen, daß die Gesamttendenz seiner Pläne aggressiver Natur [war] ... Es war selbstverständlich, daß ich die Verantwortung für eine solche Politik nicht tragen konnte.«

Neurath sagte aus, daß er von Hitler nicht vor Mitte Januar 1938 empfangen worden sei. Nach anfänglichen Einwendungen, die Neurath nicht für ernst gemeint hielt, nahm Hitler seinen Rücktritt an, und am 4. Februar 1938, dem Tag der großen Kabinettsumbildung, wurde Neurath als Außenminister von Ribbentrop abgelöst. Um die Tatsache zu verschleiern, daß Neurath nicht einvernehmlich zurückgetreten war, erteilte Hitler die – von Neurath akzeptierte – Weisung, dieser solle seinen Titel als Reichsminister behalten und Präsident des Geheimen Kabinettsrates werden, einer Einrichtung, die nur auf dem Papier existierte und niemals einberufen wurde.

Neurath blieb einige Wochen in Berlin. Am 11. März, als es zu den Aktionen kam, die zum Anschluß Österreichs führten, war Ribbentrop in London, und Hitler bat Neurath, zur Beratung in die Reichskanzlei zu kommen. Als bekannt wurde, daß die Deutschen in Österreich einmarschierten, überreichte das britische Außenministerium eine Protestnote. Am 12. März verfaßte Neurath eine Antwortnote, die er auf Görings Wunsch auch unterzeichnete. Neurath gab zu, daß der Inhalt der Note zum Teil unrichtig gewesen sei, ein Umstand, den er auf unzutreffende Informationen zurückführte, die er von Hitler erhalten habe.

Am selben Tag suchte Minister Vojtech Mastny, der tschechische Gesandte in Berlin, Neurath auf und fragte ihn, ob Hitler nach dem Anschluß Österreichs nun »auch gegen die Tschechoslowakei etwas unternehmen werde«. Neurath sagte aus, er habe gegenüber Mastny erklärt, »er könne beruhigt sein, Hitler habe mir erst am Abend vorher ... gesagt, daß er nichts gegen die Tschechoslowakei zu unternehmen gedenke« und daß der 1925 in Locarno geschlossene Schiedsvertrag zwischen Deutschland und der Tschechoslowakei weiterhin gültig sei.

Daraufhin fragte Lüdinghausen Neurath, wie er es rechtfertigen könne, daß er sich auf Hitlers Wort verlassen habe, angesichts der Erklärungen über die Tschechoslowakei, die Neurath bei der Hoßbach-Konferenz vernommen habe. Neurath erwiderte:

> Aus dieser Besprechung war nur allgemein zu ersehen, daß Hitler sich mit Kriegsplänen trug. Es war keineswegs von einem bestimmten Angriffsplan gegen die Tschechoslowakei die Rede*, sondern nur davon, daß, falls es überhaupt zu einem Krieg kommen sollte, die Tschechoslowakei und Österreich zunächst besetzt werden müßten, um die rechte Flanke frei zu halten. In welcher Form also dieser Angriff oder ein Angriff auf die Tschechoslowakei überhaupt erfolgen sollte, und ob es jemals zu einer kriegerischen Auseinandersetzung im Osten käme, das war durchaus zweifelhaft und offen.

Da Neurath nur wenige Minuten zuvor die Hoßbach-Konferenz als so aufregend dargestellt hatte, daß er anschließend »mehrere schwere Herzattacken erlitt« und seinen Rücktritt einreichte, war diese unterschiedliche Schilderung ein und desselben Ereignisses einfach lächerlich – ganz offensichtlich diente seine Aussage nur dazu, sich selbst reinzuwaschen.

Neurath zog sich dann auf sein Besitztum zurück, das er aber Ende September für kurze Zeit verließ, um inoffiziell an den Verhandlungen teilzunehmen, die zum Münchner Abkommen und zur Annexion des Sudetenlandes führten. Kaum ein halbes Jahr danach annektierte Deutschland unter Androhung von militärischer Gewalt Böhmen und Mähren als Reichsprotektorat. Die Slowakei wurde ein »autonomes« deutsches Anhängsel.

Kurz darauf rief Hitler Neurath nach Wien und forderte ihn auf, die Ernennung zum Reichsprotektor von Böhmen und Mähren anzunehmen. So unglaublich es klingt: Neurath sagte aus, er habe Hitlers Versicherungen geglaubt, seinem Vorgehen habe »ein freier Entschluß der Tschechischen Regierung« zugrunde gelegen; Neurath sollte, so Hitler, nun versuchen, die Tschechen »durch eine versöhnliche und mäßigende Politik« zu gewinnen.

Natürlich waren das alles nur Lügen. Hitler setzte den tschechischen Nazi Karl Hermann Frank als Neuraths Staatssekretär ein und erteilte Himmler die absolute Machtbefugnis über die Politik und die Sicherheitsangelegenheiten. Neurath hatte die Anweisungen von staatlichen Behörden in Deutschland auszuführen, die großenteils darauf angelegt waren, die tschechische Sozial- und Wirtschaftspolitik mit der des Reiches gleichzuschalten. Somit wurden auch die Nürnberger Gesetze und andere antisemitische Maßnahmen unter Neuraths Amtsführung angewendet.

Als Deutschland Polen angriff und der Zweite Weltkrieg ausbrach, wurden die Restriktionen gegenüber den Tschechen sogar noch rigoroser. Im No-

* Das war eine unzutreffende Behauptung: Hitler befaßte sich in seinem Vortrag explizit mit den Umständen, unter denen die gewaltsamen Annexionen von Österreich und der Tschechoslowakei möglichst einfach erreicht werden könnten, sowie mit den militärischen und wirtschaftlichen Vorteilen, die diese Annexionen Deutschland verschaffen würden.

vember 1939 ordnete Hitler die Schließung der Universitäten und anderer höherer Lehranstalten an; Neurath sagte aus, daß er Hitler zwar gedrängt habe, sie wieder zu öffnen, er habe aber »bei der dominierenden Stellung, die Herr Himmler hatte, keinen Erfolg« gehabt. Ende 1940 beteiligte sich Neurath an Himmlers Vorschlägen für die Germanisierung oder sogar Umsiedlung der tschechischen Bevölkerung.

Auch wenn die politischen Entscheidungen zunehmend über Neuraths Kopf hinweg getroffen wurden, machte er keine Anstalten zurückzutreten. Er sagte aus, er habe verhindern können, daß die Tschechoslowakei »endgültig unter die Herrschaft der SS kommt ... Ich glaubte im übrigen, gerade im Krieg einen so schwierigen und verantwortungsvollen Posten nur im äußersten Fall verlassen zu dürfen.« Doch dann nahm Hitler ihm diese Sorge ab. Neurath:

> Am 23. September 1941 bekam ich einen Telephonanruf Hitlers, ich solle sofort zu ihm ins Hauptquartier kommen. Dort eröffnete er mir, ich sei zu mild gegen die Tschechen, das könne so nicht weitergehen. Er habe beschlossen, nunmehr scharfe Maßnahmen gegen die tschechische Widerstandsbewegung zu ergreifen und zu diesem Zwecke den berüchtigten Obergruppenführer Heydrich nach Prag zu schicken.

So töricht Neurath auch gewesen sein mochte, als er diesen brutalen und undankbaren Auftrag übernommen hatte, wollte er nun doch nicht einfach untätig zusehen, während der rücksichtslose Heydrich das Sagen hatte. Er reichte augenblicklich sein Rücktrittsgesuch ein, das Hitler ablehnte, während er ihn statt dessen auf unbestimmte Zeit beurlaubte. Neurath kehrte nach Deutschland zurück und blieb auf seinem Besitztum, aber offiziell wurde er erst im Oktober 1943 von seinem Amt entbunden.

Seine Berufung in dieses Amt war von Anfang an eine Fehlentscheidung gewesen, wie Goebbels es vorausgesehen hatte. Beim Mittagessen mit Hitler hatte er seinerzeit erklärt: »Von Neurath ist als Leisetreter bekannt. In das Protektorat aber gehört eine strenge Hand, die Ordnung hält. Dieser Mann hat mit uns gar nichts gemein, er gehört einer ganz anderen Welt an.« Hitler erwiderte darauf: »Nur von Neurath kam in Frage. Er gilt in der angelsächsischen Welt als vornehmer Mann. International wird seine Ernennung beruhigend wirken, weil man darin meinen Willen erkennen wird, den Tschechen nicht ihr völkisches Leben zu nehmen.« Aber Goebbels hatte im Prinzip recht gehabt. Nachdem Neurath Prag wieder verlassen hatte, erklärte Hitler: »N[eurath] war doch total zerflossen, der tschechische Adel hat ihn eingewickelt.«

Beim Kreuzverhör wurde sogleich klar, daß Fyfe Neurath auf dem Kieker hatte und daß der alte Mann für ihn kein Gegner war. Neuraths ohnehin schon ein wenig fragwürdige Behauptung gegenüber Lüdinghausen, er sei kein Antisemit gewesen, wurde nun gänzlich widerlegt, als Fyfe Neuraths Erklärung gegenüber dem *Völkischen Beobachter* vom 17. September 1933 ins Protokoll verlas:

> Der Minister [Neurath] zweifelte nicht daran, daß das unsinnige Gerede des Auslandes über rein innerdeutsche Dinge, wie z.B. die Judenfrage, schnell verstummen wird, wenn man erkennt, daß die notwendige Säuberung des öffentlichen Lebens wohl vorübergehend in Einzelfällen persönliche Härten mit sich bringen müßte, daß sie aber doch nur dazu diente, in Deutschland die Oberhand von Recht und Gesetz um so unerschütterlicher zu befestigen!

Darauf konnte Neurath nur antworten, das sei auch heute noch sein Standpunkt, »nur hätte er mit anderen Methoden durchgeführt werden müssen«. Anschließend wies Fyfe nach, daß Neurath sein Haus in Berlin zu einem sehr niedrigen Preis bekommen hatte, weil die Frau des Verkäufers Jüdin war.

Wie im Falle von Papens war es zweifelhaft, ob Fyfes Fragen im Hinblick auf die Anklagepunkte Eins und Zwei sich im Rahmen der Charta bewegten. Aber während Fyfe Papen wie einen Schurken behandelt hatte, stellte er Neurath als Wortverdreher oder Lügner hin und wußte seine Glaubwürdigkeit in Zweifel zu ziehen. Das wirkte sich für Neurath sehr schädlich aus, da er versucht hatte, die Verantwortung für jede fragwürdige oder verbrecherische Tat der Deutschen im Protektorat Karl Hermann Frank oder Himmler zuzuschieben.

Wie enttäuscht die Richter von Neurath waren, kam am Ende seiner Aussage zum Ausdruck, als Biddle, Nikitschenko und Lawrence ihm jeweils Fragen stellten. Biddle drängte Neurath zuzugeben, daß er gewußt habe, was für ein Mensch Himmler war, bevor er nach Prag ging. Nikitschenko verführte Neurath zu der Aussage, er sei gegen alle »aggressiven« Handlungen Hitlers gewesen, von Österreich bis zur Sowjetunion, und habe wiederholt Hitler seine Meinung gesagt. Sodann holte er sich Neuraths Zustimmung zu der Feststellung, daß Hitler mit seinen Gegnern »kurzen Prozeß« gemacht habe. Warum aber sei dann Neurath nichts geschehen? »Ich habe aber immer damit gerechnet«, war die lahme Antwort. Lawrence schließlich ging noch einmal auf Neuraths Antwortnote auf den Protest der Briten gegen den Anschluß ein, in der dieser erklärt hatte: »Daß vom Reich aus auf diese Entwicklung ein gewaltsamer Zwang ausgeübt wurde, ist unwahr« – es sei »reine Erfindung«, daß von irgendeinem Ultimatum die Rede gewesen sei. Er brachte Neurath dazu zuzugeben, daß er sich nicht bemüht hatte, diese falschen Behauptungen zu überprüfen, obwohl es doch durchaus die Möglichkeit gegeben habe, entsprechende Informationen von anderen Teilnehmern an Hitlers Konferenz zu bekommen. Dr. von der Lippe kommentierte: »Bei vielen Zuhörern entstand der Eindruck, daß diese Fragen des Gerichts eine sehr negative Einstellung zu Neurath verraten.«

Angesichts all dessen, was Neurath im März 1939 über Hitler und seine Nazis wußte, war seine Bereitschaft, das Amt des Reichsprotektors zu übernehmen, der reinste Wahnsinn gewesen. Hätte er abgelehnt, dann hätte er höchstwahrscheinlich nicht in Nürnberg vor Gericht gestanden. Andererseits war Neurath vielleicht doch viel weniger gegen die Nazis eingestellt und ehrgeiziger gewesen, als er jemals zuzugeben bereit war. Etwa ein halbes Jahr, nachdem er aus Prag heimgekehrt war, hatte Neurath nämlich Goebbels einen Besuch abgestattet, der dazu in seinem Tagebuch bemerkte:

> Herr von Neurath macht mir einen Besuch und berichtet mir über seine Lebensweise. Er kommt sich ziemlich ausgeschaltet vor und befindet sich dabei bei bester Gesundheit. Seine Stellung zum Führer ist eine denkbar positive. Überhaupt ist Herr von Neurath ein Gentleman, der sich niemals eine Unkorrektheit oder Illoyalität dem Führer gegenüber hat zuschulden kommen lassen. Ich werde bei meinem nächsten Vortrag auch dem Führer über diesen Besuch berichten.

Zu seinem Glück erhielt Neurath von Hitler keine neue Berufung mehr, und Goebbels' Tagebucheintrag wurde zu spät bekannt, als daß er noch ins Protokoll der Nürnberger Prozesse hätte aufgenommen werden können.

Fritzsche: Hans Fritzsche, der in der oberen Reihe der Anklagebank ganz links außen saß, wirkte – wie Sauckel – ganz unauffällig und normal. Er war zierlich und sah noch jung aus, war aber mehrere Jahre älter als Schirach und Speer. Er wurde 1900 geboren und nahm noch als Soldat am Ersten Weltkrieg teil. Allerdings war an ihm nichts Martialisches, und von allen Angeklagten reagierte er ganz besonders empfindlich auf die schockierenden Enthüllungen während des Prozesses. Als im November 1945 zum erstenmal ein Film über die Greueltaten vorgeführt wurde, notierte Dr. Gilbert, daß Fritzsche »in Tränen ausbrach und bitterlich schluchzte«. Er war auch weiterhin erschüttert bei Zeugenaussagen über Greueltaten und entsprechenden optischen Darstellungen. Fritzsche war freundlich, großzügig und bei den anderen Angeklagten beliebt. Sie wußten alle, daß er nur deshalb auf der Anklagebank saß, weil ihn die Russen gefangengenommen hatten, die außer Raeder keine anderen bekannten Angeklagten vorzuweisen hatten.

Im Jahre 1923 hatte Fritzsche einen Redakteursposten bekommen, und danach hatte er sich ausschließlich redaktionell und journalistisch betätigt, unter anderem auch beim Rundfunk. Nach Hitlers Machtergreifung errichtete Goebbels das Ministerium für Volksaufklärung und Propaganda, und im Mai 1933 trat Fritzsche, von Goebbels dazu aufgefordert, in die Presseabteilung des Ministeriums und in die Partei ein. Er wurde mehrmals befördert und war in den letzten beiden Kriegsjahren Leiter der Rundfunkabteilung des Ministeriums, mit dem Titel eines Ministerialdirektors. Fritzsche war ein wichtiger Mitarbeiter des Ministeriums und durch seine erfolgreiche Sendung »Es spricht Hans Fritzsche« bei den deutschen Radiohörern sehr bekannt. Aber in der Hierarchie des Ministeriums rangierte er nur auf der dritten Ebene – er war ein Mitarbeiter des Reichspressechefs Otto Dietrich, der wiederum Goebbels direkt unterstellt war.

Fritzsche hatte Hitler nie persönlich kennengelernt und war zuvor für die meisten Angeklagten ein Unbekannter gewesen. Er hatte für kurze Zeit mit Funk zusammengearbeitet und war ebenso kurzzeitig je einmal mit Dönitz, Seyß-Inquart und Papen in Kontakt getreten. Obwohl Goebbels von Fritzsches Fähigkeiten viel hielt, gab es zwischen ihnen keinerlei persönliche Beziehungen. Goebbels verweist in seinem Tagebuch nur ganz selten auf Fritzsche, und die einzige persönliche Bemerkung über ihn sagt im Grunde mehr über das Verhältnis von Goebbels gegenüber der Presse als zu Fritzsche aus: »Leider nimmt Fritzsche sie [die Presse] allzu sehr in Schutz.«

Die in der Anklageschrift gegen Fritzsche erhobenen Anschuldigungen umfaßten die Anklagepunkte Eins, Drei und Vier. Nach Punkt Eins wurde ihm vorgeworfen, er habe seine Stellungen und seinen persönlichen Einfluß dazu benutzt, die »Grundprinzipien der Nazi-Verschwörer zu verbreiten und auszubeuten«. Die Punkte Drei und Vier zielten auf seine Ermutigung und Befürwortung von »judenfeindlichen Maßregeln« und der »rücksichtslosen Ausbeutung besetzter Gebiete« ab. Im wesentlichen lief das alles auf den Vorwurf hinaus, er habe die Einrichtungen des Propagandaministeriums dafür eingesetzt, Angriffskriege zu schüren und Verbrechen gegen Juden und die Bewohner der von den Deutschen besetzten Länder zu begehen.

Fritzsche und sein Anwalt, Dr. Heinz Fritz, waren nicht so schwerfällig wie ihre unmittelbaren Vorgänger, und ihre Klageerwiderung verlief glatt und praktisch ohne jeden Einwurf von Lawrence. Im Hinblick auf Anklagepunkt Eins sagte Fritzsche aus, er habe nicht frühzeitig über Hitlers Kriegspläne Bescheid gewußt, denn es sei »niemals zu mir von der Absicht eines Angriffskrieges gesprochen worden, weder von Dr. Goebbels noch von irgendeinem anderen«; und dann behauptete er, »mir und damit der deutschen Öffentlichkeit wurden in jedem Augenblick seit dem Anschluß Österreichs bis zum Angriff auf Rußland Informationen gegeben, die keinerlei Zweifel zuließen an der Rechtlichkeit beziehungsweise an der zunehmenden Notwendigkeit des deutschen Vorgehens«. Mit Bezug auf die Klage, die Hauptmann Sprecher im Januar gegen ihn vorgebracht hatte, bestritt Fritzsche kategorisch dessen Vorwurf, Fritzsche habe die Propaganda dazu eingesetzt, die Deutschen zum Haß auf die feindlichen Völker anzustacheln: »Wohl habe ich scharf polemisiert mit Regierungen, ... aber ich habe niemals Haß allgemein gepredigt oder auch nur indirekt zu erwecken versucht.« Aber was hatte Fritzsche dann gepredigt? »Ich habe Propaganda in diesem Krieg betrieben fast ausschließlich mit dem Begriff der Notwendigkeit und des Zwanges, zu kämpfen. Ich habe immer wieder die Folgen einer Niederlage sehr schwarz gemalt ... Ich habe die feindliche Forderung nach einer bedingungslosen Kapitulation immer wieder zitiert.«

Fritzsche betonte natürlich, daß er nichts mit der Entscheidung über Tendenz und Zweck der deutschen Propaganda zu tun gehabt habe. Die Organisation der Nazi-Presse war das Werk von Dr. Goebbels, Dr. Dietrich und von Reichsleiter Max Amann, der im Ersten Weltkrieg Hitlers Kompaniefeldwebel und später Präsident der Reichspressekammer gewesen war. Die Pressepolitik der Regierung wurde von Dietrich bestimmt – er hielt sich im Führerhauptquartier auf und »erhielt die Weisungen von Hitler unmittelbar«.

Somit habe Fritzsche nur mittelbar Einfluß auf die Politik gehabt. Außerdem habe er die Informationen, die er erhielt, für wahr gehalten, obwohl sie doch zuweilen böswillige Fälschungen darstellten – beispielsweise Hitlers Vorwurf, Winston Churchill habe das britische Linienschiff *Athenia* absichtlich versenken lassen, um den Deutschen die Schuld an dieser Katastrophe geben zu können. Fritzsche sagte aus, er habe dem offiziellen deutschen Bericht einfach geglaubt, und erst als er Raeder in Nürnberg begegnet sei, habe er erfahren, daß ein deutsches U-Boot die *Athenia* versenkt hatte.

Komplizierter verhielt es sich mit Fritzsches Aussage zu dem Vorwurf, er habe zu Kriegsverbrechen angestachelt. Im Juli 1941, also ein paar Wochen nach dem Angriff der Deutschen auf die Sowjetunion, hatte Fritzsche zwei Rundfunkreden gehalten, die gewiß zum Haß auf Menschen aufhetzen konnten: Schlimmer noch als die Anzeichen für den geistigen, wirtschaftlichen und sozialen Terror, den die »jüdischen Kommissare« ausübten, seien die Schandmale des physischen Terrors gewesen, auf den die deutsche Wehrmacht auf ihrem Weg zum Sieg gestoßen sei. Das seien die Taten von Ungeheuern in Menschengestalt gewesen, die über ihre Opfer blutrünstig hergefallen seien.

> Aus Briefen von der Front ... haben wir genügend Beweise dafür erhalten, daß in diesem Kampf im Osten ... Kultur, Zivilisation und Menschenwürde sich gegen das teuflische Prinzip einer Unterwelt erhoben haben.

Fritzsche bestand darauf (was mich nicht überzeugte), daß er mit diesen Ansprachen den »Kampf gegen ein System« geführt habe: »Für die Völker der Sowjetunion gebrauchte ich sogar ausdrücklich Worte des Mitgefühls und der Sympathie.« Er fügte hinzu, seine Rundfunkreden

> zeigen in voller Klarheit nach meiner Auffassung die ganze Ehrlichkeit und Ehrenhaftigkeit der gesamten deutschen Kriegführung, und ich glaube auch heute noch, daß Mord und Gewalttaten und Sonderkommandos nur wie ein Fremdkörper, nur wie ein Geschwür an dem moralisch gesunden Körper des deutschen Volkes und seiner Wehrmacht hafteten.

Wenn man bedenkt, wie viele Millionen Juden und andere Menschen von diesem »Fremdkörper« und wie viele Millionen sowjetischer Kriegsgefangener von deutschen Berufssoldaten umgebracht wurden, dann ist Fritzsches Darstellung nur schwer zu verkraften. Ich kam zu der Schlußfolgerung, daß sie das Produkt seines militanten Patriotismus war und sein Bedürfnis widerspiegelte, die russischen Ankläger zu reizen, deren Landsleute in Moskau ihn mehrere Monate lang in Einzelhaft gefangengehalten hatten.

Nachdem er sich mit Dietrich überworfen hatte, schied Fritzsche im Mai 1942 aus dem Ministerium aus und schloß sich der Propagandakompanie einer deutschen Infanteriedivision an, die zu General Friedrich Paulus' Sechster Armee gehörte und bei Stalingrad stationiert war. Fritzsche behauptete, er habe dort eine große Rolle gespielt, sich gegen den Kommissarbefehl gestellt und schließlich dafür gesorgt, daß er aufgehoben wurde.*

Kurz bevor er zur Sechsten Armee gegangen war, hatte Fritzsche einen Brief von einem SS-Offizier in der Ukraine erhalten, der behauptete, er »habe den Befehl erhalten, Juden und die ukrainische Intelligenz seines Bezirkes zu töten«. Fritzsche erkundigte sich danach bei Heydrich, der ihm versicherte, die in diesem Brief aufgestellten Behauptungen entbehrten jeder Grundlage. Als Fritzsche dann bei der Sechsten Armee war, unternahm er eine persönliche Inspektionsreise, die ihn nach Kiew, Poltawa, Charkow und in kleinere Orte führte. Laut eigenem Bericht fand Fritzsche dabei nichts weiter heraus, als daß es wegen bestimmter Delikte und nach einem Kriegsgerichtsverfahren einige Erschießungen von Juden und anderen Personen gegeben habe, keinesfalls aber irgendwelche Massenerschießungen von Juden.**

Wie mehrere andere Angeklagte begründete Fritzsche seinen Antisemitismus: »Ich wünschte eine Einschränkung des überragenden Einflusses des Judentums auf die deutsche Politik, Wirtschaft und Kultur.« Aber einige seiner Reden gingen weit über derartige Besorgnisse hinaus, besonders nachdem der deutsch-sowjetische Krieg im Gange war. Im Oktober 1941 beispielsweise hatte er von einer »neuen Welle der internationalen, jüdisch-demokratisch-bolschewistischen Hetze« gegen Deutschland gesprochen, was laut Fritzsche seinen »damaligen Kenntnissen und Anschauungen« entsprochen habe.

Da sich unter den sowjetischen Anklägern keine Marineoffiziere befanden, waren sie froh gewesen, daß sie Fyfe das Hauptkreuzverhör von Raeder hatten überlassen können. Im Falle Fritzsches allerdings trat Rudenko höchst-

---

* Dr. Fritz hatte Paulus danach befragt, als dieser in Nürnberg als Zeuge aussagte. Paulus konnte sich an Fritzsche erinnern, aber nicht an dessen angeblichen Vorschlag, den Befehl aufzuheben. Paulus sagte aus, soviel er wisse, sei dieser Befehl »in meinem Bereich nicht ausgeführt worden«, seit er im Januar 1942 das Kommando über die Sechste Armee übernommen hatte.

** Als Fritzsche zur Sechsten Armee kam, hatten die schlimmsten Massaker der Einsatzgruppen schon ein paar Wochen zuvor aufgehört. Aus seinen Aussagen geht nicht hervor, ob er den Stab der Sechsten Armee befragt hatte, der das Sonderkommando unter Führung des berüchtigten Paul Blobel unterstellt gewesen war, das im November 1941 über 33 000 Juden bei Kiew im sogenannten Massaker von Babi Jar umgebracht hatte. Leider wurde Fritzsche im Kreuzverhör nicht eingehend über seine Kontakte und Aktivitäten in der Ukraine befragt.

persönlich ans Rednerpult.* Es war kein erfolgreicher Auftritt, denn Rudenkos Methode hatte, wie es bei den sowjetischen Anklägern so üblich war, in einer Reihe von belfernd vorgetragenen Anschuldigungen bestanden, die gespickt waren mit den bekannten kommunistischen Klischees. Oft hatte man den Eindruck, als hielte Rudenko seine Fragen für wichtiger als die Antworten. Fritzsche, der einen wachen Verstand hatte und inzwischen mit dialektischen Auseinandersetzungen vertraut war, gab die Fragen sogleich an Rudenko zurück, was ihm offensichtlich Vergnügen bereitete.

Als der General das Vernehmungsprotokoll vorlegte, das Fritzsche im September 1945 in Moskau unterzeichnet hatte, erklärte Fritzsche, das daraus Zitierte stamme nicht von ihm; er habe das Dokument aber gleichwohl unterzeichnet. »Warum haben Sie es dann getan?« schaltete sich Lawrence ein. Darauf Fritzsche: »Ich habe diese Unterschrift geleistet nach einer viele Monate dauernden überaus strengen Einzelhaft.« Rudenko konterte hart: »Sie haben doch wohl niemals angenommen, Angeklagter Fritzsche, daß man Sie nach alledem, was Sie getan haben, in einem Erholungsheim unterbringen würde. Offensichtlich mußten Sie in einem Gefängnis enden, und Gefängnis ist eben Gefängnis.« Schlagartig wurde einem klar, was für Rudenko eine Selbstverständlichkeit war.

Später fragte Rudenko Fritzsche unvorsichtigerweise, ob er geglaubt habe, der deutsche Angriff auf Polen sei »unvermeidbar« gewesen. Fritzsche konnte es nicht lassen, den General zu ärgern: »... es war mir damals eine ganz besondere Genugtuung, daß ich in den Wochen danach in der sowjetrussischen Presse feststellen konnte, daß auch Sowjetrußland und seine Regierung die deutsche Auffassung von der Frage der Kriegsschuld in diesem Falle teilte.«

Von den anderen Delegationen erhob sich kein Anwalt, um noch mehr als Rudenko herauszuholen, und bei dessen Kreuzverhör war auch nichts Bedeutendes herausgekommen. Ich hatte den Eindruck, daß Fritzsche nach dieser Zerreißprobe nicht mehr so jung und unschuldig war wie zuvor und daß er viel mehr über deutsche Greueltaten wußte, als er zugab. Fritzsche selbst erwartete, daß man ihn verurteilen würde, da er sich selbst für den Ersatzmann des verstorbenen Goebbels' hielt. Man konnte zwar dem Gerichtshof alle möglichen Fehler und Schwächen vorwerfen, aber eine derartige Rechtsverdrehung gehörte nicht dazu.

Bormann: Vermutlich war Martin Bormann längst tot, aber niemand war sich da ganz sicher. Nach Hitlers Selbstmord war er zusammen mit anderen Bewohnern des Führerbunkers in Richtung Westen durch Berlin geflüchtet, in der Hoffnung, sich damit der Gefangennahme durch die herannahenden

---

* In einer Besprechung der Hauptankläger am 29. April 1946 hatte Jackson Fritzsche der sowjetischen Delegation »überlassen« und sich aus dem Fall zurückgezogen.

Russen zu entziehen. Zwei oder drei der Überlebenden waren sicher, daß Bormann unterwegs umgekommen war, aber niemand hatte tatsächlich gesehen, wie er getötet wurde oder tot dagelegen hatte.

Nachdem Heß nach England geflohen war, hatte Bormann seinen Platz eingenommen. Er war einer der engsten Anhänger des Führers und für ihn so unentbehrlich geworden, daß er am Ende über eine Macht verfügte, an die keiner der anderen führenden Nazis heranreichte. Aber nur Goebbels hatte ein gutes Wort für ihn übriggehabt, während die meisten anderen ihn verabscheuten. So schrieb Speer über Bormann:

> Selbst unter den vielen gewissenlosen Machtträgern stach er durch seine Brutalität und Gefühlsroheit hervor; er verfügte über keinerlei Bildung, die ihm Schranken auferlegt hätte und setzte in jedem Falle durch, was Hitler befohlen hatte oder er selbst aus Andeutungen Hitlers herauslesen mochte. Von Natur aus subaltern, behandelte er seine Untergebenen, als hätte er es mit Kühen und Ochsen zu tun; er war Landwirt. Ich mied Bormann; von Anfang an konnten wir uns nicht ausstehen.

Bormann, der ein wenig an Röhm erinnerte, haßte die Wehrmacht, und das beruhte auf Gegenseitigkeit. Als Hitler gegen Ende des Krieges den Befehl gab, Göring zu verhaften, war Keitel ganz entsetzt darüber und gab Bormann die Schuld an dieser Aktion: »Nur er konnte hier seine infamen Finger im Spiel haben und, die Verfassung des Führers ausnutzend, sein Intrigenspiel gegen Göring endlich zum Siege führen.« Und General Heinz Guderian, der 1944 Chef des Generalstabs des Heeres wurde, schrieb über Bormann in seinen Erinnerungen:

> Nächst Himmler der dunkelste der Männer aus Hitlers Umgebung war der Reichsleiter Martin Bormann. Ein vierschrötiger, muffiger, unfroher, verschlossener Mensch mit schlechten Umgangsformen. Er haßte das Heer als den ewigen Widerpart unbeschränkter Parteiherrschaft und versuchte mit Erfolg, allerwärts zu schaden, Mißtrauen zu säen, notwendige Maßnahmen zu hintertreiben, die anständigen Persönlichkeiten aus der Umgebung Hitlers und aus den maßgebenden Stellungen zu verdrängen und durch Kreaturen zu ersetzen.

Welchen Ruf Bormann insgesamt genoß, hat Fritzsche am treffendsten beschrieben:

> Der Verschollene hatte keine Freunde. Weder vor Gericht noch in Gesprächen mit anderen Gefangenen hörte ich auch nur ein gutes Wort über diesen Mann, um dessen Gunst einst viele warben. In meiner Erinnerung stand er als Vertreter aller harten Maßnahmen auf dem Gebiete der Kriegführung, der Staats- und Parteipolitik. Mit den Beschwerden seiner Dienststelle hatte ich mich einst auseinanderzusetzen, wenn der Rundfunk geistliche Lieder spielte oder Gottesdienste in das Sonntagsprogramm aufnahm. Meine Vorgesetzten begründeten jede zweite Anordnung mit einem Wunsche Bormanns oder der Rücksicht auf ihn.

Nun erfuhr ich, daß der kurze, schwere, dunkelhaarige Mann mit dem bäurischen Gesicht in seiner persönlichen und dienstlichen Umgebung als brutaler Tyrann galt. Mitarbeiter, ja sogar Sekretärinnen sprachen nur mit Haß von ihm. Mit den nächsten Angehörigen war er zerfallen.

Es gab allerdings durchaus Anlaß zum Mitgefühl in Bormanns Fall, und das hatte »sein« Pflichtverteidiger Dr. Friedrich Bergold voll und ganz verdient, denn nie war einem Anwalt eine derart undankbare Aufgabe zuteil geworden. Er hatte keinen Mandanten aus Fleisch und Blut, und niemand wollte ihm helfen. Unmittelbar nachdem er sich auf den Fall eingelassen hatte, stand er vor einem ganzen Berg von Beweisdokumenten gegen Bormann, die Leutnant Tom Lambert bei seiner Präsentation für die Anklagevertretung im Januar vorgelegt hatte.

An dieser Stelle muß Lamberts Beweisführung nicht wiederholt werden. Nur soviel: Dazu gehörten auch Dokumente, die von Bormann unterzeichnet oder herausgegeben worden waren und im Oktober 1942 veranlaßten, daß »die Millionen europäischer Juden« vollzählig weit nach Osten vertrieben werden sollten. Ferner wurde den Partei-Einheiten in Deutschland die teilweise Kontrolle über Kriegsgefangene übertragen, um eine härtere Behandlung sicherzustellen, sowie veranlaßt, daß für die Beerdigung sowjetischer Gefangener keine Särge verwendet werden sollten; es sollten auch keine polizeilichen oder sonstigen strafrechtlichen Maßnahmen gegen Zivilisten ergriffen werden, die sich am Lynchen von alliierten Piloten beteiligt hatten, die zur Landung auf deutschem Gebiet gezwungen worden waren; und schließlich sollten (im Januar 1942) Bormann, Sauckel und Himmler eine Arbeitsgruppe bilden, die für die Einführung von rund einer halben Million weiblicher Hausangestellter aus der Ukraine sorgen sollte, die als »Dienstmädchen« nach Deutschland gebracht wurden. Darüber hinaus gab es noch viele andere Dokumente, die Bormann zuzuschreiben waren und in denen er verbrecherische Greueltaten befohlen oder dazu ermutigt hatte.

Es ist mehr als zweifelhaft, daß Bormanns Anwesenheit vor Gericht etwas am Urteil geändert hätte, denn diese Dokumente waren einfach unwiderlegbar. Aber seine Anwesenheit wäre vielleicht für Dr. Bergold hilfreich bei der Suche nach Zeugen oder Dokumenten gewesen, von denen Bergold nichts wußte. Doch so, wie die Dinge nun einmal lagen, hatte Bergold nicht einmal ein Dutzend Dokumente parat, die bestenfalls den Schluß rechtfertigten, daß Bormann gelegentlich auch Briefe geschrieben hatte, die ihn nicht belasteten.

Unter diesen Umständen entschied sich Dr. Bergold für die einzige Möglichkeit, eine Verurteilung zu verhindern, nämlich zu beweisen, daß Bormann tatsächlich tot war. Aber auch damit hatte er keinen Erfolg. Er hatte um die Genehmigung ersucht, etwa fünf namentlich benannte Personen vorzuladen, wobei die meisten aussagen sollten, daß Bormann aller Wahrscheinlichkeit nach tot sei, aber nur einer dieser Zeugen konnte ausfindig gemacht werden. Er (ein gewisser Dr. Klöpfer) kam erst unmittelbar vor Bergolds Verhandlungstermin nach Nürnberg und wußte gar nicht, daß er über Bormanns angeblichen Tod aussagen sollte. Als Bergold eine Vertagung beantragte, um Zeit zu haben, sich mit Klöpfer zu besprechen, wies Lawrence Bergold zurecht, er habe »viele Monate für die Vorbereitung des Falles zur Verfügung gehabt«, lehnte eine Vertagung ab und wies ihn an, unverzüglich mit Klöpfer zu sprechen und ihn dann vor Gericht zu befragen. Das aber war zuviel für Dr. Bergold:

> Es ist richtig, ich habe Monate Zeit gehabt, aber wenn ich keinen Zeugen bekommen und keine Informationen erlangen kann, bitte ich das Gericht, sich in meine Lage zu versetzen ... Die Zeugen waren nicht da, niemand konnte mir sagen, wo der Zeuge Klöpfer aufzufinden wäre. Erst in der letzten Minute ist er aufgefunden worden. Ich kann nicht in einer Viertelstunde den ganzen Fall mit ihm besprechen ... Ich kann nichts dafür, daß ich einen solchen ungewöhnlichen Angeklagten bekommen habe, der nicht anwesend ist.

Ungeachtet dieser Klagen hielt Lawrence an seiner Anordnung fest, aber alles lief dann doch noch glatt über die Bühne, da Bergold gleich herausfand, daß Dr. Klöpfer nichts wußte, was für den Fall von Belang sein könnte, so daß man auf ihn verzichten konnte. Daraufhin verlas Dr. Bergold ein nicht beweiskräftiges Affidavit über Bormanns Flucht aus dem Bunker, und schließlich gab er sein trauriges Häuflein Dokumente zu Protokoll.

Ein paar Tage später war Bergold in der Lage, Erich Kempka in den Zeugenstand zu bringen, Hitlers ehemaligen Chauffeur, der auf Bormann gestoßen war, als beide nach Hitlers Tod aus der Reichskanzlei flüchteten. Kempka hatte sich nur ein paar Meter von Bormann entfernt befunden, als ein Geschoß einen Panzer traf, an dem Bormann gerade vorbeilief. Kempka sah noch, wie Bormann zusammenbrach, aber dann verlor er selbst das Bewußtsein, und als er wieder zu sich kam, sah er keine Spur mehr von Bormann. Nach Kempkas Aussage sprach somit noch mehr dafür, daß Bormann tot war, aber eine absolute Gewißheit darüber gab es eben doch nicht.

Die Verteidigung im Falle Bormann hatte nicht viel länger als eine Stunde gedauert.

2

Als der Gerichtshof zur Vormittagssitzung am 1. Juli 1946 zusammentrat, mußte er sich noch mit einem weiteren Thema im Zusammenhang mit der Beweisermittlung gegen die Angeklagten befassen: nämlich mit der Frage der Schuld für das Massaker an Tausenden von Polen im Wald von Katyn bei Smolensk. Diese Greueltat hatten die sowjetischen Anklagevertreter der Naziregierung unbedingt zur Last legen wollen, als die Anklageschrift unterzeichnet und dem Gerichtshof in Berlin übergeben wurde.

Da die Toten alle Schußwunden am Hinterkopf aufwiesen und in langen, tiefen Gräben in ihren polnischen Uniformen oder anderer Kleidung begraben worden waren, wies einiges darauf hin, daß sie eher ermordet als im Kampf getötet worden waren. Von der Existenz dieser furchtbaren Begräbnisstätte hatte die Öffentlichkeit zum erstenmal durch Goebbels in einer Sendung des Berliner Rundfunks am 13. April 1943 erfahren, in der den Russen dieses Massaker zur Last gelegt wurde. Vier Tage zuvor hatte Goebbels in seinem Tagebuch vermerkt: »Durch Hinweise der Einwohner ist man hinter das Geheimnis dieser Erschießungen gekommen ... Ich veranlasse, daß die Massengräber von neutralen Journalisten aus Berlin besucht werden. Auch lasse ich polnische Intellektuelle hinführen.«

Zwei Tage später hatte Radio Moskau den Deutschen vorgeworfen, sie hätten sich diese Anschuldigungen ausgedacht, um »die blutigen Verbrechen der Hitler-Verbrecher zu vertuschen«, die die polnischen Gefangenen selbst umgebracht hätten. Um die gleiche Zeit schickte General Władysław Anders, der Befehlshaber der polnischen Streitkräfte, die in der Sowjetunion aufgestellt worden waren und die anschließend in Nordafrika operierten, ein Telegramm an die polnische Exilregierung in London, in dem er den begründeten Verdacht äußerte, daß die Russen, nicht die Deutschen schuld seien. Daraufhin forderte die polnische Exilregierung das Internationale Rote Kreuz öffentlich auf, die Angelegenheit zu untersuchen, und das Deutsche Rote Kreuz schloß sich dieser Forderung an. Das Internationale Rote Kreuz war auch bereit, ihr nachzukommen, falls »alle anderen Parteien« damit einverstanden seien. Von seiten Moskaus kam freilich keine Zustimmung, und am 26. April brach der Kreml die Beziehungen zur polnischen Exilregierung in London ab und errichtete in Moskau ein Polnisches Komitee, das weitgehend aus polnischen Kommunisten bestand.

Die Welt befand sich im Krieg, und die beteiligten Regierungen kümmerten sich weniger um die Wahrheit als um die politischen Dimensionen dieser Situation. Goebbels' Propaganda war es gelungen, einen Keil zwischen die sowjetische und die polnische Regierung zu treiben, und genau das hatten die Briten zu vermeiden gehofft. Als General Władysław Sikorski, der Vorsitzende der polnischen Exilregierung, Churchill mit »einer Fülle von Beweisen« für die Schuld der Russen am Massaker von Katyn aufsuchte, erklärte ihm Churchill: »Wenn sie tot sind, wird nichts, was Sie tun können, sie wieder zurückbringen« und riet vergebens davon ab, Moskau zu »provozieren«.*

* Die Briten waren bald davon überzeugt, daß die Russen die Schuldigen waren, und in dieser Ansicht wurden sie – wie Sir Alexander Cadogan es formulierte – durch »eine überaus klug formulierte Note« von Sir Owen O'Malley bestärkt, dem Botschafter bei der polnischen Exilregierung in London. Cadogan fragte sich: »Wie können *wir* noch mit Russen über die Hinrichtung von deutschen ›Kriegsverbrechern‹ diskutieren, wenn wir dies stillschweigend hingenommen haben?«

Im Mai 1943 stellten die deutschen Behörden ein Ärzteteam aus fast allen mit Deutschland verbündeten oder von ihm besetzten Ländern zusammen, das zu dem Ergebnis kam, daß die Tötungen im März und April 1940 stattgefunden hatten, als die Russen noch das Gebiet um Smolensk besetzt gehalten hatten. Nachdem die sowjetischen Streitkräfte Smolensk im September 1943 zurückerobert hatten, bildete die Regierung eine »Sonderkommission zur Ermittlung und Untersuchung der Umstände der Erschießung polnischer Offiziere durch die deutsch-faschistischen Invasoren im Wald von Katyn«. Der Titel sagt bereits alles über das Ergebnis der Arbeit dieser Kommission aus.

Soweit also die Kontroverse, die die Sowjetunion unbedingt vor dem Tribunal austragen wollte. Aber wenn hier auch ein Land das andere beschuldigte, handelte es sich nicht um ein *Tu-quoque*-Argument, bei dem ein Kriegführender seine ansonsten unrechtmäßigen Taten mit der Begründung zu rechtfertigen sucht, daß sich der Feind genauso verhalten habe. Im Falle von Katyn waren die Umstände so beschaffen, daß nur die Sowjetunion *oder* Deutschland die Greueltat begangen haben konnte. Es gab also nur eine Möglichkeit, wie eines der beiden Länder seine Unschuld glaubhaft machen konnte: Es mußte beweisen, daß das andere schuldig war.

Am 14. Februar 1946 war Oberst Pokrowski im Laufe des Beweisvortrags der sowjetischen Anklagevertretung auch auf die in der Anklageschrift erhobene Anschuldigung zu sprechen gekommen, daß die »deutsch-faschistischen Eindringlinge« in der Sowjetunion für die bei Katyn begangene »Massenhinrichtung polnischer Kriegsgefangener« verantwortlich gewesen seien. Freilich präsentierte er als einziges Beweismaterial nur den Bericht, den die sowjetische Sonderkommission »im Auftrag der Außerordentlichen Staatskommission« vorgelegt hatte. Pokrowski verlas ein paar Auszüge aus diesem Bericht, in denen folgendes behauptet wurde: Die polnischen Gefangenen seien von den Russen in drei Lagern westlich von Smolensk bis zum September 1941 festgehalten worden, als dieses Gebiet von den deutschen Streitkräften besetzt worden sei; die Massenerschießungen wurden angeblich sofort »von einer deutschen Militärbehörde ausgeführt, die sich unter dem Decknamen ›Stab des Baubataillons 537' verborgen hielt, und an deren Spitze der Oberstleutnant Ahrens [engl. Fassung – dt. Protokoll: Arnes] und seine Mitarbeiter, Oberleutnant Rex und Leutnant Hott, standen«; und 1943 hätten die Deutschen, die befürchteten, sowjetische Streitkräfte würden das Gebiet um Smolensk zurückerobern, verschiedene Maßnahmen getroffen, um das Gelände zu verändern und falsche Zeugen zu beschaffen, damit die Schuld auf die Sowjetunion fiele. Pokrowski fügte diesen Ausführungen nichts mehr hinzu – für ihn reichte der Bericht der Sonderkommission offenbar völlig aus zur Ermittlung der Wahrheit.

Im Hinblick auf den Fall Katyn ergab sich nun eine ungewöhnliche Rechtssituation. Bis auf wenige Ausnahmen (Heß, Streicher, Schacht und von Papen) war allen Angeklagten und jeder der angeklagten Organisationen vorgeworfen worden, Kriegsverbrechen nach Anklagepunkt Drei begangen zu haben, in dem auch die Anschuldigung für das Massaker von Katyn aufgeführt war. Allerdings hatte die sowjetische Anklagevertretung (die einzige, die diese Anschuldigung befürwortete) nicht die Spur eines Beweises vorgelegt, der das Verbrechen von Katyn irgendeinem der Angeklagten zur Last legte. Somit war klar, daß den sowjetischen Anklägern in erster Linie daran gelegen war, den Gerichtshof dazu zu bringen, die Sowjets von jeder Schuld für Katyn zu entlasten, statt daß sie einzelne Personen als Schuldige festnagelten.

Es stellte sich bald heraus, daß die deutschen Angeklagten nicht minder entschlossen waren, die Wehrmacht von der Schande von Katyn freizusprechen, und Göring, der führende Angeklagte, stellte seinen Anwalt zur Verfügung, damit er sich mit dieser Frage befaßte. Dr. Stahmer ersuchte sodann den Gerichtshof um die Erlaubnis, sechs Zeugen aufrufen zu dürfen, von denen fünf Offiziere waren, die in der Nähe der Wälder von Katyn stationiert gewesen waren. Am 12. März 1946 wurde dieses Gesuch vom Gerichtshof in nichtöffentlicher Sitzung erörtert, und mit den Stimmen von Lawrence, Biddle und de Vabres wurde ihm stattgegeben. Das Protokoll hält fest:

> General Nikitschenko lehnte es ab, mit abzustimmen, und wünschte, daß seine unten genannten Gründe zu Protokoll genommen würden:
> »Ich kann mich an dieser Abstimmung nicht beteiligen, da die Diskussion und die Abstimmung durch das Tribunal über die Frage, ob die Rechtmäßigkeit einer offiziellen Regierungshandlung bestritten werden dürfe, in flagrantem Widerspruch zu Artikel 21 der Charta stehen.«*

Es war klar, daß zu den unter Artikel 21 aufgeführten »Handlungen und Urkunden der in den verschiedenen alliierten Ländern für die Untersuchung von Kriegsverbrechen eingesetzten Komitees« auch der Bericht der sowjetischen Sonderkommission aus dem Jahre 1944 zählte, dessen Inhalt der Gerichtshof somit »zur Kenntnis nehmen« und dem so viel Beweiskraft beigemessen werden mußte, wie der Gerichtshof für richtig hielt. Doch Nikitschenko suchte mit seiner Beschwerde zu erreichen, daß Artikel 21 dahingehend interpretiert werde, daß er derartigen Dokumenten *verbindliche Beweiskraft* beimaß, so daß Gegenbeweise vom Gerichtshof nicht zur Kenntnis genommen werden durften. Auf diese Weise sollte den Angeklagten untersagt werden, die Schlußfolgerung der sowjetischen Kommission in Frage zu stellen, daß die Deutschen am Massaker von Katyn schuld seien.

---

* Artikel 21: »Der Gerichtshof soll nicht Beweis für allgemein bekannte Tatsachen fordern, sondern soll sie von Amts wegen zur Kenntnis nehmen; dies erstreckt sich auf öffentliche Urkunden der Regierung und Berichte der Vereinten Nationen, einschließlich der Handlungen und Urkunden der in den verschiedenen alliierten Ländern für die Untersuchung von Kriegsverbrechen eingesetzten Komitees, sowie die Protokolle und Entscheidungen von Militär- oder anderen Gerichten irgendeiner der Vereinten Nationen.«

Das war eine absurde Auslegung von Artikel 21, und zum zweiten Mal hatte Katyn somit den Gerichtshof in eine sehr heikle Lage gebracht. Als Nikitschenko seinerzeit in Berlin auf einer Vertagung bestanden hatte, um dem Kreml Zeit zu geben, die Zahl der bei Katyn umgebrachten Polen zu korrigieren, hatten die anderen Richter nachgegeben, weil Biddle befürchtete, daß sich Nikitschenko sonst zurückziehen würde (siehe oben S. 157 f.). Nun verhielten sich die Russen genauso unnachgiebig, aber Biddle erkannte zu Recht, daß er und die anderen diesmal *nicht* nachgeben konnten; denn wenn der Gerichtshof es zuließe, daß die sowjetische Anklagevertretung die Deutschen für schuld erklärte am Massaker von Katyn, jedes Gegenargument der Deutschen aber blockierte, dann würde das den Prozeß ad absurdum führen. Sodann stimmte man über die Zulassung von Stahmers Zeugen ab und gab sie, gegen Nikitschenkos Stimme, bekannt. Allerdings legte Rudenko dem Gerichtshof eine Petition für eine erneute Behandlung der Frage vor, deren Wortlaut Biddle als »maßlos« bezeichnete und die dem Gerichtshof eine Verletzung seiner Pflicht sowie einen »groben Fehler« vorwarf. Als der Gerichtshof am 6. April über die Petition beriet, hatte sich Biddle mit einem von Herbert Wechsler verfaßten Gutachten bewaffnet, das so würdig wie überzeugend formuliert war und Rudenkos Petition vom Tisch fegte.

Als die Sitzung begann, erklärte Biddle, Rudenkos Petition sei so verleumderisch und anmaßend, daß man in den USA »den Autor eines derart skandalösen Machwerks wegen Mißachtung des Gerichts belangen würde« und daß man vielleicht Rudenko »unverzüglich ins Gefängnis stecken« sollte. Dann wandte er sich an Nikitschenko und fragte ihn, was man seines Erachtens tun solle. Der völlig verblüffte General brummte irgend etwas Unverständliches vor sich hin. Biddle trug daraufhin das Gutachten seinen Zuhörern vor und sagte, es könne »in öffentlicher Sitzung verlesen werden, ehe man General Rudenko verhaftet«.

Nikitschenko versuchte nun die Veröffentlichung des Gutachtens zu verhindern, und die Mitglieder »handelten einen Deal aus«, indem sie entschieden, daß Rudenkos Petition »abgelehnt werden sollte, ohne daß die Gründe für diese Ablehnung bekanntgegeben würden«. Biddles Gutachten wurde nicht veröffentlicht, aber in den Akten des Gerichtshofs »zu Protokoll genommen«. Nikitschenko stimmte dagegen, kämpfte aber nicht mehr für seine Auslegung von Artikel 21 der Charta.

Am 11. Mai sowie am 3. Juni forderten die Angeklagten in der öffentlichen Verhandlung weitere Zeugen an. Beim ersten Mal ignorierte Pokrowski, beim zweiten Mal Rudenko die Ablehnung von Rudenkos Petition durch den Gerichtshof, und beide erhoben aus den gleichen Gründen wie zuvor Einspruch. Lawrence ging nicht darauf ein. Pokrowski war klug genug zu sagen, er habe seine Präsentation im Februar auf den sowjetischen Bericht von 1944 beschränkt, und dann wies er darauf hin, wenn die Angeklagten neue Zeugen aufriefen, dann würde auch er einige Zeugen benennen wollen. Die Russen hatten ganz eindeutig Angst davor, sich offen mit der Verteidigung auseinanderzusetzen, denn am 19. Juni 1946 schlug Nikitschenko seinen Richterkollegen vor, »das Beweismaterial über den Vorfall im Wald bei Katyn möge doch besser in schriftlicher Form als durch Zeugen vorgelegt werden«. Aber daraus wurde nichts. Ende Juni hatte der Gerichtshof entschieden, daß die Anklagevertretung und die Verteidigung jeweils drei Zeugen aufrufen könne und daß die Beweisvorlage hinsichtlich des Massakers von Katyn unmittelbar nach den Verhandlungen gegen die einzelnen Angeklagten erfolgen solle.

Als der Gerichtshof nun am 1. Juli zusammentrat, rief Stahmer seinen ersten Zeugen auf: Oberstleutnant Friedrich Ahrens, einen der angeblichen Mörder, von denen im sowjetischen Bericht von 1944 die Rede gewesen war. Er hatte das Nachrichtenregiment 537 befehligt, das die Aufgabe hatte, die Verbindung zwischen der Heeresgruppe, zu der das Regiment gehörte, und all den vielen untergeordneten Einheiten der Armeegruppe aufrechtzuerhalten; der Aufgabenbereich umfaßte also ein sehr großes Gebiet. Ahrens' Hauptquartier lag nicht weit entfernt vom Wald von Katyn, in dem er einen Erdhügel mit einem Kreuz darauf entdeckt hatte. Aber er war ständig in seinem Dienstgebiet unterwegs und beachtete diesen Hügel kaum, bis er erfuhr, daß ein Tier Knochen daraus hervorgeholt habe – menschliche Knochen, wie ihm ein Arzt erkärte. Da er glaubte, es könnte sich um ein Soldatengrab handeln, unterrichtete er die Kriegsgräberfürsorge. Anschließend untersuchte ein gewisser Dr. Butz auf Anweisung der Heeresgruppe das Gebiet, und im Frühjahr 1943 erfolgte die Exhumierung der polnischen Leichen.

Ahrens verneinte, irgend etwas darüber gewußt zu haben, wann die Tötung dieser Polen stattgefunden hatte, erinnerte sich aber daran, daß Dr. Butz ihm einmal berichtet habe, das sei wohl im Frühjahr 1940 gewesen. Als er von Smirnow ins Kreuzverhör genommen wurde, erklärte Ahrens, er sei Mitte November 1941 zu seinem Regiment gekommen. Die Deutschen hatten Smolensk im Juli 1941 eingenommen, so daß die Deutschen in den vier Monaten danach die Polen hätten töten können, ohne daß Ahrens davon erfahren hätte. Ansonsten aber bemühte sich Smirnow praktisch nicht, an Ahrens' Aussage zu rütteln.

Als nächstes rief Stahmer Leutnant Reinhard von Eichhorn auf, einen Fernsprech-Sachbearbeiter im Stab der Heeresgruppe Mitte, der seit Mitte September 1941 in der Nähe des Waldes von Katyn stationiert gewesen war. Er sagte aus, es sei unmöglich, daß polnische oder andere Gefangene in oder bei Katyn ohne sein Wissen erschossen worden sein könnten. Smirnow schloß sein Kreuzverhör damit ab, daß er einen Auszug aus dem sowjetischen Bericht von 1944 verlas, demzufolge die SS-Einsatzgruppe B im Oktober 1941 in Smolensk stationiert war und sowjetische Gefangene »evakuierte«. Offensichtlich schrieb Smirnow somit die deutsche Wehrmacht als Mörder der Polen ab. Gut unterrichtete Zuhörer wußten, daß der SD Juden und andere Menschen umbrachte, aber das hatte nur wenig mit der Tötung polnischer Offiziere im Wald von Katyn zu tun.

Stahmers letzter Zeuge war Generalleutnant Eugen Oberhäuser, Nachrichtenführer bei der Heeresgruppe und Ahrens' Oberbefehlshaber. Er bestätigte die allgemeine Aussage seiner Untergebenen und erklärte, daß ein Nachrichtenregiment weder dafür ausgestattet noch dazu bestimmt gewesen sei, eine derartige Aufgabe wie Massenhinrichtungen durchzuführen. Smirnow kam also kein Stück weiter.

Nun waren die Russen an der Reihe, und Smirnow rief als erstes den ehemaligen Stellvertretenden Bürgermeister von Smolensk während der deutschen Besetzung auf, den Professor für Astronomie Boris Barzilewski. Der Zeuge sagte aus, er habe im September 1941 vom Bürgermeister erfahren, ein gewisser von Schwetz (ein Mitarbeiter der deutschen Kommandantur) habe diesem gesagt, daß die Polen »von selbst sterben würden«. All das war zumindest nichts als doppeltes Hörensagen, und über von Schwetz' Informationsquelle war nichts Näheres zu erfahren. Stahmer mußte bei Fyfe einiges über die Technik des Kreuzverhörs abgeschaut haben, denn er wies sehr effektvoll nach, daß Barzilewski absolut nichts über die Katyn-Frage wußte, auch nicht, warum man dem Bürgermeister und ihm all diese Dinge erzählt hatte.

Smirnows zweiter Zeuge war ein gewisser Antonow Markow, ein bulgarischer Professor, der mit Hilfe eines Dolmetschers aussagte und der damals zu den europäischen Ärzten gehört hatte, die von den Deutschen organisiert und Ende April 1943 nach Katyn gebracht worden waren. Zusammen mit den anderen hatte Markow ein »Protokoll« unterschrieben, in dem erklärt wurde, daß die polnischen Leichen mindestens seit drei Jahren begraben gewesen seien. Markows Aussage in Nürnberg sollte suggerieren, daß die Untersuchung nur oberflächlich und flüchtig gewesen sei und daß nach Ansicht der meisten Mitglieder der Ärztekommission die Leichen nicht länger als seit eineinhalb Jahren begraben gewesen wären.

Smirnows letzter Zeuge war Wiktor I. Prosorowski, ein hochrangiger Arzt aus dem Ministerium für öffentliches Gesundheitswesen der Sowjetunion. Im Januar 1944 hatte er zusammen mit anderen Ärzten 925 polnische Leichen aus dem Gebiet von Katyn exhumiert und untersucht. Er teilte die allgemeine Auffassung, daß die Leichen gut zwei Jahre zuvor beerdigt worden seien, im Herbst 1941. Das Jahr 1940 sei nach Ansicht des Zeugen »vollkommen ausgeschlossen«. Prosorowski äußerte sich ganz präzise über den Zeitpunkt, den Herbst 1941 – und das war natürlich die Zeit, in der die Heeresgruppe Mitte und Ahrens' Regiment in das Gebiet von Katyn eingerückt waren –, und Stahmer konnte seine Glaubwürdigkeit nicht erschüttern.

Smirnow und Stahmer warfen die Frage auf, ob man nicht zusätzliche Beweise vorlegen könnte, aber Lawrence erwiderte scharf, der Gerichtshof

»beabsichtigt nicht, weiteres Beweismaterial anzuhören«, und wandte sich anderen Dingen zu. Sofern sich der Gerichtshof bemüht hatte, herauszufinden, ob die sowjetischen oder die Nazi-Streitkräfte die polnischen Gefangenen umgebracht hatten, war der Prozeß zu einer Travestie mißraten. Die einzigen Ergebnisse waren drei einander widersprechende Ansichten über den Zeitpunkt der Bestattung der Leichen und daß aufgrund der Aussagen der deutschen Offiziere vieles dafür sprach, daß die Tötungen nicht stattgefunden hatten, während Ahrens' Regiment in der Nähe des Waldes stationiert gewesen war.

Über andere überaus wichtige Umstände wurde nichts zu Protokoll gegeben. Was hatten die Russen mit diesen Polen getan, nachdem sie sie 1939 gefangengenommen hatten? Als Deutschland im Juni 1941 angriff, entließ man General Anders aus dem Gefängnis, und die Russen forderten ihn auf, eine polnische Legion zu bilden und sich am Kampf gegen die Deutschen zu beteiligen. Warum hatten sich die 900 oder 11 000 Mann (wie viele es auch immer gewesen sein mögen) nicht dieser Legion angeschlossen? Anders konnte sie nicht finden, und die Russen gaben ihm auf seine Anfragen keine Antwort. Es gab Beweise dafür, daß alle Briefe und andere Nachrichten, die die später bei Katyn verscharrten polnischen Gefangenen nach Polen geschickt hatten, im Frühjahr 1940 abrupt abgebrochen waren.

Nach allen Indizien lastete die Schuld für Katyn schwer auf der Sowjetunion, aber man sollte auch nicht vergessen, daß der SD nach der von Himmler und Hans Frank ausgeführten Order Hitlers den Auftrag hatte, »die polnische Intelligenz, den Adel, die Geistlichkeit, wie überhaupt alle Elemente, die als Träger des nationalen Widerstandes angesehen werden konnten«, auszurotten. Katyn lag ganz auf der Linie derartiger Absichten.

Drei Zeugen auf jeder Seite reichten natürlich bei weitem nicht aus für die Bewältigung derartiger Probleme. Die starre Weigerung des Gerichtshofs, den Anwälten zu gestatten, in dieser Frage noch weiter vorzudringen, legte indes die Vermutung nahe, daß das Gericht die endgültige Klärung des Massakers von Katyn vielleicht lieber anderen überlassen wollte.

Siebzehntes Kapitel

Die Schlußplädoyers

In Artikel 24 der Londoner Charta war der Verlauf der Verhandlung festgelegt worden, und am 3. Juli 1946 hatte der Gerichtshof hinsichtlich der einzelnen Angeklagten die in der Charta aufgeführten Punkte a) bis g) abgeschlossen. Die nächsten beiden waren: h) »Sodann hat die Verteidigung das Wort« und i) »Nach ihr erhält die Anklagebehörde das Wort«. Es ging um die Schlußplädoyers der beiden Seiten.

Obwohl die Anklagevertretung ihre Beweisvorlage gegen die angeklagten Organisationen im Januar abgeschlossen hatte, war mit der Vorbereitung für die Entlastungszeugen der Organisationen allerdings erst Mitte März 1946 begonnen worden. Der Gerichtshof übertrug die Kontrolle über diesen Bereich Oberstleutnant Airey Neave. Zunächst wurden Zeugenaussagen für die Organisationen vor Notaren abgelegt, die vom Gerichtshof bestellt worden waren, damit ein paar Zeugen für jede Organisation ausgewählt werden konnten, die schließlich vor dem Gerichtshof aussagen sollten.

Die Anwälte der einzelnen Angeklagten hatten gehofft, daß die Zeugen der Organisationen noch vor den Schlußplädoyers angehört würden, denn dann hätten die Angeklagten mehr Zeit für ihre Anwälte gehabt, um ihre Plädoyers vorzubereiten. Doch der Gerichtshof entschied anders, und zwar teils weil er es vorzog, direkt zum Abschluß der Verhandlungen gegen die einzelnen Angeklagten zu gelangen, teils weil sich herausstellte, daß Neave erst zehn Tage, nachdem das Gericht die Beweisvorlage der Verteidiger der einzelnen Angeklagten abgeschlossen hatte, in der Lage sein würde, über die Zeugen für die Organisationen Bericht zu erstatten. Auch verlangten die Angeklagten und ihre Verteidiger eine dreiwöchige Unterbrechung des Prozesses zur Vorbereitung ihrer Plädoyers; doch der Gerichtshof lehnte dies unverzüglich ab.

Dann diskutierte man darüber, wieviel Zeit für die einzelnen Plädoyers eingeräumt werden sollte. Zunächst schlug der Gerichtshof maximal vierzehn Prozeßtage für sämtliche Plädoyers vor. Die Angeklagten hielten das für viel zu wenig und ermittelten ihren jeweiligen Zeitbedarf. Am 21. Juni teilten sie dem Gerichtshof mit, daß dieser von drei (Bormann) bis acht Studen reiche und insgesamt 103 Stunden ausmache. Bei fünf Sechs-Stunden-Tagen pro Woche hätte man dafür fast vier Wochen benötigt.

Biddle und Nikitschenko stimmten zwar dagegen, aber am 25. Juni gab der Gerichtshof eine Erklärung ab, die eher hoffnungsfroh als entschieden klang:

> Der Gerichtshof ist der Meinung, daß – außer bei einigen Angeklagten, deren Fälle sehr umfangreich sind – ein halber Tag für jeden Angeklagten reichlich genügt, um seine Verteidigung vorzubringen. Und der Gerichtshof hofft, daß die Verteidiger daher ihre Plädoyers gedrängt zusammenfassen und sich freiwillig auf diese Zeit beschränken werden. Der Gerichtshof wird jedoch dem Verteidiger von keinem der Angeklagten gestatten, sich mit unerheblichen Fragen zu beschäftigen oder mehr als einen Tag für irgendeinen Fall in Anspruch zu nehmen.

Wie sich herausstellte, beanspruchten die Schlußplädoyers der Verteidiger sechzehn Prozeßtage und die der Hauptankläger über drei Tage, so daß darüber fast der ganze Juli verging. Aus der Sicht des allgemeinen Beobachters war der Juli somit der langweiligste Monat des ganzen Prozesses. Am meisten hatten darunter die Richter zu leiden, die nun noch einmal denselben Anwälten zuhören mußten, die über dieselben Themen sprachen, die sich das Gericht in den vorangegangenen vier Monaten angehört hatte. Außerdem wiederholten sich die Anwälte in ihren Ansprachen zwangsläufig, sowohl im Hinblick auf das vergangene Geschehen als auch auf das von ihren Kollegen Gesagte. Was gab es denn auch noch Neues zu sagen? Die Richter machten sich also auf einen langen und langwierigen Juli gefaßt.

Die Ankläger waren da besser dran. Viele Mitglieder der amerikanischen Delegation konnten nach Hause fahren. Die Zurückbleibenden arbeiteten an den Reden, die ihre Chefs gegen Ende Juli halten würden, sowie an den Klagen gegen die Organisationen. Meine Neuzugänge für die »anschließenden Verfahren« richteten sich ein und bereiteten sich auf die neuen Prozesse vor, die im Oktober beginnen sollten. Wir hatten alle genug zu tun, aber es gab keinen großen Streß, und der Juli war ein wunderschöner Monat, in dem wir genügend Zeit für Wochenendtrips nach Garmisch oder Salzburg hatten.

Natürlich war dies für die Verteidiger alles andere als eine langweilige Zeit, denn nun hatten sie letztmalig Gelegenheit, zugunsten ihrer Mandanten das Wort zu ergreifen. Wie ernst es ihnen damit war, spürte man sogleich bei der Eröffnungsrede von Dr. Hermann Jahrreiss, der dazu bestimmt worden war, im Namen aller Verteidiger »zu den großen rechtlichen Grundfragen Stellung zu nehmen«.

Jahrreiss erklärte gleich zu Beginn: »Die große rechtliche Grundfrage dieses Prozesses gilt dem völkerrechtlich verbotenen Krieg, dem Friedensbruch als einem Hochverrat an der Weltordnung. Sie überschattet alle anderen Rechtsfragen.« Indem er die Rechtsgültigkeit der Behandlung von »Verbrechen gegen den Frieden« in den Vordergrund der Debatte stellte, stimmte Jahrreiss mit Jackson überein, der so nachdrücklich die Führung des Angriffskriegs in den Mittelpunkt der Anklageschrift gerückt hatte.

An sich war Jahrreiss' Vortrag nichts weiter als eine erweiterte und entschieden verstärkte Version des Antrags, der zwar von Stahmer unterzeichnet, aber »im Namen der Verteidiger aller anwesenden Angeklagten« am 19. November 1945, also am Tag vor der Eröffnungssitzung, dem Gerichtshof vorgelegt worden war. Auch darin war bereits die Rechtsgültigkeit der in der Charta aufgeführten »Verbrechen gegen den Frieden« bestritten worden. Zwei Tage später hatte der Gerichtshof den Antrag mit der Begründung abgelehnt, daß nach Artikel 3 der Charta die Zuständigkeit des Gerichtshofs weder durch die Anklagevertretung noch durch die Verteidigung in Frage gestellt werden könne. Jahrreiss verwies auf diese Vorschrift und bemerkte dazu, was immer der Artikel 3 besage, so bestehe doch auch weiterhin die Frage der Rechtsgültigkeit der Behandlung von Verbrechen gegen den Frieden, und der »britische Hauptankläger« habe sie denn auch ausführlich in seiner Eröffnungsrede erörtert.

Bestimmt erwartete weder Jahrreiss noch sonst irgendein Kenner der Materie, daß seine Argumentation den Gerichtshof dazu bringen würde, seine frühere Entscheidung zu revidieren. Man kann, glaube ich, mit Sicherheit vermuten, daß Jahrreiss beabsichtigte, mit seiner Attacke den einen oder anderen Richter soweit zu verunsichern, daß dieser es sich vielleicht nochmals überlegte, ob auf dieser Grundlage eine Verurteilung auszusprechen sei, und daß Jahrreiss im Hinblick auf eine künftige juristische Anschauung hoffte, die Akzeptanz der Entscheidungen des Gerichtshofs seitens der Öffentlichkeit und der Wissenschaft in Frage zu stellen.

Die meisten Faktoren und Argumente, die Jahrreiss anführte, hatten bereits im Jahre 1944 die UNWCC, die Kriegsverbrechenskommission der Vereinten Nationen, beschäftigt, deren Mitglieder zwei gleich große Lager gebildet hatten, so daß sie nicht zu einer Entscheidung gelangt waren. Aber was Jahrreiss bei seiner Argumentation an Originalität fehlte, machte er durch sein würdevolles Auftreten, seine rhetorischen Fähigkeiten und durch sein leidenschaftliches Engagement wieder wett. Ganz besonders wirkungsvoll setzte er das Ex-post-facto-Argument ein – ganz gleich, ob die Behandlung von »Verbrechen gegen den Frieden« an sich rechtsgültig sei oder nicht, so habe doch »keiner der Angeklagten« von einem derartigen Prinzip zu der Zeit wissen können, da er die ihm vorgeworfenen Verbrechen begangen habe.

Was also die Rechtsgültigkeit der Punkte Eins und Zwei der Anklageschrift betraf, so hätten die Verteidiger kaum einen besseren Sprecher finden können.

2

Die Verteidiger wurden etwa in der gleichen Reihenfolge aufgerufen, in der ihre Klienten auf der Anklagebank saßen. Als Anwalt von Göring, dem prominentesten und höchstrangigen Angeklagten, hatte sich Dr. Stahmer ein gewisses Prestige unter seinen Kollegen erworben. Aber er stand doch ziemlich im Schatten seines intelligenter und überzeugender auftretenden Mandanten und genoß nicht das hohe Ansehen, in dem Dix, Kranzbühler und ein paar andere herausragende Anwälte bei seinen Verteidigerkollegen standen.

Stahmer trat sofort ins Fettnäpfchen, als er sich beschwerte, »allzu ungleich ist das Kräfteverhältnis zwischen der Anklagebehörde und der Verteidigung«, und der Anklagebehörde vorwarf, sie habe es versäumt, »das den Angeklagten entlastende Beweismaterial heranzuschaffen und vorzulegen«. Er wurde von Lawrence scharf zurechtgewiesen, der erklärte, seine Beschwerde sei »völlig ungenau«, und der darauf aufmerksam machte, das von den Verteidigern vorgelegte dokumentarische Beweismaterial sei »für sie erst ... von der Anklage besorgt worden«. Damit war sogleich klar, daß die Warnung des Gerichtshofs vor einer Beschäftigung mit »unerheblichen Fragen« ernst gemeint war.

Auch wenn man in der Tat sagen mag, daß selbst der hervorragendste Anwalt nicht viel hätte tun können, um einen Freispruch für Göring zu erwirken, so muß man doch auch feststellen, daß ein einfühlsamerer Schreiber durchaus eine genießbarere Rede hätte verfassen können. Denn wie kam selbst Stahmer dazu zu erklären: »Gerade anfangs [des Krieges] war man bemüht, den Kampf mit Anstand und Ritterlichkeit zu führen«, während doch jeder wußte, daß die Deutschen in Polen mit dem festen Entschluß einmarschiert waren, alle Angehörigen der »Oberschicht« zu vernichten und die Bevölkerung praktisch zu Sklaven zu machen? Wie konnte sich jemand ohne jede Ironie erdreisten zu fragen: »Warum rief Polen nicht den Völkerbund an?« Warum wiederholte Stahmer getreulich Görings Aussage, er habe das Recht gehabt, Kunstwerke von französischen Juden zu »erwerben«, weil sie »durch den Erlaß des Führers zugunsten des Deutschen Reiches beschlagnahmt« waren?

Von Stahmers einleuchtendem Argument abgesehen, daß es keinen plausiblen Grund gebe, die Deutschen für das Massaker von Katyn zu verurteilen, trug er nichts Neues oder für Göring Hilfreiches vor.

Dr. Seidls Plädoyer für Heß war ein Desaster. Er hatte von seiner Rede keine Übersetzungen in die jeweilige Sprache der Richter anfertigen lassen. Lawrence forderte ihn unwirsch auf, unter diesen Umständen, die »für den Gerichtshof sehr unangenehm« seien, fortzufahren. Seidl begann damit, daß er den Versailler Vertrag angriff, aber Lawrence wies ihn sogleich zurecht, dieses Thema sei zuvor für unerheblich erklärt worden und der Gerichtshof habe »nicht die Absicht, das anzuhören«. Seidl übersprang mehrmals einige Passagen seines Textes, aber jedesmal kam er gleich wieder auf den Versailler Vertrag zu sprechen, und Lawrence, der zunehmend gereizter wurde, brach Seidls Vortrag bald mit der Bemerkung ab, man wolle ihn nicht weiter anhören. Seidl wurde aufgefordert, seine Rede umzuschreiben, und durfte sie erst nach allen anderen halten.

Dr. Horn tat für seinen Klienten auch nicht mehr als Stahmer für den seinen. Ribbentrop war gewiß ein unangenehmer und undankbarer Klient, aber nichts sprach dafür, daß Dr. Horn seine Sache hätte besser machen können, selbst wenn er sich noch so sehr ins Zeug gelegt hätte. Er argumentierte damit, daß Ribbentrop nicht im voraus über Hitlers kriegerische Absichten Bescheid gewußt habe, aber das war mit Sicherheit weder bei Polen noch bei der Sowjetunion der Fall. Horn verstieg sich auch zu der Behauptung, Hitlers »Regierungspraxis« sei »mit dem Gedanken an eine gemeinsame Planung oder Verschwörung kaum in Einklang zu bringen«. Aber viele, wenn nicht gar die meisten Verschwörungen werden nun einmal von einem einzelnen geleitet, der einen Plan vorlegt, an den sich alle anderen halten müssen. Horn kümmerte sich kaum um den Vorwurf von Kriegsverbrechen und erwähnte überhaupt nicht, daß Ribbentrop Druck auf die französischen und italienischen Behörden ausgeübt hatte, die Deportation von Juden in den Osten voranzutreiben.

Dr. Nelte, der für Keitel das Wort ergriff, war ein fähigerer Anwalt als seine Vorgänger und ließ sich nicht so leicht einschüchtern. Obwohl Lawrence Stahmers Ansicht über die Anklagebehörde »richtiggestellt« hatte, erklärte Nelte, die Anklagebehörde habe »im Gegensatz zu dem das deutsche Strafverfahren beherrschenden Grundsatz der objektiven Anklage, ihren rein einseitigen Anklagestandpunkt klargemacht«. Lawrence wiederholte sofort im wesentlichen seine Belehrung von Stahmer. Daraufhin erwiderte Nelte: »Herr Vorsitzender! Mr. Justice Jackson hat an dieser Stelle erklärt: ›Wir können nicht zwei Herren dienen‹, als er auf die Aussage erwiderte, daß nach dem deutschen Strafrecht die Staatsanwaltschaft auch Entlastungsmaterial vortragen würde.« Nach weiterem Hin und Her meinte Lawrence ziemlich lahm, hier läge wohl eine mißverständliche Übersetzung vor, und dann ließ er die Angelegenheit fallen.

Aber bald darauf beschwerte sich Nelte erneut, diesmal über die französische Delegation, die es versäumt habe, ihn mit einigen Dokumenten zu versorgen, auf die er nach den Vorschriften des Gerichtshofs ein Anrecht habe. Als sich Lawrence erkundigte, warum Nelte sich nicht schon früher an den Gerichtshof gewandt habe, erwiderte Nelte, er »habe nicht die Neigung in meinem Leben gezeigt, mich über höhere Instanzen zu beschweren«. Verärgert und durch Biddle dazu »ermuntert« (wie von der Lippe bemerkte) erklärte Lawrence: »Dr. Nelte! Ich halte das für eine sehr ungeeignete und unangebrachte Bemerkung seitens eines verantwortungsbewußten Anwalts. Ich glaube, die Erwähnung einer derartigen Beschwerde ist ... ein bloßer Versuch Ihrerseits, Vorurteile gegen die Französische Anklagebehörde und gegen die gerechte Führung dieses Prozesses zu schaffen.« Nelte gab kühl zurück: »Nach meiner Auffassung, Herr Präsident, sollte es bloß eine Darlegung sein, wie schwierig es für uns war, Entlastungsmaterial vorzutragen.« Das war nun alles andere als eine Entschuldigung*, aber Lawrence forderte Nelte einfach auf, er solle sich doch nun mit etwas befassen, »das für den Gerichtshof wirklich Gegenstand einer Beurteilung sein kann«.

Nelte brachte hauptsächlich das Argument vor, trotz seines Ranges (des höchsten in der Wehrmacht), trotz der beeindruckenden Ernennung zum Chef der Wehrmacht und trotz seiner persönlichen Unterschriften unter Hitlers Befehle sei Keitel nicht rechtlich verantwortlich für sie. Keitel selbst hatte dies bereits in seiner eigenen Aussage vorgebracht, aber Nelte ging nun so weit, daß er Keitel als einen tragischen Helden schilderte, den eher das Schicksal und weniger eigene Schuld dazu verdammt habe, mit Hitlers Verbrechen »eng ... verbunden« zu sein. Das war nur insofern richtig, als daß Keitel weder die Macht noch, soweit das aus dem Beweismaterial hervorging, die Neigung besessen hätte, gegen Recht und Moral zu verstoßen, wenn Hitler eben nicht die verbrecherischen Taten befohlen hätte. Aber was Keitels Position so schwach machte, war die Tatsache, daß er sich Hitler zum Vorbild genommen hatte. Keitels Unterschrift war mehr als nur der Stempel eines kleinen Büroangestellten. Wie Nelte vielleicht unbedachterweise einräumte, war Keitel verantwortlich für die »Durchführung der Führeraufträge und -Aufgaben«. Damit stellte er sich mit seinem eigenen hohen Rang und seiner administrativen Machtbefugnis hinter Hitlers Entscheidungen.

Nelte war ein starker Anwalt, und in seinem Schlußwort versäumte er nicht, noch einmal auf den »tragischen« Aspekt von Keitels Versagen einzugehen:

> Der Angeklagte Keitel hat die warnende Stimme des Weltgewissens nicht gehört. Die Grundsätze seines soldatischen Lebens waren so stark in ihm verwurzelt, beherrschten sein Denken und Handeln so ausschließlich, daß er taub war gegen alle Überlegungen, die ihn vom Wege des Gehorsams und der Treue, wie er sie verstand, hätten wegführen können. Das ist die wahrhaft tragische Rolle, die der Angeklagte Keitel in diesem furchtbarsten Drama aller Zeiten gespielt hat.

Ernst Kaltenbrunners Anwalt, Dr. Kauffmann, hatte dem Gerichtshof den Text seines Plädoyers vorgelegt, aus dem die Richter ersehen konnten, daß es ungewöhnlich kurz sein würde. Man hätte nun erwarten können, daß sie Kauffmann dafür sehr dankbar gewesen wären, aber Lawrence hatte kein Erbarmen mit ihm. Man kann den Richtern kaum einen Vorwurf machen.

* Im Laufe des Tages klärte Dubost die Sache mit den französischen Dokumenten. Nelte entschuldigte sich daraufhin bei Dubost, aber nicht gegenüber dem Gerichtshof.

Kauffmann begann mit einer weitschweifigen Erörterung von Schuld und Sühne, in der sein Mandant überhaupt nicht erwähnt wurde. Nach etwa einer halben Stunde unterbrach Lawrence seinen Redefluß und schlug vor, Kauffmann möge nun auf den Fall seines Mandanten zu sprechen kommen. Trocken merkte der Vorsitzende an, der Text erwecke den Eindruck, als wolle der Anwalt gerade eine Abhandlung mit dem Titel »Die geistesgeschichtliche Entwicklung in Europa« vortragen. Kauffmann wollte sein Thema nur ungern verlassen, war aber bereit, einige Abschnitte in seinem Manuskript zu überspringen. Aber bis zur Mittagspause war er noch immer nicht auf Kaltenbrunner eingegangen, und Lawrence wurde zunehmend gereizter. Bevor er die Sitzung unterbrach, bemerkte er bissig, nach dem Manuskript ginge es im nächsten Abschnitt um die Themen »Renaissance, Subjektivismus, Französische Revolution, Liberalismus, Nationalsozialismus«. Als die Angeklagten den Gerichtssaal verließen, sagte Kaltenbrunner zu Dr. Gilbert: »Ich habe gesehen, wie Colonel Amen sich den Bauch vor Lachen hielt. Sie können ihm von mir bestellen, ich gratuliere ihm zu seinem Sieg über mich, weil er mir einen so bornierten Anwalt verschafft hat!« Das war eine bittere, aber durchaus nicht unbegründete Bemerkung.

Vielleicht weil er einen entsprechenden Wink bekommen hatte, wandte sich Kauffmann nach der Mittagspause sogleich dem Fall Kaltenbrunner zu. Von seinem ganzen Aufbau und seiner abschließenden Begründung her ähnelte dieses Plädoyer dann dem von Nelte im Falle Keitels. Trotz seines hohen Amtes als Chef des Reichssicherheitshauptamts (RSHA) und obwohl er Himmler unmittelbar unterstellt gewesen sei, hatte Kaltenbrunner die Gestapo oder deren Chef, Heinrich Müller, eigentlich nicht unter seiner Kontrolle – er habe sich in erster Linie um den Geheimdienst gekümmert. Natürlich habe Kaltenbrunner von Straftaten innerhalb des RSHA erfahren, aber sich nach Kräften bemüht, sie einzuschränken. Größtenteils war dieses Plädoyer eine Neuauflage von Kaltenbrunners Aussage, und Kauffmann machte sich nicht die Mühe, sich mit John Amens verletzendem Kreuzverhör seines Mandanten zu befassen.

Wie Nelte plädierte auch Kauffmann nicht für einen Freispruch: »Kaltenbrunner ist schuldig; aber das Maß dieser Schuld ist geringer, als es in den Augen der Anklage zu sein scheint.«

Nach den beiden vorangegangenen, ziemlich apologetischen Plädoyers trat Rosenbergs Anwalt, Dr. Thoma, ans Rednerpult – offenbar war er davon überzeugt, daß Rosenberg an allem, was seine Vorredner für strafbar gehalten hatten, völlig unschuldig sei. Rosenberg war ein erklärter Anhänger Hitlers sowie ein anerkannter Antisemit und hatte eine Nebenrolle bei der Entscheidung zur Besetzung Norwegens gespielt. Aber Thoma kam mit Recht zu der Schlußfolgerung, daß alles, was sein Mandant vor Hitlers Entscheidung zum Angriff auf die Sowjetunion getan hatte, nicht allzusehr von Belang gewesen sei. Rosenbergs Schicksal hing davon ab, wie der Gerichtshof sein Verhalten als Reichsminister für die besetzten Ostgebiete bewertete – immerhin der höchsten deutschen Zivilbehörde östlich von Polen.

Also stürzte sich Thoma direkt in Rosenbergs Verwaltungsführung im Osten, wozu er über die Hälfte seines langen Plädoyers benötigte. Doch ungeachtet seiner Länge warf Lawrence nicht ein einziges Mal ein, der Anwalt möge seinen Vortrag abkürzen – er war gut aufgebaut und stets eindeutig auf die Sache bezogen, und diesmal gab es keinen Rosenberg im Zeugenstand, der nur für Verwirrung sorgte. Lawrence unterbrach Thoma allerdings, als er im Zusammenhang mit der Zwangsarbeit erklärte: »Ob die Dienstleistungen nur im eigenen Heimatland gefordert werden dürfen oder ob die Verpflichteten auch zum Zweck der Dienstleistungen in das Heimatgebiet der Besatzungsmacht abtransportiert werden dürfen, darüber enthält die Landkriegsordnung keine Bestimmung.« Daraufhin erkundigte sich Lawrence, »ob Sie die Behauptung aufstellen wollen, daß die Haager Bestimmungen die Deportation von Männern, Frauen oder Kindern zum Arbeitsdienst in ein anderes Land gestatten?« Thoma bestätigte dies, schloß aber Kinder von seiner Auslegung aus, und als Lawrence ihn aufforderte, sie durch Zitate zu belegen, verwies er auf einen deutschen Völkerrechtler.

Sodann bemühte Thoma sich, die Quelle und die Grenzen von Rosenbergs Antisemitismus zu erläutern, wobei Rudenko sich erregt erhob, ihm »faschistische Propaganda« vorwarf und den Gerichtshof aufforderte, »das Erforderliche zu veranlassen«. Lawrence wischte Rudenkos Beschwerde vom Tisch und wies Thoma an, in seinem Plädoyer fortzufahren. Im wesentlichen ging es ihm darum zu behaupten, Rosenberg habe niemals zu antijüdischen Aktionen angestiftet – er sei »allerdings der getreue Jünger Hitlers gewesen, der die von Hitler ausgegebenen Parolen auffängt und weitergibt«.

Alles in allem stellte Thomas Redemanuskript eine bemerkenswerte Kombination von Unverfrorenheit und Ehrlichkeit dar. Thoma räumte zwar ein, daß Rosenberg die meisten der belastendsten Äußerungen auch wirklich getan habe, machte es aber zumindest plausibel, daß Rosenberg nicht antirussisch eingestellt gewesen sei, sondern tatsächlich ein Freund der Ukrainer, und daß er keinesfalls die Absicht gehabt hatte, die Bewohner seiner riesigen Domäne brutal zu behandeln. Aber gleich zu Beginn seiner Tätigkeit hatte Rosenberg gehört, wie Hitler sein eigenes, wahrhaft mörderisches Programm beschrieb, und mit vollem Wissen hatte sich Rosenberg dann in sein neues Amt gestürzt. Seine Situation ähnelte ziemlich der von Neurath in Prag, doch war sie weitaus gefährlicher. Beide Männer waren unversehens mit beeindruckenden Titeln und einer schweren Verantwortung betraut worden, ohne die Macht zu haben, ihr zu genügen.

Rosenberg war dem Führer stets treu ergeben, und darum wagte er es erst im Oktober 1944, zurücktreten zu wollen. Hitler ignorierte diesen Wunsch. In Nürnberg weigerte Rosenberg sich genau wie Göring, Hitler oder den Nationalsozialismus anzugreifen. Und Dr. Thoma, der Rosenberg doch so beherzt verteidigt hatte, bezeichnete seinen Klienten gegenüber Dr. Gilbert als »anmaßenden Heiden« und als »verderbten Antisemiten«.

Am Vormittag des 11. Juli 1946 trat Dr. Seidl erneut ans Rednerpult, um das Schlußplädoyer für seinen anderen Klienten, Hans Frank, zu halten. Seidl bezog sich nur beiläufig auf Versailles, war ganz sachlich und begann mit gut geschriebenen und völlig überzeugenden Ausführungen über Franks offizielle Positionen vor dem Krieg – dabei habe er sich ausschließlich mit rechtlichen Dingen befaßt und nichts mit der Verschwörung zu tun gehabt, die ihm in der Anklageschrift vorgeworfen werde. Praktisch ging es in Franks Fall nur um seine Tätigkeit als Generalgouverneur in Polen.

Im wesentlichen brachte Seidl die gleichen entlastenden Argumente vor wie Frank bei seiner Zeugenaussage: Der Generalgouverneur habe keine Machtbefugnisse über die Polizei, die Arbeitsbeschaffungsmaßnahmen, die Behandlung der Juden und andere wichtige Dinge gehabt. Das berüchtigte »Tagebuch von Hans Frank« stamme großenteils nicht von ihm selbst. Frank habe versucht, die von Himmlers Leuten verübten Greueltaten zu verhindern.

Seidls Vortrag war gut aufgebaut und kompakt (er wurde noch in der Vormittagssitzung abgeschlossen) und weitaus überzeugender, als es Franks Antworten gewesen waren – schließlich wurde Seidl ja auch nicht ins Kreuzverhör genommen. Allerdings zeichnete sich sein Manuskript auch durch etliche Auslassungen aus. Es war schön und gut, zur Vorsicht im Umgang mit dem Tagebuch zu raten, aber Seidl ging auf keine der Passagen ein, die seinem Klienten überaus schadeten. Seidl handelte seine Punkte geschickt ab; doch es verblieb noch zuviel Beweismaterial gegen Frank, worauf er keine Antwort wußte.

Dr. Pannenbeckers Plädoyer für Frick war sogar noch kürzer als das von Seidl, und das war dem dünnsten Verhandlungsprotokoll nur angemessen: Frick hatte nicht ausgesagt, also hatte es auch kein Kreuzverhör gegeben; Pannenbeckers Beweisvorlage war nur kurz gewesen, ebenso wie die von Dr. Kempner für die Anklagevertretung; und Fricks einziger Zeuge, Gisevius, hatte sich die meiste Zeit mehr mit Schacht, Göring und Keitel befaßt als mit Frick.

Somit war Pannenbeckers Redemanuskript die erste systematische und chronologische Darstellung des Falles Frick. Sehr effektvoll distanzierte er Frick von einer angeblichen Beteiligung an Angriffskriegen und schob die Schuld an den Greueltaten Himmler und seinen Schergen zu. Genauso wie im Fall Frank allerdings gab es auch hier viel belastendes Beweismaterial, das Frick schadete, das Pannenbecker aber ignorierte oder nicht widerlegen konnte.

3

Gegen die sieben Angeklagten, mit denen man sich bis dahin befaßt hatte, lag so vernichtendes Beweismaterial vor, daß die meisten Leute, die mit der Verfahrensweise des Gerichtshofs vertraut waren, kaum daran zweifelten, daß diese Angeklagten verurteilt werden würden und schwere Strafen zu erwarten hätten. Ihre Anwälte hatten sich tapfer geschlagen, einige sogar bewundernswert, aber auch ihnen muß die offenkundige Hoffnungslosigkeit ihrer Bemühungen klar gewesen sein.

Die Sache der übrigen vierzehn Angeklagten hingegen war – vielleicht von ein oder zwei Ausnahmen abgesehen – nicht ganz so aussichtslos. Ein paar von ihnen konnten eventuell sogar mit einem Freispruch rechnen, und bei allen bestand zumindest die Möglichkeit, daß sie nicht zum Tode verurteilt wurden. Diese Aussichten, so vage sie im einen oder anderen Fall auch sein mochten, regten die Anwälte dazu an, sich auf der Suche nach mildernden oder gar entlastenden Umständen ins Zeug zu legen. Die ohnehin schon große Spannung wurde noch durch Gerüchte gesteigert (über die von der Lippe berichtete), daß die Schlußplädoyers kaum zählten und daß es ausschließlich auf das Beweismaterial ankäme. Noch abenteuerlicher war die Behauptung, der Gerichtshof habe angeblich bereits entschieden, daß Schacht, Papen und Fritzsche zum Tode verurteilt werden würden, ebenso Neurath, den man aber wegen seines Alters nicht aufhängen würde.

Julius Streicher war nach der vorgegebenen Abfolge der nächste Angeklagte, und die Aufgabe von Dr. Marx war leicht zu umschreiben. Um Streicher vor einem Todesurteil zu bewahren, mußte Marx zwei Dinge tun: den Gerichtshof davon überzeugen, es gebe keine ausreichenden Beweise dafür, daß Streicher zur Tötung der Juden aufgereizt hatte, und zu verhindern, daß Streichers abscheulicher Ruf und seine abstoßende Erscheinung die Entscheidung des Gerichtshofs entscheidend beeinflußten.

Aber was bedeutete eigentlich »aufgereizt«? Vor dem Krieg hatten Streicher und viele andere Deutsche »zur Verfolgung ... des Judentums aufgereizt«, aber nach der Charta stellten diese Handlungen keine internationalen Verbrechen dar. Die meisten deutschen Juden waren kurz vor dem Krieg oder bald, nachdem die Deutschen Polen besetzt hatten, dorthin vertrieben worden. Etwa innerhalb eines weiteren Jahres deportierten die Deutschen dann Juden auch aus anderen Ländern zur Vernichtung oder zur Zwangsarbeit in den Osten; das war ganz sicher eine strafbare Verfolgung. Aber in der Zwischenzeit hatte die deutsche Regierung Streicher in die Wüste geschickt, und seine Stimme war nur noch im *Stürmer* zu vernehmen. Es war eine kleine Zeitung (mit rund 15 000 Abonnenten), und Streicher hatte keine Verbindungen zu Himmler oder seinen Untergebenen, die eigentlich den Holocaust durchführten.

Marx ging Streichers Parteikarriere sowie seiner Tätigkeit beim *Stürmer* während des Krieges nach und argumentierte sehr überzeugend, daß der Angeklagte auf die Lage und das Schicksal der Juden kaum oder keinen Einfluß nehmen konnte. Ein paar Ausgaben des *Stürmer* enthielten zwar Artikel, die zu einer Vernichtung der Juden aufforderten, aber ihre »aufreizende« Wirkung war mit Sicherheit verschwindend gering, insbesondere als Generalfeldmarschall von Reichenau und andere militärische Führer ihren Truppen Anweisungen erteilten, die genauso fanatisch gegen Juden gerichtet waren wie Streichers Schmutzblatt.

Marx bemühte sich kaum, Streicher als menschliches Wesen zu rehabilitieren, das den Schutz des Rechts wert war. Ja, gegen Ende seines Plädoyers gab Marx zu verstehen, er habe als Streichers Anwalt »vor einer undankbaren und schweren Aufgabe« gestanden (was zweifellos stimmte), und erklärte dann: »Die Entscheidung über Schuld oder Nichtschuld dieses Angeklagten aber lege ich in die Hände des Hohen Gerichts« – womit er offenbar seine eigenen Hände in Unschuld waschen wollte, was seinen Mandanten betraf.

Als Vertreter von Funk erklärte Dr. Sauter gleich zu Beginn seiner Ausführungen, sein »Thema« sei »leider besonders trocken und wenig interessant«. Damit hatte er recht, aber das lag großenteils an Sauter selbst, dessen schwerfälliger und schlecht aufgebauter Vortrag nahezu unverständlich war. Funks eigene Aussage und sein Kreuzverhör durch Dodd hatten ihn in einer Reihe von Punkten belastet, und der Höhepunkt war die Empfangsbescheinigung der Reichsbank für goldene Zähne und andere Stücke gewesen, die an ihre schockierende Herkunft erinnerten. Mit seinem Plädoyer vermochte Sauter nichts für Funk zu bewirken. Sein einziger Trumpf war der Umstand, daß Funk so schwach und verängstigt war, daß kaum jemand ihn für einen Mörder halten mochte.

Dr. Dix, Schachts Verteidiger, appellierte zu Beginn seines Plädoyers eindringlich an die Gefühle seiner Zuhörer, was freilich einigen von Schachts Mitangeklagten gar nicht gefiel. Dort auf der Anklagebank saß Kaltenbrunner, der Leiter des RSHA, und hier saß Schacht, der das Kriegsende in einem Konzentrationslager erlebt hatte, als Gefangener des RSHA. Dr. Dix hatte Schacht bereits 1944 und 1945 gegen den Vorwurf des Reichsverrats verteidigt gehabt, und nun vertrat er ihn in einem Prozeß, in dem ihm die Beteiligung an einer Staatsverschwörung zur Führung von Angriffskriegen zur Last gelegt wurde.

Dix beschwor den düsteren Schatten von Nero, der einst Seneca hatte umbringen lassen, welcher später gleichsam heiliggesprochen worden war; Dix fügte trocken hinzu, daß Schacht sich »nicht derartigen Erwartungen hingibt«. Der Anwalt verdankte es seinem Ansehen beim Gerichtshof, daß Lawrence ihm gestattete, mit derart unsachgemäßen Schwülstigkeiten fortzufahren, aber im Unterschied zu Stahmer streute Dix vorsichtshalber häufig den Namen seines Mandanten ein.

Es lag auf der Hand, daß Schachts Schicksal zum Teil auch davon abhing, inwieweit der Gerichtshof von der Ernsthaftigkeit seiner Verschwörertätigkeit gegen Hitler überzeugt war, wie sie ihm Gisevius in seiner Aussage bescheinigt hatte. Gisevius hatte schließlich auch Keitel belastet, und Nelte hatte in seinem Schlußplädoyer einige von Gisevius' Behauptungen über Keitel erfolgreich widerlegt. Darauf bezog sich Dix: »Nun aber hat Dr. Nelte auch die subjektive Glaubwürdigkeit von Gisevius in der persönlichen Moral dieses Zeugen angegriffen und damit indirekt auch die Zuverlässigkeit seiner Dr. Schacht betreffenden Bekundungen.« Und dagegen verwahrte sich Dix jetzt mit aller Entschiedenheit:

> Meine Herren Richter! Hier scheiden sich die Geister. Eine unüberbrückbare Kluft tut sich auf zwischen dem Standpunkt Schachts und dem Standpunkt aller derjenigen, welche sich die Gedankengänge zu eigen machen, mit denen Dr. Nelte Gisevius ... moralisch zu disqualifizieren versucht ...
> Patriotismus bedeutet Treue gegen Vaterland und Volk und Feindschaft bis aufs Messer gegen jeden, welcher verbrecherisch das Vaterland und das eigene Volk ins Elend und Verderben führt. Ein solcher Führer ist ein Feind des Vaterlandes ... Gegen eine solche verbrecherische Staatsführung ist jedes, aber auch jedes Mittel recht ...
> Hochverrat gegen eine solche Staatsführung ist wahrer und echter Patriotismus und als solcher höchst moralisch, auch im Kriege. Wer könnte nun ... den geringsten Zweifel hegen, daß Adolf Hitler der größte Feind seines Volkes, kurz ein Verbrecher an diesem Volke war, den zu beseitigen jedes Mittel recht und jede, aber auch jede Tat patriotisch war. Welten trennen Schacht von jedem auf der Anklagebank, der dies nicht anerkennt.

Am Ende seines Plädoyers wandte Dix sich an den Gerichtshof: »Ich beantrage deshalb, dahin zu erkennen, daß Schacht der gegen ihn erhobenen Anklage nicht schuldig und freizusprechen ist.« Bis dahin hatte noch kein Verteidiger so kategorisch einen Freispruch gefordert.

Kranzbühler erklärte zu Beginn seines Dönitz-Plädoyers, die Anschuldigungen der Anklagebehörde im Hinblick auf die deutsche Seekriegsführung »gliedern sich in zwei Gruppen: Unberechtigte Versenkung von Schiffen und vorsätzliche Tötung von Schiffbrüchigen«. Der erste Anklagekomplex war indes viel komplizierter – da ging es um die Auslegung des Londoner Abkommens von 1936, um die Rechte der Neutralen, um die Behandlung von unbeleuchteten Schiffen, um Operationszonen und ganz besonders um die Umstände, unter denen Handelsschiffe ohne vorherige Warnung versenkt werden konnten. Der zweite Komplex war nicht durch irgendwelche Flottenabkommen erfaßt und betraf die üblichen Schutzvorschriften für Schiffsbesatzungen, insbesondere für Schiffbrüchige.

All diese sowie die damit zusammenhängenden Angelegenheiten wurden von Kranzbühler, der sein Material geschickt aufgebaut hatte, formvollendet vorgetragen und analysiert. Dennoch war es kein bedeutendes Plädoyer, da das meiste davon bereits beim Beweisvortrag von Dönitz abgehandelt worden war. Dönitz wie Kranzbühler waren hochintelligent und erfahrene Fachleute. Ihren Ausführungen war kaum noch etwas hinzuzufügen, und Kranzbühlers ausgezeichnetes Redemanuskript war beinahe zur Gänze eine Wiederholung des bisher Gesagten. Der Fragebogen, der Nimitz vorgelegt worden war, war bereits zuvor dem Gericht vorgelesen worden. Er hatte vielleicht in entscheidender Weise Kranzbühlers Argument untermauert, daß bewaffnete Handelsschiffe keine »Handelsschiffe« im Sinne des Abkommens von 1936 und dessen Schutzbestimmungen waren und daher ganz legal ohne vorherige Warnung versenkt werden konnten.

Kranzbühler ging keineswegs einfach über die Anklage gegen seinen Mandanten nach Punkt Zwei hinweg, sondern machte nur auf seinen untergeordneten Rang und seine begrenzte Machtbefugnis zu Beginn des Krieges aufmerksam. Das war durchaus in Ordnung, aber zu meiner Überraschung wies Kranzbühler nicht darauf hin, daß sich Dönitz' militärische Situation während der Einleitung der Angriffskriege keineswegs von der eines Luftwaffenkommandeurs, der ein Bombergeschwader in den Luftraum über Polen entsendet, oder von der eines Infanteriekommandeurs unterschied, der seinem Korps befiehlt, die feindlichen Truppen anzugreifen. Wenn der jeweils in Frage stehende Krieg ein Angriffskrieg war, wären dann alle derartigen Kommandeure schuldig nach Anklagepunkt Zwei?

Am interessantesten an Kranzbühlers Plädoyer fand ich die Tatsache, daß er selbst sich als genauso hart und unnachgiebig erwies wie Dönitz. Kein Wort der Kritik an Hitler kam ihm über die Lippen: »Ich fühle mich weder berufen noch imstande, eine Persönlichkeit wie Adolf Hitler zu beurteilen.« Kranzbühler war bereit, »die Umsiedlung der in Deutschland ansässigen Juden nach dem Generalgouvernement« (man beachte, daß er nicht von »deutschen Juden« sprach) hinzunehmen, und zwar mit der Begründung, daß damals infolge der Veränderungen der staatlichen Grenzen in Mitteleuropa nach dem Ersten Weltkrieg viel größere »Vertreibungen von Deutschen« stattgefunden hätten. Aber auch wenn man diese Vorgänge gleichfalls gewiß für unmenschlich halten kann, ist eine »Vertreibung« doch etwas ganz anderes, wenn die Vertreiber die Vertriebenen begleiten, um dafür zu sorgen, daß sie in Ghettos gehalten werden, und sie dann entweder umbringen oder als Zwangsarbeiter einsetzen. Natürlich ist es kein Kriegsverbrechen, ein Nazi oder ein Antisemit zu sein. Aber wer öffentlich den Ausdruck vom »auflösenden Gift des Judentums« gebraucht (siehe Seite 472), hat sich selbst mit einer Art von Gift infiziert.

»Nach der glänzenden advokatorisch-rhetorischen Leistung von Dix und der vorzüglichen sachlichen Leistung von Kranzbühler«, schrieb Dr. von der Lippe, »war es für Siemers bestimmt nicht leicht, mit einem unmittelbar anschließenden dritten Plädoyer zu ›glänzen‹.« Siemers war zwar ein guter Anwalt, aber ihm fehlte die Ausstrahlung seiner beiden Vorgänger, und er war bei den Richtern nicht gerade beliebt, die ihn zuweilen für zu streitsüchtig hielten. Diesmal jedoch ging Siemers' Plädoyer glatt über die Bühne und wurde in angemessenem Ton vorgetragen. Wie bei Kranzbühler allerdings war auch Siemers' Rede zum größten Teil nichts weiter als eine Wiederauflage von Raeders Aussage. Damit stand es um die Chancen dieser Klageerwiderung nicht viel besser als zuvor.

Die Hauptschwäche von Siemers' Vortrag lag übrigens darin, daß er es versäumte, sich mit den abträglichen Teilen des von der britischen Anklagevertretung gegen Raeder vorgelegten Beweismaterials zu befassen. Als Siemers beispielsweise die Besetzung Norwegens durch die Deutschen behandelte, argumentierte er geschickt damit, daß Deutschland das Recht gehabt habe, Norwegen zu besetzen, falls England vorgehabt habe, selbst diese Maßnahme zu ergreifen. Aber er erwähnte eben nicht das Beweisstück, aus dem klar hervorging, daß Raeder ursprünglich von sich aus an Hitler herangetreten war, und zwar nicht, weil er befürchtete, daß Großbritannien Norwegen besetzen könnte, sondern weil er annahm, daß deutsche Marine- und Luftwaffenstützpunkte an der norwegischen Westküste ihnen große militärische Vorteile verschaffen würden. Siemers ging auch nicht auf die Besetzung Dänemarks durch die Deutschen ein, und da hatte es schließlich keinen Grund gegeben, mit einer britischen Invasion zu rechnen. Weiterhin versäumte Siemers es, sich angemessen mit dem Vorwurf der Anklage zu befassen, daß deutsche Kriegsmarineeinheiten in Bordeaux gemäß dem Kommandobefehl zwei britische Gefangene hingerichtet hatten. Später nämlich führte der Gerichtshof diesen Vorfall als Beweis für Raeders Schuld an Kriegsverbrechen an.

Was die Verschwörung zur Führung von Angriffskriegen betraf, so klammerte sich Siemers auch weiterhin an die irrige Vorstellung, sein Mandant könne sich gar nicht mit Hitler verschworen haben, weil der Führer alle Entscheidungen selbst getroffen habe. Siemers beharrte auch darauf, daß Raeder Hitlers persönlicher Versicherung geglaubt habe, er würde keinen Krieg vom Zaun brechen. Aber Raeder war ja nicht nur dabei, als Hitler 1939 mit seinen »Vorträgen« die versammelten Militärführer entschieden dazu anwies, sich auf Kriege vorzubereiten, die ganz offensichtlich aggressiv sein würden, sondern Raeder hatte auch bereitwillig die zur Ausführung dieser Befehle erforderlichen Vorbereitungen der Marine angeordnet.

Siemers' Plädoyer war also nicht »glänzend« gewesen, aber vom Standpunkt der Angeklagten aus betrachtet, war der Fall seines Mandanten auch wesentlich schwieriger als der von Schacht oder Dönitz. Gleichwohl schloß Siemers seine Ausführungen mit dem mutigen Ersuchen an den Gerichtshof ab, Raeder »von allen Anklagepunkten in vollem Umfange freizusprechen«. Raeder war darüber sehr erfreut und hatte Tränen in den Augen, als er sich bei Siemers bedankte.

Dr. Sauters Plädoyer für Schirach war viel besser als sein vorheriges Eintreten für Funk, vielleicht weil das Klagevorbringen der Anklagevertretung gegen Schirach nicht gerade beeindruckend gewesen war. Die Vorstellung der Anklagebehörde, daß die Hitlerjugend eine Vorschule für die Wehrmacht gewesen sei, hatte sich als Illusion entpuppt. Schirach war leicht zu beeindrucken, schwach und manipulierbar, wie seine schwankende Haltung im Gefängnis gezeigt hatte; und er war auch nicht der Mann, der sich von Hitler lossagen konnte. Daher nahm Schirach, genauso wie Neurath, eine von Hitlers Positionen als Reichsstatthalter an, in der er verpflichtet war, die Nazigesetze anzuwenden und die Führerbefehle auszuführen. Damit war es praktisch unmöglich, Verstöße gegen das Kriegsrecht zu vermeiden.

Sauter ließ noch einmal den Inhalt der Beweiserhebung Revue passieren, und dabei gelang es ihm, für seinen Klienten ein paar Pluspunkte gutzumachen. Allerdings reichte das nicht aus, Sauters Behauptung zu untermauern, »daß der Angeklagte von Schirach nicht schuldig im Sinne der Anklage ist und nicht verurteilt werden kann, weil er irgendein strafrechtliches Verschulden nicht begangen hat«.

Der Verteidiger von Fritz Sauckel, Dr. Robert Servatius, ein Rechts- und Sprachgelehrter, erklärte dem Gerichtshof, daß die Charta nichts darüber aussage, »was unter ›Sklavenarbeit‹ und was unter ›Deportation‹ zu verstehen ist« – beides Begriffe, die in den Artikeln 6 b) und 6 c) der Charta verwendet werden. Dann teilte er seinen Zuhörern mit, daß der russische Text der Charta für »Deportation« in Artikel 6 b) das Wort *uwod* verwende, »welches lediglich Abtransport bedeutet«, während in Artikel 6 c) »Deportation« mit dem Begriff *sylka* übersetzt sei, »unter dem die Strafverschickung während der Zarenzeit bekannt ist«.

Die Bedeutung dieser Begriffe war mit Sicherheit relevant im Hinblick auf den zur Debatte stehenden Fall, denn bei den Anschuldigungen gegen Sauckel ging es ja im wesentlichen um »Deportation« und »Sklavenarbeit« (oder »Zwangsarbeit«). Im Unterschied zu den anderen Verteidigern, aber aus gutem Grund widmete Servatius die erste Hälfte seines Plädoyers der Erörterung juristischer Probleme bezüglich der Charta und der Haager Konvention zur Landkriegsordnung, ehe er sich der Beweislage seines Falles zuwandte.

»Was völkerrechtlich im Krieg erlaubt ist, kann durch das Statut [d.h. die Charta] nicht verboten werden«, erklärte Servatius zu Recht und fügte hinzu: »Prüft man die Haager Landkriegsordnung auf eine positive Bestimmung über Deportationen und Arbeitseinsatz, so muß man feststellen, daß eine Regelung nicht vorhanden ist.« Auch das war korrekt, aber daraus folgte zugleich, daß es ebenfalls keine explizite Regelung gab, die die Deportation und die Zwangsarbeit *gestattete*. Um sein Ziel zu erreichen, mußte Servatius auf das militärisch »Zweckmäßige« zurückgreifen. Sein Argument: Der Krieg sei so allumfassend geworden, daß Deutschland ihn ohne den Einsatz von ausländischen Arbeitskräften, notfalls unter Zwang, nicht hätte fortsetzen können.

Aber von diesem schlichten Argument waren andere Faktoren, auf die Servatius gar nicht einging, überhaupt nicht berührt. Der Prolog der Haager Landkriegsordnung nahm die Unvollkommenheit schriftlicher Regelungen ausdrücklich hin. Deshalb heißt es dort, die »nicht vorhergesehenen Fälle« sollten so geregelt werden, daß Bevölkerung und Kriegführende »unter dem

Schutze und der Herrschaft der Grundsätze des Völkerrechts bleiben, wie sie sich ergeben aus den unter gesitteten Völkern feststehenden Gebräuchen, aus den Gesetzen der Menschlichkeit und aus den Forderungen des öffentlichen Gewissens.« Im Rahmen dieser allgemeinen Vorschriften läßt sich Artikel 46 der Konvention, der die »Ehre und die Rechte der Familie, das Leben der Bürger und das Privateigentum« gegenüber der Besatzungsmacht in Schutz nimmt, unmöglich mit der »Deportation« von Familien oder Teilen von Familien über Hunderte oder gar Tausende von Kilometern hinweg für eine unbestimmt lange Zeit der Zwangsarbeit in Einklang bringen. Die nervösen Kommentare von Sauckel und anderen Angeklagten, als von der Zwangsarbeit die Rede war, zeigten, daß sie sich der Strafbarkeit der Massendeportationen durchaus bewußt waren.

Servatius trug seine Gegenargumente überzeugend vor, und aufgrund der Art des Beweismaterials blieb ihm auch gar keine andere Wahl. Sein Plädoyer hielt sich im übrigen an Sauckels Aussage und schloß mit der merkwürdigen Bitte, Sauckel solle freigesprochen werden, weil er »guten Willen« bewiesen habe.

Professor Exner war zwar ein hervorragender Wissenschaftler und setzte sich vehement für Jodls Interessen ein, aber er war kein Gerichtsanwalt, und seine Rede war weder interessant noch überzeugend. Außerdem folgte er in seinem Plädoyer Jodls Aussage so sklavisch, daß es nichts weiter war als eine peinliche Wiederholung. Jeder Punkt, den sein Mandant vorgebracht hatte, wurde noch einmal vorgebracht, während sich der Verteidiger diese letzte Gelegenheit entgehen ließ, auf alles andere einzugehen, was zuvor hätte erörtert werden sollen, worüber aber nicht gesprochen worden war.

Selbst Jodls eigene Neigung, die Dinge zu übertreiben, machte sich in diesem Plädoyer bemerkbar. So hatte Lawrence beispielsweise ganz offensichtlich nichts als Verachtung übrig für Exners Argument, daß Deutschland rechtmäßig gehandelt habe, als es Belgien und Holland sogar ohne vorherige Ankündigung angriff, weil diese kleinen Länder die Nachtflüge von britischen Kriegsflugzeugen über ihrem Territorium nicht verhindert hätten, so daß sie ihre Neutralität eingebüßt hätten und als Feinde behandelt werden konnten.*

Gegen Ende seines Plädoyers, kurz bevor er um Jodls Freispruch bat, erklärte Exner dem Gerichtshof, er habe Jodl darauf hingewiesen, daß er »kein berufsmäßiger Anwalt« sei, worauf Jodl erwidert habe: »Seien Sie versichert, Herr Professor, ... wenn ich einen Funken Schuld in mir fühlte, hätte ich nicht Sie zum Verteidiger gewählt.« So liebenswürdig also konnte man ein Plädoyer beenden, aber es gibt eben doch nicht viele Angeklagte, die Der-

* In den Monaten, bevor Deutschland Frankreich angriff, dienten britische Flüge über die Niederlande hinweg nach Deutschland weitgehend dem Zweck, Propagandaflugblätter abzuwerfen. Exner sagte nicht, ob die Luftwaffe damals ebenfalls Belgien und Holland überflogen hatte oder nicht.

artiges mit Recht von sich behaupten können, und Jodl gehörte ganz gewiß nicht dazu.

Seyß-Inquarts Anwalt, Dr. Steinbauer, war sich durchaus darüber im klaren, daß sein Mandant sich erheblich mit eingestandenen Verstößen gegen die Charta und das Kriegsrecht belastet hatte, als er den Zeugenstand verließ. Seyß-Inquart hatte sich zweifellos in eine noch schlechtere Lage gebracht, weil er sich weigerte, Hitler oder das Naziregime zu verurteilen. Unter diesen Umständen lag es auf der Hand, daß es schon erheblicher Strafmilderungsgründe bedurfte, um ein weniger hartes Strafmaß zu erwirken.

Meiner Meinung nach verfolgte Steinbauer diese Strategie in einem gewissen, wenn auch unzureichenden Maße. So widmete er zunächst die erste Hälfte seines nahezu ganztägigen Plädoyers den Jahren, die im »Anschluß« Österreichs ihren Höhepunkt fanden und in denen Seyß-Inquart zwar eine wichtige Rolle gespielt, aber keine Straftaten begangen hatte. Steinbauer ging anschließend nicht auf die Positionen seines Mandanten in Österreich nach dem Anschluß oder in Polen ein, obwohl er sich in beiden Funktionen antisemitisch geäußert und betätigt hatte. Steinbauer blieb plausible Argumente für die These schuldig, daß die Handlungen des Angeklagten, seit Österreich zum Reich gehörte, selbst wenn er damit Schuld auf sich geladen hatte, keine Kriegsverbrechen gewesen seien. Außerdem wies der Anwalt nicht darauf hin, daß Seyß-Inquarts Erklärungen in Polen keine nachweisbar verbrecherischen Konsequenzen gehabt hatten.

Eine Entscheidung über Seyß-Inquarts Schicksal hing jedenfalls in erster Linie von seinem Verhalten als Reichskommissar in Holland während der Zeit der Besetzung der Niederlande durch die Deutschen ab. Unbestreitbar hatte Seyß-Inquart im Hinblick auf die Behandlung der holländischen Juden sowie auf die Deportation von Zwangsarbeitskräften das Kriegsrecht verletzt. Wie viele seiner Kollegen pochte auch Steinbauer hartnäckig darauf, daß es für »Verbrechen gegen den Frieden« keine rechtliche Grundlage gebe, daß die Bestimmungen der Haager Konvention veraltet seien und daß der Gehorsam gegenüber Befehlen und der militärischen »Zweckmäßigkeit« alles rechtfertige, was der Angeklagte getan habe. Doch hatte sich bereits Monate vor Steinbauers Plädoyer herausgestellt, daß diese Argumente sich wahrscheinlich beim Gericht nicht durchsetzen würden. Die nachweislichen Handlungen eines Angeklagten zugunsten der öffentlichen Sicherheit und Wohlfahrt hingegen könnten durchaus positiv bewertet werden.

Steinbauer hatte in sein Plädoyer eine Reihe derartiger Handlungen aufgenommen, aber sie waren nicht so zusammengestellt und geschildert, daß der Zuhörer davon beeindruckt gewesen wäre, wie es bei Speers Darstellung seiner Bemühungen, Hitlers Politik der verbrannten Erde zu verhindern, der Fall gewesen war. Steinbauer verfügte über beweiskräftige Aussagen von Dr. Hirschfeld, einem hohen holländischen Verwaltungsbeamten, von Dönitz, General Philipp Kleffel (dem Befehlshaber der deutschen Truppen in

Holland) sowie von britischen und amerikanischen Generälen, die alle bestätigten, welche wichtige Rolle Seyß-Inquart bei der Verhinderung einer Überschwemmung großer Gebiete in Holland durch die von den Deutschen geplante Zerstörung von Deichen und Schleusen gespielt hatte. Gegen Ende seiner Ansprache erwähnte Steinbauer diese Dinge ganz kurz, aber weder er noch sein Mandant hatten das Zeug zum Fürsprecher in eigener Sache.

Als nächsten rief Lawrence Bormanns Pflichtverteidiger Dr. Bergold auf, der sich jeder Meinung über Bormanns Schuld oder Unschuld enthielt und erklärte, aus den Dokumenten der Anklagevertretung gehe nicht eindeutig hervor, daß Bormann irgendeinen Einfluß auf Hitlers Entscheidungen gehabt habe. Nach einer kurzen Diskussion mit dem Vorsitzenden empfahl Bergold, der Gerichtshof möge entweder das Verfahren mit der Begründung einstellen, daß Bormann nachweisbar tot sei, oder es so lange aussetzen, bis Bormann angehört werden könne. Meiner Meinung nach war dies ein durchaus sinnvoller Vorschlag.

Mit der Klage gegen Franz von Papen hatte es von Anfang an Probleme gegeben, seit die Anklagebehörde sie vorgetragen hatte. Trotz Richter Birketts scharfer Kritik an der Befragung seines Mandanten verfaßte Dr. Kubuschok einen sehr guten Schriftsatz, und sein Plädoyer wurde nie unterbrochen. Er äußerte am Ende keine Bitte, sondern erklärte, die »Schlußfolgerung« sei »klar gegeben: Franz von Papen ist der gegen ihn erhobenen Anklage nicht schuldig.«

Dr. Flächsner, Speers Anwalt, verwendete den größten Teil seines Plädoyers darauf, wie Sauckels und Seyß-Inquarts Verteidiger die für die Deportation von Zwangsarbeitskräften geltenden Vorschriften der Haager Konvention in Frage zu stellen. Nachdem er sich wie seine Vorredner in erster Linie auf die angebliche militärische »Zweckmäßigkeit« berufen, die Haager Regelungen als veraltet hingestellt und damit argumentiert hatte, daß andere Leute als Speer (vermutlich auch Sauckel) für die Deportationen verantwortlich gewesen seien, gelangte Flächsner zu der Schlußfolgerung: »Speer ist nicht verantwortlich für die Methoden der Beschaffung ausländischer Arbeitskräfte, auch nicht für ihre Überführung nach Deutschland.«

Während seines Plädoyers fragte Lawrence ihn: »Gibt es seit dem Kriege 1914/18 irgendwelche Verhandlungen zwischen den Staaten, sei es beim Völkerbund oder sonstwo, die darauf hindeuten, daß die Regeln der Haager Landkriegsordnung nicht mehr anwendbar wären?« Flächsner mußte natürlich zugeben, daß es keine derartigen Verhandlungen gegeben hätte, und Lawrence wollte mit seiner Frage ganz gewiß zu verstehen geben, daß er Flächsner sein Argument gegen die Anwendung der Regelungen nicht abnahm.

Kurz nach Beginn des Plädoyers hatte Lawrence Flächsner gebeten, auch auf die Bedeutung der Worte »Durchführung eines Angriffskrieges« im Artikel 6 a) der Charta einzugehen. Das war ein schwieriges Unterfangen, und man kann es Flächsner kaum verargen, daß er sich damit erst gegen Ende seiner Rede befaßte. Seiner Ansicht nach bezögen sich diese Worte nur auf den »Inhaber der obersten Kommandogewalt. Alle anderen Beteiligten sind nur Geführte, mag auch die Beteiligung am Kriege einen wesentlichen Beitrag ausmachen.« Nach dieser Auslegung wäre natürlich nicht nur Speer von der Haftung für diesen Tatbestand ausgenommen, sondern auch jeder andere außer dem toten Hitler. Das kann natürlich kaum die Absicht der Gestalter der Charta gewesen sein.

Den letzten Teil seiner Rede widmete Flächsner einer Zusammenfassung von Speers Versuchen, Hitlers »Politik der Zerstörung« zu blockieren. Seine letzten Sätze waren ein eindeutiges Plädoyer dafür, auf mildernde Umstände zu erkennen: »Speer mußte Hitler verraten, um seinem Volk die Treue zu halten. Der Tragik, die in diesem Schicksal liegt, wird niemand seine Achtung versagen können.«

Abgesehen von Neltes Verteidigungsrede für Keitel, war die von Lüdinghausen für Neurath das längste all dieser Plädoyers. Es war auch das langweiligste, da Lüdinghausen praktisch alles noch einmal durchging, wozu Neurath ausgesagt hatte – außer freilich die unangenehmen Dinge, die Fyfe im Kreuzverhör zur Sprache gebracht hatte. Selbst von der Lippe, der sich normalerweise freundlich über seine Kollegen äußerte, meinte, daß Lüdinghausen zu lange gebraucht habe. Lawrence, der Lüdinghausen wegen seiner langsamen Befragung von Neurath gerügt hatte, muß wohl während des Plädoyers eingeschlafen sein, denn er sagte kein einziges Wort im Laufe von mehr als einem ganzen Prozeßtag – denn soviel Zeit benötigte Lüdinghausen, ohne daß er damit irgend etwas erreichte.

Die Beweiserhebung im Fall Fritzsche war sehr gut vonstatten gegangen, und man war im Gerichtssaal allgemein der Ansicht, daß er freigesprochen werden oder schlimmstenfalls ein mildes Urteil bekommen würde. Dennoch ließ sich sein Anwalt durch diese ermutigenden Vorzeichen nicht einlullen, vielmehr hielt Dr. Fritz ein sehr scharfsinniges und professionelles Plädoyer.

So unwahrscheinlich es auch war, daß der unauffällige Fritzsche wegen der Teilnahme an der Verschwörung verurteilt werden würde, so war er doch nach Punkt Eins der Anklageschrift unter Anklage gestellt worden. Nach der Charta bezog sich der Tatbestand der Verschwörung nur auf »Verbrechen gegen den Frieden«, und da Fritzsche zugegebenermaßen an der »Planung, Vorbereitung oder Einleitung« von Hitlers Kriegen nicht beteiligt gewesen war, bestand die einzige theoretische Möglichkeit darin, daß der Angeklagte seine »Stellungen« und seinen mutmaßlichen »Einfluß« zur Verschwörung für die Führung von Angriffskriegen benutzt hatte. Damit stellte sich die gleiche Frage, um deren Beantwortung Lawrence Dr. Flächsner gebeten hatte: Was bedeutete eigentlich »Durchführung«?

Fritz reagierte darauf vernünftiger als Flächsner und erklärte: »Als Durchführende eines Angriffskrieges können nur die in Frage kommen, die ihn selbst geplant haben.« Man könnte diese Auslegung mit der Begründung kritisieren, daß diejenigen, die »geplant« hatten, bereits schuldig waren, und zwar ohne Rücksicht auf die »Durchführung«. Aber die Interpretation von Fritz machte insofern Sinn, als sie eine Gruppe hervorhob, die »Kriegsschuld« auf sich geladen hatte. Und wenn die »Durchführung« allein schon strafbar wäre, dann träfe auch zu, worauf Fritz hinwies: »Kaum ein Angehöriger des Staates, von dem der Angriffskrieg ausgeht, wäre dann schuldlos.« Es versteht sich von selbst, daß nach diesem Prinzip Fritz' Mandant auch vor irgendeiner Schuld an der »Durchführung« abgesichert war.

Fritz war auch nicht entgangen, daß Drexel Sprecher bei der Beweisvorlage seitens der Anklagevertretung Fritzsche als Mittäter der eigentlichen Planer der Angriffskriege und als »in Wirklichkeit schuldiger als die ... Mitläufer« bezeichnet hatte. Um eine mögliche Verurteilung von Fritzsche »abzufedern«, bemühte sich Fritz, dem Gerichtshof klarzumachen, nach deutschem Strafrecht sei ein »Gehilfe ... geringer zu bestrafen als der Eigentäter«.

Fritz war nicht so unnachgiebig wie Kranzbühler und versicherte dem Gerichtshof sehr einfühlsam, er wolle nicht behaupten, daß sein Mandant eine blütenweiße Weste habe: »Natürlich war es Sünde – sogar die schwere Sünde wider den Geist [wie de Menthon es formuliert hatte] –, dem System weiter gedient zu haben.« Aber auch wenn Fritzsche ein Sünder gewesen sei, so Fritz – »schuldig im Sinne der hier vor diesem Hohen Tribunal gegen ihn erhobenen Anklage ist er nicht. Ich bitte um seine Freisprechung.«

Und damit kam der Gerichtshof am Nachmittag des 25. Juli 1946 wieder dazu, Dr. Seidl aufzufordern, sein umgeschriebenes Plädoyer vorzutragen. Zu Beginn der Vormittagssitzung hatte Lawrence verkündet:

> Das Plädoyer, wie es jetzt von Dr. Seidl neu gefaßt wurde, ist vom Gerichtshof sorgfältig geprüft worden. Es enthält immer noch viele Anspielungen auf die Ungerechtigkeit des Versailler Vertrags, unerhebliches Material, Zitate, die vom Gerichtshof nicht genehmigt sind und andere Dinge, die mit den vor dem Gerichtshof behandelten Fragen nichts zu tun haben. Der Gerichtshof hat deshalb die beanstandeten Stellen gestrichen und den Generalsekretär angewiesen, Dr. Seidl ein mit diesen Streichungen versehenes Exemplar auszuhändigen.

Seidls Plädoyer zeichnete sich unter anderem auch dadurch aus, daß es Heß kaum erwähnte. Seidl ließ sich auch nicht dazu herab, sich mit den von der Anklagevertretung im Februar vorgelegten Dokumenten zu befassen. Statt damit zu argumentieren, daß sein Mandant unschuldig sei im Sinne der in der Anklageschrift erhobenen Anschuldigungen, beharrte Seidl darauf, daß die Außenpolitik und die militärischen Aktionen der Naziregierung vollkommen rechtens gewesen seien und daß Artikel 6 der Charta sowie die Punkte Eins und Zwei der Anklageschrift keine Rechtsgültigkeit besäßen, da

»es ein Verbrechen gegen den Frieden, wie es in Artikel 6, Absatz 2 a des Statuts seinen tatbestandsmäßigen Ausdruck gefunden hat, nicht gibt«.

Außerdem erklärte Seidl den Artikel 9 der Charta, der sich mit »verbrecherischen Organisationen« befaßte, nach geltendem Völkerrecht gleichfalls für ungültig. Diese Ansichten wurden geschickt und überzeugend vorgetragen, aber sie waren wohl kaum dazu angetan, Seidls Mandanten zu helfen. Erst gegen Ende des Plädoyers kam der Verteidiger auf Heß als Menschen zu sprechen, aber auch dann wollte er damit nur zu verstehen geben, daß Heß' Flug nach England und seine Vorschläge gegenüber dem britischen Kabinett ihn als friedliebenden Menschen auswiesen.

Dr. von der Lippe hatte die Teile aus Seidls Ansprache, die der Gerichtshof gestrichen hatte, bekommen und schrieb sie nun in seinem Tagebuch ab. Es handelte sich ganz offensichtlich um Passagen, deren öffentliche Lesung den Russen recht unangenehm gewesen wäre. So hatte Seidl beispielsweise aus einem von dem britischen Botschafter Neville Henderson verfaßten Buch zitiert: »Rußland habe mit Deutschland ›Katze und Maus gespielt‹ ... Rußlands Hauptziel hätte darin bestanden, ›bei einem Krieg zwischen Deutschland und den Westmächten den lachenden Dritten zu spielen‹.«

Ernstzunehmender war die letzte gestrichene Passage, denn darin bezog sich Seidl auf den Geheimvertrag zwischen der Sowjetunion und Deutschland von 1939, nach dem beide Polen unter sich aufteilten und ihre jeweiligen »Einflußsphären« in den baltischen Staaten und in der Bukowina errichteten, sowie auf Rußlands Angriff auf Finnland im Jahre 1940. Diese Aktionen, so Seidl, seien genauso Angriffskriege gewesen wie Hitlers Eroberung Polens, und damit stellte die Teilnahme der russischen Richter am Prozeß die Zuständigkeit des Gerichts hinsichtlich der von der Anklage gegen die deutschen Angeklagten bezüglich Polens erhobenen Anschuldigungen in Frage.

Indem er nun den Gerichtshof um Erlaubnis ersuchte, dieses Material verlesen zu dürfen, gelang es Seidl, in der Formulierung seiner Frage die wesentlichen Züge des Geheimvertrags zu erwähnen. Lawrence, sichtlich verzweifelt, erklärte: »Der Gerichtshof hat diese Angelegenheit genau geprüft und will nichts mehr über diesen Punkt hören.«

Dr. von der Lippe äußerte sich zwar anerkennend über Seidls Geschick, meinte aber, daß seine Sticheleien »wenig wirkungsvoll« gewesen seien. Aber Journalisten und andere Interessenten rissen sich um ungekürzte Texte des Plädoyers, und der kleine Seidl, der sich zur Nevensäge des Gerichtshofs entwickelt hatte, war »nicht wenig stolz auf seine Popularität«.

4

In der Vormittagssitzung des 26. Juli 1946 trat Robert Jackson ans Rednerpult, um das Schlußplädoyer für die amerikanische Anklagevertretung zu halten. Unter den Angeklagten herrschte eine angespannte Stimmung. Seit fast fünf Monaten hatten sie sich gegen die Anschuldigungen der Anklagebehörde zu verteidigen gesucht. War es ihnen in irgendeiner Weise gelungen, ihre Ankläger zu beeindrucken? Würden die Hauptankläger ihre Argumente akzeptieren? Die Spannung in der Anklagebank wurde auch nicht gerade gemindert, als man erfuhr, daß die Militärrichter in Dachau beim Prozeß gegen die für den Mord an amerikanischen Gefangenen in Malmedy verantwortlichen SS-Soldaten alle dreiundsiebzig Angeklagten für schuldig befunden und dreiundvierzig von ihnen zum Tode verurteilt hatten.*

Die Reihenfolge ihres Auftretens bereitete den Hauptanklägern gewisse Schwierigkeiten. Als sie zum erstenmal in Berlin und dann erneut Anfang Dezember zusammengekommen waren, hatten sie sich über die Schlußplädoyers nicht endgültig verständigen können. Es war vorgeschlagen worden, daß nur ein Ankläger für alle sprechen sollte, aber mehr waren dafür, Shawcross das Hauptplädoyer und die anderen drei kürzere Reden halten zu lassen. Anfang April hatte es eine lange Diskussion gegeben, nach der man sich darauf geeinigt hatte, daß Shawcross das Hauptplädoyer im Namen aller halten sollte, während die anderen drei kürzere Erklärungen abgeben würden, in denen sie ihre jeweiligen nationalen Interessen artikulieren könnten.

Endgültig festgelegt hatte man sich dann in einer langen Sitzung am 1. Juli 1946. Rudenkos Vorschlag, daß sie in der gleichen Reihenfolge sprechen sollten wie bei den Eröffnungsplädoyers, wurde angenommen. Jackson sollte sich als erster Redner auf Anklagepunkt Eins und den Beweis für die Verschwörung konzentrieren, Shawcross – in Erwiderung auf Jahrreiss – die in Anklagepunkt Zwei erklärte Rechtsgültigkeit des Tatbestands der »Verbrechen gegen den Frieden« untermauern und die Gesamtklage zusammenfassend darstellen. Der französische und der russische Hauptankläger sollten sich in erster Linie mit den Kriegsverbrechen und den Verbrechen gegen die Menschlichkeit befassen.

Jackson hatte das Tief nach seiner Auseinandersetzung mit Göring wieder überwunden. Er war ganz in seinem Element und auch erfahrener als seine Kollegen, was die Vorbereitung und den Vortrag eines solchen Plädoyers betraf. Am Rednerpult strotzte er nur so vor Selbstvertrauen. Im ersten Absatz seiner Rede blickte er auf die acht Monate währende Vorlage des »düsteren und traurigen« Beweismaterials zurück, »das einen so großen und verschiedengearteten Rundblick über die Ereignisse darstellt« – es werde als »der historische Text der Schande und Verderbtheit des 20. Jahrhunderts weiterleben«.

Nach lobenswert kurzen allgemeinen Betrachtungen wandte sich Jackson seiner eigentlichen Aufgabe zu: »der gegen die Beschuldigten wegen der Ver-

* Das Strafmaß vieler dieser Urteile wurde später von General Clay herabgesetzt. Nach dem Malmedy-Prozeß gab es Anhörungen vor einem Komitee des US-Senats, in deren Verlauf Senator Joseph McCarthy aus Wisconsin zu einer umstrittenen politischen Gestalt aufstieg.

schwörung erhobenen Anklage, die zu beweisen Pflicht der Vereinigten Staaten ist«. Dann erklärte er: »Die Säulen, auf denen die Anklage der Verschwörung ruht, können in fünf Gruppen offener Taten* gefunden werden, deren Charakter und Größe wichtige Faktoren bei der Wertung der Beweise für die Verschwörung bilden.«

Der erste Komplex war für Jackson »die Machtergreifung und die Unterwerfung Deutschlands unter ein Polizeistaat-Regime«. Ich hielt dies für eine schwache Wahl. Unter den in der Charta aufgeführten Verbrechen wurden derartige Taten nicht erwähnt. Es gab praktisch keinen Beweis dafür (außer in Hitlers *Mein Kampf*), daß die politischen oder militärischen Führer in der frühen Nazizeit Angriffskriege geplant hatten, während es hinreichend Gründe dafür gab, daß sich die deutsche Führung zur Verteidigung oder für Verhandlungszwecke wiederbewaffnen wollte.

Jacksons zweiter Komplex, »die Vorbereitung und Führung von Angriffskriegen«, entsprach nun genau seinem Konzept – 1938, wenn nicht schon früher, sprach alles dafür, daß ein Angriffskrieg geplant war. Diese Gruppe wurde sowohl von Artikel 6 a) der Charta wie von Punkt Zwei der Anklageschrift behandelt.

Die Komplexe drei, vier und fünf bezogen sich alle auf Artikel 6 b) und c) der Charta sowie auf die Punkte Drei und Vier der Anklageschrift. Jackson ging noch immer davon aus, daß Abschnitt 6 der Charta Verschwörungen als Verstoß gegen 6 b) und c) erfaßte, während der Gerichtshof schließlich festlegte, daß nur Verschwörungen als Verstoß gegen 6 a) zu Verbrechen erklärt wurden.

Der Nachweis der Verschwörung hing somit im wesentlichen von Jacksons zweitem Komplex ab. Aber das genügte völlig, um Jacksons Klage zu stützen – sofern er beweisen konnte, daß einige oder alle Angeklagten sich an der in Artikel 6 a) der Charta beschriebenen Verschwörung beteiligt hatten, insbesondere an folgenden Verbrechen gegen den Frieden: »Planen, Vorbereitung, Einleitung oder Durchführung eines Angriffskrieges«.

Das konnte Jackson beweisen, und er tat es auch, allerdings nur bei einigen, nicht bei allen Angeklagten. Er stellte in groben Zügen die Bereitschaft von Göring, Ribbentrop, Keitel, Raeder und Jodl dar, sämtlichen Entscheidungen und Befehlen Hitlers Folge zu leisten, die der Vorbereitung und Durchführung von Kriegen dienten, und zwar in dem Wissen, daß es sich dabei eigentlich um Angriffskriege handelte.

Im Laufe seines Plädoyers befaßte sich Jackson auch mit dem von vielen Angeklagten vorgebrachten Argument, daß sie keine Verschwörer hätten gewesen sein können, weil sie untereinander nicht einig und mit einigen von Hitlers Entscheidungen nicht einverstanden gewesen seien. Aber nur in ganz

---

* In den USA gehört zu den gesetzlich definierten Elementen der Verschwörung nicht nur die Absicht, sich mit anderen zur Begehung von Verbrechen zusammenzutun, sondern auch die Begehung von »offenen Taten« oder »offenkundigen Handlungen« als Teil der Verschwörung.

wenigen Fällen weigerten sie sich, Befehle zu befolgen, und die bloße Tatsache, daß sie anderer Meinung gewesen seien, stellte noch keinen Bruch mit der Verschwörung dar. Dazu Jackson:

> Selbstverständlich ist es nicht erforderlich, daß diese Männer in allen Dingen übereinstimmten, es genügt, wenn sie in so vielen Dingen übereinstimmen, wie dies für die Schuld an einer verbrecherischen Verschwörung notwendig ist. Fraglos gab es Verschwörungen innerhalb der Verschwörung und Intrigen und Rivalitäten und Kämpfe um die Macht ... Wo immer sie Meinungsverschiedenheiten hatten, handelt es sich um Meinungsverschiedenheiten über die Methoden oder um Streitigkeiten über die Zuständigkeit, immer aber im Rahmen des gemeinsamen Planes.

Als sich Jackson nach diesen allgemeinen Rechtsfragen den einzelnen Angeklagten zuwandte, garnierte er seine Anschuldigungen mit ätzendem Sarkasmus:

> Die große und vielfältige Rolle Görings war halb die eines Militaristen und halb die eines Gangsters. Er hatte seine fetten Finger in jedem Kuchen. Er benutzte seine SA-Muskelmänner, um die Bande an die Macht zu bringen. Um diese Macht zu festigen, heckte er den Plan aus, den Reichstag niederzubrennen, richtete die Gestapo ein und gründete die Konzentrationslager. Er war genau so behende, wenn es galt, Gegner abzuschlachten oder Skandale zu fabrizieren, um widerspenstige Generale los zu werden. Er baute die Luftwaffe auf und schleuderte sie gegen seine verteidigungslosen Nachbarn ... Er war der Mann, der nächst Hitler die Tätigkeit aller Angeklagten zu einer gemeinsamen Bestrebung zusammenfaßte.

In kürzeren, aber nicht minder abfälligen und nur gelegentlich unkorrekten Absätzen kam keiner der Angeklagten ungeschoren davon: der »Zelot Heß«, »der doppelzüngige Ribbentrop«, »Keitel, das schwache und willige Werkzeug«, »Kaltenbrunner, der Großinquisitor«, »Rosenberg, der geistige Priester der ›Herrenrasse‹«, der »fanatische Frank«, und schließlich der »giftig-vulgäre Streicher«, was mir einfach zuviel war. Zum Glück ging Jackson mit den übrigen Angeklagten etwas sachlicher um, außer mit Sauckel – dieser war für ihn »der größte und grausamste Sklavenhalter seit den ägyptischen Pharaonen«.

Gegen Ende seines Plädoyers kam Jackson auf das Verteidigungsargument zu sprechen, das von den Angeklagten geradezu stereotyp vorgebracht wurde, wenn sie sich mit infernalischen Verbrechen konfrontiert sahen: »Niemand wußte irgend etwas von dem, was vor sich ging. Immer und immer wieder haben wir aus der Anklagebank den Chor gehört: Ich erfahre von diesen Dingen hier zum ersten Male.« Auf diesen Chor respondierte Jackson nun mit einer »Registerarie« von gespielter Ernsthaftigkeit:

> Wenn wir nur die Erzählungen der vorderen Reihe der Angeklagten zusammenstellen, so bekommen wir folgendes lächerliche Gesamtbild von Hitlers Regierung; sie setzte sich zusammen aus:

Einem Mann Nummer 2, der nichts von den Ausschreitungen der von ihm selbst eingerichteten Gestapo wußte, und nie etwas vermutete von dem Ausrottungsprogramm gegen die Juden, obwohl er der Unterzeichner von über 20 Erlassen war, die die Verfolgung dieser Rasse ins Werk setzten.
Einem Mann Nummer 3, der nur ein unschuldiger Mittelsmann war, der Hitlers Befehle weitergab, ohne sie überhaupt zu lesen, wie ein Briefträger oder ein Botenjunge.
Einem Außenminister, der von auswärtigen Angelegenheiten wenig und von der auswärtigen Politik gar nichts wußte.
Einem Feldmarschall, der der Wehrmacht Befehle erteilte, jedoch keine Ahnung hatte, zu welchen praktischen Ergebnissen diese führen würden.
Einem Chef des Sicherheitswesens, der unter dem Eindruck war, daß die polizeiliche Tätigkeit seiner Gestapo und seines SD im wesentlichen derjenigen der Verkehrspolizei gleichkam.
Einem Parteiphilosophen, der an historischen Forschungen interessiert war und keinerlei Vorstellung von den Gewalttaten hatte, zu denen im 20. Jahrhundert seine Philosophie ansporte.
Einem Generalgouverneur von Polen, der regierte, aber nicht herrschte.
Einem Gauleiter von Franken, der sich damit beschäftigte, unflätige Schriften über die Juden herauszugeben, der jedoch keine Ahnung hatte, daß sie irgend jemand jemals lesen würde.
Einem Innenminister, der nicht wußte, was im Innern seines eigenen Amtes vor sich ging, noch viel weniger etwas wußte von seinem eigenen Ressort und nichts von den Zuständen im Innern Deutschlands.
Einem Reichsbankpräsidenten, der nicht wußte, was in den Stahlkammern seiner Bank hinterlegt und was aus ihnen herausgeschafft wurde.
Und einem Bevollmächtigten für die Kriegswirtschaft, der geheim die ganze Wirtschaft für Rüstungszwecke leitete, jedoch keine Ahnung hatte, daß dies irgend etwas mit Krieg zu tun hätte.

Das war grob überzeichnet, aber überaus wirkungsvoll. Schließlich krönte Jackson sein Plädoyer mit einem zutiefst bewegenden Schluß, der mit den besten Formulierungen seiner Eröffnungsrede durchaus mithalten konnte:

Angesichts dieses Hintergrundes verlangen diese Angeklagten heute von diesem Gerichtshof, sie für nichtschuldig zu erklären an der Planung, Ausführung oder Verschwörung zur Begehung dieser langen Liste von Verbrechen und Unrecht. Sie stehen vor dem Material dieses Prozesses wie der blutbefleckte Gloucester an der Bahre seines erschlagenen Königs. Er bat die Witwe, wie die Angeklagten Sie bitten: Sage, daß ich sie nicht erschlagen habe!, und die Königin antwortete: Dann sage, sie seien nicht erschlagen worden! Aber sie sind tot!
Wenn Sie von diesen Männern sagen sollten, daß sie nicht schuldig seien, so wäre es ebenso wahr zu sagen, daß es keinen Krieg gegeben habe, daß niemand erschlagen und kein Verbrechen begangen worden sei.

5

Die Angeklagten waren indigniert über Jacksons Beschimpfungen und verärgert darüber, daß er ihre eigenen Argumente ignoriert hatte. Papen erklärte: »Es war eher die Rede eines Demagogen als die eines führenden Vertreters amerikanischer Rechtswissenschaft ... Wofür haben wir acht Monate lang hier gesessen? Die Anklagevertretung kümmert sich nicht im geringsten um unsere Verteidigung! Sie legen noch immer Wert darauf, uns Lügner und Mörder zu nennen!« Dönitz und Schacht gaben ihm recht, ebenso Göring, den aber Jacksons Verachtung für Schacht »mit hämischer Befriedigung« erfüllte, wie Dr. Gilbert registrierte.

Göring meinte auch, »die englische Anklagevertretung würde sich bestimmt nobler benehmen«. Er hatte insofern recht, als Shawcross, der unmittelbar nach Jackson sprach, seine Verachtung eher steif und kalt und nicht mit so beißendem Witz zum Ausdruck brachte. Aber alle Angeklagten, die sich eine angenehmere Sitzung erwartet hatten, sahen ihre Hoffnungen schnell zunichte gemacht, als Shawcross gleich zu Beginn seines Plädoyers erklärte, »daß jeder dieser Angeklagten wirklich von Rechts wegen schuldig ist« und daß »das deutsche Volk« an dieser Schuld »in weitgehendem Maße beteiligt« sei. Mit seiner Rede gab Shawcross vom Anfang bis zum Ende unmißverständlich zu verstehen, daß jeder der Angeklagten ein Mörder sei.

Shawcross' Vortrag war lang – dreimal länger als der von Jackson. In der Diskussion mit den anderen Hauptanklägern hatte Shawcross seine Erwiderung auf Jahrreiss' Attacke gegen den Vorwurf der »Verbrechen gegen den Frieden« als seinen Hauptpunkt bezeichnet, aber am Ende machte dies weniger als zehn Prozent seines Plädoyers aus, das mehr als einen ganzen Sitzungstag beanspruchte. Darin stellte Shawcross den historischen Ablauf und den Inhalt der Klage dar, von Versailles bis zum Zusammenbruch von Nazideutschland ein Vierteljahrhundert später. Es war eine gut aufgebaute und von Shawcross ausgezeichnet vorgetragene Rede. Aber als ich ihr lauschte, mußte ich mich, wie wohl die meisten anderen Zuhörer auch, unwillkürlich fragen: »Warum dies jetzt?« Zu diesem Zeitpunkt war das Beweismaterial dem Publikum und ganz gewiß dem Gerichtshof längst vertraut. In diesem Spätstadium des Prozesses drohte eine derart umfassende Wiederholung jene Teile des Plädoyers zuzudecken, die eine Erwiderung auf die Argumente der Angeklagten darstellen sollten – also genau das, was die Richter eigentlich hören wollten.

Am Beginn seiner Erwiderung auf Jahrreiss führte Shawcross die aggressiven Handlungen und Kriege Nazideutschlands auf, von der Besetzung des Rheinlands im Jahre 1936 bis zum Angriff auf die Sowjetunion im Jahre 1941, wobei er eingangs wie am Ende dieser Darlegungen »nebenbei« einen Gedanken äußerte, der die Angeklagten zittern ließ:

> Aber schon jetzt muß ausgesprochen werden, daß diese Angeklagten auch als gemeine Mörder angeklagt sind. Schon allein auf Grund dieser Be-

schuldigung wäre die Verhängung der höchsten Strafe angebracht; und die in der Anklage vorgenommene Hinzufügung des Verbrechens gegen den Frieden kann an der ohnehin über diese Individuen zu verhängenden Strafe nichts ändern.

Mit anderen Worten: Da alle Angeklagten als »gemeine Mörder« vor Gericht standen, und zwar nach den Anklagepunkten Drei und Vier, die ja nicht Gegenstand der Argumente waren, die Jahrreiss gegen die Rechtsgültigkeit der Anklagepunkte Eins und Zwei vorgebracht hatte, würden die Angeklagten am Strafmaß nicht rütteln können, selbst wenn die Punkte Eins und Zwei für rechtsungültig erklärt würden. Shawcross wollte damit ganz klar zu verstehen geben, er erwarte, daß alle Angeklagten nach den Anklagepunkten Drei und Vier verurteilt würden und mit der »höchsten Strafe« zu rechnen hätten.

Nachdem er den Angriff der Deutschen auf die Sowjetunion geschildert hatte, machte Shawcross den Angeklagten heftige Vorwürfe, weil alle Kriege Hitlers ohne Vorwarnung erfolgt waren:

> In keinem einzigen Fall ging der militärischen Aktion eine Kriegserklärung voraus ... Die Dokumente ... machen es in jedem einzelnen Fall deutlich, daß es sich hier um einen gemeinsamen Plan handelte ... Jeder einzelne dieser Männer ... schwieg still zu dieser Taktik, obwohl er genau wissen mußte, was sie für die menschlichen Leben bedeuten mußte. Wie kann einer von ihnen jetzt behaupten, daß er nicht an dem gemeinen Mord in seiner erbarmungslosesten Form teilgenommen habe?*

Shawcross lobte höflich die »ausgezeichneten Ausführungen von Professor Jahrreiss«, aber die Kontrahenten standen sich in nichts nach. Da beide allerdings auch wußten, daß sich der Gerichtshof höchstwahrscheinlich an das Mandat der Charta halten würde, hatte diese Debatte etwas Unwirkliches an sich. Shawcross wollte wohl Material liefern, das in der Presse wiedergegeben oder vom Gerichtshof verwendet werden könnte, falls dieser vorhätte, sich mit dem Thema in seiner Stellungnahme zu befassen. Seine Erwiderung auf Jahrreiss war gut formuliert und überzeugend vorgetragen, aber die politische und rechtliche Uneinigkeit, die überall unter Juristen im Hinblick auf diese Frage herrschte, war doch zu tiefgehend, als daß sie allein durch anwaltschaftliches Geschick beigelegt werden könnte.

Der Rest von Shawcross' Plädoyer war überwiegend den Anklagepunkten Drei und Vier gewidmet. Er sprach mit einer Eindringlichkeit, die der Schwere und dem Grauen dieser Verbrechen angemessen war, und schloß für alle Angeklagten jeden Zweifel, jeden teilweisen Freispruch oder alle mildernden Umstände aus. Und zu dieser Haltung paßte es denn auch, daß

---

* Shawcross ging nicht auf Artikel 1 der dritten Haager Konvention von 1907 ein: »Die Vertragsmächte erkennen an, daß die Feindseligkeiten unter ihnen nicht beginnen dürfen ohne eine vorausgehende unzweideutige Benachrichtigung, die entweder die Form einer mit Gründen versehenen Kriegserklärung oder die eines Ultimatums mit bedingter Kriegserklärung haben muß.«

Shawcross keine Argumente gegen irgendwelche lästigen Punkte vortrug, die die Angeklagten für sich verbuchen konnten – er wischte sie einfach ohne jede Diskussion vom Tisch oder überging sie völlig.

Beispielsweise ging aus dem Protokoll der Beweisaufnahme eindeutig hervor, daß die deutsche Kriegsmarine zwar zu Beginn und kurzzeitig die U-Boote angewiesen hatte, Schiffe nur nach Vorwarnung zu versenken, diese Politik aber aufgab, als sich herausstellte, daß britische Handelsschiffe bewaffnet waren und den Befehl hatten, U-Boote mit Schußwaffen und durch Rammen anzugreifen. Zu diesem Punkt stellte Shawcross arrogant fest: »Wir brauchen uns nicht mit juristischen Feinheiten, ob das Bewaffnen von Handelsschiffen die Sachlage ändert, abzugeben ...« Er trug den Fall *Laconia* so vor, als sei dieses Schiff brutal versenkt worden, während sich doch die deutschen U-Boote zwei Tage lang bemüht hatten, die Rettungsboote an einen sicheren Ort zu schleppen. Und mit keinem Wort ging Shawcross auf die Befragung von Admiral Nimitz ein.

Aus dem Protokoll geht auch hervor, daß Raeder Hitler auf die militärischen Vorteile deutscher Marinestützpunkte an der norwegischen Küste aufmerksam gemacht hatte – aber ebenso auf die Nachteile, als man dahinterkam, daß die Briten ihnen zuvorkommen wollten. Shawcross bemerkte dazu, »ein angestrengter Versuch wurde in diesem Verfahren unternommen, um den Eindruck zu erwecken, daß Norwegen nur deswegen angegriffen wurde, weil die Deutschen glaubten, daß die Alliierten im Begriffe stünden, einen ähnlichen Schritt zu unternehmen. Selbst wenn dies wahr wäre, so wäre dies keine Antwort ...« Mit Sicherheit nahm Shawcross es hier mit der Wahrheit wie mit dem Recht nicht sehr genau, da England ja genau zu dieser Zeit tatsächlich eine Besetzung der norwegischen Küste plante, und wenn das geschehen wäre, dann ist keineswegs klar, ob Deutschland nicht das Recht zum Gegenangriff gehabt hätte. Denn genau dazu gingen ja die Briten (allerdings ohne Erfolg) über, als sie sahen, daß die Deutschen schneller gewesen waren.

Shawcross erklärte gegen Ende seines Plädoyers, er wolle auf »jeden einzelnen« der »Schuldigen« kurz eingehen. Er brachte nichts Neues vor, aber es kann nicht unwidersprochen bleiben, daß er sagte: »Über Streicher braucht man gar nichts zu sagen« – denn gerade diesen Fall habe ich (neben vielen anderen Beobachtern) für den umstrittensten gehalten. Zu meinem Erstaunen vernahm ich auch, wie Shawcross Schacht dafür geißelte, daß er im Mai 1935 Generalbevollmächtigter für die Wehrwirtschaft geworden war – während doch ein paar Wochen später Shawcross' eigene Regierung das Deutsch-Britische Flottenabkommen einging, das praktisch die Beschränkungen der deutschen Wiederbewaffnung durch den Versailler Vertrag aufhob und speziell Hitler grünes Licht gab für den Bau einer U-Bootflotte.

Shawcross beendete sein Plädoyer damit, daß er eine Passage zitierte, die er Goethe zuschrieb* und in der es hieß, das Schicksal werde die Deutschen schlagen,

> weil sie sich selbst verrieten und nicht sein wollten, was sie sind. Daß sie den Reiz der Wahrheit nicht kennen, ist zu beklagen, daß ihnen Dunst und Rauch und berserkerisches Unmaß so teuer ist, ist widerwärtig. Daß sie sich jedem verrückten Schurken gläubig hingeben, der ihr Niedrigstes aufruft, sie in ihren Lastern bestärkt und sie lehrt, Nationalität als Isolierung und Roheit zu begreifen, ist miserabel.

Und dann rief Shawcross aus: »Mit welch prophetischer Stimme hat er gesprochen – denn dies hier sind die wahnwitzigen Schurken, die genau diese Dinge ausgeführt haben.«

Man konnte darüber streiten, ob das deutsche Volk mit diesen Gedanken angemessen charakterisiert war, aber ich halte es doch für eine merkwürdige Art und Weise, damit ein langes Plädoyer zu beenden, in dem überhaupt nicht von der Frage der Verantwortung des deutschen Volkes für die Ereignisse während der Nazizeit die Rede gewesen war.

6

Bei den Angeklagten kam Shawcross sogar noch schlechter weg als Jackson. Ribbentrop: »Im Vergleich zu ihm war Jackson heute morgen sogar ein liebenswürdiger Bursche.« Göring: »Verglichen mit Shawcross war Jackson geradezu ritterlich.« Schacht erklärte gegenüber Dr. Gilbert, »daß sowohl Jackson wie auch Shawcross miserable Reden gehalten hatten. ›So voreingenommen und so unfair!‹« Nur Speer sagte, »er sei hocherfreut über die Rede [von Shawcross], nachdem er diesen ganzen albernen Unsinn der Verteidiger mitangehört hätte«. Als Shawcross sein Plädoyer abschloß, fluchte Frank laut auf »diesen verdammten Engländer«.

Die Angeklagten konnten ein wenig aufatmen, als die französischen Ankläger ans Rednerpult traten. In ihren Schlußfolgerungen über das verdiente Schicksal der Angeklagten gingen sie zwar genauso weit wie ihre Vorredner, aber sie prangerten sie doch nicht so heftig an und waren in ihrem Tonfall freundlicher.

Der edle alte Champetier de Ribes, trotz seiner gebrechlichen Erscheinung der Inbegriff eines französischen Chevaliers, konnte gerade die einleitenden Abschnitte des Plädoyers vortragen, aber dann nicht mehr fortfahren. Er übergab das Wort an Dubost, der einen »markigen und feurigen« Vortrag hielt, wie Birkett fand. Für mein Gefühl verlas er sein Manuskript eher zurückhaltend und besonnen. Bei de Menthons Eröffnungsrede hatte man

---

* Wie sich später herausstellte, stammen diese Worte nicht von Goethe selbst, sondern von Thomas Manns fiktiver Goethe-Gestalt in seinem Roman *Lotte in Weimar* (1939).

zuweilen den Eindruck gehabt, er sei mehr an der rechtlichen und moralischen Struktur des Falles interessiert als an den Verbrechen der einzelnen Angeklagten, und bis kurz vor dem Ende war Dubosts Plädoyer im gleichen Ton gehalten.

Die vielleicht für den Juristen interessantesten Passagen waren diejenigen, in denen sich Dubost mit den gleichen Faktoren befaßte, die Jackson bei der Verschwörungsthese herangezogen hatte. Dubost erklärte:

> Eroberung des Lebensraumes, das heißt von Gebieten, die unter Anwendung aller Mittel, auch der Ausrottung von ihrer Bevölkerung, geleert worden sind. Dies ist die große Idee der Partei, des Regimes, des Staates und somit dieser Männer, die an der Spitze der hauptsächlichen Staats- und Parteistellen standen. Hier die große Idee, in deren Dienst sie sich gestellt, für die sie gearbeitet haben. Um sie zu verwirklichen, waren ihnen alle Mittel gut.

Dubost bemerkte auch: »Die Angeklagten haben diese Verbrechen nicht materiell begangen; sie haben sich damit begnügt, sie anzuordnen. Sie sind also Mittäter im technischen Sinne des Wortes im französischen Recht. Abgesehen von einigen Formunterschieden werden in den meisten Ländern für schwere Verbrechen die Täter und auch ihre Komplicen [sic] mit der Todesstrafe oder anderen sehr schweren Strafen, wie Zwangsarbeit oder Gefängnis, bestraft.«

Um jedoch genau diese Schlußfolgerungen zu vermeiden, sagte Dubost, bemühe sich die Verteidigung, »zwischen den verschiedenen Elementen des deutschen Staates dichte Scheidewände aufzustellen ... Das ist falsch.« Denn:

> Das von der Partei verfolgte Ziel bestand ... darin, eine immer vollkommenere Einheit zwischen Staat und Partei zu erreichen. So erklärt sich jene Gesetzgebung, in der bestimmt wird, daß der Chef der Parteikanzlei bei der Ernennung der höheren Beamten gehört werden muß, daß die Führer der Partei in die Gemeindeverwaltung mit eingeschlossen werden sollen, daß die SS in die Polizei eingegliedert und die SS den Polizisten angeglichen werden sollen, daß aus der Leitung der Hitler-Jugend eine staatliche Dienststelle zu machen sei, daß die Dienststellen der Partei im Ausland in die Dienststellen des Auswärtigen Amtes eingebaut und daß die Soldaten der Partei mehr und mehr mit den Soldaten der Wehrmacht verschmolzen werden sollen.

Dubost verbrachte dann einige Zeit damit, auf die einzelnen Angeklagten sowie die Partei- und Staatsbehörden einzugehen und zu zeigen, wie sehr sie zur Erreichung des gemeinsamen Zieles: mehr »Lebensraum« zu erobern, miteinander verflochten und voneinander abhängig waren und eng miteinander zusammenarbeiteten. »Alle Verbrechen der Angeklagten liegen in ihrem politischen Leben«, erklärte Dubost, und dann verstieg er sich zu der kühnen Behauptung:

So erbringen wir Ihnen außerhalb des juristischen Begriffs einer Verschwörung oder einer Mitschuld, der vielleicht je nach der Ausbildung der Juristen Gegenstand der Diskussion sein könnte, durch Tatsachen den Beweis für die solidarische Verbundenheit und die gleiche verbrecherische Schuld aller Angeklagten.

Mit anderen Worten: Man sollte sich gar nicht auf so esoterische oder unvertraute Anschauungen wie die von der »Verschwörung« einlassen, wenn man nachweisen kann, daß die Angeklagten, die als Komplizen hohe Positionen in Partei und Staat innehatten, in Hitlers Absicht der Eroberung von Lebensraum einwilligten. Alle derartigen Mittäter wären dann mitschuldig an den Taten der Gruppe insgesamt.

Im weiteren Verlauf seines Plädoyers bemühte sich Dubost zu beweisen, daß jeder der Angeklagten diesen Bedingungen entspreche. In ein paar Fällen – Streicher, Dönitz, Papen – war der »Beweis« dünn, und Dubost gab zu, daß die »Lage von Schacht« (den er sich bis zuletzt aufhob und mit dem er sich dann viel ausführlicher befaßte) »eine besondere« sei. Mir kam es so vor, als ob Dubost damit große Probleme hatte, aber er mußte seinen Mann unbedingt festnageln: »Seine Schuld und seine Verantwortung sind vollständig.«

Abschließend räumte Dubost ein, daß die »Schuldausmaße« bei den Angeklagten »dem Grade nach verschieden« seien, aber er beharrte darauf, daß alle hingerichtet werden sollten. »Man muß stark zuschlagen, ohne Mitleid«, beschwor er den Gerichtshof. »Der Urteilsspruch sei gerecht, das genügt!« Nach diesem Prozeß würden er und seine Kollegen vor französischen Gerichten jene zu verfolgen haben, die sich geringerer Verbrechen schuldig gemacht hätten. »Aber wie könnten wir dann die Todesstrafe gegen ... einen zweiten Höß fordern, gegen diese Lagerkommandanten, die die befohlene Hinrichtung von Millionen menschlicher Wesen auf dem Gewissen haben, wenn wir heute zögerten, die höchste Strafe für jene zu verlangen, die der Motor dieses verbrecherischen Staates waren, des Staates, der die Befehle gab.«

7

General Rudenkos Plädoyer glich dem Redner selbst – es war handfest, kraftvoll und hart. Er gab keine Spekulationen, keine Zweifel, keine literarischen Anspielungen von sich. Sein Redemanuskript enthielt nur ein paar Seiten über juristische Fragen, etwa über die Verschwörung und die Verbrechen gegen den Frieden, während sich sein langer Vortrag ansonsten mit den Verbrechen der einzelnen Angeklagten befaßte und am Ende zu einem ganz kurzen Appell aufschwang.

Da seine drei Kollegen bereits vor ihm gesprochen hatten und Shawcross etwa neun Stunden für die Darstellung des Gesamtkomplexes benötigt hatte, konnte man von Rudenko kaum verlangen, daß er viel Neues bieten würde. Doch offenbar machte ihm dies nichts aus, und er hielt eine beeindruckende Rede, in die er geschickt viele schockierende Äußerungen der Angeklagten einflocht, die sie getan hatten, als sie noch an der Macht waren, und die sie nun unmöglich abstreiten oder plausibel vertreten konnten.

Wie nicht anders zu erwarten, äußerte sich Rudenko besonders feindselig gegenüber Heß , den der Kreml als Erzfeind ansah, weil er nach England geflogen war und seine überraschten Gastgeber zu überreden versucht hatte, sich gemeinsam mit den Nazis gegen die Sowjetunion zu wenden. Rudenko widmete auch eine ganze Seite Bormann, und das hörte sich so an, als sei Bormann noch am Leben – vielleicht lag das an den gelegentlich aufgetauchten Gerüchten, es hätte Verbindungen zwischen Bormann und dem Kreml gegeben, und darum wollte Rudenko wohl mit seiner Rede eine derartige Möglichkeit ausschließen.

Diejenigen von uns, die miterlebt hatten, wie Rudenko seine Kreuzverhöre stets auf die gleiche Art führte, amüsierten sich darüber, daß er stolz aus seinem Kreuzverhör mit Keitel zitierte:

> Sie, Angeklagter Keitel, der Sie sich Feldmarschall nennen, Sie haben sich vor diesem Gerichtshof wiederholt einen Soldaten genannt. Mit Ihrem blutrünstigen Beschluß vom September 1941 haben Sie die Niedermetzelung Tausender unbewaffneter Soldaten, die in Ihre Gefangenschaft gerieten, bestätigt und sanktioniert. Stimmt das?*

Wie Shawcross ging auch Rudenko nicht darauf ein, daß seine eigene Regierung noch mehr Leichen im Keller hatte. Während er Ribbentrop wegen der »Vorbereitung und Durchführung ... zum Angriff auf Polen« sowie wegen der »Anwendung seiner Lieblingsmethode betrügerischer Garantien« für die angeblich friedlichen Pläne Deutschlands anprangerte, erwähnte Rudenko mit keinem Wort, daß Rußland zur gleichen Zeit Ostpolen erobert und annektiert hatte.

Als er sich der »Militärgruppe« (Keitel, Jodl, Dönitz und Raeder) zuwandte, äußerte sich Rudenko verächtlich darüber, daß sie »hier vor dem Gerichtshof die Rolle der reinen Toren zu spielen« versuchten, weil sie Hitlers Kommandos gehorchten, selbst wenn sie seine Befehle für ungesetzlich hielten. Bestimmt wußte Rudenko nur zu gut, daß viele Offiziere in vielen anderen Ländern sich genauso verhalten würden.

Am Ende seiner Ausführungen kam Rudenko kurz und bündig zur Sache: »Und im Namen der wahren Liebe zur Menschheit ... beantrage ich, der Gerichtshof möge über alle Angeklagten ohne Ausnahme die Höchststrafe ver-

---

* Rudenko fügte hinzu: »Keitel war gezwungen, diese Tatsache einzugestehen.« Tatsächlich hatte Keitel zugegeben, wie er dies bereits zuvor mehrmals getan hatte, daß er die von Rudenko erwähnten Dokumente zwar unterzeichnet habe, aber er verteidigte auch weiterhin ihre Legitimität.

hängen, die Todesstrafe. Solch einem Urteilsspruch sieht die ganze fortschrittliche Menschheit mit Genugtuung entgegen.«

Somit forderten die französischen und der sowjetische Ankläger ausdrücklich die Todesstrafe für alle, Shawcross betonte wiederholt die Legitimität einer derartigen Entscheidung*, während Jackson trotz seiner abschätzigen Bemerkungen keine klare Empfehlung abgab. Bei einer Besprechung vor den Schlußplädoyers hatten die Hauptankläger darüber diskutiert, ob – und wenn ja, wann – sie vor dem Gerichtshof die Frage nach den Strafen zur Sprache bringen sollten. Zu diesem Zeitpunkt hatte nur Fyfe seine persönliche Meinung geäußert (nämlich daß Streicher gehängt werden sollte, während man Speer mildernde Umstände zubilligen könnte). Insgesamt kam diese Diskussion zu keinem Ergebnis – es blieb bei dem Vorschlag, daß jeder Hauptankläger sich mit den Richtern aus seinem eigenen Land beraten sollte. Ob dies geschah, weiß ich nicht.

Man hätte gegen die britischen, französischen und sowjetischen Forderungen Einspruch erheben können, und zwar mit der Begründung, daß sie verfrüht seien. Schließlich mußte sich der Gerichtshof ja noch die Argumente der Angeklagten und die Schlußplädoyers im Hinblick auf die angeklagten Organisationen anhören, und da die meisten Angeklagten eine oder mehrerer dieser Organisationen angehört hatten, hätte dabei noch mehr Licht auf ihre Taten fallen können. Außerdem hatte Artikel 24j) im Einklang mit der europäischen Rechtspraxis den letzten Akt vor der Urteilsverkündung festgelegt: »Der Angeklagte hat das letzte Wort.« Auch das mußte der Gerichtshof noch berücksichtigen, bevor er zu seinen Entscheidungen gelangte.

---

* Bei ihrer Besprechung am 1. Juli 1946 hatte Shawcross allerdings gegenüber den anderen Hauptanklägern erklärt, »in diesem Stadium« müsse er zwar »die Todesstrafe für alle« fordern, aber er hoffe doch sehr, »daß das Gericht die einzelnen Angeklagten unterschiedlich beurteilen und nicht das gleiche Urteil über alle verhängen werde.«

Achtzehntes Kapitel

Die angeklagten Organisationen

Als der Gerichtshof am 30. Juli 1946 damit begann, das Beweismaterial bezüglich der nach Artikel 9 der Charta* angeklagten deutschen Organisationen anzuhören und entgegenzunehmen, war es knapp zwei Jahre her, seit Oberst Murray Bernays zum erstenmal ein derartiges Verfahren vorgeschlagen hatte. Und etwa ein Jahr zuvor war Bernays aus dem amerikanischen Anklagestab ausgeschieden.

Bernays hatte diesen Vorschlag gemacht, weil er der (allgemein vertretenen) Meinung gewesen war, daß es in der SS und anderen großen Naziorganisationen Hunderttausende von Kriegsverbrechern gegeben habe – also so viele, daß man unmöglich Einzelprozesse abhalten konnte –, die nur aufgrund ihrer nachgewiesenen Mitgliedschaft in einer als Ganzes für verbrecherisch erklärten Organisation bestraft werden konnten.

Die Probleme und Meinungsverschiedenheiten, zu denen das von Bernays vorgeschlagene Modell führte, wurden bereits dargestellt: die Zweifel und Einwände, beim Gerichtshof wie andernorts, im Hinblick auf Strafen, die nur auf einer Mitgliedschaft basierten und die in Verfahren ausgesprochen wurden, denen die üblichen Elemente des Strafrechts fehlten; die starke Unterstützung für Bernays' Vorschlag im US-Kriegsministerium und seitens der amerikanischen und britischen Hauptankläger; das von General Clay geplante und sich teilweise damit überschneidende Entnazifizierungsprogramm, das von den Deutschen durchgeführt werden sollte und dem die amerikanischen Behörden in Berlin und ich selbst den Vorzug vor dem Bernays-Plan gaben.

---

* »In dem Prozeß gegen ein Einzelmitglied einer Gruppe oder Organisation kann der Gerichtshof (in Verbindung mit irgendeiner Handlung, deretwegen der Angeklagte verurteilt wird) erklären, daß die Gruppe oder Organisation, deren Mitglied der Angeklagte war, eine verbrecherische Organisation war.«

Im Dezember und Januar hatten meine Kollegen und ich das Beweismaterial gegen die in der Anklageschrift aufgeführten Organisationen vorgelegt, ohne daß wir uns voll mit diesen und anderen strittigen juristischen und verwaltungstechnischen Fragen befaßten. Dann rief der Gerichtshof die Anwälte der Anklage und der Verteidigung auf, ihre Ansichten vorzutragen, und hörte sich schließlich vom 28. Februar bis zum 2. März 1946 diese Argumente an, die zwar hilfreich waren, aber im Hinblick auf diese Fragen keineswegs das letzte Wort darstellten.

Gemäß Artikel 9 der Charta hatte der Gerichtshof im Oktober 1945 veranlaßt, daß Ankündigungen der bevorstehenden Prozesse gegen die Naziorganisationen in allen deutschen Besatzungszonen verschickt werden sollten. Diese Mitteilungen gingen an die Presse, an die Internierungs- und Kriegsgefangenenlager, in denen sich viele der Organisationsmitglieder befanden, sowie – über entsprechende Kanäle – an andere Adressaten. Daraufhin gingen eine Unmenge von Briefen, eidesstattlichen Versicherungen und Anträgen zugunsten der Organisationen ein. Allein die SS-Angehörigen schickten 136 000 Affidavits und stellten damit das Sekretariat des Gerichtshofs vor ungeheure Probleme bei der Übersetzung und Prüfung.

Aufgrund der Plädoyers der Anwälte und weil die Zeit so rasch verging, sah sich der Gerichtshof unter Druck gesetzt, und am 12. März 1946 verabschiedeten die Richter eine Verfügung »im Hinblick auf das weitere Verfahren gegen Organisationen und die von deren Mitgliedern anzuhörenden Anträge«. Die Hauptpunkte dieses Dokuments waren:

> 1) Den Verteidigern ist es gestattet, die Lager aufzusuchen, und zwar zum Zwecke »der Auswahl der Zeugen, die nach Nürnberg gebracht werden sollen, um dort über den verbrecherischen oder nichtverbrecherischen Charakter der angeklagten Organisationen auszusagen«, denen sie angehörten …
> 4) Wann immer solche Personen nach Nürnberg gebracht worden sind, sollen die Anwälte freien Zugang zu ihnen haben, um feststellen zu können, welche von ihnen – wenn überhaupt – die Anwälte als Zeugen vor dem Gerichtshof vorzuladen wünschen und welche von einem Untersuchungsrichter vernommen werden sollen … Die Anwälte der Verteidigung und der Anklage sollen die üblichen Rechte zur Vernehmung, zum Kreuzverhör und zur Nachbefragung haben, und die dabei erzielten Aussagen sollen vom Untersuchungsrichter zu Protokoll genommen werden. Zum Untersuchungsrichter wird Lt. Colonel Neave bestellt, und er soll … dem Gerichtshof entsprechende Personen empfehlen, die zu Hilfsuntersuchungsrichtern ernannt werden sollen, wenn dies erforderlich sein sollte. Dieser Beschluß soll unter Leitung von Lt. Colonel A.M.S. Neave* ausgeführt werden, und zwar in Zusammenarbeit mit dem Büro des Generalsekretärs und im Rahmen der notwendigen Sicherheitsbestimmungen …

---

* Oberstleutnant Neave war seit Januar 1946 unmittelbar für alle organisatorischen Angelegenheiten zuständig gewesen und hatte sehr gute Beziehungen zu den Richtern.

6) Bei diesem Verfahren wird Beweismaterial als sachdienlich erachtet, das die folgenden Fragen behandelt:
a) ob die angeklagte Organisation oder Gruppe überwiegend aus einer Ansammlung von Personen bestand, die eine allgemeine gemeinsame Absicht verband, sich an einer Tätigkeit zu beteiligen, die nach Artikel 6 der Charta als verbrecherisch definiert ist …
b) ob die Mitgliedschaft in der Organisation oder Gruppe im allgemeinen freiwillig war oder auf physischem Zwang oder einem gesetzlichen Erlaß beruhte;
c) ob die nach Artikel 6 der Charta als verbrecherisch definierten Absichten und Tätigkeiten der Organisation oder Gruppe den Mitgliedern allgemein bekannt waren, so daß man aufgrund ihrer Mitgliedschaft im allgemeinen … zu Recht davon ausgehen kann, daß sie von ihnen zu irgendeiner in diesem Zusammenhang relevanten Zeit Kenntnis gehabt haben.

Neave machte sich mit der ihm eigenen Effizienz ans Werk, und am 20. Mai konnte er mit der Vernehmung der Entlastungszeugen der Organisationen beginnen, wobei er die Vernehmungen selbst durchführte. Da er bald erkannte, daß ein einzelner damit nicht schnell genug vorankam, bat er den Gerichtshof, mehrere Hilfsuntersuchungsrichter zu berufen, und später erhielt er einen zweiten Vernehmungsraum, so daß zwei Zeugen gleichzeitig vernommen werden konnten. Zuvor hatte der Gerichtshof acht Anwälte mit der Vertretung der Angeklagten beauftragt. Für die Anklagebehörde beteiligten sich an den Kreuzverhören hauptsächlich Kempner (für die Vereinigten Staaten), Griffith-Jones (für die Briten) und Pokrowski (für die Sowjetunion).

Juristische Fragen konnten natürlich nur durch Bestimmungen des Gerichtshofs geklärt werden, aber gleichwohl kam es zu ausgiebigen Diskussionen über die Bedeutung von »physischem Zwang« in Klausel 6 b), also der Unterscheidung des Gerichtshofs zwischen »freiwilliger« und »erzwungener« Mitgliedschaft in den Organisationen, insbesondere der SS und der Gestapo. Die Verteidigung wollte den Begriff »physischer Zwang« ausweiten, so daß damit auch »psychischer« und »wirtschaftlicher« Zwang abgedeckt wäre, aber Neave hatte, wie er später schrieb, »keine Schwierigkeit, die Argumente der Verteidigung zurückzuweisen«, so daß nur »Beweise über physische Einschüchterung« als sachdienlich angesehen wurden.

Oberstleutnant Neave, ein mehrfach ausgezeichneter britischer Offizier, dessen Ausbrüche aus den deutschen Stalags berühmt waren, war anfangs ein wenig befangen gegenüber deutschen Feldmarschällen, die vor ihm ihre Aussagen machten. In seinem Buch über den Nürnberger Prozeß widmete er ein eigenes Kapitel dem Eindruck, den er von diesen Zeugen hatte, und während er ihren Verteidiger, Dr. Laternser, zu Recht rühmte, hatte er doch an der Einstellung und der Glaubwürdigkeit von dessen Mandanten viel auszusetzen.

Ende Juli 1946 hatten Neave und seine Untersuchungsrichter 101 Zeugen vernommen, aus denen dann diejenigen ausgewählt werden sollten, die vor dem Gerichtshof aussagen sollten. Am 25. Juli verlas Lawrence in öffentlicher Sitzung die »Verfügung über das Verfahren, das in den Verhandlungen gegen die Organisationen angewandt werden soll«. Jeder Verteidiger solle zuerst die Beweismittel vorlegen, die von der Untersuchungskommission ermittelt wurden und die er dem Gerichtshof zu Protokoll zu geben wünsche. Die Verteidiger sollten sodann eine Auswahl der Zeugen zur Vernehmung und zum Kreuzverhör vor Gericht aufrufen, die in den Vernehmungen der Kommission ausgesagt hatten. Schließlich solle jeder Verteidiger sein Plädoyer halten, und darauf würde dann die Anklagebehörde antworten.

Nachdem Rudenko in der Vormittagssitzung am 30. Juli 1946 sein Schlußplädoyer gegen die einzelnen Angeklagten beendet hatte, befaßte sich Lawrence kurz und bündig mit der Auswahl der zu verhörenden Zeugen und forderte sodann Dr. Servatius auf, seine Entlastungszeugen für die erste der angeklagten Organisationen aufzurufen: das »Korps der politischen Leiter« der NSDAP.

2

Im November 1945, am dritten Tag des Prozesses, hatte Ralph Albrecht vor dem Gerichtshof einen kurzen Vortrag über die Organisationsstruktur der NSDAP gehalten, unter besonderer Berücksichtigung des Korps der Leiter, von Hitler ganz oben an der Spitze bis hinunter zu den einfachen Zellenleitern und Blockwarten, die keine wirkliche Machtbefugnis hatten und die im allgemeinen unbezahlte, zeitweise beschäftigte und nichtuniformierte Helfer waren. Mehr darüber erfuhr man dann am 17. Dezember, als Oberst Storey die Beweismittel der Anklage gegen die angeklagten Organisationen vorlegte und mit dem Korps der Leiter begann.

In der Anklageschrift wurde dieses Korps als »eine besondere Elitegruppe innerhalb der Nazi-Partei« und als »der innere Kern des in der Anklageschrift geschilderten gemeinsamen Planes oder der Verschwörung« bezeichnet. Im Schlußabsatz der Anklageschrift hieß es:

> Die Anklagebehörde behält sich ausdrücklich das Recht vor, jederzeit vor Verkündung des Urteils zu beantragen, daß Politische Leiter von untergeordnetem Grad oder Rang oder von anderen Typen oder Kategorien, die von der Anklagebehörde näher zu bezeichnen sind, vom weiteren Verfahren in diesem Falle Nr. 1 ausgenommen werden sollen, jedoch unbeschadet anderer Verfahren oder Maßnahmen gegen sie.

Diese letzte Bestimmung war natürlich eingeführt worden, weil man sich darüber im klaren war, daß es ebenso lächerlich wie undurchführbar wäre, alle NSDAP-Mitglieder als Verbrecher vor Gericht zu stellen. Aber während niemand bestreiten konnte, daß die Nazipartei als Ganzes eine »Organisation« war – würde man das auch behaupten können, wenn die unteren Zweige vom

Baum der Organisation abgeschnitten wären? War ein Teil der Partei eine »Organisation«? Mit diesem Problem hatten auch Calvocoressi und ich uns beschäftigen müssen, als wir bestimmte militärische Befehlshaber beschuldigten, eine »Organisation« oder »Gruppe« im Sinne von Artikel 9 der Charta darzustellen.

Storey hatte den Standpunkt vertreten, daß das Führungskorps der »leitende Arm« der Partei gewesen sei und daher als »Gruppe« oder »Organisation« behandelt werden könne, aber er hatte dieses Problem auch nicht weiter geklärt. Als Jackson am 28. Februar 1946 vor dem Gerichtshof sein Plädoyer hielt, stellte er sich auf den Standpunkt, daß zum Führungskorps alle NSDAP-Funktionäre gehörten, vom Führer bis hinunter zum Zellenleiter, aber keine Mitglieder der untersten drei Kategorien. Wie sinnvoll auch immer dies gewesen sein mochte, jedenfalls unterstrich dieser Auftritt, daß es vermeintlich in der Macht der Anklagebehörde stand, jeweils unterschiedliche Teile der Nazipartei auszuwählen und unter Anklage zu stellen.

Storeys Beweisführung fehlte es durchaus nicht an dokumentarischem Beweismaterial gegen einige Parteimitglieder, die in Verbrechen gegen Juden verwickelt waren, feindliche Piloten mißhandelt hatten, welche zur Landung in Deutschland gezwungen worden waren, sowie auf andere Weise im Krieg gegen die Genfer Konventionen verstoßen hatten. Aber die Menge der solide bewiesenen Verbrechen, die von Parteifunktionären begangen worden waren, war in der Tat gering, verglichen mit den Aussagen und den dokumentarischen Beweisen gegen die Männer in Himmlers Reich des Bösen, und angesichts dieses relativen Mangels an Verbrechen seitens der Partei stellte sich die Frage, wieweit die Mitglieder über Verbrechen Bescheid gewußt hatten, die auf ihrer eigenen Ebene begangen worden waren. Als Servatius seine Zeugen aufrief, wurde gleich klar, daß er genau darauf abzielte.

Servatius ging systematisch vor, von den oberen bis zu den unteren Führungsebenen – er rief einen Gauleiter aus Hamburg auf, einen Kreisleiter aus Cloppenburg, einen Ortsgruppenleiter aus dem Allgäu sowie einen Politischen Leiter aus Nürnberg. Natürlich spielten alle von ihnen die bösartigen Aspekte der Parteiaktivitäten herunter und gaben vor, von Konzentrationslagern und Massakern an den Juden nichts gewußt zu haben. Was die internationale Politik betraf, so hatten sie den Anschluß Österreichs gewollt und waren für die Wiedergewinnung der ehemaligen deutschen Kolonien gewesen, aber sie hatten nicht erwartet, für diese Ziele in den Krieg ziehen zu müssen.

Die Anklagevertretung war in der Lage, dieser glatten Fassade ein paar Scharten beizubringen. Als Fyfe Gauleiter Kaufmann im Kreuzverhör über die Kristallnacht befragte, erwiderte Kaufmann, er habe die meisten Ausschreitungen in Hamburg verhindern können und auch bei den anderen Gauen keineswegs den Eindruck gehabt, »daß, von Ausnahmen abgesehen, die Träger der Aktionen Politische Leiter waren«. Kaufmanns Antwort wurde indes gründlich in Zweifel gezogen, als Fyfe ein Sitzungsprotokoll des Obersten Parteigerichts vorlegte, in dem es hieß: »Die mündlich gegebenen Weisungen des Reichspropagandaleiters sind wohl von sämtlichen anwesenden Parteiführern so verstanden worden, daß die Partei nach außen nicht als Urheber der Demonstrationen in Erscheinung treten, sie in Wirklichkeit aber organisieren und durchführen sollte.«

Doch alles in allem erbrachte das Kreuzverhör von Servatius' Zeugen nicht sehr viel. Servatius rief unter anderem Hans Wegscheider auf, einen Schmiedemeister und »Tierheilkundigen«, der Bürgermeister von Hirschdorf sowie Ortsgruppenleiter im Kreis Kempten-Land gewesen war, in dem ungefähr 40 000 Menschen lebten:

DR. SERVATIUS: Wie standen die Politischen Leiter dazu [zur »Lösung der Judenfrage«]?
WEGSCHEIDER: Nachdem in unserem Kreis Kempten-Land keine jüdischen Geschäfte waren und somit auch keine jüdischen Personen wohnten, war die Frage bei uns nicht brennend und ist kaum in Erwägung gekommen.
DR. SERVATIUS: Gab es nicht jüdischen Viehhandel?
WEGSCHEIDER: Auf dem Lande nicht. Es war nur in der Stadt Kempten eine Großviehhandlung, die Viehhandlung Gebrüder Loew, und dort betätigten sich unsere Bauern hauptsächlich mit Viehkauf und Viehtausch.
DR. SERVATIUS: Wurde dagegen nicht vorgegangen und Stimmung gemacht?
WEGSCHEIDER: Nein, noch lange nach der Machtübernahme tätigten unsere Bauern dort bei diesem Großviehhandelsgeschäft ihre Einkäufe …
DR. SERVATIUS: Gab es nicht bald Mißstimmung und Differenzen mit der Kirche wegen der Haltung der Partei in der Kirchenfrage? Es kam ja zu Angriffen auf die Kirche.
WEGSCHEIDER: Nein, bei uns auf dem Lande nicht … Wir sind in die Kirche gegangen, und ganz besonders in meiner Ortsgruppe war ich selbst mit meinen acht Politischen Leitern in dem Kirchenchor tätig. Auch die übrigen Kirchenmusiker und Sänger – es dürften wohl im ganzen ungefähr 30 gewesen sein – waren zum Teil Parteigenossen und Parteigenossinnen …, und so … dürfte es auch mehr oder weniger in den anderen Gemeinden gewesen sein.
DR. SERVATIUS: Sind in Ihrem Bereich Flieger notgelandet und gelyncht worden?
WEGSCHEIDER: Nein.
DR. SERVATIUS: Was ist dann mit ihnen geschehen?
WEGSCHEIDER: Ich hatte selbst Gelegenheit, einen abgesprungenen amerikanischen Flieger, der ungefähr 100 Meter hinter meinem Haus niederging, hereinzuholen. Ich habe denselben hereingeholt, habe ihn verpflegt und schon nach einer kurzen Zeit, ungefähr nach einer Viertelstunde, ist er von der Gendarmerie Kempten per Auto abgeholt worden …
DR. SERVATIUS: In Ihrer Ortsgruppe … waren ausländische Arbeiter beschäftigt … Hatten Sie nicht davon gehört, daß diese Arbeiter im Stall schlafen sollten und dort auch ihr Essen bekommen sollten?

WEGSCHEIDER: Von einer [derartigen] Anweisung ... ist mir nichts bekannt. Lediglich ist vom Arbeitsamt jedem einzelnen polnischen Arbeiter ein Zettel mitgegeben worden, der dem Bauern auszuhändigen war und auf dem stand, daß diese polnischen Arbeiter nicht am Tisch des Bauern essen sollten und daß sie zu einer gewissen Zeit zu Hause sein müssen. Bei der Rücksprache damals mit dem Bauernführer habe ich zu ihm gesagt, diese Sache ist bei uns im Allgäu bei den Bauern nicht durchzuführen. Wenn der betreffende ausländische Arbeiter sich anständig aufführt ..., so soll er auch die gleichen Rechte eines deutschen Arbeiters genießen.

Das war so eine typische Aussage, die wahr klingt, aber Griffith-Jones begriff nicht, daß es Vorschriften gab, die nicht befolgt wurden:

GRIFFITH-JONES: Aus dem Dokument geht hervor, daß die polnischen Arbeiter keine Erlaubnis hatten, sich zu beschweren ..., keine wie auch immer geartete Unterhaltung; ... kein Besuch von Gaststätten, kein Geschlechtsverkehr, keine Benützung öffentlicher Verkehrsmittel ... In keinem Fall wird die Erlaubnis zum Verlassen des Dorfes erteilt, keinesfalls wird ihnen erlaubt, eine Dienststelle eigenmächtig zu besuchen, sei es ein Arbeitsamt oder die Kreisbauernschaft. Warum wurde ihnen der Besuch der Kreisbauernschaft verboten?
WEGSCHEIDER: Ich stelle fest, daß dieses Schreiben aus Karlsruhe ist, also aus einem ganz anderen Gau. Diese Maßnahmen waren bei uns alle nicht befohlen oder nicht in so großem und so starkem Ausmaß ...
GRIFFITH-JONES: Wollen Sie behaupten, die Behandlung der Fremdarbeiter sei in Ihrem Gau anders als ... in Baden oder Karlsruhe gewesen ...?
WEGSCHEIDER: Ja.

Griffith-Jones gab es bald auf, aber Nikitschenko ebenso wie Lawrence hatten noch weitere Fragen an Wegscheider, der sich nicht aus der Ruhe bringen ließ. Servatius' Zeugen hatten deutlich gemacht, daß die Nazipartei oder Teile von ihr zwar eine »Organisation« gewesen sein könnten, aber keine Organisation wie die quasimilitärischen Behörden in Himmlers Bereich. Die Parteifunktionäre standen dem deutschen Volk näher, dessen so verschiedenartige Bräuche und Anschauungen sich in unterschiedlichen Befehlen und Reaktionen der Befehlenden wie der Befehlsempfänger widerspiegelten.

Servatius trug sein Schlußplädoyer am 22. August vor, und zwar gemäß dem vom Gerichtshof festgelegten Verfahren, wonach alle Verteidiger der angeklagten Organisationen erst ihre Zeugen aufrufen und ihre Dokumente vorlegen mußten. Es war eine überzeugende Analyse der Rechtsgrundlage der Anklage gegen seine Mandanten. Er wies ganz zu Recht darauf hin, daß viele der Anschuldigungen der Anklagebehörde – Errichtung einer Diktatur, Auflösung der Gewerkschaften, die Kristallnacht und die antijüdischen Gesetze sowie Aktionen gegen die Kirche – keine Kriegsverbrechen waren und daß darum der Gerichtshof nicht dafür zuständig war – es sei denn, sie konnten in Verbindung mit der Vorbereitung für den Angriffskrieg gebracht werden, was unwahrscheinlich war. Er stellte den Status als »Gruppe« oder »Organisation« für den von der Anklagevertretung ausgewählten Ausschnitt aus der Partei in Frage. Und er bezweifelte, wie es all seine Kollegen getan hatten, die Rechtsgültigkeit der Verhängung von Strafen gegen einzelne Mitglieder, ohne daß man ihnen alle Rechte von Angeklagten einräumte.

Was die Verbrechen anging, die die Anklagevertretung den Parteiführern anlastete, so behauptete Servatius, es gebe keine Beweise dafür, daß sie mit der Einleitung von Angriffskriegen etwas zu tun gehabt hatten; sie seien für die Konzentrationslager oder für die unter Himmlers Schirmherrschaft begangenen Greueltaten nicht verantwortlich gewesen; es gebe keinen Beweis dafür, daß das Lynchen gefangengenommener feindlicher Flieger »unter dem allgemeinen Wohlwollen und der Billigung der Politischen Leiter« erfolgt sei; der Dienst in der Partei sei nur nominell freiwillig gewesen, und ein Großteil des von der Anklagebehörde vorgelegten Beweismaterials betreffe Angelegenheiten wie antisemitische und antikirchliche Aktivitäten, die keine Verbrechen im Rahmen der Charta gewesen seien.

Mit diesen Argumenten wollte Servatius nicht beweisen, daß von den Politischen Leitern keine Kriegsverbrechen begangen worden seien, sondern die Unterstellung der Anklagebehörde in Zweifel ziehen, daß die meisten Politischen Leiter, also rund 600 000 Parteimitglieder, von den Verbrechen der Partei gewußt hätten oder in sie verwickelt gewesen seien.

Da Servatius vermutlich der Ansicht war, daß der Gerichtshof seinen Mandanten wohl kaum eine weiße Weste bescheinigen würde, machte er am Ende seines Plädoyers auf mehrere Dinge aufmerksam, die er der eingehenden Betrachtung durch den Gerichtshof nachdrücklich empfahl. Unter anderem sprach er von »der großen Zahl der kleinen Politischen Leiter, die nur mittelbar über ihre Führer für eine Verschwörung verantwortlich gemacht werden«. Außerdem bemerkte er:

> Auch die Höhe einer Strafe ist ungewiß. Der im Gesetz Nummer 10 des Kontrollrats festgelegte Strafrahmen, der bis zur Todesstrafe reicht, bietet keine Rechtsgarantie, wenn die Höhe der Strafe dem freien Ermessen der späteren Gerichte der verschiedenen Nationen überlassen wird.*

Lord Lawrence bedankte sich bei Servatius dafür, daß er »sich an die angegebene Zeit gehalten« habe. Nach meiner Meinung hatte er so gut wie alles getan, was er für seine Mandanten tun konnte.

---

* Artikel 10 der Charta sah vor, daß Mitglieder von Organisationen, die vom Gerichtshof als verbrecherisch erklärt worden waren, vor nationale Gerichte oder vor Militär- oder Okkupationsgerichte gestellt werden könnten.

3

Sodann wandte sich der Gerichtshof einem Komplex zu, den man die »Himmler-Gruppenorganisation« nennen könnte und der zivile wie militärische Gruppen umfaßte. Nach der Anklageschrift waren angeklagt: die Schutzstaffel der NSDAP, die Himmler seit 1929 unterstand und zu der die Waffen-SS, die mit dem Heer und unter dessen Befehl kämpfte, aber verwaltungsmäßig weiterhin Himmler unterstellt blieb, sowie alle anderen »Dienststellen, Abteilungen, Dienstgruppen, Organe, Zweigstellen, Verbände, Gliederungen und Gruppen« der SS gehörten, einschließlich des RSHA (Reichssicherheitshauptamt), das ursprünglich von Heydrich und nach dessen Tod von Kaltenbrunner geleitet worden war. Zu den vielen Dienststellen des RSHA zählten auch der Sicherheitsdienst (SD), die Sicherheitspolizei (SIPO) und die Geheime Staatspolizei (Gestapo). Letztere hatte seit 1933 existiert, mehrere Jahre bevor sie ins RSHA integriert wurde, und aus diesem Grund wurde sie in der Anklageschrift getrennt von den anderen SS-Behörden behandelt. Von 1935 bis Kriegsende wurde die Gestapo von Heinrich Müller geleitet, der unter dem Spitznamen »Gestapo-Müller« berüchtigt war.

Storey hatte die Klage gegen die Gestapo vorgetragen, und natürlich enthielt sie viel Beweismaterial über schreckliche Greueltaten, insbesondere in den von den Deutschen besetzten Regionen im Osten. Eigentlich aber war an vielen von der Anklagevertretung geschilderten Greueltaten ein Gemisch von Angehörigen der Gestapo, des SD und der SIPO beteiligt, und Storeys Präsentation machte nicht immer die Rolle der Gestapo bei dem jeweiligen Verbrechen hinreichend klar.

Der Anwalt der Gestapo, Dr. Rudolf Merkel, konnte gegen diese Masse von geradezu teuflischen Beweisen wenig ausrichten. Als einen seiner Zeugen rief er Dr. Werner Best auf, einen Juristen und Beamten, der von 1936 bis 1940 Abteilungsleiter für Verwaltung und Recht bei der Gestapo gewesen und der 1942 zum Reichsbevollmächtigten in Dänemark ernannt worden war. Dr. Best versuchte, die Gestapo als Polizeitruppe darzustellen, die für die Verhinderung »politischer Verbrechen« zuständig gewesen sei. Aber dann kam er auf ihre Rolle bei der Verhaftung von 20000 Juden in der Kristallnacht zu sprechen und erklärte, die Gestapo sei dabei »als ein Vollzugsinstrument für polizeifremde Zwecke ... mißbraucht worden«. Im Kreuzverhör erwähnte Whitney Harris andere Verbrechen, etwa die heimliche Ermordung von prominenten Dänen, an der die Gestapo direkt beteiligt gewesen war und mit der man angeblich dänische Sabotageakte bekämpfen wollte. Merkwürdig an diesem Kreuzverhör war, daß Gestapo-Müller darin praktisch überhaupt nicht erwähnt wurde, obwohl sich Kaltenbrunner verzweifelt bemüht hatte, viele der ihm zu Last gelegten Verbrechen auf Müller abzuwälzen. Doch wenn die Gestapo tatsächlich eine »Organisation« war, dann trugen vermutlich die Verbrechen ihres Chefs durchaus entscheidend dazu bei, die Organisation als Ganzes zu kriminalisieren.

Bei seinem Schlußplädoyer hielt sich Dr. Merkel nicht lange mit juristischen Streitfragen auf und tat gut daran, die nachgewiesenen und berüchtigten Gestapo-Verbrechen nicht zu bestreiten. Er konnte immerhin zeigen, daß es viele Gestapo-Angehörige gab, die an den Verbrechen nicht beteiligt waren. Aber Merkel legte großen Wert auf die letzten Seiten seines Redemanuskripts, in denen er auf bestimmte Mitarbeiter der Gestapo hinwies, unter anderem auf Büroangestellte, Telefonistinnen und ähnliche derartige Beschäftigte, die Richter Jackson zuvor schon aus der Anklageschrift ausgeklammert wissen wollte. Merkel erwähnte auch Verwaltungsbeamte und Techniker, deren Arbeit nichts mit der Polizeitätigkeit zu tun gehabt hatte. Dann schloß er mit den Worten: »Ich habe meine Aufgabe nicht darin erblickt, Verbrechen und Untaten zu beschönigen und einzelne, die die Gesetze der Menschlichkeit mißachtet haben, reinzuwaschen. Aber Unschuldige will ich retten. Einem Urteil will ich den Weg bahnen, das das Dämonische entthronen und die moralische Weltordnung wieder herstellen soll.«

In der Anklageschrift hieß es an der Stelle, an der die SS als verbrecherische Organisation aufgeführt war: »einschließlich des Sicherheitsdienstes (allgemein bekannt als ›SD‹)«. Diese Koppelung des SD mit der SS sorgte für nicht enden wollende Verwirrung, wie man schon daraus ersehen kann, daß Storey bei der Vorlage des Beweismaterials gegen die Gestapo den SD nicht mit der SS, sondern mit der Gestapo wiederholt in Verbindung gebracht hatte. Zu anderen Mißverständnissen kam es aufgrund der Struktur des RSHA, das aus sieben »Ämtern« bestand* und nicht Teil der SS war. Am 20. Dezember 1945 hatte Storey das Beweismaterial gegen die Gestapo und den SD vorgelegt und dem Gerichtshof gegenüber erklärt, daß der SD aus vier Abteilungen bestanden habe: »Abteilung A beschäftigte sich mit Fragen der Rechtsordnung und des Reichsaufbaus. Abteilung B beschäftigte sich mit Volkstumsfragen, mit Minderheiten und der Rasse- und Volksgesundheit. C beschäftigte sich mit Kultur, Wissenschaft, Erziehung, religiösem Leben, Presse, Volkskultur und Kunst. D mit Wirtschaft, einschließlich Ernährung, Handel, Industrie, Arbeit, Kolonialwirtschaft und den besetzten Gebieten.«

Das war zwar ein sehr weitgestecktes Tätigkeitsfeld, aber alles andere als blutrünstig. Außerdem schilderte Storey ständig Taten, die von »Gestapo und SD« verübt worden seien, so daß man nicht sicher war, ob der eigentliche SD – also die Ämter III und VI – daran beteiligt gewesen war. Ein Affidavit von Walter Schellenberg, dem Chef des Amtes VI, macht anschaulich sichtbar, wie frei die Initialen »SD« verwendet wurden und auch wie klein der »ei-

* Dies waren: das Verwaltungsamt I und II, der SD (III), die Gestapo (IV), die Kriminalpolizei (V), die SD-Dienststellen außerhalb Deutschlands (VI) und das Amt für weltanschauliche Forschung (VII).

gentliche« SD, verglichen mit der Gestapo und der Kripo (Kriminalpolizei), gewesen war:

> Die Sipo und der SD bestanden aus Gestapo, Kripo und SD. In 1943-45 hatte die Gestapo eine Mitgliederzahl von ungefähr 40000 bis 50000, die Kripo 15000 und der SD ungefähr 3000. Im allgemeinen Gebrauch und auch in Befehlen und Verordnungen wurde »SD« benützt als Abkürzung für »Sipo und SD«. In den meisten Fällen wurde die Exekutivhandlung durchgeführt von Leuten der Gestapo an Stelle des SD oder der Kripo. Gestapo-Leute in den besetzten Gebieten waren oft in SS-Uniformen mit SD-Abzeichen.

Das Ergebnis von Storeys Beweisvorlage gegen den SD war schließlich, daß er ganz wenig Beweise über Verbrechen hatte, die unbestreitbar vom SD begangen worden waren. Und als später Dr. Hans Gawlik seine zwei Entlastungszeugen für den SD aufrief, bemühte er sich gleich, aus diesem Umstand Kapital zu schlagen.

Gawlik wandte sich dem Beweismaterial der Anklagevertretung zu und zitierte ein halbes Dutzend Verbrechensfälle, hinsichtlich deren besser unterrichtete Leute – Jodl, Kaltenbrunner – Keitel und andere korrigiert hatten, indem sie darauf hinwiesen, daß der SD keine Exekutivgewalt besessen habe und daß die fraglichen Hinrichtungen von der Gestapo vollzogen worden seien.* Ferner erklärte Gawlik, in den »von Deutschland besetzten Gebieten trugen alle Angehörigen des Reichssicherheitshauptamtes, ... soweit sie nicht Angehörige der SS oder SS-Anwärter waren, die SS-Uniform mit dem SD-Abzeichen ..., und die von der Sicherheitspolizei durchgeführten Maßnahmen wurden als Maßnahmen des SD angesehen«.

Im Hinblick auf die Einsatzgruppen verwies Gawlik auf einen SS-Offizier, den Brigadeführer Franz Stahlecker, der Chef der Einsatzgruppe A gewesen war und dessen Bericht über die Aktionen seines Kommandos bis zum Oktober 1941 auch eine Aufschlüsselung über die Zugehörigkeit der 990 Angehörigen der Einsatzgruppen enthielt. Zum SD zählten 35 Mann, also nur 3,5 Prozent, dagegen 340 zur Waffen-SS, 133 zur Ordnungspolizei, 89 zur Gestapo und 41 zur Kripo. Die übrigen waren Kradmelder, Dolmetscher und anderes Hilfspersonal.

Gawlik verwies den Gerichtshof auf Beweismaterial, demzufolge Himmler die Bildung der Einsatzgruppen mit dem Einverständnis des OKW angeordnet habe. Folglich, schloß Gawlik daraus, sei das SD-Amt III als solches nicht in die Aktivitäten der Einsatzgruppen verstrickt gewesen.

Lawrence ging das zu weit, und scharf warf er dazwischen:

---

* Ich muß zugeben, daß ich im Hinblick auf dieses Thema nicht zu den gut unterrichteten Leuten gehörte, als ich Anfang Januar die Klage gegen den Generalstab vortrug, denn ich griff auf Storeys Erklärung zurück, daß die Einsatzgruppen von »der SIPO und dem SD« gebildet worden seien.

Dr. Gawlik! Soweit der Gerichtshof versteht, leugnen sowohl die SS, als auch die Gestapo und der SD, für die Einsatzgruppen verantwortlich gewesen zu sein. Könnten Sie dem Gerichtshof also mitteilen, wer war für die Einsatzgruppen verantwortlich?

DR. GAWLIK: Die Einsatzgruppen unterstanden ... Die Verantwortlichkeit ergibt sich aus meinen Ausführungen auf Seite 61. Ich verweise hierfür auf die Aussagen von Dr. Best, Schellenberg, Ohlendorf und auf das Dokument ...

VORSITZENDER: Dr. Gawlik! Der Gerichtshof möchte gern wissen, wer Ihrer Ansicht nach für die Einsatzgruppen verantwortlich war. Wir wünschen keinen Hinweis auf eine Unzahl von Dokumenten und Zeugen; wir wollen Ihre Ansicht hören.

DR. GAWLIK: Die Einsatzgruppen waren meiner Ansicht nach Organisationen besonderer Art, die einmal Himmler unmittelbar unterstanden, und im übrigen gehen die Aussagen der Zeugen auseinander, inwieweit sie den Oberbefehlshabern [der Wehrmacht] unterstanden.

Dr. Gawlik hatte seine Chance vertan. Statt sich zu verzetteln, hätte er direkt erwidern sollen, da er es mit Sicherheit wußte, daß Himmler und Heydrich* die eigentlich Verantwortlichen gewesen waren. Natürlich hätten sie nicht ohne die Einwilligung und die Mehrheit der deutschen Wehrmacht aktiv sein können. Gawliks Behauptung, daß sich Ohlendorf und die anderen SD-Angehörigen den Einsatzgruppen nicht in ihrer Eigenschaft als Mitarbeiter der Ämter III und VI angeschlossen hätten, ist offenbar stichhaltig, aber natürlich mußten sie persönlich für ihre Teilnahme an den Greueltaten der Einsatzgruppen einstehen.

Betrachtet man den SD im strengen Sinne als Gesamtheit der Mitarbeiter der Ämter III und VI, dann reichte meines Erachtens das Beweismaterial der Anklagebehörde nicht aus, ihn zu einer verbrecherischen Organisation zu erklären. Aber die Anwesenheit von Ohlendorf als Chef sowie von SD-Angehörigen bei den Einsatzgruppen, die unmittelbare Nähe von Amt III und Amt IV und die allgemeine Verwirrung um den SD, der mit der Polizei in einen Topf geworfen wurde – das war einfach zuviel für Gawliks Plädoyer. Vielleicht mutete er dem Gerichtshof auch zuviel zu; Dr. von der Lippe bezeichnete seine »wenig glaubhafte Beweisführung« als »ziemlich verfehlt«. Allerdings schloß Gawlik seine Rede mit einer sorgfältigen Auflistung verschiedener Beschäftigungen und Arbeitsplatzbeschreibungen von SD-Mitarbeitern ab, die von der Organisationsklage ausgenommen werden sollten. Eine derartige Lösung kam vielleicht Gawliks abschließendem Wunsch entgegen, daß »der Umfang des von der Entscheidung betroffenen Personenkreises genau zu begrenzen« sei.

* Höchstwahrscheinlich hatte Hitler das Einsatzgruppen-Projekt gebilligt, aber mir sind keine diesbezüglichen Beweise bekannt.

Ansonsten bestand Himmlers Reich praktisch vorwiegend aus der SS.* Von deren verschiedenen Gruppierungen waren die beiden größten die Allgemeine SS, die erste und bis 1939 einzige Körperschaft der SS, sowie die 1940 so benannte Waffen-SS, die Kampftruppe der SS. Es gab noch zehn andere Bereiche, darunter vor allem das RSHA und das SS-Wirtschaftsverwaltungshauptamt (WVHA), zu dessen Aufgabengebiet auch die Verwaltung der Konzentrationslager gehörte.

Im Dezember 1945 hatte Major Warren Farr eine gut aufgebaute und überzeugende Präsentation der Beweise der Anklage gegen die SS geboten und sich dabei mit den Konzentrationslagern, der Verfolgung und Vernichtung der Juden sowie mit der Beteiligung an den Vorbereitungen für den Angriffskrieg befaßt. Er hatte dafür weniger als einen ganzen Verhandlungstag benötigt. Aber als Horst Pelckmann die SS sieben Monate später gegen den Vorwurf verteidigte, sie sei eine verbrecherische Organisation gewesen, waren die damit verbundenen Themen und Beweismittel so zahlreich und unterschiedlich, daß die mündliche Beweisführung erst nach über fünf Sitzungstagen abgeschlossen war, sehr zum Verdruß des Gerichtshofs.

Pelckmanns erster Zeuge war ein Adeliger, Friedrich Karl Freiherr von Eberstein, der für die Allgemeine SS aussagte. Farr hatte diese Organisation als das »Rückgrat« der SS bezeichnet, aber das traf nur bis zum Ausbruch des Krieges im Jahre 1939 zu. Diese frühen SS-Männer waren hauptsächlich für die Eskorte und den Schutz von Funktionären und Gästen bei öffentlichen Naziveranstaltungen zuständig. Die Mitglieder waren anderweitig berufstätig, und ihr zeitweiliger Dienst in der SS war unbezahlt. Nach der Machtergreifung durch die Nazis, und besonders im Jahre 1934 nach dem Sturz Röhms und der SA-Führer, nahm die Zahl der Mitglieder der Allgemeinen SS rasch zu, und 1939 hatte sie eine Stärke von 240 000 Mann erreicht. Aber als dann der Krieg ausbrach, gingen praktisch alle körperlich gesunden Mitglieder zum Militär oder einer anderen Kriegstätigkeit nach. Eberstein sagte aus: »Die Allgemeine SS hatte praktisch im Kriege zu bestehen aufgehört.«

In den Jahren davor, so Farrs Anschuldigung, hatte sich die Allgemeine SS auch an den antijüdischen Ausschreitungen in der Kristallnacht beteiligt, ein Vorwurf, den Eberstein zurückwies. Wie auch immer: Die Vorgänge in der Kristallnacht stellten keine Kriegsverbrechen dar, und Eberstein gab keine derartigen Verbrechen zu, soweit sie von der Allgemeinen SS begangen worden wären.

1934 wurde Eberstein Polizeipräsident von München und später zum Höheren SS- und Polizeiführer in dieser Region ernannt. Im Kreuzverhör

---

* Im Juli 1944 wurde Himmler Nachfolger von General Friedrich Fromm (der wegen seiner angeblichen Beteiligung an dem gescheiterten Attentat auf Hitler hingerichtet wurde) als Oberbefehlshaber über das Ersatzheer, und im Februar 1945 wurde er Oberbefehlshaber über die Heeresgruppe Vistula an der Ostfront.

stellte ihm Elwyn Jones Fragen über die Bedingungen im Konzentrationslager Dachau, über die Tätigkeit von Oswald Pohl und anderen SS-Potentaten im Hinblick auf die Beschlagnahmung des Eigentums von ermordeten polnischen Juden sowie über die Verwendung von KZ-Insassen für barbarische medizinische Experimente. Jones konnte auf in neuerer Zeit sichergestellte Dokumente zurückgreifen, als er diese Fragen stellte, die zu beantworten sich Eberstein meist für außerstande erklärte.

Auf diese Weise konnte Elwyn Jones zwar vernichtendes, strafrechtlich relevantes Beweismaterial gegen verschiedene skrupellose und mörderische SS-Männer zusammentragen. Aber weder diese Dokumente noch Ebersteins Antworten auf seine Fragen bezogen sich auf die Allgemeine SS. Damit konnte die Anklagebehörde im Hinblick auf die Allgemeine SS keinen Beweis vorlegen, der den Vorwurf der organisierten Kriminalität untermauert hätte.

Pelckmann wandte sich sodann der Waffen-SS zu, einer Kampftruppe, die gegen Kriegsende etwa fünfunddreißig Divisionen mit annähernd 550 000 Mann umfaßte. Das waren zwischen zwei Drittel und drei Viertel aller SS-Mitglieder. Zu Recht oder Unrecht stand die Waffen-SS in dem Ruf, Terror zu verbreiten, und zwar nicht nur unter feindlichen Soldaten, sondern auch unter Zivilisten. Die von dieser halben Million Soldaten ausgehende Schreckensherrschaft hatte mit Sicherheit Oberst Bernays dazu bewogen, die Kriminalisierung der Naziorganisation vorzuschlagen, unter denen die Waffen-SS das Hauptziel darstellte.

Die in Nürnberg vertretenen Juristen waren sich allgemein darin einig, daß Artikel 9 der Charta nur dann auf eine Organisation angewendet werden sollte, wenn die meisten Mitglieder ihr freiwillig beigetreten waren. Die Anklagevertretung war davon ausgegangen, daß dies auf die Waffen-SS zutraf, auch wenn bekannt war, daß gegen Kriegsende einige Rekruten zwangsverpflichtet worden waren. Pelckmanns zweiter Zeuge, Robert Brill, war ein untergeordneter Waffen-SS-Offizier, der sich im »Ergänzungsamt der Waffen-SS« mit der Werbung und Einberufung von Rekruten zu befassen hatte. Aufgrund des vorliegenden Zahlenmaterials konnte Brill nun zeigen, daß es bei der Waffen-SS von Anfang an Einberufungen gegeben hatte, und zwar befanden sich unter den ersten 100 000 SS-Männern 36 000, die zum Polizeidienst einberufen worden waren, sowie 64 000 Freiwillige. Auch in den folgenden Jahren gab es Einberufungen. Im Krieg gab es Verluste von etwa 320 000 Mann, unter denen sich hauptsächlich Freiwillige befanden, und bei Kriegsende hatten etwas mehr Eingezogene als Freiwillige bei der Waffen-SS überlebt.

Pelckmanns Hauptzeuge für die Waffen-SS war Paul Hausser (das Prozeßprotokoll führt ihn unkorrekterweise als »Hauser« auf), der 1932 als Generalleutnant aus der Reichswehr ausgeschieden und zwei Jahre später der SS beigetreten war, um deren militärische Einheiten auszubilden. Bei Kriegsende war er ein Generaloberst, der eine Heeresgruppe befehligte. Hausser beschrieb höchst interessant den Background und die Entwicklung der Waffen-SS, konnte aber trotz seines hohen Ranges und seiner Erfahrung wenig über Kriegsverbrechen beitragen. Er erklärte, daß seine Truppen nach den »Bestimmungen der Genfer Konvention und der Haager Landkriegsordnung« ausgebildet worden seien, und bestand nachdrücklich darauf, daß sich die Waffen-SS auch unter dem Oberbefehl der Wehrmacht an die geltenden Bestimmungen der Kriegführung gehalten habe. Aber Hausser überging dabei völlig die Tatsache, daß Himmler die Kontrolle über alle Verwaltungs-, Finanz- und Rechtsangelegenheiten der Waffen-SS behielt und daß die Armeekommandeure keine Machtbefugnis besaßen, SS-Angehörige wegen schwerer Straftaten vor Gericht zu stellen.

Im Kreuzverhör konfrontierte Jones Hausser mit zahlreichen Dokumenten über SS-Greueltaten in Polen, Jugoslawien und der Sowjetunion. Das war zwar starkes Beweismaterial gegen die SS, aber Hausser wies sofort darauf hin, daß es sich – von zwei Ausnahmen abgesehen (eine war die berüchtigte Division Prinz Eugen, die in Jugoslawien operierte) – bei den fraglichen Truppen nicht um die Waffen-SS gehandelt habe. Später kam Jones auf die schändliche Greueltat von Oradour-sur-Glane in Südwestfrankreich zu sprechen, wo Soldaten von der Waffen-SS-Division Das Reich (die Hausser früher befehligt hatte) Hunderte von Frauen und Kindern in die Kirche getrieben und bei lebendigem Leibe verbrannt hatten. Jones hätte sein Argument sogar noch zuspitzen können, wenn er hervorgehoben hätte, daß alle besonders schwerwiegenden militärischen Greueltaten in Westeuropa von der Waffen-SS begangen worden waren – beispielsweise das Massaker an amerikanischen Soldaten im belgischen Malmedy und die Erschießung von vierundsechzig britischen und amerikanischen Soldaten durch die Waffen-SS-Division Hitlerjugend.*

Die letzten beiden von Pelckmann aufgebotenen Zeugen waren Juristen: Günther Reinecke war Chefrichter des Obersten SS- und Polizeigerichts gewesen, Georg Konrad Morgen war zur SS eingezogen worden und als Untersuchungsrichter beim Reichskriminalpolizeiamt in Berlin tätig gewesen. Die Zeugen bemühten sich, alle Schuld ein paar SS-Führern zuzuschieben – insbesondere Oswald Pohl, Gestapo-Müller, Dr. Ernst Grawitz und Himmler selbst –, die Männer wie Höß und Karl Koch (Buchenwald) zu Kommandanten von Konzentrationslagern gemacht hatten.

Reinecke und Morgen sagten aus, sie hätten beide als Juristen und Untersuchungsbeamte versucht, die Schurken zu entlarven und vor Gericht zu stellen. Anfangs hatten sie geglaubt, Himmler würde sie dabei unterstützen, und Koch wurde tatsächlich der Prozeß gemacht, er wurde verurteilt und gehängt; aber von Mitte 1944 an vereitelte Himmler all ihre Bemühungen.

---

* Diese Greueltat hatte General Eisenhower besonders in Rage versetzt. Siehe S. 140.

Zum Beweis dafür, daß Waffen-SS-Männer nicht von allen anderen SS-Behörden getrennt, sondern gemeinsam mit ihnen agierten, legte Jones beim Kreuzverhör von Reinecke einen deutschen Bericht vor, der die Überschrift trug »Gesamtstärke der SS am 30. Juni 1944«. Diese Gesamtstärke war mit 794941 Personen angegeben, die der Waffen-SS mit 594443, wovon 368654 den Kampfdivisionen angehörten; die anderen waren zumeist mit der Ausbildung, der Anwerbung und anderen kampfdienlichen Tätigkeiten befaßt. 39415 Angehörige der Waffen-SS allerdings waren »anderweitig« von der SS beschäftigt – einschließlich der 24091 Angehörigen des WVHA, die die Konzentrationslager bewachten. Die restlichen SS-Männer waren im SS-Hauptamt und in weniger bedeutenden SS-Unternehmen tätig.

Jones griff auf dieses Zahlenmaterial zurück, um zu beweisen, daß die Waffen-SS mit dem gesamten SS-Establishment verbunden und ein Teil davon war. Reinecke erwiderte jedoch, daß es sich dabei nur um eine »nominelle Waffen-SS« gehandelt habe, die aber keinen Militärdienst tat und »mit der Waffen-SS in Wirklichkeit nichts zu tun« hatte. Doch Jones setzte dagegen: »Alle diese Männer wurden doch unter der Waffen-SS geführt; sie waren Angehörige der Waffen-SS, sie trugen Waffen-SS-Uniformen und wurden von der Waffen-SS bezahlt.« Reinecke erwiderte darauf, daß die 24091 »angeblichen Waffen-SS-Angehörigen« ausschließlich »Konzentrationslager-Bewachungsmannschaften« gewesen seien, die nichts mit der eigentlichen Waffen-SS zu tun gehabt hätten. Elwyn Jones erklärte, »daß das Dokument für sich selbst spricht«, und beendete sein Kreuzverhör von Reinecke. Nach Morgens kurzer Aussage hatte Pelckmann seine Klageerwiderung abgeschlossen.

Danach nahm Elwyn Jones Wolfram Sievers ins Kreuzverhör, der für die SS ausgesagt hatte. Sievers war Reichsgeschäftsführer des »Ahnenerbe« gewesen, einer kleinen und kaum bekannten Dienststelle der SS, die sich mit verschiedenen wissenschaftlichen Forschungen befaßte. Vor der Untersuchungskommission hatte Sievers die enge Beziehung zwischen Himmler und Dr. Sigmund Rascher erwähnt, der bekanntlich KZ-Insassen für qualvolle und oft tödlich endende medizinische Experimente verwendet hatte. Sievers hatte behauptet, nichts über die Details zu wissen, aber unmittelbar nach seiner Aussage war Alexander Hardy, ein junger Anwalt aus Boston, der meinem Stab für die Folgeprozesse angehörte und Beweise für einen Prozeß gegen Nazi-Ärzte sammelte, in Jones' Büro gekommen und hatte ihm eine Akte mit Dokumenten über Sievers vorgelegt, die vom Berliner Dokumentationszentrum nach Nürnberg geschickt worden waren. Nachdem er sie gelesen hatte, stellte Elwyn mit Erfolg den Antrag, Sievers vor dem Gerichtshof ins Kreuzverhör nehmen zu dürfen.

Die Sievers-Akte erwies sich als so abstoßend, wie man es sich selbst in seinen makabersten Phantasien nicht vorstellen konnte. Sie begann mit einem Brief von Sievers an Himmlers persönlichen Referenten Rudolf Brandt, dem folgender, vom 9. Februar 1942 datierter Bericht von Dr. August Hirt von der Reichsuniversität Straßburg* beilag:

> Betr.: Sicherstellung der Schädel von jüdisch-bolschewistischen Kommissaren zu wissenschaftlichen Forschungen ...
> Nahezu von allen Rassen und Völkern sind umfangreiche Schädelsammlungen vorhanden. Nur von den Juden stehen der Wissenschaft so wenig Schädel zur Verfügung, daß ihre Bearbeitung keine gesicherten Erkenntnisse zuläßt. Der Krieg im Osten bietet uns jetzt Gelegenheit, diesem Mangel abzuhelfen. In den jüdisch-bolschewistischen Kommissaren, die ein widerliches aber charakteristisches Untermenschentum verkörpern, haben wir die Möglichkeit, ein greifbares wissenschaftliches Dokument zu erwerben, indem wir uns ihre Schädel sichern.
> Die praktische Durchführung der reibungslosen Beschaffung und Sicherstellung dieses Schädelmaterials geschieht am zweckmäßigsten in Form einer Anweisung an die Wehrmacht, sämtliche jüdisch-bolschewistischen Kommissare in Zukunft lebend sofort der Feldpolizei zu übergeben. Die Feldpolizei wiederum erhält Sonderanweisung, einer bestimmten Stelle laufend den Bestand und Aufenthaltsort dieser gefangenen Juden zu melden und sie bis zum Eintreffen eines besonderen Beauftragten wohl zu behüten. Der zur Sicherstellung des Materials Beauftragte ... hat eine vorher festgelegte Reihe photographischer Aufnahmen und anthropologischer Messungen zu machen und, soweit möglich, Herkunft, Geburtsdaten und andere Personalangaben festzustellen. Nach dem danach herbeigeführten Tode des Juden, dessen Kopf nicht verletzt werden darf, trennt er den Kopf vom Rumpf und sendet ihn, in eine Konservierungsflüssigkeit gebettet, in eigens zu diesem Zweck geschaffenen und gut verschließbaren Blechbehältern zum Bestimmungsort. An Hand der Lichtbildaufnahmen, der Maße und sonstigen Angaben des Kopfes und schließlich des Schädels können dort nun die vergleichenden anatomischen Forschungen, die Forschungen über Rassenzugehörigkeit, über pathologische Erscheinungen der Schädelform, über Gehirnform und -größe und über vieles andere mehr beginnen.

Dem Bericht zufolge hatte es bei diesem »Verfahren« 150 Opfer gegeben. Für weitere »Forschungen« in Straßburg wurden noch 109 Leichen von Jüdinnen angefordert. Im September 1944, als die Alliierten nach Straßburg vorrückten, wurde eine Besprechung darüber abgehalten, was mit Dr. Hirts »Jüdischer Skelettsammlung« zu geschehen habe. In einem Schreiben an Rudolf Brandt erklärte Sievers:

> Hirt ... kann Entfleischung und damit Unkenntlichmachung vornehmen, dann allerdings Gesamtarbeit teilweise umsonst und großer wissenschaftlicher Verlust für diese einzigartige Sammlung, weil danach Hominitabgüsse nicht mehr möglich wären. Skelettsammlung als solche nicht auffällig. Weichteile würden deklariert als bei Übernahme Anatomie durch Franzo-

* Damals war das Elsaß praktisch von Deutschland annektiert.

sen hinterlassene alte Leichenreste und zur Verbrennung gegeben. Erbitte Entscheidung zu folgenden Vorschlägen:
1. Sammlung kann erhalten bleiben.
2. Sammlung ist teilweise aufzulösen.
3. Sammlung ist im Ganzen aufzulösen.

Elwyn Jones wies die juristische Relevanz dieser furchtbaren Dokumente endgültig nach, als er eine Anordnung Himmlers verlas, in der dieser bestätigte, daß »1.) die Forschungs- und Lehrgemeinschaft ›Das Ahnenerbe‹ ... und 2.) die ›Ahnenerbe-Stiftung‹ ... Bestandteile meines Persönlichen Stabes und damit Abteilungen der SS sind«.

Pelckmanns Schlußplädoyer war kein Erfolg. Gewiß, er hatte die härteste Aufgabe von allen Anwälten, die sich mit den Klagen gegen die Organisationen befaßten, denn Größe und Verbreitung der SS und ihrer Tätigkeiten waren gewaltig. Von daher wäre es durchaus gerechtfertigt gewesen, ihm mehr Zeit als den halben Tag zu geben, den Lawrence allen Verteidigern bewilligte. Aber auch für Pelckmann wurde keine Ausnahme gemacht, und er tat seiner Sache keinen Gefallen, als er im ersten Teil seiner Rede Allgemeinplätze von sich gab, woraufhin Lawrence ihn gnadenlos in die Zange nahm.

Aber vielleicht hätte Pelckmann auch mehr Zeit nichts genützt. Er mußte sich mit über 700 000 SS-Angehörigen befassen. Aus dem Beweismaterial ging klar hervor, daß viele Tausende von ihnen von zum Teil grauenvollen Kriegsverbrechen gewußt hatten und darin verstrickt gewesen waren. Aber konnte man das auch von Hunderttausenden behaupten? Pelckmann und seine Zeugen hatten diese Frage aufgeworfen, und auf seine Weise stellte er am Ende seines Plädoyers fest:

> Ich klage an jeden einzelnen der Mörder und Verbrecher, die dieser Organisation oder einem ihrer Teile angehört haben – und ihrer sind nicht wenige.
> Ich spreche frei die Tausende, Hunderttausende, die im guten Glauben dienten und so moralisch und metaphysisch, nicht kriminell, in die Schuld verstrickt wurden, die das ganze deutsche Volk heute bitter trägt.
> Aber, ich warne –, ich warne die Welt und ihre Richter vor der Begehung eines Massenunrechts in gesetzlicher Form, vor der Schaffung einer Masse der Verdammten und Geächteten im Herzen Europas.
> Ich warne –, auf daß die Sehnsucht aller Völker und Menschen erfüllt werde.
> Möge Gott Ihr Urteil segnen!

4

Am 9. August 1946 begann Dr. Hans Laternser mit seiner Klageerwiderung für den Generalstab und das Oberkommando der Wehrmacht – laut der Anklageschrift also die Personen, die sich in »diesen Funktionen und als Angehörige der höchsten Rangstufen der deutschen Wehrmacht« der Verletzung aller vier Punkte der Anklageschrift schuldig gemacht hatten.

Meine eigene Einstellung hinsichtlich der Aufnahme dieser »Gruppe« in den von Artikel 9 der Charta definierten Bereich hatte sich gewandelt, seit ich Anfang Januar die Klage im Namen der Anklagebehörde vorgetragen hatte. Bis dahin war ich trotz meiner Zweifel im Hinblick auf die Definition dieser »Gruppe« und auf die Rechtsgültikeit von Artikel 9 bei meiner Arbeit davon ausgegangen, daß sich Bernays zu Recht Sorgen machte wegen der ungeheuren Vielzahl mutmaßlicher Kriegsverbrecher, und schließlich hatten sich ja auch meine Vorgesetzten dafür entschieden, sich mit dem Problem auf diese Weise zu befassen – eine Einstellung, die sich auch auf das sehr umfangreiche dokumentarische Material stützen konnte, das auf eine ausgiebige verbrecherische Tätigkeit der deutschen militärischen Führer schließen ließ.

Aber wie bereits erwähnt, hatte sich für mich das ganze Bild gewandelt, als General Clay das Entnazifizierungsprogramm gestartet hatte, nach dem sich die Deutschen selbst mit der überwiegenden Mehrheit der Mitglieder von Naziorganisationen auf dem Verwaltungswege oder vor Gericht befassen sollten. Noch wichtiger freilich war mir sogleich die Erkenntnis, daß das, was Bernays vorgeschwebt hatte, nicht auf die Klage gegen den deutschen Generalstab und das Oberkommando (oder auch das Reichskabinett) zutraf, denn diese »Gruppe« zählte nur 135 Mitglieder, gegen die man am besten in regulären Gerichtsverfahren vorgehen konnte. Um dem internationalen Strafrecht gegen die deutschen Militärführer Geltung zu verschaffen, war das Verfahren gegen die »Organisationen« völlig überflüssig.

Allerdings hatte ich inzwischen den Eindruck gewonnen, daß Jackson (auch wenn er dies mir gegenüber nicht erwähnte) den Wunsch hatte, durch die Erklärung des Gerichtshofs der deutschen Militärführung insgesamt das Kainsmal des Verbrechertums aufzudrücken. Ich hatte kein Recht dazu, den Kurs zu verlassen, den Jackson mir vorgegeben hatte, und wenn man dieses Projekt fallenließ, würden viele dies als ein Reinwaschen der deutschen Führer ansehen, was sie meiner Ansicht nach ganz und gar nicht verdienten. Ich mußte also weitermachen, auch wenn ich keineswegs optimistisch war, daß der Gerichtshof zu der Erkenntnis gelangen würde, der Generalstab sei, wie in der Anklageschrift definiert, eine »Gruppe« im Sinne von Artikel 9 der Charta.* Für mich jedenfalls bestand das wichtigste Ziel darin, dafür zu sorgen, daß das Ergebnis am Ende nicht wie eine Entlastung der deutschen Militärführung aussah.

* Ich habe die Sitzungsprotokolle des Gerichtshofs zwar erst viele Jahre später gelesen, war aber nicht überrascht, daß es darin über die Besprechung vom 14. Mai 1946 hieß: »Der Vorsitzende [Lawrence] bat die Mitglieder des Gerichtshofs, sich Gedanken über die Frage zu machen, ob man einen Prozeß gegen das Oberkommando führen solle, d. h., gibt es eine Klage gegen es oder nicht.«

Als Zeugen rief Laternser drei Feldmarschälle auf: Walter von Brauchitsch, der von 1938 bis zu seiner Verabschiedung Ende 1941 Oberbefehlshaber des Heeres gewesen war, sowie Erich von Manstein und Gerd von Rundstedt, zwei hochangesehene Kommandeure von Heeresgruppen. Brauchitsch war für mich ganz besonders wichtig, weil er einer von drei Generälen war, die eidesstattliche Erklärungen abgegeben hatten (die ich als Beweismittel im Januar vorgelegt hatte), aus denen im wesentlichen hervorging, daß die in der Anklageschrift aufgeführten Offiziere genau diejenigen seien, in deren Hand »die tatsächliche Führung der Wehrmacht« lag. Meiner Ansicht nach untermauerte die Unterschrift von Brauchitsch und zwei anderen Generälen unter diesen Affidavits ganz entschieden, daß es diese »Gruppe« gegeben hatte, von der in der Anklageschrift die Rede war.

Folglich achtete ich ganz besonders darauf, ob Brauchitsch versuchen würde, sich von seinen Affidavits zu distanzieren, aber dies geschah erst ganz am Ende von Laternsers direkter Befragung. Im großen ganzen war Brauchitschs Aussage konfus und wenig überzeugend. Immer wieder erklärte er, es habe keine Pläne für die aggressiven Truppenbewegungen der Wehrmacht gegeben, was lächerlich war, da niemand, im guten wie im schlechten, große Truppenteile ohne einen Plan bewegen kann – und schließlich hatten Sidney Alderman und die britische Delegation ausreichend dokumentarisches Beweismaterial über die Planung zu Protokoll gegeben, die den vielen Eroberungszügen der Wehrmacht vorausgegangen war. Ein ums andere Mal erklärte Brauchitsch, daß er »keine Ahnung« von den bevorstehenden Ereignissen gehabt habe und daß ihm Dinge, über die er ganz sicher Bescheid gewußt haben mußte, »nicht bekannt« gewesen seien. Man hatte den Eindruck, daß er so wenig wie möglich wußte, um sich Ärger zu ersparen.

Als sich Laternser schließlich den Affidavits seines Klienten zuwandte, die ich als Beweismittel vorgelegt hatte, drückte sich Brauchitsch alles andere als klar aus. Er sagte nicht, daß etwas »falsch« daran sei, sondern daß sie »zu Mißverständnissen Anlaß« gäben. Lawrence ärgerte sich über die vagen Antworten auf Laternsers Fragen und wollte von Brauchitsch wissen, ob »mit dem Affidavit irgend etwas nicht in Ordnung sei«, ob »irgend etwas unrichtig oder unwahr ist«. Darauf Brauchitsch: »Nein, nicht unwahr, sondern daß es mißverständlich ... Es sind verschiedene Fragen, die zu Mißverständnissen Anlaß geben.« Was hieß das denn? Brauchitsch wies auf einen Fehler in der Skizze hin, die dem Affidavit beigelegen hatte, sowie auf den Ausdruck »Gruppe«, der natürlich ein Schlüsselwort in der Charta wie in der Anklageschrift war.* Lawrence brachte ihn so durcheinander, daß er erklärte: »... es

* Dieses Organigramm war insofern fehlerhaft, als die Stabschefs in eine Spalte eingetragen worden waren, die ihnen Befehlsgewalt zuwies, während sie nur eine beratende Funktion gehabt hatten. *Gruppe* ist eine übliche Bezeichnung im deutschen militärischen Sprachgebrauch, zum Beispiel der Begriff *Heeresgruppe*, der mehr als eine untergeordnete militärische Einheit umfaßt.

bestand zwischen den Wehrmachtsteilen überhaupt keine Verbindung« – wenn das stimmte, wäre es kein Wunder gewesen, daß es schließlich zum militärischen Zusammenbruch Deutschlands kam.

Als ich Brauchitsch ins Kreuzverhör nahm, fragte ich ihn nur: »Hatten Sie Gelegenheit, Änderungen an den Affidavits vorzunehmen, ehe Sie sie unterzeichnet haben?« Ferner, ob er derartige Änderungen vorgenommen habe und ob der allerletzte und entscheidende Satz in seiner eigenen Handschrift geschrieben worden sei. All diese Fragen beantwortete er mit »Jawohl«. Seine einzigen nachträglichen Vorbehalte hatten nichts zu tun mit diesem wichtigen Satz, und daher ließ ich es gut sein und stellte keine weiteren Fragen.

Peter Calvocoressi und ich hatten uns darauf geeinigt, daß ich Manstein ins Kreuzverhör nehmen sollte, er Rundstedt. Wir waren uns beide darüber im klaren, daß wir in dieser Hinsicht absolute Anfänger waren. Peter war als englischer Anwalt überwiegend zivilrechtlich tätig und hatte wenig Gerichtserfahrung, und ich hatte zuvor zwar eine Reihe von wichtigen Berufungsklagen durchgefochten, aber noch nie einen Zeugen vor Gericht befragt – meinen Kollegen in Nürnberg hatte ich diesen Mangel an Erfahrung allerdings nicht gebeichtet. Es zeigte sich wieder einmal, daß nicht nur beim Bridge ein gutes Blatt wichtiger ist als das reine Können eines Spielers – ich hatte einfach Glück.

Manstein war jünger und intelligenter als Brauchitsch und begann mit einer gut durchdachten Attacke gegen den Versuch der Anklagevertretung, aus dem Generalstab und dem Oberkommando eine »Gruppe« zu machen, wie es in der Anklageschrift dargestellt war. Die aufgeführten Offiziere seien in der Tat »die Inhaber der obersten Stellen der militärischen Hierarchie« gewesen, aber sie hätten keine »einheitliche Gruppe« gebildet. Das war im Prinzip richtig, und dagegen konnte ich nicht viel ausrichten.

Was andere Dinge betraf, so trat Manstein weniger sicher auf. Im Gegensatz zu vielen seiner Kollegen äußerte er die Ansicht, da England nach dem Sieg der Deutschen über Polen nicht mehr zu einer friedlichen Einigung bereit gewesen sei, habe es »keinen anderen Ausweg« gegeben, als »eine Offensive im Westen zu führen, um damit den Krieg zu beenden« – was natürlich der Sieg über Frankreich nicht bewirkt hatte. Manstein erklärte auch, als Hitler »das Risiko einer Landung in England im Herbst 1940 nicht gewagt« habe, sei Deutschland gezwungen gewesen, einen »Präventivkrieg« gegen Rußland zu führen und damit direkt in einen »Zweifrontenkrieg« einzutreten, der bis dahin allgemein als die schlimmstmögliche Strategie galt.

Gegen Ende seiner Aussage kam Manstein auf die Einsatzgruppen zu sprechen, zweifellos wegen Otto Ohlendorfs Aussage im Januar über eine Konferenz, die er mit Manstein in Simferopol auf der Krim gehabt hatte, sowie über andere Besprechungen in Nikolajew und anderswo mit Mansteins Stabsoffizieren. Auf Laternsers Fragen gab Manstein zwar zu, daß er vielleicht einmal mit Ohlendorf im Hauptquartier der Elften Armee zusammengekommen sei, aber er bestritt, jemals etwas über die Vernichtung von Juden gewußt zu haben: »Von den Aufgaben der Einsatzgruppen wußte ich nur, daß sie zur Vorbereitung der politischen Verwaltung, also für eine politische Überprüfung der Bevölkerung, der besetzten Gebiete im Osten vorgesehen waren ...« Worin diese »Überprüfung« bestand, erläuterte Manstein nicht näher.

Als ich Manstein ins Kreuzverhör nahm, war ich zu dem Schluß gekommen, daß ich schlechte Karten hätte, wenn ich mich mit ihm wegen des Begriffs »Gruppe« anlegen würde, und daß sein schwacher Punkt die Einsatzgruppen waren, die eine unübersehbare Spur von grauenvollen Morden in einem riesigen Maße hinterlassen hatten. Keine Sekunde nahm ich Manstein die Behauptung ab, daß er nichts von den Massakern gewußt habe. Ich ging gar nicht davon aus, daß ich ihn dazu bringen könnte, sein Wissen zuzugeben. Vielmehr wollte ich zeigen, wie absurd es sei anzunehmen, daß sich Mordgruppen zwischen Front und Nachhut der Armee unbemerkt bewegen konnten oder daß ein wachsamer Kommandeur nicht habe wissen können oder wollen, was diese von Himmler unterstützten, ungewöhnlich bewaffneten Einheiten taten.

Ich glaubte, ein wenig vorangekommen zu sein; vor allem aber hatte ich »Glück«: Bob Kempner hatte mir ein neues Dokument beschafft, aus dem hervorging, daß Manstein an seine Truppen ein antijüdisches Manifest verteilt hatte, das sehr an dasjenige erinnerte, das Generalfeldmarschall von Reichenau am 10. Oktober 1941 herausgegeben hatte und das ich im Januar als Beweismittel vorgelegt hatte. Ich fragte Manstein, was er getan habe, als Hitler ihm den Reichenau-Befehl »sozusagen als Beispiel« geschickt hatte. Er erwiderte: »Ich habe da gar nichts getan und hielt derartige Befehle für völlig abwegig, weil ich den Kampf soldatisch führen wollte und nicht anders.«

Daraufhin legte ich als Beweismittel das neu entdeckte Dokument vom 20. November 1941 vor, das von Manstein unterzeichnet worden war und in dem es unter anderem hieß:

> Seit dem 22. 6. steht das deutsche Volk in einem Kampf auf Leben und Tod gegen das bolschewistische System.
> Dieser Kampf wird nicht in hergebrachter Form gegen die sowjetische Wehrmacht allein nach europäischen Kriegsregeln geführt ...
> Das jüdisch-bolschewistische System muß ein für allemal ausgerottet werden. Nie wieder darf es in unseren europäischen Lebensraum eingreifen.
> Der deutsche Soldat hat daher nicht allein die Aufgabe, die militärischen Machtmittel dieses Systems zu zerschlagen, er tritt auch als Träger einer völkischen Idee und Rächer für alle Grausamkeiten, die ihm und dem deutschen Volk zugefügt wurden, auf ...
> Für die Notwendigkeit der harten Sühne am Judentum, dem geistigen Träger des bolschewistischen Terrors, muß der Soldat Verständnis aufbringen. Sie ist auch notwendig, um alle Erhebungen, die meist von Juden angezettelt werden, im Keime zu ersticken.

Manstein versuchte, sich halbherzig darauf hinauszureden, daß er sich an dieses Dokument nicht erinnern könne, gab aber zu, es unterschrieben zu haben. Seine Glaubwürdigkeit war erschüttert, und Laternser erklärte gegenüber meinem Mitarbeiter Walter Rapp, wenn er von diesem Dokument gewußt hätte, dann hätte er Manstein niemals als Zeugen aufgerufen. Von der Lippe schrieb, Mansteins Erklärungsversuche »machen die Sache nicht besser«, und die Sitzung sei »in einer wenig sympathischen Atmosphäre zu Ende« gegangen. Mansteins Debakel bescherte mir viel Lob in den Zeitungen, aber ich war mir durchaus darüber im klaren, das ich meinen Erfolg allein Kempner verdankte, der den Manstein-Befehl beschafft hatte.*

Gerd von Rundstedt war seit 1934 der Doyen des deutschen Offizierskorps gewesen, und als er den Zeugenstand betrat, war er Anfang Siebzig. Er sah wie das Musterbeispiel eines Feldherrn aus, und er war es auch gewesen; Hitler hatte ihn mit großem Respekt behandelt und ihm – von zwei kurzfristigen Entlassungen abgesehen – bis zum März 1945 Oberkommandos anvertraut. Seine Kollegen bewunderten ihn sehr, aber hauptsächlich als Feldkommandeur und weniger als ein Generalstabsgenie wie Manstein.

Nach dem Zusammenbruch Deutschlands und der Auflösung der Wehrmacht hatte Rundstedts Welt zu existieren aufgehört, und nun war er nur noch ein zorniger alter Mann. Er widersprach seinen Kollegen ungeniert und behauptete felsenfest, von Dingen zu wissen, von denen er einfach keine Ahnung haben konnte. So versicherte er, der Kommissarbefehl sei »im Alltag nicht ausgeführt worden«. Später erklärte er gegenüber Peter Calvocoressi: »Im Westen ist nicht eine Person auf Grund des Kommandobefehls getötet worden« – offenbar hatte er vergessen, oder es war ihm gleichgültig, daß 1944 fünfzehn amerikanische Soldaten in Uniform als Angehörige eines Kommandounternehmens in Norditalien auf Befehl von General Anton Dostler erschossen worden waren, den später das gleiche Schicksal ereilte, weil er dem Befehl gehorcht hatte. Dieser Vorfall war immer wieder vor Gericht erwähnt worden, genauso wie andere Erschießungen von britischen Kriegsmarinekommandos.

In seinem Kreuzverhör von Rundstedt bemühte sich Calvocoressi, die Theorie von der »Gruppe« zu untermauern, indem er Rundstedt das Eingeständnis abnötigte, daß sich die führenden Generäle im August 1938 versammelt und versucht hätten, gemeinsam Front dagegen zu machen, Krieg gegen die Tschechoslowakei zu führen. Aber Peter hatte eben kein so beweiskräftiges Dokument, wie Kempner es mir gegeben hatte.**

* Mansteins Schreiben war eine wichtige Grundlage dafür, daß ihm anschließend der Prozeß gemacht und er von einem britischen Militärgericht verurteilt wurde.

** Der Mangel an derartigen Dokumenten war darauf zurückzuführen, daß die sichergestellten deutschen Militärdokumente noch nicht vollständig ausgewertet worden waren. Später fanden sich nämlich Dokumente, aus denen hervorging, daß sowohl Rundstedt als auch Brauchitsch den Reichenau-Befehl verteilt hatten und daß Rundstedt auf dem von ihm verteilten Dokument vermerkt hatte, er identifiziere sich voll und ganz mit dem Inhalt.

Wie nicht anders zu erwarten, erledigte Laternser in seinem Schlußplädoyer die »Gruppen-Frage« ganz souverän. Aber seine Behandlung der strafrechtlichen Aspekte der von der Anklagevertretung erhobenen Anschuldigungen wurde doch erheblich dadurch beeinträchtigt, daß er immer wieder die Probleme der Verteidigung ignorierte. So konnte Laternser zwar mit einigem Recht darauf verweisen, daß die Annexion Österreichs und des Sudetenlands keine Angriffskriege gewesen seien und daß sie den Generälen Hitlers Landgewinnungsabsichten nicht unbedingt alarmierend bewußt gemacht haben müßten – aber mit Sicherheit konnte man das gleiche nicht von der Vorherrschaft über die restliche Tschechoslowakei und von ihrer praktischen Annexion im März 1939 sagen. Laternser tat dies als »rein politische Maßnahme« ab, und tatsächlich hatte es ja auch keine Kämpfe gegeben. Aber dies einen »friedlichen Einmarsch« zu nennen, ging völlig vorbei an der Tatsache, daß es sich hier um eine bittere Unterwerfung unter das Mandat von weitaus überlegenen Streitkräften und deren Drohung, das Land zu zerstören, gehandelt hatte. Hierbei spielte kein ethnischer Faktor eine Rolle, wie er den Ansprüchen der Sudetendeutschen eine gewisse Rechtsgültigkeit eingeräumt hatte – hier hatte man sich schlicht rücksichtslos der Gebiete und Menschen eines Landes bemächtigt, und zwar in flagranter Verletzung der in jüngster Zeit mit England, Frankreich und Italien getroffenen Vereinbarungen. Das brachte endlich Neville Chamberlain Hitlers wahre Absichten zu Bewußtsein, und was er sah, konnten auch die deutschen Generäle sehen.

Ich hatte den Eindruck, daß die älteren Generäle, die Laternser als Zeugen aufgerufen und auf die er sich vermutlich verlassen hatte, ihm mit ihrer mangelnden Flexibilität und ihrem Mauern einen schlechten Dienst erwiesen hatten. Jüngere und frischere Köpfe hätten ihn beispielsweise vielleicht davon abgehalten, die Zuhörer aufzufordern, sich diese »drei Generalfeldmarschälle« anzusehen, und zu fragen: »Hat man von diesen Männern den Eindruck gewonnen, daß sie etwa Verbrecher gegen die Regeln des Kriegsrechts und der Humanität waren?« Erst zwei Wochen zuvor war Manstein als Lügner überführt worden sowie als Anwalt der »härtesten Maßnahmen« gegen Juden, die die Einsatzgruppen sogar schon damals anwandten – und Laternser hielt es nicht für nötig, sich in seinem Schlußplädoyer mit dieser Enthüllung zu befassen.

5

Die letzten beiden angeklagten Organisationen waren das Reichskabinett (die Reichsregierung) sowie die SA, die sogenannte Sturmabteilung der NSDAP. Die Benennung des Reichskabinetts als »Organisation« oder »Gruppe« im Sinne von Artikel 9 stand auf mindest so schwachen Füßen wie die des Generalstabs. Bei der SA hingegen war das zwar nicht so problematisch, aber angesichts ihres Prestigeverlusts im Anschluß an die Säuberungen gegen

Röhm und seine Leute sowie im Hinblick auf ihre ganz sekundäre Rolle im Krieg stellten sich doch Zweifel ein, ob ihre Bedeutung ausreichte, die Anschuldigungen zu rechtfertigen.

Zur Verteidigung des Reichskabinetts rief Dr. Egon Kubuschok (der auch Papens Anwalt war) nur einen Zeugen auf: Franz Schlegelberger, seit 1931 Staatssekretär im Reichsjustizministerium sowie Reichsjustizminister von Januar 1941 bis August 1942, als er von Hitler entlassen wurde. Seine Aussage war sehr kurz, und es ist eigentlich nicht klar, warum Kubuschok ihn aufrief; Lawrence fragte ihn, wieweit sich diese Aussage auf das Reichskabinett beziehe, und Kubuschok selbst erwähnte in seinem Schlußplädoyer Schlegelberger kaum.

Dieses Plädoyer allerdings war knapp und wirkungsvoll. In erster Linie attackierte Kubuschok den Status, den Artikel 9 der Charta dem Reichskabinett verliehen hatte. Zu normalen Sitzungen war das Kabinett nach der Röhm-Säuberung im Juni 1934 immer seltener zusammengekommen – zum letztenmal im Februar 1938. Danach wurden Gesetzesvorlagen einfach an die Kabinettsmitglieder verteilt, und es gab keinen Zusammenhalt zwischen ihnen. In den Jahren von 1933 bis 1945 belief sich ihre Zahl, abgesehen von den sechzehn in Nürnberg unter Anklage Stehenden und acht mutmaßlichen Toten, auf insgesamt nicht mehr als zweiundzwanzig.

Was nun die strafrechtlichen Anschuldigungen betraf, so war die Bildung des Reichskabinetts viele Jahre früher erfolgt und damit eindeutig nicht strafbar gewesen. Die meisten fragwürdigen staatlichen Aktivitäten, wie zum Beispiel der Vierjahresplan, hatten zur Schaffung neuer Behörden geführt. Die antijüdische Gesetzgebung vor dem Krieg hatte nicht auf die Erklärung von Angriffskriegen abgezielt. Die verbrecherischen Aktionen gegen die Juden im Krieg waren das Werk der Himmler-Organisationen, und den Kabinettsmitgliedern wurde darüber nichts mitgeteilt. Unter all diesen Umständen, so Kubuschok, müßten irgendwelche Anschuldigungen gegen einzelne Mitglieder in regulären Gerichtsverfahren verhandelt werden.

Im Gegensatz zu dem kurzen Verfahren gegen das Reichskabinett dauerte das gegen die SA vom Montag, den 12. August, bis zum darauffolgenden Freitag. Aber ein Großteil dieser Zeit wurde für Ereignisse in den Vorkriegsjahren verwendet, bei denen nichts darauf hinwies, daß es dabei um Vorbereitungen für Angriffskriege ging. Daher betrafen die in der Anklageschrift erhobenen Anschuldigungen keine Kriegsverbrechen und waren somit nicht von Artikel 6 der Charta abgedeckt.

Die »Braunhemden« der SA waren immer wieder in der Presse wie in Wochenschaufilmen zu sehen gewesen – es waren die Straßenbanden der SA, die gegen Kommunisten und andere Konkurrenzparteien und -fraktionen kämpften und die Juden schikanierten. Zweifellos hatte die Erinnerung an diese Bilder, ohne Rücksicht auf das, was später folgte, die Hauptankläger dazu bewogen, die SA unter die angeklagten Organisationen aufzunehmen.

Aber dieser Aspekt der Naziszene verblaßte, als es Hitler gelang, die organisierte Opposition zu zerschlagen, und als er dann bei den Röhm-Säuberungen die SA-Führung vernichtete. Wie im Falle der Allgemeinen SS wurden viele SA-Männer bei Kriegsausbruch in die Wehrmacht eingezogen.

Als Verteidiger der SA rief Georg Böhm drei Zeugen auf, die wenig zu sagen hatten und von denen nur der dritte etwas Entscheidendes zu diesem Fall beitrug. Theodor Gruß, ein Feldwebel aus dem Ersten Weltkrieg, hatte sich danach dem Stahlhelm (der größten Kriegsveteranenvereinigung) angeschlossen und war anschließend Bundeskämmerer dieser Organisation geworden.

Gruß schilderte, wie Franz Seldte, Stahlhelmführer und Reichsarbeitsminister, Hitlers Befehl folgte und alle Stahlhelm-Mitglieder, die älter als fünfundvierzig waren, in die SA überführte. Wie Gruß aussagte, gingen viele, wenn nicht gar die meisten Stahlhelm-Mitglieder nur zögernd und unter großem Druck in die SA. Es waren weit über eine Million (gegenüber rund 300 000 SA-Männern), und im allgemeinen standen einem Ausscheiden unüberwindliche Hindernisse entgegen. Auf diese Erklärungen konnte sich natürlich die Behauptung stützen, daß nach 1933 die Mehrheit nicht freiwillig zur SA gegangen sei.

Böhms letzter und wichtigster Zeuge war Max Jüttner, ein ehemaliger Stahlhelm-Funktionär, der von dem Wechsel in die SA sehr profitierte und Chef des Hauptamts »Führung der SA« und ständiger Stellvertreter des Stabschefs der SA wurde. Er widersprach fast allem, was Gruß über die Schwierigkeiten vorgebracht hatte, denen die Ex-Stahlhelmer in der SA begegneten. Das war schon sehr merkwürdig, und nach einer Weile wandte sich Lawrence an Böhm: »Der Gerichtshof möchte gern wissen, ob Sie damit sagen wollen, daß die SA nach der Einverleibung des Stahlhelms eine freiwillige Organisation war oder, soweit es den Stahlhelm betrifft, eine unfreiwillige.«

Auch nach mehreren Wortwechseln zwischen Lawrence und Böhm war keine klare Antwort zu bekommen, und Böhm beschwerte sich: »Das soll nicht das Thema meiner Beweisführung sein, Herr Präsident!« Darauf Lawrence: »Sie werden uns später sicher sagen können, auf welchen Zeugen Sie sich stützen wollen.«

Fyfe nahm Jüttner einen ganzen Tag lang ins Kreuzverhör. Als Anfang März die Probleme hinsichtlich der Organisationen gemeinsam mit dem Gerichtshof erörtert worden waren, hatte Fyfe die hypothetische Frage nach der Schuld im Zusammenhang mit der SA global bejaht, und deshalb nahm er nun Jüttner Stunde um Stunde energisch in die Zange.

Fyfe begann mit Anschuldigungen gegen die SA, die in Greueltaten gegen die Bevölkerung in den von den Deutschen besetzten Ostgebieten verstrickt gewesen sei. Jüttner gab zu, »daß die SA-Gruppe ›Sudeten‹ Kriegsgefangene im Auftrage der Wehrmacht zurücktransportiert hat im Polenfeldzug« und daß die SA in den von Deutschland annektierten polnischen Gebieten sowie im Generalgouvernement Stützpunkte errichtet hatte. Diese Tatsachen hätten vielleicht für die Anklagevertretung von Nutzen sein können, da daraus hervorging, daß die SA sich am Angriffskrieg beteiligt hatte, aber sie stellten an sich noch keine Verbrechen dar. Und Jüttner widersprach Fyfe entschieden, als dieser behauptete, die SA habe Stützpunkte in Litauen errichtet oder sich dort betätigt gehabt und sie habe sich dort oder andernorts an Greueltaten beteiligt. Das Kreuzverhör entwickelte sich bald zu einem heftigen Hin und Her zwischen Anschuldigungen und Widerreden, wobei es für den Zuhörer schwer war, sich eine eigene Meinung zu bilden.

Wie Seidl machte sich auch Böhm ein Vergnügen daraus, gegen den Gerichtshof mit der Behauptung zu sticheln, die Verteidigung sei nicht fair behandelt worden. Zu Beginn seines Schlußplädoyers behauptete Böhm, er sei außerstande gewesen, die Gefangenenlager in der sowjetischen Besatzungszone zu bereisen: »Dies ist einer der mächtigsten Einwände gegen das Verfahren, der immer vor der Geschichte bestehen bleiben wird.« Lawrence erklärte, dies sei »eine höchst ungehörige Bemerkung«, und sie sei völlig grundlos, da Dr. Servatius in der Sowjetzone gewesen sei und »dem Gerichtshof gegenüber keine Beschwerde geäußert« habe. Es war ausgesprochen ungewöhnlich, daß sich Servatius zu Wort meldete und Lawrence' Behauptung bestätigte, so daß sich Böhms Beschwerde als null und nichtig erwies. Unerschütterlich erklärte Böhm später, der Generalsekretär habe zwei von ihm angeforderte Zeugen nicht herbeigeschafft, und damit zog er sich erneut Lawrence' Zorn zu.

Böhm löste zwar niemals ausdrücklich den Widerspruch zwischen den Aussagen von Gruß und Jüttner über die Verschmelzung von Stahlhelm und SA, aber er hielt sich an Gruß' Aussage, der Stahlhelm habe diese Vereinigung nur auf Befehl und widerwillig akzeptiert, und erklärte, daß zur Mitgliedschaft Gezwungene nicht als SA-Mitglieder strafrechtlich zur Verantwortung gezogen werden könnten.

Am Ende seines Plädoyers zitierte Böhm schließlich aus der Ansprache von Papst Pius XII. vom 20. Februar 1946:

> Es kursieren in der Welt irrtümliche Auffassungen, die einen Menschen allein schon darum für schuldig und verantwortlich erklären, weil er Mitglied einer bestimmten Gemeinschaft ist, ohne daß man sich bemüht zu untersuchen oder zu prüfen, ob von seiner Seite wirklich eine persönliche Schuld im Handeln oder Unterlassen vorliegt.

6

Und damit waren kurz vor Ende der Sitzung des Gerichtshofs am 28. August 1946 die Schlußplädoyers der Verteidiger abgeschlossen. Nun waren die Anklagevertreter mit ihren Schlußplädoyers an der Reihe, und Fyfe begann auch gleich mit dem längsten.

Fyfe teilte dem Gerichtshof mit, er werde sich mit den Politischen Leitern der NSDAP, mit der SA und der SS befassen; das waren natürlich die größten Brocken der Klage gegen die Organisationen. Er begann mit einer kurzen Attacke auf Dr. Klefischs Argumentation gegen Artikel 9 der Charta. Statt jedoch auf juristische Argumente zurückzugreifen, verwies Fyfe auf politische Faktoren und auf das vorliegende Beweismaterial. Noch immer gebe es viele Angehörige dieser verbrecherischen Organisationen, sagte Fyfe: »Sollen diese Männer unter dem deutschen Volk und den Völkern Europas frei herumlaufen?«

Sodann nahm Fyfe die Entlastungszeugen der Verteidigung schwer unter Beschuß, indem er sich an den Gerichtshof wandte:

> Diese von fast allen Zeugen vor Ihren beauftragten Richtern gemachten Aussagen sind offensichtlich unwahr. Sie selbst haben einige von diesen Zeugen gesehen und gehört, die von der Verteidigung wahrscheinlich deswegen ausgewählt wurden, weil man sie für die Zuverlässigsten und am ehesten geeignet hielt, Eindruck auf Sie zu machen. Ihre Aussagen sind nicht besser.

Anschließend hob Fyfe Sievers, Morgen, Brill, Hausser, Schneider und Best als besondes doppelzüngig namentlich hervor und faßte zusammen:

> Die Aussage aller dieser Zeugen ist die gleiche. Sie wurden gefragt, ob sie von der Verfolgung und Vernichtung der Juden wüßten, von der grauenvollen Arbeit der Gestapo, von den Greueln innerhalb der Konzentrationslager, von der Mißhandlung der Zwangsarbeiter, von der Absicht und Vorbereitung zur Durchführung eines Angriffskrieges, von der Ermordung tapferer Soldaten, Seeleute und Flieger. Und ihre Antwort war »das ewige Nein«.

Es ist nicht klar, wieweit sich dieser Frontalangriff auf den Gerichtshof auswirkte. Zweifellos hatten die Zeugen viele Lügen aufgetischt, aber für mich gab es keinen Grund für eine derart pauschale Attacke, und wenn man nach den Ergebnissen geht, sah auch der Gerichtshof dies als grundlos an.*

Dann wandte sich Fyfe den Politischen Leitern zu und untermauerte damit meiner Meinung nach entschieden die Klage der Anklagevertretung. Er war zwar kein ungewöhnlich begnadeter Redner, aber sein Text war gut aufgebaut, er sprach mit großer Eindringlichkeit und war, wie immer, so gut vorbereitet, daß er fast nie ins Abseits geriet. Zur Belastung des Führungskorps hatte Fyfe Dokumente und eine Auswahl an Zeugenaussagen zusammengestellt, denen zufolge die Leiter mit Kriegsgreueltaten gegen Juden, mit Sklavenarbeit, Euthanasie, massenhaften Mißhandlungen und Tötungen sowjetischer Kriegsgefangener zu tun gehabt hatten sowie mit der unrechtmäßigen

---

* Eigentlich suggerierten Fyfes Worte, die Verteidiger müßten gewußt haben, daß ihre Zeugen Meineide leisteten. Doch Fyfe, der die Verteidigung stets mit altmodischer Höflichkeit behandelte, hütete sich, dies ausdrücklich zu behaupten.

Behandlung von feindlichen Fliegern, die zur Landung in den von den Deutschen besetzten Gebieten gezwungen worden waren.

Fyfe räumte zwar keine Schwierigkeiten ein, aber er war sich durchaus bewußt, daß die SA viel schwierigere Probleme bereitete als das Führungskorps, und darum befaßte er sich sogleich mit der von der Verteidigung behaupteten unfreiwilligen Mitgliedschaft. Während seines langen Kreuzverhörs von Jüttner hatte Fyfe ihn wiederholt als Lügner bezeichnet, aber im Hinblick auf diese Frage kam Jüttners Aussage, die Stahlhelmer seien in der SA gut aufgenommen worden und hätten leicht ausscheiden können, Fyfes Argument sehr zugute, daß die SA eine aus Freiwilligen bestehende Organisation gewesen sei. Fyfe zitierte mehrere Absätze aus Jüttners Aussage, womit die Frage endgültig geklärt sei, und erwähnte mit keinem Wort den Zeugen Gruß, auf dessen Aussage sich doch Böhm gerade zur Untermauerung der gegenteiligen Ansicht berufen hatte.

Es gelang Fyfe auf bewundernswerte Weise, die SA als eine Verbrecherbande darzustellen, die ihre zahlreichen Gewaltverbrechen in den Straßen und in den frühen Konzentrationslagern wie Oranienburg verübt hatte, wo der SA-Offizier Werner Schäfer der erste Lagerkommandant gewesen war. Nach der Röhm-Säuberung war die SA weniger an Straßenkämpfen beteiligt, aber, so Fyfe: »Die Kirche und die Juden blieben ein ständiges Problem.« All dies vervollständigte das Bild von der SA als einer üblen Truppe, aber die juristische Schwierigkeit für die Anklagevertretung bestand ja gerade darin, daß derartige Vorkriegssünden, so widerlich und verbrecherisch sie auch gewesen sein mochten, keine Kriegsverbrechen darstellten und somit nicht unter Artikel 6 der Charta fielen.

Fyfe sprach sodann von den »Kriegsvorbereitungen und der Betätigung im Kriege« seitens der SA, aber er konnte dafür bedauerlicherweise wenig Beweismaterial anführen. Genial erklärte Fyfe: »Die Verbrechen der SA hörten nicht mit dem Ausbruch des Krieges auf.« Richtig wäre es gewesen, wenn er gesagt hätte, daß die SA-Verbrechen begannen, als der Krieg nahte, denn dann wäre das international geltende Kriegsrecht ins Spiel gekommen. Dann hätte zumindest die Tätigkeit der SA in dem von den Deutschen annektierten und besetzten Polen ein bescheidenes, aber schockierendes Beweismaterial dargestellt. Welche Übertreibungen oder Fehler auch immer in den Affidavits enthalten waren, auf die sich Fyfe berief, so erwähnte er sie jedenfalls nicht.

Die SS, die letzte von Fyfes Gruppen, warf keine derartigen Probleme auf, und er teilte dem Gerichtshof mit: »Ich halte es nicht für nötig, das Beweismaterial gegen die SS in allen Einzelheiten zu behandeln.« Aber auch hier gab es ein Problem mit den Freiwilligen, und darauf war der Entlastungszeuge Brill in seiner Aussage eingegangen. Fyfe bestritt Brills Schlußfolgerung, daß es bei Kriegsende in der Waffen-SS mehr Eingezogene als Freiwillige gegeben habe, doch offensichtlich ignorierte er Brills ungenaues, wahrscheinlich aber stichhaltiges Argument, daß es mehr Tote unter den Freiwilligen gegeben habe, die an der Front drei oder vier Jahre länger gedient hatten als die erst in jüngster Zeit Eingezogenen. Es lag auf der Hand, daß eine exakte Berechnung nicht möglich war; aber die Eingezogenen stellten einen sehr großen Anteil, wenn nicht gar die Mehrheit des gesamten Aufgebots der Überlebenden dar. Diese Umstände konnten den Gerichtshof durchaus dazu veranlassen, in seiner Entscheidung den Ausschluß der Eingezogenen in Anbetracht einer entsprechenden Beweisgrundlage zu veranlassen.

Fyfe hatte die Klagen gegen die Organisationen so erschöpfend behandelt, daß Tom Dodd, der das Plädoyer für die USA halten sollte, nicht mehr viel Neues blieb. Ich hatte erwartet, daß Dodd sich auf das Reichskabinett, die Gestapo und den SD konzentrieren würde, worüber sich Fyfe nur kursorisch ausgelassen hatte. Statt dessen versuchte sich Dodd mit allen Organisationen außer dem Generalstab und dem Oberkommando zu befassen.*

Dodds Text war gut zusammengestellt, aber er war eigentlich nichts weiter als eine Ansammlung des Beweismaterials der Anklagebehörde, das in seiner Gesamtheit zu diesem Zeitpunkt dem Gerichtshof wie den vor Gericht vertretenen Juristen und ihren Mitarbeitern bestens bekannt war. Daher konnte ich mich des Eindrucks nicht erwehren, daß Dodd seinen Schwanengesang nicht so sehr für den Gerichtshof, als für die Außenwelt, insbesondere für die amerikanische Öffentlichkeit zum besten gab. Erst gegen Ende ging Dodd auf die juristischen Fragen im Hinblick auf Artikel 9 ein, und nun fegte er die Argumente der Verteidigung ziemlich salopp beiseite und hob die Bedeutung der Klage gegen die Organisationen hervor:

> Dadurch, daß diese Organisationen für verbrecherisch erklärt werden, wird dieser Gerichtshof nicht nur an das deutsche Volk, sondern an die Völker der ganzen Welt eine Warnung aussprechen. Die Menschheit soll wissen: Verbrechen bleiben nicht straflos, weil sie im Namen einer politischen Partei oder eines Staates begangen worden sind, über Verbrechen wird nicht hinweggesehen, weil sie zu umfangreich sind; Verbrecher werden nicht straflos davonkommen, weil ihrer zu viele sind.

Der letzte Satz verwies in der Tat auf das Motiv, das Murray Bernays dazu bewogen hatte, die Klage gegen die Organisationen vorzuschlagen. Aber am Ende des Prozesses war den meisten von uns klargeworden, daß ein derart umfassendes politisches und gerichtliches Unterfangen höchst unwahrscheinlich war.

---

* Fyfe hatte im Namen der britischen Regierung die Klage gegen den Generalstab und das Oberkommando ausdrücklich unterstützt. Dodd tat dies nicht, sondern erklärte: »Ich werde nicht über das Oberkommando sprechen, da dies den Gegenstand einer besonderen Erörterung durch ein Mitglied des amerikanischen Stabes bilden wird«, womit er mich meinte. Die Klage gegen den Generalstab und das Oberkommando war noch immer ein ausgesprochen umstrittenes Thema, und ich glaube, daß Dodd, der politische Ambitionen hatte, diese strafrechtliche Verfolgung nicht unterstützen wollte.

7

Am Freitag, den 30. August 1946, dem letzten Tag, an dem die Vertreter der Anklage ans Rednerpult traten, war ich an der Reihe und sollte das von Peter Calvocoressi und mir vorbereitete Schlußplädoyer gegen den Generalstab und das Oberkommando vortragen. Wir hatten uns für eine entsprechende Kürze entschieden, und die Lesung, bei der es zu keiner Unterbrechung durch den Gerichtshof kam, dauerte nur etwas mehr als zwei Stunden.

Wir waren zwar zu dem Schluß gekommen, daß der Gerichtshof wahrscheinlich die Anschuldigungen gegen den Generalstab mit der Begründung fallenlassen würde, daß er keine »Organisation« oder »Gruppe« im Sinne von Artikel 9 darstellte, aber da die Hauptankläger die Klage eingebracht hatten, lag es ganz offensichtlich an uns, das Gegenteil zu behaupten, so gut es eben ging. Aber es gab nur noch ganz wenig zu sagen, was nicht schon gesagt worden wäre. Die Verteidiger hatten einige schwache Argumente vorgebracht – etwa die törichte Behauptung, die Generäle seien keine »freiwilligen« Offiziere –, die wir zu Fall bringen konnten. Aber unser bestes Beweismaterial waren nach wie vor die Affidavits, die Brauchitsch, Halder und Blaskowitz unterschrieben hatten und die die Erklärung enthielten, daß die in der Klage aufgeführten Generäle »die tatsächliche Leitung der Wehrmacht« innegehabt hatten und »in Wirklichkeit der Generalstab und das Oberkommando« gewesen waren.

Dann wandte ich mich den strafrechtlich relevanten Anschuldigungen der Planung und Führung von Angriffskriegen zu. Dr. Laternser hatte erklärt, es habe nicht genügend Einvernehmen unter den Generälen oder zwischen den Generälen und Hitler geherrscht, so daß sich ein gemeinsamer Plan oder eine Verschwörung nicht beweisen lasse. Auseinandersetzungen unter Verschwörern sind vermutlich eher die Regel als die Ausnahme, und auf jeden Fall kommt es zu einer Verschwörung, wenn sich Menschen wissentlich und willentlich zu verbrecherischem Tun vereinigen. Gleichermaßen irrelevant und nicht durch das Beweismaterial untermauert war das andere Argument, daß Hitler alle Entscheidungen allein und ohne Konsultation getroffen habe. Eine umfangreiche Dokumentation, einschließlich Jodls Tagebuch, berichtete über viele Diskussionen zur Strategie oder Taktik zwischen Hitler und den Generälen. Ein anschauliches Beispiel war Hitlers Weisung an die Wehrmachtsführer vom 12. November 1940, in der von mehreren militärischen Alternativaktionen die Rede war, wie dem Einmarsch in Spanien, der Unterstützung der Italiener in Nordafrika und einer Aktion in Griechenland. Hitler schloß mit den Worten:

> Berichten der Herren Oberbefehlshaber zu den in dieser Weisung vorgesehenen Maßnahmen sehe ich entgegen. Die Art der Durchführung sowie die zeitliche Übereinstimmung der einzelnen Aktionen werde ich sodann befehlen.

Es lag auf der Hand, daß der Vorwurf des Angriffskriegs mehr auf die Wehrmacht zutraf als auf jede der anderen Organisationen. Aber meine Absicht war es ja, eine so schwere und schockierende strafrechtlich relevante Klage gegen die Wehrmacht vorzutragen, daß sich die Richter veranlaßt sehen würden, deren Kriegführung zu verurteilen, selbst wenn der Gerichtshof der Ansicht wäre, daß der Generalstab und das Oberkommando nicht von Artikel 9 erfaßt wären. Demnach konnten meiner Meinung nach die Anschuldigungen im Hinblick auf die Kriegsverbrechen die größte Wirkung erzielen. Und es gab mit Sicherheit derartige Beweismittel in Hülle und Fülle: den Kommissarbefehl, den Kommandobefehl, die Befehle, die den sowjetischen Soldaten und Zivilisten den Schutz des Kriegsrechts entzogen, sowie die Einsatzgruppen.

Ich entschied mich dafür, mich zunächst und in erster Linie mit dem Kommandobefehl zu beschäftigen, denn die anderen von dieser Organisation begangenen Greueltaten waren zwar nicht minder abscheulich, aber an der russischen Front befohlen und hauptsächlich auch dort begangen worden. Der Kommandobefehl hingegen betraf britische und (später) amerikanische Soldaten, die per Schiff oder Flugzeug an den Atlantik- und Mittelmeerküsten gelandet waren. Außerdem hatten wir dokumentarische Beweise oder eidesstattliche Aussagen über die Erschießung von etwa fünfundfünfzig britischen und amerikanischen Soldaten aufgrund des Kommandobefehls.

Laternser und einige der Generäle behaupteten, der Befehl lasse sich als Vergeltungsmaßnahme für die Mißhandlung deutscher Soldaten durch die Briten verteidigen, aber das war nur ein halbherziges Ausweichmanöver, und die deutsche Regierung hatte nie von Vergeltungsmaßnahmen gesprochen. Das Hauptargument der Generäle lief darauf hinaus, daß sie zwar den Befehl ausgegeben hätten, wie es das OKW verlangt habe, aber daß er »umgangen« und »sabotiert« und »nicht ausgeführt worden sei«.

Dieses Verhalten bezeichnete ich als »schändlich« und »mörderisch« und griff es mit leidenschaftlichem Ernst an:

> Als Hitler den Erlaß dieses Befehls angeordnet hat, war es den Spitzen der Wehrmacht bekannt, daß damit die Begehung von Morden gefordert wurde. Die Verantwortlichkeit für die Lösung dieser Frage lag durchaus bei der in der Anklageschrift bezeichneten Gruppe. Die Chefs der OKW, OKH, OKL und OKM hatten zu entscheiden, ob sie es ablehnen sollten, einen verbrecherischen Befehl zu erlassen oder aber, ob sie einen solchen den Oberbefehlshabern im Felde weiterleiten wollten ... Es liegt kein Beweis dafür vor, daß auch nur ein einziges Mitglied der Gruppe offen protestiert oder seine Weigerung, den Befehl auszuführen, kundgegeben hat. Im allgemeinen war das Ergebnis, daß der Befehl einem großen Teil der Wehrmacht bekanntgegeben wurde. Dies brachte die untergeordneten Kommandeure in dieselbe Lage wie ihre Vorgesetzten. Es ist behauptet worden, einige Generale seien stillschweigend übereingekommen, den Befehl nicht auszuführen.

Wenn das der Fall gewesen ist, so war dies ein armseliger und wertloser Kompromiß. Indem sie den Befehl mit »geheimen« oder »stillschweigenden« Vorbehalten weitergaben, dehnten die Oberbefehlshaber die Verantwortlichkeit nur aus und beraubten sich selbst jeder wirksamen Kontrolle über die Lage …

General Dostler wurde vor Gericht gestellt, verurteilt und erschossen, weil er für die Durchführung des Kommandobefehls verantwortlich war. Für dasselbe Verbrechen steht jetzt General Falkenhorst vor Gericht und erwartet sein Todesurteil. Aber Falkenhorst und Dostler teilen sich in die Verantwortung für diese Morde mit jedem deutschen Oberbefehlshaber in der Heimat und im Felde, mit dessen Zustimmung dieser Befehl als legales Vorgehen der Wehrmacht anerkannt wurde und der an seiner Weitergabe beteiligt war.

Ich behaupte, daß allein auf Grund dieses Anklagepunkts die Gruppe Generalstab und Oberkommando der unmittelbaren, wirksamen und wissentlichen Teilnahme an der Begehung von Kriegsverbrechen überführt ist.

Den Kommissarbefehl und jene Direktiven, die den Schutz des Kriegsrechts entzogen, hatten Laternser und seine Klienten nicht viel anders behandelt als den Kommandobefehl. Kein General hatte sie offen abgelehnt, aber laut Brauchitsch, Manstein und Rundstedt wurden rangniederen Feldkommandeuren diskrete Hinweise gegeben, die Befehle nicht durchzuführen. Diese Hinweise wurden zwar bis zu einem gewissen Grad befolgt, aber damit wurde das Schicksal der Kommissare nur geringfügig hinausgeschoben, da alle Gefangenen in den Lagern von Himmlers Häschern überprüft und die Kommissare gleich beseitigt wurden.

Was die angebliche Wahrung des Kriegsrechts durch die deutsche Wehrmacht betraf, so hatten Laternser und seine Zeugen keine Beweise für ihre Behauptung vorlegen können. Die OKW-Befehle verschafften Offizieren niederen Ranges, von denen viele hundertfünfzigprozentige Nazis waren, ungeheure Machtbefugnisse. Ich schilderte dem Gerichtshof den Fall eines SS-Offiziers, der 1939 wegen der Erschießung von fünfzig Juden in einer polnischen Synagoge vor Gericht stand. Der deutsche Militärrichter billigte dem Angeklagten »mildernde Umstände« zu, weil er »als SS-Mann in besonderem Maße beim Anblick der Juden die deutschfeindliche Einstellung des Judentums empfunden, daher in jugendlichem Draufgängertum völlig unüberlegt gehandelt hatte«.

Was ein unbedeutender Militärrichter tun oder sagen mochte, wurde von dem genialen Manstein bei weitem überboten, der als Lügner überführt wurde und nachweislich bereit gewesen war, »Pate für die Nazi-Ideologie zu stehen«. Somit war die deutsche Wehrmacht von ihren eigenen Führern demoralisiert worden. Ich zitierte aus dem Bericht eines jungen deutschen Leutnants, dessen Bemühungen zur Befriedung und Ausbeutung der Ukraine vereitelt wurden, weil das Erschießen von Gefangenen, die nicht mehr weiterlaufen könnten, mitten in Dörfern und größeren Ortschaften und das Liegenlassen der Leichen Tatsachen sind, die die Bevölkerung nicht verstanden hat und die die schlimmsten Zerrbilder der Feindpropaganda bestätigten.

Gegen Ende unseres Schlußplädoyers suchte ich die Aufmerksamkeit des Gerichtshofs auf die Gegenwart und die mögliche Zukunft zu lenken, wie sie sich in den Augen von Zeugen wie Manstein und Rundstedt darstellten:

> Die ersten Schritte zur Wiedererweckung des deutschen Militarismus sind bereits hier in diesem Gerichtssaal getan worden. Der deutsche Generalstab hatte seit dem Frühjahr 1945 reichlich Zeit zum Nachdenken, und er weiß recht wohl, was hier auf dem Spiele steht. Die deutschen Militaristen wissen, daß ihre künftige Stärke davon abhängt, den Glauben des deutschen Volkes an ihre militärischen Fähigkeiten wieder zu erwecken und daß sie sich selbst von den Grausamkeiten lossagen, die sie im Dienste des Dritten Reiches begangen haben ... Die Dokumente und die Zeugenaussagen beweisen, daß dies durchsichtige Erfindungen sind. Aber hier sind die ersten Keime der Mythen und Legenden, die die deutschen Militaristen in den Köpfen der Deutschen zu verbreiten versuchen werden. Diese Lügen müssen gebrandmarkt und als das gekennzeichnet werden, was sie wirklich sind, solange das Beweismaterial noch frisch ist.

Für einige Generäle war der Krieg etwas Unvermeidliches. Manstein hielt den Kriegsruhm für »etwas Großartiges«. Und in einem Memorandum, das die Denkweise des OKW ausdrückte, hatte Jodl 1939 geschrieben:

> Trotz aller Versuche, den Krieg zu ächten, bleibt er ein Naturgesetz, das sich eindämmen, aber nicht beseitigen lässt und der Erhaltung von Volk und Staat oder der Sicherung seiner geschichtlichen Zukunft dient. Dieser hohe sittliche Zweck gibt dem Kriege sein totales Gepräge und seine ethische Berechtigung.

Ich schloß meine Ausführungen mit einer Verurteilung des Militarismus und verwies auf seine zerstörerischen Folgen für die ganze Welt:

> Die Wahrheit liegt in den Akten vor uns ausgebreitet, und wir haben lediglich diese Wahrheit offen zur Darstellung zu bringen. Die deutschen Militaristen haben sich mit Hitler verbündet und mit ihm das Dritte Reich geschaffen; mit ihm haben sie bewußt eine Welt errichtet, in der Macht alles bedeutete; mit ihm haben sie die Welt in einen Krieg gestürzt und Schrecken und Zerstörung über den europäischen Kontinent verbreitet. Sie haben der ganzen Menschheit einen Schlag versetzt, einen Schlag so wild und bösartig, daß das Bewußtsein der Welt noch für viele Jahre aus dem Gleichgewicht sein wird. Das war kein Krieg, das war Verbrechen. Das war nicht Soldatentum, das war Barbarei.
>
> Das mußte einmal ausgesprochen werden. Wir können hier nicht die Geschichte korrigieren, aber wir können danach trachten, daß sie wahrheitsgemäß geschrieben wird.

Ich nahm wieder an unserem Tisch Platz und sah, wie mich Göring finster anstarrte und Jodl mich mit steinernem Gesicht musterte. Champetier de Ribes erhob sich mühsam und begab sich langsam ans Rednerpult, um das Schlußplädoyer für Frankreich zu halten.

Angesichts seines hinfälligen Zustands sprach Champetier de Ribes nur eine knappe halbe Stunde. Doch für diese knapp bemessene Zeit war seine Rede ausgezeichnet. Dr. von der Lippe schrieb: »Sein erfreulich kurzes Plädoyer ist wie alle französischen Reden in Nürnberg philosophisch gefärbt.« Nach meinen heftigen Anklagen waren die Zuhörer aufnahmebereit für eine sanfte Stimme, die nicht so sehr von Verbrechen sprach als von Moral: »›Die Menschheit‹, so sagte unser großer Bergson, ›stöhnt halb erdrückt unter dem Gewicht der Fortschritte, die sie erreicht hat. Der größer gewordene Körper erwartet eine größer gewordene Seele, und die Mechanik verlangt nach einer Mystik.‹« Dann kam er auf Cato den Älteren, auf die Magna Charta sowie auf Meilensteine der Moral aus neuerer Zeit wie die Charta der Vereinten Nationen und die Verfassung der Union der Sowjetischen Sozialistischen Republiken (in diesem Fall vielleicht mit versteckter Ironie) zu sprechen, welch letztere die »grundlegenden Rechte und Pflichten der Bürger der USSR, ... ohne Unterschied von Nationalität und Rasse« verkünde.

Was die Klage gegen die Angeklagten betraf, so griff Champetier de Ribes zwei Argumente auf, die von der Verteidigung im Zusammenhang mit der Gestapo, dem SD und dem Oberkommando vorgebracht worden waren. Das erste war das Bemühen der Verteidigung, einen Unterschied zu machen zwischen den offiziell verkündeten Absichten dieser Organisationen, die untadelig gewesen seien, und dem Verhalten der Mitglieder, das verbrecherisch gewesen sei. Von daher wurde dann behauptet, daß die Schurken nicht im Namen der Organisation gehandelt hätten – sie konnten als Einzelpersonen angeklagt werden, aber die Organisation treffe keine Schuld. Champetier de Ribes hatte darauf mehrere Antworten parat, aber am überzeugendsten war doch, daß Hitler selbst keinen derartigen Unterschied machte und auf dem Führerprinzip bestand: »Es gibt ... keine andere Gesetzlichkeit als die Laune des Führers, dessen Befehle von oben bis unten auf der Stufenleiter ohne Widerstand unbedingt befolgt werden müssen.«

Das zweite Argument der Verteidigung lief darauf hinaus, daß die verschiedenen Organisationen unabhängig voneinander gewesen seien, ebenso wie die verschiedenen Abteilungen innerhalb einer einzigen Organisation; außerdem hatten sich die Verteidiger bemüht, »die größtmögliche Zahl der angeblich isolierten Gruppen der Verantwortlichkeit zu entziehen«. Aber, so der französische Vertreter der Anklage, diese separatistische Betrachtungsweise widerspreche sämtlichen Beweismitteln; wie nämlich Dubost gezeigt habe, »kann die gegenseitige enge Durchdringung der Organisationen und Dienste nicht in Frage gestellt werden ... Tatsächlich sind sämtliche Dienststellen der Gestapo, des SD, der SS und des Oberkommandos für die gemeinsam begangenen Verbrechen solidarisch haftbar« – ein überzeugender Hinweis darauf, daß die Wehrmacht gemeinsam mit den Einsatzgruppen verantwortlich war für das Massaker an den Juden und anderen von Himmler ausgewählten Opfern.

Champetier de Ribes' starker Gerechtigkeitssinn und seine Friedensliebe spiegelten sich in den abschließenden Worten wider, die er an den Gerichtshof richtete:

> Indem die kollektiven Organisationen für verbrecherisch erklärt werden und dadurch den zuständigen Behörden gestattet wird, die Schuldigen, aber auch nur die Schuldigen, zu treffen, ... wird Ihr Urteil einen wesentlichen Beitrag leisten zu dem großen Werk der allgemeinen Befriedung, an dem die Vertreter der freien Völker in der Organisation der Vereinten Nationen und in der Friedenskonferenz in New York wie in Paris »in der sehr großen Hoffnung der einfachen und rechtlich denkenden Menschen« arbeiten.

General Rudenko, der letzte Ankläger, der dem Gerichtshof sein Schlußplädoyer vortrug, sprach fast genauso lange wie Fyfe. Auch in ihrem Aufbau ähnelte seine Rede der von Fyfe, indem sie sich mit mehreren Organisationen nacheinander befaßte. Inhaltlich indes war sie weniger analytisch als das Plädoyer von Fyfe und wiederholte weitgehend altbekannte Dokumente. Allerdings trug Rudenko zu Beginn noch einmal den juristischen Standpunkt vor, den er bei den Diskussionen über die Organisationen am 28. Februar vertreten hatte. Seine Absicht war es, die Entscheidungsbefugnis des Gerichtshofs auf die Frage einzuschränken, ob eine Organisation als verbrecherisch eingestuft werden solle oder nicht. Für alle anderen Fragen »waren und bleiben die nationalen Gerichtshöfe zuständig«. Somit könnten die Behörden in jedem Land Mitglieder von Organisationen unter Anklage stellen oder nicht, schwere oder leichte Strafen verhängen und nach eigenem Gutdünken sich mit einzelnen Klageerwiderungen befassen.

Rudenko konnte ausgesprochen grob sein. Er verurteilte die SA als »ein treues Werkzeug in den Händen der hitlerisch-faschistischen Clique« und erklärte: »Seinem Inhalt nach entbehrte der Vortrag des Rechtsanwalts Böhm überhaupt jeder juristischen Argumentation, die irgendwelche Aufmerksamkeit verdient. Es war eine Rede, die vom Standpunkt eines überzeugten Nazis gehalten wurde, und sie wiederholte eine Reihe der schlimmsten Beispiele der hitleristischen Propaganda, welche der Verteidiger sorgfältig den gedruckten Parteischriften der Sturmabteilungen entnommen hat.«

Böhm war nicht anwesend, aber dafür schaltete sich sein Kollege Dr. Martin Löffler ein. Er wies »diesen sehr schweren persönlichen Angriff« zurück und versicherte dem Gerichtshof, daß Böhm »nie Mitglied der Nationalsozialistischen Partei gewesen ist«. Lawrence beschwichtigte die Kontrahenten, indem er Rudenkos Bemerkung so auslegte, daß der russische Ankläger Böhm nicht als Parteimitglied bezeichnet, sondern nur gesagt habe, »daß er von dem Standpunkt eines überzeugten Nazis aus gesprochen habe«. Nach dieser ziemlich schwachen Erklärung beruhigten sich die Streithähne allmählich.

In Moskau war Stalin noch immer an der Macht, und Rudenkos Bemerkung über die »deutschen Konzentrationslager, die eine weitverbreitete und düstere Berühmtheit erlangten«, hatte einen fragwürdigen Beiklang angesichts der weithin bekannten GULags und der sibirischen Strafkolonien. Um so beruhigender war es, daß Rudenko nicht, wie so viele seiner Funktionärskollegen, die Vernichtung der Juden durch die Deutschen überging. Einige Minuten lang sprach Rudenko über »besondere Orte für die Ausrottung der jüdischen Bevölkerung« in Polen, die »Massenausrottungslager in Chelmno, wo 340 000 Juden mit Hilfe von Gaswagen umgebracht wurden«, und den »Plan Eichmanns, die Juden in Europa mit Hilfe der Vernichtungslager ... auszurotten«. Viel Zeit verwendete er auch für die Einsatzgruppen, insbesondere in Verbindung mit dem OKW und den deutschen Generälen in der Sowjetunion.

Rudenkos Schlußbemerkungen waren die letzten Worte, die die Anklagevertretung vor dem Gerichtshof äußerte:

> Die Anklagevertretung hat ihre Pflicht vor diesem Gerichtshof erfüllt, vor dem heiligen Andenken der unschuldigen Opfer, vor ihrem eigenen und dem Gewissen der Völker.
> So möge denn nun das Gericht der Völker über alle faschistischen Henker sein Urteil fällen, ein gerechtes und strenges Urteil.

Es wäre vielleicht ein besserer Abschluß gewesen, wenn Champetier de Ribes als letzter gesprochen hätte.

Neunzehntes Kapitel

Die Schlußworte der Angeklagten

Wie bereits erwähnt, kann sich nach dem angloamerikanischen Strafrecht ein Angeklagter dafür entscheiden oder es ablehnen, unter Eid auszusagen, während er nach kontinentaleuropäischer Praxis zwar nicht unter Eid aussagen, aber am Ende des Prozesses eine uneidliche Erklärung abgeben darf. Nach dem in der Charta festgelegten Verfahren war es den Angeklagten gestattet, unter Eid auszusagen *und* eine letzte uneidliche Erklärung abzugeben. Folglich verkündete Lawrence, als der Gerichtshof am 31. August 1946 zusammentrat:

> Artikel 24 D (j) sieht vor, daß jeder Angeklagte vor dem Gerichtshof eine Erklärung abgeben kann. Ich frage deshalb jetzt die Angeklagten, ob sie Erklärungen abgeben wollen. Angeklagter Hermann Wilhelm Göring.

Lawrence hatte schon früher geeignete Maßnahmen angekündigt, damit das Verfahren nicht ausuferte. Am 15. August hatte er in öffentlicher Sitzung die folgende Erklärung verlesen:

> Dem Gerichtshof wurde mitgeteilt, daß einige der Angeklagten lange Erklärungen zur Übersetzung bei der Übersetzungsabteilung eingereicht haben. Es ist nicht notwendig, diese Erklärungen der Angeklagten zu übersetzen, und sie werden daher durch die Übersetzungsabteilung auch nicht übersetzt werden. Der Gerichtshof verweist die Angeklagten und deren Verteidiger auf die am 23. Juli 1946 getroffene Verfügung, die folgenden Inhalt hatte: [Die Angeklagten] müssen sich … auf kurze Erklärungen von wenigen Minuten beschränken und Dinge behandeln, die bisher weder in ihren Aussagen noch in den Erörterungen ihrer Verteidiger behandelt wurden. Der Gerichtshof wird sich streng an diese Verfügung halten und den Angeklagten nicht gestatten, Erklärungen abzugeben, die länger als einige Minuten dauern, wie die Verfügung sagt. Diese Erklärungen werden von den Angeklagten von ihren Plätzen auf der Anklagebank aus abgegeben werden.

Fritzsche kommentierte dies mit den Worten: »Einige waren unglücklich darüber, da sie Texte von sechzig bis siebzig Seiten ausgearbeitet hatten und sich nun umstellen mußten. Alle aber fügten sich letzten Endes nicht ungern, denn es leuchtete ein, daß das Schlußwort am Ergebnis der Verhandlungen nichts mehr ändern könnte.« Vielleicht unterschätzte er die mögliche Wirkung der Erklärungen, aber auf jeden Fall war die Kürze nur wünschenswert. Argumente über Recht und Beweismaterial paßten nun einmal nicht zu diesem Anlaß – den Angeklagten sollte die letzte Gelegenheit zur Rechtfertigung eingeräumt werden.

Der Gerichtssaal war bis auf den letzten Platz besetzt – obwohl von den Hauptanklägern nur Rudenko zugegen war –, wie es dem letzten Tag des Prozesses sowie einem Verfahren angemessen war, das den britischen und amerikanischen Anwälten nicht vertraut war. Aber es gab noch andere Gründe für dieses außerordentliche Interesse der Zuhörer. Zum ersten und einzigen Mal sollten die Angeklagten keine Fragen beantworten, die ihnen von den Vertretern der Anklage wie der Verteidigung gestellt wurden – sie sollten für sich selbst sprechen. Zehn Monate lang hatten sie nun schon auf der Anklagebank gesessen; sie hatten erlebt, wie ihr eigenes Leben und das ihrer Mitangeklagten von Zeugen, Anwälten und Richtern enthüllt und ans Tageslicht gezerrt wurde, und sie hatten dabei eine Menge über ihr Land und über sich selbst erfahren. Wie hatte sich all dies auf die Männer auf der Anklagebank ausgewirkt? Hatten sie sich sichtbar gewandelt, seit sie zum erstenmal in den Nürnberger Gerichtssaal gekommen waren? Wie würden sie sich nun verhalten, da Monate der Anspannung hinter ihnen lagen und ihnen das Urteil des Gerichtshofs bevorstand?

Ein Wachtposten hielt ein Mikrophon an einer Stange in Görings Reichweite, und dieser erhob sich und sprach:

> Die Anklagebehörde hat in ihren Schlußplädoyers die Verteidigung und ihre Beweisführung als völlig wertlos behandelt. Die unter Eid gemachten Ausführungen der Angeklagten wurden von ihr als absolut wahr angenommen, wo diese zur Stützung der Anklage dienen konnten, aber im gleichen Augenblick als Meineid bezeichnet, wo diese Aussagen die Anklage widerlegten. Das ist sehr primitiv, aber keine überzeugende Grundlage für die Beweisführung.

Wer vielleicht erwartet hatte, daß Göring irgend etwas Bemerkenswertes von sich geben würde, wurde mit Sicherheit enttäuscht. Nachdem er behauptet hatte, daß »ich diese furchtbaren Massenmorde auf das schärfste verurteile und mir jedes Verständnis hierfür fehlt«, erklärte er, er »habe keinen Krieg gewollt oder herbeigeführt«. Erst am Ende seiner kurzen und langweiligen Rede sprach Göring von seinem Land: »Das einzigste Motiv, das mich leitete, war heiße Liebe zu meinem Volk, sein Glück, seine Freiheit und sein Leben. Dafür rufe ich den Allmächtigen und mein deutsches Volk zum Zeugen an.«

Aber derartige Worte aus dem Mund eines solchen Mannes klangen nicht echt. Papen war außer sich, und in der Mittagspause griff er Göring zornig an: »Wer in aller Welt *ist* denn für all diese Zerstörung verantwortlich, wenn nicht *Sie*! ... Sie haben nicht die geringste Verantwortung für irgend etwas übernommen! Sie halten bloß bombastische Reden! Das ist das einzige! Ah, es ist schändlich!« Göring lachte ihn nur aus, aber niemand schloß sich ihm an, und er handelte sich für sein Schlußwort kein Lob von den anderen ein.

Die Angeklagten sollten in der Reihenfolge sprechen, in der sie auf der Anklagebank saßen, und so war Rudolf Heß der nächste. Laut Fritzsche hatte Heß seinem Anwalt (Seidl) sowie Göring versichert, daß er sich nicht äußern werde. Aber als Göring sich wieder gesetzt hatte, erhob sich Heß und nahm aus einer Tasche mehrere Blätter, aus denen er ins Mikrophon zu lesen begann.

Es war ein makabres und trauriges Fiasko. Eigentlich sprach Heß einige Minuten lang ganz vernünftig und wies (zweifellos korrekterweise) immer wieder darauf hin, daß einige Zeugen nicht wahrheitsgemäß ausgesagt und andere falsche eidesstattliche Versicherungen unterschrieben hätten. Aber bald erging sich Heß des langen und breiten über Menschen, die »eigenartige Augen« hätten, »glasige und wie verträumte Augen« – all das sollte (offenkundig) auf ein unaufrichtiges oder abnormes Verhalten der Betreffenden hindeuten.

Göring bedeutete Heß, aufzuhören, aber Heß ignorierte ihn. Lawrence war wohl der Meinung, daß es am besten wäre, ihn nicht zu unterbrechen, und hoffte, daß Heß bald von selbst aufhören würde. Aber nachdem er über zwanzig Minuten lang vorgelesen hatte, verfiel Heß in wirre Wiederholungen, wie zum Beispiel: »Die Welt stand aber damals vor einem unerklärlichen Rätsel, vor dem gleichen Rätsel, vor dem heute die Welt steht hinsichtlich der Vorgänge in den deutschen Konzentrationslagern. Das englische Volk stand damals vor einem unerklärlichen Rätsel, vor dem gleichen Rätsel, vor dem heute das deutsche Volk steht hinsichtlich der Vorgänge in den deutschen Konzentrationslagern.« Der letzte Satz wurde erneut wiederholt, wobei nun von »südafrikanischen« Konzentrationslagern die Rede war und das »englische Volk« durch »Reichsregierung« ersetzt wurde.

Schließlich wies Lawrence Heß sanft darauf hin, daß seine Zeit zu Ende sei, aber Heß protestierte dagegen und erklärte, da er nicht ausgesagt habe, sollte ihm genügend Zeit für sein Schlußwort zur Verfügung stehen. Lawrence dachte nicht daran, sich auf eine Diskussion einzulassen, und wiederholte seinen Hinweis; Heß erwiderte, er werde nun also nicht die ursprünglich beabsichtigte Erklärung abgeben, sondern nur »noch ein paar Schlußworte« äußern. Hier einige Auszüge:

> Es war mir vergönnt, viele Jahre meines Lebens unter dem größten Sohne zu wirken, den mein Volk in seiner tausendjährigen Geschichte hervorgebracht hat. Selbst wenn ich es könnte, wollte ich diese Zeit nicht auslöschen aus meinem Dasein. Ich bin glücklich, zu wissen, daß ich meine Pflicht ge-

tan habe meinem Volk gegenüber, meine Pflicht als Deutscher, als Nationalsozialist, als treuer Gefolgsmann meines Führers. Ich bereue nichts ... Gleichgültig was Menschen tun, dereinst stehe ich vor dem Richterstuhl des Ewigen. Ihm werde ich mich verantworten, und ich weiß, er spricht mich frei.

So verrückt Heß auch war, hatte seine Stimme und seine Haltung doch etwas zutiefst Aufrichtiges an sich, und ganz sicher war er, neben Seyß-Inquart, der einzige Angeklagte, dessen letzte Verbeugung vor Hitler ehrlich gemeint war. Mich aber bestärkte er vor allem in der Überzeugung, daß er völlig unfähig war, sich selbst zu verteidigen, und daß er nicht vor Gericht hätte gestellt werden sollen.

Joachim von Ribbentrops Schlußwort war zornig und töricht – aber was hätte er schon sagen können, um seine Lage zu verbessern. »Man macht mich für die Führung der Außenpolitik verantwortlich, die ein anderer bestimmte«, erklärte er. Richtig, aber das reichte nicht aus, die bereitwillige Unterstützung von Hitlers Politik zu relativieren, von der Annexion Österreichs bis zum Zusammenbruch des Tausendjährigen Reiches. Ribbentrop gab vor: »Ich beklage die mir hier bekanntgewordenen scheußlichen Verbrechen«, verschwieg aber, daß er selbst sich voll und ganz an der Deportation von Juden aus Frankreich und aus den anderen von den Deutschen besetzten Ländern zu den Vernichtungslagern in Osteuropa beteiligt hatte. Am Ende erklärte Ribbentrop schnarrend: »Das einzige, dessen ich mich vor meinem Volke, und nicht vor diesem Gericht, schuldig fühle, ist, daß mein außenpolitisches Wollen ohne Erfolg geblieben ist.« Der Zuhörer konnte dem nichts weiter hinzufügen als: »Gott sei Dank!«

Wilhelm Keitel erinnerte zu Beginn seiner Rechtfertigungsrede den Gerichtshof daran, er habe »auf dem Zeugenstand meine Verantwortlichkeit im Rahmen meiner Dienststellung bekannt«, und erklärte seinen Zuhörern: »Es liegt mir fern, meinen Anteil an dem, was geschehen ist, zu verkleinern.« Dann sprach er, im »Interesse der geschichtlichen Wahrheit«, davon, daß er fünf »Irrtümer« in den Schlußplädoyers der Hauptankläger berichtigen wolle. Keitel hatte wohl recht mit seiner Kritik, und sein ängstliches Bemühen, die Dinge zurechtzurücken, entsprach durchaus dem Wesen eines umsichtigen Stabsoffiziers. Aber nach diesen Ausführungen, die viele Zuhörer für Erbsenzählerei hielten, schloß Keitel mit dem mutigsten und nachdenklichsten Statement, das meiner Meinung nach an diesem Tag abgegeben wurde:

> So will ich auch am Schluß dieses Prozesses offen meine heutige Erkenntnis und mein Bekenntnis darlegen. Mein Verteidiger hat mir im Laufe des Verfahrens zwei grundsätzliche Fragen vorgelegt; die erste ... lautete: »Würden Sie im Falle eines Sieges abgelehnt haben, an dem Erfolg zu einem Teil beteiligt gewesen zu sein?« Ich habe geantwortet: »Nein, ich würde sicher stolz darauf gewesen sein.«

Die zweite Frage war: »Wie würden Sie sich verhalten, wenn Sie noch einmal in die gleiche Lage kämen?« Meine Antwort: »Dann würde ich lieber den Tod wählen, als mich in die Netze so verderblicher Methoden ziehen zu lassen.«
Aus diesen beiden Antworten möge das Hohe Gericht meine Beurteilung erkennen. Ich habe geglaubt, ich habe geirrt und war nicht imstande, zu verhindern, was hätte verhindert werden müssen. Das ist meine Schuld.
Es ist tragisch, einsehen zu müssen, daß das Beste, was ich als Soldat zu geben hatte, Gehorsam und Treue, für nicht erkennbare Absichten ausgenutzt wurde und daß ich nicht sah, daß auch der soldatischen Pflichterfüllung eine Grenze gesetzt ist. Das ist mein Schicksal.
Möge aus der klaren Erkenntnis der Ursachen, der unheilvollen Methoden und der schrecklichen Folgen dieses Kriegsgeschehens für das deutsche Volk die Hoffnung erwachsen auf eine neue Zukunft in der Gemeinschaft der Völker.

Keitel gab niemand anderem als sich selbst die Schuld und hatte seine eigene Schwäche und Blindheit zugegeben. Wie ich da am Tisch der amerikanischen Anklagevertretung saß und die Worte »meine Schuld« und »mein Schicksal« vernahm, war ich über diese Bilanz eines Lebens zutiefst bewegt. Der Prozeß hatte zumindest seinen Horizont erweitert.

Wie Ribbentrop war auch Kaltenbrunner ein zorniger Mann, den niemand mochte und der sich in einer hoffnungslosen Lage befand. Er war viel intelligenter als Ribbentrop, und während des Prozesses hatte er sich ständig gewunden und herumlaviert, um seiner Nemesis zu entgehen, diesen Stapeln von unwiderlegbaren Dokumenten, und alle Schuld auf Himmler und Gestapo-Müller abzuwälzen. Nun wiederholte er sämtliche Lügen und Erklärungen, die er zuvor aufgetischt hatte, aber diesmal schenkte man ihnen kaum Gehör. Abschließend sprach Kaltenbrunner unheilverkündend von namenlosen Kräften (offenbar den Russen), die »die Welt bedrohen«, und erklärte: »Ich bin hier angeklagt, weil man für den fehlenden Himmler ... Stellvertreterschaft braucht.«

Alfred Rosenbergs Schlußwort war weniger wahnwitzig als das von Kaltenbrunner, aber ansonsten standen sich die beiden Männer in nichts nach – sie verwendeten ihre Redezeit zumeist darauf, abgedroschene Phrasen und Anschuldigungen noch einmal aufzutischen. Angesichts der Tatsache, daß Rosenberg immerhin seit frühester Zeit zu Hitlers engstem Umfeld gehört hatte, war es bemerkenswert, daß er wenig über den Nazismus zu sagen hatte und sich nur einmal über den Führer beklagte: »Adolf Hitler zog in steigendem Maße Personen heran, die nicht meine Kameraden, sondern meine Gegner waren.« Ansonsten hielt Rosenberg nichts weiter als eine Nabelschau – nie erwähnte er einen einzigen anderen Menschen namentlich. Und an die Zukunft verschwendete er keine weiteren Gedanken, außer daß er kurz der Hoffnung auf »ein neues gegenseitiges Verstehen der Völker, ohne Vorurteile, ohne böse Gefühle und ohne Haß« Ausdruck verlieh.

Hans Franks Rechtfertigungsrede hätte sich kaum noch mehr von den Statements seiner beiden Vorredner unterscheiden können, als sie es ohnehin tat. Zunächst tadelte er Hitler wegen seiner Entscheidung, Selbstmord zu begehen, und weil er »dem deutschen Volk und der Welt sein Schlußwort schuldig geblieben« sei – das werde nun er, gemeinsam mit seinen Gesinnungsgenossen, nachholen.* Mit den Deutschen sei es so weit gekommen, sagte Frank, weil sie sich von Gott abgewandt hätten, und darum wolle er diese Botschaft verkünden: »Ich bitte unser Volk, daß es nicht verharrt in dieser Richtung, auch nicht einen Schritt. Denn Hitlers Weg war der vermessene Weg ohne Gott, der Weg der Abwendung von Christus, und in allem letzten Endes der Weg politischer Torheit, der Weg des Verderbens und des Todes.«

Frank war während des Prozesses zum Katholizismus übergetreten und glaubte nun zweifellos, er würde offen und aufrichtig sprechen, aber sein Tonfall und seine Pose deuteten eher darauf hin, daß er es genoß, von seiner imaginären Kanzel in der Anklagebank Moralpredigten zu halten.

Dann vollzog Frank eine abrupte Wendung im Tenor seines Schlußworts. Bei seiner Aussage hatte Frank noch, ganz reuiger Sünder, erklärt: »Tausend Jahre werden vergehen und diese Schuld von Deutschland nicht wegnehmen«, die Hitler auf sein Volk geladen habe. Nun sagte Frank, diese Erklärung müsse korrigiert werden, denn:

> Nicht nur das sorgsam aus diesem Verfahren ferngehaltene Verhalten unserer Kriegsfeinde unserem Volk und seinen Soldaten gegenüber, sondern die riesigen Massenverbrechen entsetzlichster Art, die, wie ich jetzt erst erfahren habe, vor allem in Ostpreußen, Schlesien, Pommern und im Sudetenland von Russen, Polen und Tschechen an Deutschen verübt wurden und noch verübt werden, haben jede nur mögliche Schuld unseres Volkes schon heute restlos getilgt. Wer wird diese Verbrechen gegen das deutsche Volk einmal richten?

Wenngleich Franks Frage nicht völlig unbeantwortet geblieben ist, so wurde doch die Antwort nicht mit lauter Stimme gesprochen. Jedenfalls gab es, als diese Passage vorgetragen wurde, im Gerichtssaal keine Unruhe.

Wilhelm Frick brach nur kurz sein fast aggressives Schweigen – er verlas drei knappe Absätze. Er erklärte, er habe »ein reines Gewissen«, und »jede andere Handlungsweise wäre Bruch meines Treueeides, Hoch- und Landesverrat gewesen«.

Julius Streicher hatte mehr zu sagen, was er denn auch prompt und pathetisch tat. Hier einige Auszüge:

> Die Staatsanwaltschaft hatte behauptet, ohne Streicher und ohne seinen »Stürmer« wären die Massentötungen nicht möglich gewesen. Die Staats-

* Offenbar war Hitlers sogenannter Letzter Wille nicht die Art von »Schlußwort«, die Frank vorschwebte.

anwaltschaft hat für diese Behauptung weder Beweise angeboten noch erbracht ...
Dieses Vorgehen des Staatsführers gegen das Judentum ist aus einer von der meinigen durchaus verschiedenen Einstellung zur jüdischen Frage zu erklären. Hitler wollte das Judentum bestrafen, weil er es für die Entfesselung des Krieges und für die Bombenwürfe auf die deutsche Zivilbevölkerung verantwortlich hielt ... Die durchgeführten Massentötungen lehne ich ebenso ab, wie sie von jedem anständigen Deutschen abgelehnt werden.
Meine Herren Richter! Ich habe weder in meiner Eigenschaft als Gauleiter noch als politischer Schriftsteller ein Verbrechen begangen und sehe deshalb Ihrem Urteil mit gutem Gewissen entgegen.
Ich habe für mich keine Bitte. Ich habe eine solche für das deutsche Volk, dem ich entstamme: Ihnen, meine Herren Richter, hat das Schicksal die Macht gegeben, jedes Urteil zu sprechen. Sprechen Sie, meine Herren Richter, kein Urteil, in dem Sie einem ganzen Volk den Stempel der Unehre auf die Stirne drücken.

Funk war zutiefst bestürzt gewesen über die Entdeckung, daß sich in der von ihm geleiteten Reichsbank Goldzähne und andere Wertgegenstände von KZ-Insassen befunden hatten. Er sprach in seiner Rechtfertigungsrede fast von nichts anderem und beklagte, daß andere es versäumt hätten, ihn über diese Tatsache zu informieren. In seiner panischen Angst verstieg er sich zu absurden Feststellungen, beispielsweise: »Daß die Beschlagnahme dieser Werte durch die Himmler unterstehenden SS-Organe erfolgte, konnte in mir keinen Verdacht aufkommen lassen.« Selbst nachdem der Beweis für seine Besprechung mit Oswald Pohl vorgelegt worden war und er zugegeben hatte, auch er habe »angenommen«, daß »die bei der Reichsbank abgelieferten Gold- und Devisenwerte zum Teil auch aus Konzentrationslagern stammten«, behauptete er noch immer, nicht auf den Gedanken gekommen zu sein, daß er eigentlich den Inhalt der Depots hätte überprüfen sollen.

Funk räumte zwar ein, »allzu leicht habe ich mich täuschen lassen«, betonte aber, »von einer strafrechtlichen Schuld, die ich durch pflichtgemäße Führung meiner Ämter begangen haben soll, fühle ich mich frei«.

Schacht war selbstgerecht, überheblich und arrogant. Er erklärte: »Aber ich habe meine Hände nicht befleckt mit einer einzigen ungesetzlichen oder unsittlichen Handlung«, und der »Terror der Geheimen Staatspolizei hat mich nicht geschreckt«. Was seine Mitangeklagten anging, so sprach er nur von den eindeutig Schuldigen als »jämmerlichen gebrochenen Gestalten«. Er rühmte sich seines Geschicks, mit dem er die Arbeitslosigkeit beseitigt und die Staatseinkünfte vermehrt habe.

Aber man konnte nicht bestreiten, daß Schacht einer jener Menschen war, die einfach immer recht haben. Schacht gab nur zu, er habe sich »politisch geirrt« und nicht erkannt, »daß ich das Ausmaß der Verbrechernatur Hitlers nicht früh genug erkannt habe«. Aber in dieser Hinsicht war er nicht der einzige, und sein Fehler war kein Verbrechen. Schacht schloß mit den Worten:

»Darum trage ich mein Haupt aufrecht und bin unerschüttert in dem Glauben, daß die Welt genesen wird nicht durch die Macht der Gewalt, sondern allein durch die Kraft des Geistes und die Sittlichkeit des Handelns.«

Dönitz ging noch einen Schritt weiter als Schacht: Er bestritt nicht nur, irgendein Verbrechen begangen, sondern überhaupt einen Fehler gemacht zu haben. Im Hinblick auf die »Rechtmäßigkeit des deutschen U-Boot-Krieges« erklärte er: »Ich müßte das genauso wieder tun.«

Dr. von der Lippe bezeichnete Dönitz' Statement als »kurz und trocken«. Der Angeklagte äußerte sich nur zu drei Punkten: Erstens sei die deutsche U-Boot-Kriegführung berechtigt und einwandfrei ehrenvoll gewesen; zweitens sei der Vorwurf der Anklage hinsichtlich einer verbrecherischen »Verschwörung« der Nazis nur ein »politisches Dogma« und ohne Belang für die Bemessung von Schuld, während sich das »Führerprinzip ... aufs beste bewährt« habe; aber wenn »letzten Endes mit dem Führerprinzip kein anderes Ergebnis erreicht worden ist als das Unglück dieses Volkes, dann muß dieses Prinzip als solches falsch sein« (eigentlich ein doppelter Punkt); und drittens: »Als letzter Oberbefehlshaber der deutschen Kriegsmarine und als letztes Staatsoberhaupt fühle ich mich dem deutschen Volk gegenüber verantwortlich für alles, was ich tat und ließ.«

Ohne Mitleid für seinen eigenen Mandanten bezeichnete von der Lippe Raeders Rechtfertigungsrede als »nicht brillant und ... sogar etwas pedantisch«. Tatsächlich konnte Raeder Dönitz' Punkten wenig hinzufügen, abgesehen von der Besetzung Norwegens. Aber Raeder wollte dieses Thema lieber ignorieren und ging nur indirekt darauf ein. Seine abschließenden Worte erinnerten an die von Keitel:

> Wenn ich mich irgendwie schuldig gemacht haben sollte, so höchstens in der Richtung, daß ich trotz meiner rein militärischen Stellung vielleicht nicht nur Soldat, sondern doch bis zu einem gewissen Grade auch Politiker hätte sein sollen, was mir aber nach meinem ganzen Werdegang und der Tradition der deutschen Wehrmacht widerstrebte.

Über seine Tätigkeit als Gauleiter in Österreich war Schirach zwar ausgiebig vernommen und im Kreuzverhör befragt worten, aber nun ging er auf diesen Teil seiner Nazikarriere nicht ein. Sein Schlußwort war ausschließlich der Hitlerjugend und seiner Tätigkeit als ihr Führer gewidmet. Er widersprach heftig dem Vorwurf von seiten der britischen Anklagevertretung, er habe »Millionen deutscher Kinder verdorben«, und hielt rhetorisch geschickt dagegen, nicht um sich selbst zu entlasten, sondern um »das Zerrbild ... von der deutschen Jugend« zu beseitigen. Schirach schloß mit einer Bitte: »Tragen Sie, meine Herren Richter, durch Ihr Urteil dazu bei, für die junge Generation eine Atmosphäre gegenseitiger Achtung zu schaffen, eine Atmosphäre, die frei ist von Haß und Rache.«

Von der Lippe schrieb: »Sauckel lieferte eine verhältnismäßig gute und glaubhaft klingende Schlußausführung.« Andere äußerten sich nicht so positiv. Sauckels Schlußwort war eines der längsten und sollte ihn großenteils als einfachen und braven Familienvater darstellen, als treuen Diener von Kirche und Staat. Man konnte es Sauckel nicht verdenken, daß er über den Zweiten Weltkrieg nicht in juristischen Kategorien nachgedacht hatte, aber als feinfühliger Mensch mußte er doch gewußt haben, daß Deutschland die meisten seiner Nachbarländer angegriffen hatte. Als einer der höchsten Verwaltungsbeamten und als Generalbevollmächtigter für den Bereich der Arbeitsbeschaffung war ihm sicherlich klar gewesen, daß Zwangsarbeit eine Verletzung des Völkerrechts darstellte, aber in seinem Statement sagte er nur: »Diese Notwendigkeit [d. h. Zwangsarbeiter zu beschäftigen] war unsere Kriegsnot.« Not macht vielleicht erfinderisch, aber offenbar auch verbrecherisch.

Im Hinblick auf die Wehrmachtsführer erklärte Alfred Jodl: »Sie haben nicht der Hölle gedient und nicht einem Verbrecher, sondern ihrem Volke und ihrem Vaterlande.« Dann erläuterte er seine »Ziele«:

> Was mich betrifft, so glaube ich, kein Mensch kann besser handeln, als wenn er von den Zielen, die ihm erreichbar erscheinen, das höchste erstrebt. Das und nichts anderes war die Richtschnur meines Handelns seit je, und deshalb werde ich, welches Urteil Sie, meine Herren Richter, auch über mich fällen, diesen Gerichtssaal ebenso erhobenen Hauptes verlassen, wie ich ihn vor vielen Monaten betreten habe.

Aber welches von diesen »höchsten« Zielen hatte Jodl denn erreicht? War es ein hoher Rang? Das schon, aber nicht den höchsten, und Rang an sich ist vielleicht kein wertvolles Ziel. War es der Sieg? Dieses Ziel hatte er nicht erreicht, und das vergebliche Bemühen darum hatte großen Teilen seines Landes nichts als Verwüstung gebracht. War es die Loyalität gegenüber einem Vorgesetzten? Die hatte er bewiesen, aber Loyalität gegenüber einem Mann, der sich als Verbrecher entpuppt hatte, ist selbst ein Verbrechen. Meiner Ansicht nach hatte Keitel das Wesen seiner Ziele viel schärfer analysiert als Jodl.

Franz von Papen, der Göring so zornig angegriffen hatte, war wieder ganz beherrscht, als er sich zu seinem Schlußwort erhob. Nun nahm er es mit Richter Jackson und Sir Hartley Shawcross auf – beide hatten Papen mit Verachtung gestraft. Jackson hatte erklärt, er »sei nur der frömmelnde Agent einer ungläubigen Regierung gewesen«, und Shawcross hatte gespottet, Papen »zog es vor, in der Hölle zu herrschen, anstatt im Himmel zu dienen«.

Papen waren die anderen Angeklagten herzlich gleichgültig – nicht einen erwähnte er namentlich, und er befaßte sich auch mit keiner Frage, die irgendeinen von ihnen betraf. Umsichtigerweise vermied es Papen, seine Schuld ausdrücklich zu bestreiten: »Wenn ich mein Gewissen prüfe, so finde ich keine Schuld da, wo die Anklage sie sucht und behauptet, aber, wo wäre ein Mensch ohne Schuld und Fehl?« Papen war eben noch immer der alte Fuchs geblieben.

Für mich war Arthur Seyß-Inquart der individuellste und komplizierteste Angeklagte. Er hatte noch etwas von der alten Monarchie an sich, und ich bin sicher, wäre das Österreichisch-Ungarische Kaiserreich nicht nach dem Ersten Weltkrieg untergegangen, so hätte Seyß-Inquart dieses Reich einem »Anschluß« Österreichs an Deutschland vorgezogen. In seiner Rechtfertigungsrede attackierte Seyß-Inquart die Bemühungen der Anklagevertretung, ihn als Planer von künftigen Angriffskriegen hinzustellen. Er berief sich auf seine öffentlichen Erklärungen nach dem Anschluß und legte dar:

> Solange der Donauraum in der Österreichisch-Ungarischen Monarchie geordnet war, entwickelte er sich zum Wohl aller, und das deutsche Element entfaltete keine imperiale, sondern eine kulturell und wirtschaftlich fördernde und ausgleichende Tätigkeit. Seit dieser Raum infolge der integralen Durchsetzung des nationalen Prinzips zerbrochen ist, ist er noch nicht zur Ruhe gekommen. In dieser Erinnerung dachte ich an die Neugestaltung eines gemeinsamen Lebensraums, von dem ich öffentlich erklärte, er müsse ... allen, also den Deutschen, Tschechen, Slowaken, Ungarn und Rumänen, eine solche soziale Ordnung geben, die jedem einzelnen das Leben lebenswert mache ... Diese Äußerungen haben für den Nachweis einer Angriffsabsicht unmöglich eine andere Beweiskraft als die Beschlüsse von Teheran rücksichtlich der deutschen Ostgebiete.*

Dann verwies Seyß-Inquart erneut auf seine grundsätzlichen Standpunkte zu verschiedenen Themen. Zum Zweiten Weltkrieg:

> Nun war dieser Krieg ausgebrochen, den ich sofort und immer als einen Kampf auf Leben und Tod des deutschen Volkes erkannt habe. Der Forderung [der Alliierten] nach bedingungsloser Kapitulation konnte ich nur ein bedingungsloses Nein und meinen bedingungslosen Einsatz entgegenhalten. Ich glaube an Rathenaus Worte: »Mutvolle Völker lassen sich brechen, aber nicht beugen!«

Zu seiner Einstellung gegenüber den Holländern:

> Konnte ich der Freund der Niederländer sein, die in ihrer überwältigenden Mehrheit gegen mein um seine Existenz ringendes Volk standen? Ich habe übrigens nur bedauert, nicht als Freund in das Land gekommen zu sein. Aber ich war weder ein Henker noch nach meinen Wünschen ein Plünderer ... Mein Gewissen ist insofern beruhigt, als die biologische Lage des niederländischen Volkes während meiner vollverantwortlichen Tätigkeit ... besser war als im ersten Weltkrieg, ohne Besetzung und ohne Blockade ... Schließlich habe ich den an mich ergangenen Befehl [Hitlers], das Land zu zerstören, nicht durchgeführt und aus eigener Initiative der Besetzung zu Verteidigungszwecken ein Ende bereitet, als der Widerstand in Holland seinen Sinn verloren hatte.

---

* Gemeint ist die auf der Teheraner Konferenz (28.11-1.12.1943) getroffene Entscheidung, einen Teil Ostpolens der Sowjetunion und einen Teil Ostdeutschlands Polen zu geben.

Und schließlich:

> Nun bin ich wohl auch noch eine Erklärung über meine Stellung zu Adolf Hitler schuldig. Erwies er sich als unzulänglich, da er das Maß aller Dinge nur in sich selbst sah, eine entscheidende Aufgabe für das deutsche Volk, ja für Europa zu erfüllen, oder hat er sich noch einmal, aber vergeblich und bis zu unfaßbaren Exzessen gegen den Ablauf eines unerbittlichen Schicksals gewehrt? Für mich bleibt er der Mann, der Großdeutschland als eine Tatsache in die deutsche Geschichte gestellt hat. Diesem Manne habe ich gedient. Was dann kam? Ich vermag nicht heute »Kreuziget ihn!« zu rufen, da ich gestern »Hosianna« gerufen habe.

So konnte sich nur ein mutiger Mann äußern.

Auf Albert Speers Schlußwort war man sehr gespannt und neugierig. Man war allgemein der Ansicht, daß die Beweise gegen ihn erdrückend waren, so erdrückend wie beispielsweise die Beweise gegen Sauckel. Speer konnte sich nicht damit helfen, daß er sich für unschuldig erklärte – seine Trümpfe waren seine Mißachtung von Hitlers Verbrannte-Erde-Befehlen und seine Persönlichkeit. Wie würde er diese letzte Gelegenheit zur Selbstdarstellung nutzen?

Speers Rede war ein einziger Vortrag über die rasante Entwicklung »moderner Technik« und die große Gefahr für die Menschheit, wenn diese neuen Erfindungen für die Rüstung mißbraucht werden. Auf das Beweismaterial oder Rechtsfragen ging er überhaupt nicht ein, und auf sich selbst kam er erst ganz am Ende zu sprechen: »Was bedeutet mein eigenes Schicksal nach allem, was geschehen ist, und bei einem solch hohen Ziel?« – womit er den »Beitrag« dieses Prozesses meinte, »in der Zukunft entartete Kriege zu verhindern«.

Damals gab es in aller Welt nicht nur die Trümmer und die Schrecken des Krieges, sondern auch die Produkte der neuen Technik, von denen Speer gesprochen hatte: Düsenflugzeuge, U-Boote, Raketen und vor allem die Atombombe. Es war genau der richtige Zeitpunkt für Speers Vortrag, und so erschien er seinen Zuhörern als weiser Prophet künftiger Bedürfnisse und Gefahren. Wenn ich dieses Schlußwort heute wieder lese, dann empfinde ich seine Worte als weniger eindrucksvoll und Speers großartige Gleichgültigkeit gegenüber seinem eigenen Schicksal als allzu einstudiert.

Konstantin von Neuraths Schlußwort war so kurz, daß ich es hier einfach zitiere:

> Getragen von der Überzeugung, daß auch vor diesem Hohen Gericht die Wahrheit und die Gerechtigkeit trotz allen Hasses, der Verleumdung und der Verdrehung sich durchsetzen wird, glaube ich, den Ausführungen meines Verteidigers nur das eine noch hinzufügen zu müssen, daß mein Leben geweiht war der Wahrhaftigkeit, der Ehrenhaftigkeit, der Erhaltung des Friedens und der Völkerversöhnung, der Menschlichkeit und der Gerechtigkeit und daß ich hier stehe mit gutem Gewissen nicht nur vor mir selbst, sondern vor der Geschichte und vor dem deutschen Volk.

Hans Fritzsche übergab dem Gerichtshof als einziger ein schriftliches Memorandum hinsichtlich des gegen ihn vorgebrachten Beweismaterials. Zu Beginn seiner Rechtfertigungsrede erläuterte er, daß dieses Memorandum eine Erwiderung auf eine Reihe von Anschuldigungen darstelle, die die Hauptankläger in ihren Schlußplädoyers gegen ihn erhoben hatten. Um dem Gerichtshof Zeit zu sparen, werde er dieses Memorandum nicht verlesen, sondern es dem Gerichtshof zur Kenntnis geben.

Fritzsche übte hauptsächlich deshalb Kritik an der Anklagevertretung, weil sie die eingestandenen Greueltaten »so darstellt, als ob ganz Deutschland eine riesige Höhle des Verbrechens gewesen wäre«. Er räumte ein: »Es ist nun durchaus möglich, ja vielleicht sogar verständlich, daß der Sturm der Empörung der Welt über geschehene Greueltaten die Grenzen der individuellen Verantwortung verweht.« Und abschließend sagte er:

> Es mag schwer sein, das deutsche Verbrechen von dem deutschen Idealismus zu trennen. Unmöglich ist es nicht. Macht man diese Trennung, dann wird man viel Leid vermeiden für Deutschland – und für die Welt.

Die bemerkenswertesten und packendsten Schlußworte waren für mich die von Keitel und Seyß-Inquart. Schacht sprach sehr professionell, aber er war zu arrogant und hatte wenig zu sagen, was er nicht zuvor schon gesagt hatte. Streicher sprach zwar primitiv, kam aber auf den Punkt und stürzte mich in ein ewiges Dilemma, ob es nun für die gegen ihn erhobenen Vorwürfe eine Rechtsgrundlage gab oder nicht.

Beide Seiten, Angeklagte wie Richter, waren davon angetan, wie dieser Teil des Prozesses durchgeführt wurde. Fritzsche schrieb über die Schlußworte: »Mir erschienen sie als das Würdigste, was die Angeklagten im ganzen Verlauf des Prozesses gesprochen hatten. Offenbar standen alle Anwesenden unter demselben Eindruck. Man merkte das an der respektvollen Stille in dem überfüllten Saal. An diesem Tag empfand ich die Haltung des Gegners als ritterlich.« Und Birkett: »An diesem Vormittag hätte die Würde des Prozesses durch ungebührliche Szenen beeinträchtigt werden können. Und dann stellte sich heraus, daß die Würde des Prozesses durch die Angeklagten selbst noch gesteigert wurde.«

Nachdem Fritzsche geendet hatte, dankte Lord Lawrence der Anklage wie der Verteidigung für die Art und Weise, in der ihre Vertreter ihre Pflicht getan hatten, und erklärte: »Der Gerichtshof ist der Ansicht, daß die Verteidiger eine wichtige öffentliche Pflicht in Übereinstimmung mit den hohen Traditionen des Juristenberufs erfüllt haben, und der Gerichtshof dankt ihnen für diese Unterstützung.«

Dann gab Lawrence bekannt: »Der Gerichtshof vertagt sich jetzt bis zum 23. September, um sich über das Urteil zu beraten.« Später gab es dann noch eine weitere Verschiebung, nämlich bis zum 30. September 1946.

Zwanzigstes Kapitel

Salomonische Richter

Im Sommer und im Frühherbst 1946 verlief das Leben der Nürnberger Prozeßgemeinde sehr gemischt. Das einzige, woran niemand etwas auszusetzen hatte, war das herrliche Wetter, und besonders genossen es wohl die eingesperrten Angeklagten, deren einzige Gelegenheit, mit der Natur in Berührung zu kommen, ihr täglicher Gang im Gefängnishof war.

Aber auch das schöne Wetter konnte selbst bei denen, die die Möglichkeit hatten, es in vollen Zügen zu genießen, nicht die schreckliche Langeweile vertreiben. Eigentlich sollte doch das Tribunal, genauso wie das Jüngste Gericht, das Böse besiegen und dem Guten zur Herrschaft verhelfen, aber diesem Ziel brachten einen auch vier Pferde nicht näher. Fast ein Jahr waren die Prozeßbeteiligten und Beschäftigten im Gerichtsgebäude nun schon geradezu ertrunken in Dokumenten, Argumenten, Reden, Zeugenaussagen, Übersetzungen, Zeitungsberichten und anderen juristischen Dingen. Es war ganz natürlich, daß sich diese Elemente des Verfahrens im Laufe der Zeit immer mehr wiederholten. Besonders ermüdend war im August der Prozeß gegen die Organisationen gewesen, der nur gelegentlich durch überraschende Episoden wie die grauenvollen Enthüllungen von Sievers oder Richter Biddles unfreiwilligen öffentlichen Vortrag über Bordelle belebt wurde.* Rebecca West, die den Prozeß in seinen letzten Wochen verfolgte, schrieb später:

> Der Prozeß ging in seinen elften Monat, und der Gerichtssaal war eine Hochburg der Langeweile. Jeder Mensch in seinem Dunstkreis war ein Gefange-

* Lord Lawrence, der gerade nicht richtig hingehört hatte, vernahm plötzlich, wie ein Zeuge das Wort »Bordell« äußerte. Da er glaubte, sich verhört zu haben, wandte sich Lawrence an Biddle und bat um Aufklärung. Biddle, der sich nicht darüber im klaren war, daß seine Stimme über die Kopfhörer im ganzen Saal zu vernehmen war, erwiderte: »Brothel, Geoffrey-Bordell, Puff, Freudenhaus.« – »Verstehe«, erwiderte Lawrence, während alles im Saal lachte.

ner dieses entsetzlichen Überdrusses. Damit soll nicht gesagt sein, daß die anstehende Arbeit nur schleppend voranging. Eine eiserne Disziplin prallte frontal auf diesen Überdruß und wich keinen Millimeter zurück ...
Man könnte nun den Eindruck gewinnen, als solle damit nur gesagt sein, daß sich die Menschen in Nürnberg langweilten. Aber dies war eine Langeweile gewaltigen historischen Ausmaßes. Hier litt eine Maschine allmählich unter Materialermüdung, eine großartige Maschine, mit deren Hilfe die Menschheit, ungeachtet ihrer wankenden Entschlußkraft und ihrer so häufigen Todessehnsucht, das Leben verteidigt hat.

Bei den Angeklagten allerdings kämpfte die Langeweile mit der Anspannung. Als sie im Herbst 1945 erkannten, daß der Prozeß viele Monate dauern würde, stand ihnen ihr Schicksal noch nicht so unmittelbar drohend vor Augen. Aber als im Juli die Hauptankläger das letzte Wort gesprochen hatten und außer den Organisationen nichts mehr zwischen den Angeklagten und den Antworten auf ihre vielleicht letzten eigenen Fragen stand, da schien, zumindest für einige, diese ständige Langeweile gar nicht so schlimm zu sein.

Als das Verfahren Ende August abgeschlossen war und sich die Richter zur Urteilsberatung zurückzogen, gewährte Oberst Andrus den Angeklagten für kurze Zeit großzügige Hafterleichterungen, die ihnen die Langeweile und bei einigen auch die Anspannung vertrieben. Alarmiert von einem Bericht von Oberstleutnant Dunn, einem neuen Psychiater, der von einem allgemein hohen Grad der Anspannung sprach, der sich insbesondere bei Kaltenbrunner zeige, lockerte Andrus die Bedingungen der Einzelhaft, indem er den Angeklagten ein Zimmer für Kartenspiele und anderen Zeitvertreib und zur sehnlichst erwünschten Unterhaltung zur Verfügung stellte. Noch mehr freuten sich die Gefangenen darüber, daß sie die Erlaubnis erhielten, ihre Frauen und Kinder zu sehen und mit ihnen zu sprechen, wenn auch nur durch ein Gitter.

Keitel und Papen allerdings, die ihre Lage als zu schrecklich erklärten, weigerten sich, ihre Frauen zu sehen. Aber von den anderen wollten die meisten ihre Lieben sehen, denn sie befürchteten das Schlimmste von den Entscheidungen der Richter. Emmy Göring kam mit Tochter Edda, Schachts zweite Frau mit zwei kleinen Töchtern. Ribbentrop und Frick bekamen Familienbesuch. Adele Streicher befand sich noch immer als Zeugin für ihren Mann im Gefängnis und kam täglich. Raeder konnte sich mit der Gegenwart eines Sohnes und einer Tochter trösten, aber der arme alte Mann durfte seine Frau nicht sehen, weil die Russen sie nicht nach Nürnberg bringen wollten, obwohl Lawrence dies gefordert und Rudenko ein entsprechendes Gesuch von Siemers und von der Lippe erhalten hatte. Die letzten Besuche gab es am 28. September, zwei Tage bevor der Gerichtshof das Urteil verkündete.

Rebecca West hatte zwar die langweilige Atmosphäre im Neuen Justizgebäude durchaus treffend beschrieben, aber außerhalb dieses Gebäudes ließen es sich die meisten Anwälte und zumindest einer der Richter ausgesprochen gutgehen. Miss West wurde bereits von Richter Biddle erwartet, der sie zuvor schon in den USA kennengelernt hatte. Unter dem Datum des 21. Juli 1946 heißt es in seinem Tagebuch: »Morgen Abendessen, werde Rebecca West sehen und mit der Engländerin schlafen, wenn sie nicht zu dick geworden ist.« Offenbar war dies nicht der Fall gewesen, und schon bald zog sie zu Biddle, der damals die Villa Conradti allein bewohnte. Am 30. Juli (an diesem Tag beendete Rudenko sein Schlußplädoyer, und der Gerichtshof begann sich mit den Organisationen zu befassen) gab Richter Jackson eine große Abschiedsparty in der Villa Schickedanz.

Biddle erschien mit seinem Gast; der Richter notierte, daß er neben der Dolmetscherin mit dem Spitznamen »Der leidenschaftliche Heuhaufen« gesessen, sie aber ziemlich steif gefunden habe. Und Dr. Gilbert unterrichtete ihn davon, daß sich unter den Angeklagten drei »Homos« befänden: Frank, Schirach und Fritzsche. Aber durch Biddles Affäre wurde das Verhältnis zwischen Biddle und Jackson auch nicht besser. Biddle hielt in seinen Tagebuchnotizen fest: »Jackson schnitt Rebecca, worüber sie sich sehr ärgerte – sie gebrauchte für ihn diese hübschen sauberen, kurzen angelsächsischen Wörter.«

Die beiden fuhren auch gleich zu den Salzburger Festspielen und dann für vier Tage nach Prag – »die schönste Stadt, die ich je gesehen habe«, schrieb Rebecca. Beide waren verheiratet, und das Ganze war, um den Titel einer damals gerade laufenden Verfilmung eines Noël-Coward-Stücks zu zitieren, nichts weiter als eine »Flüchtige Begegnung«. Falls sie schmerzlich geendet haben sollte, so gab es zum Ausgleich dafür die herrlich geschriebenen Artikel von West über Nürnberg, die zuerst im *New Yorker* erschienen.*

Auch für andere Abschiedspartys war die Zeit gekommen, und die sowjetischen Richter gaben die ihrige am 25. Juli. Jackson verließ Nürnberg am 31. Juli, wobei er nicht sicher war, ob er wieder zurückkehren würde, wenn der Gerichtshof das Urteil verlas. Am 21. August gab die französische Delegation eine wunderbare Party mit Tanz zu Ehren ihres Justizministers M. Tetjens, und am 31. August fand eine riesige Party im Presseclub statt.

Aber das großartigste Zeichen dafür, daß das künstlerische Leben in jenen Tagen wiedererwachte, war die Wiedereröffnung der Salzburger Festspiele, die zum letztenmal 1939 stattgefunden hatten. Am 23. September begleiteten mich Mary und Peter Calvocoressi zu den Festspielen, wo wir *Don Giovanni* und *Der Rosenkavalier* erlebten. Zur Besetzung gehörten nicht nur schon vor dem Krieg bekannte Sängerinnen wie Rosette Anday, sondern auch

---

* Siehe »Greenhouse with Cyclamens« in *A Train of Powder*. Als der Prozeß zu Ende ging, wurden auch die Beziehungen zwischen Jackson und Biddle besser; in einem Brief an Biddle vom 13. September schrieb Jackson: »Ich nehme an, Sie haben Rebecca Wests Artikel im *New Yorker* gesehen. Er hat hier großes Interesse hervorgerufen, da er einen guten Eindruck von der Atmosphäre von Nürnberg vermittelt.«

neue junge Künstlerinnen, deren Karriere im Krieg begonnen hatte und die wir zum erstenmal hörten — insbesondere so wunderbare Sängerinnen wie Irmgard Seefried und Elisabeth Schwarzkopf.

Der letzte Teil unserer Autofahrt nach Salzburg war äußerst unangenehm – Militarismus der schlimmsten Art. Als wir die österreichische Grenze erreichten, bedeuteten uns zwei Motorradfahrer der amerikanischen Streitkräfte in Österreich, ihnen zum Fuschlsee zu folgen, wo wir untergebracht sein würden. Um dorthin zu gelangen, mußten wir mitten durch das Zentrum von Salzburg fahren. Die Motorradeskorte fuhr mit einem irrsinnigen Tempo und mit heulenden Sirenen los und raste mit unverminderter Geschwindigkeit mitten durch die Stadt, so daß die Bewohner in heilloser Panik auseinanderstoben, um nicht überfahren zu werden. »Tut mir leid, daß ich einen eisernen Handschuh anhabe«, hatte Rebecca unter Anspielung auf diese ausgesprochene Gleichgültigkeit der amerikanischen Besatzer gegenüber der einheimischen Bevölkerung geschrieben.

Abgesehen von den Richtern waren die meistbeschäftigten Menschen im Neuen Justizgebäude die jungen Anwälte und andere Mitarbeiter von mir, die die neuen Fälle vorbereiteten, die Gegenstand der »anschließenden Verfahren« sein sollten, sobald der Internationale Militärgerichtshof seine Arbeit beendet hatte.

2

Als sich der Gerichtshof am 1. September 1946 zurückzog, um ungestört durch öffentliche Sitzungen zur Urteilsfindung zu gelangen, fingen die Richter nicht bei Null an. Bereits seit Mai hatten die Assistenten der amerikanischen Richter – »Butch« Fisher, Jim Rowe und Bob Stewart – sowohl an juristischen Fragen im Zusammenhang mit der Charta und der Anklageschrift gearbeitet wie auch das für und gegen einzelne Angeklagte vorgebrachte Beweismaterial analysiert. Im April war Herbert Wechsler zwar wieder nach New York an die Columbia Law School zurückgekehrt, aber Biddle hatte großes Vertrauen in Wechslers juristische Fähigkeiten und in sein fundiertes Urteilsvermögen und wandte sich auch weiterhin um Rat an ihn.

Zwei der vier Richterpaare sprachen Englisch, und Charta wie Anklageschrift wiesen die typischen Merkmale der angloamerikanischen Rechtspraxis auf. Offenbar haben die französischen und russischen Richter es für selbstverständlich gehalten, daß die Briten und die Amerikaner den Löwenanteil bei der Urteilsfindung des Gerichtshofs bestreiten würden. Traditionellerweise lag die Verantwortung in den Händen des Vorsitzenden, aber Lawrence machte kein Hehl daraus, daß er keine Lust hatte, sich durch gewaltige Papierberge zu wühlen. Er konnte natürlich nicht einfach Biddle oder Parker auffordern, ihm diese Arbeit abzunehmen, aber es hatte sich inzwischen so eingespielt, daß der in diesen Dingen überaus erfahrene Birkett die wichtigen Dokumente des Gerichtshofs verfaßte.

Am 27. Juni hielt der Gerichtshof seine erste offizielle Besprechung ab*, um über die Probleme und den Fortgang der Urteilsfindung zu diskutieren. In den rund drei Monaten zwischen diesem Datum und der öffentlichen Verkündung des Urteils Ende September fanden zweiundzwanzig derartige Besprechungen statt – acht davon noch während der Sitzungsperiode, die anderen im Laufe des September. Jene ersten acht Konferenzen waren ausschließlich rechtlichen Fragen und der Gestaltung des Urteils gewidmet: Über die Urteile gegen die einzelnen Angeklagten und die Organisationen diskutierte man erst ab der neunten Sitzung am 2. September 1946.**

Zunächst kamen die Richter zusammen, um über Birketts Entwurf einer »ausführlichen Vorabstellungnahme« zu beraten, die bereits von Lawrence, Biddle und Parker durchgesehen worden war. Zum erstenmal hatten die Russen und Franzosen Gelegenheit zu sehen, was die englischsprechenden Richter zustande gebracht hatten. Nikitschenko nannte das Gutachten zunächst höflich »ausgezeichnet«, kritisierte es aber dann als viel zu lang, außerdem enthalte es viele Passagen – die Geschichte der Charta, die Analyse der Anklageschrift und so weiter –, die einfach überflüssig seien. Aber die sowjetischen Richter hatten den Prozeß ja schon immer als eine viel weniger komplizierte Routineangelegenheit angesehen, im Gegensatz zu ihren westlichen Kollegen.

Lawrence lag sehr daran sicherzustellen, daß die Urteilsbegründung ein »Werk aus einer Hand« blieb, damit ein einheitlicher Stil bewahrt und dafür gesorgt wurde, daß Birkett ständig damit beschäftigt war. Lawrence wie Biddle waren der Meinung, daß der Komplex »Angriffskrieg« stärker berücksichtigt werden sollte, und Biddle verwies auf sein Memorandum über Völkerrechtsfragen.

Während des ganzen Prozesses war Donnedieu de Vabres der stillste Richter gewesen, aber nun agierte er auf einmal wie Jason, der den Stein unter die aus Drachenzähnen geborenen, gewappneten Männer warf, damit sie einander bekämpften: Der Franzose legte ein Memorandum vor, in dem er erklärte, daß die Einführung des Begriffs der Verschwörung (sowohl in der Charta wie in der Anklageschrift) eine Theorie ins Spiel gebracht habe, »die selbst im französischen Recht nicht bekannt« und daher »ex post facto« sei. Sein Memorandum war als Teil einer Urteilsbegründung abgefaßt, die sich

---

* Natürlich hatte ich keine Ahnung davon, was sich im Hinblick auf die Urteilsfindung des Gerichtshofs abspielte, und erst viele Jahre später erfuhr ich mehr darüber, als ich Kopien von Biddles Tagebuchnotizen erhielt und las, die in der Universität von Syracuse im Staat New York aufbewahrt werden.

** Die Informationen über den Ablauf dieser Besprechungen verdanke ich praktisch ausschließlich den persönlichen Notizen Biddles (die in der ersten Person gehalten sind) sowie den Aktennotizen der Assistenten.

mit Punkt Eins der Anklageschrift befaßte, und stellte fest: »Der Internationale Militärgerichtshof weist nach reiflicher Überlegung diesen ersten Anklagepunkt zurück.«

Nachdem de Vabres seinen Standpunkt dargelegt hatte, trat man zunächst auf der Stelle. Niemand war offenbar bereit, über dieses ganz grundlegende Thema zu diskutieren. In Biddles Notizen findet sich der Hinweis, daß de Vabres »insbesondere das überzeugende Argument vorbringt, daß der Begriff der Verschwörung im eigentlichen Sinne im Völkerrecht nicht bekannt ist«. Aber vorsichtigerweise schrieb er am 10. Juli an Wechsler, erklärte ihm die Lage und bat um seinen Rat.

Im Laufe der nächsten Wochen erhielt de Vabres von seinen Richterkollegen mehrere Memoranden, die sich kritisch mit seinem Standpunkt auseinandersetzten. Aber der Gerichtshof diskutierte diese Frage erst wieder offiziell in der sechsten Besprechung, am 14. August.* Lawrence forderte de Vabres auf, »seine Idee weiterzuentwickeln«, aber de Vabres gab diese Aufgabe an Richter Falco weiter, der zwar erklärte, er »stimme im allgemeinen überein« mit de Vabres, der sich jedoch als erheblich flexibler erwies. Falco begann damit, daß er die »Zurückweisung« von Anklagepunkt Eins unterstützte, beschwor dann aber kompromißbereit seine Kollegen, »unsere jeweiligen nationalen strafrechtlichen Vorstellungen zu verlassen und uns selbst mit den Fakten zu befassen«. Im Unterschied zu de Vabres meinte Falco, daß der Wortlaut der Charta die Zurückweisung von Anklagepunkt Eins mit juristischen Begründungen verhindere – das könne besser geschehen, wenn es an Beweisen für die Tatsache der Verschwörung fehle. Falco war indes persönlich der Meinung, daß sie bewiesen sei. Nachdem er sich damit in dieser Kontroverse positiv wie negativ auf beide Seiten geschlagen hatte, schlug Falco vor, »im Sinne eines Kompromisses den Begriff der Verschwörung auf Verbrechen gegen den Frieden zu begrenzen und ihn im Falle der anderen beiden Punkte zurückzuweisen«. Für diesen Vorschlag sprach vieles nach dem Wortlaut der Charta, und am Ende stellte er den Kern der Fassung dar, auf die man sich einigte.

Dann ergriff de Vabres das Wort und sprach fast bis zum Ende der Besprechung. Er verwies ironisch auf seine »Wunden durch das Bombardement mit Memoranden«. Er machte nachdrücklich auf den Gegensatz zwischen den vier Punkten der Anklageschrift und den drei Absätzen (a, b und c) von Artikel 6 der Charta aufmerksam und behauptete, daß die Anklageschrift ein viertes Verbrechen unter der Bezeichnung »Verschwörung« hinzugefügt habe, das es im kontinentaleuropäischen Recht nicht gebe und das darum nur ex post facto auf die Angeklagten anzuwenden sei. Er sagte nur wenig,

* Die Richter hatten keine formelle Tagesordnung für ihre Sitzungen. Eine chronologische Darstellung dieser Besprechungen wäre daher nur verwirrend. Deshalb werden hier lieber die einzelnen Themenkreise im Zusammenhang behandelt.

was er nicht schon in seinem bei der ersten Besprechung vorgelegten Memorandum vorgebracht hatte, und er schloß damit, daß er für ein Zugeständnis in einer Frage plädierte, die von großer moralischer Bedeutung für *la France* sei. Dann fragte Parker de Vabres, ob er die Angeklagten »für nicht schuldig nach dem ersten Anklagepunkt« halte, und de Vabres bejahte dies. Lawrence erklärte, die Charta könne rückwirkend gelten und »wir müssen ihr folgen«, und dann vertagte er die Besprechung. Biddle schrieb: »Britische Unarten der schlimmsten Sorte.«

Am darauffolgenden Tag entlud sich der Widerstand gegen de Vabres' Vorschlag. Nikitschenko spottete: »Wir sind Praktiker, kein Debattierklub.« Wirkungsvoll griff er de Vabres' Argument an, daß es keine Verschwörung gegeben habe, weil Hitler alles allein entschieden habe: »In jeder verbrecherischen Gruppe gibt es einen Führer. Stillschweigende Zustimmung ist genauso gut wie offene Unterstützung ... Bei einer Verschwörung herrscht nie Gleichheit.« Immer wieder betonte er, dies sei ein praktisches und nicht bloß ein juristisches Problem, und behauptete, das Element der Verschwörung verbinde die Angeklagten, so daß auch Fritzsche an den Verbrechen der Verschwörer schuld sei, selbst wenn seine eigenen Reden nicht verbrecherisch gewesen seien. Er wischte de Vabres' Ex-post-facto-Argument, die Charta habe »viele neue Dinge auf dem Gebiet des Völkerrechts eingeführt«, beiseite und sagte, der Gerichtshof sei »keine Institution, die altes Recht schützen und alte Prinzipien vor Verletzungen bewahren soll«.

Nikitschenko sprach fast zwei Stunden lang, und dann benötigte Birkett noch eine weitere. Er war sogar noch ausfallender als Nikitschenko: »Wenn Anklagepunkt Eins zurückgewiesen wird, ist der ganze Wert des Prozesses beim Teufel ... Er verliert sein Herzstück, wenn wir Anklagepunkt Eins zurückweisen ... Wollen Sie das Naziregime freisprechen? Sie würden damit der Welt schweren Schaden zufügen und dem Gerichtshof unendlich schaden.«

Drei Tage später (auf der achten Konferenz am 19. August) war Parker an der Reihe. Er war gelassener als Birkett, aber genauso entschieden gegen de Vabres' Argument. Die Anschuldigung der Verschwörung sei in der Charta definiert, in der Anklageschrift vorgebracht und durch das Beweismaterial nachgewiesen worden. Es gebe ein halbes Dutzend Angeklagte, die nachweislich nach Anklagepunkt Eins schuldig seien, aber nicht nach Anklagepunkt Zwei. Abschließend sagte er: »Der Begriff der Verschwörung ist äußerst wichtig im Völkerrecht ... Wenn wir ihn ausklammern, müssen wir genauso auch die Organisationen ausklammern.«

Nachdem Lawrence sein Memorandum verlesen hatte, in dem er de Vabres widersprach, war schließlich Biddle an der Reihe, der zunächst de Vabres' Ansichten »überzeugend« genannt und dann Rat bei Wechsler gesucht hatte. Es ist nicht klar, ob Wechsler Biddle einen entsprechenden Rat erteilt hatte, aber seine ersten Bemerkungen signalisierten, daß er das Tribunal vor einer Sackgasse bewahren wollte, indem er sich nicht auf de Vabres' Seite schlug, und daß er den Franzosen eine vollständige Schlappe ersparen wollte, indem er nicht zu Lawrence oder Nikitschenko hielt. Laut seinen Tagebuchnotizen bat Biddle »um Verständnis« und »machte auf die extremen Positionen aufmerksam, die beide Seiten einnahmen«. Er »verwies auf die Schwierigkeit, gewisse Angeklagte – wie Schacht – für schuldig zu befinden, wenn wir uns allein auf Anklagepunkt Zwei berufen«. Dann schlug Biddle vor, daß »wir eine Urteilsbegründung vorlegen, die auf die einzelnen Pläne abhebt statt auf eine einzige große lockere Verschwörung, und derzufolge das Planen zum Kriegführen gehört«. Die Richter gingen dann auf Biddles Angebot ein, »eine schriftliche Formulierung zu finden« für die Behandlung der »Verschwörung« in der Urteilsbegründung, und damit lag das Problem vorübergehend in Biddles Händen.

Am 4. September (in der elften Sitzung) diskutierten die Richter über den Entwurf, den Biddle zwei Tage zuvor an sie verteilt und den er höchstwahrscheinlich mit Hilfe von Wechslers Vorschlägen erarbeitet hatte. Die drei anderen stimmberechtigten Richter überstimmten Nikitschenko, der den gegenteiligen Standpunkt vertrat, und einigten sich darauf, daß die Charta das Prinzip der Verschwörung nicht auf Kriegsverbrechen oder Verbrechen gegen die Menschlichkeit anwandte.

Was die Verschwörung zur Planung oder Führung eines Angriffskriegs betraf, so begrüßte de Vabres zwar, wie Biddle die Angelegenheit behandelte, indem er von mehreren Verschwörungen statt von einer einzelnen großen ausging, aber der französische Richter versuchte noch immer, Anklagepunkt Eins zu streichen, indem er die Verschwörungen als gleichbedeutend mit Plänen für einen Angriffskrieg erklärte, so daß sie bereits durch Anklagepunkt Zwei erfaßt seien. Bereits zwei Tage zuvor, als der Gerichtshof seine erste Besprechung über die einzelnen Angeklagten abgehalten hatte, hatte de Vabres gegen die Verurteilung irgendeines Angeklagten nach Anklagepunkt Eins gestimmt.

Aber Lawrence, Nikitschenko und Biddle fielen auf de Vabres' Trick nicht herein und bestanden auf dem Anklagepunkt Eins, der Verschwörungen zur Beteiligung an Verbrechen gegen den Frieden umfaßte, wie sie in Artikel 6 a) der Charta definiert worden waren. Um de Vabres' Zweifel zu zerstreuen, erbot sich Biddle, in seinen eigenen Entwurf einige Anregungen aus de Vabres' Memorandum von Ende Juni einzuarbeiten. In seinem Tagebuch hielt Biddle fest: Der Franzose »gibt unter Druck ganz schön klein bei«. Wann genau de Vabres sich schließlich beugte und Anklagepunkt Eins akzeptierte, ist nicht klar*, aber etwa nach einer Woche begann er für die Verurteilung von einigen Angeklagten nach Anklagepunkt Eins zu votieren.

---

* Biddles Notizen über die Besprechung vom 4. September schließen mit der Formulierung »sind dabei, uns entgegenzukommen« und sind offensichtlich nicht vollständig. In seinen Notizen über die anschließenden Besprechungen des Gerichtshofs ist von Verschwörung nicht die Rede.

Über die »Verschwörungs-Frage« wurde bei diesen Beratungen länger und erbitterter gestritten als über irgendeine andere Angelegenheit. Im nachhinein will es mir scheinen, als habe de Vabres die falsche Frage zur falschen Zeit angeschnitten. Birkett hatte zu Beginn seiner Erklärung mißbilligt, daß die Frage »so spät angeschnitten wurde – nachdem der Prozeß schon zehn Monate im Gange ist«. Da hatte er völlig recht: De Vabres hatte den Begriff der Verschwörung mit der Begründung angegriffen, daß er im juristischen Sinne im französischen Strafverfahren nicht bekannt und auch nicht damit zu vereinbaren sei. Hätte er diese Frage sofort angeschnitten und damit keinen Erfolg gehabt, dann wäre die Angelegenheit sofort vom Tisch gewesen, genauso wie es bei der Attacke der Angeklagten gegen den Begriff »Verbrechen gegen den Frieden« der Fall gewesen war – wäre er allerdings damit durchgekommen, hätte man viel Zeit und viele Kosten gespart. Außerdem wäre ein sofortiger Erfolg für de Vabres schlicht gleichbedeutend gewesen mit einer Rechtsvorschrift, aber nicht mit einer Tatsachenentscheidung darüber, ob es tatsächlich eine Verschwörung gegeben hatte oder nicht. Doch nach der ganzen Beweisvorlage und den zehn Monate dauernden Schlachten vor Gericht wäre die Entscheidung, die de Vabres verlangte, unweigerlich angesehen worden als eine Rehabilitierung der Angeklagten, ja der Nazis generell von dem Vorwurf, Verschwörer gewesen zu sein – und diesen Faktor hielten Birkett und Parker de Vabres' Vorschlag entschieden entgegen.

Außerdem täuschte de Vabres sich oder andere, als er die Verschwörung als »zusätzliches« Verbrechen bezeichnete. Verschwörung ist kein Verbrechen an sich: Sie ist das Verbrechen von zwei oder mehr Personen, die gemeinsam planen oder handeln, um ein *anderes* Verbrechen zu begehen als dieses Zusammenkommen selbst – im vorliegenden Fall war das die Planung mit dem Wissen und der Absicht, Verbrechen gegen den Frieden zu begehen, wie sie in der Anklageschrift definiert waren. Ohne das Verbrechen gegen den Frieden als Ziel gab es keine Verschwörung.

Zudem kann die Planung oder das Führen von Angriffskriegen – im Unterschied zu Kriegsverbrechen und Verbrechen gegen die Menschlichkeit, die auch von einzelnen begangen werden können – nur von einer Gruppe erfolgen: einer konspirativen Gruppe, zu der einzelne gehören, deren Handlungen an sich nicht verbrecherisch sein müssen, die aber, sofern sie wissentlich und mit der Absicht erfolgen, den Verschwörern zu helfen, Teil der verbrecherischen Verschwörung sind. Daher war es völlig gerechtfertigt, daß die Charta auch die Verschwörung als ein Mittel zur Begehung von Verbrechen gegen den Frieden enthielt.

Allerdings kann eine allzu breite Anwendung des Verschwörungsbegriffs auch unschuldige Menschen in das Netz der Anklage ziehen. Um einem derartigen Mißbrauch vorzubeugen, schränkten Wechsler und Biddle den Geltungsbereich dieses Prinzips gegenüber den Angeklagten ein.

3

Im Juli und in der ersten Hälfte des August hielt der Gerichtshof vier weitere Besprechungen ab, auf denen man mit der auf der ersten Sitzung am 27. Juni begonnenen Überarbeitung von Birketts Entwurf der Urteilsbegründung fortfuhr. Die Diskussion entsprach großenteils genau dem, was man von einer Gruppe Juristen erwartet, die sich über die Arbeit eines Kollegen hermachen: »Sollten wir nicht mehr über dies und weniger über jenes sagen?« – »Ist das nicht ausgelassen worden?« – »Wir sollten derart emotionale Äußerungen wie ›erschütterte das Gewissen der Menschheit‹ lieber streichen.« Die Anmerkungen über solche Dialoge sind für uns heutzutage nur von geringem Wert.

Aber die Richter hatten es auch mit einigen wirklich ganz erheblichen Problemen zu tun, und eines davon betraf die Verschwörung, und zwar eher im Hinblick auf die Beweisführung als in juristischer Hinsicht. Die Angeklagten konnten nicht wegen Verschwörung verurteilt werden, wenn es keinen Beweis dafür gab, daß sie die Absicht ihrer Gruppe, einen Angriffskrieg zu planen und zu führen, kannten und unterstützten. Gab es einen derartigen Beweis? Und wenn ja: Wann begann eine solche Gruppe zu existieren?

Über genau diese Frage hatte Butch Fisher am 22. Juni ein Memorandum vorgelegt, das die Zeit von 1920 bis November 1937 umfaßte. Biddle äußerte sich anerkennend darüber, stellte aber Fishers Behauptung in Frage, das Tempo der Wiederaufrüstung unter Hitler zeige, daß die Deutschen »ein Wirtschaftssystem entwickelten, das nur Sinn machte, wenn es einen Krieg geben würde«. Biddle schrieb an den Rand: »auch als Wink mit dem Zaunpfahl«, womit er auf Theodore Roosevelts bekannte Empfehlung anspielte.

Fishers Schlußfolgerung: »Aus dem Beweismaterial geht hervor, daß der gemeinsame Plan zur Führung eines Angriffskriegs Ende 1933 seinen Anfang nahm, als die Nazis die absolute Kontrolle über die deutsche Regierung übernommen und ein dynamisches Wiederaufrüstungsprogramm in Gang gesetzt hatten.« Er fügte hinzu, daß die Mitverschwörer bei dem gemeinsamen Plan »zumindest die führenden Mitglieder der Regierung waren, die sich mit Diplomatie und Wiederaufrüstung befaßten«.

Als formallogische Schlußfolgerung eines Gelehrten war Fishers Entwurf durchaus verdienstvoll. Aber es war ganz vernünftig, daß die Richter nicht scharf darauf waren, zur Zielscheibe von Historikern zu werden. Mehrere von ihnen sahen offenbar im Hoßbach-Protokoll über das Spitzengespräch vom 5. November 1937 eine gute Wendemarke, und so einigte man sich schließlich darauf, Birketts Entwurf umzuschreiben, wobei man einen Großteil von Fishers Vorarbeiten verwendete und darauf hinwies, daß irgendwann vor diesem Zeitpunkt eine oder mehrere Verschwörungen gegen den Frieden bereits im Gang gewesen waren.

Es gab noch weitere Probleme, die Kopfzerbrechen bereiteten und unter anderem mit einzelnen Ländern zu tun hatten. Die Besetzung Österreichs und der Tschechoslowakei durch die Deutschen hatte vor dem Angriff auf Polen stattgefunden, der im allgemeinen als »Beginn« des Zweiten Weltkriegs galt. Österreich war mit der Unterstützung eines Großteils der Bevölkerung annektiert worden, und das konnte man kaum einen »Krieg« nennen, selbst wenn die deutsche Wehrmacht den »Anschluß« herbeiführte. Und falls dies kein Krieg war und die Annexion friedlich, dann waren deutsche Greueltaten in Österreich keine Kriegsverbrechen. Wie stand es mit Verbrechen gegen die Menschlichkeit? Hatte die Annexion Österreichs wirklich nichts mit einem Angriffskrieg zu tun? Abgesehen vom Sudetenland, war die Tschechoslowakei nicht annektiert worden. Aber die Slowakei hatte sich selbst für unabhängig von der Tschechei erklärt, und Böhmen und Mähren waren zwangsweise unter deutsche Herrschaft gestellt worden. Waren die Aktionen der Deutschen Verbrechen gegen den Frieden? Waren die deutschen Greueltaten in Böhmen und Mähren Kriegsverbrechen?

Dann gab es deutsche Eroberungen, hinsichtlich deren die vollständige Aufdeckung aller Faktoren für eine oder mehrere der anklagenden Nationen peinlich gewesen wäre. Es war schwierig, Kritik an der in München erfolgten Beilegung des Streits um das Sudetenland zu üben, da England und Frankreich dafür eingetreten waren. Es war unmöglich, über den Untergang und die Teilung Polens zu diskutieren, ohne die Sowjetunion ernsthaft in Verlegenheit zu bringen. Es erwies sich als unmöglich, sämtliche Beweise zur Eroberung Norwegens durch die Deutschen sicherzustellen, da die Briten wußten, wie unangenehm es für sie wäre, falls alles Beweismaterial in ihrem Besitz veröffentlicht würde. Kaum peinlich, aber um so verwirrender war auch die Frage, ob der Einmarsch der Deutschen in Griechenland ein Verbrechen gegen den Frieden gewesen war, als Großbritannien bereits vor der deutschen Invasion Truppen in Griechenland stehen hatte. Anfangs war Biddle dagegen, den Einmarsch der Deutschen in Griechenland als Angriffskrieg zu behandeln, aber Nikitschenko und Parker vertraten die gegenteilige Ansicht, und letzten Endes entschieden sich die Richter dafür, auch Griechenland nach Punkt Zwei der Anklageschrift unter die Opfer einer aggressiven deutschen Invasion zu rechnen.

Mit den oben erwähnten unangenehmen Umständen wurden die Richter auf unterschiedliche Weise fertig. Sie entschieden, daß Deutschland »aggressive Methoden« angewandt hatte, um den »Anschluß« herbeizuführen, und daß die Tschechoslowakei »besetzt« und zur Kapitulation gezwungen worden sei. Aber in beiden Fällen sprach man nicht von einem »Angriffskrieg«. Auf Nikitschenkos ernsthafte Forderung hin sollten die »geheimen Abkommen« zwischen Deutschland und der Sowjetunion, mit denen Dr. Seidl dem Gerichtshof so in den Ohren gelegen hatte, mit keinem Wort erwähnt werden. Und auch von den britischen Dokumenten im Zusammenhang mit Norwegen, die das Foreign Office Dr. Siemers vorenthalten hatte, sollte keine Rede sein. Über diese Angelegenheiten erging sich der Gerichtshof in Halbwahrheiten – falls es so etwas überhaupt gibt.

4

Auf ihrer zehnten Sitzung am 3. September 1946 begannen die Richter mit der Diskussion über die angeklagten Organisationen. Das letzte Beweismaterial zu diesem Thema war den Richtern erst Ende August vorgelegt worden, so daß sie nur wenig Zeit gehabt hatten, sich mit diesen Fragen auseinanderzusetzen; aber immerhin konnte der Gerichtshof auf Memoranden der Assistenten zurückgreifen, die sich mit jeder der angeklagten »Organisationen oder Gruppen« befaßten, darunter auch auf ein umfangreiches Papier von Jim Rowe über den Generalstab und das Oberkommando.

Biddle eröffnete die Diskussion, indem er auf den Wortlaut von Artikel 9 der Charta verwies (»kann der Gerichtshof ... erklären, daß die Gruppe oder Organisation ... eine verbrecherische Organisation war«) und erklärte: »Es liegt ganz in unserem Ermessen, da es sich hier um eine Kann-Vorschrift handelt. Wir können daher auch politische Angelegenheiten erörtern, Gewissensfragen, die Auswirkung auf das Völkerrecht sowie Festlegungen für die Durchführung anschließender Verfahren.« Seit Biddle dem Tribunal angehörte, hatte er von Anfang an eine zynische Einstellung gegenüber dem Thema »Organisationen« gehabt. So ging aus diesen einleitenden Bemerkungen auch eindeutig hervor, daß er zumindest darauf hinwirken würde, den Geltungsbereich von Artikel 9 einzuschränken, wenn nicht gar ganz vom Verfahren auszuschließen. Falco, de Vabres, Parker und Birkett teilten alle generell Biddles Ansicht, daß der Gerichtshof die Befugnis, ja eigentlich die Pflicht hatte, Artikel 9 nur auf jene anzuwenden, deren Schuld nach der Charta klar erwiesen war. Parker hatte bereits einen Entwurf für entsprechende Begrenzungsvorschläge verfaßt, und de Vabres wollte ein internationales Abkommen zur »Einführung der gleichen Praxis« in den verschiedenen Besatzungszonen von Deutschland.

Aber Nikitschenko wollte keine derartigen Beschränkungen haben. Er machte sich keine Gedanken darüber, daß sich die Entscheidungen des Gerichtshofs »gegen Unschuldige richten könnten«. Seiner Ansicht nach, und damit stimmte er völlig mit Rudenkos Darlegungen vor dem Tribunal im Februar überein, war der Gerichtshof einzig und allein befugt zu erklären, ob die angeklagten Organisationen verbrecherisch waren oder nicht. Was danach geschehe, liege völlig bei den nationalen Gerichtshöfen.

Sei es, daß er die erhoffte Gelegenheit wahrnehmen wollte, sei es, daß ihn dieses ganze ergebnislose Gerede nur ärgerte – jedenfalls schlug Biddle gegen Ende der Besprechung vor, das Ganze platzen zu lassen. In seinen Tagebuchaufzeichnungen heißt es: »Ich schlage vor, sie alle rauszuschmeißen –

dieses Gruppenverbrechen ist schon eine schockierende Sache. Ich brachte Parker fast auf meine Seite.« Aber die anderen zogen nicht mit, auch wenn sich de Vabres bemüßigt fühlte zu erklären: »Die Festlegung stellt doch nur einen Schutz dar, keine Strafe, und darauf sollten wir auch nachdrücklich hinweisen.« Nur gut, daß Murray Bernays nicht zugegen war und erlebte, wie man mit seiner Idee umging.

In den folgenden zehn Tagen befaßte sich der Gerichtshof in erster Linie mit dem Schicksal der einzelnen Angeklagten und kam auf die Organisationen erst wieder auf seiner zwanzigsten Sitzung am 13. September 1946 zurück. Kurz nach deren Beginn schnitt Falco eine ganz wichtige Frage an, von der bei der Besprechung am 3. September nicht die Rede gewesen war. Welche der Organisationen sollte denn der Gerichtshof überhaupt für »verbrecherisch« erklären? Falco selbst nannte drei: die Gestapo, die SS und die Politischen Leiter der NSDAP.

Das anschließende Gespräch beschäftigte sich in erster Linie mit Vorschlägen zur Einschränkung des Geltungsbereichs von Artikel 9, aber dabei brachten zwei Richter auch Ansichten zum Ausdruck, die Falcos Vorschlag mit den drei verbrecherischen Organisationen sehr nahekamen. Parker: »SS, Gestapo und SD ... Reichskabinett, SA und Generalstab weglassen«; Birkett. »Gestapo, SD und SS, auch wenn das sehr problematisch ist«, wegen der vielen Facetten dieser Gruppen. Was das Oberkommando und das Reichskabinett angehe, so »wäre es ganz schwer zu sagen, daß es sich dabei um Gruppen handelt«.

Nikitschenko allerdings hielt dagegen, daß alle sechs angeklagten Organisationen für verbrecherisch erklärt werden sollten. Die Charta, sagte er, »dachte an ›Gruppen‹ im Sinne von Teilen von Organisationen«. Somit, behauptete er, »können die Gestapo und der Generalstab natürlich nicht als ›Organisationen‹ gelten, sondern sie fallen unter die Kategorie ›Gruppen‹.«

Inzwischen hatte Biddle zweimal versucht, für seinen auf der früheren Sitzung eingebrachten Vorschlag Stimmung zu machen: »Lassen wir doch die Organisationen fallen. Eigentlich ist es ja furchtbar, Männer ohne jeden Prozeß zu verurteilen, und genau das sind wir im Begriff zu tun.« Er erklärte, seit das Entnazifizierungsprogramm in Kraft getreten sei, brauche man keine Prozesse gegen die Organisationen mehr, da »dies bereits geschehen ist«.* Aber als niemand auf diesen Vorschlag einging, bemühte Biddle sich wieder, Artikel 9 einzuschränken.

Lawrence gab eine ziemlich vage Erklärung ab (was ihm despektierliche Bemerkungen in Biddles Tagebuchnotizen eintrug) und bekannte sich definitiv nur dazu, daß das Reichskabinett mit einbezogen werden sollte, »da es

* Vermutlich hatte Biddle entweder vergessen, oder er war sich darüber nicht im klaren, daß das OMGUS-Entnazifierungsprogramm nur in der amerikanischen Besatzungszone in Kraft getreten war.

sich durchaus im klaren gewesen sein mußte über das, was da passierte«, und daß der Generalstab nicht für schuldig befunden werden sollte.

Parker sah sich zu seinen abschließenden Kommentaren durch Biddles Ansinnen veranlaßt, die Organisationen auszuklammern: »Wenn wir es ablehnen würden, die Gestapo und den SD für verbrecherisch zu erklären, wäre man darüber in Frankreich ebenso wie in Deutschland äußerst überrascht. Laßt uns den Generalstab und das Reichskabinett ausschließen, ohne daß wir sagen, sie seien nicht verbrecherisch gewesen. Nennen wir dafür doch praktische Gründe: Sie sind kleine Gruppen, und ihre Mitglieder können einzeln vor Gericht gestellt werden.«

Dann verlangte Biddle, daß man über die Organisationen abstimmen solle. In seinen Notizen heißt es dazu: *»Lawrence, Biddle, De Vabres* dafür, daß Gestapo, S.S. und S.D., Politische Führung verbrecherisch, und erklären für nicht verbrecherisch S.A., Generalstab und Politische Führung. *General* [Nikitschenko] erklärt alle für verbrecherisch.« Es ist klar, daß Biddle eigentlich »Reichskabinett« schreiben wollte, als er »Politische Führung« wiederholte. Außerdem steht der Hinweis »erklären für nicht verbrecherisch« in Widerspruch zu Parkers ausdrücklicher Empfehlung, daß diese Worte *nicht* verwendet werden sollten. Biddle formulierte hier nicht mit seiner gewohnten Präzision.

Auch die Assistenten der Richter hatten das gleiche zuvor empfohlen gehabt – mit einer Ausnahme: Rowe hatte sich in seinem Memorandum über den Generalstab entschieden dafür eingesetzt, daß dieser zur verbrecherischen Organisation erklärt werden sollte. Er sah keine Schwierigkeit darin, ihn als eine »Gruppe« anzusehen, deren Mitglieder nach ihrem militärischen Rang und ihrer jeweiligen Befehlsebene einzustufen seien, und sobald er diese Hürde hinter sich gebracht hatte, stand für ihn eindeutig fest, daß die militärischen Spitzenleute Kriege geplant und geführt hatten, und zwar mit dem Wissen, daß es sich dabei um Angriffskriege gehandelt hatte. Inzwischen aber war ich zu der Ansicht gelangt, daß die eigentliche Schwierigkeit des Problems mit der »Gruppe« darin bestand, daß hier nicht eine *Institution an sich* definiert war, wie *die* Gestapo oder *das* Reichskabinett. Und im übrigen war nicht einzusehen, warum sich der Gerichtshof mit derartigen Wortklaubereien herumschlagen sollte, da er keineswegs den Auftrag hatte, jede Organisation unter Anklage zu stellen, und da man sich aufgrund der genau definierten Größe des Generalstabs und des Oberkommandos ohne weiteres mit den einzelnen Mitgliedern befassen konnte, wie im Falle des Reichskabinetts.

Auch wenn man den Generalstab und das Reichskabinett nicht für verbrecherisch erklärte, stand den Prozessen gegen irgendwelche Mitglieder, die dies offenbar verdienten, nichts im Wege. Bei der SA war dies natürlich etwas anderes, da sie eine riesengroße Organisation gewesen war. Aber weil sie nach den Röhm-Säuberungen stark an Größe und Bedeutung verloren hatte, klammerte der Gerichtshof sie nach ganz kurzer Diskussion aus, und selbst Nikitschenko regte sich darüber nicht allzusehr auf.

Viel schwieriger als die Auswahl der Organisationen, die verurteilt werden sollten, war die Erstellung von Bestimmungen, die faire Verfahren gegen die Mitglieder gewährleisteten. Die Lösung dieser Probleme war großenteils das Werk von Biddle und Parker, und zwar mit Hilfe eines Memorandums, das Herbert Wechsler Biddle geschickt hatte. Im wesentlichen wollten die Richter von der ursprünglichen Idee abrücken, daß der Nachweis der Mitgliedschaft für eine Verurteilung ausreiche. Die Anklagevertretung war einverstanden gewesen, daß die Mitgliedschaft freiwillig gewesen sein mußte, aber die Richter wollten den notwendigen Beweiselementen, die vom Strafrecht generell gefordert wurden, viel näherkommen.

Auf der Sitzung vom 13. September formulierte Richter Parker das Feststellungsverfahren, das man schließlich übernahm. Die Verurteilung eines Angeklagten, der wegen der Mitgliedschaft in einer als verbrecherisch eingestuften Organisation vor Gericht stand, setze den Nachweis voraus, daß der Angeklagte der Organisation freiwillig beigetreten war und daß er außerdem wußte, daß sich diese Organisation an Verbrechen beteiligte, wie sie in Artikel 6 der Charta definiert waren. Konnte dieser Nachweis nicht erbracht werden, dann konnte der Angeklagte nur verurteilt werden, wenn nachgewiesen wurde, daß er sich persönlich an derartigen Verbrechen beteiligt hatte.

Dieses Feststellungsverfahren, das zwar die freiwillige Mitgliedschaft und die Mitwisserschaft voraussetzte, jedoch nicht die Beteiligung des Angeklagten an den Verbrechen, war ungewöhnlich, aber durchaus nicht einzigartig. In den USA gab es im Smith Act von 1940 praktisch eine identische Bestimmung, und interessanterweise hatte Richter Parker 1944 eine darauf beruhende Verurteilung bestätigt.* Auf jeden Fall stellte dieses Feststellungsverfahren eine entschiedene Verbesserung der Rechtssituation der Mitglieder verbrecherischer Organisationen dar, wenn sie nachweisen mußten, daß sie sich irgendeinen Verstoß gegen die Charta nicht hatten zuschulden kommen lassen.

Nach der Besprechung vom 13. September kam der Gerichtshof nur noch dreimal zusammen. Biddles Tagebuchnotizen geben diese Ereignisse nur

* Die entsprechende Bestimmung des Smith Act, wonach Versuche von seiten »irgendeiner Gesellschaft, Gruppe oder Versammlung« bestraft werden, die Regierung der Vereinigten Staaten durch Zwang und Gewalt zu vernichten, lautet: »Wer ... Mitglied einer derartigen Gesellschaft, Gruppe oder Versammlung wird oder ist oder sich ihr anschließt und um deren Absichten weiß ..., wird mit einer Geldbuße von höchstens $ 10000 oder mit höchstens zehn Jahren Gefängnis oder beidem bestraft.«
Richter Parkers Gutachten bestätigte die Verurteilung von Junius Irving Scales, der gegen diese Bestimmung des Smith Act verstoßen hatte. In diesem Gutachten stellte er fest: »Gewiß ist der Kongreß ermächtigt, ... die Mitgliedschaft in einer Organisation zu verbieten, deren Absicht eine derartige Vernichtung ist, sofern jemand um eine solche Absicht weiß, der eine derartige Mitgliedschaft annimmt oder behält.« – Siehe *Scales gegen United States of America*, 227 F. 2d 581 (1955).

noch bruchstückhaft wieder, und das hängt teilweise damit zusammen, daß er sich für zwei oder drei Tage in Paris aufhielt und erst verspätet zur Besprechung am 16. September kam. Der Gerichtshof beriet über Birketts Entwurf einer Beschreibung der Rechtsgrundlagen des Tribunals, den Biddle »für sehr unverbindlich hielt und den ich heftig kritisierte«. Anschließend kam es zu einer Auseinandersetzung unter den Richtern darüber, ob sie das Datum der Veröffentlichung des Urteils vom 23. auf den 30. September verschieben sollten oder nicht. Biddle »bestand mit allem Nachdruck auf einer Verschiebung«, aber da die Meinungen zwischen Biddle und den Franzosen und zwischen Parker und den Briten so entschieden auseinandergingen, vertagten sich die Richter »sehr müde«, ohne zu einer Entscheidung gelangt zu sein. Am darauffolgenden Vormittag kapitulierten die Briten, und man einigte sich auf die Verschiebung um eine Woche.

Die letzte Besprechung des Gerichtshofs am 26. September war den Organisationen gewidmet. Zusätzlich zu den beiden für eine Verurteilung erforderlichen Voraussetzungen »freiwillige Mitgliedschaft« und »Mitwisserschaft« trennten die Briten und die Amerikaner noch verschiedene Teile der drei verurteilten Organisationen ab. Außerdem empfahlen sie eine Gleichbehandlung in den vier Besatzungszonen und schlugen vor, der Kontrollrat solle sein Gesetz Nr. 10 dahingehend korrigieren, daß nur die im Entnazifizierungsgesetz vorgesehenen Strafen auferlegt werden könnten.

Die meisten dieser Bestimmungen waren ein rotes Tuch für Nikitschenko, der noch immer der Meinung war, daß der Gerichtshof ausschließlich befugt sei, die Organisationen für verbrecherisch zu erklären. Zu Beginn der Besprechung erhob er sogleich die entschiedene Forderung, von all diesen Empfehlungen Abstand zu nehmen. Er habe nichts in der Charta gefunden, was die Gerichtsbarkeit oder die Machtbefugnis der nationalen Gerichte einschränke. Dem schlossen sich freilich die anderen Mitglieder des Gerichtshofs nicht an, und als es zu Kampfabstimmungen kam, wurden die Russen wiederholt mit drei zu eins niedergestimmt – das heißt, genaugenommen mit drei zu null, da sich Nikitschenko weigerte, überhaupt abzustimmen, und zwar mit der Begründung, daß die Richter in diesen Angelegenheiten »keine Befugnis« hätten. Aufgrund dieser zunehmenden Abstimmungsniederlagen der sowjetischen Mitglieder sah sich Nikitschenko zu seiner endgültigen Entscheidung genötigt, nämlich eine abweichende Stellungnahme zu veröffentlichen.

5

Auf ihrer neunten Sitzung am 2. September 1946 begannen die Richter die Klagen gegen die einzelnen Angeklagten zu prüfen und über die jeweiligen Urteile und Strafen abzustimmen. Obwohl Artikel 4 c) der Charta vorsah, daß »für Verurteilung und Bestrafung ... eine Stimmenmehrheit von mindestens drei Mitgliedern erforderlich« sei, schreckte Nikitschenko vor der Vorstellung zurück, daß Angeklagte bei einer Stimmengleichheit von zwei zu zwei freigesprochen werden müßten. Aber der Wortlaut der Charta war nun einmal unmißverständlich, und der General sah sich außerstande, eine plausible Alternative dagegenzusetzen.

Uneinigkeit herrschte über die Methode, mit der die Todesstrafe vollstreckt werden sollte. Die angeklagten Militärs legten besonderen Wert darauf, daß dies durch Erschießen und nicht durch Erhängen geschah – letzteres erschien einem Soldaten als unehrenhaft. De Vabres machte sich darüber viele Gedanken und wollte zwischen »ehrenvoller« (im Falle Jodls) und »unehrenhafter« Haft für jene unterscheiden, die nicht die Todesstrafe erhielten. Am 9. September wartete er mit einer Lösung auf, nach der »das auf eine Haftstrafe lautende Urteil anhand der Zeitdauer auf die Art der Haftstrafe verweist – d.h., ob es sich dabei um eine politische Strafe oder um die Haftstrafe wie bei gewöhnlichen Verbrechen handelt«. Aber das wurde mit einem Votum von drei zu eins abgelehnt. Tatsächlich hieß es in Artikel 29 der Charta: »Urteilssprüche werden entsprechend den Anordnungen des Kontrollrates für Deutschland vollzogen«, der inoffiziell angedeutet hatte, daß die Urteile entsprechend der deutschen Praxis vollzogen werden sollten. Danach waren das Fallbeil oder Erhängen angemessene Methoden. Am Ende lauteten alle Todesurteile des Gerichtshofs auf »Tod durch den Strang«.

Schon bald stellte sich heraus, daß einige Richter zu harten Urteilen neigten. Nikitschenko hielt sich an die Schlußplädoyers von Dubost und Rudenko und votierte bei sämtlichen Angeklagten für die Todesstrafe. De Vabres war zwar der Meinung, daß kein Angeklagter freigesprochen werden sollte, aber bei der Festlegung des Strafmaßes erwies er sich als der weichherzigste Richter. Beide – und dies war nicht überraschend – wichen gelegentlich von ihrer Grundeinstellung ab, um unerwünschte Stimmensplittings und -kombinationen zu vermeiden.

Am Nachmittag des 2. September kam es zu einer vorläufigen Abstimmung, als die Richter die Liste der Angeklagten entsprechend ihrer üblichen Sitzordnung durchgingen. Außer bei Heß und bis zu Funk war man sich über die Schuldsprüche kaum uneins, während man über die Anzahl der Anklagepunkte, nach denen die Angeklagten verurteilt werden sollten, ein wenig debattierte. Die Entscheidung über Angeklagte, deren Fall als schwierig und umstritten angesehen wurde und eine lange Diskussion erforderte, ließen die Richter im allgemeinen fallen oder vertagten sie.

Keiner Diskussion bedurfte es, als der Gerichtshof Hermann Göring nach allen vier Punkten der Anklageschrift für schuldig erklärte. De Vabres allerdings erklärte ihn für nicht schuldig nach Anklagepunkt Eins, weil er den Anklagepunkt »Verschwörung« generell ablehnte. Als Görings Fall am 10. September erneut zur Sprache kam, votierte der Gerichtshof einstimmig für die Todesstrafe. In einem Anflug von Sentimentalität erklärte de Vabres, Göring habe »etwas Edles an sich«, und erging sich wieder in seiner Unterscheidung zwischen »ehrenvollen« und »unehrenhaften« Strafen. Nikitschenko knurrte voller Abscheu: »Verschonen Sie uns mit solchen lächerlichen Banalitäten!« Zumindest war der französische Richter nun bereit, die Verschwörung zu schlucken, und das endgültige Votum für Erhängen war fast einstimmig – de Vabres zog die Erschießung vor.

Alle Richter waren sich darin einig, daß Heß schuldig war nach den Anklagepunkten Eins und Zwei, aber dann war es mit der Einmütigkeit auch schon vorbei. Biddle schrieb: »Nikitschenko sagt vermutlich, wir sollen ihn nach Drei und Vier verurteilen. Wolchkow glaubt, weil Heß die Nürnberger Gesetze unterzeichnet hat, ist er schuldig wegen der Tötung von Millionen Juden« – eine Einstellung, die Biddle zu dem Kommentar veranlaßte: »Russen können schon sehr extrem sein.«

Bob Stewart (Parkers Assistent) hatte ein nützliches Memorandum über das Beweismaterial gegen Heß verteilt. Im Hinblick auf die Anklagepunkte Eins und Zwei gelangte Stewart zu der Schlußfolgerung, das Beweismaterial »reicht aus, Heß speziell mit einer Verschwörung zur Führung eines Angriffskriegs sowie mit der tatsächlichen Führung eines Angriffskriegs in Verbindung zu bringen und ihn nach Artikel 6 c) der Charta schuldig zu sprechen«. Des weiteren erklärte Stewart allerdings nur, es »könnte« auch genügend Beweismaterial dafür geben, Heß nach den Anklagepunkten Drei und Vier schuldig zu sprechen.

Die Richter freilich äußerten sich keineswegs im Sinne von Stewarts sorgfältig erarbeiteter Studie, als sie am 10. September zusammenkamen. Lawrence und Nikitschenko hielten Heß für schuldig nach allen vier Anklagepunkten, Biddle und de Vabres votierten nur für die Punkte Eins und Zwei; da es gleich viele Stimmen für und gegen die Anklagepunkte Drei und Vier gab, während hinsichtlich der Punkte Eins und Zwei Einmütigkeit herrschte, blieben nur noch letztere übrig. Dieses Ergebnis war von geringer Bedeutung, verglichen mit der Abstimmung über das Strafmaß: De Vabres war für zwanzig Jahre Gefängnis, Biddle und Lawrence waren für lebenslänglich, Nikitschenko stimmte für die Todestrafe. De Vabres stand zu seinem Votum, so daß man aus diese Sackgasse nur herauskam, wenn Biddle und Lawrence sich auf de Vabres' Seite schlugen oder sie und Nikitschenko sich einigten. Biddle notierte: »Am Ende einigten wir uns – ohne den Franzosen – auf lebenslänglich.« Vermutlich befürchtete Nikitschenko, daß Biddle und Lawrence sich mit de Vabres zusammentun und dem meistgehaßten Schreckgespenst der Russen nur eine Haftstrafe von zwanzig Jahren verpassen könnten.

Warum aber haben sich Biddle und Lawrence nicht Nikitschenkos Forderung nach der Todesstrafe angeschlossen? Aus den Aufzeichnungen erfährt man nichts Erhellendes darüber. Aber nachdem man das wirre Verhalten eines Mannes erlebt hatte, der einfach außerstande war, sich selbst zu verteidigen, hätte es schon eines eiskalten Richters bedurft, ihn an den Galgen zu bringen.

Die Klagen gegen Ribbentrop und Keitel lösten keine Diskussion aus. Alle vier Richter stimmten dafür, sie nach allen vier Anklagepunkten schuldig zu sprechen und zum Tod zu verurteilen, und zwar zum Tod durch den Strang, wogegen im Falle Keitels nur de Vabres war.

Am 2. September konnten sich die Richter hinsichtlich der für Kaltenbrunner zutreffenden Anklagepunkte nicht einigen. Laut Anhang A der Anklageschrift war er nach den Punkten Eins, Drei und Vier angeklagt worden, aber Biddle, de Vabres und Nikitschenko waren der Meinung, daß Passagen im Hauptteil der Anklageschrift auch für eine Anklage nach Punkt Zwei sprachen. Lawrence und alle vier nichtstimmberechtigten Richter vertraten die Ansicht, daß sich der Gerichtshof an den Anhang zu halten habe. Es war ein müßiger Streit, weil es nur ganz wenige Beweise gab, die Kaltenbrunner mit Anklagepunkt Eins oder Zwei in Verbindung brachten. Am 10. September kam es zu einem Meinungsumschwung: Alle Richter einigten sich auf die Anklagepunkte Drei und Vier, aber nur zwei Stimmen – die von Lawrence und Nikitschenko – wurden für Punkt Eins abgegeben. Das Ergebnis lautete also: »Schuldig nach III und IV, Erhängen«, wie es in Biddles Tagebuchnotizen hieß. Es war lächerlich, daß man soviel Zeit für diese Angelegenheit verwendet hatte, denn von Anfang an hatten die Richter für Tod durch den Strang votiert.

Am 2. September war Biddle nicht bereit, über Rosenbergs Fall zu diskutieren, während sich die anderen nicht auf die Zahl der Anklagepunkte einigen konnten. Am 10. September waren sich alle darin einig, daß Rosenberg nach allen vier Punkten verurteilt werden sollte. Lawrence und Nikitschenko stimmten für Erhängen, und Biddle tendierte gleichfalls dazu. De Vabres stimmte für lebenslänglich, aber am darauffolgenden Vormittag gab Biddle die dritte Stimme für den Tod durch Erhängen ab.

Hans Frank war nach den Punkten Eins, Drei und Vier angeklagt, Wilhelm Frick nach allen vier. Aber beide sprach man sogleich schuldig nach den Punkten Drei und Vier, während die Meinungen über ihre Schuld hinsichtlich der Verbrechen gegen den Frieden auseinandergingen. Bei der ersten Besprechung votierte Nikitschenko dafür, daß beide Angeklagte schuldig nach allen vier Punkten seien, obwohl doch Frank nicht nach Punkt Zwei angeklagt worden war. De Vabres sprach Frank schuldig nach allen drei gegen ihn vorgebrachten Anklagepunkten und Frick schuldig nur nach den Punkten Drei und Vier, was merkwürdig war, da nach dem vorliegenden Beweismaterial viel eher Frick als Frank in Verbrechen gegen den Frieden verstrickt war. Nicht weniger merkwürdig war, daß Lawrence in Franks Fall schwieg und Biddle in beiden Fällen.

Bei der Schlußabstimmung am 10. September sprachen die Amerikaner, Briten und Russen Frank schuldig nach den Anklagepunkten Drei und Vier sowie Frick nach Zwei, Drei und Vier. Beide wurden dann zum Tod durch den Strang verurteilt. De Vabres sprach sich für lebenslänglich für Frank aus und behielt sich sein Urteil über Frick vor, was Biddle in seinen Aufzeichnungen zu der Bemerkung veranlaßte, daß de Vabres »seltsam zartfühlend« gewesen sei.

Bei der ersten Diskussion über Streicher, der nur nach den Punkten Eins und Vier angeklagt war, entschieden sich die Richter für alle möglichen Kombinationen von Anklagepunkten. Alle außer Lawrence benannten Punkt Vier; Lawrence, Biddle, de Vabres und Nikitschenko votierten für Punkt Drei, obwohl Streicher doch gar nicht danach angeklagt worden war. Falco und die Russen benannten auch Punkt Eins. Es gab keine Diskussion über das Strafmaß. Aber am 10. September wurde Streicher, ohne daß sich der leiseste Zweifel regte oder man das Bedürfnis hatte, darüber zu diskutieren, zum Tod durch den Strang verurteilt. Da gab es auch kein »seltsames Zartgefühl« seitens de Vabres.

Die hastige und gedankenlose Behandlung der Klage gegen Streicher war kein Ruhmesblatt für den Gerichtshof. Leider konnte auch Bob Stewarts Memorandum über Streicher dem Gerichtshof nicht klarmachen, daß sogar ein unappetitlicher, fanatischer alter Nazi das Recht auf ein sorgfältiges Urteil hat, bevor er aufgehängt wird. Keinem der Richter kann man diesen Vorwurf ersparen, aber besonders nicht Biddle und Parker, die schließlich mit verfassungsmäßigen Freiheitsgarantien groß geworden waren, mit denen ihre Kollegen weniger vertraut waren. Biddle war vielleicht zu sehr Patrizier, als daß er ein Gespür für diese Situation hätte haben können, und fünfzehn Jahre später erwähnte er in seinen Memoiren das Erhängen von Streicher mit keinem Wort. Die unbekümmerte Art und Weise, mit der die Mitglieder des Gerichtshofs ihn an den Galgen brachten, als ob sie einen Wurm zerträten, ist im Grunde unerträglich.

Streichers Name tauchte unversehens wieder auf, als Wolchkow unbedachterweise gegenüber seinen Kollegen behauptete, daß Streichers persönliche Kontakte zu Hitler wichtig für diesen Fall seien. In Biddles Aufzeichnungen heißt es dazu: »Ich poltere los, ich hielte es für ziemlich grotesk, einen kleinen Judenhetzer zum Verschwörer* zu stilisieren, nur weil er ein Freund Hitlers war, oder ein Gauleiter oder ein Nazi. Lawrence entrüstet sich über meine schlechten Manieren. Parker gießt Öl auf die Wogen und sagt, daß … Streicher nichts mit einer Planung oder Verschwörung zu tun gehabt habe.«

Walter Funk war der nächste. Alle Richter sprachen ihn schuldig nach den Anklagepunkten Zwei, Drei und Vier, und die Briten und Russen fügten noch Punkt Eins hinzu. Am 10. September waren de Vabres und Parker in einer

* Die Russen hatten gerade dafür gestimmt, Streicher für verbrecherisch nach Anklagepunkt Eins zu erklären.

vorläufigen Abstimmung für lebenslänglich, alle anderen für Erhängen. Die Schlußabstimmung über die Strafe wurde allerdings vertagt.

Butch Fishers Memorandum über Funk war gut formuliert: »Man hat nicht den Eindruck, daß Funk ein bösartiger Mensch gewesen sei ... Aber Funk hat sich bei seinen Handlungen nicht an die Überzeugungen gehalten, die er für seine eigenen ausgibt ... Er kann nicht zu seinen Gunsten vorbringen, er habe es nicht besser gewußt – er kann nur zugeben, daß er ein schwacher Mann war.« Diese Ansichten entsprachen genau der Meinung der Richter, und das führte dazu, daß Funk, gegen den viel belastendere Beweise als gegen Streicher vorlagen, am 12. September zu lebenslänglicher Haft verurteilt wurde, und zwar bei einem Stimmenverhältnis von drei zu eins (Nikitschenko).

Da die Richter zu Recht davon ausgingen, daß Diskussionen über Schacht, die Admiräle und Schirach schwierig und vermutlich langwierig sein würden, übersprangen sie diese vier Angeklagten und befaßten sich gleich mit Sauckel, dessen Fall man für ebenso einfach wie schwerwiegend ansah. Er war in der Anklageschrift nach allen vier Punkten angeklagt worden, aber Falco, de Vabres, Parker, Biddle und Lawrence stimmten nur für seine Verurteilung nach den Anklagepunkten Drei und Vier. Die Russen wollten Sauckel nach allen vier Punkten verurteilen, und Birkett tendierte gleichfalls dazu.

Am 10. September gab es praktisch keine Diskussion – Sauckel wurde zum Tod durch den Strang verurteilt. Zunächst war er, laut Biddles Aufzeichnungen, nur nach den Anklagepunkten Zwei und Vier verurteilt, aber die Auswertung der Stimmen zeigt klar, daß vier für Punkt Drei, aber nur zwei für Punkt Zwei abgegeben worden waren.

Bei der ersten Diskussion über Speer wurde eine Verurteilung nach den Anklagepunkten Drei und Vier von den Franzosen, Amerikanern und Briten vorgeschlagen, während die Aufzeichnungen keinen Hinweis auf die Ansicht der Russen enthalten. Die stimmberechtigten Richter gaben zwei Stimmen für schuldig nach den Punkten Drei und Vier ab, eine Stimme war für eine Ergänzung um Punkt Zwei, und natürlich wollten die Russen alle vier haben. Aber bei der Abstimmung über das Strafmaß geriet man in eine Sackgasse, denn Nikitschenko und Biddle votierten für Tod durch den Strang, während Lawrence und de Vabres eine zeitlich begrenzte Gefängnisstrafe vorschlugen, so daß der Fall zur späteren Beratung vertagt werden mußte.

Konstantin von Neurath war der letzte Angeklagte, mit dem man sich am 2. September eingehend befaßte. Es gab keine Diskussion über das Strafmaß, und im Hinblick auf die Anklagepunkte kam man nicht weiter – da gab es Vorschläge, die nur von Punkt Eins sprachen, bis hin zu allen vieren. Damit mußte auch dieser Fall wie der Speers bis zu einer späteren Besprechung vertagt werden.

Diese beiden Fälle wurden dann erneut in der Sitzung am 11. September aufgegriffen, und mit Neurath war man rasch fertig: Er wurde nach allen vier

Punkten verurteilt, und zwar zu fünfzehn Jahren Gefängnis. Beim Fall Speer hingegen geriet man in eine Sackgasse – die Franzosen und Briten sprachen sich sehr zugunsten von Speer aus, wegen seiner Haltung und seiner gegen Hitler gerichteten Aktivitäten bei Kriegsende, wohingegen sich Biddle mit Nikitschenko darin einig war, daß Speer gehängt werden sollte.

Schließlich kapitulierte Biddle vor seinen westlichen Verbündeten, und damit war das Dilemma gelöst. Er schrieb in seinen Aufzeichnungen, Speers Strafe würde fünfzehn Jahre Gefängnis betragen, aber tatsächlich einigten sich die drei auf zwanzig Jahre. Wieder stand Nikitschenko mit seinem Votum allein da.

Gegen Ende der Sitzung vom 10. September waren noch zwei weitere Angeklagte übrig, mit denen der Gerichtshof rasch fertig zu werden hoffte. Im Falle Jodls erwiesen sich diese Erwartungen bald als hinfällig. Das Gericht war geteilter Meinung, und der Angeklagte war alles andere als ein schwacher Mann, und daher beschlossen die Richter, »noch einmal über Jodl nachzudenken«.

Der andere Angeklagte, Arthur Seyß-Inquart, bereitete dem Gerichtshof ganz wenig Mühe. Fishers Memorandum war überzeugend, und ein Teil des von ihm aufgeführten Beweismaterials ging in die Urteilsbegründung des Gerichtshofs ein. Die nachweislichen Bemühungen des Angeklagten, den Holländern ihr Los zu erleichtern, konnten Fisher nicht beeindrucken: »Es spricht nicht für ihn, daß Seyß-Inquart weniger brutal als Himmler war.« Aber diese Bemerkung war eher schnoddrig als stichhaltig, denn viel konnte in der Tat davon abhängen, *wieviel* weniger brutal sich der Angeklagte verhalten hatte. Außerdem gab es unanfechtbare Aussagen darüber, daß Seyß-Inquart gegen Ende des Krieges sowohl Geschick wie auch Mut bewiesen hatte, gegen Hitlers ausdrückliche Befehle noch mehr Tod und Zerstörung zu verhindern. Im Gegensatz zu den gewiß bedeutenderen Aktionen von Speer konnte in Seyß-Inquarts Fall keiner dieser Faktoren viel Interesse bei den Richtern hervorrufen, und zwar weitgehend deshalb, weil er sehr zurückhaltend war und sich weigerte, seine Loyalität gegenüber Hitler aufzukündigen.

Also wurde Seyß-Inquart, ohne daß irgendwelche oder allenfalls sehr geringe Zweifel aufkamen, außer seitens de Vabres, nach den Anklagepunkten Zwei, Drei und Vier zum Tod durch den Strang verurteilt.

6

Am 6. September 1946 eröffnete der Gerichtshof die Diskussion über das Schicksal jenes Angeklagten, dessen Fall den Richtern das meiste Kopfzerbrechen bereitete. Bei einer vorläufigen Abstimmung war Lawrence der Meinung, Hjalmar Schacht solle freigesprochen werden. De Vabres »will niemanden freisprechen, würde aber ein leichtes Urteil für mehrere Angeklagte wie Schacht und Papen vorschlagen ... In moralischer Hinsicht wäre de Vabres schockiert, wenn er erleben müßte, wie Keitel zum Tode verurteilt und Schacht freigesprochen werden würde.«

Statt sich festzulegen, hielt Biddle lieber einen Vortrag, er sprach von Klugheit und Mäßigung, half Schacht aber nicht damit, daß er erklärte: »Jeder wußte, daß zum Zeitpunkt, als Schacht an die Macht kam, eine offensive Politik drohte« und daß Schacht »Hitler nach der Eroberung von Frankreich die Hand geschüttelt hat«. Parker bemerkte naiverweise, daß Schacht »ein Bankier war, also ein Mann von Charakter«, aber ansonsten war sein Statement überzeugend und endete mit der Schlußfolgerung, Schachts Unschuld sei »zwingend« erwiesen.

Falco tendierte eher wie Biddle dazu, an Schachts Aufrichtigkeit zu zweifeln, legte aber törichterweise zuviel Gewicht darauf, daß Schacht Hitler »gratuliert« habe, nachdem seine aggressiven Absichten klargewesen seien. Birkett erklärte wenig hilfreich, daß Schacht »freigesprochen oder streng bestraft« werden solle, aber dann warf er die kluge Frage auf, ob es denn einen »vernünftigen Zweifel« an Schachts Schuld gebe, und gelangte zu der Schlußfolgerung, daß er freigesprochen werden sollte. Nikitschenko und Wolchkow erwiesen sich als ungewöhnlich umsichtig, ließen aber keinen Zweifel daran, daß sie Schacht für schuldig hielten.

Anscheinend war der Stand der Dinge also folgender: Die Briten sprachen sich entschieden für Schacht aus, de Vabres würde ihn zwar verurteilen, aber weitgehend schonen, Parker und Biddle konnten sich nicht einigen, und Biddle würde sich eventuell Nikitschenko anschließen; im letzteren Fall drohten ein Patt und eine Kampfabstimmung.

Biddle konnte seit Juli immerhin auf ein fachmännisches Gutachten von Fisher zurückgreifen. Danach hatte Schacht zwar vermutlich den Krieg nicht gewollt, war aber in seiner Position verblieben, nachdem er Hitlers aggressive Absichten erkannt hatte; er hatte den Führer nach der Niederlage Frankreichs öffentlich gelobt und war bis 1943 Minister ohne Geschäftsbereich geblieben. Das waren natürlich altbekannte Angriffe von seiten der Anklagevertretung, die Schacht zu entkräften versucht hatte.

Bei der zweiten Diskussionsrunde am 12. September verstärkte sich die Pattsituation nur noch. Unterstützt von Falco sprach de Vabres Schacht schuldig nach den Anklagepunkten Eins und Zwei, billigte ihm aber wegen seiner späteren Handlungen mildernde Umstände zu, für die eine Gefängnisstrafe von nur fünf Jahren ausreiche. Lawrence sprach sich immer noch entschieden für einen Freispruch aus, ebenso Birkett und Parker, aber Biddle wollte Schacht nach Anklagepunkt Eins verurteilen und ihn lebenslänglich hinter Gitter bringen. Nikitschenko war noch immer für die Todesstrafe, aber ihm war nun klar, daß Schacht freikommen würde, wenn nicht etwas geschähe. Er beriet sich mit Biddle darüber, »wie weit wir nachgeben müssen«, um mit de Vabres zu stimmen. Schließlich kam es zu einem Deal: Man einigte sich auf eine Freiheitsstrafe von acht Jahren, beginnend mit dem Tag von Schachts Verhaftung.

Am nächsten Vormittag nahm Lawrence Biddle beiseite und eröffnete ihm, de Vabres habe sich dazu entschlossen, Schacht freizusprechen, und damit steckten die Richter natürlich wieder in einer Sackgasse. Wie war es dazu gekommen? Am Vortag (12. September) war Papen freigesprochen worden, nämlich aufgrund einer Stimmengleichheit zwischen Biddle und Lawrence auf der einen Seite, die für einen Freispruch votierten, und de Vabres und Nikitschenko auf der anderen Seite, die für eine Verurteilung und eine leichte Strafe stimmten. Anschließend wurde Fritzsche gegen Nikitschenkos Votum mit drei Stimmen freigesprochen.

Biddle beschrieb de Vabres Motive für seine Einstellung im Hinblick auf Schacht: »Eigentlich wollte er ja alle Angeklagten verurteilt sehen, da sie in gewisser Hinsicht allesamt verantwortlich sind, aber da Papen und Fritzsche freigesprochen wurden, sollte auch Schacht freigesprochen werden, der ja viel weniger verantwortlich ist als Papen. Die Einheitlichkeit des Urteils erfordert einen Freispruch für alle drei, und so wird es keinen Widerspruch mehr geben.«

Somit war es am Ende Biddle, der die Pattsituation beendete. Er schrieb: »FB entschied sich nach langer Überlegung. Schachts Fehler war nur, daß er äußerst unklug gewesen war. Kann die Verantwortung für die Verurteilung eines alten Mannes nicht übernehmen.« Aber das war nur eine dürftige Verschleierung für Biddles Ärger: »Ich sage, daß de Vabres sentimental ist, daß er sein zartfühlendes Herz sprechen läßt, nicht seinen Verstand. Daß es schockierend ist, zu sagen, daß sich das Schicksal anderer Angeklagter auf Schachts Schicksal auswirken sollte.«

Dazu kann man nur sagen, falls diese Vorgänge wirklich schockierend waren, so werden gemeinhin alle Gerichte dieser Welt von derartigen Schockwellen erfaßt. Biddle selbst hatte schließlich genau das gleiche wie de Vabres getan, und wieder einmal stand Nikitschenko ganz allein da.

Um das Schicksal der anderen beiden Angeklagten, die freigesprochen wurden, rangen die Richter nicht so erbittert wie um das von Schacht. Aber großenteils spielte sich das auch bei Papen und Fritzsche nach dem gleichen Muster ab, außer daß Biddle von Anfang an mit Lawrence auf Freispruch plädierte. Fisher hatte Memoranden über beide Angeklagte geschrieben. In Fritzsches Fall kam er kategorisch zu einem Freispruch, während er bei Papen nach erheblichem Aufwand vorschlagen konnte, ihn nach Anklagepunkt Eins schuldig zu sprechen.

Es wurde immer deutlicher, daß de Vabres eine ganz andere Einstellung zu strafrechtlich relevanten Entscheidungen hatte als seine Kollegen. Die britischen und amerikanischen Richter beriefen sich, ungeachtet mancher Irrungen und Wirrungen, auf Rechtsprinzipien und das Beweismaterial, und selbst Nikitschenko trat trotz seiner üblichen Schuldsprüche wie ein Jurist auf und zuweilen wie ein sehr guter. Aber die Art und Weise, wie de Vabres zu einer Schlußfolgerung gelangte, war schon oft recht verblüffend. Wie überzeugend auch immer die Klageerwiderung eines Angeklagten gewesen war – de Vabres wünschte keinen Freispruch; wie schwach auch immer sie war, von seltenen Ausnahmen abgesehen – er wollte kein hartes Urteil fällen. Er beendete sein Plädoyer für die Verurteilung von Papen mit folgenden Worten: »Er setzte sich ständig, mit allen möglichen Tricks, für den Anschluß ein. Seine moralische, oder besser: unmoralische Einstellung ist sehr wichtig. Denken Sie nur daran, wie er sich in den Vereinigten Staaten verhalten hat, wo er die Rolle eines Spions spielte. Eine korrumpierende Kreatur ... Schließlich sind wir hier, um moralische Maßstäbe anzulegen.« Kein Wunder, daß der sonst so höfliche Parker sich die sarkastische Bemerkung nicht verkneifen konnte: »Wir sitzen über ihn nicht zu Gericht, weil er eine persona non grata in den Vereinigten Staaten ist.«

Und so wurde Papen am 12. September, unmittelbar nachdem Biddle und Nikitschenko ihren Acht-Jahres-Deal mit de Vabres wegen Schacht gemacht hatten, aufgrund von Stimmengleichheit freigesprochen, und das wiederum führte zu Schachts Freispruch.

Über Hans Fritzsche diskutierten die Richter zum erstenmal am 10. September und dann noch einmal am 11. Falco erklärte, der Angeklagte habe die Propaganda zur Unterstützung eines verbrecherischen Krieges eingesetzt und schlug eine Gefängnisstrafe von zwei bis fünf Jahren vor, abzüglich der bereits verbüßten Zeit. Am Ende der Liste der Angeklagten sprach sich de Vabres zum erstenmal sofort für einen Freispruch aus und fügte hinzu: »Es wäre bedauerlich, würden wir eine ganz leichte Strafe verhängen.« Parker gab ihm recht: »Warum mit Kanonen auf Spatzen schießen?« und fügte eine kurze Erklärung über die Redefreiheit hinzu, die früher besser am Platz gewesen wäre, als die Richter Streicher verurteilten. Birkett war da anderer Meinung und sagte, bei diesem Fall gehe es »nicht um die Frage der Redefreiheit«, und schlug vor, Fritzsche nach den Anklagepunkten Eins, Drei und Vier zu verurteilen. Biddle war für Freispruch, aber die russischen Richter (deren Gefangener Fritzsche gewesen war) bemängelten, zwei Jahre seien nicht genug, und schlugen eine Verurteilung nach den drei genannten Anklagepunkten sowie eine Freiheitsstrafe von zehn Jahren vor. Überraschenderweise erklärte Lawrence, Fritzsche sei »ein Propagandist des Krieges« gewesen und habe gewußt, »daß die Kriege unrechtmäßig waren«.

Am Vormittag des nächsten Tages allerdings (am 12. September) schnappte sich de Vabres Biddle und hielt ihm vor, »er gebe wegen Fritzsche nach und denke, er werde gegen einen Freispruch stimmen«. Die anderen Richter diskutierten hin und her, und de Vabres, der sich in einem echten Dilemma befand, »bat um eine Vertagung, bis wir über von Papen beraten haben, womit er sagen wolle, daß er Fritzsche niemals verurteilen werde, falls Papen freigesprochen werde«.

Und so kam es, nach dem »Freispruch aufgrund von Stimmengleichheit« für Papen, daß Lawrence sich entschied, für einen Freispruch von Fritzsche zu votieren, und am darauffolgenden Vormittag tat de Vabres das gleiche, so daß Fritzsche mit einer Mehrheit von drei Stimmen freigesprochen wurde.

7

Neben dem Urteilsspruch für Schacht stellte das Strafmaß für Admiral Karl Dönitz das schwierigste Problem für den Gerichtshof dar. Dafür gab es mehrere Gründe, und das lag teils an rechtlichen Problemen oder Schwierigkeiten bei der Beweisführung, teils an persönlicher oder politischer Voreingenommenheit.

Das Hauptmemorandum über die Klage gegen Dönitz war von Jim Rowe verfaßt worden, der sein umfassendes Wissen und seinen Sinn für die Verhältnisse bei der Kriegsmarine dem Dienst bei der Marineabwehr im Kriege verdankte – unter anderem war er auch bei Flugzeugträgerschlachten dabeigewesen. Sein Memorandum war kenntnisreich und ausführlich.* In seiner Schlußfolgerung erklärte Rowe, daß Dönitz an der Planung oder Führung eines Angriffskrieges nicht mehr beteiligt gewesen sei als viele andere deutsche Offiziere, die keine hochrangige Stabstätigkeit ausübten; daß er nicht einen »totalen U-Bootkrieg führte, der unvereinbar mit dem Völkerrecht gewesen wäre«; und daß er für nicht schuldig erklärt werden solle im Sinne der gegen ihn erhobenen Anschuldigungen, also nach den Anklagepunkten Eins, Zwei und Drei.

Rowes Analyse machte entschieden Eindruck auf Biddle, aber es gab noch einen anderen Grund, warum er für Dönitz' Freispruch votierte. Biddle selbst war nämlich in erster Linie für die Ermöglichung von Kranzbühlers Fragebogen an Admiral Nimitz verantwortlich gewesen. Dadurch war öffentlich bekannt geworden, daß Nimitz' U-Boote auf See die gleichen Methoden angewandt hatten, die die Anklagevertretung als schwere Verbrechen bezeichnete und die von Dönitz befohlen worden waren, und zwar mit der Billigung von Raeder, seinem Vorgesetzten bis Januar 1943. So war es nur zu verständlich, daß Biddle nicht der Richter sein wollte, der einen deutschen Admiral dafür verurteilte, daß er nichts anderes getan hatte als der allseits bewunderte Nimitz. Daher war Biddle bereit, energisch für Dönitz' Freispruch einzutreten, und er tat es dann auch – allerdings als einziger Richter.

Die Einstellung der Briten gegenüber Dönitz hatte eine erstaunliche Wandlung durchgemacht. Im Juni 1945, während der Phase also, in der die Charta entworfen wurde und die Amerikaner Dönitz als Angeklagten vor-

---

* Als Rechtswissenschaftler konnte Rowe Fisher nicht das Wasser reichen, von Wechsler ganz zu schweigen. Aber er war ein kluger, praktisch denkender und energischer Mann und konnte sehr gut schreiben.

schlugen, äußerte die britische Admiralität Zweifel daran, ob es irgendwelches Belastungsmaterial gegen Dönitz gäbe, und sprach sich lobend über das »ritterliche Verhalten« der deutschen Kriegsmarine aus. Als die konservative Regierung unter Churchill im August 1945 von der Labour-Partei abgelöst worden war, machten die Amerikaner Ergänzungsvorschläge für die Liste der Angeklagten, und wieder war Dönitz dabei. Die neuen britischen Justizchefs (Lord Jowitt und Shawcross) erhoben keinen Einspruch, aber E. J. Passant vom Außenministerium legte ein Memorandum vor, in dem er sich gegen eine Anklage gegen Dönitz aussprach, das Lob der Admiralität für die deutsche Kriegsmarine wiederholte und seine Leser daran erinnerte, daß »die meisten von den Deutschen angewandten Maßnahmen auch von uns selbst und von den Amerikanern angewandt wurden, so daß die Verteidigung in der Lage wäre, eine Menge Schmutz auf die Anklagevertretung zurückzuwerfen«.

Aber nun hieß es aus Labour-Kreisen, daß die Admiralität nur deshalb gegen die Klage gegen Dönitz gewesen sei, weil man die eigene schmutzige Wäsche verstecken wolle. Die meisten Engländer konnten nicht so schnell vergessen, daß es den deutschen U-Booten beinahe gelungen wäre, England auszuhungern, und daß sie vielen britischen Seeleuten ein nasses Grab bereitet hatten. Und darum hatten sich Fyfe und seine Kollegen mit großer Entschlossenheit der Klagen gegen Dönitz und Raeder angenommen. Und als das Gericht am 9. September zum erstenmal über die Klage gegen Dönitz beriet, stellte sich heraus, daß Biddle und Lawrence gegenteiliger Meinung waren.

Außerdem befand sich niemand sonst auf Biddles Seite. Dönitz war nach den ersten drei Punkten angeklagt worden; Falco wollte ihn nach den Anklagepunkten Zwei und Drei verurteilen, de Vabres nur nach Punkt Drei. Falco forderte mehr Härte als de Vabres, der das internationale Seekriegsrecht für so verwirrend hielt, daß im Zweifelsfall zugunsten von Dönitz entschieden werden solle, und der bereit war, die Praktiken von Nimitz mit dem »ungerechtfertigten Angriff der Japse« zu erklären.

In seinem Plädoyer für einen Freispruch ging Biddle sogar so weit zu erklären: »Deutschland hat einen viel saubereren Krieg geführt als wir«, aber auch damit konnte er niemand auf seine Seite ziehen. Für Parker war das Londoner Abkommen noch immer das Amen in der Kirche, und für Nimitz rührte er kaum einen Finger. Die Russen stimmten für eine Verurteilung nach allen drei Punkten. Lawrence votierte für schuldig nach den Anklagepunkten Zwei und Drei. Angesichts der Praktiken von Nimitz war Lawrence bereit, »wegen der Überlebenden im Zweifel für Dönitz zu entscheiden«. Aber er sagte, der Admiral sollte für schuldig erklärt werden, und zwar nach Anklagepunkt Zwei (»Führung eines Angriffskriegs«) und weil so viel von dem, was er getan habe, »typisch nationalsozialistisch war – hart und unmenschlich«.

Auf der zweiten Sitzung (am 11. September) legte man das Strafmaß fest, und sie war kurz, aber vom Ergebnis her bemerkenswert. Alle waren sich darin einig, wie schwer auch immer Raeders Strafe wäre, Dönitz jedenfalls sollte weniger büßen. Falco schlug zehn Jahre vor; de Vabres zwischen fünf und zehn; Birkett (der bei der vorhergehenden Besprechung nicht dabeigewesen war) stimmte für zwanzig; die Russen stießen unheilverkündende Drohungen aus, wollten sich aber nicht näher äußern; Lawrence votierte für zehn Jahre. Dann stimmte auch Nikitschenko für zehn Jahre. Damit war das Strafmaß ermittelt, und anschließend einigten sich die Richter darauf, Dönitz nach den Anklagepunkten Zwei und Drei zu verurteilen.

Biddle hatte nicht weiter gegen die Verurteilung und das Strafmaß protestiert, aber nun »verlieh er der Ansicht nachdrücklich Ausdruck, daß wir ihn nicht wegen der U-Boot-Kriegführung verurteilen sollten«. Die anschließende turbulente Diskussion brachte kein Ergebnis, und der Gerichtshof vertagte sich schließlich – *vorausgesetzt, Biddle formuliert die Urteilsbegründung.* Ausgerechnet der einzige Richter also, der dafür gewesen war, daß Dönitz freigesprochen wurde, und der eine abweichende Stellungnahme für den Fall vorbereitet hatte, daß er nicht freigesprochen wurde, mußte nun erklären, warum Dönitz nach den Anklagepunkten Zwei und Drei verurteilt und für zehn Jahre ins Gefängnis geschickt werden sollte.

Erich Raeders Fall war viel weniger kompliziert, da Dönitz bis Januar 1943 Raeder unterstellt gewesen war. Raeder war somit auch für alles verantwortlich, was Dönitz mit seinem Wissen und seiner Billigung getan hatte. Wie bereits erwähnt, hatte Kranzbühler beide Admiräle im Hinblick auf Dönitz' U-Boot-Tätigkeit als Anwalt vertreten, so daß auch Raeder von Nimitz' Vernehmung profitierte.

Biddles Anmerkungen zu Raeder sind außergewöhnlich kurz, angesichts des Status und der Bedeutung des Angeklagten von 1928 bis zu seiner Versetzung in den Ruhestand fünfzehn Jahre später. Wie Dönitz war auch er nach den Punkten Eins, Zwei und Drei angeklagt worden. Bei der ersten, lebhaften Diskussion des Gerichtshofs stimmten sechs der sieben Richter (Birkett war nicht anwesend) dafür, den Angeklagten nach allen drei Punkten zu verurteilen, während de Vabres nur für die Punkte Zwei und Drei votierte.

Was Raeder (neben der U-Boot-Kriegführung) hauptsächlich vorgeworfen wurde, waren seine Verstrickung in die Besetzung Norwegens und Dänemarks durch die Deutschen, seine Verantwortung im Hinblick auf Hitlers andere Kriege nach den Punkten Eins und Zwei, aufgrund seines Ranges und seiner persönlichen Beziehungen zu Hitler sowie die Verteilung und eine Ausführung des Kommandobefehls.

Am 11. September gab es keine lange Diskussion mehr: De Vabres stimmte für zwanzig Jahre Gefängnis, Biddle und Lawrence votierten für lebenslänglich und Nikitschenko für die Todesstrafe. De Vabres legte zu, Nikitschenko steckte zurück, und dann wurde Raeder zu lebenslänglicher Haft verurteilt.

8

Eine der drei noch ausstehenden Entscheidungen betraf Martin Bormann, für dessen Tod immer mehr sprach, seit er während der Flucht durch Berlin kurz vor Beendigung der Kämpfe verschwunden gewesen war. Aufgrund anderer Umstände war dieses Phantom in der Anklageschrift geblieben und hatte sogar noch einen Anwalt bekommen. Am 2. September 1946 befaßte sich der Gerichtshof mit der Klage gegen ihn.

Im Laufe der Diskussion war Biddle als einziger dafür, die Klage fallenzulassen. Aber das wollten die Franzosen und Russen nicht, und darum kam es zu einer vorläufigen Abstimmung, bei der alle Richter dafür votierten, ihn für schuldig nach den Anklagepunkten Eins, Drei und Vier zu erklären. Am 11. September stand sein Fall erneut zur Debatte, und diesmal erklärten ihn die Richter für schuldig nach den Anklagepunkten Drei und Vier und verurteilten ihn zum Tod durch den Strang.

Baldur von Schirach war nur nach den Anklagepunkten Eins und Vier angeklagt worden, und als der Gerichtshof zum erstenmal am 9. September über ihn diskutierte, wollten ihn die Russen als einzige nach beiden Punkten verurteilen, während die anderen sich nur auf Punkt Vier beriefen. Die zweite Sitzung wegen Schirach wurde von Falco mit einem scharfen Angriff auf den Angeklagten eröffnet, und dann schlug der Franzose vor: »Lebenslänglich, vielleicht sogar Todesstrafe.« De Vabres hielt seinem jüngeren Kollegen einen kleinen Vortrag: »Es steht zu befürchten, daß wir die Dinge aus einer falschen Perspektive sehen, da wir heute so ganz anders über Hitlers Politik urteilen, deren Folgen wir ja inzwischen kennen. Wir sollten uns einmal in seine [Schirachs] damalige Situation versetzen – ich schlage vor, lebenslänglich oder 20 Jahre.«

Biddle merkte dazu an, daß Schirach »als Gauleiter ... ernsthaft involviert war«, äußerte sich aber nicht sogleich über das Strafmaß. Birkett schlug zwanzig Jahre vor, aber dann plädierte Lawrence für die Todesstrafe, und zwar mit der außergewöhnlichen Begründung, daß Schirach den Vorschlag gemacht habe, die Luftwaffe solle aus Rache für die Ermordung Heydrichs englische Städte bombardieren. Auch Nikitschenko war für die Todesstrafe. Dann stimmte de Vabres für zwanzig Jahre. In Biddles Aufzeichnungen heißt es zwar korrekterweise, daß man sich für zwanzig Jahre Gefängnis entschied, aber das Abstimmungsergebnis ist nicht nach den einzelnen Richtern aufgeschlüsselt, und das können nur de Vabres und zwei andere gewesen sein – zweifellos Biddle und Lawrence.

Alfred Jodl, dessen Fall man am 10. September diskutierte, wurde mit den Stimmen von Lawrence, Biddle und Nikitschenko zum Tod durch den Strang verurteilt. Aber Falco und de Vabres waren dagegen, und so wurde eine weitere Diskussion am 12. September anberaumt. Diese Sitzung war allerdings ausschließlich der Frage gewidmet, ob Keitel und Jodl erschossen oder erhängt werden sollten. Die Franzosen wollten beide erschießen lassen, Biddle war dafür, Keitel aufzuhängen und Jodl zu erschießen, und die Russen und Birkett votierten dafür, beide aufzuhängen. Biddle war schließlich dafür, beide zum Tod durch den Strang zu verurteilen, und in Übereinstimmung mit den anderen Todesurteilen war damit Jodls Schicksal besiegelt.

Ganz am Ende der letzten Sitzung zur Urteilsfindung des Gerichtshofs, also am 26. September, diskutierten die Richter noch einmal über ihre Entscheidungen zu Frick, Seyß-Inquart und Dönitz. Aus Biddles Notizen geht über den Ablauf der Diskussion nichts weiter hervor, als daß die schriftlichen Urteilsbegründungen des Gerichtshofs in diesen Fällen noch einmal überprüft worden seien. Biddle merkt ausgesprochen flapsig an, »da das Abendessen naht«, habe es keine weiteren Vorschläge zu den ersten beiden Angeklagten und »fast keine« zu Dönitz gegeben.

Und damit enden Biddles Tagebuchaufzeichnungen. Sie waren natürlich nicht in erster Linie für die Nachwelt gedacht, sondern als Gedächtnisstütze für Biddle, die er bei einer derartigen Vielzahl von Entscheidungen und nach so vielen Sitzungen auch benötigte. Meiner Ansicht nach geben diese Notizen mehr Aufschluß über die einzelnen Richter als sämtliche anderen erhaltenen Protokolle, aber sie enthalten so gut wie nichts Wesentliches über die endgültige Urteilsfindung selbst, da sie in erster Linie über die Abstimmungen zu den Urteilen und zum jeweiligen Strafmaß Auskunft geben.

Mit der Urteilsbegründung und dem Urteil selbst endete die Zuständigkeit des Gerichtshofs, und davon wird nun die Rede sein.

Einundzwanzigstes Kapitel

Das Urteil: Recht, Verbrechen und Strafe

Robert Jackson hatte zwar bei der Vorbereitung und Begründung der Nürnberger Prozesse eine zentrale Rolle gespielt, aber Mitte September 1946 befand er sich bereits in Washington, völlig in Beschlag genommen von seiner Arbeit am Obersten Bundesgericht der Vereinigten Staaten; außerdem war er sich nicht sicher, ob er wirklich nach Nürnberg zurückkehren sollte, um bei der Urteilsverkündung des Gerichtshofes anwesend zu sein. In Washington warteten auf Jackson ganze Stapel wichtiger Vorgänge, während er in Nürnberg nichts anderes hätte tun können, als dazusitzen, zuzuhören und sich sehen zu lassen. Aber es gab natürlich noch andere Faktoren, über die sich Jackson in einem Brief an Tom Dodd (der in Jacksons Abwesenheit für die amerikanische Anklagevertretung zuständig war) äußerte, den er am 13. September 1946 abschickte:

> Falls Sie irgendwelche vertraulichen Informationen darüber erhalten, daß irgend etwas am Tag der Entscheidung schiefzugehen droht oder daß irgend etwas meine Anwesenheit unbedingt erforderlich macht, so wäre ich Ihnen sehr verbunden, wenn Sie es mich wissen ließen. Meiner Meinung nach kann es zu einer Demonstration der Angeklagten, wenn überhaupt, dann nur während der Urteilsverkündung kommen. Ich weiß nicht, ob das Urteil die Angeklagten oder die Anklagevertretung provozieren wird.* Wenn ich an diesem Tag für das Gericht zuständig wäre, dann würde ich wohl nicht alle [Angeklagten] gemeinsam auf die Bank setzen, wenn die einzelnen Urteile verkündet werden …
>
> Ich habe dies schon einmal gegenüber Richter Parker durchblicken lassen, ich glaube, auch gegenüber Francis Biddle. Ich weiß nicht, ob sie darüber

* Dieser vermutlich sarkastisch gemeinte Satz signalisiert, wie wenig Jackson davon überzeugt war, daß das Urteil seinen eigenen Vorstellungen von dem entsprechen würde, was es eigentlich enthalten sollte.

> jemals nachgedacht haben, und vielleicht halten Sie das auch für übervorsichtig. An diesem Tag sind die Augen der ganzen Welt auf den Gerichtssaal gerichtet, und wenn es zu Zornesausbrüchen unter diesen Angeklagten kommt, dann wird das für die Zeitungen ein gefundenes Fressen sein.

Da er sich noch immer nicht entschließen konnte, schickte Jackson seinen Sohn Bill nach Nürnberg, der sich umhören und ihm Bericht erstatten sollte. Am 17. September, an dem Tag also, da der Gerichtshof die Verschiebung der Urteilsverkündung auf den 30. September bekanntgab, schickte Bill seinem Vater vier eng beschriebene Seiten mit dem Bericht über seine Informationsausbeute. Von Biddle hatte er nur erfahren, »er hoffe, daß Du wiederkommst«, aber »es ist unwahrscheinlich«, daß irgend etwas »Deine Anwesenheit erfordert«.

Richter Parker hingegen, der länger als jeder andere reden konnte und dies auch gern tat, machte sich alle möglichen Gedanken und verurteilte zunächst »lauthals« die Entscheidung des Gerichtshofs, die Urteilsverkündung zu verschieben. Merkwürdigerweise gab er die Schuld daran Rowe und Fisher, die der Ansicht waren, für das Ausfeilen der Urteilsbegründung sei mehr Zeit erforderlich, und die »ihre Nervosität auf Biddle übertragen hätten, und das Ergebnis sei dann die Verschiebung gewesen«. Wie sich allerdings herausstellte, hatte Parker vorgehabt, »die Hauptrede auf der Konferenz der Federal Bar Association« (des amerikanischen Juristentages) am 3. Oktober in Washington zu halten. Aufgrund der Verschiebung in Nürnberg mußte Parker seine Ansprache absagen. Parker fügte allerdings hinzu, eine Verschiebung wäre gar nicht nötig gewesen, »wenn alle so hart wie er gearbeitet hätten«, was Bill zu »einer gehässigen persönlichen Fußnote [veranlaßte] ..., daß Biddle letzte Woche drei Tage in Paris verbracht hatte«.

Parker erklärte sodann, der Gerichtshof habe Jacksons »Krupp-Antrag« ablehnen müssen, um zu zeigen, daß das Tribunal kein »Zivilgericht« sei. Außerdem rühmte er Lawrence als einen »würdevollen und fähigen« Vorsitzenden. Bill nahm derartige Äußerungen stillschweigend zur Kenntnis, aber aus seinem Brief geht hervor, daß sie sich nicht mit den Ansichten von Vater und Sohn Jackson deckten. Viel beunruhigender für Bill war Parkers Mitteilung, die Entscheidung des Gerichtshofs über die angeklagten Organisationen würde so ausfallen, daß »eine pauschale Verurteilung vermieden« würde, ein Standpunkt, den Bill als »abwegig« kritisierte und der auf »Wechslers eigenartigen Theorien« beruhe.

Schließlich gelang es Bill, Parker dazu zu bewegen, mit ihm die Frage zu erörtern, ob sein Vater zur Urteilsverkündung nach Nürnberg zurückkehren solle:

> Er meinte, daß Du verpflichtet seist, »die Sache durchzustehen«, und daß unser Land der gleichen Ansicht sei und erwarte, daß Du hier bist, selbst wenn das Deine Rückkehr auf die Richterbank um ein paar Tage verzögern sollte. Schließlich, sagte er, hättest Du die ganze Sache angefangen, die es

> ohne Dich nie gegeben hätte, und darum solltest Du hier sein und Dir im Gerichtssaal stehend das Ergebnis anhören ... Ich zögere nicht hinzuzufügen, daß er auch Angst davor hatte, es würde ein ganzer Rattenschwanz von Leuten der Ansicht sein, die ihnen vielleicht Deine rachsüchtigen Brüder einreden würden, daß Du davongelaufen wärst. Vielleicht war mit dieser Sorge auch seine [Parkers] Befürchtung verbunden, daß das Urteil gegen die Organisationen nicht dem entsprechen würde, was wir, die Anklagevertretung, gefordert hatten.

Bills persönliche Empfehlung war zwar anders formuliert und weniger definitiv, lief aber auf das gleiche hinaus: »Ich bin zwar jetzt nicht fest davon überzeugt, daß Du alles stehen- und liegenlassen und herüberkommen solltest, aber ich gehe so weit zu sagen, daß es gut wäre, wenn Du es tätest ... Somit bin ich nicht mehr wie zuvor der Ansicht, daß Du nur aus Gründen kommen solltest, die mit dem Verfahren zu tun haben, sondern ich habe jetzt das Gefühl, Du solltest um Deiner selbst willen kommen.«

Damals hatte ich keine Ahnung von diesen Zweifeln und dieser Unsicherheit gehabt. Andernfalls hätte ich es sicher für ganz undenkbar gehalten, daß Jackson dem entscheidenden Schlußakt des Gerichtshofs und der Erklärung über das Schicksal der Angeklagten von sich aus hätte fernbleiben wollen. Ein derartiges Fernbleiben wäre eine Beleidigung für den Gerichtshof gewesen, für Jacksons Kollegen und Untergebene sowie für das ganze juristische und politische Gedankengebäude, dessen Architekt Jackson gewesen war.

Der Richter hielt sich an die Empfehlung aus Nürnberg, und am 24. September verkündete *The Stars and Stripes*: »Jackson kehrt zu den Nürnberger Prozessen zurück«. Die Dinge eilten ihrem Höhepunkt entgegen. Ferner berichtete das Blatt:

> Der Kontrollrat billigte die endgültigen Pläne für die Behandlung der schuldigen Nazi-Kriegsverbrecher, darunter auch die »streng geheimen Hinrichtungen« jener, die zum Tod verurteilt würden, sowie die Unterbringung jener, die zu Haftstrafen verurteilt würden, in Berliner Gefängnissen.
> Zeitungsfotografen, Wochenschaukameramänner sowie das allgemeine Publikum werden von der Hinrichtung ausgeschlossen sein. Zugelassen sind ausschließlich offizielle Gerichtsfotografen.

Der Kontrollrat würde in Nürnberg das Kommando übernehmen, sobald der Gerichtshof sein Urteil verkündet hatte.

Die letzten Tage vor der Urteilsverkündung waren angefüllt mit Forderungen, Bemühungen in letzter Minute, zumeist traurigen Vorfällen, und auf allem lag der Schatten des Todes. In Berlin forderte eine von den Sowjets unterstützte Zeitung den »Tod für alle Nürnberger Angeklagten«. Dr. von der Lippe schrieb, unter den Angeklagten sei »die allgemeine Stimmung sehr gedrückt«. *The Stars and Stripes* brachte unter »Vermischtes« fürchterliche

Meldungen: »Tschechoslowakei schickt 2 600 000 Deutsche heim.* Berliner bauen im Tiergarten Kartoffeln an. Zahl der Wiener Ratten hat mit der Bevölkerung gleichgezogen.« Aus Berlin erfuhren die Angeklagten:

> Der Alliierte Kontrollrat hat die Anweisung erteilt, daß jeder vom Internationalen Militärgerichtshof zum Tod verurteilte Angeklagte am fünfzehnten Tag nach der in öffentlicher Sitzung erfolgten Verkündung des Urteils hingerichtet werden soll. Die Hinrichtungen werden unter Ausschluß der Öffentlichkeit durch den Strang oder das Fallbeil vollzogen. Den Angeklagten wird eine Frist von vier Tagen eingeräumt, um Berufung gegen das Urteil beim Kontrollrat einzulegen.

Auch wenn die Öffentlichkeit nicht wie in alten Zeiten die Hinrichtungen erleben konnte, kamen die Menschen von nah und fern, um das Urteil zu vernehmen. Dazu Bill Jackson: »Die Leute stehen Schlange, um Plätze für den Tag des Jüngsten Gerichts zu bekommen, wie man es hier nennt ... Biddle hat die Kirks eingeladen, Dodd hat die Hornbecks und etwa 8 Generäle eingeladen – ich kann mir überhaupt nicht vorstellen, wie, zum Teufel, das alles funktionieren soll.«

2

Am Vormittag des nächsten Tages, am 30. September, sorgten übertriebene Sicherheitsmaßnahmen und unerfahrene Wachen für ein fürchterliches Gedränge am einzigen offenen Eingang zum Justizgebäude. Von der Lippe beklagte sich darüber, daß man sich innerhalb des Gebäudes »kaum bewegen« konnte; einige der Militärpolizisten waren gereizt, und Rebecca West bekam mit, wie einer der Richter angeschnauzt wurde: »Und wie, zum Teufel, sind Sie hier hereingekommen?« Oberst Andrus führte sich wie ein Verrückter auf – er verbot den Damen, die Beine übereinanderzuschlagen, und wies seine Wachen an, ältere Herren aufzuwecken, die bei dieser Hitze und vor lauter Langeweile eingenickt waren.

Jackson war nicht allein zurückgekehrt, sondern hatte mehrere ehemalige Mitarbeiter mitgebracht, die viele Monate zuvor bereits heimgefahren waren, unter anderem auch Storey und, zu meiner Überraschung, Francis Shea. Jackson und Dodd präsidierten am Tisch der amerikanischen Anklagevertretung, an dem General Gill und ich, Albrecht und Amen, Whitney Harris und Bob Kempner, Drexel Sprecher, Bill Jackson und noch ein paar andere saßen. Ich saß hinter Jackson und hatte einen ausgezeichneten Blick auf das Ganze.

Wie bereits angekündigt, sollte die Verlesung des Urteils zwei Tage dauern. Genaugenommen bestand die Urteilsverkündung aus vier Hauptteilen:

* Das hieß im Klartext: Sudetendeutsche nach Deutschland deportiert.

Die Darstellung des Aufstiegs der Nazis und die Darlegung des Beweismaterials gegen die Angeklagten nahm den Vormittag und einen Teil der Nachmittagssitzung am 30. September in Anspruch; für die Anschuldigungen gegen die Organisationen benötigte man den Rest dieser Nachmittagssitzung; für die Entscheidung über Schuld oder Unschuld der einzelnen Angeklagten war der Vormittag des 1. Oktober vorgesehen; und die Verkündung des Strafmaßes für die schuldig befundenen Angeklagten war für die Nachmittagssitzung dieses Tages anberaumt.

Die Richter nahmen ihre Plätze ein, und Lord Lawrence verkündete: »Das Urteil des Internationalen Militärgerichtshofs wird jetzt verlesen werden. Ich verzichte auf die Verlesung des Titels und der formellen Teile.« Lawrence selbst fing mit der Lesung an, danach wechselten sich die anderen Richter für jeweils etwa eine Dreiviertelstunde nacheinander ab.

Zu Beginn des Textes stand eine kurze Darstellung der Londoner Charta und der Anklageschrift, dazu gab es eine Statistik über derartige Dinge wie die Zahl der öffentlichen Sitzungen des Gerichtshofs (453) und der Zeugen, die gehört wurden (dreiunddreißig Zeugen der Anklage, einundsechzig für die Verteidigung). Schon bald aber wandte man sich dem Ursprung (1919) und der Entwicklung der Nazipartei zu, Hitlers Übernahme der Kanzlerschaft (1933), der Besetzung praktisch aller Regierungspositionen durch die Nazis in den darauffolgenden beiden Jahren und dem Ablauf der Wiederaufrüstung, die schließlich dazu führte, daß 1938 zum erstenmal militärische Macht ausgeübt wurde.

Die hierbei geschilderten Ereignisse waren dem Gerichtshof, den Anklägern wie den Angeklagten natürlich längst bekannt und dem Publikum im allgemeinen vertraut. Es handelte sich dabei um Aktionen und Vorgänge wie die Errichtung der Diktatur, die Röhm-Säuberungen, die Konzentrationslager, die Verfolgung der Juden – all das war damals schon weithin auf Kritik gestoßen. In diesen frühen Teilen des Urteils gab es bereits mißbilligende Untertöne, als eine Reihe von Angeklagten erwähnt wurden, die bei diesen Ereignissen eine Rolle gespielt hatten: Göring, Ribbentrop, Funk, Schacht, Raeder, Papen, Schirach, Neurath und Gustav Krupp. Aber im großen ganzen waren die Ausführungen des Gerichtshofs sachlich und nüchtern; sie versuchten nicht, die Angeklagten schon hier mit internationalen Verbrechen in Verbindung zu bringen.

Das änderte sich allerdings schlagartig, als die Richter bei dem Abschnitt angelangt waren, der die Überschrift »Der gemeinsame Plan oder die Verschwörung und der Angriffskrieg« trug und der sich explizit mit den Punkten Eins und Zwei der Anklageschrift befaßte. Darin hieß es:

> Die Behauptungen der Anklageschrift, nämlich, daß die Angeklagten Angriffskriege geplant und geführt hätten, sind Anschuldigungen schwerster Natur. Der Krieg ist seinem Wesen nach ein Übel.

Seine Auswirkungen sind nicht allein auf die kriegführenden Staaten beschränkt, sondern treffen die ganze Welt.
Die Entfesselung eines Angriffskrieges ist daher nicht nur ein internationales Verbrechen; es ist das größte internationale Verbrechen, das sich von anderen Kriegsverbrechen nur dadurch unterscheidet, daß es in sich alle Schrecken vereinigt und anhäuft.
Die ersten in der Anklageschrift erwähnten Angriffshandlungen bestehen in der Besetzung Österreichs und der Tschechoslowakei; und der erste Angriffskrieg, der unter Anklage gestellt ist, ist der am 1. September 1939 begonnene Krieg gegen Polen.

Hier gab es eine überflüssige Begriffsverwirrung. Denn es war falsch, von »anderen Kriegsverbrechen« zu sprechen, da die Charta ausdrücklich »Verbrechen gegen den Frieden« (Artikel 6a) von »Kriegsverbrechen« (Artikel 6b) abgetrennt hatte. Es war falsch zu erklären, daß sich »Angriffshandlungen« (d.h. Artikel 6a) von »anderen Kriegsverbrechen« (6b) nur nach ihrer Schwere unterschieden, da doch genaugenommen »Verbrechen gegen den Frieden« auch ohne »Kriegsverbrechen« begangen werden können und umgekehrt.

Während diese Fehler vergleichsweise harmlos sind, kann dies nicht von der Unterscheidung des Gerichtshofs zwischen der »Besetzung« Österreichs und der Tschechoslowakei und dem »Angriffskrieg« gegen Polen gesagt werden, wobei man die ersten beiden Vorgänge »Angriffshandlungen« nannte und den dritten einen »Angriffskrieg«. Daß es nur im Falle Polens einen »Krieg« gegeben hatte, ist natürlich klar. Aber wie wirkte sich diese Differenzierung rechtlich aus? In der Charta ist in Artikel 6a) ebenso wie in 6b) nur von »Krieg« die Rede. Hieß das, daß die »Handlungen« gegen Österreich und die Tschechoslowakei nicht von der Charta erfaßt wurden? Der Gerichtshof ging indes an dieser Stelle nicht auf die Frage ein.

Um die Absicht Hitlers und der Angeklagten zur Vorbereitung und Planung der Führung eines Angriffskrieges nachzuweisen, berief sich der Gerichtshof in erster Linie auf Hitlers Buch *Mein Kampf* sowie auf die vier Besprechungen mit seinen wichtigsten militärischen und diplomatischen Untergebenen, die am 5. November 1937, am 23. Mai 1939, am 22. August 1939 und am 23. November 1939 stattgefunden hatten. Die entsprechenden Dokumente waren im Laufe des Prozesses wiederholt verlesen und diskutiert worden, und so war es nicht überraschend, daß sie ebenso wie die Erörterung der Gegenargumente der Verteidigung durch den Gerichtshof in die Urteilsbegründung aufgenommen wurden.

Dann wandten sich die Richter einem wichtigen Teil ihrer Aufgabe zu: der Analyse, ob es im Hinblick auf die in den Punkten Eins und Zwei der Anklageschrift aufgeführten Länder, die von Deutschland militärisch erobert oder sonstwie angegriffen worden waren, zu Verletzungen von Artikel 6a) oder b) der Charta gekommen war. Da man in chronologischer Reihenfolge vorging, mußte der Gerichtshof erneut auf Österreich und die Tschechoslowakei eingehen und damit auf das juristische Thema nichtkriegerischer Annexionen oder Besetzungen.

Der Gerichtshof befaßte sich in seiner Urteilsbegründung mit den Ereignissen, die zur Annexion Österreichs durch die Deutschen im März 1938 geführt hatten, wobei man insbesondere auf die zuvor von den Deutschen abgegebenen Versprechen, die Unabhängigkeit Österreichs zu respektieren, sowie auf die auf den Anschluß ausgerichteten Handlungen von Hitler, Göring und Seyß-Inquart einging. Der Text bezeichnete das Vorgehen Deutschlands als eine »Angriffsmaßnahme« und nahm zu der Behauptung der Angeklagten, daß der Anschluß von vielen Österreichern begrüßt worden sei, folgendermaßen Stellung:

> Selbst wenn dies alles wahr wäre, wäre es ganz unerheblich, da die Tatsachen klar beweisen, daß die Methoden, deren man sich zur Erlangung jenes Zieles bediente, die eines Angreifers waren. Entscheidend war, daß Deutschlands bewaffnete Macht zum Einsatz für den Fall des Widerstandes bereitstand.

Aller Wahrscheinlichkeit nach wollte die Mehrheit der Österreicher lieber unabhängig bleiben, aber die Meinungen waren wirklich geteilt, und ohne dem Gerichtshof zu nahe treten zu wollen: Dieser Umstand war keineswegs »unerheblich«. Denn wenn alle Österreicher wirklich echte Patrioten gewesen wären, dann wäre Hitler der Anschluß nicht so leicht gefallen. Und erneut hatte sich der Gerichtshof nicht genau mit der rechtlichen Frage auseinandergesetzt. Nach der Charta war ein »Angriff« ohne »Krieg« kein Verbrechen im Sinne von Punkt Zwei der Anklageschrift, die dort weder Österreich noch die Tschechoslowakei aufführt und die die Liste der »Kriege« mit Polen beginnen läßt. Allerdings waren die Ereignisse, die zum Anschluß führten, mit Sicherheit Beweise für eine Verschwörung zur Führung eines Angriffskriegs zu einem späteren Zeitpunkt, und die Urteilsbegründung des Gerichtshofs wäre viel klarer gewesen, wenn diese Faktoren zur Kenntnis genommen worden wären.

Hitler hatte zuvor keine Vorbereitungen für die Anwendung militärischer Gewalt gegen Österreich getroffen, und die Entscheidung im März, den Anschluß zu erzwingen, war das Ergebnis günstiger Umstände, wie Hitler zu Recht erkannte. Er konnte fast sicher sein, daß von den Österreichern kein militärischer Widerstand ausgehen würde, und der Einmarsch der Deutschen kam eher einer Parade gleich als einer gewaltsamen Invasion.

Etwas ganz anderes war die Besetzung der Tschechoslowakei. Kurz nach dem Anschluß revidierte Jodl die bestehenden Pläne für eine Invasion der Tschechoslowakei »auf Grund der veränderten strategischen Lage durch Eingliederung Österreichs«. Am 20. Mai 1938 erklärte Hitler seinen militärischen Untergebenen in einer geheimen Besprechung: »Es ist mein unabänderlicher Entschluß, die Tschechoslowakei in absehbarer Zeit durch eine militärische Aktion zu zerschlagen.« Der Text des Gerichtshofs führte viele Vorbereitungen und Pläne auf, die dazu gedient hatten, für eine Invasion der Tschechoslowakei am 1. Oktober 1938 bereit zu sein. Das Münchener Abkommen zwischen England, Frankreich, Italien und Deutschland bereitete der Aussicht auf einen unmittelbar drohenden Krieg ein Ende, indem das Sudetenland an Deutschland abgetreten wurde, was zur Folge hatte, daß die Tschechoslowakei nicht mehr zu halten war. Am 14. März erklärten Hitler und Göring dem tschechischen Präsidenten Hácha, daß Böhmen und Mähren unter deutsche Oberhoheit gestellt werden müßten, daß deutsche Truppen bereits im Anmarsch seien und daß jeder Widerstand zur Zerstörung von Prag durch die Luftwaffe führen würde.

Der letzte Satz in den Ausführungen des Gerichtshofs zu dieser Angelegenheit lautete: »Am 15. März besetzten deutsche Truppen Böhmen und Mähren, und am 16. März wurde die deutsche Verordnung, welche Böhmen und Mähren in Gestalt eines Protektorats dem Reich einverleibte, erlassen; diese Verordnung war von den Angeklagten Ribbentrop und Frick unterzeichnet.«

Zu meiner Überraschung hatten die Richter sich nicht bemüht, die rechtliche Bedeutung der Besetzung von Böhmen und Mähren darzulegen.* Offenkundig waren die deutschen Aktionen gegenüber der Tschechoslowakei, wie die in Österreich, ein Beweis für eine Verschwörung zur Führung eines künftigen Angriffskriegs. Aber konnte sich eine Klage darauf stützen, daß die Besetzung von Böhmen und Mähren eine Verletzung von Artikel 6a) darstellte, obwohl ja ein »Krieg« im üblichen Sinne nicht »ausbrach«? Im Unterschied zu den Ereignissen in Österreich hatten die Deutschen in diesem Fall Heeres- und Luftstreitkräfte nach Böhmen und Mähren entsandt und im Falle eines Widerstandes gedroht, Prag dem Erdboden gleichzumachen. Wenn die bewaffneten Streitkräfte so drohend und überlegen waren, daß die Führung in Prag kapitulierte, konnte dies dann nicht als »Krieg« bezeichnet werden, der unmittelbar zur Kapitulation führte? Leider bezog der Gerichtshof ein derartiges Argument nicht in seine Überlegungen ein.

Als nächstes wurde ein längerer Abschnitt verlesen, der die Überschrift »Der Angriff gegen Polen« trug, an dem kaum etwas auszusetzen war. Er schloß mit den Worten:

> Trotz der stets steigenden Gewißheit, daß diese Absicht zum Krieg sowohl mit Großbritannien wie auch mit Frankreich führen würde** – war Hitler

---

* Die Slowakei durfte zwar ihre eigene Regierung behalten, wurde aber unter deutsche Oberhoheit gestellt.

** Die Anklageschrift führte unter den in Punkt Zwei genannten Angriffskriegen auch den gegen England und den gegen Frankreich auf, und zwar zwischen Polen sowie Dänemark und Norwegen. Die Urteilsbegründung enthielt allerdings keine derartige direkte Anschuldigung.

> entschlossen, von dem einmal beschrittenen Weg nicht mehr abzuweichen. Der Gerichtshof hat sich davon überzeugt, daß der von Deutschland am 1. September 1939 gegen Polen begonnene Krieg ganz offensichtlich ein Angriffskrieg war, der sich folgerichtig in einen die ganze Welt umspannenden Krieg entwickeln mußte und die Begehung unzähliger Verbrechen gegen die Gesetze und Gewohnheiten des Krieges sowie gegen die Menschlichkeit zur Folge hatte.

Die Besetzung Dänemarks und Norwegens wurde in einem Abschnitt zusammenfassend behandelt, und in beiden Fällen hatte Deutschland am 31. Mai 1939 Nichtangriffspakte unterzeichnet. Nicht einmal ein Jahr später waren beide Länder von Deutschland angegriffen worden. Im Hinblick auf Dänemark erklärte der Gerichtshof: »Keiner der Angeklagten behauptete, daß außer Deutschland irgendeiner der Kriegführenden die Besetzung Dänemarks plante. Für diese Angriffshandlung wurde niemals eine Begründung gegeben.« Nicht anders wurden auch die Ereignisse herbeigeführt, die zum Einfall der Deutschen in Norwegen führten, und der Gerichtshof schloß diesen Abschnitt mit den Worten ab: »Auf Grund des zur Verfügung stehenden Beweismaterials ist die Beweisführung [der Verteidigung] unannehmbar, daß die Angriffe auf Dänemark und Norwegen Verteidigungsmaßnahmen waren. Nach Ansicht des Gerichtshofes waren sie Angriffshandlungen.«

Der Hinweis des Gerichtshofs auf die »Beweisführung« der Verteidigung bezog sich natürlich auf deren Behauptung, die Besetzung Norwegens durch die Deutschen sei notwendig gewesen, um ähnlichen Plänen von seiten Frankreichs und vor allem Englands zuvorzukommen. Dokumente, die derartige Pläne belegten, waren den Deutschen in Frankreich nach dessen Kapitulation in die Hände gefallen. Der Gerichtshof bestritt nicht die Authentizität dieser Dokumente, stellte aber zu dem Argument der Verteidigung fest: »Diese Pläne waren jedoch nicht der Grund für die deutsche Invasion in Norwegen. Norwegen wurde von Deutschland besetzt, um sich Stützpunkte zu verschaffen, von denen ein wirksamerer Angriff auf England und Frankreich vorgenommen werden könnte, in Übereinstimmung mit Plänen, die schon lange vor den alliierten Plänen vorbereitet worden waren, auf die man sich jetzt stützt, um die Behauptung der Selbstverteidigung zu beweisen.«

Der Gerichtshof stellte korrekterweise fest, daß das Interesse der deutschen Kriegsmarine an Norwegen ursprünglich darauf ausgerichtet gewesen war, bessere Stützpunkte für Operationen gegen Großbritannien zu bekommen. Aber militärische Pläne dienen oft einem vielfachen Zweck, und es ist unbestreitbar, daß die Deutschen auch die Befürchtung hegten, England könnte in Norwegen Stützpunkte errichten, um den Nachschub an schwedischem Eisenerz abzuschneiden, das großenteils auf dem Seeweg entlang der norwegischen Westküste nach Deutschland gelangte. Wäre England dies gelungen, so hätte man kaum das Argument vorbringen können, Deutschland hätte nicht das Recht gehabt, die Briten zu vertreiben oder sie an einer erfolgreichen Landung zu hindern.

Um Beweise für diese britischen Pläne vorlegen zu können, hatte Dr. Siemers die sachdienlichen Dokumente bei der Admiralität angefordert, aber die Briten hatten sich, wie wir gesehen haben, geweigert, dieser Forderung zu entsprechen. Doch in der Urteilsbegründung des Gerichtshofs war dies nicht aufgeführt, nämlich die Weigerung der Briten, dem Angeklagten Raeder Zugang zu Dokumenten zu verschaffen, die eindeutig mit seinem Fall in Verbindung standen, ebenso wie mit der Frage, ob die Invasion Norwegens ein Angriffskrieg gewesen war.

Bezüglich der Niederlande zitierte der Gerichtshof nur ganz kurz Hitlers Äußerungen, der gegenüber seinen militärischen Kommandeuren wiederholt versichert hatte, daß die Besetzung der Niederlande notwendig sei für den Krieg gegen England, daß auf »Neutralitätserklärungen ... nichts gegeben werden« könne, daß sie »bedeutungslos« seien und daß die gleichzeitig an Holland und Belgien ergangenen Zusicherungen hinsichtlich ihrer Neutralität nicht eingelöst würden. Abschließend erklärte der Gerichtshof dazu:

> Der Angriff auf Belgien, Holland und Luxemburg entbehrte jeder Berechtigung.
> Er wurde in Verfolgung von lange vorher erwogenen und vorbereiteten Maßnahmen ausgeführt und war ganz offenbar eine Angriffskriegshandlung.
> Der Entschluß zum Angriff wurde ohne jede andere Erwägung als die der Förderung der aggressiven Politik Deutschlands getroffen.

Der Gerichtshof befaßte sich ebenfalls nur kurz mit der Besetzung Jugoslawiens und Griechenlands durch Deutschland, die gleichzeitig am 6. April 1941 erfolgt war. In der Urteilsbegründung wurde dargestellt, daß beide Aktionen das Ergebnis von Mussolinis irregeleiteter Invasion Griechenlands im Oktober 1940 gewesen seien, die nur Großbritannien und Deutschland in die Balkanstaaten gezogen habe. Da er das Auftauchen britischer Truppen in Griechenland fürchtete, die ihre Gastgeber gegen Italien unterstützen könnten, hatte Hitler bereits Mitte Dezember 1940 geplant, das griechische Festland im darauffolgenden Frühjahr einzunehmen. In den dazwischenliegenden Monaten marschierten deutsche Truppen in den südlichen Teilen von Rumänien und Bulgarien auf. Am 19. Februar 1941 trafen britische Streitkräfte in Griechenland ein.

In diesen Monaten blieben die Beziehungen zwischen Deutschland und Jugoslawien offenbar ausgeglichen, und am 25. März 1941 trat Jugoslawien dem deutsch-italienisch-japanischen Dreimächtepakt bei. Doch gleich am nächsten Tag gab es einen Staatsstreich in Belgrad, und die neue Regierung erkannte den Pakt nicht an. Hitler paßte dies ganz und gar nicht, und er erklärte, Jugoslawien könnte ein Unsicherheitsfaktor sein, wenn Deutschland den geplanten Angriff auf Rußland ausführen würde. Folglich befahl er, Jugoslawien und Griechenland gleichzeitig und ohne Vorwarnung anzugreifen. In der Urteilsbegründung heißt es dazu abschließend:

> Aus dem vorhergehenden Bericht geht klar hervor, daß ein Angriffskrieg gegen Griechenland und Jugoslawien schon lange ins Auge gefaßt worden war, sicherlich schon seit August 1939. Die Tatsache, daß Großbritannien den Griechen zu Hilfe gekommen war und später in der Lage sein könnte, deutschen Interessen großen Schaden zuzufügen, wurde als Vorwand für die Besetzung beider Länder genommen.

Die Darstellung des Hintergrunds und der Entwicklung von Hitlers Entscheidung, Krieg gegen die Sowjetunion zu führen, und zwar gemeinsam mit Finnland, Rumänien und Ungarn, fiel in der Urteilsbegründung ziemlich kursorisch aus. Die Erwiderung des Gerichtshofs auf die Verteidigung und seine eigenen rechtlichen Schlußfolgerungen waren sogar noch kürzer:

> Zur Entlastung der Angeklagten wurde vorgebracht, daß der Angriff auf die UdSSR gerechtfertigt gewesen sei, weil die Sowjet-Union einen Angriff auf Deutschland plante und Vorbereitungen zu diesem Zweck getroffen habe. Man kann unmöglich glauben, daß diese Ansicht jemals ernstlich gehegt wurde.
> Die Pläne für die wirtschaftliche Ausbeutung der UdSSR, für die Wegführung großer Bevölkerungsteile, für die Ermordung von Kommissaren und politischen Führern, all dies war ein Teil des sorgfältig vorbereiteten Plans, der am 22. Juni ohne irgendwelche Warnung und ohne einen Schatten von Rechtmäßigkeit in die Tat umgesetzt wurde. Es war ein glatter Überfall.

Das letzte Land, das in der Anklageschrift aufgeführt war, waren die Vereinigten Staaten von Amerika. Der Gerichtshof schilderte die Beziehungen zwischen Deutschland und Japan sowie Ribbentrops Bemühungen, die Japaner dazu zu bewegen, Großbritannien anzugreifen. Gemäß dem Dreimächtepakt waren die Mitgliedsstaaten verpflichtet, einander zu Hilfe zu kommen, wenn einer von ihnen von einem Nichtmitgliedsland angegriffen wurde, aber im Laufe der deutsch-japanischen Verhandlungen waren Hitler und Ribbentrop von ihrem politischen Grundprinzip abgewichen, einen Krieg mit den Vereinigten Staaten zu vermeiden, indem sie gegenüber Außenminister Matsuoka erklärten, falls Japan in einen Krieg mit den Vereinigten Staaten »verwickelt« würde, dann würde Deutschland Japan beistehen. Folglich erklärte Deutschland vier Tage nach dem Angriff der Japaner auf die US-Flotte und den Stützpunkt von Pearl Harbor den Vereinigten Staaten den Krieg. Die Anklageschrift bezeichnete dies als einen aggressiven Angriff und als ein Verbrechen gegen den Frieden, und in der Urteilsbegründung bestätigte der Gerichtshof diesen Vorwurf.

Es steht zwar außer Frage, daß Deutschland den Vereinigten Staaten den Krieg erklärte und diesen auch geführt hat, und so läßt sich auch seine Verurteilung wegen dieses Verbrechens gegen den Frieden juristisch vertreten. Aber für mich hat das ein wenig mit Spiegelfechterei zu tun. In den ersten beiden Kriegsjahren war die Einstellung der amerikanischen Regierung gegenüber Nazideutschland so unfreundlich gewesen, und sie hatte Großbritannien so dicht an der Grenze zwischen Neutralität und Feindseligkeit unterstützt gehabt, daß im Grunde Deutschland und die Vereinigten Staaten gegeneinander in den Krieg zogen. Aber dieser Fall wirkte sich ohnehin nicht spürbar auf das Urteil des Gerichtshofs aus.*

3

Nachdem die Richter kurz auf die rechtliche Bedeutung internationaler Friedensverträge eingegangen waren – der Haager Konventionen, des Versailler Vertrags und des Briand-Kellogg-Pakts (auch Pariser Pakt genannt) –, wandten sie sich der Analyse von zwei wichtigen juristischen Problemen zu.

Zunächst befaßte sich der Gerichtshof mit der Frage, die praktisch seit Prozeßbeginn jeden beschäftigt hatte, und über die es bereits seitens der Anklage wie der Verteidigung heftige Debatten gegeben hatte: Ist es rechtens, die Führung von Angriffskriegen diesen Angeklagten zur Last zu legen? Nach der Charta war dies der Fall, und in ihrer Urteilsbegründung wiederholten die Richter nur, was sie schon mehrmals erklärt hatten: Sie seien an die Charta gebunden, im »Hinblick jedoch auf die große Bedeutung der damit zusammenhängenden Rechtsfragen ... wird [das Gericht] seine eigene Ansicht über diesen Gegenstand aussprechen«.

Es überraschte niemanden, daß die Antwort auf jene Frage positiv ausfiel. Zuerst befaßte sich das Gericht mit dem Argument der Verteidigung, ungeachtet aller Bestimmungen der Charta hätten die Angeklagten die fraglichen Taten Jahre zuvor begangen, und da es damals kein derartiges Gesetz gegeben habe, seien sie nach dem Prinzip »Nullum crimen sine lege, nulla poena sine lege« vor einer strafrechtlichen Verfolgung geschützt. In seiner Urteilsbegründung suchte das Gericht dieses Argument zu widerlegen, und zwar mit der Begründung, daß die Angeklagten »unter Verletzung von Verträgen und Versicherungen ihre Nachbarstaaten ohne Warnung angegriffen« hätten. Alle Angriffe von Nazideutschland auf andere Länder seien nach diesen Methoden eröffnet worden, die schon lange als tückisch geächtet und von den Haager Konventionen von 1899 und 1907 untersagt worden seien. Daher gebe es keinen Zweifel am verbrecherischen Charakter der Methoden der Angeklagten.

---

* Ich habe mich oft gefragt, was geschehen wäre, wenn Hitler damals den Vereinigten Staaten nicht den Krieg erklärt hätte. Ganz gleich, ob es jemals eine Kriegserklärung gegeben hätte, bin ich doch sicher, daß es über kurz oder lang zu offenen Feindseligkeiten gekommen wäre; aber Hitlers Entscheidung hat es den Vereinigten Staaten mit Sicherheit leichter gemacht, Deutschland den Krieg zu erklären.

Aber damit war noch lange nicht der verbrecherische Charakter von Angriffskriegen erwiesen, da sie durchaus nach entsprechender Warnung und ohne Verletzung von Verträgen begonnen werden können. Um diesen verbrecherischen Charakter von Angriffskriegen zu erhärten, unabhängig davon, wie sie begonnen wurden, beriefen sich die Richter in erster Linie auf den Pariser Pakt von 1928 und auf andere internationale Vereinbarungen aus der Zeit vor dem Zweiten Weltkrieg, die den Angriffskrieg zu einem »internationalen Verbrechen« erklärt hatten. Die Schwäche all dieser Vereinbarungen besteht jedoch darin, daß weder der Wortlaut des Pariser Paktes noch die Formulierung »internationales Verbrechen« notwendigerweise anwendbar sind auf die Handlungen einzelner.

Der Gerichtshof versuchte in seiner Urteilsbegründung diese Lücke zu schließen, indem er darauf hinwies, daß auch in den Haager Konventionen nirgendwo Verletzungen ihrer Bestimmungen als »verbrecherisch« bezeichnet oder irgendwelche Strafen vorgeschrieben werden, daß diesen Konventionen aber trotzdem durch die Strafgerichtsbarkeit von Kriegsgerichten Geltung verschafft worden sei und werde. Verstöße gegen das Kriegsrecht seien schon viele Jahre vor der Annahme der Haager Konventionen mit Strafen geahndet worden, und die Väter dieser Abkommen hätten die Verhängung von Strafen der ungeschriebenen, aber allgemein üblichen Praxis überlassen. Diese Berufung des Gerichtshofs auf ein Gewohnheitsrecht wurde indes durch die Tatsache in Frage gestellt, daß jahrhundertelang und mindestens bis nach dem Ersten Weltkrieg Angriffskriege gewohnheitsrechtlich nicht als unrechtmäßig galten.

Meines Erachtens trug die Urteilsbegründung des Gerichts keine neuen Argumente zu diesem alten Problem bei. Aber der tückische Charakter der deutschen Angriffe war unzweifelhaft verbrecherisch, so daß nach den Anklagepunkten Eins und Zwei verhängte Strafen – sofern es genügend Beweise dafür gab – völlig gerechtfertigt waren.

Dann wandten sich die Richter der Verschwörung zu, dem Komplex also, den Donnedieu de Vabres vergeblich zu streichen versucht und den Biddle am Ende für die Urteilsbegründung formuliert hatte. Diese befaßte sich hauptsächlich mit der Tatsache, daß Punkt Eins der Anklageschrift vorsah, der Vorwurf der Verschwörung könne im Hinblick auf alle drei in der Charta benannten grundsätzlichen Verbrechensarten erhoben werden. Im Gegensatz zu dieser Auffassung der Anklageschrift und zu den von der Anklagevertretung geäußerten Ansichten erklärte das Gericht jedoch in seiner Urteilsbegründung, von einer Verschwörung könne nur bei Verbrechen gegen den Frieden, aber nicht bei Kriegsverbrechen oder Verbrechen gegen die Menschlichkeit die Rede sein.

Ursprünglich hatte man diese Passage nur deshalb verlesen wollen, um de Vabres zu beschwichtigen, aber die Urteilsbegründung zeigte, daß dies jedenfalls die korrekte Interpretation der Charta war. Auf die Verschwörung nahm nur Artikel 6a) der Charta Bezug, der sich mit Verbrechen gegen den Frieden befaßte, nicht jedoch die Artikel 6b) und 6c). Der auf Artikel 6c) folgende Absatz sprach zwar von einer »Verschwörung zur Begehung eines der vorgenannten Verbrechen«, aber das einzige »vorgenannte« Verbrechen blieb die Verschwörung zur Begehung von Verbrechen gegen den Frieden.

Die Erörterung des Prinzips der Verschwörung in der Urteilsbegründung ging auch auf die Abneigung von kontinentaleuropäischen Juristen (wie de Vabres) gegenüber diesem Prinzip ein, indem die Richter dessen breiten Geltungsbereich ablehnten, den die Anklagevertretung befürwortet hatte: »Aber nach Ansicht des Gerichtshofes muß die Verschwörung in ihrer verbrecherischen Absicht klar umrissen sein. Sie darf vom Zeitpunkt der Entscheidung und der Handlung nicht zu weit entfernt sein.«

Im Laufe ihrer nichtöffentlichen Diskussionen hatte es den Richtern Schwierigkeiten bereitet festzulegen, wann die Verschwörung begonnen hatte, und sie hatten sich nicht mit der Ansicht einiger Ankläger (vor allem Fyfes) anfreunden können, die Verschwörung habe bereits mit der Gründung der Partei im Jahre 1919 begonnen. Nun erklärten sie in ihrer Urteilsbegründung: »Es ist nicht nötig, zu entscheiden, ob ein einzelner Hauptverschwörer unter den Angeklagten von der Beweisaufnahme festgestellt wurde ... Daß Kriegspläne bereits am 5. November 1937, und wahrscheinlich auch schon früher, gefaßt wurden, ist offensichtlich ... Aber die Beweisführung stellt mit Gewißheit eher das Bestehen zahlreicher Einzelpläne fest als eine einzige Verschwörung, die diese alle umfaßt.«

An diesem Punkt wandte sich die Urteilsbegründung von Problemen mit den Verbrechen gegen den Frieden ab und den Kriegsverbrechen sowie den Verbrechen gegen die Menschlichkeit zu. Zugleich war dies die letzte umfassende Darstellung von Beweismaterial in der Urteilsbegründung. In diesem, meiner Ansicht nach sehr gut geschriebenen Abschnitt kamen die Richter auf Beweismaterial zu sprechen, das die Ermordung und Mißhandlung von Kriegsgefangenen betraf, die Ermordung und Mißhandlung der Zivilbevölkerung, den Raub von öffentlichem und privatem Eigentum, die Politik der Sklavenarbeit und die Judenverfolgung.

Nach diesem Beweisvortrag befaßte sich der Gerichtshof mit drei damit in Zusammenhang stehenden Themen. Das erste Argument der Verteidigung ging davon aus, daß einige der in diese Kriege verwickelten Länder keine Signatarmächte der Haager Konventionen seien und daß die Deutschen daher gegenüber den Nichtunterzeichnern nicht an jene Konventionen gebunden gewesen seien. Der Gerichtshof wischte diese Behauptung vom Tisch: »Aber 1939 waren diese Regeln, wie sie von der Konvention vorgeschrieben waren, von allen zivilisierten Völkern anerkannt und wurden als bindende Gesetze und Kriegsregeln betrachtet, auf welche in Artikel 6b) des Status hingewiesen wird.«

Zum zweiten war behauptet worden, da die Kriegsgesetze nur auf Feindseligkeiten zwischen Kriegführenden anzuwenden seien, würden sie nicht für Länder gelten, die »Deutschland ... vollkommen unterworfen und ... dem Deutschen Reich einverleibt hätte«. Demgegenüber stellte die Urteilsbegründung fest:

> Das Gesetz wurde nie als anwendbar betrachtet, solange eine beteiligte Armee versuchte, die besetzten Gebiete ihren rechtmäßigen Eigentümern zurückzugeben, so daß in diesem Falle das Gesetz nicht für Gebiete, welche nach dem 1. September 1939 besetzt wurden, zutraf. Was die Kriegsverbrechen in Böhmen und Mähren anbetrifft, kann gesagt werden, daß diese Gebiete niemals in das Reich aufgenommen wurden, womit eine genügende Antwort gegeben sein dürfte; denn es wurde lediglich ein Protektorat aus ihnen gemacht.

Diese Formulierung implizierte somit, daß die Argumentation der Verteidigung auf Österreich anwendbar sei, das dem Deutschen Reich einverleibt worden war.

Die dritte und wichtigste Frage bezog sich auf die Verbrechen gegen die Menschlichkeit und die Behauptung der Anklagevertretung, daß Nazigreueltaten in Deutschland (insbesondere gegenüber den Juden) vor dem Krieg gegen Polen nach der Definition von Verbrechen gegen die Menschlichkeit in Artikel 6c) der Charta strafbar seien. Doch der Gerichtshof legte Artikel 6 sehr eng aus, so daß die in Artikel 6c) aufgeführten Greueltaten nur strafbar seien, wenn sie begangen wurden »in Verbindung mit Verbrechen ..., die der Zuständigkeit des Tribunals unterliegen«. Damit waren natürlich die Klauseln 6a) und 6b) gemeint, aber letztere war erst für die Zeit nach dem 1. September 1939 gültig. Vor diesem Zeitpunkt also waren Verbrechen gegen die Menschlichkeit nur strafbar in Verbindung mit den in Klausel 6a) erwähnten Verbrechen gegen den Frieden. Nach Ansicht des Gerichtshofs war hinsichtlich der Vorkriegsgreueltaten der Nazis »nicht genügend bewiesen ..., daß sie in Verbindung mit einem solchen Verbrechen getätigt worden sind. Aus diesem Grunde kann das Tribunal keine allgemeine Erklärung abgeben, daß die Handlungen vor 1939 Verbrechen gegen die Menschlichkeit waren innerhalb der Begriffsbestimmungen des Status.«

Diese Auslegung von Artikel 6 war juristisch korrekt, und das hieß in praktischer Hinsicht: Der Gerichtshof vertrat die Meinung, er sei für die Nazigreueltaten in Deutschland vor dem Krieg gegen Polen nicht zuständig.

4

Zu diesem Zeitpunkt war die Nachmittagssitzung etwa zur Hälfte vorbei, und die restliche Zeit an diesem ersten Tag wurde den angeklagten Organisationen gewidmet. Der Gerichtshof hielt sich in seiner Urteilsbegründung eng an die Beweisvorlage im August sowie an die Entscheidungen, zu denen er bei seinen abschließenden Besprechungen im September gelangt war.

Bevor sich die Richter mit den einzelnen Organisationen befaßten, führten sie aus, welche Gedanken sie sich über die Todesurteile gemacht hatten, zu denen sie durch das Kontrollratsgesetz Nr. 10 ermächtigt seien, und sie stellten dazu fest: »Andererseits sollte das Tribunal eine Erklärung über ein Verbrechen so formulieren, daß soweit wie möglich, unschuldige Personen nicht bestraft werden.« Und wie geplant legte der Gerichtshof, gegen Nikitschenkos entschiedenen Einspruch, einige Empfehlungen für den Kontrollrat vor: einheitliche Behandlung von Mitgliedern verurteilter Organisationen in den vier Besatzungszonen sowie Beschränkungen der nach Kontrollratsgesetz Nr. 10 verhängten Strafen, die nicht das nach dem Entnazifizierungsgesetz der amerikanischen Besatzungszone praktizierte Strafmaß übersteigen dürften.

Als erstes nahm sich der Gerichtshof das Führerkorps der NSDAP vor und befand diese Organisation nach einer ausführlichen Darstellung ihrer Struktur, Ziele und Tätigkeit für schuldig der Verletzung der Kriegsrechte – und zwar durch die Germanisierung von Bürgern in den von den Deutschen besetzten Ländern, durch die Verfolgung der Juden in Europa, durch die Beteiligung am Sklavenarbeitsprogramm und durch die Mißhandlung von Kriegsgefangenen. Von seiner Entscheidung schloß der Gerichtshof alle Führer unterhalb der Ebene von Ortsgruppenleitern und Abteilungsleitern aus sowie alle, die das Führerkorps vor dem 1. September 1939 verlassen hatten. Persönlich strafrechtlich verfolgt werden sollten alle Mitglieder verbrecherischer Gruppen, die in der Organisation blieben, obwohl die Gruppe »wußte, daß sie für die Durchführung von Aktionen verwandt wurden, die in Artikel 6 der Charta als verbrecherisch erklärt worden waren*, oder die persönlich als Mitglieder dieser Organisation in die Durchführung solcher Verbrechen verwickelt waren«.

Als nächstes befaßte sich der Gerichtshof mit Mitgliedern von »Gestapo und SD«, eine Verbindung, die für Verwirrung sorgte, worauf ich bereits verwiesen habe. In Anbetracht des damals vorgelegten Beweismaterials war ich zu der Schlußfolgerung gelangt, die Anklagevertretung sei den Beweis schuldig geblieben, daß der SD im Rahmen seiner Ämter (III, V und VII) entschieden gegen das Kriegsrecht verstoßen hatte. Der Gerichtshof sah dies anders und erklärte, der SD sei unter anderem auch »eingesetzt« gewesen für die »Durchführung des Zwangsarbeiterprogramms«. Mitglieder des SD, der Gestapo und anderer Einheiten waren jedoch häufig auch SS-Angehörige oder trugen SS-Uniformen, auch wenn sie keine SS-Angehörige waren. Die Liste der von der Gestapo begangenen Greueltaten war so umfangreich, daß der Gerichtshof eine ausreichende Grundlage dafür hatte, sie zu einer ver-

* Hier handelt es sich um einen Übersetzungsfehler in der deutschen Fassung der Urteilsbegründung. Natürlich muß es heißen: »... verbrecherisch erklärt werden«, denn Artikel 6 der Londoner Charta lag ja noch nicht vor, als die Verbrechen begangen wurden.

brecherischen Organisation zu erklären, wenngleich es schier unmöglich schien, durch das Labyrinth der Behörde sicher hindurchzufinden. Der Gerichtshof schloß von einer strafrechtlichen Verfolgung zahlreiche Mitglieder aus, die für diese Organisationen reine Büro- und Routineaufgaben erledigt hatten oder ehrenamtlich tätig gewesen waren.

Die letzte und größte der verurteilten Organisationen war die SS. Im Hinblick auf das Heer der Waffen-SS mit seinen über eine halbe Million zählenden Soldaten sowie auf die zwölf Hauptämter, zu der auch die Polizei, die Verwaltung der Konzentrationslager und so merkwürdige wie furchtbare Unternehmen wie das Ahnenerbe gehört hatten, konnte der Gerichtshof mehr als genug über »Aufbau und Zusammensetzung« der SS schreiben und eine lange Liste über deren »verbrecherische Tätigkeit« vorlegen. Angesichts eines derartigen Ausmaßes an Greueltaten, einschließlich des damals noch nicht so benannten Holocausts stand es von vornherein fest, daß die SS zu einer verbrecherischen Organisation erklärt werden würde.

Eine große Anzahl von Männern war in die Waffen-SS eingezogen worden, und da sie ihr nicht freiwillig beigetreten waren, wurden sie von der verbrecherischen Gruppe ausgenommen. Ansonsten – von ein paar speziellen Fällen abgesehen – »rechnet das Gericht hierzu alle Personen, welche amtlich als Mitglieder in die SS aufgenommen worden sind«, einschließlich der Waffen-SS.

Unter den drei angeklagten Organisationen, die nicht für verbrecherisch erklärt wurden, gab es nur eine, die wirklich groß war: die SA. Abgesehen von Nikitschenko, der der Meinung war, daß alle sechs Organisationen für verbrecherisch erklärt werden sollten, unterstützte kein anderer Richter eine derartige Anschuldigung. Der Gerichtshof stellte in seiner Schlußfolgerung fest:

> Bis zu der am 30. Juni 1934 beginnenden Säuberung war die SA eine Gruppe, welche sich zu einem großen Teil aus Raufbolden und Zuhältern zusammensetzte, die an den Gewalttätigkeiten der Nazis zu damaliger Zeit beteiligt waren. Es ist jedoch nicht der Beweis erbracht worden, daß diese Roheitsakte Teil eines bestimmten Planes zur Herbeiführung eines Angriffskrieges waren, und das Gericht kann daher nicht unterstellen, daß diese Handlungen verbrecherisch im Sinne der Satzung des Gerichtshofes gewesen sind. Nach der Säuberung wurde die SA auf den Rang einer Gruppe unbedeutender Nazi-Anhänger heruntergesetzt. Obwohl bei bestimmten Anlässen einige Einheiten der SA für die Begehung von Kriegsverbrechen und Verbrechen gegen die Menschlichkeit verwandt wurden, kann nicht behauptet werden, daß ihre Mitglieder allgemein an verbrecherischen Handlungen teilgenommen haben oder gar von solchen wußten. Aus diesen Gründen erklärt das Gericht die SA nicht zu einer verbrecherischen Organisation im Sinne des Artikels 9 der Gerichtssatzung.

Die Reichsregierung kam sogar noch schneller vom Tisch als die SA. Sie bestand zwar mehrere Jahre, auch wenn sie von Hitler beherrscht war, aber das

Gericht sah es nicht als erwiesen an, daß sie nach 1937 »als eine Gruppe oder Organisation auftrat«. Der Gerichtshof merkte an, daß keine von Hitlers Konferenzen über Pläne zu Angriffskriegen in Anwesenheit des Kabinetts stattgefunden hatte.

Der Gerichtshof befand daher, daß es keine Grundlage dafür gebe, die Reichsregierung zu einer verbrecherischen Organisation zu erklären. Darüber hinaus bedürfe es einer solchen Erklärung auch gar nicht, da von den achtundvierzig Kabinettsmitgliedern acht tot seien und siebzehn bereits als einzelne Angeklagte vor diesem Gericht gestanden hätten. Es stünden also höchstens noch dreiundzwanzig andere Mitglieder für einen Prozeß zur Verfügung, und dazu erklärte der Gerichtshof: »Jeder von diesen letzteren, soweit er schuldig ist, sollte ebenfalls vor Gericht gestellt werden; es wäre aber nichts zur Beschleunigung oder Vereinfachung ihrer Verfahren gewonnen, wenn die Reichsregierung als eine verbrecherische Organisation erklärt würde.«

Als letztes kamen der Generalstab und das Oberkommando an die Reihe, und Lord Lawrence verlas die Urteilsbegründung, die mit den Worten begann: »Die Anklagebehörde hat beantragt, auch den Generalstab und das Oberkommando der deutschen Wehrmacht als eine verbrecherische Organisation zu erklären. Das Gericht glaubt, daß keine solche Erklärung ... ausgesprochen werden kann.« Dafür gab er den gleichen Grund wie im Falle der Reichsregierung an: »Die Zahl der beschuldigten Personen, obwohl größer als die der Reichsregierung, ist dennoch so klein, daß einzelne Verfahren gegen diese Offiziere dem gewünschten Zweck dienlicher sein würden, als eine Erklärung der beantragten Art.« Er fügte allerdings gleich hinzu: »Ein noch zwingenderer Grund aber ist, daß nach Meinung des Gerichtshofes der Generalstab und das OKW weder eine ›Organisation‹ noch eine ›Gruppe‹ im Sinne der im Artikel 9 der Gerichtssatzung angewandten Formulierung sind.«

Die Urteilsbegründung stellte korrekt die in der Anklageschrift beschriebene angebliche »Gruppe« dar und erklärte dann, warum sie nicht als »Gruppe« im Sinne der Charta betrachtet werden könne. Das entsprach im Prinzip auch meiner persönlichen Ansicht, daß die Anklageschrift es versäumt hatte, den Generalstab und das Oberkommando als eine Ganzheit wie zum Beispiel »*die* SS« oder »*die* Kriegsmarine« darzustellen. Der Gerichtshof drückte sich noch klarer aus:

> Denn diese vorgeblich verbrecherische Organisation besitzt ein entscheidendes Merkmal, welches sie scharf von den übrigen fünf angeklagten Organisationen unterscheidet. Wenn beispielsweise ein einzelner ein Mitglied der SS wurde, so tat er es ... sicherlich mit dem Bewußtsein, sich einer bestimmten Sache anzuschließen. Im Falle des Generalstabs und des Oberkommandos konnte er jedoch nicht wissen, daß er in eine Gruppe oder Vereinigung eintrat, denn eine solche Vereinigung bestand nicht, ausgenom-

men in der Anklage. Er wußte nur, daß er einen bestimmten, hohen Rang in einem der drei Wehrmachtteile errungen hatte, und konnte sich jedenfalls nicht der Tatsache bewußt sein, daß er damit Mitglied von etwas so Greifbarem, wie einer »Gruppe« im üblichen Sinne dieses Wortes geworden wäre.

Ich hielt dies für korrekt, und was künftige Militärprozesse betraf, so konnte ich in der Schlußfolgerung des Gerichshofs nicht erkennen, was Prozessen gegen einzelne Generäle und Admiräle oder rangniedere Offiziere im Wege stehen würde, die sich nach dem vorliegenden Beweismaterial eines Verbrechens schuldig gemacht hatten. Eigentlich hatte ich viel eher befürchtet, daß die Urteilsbegründung des Gerichtshofs – ernsthaft oder in böswillig verzerrender Sicht – als Freispruch des deutschen Militärestablishments hätte mißverstanden werden können.

Ich war deshalb sofort beruhigt, als Lawrence fortfuhr und unter anderem sagte:

> Obgleich das Gericht der Meinung ist, daß der Ausdruck »Gruppe« im Artikel 9 etwas mehr bedeuten dürfte, als diese Ansammlung von Militärs, so ist ihm doch viel Beweismaterial hinsichtlich der Beteiligung dieser Offiziere an der Planung und Unternehmung von Angriffskriegen bekannt geworden, desgleichen hinsichtlich der Begehung von Kriegsverbrechen und Verbrechen gegen die Menschlichkeit. Dieses Beweismaterial ist gegen viele von ihnen eindeutig und überzeugend.
>
> Sie waren in großem Maße verantwortlich für das Elend und die Leiden, die über Millionen von Männern, Frauen und Kindern gebracht wurden. Sie waren eine Schande für das ehrbare Waffenhandwerk ... Obgleich sie nicht eine unter den Buchstaben der Satzung fallende Gruppe waren, stellten sie doch zweifellos eine rücksichtslose militärische Kaste dar ...
>
> Viele dieser Männer haben den Eid des Soldaten in bezug auf den Gehorsam gegenüber militärischen Befehlen zum Gespött gemacht. Wenn es in ihre Verteidigung paßt, sagen sie, daß sie zu gehorchen hatten; führt man ihnen Hitlers grauenvolle Verbrechen vor Augen, ... dann behaupten sie, nicht gehorcht zu haben. Die Wahrheit ist, daß sie aktiv an allen diesen Verbrechen beteiligt waren oder still und ruhig zugesehen haben, wie Verbrechen in einem größeren und schrecklicheren Ausmaß begangen wurden, als die Welt jemals bisher das Unglück gehabt hat, zu erfahren. Das muß festgestellt werden.
>
> Und wo die Tatsachen dazu ausreichen, gehören diese Männer vor das Gericht, damit diejenigen unter ihnen, welche dieser Verbrechen schuldig sind, ihrer Strafe nicht entgehen.

Kaum etwas hätte mich mehr zufriedenstellen können als diese Anprangerung der Männer, für deren Verbrechen es eindeutige Beweise gab, und als dieser Ruf seitens des Gerichtshofs nach ihrer gerechten Bestrafung.

Damit war dieser Verhandlungstag abgeschlossen, und Lawrence vertagte die weitere Urteilsverkündung bis zum nächsten Vormittag. Der Tag war für alle anstrengend gewesen, insbesondere für die Angeklagten. Am Nachmittag hatte Heß einen Anfall bekommen. Dazu Rebecca West:

> Am Montag nachmittag machte der umnachtete Geist von Heß eine furchtbare Krise durch ... Alles Menschliche wich aus seinem Gesicht, das schmerzhaft verzerrt wurde. Er begann auf seinem Platz gleichmäßig wie ein Pendel vor und zurück zu schwanken. Sein Kopf fiel nach vorn fast bis auf die Knie. Seine Haut lief blau an ... Er wurde rasch hinausgebracht, aber man hatte das Gefühl, als ob sich die Tür zur Hölle einen Spaltbreit aufgetan hätte. Inzwischen war längst klar, wie schon so oft im Laufe des Prozesses, daß es den Richtern zuwider war, gegen einen Mann in einem derartigen Zustand zu verhandeln; aber die Mehrheit der vom Gericht konsultierten Psychiater hatte ihn für geistig gesund erklärt.

Gegen Ende dieses Tages, als der Gerichtshof es ablehnte, drei der Organisationen für verbrecherisch zu erklären, erwachten bei einigen Angeklagten die Lebensgeister wieder. Für von der Lippe war dies »ein sehr nennenswerter Erfolg der Verteidigung« – und davon hätte man tatsächlich sprechen können, wenn die verurteilten Organisationen jemals in der Weise behandelt worden wären, wie Bernays es vorgehabt hatte. Aber für von der Lippe war Lawrence' Schlußbemerkung ein »sehr bitterer Nachsatz«, der, wie er fälschlicherweise behauptete, »den Freispruch« trübe. Mit gutem Grund freilich jubelte der deutsche Anwalt: »Der Feind Nr. 1, die Kollektivschuldanklage, ist praktisch gefallen!« Die Hoffnungen der Anklagevertretung hatten sich zerschlagen, ganz wie Bill Jackson es befürchtet hatte. Persönlich hielt ich dies allerdings für eine sehr gute Sache.

5

Der 1. Oktober 1946 war der eigentliche Tag des Jüngsten Gerichts, vor dem sich die Verteidiger, aber auch nicht wenige Richter und Ankläger gefürchtet hatten. Am Vormittag wollte der Gerichtshof verkünden, gegen welchen der vier Anklagepunkte jeder einzelne Angeklagte verbrecherischerweise verstoßen hatte. Am Nachmittag wollte das Tribunal dann das jeweilige Strafmaß aussprechen.

Am Vormittag also wurden die Verurteilungen und Freisprüche für die Angeklagten von den vier stimmberechtigten Richtern verlesen, und Lawrence machte den Anfang. Die einzelnen Urteile waren einheitlich aufgebaut: Nach einem einleitenden Absatz über den jeweiligen Angeklagten folgten zwei Abschnitte, die sich mit Verbrechen gegen den Frieden sowie mit den Kriegsverbrechen und den Verbrechen gegen die Menschlichkeit befaßten, und zwar genau in dieser Reihenfolge, und am Ende gab es noch einen Satz, der die Überschrift »Schlußfolgerung« trug. Der Gerichtshof war zu seinen Entscheidungen in erster Linie aufgrund des Umfangs und der Beweiskraft der in der Anklageschrift aufgeführten Verstöße gelangt, die zuweilen durch äußere Faktoren modifiziert wurden. Die Verlesung von einundzwanzig Urteilen nacheinander war ermüdend und für die Insider ein wenig langweilig, aber die Urteile warteten doch mit einigen Überraschungen auf.

Allerdings nicht im Falle Hermann Görings. Lawrence trug dessen aggressive Pläne und Aktionen von Österreich bis Rußland sowie die Kriegsverbrechen von der Sklavenarbeit bis zur Vernichtung der Juden vor. Einige von Görings Vorkriegsaktivitäten waren nach der Charta zwar keine Verbrechen, aber sie bildeten zum Teil doch die Grundlage für den Vorwurf der Verschwörung. Der Gerichtshof hielt Göring für schuldig nach allen vier Anklagepunkten; die letzte Passage der Urteilsbegründung, die zum Teil Jim Rowe verfaßt hatte, lautete:

> Es kann kein mildernder Umstand angeführt werden, denn Göring war oft, ja fast immer die treibende Kraft und stand nur seinem Führer nach. Er war die leitende Persönlichkeit bei den Angriffskriegen sowohl als politischer, als auch als militärischer Führer, er war der Leiter des Sklavenarbeiterprogramms und der Urheber des Unterdrückungsprogramms gegen die Juden und andere Rassen im In- und Auslande. Alle diese Verbrechen wurden von ihm offen zugegeben. In einigen bestimmten Fällen bestehen vielleicht Widersprüche bei den Aussagen; aber im Großen und Ganzen sind seine eigenen Eingeständnisse mehr als weitreichend genug, um seine Schuld nachzuweisen. Diese Schuld ist einmalig in ihrer Ungeheuerlichkeit. Für diesen Mann läßt sich in dem gesamten Material keine Entschuldigung finden.

Während Görings Urteil verlesen wurde, hatte Heß Gott weiß was vor sich hingekritzelt. Als die Lesung des Urteils von Heß beendet war, erklärte ihm Göring, er sei nach Anklagepunkt Eins und Zwei verurteilt worden. Heß schien das nicht im geringsten zu interessieren.

Es bedurfte keiner längeren Darlegung des Beweismaterials gegen diesen umnachteten Menschen. Lawrence verwies auf seine engen persönlichen Verbindungen zu Hitler, seine Beteiligung an der Besetzung von Böhmen und Mähren und an der Eroberung von Polen sowie auf seine administrative Unterstützung der Wiederbewaffnung und von Hitlers späteren Eroberungsfeldzügen in Norwegen, den Niederlanden und Frankreich. All dies reichte aus, um eine Verurteilung nach den Anklagepunkten Eins und Zwei zu garantieren.

Der Gerichtshof hatte seinerzeit Heß den Status eines Angeklagten aufgrund von psychiatrischen Gutachten und von Heß' eigener Forderung zuerkannt, mit den anderen vor Gericht gestellt zu werden. Aber seither hatten die Richter neun Monate lang Gelegenheit gehabt, Heß und sein gestörtes Verhalten in der Anklagebank zu erleben. Ganz gleich, ob er nun geisteskrank oder gesund war, jedenfalls hatte er mich gründlich davon überzeugt, daß er außerstande war, sich angemessen selbst zu verteidigen. Seidl, sein Anwalt, hatte eine neue medizinische Untersuchung verlangt, aber der Gerichtshof hatte dies strikt abgelehnt. In seiner Schlußerklärung nahm das Gericht Bezug auf Seidls Anträge:

> Diese wurden vom Gerichtshof abgelehnt, nachdem er einen Bericht des Gefängnispsychiaters* erhalten hatte. Es mag zutreffen, daß Heß in anormaler Weise handelt, an Gedächtnisschwund leidet und daß im Verlauf dieses Prozesses sein Geisteszustand sich verschlechtert hat. Jedoch liegen keine Anzeichen dafür vor, daß er die Art der gegen ihn erhobenen Beschuldigungen nicht begreift oder unfähig ist, sich zu verteidigen. Ein vom Gerichtshof zu diesem Zweck eingesetzter Verteidiger hat ihn bei diesem Prozeß gut vertreten. Es besteht kein Grund für die Annahme, daß Heß geistig nicht völlig gesund war, als die Taten, deren er beschuldigt ist, begangen wurden.

Tatsächlich aber hatte Seidl Heß meines Erachtens bestenfalls routinemäßig vertreten, und auf jeden Fall ist eine geschickte anwaltliche Tätigkeit kein Ersatz für die persönlichen Fähigkeiten eines Angeklagten. Außerdem ist aufgrund der geistigen Gesundheit in der Vergangenheit die Frage nach der Prozeßfähigkeit des Angeklagten noch lange nicht erledigt, wenn er vor Gericht steht.

Von der Lippe nannte die Klage gegen Heß ein »Dickicht, durch das man nur schwer durchfindet«. Ich werde den Verdacht nicht los, daß die erbitterte Feindschaft der Russen gegenüber Heß dabei eine Rolle gespielt hat, wie das ganz sicher sehr viel später der Fall war, als die anderen Nationen sein Urteil herabsetzen wollten.

Die Urteile gegen die nächsten sechs Angeklagten bedürfen kaum eines Kommentars. Ribbentrops diplomatische Tätigkeit umfaßte nicht nur Angriffshandlungen, sondern auch Kriegsverbrechen, insbesondere im Zusammenhang mit der Deportation französischer und ungarischer Juden. Er wurde nach allen vier Anklagepunkten verurteilt, ebenso wie Keitel, bei dem der Gerichtshof wie bei Göring erklärte: »Mildernde Umstände liegen nicht vor.« Kaltenbrunner war Heydrichs Nachfolger als Chef von Himmlers RSHA geworden, der Behörde, unter der die Gestapo, die Einsatzgruppen und andere ergiebige Quellen für Greueltaten zusammengefaßt waren. Das Gericht wies Kaltenbrunners Behauptung zurück, daß er aufgrund einer privaten Vereinbarung mit Himmler nur für die Auslandsabwehr zuständig gewesen sei, und hielt ihn für schuldig nach den Anklagepunkten Drei und Vier.

Dann war General Nikitschenko an der Reihe, das Urteil gegen Rosenberg zu verlesen, dessen Beteiligung am Angriffskrieg Norwegen und vor allem die Sowjetunion betraf. Als Reichsminister für die besetzten Ostgebiete war Rosenberg mit den furchtbaren politischen Maßnahmen Hitlers und Himmlers gegenüber den Menschen in diesen Gebieten vertraut und dafür verantwortlich gewesen. Ungeachtet der Bemühungen Rosenbergs, die Schuld seinen Vorgesetzten zuzuschieben, hielt ihn der Gerichtshof in allen vier Punkten für schuldig.

Francis Biddle verlas das Urteil gegen Hans Frank, der nach den Punkten

* Vermutlich Gilbert.

Eins, Drei und Vier angeklagt worden war, aber in Punkt Eins mangels einer eindeutig nachweisbaren Verbindung zur Verschwörung freigesprochen wurde. Was die Kriegsverbrechen betraf, so war er in einer ähnlichen Lage wie Rosenberg: Er war Generalgouverneur des von den Deutschen besetzten Polens gewesen und gab vor, für die ungeheuren Greueltaten gegen die Juden und für die Deportation von Polen nicht verantwortlich gewesen zu sein. Abschließend erklärte das Gericht, Frank sei »ein williger und wissender Mitwirkender« bei diesen Greueltaten gewesen, und hielt ihn für schuldig nach den Anklagepunkten Drei und Vier.

Fricks Urteil wurde von de Vabres verlesen, der Frick als »den führenden Nazispezialisten und Bürokraten« apostrophierte. Er verwies auf Fricks umfassende Machtbefugnis, die zahlreiche Verstöße im Sinne der Charta mit sich gebracht hatte. Der Gerichtshof verurteilte diesen farblosen, kompetenten und rücksichtslosen Mann nach den Punkten Zwei, Drei und Vier der Anklageschrift.

Lord Lawrence verlas das Urteil gegen Streicher, der nach den Anklagepunkten Eins und Vier angeklagt worden war. Er ließ sogleich Punkt Eins fallen, da es keine Beweise für Streichers Verstrickung in irgendeine Verschwörung zur Führung von Angriffskriegen gab. Als sich Lawrence Punkt Vier zuwandte, trug er zunächst eine Menge Beweismaterial vor, das sich mit Streichers antisemitischen Aktivitäten vor Ausbruch des Zweiten Weltkriegs befaßte, die nach den Bestimmungen des Gerichtshofs nicht als Verbrechen gegen die Menschlichkeit behandelt werden konnten.

Folglich konnte Streichers Schuld einzig und allein durch seine Handlungen vom 1. September 1939 bis Kriegsende begründet werden, auf die Lawrence in der zweiten Hälfte der Urteilsbegründung zu sprechen kam. Aus dem Beweismaterial ging zweifellos hervor, daß Streicher den *Stürmer* weiterhin dafür einsetzte, Haß gegen Juden zu schüren, und daß er ihre Vernichtung begrüßte. Abschließend stellte das Gericht fest:

> Streichers Aufreizung zum Mord und zur Ausrottung, die zu einem Zeitpunkt erging, als die Juden im Osten unter den fürchterlichsten Bedingungen umgebracht wurden, stellt eine klare Verfolgung aus politischen und rassischen Gründen in Verbindung mit solchen Kriegsverbrechen, wie sie im Statut festgelegt sind, und ein Verbrechen gegen die Menschlichkeit dar.

Somit wurde Streicher nach Anklagepunkt Vier verurteilt. Ich hielt das zwar juristisch für vertretbar, aber ich kann es nicht gutheißen, daß der Gerichtshof es versäumte, andere Tatsachen zu erwähnen: etwa daß Streicher von 1940 bis Kriegsende auf seinem Bauernhof unter Hausarrest lebte und daß seine Verbindung zum *Stürmer* seine einzige Informationsquelle über die »Außenwelt« darstellte; daß die Verbreitung des Blattes im Krieg auf etwa 15 000 Exemplare zurückgegangen war; daß er keine Verbindung zu Himmler oder irgendwelche Kontakte zu den Leuten in Polen oder in der Sowjetunion hatte, die die Greueltaten begingen; und daß die Veröffentlichung einer Zeitung, so aufreizend und unerträglich sie auch sein mochte, nur mit größter Vorsicht mit strafrechtlich relevanten Anschuldigungen in Verbindung gebracht werden sollte.

Das Urteil gegen Funk wurde von Nikitschenko verlesen, aber eigentlich kann man sich kaum vorstellen, daß er mit diesen Schlußfolgerungen konform ging. Funk war nach allen vier Anklagepunkten angeklagt worden, und das gegen ihn vorliegende Beweismaterial war umfangreich, schwerwiegend und weithin unbestritten. Als Wirtschaftsminister und Generalbevollmächtigter für Kriegswirtschaft war er an der Wirtschafts- und Finanzplanung der Angriffskriege gegen Polen und der Sowjetunion beteiligt gewesen.

Der Gerichtshof äußerte sich dazu folgendermaßen: »Funk war keiner [sic] der Hauptpersonen bei der Nazi-Planung des Angriffskrieges. Seine Tätigkeit im Wirtschaftsleben unterstand Göring ... Er wirkte jedoch an der wirtschaftlichen Vorbereitung gewisser Angriffskriege mit ...; aber seine Schuld kann in ausreichender Weise unter Punkt zwei der Anklage dargetan werden.«

Nicht alle Mitglieder einer Verschwörung müssen »Hauptpersonen« sein, und das Beweismaterial reichte völlig aus, auch eine Verurteilung nach Anklagepunkt Eins zu gewährleisten. Warum geschah dies nicht? Vermutlich meinte der Gerichtshof mit »dargetan« seine Entscheidung hinsichtlich des Strafmaßes, und auf dieser Grundlage hätte die Schuld von Göring und anderen nach den Punkten Eins und Zwei verurteilten Angeklagten ebenfalls »in ausreichender Weise« unter Punkt Zwei ohne Punkt Eins »dargetan« werden können. Diese Erklärung des Gerichtshofs war schon recht merkwürdig.

Was die Anklagepunkte Drei und Vier betraf, so war Funk als Reichsbankpräsident wie als Mitglied der Zentralen Planung am Sklavenarbeitsprogramm beteiligt gewesen; er war für die unrechtmäßige Beschlagnahme von Eigentum in Frankreich und im Osten verantwortlich; die Reichsbank verwahrte Geld und Wertgegenstände, die Gefangenen in Konzentrationslagern weggenommen worden waren. Der Gerichtshof fand Funk schuldig nach den Anklagepunkten Zwei, Drei und Vier, stellte aber im letzten Absatz der Urteilsbegründung fest:

> Trotz der Tatsache, daß Funk hohe Posten inne hatte, war er doch nie eine beherrschende Figur in den verschiedenen Programmen, an denen er mitwirkte. Dies ist ein Milderungsgrund, den das Gericht in Erwägung zieht.

Dieser letzte Satz wurde allgemein als Signal dafür aufgefaßt, daß Funk nicht gehängt werden würde.* Aber ich habe nie begriffen, warum es als »Milde-

* Als der Gerichtshof am 10. September über Funk abstimmte, votierten Lawrence und Nikitschenko für Tod durch den Strang, während sich Biddle und de Vabres nicht dazu entschließen konnten. In seinen Tagebuchnotizen hat sich Biddle zwar nicht über die Schlußabstimmung geäußert, aber höchstwahrscheinlich hat sich Lawrence dem Votum von Biddle und de Vabres angeschlossen, damit das Urteil »lebenslänglich« mit drei zu eins Stimmen beschlossen werden konnte.

rungsgrund« angesehen werden sollte, daß Funk es nicht bis zur obersten Sprosse der Nazi-Hierarchie geschafft hatte. Schließlich hatte Funk alle Positionen eingenommen, die Schacht innegehabt hatte, ja sogar noch mehr. Das war mit Sicherheit kein »Milderungsgrund« in dem Sinne, wie ihn Speer und Seyß-Inquart beanspruchen konnten, die Leib und Leben riskiert hatten, als sie dem maßlosen tödlichen Vernichtungswillen am Ende des Krieges Einhalt zu gebieten suchten. Funk entging wohl nur deshalb dem Henker, weil man dieser kriecherischen Kreatur einfach nicht zutraute, daß er anderen Menschen ein Härchen krümmen könnte.

Als nächstes wurde das Urteil gegen Schacht verlesen, und zwar von Biddle, der Schacht zunächst für den Rest seines Lebens ins Gefängnis hatte stecken wollen. Der gestrenge Bankier war nur nach den Anklagepunkten Eins und Zwei beschuldigt worden, und das Gericht schilderte in seiner Urteilsbegründung ausführlich Schachts Regierungskarriere und seine herausragende Rolle bei der deutschen Wiederaufrüstung. »Aber die Aufrüstung an sich ist nach dem Statut nicht verbrecherisch«, erklärte Biddle. »Wenn sie ein Verbrechen gegen den Frieden laut Artikel 6 des Statuts darstellen sollte, so müßte gezeigt werden, daß Schacht diese Aufrüstung als einen Teil des Nazi-Plans zur Führung von Angriffskriegen durchführte.«

Schacht war Reichsbankpräsident geblieben, bis er am 19. Januar 1939 von Hitler entlassen worden war – somit also war er an einigen Phasen der Annexion Österreichs und des Sudetenlandes beteiligt gewesen, in deren Verlauf er Hitlers Erfolge öffentlich gerühmt hatte. Dann hieß es in der Urteilsbegründung: »Der Tatbestand gegen Schacht hängt demnach von der Annahme ab, daß Schacht tatsächlich von den Angriffsplänen wußte.«

Ich wußte, daß Jackson Schacht unbedingt verurteilt sehen wollte, und es lag auf der Hand, daß dies auch Biddle bekannt war. Er wandte sich auf seinem Stuhl zur Seite und sah Jackson direkt an, als er die beiden Schlußabsätze verlas:

> Mit Bezug auf diese außerordentlich wichtige Frage ist Beweismaterial für die Anklagebehörde vorgelegt worden sowie eine beträchtliche Menge von Beweismaterial für die Verteidigung. Der Gerichtshof hat die Gesamtheit dieses Beweismaterials aufs sorgfältigste erwogen und kommt zu dem Schluß, daß diese notwendige Annahme nicht über einen vernünftigen Zweifel hinaus bewiesen worden ist.
> Der Gerichtshof hat entschieden, daß Schacht nach der Anklageschrift nicht schuldig ist und ordnet an, daß er vom Marschall des Gerichts entlassen werde, sobald sich der Gerichtshof demnächst vertagt.

Bis dahin hatte das Publikum nur vernommen, wie zehn der Angeklagten aufgrund der in der Anklageschrift erhobenen Anschuldigungen verurteilt worden waren, und bei diesem unvermittelten Freispruch ging ein überraschtes Raunen und Rascheln durch die Zuhörerreihen. Schacht blieb weiterhin aufrecht sitzen und sah die Richter unverwandt an – er war zwar rehabilitiert worden, wie er es immer schon vorhergesagt hatte, aber es kam ihm nicht in den Sinn, daß er gerade noch mit knapper Not davongekommen war.

6

Dieser qualvolle Vormittag war nun schon zur Hälfte vorbei, und die Zuschauer wandten ihre Blicke der oberen Reihe der Anklagebank zu. De Vabres verlas das Urteil gegen Admiral Dönitz, das freilich hauptsächlich von Francis Biddle formuliert worden war. Da er bei seinem Votum für einen Freispruch überstimmt worden war, hatte Biddle sodann für eine Urteilsbegründung plädiert, bei der die Verurteilung nicht auf dem Vorwurf der unrechtmäßigen U-Boot-Kriegführung basieren würde – der Gerichtshof würde sich damit also die peinliche Situation ersparen, Dönitz und Raeder für die gleichen Taktiken zu bestrafen, die auch von Nimitz (ebenso wie von den Briten) angewendet worden waren. Andernfalls wäre Biddle entschlossen gewesen, öffentlich seinen Dissens kundzutun. Und um dies zu vermeiden, war Biddle mit einer Gefängnisstrafe von zehn Jahren für Dönitz einverstanden gewesen, wobei der Gerichtshof Biddle selbst die Urteilsbegründung hatte formulieren lassen.

Dönitz war nach den Punkten Eins, Zwei und Drei angeklagt worden. In seiner Urteilsbegründung stellte das Gericht den Ablauf der deutschen U-Boot-Kriegführung recht ausführlich dar und gelangte unter anderem zu der Schlußfolgerung:

> In Anbetracht dieser Beweise und insbesondere eines Befehls der Britischen Admiralität vom 8. Mai 1940 des Inhalts, daß alle Schiffe im Skagerrak bei Sicht versenkt werden sollten, und in Anbetracht der Beantwortung des Fragebogens durch Admiral Nimitz, daß im Pazifischen Ozean von den Vereinigten Staaten vom ersten Tage des Eintritts dieser Nation in den Krieg der uneingeschränkte U-Boot-Krieg durchgeführt worden ist, ist die Dönitz zuteil werdende Strafe nicht auf seine Verstöße gegen die Internationalen Bestimmungen für den U-Boot-Krieg gestützt.

Durch diese Entscheidung war die Diskussion über die U-Boot-Kriegführung nach Anklagepunkt Eins für Biddle zufriedenstellend beigelegt worden – aber die Urteilsbegründung enthielt noch andere Anschuldigungen nach den Anklagepunkten Zwei und Drei. Dönitz habe es stillschweigend geduldet, daß der Kommandobefehl »weiterhin im vollen Umfange in Kraft blieb«, auch wenn in keinem Fall nachgewiesen werden konnte, daß er für die Anwendung dieses Befehls verantwortlich gewesen war; Hitler hatte 1945 Dönitz und Jodl um ihre Meinung darüber gebeten, ob es ratsam sei, die Genfer Konvention aufzukündigen, und Dönitz hatte erwidert: »Es wäre besser, die für nötig erachteten Maßnahmen ohne Warnung durchzuführen und auf alle Fälle der Außenwelt gegenüber das Gesicht zu wahren.« Da die Konvention nicht aufgekündigt wurde und keine speziellen Verstöße dagegen befohlen wurden, war dies schlimmstenfalls eine kaltschnäuzige Bemerkung. Der Nachweis war erbracht worden, daß Dönitz britische Kriegsgefangene in strikter Einhaltung der Genfer Konvention behandelt hatte, und der Gerichtshof stellte in seiner Urteilsbegründung fest, er trage »dieser Tatsache Rechnung und betrachtet sie als mildernden Umstand«. Gleichwohl wurde Dönitz nach Punkt Drei verurteilt, doch offenbar stand dieses Urteil auf ganz schwachen Füßen.

Im Hinblick auf Anklagepunkt Eins wurde Dönitz für nicht schuldig erklärt:

> Obwohl Dönitz die deutsche U-Boot-Waffe aufgebaut und ausgebildet hat, ergibt die Beweisaufnahme nicht, daß er in die Verschwörung zur Führung von Angriffskriegen eingeweiht war oder solche vorbereitete und begann. Er war Berufsoffizier, der rein militärische Aufgaben ausführte. Er war bei den wichtigen Besprechungen, in denen Pläne für Angriffskriege verkündet wurden, nicht zugegen, und es liegt kein Beweis dafür vor, daß er über die dort getroffenen Entscheidungen unterrichtet war.

Aber was Anklagepunkt Zwei betraf, so kam es zu einer überraschenden, ja schockierenden Erklärung:

> Dönitz hat jedoch Angriffskriege im Sinne des Statuts geführt. Der Unterseebootkrieg, der sofort bei Ausbruch des Krieges einsetzte, wurde mit den übrigen Wehrmachtteilen völlig in eine Linie gebracht. Es ist klar, daß seine U-Boote, deren es damals nur wenige gab, für den Krieg vollständig vorbereitet waren.

Unmittelbar im Anschluß daran wurde in mehreren Absätzen dargestellt, wie wichtig die Positionen von Dönitz gewesen waren, und dann hieß es: »Nach Ansicht des Gerichtshofes ergibt die Beweisaufnahme, daß Dönitz an der Führung von Angriffskriegen aktiv teilgenommen hat.« Auf dieser Grundlage befand das Gericht Dönitz schuldig nach Anklagepunkt Zwei.

Ganz abgesehen von der Tatsache, daß der Gerichtshof Dönitz von dem Vorwurf freigesprochen hatte, schon vorher vom bevorstehenden Ausbruch des Krieges gewußt zu haben, und erklärt hatte, daß er kein »Planer« gewesen sei, sondern ein »Berufsoffizier, der rein militärische Aufgaben ausführte« – abgesehen davon also war Dönitz in der Anklageschrift nicht der »Durchführung« eines Angriffskriegs beschuldigt worden.* Weitaus wichtiger in einem allgemeineren Sinne allerdings war der Umstand, daß diese Ent-

---

* Sowohl die Charta (in Artikel 6a) wie die Anklageschrift (in den Anklagepunkten Eins und Zwei) verwenden zwar das Wort »Durchführung«, aber keinem der Angeklagten war in der Anklageschrift die »Durchführung« eines Angriffskriegs vorgeworfen worden. Dönitz und Raeder waren die einzigen Angeklagten, die aufgrund dieser Anschuldigung verurteilt wurden.

scheidung die grundlegende Frage aufwarf, wann denn die Reichweite von Artikel 6a) einzuschränken sei. Praktisch jeder befehlshabende Offizier im Feld war auch »mit den übrigen Wehrmachtteilen völlig in eine Linie gebracht« und »für den Krieg vollständig vorbereitet«. Gewiß: Dönitz' Kommando war sehr wichtig, aber Hunderte, wenn nicht gar Tausende von Offizieren hatten überaus wichtige verantwortliche Positionen, und selbst innerhalb der relativ kleinen Kriegsmarine gab es Offiziere, die über eine umfassendere Zuständigkeit verfügten als Dönitz. Die Entscheidung des Gerichtshofs, Dönitz dafür strafrechtlich zur Rechenschaft zu ziehen, daß er getan hatte, was praktisch alle befehlshabenden Offiziere taten, bedeutete eigentlich, daß auch alle anderen strafrechtlich zur Rechenschaft gezogen werden müßten.* Meiner Meinung nach gab es keine prinzipiengemäße Grundlage, Dönitz nach Anklagepunkt Zwei zu verurteilen.

In seiner Urteilsbegründung im Fall von Admiral Raeder trug der Gerichtshof nichts Neues vor. Raeder war sich zwar zeitweilig mit Hitler nicht einig gewesen, hatte den Führer aber bei all seinen Angriffskriegen und aggressiven Handlungen von 1933 bis zu seinem Rücktritt im Jahre 1943 unterstützt, und damit war seine Verurteilung nach den Punkten Eins und Zwei unvermeidlich. Raeder hatte keinen Widerstand geleistet gegen die Verteilung des Kommandobefehls an die verschiedenen Kriegsmarinekommandos, und im Dezember 1942 waren in Bordeaux zwei britische Kommandoeinheiten hingerichtet worden. Damit war die Grundlage für Raeders Verurteilung nach Anklagepunkt Drei gegeben.

Baldur von Schirach war nur nach den Punkten Eins und Vier angeklagt, und der Gerichtshof ließ Punkt Eins aus Mangel an Beweisen dafür fallen, daß Schirachs Hitlerjugend an Vorbereitungen für einen Angriffskrieg intensiv beteiligt gewesen war. Da also der Vorwurf von Verbrechen gegen die Menschlichkeit auf Schirachs Vorkriegstätigkeit nicht zutraf, hing seine Schuld oder Unschuld von dem Beweismaterial über seine Tätigkeit als Gauleiter und Reichsstatthalter in Wien und gewissen benachbarten Teilen von Österreich ab. Im Dezember 1940 befahl Hitler die Deportation von rund 60000 Wiener Juden nach Polen, und Schirach beteiligte sich an der Ausführung von Hitlers Befehlen. Das war natürlich ein schwerwiegendes Verbrechen nach Artikel 6c) der Charta und damit eine ausreichende Grundlage dafür, daß der Gerichtshof Schirach nach Punkt Vier der Anklageschrift verurteilte.

Genauso unkompliziert war nach Ansicht des Gerichts das Urteil gegen Sauckel, dessen Begründung Biddle verlas. Sauckel, der nach allen vier Punkten angeklagt worden war, wurde vom Gerichtshof mit einem einzigen Satz von den in den Anklagepunkten Eins und Zwei erhobenen Anschuldigun-

* Erst viele Jahre später habe ich erfahren, daß auch Jim Rowe genau auf dieses Problem in seinem Memorandum über Dönitz hingewiesen hatte.

gen aus Mangel an Beweisen freigesprochen. Mit wenigen Absätzen verurteilte das Gericht Sauckel nach den Punkten Drei und Vier, und zwar aufgrund seiner Tätigkeit als Generalbevollmächtigter für den Arbeitseinsatz.

De Vabres verlas das Urteil gegen Alfred Jodl, der nach allen vier Anklagepunkten beschuldigt war und verurteilt wurde. Der kurze Text beruht weitgehend auf Jim Rowes genauso kurzem Memorandum. Kernpunkt der Urteilsbegründung war die Tatsache, daß sich Jodl einerseits durchaus bewußt war, daß zahlreiche von ihm unterzeichnete Hitler-Befehle gegen das Kriegsrecht verstießen, aber daß er sich andererseits verteidigte, indem er sich auf das Prinzip des absoluten Befehlsgehorsams (Befehl ist Befehl) berief. Für dieses Prinzip hatte es zwar viele Jahre lang Gegner wie Befürworter gegeben*, aber tatsächlich stand es im Gegensatz zu Artikel 8 der Charta.

Jodl beharrte darauf und glaubte vielleicht auch, daß er freigesprochen werden würde, und war wie Göring ersichtlich wütend über meine Angriffe gegen die unrechtmäßigen Handlungen vieler Offiziere der deutschen Wehrmacht. Noch immer wird Jodl gelegentlich Unterstützung aus militärischen Kreisen zuteil. Aber der Gerichtshof war hinsichtlich einer Verurteilung ungeteilter Meinung und erklärte denn auch, es gebe »keine mildernden Umstände« – ein klarer Hinweis auf ein Todesurteil.

Franz von Papen, wie Schacht nur nach den Punkten Eins und Zwei angeklagt, war der zweite Angeklagte, der freigesprochen wurde; aber das hatte man allgemein noch eher erwartet. Das Gericht war jedoch absolut geteilter Meinung, und so kam der Freispruch nur aufgrund eines Votums von zwei gegen zwei zustande.

Diejenigen, die Papen verurteilen wollten, sahen sich dazu genötigt, weil er im Ruf eines Verschwörers stand und Hitlers Ernennung zum Reichskanzler unterstützt hatte. Kein Zweifel: Hitlers Machtergreifung hatte zwar letzten Endes katastrophale Folgen gehabt, aber Papens Handlungen waren keine Kriegsverbrechen gewesen. Und zweifellos hatte er als Botschafter in Österreich auch im Sinne des Anschlusses gehandelt, aber das war gleichfalls kein Kriegsverbrechen gewesen. Es fehlte an Beweisen, daß er von Hitlers weitreichenden Plänen für aggressive Kriege gewußt und sie unterstützt hatte.

Fyfe hatte sich nach Kräften bemüht, Papen als Person in einem schlechten Licht dastehen zu lassen, und Nikitschenko und de Vabres hatten für eine Verurteilung gestimmt. Aber zumindest meiner Meinung nach kam der Gerichtshof völlig zu Recht zu dieser Schlußfolgerung: »Der Gerichtshof entscheidet daher, daß von Papen nach dieser Anklageschrift nicht schuldig ist, und ordnet an, daß er durch den Marschall entlassen werde, sobald der Gerichtshof sich demnächst vertagt.«

* Das Prinzip des absoluten Gehorsams steht im Gegensatz zum deutschen Recht von 1871, wurde aber von den Briten bis etwa 1940 aufrechterhalten.

Das Urteil gegen Seyß-Inquart, der nach allen vier Punkten angeklagt war, wurde sodann von Nikitschenko verlesen. Seyß-Inquart hatte selbst dafür gesorgt, daß er als Angeklagter am wenigsten in Erscheinung trat und sich am wenigsten Mühe gab, sich zu schützen. Die Anklagevertretung hatte Beweismaterial über Seyß-Inquarts Tätigkeit als Reichsgouverneur des annektierten Österreich und als Stellvertreter des Generalgouverneurs von Polen vorgelegt, aber in seiner Urteilsbegründung beschränkte sich der Gerichtshof auf Verbrechen, »die während der Besetzung der Niederlande begangen wurden«. Das war zweifelsfrei erwiesen, und der Angeklagte bestritt auch nicht, daß viele seiner Entscheidungen und die Durchführung von Hitlers und Himmlers Befehlen gegen Artikel 6 der Charta verstießen. Außerdem war Seyß-Inquart nicht bereit, die Tätigkeit Hitlers und seiner Spitzenleute zu kritisieren. Vermutlich vermittelte das den Richtern den Eindruck, der Angeklagte verurteile die Nazipolitik nicht oder sie sei ihm sogar gleichgültig. Dieser Österreicher war in der Tat ein fast fanatischer deutscher Nationalist und Patriot, und die Bedürfnisse Deutschlands standen für ihn als Verwaltungsbeamten an erster Stelle, ganz gleich, ob dieses Deutschland nazistisch war oder nicht.

So repressiv allerdings seine Verwaltungstätigkeit auch war, so war sie doch weitaus besser als die von Frank und Rosenberg oder die von Josef Terboven in Norwegen. Seyß-Inquart hatte für unnötige Brutalität oder Zerstörung nichts übrig, und gegen Ende des Krieges verfolgte er, in seinem kleineren Wirkungskreis, die gleiche Politik wie Speer, nämlich Hitlers Bemühungen zu vereiteln, alles zu zerstören, das von den Alliierten erobert zu werden drohte. Dieses Verhalten Seyß-Inquarts veranlaßte den Gerichtshof zu folgender Stellungnahme:

> Es ist ebenfalls wahr, daß in gewissen Fällen Seyß-Inquart gegen besonders scharfe Maßnahmen, die von anderen Dienststellen getroffen worden waren, protestierte, wie zum Beispiel, als er die Armee erfolgreich daran hinderte, die Politik der verbrannten Erde zur Anwendung zu bringen … Dennoch bleibt die Tatsache bestehen, daß Seyß-Inquart ein wissender und freiwilliger Teilnehmer an Kriegsverbrechen und Verbrechen gegen die Menschlichkeit war, die während der Besetzung der Niederlande begangen wurden.

Der letzte Satz hätte auch auf Speer zutreffen können, und im Kern war dies auch der Fall. Aber ihm, ja sogar Funk wurden mildernde Umstände zugebilligt. Im Hinblick auf Seyß-Inquart sah sich der Gerichtshof nur zu der Schlußfolgerung veranlaßt, daß er »schuldig ist unter Anklagepunkt zwei, drei und vier, aber nicht schuldig unter Punkt eins«.

Albert Speer war nach allen vier Anklagepunkten angeklagt worden, aber er gehörte der Naziregierung in einer kriegsdienlichen Funktion erst seit Februar 1942 an; so ließ der Gerichtshof die nach den Punkten Eins und Zwei erhobenen Anschuldigungen nach einer kurzen Begründung fallen. Biddle, der diese Urteilsbegründung verlas, begann die Ausführungen über die Anklagepunkte Drei und Vier folgendermaßen: »Das gegen Speer nach den Anklagepunkten drei und vier vorgebrachte Beweismaterial bezieht sich im ganzen auf seine Teilnahme am Zwangsarbeiterprogramm.« Biddle trug das umfangreiche Beweismaterial für Speers Schuld in diesem Zusammenhang vor, an der es nie besondere Zweifel gegeben hatte. Der letzte Absatz der Urteilsbegründung lautete:

> Als mildernder Umstand muß anerkannt werden, daß ... er im Endstadium des Krieges einer der wenigen Männer war, welche den Mut hatten, Hitler zu sagen, daß der Krieg verloren sei, und Schritte zu unternehmen, um sowohl in den besetzten Gebieten als in Deutschland die sinnlose Vernichtung von Produktionsstätten zu verhüten. Er führte seine Opposition zu Hitlers Politik der verbrannten Erde in einigen westlichen Ländern und in Deutschland durch, indem er diese unter beträchtlicher persönlicher Gefahr bewußt sabotierte.

Konstantin von Neurath, der älteste Angeklagte, wurde nach allen vier Punkten angeklagt und verurteilt. Zunächst ging das Gericht in seiner Urteilsbegründung auf seine Tätigkeit als Außenminister ein und damit auch auf seine Beteiligung an der Besetzung des Rheinlandes im Jahre 1936; sein Wissen um Hitlers aggressive Pläne aufgrund seiner Anwesenheit bei der Hoßbach-Konferenz von 1937; seine diplomatische Tätigkeit während des Anschlusses; und seine Verhandlungen für das Münchner Abkommen von 1938. Aufgrund dieser Dinge konnte man eine Verurteilung nach Anklagepunkt Eins durchaus vertreten, aber es fiel mir schwer, darin eine Grundlage für eine Verurteilung wegen der Planung oder Durchführung eines Angriffskriegs zu erblicken. Neuraths Schuld nach den Punkten Drei und Vier, aufgrund seiner Handlungen als Reichsprotektor von Böhmen und Mähren, ließ sich eher erhärten, da der Gerichtshof zuvor festgestellt hatte, daß diese Gebiete von Deutschland nicht annektiert worden waren und daß hier darum das Kriegsrecht anzuwenden war. Die Verstrickung des Angeklagten in derartige Verbrechen war ausreichend bewiesen. Abschließend erklärte der Gerichtshof:

> Zwecks milderer Beurteilung muß daran erinnert werden, daß er bei der Sicherheitspolizei und dem SD für die Freilassung vieler am 1. September 1939 verhafteter Tschechoslowaken und für die Freilassung später im Herbst verhafteter Studenten eintrat.

Lawrence verlas das Urteil gegen Fritzsche, der nach den Punkten Eins, Drei und Vier angeklagt war. In keinem dieser Anklagepunkte konnte der Gerichtshof eine ausreichende Grundlage für eine Verurteilung erblicken, und so stellten die Richter abschließend fest:

> Sicher hat Fritzsche in seinen Rundfunkreden hier und da heftige Erklärungen propagandistischer Art gemacht. Der Gerichtshof nimmt jedoch nicht an, daß diese das deutsche Volk aufhetzen sollten, Greueltaten an besiegten Völkern zu begehen, und man kann daher nicht behaupten, daß er an den Verbrechen, deren er beschuldigt ist, teilgenommen habe. Sein Ziel war, die Volksstimmung für Hitler und die deutsche Kriegsanstrengung zu erwecken. Der Gerichtshof erkennt, daß Fritzsche nicht schuldig im Sinne dieser Anklage ist, und ordnet an, daß er, wenn sich dieser Gerichtshof demnächst vertagt, durch den Gerichtsmarschall entlassen werde.

General Nikitschenko hatte die undankbare Pflicht zu verkünden, daß der abwesende und vermutlich tote Bormann, der von der Anklage für schuldig nach den Punkten Eins, Drei und Vier erklärt worden war, nicht schuldig sei nach Punkt Eins, aber schuldig nach den Anklagepunkten Drei und Vier. Es war inzwischen 13.45 Uhr geworden, und Lawrence unterbrach die Sitzung bis 14.50 Uhr.

7

Als die Angeklagten die Anklagebank verließen, wurden die drei freigesprochenen Männer von den anderen getrennt, und man bot ihnen an, sie sofort freizulassen, aber sie wollten lieber noch bleiben; also durften sie für sich zu Mittag essen und bekamen neue Zellen im obersten Stockwerk des Gefängnisses zugewiesen. Fritzsche war fassungslos über seinen Freispruch, wie Gilbert anmerkte: »›Ich bin völlig fertig‹, flüsterte er, ›gleich hier freigelassen zu werden! Und nicht nach Rußland zurückgeschickt zu werden! Das ist mehr, als ich erhofft habe.‹«

Im Gerichtssaal war die Anklagebank noch leer, als die Richter wieder ihre Plätze einnahmen. Nacheinander wurden die verurteilten Angeklagten aus dem Gefängnis in dem Fahrstuhl heraufgebracht, der eine Tür zum Gerichtssaal hin hatte, direkt hinter der Mitte der Anklagebank. Hier bekamen sie einen Kopfhörer, um die deutsche Übersetzung ihrer Urteilssprüche zu hören, die Lawrence verkündete.

Die Spannung im Gerichtssaal war sehr hoch; Biddle schrieb, daß er sich »krank und elend fühlte«, und ich, der ich mich nach Kräften bemüht hatte, die Angeklagten zu verurteilen, war eigentlich froh, daß ich nicht ihr Schicksal verkünden mußte. Die Sitzung dauerte nur fünfundvierzig Minuten, und das waren letztlich weniger als zwei Minuten für jeden Angeklagten. Die Pausen dazwischen kamen einem unerträglich lang vor, aber Lawrence sprach mit ruhiger und fester Stimme, ebenso der Dolmetscher Wolf Frank.

Die Fahrstuhltür ging auf, und Göring trat heraus und setzte sich den Kopfhörer auf. Lawrence begann zu sprechen, aber sofort nahm Göring den Kopfhörer ab und gab durch Gesten zu verstehen, daß sie nicht funktionierten. Es war der denkbar schlechteste Augenblick für eine derartige

Panne, die sonst ganz banal gewesen wäre. Glücklicherweise dauerte die Beseitigung der Störung nur ein paar Sekunden, und Lawrence begann erneut zu sprechen:

> Angeklagter Hermann Wilhelm Göring! Gemäß den Punkten der Anklageschrift, unter welchen Sie schuldig befunden wurden, verurteilt Sie der Internationale Militärgerichtshof zum Tode durch den Strang.

Göring nahm den Kopfhörer ab, verneigte sich leicht vor dem Gericht, wandte sich um und verschwand im Aufzug. Heß kam herein, schob den Kopfhörer beiseite, blickte sich im Gerichtssaal um, während Lawrence sprach, und mußte wieder hinausgewiesen werden – offenbar hatte er gar nicht mitbekommen, daß er zu »lebenslänglichem Gefängnis« verurteilt worden war.

Die nächsten sechs Angeklagten – Ribbentrop, Keitel, Kaltenbrunner, Rosenberg, Frank und Frick – wurden allesamt zum Tod durch den Strang verurteilt. Ich weinte keinem von ihnen eine Träne nach, mußte aber an Keitel denken, der am Ende die Gründe für sein Los auf eine würdevolle Weise eingesehen und akzeptiert hatte.

Auch Streicher wurde zum Tod durch den Strang verurteilt und reagierte darauf voller Zorn, indem er heftig aufstampfend den Fahrstuhl betrat. Ich konnte ihm wegen dieses Temperamentsausbruches kaum einen Vorwurf machen, denn ich empfand die Urteilsbegründung des Gerichtshofes als oberflächlich – vielleicht war sie sowohl von seiner abstoßenden Erscheinung beeinflußt wie von der Annahme, die Öffentlichkeit könnte negativ reagieren, wenn Streicher etwas anderes als die Höchststrafe zuteil würde.

Ich empfand kein Bedauern darüber, daß irgendeiner dem Galgen entkommen war, aber ich sah auch nicht ein, warum Funk aufgrund »mildernder Umstände« mit dem Leben davonkam. Mit Sicherheit waren Funks Verbrechen umfassender als die Streichers, und es war einfach ärgerlich mitanzusehen, wie Funk von seiner eigenen Feigheit profitierte, während andere sich tapfer mit dem Tod abfanden.

Da ich der Meinung gewesen war, daß die Verurteilung von Dönitz nach Anklagepunkt Zwei nicht stichhaltig und nach Punkt Drei nur sehr dürftig begründet war, überraschte es mich nicht, daß man ihm das leichteste Urteil gab: zehn Jahre. Aber dem steinernen Gesicht von Dönitz war anzusehen, daß ihn das keineswegs beruhigte. Und Raeder war sogar noch bekümmerter darüber, daß ihm der Galgen erspart geblieben war, und gab zu verstehen, daß er dem Urteil »Lebenslänglich« den Tod vorgezogen hätte.

Schirach bekam zwanzig Jahre Gefängnis, und das schien angesichts seiner begrenzten Verantwortlichkeit zu den anderen Strafen des Gerichtshofs zu passen. Ohne mit der Wimper zu zucken, nahm Schirach den Urteilsspruch von Lawrence entgegen. Sauckel hingegen war nach seinem Todesurteil sprachlos und verließ den Gerichtssaal in tiefer Niedergeschlagenheit.

Alfred Jodl war durch seinen Verteidiger gut vertreten gewesen und hatte starke Argumente zu seiner Entlastung vorgebracht. Vielen war bekannt, daß er einen Freispruch erwartete. Als er hörte, wie Lawrence ihn »zum Tode durch den Strang« verurteilte, erstarrte er förmlich, dann wandte er sich um und fixierte mich einen Augenblick lang, bevor er hinausging.

Seyß-Inquart war der letzte, der zum Tode verurteilt werden sollte. Genauso ruhig, wie er sich stets während des Prozesses verhalten hatte, schien er auch das Urteil entgegenzunehmen. Ich meine noch immer, daß er und sein Anwalt sich noch entschiedener für seinen Fall hätten einsetzen können, so wie Speer dies getan hatte, und zwar mit dem Ergebnis, daß »mildernde Umstände« ihm eine Haftstrafe von zwanzig Jahren einbrachten. Neurath profitierte zweifellos von seinem Alter wie von »mildernden Umständen«, als er trotz einer Verurteilung nach allen vier Anklagepunkten nur fünfzehn Jahre bekam.

Im Gegenzug dazu erklärte Lawrence, daß der Gerichtshof Martin Bormann zum Tode verurteile. Dann verkündete er, daß der »Sowjetrichter« mit den Entscheidungen im Falle von Schacht, Papen und Fritzsche sowie des Generalstabs, des Oberkommandos der Wehrmacht und der Reichsregierung nicht einverstanden gewesen sei und die Ansicht vertreten habe, der Angeklagte Heß sollte zum Tode verurteilt werden. Abschließend kündigte Lawrence an: »Diese abweichende Meinung wird schriftlich festgelegt und dem Urteil beigefügt werden. Es wird sobald als möglich veröffentlicht werden.«

Ohne ein weiteres Wort erhoben sich die Richter und verließen den Gerichtssaal. Der Prozeß war vorbei.

8

Nach der Mittagspause stand Fritzsche in der Nähe des Eingangs zum Fahrstuhl und sah Göring heraustreten, gefesselt wie alle anderen Angeklagten, nachdem ihr Urteilsspruch verlesen worden war. Göring bemerkte Fritzsche, und die Wache erlaubte ihm, soweit dies die Handschellen zuließen, ihm die Hand zu schütteln. Ohne auf sein eigenes Schicksal einzugehen, das soeben entschieden worden war, bemerkte Göring: »Ich freue mich, daß Sie freigesprochen wurden. Wir hatten Ihnen gegenüber tatsächlich ein schlechtes Gewissen.«

Göring begab sich in seine Zelle, wo Dr. Gilbert die Verurteilten beobachtete, wie sie vom Gerichtssaal herunterkamen. »Tod!« sagte Göring und bat Gilbert, »ihn eine Zeitlang allein zu lassen«. Heß kam herein und sagte (und vielleicht war dies nur gespielt), »er habe nicht zugehört, deshalb wüßte er nicht, wie sein Urteil lautete. Außerdem sei es ihm egal.«

Dr. Gilbert hat sich nur ein paar Worte darüber notiert, welche Wirkung die Urteile bei jedem der Angeklagten hervorriefen. Er hatte ein tiefes, aber strikt berufliches Interesse an ihnen genommen – im Grunde hatte er sie nie gemocht, und nun stellte er sie als schlimmere Schwächlinge dar, als sie es eigentlich verdienten. So bezeichnete er nicht nur Ribbentrop und Kaltenbrunner als völlig gebrochen, sondern in Keitels Augen vermeinte er »nacktes Grauen« zu erblicken – der ehemalige Hitler-Intimus habe ihn sogar angefleht: »Wenn Sie doch bitte nur manchmal zu mir kommen würden in diesen letzten Tagen.« Das mag schon sein, aber ich habe da so meine Zweifel, und Keitel sollte schon bald wieder seine Selbstbeherrschung unter Beweis stellen.

Selbst Dr. Gilberts Bericht war nicht durchwegs verächtlich gehalten. Rosenberg und Funk kamen ihm eher zornig als ängstlich vor, und Frank sagte leise: »Tod durch den Strang ... Ich verdiente es und erwartete es, wie ich Ihnen ja immer sagte. Ich bin froh, daß ich in den letzten paar Monaten Gelegenheit hatte, mich zu verteidigen und über alles nachzudenken.«

Dönitz (und das war nur zu verständlich) wußte nicht, was er von seinem Urteil halten sollte: »Zehn Jahre! Und ich habe den U-Boot-Krieg sauber geführt! Ihr eigener Admiral Nimitz hat es gesagt. Sie haben es gehört.« Dann fügte er hinzu, er sei sicher, »daß sein Kollege Admiral Nimitz ihn vollkommen verstünde«.

Sauckel weinte, während Jodl steif und tief verärgert in seiner Zelle stand und Gilbert in die Augen blickte, als er mit versagender Stimme erklärte: »Tod – durch den *Strang*! *Das* zumindest habe ich nicht verdient! Das Todesurteil, na ja! Jemand muß dafür geradestehen. Aber das ... Das habe ich nicht verdient!«

Frick war gefühllos, Neurath aufgeregt, und Speer hatte nichts gegen sein Urteil einzuwenden, das er als »gerecht genug« bezeichnete. Am wenigsten erschüttert nahm Seyß-Inquart sein Todesurteil auf – er lächelte Dr. Gilbert an und meinte: »Nun, im Hinblick auf die ganze Situation habe ich nie mit etwas anderem gerechnet. Es ist schon richtig.« Dann wollte er wissen, ob sie noch weiter Tabak bekommen würden, entschuldigte sich aber gleich dafür, »in einem solchen Augenblick so trivial zu sein«.

Die elf Angeklagten, die gehängt werden sollten, blieben in ihren alten Zellen, bis die Zeit gekommen war, da sie ihrem Henker gegenübertreten sollten. Die sieben nicht zum Tod durch den Strang Verurteilten wurden in Zellen im obersten Stockwerk verlegt, wo sie warten mußten, bis das Spandauer Gefängnis, das in der britischen Besatzungszone lag und in dem sie ihre Haftstrafe verbüßen sollten, entsprechend eingerichtet worden war.

Nachdem die Verurteilten in ihren alten oder neuen Zellen untergebracht waren, wurden die drei Freigesprochenen zu einer Pressekonferenz im Justizgebäude gebracht. Ich weiß nicht mehr, wer diese Konferenz einberufen hatte, bei der es ziemlich rauh zuging und die Bob Cooper von der Londoner *Times* als »widerlich« bezeichnet hat. Auf Fotografien ist Fritzsche zu sehen, wie er offensichtlich das Rauchen und Trinken ebenso wie das Reden genießt, und glaubwürdigen Berichten zufolge verhökerte der Geschäftsmann Schacht sein Autogramm für Schokolade, um seine Familie damit zu verköstigen. In den Zeitungen stand später nichts, was von irgendeinem juristischen oder historischen Interesse war.

Die Gemüter beruhigten sich wieder, nachdem Dr. Dix aufgetaucht war und den drei Ex-Angeklagten erklärt hatte, daß vor dem Gericht eine aufgeregte Menge warte, die über diese Freisprüche empört sei, und daß die deutsche Polizei das Gebäude abriegle und sie verhaften wolle. Dr. Wilhelm Hoegner, der bayerische Ministerpräsident, hatte einen entsprechenden Haftbefehl ausgestellt. Oberst Andrus bot ihnen gastfreundlich das Gefängnis als »sicheres Haus« an, und sie entschieden sich dafür, dieses Angebot anzunehmen. Alle drei sollten dort für mehrere Tage bleiben, Papen sogar noch länger.

Inzwischen erlebten die elf Todeskandidaten keine derartigen Abenteuer. Man kann sich wohl kaum etwas vorstellen, was so furchtbar und trostlos ist wie das Warten auf den Henker in einer kleinen Zelle. Allerdings waren die meisten von ihnen in den folgenden vier Tagen zumindest nicht untätig, denn mehr Zeit blieb ihnen nicht, um ihre Gnadengesuche aufzusetzen und sie rechtzeitig dem Kontrollrat in Berlin zu übermitteln. Diese Viertagefrist galt nur für die zum Tode Verurteilten, aber auch die anderen reichten zumeist Gesuche zur selben Zeit ein.

Derartige Gesuche kamen von allen Verurteilten, außer von Kaltenbrunner und Speer. Ersterer (selbst ein Anwalt) war auf seinen Verteidiger nicht gut zu sprechen und konnte seine eigenen Gedanken nur schlecht zusammenhalten. Speer schrieb später in seinen Erinnerungen: »Auf einen Gnadenappell an die vier Mächte verzichtete ich. Jede Strafe wog gering gegenüber dem Unglück, das wir über die Welt gebracht hatten.«

Drei der zum Tode Verurteilten – Göring, Frank und Streicher – erklärten, sie wünschten nicht, daß Gnadengesuche in ihrem Namen eingereicht würden, aber ihre Anwälte hielten sich nicht daran und legten entsprechende Petitionen vor. Für Göring bat Dr. Stahmer darum, das Urteil entweder in »Lebenslänglich« umzuwandeln oder die Hinrichtung durch Erschießen vornehmen zu lassen. Um seiner Bitte Nachdruck zu verleihen, verwies der Anwalt auf Görings Tapferkeit und Ritterlichkeit im Ersten Weltkrieg. Franks Anwalt reichte nur ein Gesuch von Franks Familie ein, die Strafe in lebenslängliche Haft umzuwandlen. Streichers Verteidiger behauptete, die angeblichen Verbrechen seines Mandanten seien nicht hinreichend mit dem Angriffskrieg in Verbindung gebracht worden, doch dieses Argument berücksichtigte Streichers Verhalten nach Kriegsbeginn nicht.

Höchstwahrscheinlich war das Gnadengesuch von Heß nicht auf seinen eigenen Wunsch hin eingereicht worden. Aber es war ebenso typisch für seinen Anwalt Seidl wie sinnlos, daß er erklärte, nicht Heß, sondern vielmehr Stalin habe sich mit Hitler gegen Polen verschworen gehabt. Bormanns Anwalt behauptete nur, ungeachtet der ausdrücklichen Bestimmung der Charta sei der Gerichtshof nicht befugt, Bormann in Abwesenheit zu verurteilen.

Zwei Verurteilte – Keitel und Raeder – bemühten sich nur darum, daß ihre Strafe in Tod durch Erschießen umgewandelt würde. Keitel sprach davon, daß er »die Grenze nicht erkannte«, die der »soldatischen Tugend gesetzt sein muß«, und hoffte, »diesen Irrtum durch einen Tod sühnen zu können, wie er einem Soldaten in allen Heeren der Welt zugestanden wird«: den »Tod durch die Kugel«. Raeder, der zu lebenslänglicher Haft verurteilt worden war, reichte »beim Kontrollrat ein Gesuch um Begnadigung zum Tode durch Erschießen« ein.

Die übrigen zehn, von denen sechs zum Tode und vier zu unterschiedlich langen Haftstrafen verurteilt waren, reichten Gesuche ein, die alle möglichen Umwandlungen bewirken sollten. Die Anwälte von Ribbentrop, Rosenberg, Frick, Sauckel und Seyß-Inquart fanden nur schwache Gründe für eine Begnadigung; in einigen Fällen wurden die Anträge von Gnadengesuchen der Ehefrauen begleitet, die darum baten, die Todesurteile in lebenslängliche Haftstrafen umzuwandeln. Seyß-Inquart hatte eine letzte Chance, für mildernde Umstände zu plädieren, aber sein Verteidiger behauptete törichterweise, Seyß-Inquart verdiene Gnade, weil er vor dem Krieg neunzigtausend österreichische Juden zur Emigration gezwungen habe, die dadurch alle vor einem schrecklichen Schicksal bewahrt worden seien.

Jodls Petition war von seinen ausgezeichneten Anwälten aufgesetzt worden; aber da diese ihre Fähigkeiten bereits zu Beginn des Prozesses unter Beweis gestellt hatten, konnten sie jetzt nicht mehr viel vorbringen. Außerdem waren diese Argumente im wesentlichen juristischer Natur, und der Kontrollrat war kein Gericht. Jodl bat darum, daß sein Todesurteil ausgesetzt oder daß er durch Erschießen hingerichtet werde.

Die Urteile der sieben zu Gefängnisstrafen Verurteilten waren sozusagen bereits vom Gerichtshof »umgewandelt« worden, und darum waren die Gesuche dieser Angeklagten wenig überzeugend. Funk hatte Glück gehabt, daß er dem Galgen entging. Es war absurd, daß er in seinem Gesuch erklärte, er habe nur Maßnahmen ausgeführt, die Schacht bereits Jahre zuvor eingeführt hatte – schließlich war Schacht von Hitler vor dem Krieg entlassen worden, während Funk dem Führer bis zum Ende die Treue gehalten hatte. Schirach erklärte in einem Brief, er wolle sich die Möglichkeit zu einem Gnadengesuch für einen späteren Zeitpunkt vorbehalten. Dies entsprach durchaus Artikel 29 der Charta, der den Kontrollrat ermächtigte, er könne »das Urteil jederzeit mildern oder in anderer Weise abändern«. Neurath forderte in seinem Gesuch eine Annullierung des Urteils oder zumindest einen Aufschub der Urteilsvollstreckung, angesichts des fortgeschrittenen Alters und des schwachen Zustands des Angeklagten.

Wenn der Kontrollrat ein Berufungsgericht gewesen wäre, so hätte Dönitz am ehesten Anspruch auf eine Aufhebung des gegen ihn ergangenen Urteils gehabt. Sein Verteidiger Kranzbühler allerdings bat darum, die zehnjährige

Haftstrafe möge entweder zur Gänze aufgehoben oder um die Zeit verkürzt werden, die Dönitz bereits hinter Gittern verbracht habe.

Auch die Anklagebehörde war daran interessiert, daß der Kontrollrat von dem Handlungsspielraum Gebrauch machte, den ihm die Charta einräumte. Mitte September hatte Jackson einen Brief an den Stellvertretenden US-Kriegsminister Howard Petersen geschrieben, in dem er sich über die zu erwartenden Gnadengesuche der Angeklagten äußerte. Der Kontrollrat, erklärte er, sei kein Gericht; seine Rolle sei mit der eines Gouverneurs eines Bundesstaates oder des Präsidenten zu vergleichen, die Verurteilte begnadigen oder ihr Strafmaß umwandeln, aber die Entscheidungen der Gerichte nicht abändern oder annullieren könnten.* Jackson äußerte die merkwürdige Ansicht, da keiner der Angeklagten »der Anklagevertretung irgendeinen Dienst erwiesen« habe, gebe es keinen Grund, Milde walten zu lassen – eine Ansicht, derzufolge beispielsweise Speers Widerstand gegen Hitler irrelevant gewesen wäre. Am 17. September 1946 schickte Peterson Jacksons Brief an die amerikanischen Behörden in Berlin.

Einige Verurteilte erhielten Unterstützung von anderer Seite, insbesondere Jodl. Seine Frau, Luise Jodl, war eine attraktive und beherzte Frau, die entsprechende Bittbriefe an Feldmarschall Montgomery, Feldmarschall Juin und General Eisenhower sowie an Churchill, Stalin und Premierminister Attlee schickte. Alle erfuhren von Jodls Elend und von seinem untadeligen Ruf eines ehrenwerten Soldaten. Generalfeldmarschall von Brauchitsch schrieb an das britische Außenministerium in seinem wie im Namen anderer hochrangiger deutscher Offiziere einen Brief, in dem er dringend um Gnade für Jodl bat und dies unter anderem damit begründete, daß Jodls Einfluß und Position seines Wissens zu hoch bewertet worden seien.

9

Im Oktober 1946 hießen die vier Mitglieder des Alliierten Kontrollrats General Joseph T. McNarney, Luftmarschall Sir Sholto Douglas, General Joseph Pierre Koenig und Marschall Wassili Sokolowski. Jeder dieser Offiziere war Kommandeur einer der vier Zonen, in die das besetzte Deutschland aufgeteilt war. Keiner von ihnen hatte eine juristische Ausbildung genossen. Die Autobiographie von Sholto Douglas enthält ein Kapitel, das die Überschrift »A Matter of Conscience« (Eine Gewissensfrage) trägt und in dem er schildert, wie er sich mit den Petitionen befaßte, die er von den in Nürnberg Verurteilten erhielt oder die diese betrafen.**

* Nach Artikel 29 der Charta konnte der Kontrollrat »das Urteil jederzeit mildern oder in anderer Weise abändern; eine Verschärfung der Strafe ist nicht zulässig«.

** *Combat and Command: The Story of an Airman in Two World Wars*, verfaßt vom Marschall der Royal Air Force, Lord Douglas of Kirtleside, in Zusammenarbeit mit Robert Wright (New York 1963), S. 736-755.

Douglas hatte die Befehlsgewalt über die britische Zone im Mai 1946 von Feldmarschall Montgomery übernommen, ohne zu ahnen, welche Pflicht damit auf ihn zukam, und als er zum erstenmal davon vernahm, war er zutiefst beunruhigt darüber, daß ihm eine so unvertraute Aufgabe zugemutet wurde. Aber er drückte sich nicht davor – im Gegenteil: Er bemühte sich um Informationen und um Aufklärung über den Nürnberger Prozeß wie über die Probleme und Fragen, die ihn möglicherweise erwarteten. Zu diesem Zweck verließ Douglas Berlin, zog sich in sein Büro im Hauptquartier der britischen Zone im westfälischen Städtchen Lübbecke zurück und wies seine Untergebenen an, ihm »nur die Papiere zu bringen, die mit Nürnberg zu tun haben«, damit er sich »auf seine mühsame Aufgabe konzentrieren« könne.

Am 7. September verfügte der Kontrollrat, daß das offizielle Protokoll der Nürnberger Prozesse an die juristische Abteilung des Kontrollrats geschickt werden sollte, und drei Tage später erörterten die Mitglieder auf der turnusmäßigen Ratssitzung zum erstenmal ein paar Verfahrensfragen, die sich angesichts ihrer bevorstehenden Beschäftigung mit Nürnberg stellten. Ein paar Tage danach wurde Douglas dann vom britischen Außenministerium »signalisiert, man gehe davon aus, daß jede Überprüfung der Urteilssprüche des Nürnberger Gerichtshofs durch den Kontrollrat in erster Linie ›aus politischen Gründen‹ erfolge«.

Die nächste Sitzung des Kontrollrats fand am 20. September statt, und zunächst konnten sich die Mitglieder nicht einigen. McNarney wollte alles der Rechtsabteilung übergeben, und General Noiret (der Koenig vertrat) schlug die Bildung einer Kommission vor, die sie beraten sollte. Sokolowski war gegen derart »komplizierte Verfahren« und wollte, daß entsprechende Petitionen unverzüglich an den Kontrollrat weitergeleitet werden sollten. Douglas hatte zwar den Verdacht, daß der russische Marschall längst die Anweisung bekommen hatte, »alle Gesuche abzulehnen«, aber der Engländer pflichtete Sokolowski bei, weil auch er der Ansicht war, daß der Kontrollrat keine vorbereitenden Kommissionen brauche: »Die Ratsmitglieder sollten sich mit diesen Gnadengesuchen nicht als juristische Fachleute befassen, sondern als Männer von Welt.« Schließlich schlossen sich auch McNarney und Noiret dieser Ansicht an.

Ein paar Tage später erfuhr Douglas aus London, daß die Auffassung, der Kontrollrat solle die Petitionen »als politische Angelegenheit« behandeln, auf Richter Jackson zurückging und daß Jackson auch betont hatte, »es sollte keine Überprüfung aus juristischen Gründen erfolgen«.

Anfang Oktober bekam Douglas wirklich Probleme: Der Gerichtshof hatte die Angeklagten verurteilt, und nun begannen die Dokumente und Petitionen in Berlin einzutreffen. Am 4. Oktober erhielt er »aus einer Ecke, aus der ich dies am wenigsten erwartet hätte, eine Anweisung, die mich zutiefst in etwas involvierte, was ich eigentlich für eine Gewissensfrage gehalten hatte, und die in ihren Implikationen sehr beunruhigend war.« Das Sendschreiben stammte von keinem Geringeren als Ernest Bevin, dem britischen Außenminister. Dazu Douglas:

> Ich erhielt es in Form einer persönlichen und streng vertraulichen Nachricht aus London, und daraus ging hervor, daß Ernest Bevin ... dezidierte Ansichten darüber habe, wie mit den Ergebnissen der Nürnberger Prozesse zu verfahren sei. Ich wurde gebeten, mich mit ihm ins Benehmen zu setzen, ehe der Kontrollrat irgendeine Entscheidung bezüglich der Bestätigung der Nürnberger Urteilssprüche traf, und nachdrücklich wurde hervorgehoben, daß Bevin besonders an Begnadigungsmaßnahmen interessiert sei, die vom Rat beschlossen werden könnten.

Douglas kannte und bewunderte Bevin, aber er nahm »entschieden Anstoß« an dieser Direktive. Er war ein freimütiger und leicht erregbarer Mann und reagierte darauf mit einem persönlichen Brief an Bevin und einem offiziellen Antwortschreiben an das Außenministerium, und in beiden bemerkte er, die Behandlung der Petitionen gehe »nur mein Gewissen« etwas an. Außerdem, erklärte er, werde er sich mit den Petitionen »eher wie ein Richter* als wie ein Politiker« befassen, und dann schlug er vor, »der Minister möge mich unverzüglich über seine Ansichten über die Umwandlung oder Herabsetzung der Urteilssprüche unterrichten, und ich werde diese Ansichten dann bei meiner eigenen Urteilsbildung berücksichtigen.«

Das Echo auf seine Schreiben hat Douglas wie folgt geschildert:

> Es kam zu einer Kabinettssitzung, und anschließend erhielt ich aus London weitere Anweisungen, und zwar in Form einer langen, persönlichen Nachricht, die ich in Berlin am Morgen des 8. Oktober empfing ... Ich erfuhr, man nehme an, daß es da ein gewisses Mißverständnis meinerseits gebe, was meine genaue Position in dieser Angelegenheit angehe, und man halte es nicht für denkbar, daß ich in der Position eines Oberbefehlshabers wäre, der den Urteilsspruch eines Kriegsgerichts überprüft, oder die Rolle eines Kolonialgouverneurs oder des Innenministers zu spielen hätte ... Ferner wurde mir gegenüber betont, es sei nicht Sache der Repräsentanten im Kontrollrat, über die Herabsetzung oder Milderung des Strafmaßes zu entscheiden, und nach Ansicht der Regierung Seiner Majestät sei es von einem politischen Standpunkt aus von Vorteil, wenn sich an den Urteilssprüchen nichts ändere ... Schließlich wurde mir erklärt, falls unter meinen Kollegen im Kontrollrat irgendeine Neigung bestehe, etwas an den Urteilssprüchen zu ändern, sollte ich mich zwecks weiterer Instruktionen nach London wenden.

Es kann durchaus sein, daß Douglas' Ansinnen, der Minister möge ihm seine Vorschläge mitteilen, die er, Douglas, annehmen oder ablehnen könne, das Foreign Office dazu bewegt hat, Douglas daran zu erinnern, wie vergleichsweise niedrig doch der Status eines obersten Luftmarschalls sei. Wie auch im-

---

* »Richter« war sicherlich das falsche Wort, denn der Kontrollrat war kein Justizorgan, sondern nur vorübergehend mit »exekutiver« Macht ausgestattet.

mer – der Londoner Informant hatte Douglas schmerzlich klargemacht, es sei »nicht seine Sache, sich Gedanken zu machen«, und er solle nicht für irgendwelche Änderungen an den Entscheidungen des Gerichtshofes stimmen, ohne sich zuvor die Zustimmung Londons einzuholen.

Als Douglas sich darüber klar wurde, daß er nach der Londoner Direktive »nichts weiter als die Rolle einer Marionette spielen« würde, geriet er außer sich. »Die Beamten in London haben diese Gnadengesuche noch gar nicht zu Gesicht bekommen, und schon haben sie, nach politischen Gesichtspunkten, entschieden, was ich zu tun habe.« Je mehr Douglas darüber nachdachte, desto mehr schwoll ihm der Kamm, und es kam ihm in den Sinn, »daß ich in genau die gleiche Lage käme wie Sokolowski in bezug auf die russische Regierung«. An diesem Abend, als er mit seinem persönlichen Adjutanten Robert Wright einen Drink nahm, gelangte Douglas zu der Schlußfolgerung: »Ich nahm mir vor ..., genau das zu tun, was man von mir verlangte, es sei denn – wie Wright in unserem Gespräch einwandte –, der Fall sei völlig klar; dann würde ich meine eigenen Entscheidungen treffen, und die Regierung Seiner Majestät könnte mich gern haben.«

In den nächsten beiden Tagen, am 9. und 10. Oktober 1946, setzten sich die vier Mitglieder des Kontrollrats in Berlin zusammen und diskutierten über die Gnadengesuche. Laut Douglas habe er das Wort geführt, aber das änderte am Ergebnis auch nicht viel. Douglas war ein viel zu kluger Soldat, als daß er mit dem Foreign Office die Klinge kreuzen würde: »Am Ende wiesen wir alle Gesuche zurück, und alle Urteilssprüche wurden bestätigt.«

Zum Teil allerdings ist diese Diskussion durchaus aufschlußreich. Raeders Ersuchen, zum Tod durch Erschießen statt zu lebenslänglicher Haft verurteilt zu werden, wurde vom Kontrollrat mit der Begründung abgewiesen, ungeachtet Raeders persönlicher Gefühle würde dies eine Verschärfung des Strafmaßes darstellen, die Artikel 29 der Charta ausdrücklich untersage. Der Kontrollrat wies auch die Petitionen ab, die im Hinblick auf die verurteilten Organisationen eingereicht waren, ebenso Schirachs Einspruch, daß diese Angelegenheiten über den Geltungsbereich der Charta hinausgingen. Das waren die einzigen »juristischen« Entscheidungen des Kontrollrats.

Douglas' Schilderung der Erörterungen unter den Ratsmitgliedern befaßte sich ausschließlich mit dem Ersuchen im Namen der drei Generäle – Göring, Keitel und Jodl –, das Urteil Tod durch den Strang in Erschießen umzuwandeln. Als Flieger war Douglas von Göring fasziniert und erinnerte sich: »Achtundzwanzig Jahre zuvor hatten Göring und ich als junge Jagdflieger in der sauberen Atmosphäre der Luft gegeneinander gekämpft.« Douglas empfand »den stärksten Abscheu« davor, den Urteilsspruch gegen Göring zu bestätigen, entschied aber dann doch, daß Göring hängen müsse, weil Fyfes Kreuzverhör von Göring Douglas davon überzeugt hatte, daß Göring von der Erschießung ausgebrochener britischer Flieger durch die Deutschen im Stalag Luft III gewußt hatte.

Mit Keitel verbanden Douglas keine so glorreichen Erinnerungen aus den Jahren 1917/18 wie mit Göring. Aber wieder gipfelte seine Begründung, warum Keitel gehängt werden sollte, in dem Hinweis auf das Kreuzverhör von Keitel, als Fyfe ihn nach den Morden im Stalag Luft III befragte.

Offenkundig bewirkten die vielen Gesuche für Jodls Begnadigung oder zumindest für einen soldatischen Tod, daß es zur einzigen scharfen Meinungsverschiedenheit zwischen den Ratsmitgliedern kam. Laut Douglas waren »Koenig und McNarney der Ansicht, daß ihm [Jodl] als General wenigstens das Privileg der Erschießung gewährt werden sollte«. Der Leser mag sich zu Recht fragen, warum Göring und Keitel, die dem Range nach über Jodl standen, nicht die gleiche Ehre widerfahren sollte, wenn denn der Generalsrang das Kriterium für eine Erschießung statt einer Erhängung sei. Sokolowski »sprach sich ganz entschieden dagegen aus. Er sagte, Jodl verdiene es genauso wie die anderen Verbrecher, aufgehängt zu werden«.

Kurz und bündig, wenn auch sachlich nicht ganz korrekt, formulierte Douglas, warum er an der Entscheidung des Gerichtshofes festhielt:

> Ich glaubte, daß die deutschen Generäle Verrat an der eigenen Sache begangen hatten. Das bewies mir schon zur Genüge das, was nach der Massenflucht aus dem Stalag Luft III geschehen war, sowie die Art und Weise, wie fünfzig unserer Flieger erschossen wurden, nachdem sie wieder eingefangen worden waren ... Ich war mir völlig im klaren darüber, als ich das Beweismaterial studierte, daß diese beiden hochrangigen Offiziere [Keitel und Jodl] – wie [Robert] Cooper bemerkt hat – deshalb verurteilt wurden, weil sie »für abscheuliche Verbrechen verantwortlich waren«, und nicht, weil sie Soldaten waren.

Und damit waren die Morde im Stalag Luft III für Douglas der springende Punkt, warum er darauf bestand, daß jeder der drei Militärs den Tod durch den Strang verdiente. Die meisten Opfer bei diesen Morden waren nun einmal Briten – wie Douglas und Cooper. Die Überzeugungskraft von Douglas' Argument wird freilich erheblich dadurch geschmälert, daß Keitel zwar in dieses Verbrechen tief verstrickt war, aber daß man sich über Görings Verantwortung streiten konnte und daß Jodl, um den sich die Diskussion in erster Linie drehte, mit dieser Greueltat praktisch nichts zu tun hatte. In der Urteilsbegründung des Gerichtshofes waren die Morde im Stalag Luft III unter den anderen Greueltaten gegen Kriegsgefangene aufgeführt, aber nicht in den Plädoyers gegen irgendeinen von diesen drei Männern.

Zum Abschluß der Sitzungen des Kontrollrats über die Nürnberger Petitionen verlas Marschall Sokolowski eine Erklärung, in der er seinem vollsten Einverständnis mit General Nikitschenkos abweichender Urteilsbegründung Ausdruck verlieh. Jackson war über den Freispruch von Schacht enttäuscht gewesen, und die anderen drei Hauptankläger hatten das Todesurteil für alle Angeklagten gefordert gehabt. Der Gerichtshof allerdings hatte drei Angeklagte freigesprochen und sieben weitere am Leben gelassen. Kein Wunder also, daß die vier Regierungen nichts von Milde wissen wollten.

10

Die Anwälte der zum Tode Verurteilten wurden am 11. Oktober davon unterrichtet, daß alle Petitionen abgewiesen worden seien, und sie teilten dies den Mandanten und deren Familien mit. Die Verurteilten wußten nun zwar, daß ihr Ende unmittelbar bevorstand, erfuhren aber nichts Genaueres – tatsächlich blieben ihnen nur noch fünf Tage.

Statt ihnen ihr schweres Los für die letzten paar Tage zu erleichtern, wurden ihnen auch noch die wenigen Annehmlichkeiten entzogen. Sie durften keine gymnastischen Übungen mehr im Gefängnishof machen; außerhalb ihrer Zellen waren sie stets in Handschellen, und ihre einzige Bewegungsmöglichkeit waren kurze Gänge im Zellenblock, noch dazu in Fesseln. Die letzten Gespräche mit ihren Angehörigen wurden von Militärpolizisten überwacht.

Am 12. Oktober wurde ihnen verkündet, daß sie an diesem Tag zum letztenmal mit ihren Familien zusammenkommen würden. Diese Begegnungen waren schmerzlich, und danach waren die meisten zum Tode Verurteilten zutiefst verzweifelt. Nur Frank und Seyß-Inquart hatten sich einigermaßen mit ihrem Schicksal abgefunden.

Bis dahin hatte Keitel in bemerkenswerter Weise Haltung bewahrt. Tatsächlich hatte er eine ganz außergewöhnliche Konzentration auf Dinge, die nichts mit dem Tod zu tun hatten, zur Schau gestellt. Am 1. September, unmittelbar nachdem das Beweisverfahren abgeschlossen war, hatte Keitel damit begonnen, seine Memoiren zu schreiben, die die Zeit von 1933 bis zu seiner Inhaftierung am 13. Mai 1945 umfaßten. Am bemerkenswertesten daran ist, daß er an diesem Projekt ununterbrochen bis zum 10. Oktober 1946 arbeitete, und dann schrieb er die letzten Zeilen: »Ab 13. 5. 45 war ich Kriegsgefangener in Mondorf, am 13. 8. 45 in der Gefängniszelle in Nürnberg, und am 13. 10. 46 erwarte ich die Vollstreckung des Todesurteils. Abgeschlossen am 10. 10. 1946.« Kein Wunder, daß sein Herausgeber Walter Görlitz schrieb: »Im allgemeinen bleibt es staunenswert, wie der Feldmarschall, unter großer seelischer Belastung in den Wochen der Verkündung des Urteils und dann in Erwartung der Vollstreckung des Richterspruches, doch fähig gewesen ist, in zügiger Konzeption noch einen Abriß seines Lebens und seiner Handlungsweise in entscheidenden Jahren unserer Geschichte niederzuschreiben.«

Am 13. Oktober wurde Speer von einem Aufseher zu einem Rundgang mitgenommen, der ihn auch an den Zellen mit den zum Tode Verurteilten vorbeiführte. Speer notierte später in sein Tagebuch, sie alle – außer Frank, der eifrig schrieb – hätten reglos und still auf ihren Pritschen gelegen: ein »gespenstischer Anblick«, wie Speer meinte. Gilbert und die Gefängnisgeistlichen suchten die Männer in ihren Zellen häufig auf und versuchten, die Anspannung zu lockern.

Schacht und Fritzsche hatten das Gefängnis nach ein paar Tagen verlassen, aber Papen befand sich noch immer dort, und als er hörte, daß die anderen beiden bereits von der deutschen Polizei verhaftet worden seien, klagte er gegenüber Gilbert: »Ich bin ein gejagtes Wild, und sie werden mich nie in Frieden lassen!« Als Frank davon erfuhr, brach er in hysterisches Gelächter aus. »Hahaha! Sie dachten, sie seien frei! Wissen sie denn nicht, daß es keine Freiheit vom Hitlerismus gibt! Nur wir sind davon befreit! Wir haben noch den besten Teil erwischt! Hahahaha ...« Aber Frank war der einzige, der noch lachen konnte.

In den letzten paar Tagen vor den Hinrichtungen waren Vertreter des Kontrollrats erschienen, um die Vorbereitungen zu leiten und das Ganze durchzuführen. Das für die Hinrichtungen zuständige Viermannkomitee bestand aus den Generälen Roy V. Rickard (USA), Paton Walsh (Großbritannien), Morel (Frankreich) und Molkow (UdSSR). Das Komitee hatte festgelegt, daß kein Angehöriger der Anklagevertretung den Hinrichtungen beiwohnen dürfe – offenbar aus Rachsucht.*

Gegen den entschiedenen Widerstand der Briten beschloß der Kontrollrat, daß Pressevertreter bei den Hinrichtungen anwesend sein dürften; nach einigem aufgeregten Hin und Her wurden schließlich je zwei Presseleute von den vier Zonenregierungen zugelassen. Ein Vertreter der amerikanischen Presse durfte die elf Gefangenen in ihren Zellen in Augenschein nehmen. Das Erhängen wurde von Hauptwachtmeister John C. Woods (einem berufsmäßigen Scharfrichter mit fünfzehnjähriger Praxis) durchgeführt, dem zwei GIs assistierten. Neben Oberst Andrus, den von ihm benötigten Mitarbeitern sowie einem Geistlichen und einem Arzt durften auch noch zwei deutsche Beamte dabeisein: Dr. Wilhelm Hoegner, der bayerische Ministerpräsident, und Dr. Jakob Meistner, der Generalstaatsanwalt am Oberlandesgericht Nürnberg.

Die Hinrichtungen sollten in der Turnhalle des Gefängnisses stattfinden. Speer, der Architekt, nahm sogleich an, das Bauholz, das in den Gefängnishof gebracht wurde, sei für die Errichtung der Galgen bestimmt. Insgesamt waren es drei Galgen. Die Hinrichtungen sollten am frühen Morgen des 16. Oktober 1946 beginnen.

Der Pressekorrespondent, der am Vorabend gegen 21.30 Uhr eingelassen

---

* Am 18. November 1946 schrieb Jackson an Whitney Harris: »Offenkundig waren die Militärheinis ein wenig nachtragend. Wie ich höre, waren sie sehr sauer, daß diejenigen, die die Hinrichtungen leiten sollten, bei der Verlesung des Urteils keine Vorzugsplätze bekommen hatten. Daß es sich einfach nicht gehört, den Henker zu spielen, ehe der Urteilsspruch ergangen oder die Strafe verhängt worden ist, kommt solchen Geistern wohl nicht in den Sinn – wenn man sie einmal in aller Höflichkeit so nennen kann.«

wurde, sah, wie Jodl einen Brief schrieb, Ribbentrop mit einem Geistlichen sprach, Sauckel nervös in seiner Zelle auf und ab ging und Göring offenbar auf seinem Bett schlief. Gegen 22.40 Uhr blickte der Posten vor Görings Zelle durchs Guckloch und sah, wie sich der Gefangene ruckartig aufbäumte, und hörte ihn stöhnen. Der Posten schrie durch die nächtliche Stille, und kurz darauf erschienen Pfarrer Gerecke, Andrus und der Gefängnisarzt, Dr. Pflücker.

Nach wenigen Augenblicken mußte er den Tod Görings feststellen. In seinem Mund befanden sich Glassplitter – offenbar hatte Göring eine Ampulle mit Zyankali zerkaut und das Gift geschluckt. Er hatte einen kleinen Umschlag mit ein paar Zetteln hinterlassen; einer davon war für Oberst Andrus bestimmt. Bis heute gibt es keine offizielle Erklärung oder einen veröffentlichten Nachweis darüber, wie Göring an diese Giftampulle gelangt war.

Trotz Görings sensationellem Coup lief die Zeit für die übrigen zehn Todeskandidaten unerbittlich ab. Die Geistlichen suchten die Verurteilten auf, die übliche »Henkersmahlzeit« wurde angeboten, aber nur von wenigen eingenommen, und dann wurden die Insassen aufgefordert, die Sachen anzuziehen, die sie vor Gericht getragen hatten – wobei sich Streicher lauthals weigerte, so daß ihm die Wachen mit vereinten Kräften seinen Anzug überziehen mußten. Im oberen Stockwerk wachten die anderen Gefangenen von dem Lärm auf, und Speer vernahm, wie Heß schrie: »Bravo, Streicher!« Etwa gegen ein Uhr morgens suchte Andrus in Begleitung von anderen Beamten jeden Verurteilten auf und verlas das offizielle Todesurteil.

Ein paar Minuten später wurde Ribbentrop von zwei Militärpolizisten aus dem Gefängnis und über den Hof in die Turnhalle geführt, wo ihn der Galgen, der Scharfrichter und die kleine Versammlung der zugelassenen Augenzeugen erwarteten.* Er trug keine Handschellen, aber seine Hände waren auf seinem Rücken zusammengebunden. Er ging zum Fuß des Galgengerüsts, und zwei Wachen halfen ihm die Stufen zur Plattform hinauf. Er stellte sich auf die Falltür, seine Füße wurden zusammengebunden, und dann wurde er gefragt, ob er noch etwas zu sagen habe. Er erwiderte mit fester Stimme: »Gott schütze Deutschland, Gott sei meiner Seele gnädig! Mein letzter Wunsch ist, daß Deutschland seine Einheit wiederfindet, daß eine Verständigung zwischen Ost und West zustande kommt und Frieden in der Welt regieren möge.« Sergeant Woods legte ihm die Schlinge um und zog ihm

---

* Die meisten Berichte, die über die Hinrichtungen veröffentlicht wurden, stammen von den Pressevertretern. Whitney Harris, der Nürnberg schon früher verlassen hatte und in der juristischen Abteilung der Amerikaner in Berlin arbeitete, wurde von General Clay (der vergeblich versucht hatte, für Harris eine Erlaubnis zu bekommen, bei den Hinrichtungen anwesend zu sein) gebeten, ihm über das Ereignis Bericht zu erstatten. In einem Brief vom 19. Oktober 1946 schrieb Harris an Jackson, daß seine »Vertrautheit mit der Szenerie und sein guter Kontakt zu den Presseleuten völlig genügten, damit ich die Einzelheiten schildern konnte«. Ich habe mich hauptsächlich auf seinen Bericht gestützt. Siehe dazu Harris, *Tyranny on Trial* (Dallas 1954), S. 485-488.

eine schwarze Kapuze über den Kopf. Um 1.14 Uhr riß Woods den Riegel von der Klappe, und Ribbentrop verschwand lautlos durch die Falltür. Er starb um 1.29 Uhr.

Keitel, der seine Zelle untadelig gekleidet und in kerzengerader Haltung verließ, sollte als nächster die Stufen zum zweiten Galgen ersteigen (da Ribbentrop noch nicht tot war). Er sagte: »Ich bitte den Allmächtigen um Erbarmen für das deutsche Volk. Über zwei Millionen deutsche Soldaten gingen mir im Tode für das Vaterland voraus. Ich folge meinen Söhnen.«* Und als ihm die Schlinge umgelegt und die Kapuze übergezogen wurde, schrie Keitel noch: »Alles für Deutschland! Deutschland über alles!«

Kaltenbrunner wurde angewiesen, zum dritten Galgen hinaufzusteigen. Viel gefaßter, als man es erwartet hatte, erklärte er: »Ich habe mein deutsches Volk und mein Vaterland vom Grund meines Herzens geliebt. Ich habe nach den Gesetzen meines Landes meine Pflicht getan. Ich bedauere, daß mein Volk in seiner härtesten Zeit von Leuten begleitet wurde, die nicht Soldaten waren und die Verbrechen begangen haben. Ich hatte an den Verbrechen nicht teil, ich kämpfte ehrenhaft. Deutschland Glück auf!« Rosenberg sah sehr mitgenommen aus, und dann ging dieser so wortgewaltige Nazi, im Unterschied zu allen anderen, wortlos in den Tod. Ruhig und höflich dankte Frank beim Hereinkommen Pater Sixtus »für Ihre Fürsorge während meiner Gefangenschaft«, und nachdem er den Galgen erstiegen hatte, sagte er: »Ich bitte Gott, mich gnädig zu empfangen.« Frick, kurz und bündig wie immer: »Es lebe das ewige Deutschland!«

Streicher betrat das Gebäude und schrie ständig »Heil Hitler!«. Er weigerte sich, seinen Namen zu nennen, spuckte Sergeant Woods an, sagte zu ihm: »Eines Tages werden die Bolschewiken Sie aufhängen« und schrie wieder »Heil Hitler!«, als er zur Plattform hinaufstieg. Als er oben war, kreischte er: »Purimfest 1946«, und als ihm die Kapuze übergezogen wurde, rief er noch: »Nun bin ich bei Gott, meinem Vater! Adele, meine liebe Frau.« Sauckel protestierte wütend: »Ich sterbe unschuldig, das Urteil war ungerecht. Gott helfe Deutschland und mache es wieder groß. Gott möge meine Familie schützen!«

Jodl räumte wie Keitel seine Zelle auf, bevor er sie verließ, um vor seinen Schöpfer zu treten. Er sagte nur noch: »Ich grüße dich, mein Deutschland!« Während der zweistündigen Wartezeit kreuzte Seyß-Inquart den 16. Oktober auf dem Kalender durch, den er in seiner Zelle führte. Seine letzten Worte galten nicht ihm selbst: »Ich hoffe, daß diese Hinrichtung der letzte Akt der Tragödie des zweiten Weltkrieges und eine Lehre sein wird, so daß Frieden und Verständnis unter den Völkern herrschen werden. Ich glaube an Deutschland!« Whitney Harris notierte: »Er starb um 2.57 Uhr, keine zwei Stunden nachdem Ribbentrop die Hinrichtungsstätte betreten hatte.«

Als alle Leichname abgeschnitten waren, wurden sie mit dem Gesicht nach

---

* Keitels jüngster Sohn war in Rußland gefallen.

oben in hölzerne Särge gelegt. Auch Görings Leichnam wurde hereingebracht und in den für ihn bestimmten Sarg gelegt. Alle Leichname wurden sodann einzeln fotografiert, und zwar in bekleidetem wie in nacktem Zustand. Anschließend wurden sie auf Lastwagen zu einem Krematorium in oder bei München gebracht.* Whitney Harris schrieb, »es wurde berichtet, daß ... die Asche mitgenommen und in die Isar gestreut worden sei«.

Sergeant Woods geriet trotz seiner langjährigen Erfahrung ins Kreuzfeuer der Kritik, die offenbar anhand der Fotografien der Leichen, die der Presse zugespielt wurden, nicht unbegründet war. Cecil Catling vom Londoner *Star*, ein alter Gerichtsreporter, erklärte, der Fallweg sei nicht lang genug gewesen und die Männer seien nicht richtig aufgehängt worden – alle seien beim Fallen mit dem Kopf auf der Plattform aufgeschlagen und »starben infolge langsamer Strangulation«. Woods hätte zu diesen Vorwürfen etwas sagen können, aber es fehlten klare Beweise. Richter Birkett war empört, daß die Bilder in aller Öffentlichkeit gezeigt werden konnten; sie waren in der Tat abstoßend.

Und damit war das Leben Hermann Görings und das der anderen zehn zum Tode Verurteilten vorbei. Zu existieren aufgehört hatte auch der Internationale Militärgerichtshof. Und der erste Nürnberger Prozeß war beendet. Am Tag vor den Hinrichtungen hatte Richter Jackson Präsident Truman seinen Schlußbericht über die außergewöhnliche Mission vorgelegt, die ihm der Präsident übertragen hatte.

Richter Jackson, der wieder am Obersten Bundesgericht der USA tätig war, war auch von seinem Posten als Hauptankläger für die Vereinigten Staaten zurückgetreten und schrieb mir einen Brief, in dem er mir zu meinen neuen Pflichten als Hauptankläger für Kriegsverbrechen Mut zusprach. Damit blieb Nürnberg für die nächsten drei Jahre der Schauplatz von zwölf weiteren Prozessen gegen rund 190 Angeklagte. Aber das, möchte ich mit Rudyard Kipling sagen, »das ist eine andere Geschichte«.

* Andere Autoren haben behauptet, daß das Krematorium im ehemaligen Konzentrationslager Dachau gewesen sei, aber das ist meines Wissens nie bewiesen worden.

Zweiundzwanzigstes Kapitel

Epilog und Bilanz

Mehrere Jahre lang ging es den drei freigesprochenen Angeklagten nicht viel besser als den sieben, die vom Internationalen Militärgerichtshof zu langjährigen Haftstrafen verurteilt worden waren. Ja, in den ersten vier Tagen waren alle zehn in den Nürnberger Gefängniszellen untergebracht, wo die drei den anderen nur voraus hatten, daß sie sich frei im Neuen Justizgebäude bewegen und durch das Fenster auf die deutschen Polizisten schauen konnten, die nur darauf warteten, sie zu ergreifen, falls sie sich nach draußen begäben.

Nach vier Tagen allerdings hatten Fritzsche und Schacht genug von ihrer Schutzhaft und baten, entlassen zu werden. Um Mitternacht wurden sie voneinander getrennt in zwei Armeelastwagen gesetzt, die in verschiedenen Richtungen davonrasten. Fritzsche wurde zu dem Haus gefahren, in dem sein Anwalt, Dr. Fritz, untergebracht war. Der amerikanische Major, der Fritzsche begleitet hatte, brachte ihn noch sicher auf sein Zimmer, aber die Presse spürte ihn gleich auf, dicht gefolgt vom Nürnberger Polizeichef. Dann trat ein amerikanischer Oberst in Erscheinung und bewahrte Fritzsche davor, augenblicklich verhaftet zu werden. Am nächsten Tag gestatteten die deutschen Behörden Fritzsche, sich frei innerhalb Nürnbergs zu bewegen, sofern er sich an sein Versprechen halte, die Stadt nicht zu verlassen.

Diese begrenzte Freiheit währte vier Monate, aber dann wurde Fritzsche vor die Nürnberger Entnazifizierungs-Spruchkammer zitiert. Das war ein völlig legaler Vorgang, denn Fritzsches Freispruch vor dem Internationalen Militärgerichtshof bezog sich nur auf die nach Artikel 6 der Londoner Charta erhobenen Anschuldigungen. Die Spruchkammer verhandelte gegen Fritzsche wegen seiner sämtlichen Rundfunkreden und seiner sonstigen Tätigkeiten für die Nazis. Als »Hauptschuldiger« wurde er zu neun Jahren Arbeitslager verurteilt, außerdem wurde ihm das Wahlrecht entzogen sowie die Pension und das Recht, ein öffentliches Amt zu bekleiden.

Fritzsche wurde später begnadigt und im September 1950 freigelassen. Unglücklicherweise hatte er nur wenig Zeit, seine Freiheit zu genießen, denn Ende September 1953 starb er an den Folgen einer Krebsoperation, wenige Wochen bevor seine Autobiographie *Das Schwert auf der Waage* erschien.

Als Schacht das Justizgebäude verließ, wurde er zu dem Haus gebracht, in dem seine Frau in Nürnberg wohnte. Dort wurde er bereits von der deutschen Polizei erwartet. Dann traf der Nürnberger Polizeipräsident ein, nahm Schacht aufs Präsidium mit und befahl, ihn in eine Zelle zu stecken. Wie Schacht in seinen Memoiren berichtete, habe er »einen derartigen Krach geschlagen«, daß sich der Polizeipräsident an die Amerikaner wandte, was (wie bei Fritzsche) dazu führte, daß Schacht in das Haus zu seiner Frau zurückgebracht wurde und dort ungestört schlafen durfte.

Am nächsten Tag trat Dr. Dix in Erscheinung, und auf sein Betreiben hin zeigte sich die bayerische Regierung damit »einverstanden«, wie Schacht später schrieb, »mir volle Bewegungsfreiheit in ganz Deutschland unter der Bedingung zu geben, daß ich mich jeweils bei der Polizei melden ... würde«, während das Entnazifizierungsverfahren in Nürnberg begann.

Schacht und seine Frau liehen sich ein Auto und machten sich auf den Weg zum ständigen Wohnsitz seiner Frau in der britischen Zone. Leider fuhren sie über Württemberg, um einen Freund zu besuchen – doch hier war die bayerische Verfügung nicht gültig. In der Nähe von Backnang verhaftete die Stuttgarter Polizei Schacht und lieferte ihn ins Gefängnis ein, wo er bis zum April 1947, bis zum Beginn seines Entnazifizierungsverfahrens, bleiben mußte. Das Gericht bezeichnete Schacht als »Hauptschuldigen« und verurteilte ihn zu acht Jahren Arbeitslager in Ludwigsburg. Schachts Anwälte gingen in die Berufung, und am 2. September 1948 wurde Schacht freigesprochen. Als er freilich die britische Zone betrat, mußte er sich einem weiteren Entnazifizierungsverfahren in Lüneburg unterziehen, so daß er erst Ende 1950 endgültig freigesprochen wurde.

Als Schacht in die britische Zone kam, war er praktisch mittellos; die Reichsbank hatte sein Vermögen verloren, andere Besitztümer befanden sich in den Händen der Kommunisten oder waren beschlagnahmt, und bei seinen Anwälten hatte er hohe Schulden. Er war einundsiebzig und mußte eine Frau und zwei Kinder versorgen. Also schloß er mit dem Hamburger Verleger Rowohlt einen Vertrag über ein Buch ab, das später auch auf englisch unter dem Titel *Account Settled* erschien und das er während des Prozesses geschrieben hatte. Von diesem Buch wurden rund 250 000 Exemplare verkauft.*

* Es erschien 1948 unter dem Titel *Abrechnung mit Hitler* (die englische Übersetzung 1949). Zu meiner amüsierten Überraschung zitierte er darin lange Passagen aus Speers Schlußwort und aus meinem Schlußplädoyer. [Nicht in der deutschen Fassung; d. Übers.]

1952 wurde Schacht von der indonesischen Regierung als Wirtschafts- und Finanzberater eingeladen. Daraus wurde eine Art Triumphzug über Rom, Kairo (wo er Gast der ägyptischen Regierung war) und Indien nach Indonesien. Nach seiner Heimkehr* schloß sich daran eine zweite Reise an, und zwar nach Ägypten und Teheran. Im Dezember 1952 wurde er nach Damaskus als Berater bei der Gründung der syrischen Zentralbank eingeladen.

Als er zu Weihnachten wieder zu Hause war, beschäftigte sich Schacht (inzwischen fünfundsiebzig) mit den Fahnen seines zweiten Buches (*76 Jahre meines Lebens*). Je älter er wurde, desto mehr verblaßte sein Ruhm, aber da er nun einmal unbedingt zu den Gewinnern gehören wollte, war er sicher »besser dran« als irgendein anderer Angeklagter von Nürnberg. Er starb 1970 im Alter von zweiundneunzig Jahren.

Franz von Papen war vorsichtiger als die anderen beiden und verließ das Gefängnis erst, als die Hinrichtungen stattgefunden hatten. Aber seine Geduld half ihm auch nicht viel. Er kam zunächst bei einem alten Freund in Nürnberg unter, aber um seine Gesundheit stand es nicht zum besten, und er verbrachte die meiste Zeit in Krankenhäusern in und bei Nürnberg. Im Januar 1947 kam er vor die Spruchkammer, wurde in die Gruppe der Hauptschuldigen eingereiht und zu acht Jahren Arbeitslager verurteilt.

Papen hielt sich die folgenden beiden Jahre ständig in den Krankenhäusern von verschiedenen Arbeitslagern auf, wo er einmal von einem wahnsinnigen Patienten fürchterlich zusammengeschlagen wurde. Im Januar 1949 gab es ein Berufungsverfahren. Papen wurde nur noch als »belastet« eingestuft und freigelassen, ohne seine bürgerlichen Rechte wiederzuerlangen. 1952 erschien seine Autobiographie *Der Wahrheit eine Gasse*, und bis zu seinem Tod im Jahre 1969 lebte er zurückgezogen bei seiner Familie.

Man war ursprünglich davon ausgegangen, daß die sieben überlebenden Verurteilten noch vor Jahresende ins Spandauer Gefängnis verlegt werden würden. Aber aus irgendeinem Grund kam es immer wieder zu Verzögerungen, und so erfolgte die Verlegung erst neun Monate nach dem Ende des Prozesses. Oberst Andrus hatte Nürnberg verlassen, und sein bisheriger Stellvertreter, Major F. C. Teich, übernahm seinen Posten und ließ die Zügel ein wenig schleifen. Beschränkungen bezüglich der Post wurden abgeschafft. Die Geistlichen durften umfangreiche Manuskriptsendungen von Speers autobiographischen Berichten an seine Familie schicken.** Die Gefangenen

---

* Auf dem Rückflug nach Rom machte Schachts Flugzeug eine unerwartete Zwischenlandung in Tel Aviv. Zum Glück wurde er vor dem Weiterflug nach Rom nicht aufgerufen, aber als der israelische Premierminister Ben Gurion von seinem kurzen Aufenthalt erfuhr, soll er gesagt haben: Hätte ich gewußt, daß Dr. Schacht auf dem Flugplatz war, dann hätte ich ihn sofort verhaften lassen.« Wenn das passiert wäre, hätte es einen sehr interessanten Kriegsverbrechensprozeß gegeben.

** Speers zweites Buch – *Spandauer Tagebücher* (1975) – ist das beste und wichtigste Werk über die Spandauer Gefangenen.

hatten nun mehr Zeit für Spaziergänge und Arbeiten im Gefängnishof und konnten sich ausführlicher miteinander unterhalten, seit es keine Gerichtssitzungen mehr gab.

Diese Unterhaltungen waren freilich nicht immer freundlich. Schon während des Prozesses und erst recht danach war Speer zu der Ansicht gelangt, daß diejenigen, die Hitler weiterhin gedient hatten, unabhängig von ihren jeweiligen konkreten Verbrechen auch für die Folgen von Hitlers Taten verantwortlich seien. Im Prinzip warf er dies damit auch seinen Mitangeklagten vor – was diese, insbesondere die Admiräle, natürlich zurückwiesen. Der »immer anlehnungsbedürftige« Schirach, der sich gegen Ende des Prozesses von Göring abgewandt hatte und mit Speers Ansichten konform gegangen war, hielt nun zu den Admirälen. »Bewußt provozierend«, wie Speer schrieb, sei Schirach im Dezember 1946 auf ihn zugekommen und habe erklärt: »Sie mit Ihrer Gesamtverantwortung! Dieser Vorwurf ist selbst vom Gericht verneint worden, wie Sie vielleicht bemerkt haben werden! Im Urteil steht kein Wort davon.« Speer blieb bei seiner Einstellung, aber die anderen Gefangenen nickten beifällig nach Schirachs Bemerkung und ließen Speer wortlos stehen.

Mit Schirach und den beiden Admirälen hatte Speer es sich also verscherzt, und auch ein wenig mit Funk und Neurath. Heß habe sich, schrieb Speer, freilich aus ganz anderen Gründen, »eine Fluchtwelt aufgebaut«, auch wenn Speer mit ihm gelegentlich spazierenging, wobei Heß »wie verwandelt« schien und sich freimütig mit ihm unterhielt.

Am 18. Juli 1947 wurden die sieben Gefangenen endlich nach Berlin geflogen und nach Spandau gebracht – sieben Männer in einem Gefängnis, das für Hunderte von Gefangenen gebaut worden war, am äußersten westlichen Stadtrand von Berlin im britischen Sektor gelegen. Mit dem Eintreffen dieser Gefangenen wurde daraus eine internationale Strafanstalt, die zwar letztlich dem Kontrollrat unterstand, aber in monatlichem Turnus von russischen, amerikanischen, britischen und französischen Militärbeamten verwaltet wurde.

Unabhängig davon, welches Land gerade an der Reihe war, wurde das Gefängnis gut geführt – Speer nannte die Behandlung nach wenigen Tagen »korrekt; aber von kältester Distanz«. In erster Linie beklagte er sich über die Verpflegung: »In Nürnberg hatten wir aber reichlich zu essen; in Spandau erhalten wir auf das Gramm genau die deutschen Rationen.« Wenn es also nicht genug zu essen gab, so gab es doch viel zu tun. Als die Briten an der Reihe waren, bot der Direktor den Gefangenen an, im Garten zu arbeiten; alle sieben stimmten zu, nur Funk drückte sich häufig davor.

Das Gefängnispersonal war so vielsprachig wie vielfältig in seiner Art, und die anfängliche Kälte war bald geschwunden. Kurz vor Ablauf seines ersten Vierteljahrs in Spandau berichtete Speer: »Ich kann es kaum glauben. Vorhin hat mir ein Angestellter des Gefängnisses angeboten, Briefe nach draußen zu schaffen.« Anton Vlaer, ein junger Holländer, war während des

Krieges zur Zwangsarbeit verpflichtet gewesen und hatte in einer Berliner Rüstungsfabrik gearbeitet. Speer geriet über die Aussicht auf »eine unzensierte Verbindung zur Außenwelt« in helle Begeisterung: »Die Gefängniszelle könnte sich dann in eine Gelehrtenklause verwandeln.« Einige Jahre später bekam Speer einen zweiten heimlichen Sendboten.

Es gab allerdings weiterhin Reibereien unter den sieben Gefangenen; ja, sie verstärkten sich sogar noch, was nicht nur am Gefängnisalltag lag, sondern auch auf Konflikte während des Krieges und in Nürnberg zurückzuführen war. Speer: »Raeders fast grotesk anmutender Haßkomplex gegen Heß dagegen überdauert alle Zeitläufe.« Auch die beiden Admiräle waren nicht gut aufeinander zu sprechen. Raeder, der mit seinen zweiundsiebzig Jahren immer noch ganz energisch war, »behandelt Dönitz mit der Herablassung des immer noch Vorgesetzten, was Dönitz besonders erbittert«. Er wiederum warf Raeder vor, er habe die U-Boot-Waffe vor dem Krieg nicht schnell genug aufgebaut, so daß Dönitz in den ersten Kriegsmonaten der britischen Handelsflotte keinen ernsten Schaden zufügen konnte. Speer stellte sich und seine Mitgefangenen so dar:

> Es gibt unter uns den passiven Typus, der sich durch unaufhörliches Reden die Zeit vertreibt. Dazu gehören Funk, Schirach und, als schweigsame, eigentümlich skurrile Variante, Heß. Zum aktiven Typus, der ohne Beschäftigung nervös wird, zählen Raeder, Neurath, Dönitz und ich. Die Titel haben wir zwar abgeschafft, Raeder ist nicht mehr der Großadmiral und Neurath nicht mehr der Außenminister. Aber aus der Sorge abzugleiten, achten wir auf ein gewisses Maß an bürgerlichen Umgangsformen ... Sie haben Schutzfunktion. Das alles klingt sehr anspruchsvoll, wenn ich nur begründen will, daß wir uns immer noch mit »Herr« anreden, uns nach wie vor Vortritt gewähren und am Morgen begrüßen wie am Abend verabschieden.

Alle außer Heß waren natürlich in erster Linie daran interessiert, daß ihre Strafen verkürzt würden – nur Heß war dies gleichgültig, oder er spiegelte es zumindest vor. Nachdem Kranzbühler im Dezember 1952 »mit wichtigen Persönlichkeiten des westlichen Auslandes« gesprochen hatte, riet er in einem Kassiber an Dönitz zwar, die Gefangenen sollten »mit der vollen Strafzeit rechnen«, aber im April 1954 ließ er angeblich durchblicken, »daß die Alten und Kranken zuerst kämen«. Neurath und Raeder waren die Ältesten, und Neurath, Raeder und Funk waren damals auch am meisten krank.

Keiner der Gefangenen konnte ohne die Zustimmung aller vier Mitglieder des Kontrollrats vorzeitig entlassen werden. Viele glaubten, daß die Russen derartigen Konzessionen gegenüber ihren ehemaligen Feinden nie zustimmen würden. Aber wie sich herausstellte, war die sowjetische Regierung nicht unversöhnlich – außer im Fall Heß. Kranzbühler hatte mit seiner zweiten Nachricht recht gehabt: Am 6. November 1954 wurde der schwache und kränkelnde Neurath, der 1952 einen schweren Herzanfall gehabt hatte, aus Spandau entlassen. Er starb 1956.

Im September 1954 ging es mit Raeders Gesundheit rapide bergab. Im Frühling des darauffolgenden Jahres durfte er nicht mehr arbeiten, und nun hörte er auch auf, seine Krankheit zu vertuschen. Im September 1955 wurde er entlassen. Das war eine viel größere Überraschung, denn Raeder war ja zu lebenslänglichem Gefängnis verurteilt worden und auch ein sowjetischer Gefangener gewesen. Aber sein Anwalt, Dr. Siemers, hatte sich für ihn geschickt eingesetzt, und schließlich gaben die Russen ihre Einwilligung. Raeder verblieb noch genug Energie, 1956 seine Autobiographie *Mein Leben* herauszugeben, die besonders im Hinblick auf die Vorkriegszeit von historischem Interesse ist. er starb 1960.

Raeder hatte neun Jahre abgesessen gehabt, und Dönitz war nur zu zehn Jahren verurteilt. Er war fünfundfünfzig, bei guter Gesundheit, und es gab keinen Grund für eine vorzeitige Entlassung. Am 30. September 1956 war es dann soweit.

Während des Krieges hatten Dönitz und Speer mit gegenseitigem Respekt zusammengearbeitet, aber seit Speer sich von Hitler und vom Nazismus abgewandt hatte, war Dönitz nicht gut auf ihn zu sprechen gewesen. An seinem letzten Tag in Spandau kam es zu einer erbitterten Auseinandersetzung zwischen Dönitz und Speer. Zunächst wollte Dönitz wissen, ob Speer sich seinerzeit für ihn bei Hitler verwendet hatte, als der Führer den Admiral zu seinem Nachfolger ernennen wollte. Plötzlich zog Dönitz über Speer her: »Durch dich habe ich diese elf Jahre verloren! Du hast mir das eingebrockt! Du bist an allem schuld! ... Ohne dich wäre Hitler nie auf die Idee gekommen, mich zum Staatsoberhaupt zu machen! ... Meine Laufbahn ist zerstört!« Speer erwiderte: »Du hast mich hier zehn Jahre lang verleumdet, herabgesetzt und boykottiert ... Unablässig habt ihr hier von Ehre geredet. Jedes zweite Wort von dir, von Schirach ist Würde, Haltung. Millionen hat dieser Krieg umgebracht. Weitere Millionen haben diese Verbrecher in den Lagern ermordet. Wir alle hier waren doch das Regime! Aber deine zehn Jahre hier regen dich mehr auf als die fünfzig Millionen Toten. Und dein letztes Wort hier in Spandau: deine Karriere!«

So gingen die beiden stärksten Männer in Spandau auseinander, und damit verabschiedete sich auch der härteste Mann der ehemaligen deutschen Kriegsmarine. Auch Dönitz schrieb seine Autobiographie, die 1958 unter dem Titel *Zehn Jahre und zwanzig Tage* erschien und die sich natürlich in erster Linie um den U-Boot-Krieg drehte sowie um seine kurze Amtszeit als Staatschef. Trotz ihrer Auseinandersetzungen in Spandau gingen die beiden Admiräle in ihren Büchern freundlich miteinander um. Dönitz starb 1980.

Funk hatte nie auf seine Gesundheit geachtet und war nicht in guter Verfassung, als er nach Spandau gebracht wurde. Er konnte gut Anekdoten und Witze erzählen, war aber sehr träge, und niemand gab viel auf seine Meinung. In den letzten drei Jahren seiner Haft war er die meiste Zeit bettlägerig. Er war zwar Diabetiker, hielt sich aber nicht an die ärztlichen Vorschriften; im

Januar 1947 kam er ins Krankenhaus, und später wurde er zweimal operiert, nämlich im Oktober 1949 und im September 1954. Wie Raeder war er zu lebenslanger Haft verurteilt, doch er war wesentlich jünger, etwa in Dönitz' Alter. Funk wurde schließlich im Mai 1957 entlassen. Speer notierte: »Ich freue mich für Funk, bin aber auch deprimiert. Jetzt werden Monate verstreichen, bevor man sich wieder mit Spandau beschäftigt.« Funk verstarb im Jahre 1960.

Tatsächlich vergingen nicht nur Monate, sondern über neun Jahre, bis man sich wieder mit Spandau beschäftigte. Schirach und Speer, die beiden jüngsten Angeklagten, waren bei guter Gesundheit; Heß war dreiundsechzig, und seine Verfassung war Schwankungen unterworfen, aber offenbar hatte er keine Chance gegen das »Njet« der Sowjets. Speer: »Nun nur noch zu dritt. Eigentlich allein. Schirach und Heß zählen nicht. Wovor mir graute, das ist jetzt eingetreten.«

Aber Speer war ein außerordentlich systematischer Mensch. Lesen, Schreiben und Denken für den Geist sowie Arbeiten und Spazierengehen für den Körper – das waren seine Rezepte gegen den körperlichen und moralischen Verfall. 1954 hatte er damit begonnen, die Länge seiner Spaziergänge und das imaginäre Erreichen ferner Städte zu messen und aufzuzeichnen. Am Tag vor seiner Entlassung im Jahre 1966 hatte er genau 31 936 Kilometer zurückgelegt und war »fünfunddreißig Kilometer südlich Guadalajara in Mexiko« angelangt.

Schirach war von einer derartigen Selbstdisziplin weit entfernt. Ständig fehlte ihm etwas, und teilweise lag das an seiner Scheidung. In den letzten beiden Jahren litt er an einer Embolie im Bein und später an einer Netzhautablösung. Politische Meinungsverschiedenheiten und Speers geringe Meinung von ihm standen einem guten Einvernehmen zwischen ihm und seinen Mitgefangenen im Wege, aber Schirach hatte sich mit Funk angefreundet, der mit ihm bis zu seinem Tod in Verbindung blieb. Um so mehr lebte Speer beim Besuch des amerikanischen Botschafters David Bruce in Spandau auf, der Speer im Garten begegnete, ihm spontan die Hand schüttelte und »Grüße von McCloy« ausrichtete. Speer notierte, was ihm dieser überraschende Besucher gesagt hatte: »Die Schwierigkeiten, in meinem Fall etwas zu erreichen, hätten mit dem renitenten Verhalten der Sowjets zu tun. Mit Betonung wiederholte er: ›You aren't forgotten, you aren't forgotten!‹«*

Als der Zeitpunkt der Freilassung von Schirach und Speer gekommen war (der 30. September 1966), waren ihre Beziehungen noch immer kühl ge-

* Ein halbes Jahr vor seiner Entlassung bekam Speer einen Artikel von Shawcross zu Gesicht, den der *Stern* veröffentlicht hatte und in dem es hieß: »Herr Speer ... hätte schon längst entlassen werden müssen. Zusammen mit John McCloy ... habe ich mehr als einmal Vorstöße in dieser Richtung unternommen.« Dazu Speer: »Eine melancholische und zu späte Genugtuung.« Dabei hatte Shawcross in seinem Schlußplädoyer in Nürnberg an den Gerichtshof appelliert, alle Angeklagten als Mörder zu verurteilen.

blieben. Heß vertraute Schirach Botschaften für seine Familie an. Als Speer sich erbot, für die Übermittlung zu sorgen, geriet Heß aus der Fassung. Aber völlig »reaktionslos« sah er zu, wie seine Kollegen ihr Hab und Gut packten, und Speer bezeichnete seine Haltung als »erstaunlich«.

Sobald er nach einundzwanzig Jahren wieder zu Hause war, veröffentlichte Speer drei Bücher, die sich mit dem Dritten Reich, mit Spandau und mit Himmler befaßten. Auch Schirach verfaßte ein Buch über Hitler: *Ich glaubte an Hitler.* Schirach starb 1974, Speer 1981.

Das Strafmaß von Heß – lebenslänglich – wurde nie herabgesetzt. 1987 beging er im Alter von dreiundneunzig Jahren Selbstmord, nachdem er über vierzig Jahre im Gefängnis verbracht hatte. Gleich nach seinem Tod wurde das Spandauer Gefängnis abgerissen, damit es nicht zur historischen Sehenswürdigkeit werden könne. Die Briten hatten vor, das Gelände an einen Großmarkt abzugeben.

Heß war Hitler zutiefst ergeben, und wenn er in Deutschland geblieben wäre, so wäre er zweifellos seinem Führer bis in den Tod gefolgt. Es besteht also kaum Grund, seine Verurteilung zu bedauern. Und dennoch sind auch in seinem Fall gesunder Menschenverstand und Menschlichkeit durchaus angebracht. Fast bis zu seinem Lebensende war Heß nicht »krank« im üblichen Sinne, sondern ein Mensch, der von Ängsten und Einbildungen verfolgt wurde, die ihn an Leib und Seele zerrissen. Als er nach Nürnbeg kam, stellte er längst keine Bedrohung der Menschheit mehr dar, und wenn es noch Zweifel daran gab, dann waren sie viele Jahre vor seinem Ende beigelegt. Wäre er nach etwa zehn Jahren begnadigt worden, so wäre keineswegs der Eindruck entstanden, daß er mit seinen Verbrechen zu leicht davongekommen sei.

Im Laufe der Zeit wurde ich bei Podiumsdiskussionen und im Fernsehen immer wieder gefragt, warum ich der Meinung sei, Heß sollte zu seiner Familie heimkehren dürfen. Im allgemeinen habe ich darauf erwidert, daß eine derart lange Einkerkerung, insbesondere in einem riesigen Gefängnis, in dem er der einzige Insasse war, ein Verbrechen gegen die Menschlichkeit darstelle.

2

Hermann Göring war tot. Aber wie starb er? Natürlich starb er an einer tödlichen Dosis Zyankali – doch wie war er an die Giftkapsel herangekommen? Noch immer ist dies nicht zweifelsfrei nachgewiesen worden.

Der Kontrollrat erhielt einen offiziellen Untersuchungsbericht über diese Angelegenheit und erörterte ihn am 30. Oktober 1946. Sholto Douglas hat beschrieben, was dabei herauskam:

> Bei dieser Gelegenheit wurde aufgrund des Themas unserer Besprechung beschlossen, die Zahl der Teilnehmer auf die Mitglieder jeder Delegation zu beschränken, die ganz direkt betroffen waren … Erst kurz vor der Be-

sprechung hatte ich mein Exemplar des Berichts bekommen, der sich damit befaßte, wie Göring Selbstmord begangen hatte, zusammen mit Kopien des letzten Briefes, den er seiner Frau geschrieben hatte, und einer Erklärung, die als sein Letzter Wille gelten konnte.
Wir waren bei unserer Besprechung übereingekommen, daß alle vorhandenen Kopien dieser Dokumente eingesammelt und außer einer – die in den Archiven der Kontrollkommission aufzubewahren sei – vernichtet werden sollten. Wir waren uns ferner darin einig, daß über den Inhalt dieser Dokumente nie etwas an die Öffentlichkeit dringen sollte, daß wir dazu nichts mehr zu sagen hätten und daß wir für immer über alles Stillschweigen bewahren würden, was an diesem Tag bereits gesagt worden sei.

Douglas gibt in seinem Buch keine Erklärung dafür, warum eine derartige Geheimhaltung erforderlich schien.

1990 kam es zur deutschen Wiedervereinigung, und alle verbleibenden Kontrollinstanzen der Alliierten wurden aus Deutschland abgezogen. Der Kontrollrat wurde aufgelöst. Die Briefe, die Göring kurz vor seinem Selbstmord geschrieben hatte, lagen noch immer in den Archiven des Kontrollrats, und im November 1990 erhielt ich freundlicherweise durch Dr. David G. Maxwell, den Direktor des Berlin Document Center, und Robert Wolfe, den Direktor des Captured German Records Staff im Nationalarchiv, Kopien von Görings Briefen sowie den »Bericht des Verfahrensausschusses im Falle von Hermann Göring (Selbstmord)«, den drei US-Army-Offiziere verfaßt und in den Archiven des Kontrollrats verwahrt hatten.

Wie sich herausstellte, gab es vier Briefe: Drei waren auf den 11. Oktober 1946 datiert, einer war undatiert. Sie waren adressiert an den Alliierten Kontrollrat, an Pfarrer Gerecke, an Görings Frau und an den Gefängniskommandanten, Oberst Andrus. Der 11. Oktober war der Tag, an dem Göring erfuhr, daß sein Gesuch an den Kontrollrat, man solle ihn lieber erschießen als erhängen, abgelehnt worden war. Davon war in allen Briefen Görings die Rede.

Zumindest der Brief an Andrus befindet sich im Besitz von Robert Kempner und wurde 1977 in Werner Masers Buch *Nürnberg. Tribunal der Sieger* auf Seite 508-510 veröffentlicht. Der Brief an Görings Frau Emmy wurde ihr zugestellt, aber sie wollte die Darstellung ihres Mannes in seinem Brief an Andrus (siehe unten) nicht bestätigen. Eine Kopie des Briefes an Emmy Göring wurde dem Material beigelegt, das an den Kontrollrat geschickt wurde.

Der zweiteilige Brief an den Kontrollrat wurde auf Papier mit dem Briefkopf *Der Reichsmarschall des Großdeutschen Reiches* geschrieben:

I.

An den Alliierten [sic] Kontrollrat:
Erschiessen hätte ich mich ohne weiteres lassen! Es ist aber nicht möglich, den Deutschen Reichsmarschall durch den Strang zu richten! Dies kann ich um Deutschlands willen nicht zulassen. Ausserdem habe ich auch keine mo-

ralische Verpflichtung, mich dem Strafvollzug meiner Feinde zu unterziehen. Ich wähle deshalb die Todesart des grossen Hannibal.

HERMANN GÖRING

Wenden!

II.

Ich war mir von Anfang an bewusst, dass gegen mich ein Todesurteil gefällt würde, da ich den Prozess als reinen politischen Akt der Sieger angesehen habe, aber ich wollte diesen Prozess um meines Volkes willen durchstehen und hatte erwartet, dass man mir wenigstens die Todesart des Soldaten nicht verweigern würde. Vor Gott, meinem Volk und meinem Gewissen fühle ich mich frei von der Schuld, die mir ein Feindgericht gegeben hat.

HERMANN GÖRING

Der mit »Lieber Pastor Gereke« überschriebene Brief war kürzer:

Verzeihen Sie, aber ich musste aus politischen Gründen *so* handeln. Ich habe lange zu meinem Gott gebetet und gefühlt, dass ich richtig handele. (Erschiessen hätte ich mich lassen.) Trösten Sie bitte meine Frau und sagen Sie ihr, dass dies *kein gewöhnlicher Freitod* sei und dass sie sicher sein soll, Gott wird mich in seine Gnade trotzdem aufnehmen.
Gott schütze meine Liebsten!
Gott segne Sie, lieber Pastor, weiterhin!

IHR
HERMANN GÖRING

In seinem dritten Brief bat Göring den Pfarrer, seinen letzten Brief »meiner Frau zu übermitteln«. Einzelne, rein private Teile dieses Briefes sollen auch hier von der Veröffentlichung ausgenommen sein, aber die folgende Passage ist von Belang:

Nach reiflichem Überlegen und innigem Gebet zu meinem Gott, habe ich mich entschlossen, selbst in den Tod zu gehen und mich nicht auf diese Weise durch meine Feinde hinrichten zu lassen. Den Tod durch Erschiessen hätte ich jederzeit auf mich genommen. Aber Aufhängen kann sich der Reichsmarschall Deutschlands nicht lassen. Dazu kommt, dass der Todesakt wie ein Schauspiel mit Presse, Kinofilm etc. (ich nehme an für Wochenschau) vollzogen wird. Die Hauptsache ist die Sensation. Ich aber will still und ohne Öffentlichkeit sterben ... Ich nehme es als ein Zeichen von Gott, dass er mir das Mittel, das mich frei von allem Irdischen macht, durch all die Monate der Gefangenschaft belassen hat und dass es nicht gefunden wurde.

Dieser letzte Satz ist natürlich die wichtigste Aussage darüber, wie Göring Selbstmord begehen konnte. Ausführlicher befaßt sich mit dieser Frage Görings Brief an Andrus:*

* Zitiert nach einer Kopie des handschriftlichen Originals [d. Übers.].

Nürnberg 11. Oktober 1946
An den Kommandanten
Die Kapsel mit dem Gift habe ich seit meiner Einlieferung in die Gefangenschaft immer bei mir gehabt. Bei der Einlieferung in Mondorf* hatte ich *drei* Kapseln. Die *erste* liess ich in meinen Kleidern, damit sie bei der Revision gefunden wurde. Die *zweite* legte ich beim Auskleiden unter den Kleiderständer und nahm sie beim Anziehen wieder an mich. Ich versteckte diese in Mondorf und hier in der Zelle so gut, dass sie trotz der *häufigen* und sehr *gründlichen Revisionen* nicht gefunden werden konnte. Während der Gerichtssitzungen hatte ich sie in meinen hohen Reitstiefeln bei mir. Die *dritte* Kapsel befindet sich *noch* in meinem kleinen Toilettenkoffer in der runden Schachtel mit der Hautcrême (im Crême versteckt). Ich hätte diese in Mondorf zweimal an mich nehmen können, wenn ich sie gebraucht hätte. Keinen mit den Revisionen Beauftragten trifft eine Schuld, da es fast *unmöglich* war, die Kapsel zu finden. Es wäre *reiner Zufall* gewesen.

HERMANN GÖRING

Dr. Gilbert teilte mir mit, dass der Kontrollrat die Umwandlung der Todesart durch Erschiessen abgelehnt hat! Göring.

Ferner gab es noch ein Blatt, das mit »Hermann Göring« unterzeichnet, aber nicht datiert oder adressiert war. Es war eine zwölf Sätze umfassende Tirade gegen die »geschmacklose« Form der Hinrichtungen, »unseren Tod als Schauspiel für sensationslüsterne Presseleute, Photographen und sonstige Neugierige darzustellen«. Göring drückte darin auch sein Bedauern darüber aus, daß er nicht imstande gewesen sei, Keitel und Jodl dabei behilflich zu sein, »sich ebenfalls diesem öffentlichen Todesschauspiel zu entziehen«. Abschließend erklärte er, die »ganze Sorge« der Sieger, »dass wir uns nichts antun sollten, galt ja niemals der Sorge für unser Leben, sondern allein dem Umstand für die grosse Sensation alles bereit zu haben. Aber ohne mich!«

Nach der Lektüre der ersten drei Briefe steht für mich zweifelsfrei fest, daß das Motiv für Görings Selbstmord in erster Linie, ja sogar ausschließlich die Tatsache ist, daß der Kontrollrat darauf bestand, Göring müsse gehängt werden. Aber der vierte Brief, der sich mit den Zyankalikapseln befaßt, ist für mich nicht überzeugend.

Zum einen ist er sehr vage abgefaßt, und dies vielleicht mit Absicht. So hat Göring beispielsweise angeblich in Mondorf eine seiner drei Kapseln in seinem Mantel zurückgelassen, damit die Untersuchungsbeamten sie finden und daraus schließen sollten, daß Göring keine weitere Kapsel bei sich habe (nicht gerade eine zwingende Schlußfolgerung). Aber Göring versäumt es mitzuteilen, ob die Beamten die Kapsel tatsächlich in seinem Mantel gefunden hatten. Wenn nicht, ist Göring vermutlich mit drei Kapseln nach Nürn-

* Das Städchen in Luxemburg, wo Göring und viele andere hochrangige Nazis vor ihrer Verlegung nach Nürnberg gefangengehalten wurden.

berg gekommen; sonst nur mit zweien. Dann spricht Göring alle für die Durchsuchung Verantwortlichen von jeder »Schuld« frei – womit er natürlich umgekehrt all jene *nicht* freispricht, deren Verantwortung nicht auf die Durchsuchung beschränkt war – und das waren die meisten Leute.*

Offenbar hat Göring mit diesem Brief hauptsächlich gegenüber Andrus und seinen Leuten auftrumpfen wollen, indem er sich damit brüstete, daß er die Kapsel in seiner Zelle hatte verstecken können, und zwar »so gut, daß sie ... nicht gefunden werden konnte« und daß »es fast unmöglich war, die Kapsel zu finden«. Zum andern und eingestandenermaßen wollte er »die mit den Revisionen Beauftragten« schützen. Aber die Beispiele, die Göring für seine Geschicklichkeit anführt – indem er die Kapsel »unter den Kleiderständer« legte (angeblich in Mondorf), später »hier in der Zelle« versteckte und »während der Gerichtssitzungen« in seinen Reitstiefeln bei sich trug –, sind ausgesprochen kindisch. Selbst wenn Andrus nicht gerade der schärfste Kontrolleur gewesen wäre, so wäre er doch durch den Selbstmord von Robert Ley im Oktober 1945 hinreichend gewarnt gewesen, und darum hätten die Wachen mit Sicherheit in Stiefeln und unter Möbeln nachgesehen. Außerdem hatte die meiste Zeit ein Posten durch das Guckloch in die Zelle geschaut, und wenn die Kapsel innerhalb der Zelle von einer Stelle zu einer anderen gebracht worden wäre, so wäre sie wohl ganz schnell entdeckt worden.

Am 19. Oktober durchsuchte der Offiziersausschuß den Inhalt von Görings Habseligkeiten in der Asservatenkammer des Gefängnisses und fand die Kapsel in der Hautcremedose, genau wie Göring es beschrieben hatte. Während der ganzen Durchsuchung widmeten sich die Beamten mit großer Sorgfalt allen möglichen Stellen, an denen eine Kapsel über lange Zeiträume versteckt gewesen sein könnte, insbesondere an der Toilette, deren Sitz sich nicht im Blickwinkel des Postens befand, der durch das Guckloch schaute.

Vom Ausschuß befragt, erklärte Dr. Pflücker, daß die Kapsel im »Rand« des Toilettensitzes versteckt gewesen sein könnte. In dem Bericht des Ausschusses heißt es dazu: »Das kleine Messingdöschen, das das Gift enthielt, konnte unter dem Rand der Toilette versteckt gewesen sein ... Das wurde vom Ausschuß überprüft, der herausfand, daß das Döschen nur schwer auszumachen war, wenn es in die Aussparung der Toilette eingefügt worden war, selbst wenn man wußte, wo es plaziert worden war.« Der Ausschuß gelangte zu der Schlußfolgerung: »Göring hatte das Gift in seinem Besitz, als er festgenommen wurde, und er hatte es bei sich, bis er es nachts am 15. Oktober 1946 nahm.« Dafür sprachen eine Menge Faktoren und Möglichkeiten, ohne daß man zu irgendeiner Schlußfolgerung darüber kam, *wie* er es getan hatte, außer daß

* In den Jahren nach Görings Selbstmord gab es viele Erklärungen darüber, was er mit der Kapsel gemacht habe, ja, manche Leute haben sogar behauptet, sie hätten sie besorgt, zum Beispiel Bach-Zelewski. Aber niemand schenkte ihm Glauben, zumal die beiden Männer einander nicht ausstehen konnten.

Göring eine »raffinierte Person« gewesen sei und daß er »seine Wachen ausgetrickst« habe. Selbst dann, erklärte der Ausschuß, gebe es keine »Pflichtverletzung auf seiten irgendeiner Gruppe von Personen, die mit der Verwaltung des Gefängnisses, in dem er einsaß, verbunden waren«.

Damit waren die Beamten für verantwortlich erklärt, aber unschuldig. Was Göring betraf, so war sein Brief an Andrus zum Teil eindeutig korrekt (z. B. die Kapsel in der Hautcreme), zum Teil plausibel und zum Teil (die Reitstiefel) sehr schwer nachvollziehbar.

Vor allem aber bleibt der Brief den Nachweis schuldig, daß Göring so raffiniert war, wie er behauptete; und er entlastet auch keineswegs die Wachen oder andere von dem Vorwurf, Göring bei einem Selbstmord behilflich gewesen zu sein. Ein derartiger Nachweis hätte nur dann erbracht werden können, wenn Göring enthüllt hätte, wie er die Ampulle versteckt hatte, und zwar »so gut, daß sie ... nicht gefunden werden konnte« – aber auf diesen entscheidenden Punkt ging er nicht ein. Eigentlich hätte Göring durch diese Enthüllung nach seinem Tod nichts mehr verlieren können – es sei denn, jemand anders wäre davon betroffen gewesen. Und wenn er schon nicht bereit gewesen war, seinen Erfolg zu erklären, dann hätte er doch eigentlich den Brief lieber nicht an Andrus schicken und die ganze Angelegenheit im dunkeln lassen sollen. Aber es war eben typisch für ihn, daß er der Versuchung zu prahlen einfach nicht widerstehen konnte.

Aus Görings Brief an seine Frau wissen wir, daß sie von der Ampulle gewußt hatte, und zwar irgendwann vor dem 11. Oktober 1946. In einem Brief vom 28. November 1975 stellte Robert Kempner fest, Emmy Göring habe ihm gegenüber erklärt, daß ein Freund, dessen Namen sie nicht preisgeben wolle, ihrem Mann das Gift in Nürnberg beschafft habe. Frau Göring habe Kempner berichtet, daß sie bei einem Besuch im Gefängnis die Codeformel »Hast du den Kamm noch?« benutzt habe, um sicherzugehen, daß Göring noch über das Zyankali verfüge; außerdem habe sie erklärt, daß Göring vorgehabt habe, das Gift nur dann zu nehmen, wenn sein Gesuch, erschossen zu werden, abgelehnt worden sei. Offenbar wußte sie, was ihr Mann vorhatte, und darum ist ihr Hinweis auf einen ungenannten Freund vermutlich wohl korrekt.

Dieser Freund könnte ein großer, stämmiger amerikanischer Oberleutnant namens Jack George Wheelis gewesen sein, einer von zehn jüngeren Offizieren, die die Schlüssel zum Gepäckraum verwahrten. Wheelis ist auf einer Fotografie zu sehen* , die ihn und Göring zeigt, wie sie einander ansehen und sich offenbar über einen Gegenstand unterhalten, den beide festhalten.

Ich selbst erinnere mich noch sehr gut an »Tex« Wheelis. Meine Sekretärin Betty Stark ging damals mit einem anderen jungen Leutnant vom Wachper-

* Siehe letzte Seite des Bildteils zwischen S. 352 und S. 353.

sonal im Justizgebäude, und bei einigen Zusammenkünften, bei denen ich auch dabei war, habe ich Tex ein paarmal gesehen. Er war eine eindrucksvolle Gestalt und hatte eine angenehme Art, aber irgend etwas an ihm deutete darauf hin, daß es ihm an klarem Urteilsvermögen fehlte, insbesondere als er uns eine Uhr zeigte, die Göring ihm geschenkt hatte.*

Wheelis (der 1954 starb) ist in diesem Zusammenhang deshalb wichtig, weil er Zugang zum Gepäckraum des Gefängnisses hatte und sich mit Göring angefreundet hatte.** Auf der Rückseite der erwähnten Fotografie hatte Göring geschrieben: »To the great hunter from Texas.«

Als der Autor Ben Swearingen 1976 die Witwe von Wheelis aufsuchte, zeigte sie ihm »einen Füllfederhalter der Marke Mont Blanc aus massivem Gold, auf dessen Verschlußkappe Görings Name eingeprägt war, eine große und kunstvoll gearbeitete Schweizer Armbanduhr, die seinen Namenszug trug, ein Zigarettenetui aus massivem Gold sowie ein Paar elegante Handschuhe«. Mrs. Wheelis sagte Swearingen, »all diese Geschenke ... habe ihr Mann bekommen, weil er Frau Göring und ihrer kleinen Tochter geholfen habe«.

Anschließend überprüfte Swearingen die Liste von Görings Sachen, die im Gepäckraum untergebracht waren, und stieß dabei auch auf den Füller und die Armbanduhr. Offensichtlich hatte Wheelis diese Gegenstände aus der Asservatenkammer geholt, und sofern die Mitteilung seiner Witwe korrekt war, hätte Emmy Göring ihn für einen »Freund« halten können.

Wie seine neun Kollegen, die mit ihm den Gepäckraum zu beaufsichtigen hatten, unterschrieb auch Wheelis eine gleichlautende vorformulierte eidesstattliche Versicherung: »In der Zeit vom 1. Oktober 1946 bis zum 15. Oktober 1946 hat sich der Schlüssel zum Gepäckraum des Gefängnisses in meinem Besitz befunden, und ich erkläre hiermit, daß Göring während dieser Zeit weder etwas aus dem Gepäckraum erhalten noch Zugang dazu gehabt hat.« Selbst wenn man davon ausgeht, daß Tex bei einem Meineid Gewissensbisse gehabt hätte, so ist doch der zeitliche Rahmen in dieser eidlichen Aussage so begrenzt, daß Tex vermutlich nichts zu befürchten gehabt hätte. Höchstwahrscheinlich war der erforderliche Zugang zum Gepäckraum bereits vor Oktober erfolgt. Diese übertriebene Einschränkung der Gültigkeit des Eides war mit Sicherheit kein Ruhmesblatt für den Offiziersausschuß.

Ungeachtet des von ihm beigebrachten bemerkenswerten Beweismaterials behauptet Swearingen keineswegs, damit sei eindeutig bewiesen, daß Whee-

---

* Damals wußte ich nicht, daß Wheelis sich auch mit Walter Schellenberg hatte photographieren lassen, einem SS-General, der anschließend wegen Kriegsverbrechen angeklagt war und verurteilt wurde. Wheelis nannte ihn »Walter« und bewunderte ihn, weil er schon in seinen dreißiger Jahren zum General befördert worden war.

** Die folgenden Ausführungen stützen sich großenteils auf Ben E. Swearingens Buch *The Mystery of Hermann Görings Suicide* (New York 1985).

lis Göring bei der Beschaffung oder Aufbewahrung des Zyankalis geholfen habe. Das tue auch ich nicht, aber ich halte doch eins für wahrscheinlich: Falls Göring derartige Hilfe zuteil geworden war, dann durch Tex Wheelis.

3

Die Protagonisten des ersten Nürnberger Prozesses waren später im allgemeinen beruflich erfolgreich, aber nur wenige haben sich einen bedeutenden Namen gemacht. Vielleicht der Berühmteste war Edgar Faure, der ein hervorragender französischer Premierminister war. Von den anderen leitenden französischen Anklägern starb Champetier de Ribes bereits zwei oder drei Jahre darauf; de Menthon wurde ins Kabinett berufen; Gerthoffer blieb als französischer Vertreter in Nürnberg und nahm später seine Privatpraxis in Paris wieder auf. General Rudenko wurde nach seiner Rückkehr zum Generalstaatsanwalt der UdSSR ernannt, und diese Position hatte er bis in die achtziger Jahre hinein inne. Staatsrat Smirnow wurde später Oberster Richter am sowjetischen Obersten Gerichtshof. Oberst Pokrowski wurde in Wien stationiert, wo ich ihn aus den Augen verlor.

Sir Hartley Shawcross gab seine Karriere als Parlamentarier auf und ging in die Privatwirtschaft, wo er höchst erfolgreich war; während ich dies schreibe, lebt er noch, und gelegentlich taucht sein Name sogar in der Presse auf. Maxwell-Fyfe kehrte ins Oberhaus zurück, wurde Lordkanzler der Konservativen, gab eine Autobiographie heraus, in der er einige alte Rechnungen beglich, und starb vor ein paar Jahren. »Khaki« Roberts kehrte ins englische Justizwesen zurück, ebenso Griffith-Jones, der später Richter am Old Bailey wurde. Elwyn Jones wurde von der Labour-Partei zum Lordkanzler ernannt, während der Berg-und-Tal-Fahrt von Mrs. Thatchers Regierung ausgebootet und schließlich Hauptsprecher der Labour-Partei im Oberhaus. Er starb 1991. Airey Neave wurde ein prominentes Mitglied der Konservativen im Unterhaus. 1978 wurde er durch eine Bombe getötet, die die IRA in seinem Auto installiert hatte. Soviel ich weiß, sind außer Lord Shawcross inzwischen alle britischen Vertreter der Anklage in Nürnberg gestorben.

Richter Jackson erlitt nach seiner Rückkehr ans Oberste Bundesgericht zwei Herzinfarkte und starb im Oktober 1954. Vor seinem Tod hatte er noch die Einführung zu *Tyranny on Trial*, dem Buch von Whitney Harris über Nürnberg, geschrieben; im letzten Satz bezeichnete der Richter dort seine Arbeit in Nürnberg als »das wichtigste, bleibendste und konstruktivste Werk meines Lebens«. Von seinen leitenden Mitarbeitern Storey, Dodd, Alderman, Shea, Amen und Albrecht lebt keiner mehr, allerdings sind noch viele von deren Untergebenen aktiv. Peter Calvocoressi, der als Brite in Nürnberg hauptsächlich für die Amerikaner tätig war, ist ein bekannter Autor von historischen und politischen Büchern.

Bis auf zwei waren die Angehörigen des Tribunals Richter von Beruf, und als der Prozeß vorbei war, kehrten sie an ihre jeweiligen Gerichte zurück. Zu den sowjetischen Richtern verloren wir allerdings den Kontakt. Ihre Kollegen am Gerichtshof schrieben ihnen Briefe und versuchten auf andere Weise mit General Nikitschenko in Verbindung zu treten, aber sie erhielten nie eine Antwort. Vor einigen Jahren freilich gab die sowjetische Regierung eine Meldung heraus, daß Nikitschenko gestorben sei.

Professor Donnedieu de Vabres nahm seine akademische Tätigkeit wieder auf und veröffentlichte einen Beitrag über Nürnberg, in dem er nachdrücklich auf die Weigerung des Gerichtshofs verwies, einige Vorschläge der Anklagevertretung zu übernehmen. Francis Biddle, der weder Richter (außer für eine ganz kurze Zeitspanne) noch Professor war, hatte das schlechteste Los gezogen. Er hatte sich Hoffnungen auf einen Botschafterposten – vielleicht in Paris – gemacht, aber Truman hatte Biddle nie wirklich gemocht, und so geschah nichts dergleichen. Biddle ging in Pension und lebte in Washington. Er gab eine zweibändige Autobiographie heraus und starb vor etlichen Jahren. Auch seine Assistenten Rowe und Fisher starben vor mehreren Jahren, während Wechsler (der einen kurzen Erinnerungsbericht über Nürnberg schrieb) noch immer ein herausragender Universitätsdozent und Rechtsgelehrter ist.

Im Gegensatz zu diesem großen Exodus der Anklagevertreter blieb die große Mehrheit der deutschen Verteidiger in Nürnberg, um an den »anschließenden Verfahren« teilzunehmen. Von den Verteidigern am Internationalen Militärgerichtshof schieden nur zehn aus (darunter Stahmer, Nelte und Exner). Dix, Kranzbühler, Seidl, Siemers, Servatius, Sauter und von der Lippe gehörten zu den dreiundzwanzig »alten Hasen« des ersten Prozesses, die weitermachen wollten.

4

Die Ereignisse, die im Oktober 1946 mit dem Urteil des Internationalen Militärgerichtshofs ihren Höhepunkt und Abschluß fanden, hatten ihren Ausgang im Spätsommer 1944 im US-Kriegsministerium in Washington genommen. Die einundzwanzig Angeklagten, denen dieses Urteil galt, waren ein verschwindend kleines Häuflein im Vergleich zu den Tausenden, die wegen Verbrechen angeklagt wurden, die im Zusammenhang mit dem Zweiten Weltkrieg begangen worden waren. Die Chronik und Bilanz all dieser Fälle würde eine gewaltige Bibliothek füllen, die sich mit dem Gedenken an all das Elend befassen müßte, das praktisch ganz Eurasien heimgesucht hatte.

Aber so gering die Zahl der Angeklagten vor dem Internationalen Militärgerichtshof auch war, so war und blieb es doch der eindrucksvollste und bedeutendste von all diesen Prozessen. Darum ist er unter dem Stichwort »Nürnberger Prozeß« so bekannt geworden – ein Name, der vor dem geistigen Auge noch einmal die moralischen und juristischen Probleme sichtbar macht, die sich bei der Anwendung juristischer Methoden und Entscheidungen auf fragwürdige Kriegstaten ergaben.

In einem gewissen Sinne war Nürnberg sogar »revolutionär« zu nennen, indem seine Väter mehrere neue strafrechtliche Prinzipien einführten. Wenn ich hier eine Bilanz zu ziehen versuche, dann möchte ich vor allem drei Fragen beantworten: War der Nürnberger Prozeß notwendig? Wurde er gut geführt? War er erfolgreich?

Die erste Frage möchte ich mit einem Wort beantworten: Absolut. Andere Methoden nämlich, die Naziverbrecher zur Rechenschaft zu ziehen – indem man beispielsweise den Deutschen ihre eigenen Übeltäter überlassen oder zugesehen hätte, wie die Briten sie ohne Prozeß erschossen hätten –, fanden wenig Unterstützung. Anfang 1942 hatte die neugebildete Inter-Alliierte Kommission zur Bestrafung von Kriegsverbrechen auf einer Bestrafung »im Wege der ordentlichen Justiz« bestanden; diejenigen, die für die Millionen Opfer Hitlers sprachen, wollten »Rehabilitierung und Vergeltung nach einem Recht, das bei einem Gerichtsprozeß angewendet« werden sollte. Außer in Whitehall wurden überall Vorschläge zur Errichtung eines internationalen Gerichtshofs zur Aburteilung von Kriegsverbrechen gemacht, und Anfang 1945 trug die Entscheidung, ein Internationales Militärtribunal zu bilden, dank Henry Stimson im US-Kriegsministerium Früchte. Stimson und seine Kollegen hatten erkannt, daß Kriegsgerichte mit Laienrichtern den damaligen Anforderungen nicht gerecht werden konnten, und so wurde die Errichtung eines hochrangigen Tribunals, mit herausragenden Juristen, beschlossene Sache.

Und das war genau, was die Welt brauchte: Wo auch immer dieses Tribunal errichtet werden würde – es war jedenfalls »notwendig«. Wenn es dazu noch der Zustimmung von einer ganz anderen Seite bedürfte, so ließe sich dafür ein Beitrag über Nürnberg von Otto Kranzbühler zitieren, der im Hinblick auf andere Themen oft und entschieden anderer Meinung als ich gewesen ist:

> Es war klar, daß nach den unleugbaren Verbrechen, die unter Hitlers Führung begangen worden waren, besonders dem gegen die Juden in Gang gesetzten Vernichtungsprozeß, etwas geschehen mußte, damit sich die Spannung zwischen Siegern und Besiegten entlud … So bestanden die Vereinigten Staaten darauf, daß die Vergangenheit vermittels eines Gerichtsprozesses bewältigt werden müsse. Meiner Meinung nach gelang es dem Internationalen Militärgerichtshof, diese Funktion zu erfüllen. Das war der schmerzhafte Beginn der Beziehungen, die heute [1965] zwischen Deutschland und seinen westlichen Alliierten bestehen.

Wenn also der Internationale Militärgerichtshof notwendig war: Wurde der Prozeß dann auch gut eingerichtet und durchgeführt? Immerhin war das Tribunal von den Siegern errichtet worden – gaben sie den Verteidigern eine faire Chance, ihre Beweise und Argumente vorzutragen? Waren die Anwälte und Richter hinreichend intelligent und unparteiisch? Man erinnere sich an Jacksons frühe Einsicht: »Wir dürfen niemals vergessen, daß nach dem gleichen Maß, mit dem wir die Angeklagten heute messen, auch wir morgen von der Geschichte gemessen werden. Diesen Angeklagten einen vergifteten Becher reichen bedeutet, ihn an unsere eigenen Lippen zu bringen.« Das waren wunderbare Worte – aber wurden die Ergebnisse diesem hohen Ziel gerecht?

Deutschland befand sich in großer Not, die Deutschen bemühten sich verzweifelt um Nahrung und Wohnraum, während die Nürnberger Richter und Ankläger angenehm in beschlagnahmten Häusern lebten und ihren täglichen Bedarf an Lebensmitteln im amerikanischen PX-Laden deckten. Den Verteidigern ging es zwar nicht so gut, aber viel besser als den meisten Deutschen, da sie vom Generalsekretariat bezahlt und anderweitig unterstützt wurden. Außerhalb des Gerichtsgebäudes warf man den Amerikanern zornig vor, sie würden »diese Nazi-Anwälte verhätscheln«, die Göring und andere Ganoven verteidigten: Es war also eine jener Situationen, in denen man es niemandem recht machen konnte.

Aber die Verteidiger waren viel mehr an dem interessiert, was sie benötigten, um ihren Beruf ausüben zu können, und zwar besonders an der angemessenen Verteilung jener Unmengen von Dokumenten, die die amerikanischen Anklagevertreter als Beweismaterial vorlegten. Storeys ungeheuerliche Fehleinschätzung der *Prozeß-Bedürfnisse* in dieser Hinsicht stellte einen Tiefpunkt der Nürnberger Prozeßgeschichte dar, zumal auch Jackson diesen Bedarf keineswegs besser als Storey erkannt hatte. Es verging fast ein Monat, bis die Verteilung der Dokumente richtig funktionierte, aber dank der Herkulesarbeit des Stabs bei der Hebung des Produktionsniveaus verursachten diese Fehler auf lange Sicht keinen dauerhaften Schaden.

Auch in seinem Beitrag aus dem Jahre 1945 erhob Kranzbühler verständlicherweise Einspruch gegen den Ausschluß der Verteidigung von den Beweisarchiven der Anklagebehörde; unter normalen Umständen hätten diese allen Anwälten offenstehen müssen. Aber die Umstände waren nun einmal ganz und gar nicht normal. Als der Prozeß begann, waren nur ein paar Monate seit dem Ende eines furchtbaren Krieges vergangen, in dem Deutschland ein Todfeind gewesen war, der Millionen Slawen und Juden über das in einem Krieg unvermeidbare Maß hinaus umgebracht hatte. Keiner der Verteidiger war dem Gericht oder der Anklagevertretung zuvor bekannt gewesen, und unter den rund fünfunddreißig Anwälten befanden sich mindestens vierzehn, die ihre ehemalige Mitgliedschaft in der Partei zugegeben hatten, die bei den meisten von ihnen von 1933 oder 1937 bis 1945 bestanden hatte. Kein Wunder also, daß sich die Anklagebehörde Zeit damit ließ, ihre Beweisarchive ihren Gegnern zu öffnen, wie es letztlich dann doch geschah.

Kranzbühler erklärte auch, man hätte seinerzeit die Verwendung nichtdeutscher Dokumente im Interesse der Geschichte gestatten sollen, und er verwies auf die Beteiligung der Sowjets an der Besetzung Polens. Tatsächlich gelang es dem cleveren Seidl, einige dieser Dokumente ins Protokoll zu bekommen, und sie waren in der Tat in historischer Hinsicht interessant. Aber es will mir nicht einleuchten, daß damit die Schuld der Nazis an der Vernichtung Polens in irgendeiner Weise verringert worden wäre.

Vor allem jedoch hatte die Verteidigung ein kritisches Interesse an der Gesetzesgrundlage, die bei diesem Prozeß von der Anklage wie vom Gericht zugrunde gelegt wurde. Da die Verbrechen gegen den Frieden einen neuen Straftatbestand darstellten, der allen Angeklagten zur Last gelegt wurde, erhoben sie dagegen mit aller Entschiedenheit Einspruch. Außerdem – und dies ging aus der Reaktion der französischen Richter deutlich hervor – lehnten die kontinentaleuropäischen Anwälte, die nun einmal generell an ein geschriebenes Recht gebunden sind, praktisch einmütig das Konzept der Verbrechen gegen den Frieden ab. Ich werde anschließend noch darauf zurückkommen, wie sich die Übernahme und die Verwendung dieses Konzepts durch das Tribunal nach dem Prozeß *ausgewirkt* hat.

Der andere Komplex des Prozesses, der gleichfalls von den Verteidigern abgelehnt wurde, war das Verfahren gegen die »Organisationen«. Obgleich mir die Fakten und Faktoren durchaus eingeleuchtet hatten, die Bernays dazu bewogen hatten, dieses sperrige Unternehmen zu starten, kam ich damit von Anfang an nicht klar, und 1946 hatte ich dazu großenteils die gleiche Einstellung wie die Angeklagten. In Wirklichkeit lösten nämlich General Clay und Charles Fahy das »Massenproblem« mit den Entnazifizierungsverfahren, während der Gerichtshof – und hier insbesondere Biddle – »Organisationen« als Körperschaften definierte, auch wenn das kaum praktikabel war. So wurde möglicher Schaden abgewendet, und die »Organisationen« spielten dann bei den Auswirkungen der Nürnberger Prozesse keine bedeutende Rolle mehr.

In seinem späteren Beitrag* hat Otto Kranzbühler den Gerichtshof und die Anklagevertretung wegen ihres Umgangs mit Kriegsverbrechen scharf angegriffen und in dieser Hinsicht einen Rechtsstandpunkt bezogen, der, wäre er seinerzeit zugrunde gelegt worden, den Geltungsbereich des Kriegsrechts entschieden eingeschränkt hätte und der meines Erachtens völlig falsch ist. Im wesentlichen erklärte er, Kriegsverbrechen beschränkten sich auf: »1. Verstöße gegen die Kriegsbestimmungen durch Angehörige der Streitkräfte oder 2. bewaffnete Feindseligkeiten durch Personen, die nicht den Streitkräften angehören«. Mit anderen Worten: Wenn man kein Berufssoldat ist, kann man nur dann ein Kriegsverbrechen begehen, wenn man sich an »bewaffneten Feindseligkeiten« beteiligt.**

* In der *De Paul Law Review*, 347 (1965)

* Kranzbühler erklärte anschließend in einer merkwürdigen Passage, Kriegsverbrechen könnten nicht zur Last gelegt werden: »Staatsmännern oder Beamten im öffentlichen Dienst aufgrund einer Politik, die zum Krieg führt«, »Generälen wegen der militärischen Vorbereitung auf einen Krieg«, »Angehörigen juristischer Berufe aufgrund einer von ihnen vorbereiteten bestimmten Gesetzgebung« oder »Industriellen aufgrund ihrer Beteiligung an der Kriegswirtschaft«. Diese Erklärung ergibt keinen Sinn, weil keine Tat, die diesen unterschiedlichen Personenkreisen zur Last gelegt wurde, notwendigerweise ein Verbrechen ist, wer auch immer die Täter waren.

Wenn man es recht bedenkt, hätten also nach Kranzbühlers Spielregeln weder Hitler, Himmler, Goebbels, Eichmann noch irgendeinem der Nürnberger Angeklagten Kriegsverbrechen zur Last gelegt werden können – außer den fünf Militärs; denn keiner der anderen war Soldat oder an »bewaffneten Feindseligkeiten« beteiligt. Somit könnte also ein Lokomotivführer, der einen Zug voller Juden von Paris nach Auschwitz fährt und weiß, was ihnen bevorsteht, nur wegen Kriegsverbrechen angeklagt werden, wenn er Soldat ist, nicht jedoch als Zivilist.

Gewiß: Bis Nürnberg waren die meisten Prozesse nach dem Kriegsrecht (oder nach dem Staatsrecht, das auch das Kriegsrecht mit einbegriff) Prozesse gegen angeklagte Militärs gewesen. Aber mir ist nicht bekannt, daß nach dem Kriegsrecht jemals unbewaffnete Zivilisten, die gegen das Kriegsrecht verstießen, von einer strafrechtlichen Verfolgung ausgenommen worden wären.

Auch wenn Kranzbühler unbestreitbar ein überaus geschickter Anwalt vor Gericht war, habe ich doch den Eindruck, daß er genauso wie sein Mandant Dönitz die Kriegsjahre damit verbracht hat, aufs Meer hinauszusehen und sich nicht darum zu kümmern, was in den riesigen, von Hitler eroberten Gebieten geschah. Als der Krieg vorbei war, hat Kranzbühler offenbar erwartet, daß alles wieder zu den gleichen Verhältnissen zurückkehren würde, die 1939 oder gar 1933 geherrscht hatten. Nicht zuletzt deshalb staunt Kranzbühler in seinem Artikel über die »gewaltige Maßnahme, die in Nürnberg ergriffen wurde«, und fügt hinzu, er wolle »daran keine Kritik üben, da es eine zukunftweisende Maßnahme war«. Aber dann hegt er doch Zweifel daran, ob diesen »Maßnahmen« die »Autorität eines Präzedenzfalles für die Zukunft« zugebilligt werden könne. Er verleiht nachdrücklich der Hoffnung Ausdruck, das Völkerrecht möge niemals »bindend für den einzelnen Bürger« sein.

Es gibt andere Passagen in Kranzbühlers Beitrag über das Kriegsrecht, die meines Erachtens einen Rückschritt darstellen. Auch habe ich mich mit seinen Ansichten nur deshalb so ausführlich beschäftigt, weil er sie natürlich nicht nur zum eigenen Vergnügen geäußert hat. Er war ein überaus fähiger Anwalt, der im Justizwesen wie in der Wirtschaft hohes Ansehen genoß und dessen Ansichten zweifellos andere beeinflußt haben.

5

Wenden wir uns nun den Entscheidungen zu, die von den Vätern der Charta und der Anklageschrift wie von den Angehörigen des Internationalen Militärgerichtshofs getroffen wurden. Was die Charta betrifft, so stellte die Einbeziehung der Verbrechen gegen den Frieden den entscheidenden Punkt dar, der im wesentlichen von Oberst Chanler eingebracht und von Präsident Roosevelt selbst angenommen worden war. Darin waren Prinzipien verkörpert, denen sich Jackson als Justizminister zu Beginn des Krieges zugewandt hatte, und dieser Punkt gewann an Bedeutung, als die Labour-Regierung die britischen Konservativen ablöste und Shawcross Kronanwalt wurde. Die Russen vertraten die Meinung, dieser Punkt sei nur gegen Nazis und Faschisten gerichtet, und die Franzosen haben ihn eigentlich nie akzeptiert. Aber dank der starken Unterstützung der Briten konnte Jackson ihn durchbringen, und seine Aufnahme in die Charta wurde von neunzehn »assoziierten« Mitgliedern der Vereinten Nationen gebilligt.

Man kann durchaus darüber streiten, ob Einzelpersonen ex post facto für Verbrechen gegen den Frieden verurteilt werden sollten; und wenn dieser Streit frei von politischen und emotionalen Faktoren erfolgt, dann wird die Verteidigung als Sieger daraus hervorgehen. Doch im Jahre 1945 besaßen gerade diese Faktoren ein überwältigendes Gewicht. Menschen, deren Länder ohne Vorwarnung angegriffen und zerschlagen worden waren, wollten rechtmäßige Vergeltung, ganz gleich, ob dies »zum erstenmal« geschah. Die Aufnahme des Konzepts der Verbrechen gegen den Frieden trug entschieden dazu bei, daß sich die Welt für die Prozesse in Nürnberg interessierte und sie auch unterstützte.

Aber es gab noch einen weiteren Aspekt bei diesem Konzept, der zu Kontroversen führte: die Verbindung von Verbrechen gegen den Frieden mit dem Vorwurf einer »Verschwörung« als Grundlage für eine Verurteilung. Das ist im vorliegenden Buch bereits ausführlich erörtert worden, und an dieser Stelle möchte ich nur noch hinzufügen, daß alle acht Angeklagten, die wegen Beteiligung an der Nazi-Verschwörung verurteilt wurden, auch nach Punkt Zwei der Anklageschrift sowie – außer Heß – auch nach Punkt Drei verurteilt wurden, der keinen Bezug mehr zur Verschwörung enthält. Frick und Seyß-Inquart wurden wegen Verbrechen gegen den Frieden nur nach Punkt Zwei verurteilt und erhielten gleichwohl die Todesstrafe. Das legt die Vermutung nahe, daß es für die Richter kein so wichtiger Faktor wie für die amerikanischen und britischen Anklagevertreter war, ob die Verschwörung dabei eine Rolle gespielt hatte oder nicht.

Was nun Artikel 8 der Charta betrifft, der vorsah, daß der Gehorsam gegenüber einem Vorgesetzten, der die Begehung eines Verbrechens befahl, nur als Strafmilderungsgrund berücksichtigt werden sollte, so stimme ich mit Kranzbühler darin überein, daß der Artikel fehlerhaft ist. Wenn der Angeklagte nicht wußte und auch keinen Grund hatte zu wissen, daß der Befehl, dem er gehorcht hatte, unrechtmäßig war, dann sollte der Angeklagte eigentlich dafür überhaupt nicht zur Rechenschaft gezogen werden. Wenn er aber wußte, daß der Befehl von ihm unrechtmäßige Handlungen verlangte, dann sollte der Angeklagte schuldig gesprochen werden und nur aus Strafmilderungsgründen auf Nötigung oder andere Faktoren verweisen dürfen.

Ich finde auch die Aufnahme von Artikel 12 in die Charta bedauerlich, der den Gerichtshof dazu ermächtigte, ein Verfahren gegen einen nicht zur Verfügung stehenden Angeklagten in dessen Abwesenheit durchzuführen. Die fruchtlosen Diskussionen über Bormanns Gesundheitszustand hätte man genauso summarisch erledigen sollen, wie es schließlich auch im Falle Gustav Krupps geschehen war, indem man die Anklage so lange aussetzte, bis der Angeklagte wiedergenesen, tot aufgefunden oder nachweislich tot war. Es war völlig unnötig und unwürdig, Artikel 12 anzuwenden, nur um die Grundlage für ein Todesurteil gegen Bormann zu bekommen.

Ungeachtet dieser kritischen Einwände bin ich allerdings der Ansicht, daß die Charta durchaus ihren Zweck erfüllte. Gerade wenn man an die Meinungsverschiedenheiten zu Beginn der Diskussionen in London sowie an Jacksons zuweilen anmaßendes Taktieren denkt, waren er und die Briten doch imstande gewesen, eine Grundlage für den Prozeß zu schaffen, die sich als durchaus geeignet erwies für den vor ihnen liegenden gewundenen Weg.

Die Anklageschrift enthielt einleitend einige sehr gute Passagen zur politischen, wirtschaftlichen und militärischen Entwicklung der NSDAP und der Wehrmacht. Diese Eröffnungsabschnitte lagen auf einer Linie mit Jacksons Konzeption der Anklage und fuhren schweres Geschütz gegen die »Nazi-Verschwörer« und die Bildung einer gewaltigen »Verschwörung« auf. Das hatte zur Folge, daß die in Anklagepunkt Eins geschilderte »Verschwörung« Anklagepunkt Zwei (Verbrechen gegen den Frieden) völlig in den Schatten stellte – nun listete Punkt Zwei nur noch die verschiedenen »Angriffskriege« auf, die bereits in Punkt Eins dargestellt worden waren. Das gehörte, wie wir gesehen haben, zu Jacksons Strategie, die gesamte Klage unter Anklagepunkt Eins zu subsumieren und infolgedessen der amerikanischen Anklagebehörde zuzuschanzen. Da die Anklagepunkte Drei und Vier (Kriegsverbrechen und Verbrechen gegen die Menschlichkeit) im kontinentaleuropäischen Stil abgefaßt waren, nämlich mit einer extensiven Beweisdarlegung, besaß die Anklageschrift wenig Homogenität, aber das spielte kaum eine Rolle.

Alles in allem war die Anklageschrift durchaus zufriedenstellend – eine wichtige Ausnahme stellte allerdings die Auswahl der Angeklagten dar. Daß die Briten es versäumt hatten, die Gesundheit von Gustav Krupp zu überprüfen, war ein katastrophaler Fehler. Das führte zu einem völlig unnötigen und ungebührlichen Streit unter den Hauptanklägern vor dem Gerichtshof. Dadurch wurde der Prozeß gegen Alfried Krupp vor dem Internationalen Militärgerichtshof verhindert, der vermutlich mit einem Todesurteil oder einer langjährigen Haftstrafe geendet hätte. Ein derartiger Prozeß hätte sich auch nachhaltig auf die Richter bei den späteren Nürnberger Prozessen ausgewirkt, bei denen Alfried Krupp und viele andere Industrielle zwar verurteilt, aber bald wieder freigelassen wurden.

Das ganze Verfahren der Auswahl der Angeklagten war von den britischen und amerikanischen Anklägern, die die meisten wichtigen überlebenden Nazis in ihren Händen hatten, einfach schlecht organisiert worden. Weder

Shawcross noch Jackson schenkten ihren besser unterrichteten Anwälten und ihren Deutschland-Experten genügend Aufmerksamkeit. Jackson war in Rom, als die endgültigen Entscheidungen fielen. Otto Dietrich, Goebbels' unmittelbarer Untergebener, befand sich in amerikanischen Händen und hätte einen viel wichtigeren Angeklagten abgegeben als Fritzsche.

Was ist über das Kaliber der Richter des Tribunals zu sagen? In seinen Briefen nach Hause war Biddle über sie hergezogen (obwohl er mit Birkett befreundet war) und hatte sich selbst als »der Mann, der die Show leitet« dargestellt. Er besaß einen scharfen und kritischen Verstand und vermochte seine Ansichten oft durchzusetzen, aber im »Richtergeschäft« war er ein Anfänger. Von den vier stimmberechtigten Richtern hatte Biddle nur ein paar Monate auf der Richterbank gesessen, de Vabres gar noch nie; Nikitschenko war ein erfahrener Kriegsrichter, und nur Lawrence hatte es als einziger zu einem hohen Richteramt gebracht. Lawrence war weder herausragend noch ein »großer« Richter, aber dank seiner Erfahrung, seiner Entschiedenheit und seines gesunden Menschenverstandes war er ein großartiger Vorsitzender Richter. Kein anderer auf der Richterbank konnte es in dieser wichtigen Funktion mit Lawrence aufnehmen. Angesichts der neuartigen und schwierigen Aufgabe, die das Tribunal mit sich brachte, wie in der Konfrontation mit etwa fünfzig Gegnern, von denen viele sehr fähige Leute waren, und Anklagevertretern, die gern die Szene beherrscht hätten, gelang es Lawrence, die Achtung aller für den Gerichtshof zu gewinnen und zu erhalten. In dieser Hinsicht hätte der Gerichtshof kaum besser agieren können.

Ein weiterer positiver Aspekt des Tribunals bestand darin, daß die Mitglieder ungeachtet aller Uneinigkeit und tiefreichenden Differenzen unbedingt ihr Unternehmen zu einem erfolgreichen Abschluß bringen wollten. Bei den internen Sitzungen wurden die Standpunkte mit aller Härte vorgetragen, aber alle sahen doch ein, daß in manchen Situationen persönliche Meinungen zurückstehen müssen, wenn man ein Abstimmungsergebnis erzielen möchte. Nikitschenko war sich dessen wohl bewußt, und seine abweichende Meinung war nicht grob formuliert. Glücklicherweise rüttelte er mit seinen Einwänden nicht an den Grundfesten der Klage – sie bezogen sich nur auf das Strafmaß für einzelne Angeklagte oder Organisationen.

Allerdings erwies sich das Tribunal gerade auf diesem Gebiet als besonders schwach und anfällig. De Vabres' launisches Beharren darauf, daß alle Angeklagten verurteilt werden sollten, das zugleich mit einer Abneigung gegen harte Urteile einherging, wäre eigentlich lachhaft gewesen, wenn sein Votum nicht so oft umgedreht worden wäre.

Über die gedankenlose und gefühllose Art, wie sich der Gerichtshof im Fall Streicher verhielt, kann man kaum stillschweigend hinwegsehen. Ich war mit Biddle einer Meinung, daß Dönitz hätte freigesprochen werden sollen, aber die Urteilsbegründung, die er sich ausdachte, um für eine Mehrheit zu sorgen, war absurd und hätte vom Gericht niemals übernommen werden dürfen.

Von Anfang an hatte ich den Eindruck, daß die Klage gegen Schacht nicht ausreichte, eine Verurteilung zu garantieren, vom Tod durch den Strang ganz zu schweigen. Der Tatsache, daß Schacht sogar schon vor Kriegsbeginn nicht mehr in Hitlers Machenschaften verstrickt gewesen war, waren Jackson, Fyfe und Biddle (ebenso wie andere) mit dem Argument entgegengetreten, daß Schacht bis 1943 Reichsminister ohne Geschäftsbereich geblieben sei, Hitler öffentlich zu seinen Kriegserfolgen gratuliert habe und ansonsten in der Öffentlichkeit »brav« geblieben sei. Aber da gab es die unbestrittene Zeugenaussage, daß Schacht bereits seit 1938 mit dem Widerstand zusammengearbeitet hatte. Jede prominente Persönlichkeit in der Regierung, die beschlossen hätte, mit den Leuten vom Widerstand gemeinsame Sache zu machen, wäre mit Sicherheit zu der Schlußfolgerung gelangt, daß ein derart gefährlicher Kurs nur dann Erfolg hätte, wenn man vorgab, dem Regime gegenüber loyal zu sein. Hitler hätte Schacht in jedem Augenblick wie eine lästige Fliege verscheuchen können, und es wäre der schiere Wahnsinn gewesen, wenn Schacht dem Führer gegenüber aufsässig gewesen wäre. Doch auch nach ausgiebiger Diskussion empfahl Biddle, Schacht bis ans Ende seines Lebens ins Gefängnis zu stecken. Ich war höchst erstaunt, als ich erfuhr, daß Schacht einer Verurteilung nur ganz knapp entkommen war.

Als Richter kamen mir die nichtstimmberechtigten Mitglieder des Gerichtshofs ausgeglichener vor als ihre Vorgesetzten. Das war nicht weiter überraschend, da Parker und Falco mehr Erfahrung vor Gericht hatten als Biddle und de Vabres, und Birkett hatte viel mehr von einem Juristen an sich als Lawrence. Ja, Parker war sogar für einen Sitz beim Obersten Bundesgericht der Vereinigten Staaten nominiert worden, und nur politisches Pech hatte seine Bestätigung verhindert. Er war geschwätzig und erzählte zu viele Südstaatenwitze, aber bei internen Besprechungen war er der klügste Kopf im Raum.

Alles in allem würde ich Biddle beipflichten, daß die Richter dieses Tribunals keine herausragende Gruppe darstellten. Aber ihre Arbeit war professionell, ehrlich und desavouierte nicht die schwere Aufgabe, vor die sie gestellt waren. Verwaltungstechnisch gesehen, schnitt das Gericht sogar noch besser ab: Dank der Unterstützung durch Airey Neave und andere hervorragende Helfer löste der Gerichtshof schwierige Probleme wie das der Zeugen für die Organisationen mit überraschender Fairneß und Promptheit.

Schließlich kommen wir zu den Anwälten der Anklage und der Verteidigung. Ohne die letzteren hätte es weder einen Prozeß noch ein Gericht gegeben, und das Tribunal war sich dieser wechselseitigen Abhängigkeit durchaus bewußt. Eine völlig inkompetente Gruppe von Verteidigern hätte aus dem Prozeß eine Farce gemacht; eine Krawalltruppe hätte die Würde des Gerichts zuschanden gemacht. Denn schließlich konnte der Gerichtshof nicht die Auswahl der einzelnen Verteidiger vorschreiben oder auch nur den Anschein erwecken, als wollte es diese Auswahl beeinflussen.

Und auch hier waren – weitgehend dank Neave – die Ergebnisse im wesentlichen zufriedenstellend. Juristen wie Birkett, die offenbar der Ansicht sind, daß das Kreuzverhör das A und O eines Prozesses ist, beklagten sich bitterlich über die Schwerfälligkeit und Langeweile seitens einiger Verteidiger, die mit den Verfahren des Common Law nicht vertraut waren. Aber Dix und Kranzbühler waren nicht die einzigen erstklassigen Juristen unter den Verteidigern; und wenn man sich dann noch vergegenwärtigt, welche verheerenden Folgen Hitler, der Krieg und die Niederlage für die deutschen Freiberufler insgesamt gehabt hatten, dann war die Leistung der Verteidigung sogar höchst lobenswert.

Die vier Gruppen von Anklägern arbeiteten als Team überraschend gut zusammen, aber sie unterschieden sich doch ganz entschieden hinsichtlich ihrer Motive und Einstellungen; nur zwischen den Briten und einigen Amerikanern herrschte so etwas wie herzliches Einvernehmen und Kameraderie. Die Franzosen, die nach dem Schock der deutschen Besatzungszeit und der Resistance noch immer zueinanderzufinden suchten, hielten sich am meisten zurück und waren am wenigsten effektiv. De Menthon hielt eine schwungvolle Eröffnungsrede, reiste aber gleich danach ab, weil er mehr an der französischen Politik interessiert war als an Nürnberg. Der fähige und harte Dubost wurde der starke Mann und war nur nominell Champetier de Ribes unterstellt. Ich mochte Dubost, aber damit stand ich unter den Amerikanern ziemlich allein da, und von den anderen Franzosen hinterließen nur Edgar Faure und Gerthoffer einen bleibenden Eindruck.

Die sowjetischen Anwälte verstanden zwar Funktionen und Auslegung der Statuten recht gut, aber hinsichtlich der Bedeutung und Behandlung von Angeklagten und Zeugen kamen die Russen aus einer Welt, die sich von den westlichen Ländern total unterschied. So wie Nikitschenko mit der vorgefaßten Meinung nach London gekommen war, daß nach Stalins Erklärungen die Schuld der Angeklagten von vornherein feststehe und außer der Festlegung des Strafmaßes nicht mehr viel zu tun sei, so waren Rudenko und seine Mitarbeiter einfach der Ansicht, daß Angeklagte und Zeugen, die jede Schuld bestritten, nichts weiter als Lügner seien. Das erklärt die häufig zu beobachtende Gewohnheit der sowjetischen Anwälte, in aller Ruhe das Thema fallenzulassen, wenn sich ein Zeuge weigerte, die Anschuldigung des Anwalts hinzunehmen. Für die sowjetischen Ankläger hieß das dann noch lange nicht, daß der Angeklagte unschuldig, sondern nur, daß er uneinsichtig war und deshalb um so mehr verdiente, daß kurzer Prozeß mit ihm gemacht wurde.

Nachdem sie einen Meister des Kreuzverhörs wie Fyfe erlebt hatten, unternahmen die sowjetischen Ankläger einige Ausflüge in dieses unvertraute Gebiet, aber es bereitete ihnen doch große Mühe, und mit Sicherheit trugen sie nicht dazu bei, das von den Westmächten vorgelegte Beweismaterial zu verstärken. Aber immerhin brachte Moskau eine Menge protokollierter Aussagen und fotografischer Beweismittel über Aktivitäten der Deutschen in den besetzten Gebieten von Polen und der Sowjetunion bei, unter anderem auch im Hinblick auf Auschwitz und die anderen Vernichtungslager in Polen, die alle von den sowjetischen Truppen eingenommen worden waren.

General Rudenko war ein beeindruckender Redner, und seine Eröffnungs- und Schlußreden waren durchaus wirkungsvoll. In Verwaltungsangelegenheiten war Oberst Pokrowski der geschickteste und kooperativste sowjetische Ankläger.

Wenn man den Kronanwalt Sir Hartley Shawcross einmal ausklammert, der selten in Nürnberg war, so umfaßte die britische Anklagebehörde genau sechs Anwälte. Ein derart rationeller Personaleinsatz wäre allerdings nicht möglich gewesen, wenn die Zuständigkeit der britischen Anklagevertretung nicht von Anfang an auf Punkt Zwei der Anklageschrift beschränkt worden wäre – eine Aufgabe, die bei weitem kürzer und einfacher war als die Beschäftigung mit Anklagepunkt Eins, der von den Amerikanern präsentiert wurde. Im Laufe der Zeit jedoch gewann das britische Kontingent eine viel größere Bedeutung für die Führung des Prozesses. Das Gericht stützte sich immer mehr auf Fyfes Anleitung und Hilfe, als die Klage von den Franzosen und den Sowjets vorgetragen wurde und als die Angeklagten und ihre Entlastungszeugen ans Rednerpult traten. Fyfe war ein wesentlich disziplinierterer Mann als Jackson, und nach dessen Debakel mit Göring wurde er der führende Sprecher der Anklage im Gerichtssaal.

Aber Kern und Brennpunkt des Nürnberger Unternehmens war von Anfang bis Ende die amerikanische Anklagebehörde. Die Charta war in allgemeiner Übereinstimmung mit Jacksons Vorschlägen verfaßt worden. Jackson und sein Stab waren in erster Linie für den Großteil der Anklageschrift verantwortlich. Jackson eröffnete den Vortrag der Anklage. Amerikanische Juristen beherrschten den Prozeß während der ersten beiden Monate. Zu Beginn unterliefen Storey fürchterliche verwaltungstechnische Fehler, die den Fortgang des Prozesses verlangsamten, aber nach einigen Wochen waren diese Hürden überwunden. Dreiundzwanzig amerikanische Anwälte traten vor dem Gerichtshof auf – mehr als doppelt soviel wie die britischen und französischen Delegationen zusammen und mehr als doppelt soviel wie die sowjetische Delegation.

Die amerikanischen Anwälte waren genauso »hell« wie ihre britischen Kollegen. Die Schwierigkeiten, die einige von ihnen hatten, waren das Ergebnis ihrer bisherigen Rechtspraxis, zu der (wie in meinem Falle) nicht die Arbeit mit Angeklagten und Zeugen vor Gericht gehört hatte. Die britische Presse spielte die Überlegenheit ihrer Landsleute hoch, aber das konnte der Klage der Anklagevertretung nicht schaden.

Zum Abschluß dieser Ausführungen muß ich noch einmal auf die einzigartige und so überaus wichtige Rolle zurückkommen, die Richter Jackson gespielt hat. Gewiß, er beging Fehler, und ein paar waren wirklich schlimm, aber in Nürnberg ging es um mehr als um juristische Abhandlungen oder Kreuzverhöre. Hier kam es vor allem auf zwei Dinge an: Engagement und Eloquenz. Mehr als jeder andere seiner Zeitgenossen bewies Jackson bei seiner Arbeit wie beim Schreiben leidenschaftliches Engagement und schwang sich zu rhetorischen Höhenflügen auf. Da konnte niemand ihm auch nur annähernd das Wasser reichen.

6

Und damit sind wir bei der Schlußfrage angekommen: War der Internationale Militärgerichtshof letztlich ein Erfolg? Mit seiner Errichtung waren viele unterschiedliche Wünsche verbunden, und so gibt es auch viele verschiedene Möglichkeiten, den Erfolg dieses Unternehmens zu bestimmen. Ich kann mich hier lediglich mit einigen der augenfälligsten Ziele befassen, die verschiedene Gruppen zu erreichen hofften, sowie mit etlichen Handlungsweisen des Gerichtshofs und der Ankläger, die von den Angeklagten angeprangert wurden.

Zu Beginn dieser Schlußbilanz habe ich dargelegt, daß die ganze Welt in den letzten Monaten des Zweiten Weltkriegs wünschte, den führenden Nazis solle ein rechtmäßiger Prozeß gemacht werden, damit sie ihrer gerechten Strafe zugeführt würden. Es fehlte durchaus nicht an Gegnern eines derartigen Verfahrens, wie dem verstorbenen Senator Robert Taft, aber die negativen Stimmen gingen im Chor der Befürworter völlig unter.

Außerdem gab es gute Gründe dafür, die Nazis nicht einfach ihrem Schicksal zu überlassen; und sobald die Briten von ihrem Vorschlag abgerückt waren, einige der bestgehaßten Nazis unverzüglich zu erschießen, einigten sich die führenden Politiker der Welt auf einen Prozeß. Einer Reihe mehrerer, auf viele Länder verteilter Verfahren hätte man wohl kein Gewicht beigemessen, während man davon ausgehen konnte, daß ein großer internationaler Prozeß von der Welt aufmerksam verfolgt werden würde.

Und so konnte der Internationale Militärgerichtshof seine Arbeit mit allgemeiner Zustimmung und nur wenig Kritik von seiten der Weltöffentlichkeit beginnen und beenden. Niemand warf ihm vor, er wolle sich die Angeklagten lediglich vom Hals schaffen; die Enthüllungen über Nazigreueltaten waren furchtbar, und die Richter erwiesen sich als gerechte und humane Männer. Somit leistete das Tribunal genau das, wozu es errichtet worden war. Die Weltöffentlichkeit war zufriedengestellt, und selbst Dr. Kranzbühler war mit der allgemeinen Zielsetzung einverstanden. Kurzum, der Internationale Militärgerichtshof war ein Erfolg.

Mein zweiter Erfolgsmaßstab indessen ist wesentlich komplizierter und umstrittener. Jackson hatte den Komplex der Verbrechen gegen den Frieden – also die strafrechtliche Verfolgung der Einleitung eines Angriffskriegs – zum wichtigsten Grundmotiv des Nürnberger Prozesses gemacht, und die Verteidiger hatten ihr schwerstes Geschütz gegen diesen Teil der Klage aufgefahren. Der Gerichtshof hatte sich unerschütterlich an die Charta gehalten und zwölf Angeklagte wegen Verbrechen gegen den Frieden verurteilt. Rudolf Heß gar war *nur* wegen Verbrechen gegen den Frieden verurteilt worden und verbrachte wegen dieses Vergehens den Rest seines langen Lebens hinter Gittern. Doch zahlreiche Juristen in vielen Ländern der Welt haben diese Strafen verurteilt, und seither hat es – in Nürnberg oder anderswo – nur noch ganz wenige Verurteilungen wegen Verbrechen gegen den Frieden gegeben.*

Wir müssen allerdings sorgfältig unterscheiden zwischen dem Prinzip der Verbrechen gegen den Frieden und der Anwendung dieses Prinzips bei der Bestrafung von Einzelpersonen für Taten, die mehrere Jahre vor der erstmaligen Anwendung dieses Prinzips begangen wurden. Die Verteidigung in Nürnberg befaßte sich natürlich in erster Linie mit dem letztgenannten Problem.

Man kann sich zwar durchaus darüber streiten, ob es klug war zu erklären, daß die Einleitung eines Angriffskriegs nach dem Völkerrecht ein Vergehen sei; aber mit Sicherheit wäre es rechtens gewesen, ein derartiges Prinzip *für die Zukunft* einzuführen. Die Charta freilich ging auf eine derartige Unterscheidung nicht ein, und zweifellos wandten die Charta und das Urteil des Gerichtshofs die Anklagepunkte Eins und Zwei auf zurückliegende Taten der Angeklagten an und verhängten somit Ex-post-facto-Strafen. Genau das aber hatte Jackson von Anfang an erreichen wollen, um einen *Präzedenzfall* dafür zu schaffen, daß auch in Zukunft Verbrechen gegen den Frieden bestraft werden konnten. Das Urteil des Gerichtshofs hat für diesen Präzedenzfall gesorgt, aber natürlich nicht zur Zufriedenheit vieler Juristen und anderer Leute, die mit Nachdruck darauf hinwiesen, daß man das Ex-post-facto-Prinzip hätte respektieren sollen – dann allerdings wäre der von Jackson gewünschte Präzedenzfall nicht geschaffen worden.

Wahrscheinlich werden die Meinungen zu dieser besonderen Frage stets unversöhnlich geteilt sein. Aber für die Zukunft hatten die vier großen Nationen in London und Nürnberg mit ihrem ganzen Gewicht zunächst einmal die Strafbarkeit der Einleitung eines Angriffskriegs als anerkannte Bestimmung des Völkerrechts eingeführt, die noch dadurch zusätzlichen Nachdruck erhielt, daß sich neunzehn weitere Nationen anschlossen und daß schließlich auch die Generalversammlung der Vereinten Nationen am 11. Dezember 1946 die »Prinzipien des Völkerrechts« bestätigte, die »von der

---

* Eine Reihe von Japanern wurden bei den Kriegsverbrechensprozessen von Tokio wegen Verbrechen gegen den Frieden verurteilt, außerdem noch ein paar Deutsche beim letzten Kriegsverbrechensprozeß in Nürnberg von 1948/49.

Charta des Nürnberger Gerichtshofs und vom Urteil des Gerichtshofs anerkannt worden sind«.*

Gewiß konnte weder Jackson noch irgend jemand sonst erwarten, daß die Erklärung eines internationalen Verbots der Führung von Angriffskriegen solchen Kriegen auch tatsächlich ein Ende bereiten würde, genausowenig wie das Kriegsrecht das Begehen von Kriegsverbrechen beendet hat. Außerdem sind die meisten Kriegsverbrechen – von den gigantischen Kriegsverbrechen, die im Zweiten Weltkrieg in Osteuropa begangen wurden, einmal abgesehen – die Taten einzelner oder von Gruppen; und damit kann man sich auf lokaler Ebene befassen. Aber ein Angriffskrieg ist ein gewaltiges Unternehmen, und wenn es ernsthaft durchgeführt wird, kann es nur durch angemessene Drohungen oder militärische Aktionen gestoppt werden. Da dies möglicherweise das konzentrierte Handeln von mehreren Nationen erfordert, sollten sich mit derartigen Situationen am besten die Vereinten Nationen befassen.

Im Laufe von vier oder fünf Jahren nach dem Ende des Zweiten Weltkriegs hatte man sich bei den Vereinten Nationen darum bemüht, einen ständigen Internationalen Strafgerichtshof einzurichten, aber die republikanischen amerikanischen Präsidenten waren an einem derartigen Projekt nicht interessiert gewesen. Die Anwendung der internationalen Bestimmungen der Kriegführung hängt daher auch weiterhin im allgemeinen von den betroffenen Nationen ab, außer in den vergleichsweise seltenen Fällen, in denen die Vereinten Nationen eingreifen.

Da die Vereinten Nationen nur selten ihre Schiedsrichterrolle ausüben, gibt es oft Situationen, in denen sich die Frage stellt und offenbleibt, ob ein Krieg aggressiver Natur ist oder nicht. Der Krieg der Amerikaner in Vietnam ist ein gutes Beispiel dafür. Außenminister Dean Rusk erklärte seinerzeit vor der American Society for International Law: »Während der letzten drei Jahrzehnte haben wir gelernt, daß das Hinnehmen von Aggressionen unvermeidlich zur Katastrophe führt. Deshalb muß jeder Aggressor damit rechnen, daß seinen Handlungen mit den entsprechenden Maßnahmen begegnet wird.«

Für Dean Rusk war dieser Aggressor natürlich Nordvietnam. Aber die Meinung vieler Tausender von Jugendlichen, die mit der Einberufung rechnen mußten, sowie anderer Menschen, die den Krieg der Amerikaner in Vietnam ablehnten, wurde zur gleichen Zeit von der National Lawyers Guild zum Ausdruck gebracht, als sie diesen Krieg zu einem Angriffskrieg erklärte. So verkündete Eric Norden: »Unsere Aktionen in Vietnam verstoßen gegen die in

---

* Resolution der Vereinten Nationen, Nr. 95-1, vom 11. Dezember 1946. Der Wortlaut der Resolution bestätigt zwar nicht ausdrücklich die Ex-post-facto-Strafen, aber da ja das »Urteil« des Gerichtshofs bestätigt wird, kann man den Standpunkt vertreten, daß die Strafen in der Bestätigung impliziert sind.

Nürnberg aufgestellten Gesetze ..., die Vereinigten Staaten sind eindeutig schuldig im Sinne der Anklagepunkte ›Kriegsverbrechen‹, ›Verbrechen gegen den Frieden‹ und ›Verbrechen gegen die Menschlichkeit‹.«

Unser Interesse gilt allerdings viel mehr jenen Kriegsaktionen, die eindeutig aggressiv sind, und die Frage lautet, ob irgendwer sie zu stoppen versucht. Als die Sowjetunion in Afghanistan einfiel und dieses Land besetzte, handelte es sich unbestreitbar um eine Aggression. Die USA ließen den Widerstandskämpfern eine gewisse Hilfe zuteil werden, griffen aber gegen die Sowjetunion nicht zu den Waffen, wie sie es gegen Nordvietnam getan hatten und später gegen den Irak tun sollten. Gegen die Sowjetunion hätten sie allerdings kaum etwas anderes tun können, als mit dem Einsatz der Atombombe zu drohen, und es war völlig klar, daß ein Krieg zwischen den Vereinigten Staaten und der Sowjetunion für die Welt viel gefährlicher gewesen wäre als die Besetzung Afghanistans durch die Sowjetunion.

Ganz anders verhielt es sich beim Koreakrieg. 1950 hatte Nordkorea unvermittelt Südkorea angegriffen. Es war ein klarer Fall von Aggression, und die Vereinten Nationen billigten sogleich, daß Amerika auf der Seite Südkoreas den Aggressor zurückschlug. Die Vereinigten Staaten stellten zwar das Hauptverteidigungskontingent unter der Befehlsgewalt der Vereinten Nationen, aber auch einige andere Nationen schickten militärische Unterstützung nach Südkorea, und schließlich wurden die Nordkoreaner und ihre chinesischen Verbündeten bis zur ursprünglichen Grenze zwischen den beiden koreanischen Staaten zurückgetrieben, und es kam zu einem Waffenstillstand.

Ein paar Jahre später wurde eine Angriffshandlung schon nach kurzer Zeit ohne die Beteiligung der Vereinten Nationen abgeblockt. Verärgert über die Bemühungen der Ägypter, die volle Kontrolle über den Suezkanal zu erlangen, hatten England und Frankreich zur Wahrung britischer Interessen Truppen in die Suez-Region entsandt. Aber sowohl die Vereinigten Staaten als auch die Sowjetunion verurteilten entschieden das militärische Vorgehen der Briten und der Franzosen. Premierminister Anthony Eden ordnete den Rückzug an, und die Militäraktion wurde abgebrochen.

Vor wenigen Jahren stand die Krise am Persischen Golf, die durch die aggressive Annexion Kuwaits durch den Irak ausgelöst worden war, im Mittelpunkt des Weltinteresses. Der Irak war zwar nur ein kleines Land, aber bis an die Zähne bewaffnet, und Präsident Bush verlegte sogleich große amerikanische Truppenkontingente nach Saudi-Arabien, um ein weiteres Vordringen der Irakis zu verhindern und den Irak letztlich zu zwingen, Kuwait wieder herauszugeben. Auch wenn dabei noch andere Faktoren im Spiel waren, berief sich Präsident Bush, der öffentliche Unterstützung für sein Vorgehen fand, hauptsächlich auf das Argument, das Völkerrecht verbiete nun einmal Angriffskriege, und derart grobe und gefährliche Verstöße dagegen könnten nicht geduldet werden. Die Vereinten Nationen haben sich diese Ansicht zu eigen gemacht und die erfolgreichen Bemühungen unterstützt, den Irak zu zwingen, klein beizugeben.

1863 hatte Francis Lieber den Krieg als »Mittel ..., um große Ziele des Staates zu erreichen, oder als Verteidigung gegen Unrecht« definiert. Und 1938 hatte Alfred Jodl geschrieben, die »Erhaltung von Volk und Staat oder [die] Sicherung seiner geschichtlichen Zukunft« gebe dem Krieg »sein totales Gepräge und seine ethische Berechtigung«. Am Ende des Zweiten Weltkriegs wurde es indes höchste Zeit, derart vorsintflutlichen und im Grunde mörderischen Lobgesängen auf die Moral des Krieges die Daseinsberechtigung abzuerkennen. Darauf jedenfalls zielte das in Nürnberg ausgesprochene Verbot eines Angriffskriegs ab, und wie die oben geschilderten Vorfälle zeigen, hat man sich seitdem wiederholt im Interesse des Friedens auf die Rechtmäßigkeit und die moralische Gültigkeit dieses Verbots berufen. Also war der Internationale Militärgerichtshof auch in dieser Hinsicht ein Erfolg.

Aber es ist auch klargeworden, daß die »Bernays-Ergänzungen«, wie ich das hier einmal nennen möchte, mehr Schaden angerichtet als Gutes bewirkt haben. Im Endeffekt haben sie den Nürnberger Angeklagten kaum oder gar nicht geschadet, aber sie haben der Anklagevertretung im Hinblick auf ihr Urteilsvermögen einen Tadel eingebracht. Das war letztlich die Folge von Bernays' Vorschlägen, auch wenn er wichtige und berechtigte Anliegen verfolgte, als er die Einbeziehung der »Verschwörung« und der Organisationen empfahl.

Der Gerichtshof machte die von Bernays beabsichtigte Anwendung des Prinzips der »Verschwörung« zunichte, indem er die Charta dergestalt auslegte, daß diese Anwendung nur auf »Verbrechen gegen den Frieden« beschränkt sei. Der Gerichtshof verurteilte acht Angeklagte wegen Verschwörung zur Begehung von »Verbrechen gegen den Frieden« nach Anklagepunkt Eins, aber es ist höchst zweifelhaft, ob die Verurteilungen wegen Verschwörung sich eigens auf das Strafmaß wirklich ausgewirkt haben. Gewiß: Schacht hätte nur aufgrund des Vorwurfs der Verschwörung verurteilt werden können, aber als der Gerichtshof in die Klemme geriet, erklärte er das Beweismaterial gegen Schacht für unzureichend.

Was nun die Bestimmungen gegen die Organisationen in ihrer ursprünglich beabsichtigten Form betraf, so hätten sie zu tausendfach verhängten Strafen führen können, ohne daß den betreffenden Angeklagten ihre normalen Rechte eingeräumt worden wären. Aber die Behandlung des »massenhaften Nazismus« wurde kurzerhand durch die Einführung des Entnazifizierungsprogramms usurpiert, ebenso wie seitens des Gerichtshofs durch die Modifikation der gegen die Organisationen erforderlichen Beweise, so daß von Bernays' ursprünglicher Konstruktion nicht mehr viel übrigblieb.

Damit wurde das, was die Angeklagten vom Vorwurf der Verschwörung und von den Anschuldigungen gegen die Organisationen zu befürchten hatten, praktisch beseitigt. Leider haben diejenigen, die diese Modifikationen erreichten, dem Internationalen Militärgerichtshof dennoch kein Ruhmesblatt im Buch der deutschen Geschichte gesichert.

Der Problemkomplex der Verschwörung hatte etliche Tage, der der Organisationen sogar Monate beansprucht, in denen Untersuchungen angestellt, Argumente erarbeitet, Zeugen beschafft und Reden gehalten werden mußten. Während dieser ebenso ermüdenden wie ominösen Zeit konnten die Angeklagten und ihre Verteidiger nicht wissen, wie sich diese für sie so verwirrenden und furchterregenden Aspekte letzten Endes auf sie auswirken würden. Während der Auseinandersetzungen vor Gericht hatten Jackson und Fyfe juristische Standpunkte vertreten, die uns heute extrem vorkommen, und das hatte mit Sicherheit die Besorgnis der Verteidiger vergrößert.

Die Hoffnung war natürlich vergeblich, daß die Angeklagten und ihre Anwälte selbst unter den günstigsten Umständen die Handlungen und Erklärungen der Anklagevertretung bewundern würden. Aber die Vorschläge von Bernays hatten nun einmal Aspekte in den Prozeß hineingebracht, die mit der Geschichte der Kriegsverbrechen bislang nichts zu tun gehabt hatten und die für die Angeklagten eine Drohung darstellten.

Es wäre allerdings von Stimson, Jackson und den anderen Juristen, die die Ideen für die amerikanische Anklagevertretung zusammentrugen, zuviel verlangt gewesen, die Folgen von Bernays' Vorschlägen vorauszusehen. In seiner Eröffnungsrede vor dem Gerichtshof hatte Jackson zwar mit beredten Worten betont, wie notwendig es sei, den Angeklagten einen fairen Prozeß zu garantieren, aber Jackson hatte nun einmal seine eigene Vorstellung von Fairneß: Weder der Vorwurf der Verschwörung (ein juristischer Trick, der ihm vertraut war) noch die Anklage gegen die Organisationen (die er für notwendig hielt) waren in seinen Augen unfair.

Dabei war gerade der Gedanke an einen Internationalen Militärgerichtshof den deutschen Anwälten ganz und gar fremd, die verständlicherweise den Siegern Furcht und Mißtrauen entgegenbrachten; und diese Gefühle vertieften sich noch, als das merkwürdige Tribunal von ihnen verlangte, daß sie sich mit neuen und gefährlichen Hürden befassen sollten wie »Verschwörungen«, »Gruppen« und »Organisationen«. Außerdem brachte die Anklagevertretung noch neuartige Verbrechen gegen den »Frieden« und die »Menschlichkeit« in die Arena; und wer in der Vergangenheit, ohne es zu wissen, dagegen verstoßen hatte, konnte dafür jetzt an den Galgen kommen.

Diesen Eindruck jedenfalls müssen die Angeklagten und ihre Anwälte von der Charta, der Anklageschrift und vom Verhalten der Richter und Ankläger gehabt haben. Gegen Ende des Prozesses ging ein gewisser Hoffnungsschimmer von den Bemerkungen des Gerichtshofs aus sowie von der Art und Weise, wie er die Organisationen in der Urteilsbegründung behandelte. Aber im Grunde änderte sich dadurch an den ursprünglichen Eindrücken der deutschen Anwälte nichts. Kein Wunder also, daß die Deutschen im allgemeinen eine negative Meinung vom Internationalen Militärgerichtshof hatten, soweit sie sich mit dem Nürnberger Prozeß beschäftigten; und das war immer stärker der Fall, je mehr sich ihre wirtschaftliche Lage verbesserte. Für die Deutschen jedenfalls war Nürnberg kein Erfolg.

7

Ich möchte diese Überlegungen mit ein paar Bemerkungen über »politische Schönheitsfehler« des Internationalen Militärgerichtshofs von Nürnberg abschließen. Der größte Fehler war die – gewiß unvermeidliche – Anwesenheit der sowjetischen Richter auf der Richterbank. Ungeachtet der Tatsache, daß Rußland einen Hauptanteil an der Vernichtung des Nazismus hatte, empfand und artikulierte man überall in den Vereinigten Staaten jahrzehntelang, insbesondere von den dreißiger bis zu den siebziger Jahren, Haß auf den Kommunismus und Furcht vor der Sowjetunion.

Das Auf und Ab des Krieges brachte England, die Sowjetunion und die Vereinigten Staaten als die Großen Drei zusammen, und Stalin beteiligte sich mit den Staatsoberhäuptern der anderen beiden Nationen an der Diskussion über Kriegsverbrechensprozesse gegen die Nazis. Die militärische Niederlage und der Zusammenbruch der deutschen Regierung führten zur Viermächteregierung in Berlin. Angesichts der Geschichte der Beziehungen zwischen Rußland und den anderen drei Mächten wäre es politisch heller Wahnsinn gewesen, einen internationalen Prozeß gegen Kriegsverbrecher ohne die Teilnahme der Sowjetunion zu führen.

Aber die Russen hatten dabei ihre eigenen Probleme, wie die Briten und Amerikaner nur zu genau wußten. Stalins Moskauer Prozesse gegen angebliche Verräter hatten einen sehr schlechten Ruf. Jackson wollte unbedingt die Verbrechen gegen den Frieden mit einbeziehen, aber die Sowjetunion hatte sich mit Deutschland an der Besetzung Polens beteiligt und sich mit Hitler die Kriegsbeute geteilt. Kurz darauf hatte Rußland Finnland angegriffen und die Annexion von Teilen dieses Landes erzwungen. Während die Deutschen für Verbrechen gegen den Frieden bestraft wurden, kamen die Sowjets mit ihren Machtspielen ungeschoren davon, auch wenn der böse Seidl sich nach Kräften bemühte, den Gerichtshof in Verlegenheit zu bringen, der wiederum sein Bestes tat, um Nikitschenko und Rudenko davor zu schützen, in Verlegenheit gebracht zu werden.

Rudenko machte die Sache nur noch schlimmer, als er – gegen Jacksons entschiedenen Widerstand – darauf bestand, das Katyn-Massaker in die Kataloge der Anklageschrift über deutsche Kriegsverbrechen aufzunehmen. Damals gab es zwar noch keinen klaren Beweis dafür, daß dafür eher die Russen als die Deutschen verantwortlich waren; aber viele dachten sich das schon, und damit hatte der Gerichtshof ein weiteres heißes Eisen. Klugerweise gestattete er sowohl den Russen wie den Deutschen, über das Massaker von Katyn ihre Aussagen abzugeben, erwähnte jedoch den ungeheuren Vorfall in der Urteilsbegründung mit keiner Silbe.

Im Fall Raeder wurde zwar niemand offen in Verlegenheit gebracht, aber dafür kam es zu einer beklagenswerten Unterdrückung von Beweismaterial, als Siemers die britische Admiralität um Dokumente über britische Pläne bat, Truppen nach Norwegen zu entsenden, um den Eisenerznachschub von Schweden nach Deutschland zu unterbinden. Diese Pläne wurden erst dann völlig offengelegt, als die Nürnberger Prozesse vorbei waren.

Das ist schon eine ganz beachtliche Liste politischer Schönheitsfehler, und im Laufe der Jahre haben die Gegner von Nürnberg dieses Material weidlich ausgeschlachtet, wobei sie zuweilen die politischen mit den juristischen heiklen Punkten kombinierten. Außerdem wurde der Vorwurf erhoben, die britischen und amerikanischen Luftangriffe auf Deutschland seien so verheerend gewesen, daß man sie genauso wie die Nazigreueltaten als Kriegsverbrechen hätte einstufen sollen.*

Diese letzten Argumente, auf die ich andernorts bereits eingegangen bin, reichen über die selbstgesetzten Grenzen dieses Buches hinaus, und darum will ich an dieser Stelle den Leser nur daran erinnern, daß es kein anerkanntes Kriegsrecht gab, das auf die Luftangriffe im Zweiten Weltkrieg anwendbar war, daß vielmehr ein derartiges Kriegsrecht von den Nationen erst 1977 formuliert worden ist.

8

In den drei Jahren nach Abschluß des Internationalen Militärgerichtshofs gab es weitere Kriegsverbrechensprozesse im Nürnberger Justizgebäude sowie in vielen anderen Ländern und Orten. Die Beziehungen zwischen den Westmächten und der Sowjetunion wurden immer schlechter, und schließlich wurden die Tschechoslowakei, Polen und Ungarn sowjetische Satellitenstaaten. Maßnahmen wurden ergriffen, um Deutschland wieder zu militärischer Macht zu verhelfen, John McCloy wurde von General Clay abgelöst, und in Westdeutschland wurde eine Regierung unter Konrad Adenauer gebildet.

Als Folge dieser und anderer damit zusammenhängender Entwicklungen ließ das politische Interesse an Kriegsverbrechen rapide nach, und schließ-

---

* Hier ein anschauliches Beispiel für eine weniger gemäßigte Kritik: »Ganz offensichtlich stellte die Kriegsverbrechenspolitik der Alliierten ebenso wie der grundlegende amerikanische Plan großenteils eine Anhäufung von überaus törichten Fehlern dar. Auch die Verhandlungsführer und die Anklagevertreter waren bei ihrer Tätigkeit mit Blindheit geschlagen, es unterliefen ihnen Fehleinschätzungen, und sie hatten eine geradezu selbstmörderische Neigung, alles zu komplizieren. Oder um es grundsätzlicher auszudrücken: Vielleicht richtete sich das ganze Konzept einer Aktion der Alliierten, in eine vom Krieg zerrissene Welt Gerechtigkeit zu bringen, gerade gegen die Hauptzielrichtungen des Krieges selbst« (Bradley F. Smith, *Der Jahrhundertprozeß*, 1977)

lich wurde der Wunsch laut, man möge doch diesen Prozessen ein Ende bereiten und Kriegsverbrecher, die noch inhaftiert waren, freilassen. Aber lange verschwanden die Kriegsverbrechensprozesse nicht von der Tagesordnung. In den frühen sechziger Jahren begann vor westdeutschen Gerichten eine ganze Reihe solcher Prozesse, die nicht direkt auf dem internationalen Kriegsrecht, sondern auf dem nationalen deutschen Recht basierten.

Zu den wichtigen Kriegsverbrechensprozessen der neueren Zeit, die alle auf nationalem Recht und nicht auf dem Völkerrecht gründeten, gehören die Prozesse in Israel gegen Adolf Eichmann und John Demjanjuk, der Prozeß in Frankreich gegen Klaus Barbie sowie die Prozesse in den USA gegen Leutnant William Calley, Hauptmann Ernest Medina und andere Militärs in Zusammenhang mit dem Massaker an Zivilisten im südvietnamesischen My Lai.

In den letzten fünfundzwanzig Jahren ist das Interesse der Öffentlichkeit am Kriegsrecht immer größer geworden. 1977 wurde in Genf vorgeschlagen, die bestehenden Konventionen um entsprechende Vorschriften für Bombenangriffe aus der Luft und für die Rechte der Gefangenen von irregulären Truppen zu erweitern. Diese neuen Protokolle wurden praktisch von allen Teilnehmerstaaten unterzeichnet, und einige von ihnen (nicht jedoch die USA und Großbritannien) haben die Protokolle bereits ratifiziert.

Im selben Jahr und dann noch einmal 1981 wurden von zwei Konventionen der Vereinten Nationen Verbote sowohl gegen militärische Aktionen, die die Umwelt ernsthaft zerstören, wie gegen die Verwendung von unnötig gesundheitsschädlichen und schmerzhaften Waffen ausgesprochen. In der Generalversammlung der Vereinten Nationen wird die Errichtung eines ständigen Gerichtshofs für die Verhandlung von internationalen Verbrechen immer lauter gefordert.

Als ich über die Rechtsprechung eines derartigen Gerichtshofs nachdachte, erinnerte ich mich daran, daß sich die Gerichtsbarkeit des Nürnberger Gerichtshofs nur auf die »Hauptkriegsverbrecher der der europäischen Achse angehörigen Staaten« erstreckte. Angesichts der Zeit und der Umstände seiner Errichtung überrascht es kaum, daß das Tribunal nur über die Besiegten Recht sprechen durfte, nicht jedoch über die Sieger. Und wie oft habe ich nicht schon gehört, daß sich Deutsche (aber nicht nur sie) darüber beklagt haben, verurteilt würden »immer nur die Verlierer«.

Zu Beginn des Koreakrieges, als die Streitkräfte von General Douglas MacArthur bei Inchon landeten, trieben die amerikanischen und die südkoreanischen Armeen die Nordkoreaner nach Norden bis hinauf zur Grenze zwischen Nordkorea und China am Jalu. Etwa eine Woche später griffen jedoch starke chinesische Verbände an, und nun wurden ihre Gegner tief hinein nach Südkorea zurückgeworfen.

In dieser kurzen Zeit, da unser endgültiger Sieg unmittelbar bevorzustehen schien, bekam ich mehrere Anrufe von Pressevertretern, die mich fragten, ob die Vereinigten Staaten nun beabsichtigten, auch Nordkoreaner vor Gericht zu stellen, die als Kriegsverbrecher verdächtigt würden. Ich sah mich zwar außerstande vorherzusagen, ob es entsprechende Prozesse geben würde oder nicht, aber ich erwiderte: Wenn es dazu kommen würde, dann sollte der Gerichtshof auf einer neutralen Grundlage errichtet werden, vorzugsweise von den Vereinten Nationen, und er sollte die juristische Vollmacht bekommen, nicht nur die Klagen gegen Nordkoreaner anzuhören und zu verhandeln, sondern genauso auch gegen Südkoreaner und Amerikaner (oder irgendwelche anderen Kriegsteilnehmer).

Ich bin noch heute dieser Meinung. Das Kriegsrecht gilt nicht nur für mutmaßliche Verbrecher besiegter Länder. Es gibt keinen moralischen oder rechtlichen Grund, siegreichen Ländern Immunität gegenüber einer gerichtlichen Untersuchung zu gewähren. Das Kriegsrecht ist keine Einbahnstraße.

Anhang

A. Londoner Viermächte-Abkommen vom 8. August 1945*

Abkommen zwischen der Regierung des Vereinigten Königreiches von Großbritannien und Nordirland, der Regierung der Vereinigten Staaten von Amerika, der Provisorischen Regierung der Französischen Republik und der Regierung der Union der Sozialistischen Sowjet-Republiken über die Verfolgung und Bestrafung der Hauptkriegsverbrecher der Europäischen Achse.

In Anbetracht der von den Vereinten Nationen von Zeit zu Zeit bekanntgegebenen Erklärungen über ihre Absicht, Kriegsverbrecher zur Rechenschaft zu ziehen;

in Anbetracht ferner der Bestimmungen der Moskauer Deklaration vom 30. Oktober 1943 betreffend deutsche Grausamkeiten im besetzten Europa, daß diejenigen deutschen Offiziere und Mannschaften sowie Mitglieder der Nationalsozialistischen Deutschen Arbeiterpartei, die für Grausamkeiten und Verbrechen verantwortlich waren oder ihre Zustimmung dazu gegeben haben, in die Länder zurückgebracht werden sollen, in denen ihre abscheulichen Taten begangen worden sind, um nach den Gesetzen dieser befreiten Länder und der freien Regierungen, die dort gebildet werden, abgeurteilt werden;

In Anbetracht weiterhin der Vereinbarung, daß die Moskauer Deklaration nicht die Gruppe der Hauptkriegsverbrecher betreffen sollte, für deren Verbrechen ein geographisch bestimmter Tatort nicht gegeben ist und die gemäß einer gemeinsamen Entscheidung der Regierungen der Alliierten bestraft werden sollen,

haben nunmehr die Regierung des Vereinigten Königreiches von Großbritannien und Nordirland, die Regierung der Vereinigten Staaten von

---

* Das Londoner Viermächte-Abkommen vom 8. August 1945 ist den Verteidigern zu Beginn und während des Verfahrens in der hier abgedruckten deutschen Fassung zur Verfügung gestanden. Nur einige offensichtliche Druck- und Übersetzungsfehler wurden richtiggestellt.

Amerika, die provisorische Regierung der Französischen Republik und die Regierung der Union der Sozialistischen Sowjet-Republiken (in diesem Abkommen als »die Signatare« bezeichnet) handelnd im Interesse aller Vereinten Nationen und durch ihre rechtmäßig bevollmächtigten Vertreter das folgende Abkommen geschlossen:

Artikel 1:

Nach Anhörung des Kontrollrats für Deutschland soll ein Internationaler Militärgerichtshof gebildet werden zur Aburteilung der Kriegsverbrecher, für deren Verbrechen ein geographisch bestimmbarer Tatort nicht vorhanden ist, gleichgültig, ob sie angeklagt sind als Einzelperson oder in ihrer Eigenschaft als Mitglieder von Organisationen oder Gruppen oder in beiden Eigenschaften.

Artikel 2:

Verfassung, Zuständigkeit und Aufgaben dieses Internationalen Militärgerichtshofes sind in dem angefügten Statut für den Internationalen Militärgerichtshof festgelegt, das einen wesentlichen Bestandteil dieses Abkommens bildet.

Artikel 3:

Jeder der Signatare soll die notwendigen Schritte unternehmen, um die Hauptkriegsverbrecher, die sich in seiner Hand befinden und von dem Internationalen Militärgerichtshof abgeurteilt werden sollen, für die Untersuchung der Anklagepunkte und den Prozeß bereit zu halten. Die Signatare sollen auch alle Schritte unternehmen, um diejenigen Hauptkriegsverbrecher, die sich nicht in den Gebieten eines der Signatare befinden, für die Untersuchung der Anklagepunkte und den Prozeß des Internationalen Militärgerichtshofes zur Verfügung zu stellen.

Artikel 4:

Die in der Moskauer Deklaration festgelegten Bestimmungen über die Überführung von Kriegsverbrechern in die Länder, in denen sie ihre Verbrechen begangen haben, werden durch dieses Abkommen nicht berührt.

*Artikel 5:**

Die Regierungen der Vereinten Nationen können diesem Abkomen durch eine der Regierung des Vereinigten Königreiches auf diplomatischem Wege

---

* Anmerkung:
Gemäß Artikel 5 haben die folgenden Regierungen der Vereinten Nationen ihren Beitritt zu dem Abkommen erklärt: Griechenland, Dänemark, Jugoslawien, die Niederlande, die Tschechoslowakei, Polen, Belgien, Abessinien, Australien, Honduras, Norwegen, Panama, Luxemburg, Haiti, Neu Seeland, Indien, Venezuela, Uruguay und Paraguay.

übermittelte Erklärung beitreten, welche die anderen Signatare und beigetretenen Regierungen von jedem solchen Beitritt in Kenntnis setzen wird.

Artikel 6:

Unberührt bleiben die Vorschriften über die Zuständigkeit oder die Gerichtsgewalt der Nationalen- oder Okkupations-Gerichtshöfe, die zur Aburteilung von Kriegsverbrechern in irgend einem alliierten Gebiet oder in Deutschland gebildet worden sind oder gebildet werden.

Artikel 7:

Dieses Abkommen tritt am Tage seiner Unterzeichnung in Kraft und soll für die Dauer eines Jahres in Kraft bleiben. Es soll weiterhin wirksam bleiben, vorbehaltlich des Rechtes jedes Signatars, es mit einer Frist von einem Monat auf diplomatischem Wege zu kündigen. Eine solche Kündigung soll auf die in Ausführung dieses Abkommens bereits eingeleiteten Verfahren oder getroffenen Entscheidungen keinen Einfluß haben.

Zu Urkund dessen haben die Unterzeichneten dieses Abkommen unterschrieben. So geschehen zu London am 8. August 1945 in vierfacher Ausfertigung. Jede Ausfertigung ist in englischer, französischer und russischer Sprache abgefaßt und jeder Text hat die gleiche Geltung.

Für die Regierung
des Vereinigten Königreiches von Großbritannien und Nordirland:
gez. Jowitt.

Für die Regierung der Vereinigten Staaten von Amerika:
gez. Robert H. Jackson.

Für die Provisorische Regierung der Französischen Republik:
gez. Robert Falco.

Für die Regierung der Union der Sozialistischen Sowjet-Republiken:
gez. I. T. Nikitschenko.
A. N. Trainin.

STATUT FÜR DEN INTERNATIONALEN MILITÄRGERICHTSHOF*

I. VERFASSUNG DES INTERNATIONALEN MILITÄRGERICHTSHOFES.

Artikel 1:

In Ausführung des Abkommens vom 8. August 1945 zwischen der Regierung des Vereinigten Königreiches von Großbritannien und Nordirland, der Regierung der Vereinigten Staaten von Amerika, der provisorischen Regierung der Französischen Republik und der Regierung der Union der Sozialistischen Sowjet-Republiken soll ein Internationaler Militärgerichtshof (in diesem Statut »Der Gerichtshof« genannt) zwecks gerechter und schneller Aburteilung und Bestrafung der Hauptkriegsverbrecher der europäischen Achse gebildet werden.

Artikel 2:

Der Gerichtshof besteht aus vier Mitgliedern und vier Stellvertretern, von jedem Signatar soll ein Mitglied und ein Stellvertreter ernannt werden. Die Stellvertreter sollen soweit als möglich an allen Sitzungen des Gerichtshofes teilnehmen. Im Falle der Erkrankung eines Mitgliedes des Gerichtshofes oder seiner anders begründeten Unfähigkeit, sein Amt auszuüben, tritt sein Stellvertreter an seine Stelle.

Artikel 3:

Weder der Gerichtshof, noch seine Mitglieder oder Stellvertreter können von der Anklagebehörde oder dem Angeklagten oder seinem Verteidiger abgelehnt werden.

Jeder Signatar kann sein Mitglied des Gerichtshofes oder seinen Stellvertreter aus Gesundheitsrücksichten oder anderen triftigen Gründen wechseln; während eines Prozesses kann jedoch ein Mitglied nur durch seinen Stellvertreter ersetzt werden.

Artikel 4:

(a) Für Verhandlungen und Entscheidungen des Gerichtshofes ist die Anwesenheit aller vier Mitglieder des Gerichtshofes oder des Stellvertreters für ein abwesendes Mitglied erforderlich.

(b) Die Mitglieder des Gerichtshofes wählen vor Beginn des Prozesses einen Präsidenten. Dieser übt sein Amt während der Dauer des Prozesses aus, falls nicht mit einer Stimmenzahl von mindestens drei Stimmen anderweitig beschlossen wird.

---

* Die hier abgedruckte deutsche Fassung des Statuts für den Internationalen Militärgerichtshof ist die den Angeklagten und ihren Verteidigern bei Beginn des Verfahrens übergebene und während des Verfahrens benutzte Fassung. Lediglich einige offensichtliche Druck- und Übersetzungsfehler wurden berichtigt.

Bei aufeinanderfolgenden Prozessen findet grundsätzlich ein Wechsel im Vorsitz statt. Wenn jedoch eine Sitzung des Gerichtshofes im Gebiet eines der vier Signatare abgehalten wird, soll der Vertreter der betreffenden Signatarmacht den Vorsitz führen.

(c) Abgesehen von dem vorgenannten Falle trifft der Gerichtshof seine Entscheidungen mit Stimmenmehrheit. Bei Stimmengleichheit ist die Stimme des Vorsitzenden ausschlaggebend; für Verurteilung und Bestrafung ist eine Stimmenmehrheit von mindestens drei Mitgliedern erforderlich.

Artikel 5:

Im Bedarfsfalle und je nach Zahl der abzuurteilenden Fälle können mehrere Gerichtshöfe eingesetzt werden; Einsetzung, Aufgaben und Verfahren der Gerichtshöfe sollen identisch sein und unterliegen den Regeln des Statuts.

II. ZUSTÄNDIGKEIT UND ALLGEMEINE GRUNDSÄTZE.

Artikel 6:

Der durch das in Artikel 1 genannte Abkommen eingesetzte Gerichtshof zur Aburteilung der Hauptkriegsverbrecher der der europäischen Achse angehörigen Staaten hat das Recht, alle Personen abzuurteilen, die im Interesse der der europäischen Achse angehörenden Staaten als Einzelpersonen oder als Mitglieder einer Organisation oder Gruppe eines der folgenden Verbrechen begangen haben:

Die folgenden Handlungen, oder jede einzelne von ihnen, stellen Verbrechen dar, für deren Aburteilung der Gerichtshof zuständig ist. Der Täter solcher Verbrechen ist persönlich verantwortlich:

(a) VERBRECHEN GEGEN DEN FRIEDEN: Nämlich: Planen, Vorbereitung, Einleitung oder Durchführung eines Angriffskrieges oder eines Krieges unter Verletzung internationaler Verträge, Abkommen oder Zusicherungen oder Beteiligung an einem gemeinsamen Plan oder an einer Verschwörung zur Ausführung einer der vorgenannten Handlungen;

(b) KRIEGSVERBRECHEN: Nämlich: Verletzungen der Kriegsgesetze oder -gebräuche.

Solche Verletzungen umfassen, ohne jedoch darauf beschränkt zu sein, Mord, Mißhandlungen, oder Deportation zur Sklavenarbeit oder für irgendeinen anderen Zweck, von Angehörigen der Zivilbevölkerung von oder in besetzten Gebieten, Mord oder Mißhandlungen von Kriegsgefangenen oder Personen auf hoher See, Töten von Geiseln, Plünderung öffentlichen oder privaten Eigentums, die mutwillige Zerstörung von Städten, Märkten oder Dörfern oder jede durch militärische Notwendigkeit nicht gerechtfertigte Verwüstung;

(c) VERBRECHEN GEGEN DIE MENSCHLICHKEIT: Nämlich: Mord,

Ausrottung, Versklavung, Deportation oder andere unmenschliche Handlungen, begangen an irgendeiner Zivilbevölkerung vor oder während des Krieges*, Verfolgung aus politischen, rassischen oder religiösen Gründen, begangen in Ausführung eines Verbrechens oder in Verbindung mit einem Verbrechen, für das der Gerichtshof zuständig ist, und zwar unabhängig davon, ob die Handlung gegen das Recht des Landes verstieß, in dem sie begangen wurde, oder nicht.

Anführer, Organisatoren, Anstifter und Teilnehmer, die am Entwurf oder der Ausführung eines gemeinsamen Planes oder einer Verschwörung zur Begehung eines der vorgenannten Verbrechen teilgenommen haben, sind für alle Handlungen verantwortlich, die von irgendeiner Person in Ausführung eines solchen Planes begangen worden sind.

Artikel 7:

Die amtliche Stellung eines Angeklagten, sei es als Oberhaupt eines Staates oder als verantwortlicher Beamter in einer Regierungsabteilung, soll weder als Strafausschließungsgrund noch als Strafmilderungsgrund gelten.

Artikel 8:

Die Tatsache, daß ein Angeklagter auf Befehl seiner Regierung oder eines Vorgesetzten gehandelt hat, gilt nicht als Strafausschließungsgrund, kann aber als Strafmilderungsgrund berücksichtigt werden, wenn dies nach Ansicht des Gerichtshofs gerechtfertigt erscheint.

Artikel 9:

In dem Prozeß gegen ein Einzelmitglied einer Gruppe oder Organisation kann der Gerichtshof (in Verbindung mit irgendeiner Handlung deretwegen der Angeklagte veurteilt wird) erklären, daß die Gruppe oder Organisation, deren Mitglied der Angeklagte war, eine verbrecherische Organisation war.

Nach Empfang der Anklage gibt der Gerichtshof in der ihm geeignet erscheinenden Form bekannt, daß die Anklagebehörde beabsichtigt, den Antrag zu stellen, eine Erklärung nach Abschnitt 1, Artikel 9 auszusprechen. In diesem Falle ist jedes Mitglied der Organisation berechtigt, bei dem Gerichtshof den Antrag zu stellen, über die Frage des verbrecherischen Charakters der Organisation gehört zu werden. Der Gerichtshof hat das Recht, dem Antrag stattzugeben oder ihn abzuweisen. Wird dem Antrag stattgegeben, so bestimmt der Gerichtshof, in welcher Weise der Antragsteller vertreten und gehört werden soll.

* Der Beistrich ist durch Protokoll vom 6. X. 1945 an Stelle des im urspr. engl. u. franz. Exemplar enthaltenen Strichpunktes gesetzt worden.

Artikel 10:

Ist eine Gruppe oder Organisation vom Gerichtshof als verbrecherisch erklärt worden, so hat die zuständige nationale Behörde jedes Signatars das Recht, Personen wegen ihrer Zugehörigkeit zu einer solchen verbrecherischen Organisation vor Nationalen-, Militär- oder Okkupationsgerichten den Prozeß zu machen. In diesem Falle gilt der verbrecherische Charakter der Gruppe oder Organisation als bewiesen und wird nicht in Frage gestellt.

Artikel 11:

Jede vom Gerichtshof verurteilte Person kann vor einem der in Artikel 10 dieses Statuts erwähnten Nationalen-, Militär- oder Okkupations-Gerichtshöfe wegen eines anderen Verbrechens als der Zugehörigkeit zu einer verbrecherischen Gruppe oder Organisation angeklagt werden, und ein solches Gericht kann im Falle der Verurteilung des Angeklagten eine Strafe gegen ihn verhängen, die zusätzlich erkannt wird und unabhängig ist von der Strafe, die der Gerichtshof wegen Teilnahme an der verbrecherischen Tätigkeit einer solchen Gruppe oder Organisation erkannt hat.

Artikel 12:

Der Gerichtshof hat das Recht gegen eine Person, die wegen eines der in Artikel 6 dieses Statuts erwähnten Verbrechens angeklagt ist, ein Verfahren in ihrer Abwesenheit durchzuführen, wenn der Angeklagte nicht auffindbar ist, oder wenn der Gerichtshof es im Interesse der Gerechtigkeit aus anderen Gründen für erforderlich hält, in Abwesenheit des Angeklagten zu verhandeln.

Artikel 13:

Der Gerichtshof stellt die Regeln für sein Verfahren selbst auf. Diese sollen mit den Bestimmungen des Statuts nicht in Widerspruch stehen.

III. AUSSCHUSS FÜR DIE UNTERSUCHUNG VON KRIEGSVERBRECHEN UND DIE VERFOLGUNG VON HAUPTKRIEGSVERBRECHERN.

Artikel 14:

Jeder Signatar ernennt einen Generalstaatsanwalt für die Untersuchung von Kriegsverbrechen und die Verfolgung der Hauptkriegsverbrecher.

Die vier Generalstaatsanwälte bilden einen Ausschuß für folgende Zwecke:

a) Ausarbeitung eines Arbeitsplanes für jeden einzelnen Generalstaatsanwalt und seine Mitarbeiter.

b) Die endgültige Entscheidung, wer als Hauptkriegsverbrecher zu betrachten und vor Gericht zu ziehen ist.

c) Die Entscheidung über die Anklage und [die] dem Gerichtshof vorzulegenden Urkunden.

d) Die Einreichung der Anklage und der beizufügenden Urkunden.

e) Der Entwurf der in Artikel 13 dieses Statuts vorgesehenen Prozeßregeln und ihre Vorlage an den Gerichtshof. Der Gerichtshof hat das Recht, die vorgeschlagenen Prozeßregeln mit oder ohne Änderung anzunehmen oder abzulehnen.

Der Ausschuß entscheidet in allen oben erwähnten Fragen mit Stimmenmehrheit und ernennt einen Vorsitzenden, wie es ihm zweckmäßig erscheint und unter Wahrung des Grundsatzes des Wechsels des Vorsitzes.

Wenn in der Frage, wer als Kriegsverbrecher abgeurteilt oder wegen welcher Verbrechen eine Person abgeurteilt werden soll, die Stimmen gleich verteilt sind, entscheidet der Vorschlag derjenigen Partei, die beantragt, daß eine bestimmmte Person abgeurteilt werden soll, oder daß eine bestimmte Anklage gegen sie erhoben werden soll.

Artikel 15:

Die Generalstaatsanwälte sollen sowohl selbständig als in Zusammenarbeit miteinander folgende Aufgaben erfüllen:

a) Alles nötige Beweismaterial prüfen, sammeln und dem Gerichtshof vor oder während der Hauptverhandlung vorlegen.

b) Die Anklage vorbereiten und sie dem Ausschuß gemäß Absatz (C) Artikel 14 zwecks Genehmigung vorlegen.

c) Alle nötigen Zeugen und Angeklagten vorläufig einvernehmen.

d) Vor dem Gerichtshof als Anklagebehörde auftreten.

e) Vertreter zur Ausführung bestimmter Aufgaben zu bestellen.

f) Alle sonstigen Schritte unternehmen, die ihnen für die Vorbereitung und Durchführung des Prozesses notwendig erscheinen. Kein Zeuge oder Angeklagter, der sich in der Hand eines Signatars befindet, soll ohne die Zustimmung dieses Signatars dessen Verfügungsgewalt entzogen werden.

IV. GERECHTES VERFAHREN FÜR DIE ANGEKLAGTEN.

Artikel 16:

Zwecks Wahrung der Rechte der Angeklagten soll folgendes Verfahren eingeschlagen werden:

a) Die Anklage soll alle Einzelheiten enthalten, die den Tatbestand der Beschuldigungen bilden. Eine Abschrift der Anklage mit allen dazugehörigen Urkunden soll dem Angeklagten in einer ihm verständlichen Sprache in angemessener Zeit vor Beginn des Prozesses ausgehändigt werden.

b) Während eines vorläufigen Verfahrens oder der Hauptverhandlung soll der Angeklagte berechtigt sein, auf jede der gegen ihn erhobenen Beschuldigungen, eine erhebliche Erklärung abzugeben.

c) Die vorläufige Vernehmung des Angeklagten und die Hauptverhandlung sollen in einer Sprache geführt oder in eine Sprache übersetzt werden, die der Angeklagte versteht.

d) Der Angeklagte hat das Recht, sich selbst zu verteidigen oder sich verteidigen zu lassen.

e) Der Angeklagte hat das Recht, persönlich oder durch seinen Verteidiger Beweismittel für seine Verteidigung vorzubringen und jeden von der Anklagebehörde geladenen Zeugen im Kreuzverhör zu vernehmen.

V. DIE RECHTE DES GERICHTSHOFES UND DAS PROZESSVERFAHREN.

Artikel 17:

Der Gerichtshof hat das Recht:

a) Zeugen für die Hauptverhandlung zu laden, ihre Anwesenheit und Aussage zu verlangen und Fragen an sie zu richten,

b) den Angeklagten zu vernehmen,

c) die Beibringung von Urkunden und anderen Beweismaterialien zu verlangen,

d) die Zeugen zu vereidigen,

e) Delegierte zwecks Ausführung von Aufgaben zu ernennen, die ihnen der Gerichtshof zuweist, einschließlich der Beweiserhebung kraft Auftrags.

Artikel 18:

Der Gerichtshof soll:

a) den Prozeß streng auf eine beschleunigte Verhandlung der durch die Anklage gemachten Punkte beschränken,

b) strenge Maßnahmen ergreifen, um jede Handlung zu vermeiden, die eine unnötige Verzögerung verursachen könnte, und unerhebliche Fragen und Erklärungen jedweder Art ablehnen,

c) ungebührliches Benehmen durch Auferlegung von angemessenen Strafen bestrafen, einschließlich des Ausschlusses des Angeklagten oder seines Verteidigers, von einzelnen oder allen weiteren Prozeßhandlungen; die sachgemäße Erörterung der Beschuldigungen darf hierdurch nicht beeinträchtigt werden.

Artikel 19:

Der Gerichtshof ist an Beweisregeln nicht gebunden, er soll im weiten Ausmaß ein schnelles und nicht formelles Verfahren anwenden, und jedes Beweismaterial, das ihm Beweiswert zu haben scheint, zulassen.

Artikel 20:

Der Gerichtshof kann vor der Beweisantretung Auskunft über die Natur des Beweismittels verlangen, um über seine Erheblichkeit entscheiden zu können.

Artikel 21:

Der Gerichtshof soll nicht Beweis für allgemein bekannte Tatsachen fordern, sondern soll sie von Amts wegen zur Kenntnis nehmen; dies erstreckt sich auf öffentliche Urkunden der Regierung und Berichte der Vereinten Nationen, einschließlich der Handlungen und Urkunden der in den verschiedenen alliierten Ländern für die Untersuchung von Kriegsverbrechen eingesetzten Komitees sowie die Protokolle und Entscheidungen von Militär- oder anderen Gerichten irgendeiner der Vereinten Nationen.

Artikel 22:

Der ständige Sitz des Gerichtshofes ist Berlin. Die ersten Sitzungen der Mitglieder des Gerichtshofes und der Generalstaatsanwälte finden in Berlin in einem von dem Kontrollrat für Deutschland zu bestimmenden Ort statt.

Der erste Prozeß findet in Nürnberg statt, der Gerichtshof entscheidet darüber, wo die folgenden Prozesse stattfinden.

Artikel 23:

Einer oder mehrere der Generalstaatsanwälte können die Anklage im Prozeß vertreten. Die Aufgaben eines Generalstaatsanwaltes können von ihm persönlich oder von einer oder mehreren von ihm bevollmächtigten Personen ausgeübt werden.

Die Verteidigung des Angeklagten kann auf dessen Antrag von jedem übernommen werden, der berechtigt ist, vor den Gerichten seines Heimatlandes als Rechtsbeistand aufzutreten, oder durch jede andere, vom Gerichtshof besonders mit der Verteidigung betraute Person.

Artikel 24:

Die Verhandlung soll folgenden Verlauf nehmen:

a) Die Anklage wird verlesen.

b) Der Gerichtshof fragt jeden Angeklagten, ob er sich schuldig bekennt oder nicht.

c) Die Anklagebehörde gibt eine einleitende Erklärung ab.

d) Der Gerichtshof fragt die Anklagebehörde und die Verteidigung, ob und welche Beweismittel sie dem Gerichtshof anzubieten wünschen, und entscheidet über die Zulässigkeit jedes Beweismittels.

e) Die Zeugen der Anklagebehörde werden vernommen. Nach ihnen die der Verteidigung. Danach wird der vom Gericht als zulässig erachtete Gegenbeweis seitens der Anklagebehörde oder Verteidigung erhoben.

f) Der Gerichtshof kann jederzeit Fragen an Zeugen oder Angeklagte richten.

g) Anklagebehörde und Verteidiger sollen jeden Zeugen und Angeklagten, der Zeugnis ablegt, verhören und sind befugt, sie im Kreuzverhör zu vernehmen.

h) Sodann hat die Verteidigung das Wort.
i) Nach ihr erhält die Anklagebehörde das Wort.
j) Der Angeklagte hat das letzte Wort.
k) Der Gerichtshof verkündet Urteil und Strafe.

Artikel 25:

Alle amtlichen Urkunden müssen in englischer, französischer und russischer Sprache, sowie in der Sprache des Angeklagten vorgelegt werden und die Verhandlung muß in diesen Sprachen geführt werden. Das Verhandlungsprotokoll soll soweit in die Sprache des Landes, in dem der Gerichtshof tagt, übersetzt werden, als es der Gerichtshof im Interesse der Gerechtigkeit und der öffentlichen Meinung für wünschenswert hält.

VI. URTEIL UND STRAFE.

Artikel 26:

Das Urteil des Gerichtshofes über die Schuld oder Unschuld des Angeklagten soll die Gründe, auf die es sich stützt, enthalten. Es ist endgültig und nicht anfechtbar.

Artikel 27:

Der Gerichtshof hat das Recht, den schuldigbefundenen Angeklagten zum Tode oder zu einer anderen ihm gerecht erscheinenden Strafe zu verurteilen.

Artikel 28:

Zusätzlich zu jeder auferlegten Strafe kann der Gerichtshof alles gestohlene Besitztum eines Verurteilten einziehen und die Ablieferung an den Kontrollrat für Deutschland anordnen.

Artikel 29:

Urteilssprüche werden entsprechend den Anordnungen des Kontrollrates für Deutschland vollzogen. Dieser kann das Urteil jederzeit mildern oder in anderer Weise abändern; eine Verschärfung der Strafe ist nicht zulässig.

Falls der Kontrollrat für Deutschland nach der Verurteilung eines Angeklagten in den Besitz von neuem Beweismaterial gelangt, welches nach seiner Meinung die Grundlage für eine neue Anklage bildet, soll er dementsprechend an das nach Artikel 14 dieses Statuts errichtete Komitee berichten, damit es die ihm im Interesse der Gerechtigkeit geeignet erscheinenden Schritte ergreifen kann.

Artikel 30:

Die Kosten des Gerichtshofes und des Verfahrens werden von den Signataren bestritten, und zwar aus den Fonds, die für die Finanzierung des Kontrollrats für Deutschland zur Verfügung stehen.

B. Anmerkung zur Anklageschrift

Die Anklageschrift wurde am 6. Oktober 1945 in Berlin von Robert H. Jackson (USA), François de Menthon (Frankreich), Hartley Shawcross (Großbritannien) und Roman Rudenko (UdSSR) unterzeichnet und am 17. Oktober 1945 beim Internationalen Militärgerichtshof in Berlin eingereicht.

Die Anklageschrift enthielt vier Anklagepunkte gegen vierundzwanzig namentlich benannte Angeklagte. Punkt Eins trug die Überschrift »Der gemeinsame Plan oder die Verschwörung«, Punkt Zwei »Verbrechen gegen den Frieden«, Punkt Drei »Kriegsverbrechen« und Punkt Vier »Verbrechen gegen die Menschlichkeit«. Die so benannten Anklagepunkte waren rechtlich jeweils abhängig von:

der dritten Klausel von Artikel 6 a) der Charta – Punkt Eins

den ersten beiden Klauseln von Artikel 6 a) der Charta – Punkt Zwei

Artikel 6 b) der Charta – Punkt Drei

Artikel 6 c) der Charta – Punkt Vier.

Da sich während des Prozesses die Richter, Ankläger, Verteidiger und Zeugen häufig auf diese Anklagepunkte bezogen, mag es für den Leser eine Hilfe sein, wenn er sich daran erinnert, daß

Anklagepunkte Eins und Zwei mit »Verbrechen gegen den Frieden«,

Anklagepunkt Drei mit »Kriegsverbrechen« und

Anklagepunkt Vier mit »Verbrechen gegen die Menschlichkeit« zu tun haben.

Bibliographie

I. OFFIZIELLE QUELLEN

Documents on German Foreign Policy 1918-1945, Reihe C (1933-37) und D (1937-45), US-Außenministerium, Washington, D. C.: Government Printing Office.

Foreign Relations of the United States, Jahrbuch des US-Außenministeriums, Washington, D. C.: Government Printing Office.

History of the United Nations War Crimes Commission (UNWCC), herausgegeben von HMSO, London.

Law Reports of Trials of War Criminals, United Nations War Crimes Commission, herausgegeben von HMSO, London.

Minutes of Executive Meetings of the International Military Tribunal, Friedenspalast in Den Haag.

National Archives of the U. S. Government, Washington, D. C. Nazi Conspiracy and Aggression, Bd. I-VIII, Anhang A und B. Office of United States Chief of Counsel for Prosecution of Axis Criminality, Government Printing Office, Washington, D. C. Oral History, Butler Library, Columbia University, New York. Jackson-Archiv, Library of Congress, Manuskriptabteilung.

Trial of the Major War Criminals before the International Military Tribunal (deutsche Ausgabe: Prozeß gegen die Hauptkriegsverbrecher vor dem Internationalen Militärgerichtshof). 42 Bände, Nürnberg 1947-49.

Trial of War Criminals before the Nuremberg Military Tribunals Under Control Council Law No. 10. 15 Bände. U. S. Department of the Army, Washington, D. C.: Government Printing Office.

Alderman, Sidney S., *Negotiating the Nuremberg Trial Agreements.* Siehe Dennet/Johnson (Hrsg.).

Andrus, Burton C., *The Infamous of Nuremberg*, London 1969.

Backer, John H., *Die deutschen Jahre des Generals Clay. Der Weg zur Bundesrepublik 1945-1949.* München 1983.

Biddle, Francis, *In Brief Authority*, New York 1962.

Bohlen, Charles E., *Witness to History: 1929-1969*, New York 1973.

Bower, Tom, *The Pledge Betrayed: America and Britain and the Denazification of Postwar Germany*, New York 1982.

Brown, Anthony Cave, *The Last Hero: Wild Bill Donovan*, New York 1982.

Churchill, Winston Spencer, *Der Sturm zieht auf*, Hamburg 1949.

Clay, Lucius D., *Entscheidung in Deutschland*, Frankfurt a. M. 1950.

Conot, Robert E., *Justice at Nuremberg*, New York 1983.

Cooper, Robert W., *Der Nürnberger Prozeß*, Krefeld 1947.

The Crime of Katyn: Facts and Documents, London 1965.

Dahlerus, Birger, *Der letzte Versuch. London-Berlin Sommer 1939*, München 1948.

Davidson, Eugene, *The Trial of the Germans*, New York 1966.

Davis, Franklin M., Jr., *Come as a Conqueror, The United States Army's Occupation of Germany 1945-1949*, New York 1967.

Dennet, R., und Johnson, J. E. (Hrsg.), *Negotiating with the Russians*, World Peace Foundation 1951.

Dönitz, Karl, *Zehn Jahre und zwanzig Tage*, Bonn, 1958.

Flanner, Janet, *Janet Flanner's World: Uncollected Writings, 1932-1975*, New York 1979.

Friedman, Leon (Hrsg.), *The Laws of War.* Mit einem Vorwort von Telford Taylor. 2 Bde., New York 1972.

[Fritzsche] Hildegard Springer, *Das Schwert auf der Waage. Hans Fritzsche über Nürnberg*, Heidelberg 1953.

Gerhart, Eugene C., *America's Advocate: Robert H. Jackson*, Indianapolis 1958.

Gilbert, Gustave Mark, *Nürnberger Tagebuch*, Frankfurt a. M. 1962.

ders., *The Psychology of Dictatorship*, New York 1950.

Gisevius, Hans Bernd, *Bis zum bitteren Ende*, Hamburg 1947.

Goebbels, Joseph, *Tagebücher aus den Jahren 1942-43.* Mit anderen Dokumenten hrsg. v. L. P. Lochner, Zürich 1948.

Guderian, Heinz, *Erinnerungen eines Soldaten*, Heidelberg 1951.

Harris, Whitney R., *Tyranny on Trial: The Evidence at Nuremberg*, Dallas 1954.

Hitler, Adolf, *Monologe aus dem Führerhauptquartier 1941-1944.*
Die Aufzeichnungen Heinrich Heims, hrsg. v. Werner Jochmann, Hamburg 1980.

Hitler aus nächster Nähe. Aufzeichnungen eines Vertrauten, 1929-1932, [Otto Wagener] hrsg. v. H. A. Turner, Jr., Frankfurt a. M., Berlin, Wien 1978.

Hyde, H. Montgomery, *Norman Birkett*, London 1964.

Jackson, Robert H., *International Conference on Military Trials*, Washington, DC. 1947.
ders., *The Nürnberg Case*, New York 1947.
Jones, Elwyn, *In My Time: Autobiography of Lord Elwyn-Jones*, London 1983.
Kalnoky, Ingeborg Gräfin, *The Guest House*, New York 1974.
[Keitel] *Generalfeldmarschall Keitel – Verbrecher oder Offizier? Erinnerungen, Briefe, Dokumente des Chefs OKW*, hrsg. v. Walter Görlitz, Göttingen, Berlin, Frankfurt a. M. 1961.
Kelley, Douglas M., *22 Männer um Hitler*, Olten 1947.
Kilmuir [David Maxwell-Fyfe], *Political Adventure: The Memoirs of Lord Kilmuir*, London 1964.
Knieriem, August v., *Nürnberg. Rechtliche und menschliche Probleme*, Stuttgart 1953.
Lippe, Victor Freiherr von der, *Nürnberger Tagebuchnotizen. November 1945 bis Oktober 1946*, Frankfurt a. M. 1951.
Manchester, William Raymond, *Krupp. 12 Generationen*, München 1968.
Maser, Werner, *Nürnberg. Tribunal der Sieger*, Düsseldorf 1977.
Morgenthau Diary. Senate Committee to Investigate the Administration of the Internal Security Act and other International Security Laws of the Committee on the Judiciary, United States Senate. November 20, 1967, Washington, D. C., 1967.
Neave, Airey, *On Trial at Nuremberg*, Boston 1978.
Padfield, Peter, *Dönitz. Des Teufels Admiral*, Berlin 1984.
Papen, Franz von, *Der Wahrheit eine Gasse*, München 1952.
Poltorak, Arkady, *The Nuremberg Epilogue*, Moskau 1971.
Raeder, Erich, *Mein Leben*, Tübingen 1956/57.
Ribbentrop, Joachim von, *Zwischen London und Moskau. Erinnerungen und letzte Aufzeichnungen*. Aus d. Nachlaß hrsg. v. Anneliese von Ribbentrop, Leoni am Starnberger See 1953.
Schacht, Hjalmar, *Abrechnung mit Hitler*, Hamburg, Stuttgart 1948.
ders., *76 Jahre meines Lebens*, Bad Wörishofen 1953.
Smith, Bradley F., *The American Road to Nuremberg: The Documentary Record 1944-1945*, Stanford 1982.
ders., *Der Jahrhundertprozeß. Die Motive der Richter von Nürnberg. Anatomie einer Urteilsfindung*, Frankfurt a. M. 1977.
ders., *The Road to Nuremberg*, New York 1981.
Speer, Albert, *Erinnerungen*, Frankfurt a. M., Berlin 1969.
ders., *Der Sklavenstaat. Meine Auseinandersetzungen mit der SS*, Stuttgart 1981.
ders., *Spandauer Tagebücher*, Berlin 1975.
Stimson, Henry L., und Bundy, McGeorge, *On Active Service in Peace and War*, New York 1947.
Storey, Robert G., *The Final Judgment: Pearl Harbor to Nuremberg*, San Antonio 1968.

Swearingen, Ben E., *The Mystery of Hermann Goering's Suicide*, New York 1985.
Taylor, Telford, *Final Report to the Secretary of the Army*, Washington, D. C. 1949.
ders., *Guilt, Responsibility and the Third Reich*, Cambridge 1970.
ders., *Nürnberg und Vietnam. Eine amerikanische Tragödie*, München 1971.
ders., *Die Nürnberger Prozesse. Kriegsverbrechen und Völkerrecht*, Zürich 1950.
Thompson, H. K., Jr., und Strutz, Henry (Hrsg.), *Doenitz at Nuremberg: A Reappraisal*, New York 1976.
Tusa, Ann und John, *The Nuremberg Trial*, New York 1983.
Wagener, Otto: vgl. *Hitler aus nächster Nähe.*
Wechsler, Herbert, »The Issues of the Nuremberg Trial«, in: *Principles, Politics, and Fundamental Law*, Cambridge, Mass., 1961.
West, Rebecca, *A Train of Powder*, New York 1955.
Zawodny, Janus Kazimierz, *Zum Beispiel Katyn. Klärung eines Kriegsverbrechens*, München 1971.
Ziemke, Earl F., *The U. S. Army in the Occupation of Germany 1944-46*, Washington, D. C., 1975.

Quellenhinweise

Die in eckigen Klammern stehenden Zahlen vor jedem Absatz dieser Hinweise entsprechen den einzelnen Abschnitten des jeweiligen Kapitels. In runden Klammern stehen die Seitenzahlen des Buches, auf die sich die Hinweise beziehen.

Handelt es sich bei der zitierten Quelle um das Buch eines einzelnen Autors, dann wird hier nur der Name des Autors angegeben, während sein Werk in der alphabetisch geordneten Bibliographie aufgeführt wird. Ist der Autor dort mit mehr als einem Werk vertreten, dann wird auf das jeweils zitierte Werk auch mit einem Kurztitel verwiesen. Falls der Autor nicht in der Bibliographie enthalten ist, wird der vollständige Titel in den Quellenhinweisen oder im Text genannt.

Die wichtigsten Dokumente werden mit folgenden Abkürzungen zitiert:

BID	Dokumente von Francis Biddle, Bird Library, University of Syracuse, New York
BWCE	British War Crimes Executive
FO	British Foreign Office
FRUS	Foreign Relations of the United States (USGPO)
HAG	Minutes of Executive Meetings of the International Military Tribunal, Friedenspalast Den Haag
LR	Law Reports of Trials of War Criminals, United War Crimes Commission, HMSO
NA	Nationalarchiv der US-Regierung
NCA	Nazi Conspiracy and Aggression (USGPO)
ND	Nuremberg Documents (= PHK, Bd. 24-42)
OH	Oral History, Butler Library, Columbia University, New York
PRO	Public Records Office, Kew, England
RHJ	Jackson-Akten, Library of Congress, Manuskriptabteilung
PHK	Prozeß gegen die Hauptkriegsverbrecher vor dem Internationalen Militärgerichtshof
TMC	Trials of War Criminals, Nuremberg Military Tribunals (USGPO)
UNWCC	History of the United Nations War Crimes Commission (HMSO)

Erstes Kapitel

Ausführlichere Informationen über die in diesem Kapitel behandelte Zeit finden sich in: Friedman, Bd. I, S. XIII-XXI und 3-524; Taylor, *Nürnberg und Vietnam*, S. 19-71; UNWCC, S. 24-86; Corvisier, *Armées et Sociétés en Europe de 1494 à 1789.*

[1] (19*) General Gage: *Encyclopedia Britannica* (Ausg. 1953), Bd. 23, S. 331. Siehe auch Peter Wetzler, *War and Subsistence: The Sambre and Meuse Army in 1794* (1985), der auf viele Todesurteile verweist, die von französischen Militärgerichtshöfen gegen plündernde Soldaten verhängt wurden. (19f.) Rousseau: *Sozialphilosophische und Politische Schriften*, München 1981, S. 276f. Talleyrand: Woolsey, *Introduction to the Study of International Law* (1860), S. 306. (20) Napoleon: Sloane, *The Life of Napoleon Bonaparte* (1915), Bd. 2, S. 69f.; Hazlitt, *Life of Napoleon* (London 1892), Bd. 2, S. 45. (21) Gefangennahme von Spionen: Artikel XXXI, Haager Konvention v. 1907; Protokoll I. Art. 46(4) Ergänzung zur Genfer Konvention (1973).

[2] (21f.) Lieber und Halleck: Friedman, S. XV-XVII, 158-186.

[3] (24f.) Legitimität eines Krieges: Lieber Code, Artikel XXX, LXVII.

[4], [5], [6] (25-35) Hauptinformationsquelle über Kriegsverbrechen während und nach dem Ersten Weltkrieg ist Willis, *Prologue to Nuremberg: The Politics and Diplomacy of Punishing War Criminals of the First World War* (1982). Siehe auch Geo. G. Battle, »The Trials before the Leipzig Supreme Court of Germans accused of War Crimes«, in: 8 Va. L. Rev. 1 (1921). (26-35) Die hier behandelten Abkommen und Verträge werden alle in Friedman, Bd. I, S. 435-524 aufgeführt.

Zweites Kapitel

Über den hier behandelten Zeitabschnitt berichtet auch Smith, *Der Jahrhundertprozeß*, und einige der wichtigen Dokumente enthält Smith, *The American Road to Nuremberg.*

[1] (36-39) Hitler über Polen: ND 864-PS. (38) Stieff: zitiert nach *Vierteljahreshefte für Zeitgeschichte*, 2. Jg. 1954, Heft 3, S. 299f. Blaskowitz: Taylor, *The March of Conquest*, S. 69f. Hlond: Gunther Lewy, *The Catholic Church of Nazi Germany* (1964), S. 227, 246.

[2] (39-44) Ausführlicher über die hier behandelten Sachverhalte informiert *History of the United States War Crimes Commission* (HSMO 1948). (41*) Churchill und Byron: Churchill, *The Grand Alliance* (1950), S. 682f. (42) Erklärung vom 17. Dezember 1942: UNWCC 106. (42) Hurst: PRO LCO 2/2476. (42f.) Moskauer Erklärung: UNWCC 107f.; II *The Memoirs of Cordell Hull* (1948), S. 1278, 1289ff.; Bohlen, S. 129. (43f.) Pell: UNWCC 175; PRO FO 371/38993; Smith, *Der Jahrhundertprozeß*; NA Dip. Br. 740.00116, 24. März 1944.

[3] (28f.) Maiski: Tusa, S. 63; Dilks (Hrsg.), *The Diaries of Sir Alexander Cadogan*, S. 484f.; PRO LCO 2/2974. (45) Briten und Hinrichtung im Schnellverfahren: Tusa, S. 61-63. (46) Teheran: Churchill, *Closing the Ring*, S. 373f.; FRUS, *The Conferences at Cairo and Teheran* (1961), S. 553f.; Bohlen, S. 146f.; Elliott Roosevelt, *As He Saw It* (1946), S. 188-191; Harriman and Abel, *Special Envoy to Churchill and Stalin* (1975), S. 273f.; Leahy, I Was There (1950), S. 205f. Roosevelt: *Complete Presidential Press Conferences of Franklin Delano Roosevelt*, Bd. 24, S. 32ff., 29. Juli 1944. Britische Listen: Tusa, S. 62f.; PRO FO 371/38994. (47) Quebec: FRUS, *The Conferences at Quebec* (1944), S. 91ff., 489f., 466f.; Stimson und Bundy, S. 568-578. (47f.)

Churchill in Moskau: FRUS, *The Conference at Malta and Yalta* (1966), S. 400. (48) Jalta: Ebda., S. 849-857, 938, 975, 979; Edward R. Stettinius, Jr., *Roosevelt and the Russians – The Yalta Conference* (1949), S. 245; Leahy, S. 314f. (48f.) Rosenman in London: PRO LCO 2/2980. Kriegskabinett am 12. April: PRO LCO 2/2981. (49) Kriegskabinett am 3. Mai: PRO FO 371/51019.

[4] (50f.) Morgenthau-Plan: Smith, *The American Road*, Dok. 12, S. 27-29. Stimson: Ebda., Dok. 14, S. 30f. Präsidenten-Erklärung: Stimson und Bundy, S. 578-582. (52) Marshall und Cramer: Ebda., S. 33. August-Direktive des JAG: Taylor, *Final Report*, S. 1f. (52-54) Bernays-Plan: Smith, *Der Jahrhundertprozeß*, S. 50-53; ders., *The American Road*, Dok. 16, S. 33-37. (54f.) Bernays und Stimson: Stimson und Bundy, S. 585f.; Smith, *The American Road*, Dok. 18, S. 38-41. (55f.) Chanler-Memorandum und Stimson: Smith, *The American Road*, Dok. 23f., S. 67-74. (55f.) Roosevelt-Memorandum vom 3. Januar: Smith, The American Road, Dok. 29, S. 92; FRUS, *Malta-Yalta Conf.*, S. 401. (56f.) Memorandum vom 22. Januar: Smith, *The American Road*, Dok. 35, S. 117-122. (57f.) Berufung von Jackson: Jackson Report 24. Befürworter von Jackson: Briefe an mich von Rosenman und Chanler in den frühen fünfziger Jahren sowie von McCloy 1984. Jacksons kritisches Memorandum: Smith, *The American Road*, Dok. 52, S. 180f. (58) Treffen der Großen Drei am 3. Mai: FRUS-I-1945 1ff., Bd. 3, S. 1161-1164.

[5] (59-61) Amerikanische Anwälte: Stimson und Bundy, S. 183-186; Stimson, »The Nuremberg Trial – Landmark in Law«, in: *Foreign Affairs*, Januar 1947. William E. Jackson: Jackson, »Putting the Nuremberg Law to Work«, in: *Foreign Affairs*, Juli 1947.

Drittes Kapitel

Zur Biographie von Jackson siehe Gerhart. Unter dem Titel *Robert H. Jackson: 1892-1954* erschienen vier biographische Beiträge in: *Columbia Law Review*, 55 (1955), S. 435ff. Darin erschien auch mein Beitrag über Jackson und die Nürnberger Prozesse, a.a.O., S. 488-525, hier als Taylor, *Jackson* zitiert.

[1] (62-65) Jackson über Angriffskrieg und Neutralität: Taylor, *Jackson*, S. 488-491. Jackson am 13. April 1945: Ebda., S. 493f. (64f.) Jackson über Zwangsarbeit: Ebda., S. 496f.; Briefe und Notizen von Mrs. Elsie Douglas zur Verfügung gestellt; Morgenthau, S. 1483-1513; Jackson OH, S. 1184-1201.

[2] (66) Alderman: Alderman OH, S. 796-799. (66f.) Donovan: NA Box 1, File 000.51, Donovan an McCloy, 5. Oktober 1944, Sendung OSS R & A, Nr. 2577, 28. September 1944, »Probleme bei der Behandlung von Kriegsverbrechern«, OSS Micro. A24. Kriegsverbrecher: Jackson OH, S. 1204-1218. (67) Hitlers Kommandobefehl: Alderman OH, S. 826.

[3] (69) Planungsmemorandum und Memorandum über Prozeßvorbereitung: Ersteres ist abgedruckt in Jackson, *International Conference*, S. 64-68; beide Dokumente in NA RG, S. 238, NA Assist. Sec. Box 16, und die Bernays-Akten befinden sich in der Universitätsbibliothek Wyoming. Jackson über Beweismaterial: Jackson OH, S. 1212-1217. (70-74) Mein Memorandum ist teilweise abgedruckt in Smith, *The American Road*, Dok. 58, S. 209-212, Kopien befinden sich in RG 165, G-1 Personnel 000.5, War Crimes, Box 314, Federal Records Center, Suitland, Md., sowie in den in meinem Besitz befindlichen Kopien der Akten von Bernays und Shea.

[4] (72-74) Jacksons Reise: Jackson OH, S. 1230-1247. Besprechung vom 29. Mai: PRO LCO 2/2980 63267. (74-76) Jacksons Bericht ist abgedruckt in Jackson, *Nürnberg Case*, S. 3-18.

Viertes Kapitel

Der Wortlaut der stenographischen Aufzeichnung der Londoner Konferenz und der dabei getroffenen Entscheidungen ist wiedergegeben in Jackson, *International Conference*. Details über viele dieser Besprechungen finden sich auch in Alderman OH und im Shea-Tagebuch, Kopien in meinem Besitz.

[1] (77-79) Über Jacksons Entscheidung und seinen Umzug nach London: Shea-Tagebuch 18.-20. Juni; Alderman OH, S. 907-914. (78) Ben Kaplans Bericht ist zitiert in Bernays an Cutter, 9. Juli 1945, NA ASW 000.51 War Crimes. (78) Jackson: »von großem Wert«: Jackson an Taylor, 19. Juli 1945, NA RG 153-JAG, 103-1A-BK 1.

[2] (79) BWCE-Mitglieder: PRO CAB 65/53 69097, 30. Mai 1945. BWCE-Besprechungen Anfang Juni: PRO FO 371/51025 und LCO 2/2980. Besprechungen zwischen Briten und Amerikanern am 21., 22., 24. Juni 1945: Jackson, *Internat. Conf.*, S. 69f.; Alderman OH, S. 917-961; ausführlicher Bericht über diese Besprechungen im Shea-Tagebuch. (58) Vorschlag Nowikow: Bernays-Akte »Trial and Punishment«.

[3] (80-82) Besprechungen vom 26. Juni bis 4. Juli 1945: Diese und alle weiteren Besprechungen sind wiedergegeben in Jackson, *Internat. Conf.* Die meisten Konferenzen bis zum 25. Juli sind auch in Alderman OH und im Shea-Tagebuch dargestellt. Daher werden nur spezielle Fragen in diesen Hinweisen aufgeführt. (81f.) Debatte Jackson-Nikitschenko: Jackson, *Internat. Conf.*, S. 104f., 115. Alderman und Entwurf eines Unterkomitees: Ebda., S. 185-201. (82) Dean-Memorandum und Kommentare des britischen Außenministeriums: PRO FO 371/51024 62758. (83) Jackson-Reise: Jackson OH, S. 1290-1295; Storey, S. 86-89. (83-87) »Unglücksfreitag«: Alderman OH, S. 1059-1066 und 1070; Shea-Tagebuch 13.-15. Juli 1945. Nikitschenko: Jackson, *Internat. Conf.*, S. 403. Falco: Ebda., S. 319. Jackson: Ebda. (87f.) Reise nach Nürnberg und Rückzieher der Sowjets: Jackson OH, S. 1298-1306; Alderman OH, S. 1084-1100; Shea-Tagebuch 18.-23. Juli 1945. (88) Sowjetischer Entwurf: Jackson, *Internat. Conf.*, S. 327. (88f.) Französische Position: Ebda., S. 295, 335. Sowjetische Position: Ebda., S. 298. (89f.) Jacksons Position: Ebda., S. 299f. (90) Sackgasse: Ebda., S. 377, 381f., 384f.

[4] (91) Halifax am 29. Juni: FRUS, *Potsdam Conf.*, Bd. I, S. 198. Jackson an Byrnes am 4. Juli: Ebda., S. 221. Jackson »bestraft« Russen »durch Abwesenheit«: Alderman OH, S. 1181. (91f.) Jackson in Potsdam: NA ASW Mitteilung vom 25. Juli; FRUS, *Potsdam Conf.*, Bd. II, S. 421-424. (92f.) Jackson und die beiden Neufassungen: Jackson, Internat. Conf., S. 390-397. Potsdamer Besprechungen am 26./27. Juli: FRUS, *Potsdam Conf.*, Bd. II, S. 494, 525-527, 984f., 1477, 1500. (95f.) Jackson-Rosenman-Telefonat: Ebda., S. 987. (96) Attlee-Jowitt-Korrespondenz: FO 271/51031 69097. (97) Potsdam, 1. August: FRUS, *Potsdam Conf.*, Bd. II, 572ff. (97f.) Besprechung Jackson und Jowitt: Jackson, *Internat. Conf.*, S. 398. (98) Letzte Londoner Konferenz: Ebda., S. 399-419.

[5] (99-101) Entwürfe von Barnes und Jackson: Ebda., S. 392f. (101) Jackson an Taylor, 12. und 19. Juli: NA RG 165 File grp. 000.5 und RG 153-JAG, 103-1A-Bk. 1. Jackson an McCloy, 18. Juli: NA State Dept. file.

[1] (103) Frühe Unzufriedenheit bei Mitarbeitern: Alderman OH, S. 962f., 975-991. (103f.) Bernays' Brief: NA ASW 000.51, 9. Juli 1945. James Donovans Indiskretion: Shea-Tagebuch 19. Juli 1945. Ärger bei Mitarbeitern am 5. August 1945: Alderman OH, S. 1185.

[2] (104-106) Die vier Ausschüsse: Alderman OH, S. 1221; Mitarbeitermemorandum über die Einstellung von Personal, 7. September 1945, Shea-Akten. (106) Ausschuß 1: Shea-Tagebuch. »Wirtschaftlicher Aspekt der Anklage«: Shea-Tagebuch 12. und 23. Juli, 17. und 18. August 1945. (107f.) Spannungen zwischen Shea und Storey und Amen: Alderman OH, S. 1114-1117, 1181. (108) Sitzung von Ausschuß 4: Protokollnotizen aus RHJ, 16. August 1945. (108f.) Verzögerung beim Entwurf des Anklagepunkts der Verschwörung: Shea-Tagebuch 6. September 1945. Shawcross an Bevin: PRO FO 371/50988 69097.

[3] (109-111) Besprechungen der Ausschüsse 2 und 3: Protokolle dieser acht Besprechungen. Jackson-Akten.

[4] (111f.) Britische Liste vom 21. Juni: Alderman OH, S. 925. (112) Besprechung Alderman-Bernays-Donovan: Dennett und Johnson, S. 82f. Konferenz am 23. Juni: Ebda.; Bernays-Akten. (113) Unruhe im brit. Außenministerium: PRO FO 371/50983 69097. (114f.) Passant-Memoranden: PRO LCO 2/2980 63267. (116) Jackson-Memorandum für die Besprechung vom 23. August: RHJ. (116f.) Probleme bei der Liste der Angeklagten und Besprechung vom 28. August: Alderman OH 1272-1276; RHJ.

[5] (117-120) Allgemeine Informationen über Krupp: Manchester passim; PHK 9. (119) Passant: PRO LCO 2/2980 63267. Shea über Krupp: Shea-Tagebuch 23. Juli 1945. Britisches Protokoll der Besprechung vom 23. August: PRO FO 1019/96 80840. (120) Völliges Durcheinander: RHJ. Konferenz vom 28. August: Ebda. Sheas Flug: Shea-Tagebuch. (121) Brief von Neave und Phillimore: Neave, S. 30.

[6] (122f.) Mitarbeiterbesprechung vom 31. August: RHJ. Besprechung der Ankläger: Ebda. (123) Auswahl der Richter: Jackson OH, S. 1321-1328; Biddle, S. 369-374.

[7] (124) »Wir machen uns alle Sorgen«: RHJ. (125) Calvocoressi-Gruppe: Taylor an Jackson am 11. September 1945; RHJ; FO 371/51036 62877. (125f.) Jacksons Pläne: Alderman OH, S. 1214-1317. (126) Gemeinsames Memorandum: Shea-Akten. Besprechung am 13. September: RHJ. Mitarbeiterbesprechung am 13. September: Alderman OH, S. 1317f. (128) Jackson an Storey: Kopie, die mir Drexel Sprecher zur Verfügung stellte.

[8] (129) Britischer Entwurf: Alderman OH, S. 1320-1324; Dennett und Johnson, S. 84f., 88. (129f.) Besprechungen am 17. und 18. September: Ebda. S. 88-90; RHJ; Alderman OH, S. 1325-1330. (131) Fyfe-Jackson-Verhandlungen: PRO FO 1019/82 62877; FO 1019/86 62758; FO 311/50988 69097; Alderman OH, S. 1333-1338; Dennett und Johnson, S. 90-92. (132) Konferenz der Hauptankläger und der Ausschüsse: RHJ. Dubost: Jackson OH, S. 1350-1353; Alderman OH, S. 1348; Dennett und Johnson, S. 92f. (134) Passant: PRO FO 371/90989.

[9] (134-137) Es gibt zahlreiche Abhandlungen über den deutschen Generalstab; siehe z.B. Walter Görlitz, *Geschichte des deutschen Generalstabs 1657-1945* (1953), Taylor, *Sword and Swastika* (1952). (137f.) Eisenhower und Halifax: Harry C. Butcher, *My Three Years with Eisenhower* (1952), S. 609f. (138f.) Fowler und

McCloy: *Morgenthau Diaries* (Deutschland), S. 1505. (139) Stalin und Hopkins: FRUS, The Conference of Berlin (The Potsdam Conference) 1945, Bd. I (USGPO 1969), S. 47f. (140) Eisenhower und Morgenthau: *The Papers of Dwight David Eisenhower* (1978), Bd. 9, S. 1877f.; Eisenhower, *Crusade in Europe* (1948), S. 287. Eisenhower, Chanler, Hilldring und McCloy: NA ASW 000.51 War Crimes. Eisenhowers Pressekonferenz: *Transcript* of Press Conference of General of the Army Dwight D. Eisenhower, 18. Juni 1945, War Dept. Bureau of Public Relations, Press Branch. (141) Bernays: RHJ. (141f.) Dokumente von Clay und Barker: NA RG OMGUS 388.3 u. 4. (143) Calvocoressi und Taylor: Alderman OH, 8. September 1945, S. 1299. Brief von Jackson: PRO FO 1019/80 62877. (143f.) Passant: PRO FO 371/90989. (144) Entscheidung des BWCE: PRO FO 1019/86 62758. Anruf von Jackson: Alderman OH, S. 1350; Dennett und Johnson, S. 93f.

[10] (145f.) Protokolle der Besprechungen vom 3. und 4. Oktober: RHJ-Akten; Alderman OH, S. 1350-1356.

Sechstes Kapitel

[1] Die Protokolle der nichtöffentlichungen Sitzungen des Internationalen Militärgerichtshofs seit seiner ersten Sitzung am 9. November 1945, samt allen Aufzeichnungen über die Angelegenheiten, in denen Einigung erzielt wurde, sowie über die getroffenen Maßnahmen, sind im Friedenspalast in Den Haag einzusehen. Stenographische Aufzeichnungen dieser Besprechungen vor dem 18. November 1945 sind auch in den Biddle-Papieren wiedergegeben, die sich in der Bird Library der University of Syracuse, New York, befinden. Auf erstere wird in diesem und den folgenden Kapiteln hinsichtlich der Sitzungen des IMT und entsprechender Zitate daraus Bezug genommen. Die Hinweise und Zitate aus den Besprechungen der Hauptankläger entstammen den Aufzeichnungen über diese Besprechungen in den Jackson-Akten, RHJ, in der Library of Congress, Manuskriptabteilung.

[2] (150) Jackson an Truman: NA State Dept. 740.00116/10-1645. (151) Biddles Reise: BID-Brieftagebuch. (151f.) Birkett: Hyde, S. 494f. »Zwei komische kleine Männchen«: BID-Brieftagebuch. (153) Dialog Jackson-Biddle: Mein Eindruck wurde von Wechsler bestätigt. (155) Ankunft von Rudenko am 11. Oktober: Ebda. (156) Biddle und der Vorsitz: BID-Brieftagebuch; Prozeßprotokolle. (157) Telefonat RHJ und Shea: Jackson OH. (158) Nikitschenko »könnte das Ganze platzen lassen«: BID-Brieftagebuch.

[3] (160*) Nazis und Frauen: Joachim C. Fest, *Das Gesicht des Dritten Reiches. Profile einer totalitären Herrschaft* (1963), S. 356-371.

Siebtes Kapitel

Was zuvor einleitend zu den Anmerkungen zum Sechsten Kapitel gesagt wurde, trifft auch hier zu. Die Protokolle der Sitzungen der Hauptankläger und der Mitarbeiter der amerikanischen Anklagevertretung entnahm ich den Jackson-Akten, die sich damals noch in Chicago befanden (RHJ) und später an die Manuskriptabteilung der Library of Congress geschickt wurden.

[1] (162) Heß: Alderman OH.

[2] (164-167) Überreichung der Anklageschrift: Neave, 2. Teil, passim. (165) Jim Rowe: BID Box 1; PHK 1, S. 129. Ley: Gilbert, S. 13f. (167) Besprechung am 21. Oktober: BID Box 1.

[3] (169-178) Die Dokumente in diesem Abschnitt stammen aus den Shea-Akten und von RHJ, die Zitate aus dem Shea-Tagebuch und von RHJ.

[4] (178-181) Jackson und die Generäle: RHJ und Jackson OH, S. 1364-1369.

[5] (181f.) Administrative Anweisungen von Jackson und Storey: Shea-Akten und Alderman OH. (182f.) Gemeinsame Besprechungen: Alderman OH. (183-185) Korrespondenz Jackson-Donovan: NA State Dept. 740.00116E Prosecution 12-1045. Jackson über Zeugen: Jackson OH, S. 1384. (185) Biddle über Donovan: BID Box 19.

[6] (185f.) Streicher: PHK 1, S. 162-170; PHK 2, S. 31-35; HAG 19. November 1945; Gilbert S. 14-16, 35-37 (186-188) Heß: Alderman OH, S. 1408; PHK 1, S. 171f., 175-183; HAG 6. November 1945. (188) Memoranden von Shea und Jackson: Shea-Akten, Dubost-Phillimore: PRO FO 1019/19 63207. (189) Berufung der Ärztekommission: HAG 30. Oktober 1945. Klefisch-Petition: PHK 1, S. 135-137. Bericht: Ebda., S. 139-145. (189f.) Jackson und Alderman: Alderman OH, S. 1408ff. (190-192) Antworten der Anklage: PHK 1, S. 146-155. (192-195) Erste öffentliche Sitzung des Tribunals: PHK 2, S. 7-26. (195) Nachmittagssitzung des Tribunals: BID Box 2, 14. November 1945. Verfügung hinsichtlich Gustav Krupps: PHK 1, S. 158. Antrag der drei Ankläger: Ebda., S. 156. Ablehnung der Aufnahme Alfried Krupps: Ebda., S. 159. Jackson-Memorandum: Ebda., S. 157. (195-197): Jackson OH. (199) Dubost-Manifest: PHK 1, S. 160.

[7] (199) Birkett: Birkett, S. 499. (200) Dean-Bericht: PRO FO 1019/97.

Achtes Kapitel

Hier gilt ebenfalls das vorab zu den Kapiteln 6 und 7 Gesagte.

[1] (203f.) Lawrence: PHK 2, S. 39f. Anklageschrift: PHK 2, S. 40-110. (204) Petition der Verteidigung: PHK 1, S. 188. Erklärungen der Angeklagten: PHK 2, S. 111-115. (205*) Görings Erklärung: Tusa, S. 150*.

[2] (205-211) Jacksons Eröffnungsrede: PHK 2, S. 115-183. (210) Beifall: Gerhart, S. 364; Birkett, S. 500; BWCE FO 1019/97 62877. Jacksons Rückschau: Jackson OH.

[3] (211) Jackson OH. (211f.) Storey: PHK 2, S. 184-190. Albrecht: Ebda., S. 190-205. (212) Wallis: Ebda., S. 206-244. Dodd: Ebda., S. 247-273. (213) Jackson brüstet sich: Besprechung der Hauptankläger am 5. Dezember 1945. BWCE: FO 1019/97 62877. (214) Stahmer und Storey: PHK 2, S. 326-328. (214-216) Aldermans erster Vortrag: Ebda., S. 273-476. Vertrauliches Gespräch der Richter mit Alderman: Alderman OH, 17. November 1945. (215) Dix und Alderman: PHK 2, S. 283. (216) Neue Bestimmungen: Ebda. S. 289f.

[4] (216-218) Bericht der Ärzte zu Heß: PHK 1, S. 175-185. (217-219) Anhörung Heß und Entscheidung: PHK 2, S. 528-549 und PHK 3, S. 7.

[5] (220-223) Donovan, Calvocoressi und Meltzer: Persönliche Briefe an mich. Memo zu Brauchitsch u. a.: ND 3798 PS. (221f.) Lippe: Lippe, S. 36f. (222f.) Leverkühn: Brown, S. 127-129, 207, 387. (225) Biddle: BID Box 19. (226) RHJ an Präsident und Donovan-Dokumente: NA 740.00116 EW.

[6] (227f.) Film über Konzentrationslager: PHK 2, S. 477-479; Lippe, S. 48; Gilbert, S. 52-54. (228-232) Lahousen: PHK 2, S. 485-528; PHK 3, S. 7-42. Lahousen-Kreuzverhör: Ebda., S. 8-42. (231) Kreuzverhöre der Verteidiger: Gilbert, S. 55f. (232-235) Shawcross' Eröffnungsrede: PHK 3, S. 106-168. (233f.) Shawcross' Hin-

weis auf Münchner Abkommen: Ebda., S. 135. (234) Reaktion der Sowjets: Jackson OH, S. 1496. (234f.) Shawcross über Norwegen: PHK 3, S. 150-153.

[7] (235) Alderman über Tschechoslowakei: PHK 3, S. 168-196. Vortrag der britischen Anklage: Ebda., S. 196-365. (236f.) Elwyn Jones über Norwegen: Ebda., S. 299. (238) Eindrücke Birketts: Birkett, S. 501f. (238f.) Aldermans abschließender Vortrag: PHK 3, S. 366-447. (239) Alderman und Storey: Alderman OH, S. 1523-1527. Biddle über Alderman: BID Box 19. (239f.) Tusa-Kommentar: Tusa, S. 181f. (240*) Hoßbach-Protokoll: ND 356-PS. (242) Alderman und Donovan: Alderman OH, S. 1667.

[8] (242) *Der Nazi-Plan*: PHK 3, S. 448-450; Lippe, S. 61; Gilbert, S. 70-72. (243-245) Dodd über Sklavenarbeit und Konzentrationslager: PHK 3, S. 450-578. Walsh über Judenverfolgungen: Ebda., S. 578-640; Lippe, S. 65. Harris über Germanisierung: PHK 3, S. 640-665; PHK 4, S. 9-24. (245f.) Neue Bestimmungen über die Entgegennahme von Dokumenten: Ebda., S. 7-9. (246f.) Storey über NS-Führungskorps: Ebda., S. 24-108. Storey über Reichskabinett: Ebda., S. 108-141. (247f.) Dialoge mit Lawrence und Biddle: Ebda., S. 120f., 122f. (248) Storey über SA: Ebda., S. 141-181. Feststellung, daß Angeklagte »vor Lachen brüllten«: Tusa, S. 170; Lippe, S. 73. (248f.) Farr über SS: PHK 4, S. 182-257. Farrs Dialoge mit der Richterbank: Ebda., S. 191f., 216f. (249) Storey über Gestapo: PHK 4, S. 257-280. Weihnachtspause: Besprechung der Hauptankläger am 5. Dezember, US-Protokolle S. 5f. Ankündigung der Weihnachtspause: PHK 3, S. 327. Jacksons Urlaub: Jackson OH, S. 1471f.

Neuntes Kapitel

Die Angaben über Örtlichkeiten und Adressen hier und in anderen Kapiteln beruhen teils auf persönlichen Erinnerungen, teils auf Einträgen in den Telefonverzeichnissen des Internationalen Militärgerichtshofs (Rubrik »Justiz«), die sich in meinem Besitz befinden.

[4] (256f.) Fyfe-Behörde: Kilmuir, S. 104. Fyfe und Elwyn Jones: Ebda., S. 101. (257) Jones und Shawcross: Information von Elwyn Jones.

[6] (262f.) Angaben über Presse: US State Department RG 59 Box 3698 File 740.0016; Charles W. Alexander und Anne Keeshan, *Justice at Nuremberg*, Bilder und Text; Jackson-Akte, (unvollständige) Liste der Korrespondenten bei den Nürnberger Prozessen. (263) Shirer-Bericht: New York *Herald-Tribune*, 9. Dezember 1945.

[7] (265-268) Wegen der Informationen in diesem Abschnitt siehe vor allem Davis, *Come as a Conqueror: The United States Army's Occupation of Germany 1945-1949*, passim. (267f.) Den Vorfall zwischen General Harmon und Lady Lawrence erzählte mir General Watson. (268) Rüde amerikanische Wachen: Cooper, S. 151.

[8] (269) Richter Parker und die Stühle: BID, Konferenznotizen, 14. November 1945. (271) Birkett-Briefe: Birkett, S. 503f. Biddle über Kollegen: BID Box 19. (276) Gäste der Gräfin Kalnoky: Kalnoky, passim.

[9] (279) Jackson an Dean: RHJ Box 213. (279f.) Situation der deutschen Presse: *The German Press in the U.S. Occupied Area 1945-1948*, Sonderbericht des Militärgouverneurs, November 1946. (280) Brief von Bergold an Kempner: RHJ Box 231. Jacksons »versäumte Gelegenheit«: Jackson OH, S. 1631-1636.

Zehntes Kapitel

[1] (282) Veto des Kontrollrats und Jacksons Büro: NA RG 163 File 000.5, Mitteilung vom 17. Oktober 1945, Nr. S 28295. (282-284) Taylor-Kaplan-Memo: NA RG 238, Box 193. (284) Calvocoressi-Memo: RHJ. (285) Yamashita: Friedman, Bd. 2, S. 1596-1623; Taylor, *Nürnberg und Vietnam,* S. 91f., S. 181f. (285f.) Brown-Diagnose: Brown, S. 744.

[2] (288) Messersmith: PHK 2, S. 390-395. Schuschnigg: Ebda., S. 425f. Besprechung der Hauptankläger vom 5. Dezember: Jackson, T. T. (289) Taylor-Memo vom 7. Dezember: NA RG 238, Box 193. Pfaffenberger-Affidavit: PHK 3, S. 574f. Kauffmann-Einspruch und Entscheidung des Gerichts: Ebda., S. 604f., 637.

[3] (291-293) Gräbe-Affidavit: PHK 1, S. 284f.; PHK 4, S. 281-285, PHK 31, S. 441-450. (293) Harris: PHK 4, S. 320-344. (293-296) Ohlendorf-Kreuzverhör: Ebda. 344-363. (295) Biddle über Jekyll und Hyde: Conot, S. 235. »Eiskalt«: Lippe, S. 83. (295f.) Babel-Kreuzverhör: PHK 4, S. 291f. (296) Wisliceny: Ebda., S. 393-413. Schellenberg: Ebda., S. 415- 428. (296f.) Höllriegel: Ebda., S. 428-433.

[4] (297f.) Generalstab als »Gruppe«: Ebda. S. 433-451. (298f.) Affidavits von Blomberg und Blaskowitz: PHK 4, S. 459ff. Verantwortung des Militärs für »Verbrechen gegen den Frieden«: Ebda., S. 485ff. (301-304) »Kommandobefehl«: Ebda., S. 490f. Ergänzende Befehle: Ebda., S. 492ff. Verteilung dieser Dokumente: Ebda., S. 494ff. (303) Norwegen: Ebda., S. 496ff. Falkenhorst: LR, Bd. 9, S. 18-30. Pescara: PHK 4, S. 499. (303f.) Dostler: Ebda., S. 499ff.; LR, Bd. 1, S. 22-34. (304) Barbarossa-Befehl: Ebda., S. 507ff. (305) Reichenau: Ebda., S. 509-512. (306) Affidavits von Röttiger u. a.: Ebda., S. 520ff. (306-308) Aussage von dem Bach-Zelewski: Ebda., S. 528ff. (307) Funk und Göring: Gilbert, S. 116. (307f.) Dialog Taylor-Bach-Zelewski: PHK 4, S. 528-534. (308) Göring, Funk und Jodl: Gilbert, S. 116. (308f.) Thoma: PHK 4, S. 547ff. (309) Schluß Taylor: Ebda. 550-553. (310) Presse: *New York Times,* 8. Januar 1946, *Washington Post,* 9. Januar 1946.

Elftes Kapitel

[1] (311-313) Fyfe: PHK 4, S. 585. (312) Albrecht über Göring: Ebda., S. 587ff. Macht sich über Göring lustig: Ebda., S. 591. Fyfe über Ribbentrop: Ebda., S. 618ff.; PHK 5, S. 7-27. (313) Roberts über Keitel und Jodl: Ebda., S. 35-52. Brudno und Baldwin über Rosenberg und Frank: Ebda., S. 52-80, 80-106. (313f.) Griffith-Jones über Streicher: Ebda., S. 106-127. Rechtliche Probleme: Ebda., S. 136f. (314) Bryson und Meltzer über Schacht und Funk: Ebda., S. 127-174, 174-191. (315) Phillimore über Dönitz: Ebda., S. 230-292. (316) Zeugen Heisig und Möhle im Kreuzverhör mit Kranzbühler: Ebda., S. 258-279. Elwyn Jones über Raeder: Ebda., S. 292-320. (316f.) Sprecher über Schirach: Ebda., S. 320-344. (317) Lambert, Atherton und Kempner über Bormann, Seyß-Inquart und Frick: Ebda., S. 344-378, 378-398, 398-414. (317f.) Sprecher über Fritzsche: PHK 6, S. 64-86. (318) Barrington über Papen: Ebda., S. 86-115. Fyfe über Neurath: Ebda., S. 115-135. (318f.) Griffith-Jones über Heß: PHK 7, S. 138-165.

[2] (320f.) J. C. S. 1023/3: Taylor, *Final Report to the Secretary of the Army,* S. 1-4. Anweisungen des Kriegsministeriums vom Dezember 1944: Ebda., S. 435f. US-Kriegsverbrechensprozesse in Deutschland im Frühjahr 1945: Ziemke, S. 390-394. Einrichtung und Entwicklung der »Kriegsverbrechensgruppe« unter Straight:

Straight-Report für Juni 1944 bis Juli 1948, passim. (321f.) Bergen-Belsen-Prozeß: Bower, S. 179-184.

[3] (322f.) J. C. S. 1023/10: Taylor, *Final Report*, S. 4-6; Ziemke, S. 394. (323f.) Fairman-Memo und Betts an Jackson: Shea-Akten. (324) Konferenzen vom 19.-22. Oktober 1945: Shea und Jackson, RHJ; Fahy-Tagebuch, Columbia OH, S. 248.

[4] (325f.) Fahy und Taylor: Fahy OH, S. 248f. (326) Briefe vom 1.-5. Dezember 1945: Taylor, *Final Report*, S. 258-266. (326f.) Kontrollratsgesetz Nr. 10: Ebda., S. 250-253.

[5] (327-330) Sitzungen des Gerichts und der Hauptankläger: HAG, 8. Dezember 1945, 5. und 12. Januar 1946; PHK 5, S. 261-263; Sitzungen der Hauptankläger am 11. Dezember, 16. Januar und 5. Februar; BID Box 3, Bd. 1, 12. Dezember 1945.

[6] (330) Fahy an Taylor, 10. Januar 1946: RHJ. (330f.) Entnazifizierung: Clay, S. 84-88, 118f., 168, 289-293.; Backer, S. 69f., 75-79, 82f., 142-144, 169-172, 192-194; Entnazifizierungs-Bericht Nr. 34 des Militärgouverneurs, S. 1-114 (April 1948). (331) Taylor an Jackson: RHJ. (332) »Gesetz zur Befreiung«: Entnazifizierungs-Bericht, S. 52-97.

[7] (333) Taylor an Jackson, 18. Januar 1946: RHJ. Petersen-Brief: RHJ. (333f.) Jackson an Horsky: RHJ. (334f.) Jackson vor Gericht: PHK 8, S. 387-415. (335) Fyfe und Champetier de Ribes: Ebda., S. 416-427. (335f.) Rudenko: Ebda., S. 427-431. (336) Verteidiger: Ebda., S. 431-483. Löffler: Ebda., S. 452-469. Servatius: Ebda., S. 439-448. (337) Jackson-Erwiderung: Ebda., S. 483-490. Fyfe-Erwiderung: Ebda., S. 503-508. (337f.) Biddle-Rudenko: Ebda., S. 520-522. (338) Eindruck der Verteidigung: Lippe, S. 158.

[8] (339) Taylor-Memo vom 30. Januar: RHJ. (340) RHJ-Memo vom 5. Februar: RHJ. (341f.) Taylor-Memo vom 6. Februar: NA.

[9] (342) RHJ an Patterson: NA. (343) Fahy-Telegramm vom 18. Februar: NA 000.5-1. Jackson-Telegramm vom 2. März: RHJ. (344) Jackson-Telegramm vom 14. März: RHJ. Öffentliche Bekanntgabe am 29. März: Taylor-Akten. »Transport« von »Angehörigen« in das von den Amerikanern besetzte Deutschland und Österreich: Davis, S. 189-195; *New York Times* Index, 17. und 26. April 1946. Marcus an OMGUS am 3. März: NA 000.5-1.

Zwölftes Kapitel

[1] (346-351) De Menthons Eröffnungsrede: PHK 5, S. 415-480. (346) Lippe: Lippe, S. 99f. (347) De Menthon über Völkerrecht: PHK 5, S. 417f. (348) »Sünde wider den Geist«: Ebda., S. 421-428. Briand-Kellogg-Pakt: Ebda., S. 435. (349) Vier Hauptkategorien: Ebda., S. 440-468. Geiseln: Ebda., S. 449f. Auschwitz: Ebda., S. 453f. (350) Germanisierung und Juden: Ebda. S. 463. Nazi-Organisationen: Ebda., S. 474. (350f.) Resümee von de Menthon: Ebda., S. 476-480. (351) »Sehr gut«: Jackson OH, S. 1499. Beifall Franks: Gilbert, S. 127.

[2] (352) Ankündigung von Faure: PHK 5, S. 480-492. (352f.) Herzog über »Arbeitspflicht«: Ebda., S. 492-576. Gerthoffer über »Plünderungen«: Ebda., S. 576-633; PHK 6, S. 28-63. Gerthoffers Schlußausführungen: Ebda., S. 59-63. (353f.) Dubosts Vortrag: Ebda., S. 135-470. (354) Geiseln und andere Repressalien: Ebda., S. 138-205. Konzentrationslagerzeugen: Ebda., S. 206-358. (355f.) Mme. Vaillant-Couturier: Ebda., S. 227-257. (356) Oradour-sur-Glane: Ebda.,

S. 453-459. (357) Dubosts »Inkompetenz«: Tusa, S. 91f. Dubosts Präsentation: PHK 6, S. 460-470. (357-359) Faures Präsentation: Ebda., S. 470-624; PHK 7, S. 7-31. (357) Biddles Anmerkung: BID Box 19. (358) Faure über Baskenmützen: PHK 6, S. 484f. Ermordung von Dänen: PHK 7, S. 56-61. (358f.) Löwen: PHK 6, S. 585-595. (359) Mounier: PHK 7, S. 86ff. (360) Reaktion der Angeklagten auf Görings Kunstdiebstähle: Gilbert, S. 134. (361) »Eintönige« Stimme: Birkett, S. 505f.

[3] (361-363) Rudenkos Eröffnungsrede: PHK 7, S. 166-219. (362) Gilberts Eindruck von Göring: Gilbert, S. 136. Judenvernichtung: PHK 7, S. 218. (362f.) Rudenkos Schlußworte: Ebda.

[4] (363f.) Zorya über Warlimont: PHK 7, S. 278. (364) Paulus im Zeugenstand: Ebda., S. 280ff. (364-366) Paulus: Es gibt keine einzige verbindliche Quelle; der Text basiert auf mehreren verläßlichen Arbeiten über den deutsch-sowjetischen Krieg. (365) Neugier auf Paulus: Lippe, S. 126. (365f.) Paulus' Aussage: PHK 7, S. 283-291, 310-337. (366) Giftiger Stachel: Ebda., S. 291. Reaktion der Angeklagten: Gilbert, S. 147. (366f.) Paulus im Kreuzverhör: PHK 7, S. 310-337. (367) Göring und Heß: Gilbert, S. 148. Lippe: Lippe, S. 130. (367*) Buschenhagen: PHK 7, S. 343-349. (367f.) Pokrowski über Verbrechen gegen Gefangene: Ebda., S. 381-482. (368) Massaker von Katyn: Ebda., S. 469-473. (368-373) Smirnows Präsentation. Über Indoktrinierung: Ebda. 488. (369) Backe-Dokument: Ebda., S. 490. (370) Lidice: Ebda., S. 583f. (371) Birkett über Glaubwürdigkeit: Birkett, S. 507. Hoffnung auf Übertreibung: Lippe, S. 139f. Göring über »5 Prozent«: Gilbert, S. 161. (372) Wirkung des sowjetischen Films: Gilbert, S. 160f. Reaktion der Angeklagten: Gilbert, S. 161-163. Churchill-Rede: Gilbert, S. 180-182; Lippe, S. 164. (373) Smirnow über »Vernichtung«: PHK 8, S. 325-366. Schmaglewskaja: Ebda., S. 351. (373f.) Kranzbühler, Dönitz und Jodl: Gilbert, S. 172f.

Dreizehntes Kapitel

[1] (375) Anklageverfahren abgeschlossen: PHK 8, S. 547. Beschleunigung des Verteidigungsverfahrens: Sitzung der Hauptankläger am 16. Januar 1946. (376) Beschränkung der Verteidigung: Lippe, S. 115. Diskussion zwischen Anklägern und Verteidigern: Ebda., S. 131, 133. Gerichtssitzung am 18. Februar: HAG Nr. 56. (376f.) Antrag der Verteidigung: PHK 7, S. 568-578. (377) Antrag der Anklagevertretung abgelehnt: PHK 8, S. 179. Protest der Verteidigung: Lippe, S. 140. Bestimmungen des Gerichtshofs: HAG Nr. 58A und 59. (377f.) Erklärung vom 23. Februar und Reaktion der Verteidigung: PHK 8, S. 179-186.

[2] (378) Stahmers Eröffnung zu Göring: PHK 9, S. 9-14. (378f.) Aussage von Bodenschatz: Ebda., S. 14-23. (379) Aufteilung der Kreuzverhöre: Sitzung der Hauptankläger vom 4. März 1946. Kreuzverhör von Bodenschatz: PHK 9, S. 23-54. (379f.) Reaktion auf Jacksons Kreuzverhör: Gilbert, S. 185. (380) Erhard Milch: siehe Irving, *The Rise and Fall of the Luftwaffe: The Life of Field Marshal Erhard Milch* (1973). (380f.) Aussage und Kreuzverhör von Milch: PHK 9, S. 54-154. (381) Langsames Tempo des Verfahrens: HAG Nr. 62. (381f.) Aussage und Kreuzverhör von Brauchitsch: PHK 9, S. 155-169. Aussage und Kreuzverhör von Körner: Ebda., S. 169-198. (382) Kesselring: Albert Kesselring, *Soldat bis zum letzten Tag* (1953). (382-386) Aussage und Kreuzverhör von Kesselring: PHK 9, S. 198-267. (382f.) Bombardierung von Rotterdam: Taylor, *The March of Conquest* (1958), S. 190-195. (385) Ursprüngliche Funktion der britischen Bomber und Trenchard-

Weir-Doktrin: Taylor, *Munich: The Price of Peace* (1979), S. 236, 608, 645. (386*) Stärke und Schwäche der Wehrmacht: Taylor, *The March of Conquest*, S. 35. (386) Jackson und Kesselring: PHK 9., S. 227ff. Stahmers Schwierigkeiten: Lippe, S. 171.

[3] (386) Görings Angespanntheit: Gilbert, S. 189ff. Beratung mit Siemers: Lippe, S. 174. (386-393) Görings Befragung: PHK 9, S. 268-407. (387) Görings Antwort auf Stahmers Frage: Ebda., S. 288f. Lob für Göring: Gilbert, S. 194. (387f.) Birketts Kommentare: Birkett, S. 508f. (389-391) Aussage von Dahlerus: PHK 9, S. 507-545. (390) Cadogan und Dahlerus: Dilks (Hrsg.), *The Diaries of Sir Alexander Cadogan*, S. 220. Siemers und Dahlerus: Lippe, S. 164, 166, 174, 177-180, 183-185. (390f.) Fyfes Kreuzverhör von Dahlerus: PHK 9, S. 528-542. Furtwängler: Dahlerus, S. 18f. (391) Görings Reaktion auf Fyfes Kreuzverhör von Dahlerus: PHK 9, S. 546-553 (392) Stalag Luft III: Ebda., S. 399ff. Fremdarbeiter: Ebda., S. 396. Haager und Genfer Konventionen: Ebda., S. 405-407. (393) Görings Antworten auf die Fragen anderer Verteidiger: Ebda., S. 409-464. »Verschwörung«: Ebda., S. 447.

[4] (393) Jacksons Eröffnung: Ebda., S. 464. (393f.) Jacksons Plan: Jackson OH, S. 1429f. (394*) Gerhart: Gerhart, S. 392. (394f.) Frage nach Konzentrationslagern: PHK 9, S. 467f. (395) Unterbrechung durch Lawrence: Ebda., S. 468. Jacksons Ärger: Jackson OH, S. 1432f. Dean: BWCE FO 1019/97. Lippe: Lippe, S. 181. (396) Rheinland-Frage: PHK 9, S. 560-563. (396f.) Jacksons Ausbruch: Ebda., S. 563. (397f.) Dialog Jackson-Lawrence: Ebda., S. 564-567. Einwurf Stahmer: Ebda., S. 567. (399) Dean: BWCE FO 1019/97. (399f.) Birketts Spekulationen: Birkett, S. 509-512. (401) Fyfes Einschätzung: Fyfe, S. 113. (401f.) Speer: Gilbert, S. 207. (401*) Überprüfung der »juristischen Details«: Gilbert, nur im Original, auf der Seite nach der Widmung. (403) Jacksons »schrecklicher Zustand«: BID Box 3, Bd. 3, S. 99. (403f.) Fyfes Beschuldigung: PHK 9, S. 656. (404) Lippe: Lippe, S. 187. (404f.) Dialog Rudenko-Göring: PHK 9, S. 688-693. (405) Dean: BWCE FO 1019/97. (406) Göring und das Zwangsarbeitsprogramm: PHK 9, S. 696. Champetier de Ribes: Ebda., S. 720. Stahmers Kreuzverhör: Ebda., S. 721-725.

[5] (406f.) Verkündung des Gerichtshofs: Ebda., S. 742. (407f.) Heß' Entscheidung, nicht auszusagen: Gilbert, S. 213; PHK 10, S. 106. Seidls Erklärung: PHK 9, S. 763f. Heß' geistiger Zustand: Gilbert, S. 187f., 192f., 213. (408) Bohle und Strölin: PHK 10, S. 19-88; Gilbert, S. 214-216. (409) Lippe: Lippe, S. 195. Heß und Lord Simon: PHK 10, S. 9-14. (409f.) Seidl und Versailles: Ebda., S. 93-98. Gaus-Affidavit: Ebda., S. 15-19, 92f., 98, 353-355.

Vierzehntes Kapitel

(411-413) *Ribbentrop*: PHK 10, S. 106-500. Gilbert: Gilbert, S. 217f., 221, 225f. Ribbentrop und die Juden: PHK 10, S. 438-440, 446-465. (413) Paul Otto Schmidt: Ebda., S. 235. Ribbentrop »fix und fertig«: Gilbert, S. 229.

(413-420) *Keitel*: PHK 10, S. 527-724; 11, S. 7-227; siehe auch Walter Ansel, *Hitler Confronts England* (1960), S. 92. (413f.) Nelte und Keitel: PHK 10, S. 530f., 561f. (415) Keitel-Affidavit: Ebda., S. 601f. (416) Canaris und Keitel: Ebda., S. 625, 696f. Keitel und Rudenko: Ebda., S. 675. Keitel, Fyfe und Stalag Luft III: PHK 11, S. 7-19. (417) Nelte und Keitel: Ebda., S. 35f. Lawrence: Ebda., S. 36f. Göring über Keitel: Gilbert, S. 242; Lippe, S. 212. (417f.) Lammers: PHK 11, S. 37-175. (418)

Westhoff: Ebda., S. 175-212. (418f.) Pokrowski: Ebda., S. 209f. (419) Jodl: Gilbert, S. 245f. Sitzung vom 4. April: HAG Nr. 67. 5. April: Sitzung der Hauptankläger. (419f.) Jackson am 9. April: PHK 11, S. 85-102. (420) Birkett: Birkett, S. 513. Biddle, Jackson und Parker: BID Box 3, Bd. 3, S. 226. Birkett: Birkett, S. 515.

(421-425) *Kaltenbrunner*: Direkte Befragung: PHK 11, S. 259-350. Kaltenbrunner und Müller: Ebda., S. 268-272. Eichmann: Ebda., S. 305f. (421f.) Mauthausen und amerikanische Soldaten: Ebda., S. 275f. (422) Ohlendorf: Ebda., S. 273. Mauthausen: Ebda., S. 364-368. (422f.) Blaschke: Ebda., S. 381-385. (423) Lippe: Lippe, S. 219f. Birkett: Birkett, S. 514. (423f.) Gilbert: Gilbert, S. 252. (425) Lippe: Lippe, S. 225.

(425-428) *Rosenberg*: PHK 11, S. 491-645. (426) Dönitz über Rosenberg: Gilbert, S. 266. Rosenberg über Norwegen: PHK 11, S. 502-506. Einsatzstab: Ebda., S. 515-524. (427) Reichsminister: Ebda., S. 525-575. Politische Konferenz am 16. Juli 1941: Ebda., S. 529-531. (428) Ernährung des deutschen Volkes: Ebda., S. 590f. Rosenbergs geplante Rede: Ebda., S. 603-608.

(428-432) *Frank*: PHK 12, S. 8-54. (429) Malaparte: Curzio Malaparte, *Kaputt* (1982), S. 92. (429f.) Frank und sein Schuldbewußtsein: Gilbert, S. 267; PHK 12, S. 14. (430) Vernichtung von Juden: Ebda., S. 19. Franks Tagebuch: Ebda., S. 14. (431) Lippe über Bekenntnis: Lippe, S. 230f. Dodd über polnische Professoren und Frank über Tagebuch: PHK 12, S. 27, 49f.

(432-438) *Frick* (432) Dokumente: PHK 12, S. 173-184. Verschwiegenheit: Gilbert, S. 104, 276. (433-438) Aussage von Gisevius: PHK 12, S. 185-331. (433) Frick über Gisevius: Gilbert, S. 283. (433f.) Gisevius über Frick: PHK 12, S. 191-195, 200-206. (434) Gisevius über Göring: Ebda., S. 187-195. (434-436) »Blomberg-Fritsch-Affäre«: Ebda., S. 195-200, 216-224. (437f.) Jacksons Kreuzverhör von Gisevius: Ebda., S. 270-303. Schacht und 1937: Ebda., S. 272. Jackson über Frick: Ebda., S. 279-284. Über Kaltenbrunner: Ebda., S. 284. Über Neurath: Ebda., S. 285. Über Keitel: Ebda., S. 289-294. (438) Einstellung der Angeklagten gegenüber Gisevius: Gilbert, S. 284-291.

(438-443) *Streicher*: PHK 12, S. 332-427. (439f.) Darstellung Wageners: Wagener, S. 181f. (440) Hitler zu Goebbels: Goebbels' Tagebücher, hrsg. v. Lochner, S. 47. (441) Rebecca West: West, S. 5. Streicher-Eröffnung: PHK 12, S. 332-344. (442) Sein Leugnen: Ebda., S. 359-371. (442f.) Griffith-Jones' Kreuzverhör: Ebda., S. 374-412. (443) Hiemers Aussage: Ebda., S. 440-448. Lawrence unterbindet Diskussion über Pornographie: Ebda., S. 446.

Fünfzehntes Kapitel

[1] (446-456) *Schacht* (446f.) Biographie: PHK 12, S. 453-461. (448) Anschluß Österreichs: Ebda., S. 475. (449f.) Gisevius' Aussage: Ebda., S. 259f. (450) Biddle über Gisevius: Biddle, S. 439. (451) Elwyn Jones: Protokolle der britischen Anklagevertretung, 13. April 1946. Birkett: Birkett, S. 516. (451f.) Jacksons Einspruch: PHK 12, S. 487. (452f.) Jacksons Kreuzverhör, über Verbrecher und Fotos: Ebda., S. 613-620. Zu Papen: Ebda., S. 621. Schachts Brief vom 12. November 1932: Ebda., S. 622f. (453) Goldenes Parteiabzeichen und Beiträge für Partei: Ebda., S. 638f. »Ideologie«: Ebda., S. 653. Schacht und die Juden: Ebda., S. 638, 643-648. (454) Schachts Gehälter: PHK 13, S. 36f. (454f.) Vockes Aussage: Ebda., S. 66f. Jacksons Kreuzverhör von Vocke: Ebda., S. 77-82. (455) »Schwaches Kreuz-

verhör«: BID Box 3, 2. Mai 1946. Birkett: Birkett, S. 516f. (456) Gilbert: Gilbert, S. 307. Lippe: Lippe, S. 255.

(456-463) *Funk.* (456f.) Wagener über Funk: Wagener, S. 405. (457) Hindenburg, Hitler und Reichspressechef: PHK 13, S. 105-109. (458) Lippe: Lippe, S. 255, 256. Funks Metapher: PHK 13, S. 114. Funks Beteiligung an Maßnahmen vor Angriff auf Polen: Ebda., S. 120. Funk und der Angriff auf die Sowjetunion: Ebda., S. 128-130. Einstellung gegenüber Juden: Ebda., S. 130-135. (459) Zentrale Planung: Ebda., S. 142-150. Kreuzverhör Dodd zur Kristallnacht: Ebda., S. 163-166. »Kriegswirtschaftliche Vorbereitung«: Ebda., S. 175f. Schwarzer Markt: Ebda., S. 201. (495-463) Einlagen der SS: Ebda., S. 181ff. (460) Puhl-Affidavit: Ebda., S. 191f. (461) Hysterischer Anfall: Ebda., S. 193. (461f.) Raginski: Ebda., S. 208, 211. (462) Puhl über Film: Ebda., S. 621f. Puhl durch Vernehmung informiert: Ebda., S. 628f. Dodd-Kreuzverhör: Ebda., S. 645. Thoms-Affidavit: Ebda., S. 640f. Thoms und die Goldzähne: Ebda., S. 674.

[2] (464-476) *Dönitz.* (464) Persönlicher Hintergrund und Position: PHK 13, S. 276f. (465-467) Streit um Kranzbühlers Antrag auf Vernehmung von Nimitz: PHK 8, S. 604-611. Biddle und Diskussion des Gerichts: Biddle, S. 451-453. (467) Dönitz und die Anklagepunkte Eins und Zwei: PHK 8, S. 277-281. (467-469) U-Boot-Krieg gegen Handelsschiffe: Ebda., S. 283-328. (469) Beziehungen zu Hitler und den Nazis: Ebda., S. 329-335. Kommandobefehl: Ebda., S. 335-337. (470) »Gute Noten« von den Mitangeklagten: Gilbert, S. 317-319. Fragen von Laternser, Nelte, Dix: PHK 13, S. 343-354. (471) Fyfes Kreuzverhör, zu Konferenzen zwischen Hitler und Dönitz: Ebda., S. 355-361. Zu Einsatz von KZ-Häftlingen bei der Marine: Ebda., S. 379-382. (472) Dönitz und das »Gift des Judentums«: Ebda., S. 434. (473) Eck-Prozeß: Unter *The Peleus* trial in Bd. 1 *Law Reports of Trials of War Criminals,* S. 1-21 (HMSO 1942). Wagners Aussage: PHK 13, S. 490-533. (474) Wagners Kreuzverhör: Ebda., S. 533-577. Heßler über Kuppisch: Ebda., S. 612. (475) Wagner über Kommandobefehl: Ebda., S. 520-522. (475*) Falkenhorst-Prozeß: Berichtet in Bd. 9 *Law Reports of Trials of War Criminals,* S. 18-30. (475f.) Antworten von Nimitz: PHK 17, S. 414-416.

(476-483) *Raeder.* (477) Versailles: PHK 13, S. 659f., 680-696; PHK 14, S. 7-20. Birkett: Birkett, S. 518. (478) Raeder verharmlost Hitlers Absichten: Ebda., S. 44-58. (479f.) Besetzung von Norwegen: Ebda., S. 98-116. (480f.) Siemers Antrag auf Vorlage der Dokumente des britischen Außenministeriums und dessen Weigerung: PHK 8, S. 628, 12, S. 553; HAG Nr. 69, 2; siehe auch Taylor, *The March of Conquest,* 3. und 4. Kapitel. (481) Erleichterung des Foreign Office: Tusa, S. 363. Fyfes »Halbwahrheit«: PHK 14, S. 216. (482) Raeder hielt Kommandobefehl für »gerechtfertigt«: Ebda., S. 239. Severing und Weizsäcker über Angriffskriege: Ebda., S. 302, 329. Schulte-Mönting: Ebda., S. 341. (483) Wenig Begeisterung bei Mitangeklagten über Raeders Auftritt und seine Moskauer Erklärung: Gilbert, S. 328, 331-335. Schacht über Raeder: Gilbert, S. 325.

Sechzehntes Kapitel

(485) Birkett: Birkett, S. 518, 520. (486f.) Pearson und Fleeson über Jackson und Black: Gerhart, S. 235-288. (487-498) Kommentare über Jacksons Verhalten: Biddle, BID Box 19; Parker, Conot, S. 443; *Stars and Stripes*: Lippe 318.

(489-495) *Schirach.* Biographie: PHK 14, S. 399-411. (490f.) Gilberts Gespräche mit Schirach: Gilbert, S. 27-29, 140-142, 197, 293f., 309-311. (491f.) Bestreitet militärische Funktion der HJ: PHK 14, S. 417-441. (492) Lawrence' sarkastische Abfuhr: Ebda., S. 428. Verschickung der Wiener Juden: Ebda., S. 451. Schirachs Zustimmung zur Deportation der Juden nach Polen: Ebda., S. 467-469. Schirachs Rede vom September 1942: Ebda., S. 469. (492) Colin Ross' Information: Ebda., S. 475. (493) Schirachs Bekenntnis: Ebda., S. 476f. Reaktion der Mitangeklagten: Gilbert, S. 339ff. Schirachs Genugtuung: Ebda., S. 340. HJ-Jahrbuch: PHK 14, S. 509. (494) Einsatzgruppen: Ebda., S. 536-540. Sitzung bei Hitler im Oktober 1940: Ebda., S. 560-566. (495) Schirachs Erklärung: Ebda., S. 567f.

(495-500) *Sauckel.* (495f.) Goebbels: *Goebbels-Tagebücher,* S. 144. (496) Sauckels schlechtes Deutsch: Lippe, S. 296. Wer wählte Sauckel: PHK 14, S. 679f.; Speer, *Erinnerungen,* S. 233. Einer »der Flauesten unter den Flauen«: *Goebbels-Tagebücher,* S. 295. (497) Konferenz der Zentralen Planung: PHK 38, S. 355, Dok. R.124. »Ungenauigkeiten«: PHK 15, S. 225. (497f.) Dodds Beweismaterial über Zwangsarbeit: PHK 3, S. 450-453 (498) Wirkung auf Sauckel: Gilbert, S. 79. Rede vom 6. Januar 1943: PHK 15, S. 23-25. (498f.) Alexandrows Unterstellungen: Ebda., S. 156, 160f. (499) Biddles Kreuzverhör: Ebda., S. 208-230. Aussage Jäger: Ebda., S. 291-308. (499f.) Letzte Frage und Antwort: Ebda., S. 66.

(500-509) *Jodl:* PHK 15, S. 313-612. (500f.) Einstellung gegenüber Hitler: Ebda., S. 314, 323-329. (501) Jodls »Verteidigungsteam«: Lippe, S. 304. Kommissarbefehl: PHK 15, S. 339-345. (501f.) Kommandobefehl: Ebda., S. 345-361. (502) Judenvernichtung: Ebda., S. 365. Völkerrecht: Ebda., S. 375f. (502f.) Rheinland und Österreich: Ebda., S. 382-392. (503f.) Tschechoslowakei: Ebda., S. 392-394; Taylor, *Munich: The Price of Peace,* S. 681-731. »Ungeheuerlicher Zwischenfall«: PHK 15, S. 393. »Unabänderlicher Entschluß«: Ebda., S. 394. (504) »Gelegenheit« nach 1. Oktober: Ebda. Jodl: »nichts geschehen«: Ebda. Jodls Tagebuch: PHK 28, S. 373. Ereignisse vom 30. Mai bis 24. September: Taylor, a. a. O. (505) Birkett: Birkett, S. 518. Jodl über Krieg: PHK 38, S. 48ff., Dok. L 211. Jodl über Norwegen: PHK 15, S. 416. (506) Jodl über Eroberung von Holland und Belgien: Ebda., S. 417-419. Jodl über Griechenland, Italien und Jugoslawien: Ebda., S. 420-425. Jodl über Angriff auf Sowjetunion: Ebda., S. 425-433. »reiner Präventivkrieg«: Ebda., S. 432. Drohender sowjetischer Angriff: Ebda., S. 433. (507f.) Jodls Rede über Norwegen von 1943: Ebda., S. 509. (508) Jodl über dänische Juden: Ebda., S. 538f. Jodl und Zwangsarbeitsmaßnahmen: Ebda., S. 540f. Gilbert: Gilbert, S. 358. (509) »... nicht die Aufgabe der Soldaten«: Ebda., S. 556.

(509-515) *Seyß-Inquart.* (509) Grund für das Vorziehen seiner Verhandlung: Papen, S. 632. Fritzsche über Seyß: Fritzsche, S. 26. Gilbert: Gilbert, S. 278. (509f.) Papen: Papen, S. 632. Speer: Speer, *Erinnerungen,* S. 513. (510) Fritzsche: Fritzsche, S. 215. (510f.) Seyß und die Juden: PHK 15, S. 688f. (511) Seyß' Inspektionsreise nach Polen: PHK 30, S. 84, 92. (511f) Seyß-Mission in den Niederlanden: PHK 15, S.698f. (512) Seyß und Mussert: PHK 16, S. 44, 205. Hitler über Seyß: *Monologe,* S. 303. Goebbels: *Goebbels-Tagebücher,* S. 441f. (513) Einstellung gegenüber Juden: PHK 15, S. 723. Evakuierung holländischer Juden: PHK 16, S. 9. Motiv hinsichtlich der Juden: Ebda., S. 8. Holländische Zwangsarbeiter: Ebda., S. 56. (514) Konfiszierung von Rohstoffen: Ebda., S. 12. Haager Landkriegsordnung überholt? Ebda., S. 13. Reduzierung von Geiselerschießungen: PHK 15, S. 713. Verhinderung von Überflutungen: PHK 16, S. 28f. Reise nach Kiel und zu

Dönitz: Ebda., S. 24f. Fritzsche: Fritzsche, S. 26. Aussage von Hirschfeld: PHK 16, S. 232-251.

(515-519) *Papen.* (515) Erste Erklärung: PHK 16, S. 262. Als Militärattaché in Washington: Papen, S. 75. (516) Mögliche Gründe für Papens Wahl zum Reichskanzler: PHK 16, S. 269f. Papen gibt zu, daß seine (und Hitlers) Politik auf den »Zusammenschluß« von Österreich und Deutschland abzielte: Ebda., S. 345. (517) Barrington über Papen: PHK 6, S. 87-115. Lob für Fyfes Kreuzverhör: Tusa, S. 391. Conot, S. 488-490. (517) Papens Briefe an Hitler: PHK 16, S. 396-404. (518) Fyfes »Warum«: Ebda., S. 459.

(519-526) *Speer.* (519) Allgemeiner Background: Speer, *Erinnerungen*, S. 211. (520) Erweiterung von Speers Zuständigkeitsbereich: PHK 16, S. 483. (521) Galbraith: George Ball, *The Past Has Another Pattern* (1982), S. 50-68. Aufteilung der Angeklagten: Gilbert, S. 106, 123, 164. (522) Trick mit Kubuschok: PHK 4, S. 380; Gilbert, S. 106. (522f.) Speer und Fremdarbeiter: PHK 16, S. 503. (523) Speers Bemühungen, Hitlers Befehle der verbrannten Erde zu vereiteln: Ebda., S. 531-542. (523) Schacht und Rosenberg: Gilbert, S. 394. Versuch, Hitler zu ermorden: PHK 16, S. 542-544. (524) Beschränkte Verantwortung: Ebda., S. 531. Speer mißachtet Haager Konvention: Ebda., S. 586. (524f.) Jackson und Speer über »Verantwortung«: Ebda., S. 642. (525f.) Speers Eindruck auf die Richter: Biddle, S. 443; Fyfe, S. 129. (526) Stahlruten: Fyfe, S. 129.

(526-532) *Neurath.* (526) Birkett: Birkett, S. 520. (526f.) Persönlicher Background: PHK 16, S. 649. (527) Lawrence zu Lüdinghausen: Ebda., S. 672, 678. Juden: Ebda., S. 652. (527f.) Rheinland: Ebda., S. 684, 695f. (528) Hoßbach-Konferenz: Ebda., S. 699f. Erwiderung an Briten: Ebda., S.703. (528f.) Neurath und Tschechen: Ebda., S. 705. (529) Neurath glaubte, daß Tschechen die Besetzung erwarteten: Ebda., S. 716f. (530) Schließung tschechischer Schulen und Universitäten: PHK 17, S. 13f. Neurath, von Hitler ermahnt, tritt zurück: Ebda., S. 23f. Goebbels über Neuraths Berufung: Speer, *Erinnerungen*, S. 162. Neurath vom tschechischen Adel »eingewickelt«: Hitler, *Monologe*, S. 227. (530f.) Über Antisemitismus: PHK 17, S. 34. (531) Fragen der Richter an Neurath: Ebda., S. 112-119. Lippe: Lippe, S. 344. (532) Neuraths Besuch bei Goebbels: *Goebbels-Tagebücher*, S. 162.

(532-536) *Fritzsche.* (532) Tränen: Gilbert, S. 52. (532f.) Karriere: PHK 17, S. 152-163. (533) Goebbels' Kommentar: *Goebbels-Tagebücher*, S. 92. (533f.) Fritzsches Aussage: PHK 17, S. 164-166. (534) Organisation der Nazi-Presse: Ebda., S. 172. *Athenia*: Ebda., S. 174f. Wirft Russen »physischen Terror« vor: Ebda., S. 178-180. (534f.) Fritzsche in Rußland, Einstellung gegenüber Juden: Ebda., S. 183-196. (535*) Fritz' Fragen an Paulus: PHK 7, S. 330. (535f.) Fritzsche und Rudenko: PHK 17, S. 224f., 240.

(536-539) *Bormann.* (537) Ansichten über Bormann: Speer, *Erinnerungen*, S. 101; Keitel, S. 359; Guderian, S. 408; Fritzsche, S. 245. (538f.) Bergolds Dokumente: PHK 17, S. 288-297. (539) Diskussion Lawrence und Bergold: Ebda., S. 272f. Kempka: Ebda., S. 487-495.

[2] (540) Goebbels: *Goebbels-Tagebücher*, S. 289. Radio Moskau und Anders: *Crime of Katyn*, S. 102f. Rotes Kreuz: Ebda., S. 106-110. Churchill, *Hinge of Fate*, S. 757-760. (541) Deutsche Kommission: *Crime of Katyn*, S. 126f. Britische Reaktion: *The Diaries of Sir Alexander Cadogan*, S. 537. Pokrowski, 14. Februar 1946: PHK 7, S. 469-473. Sowjetische Sonderkommission: Ebda. (542) 12. März 1946: HAG Nr. 63.

(543) Rudenko-Petition: Biddle, S. 415. Konferenz 6. April: HAG Nr. 68; Biddle, S. 415f. 11. Mai und 3. Juni: PHK 13, S. 476; PHK 15, S. 318-320. (544) Nikitschenkos Vorschlag: HAG Nr. 88, Abs. 13. Stahmers Zeugen: PHK 17, S. 301-351. (545) Smirnows Zeugen: Ebda., S. 351-407. (545f.) Lawrence schließt Beweisaufnahme ab: Ebda., S. 407. (546) Schuld für Katyn: *Crime of Katyn*, passim.

Siebzehntes Kapitel

[1] (547f.) Verfahrensfragen: PHK 17, S. 7f. (548f.) Jahrreiss: Ebda., S. 499-536. (549) Ex-post-facto-Argument: Ebda., S. 536.

[2] (550) Stahmer (für Göring): Ebda., S. 539-597. Lawrence' Zurechtweisung: Ebda., S. 540. Ritterlichkeit: Ebda., S. 559. Anrufung des Völkerbundes: Ebda., S. 565. Göring und die Kunstwerke: Ebda., S. 571. Massaker von Katyn: Ebda., S. 585-591. (550f.) Seidl-Desaster: Ebda., S. 597-602. Horn (für Ribbentrop): Ebda., S. 602-654. (551) Hitler und die »gemeinsame Planung«: Ebda., S. 650. (551f.) Nelte (für Keitel): Ebda., S. 654-717; PHK 18, S. 7-49. Diskussion Lawrence-Nelte: PHK 17, S. 655f., 662f. (552) »Durchführung der Führeraufträge«: Ebda., S. 694. Neltes Schlußwort: PHK 18, S. 48. (552f.) Kauffmann (für Kaltenbrunner): Ebda., S. 49-80. (553) Lawrence' bissige Bemerkung: Ebda., S. 52, 57. Gilbert: Gilbert, S. 404. Kaltenbrunners Schuld: Ebda., S. 80. (553f.) Thoma (für Rosenberg): Ebda., S. 81-143. (554) Zwangsarbeit und Haager Bestimmungen: Ebda., S. 103. Antisemitismus und Rudenko: Ebda., S. 106. (554f.) Thoma über Rosenberg: Gilbert, S. 337f. (555) Seidl (für Frank): Ebda., S. 144-181. Pannenbecker (für Frick): Ebda., S. 182-211.

[3] (556f.) Marx (für Streicher): Ebda., S. 211-245. Streichers Einfluß durch den *Stürmer*: Ebda., S. 219-227. (557) Marx' Schlußwort: Ebda., S. 241, 245. Sauter (für Funk): Ebda., S. 245-291. Dix (für Schacht): Ebda., S. 299-342. Einleitung: Ebda., S. 299f. (557f.) Dix' Reaktion auf Nelte: Ebda., S. 315f. (558) Dix' Schlußwort: Ebda., S. 342. (558f.) Kranzbühler (für Dönitz): Ebda., S. 342-406. »Zwei Gruppen«: Ebda., S. 344. (559) Keine Kritik an Hitler: Ebda., S. 403. Judenvertreibung: Ebda., S. 402. (559f.) Siemers (für Raeder): Ebda., S. 406-470. (560f.) Sauter (für Schirach): Ebda., S. 470-509. (561f.) Servatius (für Sauckel): Ebda., S. 509-554. Russischer Text der Charta: Ebda., S. 509-511. Bedeutung von »Deportation« und »Sklavenarbeit«: Ebda., S. 511-514. Nichtanwendbarkeit der Haager Bestimmungen auf Zwangsarbeit: Ebda., S. 510-521. (562) Exner (für Jodl): Ebda., S. 554-598; PHK 19, S. 7-55. Lawrence' Verachtung: PHK 19, S. 16-18. Exners Schlußwort: Ebda., S. 54f. (563f.) Steinbauer (für Seyß-Inquart): Ebda., S. 55-95, 111-125. (563) Haager Konvention: Ebda., S. 83-86. Beweiskräftige Aussagen: Ebda., S. 119-123. (564) Bergold (für Bormann): Ebda., S. 125-139. Kubuschok (für Papen): Ebda., S. 139-199. »Schlußfolgerung«: Ebda., S. 199. (564f.) Flächsner (für Speer): Ebda., S. 199-242. Speer »nicht verantwortlich«: Ebda., S. 221. Lawrence' Frage nach Haager »Regeln«: Ebda., S. 206f. »Durchführung eines Angriffskrieges«: Ebda., S. 201, 235. (565) Schlußwort: Ebda., S. 241f. Lüdinghausen (für Neurath): Ebd., S. 242-284, 298-345. (565f.) Fritz (für Fritzsche): Ebda., S. 345-388. Führung von Angriffskriegen: Ebda., S. 360-364. (566) Sprecher: PHK 6, S. 82. Deutsches Recht über »Gehilfe«: PHK 19, S. 381. Schlußwort: Ebda., S. 388. Lawrence: Ebda., S. 365. (566f.) Seidl (für Heß): Ebda., S. 390-437. Zu Artikel 6: Ebda., S. 421f. (567) Artikel 9: Ebda., S. 427f. Gestrichene

Passagen aus Seidls Plädoyer: Lippe, S. 402f. Seidls Forderung und Lawrence' Ablehnung: PHK 19, S. 421. Presse zu Seidl: Lippe, S. 403f.

[4] (567-571) Jacksons Schlußplädoyer: Ebda., S. 438-480. (569) Gruppen von Verschwörern: Ebda., S. 442-448. (570) Beweise für Verschwörertätigkeit von Göring und anderen: Ebda., S. 448-455. Zurückweisung der Argumente der Verteidigung: Ebda., S. 460-473. »Niemand wußte ...«: Ebda., S. 473f. (570f.) Charakter und Verbrechen einzelner Angeklagter: Ebda., S. 462-464. Schlußabsatz: Ebda., S. 480.

[5] (572) Reaktion der Angeklagten auf Jackson: Gilbert, S. 414f. (572-575) Shawcross' Schlußplädoyer: Ebda., S. 482-594. (572f.) »gemeine Mörder« und »höchste Strafe«: Ebda., S. 499. Keine Kriegserklärung: Ebda., S. 511. (573) Erwiderung auf Jahrreiss: Ebda., S. 512-520. (574) »juristische Feinheiten«: Ebda., S. 524. »Selbst wenn dies wahr wäre«: Ebda., S. 507. »Über Streicher braucht man gar nichts zu sagen«: Ebda., S. 580. (574f.) »Goethe« und das deutsche Volk: Ebda., S. 592.

[6] (575) Reaktion der Angeklagten auf Shawcross: Gilbert, S. 417-422. (575-577) Schlußplädoyer der französischen Anklagevertretung: PHK 19, S. 595-638. (576) Dubosts Plädoyer: Birkett, S. 521. Dubost über »Verschwörung«: Ebda., S. 601, 609, 610, 615, 616. (577) Dubost über Schacht: Ebda., S. 627-629. Schlußwort: Ebda., S. 637f.

[7] (577-579) Rudenkos Schlußplädoyer: Ebda., S. 639-695; PHK 20, S. 7-22. (578) Über Heß und Bormann: PHK 19, S. 655-659. Rudenkos Kreuzverhör: Ebda., S. 699. »Rolle der reinen Toren«: Ebda., S. 664. (578f.) Rudenkos Schlußempfehlung: PHK 20, S. 22.

Achtzehntes Kapitel

[1] (580-583) IMT Nr. 63. Neave: Neave, S. 274-295.

[2] (584f.) Fyfes Kreuzverhör von Kaufmann: PHK 20, S. 46-69, bes. S. 50. (585f.) Wegscheider: Ebda., S. 99-107. (586) Griffith-Jones' Verhör von Wegscheider: Ebda., S. 107-113. (586f.) Servatius' Schlußplädoyer: PHK 21, S. 499-546. Juristische Argumente gegen verbrecherischen Charakter von Vorkriegstaten: Ebda., S. 499-517. Servatius' Argumente für mildernde Umstände: Ebda., S. 526-546.

[3] (588) Gestapo, Zeuge Werner Best: PHK 20, S. 140-175. (589) Schlußplädoyer Merkel: PHK 21, S. 546-601. SD: PHK 20, S. 207-289. (590) Schellenberg-Affidavit: PHK 4, S. 263f., Dok. 3033-PS. SD und Einsatzgruppen: PHK 20, S. 220-226. Stahlecker-Bericht: PHK 22, S. 32, Dok. L-130. (590f.) Schlußrede: PHK 21, S. 690-706; PHK 22, S. 9-57. (591: Lippe: Lippe, S. 420. (592) Fünf volle Tage für SS: PHK 20, S. 303-582. (592f.) Eberstein-Aussage und Jones' Kreuzverhör: Ebda., S. 309-363. (593) Brill über Rekrutierung für Waffen-SS: Ebda., S. 373-391. (593f.) Paul Hausser: Greueltaten durch SS, aber nicht durch Waffen-SS begangen: Ebda., S. 391-452. (594f.) Zeugen Reinecke und Morgen, Waffen-SS gegen »nominelle« SS: Ebda., S. 453-563. (595-597) Jones und Sievers: Ebda., S. 564-614. Pelckmanns Schlußplädoyer: PHK 21, S. 621-690.

[4] (599) Brauchitschs Affidavits über Generalstab und Oberkommando: PHK 20, S. 637-640. (600) Kreuzverhör von Brauchitsch: Ebda., S. 640-647. (600f.) Aussage und Kreuzverhör von Manstein: Ebda., S. 648-703; PHK 21, S. 9-25. (601) Mansteins Manifest vom 20. November 1941: PHK 20, S. 697-700. (602) Aussage

und Kreuzverhör von Rundstedt: PHK 21, S. 28-60. (603) Laternsers Schlußplädoyer: PHK 22, S. 57-105. Laternser über Besetzung der Tschechoslowakei: Ebda., S. 81. »Drei Generalfeldmarschälle«: Ebda., S. 88.

[5] (603f.) Reichskabinett: PHK 20, S. 289-305; PHK 22, S. 107-146. (605) Gruß-Aussage: PHK 21, S. 124-142. Jüttner widerspricht Gruß: Ebda., S. 144-147. (605f.) Fyfes Kreuzverhör von Jüttner: Ebda., S. 165-224. (606) Beginn von Böhms Schlußplädoyer: PHK 22, S. 147-193. Lawrence' Kritik an Böhm: Ebda., S. 152, 169. Böhm hält sich an Gruß' Aussage: Ebda., S. 177f. Böhm zitiert den Papst: Ebda., S. 193.

[6] (606-609) Fyfes Schlußplädoyer: Ebda., S. 194-272. Lügen der Angeklagten: Ebda., S. 200-203. (608) Fyfe stützt sich auf die Aussage von Jüttner und ignoriert die von Gruß: Ebda., S. 230-235. Fyfe über »Verbrecherbande« SA: Ebda., S. 242. (609) Dodds Schwanengesang: Ebda., S. 272-308.

[7] (610-614) Taylors Schlußplädoyer: Ebda., S. 309-340. Hitlers Diskussion mit Generälen: Ebda., S. 322. (611f.) Argument zu Kommandobefehl: Ebda., S. 324-326. (612f.) Entscheidung eines deutschen Militärrichters: Ebda., S. 332. Deutscher Leutnant: Ebda., S. 331f. (614f.) Champetier de Ribes' Schlußplädoyer: Ebda., S. 352. (615) Rudenkos Schlußplädoyer: Ebda., S. 352-417. Rudenkos Seitenhieb gegen Böhm: Ebda., S. 380f. (616) Judenvernichtung: Ebda., S. 389-395. Rudenkos Schlußbemerkung: Ebda., S. 417.

Neunzehntes Kapitel

[1] (617) Lawrence: PHK 21, S. 198f. (618) Fritzsche: Fritzsche, S. 257. (618-628) Schlußworte der Angeklagten: PHK 22, S. 418-465. (619) Papen über Göring: Gilbert, S. 424. (628) Fritzsche und Birkett über die Schlußworte: Fritzsche, S. 258; Birkett, S. 522. Lawrence: PHK 22, S. 465.

Zwanzigstes Kapitel

[2] (633-637) Biddles Notizen über die Diskussionen der Richter über Verurteilungen und Strafmaße: Biddle Box 4.

[3] (638-640) Biddles Notizen wie in [2]. (638) Fisher-Memo über Verschwörung: Biddle Box 5.

[4] (640-644) Biddles Notizen über Organisationen.

[5]-[8] (644-658) Biddles Notizen über einzelne Angeklagte.

Einundzwanzigstes Kapitel

[1] (659-662) Jacksons Korrespondenz mit seinem Sohn und Dodd: RHJ-Akten. (661f.) Lippe: Lippe, S. 496.

[2]-[7] (662-692) Verlesung der Urteile: PHK 1, S. 189-413; PHK 22, S. 466-674. (663-670) Über »die Verschwörung und der Angriffskrieg«: Ebda., S. 484-520. (670-673) Erörterung juristischer Fragen: Ebda., S. 521-533. (673-678) Darstellung der Organisationen: Ebda., S. 567- 595. (678) Lippe: Lippe, S. 509f. (678-690) Verurteilungen und Freisprüche: Ebda., S. 596-670. (680) Lippe: Lippe, S. 513. (690-692): Urteile: Ebda., S. 671-674. (690) Gilbert: Gilbert, S. 426.

[8] (692-696) Reaktionen der verurteilten Angeklagten, der drei Freigesprochenen und die Petitionen an den Kontrollrat: Gilbert, S. 424-430; Fritzsche, S. 264f.; Speer, *Erinnerungen*, S. 524; Keitel, S. 385; Schacht, *76 Jahre meines Lebens*, S. 636.

[9] (696-701) Kontrollrat bestätigt alle Entscheidungen des Gerichtshofs: Lord Douglas of Kirtleside und Robert Wright, *Combat and Command* (1963), S. 736-755.

[10] (701-705) Speer und die Todeszellen: Speer, *Spandauer Tagebücher*, S. 22f. (701) Keitel: Keitel, S. 380, S. 25. (702) Papen und Frank: Gilbert, S. 429. (703f.) Letzte Worte: Lippe, S. 543f.

Zweiundzwanzigstes Kapitel

[1] (706-713) Fritzsche: Fritzsche, S. 265-271. Davidson, S. 550f. (707f.) Schacht: Schacht, *76 Jahre meines Lebens*, S. 638-689. (708) Papen: Papen, S. 658-666. (708-713) Sieben überlebende Gefangene: Speer, *Spandauer Tagebücher*, S. 42f., 101f., 112, 119f., 193, 331, 367, 411, 446f., 461, 659, 497f., 658.

[2] (713-720) Douglas: Douglas, S. 754. (719f.) Swearingen bei Wheelis' Witwe und über den Gepäckraum des Gefängnisses: Swearingen, S. 116.

[4] (722-725) Kranzbühler: *De Paul Law Review*, S. 347 (1965).

[6] (732-738) Dean Rusk und Eric Norden: Taylor, *Nürnberg und Vietnam*, S. 109f.

Register